HISTOIRE

DE LA

PRESSE FRANÇAISE

Depuis 1789 jusqu'à nos jours

HENRI AVENEL

HISTOIRE
DE LA
PRESSE FRANÇAISE

Depuis 1789 jusqu'à nos jours

RAPPORT AU MINISTÈRE DU COMMERCE (EXPOSITION UNIVERSELLE DE 1900)
PAR ARRÊTÉ MINISTÉRIEL DU 25 JANVIER 1899

PARIS
ERNEST FLAMMARION, ÉDITEUR
26, RUE RACINE, 26

1900

A LA PRESSE

AUX VAILLANTS LUTTEURS DU PASSÉ

AUX COMBATTANTS DE L'ÉPOQUE CONTEMPORAINE

Ce livre est dédié

HENRI AVENEL

RÉPUBLIQUE FRANÇAISE.

MINISTÈRE DU COMMERCE, DE L'INDUSTRIE, DES POSTES ET DES TÉLÉGRAPHES.

Arrêté.

Le Ministre du Commerce, de l'Industrie, des Postes et des Télégraphes,

Arrête :

M. Henri Avenel, propriétaire directeur de l'annuaire de la Presse française et du Monde politique, est chargé de présenter en 1900 au Ministre du Commerce, de l'Industrie, des Postes et des Télégraphes un rapport sur l'histoire de la Presse française depuis 1789.

Paris, le 25 Janvier 1899
Signé. Paul Delombre

Pour ampliation :
Le Secrétaire général,

Henri Chardon

AVANT-PROPOS

Un arrêté du 25 janvier 1899 nous a conféré l'honneur et la mission de présenter en 1900 au Ministre du Commerce, de l'Industrie, des Postes et des Télégraphes un rapport sur l' « Histoire de la Presse française depuis 1789 ».

Ce rapport est devenu, entre nos mains, un ouvrage méthodiquement conçu et consciencieusement documenté, que nous livrons ici à l'appréciation du public.

Nous citons les faits sans commentaires de parti pris ; nous avons, dans la mesure du possible, cédé la parole aux personnages eux-mêmes, les laissant ainsi plaider leur propre cause devant le tribunal de la postérité.

L'iconographie, qui occupe une place considérable dans notre volume, fait vivre aux yeux le monde multiple de la presse, — les disparus d'hier, les survivants d'aujourd'hui — par une série de portraits d'après les originaux et par des reproductions de journaux anciens et modernes.

Nous pensons que le public accueillera cet ouvrage avec la faveur qu'il tient en réserve pour les « livres de bonne foy », et que nos jeunes confrères de la presse se plairont à y trouver et à y reconnaître une « Ecole pratique du Journalisme ».

H. A.

CHAPITRE PREMIER

LA PRESSE FRANÇAISE AVANT LA RÉVOLUTION

Nécessité d'un historique de la Presse. — Privilèges de l'Université aux XIVe et XVe siècles. — La vie intellectuelle entretenue par les trouvères et les troubadours. — Imprimeurs et libraires sous la protection du roi Louis XII. — La Basoche. — Influence de la Renaissance et de la Réforme. — Puissance de la propagande par l'Imprimerie. — Mesures répressives : censures du Roi, de l'Université et du Parlement. — La Saint-Barthélemy signal d'un débordement de pamphlets. — Libelles licencieux contre les mignons d'Henri III. — Mœurs dissolues du temps, d'après la *Chronique de l'Estoile*. — La Sainte-Ligue et le protestantisme. — Henri IV, l'apologie du régicide et les Jésuites. — Les imprimeurs et libraires punis de la peine de mort plus en principe qu'en fait. — Accord des Trois Ordres pour le maintien de la Censure. — La Fronde et les Mazarinades. — Louis XIV et l'invasion des libelles de l'Etranger. — Prohibitions et ordonnances restrictives de 1700 à 1789. — Le cas de l'abbé Raynal. — Accroissement du nombre des censeurs. — Autodafé, condamnation et suppression des ouvrages incriminés. — Fameux arrêté du Parlement de Paris le 5 décembre 1788. — Théophraste Renaudot, père du Journalisme français et son ennemi, le docteur Gui Patin. — Le roi Louis XIII *fournit de la Copie* à la Gazette de Renaudot. — Les fils de Renaudot fondent le *Courrier français*. — La *Muse historique* de Loret, régal de la Cour et de la Ville. — Le *Mercure Galant*, prototype du journal littéraire et théâtral. — *Journal de Paris*, premier journal quotidien (1777). — Les feuilles clandestines, — Le *Mariage de Figaro*, premier coup de canon de la Révolution française. — Les *Fragments sur la liberté de la Presse*, de Condorcet. — Progrès des idées philosophiques dans toutes les classes de la Société, par la diffusion des libelles. — Aurore d'un régime nouveau.

On ne peut arriver à bien comprendre la situation actuelle de la presse et sa législation, ni en pénétrer le véritable esprit, si l'on n'a pas d'abord étudié avec soin ses transformations successives, sous les divers régimes politiques qui se sont succédé en France depuis 1789.

Comment exposer en effet, apprécier et critiquer une institution, — et la presse est une institution véritable, — sans avoir consulté ses origines et s'être inspiré à son sujet des enseignements de l'histoire ?

La Révolution française a été le vrai berceau de la liberté de la presse; aussi ne jetterons-nous qu'un coup d'œil rapide, à titre purement préliminaire, sur la période antérieure à 1789.

Sous l'ancien régime, la liberté d'écrire et de répandre la pensée a généralement été entravée par des mesures de police tout à fait arbitraires et par des pénalités excessives, quelquefois, mais trop rarement, adoucies dans la pratique.

Au XIVe et au XVe siècle, l'Université était investie du droit d'examiner, de corriger et d'approuver les ouvrages mis en circulation; elle exerçait sur le commerce de la librairie un contrôle auquel les libraires devaient se soumettre d'avance par serment. C'était le règne de la censure dans toute sa simplicité et dans tout l'éclat de sa première jeunesse.

Les livres étaient alors rares et fort chers. Les maîtres et écoliers, trop pauvres pour acheter les manuscrits qui leur étaient utiles, avaient le droit de les louer afin de les copier, moyennant un salaire fixé par l'Université. Pour prévenir les fraudes de toute nature, éviter les interpolations et corriger les fautes des copistes, les manuscrits étaient soumis aux docteurs de la faculté compétente, suivant les matières qui s'y trouvaient traitées. Ceux-ci les revisaient et les revêtaient de leur approbation avant de les livrer au public [1].

L'Université ne se bornait pas à imposer aux libraires une censure préalable; elle leur enlevait même la faculté de fixer à leur gré le prix des livres mis en vente. Des règlements minutieux imposaient des tarifs précis comme une série d'articles d'une sorte de loi de maximum. « Les imprimeurs et les libraires de Paris ne pouvaient, avant 1789, établir leur domicile en dehors d'une circonscription déterminée; c'est encore le quartier où un grand nombre d'entre eux s'est maintenu. La Révolution leur donna la liberté de choisir dans toute l'étendue de la ville le lieu qui leur semblait le mieux répondre à leurs intentions et à leurs intérêts [2]. »

En revanche, les libraires, considérés comme des suppôts de l'Université, participaient à tous les privilèges de cette grande corporation. « Ils étaient exempts de tous péages, aides et impositions; ils étaient dispensés du *guet*. Enfin, quand venaient les grandes fêtes de l'Université présidées par le recteur lui-même, ils étaient convoqués dans

[1] Dubreuil, *Antiquités de Paris*, p. 118. — Peignot, *Essai historique sur la liberté d'écrire et sur la liberté de la presse*, Paris, 1832.

[2] *L'imprimerie et la librairie à Paris de 1789 à 1813*, par Paul Delalain (Libr. Delalain frères).

l'église des Mathurins, et là, appelés à haute voix pour prendre rang dans la procession générale avec tous les autres ordres du corps universitaire. Ils y marchaient en compagnie des écrivains, des relieurs, des parcheminiers, sous la bannière de Saint-Jean-Porte-Latine [1] ».

*
* *

A cette époque, la vie intellectuelle, les connaissances philosophiques et scientifiques étaient renfermées dans des limites assez étroites. Aussi, le mouvement de la librairie n'était-il guère entretenu que par des livres de théologie, de morale et par des manuscrits plus ou moins rudimentaires consacrés à l'instruction des nouvelles générations.

C'est dans les chants mordants des trouvères et des troubadours, ou bien dans certains mystères et dans les représentations de la Basoche, sur les tréteaux d'un théâtre primitif, qu'il faut aller rechercher la trace de l'esprit malin et railleur de notre race, au milieu de la société féodale et religieuse. « Savez-vous, dit M. Gidel [2], ce qui faisait une bonne part du succès des trouvères, des ménestrels, des jongleurs et des troubadours? C'est que, dans leur vie errante, ils colportaient les nouvelles de château en château, de ville en ville. Enfermés dans leurs donjons solitaires, en proie à de longs ennuis d'un hiver passé dans l'inaction et le silence, les barons voyaient, au printemps, revenir avec bonheur le poète, qui n'apportait pas seulement des vers et des chants nouveaux, mais qui répandait aussi les aventures d'une société où n'étaient pas encore formés tous les liens de la vie civile. Les chansons elles-mêmes n'étaient souvent que des nouvelles rimées, récits attendrissants ou caustiques d'événements propres à réjouir la malignité des auditeurs. Parfois aussi les chanteurs s'élevaient plus haut. Ils attaquaient par des invectives hardies les princes, leur lâcheté, leur violence, leur avarice. Les plus puissants n'étaient pas épargnés ; la cour même de Rome passait comme les autres à ce creuset, et, dans ces temps reculés, si fort éloignés de l'invention des journaux, l'opinion publique ne laissait pas d'être instruite des méfaits des rois et des empereurs, des princes de l'Église et des papes. Le chant portait vite et loin sur ses ailes les âpres

[1] *Histoire du Livre en France,* par Edmond Werdet, t. I, p. 160. Paris, Dentu, 1861.

[2] *Les Français du* XVIIe *siècle,* p. 309. Paris, Garnier.

satires, les injures de Philippe le Bel contre le pape Boniface, qu'il appelle *Maliface*, sa *fatuité* et sa *sottise* au lieu de sa sainteté. Les peuples apprenaient sans peine et récitaient avec affection les vers d'Eustache Deschamps, où, sous l'allégorie d'animaux dépouillés, la brebis de sa laine, la chèvre de ses petits, la laie de ses soies, chacun pouvait reconnaître la condition de la *gent menue*, aux oreilles de qui retentissaient ces paroles qui sont de toutes les époques : *Çà, de l'argent ! çà, de l'argent !* »

La censure avait donc assez rarement l'occasion de sévir contre des livres dangereux. Protéger la religion, maintenir l'unité et la pureté de la foi catholique, tel était à peu près son unique souci. Elle déployait toutes ses rigueurs contre les écrits suspects d'hérésie ou de magie ; elle les condamnait et les livrait aux flammes, sans préjudice des peines prononcées contre les auteurs.

Les premiers livres imprimés furent naturellement soumis au contrôle et à la censure de l'Université, comme les manuscrits, qu'ils étaient appelés à remplacer. Ce contrôle était d'ailleurs facile à exercer, du moins dans les débuts, puisque c'est au cœur même de l'Université, dans les bâtiments du Collège de Sorbonne, que fut installée, en 1469, la première imprimerie parisienne, conduite par trois ouvriers typographes venus d'Allemagne : Ulrich Géring, Michel Friburger et Martin Krantz. D'un autre côté, les imprimeurs de Paris devinrent membres et officiers de l'Université, comme les libraires eux-mêmes; et l'Université ajouta à ses privilèges celui de recevoir, d'instituer et de surveiller les membres de la nouvelle corporation.

*
* *

Les ouvrages imprimés en France à la fin du xve siècle et pendant les premières années du xvie, furent en grande partie des livres de religion. C'est ce qui explique les éloges et les bienfaits répandus par Louis XII sur les imprimeurs, en raison des services rendus par l'imprimerie à la foi catholique et à la propagation des bonnes et salutaires doctrines. Par une ordonnance datée de Blois le 9 avril 1513, il exempte d'un nouvel impôt les *suppôts* et *officiers* de l'Université, les *libraires*, *relieurs*, *illumineurs* et *escrivains*; et il ajoute qu'il accorde cette exemption, « pour la considération du grand bien qui est advenu en notre royaume au moyen de l'art et science de l'impression, l'invention de laquelle semble estre plus divine que humaine, laquelle, grâces à Dieu, a esté inventée et trouvée de nostre temps, par le moyen et industrie desdits libraires, par laquelle notre sainte foy catholique a été grandement augmentée et corroborée, justice mieux entendue et administrée, et le divin service plus honorablement et plus curieusement fait, dit et célébré; au moyen de quoy tant de bonnes et salutaires doctrines ont été manifestées, communiquées et publiées à tout chascun, au moyen de quoy notre royaume précelle tous les autres; et autres innumérables biens qui en sont procédez et procédent encore chascun jour... ».

C'est à Louis XII que remontent les premiers privilèges accordés aux libraires. Les auteurs ne voyaient alors dans ces privilèges que le moyen de se garantir des contrefaçons et le droit de poursuivre les contrefacteurs.

Ce n'est pas que Louis XII n'ait été effleuré quelquefois par les traits de la satire. Les clercs de la Basoche et les écoliers, dit Brantôme (*Mémoires*, t. Ier), parlaient du roi avec beaucoup de liberté dans leurs jeux de théâtre.

« Laissons-les s'amuser, répondait-il aux observations de ses courtisans; je leur permets de parler de moi et de ma cour, mais respect à la reine! Sinon, je les ferai pendre tous. »

*
* *

Mais cet âge d'innocence et de pureté candide ne pouvait pas être et ne fut pas en effet de longue durée pour la presse. Dès le début du XVIe siècle, la Renaissance et la Réforme l'emportèrent dans le mouvement universel d'agitation et de rénovation qui secouait alors l'Europe entière.

Avec la Renaissance, l'esprit humain se dégage des mille liens qui l'ont enserré jusque-là, pour se retremper, libre et rajeuni, au milieu de l'antiquité. Avec la Réforme, c'est un grand souffle d'indépendance, d'affranchissement et de libre examen, qui inspire et vivifie un monde nouveau.

L'imprimerie et la presse donnent à ce grand mouvement un élan prodigieux; elles le propagent par leurs milliers de voix clandestines et voyageuses, qui chuchotent à l'oreille de tous l'esprit de révolte, le doute et les séductions des temps nouveaux.

C'est ce qu'a si bien compris et si bien exprimé M. Lenient dans son livre sur la *Satire en France au XVIe siècle*[1]. « Jadis, dit-il, le pauvre

[1] Hachette, Paris, 1866, in-8°, p. 7.

jongleur errant du château à la place publique, de l'hôtellerie au couvent, colportait par le monde, à ses risques et périls, les médisances et les hardiesses. On pouvait l'arrêter, le jeter dans un cul de basse fosse, étouffer la voix avec l'homme et tout était fini. Mais avec l'imprimerie on a beau condamner au feu l'ouvrage et l'auteur, le livre proscrit renaît de ses cendres comme le phénix. Il dure, il voyage, il pullule : un seul exemplaire en produira des milliers. La formidable machine, toujours haletante, vomit sa mitraille à travers la mêlée des partis : puissance terrible contre laquelle tous les limiers de la police, du Parlement et de l'Inquisition useront en vain leurs yeux et leurs dents. Tandis que l'industrie moderne perfectionne avec les armes à feu le grand art de tuer ses semblables, la presse multiplie les formes militantes de la pensée. Elle engendre le pamphlet, produit éphémère de la médisance et de la haine, qui glisse dans l'air et frappe à l'improviste comme une balle ou un stylet; puis le placard, impudent moniteur de carrefour, qui affiche et crie le scandale au coin des rues, à la porte des églises; puis la gravure, sœur et complice du pamphlet, rendant visible aux yeux les mauvais bruits qui bourdonnent à l'oreille. On comprend l'étonnement, la fureur des hommes du passé, contre cet infernal agent de propagande. »

* * *

Mais il ne sert à rien de dresser des barrières et d'accumuler les obstacles : les doctrines de Luther et de Calvin se répandent dans toute la France et pénètrent même dans l'Université. La Sorbonne, sur les infatigables dénonciations d'un de ses plus fougueux docteurs, Noël Béda, censure les écrits d'Erasme et arrête la circulation des livres suspects. Le Parlement allume des bûchers, sur lesquels on fait brûler Berquin, Estienne Dolet et bien d'autres victimes illustres. Il semble que les hérétiques vont se multipliant avec les supplices et que l'hérésie prend de nouvelles forces avec les persécutions.

* * *

Des premières luttes religieuses et des règnes de François Ier et de Henri II datent les premières mesures rigoureuses contre la liberté de l'imprimerie et de la presse.

A un moment donné, en 1533, la Sorbonne affolée propose au roi, pour extirper l'hérésie et sauver la religion attaquée, « d'abolir pour toujours en France, par un édit sévère, l'art de l'imprimerie, qui enfantait chaque jour une infinité de livres pernicieux ». Sur les sages conseils de Jean du Bellay et de Guillaume Budé, François Ier rejette le projet fanatique de la Sorbonne; mais il renouvelle et fortifie les édits relatifs à la censure préalable. Des lettres patentes du 28 décembre 1537 et du 17 mars suivant portent défense « de vendre et imprimer aucuns livres, soit d'auteurs anciens ou modernes, avant de les avoir communiqués à Mellin de Saint-Gelais, abbé de Reclus, garde de la librairie et aumônier de François Ier, sous peine de confiscation desdits livres et d'amende ». Cette censure royale ne faisait d'ailleurs nul obstacle à la censure exercée par l'Université, pas plus qu'à celle du Parlement.

Le choix de ce premier censeur royal était bien singulier, comme l'a fait observer avec raison le bibliophile Jacob. « Soumettre ainsi les livres à la *tenaille* de Mellin si redouté de Ronsard, ne leur laisser prendre leur libre vol que lorsque ce poète des épigrammes licencieuses, des odes érotiques, en a octroyé la permission ! n'est-ce pas au moins étrange ? Que penser de la censure sous l'ancien régime, que dire de sa moralité, quand, cherchant quel fut le premier censeur royal et quel fut l'un des derniers, on trouve d'un côté Mellin de Saint-Gelais, de l'autre Crébillon le fils, deux des hommes dont les œuvres auraient mérité le plus de passer par le creuset légal remis en leurs mains, et qui, approvisionnant eux-mêmes les libraires de livres scandaleux, attirèrent sur la Librairie qu'ils devaient régenter tant d'invectives et de foudres[1]. »

*
* *

Sous le règne de Henri II, l'édit du 11 décembre 1547 ordonne pour la première fois aux auteurs et imprimeurs l'obligation d'apposer leurs noms et surnoms, avec l'enseigne ou marque de librairie, sur les ouvrages qu'ils publient et subordonne la publication à la permission donnée « par lettres du roi expédiées sous le grand scel de la chancellerie ».

Pour la première fois aussi, sous ce même règne, l'édit de Châteaubriant du 27 juin 1551 défend les imprimeries clandestines et prohibe

[1] *Histoire de l'Imprimerie*, Paris, 1852, grand in-8°.

les presses secrètes des imprimeurs de profession, défense qui, dans la suite, fut bien souvent renouvelée.

Avec le règne de Charles IX, la Réforme, qui avait été jusque-là une secte religieuse, devient une faction dans l'État. A la suite de la conjuration d'Amboise et après le massacre de Vassy, on voit se dérouler le triste cortège des guerres civiles, la sédition, le régicide, le meurtre et l'assassinat. Aux catholiques comme aux protestants on peut appliquer les vers indignés de Ronsard; car les uns et les autres prêchent et soutiennent

..... Une doctrine armée,
Un Christ empistolé, tout noirci de fumée,
Qui, comme un Méhémet, va portant en la main
Un large coutelas rouge de sang humain.

*
* *

La Saint-Barthélemy, ce coup d'état sanglant, cette oppression impitoyable de la liberté de conscience, ne fait qu'exalter et exaspérer les protestants et les stimule dans leur résistance. Elle est en même temps comme le signal d'un débordement de pamphlets, d'une véritable guerre de plume. Hotoman, Simon Goulard, Hubert Languet, Buchanan et toute une légion de pamphlétaires anonymes s'attaquent au pouvoir monarchique, essayant de retrouver dans nos vieilles traditions nationales quelques traces de liberté, assimilant en quelque sorte à l'histoire républicaine de la Grèce et de Rome l'histoire des Germains, des Mérovingiens et des Carlovingiens, encourageant et prêchant l'insurrection à main armée, invoquant contre les tyrans l'exemple des vengeances célestes rapportées dans l'histoire des Hébreux ou dans les histoires grecque et romaine. Les membres de la famille royale sont outragés et invectivés avec une rare brutalité, dans des pamphlets tels que la *France Turquie* et le *Discours merveilleux de la vie, actions et déportements de Catherine de Médicis*.

Ces circonstances extraordinaires, l'esprit de révolte et de sédition soufflant avec violence dans toute la France, suffisent à expliquer les nouvelles rigueurs édictées par la royauté contre la presse. Une ordonnance de Charles IX du 17 janvier 1561 s'exprime ainsi : « Voulons que tous imprimeurs, semeurs de placards et libelles diffamatoires soient punis pour la première fois du fouet, et pour la seconde de la vie. »

On étendit la censure et les prohibitions aux *cartes et peintures*, c'est-à-dire aux caricatures, plus redoutables peut-être qu'aujourd'hui, puisqu'elles mettaient des images séditieuses à la portée d'un peuple qui ne savait pas lire. On appliqua de même la censure aux Almanachs, aux livres de pronostications, de prophéties et d'astrologie judiciaire, qui perdaient alors leur innocence avec leur vieille naïveté [1].

Bientôt il ne fut même plus permis de posséder des livres défendus. En effet, l'ordonnance de Moulins de février 1566, après avoir déclaré les auteurs de tels libelles, les imprimeurs et vendeurs « infracteurs et perturbateurs du repos public, veut iceux estre punis des peines portées ès édits; et enjoint à tous ceux qui ont tels livres de les brûler dedans trois mois sous les mêmes peines ».

* * *

On sait combien de pamphlets outrageants et graveleux furent publiés contre Henri III, sa cour et ses mignons. Le bonhomme L'Estoile nous édifierait, au besoin, sur la licence et les obscénités de la presse, qui reproduisent trop fidèlement l'image des mœurs de ce temps dissolu.

« Diverses poésies et écrits satiriques, dit notre chroniqueur parisien, furent publiés contre le roy et ses mignons, en ces trois années 1577, 1578, 1579; lesquels, pour estre la plupart d'eux impies et vilains, tout oultre, tant que le papier en rougist, n'estaient dignes avec leurs autheurs que du feu, en un autre siècle que cestui-ci, qui semble estre le dernier et l'esgoût de tous les précédents..... Dialogue surnommé la *Frigarelle*, aussi vilain que les autres, traictant des amours d'une grande dame avec une fille, divulgué en mesme temps à la cour où il estait commun, et n'en faisoit-on que rire non plus que des susdits pasquils, et sans recherche, à la grande honte et confusion de nos princes et magistrats de France, comme s'ils eussent adoré tacitement lesdits pasquils descrivans une Cour de Sodome et les affections vilaines et contre nature de

[1] Leber. *De l'état réel de la presse depuis François Ier jusqu'à Louis XIV*, p. 16. Paris, Techener, 1834, in-8°.

nos courtizans et courtizanes telles que nous les lisons en Saint-Pol aux Romains. »

Les dessins et peintures satiriques affichés sur les murs de Paris, pendant les désordres de la Ligue, n'étaient pas moins indécents. En août 1590, dit en effet L'Estoile, « on trouva au logis de Marc Antoine, au faubourg Saint-Germain, une plaisante drollerie, mais vilaine, peinte contre une muraille : à sçavoir une femme nue monstrant sa nature, et un grand mulet auprès. Et il y avait au-dessous de la femme escrit : *Madame de Montpensier*, et au-dessous de l'âne : *Monsieur le Légat.* »

On assistait parfois à des actes de répression vraiment cruels. Ainsi le 22 novembre 1586, comme le rapporte L'Estoile, François Le Breton, avocat, fut pendu dans la cour du Palais, « comme séditieux et criminel de lèze-majesté, à raison d'un livre plein de propos injurieux contre le roy, le chancelier et le parlement. Gilles Ducarroy, imprimeur, et son correcteur, furent fustigés et bannis ». Mais, dès le lendemain, les pamphlets satiriques redoublaient d'audace, de violence et de fanatisme.

*
* *

On a signalé bien souvent le curieux revirement qui se produisit dans les polémiques entre protestants et catholiques, le jour où Henri III, chassé de Paris et sentant son royaume lui échapper, chercha son salut dans l'application des doctrines de Machiavel, fit assassiner le duc et le cardinal de Guise et s'allia avec le roi de Navarre, le futur Henri IV. Dès lors, les écrivains protestants renoncent à leurs théories d'insurrection et d'émancipation, pour devenir les plus fermes appuis de la couronne de France. En même temps, par une volte-face en sens contraire, les catholiques ligueurs déclament en faveur de la souveraineté du peuple et vont jusqu'à justifier et exalter le régicide. L'assassinat de Henri III par Jacques Clément fut le résultat de ces coupables déclamations.

C'est un triste spectacle que celui de tant de principes généraux, de théories de droit public, répudiés ou prônés selon les chances des factions qui se disputent le pouvoir. Le sceptique Montaigne luimême, témoin de ces variations et de ces apostasies, en était indigné : « Voyez, s'écriait-il, l'horrible impudence de quoy nous pelotons les raisons divines, et combien irréligieusement nous les avons rejetées et reprises, selon que la fortune nous a changés de place en ces orages publics. Ceste proposition si solennelle : s'il est permis au sujet de se rebeller et armer contre son prince pour défense de la religion, souvienne vous en quelles bouches ceste année passée l'affirmative d'icelle estait l'arc-boutant d'un party, la négative de quel autre party c'estait l'arcboutant ; et oyez à présent dequel quartier vient la voix et instruction de l'une et de l'aultre, et si les armes bruyent moins pour ceste cause que pour celle-là [1]. »

On voit qu'en fait de contradictions et de palinodies politiques, il n'y a rien de nouveau sous le soleil.

Henri IV eut beau abjurer la religion protestante, les catholiques ne désarmèrent pas. Ils firent appel à la parole enflammée des prédicateurs comme aux libelles venimeux des pamphlétaires, pour continuer la lutte.

La plume érudite de Charles Labitte, dans son livre *de la Démocratie chez les prédicateurs de la Ligue*, nous a tracé le curieux tableau de l'éloquence fiévreuse, triviale, bouffonne et sanguinaire des prédicateurs de l'*Église militante* de cette étrange époque : Guillaume Rose, Guincestre, Pigenat, Genébrard, Panigarole et Commolet, ce Jésuite criard, déchaînant les tempêtes, se démenant et gesticulant dans la chaire comme un démon, en répétant d'une voix de fausset : « Il nous faut une Judith, il nous faut un Aod ! ».

Parmi eux se distinguait le curé Boucher, prédicateur violent, pamphlétaire plus violent encore, ce théoricien de la Ligue, dont les écrits présentent un assemblage incohérent de théocratie et de démocratie, l'utopie d'une sorte de république placée sous la souveraineté du Pape.

C'est Boucher qui faisait de ces mots de la Bible : *Eripe nos de luto* une traduction si bizarre : Seigneur, débourbonnez-nous !

*
* *

Ces excitations odieuses, ces provocations fanatiques ne restèrent pas sans résultat sur certaines consciences catholiques faussées par de dangereux sophismes et surchauffées par les passions politiques du temps. Une véritable légion d'assassins furieux fut déchaînée contre le Béarnais, même après son entrée à Paris et sa réconci-

[1] *Essais*, l. II, ch. XII.

liation avec le Saint-Siège ! Après Barrière et Châtel, il suffit de citer l'avocat Jean Guédon, le chartreux Pierre Ouin, deux jacobins de Gand, Ridicoux et Argier, le capucin Langlois, etc... en attendant le fatal coup de couteau de Ravaillac qui donna la mort à Henri le Grand en 1610.

Chose singulière, et qui vient confirmer cette vérité banale que le plus souvent la presse, comme la lance d'Achille, guérit elle-même les maux qu'elle peut causer, la *Ménippée*, ce roi des pamphlets, cette satire nationale des Passerat, des Rapin, des Pithou, tua sous un feu roulant d'épigrammes, de couplets et de discours comiques tout ce qui pouvait survivre d'esprit ligueur en France, après les victoires d'Arques et d'Ivry et la soumission de Mayenne.

Nous nous bornerons à signaler la nuée de satires pour ou contre les Jésuites, qui suivit l'assassinat de Henri IV. L'historien Poirson[1] a fait remarquer avec raison que ce sont précisément des théologiens jésuites, Becan, Emanuel Sa, Mariana, Suarez, qui ont développé les plus dangereux sophismes, « où éclatent, dit-il, les folies d'une théocratie subversive de toute loi divine et de toute loi morale, comme de tout ordre humain ». Le Parlement fit lacérer et brûler le livre de Mariana par la main du bourreau. Il condamna les doctrines ultramontaines des théologiens Jésuites. Ce fut comme le point de départ d'une polémique interminable entre les Jésuites et les royalistes gallicans. Pour donner une idée des libelles et des *factums* de ce temps, il suffit de citer *l'Anti-coton, le Fléau d'Aristogiton, la Chemise sanglante de Henri le Grand, le Jésuite Sicarius, le Contre-Assassin, le Remerciement des Beurrières*, etc. [2]..

Les Jésuites, pour leur défense, et aussi pour procurer eux-mêmes des livres à leurs écoliers, avaient recours à une imprimerie clandestine établie dans leur collège de Clermont à Paris, devenu plus tard le collège Louis-le-Grand. Une sentence du Châtelet du 6 octobre 1614 leur « fit défense de tenir aucune presse, caractères et ustensiles de librairie, imprimerie et reliure, ni d'entreprendre à l'avenir sur l'art et fonctions desdits imprimeurs, libraires et relieurs de livres, à peine de confiscation et de trois mille livres d'amende[3] ».

[1] Tome IV, p. 205 de l'édition in-12.

[2] Leber, *loc. cit.*, p. 99. — *L'Université de Paris et les Jésuites*, par Douarche, p. 182 et suiv., Hachette, 1888.

[3] Peignot, *loc. cit.*, p. 71.

*
* *

Comme on le voit d'après tout ce qui vient d'être dit, jamais la législation n'a réprimé plus cruellement qu'au XVIe siècle les écarts de la presse, puisqu'elle a été jusqu'à la peine de mort. Mais en réalité, jamais la rigueur des lois n'a été plus enfreinte ni plus adoucie dans l'exécution. Et cette remarque est vraie de toute législation sur la presse en général, sous l'ancien régime comme de nos jours. « Soit tolérance naturelle de la part de nos rois, dit Leber, soit que l'extrême rigueur des mesures répressives provoquées par un péril imminent ait été ensuite tempérée par l'effet d'une position moins critique ou par le danger d'une réparation plus à craindre que le délit lui-même, il est évident que les lois de la presse n'ont été exécutées que de loin en loin, et lorsqu'un coupable audacieux, un fanatique indomptable, un fou à lier, venait braver la justice jusque sous le glaive qui le menaçait. »

Il n'en fut pas autrement au XVIIe siècle. Nous voyons Louis XIII, par un édit de 1626, remettre en vigueur les prescriptions rigoureuses des ordonnances de Charles IX. Il semble que la peine de mort va être appliquée à tous les imprimeurs, libraires et distributeurs d'écrits « contre la religion et les affaires d'État ». On arrête, en 1627, un pamphlétaire du nom de Fancan, qui excitait à la sédition et cherchait de beaux prétextes à troubler le repos de l'État, s'il faut en croire les mémoires de Richelieu [1]. Néanmoins le terrible cardinal « supplie très humblement Sa Majesté, de se contenter d'arrêter le mal par l'emprisonnement » du coupable.

*
* *

L'ordonnance de 1629 réglementa la censure des livres, en laissant aux docteurs de la Faculté de théologie l'examen des écrits concernant la religion. Les censeurs royaux devaient être nommés par le chancelier et choisis parmi les hommes de lettres et les savants. Ceux-ci délivraient leur attestation dans la forme suivante : « J'ai lu, par ordre de M. le chancelier, un manuscrit intitulé... Je n'y ai rien trouvé qui puisse en empêcher l'impression. » Puis le manuscrit était signé par l'examinateur au bas de chaque page, et à toutes les sur-

[1] Collection Michaud et Poujoulat, t. I, p. 41, 65, 452 et 483.

charges ou ratures qui pouvaient s'y trouver ; en outre, chaque feuille du premier exemplaire sortant de dessous la presse était également signée de censeurs, pour que l'on fût assuré que l'imprimé était parfaitement conforme au manuscrit approuvé [1].

Que pensait alors l'opinion publique d'une telle législation ? Nous en avons un écho affaibli, mais assez exact, dans les procès-verbaux des États généraux de 1614. La vérité est que la liberté de la presse, même limitée, n'avait alors pas plus de partisans dans la représentation nationale que dans les conseils du roi. On hésitait seulement entre la censure de l'État et celle de l'Église.

Le Clergé demandait qu'il fût interdit, sous des peines sévères, d'écrire, d'imprimer ou de mettre en vente des libelles diffamatoires et que tout détenteur de pareils écrits fût tenu de les brûler ; qu'il ne fut rien imprimé sans une permission signée de l'auteur, avec l'approbation des docteurs et de l'autorité de l'Évêque diocésain. Le Tiers État, de son côté, pensait qu'aucun livre ne pouvait être mis en vente, s'il ne désignait le nom, le privilège de l'imprimeur, et le lieu de l'impression ; les infracteurs devaient être punis du fouet et d'une amende arbitraire pour la première fois, des galères et de la confiscation pour la seconde ; l'examen préalable de tous les livres devait être confié aux délégués des évêques et des baillis [2].

Les ministres de Louis XIII, on le voit, étaient d'accord avec l'opinion des trois ordres, lorsqu'ils s'efforçaient d'entraver la liberté de la presse.

* * *

La période de l'ancien régime la plus fertile en satires, en libelles, en diatribes, où le burlesque le dispute à la licence obscène et au cynisme effronté, c'est assurément la période de la Fronde de 1648 à 1652. Un contemporain, Vaudé, en parle comme d'essaims de mouches et de frelons qu'auraient engendrés les plus fortes chaleurs de l'été. On les criait le matin sortant de la presse, comme les petits pâtés sortant du four. On ne connaît aucune collection assez complète, assez vaste de ces Mazarinades, pour permettre d'en évaluer le chiffre total ; mais ce ne serait pas l'exagérer que de le porter à sept ou huit mille. Mazarin lui-même faisait, dit-on, ou faisait faire des

[1] Peignot, *loc. cit.*, p. 78.

[2] *Etats généraux*, par A. Desjardins, p. 658 et 659. Paris, Durand, 1871.

pamphlets de ce genre, répandus par son ordre, pour exciter des émeutes qu'il exploitait ensuite à son profit [1].

Sous le règne de Louis XIV, les pamphlets et les libelles, en forme de *Gazettes à la main*, reproduisent les intrigues amoureuses de la cour et de la ville et les mille anecdotes scandaleuses du temps. Des satires violentes, pleines de passion et de fiel, viennent de l'étranger et en particulier de la Hollande, après que Louis XIV a porté ses armes dans ce pays et que les protestants de France ont été obligés d'y chercher un refuge à la suite de la révocation de l'Édit de Nantes.

A ces dangers nouveaux, le pouvoir opposa de nouvelles barrières. On prit les plus grandes précautions pour surveiller la circulation des livres ; les conducteurs de coches, les messagers et voituriers par terre et par eau ne purent délivrer aucuns ballots ou paquets de livres sans avoir un billet du syndic des libraires ou de l'un de ses adjoints. Quant aux livres venant des pays étrangers, ils n'entrèrent en France que par les villes de Paris, Rouen, Nantes, Bordeaux, Marseille, Lyon, Strasbourg, Metz, Reims, Amiens, Lille et Calais. Les livres venant de Suisse, de Genève ou d'Italie, et destinés à Paris, entrèrent par le bureau des fermes, établi sur la frontière de Franche-Comté [2].

Les libelles se succèdent cependant comme les accès d'une fièvre intermittente. « Ce sont des critiques amères contre le Gouvernement de Louis XIV, dit Leber, des satires personnelles d'une brutalité révoltante, des fictions diffamatoires contre les hommes d'Etat et les officiers généraux les plus dévoués au service du roi ; des pamphlets plus attrayants, plus spirituels, mais non moins perfides et mordants ; des farces dialoguées où les personnes du rang le plus élevé sont livrées à la risée du peuple. »

Les auteurs de pareils pamphlets ne restèrent pas tous impunis. Pour en citer un seul, Chavigny fut enfermé au Mont-Saint-Michel et passa trente années dans une cage de fer ; il avait publié en 1669 un dialogue intitulé le *Cochon mitré*, dirigé contre Le Tellier, archevêque de Reims et frère de Louvois.

Pour détruire les derniers vestiges de l'esprit de la Fronde, Colbert n'avait point hésité à faire condamner à mort les auteurs et les éditeurs de libelles injurieux pour le roi. En 1694, deux hommes

[1] Leber, p. 103 et 106.

[2] Saugrain, *Code de la Librairie*, p. 287 et suiv.

furent exécutés pour complicité dans un pamphlet où se trouvait une planche représentant la statue de la place des Victoires entourée de quatre femmes, La Vallière, Fontanges, Montespan et Maintenon, tenant le roi enchaîné. Deux autres subirent le même supplice pour le même motif.

Avec le temps, les peines s'adoucirent : en 1705, le commerce des livres dirigés contre le roi, la religion, Mme de Maintenon et autres personnages de considération, n'est puni que de la Bastille [1].

* * *

Au XVIIIe siècle, de nouvelles ordonnances sur la librairie remettent en vigueur les prescriptions des anciens édits et ne réussissent pas mieux à réprimer les délits de la presse.

Une déclaration du roi du 10 mai 1728 rappelle les principaux édits, ordonnances, déclarations et règlements des règnes précédents concernant l'imprimerie et la librairie.

L'article 2 porte la peine du carcan et des galères contre tout imprimeur qui imprimera des ouvrages sans privilège ni permission. L'article 10 prononce les mêmes peines contre les colporteurs, qui distribuent de mauvais livres. L'article 12 interdit à toute personne, de quelque état et condition qu'elle soit, d'avoir une presse particulière chez soi, à peine de trois mille livres d'amende.

Un arrêt du conseil du 24 mars 1744 ordonne que le règlement du 28 février 1723 sur l'imprimerie et la librairie, fait d'abord pour la ville de Paris, soit étendu à toutes les villes du royaume. Ce travail, rédigé avec un soin particulier par le Chancelier d'Aguesseau, comprenait 123 articles. Il resta en vigueur jusqu'en 1789, date à laquelle fut proclamée la liberté entière des professions [2].

[1] *Rapports inédits du Lieutenant de police René d'Argenson*, publiés par Paul Cottin. Paris, Plon, 1891, p. CXXVI.

[2] En voici l'analyse, d'après Paul Boiteau (*Etat de la France en 1789*) :

Les imprimeurs libraires sont considérés comme faisant partie du corps de l'Université; ils jouissent de l'exemption de tous droits à la sortie de France et à l'entrée; ils peuvent vendre des livres et les colporteurs ne doivent débiter que des alphabets et des almanachs.

Les libraires doivent demeurer tous dans les quartiers de l'Université et n'occuper qu'un seul magasin, qui sera fermé le dimanche.

Nul n'est imprimeur sans avoir fait quatre ans d'apprentissage et trois ans de compagnonnage, et dans aucune imprimerie il n'y aura plus d'un apprenti. Le nombre des colporteurs est fixé à 120.

Aucun ouvrage ne peut être imprimé avant que le libraire ou imprimeur ait

* * *

Il ne faut pas croire cependant que, sous l'ancien régime, le sort de la librairie ait jamais été réglé avec une telle simplicité. Six arrêts du conseil du 30 août 1777 réduisirent la durée des privilèges, imposèrent divers impôts. D'ailleurs les Parlements, qui empiétaient souvent sur le pouvoir législatif, publièrent de nombreux règlements *sur le fait de la librairie*. De telle sorte que la législation de cette époque n'offre, en définitive, qu'un pêle-mêle inextricable de dispositions arbitraires offrant la plus grande latitude aux caprices du despotisme.

C'est ce qui explique comment les philosophes du XVIIIe siècle eurent tant de peine à faire paraître l'Encyclopédie, même avec la complicité de M. de Malesherbes, alors directeur de la librairie [1]. Comme il y avait des accommodements avec le pouvoir, les ouvrages suspects passaient la frontière en manuscrits, étaient imprimés à Genève, à Londres ou à Amsterdam et revenaient ensuite en France à l'aide d'une propagande la plupart du temps ouverte et tolérée. Tel fut le cas du *Dictionnaire* de Bayle, de l'*Esprit des lois* imprimé à Genève, et des œuvres les plus remarquables de Voltaire et de Jean-Jacques Rousseau.

Parfois cependant, sur certaines plaintes, on faisait un exemple. Ainsi, à la veille de la révolution, en 1789, le Parlement condamna au feu un ouvrage de l'abbé Raynal sur les *Etablissements et le commerce des Européens dans les deux Indes*, ouvrage dénoncé au roi par la dernière assemblée du clergé.

obtenu permission du lieutenant de police, approbation des censeurs et lettres du grand sceau.

Neuf exemplaires sont remis : 2 à la Bibliothèque du Roi, 1 au Cabinet du Louvre, 1 au garde des sceaux, 1 au censeur qui a lu l'ouvrage et 5 à la communauté des libraires.

Les contrefacteurs sont punis corporellement.

Les libraires seuls peuvent décrire les livres et faire les ventes de bibliothèques sans affiches.

Une imprimerie ou une librairie ne peut être transmise sans la permission du lieutenant de police.

Le syndicat de la communauté est chargé d'une surveillance rigoureuse du matériel et de la défense des intérêts des imprimeurs et libraires.

On peut consulter aussi à ce sujet *la Propriété littéraire au XVIIIe siècle*, par Laboulaye et Guiffrey, Paris, 1859.

[1] *Etudes sur le XVIIIe siècle*, par Brunetière, *Revue des Deux-Mondes*, 1882, p. 567.

L'abbé Raynal avait osé attaquer la religion catholique et déifier la raison. « La philosophie, disait-il, doit tenir lieu de divinité sur la terre ; c'est elle qui lie, éclaire, aide et soulage les humains.» Suivant lui, la philosophie était seule digne de diriger la politique et de devenir l'inspiratrice des lois. « Tout écrivain de génie est magistrat né de sa patrie ; son tribunal, c'est la nation entière, le public son juge, non le despote qui ne l'entend pas ou le ministre qui ne veut pas l'écouter, c'est aux sages de la terre qu'il appartient de faire des lois, et tous les peuples doivent s'empresser de les adopter.» Ce n'est pas tout ; l'écrivain rappelait une ancienne coutume de l'île de Ceylan qui assujettissait le souverain à l'observation de la loi, et qui *le condamnait à la mort s'il osait la violer*. Il ajoutait avec une hardiesse peu commune : « Si les peuples connaissaient leurs prérogatives, cet ancien usage subsisterait dans toutes les contrées de la terre. »

Une telle audace ne pouvait rester impunie. L'auteur fut décrété de prise de corps ; mais on lui laissa le temps de s'évader, et il se réfugia auprès du roi de Prusse [1].

*
* *

La censure fut perfectionnée au XVIIIe siècle. Jusque-là, les examinateurs laïques étaient choisis isolément et pour l'examen d'un seul ouvrage. Dès 1741, on nomma des censeurs royaux en certain nombre, pour chacune des parties des connaissances humaines, et avec un titre permanent. Lottin de Saint-Germain, dans son *Catalogue chronologique des libraires de Paris en* 1789, donne une liste des censeurs royaux de l'époque : il y en avait dix pour la théologie, dix pour la jurisprudence, dix pour la médecine, histoire naturelle et chimie, huit pour les mathématiques, trente-cinq pour les belles-lettres, un pour la géographie, la navigation et les voyages, un pour la peinture, gravure et sculpture, etc. [2].

Outre la censure préalable des censeurs royaux, les auteurs pouvaient tomber sous la censure de la Congrégation de l'Index, qui siégeait à Rome et qui était représentée à Paris par le Nonce.

Si ces deux censures, ou plutôt ces deux barrières, étaient heureu-

[1] *L'esprit révolutionnaire avant la Révolution*, par Rocquain, p. 389 et suiv.

[2] Peignot, *loc. cit.* p. 79.

sement franchies, les écrivains étaient encore exposés à voir leurs ouvrages supprimés ou brûlés par arrêts des Parlements, du Conseil du roi ou du Châtelet.

M. Félix Rocquain, à la fin de son livre sur l'*Esprit révolutionnaire avant la Révolution*, a dressé le très curieux tableau des livres réprouvés de 1715 à 1789. L'analyse attentive de cette longue liste confirme les observations de M. Rocquain. Les écrits condamnés de 1715 à 1743 se rapportent tous, sauf de rares exceptions, aux querelles soulevées par la bulle *Unigenitus*. De 1743 à 1752, on voit, à côté de brochures relatives à cette bulle, les premières productions de la philosophie, et en particulier le *Dictionnaire de l'Encyclopédie*. De 1752 à 1757, les ouvrages poursuivis ont trait presque uniquement aux refus de sacrements. De 1757 à 1774 dominent les brochures concernant les Jésuites, les livres de philosophie, les pamphlets contre le Chancelier Maupeou. A partir de 1774 (mort de Louis XV) jusqu'en 1789, on trouve, avec quelques écrits philosophiques, des brochures relatives aux réformes tentées par Louis XVI et Turgot, et enfin un certain nombre de publications se rapportant aux Etats Généraux.

Le Parlement de Paris laissait au lieutenant de police et au Châtelet le soin de supprimer les ouvrages obscènes, les feuilles volantes, de réprimer les contraventions ordinaires aux règlements de la librairie, les affichages illicites, les placards séditieux, etc. Il se réservait seulement d'exercer sa censure contre les écrits qui attiraient l'attention publique par le mérite littéraire de leurs auteurs ou par l'active propagande dont ils étaient l'objet.

Le jugement de condamnation ordonnait d'apporter au greffe de la Cour tous les exemplaires de l'ouvrage : en attendant, les volumes saisis étaient lacérés et brûlés au pied du grand escalier du Palais de Justice. Cette procédure d'*autodafé* tomba dans le ridicule, le jour où le public voulut lire l'ouvrage proscrit avant de le juger et de le condamner à son tour. Aussi le Parlement eut-il recours le plus souvent à la *suppression* de l'ouvrage, c'est-à-dire à l'interdiction de le vendre et de le distribuer ou colporter.

M. Monin, dans son livre plein d'intérêt sur *l'État de Paris en 1789* [1], rapporte, d'après les documents originaux conservés aux Archives nationales et à la Bibliothèque nationale, divers arrêts du

[1] Paris, maison Quantin, 1889.

Parlement de Paris de 1775 à 1789 portant condamnation ou suppression de 65 écrits déclarés dangereux.

Nous signalerons parmi ces écrits : la *Diatribe* de Voltaire, destinée à défendre les lois économiques de Turgot, la libre circulation et le libre achat des blés ; les *Inconvénients des droits féodaux*, avec cette épigraphe : *Hinc mali labes*, brochure de Boncerf inspirée par Turgot et publiée sous le pseudonyme significatif de Francaleu (franc alleu) ; le *Mémoire justificatif pour trois hommes condamnés à la roue*, pamphlet célèbre dirigé par Dupaty, président au Parlement de Bordeaux, contre la législation criminelle de l'ancien régime, la procédure secrète, l'interrogatoire secret, le jugement sans contradiction et sans l'assistance d'un défenseur, etc., etc.

Et cependant, par un de ces revirements inexplicables qui ressemble à une cruelle ironie, le Parlement de Paris, à la veille de la réunion des États Généraux, dans un arrêté fameux du 5 décembre 1788, réclame lui-même « la liberté légitime de la Presse, seule ressource prompte et certaine des gens de bien contre la licence des méchants, sauf à répondre des écrits répréhensibles après l'impression, suivant l'exigence des cas ». L'opinion publique jugea sévèrement cette volte-face incroyable, qu'elle qualifia de palinodie honteuse. Il y avait là toutefois comme un signe des temps, un aveu d'impuissance et une sorte d'abdication en faveur des idées nouvelles.

* * *

Nous n'avons guère parlé jusqu'ici que des livres, brochures, libelles et gravures. Il nous faut maintenant revenir un peu sur nos pas, pour dire brièvement l'origine du journal et ses développements en France, avant 1789.

Le fondateur du journalisme français fut un jeune médecin originaire de Loudun, Théophraste Renaudot[1]. Le premier numéro de sa fameuse *Gazette* parut le 1er mai 1631. Richelieu n'hésita pas à donner

[1] Dans une thèse soutenue en Sorbonne, en 1896, M. l'abbé Dedouvres, qui avait choisi pour sujet *le Père Joseph polémiste*, a prétendu que le terrible capucin était le premier en date des journalistes français. Il s'est appuyé sur une longue liste de pamphlets anonymes destinés à défendre la politique de Richelieu et publiés par le *Mercure français*. Ces pamphlets semblent devoir être attribués au P. Joseph.

On sait que le *Mercure français* était un recueil historique, paraissant en principe tous les ans, mais qui n'a eu que vingt-quatre volumes de 1615 à 1643 ; c'est ce qu'on appellerait aujourd'hui une *Année politique*. Cette sorte de compilation l'autorisation nécessaire, comprenant tout l'intérêt qu'il y avait à tenir à sa discrétion une feuille qui raconterait les événements sous sa dictée et dans le sens qui agréerait. Il attacha à la rédaction de cette feuille Mézerai, Bautru, Voiture et La Calprenède. « C'était un quatuor qui avait son prix, dit M. Gidel[1]. Le premier de ces hommes y représentait le savoir et la franchise, Bautru la verve plaisante, Voiture le bel esprit délicat, et La Calprenède la rodomontade gasconne, qui n'était peut-être pas déplacée dans cette presse officielle. »

Une feuille périodique paraissant une fois par semaine, de quatre pages d'abord, bientôt de huit,-cela peut faire sourire aujourd'hui ; mais on était alors au début du journalisme, et Théophraste Renaudot, qui en est le père, peut se vanter d'avoir créé une nombreuse famille. La *Gazette* paraissait rue de la Calandre, à l'enseigne du Grand-Coq. L'emblème, a-t-on dit, était bien choisi ; cet oiseau querelleur, pétulant, avec ses ergots, sa crête ardente, sa fière démarche, sa voix perçante, peignait à merveille à l'avance toutes ces générations d'écrivains qui devaient, les unes après les autres, s'exercer dans l'arène ouverte aux hasards et aux hardiesses de la pensée.

Renaudot eut à soutenir bien des luttes contre des adversaires qui ne le ménagèrent nullement, notamment contre son confrère Gui Patin, le docteur le plus ironique, le plus passionné, le mieux instruit, le mieux disant de toute l'ancienne médecine.

Renaudot avait, soit par accident, soit par nature, le nez un peu trop court ; il était camus et tout ce qui s'ensuit. Gui Patin s'en égaya de toutes les manières ; il alla puiser dans son érudition et jusque dans saint Jérôme des insolences sur ce pauvre nez plus ou moins burlesque, et qui rappelle celui de Cyrano de Bergerac. Renaudot se disant offensé introduisit une plainte contre Gui Patin et demanda des dommages-intérêts, qui lui furent refusés. Au sortir de l'audience, Gui Patin lui dit : « Eh bien ! vous avez gagné, tout en

impersonnelle porte, à partir de 1624 jusqu'à la mort du P. Joseph, la trace visible du style et des idées de la fameuse Éminence grise.

Sans doute le P. Joseph a été des premiers à comprendre l'importance de la périodicité et son influence sur l'opinion publique. Mais la périodicité annuelle du *Mercure* ne nous semble pas suffisante pour lui attribuer le titre de journal. Nous réservons ce titre à la *Gazette*, qui fut d'abord hebdomadaire, et cela nous permet de laisser intacte la gloire de Renaudot.

[1] *Les Français du XVIIe siècle*, p. 325.

perdant. Vous étiez entré ici avec le nez trop court, vous en sortez avec un pied de nez. »

Dans ses assauts contre Renaudot, Gui Patin l'appelait *gazetier*, ce qui était déjà une très grave injure, *vaurien hebdomadaire*, *polisson à la semaine*, et même *suppôt du diable*, sous prétexte que Renaudot était né à Loudun, ville bien connue par les diableries qui la troublèrent à l'occasion du curé Urbain Grandier[1].

Hatin, dans son *Histoire politique et littéraire de la presse* et Gilles de la Tourette, dans un travail plus récent, ont donné les détails les plus précis sur la vie et les aventures de ce premier ancêtre bien reconnu des journalistes modernes[2].

Rien de plus singulier que l'existence aventureuse de ce médecin philanthrope, qui, tout en distribuant des *consultations charitables* et des remèdes gratuits à une clientèle de déshérités, créa la *publicité commerciale* par son *bureau d'adresses*, fonda en France les Monts-de-Piété et mourut « gueux comme un peintre », suivant l'expression d'un de ses contemporains.

Certains détracteurs de la gloire de Renaudot ont prétendu que cet homme de bien ne soupçonnait nullement la haute portée de ses créations, qu'il faisait du journalisme un passe-temps agréable et rien de plus, qu'il aurait été bien surpris et émerveillé si quelqu'un avait pu lui révéler de son vivant la valeur de l'arme qu'il avait forgée.

Pour faire la lumière sur ce point, il suffit de relire ce qu'écrivait le père du journalisme français en janvier 1633 : « Les suffrages de la voix publique m'espargnent désormais de répondre aux objections auxquelles l'introduction que j'ay faite en France des *Gazettes* donnoit lieu lorsqu'elle estoit encore nouvelle. Car maintenant la chose en est venue à ce point, qn'au lieu de satisfaire à ceux à qui l'expérience n'en auroit peu faire avouer l'utilité, on ne les menaceroit rien moins que des Petites-Maisons. »

Y a-t-il rien de plus curieux et de plus prophétique que son intuition surprenante de la puissance du journalisme ? « Seulement, écrivait-il, feray-je en ce lieu deux prières, l'une aux princes et aux Estats estrangers, de ne perdre point inutilement le temps à vouloir fermer le passage à mes Nouvelles, veu que c'est une marchandise

[1] Gidel, *op. cit.*, p. 322.

[2] Voir le *Livre d'or de la Presse française* dans l'*Annuaire de la Presse* de 1892, p. CCXXXVIII et suiv.

(Cliché A. Londe.)

THÉOPHRASTE RENAUDOT

Fondateur du Journalisme (1586-1653).

La statue, érigée à THÉOPHRASTE RENAUDOT, rue de Lutèce, à Paris, a été inaugurée, le 4 juin 1893, sous la présidence de M. Charles DUPUY, président du Conseil des ministres.

Le Comité constitué pour l'élévation de la statue avait pour président : M. Jules CLARETIE et pour secrétaire général : M. le docteur GILLES DE LA TOURETTE.

dont le commerce ne s'est jamais peu deffendre et qui tient cela de la nature des torrents qu'il se grossit par la résistance. »

* * *

Le roi Louis XIII lui-même se piqua au jeu, il inspira souvent la *Gazette* de Renaudot et quelquefois lui *fournit de la copie*. Cette collaboration royale était doublement profitable à Renaudot, qui avait ainsi des nouvelles de première main et recevait en outre une pension de cinq cents écus.

Suivant le jésuite Griffet, dans son *Histoire de Louis XIII*, les preuves matérielles de la collaboration du roi à la *Gazette* se trouvaient « dans deux volumes des manuscrits de Béthune qui sont à la bibliothèque du roi et qui ne contiennent que les minutes de différents articles écrits de la propre main de Louis XIII, avec une quantité de ratures et de corrections qui sont toutes de la même main ». Le très consciencieux historiographe de la presse française, Hatin, a recherché ces précieux volumes à la Bibliothèque Nationale, mais en vain.

Un collaborateur du journal *le Temps* a été plus heureux que Hatin. Il a retrouvé dans le fonds français et sous le n° 3840 un des volumes manuscrits, que l'on croyait perdus. Le catalogue lui donne le titre suivant : *Mémoires en forme de journaux, écrits de la main du roi Louis XIII, concernant les opérations militaires en Lorraine, en Picardie et en Languedoc, de* 1633 à 1642.

Philippe de Béthune, frère de Sully, premier possesseur de ce précieux manuscrit, le décrit ainsi, sur une feuille prise dans la reliure du volume : « Relations particulières fort curieuses écrites de la main du roi Louis XIII qu'il faisait de temps à autre et qui m'ont été données par M. Lucas, secrétaire de son cabinet, avec beaucoup d'autres papiers et lettres bien curieux aussi, après la mort dudit roi, qui étaient dans la cassette que Sa Majesté faisait toujours porter avec lui. »

La comparaison des minutes des articles avec les numéros de la *Gazette*, où ils ont été insérés, est tout à fait intéressante. Elle prouve que Renaudot n'imprimait pas toujours la *copie* de son royal correspondant telle qu'elle lui était envoyée. S'il n'y apportait pas de corrections, au moins y pratiquait-il souvent des coupures ; il utilisait, au mieux des besoins et des intérêts de sa feuille, les lettres que le roi lui écrivait du camp avec toute la promptitude désirable, car elles sont généralement datées du soir même des opérations ; mais il ne se croyait pas obligé d'accepter tout ce que lui adressait son *reporter* militaire. Certaines pages du manuscrit sont même absentes de la *Gazette*.

Le second volume, qui n'a pas encore été retrouvé, doit contenir les articles politiques du roi, ceux qu'il écrivait en secret au Louvre, en collaboration quelquefois avec Richelieu et qu'il faisait porter en cachette à Renaudot.

Quand ce volume sera retrouvé, il fournira le sujet d'un piquant chapitre sur les débuts de la presse française et sur le parti que surent tirer Louis XIII et Richelieu de la « nouveauté » introduite par Théophraste Renaudot.[1]

*
* *

Il faut le reconnaître, c'était une entreprise bien difficile que de publier une gazette, dans ces temps reculés, où les moyens de communication étaient si rudimentaires. Renaudot le comprit et il sollicita la bienveillance de ses lecteurs contemporains. « Si la crainte de déplaire à leur siècle, dit-il, a empêché les bons auteurs de toucher à l'histoire de leur âge, quelle doit être la difficulté d'écrire celle de la semaine, voire du jour même où elle est publiée ! Joignez-y la brièveté du temps que l'impatience de votre humeur me donne, et je suis bien trompé si les plus rudes censeurs ne trouvent digne de quelque excuse un ouvrage qui se doit faire en quatre heures de jour, que la venue des courriers me laisse, toutes les semaines, pour assembler, ajuster et imprimer ces lignes. En une seule chose ne céderai-je à personne, en la recherche de la vérité, de laquelle néanmoins je ne me fais pas garant, étant malaisé qu'entre cinq cents nouvelles écrites à la hâte, d'un climat à l'autre, il n'en échappe quelqu'une à nos correspondants qui mérite d'être corrigée par son père le temps [2]. »

[1] *Le Petit Temps*, supplément au journal *le Temps* du 8 novembre 1894.

[2] La *Gazette* fut tour à tour rédigée par les fils, les petit-fils et le neveu de Renaudot, puis par Hellot, Laugier, Meusnier de Querlon, Mouhy, Rémond de Sainte-Albine, Louis de Boissy, Suard et l'abbé Arnaud, Marin, l'abbé Aubert. Son privilège passa successivement entre les mains des héritiers de son fondateur, du président Aunillon, de MM. de Verneuil père et fils, de MM. de Meslé et de Courmont, avant de faire retour au gouvernement qui, par lettres patentes d'août

« La *Gazette*, dit M. Gidel, traversa les orages de la Fronde, sans y succomber. Elle suivit et partagea les mauvais jours du roi, pour partager plus tard son triomphe. Installée dans l'orangerie du château de Saint-Germain, la *Gazette* ne pénétrait pas toujours dans Paris, et l'on y éprouvait plus d'une fois le regret de son absence. Théophraste Renaudot était un fort habile homme. Il comprit qu'il ne fallait pas laisser Paris sans journal. En effet, le journal était déjà devenu un besoin impérieux. « Les curieux, est-il dit dans un ouvrage du temps, cherchaient partout la *Gazette*. Il semble, disaient-ils, que tout soit mort depuis que la *Gazette* ne va plus ; l'on vit comme des bêtes sans savoir rien de ce qui se passe ; ainsi, sans quelques rogatons dont les colporteurs, en vidant leurs pochettes, remplissaient ces chambres vides de cervelles, ils prenaient le grand chemin des Petites-Maisons. D'autres, pour suppléer à ce défaut, forgeaient eux-mêmes des nouvelles pleines d'imaginations, bourrées de coq-à-l'âne, en faisant accroire aux simples et donnant à rire aux sérieux. » L'occasion était opportune, le père de la *Gazette* ne la laissa pas échapper. Il avait deux fils, il en fit des journalistes et fonda pour eux le *Courrier français*. C'était un journal voué en apparence à la cause du Parlement. Renaudot avait fait là un véritable coup de maître. En continuant de tenir lui-même pour la cour, il mettait ses enfants dans le camp opposé, sûr ainsi d'avoir toujours un refuge, au cas où la cause royale viendrait à succomber. Les fils de Renaudot, fort instruits, dit un contemporain, de toutes les manigances qu'il fallait pratiquer, eurent un succès prodigieux. On se jetait sur le *Courrier français*. « Le pain ne se vendait pas mieux, dit-on, l'on y courait comme au feu : l'on s'assommait pour en avoir, les colporteurs donnaient des arrhes la veille, afin qu'ils en eussent des premiers ; on n'entendait, le vendredi, crier autre chose que le *Courrier français*, et cela rompait le cou à toutes les autres productions de l'esprit. » Le *Courrier* se vendait un sou. On en fit des parodies en vers.

« Cet usage d'écrire en vers des chroniques et des nouvelles survécut à la Fronde.

1761, l'attribua au ministère des affaires étrangères. Le 1er janvier 1762, la *Gazette* prend le titre de *Gazette de France* et revêt les armes royales en guise de frontispice. Elle conserva l'un et l'autre lorsque Panckouke prit à bail, en octobre 1786, la direction de la feuille officieuse moyennant la redevance du tiers du prix net fixé pour chaque souscription. Ce produit fut, du 1er janvier 1787 à 1789, de 20 ou 25 000 livres. (*Bibliographie de l'histoire de Paris pendant la Révolution*, par Maurice Tourneux, t. II, p. 485.)

« Au xviie siècle, quelques grandes familles avaient des nouvellistes à leurs gages. C'était une sorte de luxe. Un des plus célèbres fut Loret, dont la *Muse historique*, qui va de 1651 à 1659, offre un tableau exact et intéressant, des faits les plus petits, comme des plus importants, de la société parisienne à cette époque.

« Loret était né à Carentan, en Normandie. Il n'avait pas reçu grande instruction et ne pouvait guère que rimer en vers assez mauvais les nouvelles du jour. Mlle de Longueville, plus tard duchesse de Nemours, le prit à son service, et Loret s'engagea à lui fournir tous les dimanches une lettre en vers sur les événements de la semaine. D'abord, ce n'était que pour un petit nombre de personnes de la confidence de Mlle de Longueville que ces lettres étaient écrites ; mais bientôt la curiosité s'en empara, on en fit des copies, on en trafiqua, et ces vers, fort applaudis, devinrent le passe-temps de la belle société. « Le roi, la reine, les princes et les princesses, dit Loret, les grands seigneurs et les dames de notre cour, les hommes mêmes de longue robe et de profession sérieuse et studieuse quittent leurs autres emplois, afin de se récréer à celui-ci. »

« Loret mêlait ensemble la variété, la licence et l'utilité ! Sa lettre arrivait chaque dimanche à point nommé. Il ne prenait de repos que la semaine sainte. Il rendait compte des régals, des fêtes, des naissances, des morts, des mariages, des aventures scandaleuses, des sermons, des arrivées, des départs.

« La manière dont il terminait chacune de ses lettres était aussi plaisante que négligée.

— Fait en avril, le vingt-huit,
Avant que mon souper fût cuit.
— Fait le cinquième jour de may,
D'un style qui n'est pas trop gai.
— Fait du jour de saint Laurent la veille,
En mangeant des œufs à l'oseille.

« Ce badinage en vers amusait le public de cette époque, qui était moins difficile que celui de nos jours.

« Loret recevait pour cette agréable besogne 250 livres de Mlle de Longueville. Plus tard, Fouquet porta le gazetier pour 200 écus dans la liste des gens qu'il pensionnait. Mazarin lui servit une rente[1]. »

[1] Gidel, *op. cit.*, p. 343 et suiv.

* * *

A la suite de la presse politique, que représente la *Gazette*, vient la presse littéraire et scientifique. Le premier numéro du *Journal des savants* parut le 5 janvier 1665 : cette création fut l'œuvre d'un conseiller au Parlement de Paris, Denis de Salles.

Le journal rendait compte des ouvrages publiés. Il indiquait le nom du libraire où se vendait un livre, son prix, son format. Il en donnait l'analyse et la critique.

La petite presse suivit de très près, avec le *Mercure galant*, le prototype des petits journaux. Le *Mercure*, comme le dit Eugène Hatin [1], « était originairement rédigé sous la forme d'une lettre dans laquelle venaient s'enchâsser les nouvelles politiques et littéraires, les petits faits, les historiettes, les poésies, toutes les matières, en un mot, qui sont le butin des chroniques, courriers, feuilletons de théâtre et revues d'aujourd'hui ».

Le *Mercure galant* fut fondé en 1672 par Donneau de Visé. Ce terme de *Mercure* était depuis longtemps synonyme de recueil de nouvelles. Visé le rajeunit en y ajoutant l'épiphète de *galant*. A l'exemple de cet ancêtre un peu oublié, bien des journaux de nos jours mêlent agréablement les nouvelles de la politique et de la littérature. « Je vous écrirai, disait Visé, tous les huit jours une fois et vous ferai un long et curieux détail de tout ce que j'aurai appris pendant la semaine ; je vous demanderai des choses que les gazettes ne vous apprendraient point, ou du moins qu'elles ne vous feraient pas savoir avec tant de particularités ; les moindres choses qui s'échappent ici n'échapperont point à ma plume. Vous saurez les mariages et les morts de conséquence, avec des circonstances qui pourront quelquefois vous donner des plaisirs que ces sortes de nouvelles n'ont pas d'elles-mêmes. Je vous enverrai toutes les pièces galantes qui auront de la réputation comme sonnets, madrigaux et autres ouvrages semblables. Je vous demanderai le jugement qu'on fera de toutes les comédies nouvelles et de tous les livres de galanterie qui s'imprimeront. J'espère vous écrire souvent quelques aventures nouvelles en forme d'histoire. Vous croyez bien que les coquettes de Paris me fourniront assez de quoi écrire sur ce sujet. »

[1] *Bibliographie de la presse périodique*, p. LXVII.

Avec un tel programme le *Mercure galant* devait obtenir un grand succès ; et il ne tarda pas en effet à devenir tout à fait à la mode. Mais le mauvais goût s'y glissa bien vite, grâce à la fadeur des sonnets et des madrigaux, à la frivolité des aventures galantes. Ses critiques littéraires ne furent pas heureuses, puisqu'elles furent dirigées trop souvent contre Racine et Molière. C'est ainsi que le *Mercure* prit la défense de Trissotin, si méchamment mis à mal par notre grand écrivain comique, dans les *Femmes savantes*.

« Jamais, dans une seule année, disait notre recueil, on ne vit tant de belles pièces de théâtre, et le fameux Molière vient de faire représenter, au Palais-Royal, les *Femmes savantes*, pièce de sa façon qui est tout à fait achevée. Bien des gens font des applications de cette comédie. Un homme de lettres est, dit-on, représenté par M. Trissotin ; mais M. Molière s'est suffisamment justifié de cela par une harangue qu'il a faite au public deux jours après la première représentation de sa pièce. D'ailleurs ce prétendu original de cette agréable comédie ne doit pas s'en mettre en peine ; s'il est aussi sage et aussi habile homme que l'on dit, cela ne servira qu'à faire éclater davantage son mérite, en faisant naître l'envie de le connaître, de lire ses écrits et d'aller à ses sermons. »

Dans la célèbre querelle des anciens et des modernes, le *Mercure* prit parti pour Perrault. Boileau s'en vengea par cet épigramme bien connu, où il suppose que tous les dieux de l'Olympe menacent Perrault de leurs regards plus ou moins foudroyants. Il ajoute :

> Perrault, craignez enfin quelque triste aventure.
> Comment soutiendrez-vous un choc aussi violent ?
> Il est vrai, Visé vous assure
> Que vous avez pour vous le Mercure ;
> Mais c'est le *Mercure galant*.

Des privilèges accordés à la *Gazette*, au *Journal des savants* et au *Mercure galant*, assurèrent d'abord au premier le monopole de la presse politique et commerciale, au second le monopole de la presse littéraire et scientifique et au troisième le monopole de la petite presse.

Mais la concurrence ne tarda pas à tourner cette barrière fragile. Ce fut le *Journal des Savants* qui capitula tout d'abord. Moyennant un tribut annuel de quelques centaines de francs payé à ce doyen des recueils littéraires, le premier venu ou à peu près obtint la permission d'avoir son petit journal. La publicité périodique fut étendue nécessairement aux branches spéciales de la science, jurisprudence, médecine, morale et philosophie.

*
* *

Au XVIIIe siècle, on imagina d'imposer aux nouvelles feuilles un chiffre plus ou moins élevé de pensions à servir à des gens de lettres ou à tous autres. L'*Année littéraire* de Fréron en fut grevée pour cinq mille livres. Le *Mercure*, en 1762, en servait pour vingt-huit mille livres. En 1791, Panckouke, pour publier en même temps le *Mercure*, la *Gazette* et le *Journal politique*, devait payer diverses pensions s'élevant chaque année à plus de cent vingt mille livres.

Notons que ce fut en 1777 seulement que parut le premier journal quotidien sous le titre de *Journal de Paris, ou Poste du Soir*.

*
* *

Avons-nous besoin d'ajouter qu'il ne pouvait être question pour es journaux, dont nous parlons, et pour tous ceux qui virent le jour avant la Révolution, de la liberté de la presse, telle que nous la comprenons ?

Ce n'est pas que cette liberté ne fut déjà ardemment sollicitée ! Caron de Beaumarchais, dans son *Mariage de Figaro*, que Napoléon Ier appelait le premier coup de canon de la Révolution française, la réclame ainsi en toutes lettres :

« ..... On me dit qu'il s'est établi un système de liberté sur la vente des productions, qui s'étend même à celles de la presse ; et que, pourvu que je ne parle en mes écrits, ni de l'autorité, ni du culte, ni de la politique, ni de la morale, ni des gens en place, ni des corps en crédit, ni de l'Opéra, ni des autres spectacles, ni de personne qui tienne à quelque chose, je puis tout imprimer librement, sans l'inspection de deux ou trois censeurs. Pour profiter de cette douce liberté, j'annonce un écrit périodique, et croyant n'aller sur les brisées d'aucun autre, je le nomme *Journal inutile*. Pou-ou ! je vois s'élever contre moi mille pauvres diables à la feuille ; on me supprime ; et me voilà derechef sans emploi [1]. »

[1] *Le Mariage de Figaro* (acte V, scène III).

J. Lith. de Delpech.

J.-A.-N. Caritat de CONDORCET

(1743-1794)

Économiste et philosophe

Membre de l'Assemblée législative et de la Convention.

Toutes les feuilles qui circulaient dans Paris avant 1789 et qui avaient un caractère politique, le *Journal de Genève*, le *Journal de Bruxelles* et les *Annales politiques, civiles et littéraires* du célèbre Linguet, étaient soumises au visa de la censure.

Quant aux organes qui, comme la *Correspondance littéraire et secrète* ou le *Courrier de l'Europe*, voulaient s'affranchir de toute tutelle, leur circulation était le plus souvent entravée soit par les suppôts du ministère, soit par ceux du lieutenant de police.

Il y avait bien aussi des feuilles clandestines, que l'on colportait sous le manteau, de la main à la main. Les *Nouvelles ecclésiastiques*, écrites et propagées par les Jansénistes contre les Jésuites, ont eu un grand retentissement au XVIIIe siècle. Les poursuites de tout genre furent impuissantes contre les *Nouvelles*. En dépit des saisies, des *brûlures*, de la police et de la Bastille, l'opiniâtre feuille reparaissait, suivant le mot de Hatin, toujours plus vive, plus provocante et et plus audacieuse. Mais les *Nouvelles* n'entretenaient leurs lecteurs que de querelles religieuses, dont l'intérêt était des plus minces pour l'ensemble de la nation, quoiqu'elles fussent écrites d'un style acrimonieux et envenimé, qui fait songer au fameux vers de Boileau :

« Tant de fiel entre-t-il dans l'âme des dévots !

Comme on le voit d'après ce rapide résumé, l'influence des journaux était trop faible encore, avant 1789, pour faire pénétrer dans toutes les couches sociales de la France les idées et les principes de progrès et de liberté dont le germe fut déposé par les grands écrivains du XVIIIe siècle : Voltaire, Rousseau, Montesquieu, D'Alembert, Diderot, Beaumarchais, Raynal, Mably, Condillac, Chamfort, Condorcet, etc.

Dès l'année 1776, Condorcet publie des *Fragments sur la liberté de la presse* du plus haut intérêt [1]. On peut se faire une idée assez exacte de l'importance et de la hardiesse de l'ouvrage de Condorcet par le seul résumé des questions que le philosophe pose à ses lecteurs et des réponses qu'il y fait : Dans quel cas un écrit peut-il passer pour crime ou délit public? S'il est simplement l'expression d'une opinion, n'est-il pas inique et imprudent de le frapper? La persécution n'accroît-elle pas la célébrité d'un écrivain ? Les gens

[1] *Œuvres de Condorcet*, t. XI, p. 255 et suiv. de l'édition Didot. Paris, 1847.

en place ignorent-ils qu'en s'irritant contre qui les attaque, ils découvrent leur petitesse d'esprit et leur lâcheté ?

C'est en 1790 que Caritat de Condorcet aborda le journalisme par la fondation d'une revue politique intitulée : *la Bibliothèque de l'homme public.* « La fuite du roi Louis XVI (20 juin 1791) ayant déterminé dans la presse une véritable explosion, les moins violents des journaux patriotes demandaient la déchéance ; les plus ardents voulaient la République. On pensa à fonder un journal tout spécial pour seconder et diriger le mouvement. Là fut l'origine du *Républicain* ou le *Défenseur du gouvernement représentatif*, qui prit naissance chez Pétion, au dire de Mme Roland en ses *Mémoires*, et qui eut pour pères : Condorcet, Achille Duchâtelet et Thomas Paine [1]. »

*
* *

Sans doute les livres de ces grands écrivains ne purent pénétrer directement jusqu'aux couches inférieures du Tiers État, on l'a fait observer fort justement. Mais ils y arrivèrent peu à peu, indirectement. Ils descendirent d'abord jusqu'aux hommes de condition moyenne, qui vivent en rapports journaliers avec le peuple, qui ont assez de loisirs pour se livrer à des lectures sérieuses, assez d'instruction pour les comprendre et assez de bon sens pour les traduire, en langage plus simple, aux populations qui les entourent. Une fois gagnés à la Révolution, ces citoyens modestes se chargèrent de répandre les enseignements contenus dans les livres et les brochures des philosophes du siècle jusque dans les derniers rangs de la petite bourgeoisie et du peuple [2].

C'est ainsi que, malgré l'absence d'une presse indépendante, malgré la nécessité des autorisations et des privilèges pour imprimer un volume, il se répandit partout, d'un bout de la France à l'autre, de petits livres, des brochures, des nouvelles à la main, des pamphlets, des plaquettes, que recherchent aujourd'hui les bibliophiles, où les souverains n'étaient pas plus ménagés que les nobles et les prêtres. Londres, La Haye, Amsterdam, Genève et les presses clandestines de certaines villes de France furent les foyers, où s'alluma le vaste incendie qui devait consumer l'ancien régime.

[1] CONDORCET, *sa vie, son œuvre*, par le Dr Robinet. Paris, maison Quantin.

[2] *La chute de l'ancien régime*, par Aimé Chérest, t. II, p. 287. Paris, Hachette, 1884.

CHAPITRE II

LA LIBERTÉ DE LA PRESSE ET LES CAHIERS DES ÉTATS GÉNÉRAUX

LES PREMIERS JOURNAUX POLITIQUES QUOTIDIENS (1788-1789)

Arrêt du roi Louis XVI invitant la nation à éclairer le Gouvernement. — Abondance de pamphlets. — Opuscule de Mirabeau sur la liberté de la Presse. — Impuissance du Parlement. — Le Docteur Guillotin. — Débordement de brochures et grande liberté en fait. — Tendances à *débourbonailler* la France; écrits du comte d'Entraigues, de Camille Desmoulins, de Cerutti, etc. — *Qu'est-ce que le Tiers Etat?* par Sieyès. — Cahiers des États Généraux en 1789. — Hostilité générale du Clergé à la liberté de la presse ; la Noblesse et le Tiers Etat lui sont favorables. — Commencement de législation tendant à réprimer les délits de presse. — Le journal devient une tribune. — Eloquent prospectus du *Patriote français,* par J.-P. Brissot de Warville. — Mirabeau fonde successivement trois journaux : *les Etats Généraux, les Lettres du Comte de Mirabeau à ses commettants, le Courrier de Provence.* — Naissance de nombreuses feuilles affranchies de la tutelle administrative. — Comptes rendus des Séances de l'Assemblée Nationale ; assiduité exemplaire de Hugues Bernard Maret à ces séances. — Création du *Moniteur Universel.* — Origines du *Journal des Débats.* — Opinion d'Arthur Young sur l'ignorance en politique du peuple français. — Enthousiasme de toutes les classes pour les travaux des Etats Généraux. — Elysée Loustallot, type accompli du journaliste. — Ardeur républicaine de Camille Desmoulins; la *France libre*, le *Discours de la Lanterne aux Parisiens.* — Rivarol défenseur du parti royaliste ; le *Petit dictionnaire des grands hommes de la Révolution*, les *Actes des Apôtres.* — Influence de la Presse, dès les débuts de la Révolution, sur la marche des événements.

Instrument inconscient du mouvement qui devait emporter sa tête avec sa couronne, le roi Louis XVI, à la veille de la convocation des Etats Généraux, fit publier le fameux arrêt du Conseil du 5 juillet 1788, par lequel il *invitait tous les savants* et *personnes instruites* à adresser au Garde des Sceaux *tous les renseignements et mémoires* propres à éclairer le gouvernement.

Une telle invitation équivalant, au moins en fait, à une suppression provisoire, à une sorte de suspension de la censure préalable, fut comme le signal d'une campagne de presse des plus brillantes et d'une influence capitale sur les destinées du pays.

Dès lors, la parole et la presse semblent changer d'accent. « Au lieu d'une conversation générale et spéculative, dit M. Taine[1], c'est une prédication en vue d'un effet pratique, subit, profond et prochain, vibrante et perçante comme un clairon d'appel. Coup sur coup éclatent des pamphlets révolutionnaires qui paraissent par centaines et par milliers, tous répétés et amplifiés dans les assemblées électorales où les nouveaux citoyens viennent donner libre cours à leur éloquence enflammée. Le cri unanime, universel et quotidien roule d'écho en écho jusque dans les casernes, les faubourgs, les marchés, les ateliers, les mansardes. »

Cette effervescence, fruit naturel de la gravité des circonstances, inspira cependant les plus vives alarmes au roi et à son ministre Necker, qui s'efforcèrent d'en arrêter le cours. Mais les sévérités et les maladresses de la police ayant suscité des protestations indignées, le gouvernement dut se résigner à laisser passer ce déluge d'écrits qui inonda en un moment tout le royaume.

Parmi les protestations qui contribuèrent à affranchir les brochures et les pamphlets des rigueurs de la police, il faut signaler celle de Mirabeau sur la liberté de la presse vers la fin de 1788[2]. On y retrouve tous les traits de son éloquence parfois un peu boursouflée, mais toujours entraînante. « C'est au moment, s'écrie le grand tribun, où la nécessité des affaires, la méfiance de tous les corps, de tous les ordres, de toutes les provinces, la diversité des principes, des avis, des prétentions, provoquent impérieusement le concours des lumières et le contrôle universel ; c'est dans ce moment, que par la plus scandaleuse des inconséquences, on poursuit, au nom du monarque, la liberté de la presse, plus sévèrement, avec une inquisition plus active, plus cauteleuse que ne l'a jamais osé le despotisme ministériel le plus effréné. Le roi demande des recherches et des éclaircissements sur la constitution des Etats Généraux et sur le mode de leur convocation....., et ses ministres arrêtent l'ouvrage posthume d'un des publicistes les plus réputés de la nation[3].

« On semble vouloir mettre tous les livres en quarantaine pour les

[1] *La Révolution*, t. I, p. 35.

[2] *Archives parlementaires*, t. I, p. 569-570.

[3] Il s'agit des écrits de Mably, qui avait prévu, prédit, et pour ainsi dire ordonné les Etats Généraux. Son livre devint le catéchisme des Français, suivant l'expression de Rabaut-Saint-Etienne, t. I, p. 281. *Précis de l'histoire de la Révolution française*.

purifier de la vérité. Certes, ils commettent un grand attentat, ceux qui, dans la situation où se trouve la France, arrêtent l'expansion des lumières. Ils éloignent, ils reculent, ils font avorter, autant qu'il est en eux, le bien public, l'esprit public, la concorde publique......» Mirabeau terminait par une éloquente apostrophe aux futurs députés des Etats Généraux : « Que la première de vos lois, disait-il, consacre à jamais la liberté de la presse, la liberté la plus inviolable, la plus illimitée, la liberté sans laquelle les autres ne seront jamais acquises, parce que c'est par elle seule que les peuples et les rois peuvent connaître leur droit de l'obtenir, leur intérêt de l'accorder ; qu'enfin votre exemple imprime le sceau du mépris public sur le front de l'ignorant qui craindra les abus de cette liberté. »

Le Parlement eut un instant des velléités d'intervenir, pour opposer une digue au débordement des brochures populaires. Il ne tarda pas à s'en repentir et à se réfugier, à son tour, dans une prudente réserve. Le docteur Guillotin, député aux Etats Généraux, le même qui demanda dans la séance du 1er décembre 1789 que la décapitation fût le seul supplice adopté, et qu'on cherchât une machine qui pût être substituée à la main du bourreau[1], avait publié un écrit intitulé : *Pétition des citoyens domiciliés à Paris*. Il fut mandé à la grand'Chambre. Il eut peine à se frayer un passage à travers une multitude immense, curieuse d'apprendre les suites de cette affaire.. Le docteur Guillotin ne chercha pas à se disculper et prouva par son attitude qu'il ne redoutait pas l'issue des poursuites. Le Parlement n'osa ni le condamner ni l'absoudre ; et il se fit dès lors une loi absolue du silence, certain qu'il était d'être abandonné et même désavoué par le roi. Le conseiller Sallier nous a laissé son impression attristée à ce sujet ; suivant lui, la prudence conseillait au Parlement « de ne pas compromettre vainement les restes d'une autorité déjà trop peu respectée, et surtout d'éviter que ses arrêtés ne devinssent la cause ou le prétexte de désordres plus grands. » Il osait à peine élever la voix pour censurer la licence inouïe des libelles. « Il est des temps, disait l'avocat général Séguier, dans l'un de ses éloquents réquisi-

[1] C'est à tort qu'on a attribué au docteur Guillotin l'invention de l'instrument qui porte son nom et qui fut construit par un mécanicien allemand nommé Schmitt, sous la direction du docteur Louis. Aussi la guillotine fut-elle d'abord appelée Louisette. (Ludovic Lalanne, *Dictionnaire historique de la France*. Hachette, Paris, 1877.)

toires, où les ministres de la Justice doivent par prudence cesser d'interroger les oracles [1]. »

*
* *

C'en était fait, le débordement des brochures ne rencontra plus aucun obstacle. Un historien contemporain de la Révolution [2] raconte qu'un amateur en réunit 2 500, rien que dans les derniers mois de 1788, et qu'il renonça à continuer sa collection, désespérant de la voir jamais complète. Les brochures jouèrent alors le rôle que jouent nos journaux aujourd'hui, elles suppléèrent avec avantage les journaux privilégiés aveuglément soumis à l'arbitraire du pouvoir.

La liberté, l'indépendance de fait, dont jouit alors la presse sont attestées par les *Mémoires du Chancelier Pasquier* [3]. « On parlait, dit-il, on écrivait, on agissait avec la plus grande indépendance, on bravait même l'autorité avec une entière sécurité. La presse n'était pas libre de droit, cependant tout s'imprimait, tout se colportait avec audace. Les personnages les plus graves, les magistrats mêmes qui auraient dû réprimer ce désordre, le favorisaient. On trouvait dans leurs mains les écrits les plus dangereux, les plus nuisibles à toute autorité. Si quelque dénonciation était de loin en loin lancée dans le Parlement par quelques-uns de ses membres plus zélés, plus consciencieux, elle paraissait presque ridicule et demeurait le plus souvent sans résultat. »

Tous ceux qui savent manier la plume écrivent alors des brochures et les font pénétrer dans toutes les couches de la nation à l'aide de sociétés secrètes, comme la *Franc-Maçonnerie*. Un certain nombre d'hommes politiques et d'écrivains se réunissent chez le banquier Kornmann, où ils établissent une sorte d'association pour lancer les pamphlets révolutionnaires. Bergasse y parle d'une monarchie constitutionnelle à la façon de Montesquieu ; Brissot de Warville rêve de république ; d'Eprémesnil et l'abbé Sabatier, tous deux violents parlementaires, tendent à *débourbonailler* la France au profit de leur Corps. Chez Kornmann viennent encore Pétion, le futur maire de

[1] *Annales françaises*, p. 306.

[2] Droz. *Histoire du règne de Louis XVI pendant les années où l'on pouvait prévoir et diriger la Révolution française*. Paris, 1839-1842, t. II, p. 103.

[3] Tome I, p. 46. Paris, Plon, 1893.

Paris, Clavière, le futur ministre de la Gironde, La Fayette, Carra, Gorsas, enfin le comte de Mirabeau[1].

*
* *

Mais Paris n'absorbe pas à lui seul, comme on serait tenté de le penser, la direction du mouvement. Personne ne s'en désintéresse, même au fond des provinces. Les écrits du comte d'Entraigues et de Rabaut-Saint-Etienne en Languedoc, de Mounier en Dauphiné, de Volney à Rennes et à Angers, de Kervélégen et de Gleizen en Bretagne sont là pour attester l'activité des esprits dans la France entière à l'unisson de Paris[2].

Le plus violent de ces écrits est assurément celui du comte d'Entraigues : *Mémoire sur les Etats Généraux, leurs droits et la manière de les convoquer*. Il débute par une apologie de la République et un anathème contre la Monarchie. « Ce fut sans doute, dit-il, pour donner aux plus héroïques vertus une patrie digne d'elles, que le ciel voulût qu'il existât des républiques ; et peut-être, pour punir l'ambition des hommes, il permit qu'il s'élevât de grands empires, des rois et des maîtres. » Il dénonce toutes les cours, sans distinction aucune, comme des *foyers de corruption*, tous les courtisans comme *des ennemis naturels de l'ordre public*, comme une *foule avilie d'esclaves à la fois insolents et bas*, la noblesse héréditaire comme *le plus épouvantable fléau*, dont le *ciel dans sa colère pût frapper une nation libre*. Il répète que le *Tiers est le peuple* et que *le peuple est l'Etat lui-même,* que, *dans le peuple réside la toute-puissance nationale*. Et il s'écrie « qu'il n'est aucune sorte de désordres qui ne soit préférable à la tranquillité funeste que procure le pouvoir absolu ».

La brochure du comte d'Entraigues produisit autant et peut-être plus d'effet que la *France libre*, où Camille Desmoulins discutait ouvertement et d'une manière méthodique l'établissement de la République.

Parmi les autres écrits qui eurent le plus de retentissement, il

[1] *La Presse clandestine à la fin de l'ancien régime*, par H. Carré, dans la revue : *la Révolution française* du 14 février 1894.

[2] *Archives parlementaires*, t. I, p. 563 et suivantes, chapitre intitulé : « Notice de quelques-uns des écrits politiques les plus influents qui ont précédé l'ouverture des Etats Généraux. » Réimpression de l'*Ancien Moniteur*, introduction historique. Paris, Plon frères, 1854.

suffira de mentionner ceux de Cerutti : *Mémoire pour le peuple français*, *Etrennes au public*, *Vues générales sur la constitution française* ; ceux de Condorcet sur les *affaires présentes*, sur les *assemblées provinciales*, etc.; la *Lettre sur les Etats Généraux*, par Target ; le *Cahier des Etats Généraux* de Bergasse ; une *Idée sur le mandat des députés aux Etats Généraux*, de Servan ; la *Voix du Citoyen* par Lebrun, le futur consul ; les écrits du prince de Beauveau, du marquis de Casaux, de comte de Kersaint, de Delandine, de Desmeuniers, de Rœderer, etc.

*
* *

Il nous faut insister particulièrement sur les trois brochures célèbres publiées par l'abbé Sieyès.

En novembre 1788, parut d'abord l'*Essai sur les privilèges*, où l'on retrouve, mais fort clairsemées, les traces de l'esprit mordant qui caractérise l'auteur.

Un peu plus tard, parut l'immortelle brochure : *Qu'est-ce que le Tiers Etat*[1]? On sait qu'elle débute par ces trois aphorismes : Qu'est-ce que le tiers état? *Tout*. Qu'a-t-il été jusqu'à présent dans l'ordre politique? *Rien*. Que demande-t-il? *A être quelque chose*. Afin que le Tiers Etat devienne quelque chose et prenne la place qui lui est due, l'abbé Sieyès expose un programme aussi hardi qu'original. Suivant lui, lors de la réunion des Etats Généraux, « le Tiers doit s'assembler à part; il ne concourra point avec la noblesse et le clergé, il ne votera avec eux ni par ordre, ni par tête. Il prie qu'on fasse attention à la différence énorme qu'il y a entre l'Assemblée du Tiers État et celle des deux autres ordres. La première représente vingt-cinq millions d'hommes et délibère sur les intérêts de la nation. Les deux autres, dussent-elles se réunir, n'ont des pouvoirs que d'environ deux cent mille individus, et ne songent qu'à leurs privilèges. Le Tiers seul, dira-t-on, ne peut pas former les Etats Généraux. Eh! tant mieux. Il composera une Assemblée nationale. » Voilà l'idée, le mot capital lancé par Siéyès. On comprend maintenant l'importance de sa brochure et la légitime célébrité dont elle demeure entourée. Elle porte en germe les événements qui vont se développer. On peut

[1] Elle a été rééditée en 1888, ainsi que l'*Essai sur les privilèges*, par la Société de l'histoire de la Révolution française, avec une introduction et des notes par M. Edme Champion.

conséquemment affirmer, sans trop d'exagération, qu'à la Presse revient l'honneur d'avoir préparé et tracé les voies à la Révolution.

La troisième brochure de l'abbé Sieyès, *Délibérations à prendre dans les assemblées de bailliage*, fut publiée au mois de février 1789. Elle n'a guère que 46 pages, et son intérêt paraît aujourd'hui bien effacé. Il faut, dit l'auteur, que les députés soient de vrais représentants, « des citoyens chargés par leurs commettants de proposer, de discuter, de délibérer et de statuer ». Il faut que chacun d'eux se regarde non comme le représentant d'un seul bailliage, mais de la nation tout entière. « Je m'arrête, dit-il, en terminant. Les pouvoirs qu'on se propose d'exercer aux prochains États généraux sont certainement trop étendus;..... mais la circonstance est telle qu'il ne faut pas trop réclamer les meilleurs principes. Aussi faut-il laisser les pouvoirs indéfinis, sans le marquer expressément. Les arrêtés, que nous avons rédigés plus haut sur la constitution, montrent assez que l'on confie aux députés de 1789 le sort de la France. »

C'est au milieu de ce débordement de brochures et dans cet état d'esprit de rénovation, de révolution générale répandu dans les provinces, les villes et les villages, que se réunirent les bailliages et sénéchaussées du royaume pour dicter leurs Cahiers aux députés des trois ordres envoyés aux États Généraux.

*
* *

On a souvent répété, et avec raison, qu'il n'y eut jamais d'élections plus libres que celles de 1789. Aussi jamais vœux exprimés par le corps électoral n'ont-ils été plus sincères et plus dignes d'attention que ceux consignés par nos pères dans leurs immortels Cahiers.

*
* *

Il est curieux et instructif de dépouiller et de résumer les opinions émises à cette époque pour et contre la liberté de la presse [1].

*
* *

D'une manière générale, on peut affirmer que le clergé se prononce contre la liberté de la presse. Il demande le maintien de la censure

[1] Archives parlementaires; t. I, II, III, IV, V.
Les cahiers des Etats Généraux en 1789 et la législation criminelle, par Albert Desjardins. Paris, Durand et Pedone, 1883.

préalable; les intérêts de la religion, des bonnes mœurs et de l'Église doivent tout dominer. Le plus souvent cependant les intérêts du trône sont unis à ceux de l'autel dans une étroite solidarité.

Le clergé d'Anjou demande « qu'aucun ouvrage concernant la religion, les mœurs et le gouvernement ne soit imprimé sans les noms de l'auteur et de l'imprimeur, et sans l'approbation des censeurs, qui seront établis à cet effet dans les endroits où il y aura imprimerie ». Le clergé du Boulonnais veut qu'on mette les plus grandes entraves à la liberté de la presse. « L'essai qu'on fait, dit-il, dans le moment actuel de cette malheureuse liberté de la presse montre les horreurs qu'elle est capable de produire et confirme de plus en plus l'absolue nécessité d'en réprimer les excès. Il est donc de la sagesse de Sa Majesté de renouveler les ordonnances et édits de 1547 et de 1551 déjà rendus sur cette matière, et surtout de tenir la main à leur exécution. »

Le clergé de la prévôté et vicomté de Paris hors les murs exprime des vœux analogues. Aucun ouvrage ne doit pouvoir « être imprimé ou débité dans le royaume, à moins qu'au préalable il n'ait été examiné et que l'impression ou la distribution n'en ait été permise ».

Le clergé d'Amiens a des vues plus originales. Il demande avec instance « que la librairie soit désormais soumise à une inspection aussi sévère qu'éclairée, et qu'il soit établi une chambre composée d'un magistrat intègre, d'un homme de lettres incorruptible et d'un théologien exact qui motiveront leurs jugements. »

Le clergé de Dax va plus loin. Il veut « qu'on déclare incapables de toutes charges, places dans les académies, les collèges et les universités, les auteurs convaincus d'avoir écrit contre la religion, les mœurs ou le gouvernement ». Il ajoute « qu'il serait à désirer que S. M. voulût bien ordonner, conformément aux États de Blois, qu'aucun livre sur la religion ne fût imprimé et vendu sans avoir été approuvé par l'évêque diocésain ou ses vicaires généraux dans les villes où il n'y a ni censeurs royaux, ni faculté de théologie..... qu'aucun marchand colporteur ne puisse exposer des livres en vente sans en avoir présenté la liste à l'évêque diocésain dans les villes épiscopales, ou aux curés dans les villes éloignées ».

Enfin le clergé de Mantes demande « qu'une loi, renouvelant les anciennes, proscrive d'une manière efficace cette foule d'écrits qui se répandent de tous côtés contre la religion ». Il serait à souhaiter, ajoute-t-il, « qu'il fût établi, surtout dans la capitale, un comité ecclésiastique (par exemple la faculté de théologie), chargé de veiller à l'exécution de ces lois, et autorisé à dénoncer légalement ces sortes d'ouvrages au ministère public, après les avoir examinés, en avoir analysé les erreurs et les avoir combattus par une réfutation sommaire. »

Certaines assemblées du clergé, prévoyant que la censure pourrait bien être supprimée et la liberté de la presse accordée, demandent, dans ce cas, une répression sévère de tous les abus pouvant en résulter. C'est le cas de l'assemblée du clergé de Rouen, qui donne mandat à ses députés « dans le cas où la liberté de la presse serait accordée contre le vœu du clergé, de demander que l'on condamne à des peines sévères tous les auteurs, libraires ou colporteurs qui seraient convaincus d'avoir composé ou distribué des ouvrages contre la religion ou les mœurs ».

On voit de quel esprit d'hostilité résolue contre la presse était animé le clergé. Pour lui, la presse est comme le véhicule de l'esprit philosophique, contre lequel il s'élève avec indignation. « Un esprit de philosophie et d'impiété, dit le clergé d'Auch, a répandu depuis quelques années dans tout le royaume un esprit de système qui altère tous les principes religieux et politiques, qui a porté les atteintes les plus mortelles à la foi et aux mœurs, et relâché les liens les plus sacrés de la société Effet funeste de ce nombre prodigieux d'ouvrages scandaleux, fruits malheureux de l'amour de l'indépendance, enfantés par le libertinage et l'incrédulité, où l'on attaque avec une égale audace la foi, la pudeur, le trône et l'autel. Livres impurs et corrupteurs, qui, circulant de toutes parts, ont semé le poison dans tous les états et ont ôté au peuple français une partie de son énergie. »

*
* *

Mais la noblesse et le tiers état manifestent des sentiments opposés. Ils se prononcent résolument en faveur de la liberté de la presse ; ils demandent cependant, à titre de garantie, que les auteurs et les imprimeurs signent leurs œuvres et en soient personnellement responsables devant la juridiction répressive ; ce qui est de toute justice.

Le point capital sur lequel s'accordent la noblesse et le tiers état, c'est la nécessité de détruire la censure préalable et toutes entraves préventives, que le clergé voudrait maintenir et même renforcer. Les cahiers du tiers et de la noblesse mettent en évidence et célèbrent à l'envi les avantages de la liberté de la presse. « La nécessité de propager les lumières, dit le tiers état d'Amiens, l'utilité d'une censure publique qui éclaire la conduite des hommes, épure les mœurs, arrête les injustices ou venge les opprimés, qui fixe l'opinion sur les administrations en général, les corps et les individus en particulier, tout réclame que la presse soit libre; mais en même temps tout indique qu'il faut prendre des précautions pour réprimer les écrits séditieux et contraires à la religion et aux bonnes mœurs. »

Le tiers état de Clermont-Ferrand déclare que « l'avantage reconnu de la communication des idées fera considérer la liberté de la presse comme de droit naturel ». La noblesse de Clermont en Beauvoisis, animée du souffle le plus libéral, affirme « que la liberté entière donnée à la presse pour tout objet d'administration ne peut que produire le double avantage d'instruction pour les citoyens et de censure toujours active pour les ministres dont la conduite serait répréhensible. »

Les habitants et propriétaires de la paroisse de Montgeron (Seine-et-Oise) s'expriment en termes non moins élevés et non moins pressants : « La liberté de publier les opinions faisant la partie essentielle de la liberté individuelle, puisque l'homme ne peut être libre quand sa pensée est esclave, la liberté de la presse sera accordée indéfiniment, sauf les réserves qui pourront être faites par les États Généraux. ».

Si la liberté de la presse avait eu lieu, dit la noblesse du Boulonnais, la nation aurait été éclairée plutôt sur ses véritables intérêts.

La noblesse de Châtillon-sur-Seine réclame la liberté de la presse comme le seul moyen de faire parvenir jusqu'aux chefs de l'administration les connaissances et les lumières nécessaires pour les guider et les éclairer dans toutes leurs opérations.

La difficulté consistera à établir une ligne de démarcation entre la liberté légitime et la licence de la presse. « La liberté de la presse, dit en effet le tiers de la ville d'Angoulême, tient à l'ordre social et au besoin d'éclairer l'administration ; elle paraît devoir être sans bornes pour le bien, mais prohibée pour tout ce qui peut corrompre le cœur et l'esprit. »

Voilà un idéal magnifique, mais difficile à réaliser dans une société livrée aux luttes et aux disputes de toute sorte. On s'en remet aux Etats Généraux du soin d'assurer, par une loi claire et précise, la liberté des écrivains, tout en protégeant l'honneur des particuliers et les principes d'ordre public.

A peine quelques-cahiers se prononcent-ils sur la juridiction qui sera appelée à réprimer les délits de presse. Le tiers état d'Auxois veut qu'il soit rédigé « un règlement, dont l'exécution sera confiée aux juges royaux ordinaires » ; et la noblesse de Blois entend réserver « le droit qu'a tout citoyen de se pourvoir par les moyens de droit et dans les tribunaux ordinaires contre l'auteur et l'imprimeur dans le cas de diffamation ou de lésion ». Mais la « preuve par jurés » est réclamée en termes formels par la noblesse d'Auxois et par le tiers état de Versailles. Suivant la noblesse d'Auxois, on ne doit procéder contre l'auteur ou l'imprimeur « qu'en employant la preuve des jurés, de manière que la religion, l'honnêteté publique et l'honneur des citoyens ne puissent être attaqués impunément ». La ville de Versailles est plus explicite encore : « Pour prévenir l'abus que les juges ou les gens puissants pourraient faire de leur autorité, aucun écrit ne pourra être regardé comme libelle, s'il n'est déclaré tel par *douze jurés*, lesquels seront choisis suivant les formes prescrites par la loi qui interviendra sur cette matière. »

Il faut bien reconnaître que le choix de la juridiction destinée à réprimer les délits de presse était fort malaisé à faire de prime abord. La nation n'avait ni les mœurs ni la pratique de la liberté ; et on comprend à merveille ses hésitations, ses tâtonnements, lorsqu'elle est appelée brusquement à résoudre une question difficile, complexe, qui est encore aujourd'hui, après plus d'un siècle, livrée aux controverses politiques, sans jamais recevoir une solution, que les partis s'accordent à considérer comme définitive.

*
* *

Quoi qu'il en soit, la réunion des Etats Généraux fut le signal d'une ère nouvelle. *Major rerum nascitur ordo*. Il y eut alors de beaux jours pour les aspirations les plus généreuses, les rêves sublimes de justice, de liberté et de fraternité ! Ce fut en même temps la période la plus éclatante de l'épanouissement de la presse en France.

L'année 1789 fut vraiment le berceau de la presse périodique. Le journal n'est plus dès lors une simple feuille de nouvelles renseignant un petit nombre d'abonnés sur les mille racontars de la ville et de la cour, sur les anecdotes plus ou moins piquantes touchant le monde des théâtres et la république des lettres. C'est une tribune retentissante où montent des publicistes, les uns inspirés par l'amour le plus pur du bien public, les autres par toutes les passions qui agitent des âmes basses et envieuses.

J.-P. Brissot de Warville, d'abord rédacteur du *Courrier de l'Europe*, eut le premier la pensée de fonder un journal politique indépendant de toute attache gourvernementale. Un séjour prolongé à Londres lui permit d'apprécier les bienfaits de la liberté, et il voulut en doter la France.

Au mois d'avril 1789, il publia le prospectus d'un journal intitulé *le Patriote français*, en tête duquel il inscrivit cette épigraphe empruntée au Dr Jebb, publiciste anglais : *Une gazette libre est une sentinelle qui veille sans cesse pour le peuple.* Les idées exposées dans ce prospectus sont vraiment remarquables ; et on nous saura gré d'en reproduire ici quelques fragments :

« Ce serait insulter à la nation française que de lui démontrer longuement l'utilité et la nécessité de ce journal dans les circonstances actuelles... Il faut trouver un autre moyen que les brochures pour *instruire tous les Français, sans cesse, à peu de frais, et sous une forme qui ne les fatigue pas*. Ce moyen est un journal politique ou une gazette ; c'est l'unique moyen d'instruction pour une nation nombreuse, gênée dans ses facultés, peu accoutumée à lire, et qui cherche à sortir de l'ignorance et de l'esclavage. Sans les gazettes, la révolution de l'Amérique, à laquelle la France a pris une part si glorieuse, ne se serait jamais faite... Ce sont les gazettes qui ont tiré l'Irlande de la langueur et de l'abjection où la tenait le Parlement anglais ; ce sont les gazettes qui conservent le peu de liberté politique qui reste en Angleterre.

« Mais c'est d'une gazette *libre*, *indépendante*, que le docteur Jebb parlait ainsi, car celles qui sont soumises à une censure quelconque portent avec elles un sceau de réprobation. L'autorité, qui les domine, en écarte, ou, ce qui revient au même, est supposée en écarter les faits et les réflexions qui pourraient éclairer la nation ; elle est soupçonnée d'en commander les éloges et les satires. Eh ! jusqu'à quel point cette prostitution des gazettes censurées n'a-t-elle pas été portée dans ces derniers temps !... Mais ce trafic honteux de la presse, qui, en France, a tant avili la profession de journaliste et de gazetier, profession vraiment respectable dans un pays libre, lorsqu'elle est exercée par des hommes indépendants, ce trafic va cesser... Plus éclairée aujourd'hui, et surtout plus irréprochable, l'autorité n'arrêtera plus, ne commandera plus la pensée. L'homme de génie, le bon citoyen, peuvent donc développer leurs idées ; et c'est dans cet heureux ordre de choses que nous nous proposons de publier un journal *politique, national, libre, indépendant* de la censure et de toute espèce d'influence[1]. »

Le directeur général de la librairie, M. de Maissemy, s'empressa d'interdire ce prospectus, qui « lui parut le dernier degré de l'audace enhardie par l'impunité » ; et Brissot ajourna son projet de journal.

Mais presque aussitôt on vit paraître, sans autorisation préalable, comme le précédent, un nouveau prospectus, dont l'auteur n'était autre que Mirabeau. C'était un appel éloquent à la liberté de la presse, pour éclairer le peuple sur les discussions et les actes de ses représentants aux Etats Généraux.

Mirabeau insistait sur l'utilité des journaux « pour les nations déjà constituées, pour les peuples libres, et, à plus forte raison, pour ceux qui aspirent à l'être. Plusieurs bons citoyens, au nombre desquels il en est qui auront l'honneur de siéger parmi les représentants de la nation, pénétrés de cette vérité, ont résolu de faire paraître une feuille qui pût être à la fois, et le compte rendu de ceux-ci à leurs commettants, et un nouveau tribut de zèle et de civisme que les premiers apportent à la France.... Les muses gracieuses obtiennent depuis assez longtemps le culte de la nation ; assez de journaux, assez de feuilles leur sont, assez leur resteront consacrées. Notre hommage est réservé à des muses plus sévères ; *Constitution*, *Patrie*, *Liberté*, *Vérité*, voilà nos Dieux ».

Dès le 4 mai 1789, au sortir de la procession des Etats Généraux, Mirabeau mit la dernière main au premier numéro de son journal intitulé *Etats Généraux* qui parut le lendemain. Ce premier numéro et le second se vendirent, paraît-il, jusqu'à douze mille exemplaires. Le grand tribun y prenait directement les ministres à partie. Son langage n'avait en lui-même rien de bien hostile au gouvernement ; mais il était nouveau dans une gazette ; et une telle hardiesse de ton était faite pour étonner, pour effrayer des ministres, qui redoutaient l'audacieuse énergie de Mirabeau et sa magnifique insolence méridionale.

Ils se décidèrent donc à la résistance.

Un premier arrêt du Conseil, du 6 mai, « considérant qu'on distri-

[1] Hatin, *Histoire de la presse*, t. V, p. 8.

bue dans le public plusieurs prospectus d'ouvrages périodiques, défend expressément à tous imprimeurs, libraires ou autres, d'imprimer, publier ou distribuer aucun prospectus, journal ou autre feuille périodique, sous quelque dénomination que ce soit, et de recevoir aucune souscription pour lesdits ouvrages périodiques ». Le lendemain, un second arrêt visant plus directement le journal de Mirabeau, marque particulièrement son improbation sur un écrit aussi condammable au fond qu'il est répréhensible dans la forme et supprime ledit imprimé « comme injurieux et portant avec lui, sous l'apparence de la liberté, tous les caractères de la licence ».

L'assemblée des électeurs du tiers état de la ville de Paris n'avait pas terminé ses opérations et était encore réunie. Target y dénonça l'arrêt du 7 mai et fit voter contre cet acte attentatoire à la liberté politique et à la liberté de la presse une protestation, qui réunit l'unanimité des voix, moins celle de Marmontel, l'un des collaborateurs survivants de l'Encyclopédie !

Mirabeau protesta à sa manière. Il remplaça son journal par un autre, qu'il essaya de couvrir du manteau de l'inviolabilité parlementaire en l'intitulant : *Lettres du comte de Mirabeau à ses commettants*. Ce nouveau titre ne subsita pas au delà du 20e numéro ; et le journal de Mirabeau devint le *Courrier de Provence*, qui parut jusqu'aux derniers jours de l'Assemblée Constituante, survivant ainsi de six mois à son fondateur.

On peut donc affirmer que Mirabeau imposa de haute lutte la liberté de la presse au ministère Necker et à la royauté chancelante. En effet, à la date du 19 mai, M. de Maissemy directeur général de la librairie, adressait aux rédacteurs du *Journal de Paris* et du *Mercure de France*, qni étaient dans la main du pouvoir, une lettre conçue en ces termes : « La juste impatience du public, Monsieur, ayant porté le roi à trouver bon que toutes les feuilles périodiques et tous les journaux autorisés rendissent compte de ce qui se passe aux Etats Généraux, en se bornant aux faits dont ils pourront se procurer la connaissance exacte, sans se permettre aucune réflexion ni aucun commentaire, M. le Garde des Sceaux m'a chargé de vous notifier les intentions de Sa Majesté. » Sans doute le texte de cette lettre semble limiter d'une manière fort étroite l'indépendance de la presse. Mais il y avait là au fond l'aveu peu dissimulé de la défaite du pouvoir. Personne ne s'y trompa ; et les journaux

A Paris Chez le S.r Dejabin éditeur de cette Colection
Place du Carrousel N.o 4.

politiques furent dès lors affranchis, en fait, de toute autorisation et de toute censure.

* * *

Aussitôt une foule d'imitateurs et de rivaux s'élancent dans la voie ouverte par Mirabeau, jaloux de satisfaire la légitime curiosité du public et de lui faire suivre jour par jour les travaux de ses représentants.

Le Hodey de Saultchevreuil fait paraître le 1er juin 1789 le *Journal des Etats*, qui ne tarda pas à prendre le titre d'*Assemblée nationale permanente*, et plus tard encore celui de *Journal logographique* [1].

Le compte rendu des séances antérieures, depuis le 27 avril jusqu'au 30 mai, parut dans une sorte d'introduction.

Gorsas, ancien maître de pension, publie à partir du 5 juin le *Courrier de Versailles à Paris et de Paris à Versailles*, qui devint le *Courrier des départements*, l'un des plus fougueux défenseurs de la politique girondine.

Barère de Vieuzac, premier député des Etats de Bigorre, commence le 19 juin la publication du *Point du Jour* [2].

[1] L'Assemblée accorda une tribune, le 15 novembre 1790, aux auteurs des procédés logographiques, qu'il ne faut pas confondre avec la sténographie, pour expérimenter leur invention. Suivant Breton, sténographe et élève de Bertin (*Dictionnaire de la Conversation*, art. *Logographie*), une vaste loge était pratiquée derrière le fauteuil du président, en face de la tribune des orateurs. De jeunes scribes, au nombre de quatorze ou de douze au moins, étaient rangés autour d'une table ronde. Chacun avait devant soi une provision de bandes longues et étroites de papier, divisées par des raies dans un même nombre de compartiments, et portant chacune un numéro d'ordre correspondant au rang des collaborateurs. Quelques mots de la première phrase du discours prononcé à la tribune étaient saisis par l'écrivain n° 1, qui par un coup de coude ou tout autre signal, avertissait le n° 2 de recueillir les mots suivants. Le n° 2, après avoir exécuté sa tâche, transmettait le signal à son camarade n° 3, qui prenait son contingent et prévenait le n° 4; ainsi de suite jusqu'au n° 14 et dernier. Alors, le n° 1 remplissait la seconde ligne de la même bande de papier, et ses camarades en faisaient autant. Les premières bandes étiquetées de 1 à 14 étant épuisées, on prenait les deuxièmes bandes, puis les troisièmes, jusqu'à ce que l'improvisateur faisant place au lecteur d'un discours écrit, les écrivains logographes pussent se reposer d'un travail assidu et qui exigeait une grande contention d'esprit.

A mesure que les bandes se trouvaient remplies, on les passait à des copistes qui les mettaient au net, en corrigeaient autant que possible les erreurs, et les livraient à l'impression. Si l'on eût connu alors le secret des presses mécaniques, on aurait pu, une heure après la séance, en distribuer la relation complète et fidèle.

C'est dans la loge du journal logographique, on le sait, que se réfugia Louis XVI avec sa famille dans la journée du 10 août.

[2] Le *Point du Jour* de Barère ne doit sa grande réputation qu'à une flatterie

L'abbé Sabatier de Castres fonde le 12 juillet le *Journal politique national*, qui dut la plus grande part de son succès aux brillants *Résumés* de Rivarol.

En même temps Louis Prudhomme, un simple papetier-relieur enrichi par la vente des brochures politiques, publie les *Révolutions de Paris*. et enrôle dans sa rédaction un des plus distingués publicistes de la Révolution, Elysée Loustallot [1]. On connaît l'épigraphe fameuse de ce journal ; elle sonne comme un appel aux armes : « Les grands ne nous paraissent grands que parce que nous sommes à genoux.... Levons-nous ! »

Le 7 juillet, Hugues Bernard Maret, le futur duc de Bassano, entreprend la publication du *Bulletin de l'Assemblée nationale*. Parti de Dijon pauvre et inconnu pour chercher fortune à Paris, Maret avait été présenté dans les principaux salons politiques du temps, grâce à la protection du comte de Vergennes. Dès les premières séances des Etats Généraux, il s'imposa la mission d'assister régulièrement à tous les débats, d'en noter tous les incidents pour les résumer, en rentrant le soir dans sa mansarde du faubourg Saint-Jacques [2]. Maret fut le premier à adopter, dans la rédaction de ses comptes rendus, la forme dramatique : il plaça le résumé du discours de chaque orateur sous son nom détaché en vedette ; et depuis lors cet usage a toujours été suivi. Arnault, dans ses intéressants *Souvenirs d'un Sexagénaire*, nous a tracé, en même temps qu'un portrait de ce parfait journaliste, un tableau curieux des difficultés que la presse avait alors à surmonter pour rendre compte des séances de l'Assemblée nationale :

« Bien que la littérature, dit-il en parlant du *Moniteur*, les nouvelles et la politique fussent admises à remplir les longues colonnes de cette feuille, les discussions de l'Assemblée en occupaient toujours la plus grande partie. C'était ce qu'on y cherchait avant

du peintre David : dans le tableau du Serment du Jeu de Paume, à gauche du spectateur, un peu à l'écart du groupe des conjurés, un jeune homme écrit sur ses genoux ce qu'il entend, comme pour la postérité, et ce jeune homme est Barère. Rien de plus sec néanmoins, rien de plus insuffisant, que ses comptes rendus des séances : ils ne sont pas inexacts mais incomplets, et les qualités dont on loue le plus le *Point du Jour*, sur la foi de la tradition, sont celles qui manquent le plus à ce journal.

[1] *Elysée Loustallot et les Révolutions de Paris*, par Marcellin Pellet. Paris, 1872, in-18, Le Chevalier.

[2] *Bibliographie de l'histoire de Paris pendant la Révolution*, par Maurice Tourneux, t. II, p. 512.

tout ; comme cet article ne pouvait pas être traité avec trop de talent et de soin, c'est à Maret que la rédaction en était confiée. Personne ne s'en fut mieux tiré. Les peines qu'il prenait, les sacrifices qu'il s'imposait pour répondre à la confiance de l'éditeur, sont presque incroyables. Les journalistes n'avaient pas alors de places réservées, les meilleures appartenaient au premier qui s'y installait. Que faisait-il pour n'être devancé par personne ? Après avoir corrigé les épreuves du journal qui s'imprimait pendant la nuit, et donné quelques heures au sommeil, à la suite d'un repas fait à la hâte, il se rendait à la porte du manège où l'Assemblée siégeait, pour y attendre, en tête de la file qui ne tardait pas à s'allonger, l'heure où s'ouvrirait cette porte qui ne s'ouvrait qu'à dix heures. Bien plus, comme il lui était arrivé quelquefois d'être devancé par des gens qui avaient été réveillés avant lui par le même intérêt, il prenait souvent le parti, quand l'objet de la discussion était d'une importance majeure, de passer la nuit à cette porte devant laquelle il bivouaquait, couché sur la place que la fatigue ne lui permettait plus de garder debout.

Cela dura jusqu'à ce que les députés chargés de la police de la salle, reconnaissant l'intérêt qu'ils avaient à faciliter le travail des journalistes, assignèrent une loge particulière au *Moniteur*. » On assigna de même une loge au *Journal des Débats et Décrets* et à d'autres feuilles encore qui rendaient compte des séances de l'Assemblée.

Un peu plus tard, le 24 novembre, l'infatigable Panckoucke créa la *Gazette nationale* ou le *Moniteur Universel*, que le public est souvent tenté de considérer comme le plus ancien de tous les journaux. A dater du 2 février 1790, le *Moniteur*, à la suite d'un traité avec Maret, inséra tous les jours dans ses colonnes le *Bulletin de l'Assemblée nationale*.

* * *

Nous arrivons aux origines du *Journal des Débats et Décrets* qui remontent au 30 août 1789 et méritent de retenir notre attention. Elles sont modestes et ne faisaient nullement présager les brillantes destinées qui lui étaient réservées pendant tout le cours du XIXe siècle. M. le sénateur Bardoux, dans le *Livre du centenaire du Journal des Débats* [1], a établi avec soin l'histoire de ces origines.

[1] Paris, Plon, 1889.

Gaultier de Biauzat, avocat au barreau de Clermont en Auvergne, élu député du tiers état dans la sénéchaussée de Clermont en 1789, a été le véritable fondateur du *Journal des Débats*. Il eut l'idée ingénieuse de correspondre avec ses électeurs à l'aide de comptes rendus imprimés. Il se concerta avec ses collègues, Grenier et Huguet, pour faire imprimer à Versailles un précis de chaque séance de l'Assemblée nationale, avec les décrets et leurs motifs. Baudouin, député suppléant de la sénéchaussée de Versailles, qui avait obtenu le privilège d'être l'imprimeur de l'Assemblée nationale, se chargea de l'impression du nouveau journal, moyennant le *bénéfice du débit* dans les villes de Versailles et de Paris, et dans les provinces autres que l'Auvergne. Quant à Gaultier de Biauzat et à ses collaborateurs, ils stipulèrent, pour toute rémunération, que le journal serait expédié gratis à toutes les villes et communes de la province d'Auvergne qui en feraient la demande.

Cette création d'un journal, plus spécialement destiné aux électeurs des provinces, répondait à une nécessité évidente, aucune publicité n'étant alors organisée hors Paris. Les graves événements qui s'y produisaient et changaient la face de toutes choses, n'étaient connus qu'au moyen des lettres écrites par les représentants du peuple et lues, le soir, dans une salle publique, au milieu des applaudissements. Des copies de ces lettres, envoyées dans les bourgs et villages importants, y étaient lues avec le même enthousiasme.

Le célèbre Arthur Young, dans son voyage à travers la France, demande vainement une feuille publique. On lui répond qu'elles sont trop chères, ou bien on ne lui répond même pas ; et il écrit sur son carnet : « L'ignorance et la stupidité de ces gens-là est incroyable. » Il ajoute plus tard : « Personne ne saurait douter que cette affreuse ignorance, de la part du peuple, des événements qui doivent l'intéresser le plus, ne provienne de l'ancien gouvernement. On peut dire que la chute du roi, de la cour, des nobles, de l'armée, du clergé et des Parlements vient d'un manque de communication de ce qui arrive journellement, et conséquemment doit être attribuée aux effets de cet esclavage dans lequel on tenait le peuple [1]. »

Le prospectus qui annonça la publication du *Journal des Débats* nous révèle avec une précision remarquable les conditions dans

[1] *Voyage en France pendant les années* 1787, 1788 *et* 1789. Paris, 1856, 2 vol. in-12.

lesquelles se fondait alors un journal. « On désire depuis longtemps, y était-il dit, un détail exact, circonstancié et impartial des travaux de l'Assemblée nationale, et le moyen d'obtenir des résultats, de l'authenticité desquels on puisse être assuré. C'est dans cette vue que nous offrons au public, dans le *Journal des Débats et Décrets*, les avantages réunis à la plus prompte expédition possible, puisque l'impression du journal que nous proposons se fait à Versailles, immédiatement après chaque séance..... Le journal composé d'une demi-feuille, sera remis tous les matins dans la demeure de MM. les souscripteurs de Paris et de Versailles..... Le prix de la souscription est de 9 livres, franc de port pour Paris, et de 10 livres pour tout le royaume, pour deux mois. MM. les députés ne payeront que 6 livres pour deux mois. »

Telles sont les humbles origines des *Débats*. Leur berceau ne fut pas orné de la moindre fleur de rhétorique. D'ailleurs ils n'aspirèrent à la célébrité et ne commencèrent à être une force qu'après le 18 Brumaire, lorsque les frères Bertin en devinrent les propriétaires.

Toute l'attention du pays, on le voit, se concentra aux débuts de la Révolution, sur les travaux de l'Assemblée nationale; la légitime curiosité du public donna naissance à la presse politique quotidienne. Que de questions du plus haut intérêt allaient être agitées : la nouvelle organisation administrative en départements, districts, cantons et communes, le *veto*, le droit de paix et de guerre, les biens du clergé, la réforme des tribunaux, celle de l'armée, celle des impôts, etc. ! On comprend avec quelle impatience de nombreux lecteurs attendaient, et avec quelle avidité ils lisaient les comptes rendus de ces débats immortels.

L'activité intellectuelle se portait tout entière de ce côté ; et beaucoup de rédacteurs gratuits s'empressaient d'aider les députés dans leur rédaction. Depuis l'ouverture des États Généraux, dit très bien M. Bardoux[1], les jeunes gens voués aux lettres montraient la plus vive ardeur pour assister aux séances. Lorsque, à la suite des journées des 5 et 6 octobre, l'Assemblée nationale fut transférée à Paris, l'empressement n'en devint que plus grand. Pour obtenir une place très disputée dans les tribunes, la jeunesse lettrée se faisait attacher à la rédaction d'un journal. C'est ainsi que Charles Lacretelle entra au *Journal des Débats*.

[1] *Le livre du centenaire du Journal des Débats*, p. 10.

*
* *

Trois hommes nous paraissent avoir incarné plus particulièrement les qualités et les défauts qui ont marqué les débuts du journalisme quotidien en France : Loustallot, Camille Desmoulins et Rivarol. Nous n'avons à nous occuper en ce moment que de leurs premiers pas, en 1789.

Demandons-leur cependant l'idée qu'ils se faisaient eux-mêmes de leur mission, à cette époque unique de notre histoire, où éclataient avec une ardente naïveté tous les enthousiasmes et toutes les illusions d'un peuple, qui croyait pouvoir réaliser, presque sans efforts, un bonheur sans mélange et sans limites. Camille Desmoulins nous répondra, avec sa verve, son entrain et sa pétulance, dans l'éloge qu'il a tracé d'Elysée Loustallot, le principal rédacteur des *Révolutions de Paris*, le plus brillant et le plus convaincu des journalistes de la Révolution, mort en 1790, à l'âge de vingt-huit ans, avant l'heure des déceptions, consumé, comme on l'a dit, par le patriotisme qu'il avait allumé dans des millions de cœurs.

« Le journaliste, tel que Loustallot s'en formait et en remplissait l'idée, exerçait une véritable magistrature et les fonctions les plus importantes comme les plus difficiles. Telle était, selon lui, la nécessité de ces fonctions, qu'il ne cessait de répéter cette maxime d'un écrivain anglais : *Si la liberté de la presse pouvait exister dans un pays où le despotisme le plus absolu réunit dans une seule main tous les pouvoirs, elle suffirait seule pour faire contrepoids.*

« Aujourd'hui, il fallait à l'écrivain périodique, et la véracité de l'historien qui parle à la postérité, et l'intrépidité de l'avocat qui attaque des hommes puissants, et la sagesse du législateur qui règne sur ses contemporains. Il se représentait un véritable journaliste tel que l'un d'eux en a fait le portrait, comme le soldat de l'innocence et de la vérité, engagé à un examen scrupuleux avant que d'entreprendre, à un courage inébranlable après avoir entrepris. Il pensait que tous les citoyens devaient trouver en lui un ennemi implacable de l'injustice et de l'oppression..... Si ce ministère est pénible, combien, d'un autre côté, il le trouvait honorable pour les journalistes (je parle de ceux qui sont dignes de ce nom !)..... Ils étaient, à ses yeux, les rois d'armes de la nation, les Stentor de l'opinion, qui se faisaient entendre de tout le camp des Grecs..... Ils occupaient la tribune extérieure de l'Assemblée nationale, d'où ils proclamaient les décrets, d'où leur voix remplissait non seulement la place publique, mais tout l'empire, mais toutes les nations; c'était le levier d'Archimède qui remuait le monde. Les deux cent mille lecteurs de Loustallot sont une preuve qu'il n'était pas au-dessous de cette idée qu'il s'était faite du journaliste. »

* * *

Quant à Camille Desmoulins, l'histoire de sa vie est bien connue. On sait qu'il se rencontra sur les bancs du collège Louis-le-Grand avec Maximilien de Robespierre. L'étude des grands écrivains de l'antiquité semble leur avoir inspiré de bonne heure l'idée de fonder une république à l'image de Rome et d'Athènes.

« Les premiers républicains qui parurent en 1789, a écrit Desmoulins lui-même, étaient des jeunes gens qui, nourris de la lecture de Cicéron dans les collèges, s'y étaient passionnés pour la liberté. On nous élevait dans les écoles de Rome et d'Athènes et dans la fierté de la république pour vivre dans l'abjection de la monarchie et sous le règne des Claude et des Vitellius : gouvernement insensé, qui croyait que nous pourrions nous passionner pour les pères de la Patrie, du Capitole, sans prendre en horreur les mangeurs d'hommes de Versailles, et admirer le passé sans condamner le présent ».

Dès l'ouverture des États Généraux, son enthousiasme touche à l'ivresse. Tous les jours il fait le voyage de Versailles, assiste aux séances, applaudit Mirabeau, va dîner chez les députés du Dauphiné et de la Bretagne, « qui le connaissent tous pour un patriote, et qui ont pour lui des attentions qui le flattent ». Il demande à Mirabeau « d'être un des coopérateurs de la fameuse gazette de tout ce qui va se passer aux États Généraux, à laquelle on souscrit ici par mille, et qui rapportera cent mille écus, dit-on, à l'auteur. »

S'il ne peut devenir rédacteur d'un journal, il va lancer une brochure retentissante. « Il pleut des pamphlets, dit-il, tous plus gais les uns que les autres; il y a une émulation entre les graveurs et les auteurs à qui divertira le mieux le public. » Mais comment trouver un imprimeur? Camille Desmoulins n'en trouva qu'après la journée du 14 juillet, qui le rendit célèbre, pour la harangue enflammée qu'il jeta, au Palais-Royal, du haut d'une table, à la foule indignée du

Geoffroy. sc. Publié par Furne, à Paris.

CAMILLE DESMOULINS

(1762-1794)

Député de Paris à la Convention Nationale.
Condamné et exécuté par le tribunal révolutionnaire.

renvoi de Necker, et qui poussa lès Parisiens jusque sous les canons de la Bastille.

A l'allégresse, à la vivacité des transports, que manifeste Camille Desmoulins, dans sa première brochure, la *France libre*, nous pouvons juger l'état d'esprit de ses contemporains, au milieu de l'année 1789.

« Altérés d'une soif de douze siècles, s'écrie-t-il, nous nous sommes précipités vers la source dès qu'elle nous a été montrée. Il y a peu d'années, je cherchais partout des âmes républicaines; je me désespérais de n'être pas né Grec ou Romain..... Mais c'est à présent que les étrangers vont regretter de n'être pas Français. Nous surpasserons ces Anglais si fiers de leur Constitution, et qui insultaient à notre esclavage. Plus de magistrature pour de l'argent, plus de noblesse transmissible, plus de privilèges pécuniaires, plus de privilèges héréditaires, plus de lettres de cachet, plus de décrets, plus d'interdits arbitraires, plus de procédure criminelle secrète. Liberté de commerce, liberté de conscience, liberté d'écrire, liberté de parler. Plus de ministres oppresseurs, plus de ministres déprédateurs, plus d'intendants vice-despotes, plus de jugements par commissaires, plus de Richelieu, plus de Terrai, plus de Laubardemont, plus de Catherine de Médicis, plus d'Isabelle de Bavière, plus de Charles IX, plus de Louis XI. Plus de ces boutiques de places et d'honneurs chez la Dubarry, chez la Polignac. Toutes les cavernes de voleurs seront détruites, celle du rapporteur et du procureur, celles des agioteurs et celles des monopoleurs, celles des huissiers-priseurs et celles des huissiers-souffleurs. L'extinction de ces parlements qui ont tant enregistré, tant décrété, tant lacéré, et se sont nosseigneurisés; qu'il en périsse jusqu'au nom et à la mémoire..... La même loi pour tout le monde. Que tous les livres de jurisprudence féodale, de jurisprudence fiscale, de jurisprudence des dîmes, de jurisprudence des chasses, fassent le feu de la Saint-Jean prochaine! Ce sera vraiment un feu de joie et le plus beau qu'on ait jamais donné au peuple..... La Bastille sera rasée, et sur son emplacement s'élèvera le temple de la liberté, le *palais de l'Assemblée nationale*..... Oui, tout ce bien va s'opérer; oui, cette révolution fortunée, cette régénération va s'accomplir; nulle puissance sur la terre en état de l'empêcher. Sublime effet de la philosophie, de la liberté et du patriotisme! »

Chose à peine croyable, le Parlement de Toulouse, à la veille de disparaître avec les autres cours souveraines, condamna au feu la

France libre. Camille Desmoulins lui en adressa de spirituels remerciements.

Ce premier succès l'encouragea à faire paraître un nouveau pamphlet, le *Discours de la lanterne aux Parisiens*, qui parut sans nom d'auteur avant la fin de l'année 1789. Le titre est singulier et a été jugé odieux : il a été inspiré à l'auteur par son esprit de gavroche parisien et par le désir de piquer la curiosité publique. Quelques passages sont d'une violence de polémique regrettable, et d'autres révèlent une nature quelque peu rabelaisienne; mais le fond est modéré, au point qu'il a mérité l'approbation d'hommes tels que Sieyès, Target, Mirabeau. « Oubliez le titre, dit Despois[1], et dites si vous avez jamais lu pamphlet plus vif, plus coloré, plus entraînant. »

C'est le panégyrique de la fameuse nuit du 4 août, qui détruisit tous les privilèges. La joie de l'auteur s'exalte jusqu'au délire dans une série de strophes lyriques : « *Haec nox est*, s'écrie-t-il,..... C'est cette nuit qui a aboli la dîme et le casuel..... C'est cette nuit qui a supprimé les justices seigneuriales et les duchés-pairies, qui a aboli la main-morte, la corvée, le champart, et effacé, de la terre des Francs tous les vestiges de la servitude. C'est cette nuit qui a réintégré les Français dans les droits de l'homme..... C'est cette nuit qui a supprimé les maîtrises et les privilèges exclusifs. Ira commercer aux Indes qui voudra. Aura une boutique qui pourra. Le maître tailleur, le maître cordonnier, le maître perruquier pleureront; mais les garçons se réjouiront, et il y aura illumination dans les lucarnes..... O nuit désastreuse pour la grand'chambre, les greffiers, les huissiers, les procureurs, les sécrétaires, sous-secrétaires, les beautés solliciteuses, portiers, valets de chambre, avocats, gens du roi, pour tous les gens de rapine..... »

Puis, cette strophe qui semble avoir été écrite sous la dictée de Rabelais : « Mais ô nuit charmante, *ô vere beata nox*, pour mille jeunes recluses, Bernardines, Bénédictines, Visitandines, quand elles vont êtres visitées par les pères Bernardins, Bénédictins, Carmes et Cordeliers..... »

Ces traits de légèreté graveleuse ne sont pas particuliers à Camille Desmoulins; ils tiennent au goût dominant dans la seconde moitié du XVIIIe siècle. On les rencontre chez les écrivains de tous les partis,

[1] *Liberté de penser*, t. IV, p. 497. — Géruzez. *Littérature française pendant la Révolution*, p. 49 et suivantes.

même chez les défenseurs du trône et de l'autel comme Rivarol, qui a été l'un des plus habiles et certainement le plus spirituel.

*
* *

Rivarol, dont les prétentions nobiliaires ont toujours prêté beaucoup à rire, s'était fait connaître avant la Révolution, comme lauréat de l'Académie de Berlin, pour son *Discours sur l'universalité de la langue française* et par une satire littéraire, le *Petit Almanach des grands hommes,* véritable chef-d'œuvre de persiflage, qui avait déchaîné contre lui les colères et les haines de Cerutti, de Garat, de Chamfort, de Joseph Chénier, de tous les écrivains du temps, objet de ses mordantes épigrammes.

Dans les débuts de la Révolution, Rivarol hésita à prendre rang. Mais il se décida pour la défense du parti royaliste, lorsqu'il vit classés dans le parti populaire tous ceux dont il s'était moqué, les Necker, les Mirabeau, les Condorcet, les Chamfort, les Chénier, les La Harpe, les Le Brun, les Volney, les Brissot, les La Fayette, les Staël, etc. Il s'improvisa publiciste et publia ses premiers articles dans le *Journal politique national* de l'abbé Sabatier, présentant la critique de la Révolution plus encore que la défense de la monarchie.

Comme l'a dit le dernier biographe de Rivarol [1], sa manière, aussi originale que peu efficace, consistait moins à avoir un avis qu'à critiquer les opinions de tout le monde, et à promener tour à tour sur ses amis et ses ennemis une clairvoyance et une verve également inexorables. C'est ainsi qu'il s'adressait au parti populaire : « Voltaire a dit : Plus les hommes seront éclairés, et plus ils seront libres. Ses successeurs ont dit au peuple que plus il serait libre, plus il serait éclairé, ce qui a tout perdu. »

Il disait au roi : « Il en est des personnes des rois comme des statues des dieux : les premiers coups portent sur le dieu même ; les derniers ne tombent plus que sur un marbre défiguré. — Il faut attaquer l'opinion avec les armes de la raison ; on ne tire pas des coups de fusil aux idées. — L'imprimerie est l'artillerie de la pensée. »

[1] De Lescure. *Rivarol et la Société française pendant la Révolution et l'émigration.* Paris, Plon, 1883, in-8°.

Gravé d'après l'original de Ducreux par Jouannin.

ANTOINE RIVAROL

(1753-1801)

Défenseur du parti royaliste.

Il avait de ces mots à double tranchant qui coupaient également les doigts aux deux partis contraires, trop prompts à s'en emparer : « Les vices de la cour ont commencé la Révolution. Les vices du peuple l'achèveront. La populace de Paris et celle de toutes les villes du royaume ont encore bien des crimes à commettre avant d'égaler les sottises de la cour et des grands. »

Dans le *Journal politique national*, Rivarol ne prétendait écrire, suivant ses propres expressions, qu'une suite de réflexions sur les décrets de l'Assemblée nationale, sur les fautes du gouvernement et sur les malheurs de la France. Mais, grâce à l'éclat de son style, ses récits et ses tableaux sont dignes d'être lus par la postérité, car quelques-uns touchent au chef-d'œuvre.

A la même époque, Rivarol burinait certains portraits de la *Galerie des Etats Généraux et des dames françaises ;* et, un peu plus tard, il publiait le *Petit Dictionnaire des grands hommes de la Révolution, par un citoyen actif, cy devant rien*, où la haine la plus aveugle se donne carrière avec une liberté qui dégénère en licence. Dans une *Epître dédicatoire à S. E. Madame la baronne de Staël*, Rivarol poursuit d'une haine injuste, qui va jusqu'à la méchanceté et à la cruauté, une femme d'un esprit et d'un cœur généreux. Il nous suffira de rappeler le début de cette *Epître dédicatoire :* « Madame, publier le *Dictionnaire des grands hommes du jour*, c'est vous offrir la liste de vos adorateurs. » Ce n'est plus là du persiflage, ce ne sont plus de légères égratignures, mais des blessures profondes, qui arrêtent le rire et inspirent le dégoût.

C'est surtout dans les *Actes des Apôtres*, journal qui commença à paraître le 2 novembre 1789, le jour des Morts, que Rivarol donna un libre cours à ses bouffonneries grossières, parfois même ordurières. Il fait la guerre aux hommes et aux choses de la Révolution par tous les moyens, bons ou mauvais. Il écrit, comme on l'a dit, pour la meilleure société de son temps, sur le ton de la plus mauvaise compagnie. Ecoutez-le : « C'est toute la canaillerie de l'Assemblée Nationale qui a dicté le décret qui supprime la noblesse. La clique purulente des avocats n'y a pas peu contribué. »

Rivarol collaborait, dans les *Actes des Apôtres*, avec Peltier, Champcenetz, Suleau, Mirabeau cadet, Montlosier, le comte de Langeron, Bergasse, Régnier, Béville, Langlois, Artaud, le chanoine Turménie, l'abbé de la Bintinaie, etc.

Ces nobles défenseurs du trône et de l'autel ramassent la boue du ruisseau, pour salir leurs adversaires, sans trop se soucier des éclaboussures qui pouvaient retomber sur eux et sur leur parti. Rabelais et Voltaire, dans leurs accès de gaieté cynique, ne sont pas plus graveleux que ces soutiens de l'Église et de la Royauté.

Les lecteurs curieux qui voudront s'en assurer, n'auront qu'à se reporter au numéro XVI des *Actes des Apôtres*, où se trouve le récit des couches de Target, mettant au monde la constitution de 89.

Mais nous retrouverons Rivarol, de même que Camille Desmoulins, au milieu des luttes plus ardentes et plus meurtrières du temps de la Convention ; et nous donnerons alors les derniers traits aux rapides esquisses, que nous venons de tracer de ces deux grands journalistes.

Notre conclusion, au moment précis où nous sommes parvenus, c'est que, dans les débuts de la Révolution, la presse française a fait apparaître toute sa puissance, un peu étonnée elle-même de son prestige et de son influence sur la marche des événements. Mais elle n'en a pas abusé. Elle n'a pas encore versé dans la licence : elle est restée digne de la liberté, qu'elle venait de conquérir.

CHAPITRE III

LA LIBERTÉ ILLIMITÉE DE LA PRESSE, DE 1789 AU 10 AOUT 1792

TENTATIVES DE RÉSISTANCE A SES EXCÈS ET PREMIERS ESSAIS DE LÉGISLATION

Diversité infinie des journaux de toutes couleurs et de toutes nuances. — Division générale en deux camps : parti avancé, parti rétrograde. — De 1789 à 1792, le parti intermédiaire. — Le *Mercure de France :* Mallet du Pan et sa conception du rôle du journaliste. — La *Gazette universelle :* l'avocat-député Cerisier. — Le *Modérateur :* M. de Fontanes. — Le *Journal de la Société de 1789* : André Chénier et les Jacobins. — *Journal général de la cour et de la ville* ou *Petit Gautier*, feuille ultra-royaliste ; *Régénération de la France dans un bain de sang*. — L'*Ami du Roi :* l'abbé Royou ; appel à la contre-révolution. — Autres feuilles royalistes : la *Gazette de Paris*, le *Fouet national*, le *Journal de Louis XVI et de son peuple* ou le *Défenseur de l'autel, du trône et de la patrie*, la *Chronique du Manège*, le *Défenseur des opprimés*, le *Journal de la noblesse*, la *Feuille du jour*, l'*Indicateur* ou *Journal des causes et des effets*, le *Journal-Pie*, la *Rocambole des journaux* ou *histoire aristo-capucino-comique de la Révolution*, le *Petit Page*, les *Folies d'un mois à deux liards par jour*. — Les *Actes des Apôtres :* Peltier et Suleau ; la *Canaillarchie de l'Assemblée Nationale*, la *Clique purulente des avocats*, etc. — Journaux révolutionnaires : le *Patriote Français*, de Brissot ; la *Chronique de Paris*, prototype des Journaux d'Annonces ; le *Républicain*, ou le *Défenseur du Gouvernement représentatif*, d'après les souvenirs de Mme Roland ; la *Chronique du mois* ou les *Cahiers patriotiques ;* la *Bouche de fer* et ses utopies évangéliques ; le *Défenseur de la Constitution monarchique*, par Maximilien Robespierre. — Journaux jacobins : *Journal des Amis de la Constitution ; Journal des Débats et de la Correspondance de la Société des Jacobins ;* la *Feuille villageoise* et ses 16 500 abonnés ; le *Journal des Laboureurs*. Journaux extrêmes : les *Révolutions de France et de Brabant* et la *Tribune des Patriotes* (Camille Desmoulins), l'*Ami du peuple* (Marat), l'*Orateur du peuple* (Fréron), le *Père Duchesne* (Hébert). — Lutte aiguë entre les Presses royaliste et révolutionnaire. — Rôle important des *almanachs :* almanachs du Père Gérard, des émigrants, des Muses. — Les quartiers des Agences des Journaux. — Premières mesures prises par la Municipalité de Paris contre la licence des libelles et des caricatures. — Poursuites contre Marat. — Essais de législation sur la Presse par la Commune de Paris ; opinions de Rabaud Saint-Étienne, Barère de Vieuzac, Robespierre et Mirabeau. — Dénonciations du royaliste Malouet. — Rapport de l'abbé Sieyès sur un projet de loi contre les délits de presse qu'il propose de déférer au Jury. — Décret de l'Assemblée en date du 18 juillet 1791, punissant la provocation au meurtre, à l'incendie, au pillage. — Principes généraux en matière de liberté de la Presse proclamés dans la Constitution du 14 septembre 1791. — Discussions de Robespierre, de Pétion.

La Rochefoucauld et Du Port sur la répression des calomnies lancées contre les fonctionnaires publics. — Licence effrénée de la Presse; ses conséquences. — Origines du parti républicain.

La presse, subissant l'impulsion des mouvements et des soubresauts de la Révolution, grandit au fur et à mesure des événements : *crescit eundo*.

Mais en même temps elle se divise et se subdivise à l'infini, se diversifie en journaux de toutes couleurs et de toutes nuances, suivant l'exemple des représentants du peuple à la Constituante, à la Législative, à la Convention, qui se partagent en groupes et en factions, forment plusieurs partis, se disputent le pouvoir, se combattent avec acharnement, se déchirent avec fureur.

Sans classer tous les journaux éclos pendant la période révolutionnaire, suivant les doctrines qu'ils propageaient ou les partis qu'ils servaient, travail d'ailleurs aussi inutile que fastidieux[1], on peut les ranger dans les deux grands partis alors en présence : d'un côté, les journaux du mouvement en avant, de l'action révolutionnaire : de l'autre côté, les journaux de la monarchie, de la résistance, de la contre-révolution.

Cependant, de 1789 à 1792, il a existé un parti intermédiaire, représenté dans la presse par des organes, qui n'ont été ni sans éclat ni sans célébrité; c'est le parti constitutionnel monarchique des Mounier, des Bergasse, des Clermont-Tonnerre, des Lally-Tollendal, des Virieu, des Malouet, qui voulaient introduire en France le régime parlementaire des deux chambres imité de l'Angleterre. Le *Mercure de France*, la *Gazette universelle*, le *Modérateur* et le *Journal de la société de 1789* furent ses principaux organes.

Le *Mercure*, cette vieille feuille privilégiée, ayant été gravement atteint dans sa prospérité par le développement inattendu de la presse au lendemain du 14 juillet, son propriétaire, Panckoucke, prit le parti de le transformer. Dans le numéro du 5 novembre 1789, il annonça à ses lecteurs qu'à partir du 1er janvier suivant, Marmontel, la Harpe et Chamfort seraient chargés de la rédaction du *Mercure*, de concert avec Mallet du Pan, qui exposa, dans le même numéro, le plan d'un grand journal politique tel qu'il le comprenait.

[1] Les lecteurs curieux de longs détails, les trouveront dans la *Bibliographie* de Hatin et dans son *Histoire de la Presse*. Ils consulteront surtout avec fruit la *Bibliographie de l'Histoire de Paris* par Maurice Tourneux, t. II, ch. VIII.

Ce plan nous semble se rapprocher plutôt de l'idée que nous nous faisons aujourd'hui d'une revue. Mallet du Pan s'y exprime avec un remarquable esprit de modération et de haute dignité sur le rôle du journaliste : « Il doit résumer et apprécier dans le calme ce que trente personnes différentes ont publié précipitamment dans le cours d'une semaine. Ainsi, une feuille publique parle à la curiosité de chacun et ne tend qu'à l'entretenir ; un journal, au contraire, s'adresse à la curiosité éclairée..... Lorsqu'on a séparé des feuilles publiques tout ce qu'enfantent la calomnie, l'habitude de l'imposture, la malignité toujours en haleine, le fanatisme toujours en action, les accusations téméraires, les bruits hasardés un jour et tombés le lendemain, le reste est indigne d'être recueilli. D'ailleurs, nous avons pour principe (ce sera celui de tout homme d'honneur) que plus on a de liberté d'écrire, plus on est coupable d'assassiner la plume en main ; car les lois, en vous rendant votre indépendance, ont compté sur votre probité, elle leur sert de garant : et le législateur, en vous donnant de nouveaux droits, vous a imposé de nouveaux devoirs. »

Marmontel publia dans le *Mercure* toute une série de ses *Contes moraux*. Ses articles sont signés d'un *M*, ceux de la Harpe d'un *D*, et ceux de Chamfort d'un *C*. Leur collaboration dura jusqu'au mois d'août 1792.

La *Gazette universelle* avait pour principal rédacteur Cerisier, avocat au Parlement et député suppléant de Bourg-en-Bresse à l'Assemblée nationale. Cerisier avait rédigé pendant longtemps et successivement les gazettes de Leyde et d'Amsterdam ; ses connaissances en droit public et en histoire rendaient son talent précieux pour un journal politique. Il défendit avec beaucoup de courage ses idées sur la nécessité de concilier la monarchie avec la liberté. Résultat : à la suite de la journée du 10 août, la destruction de ses presses et sa propre proscription.

Le titre seul du *Modérateur* valait une déclaration de principes, qui était complétée par le nom du principal rédacteur du journal, M. de Fontanes, le futur grand maître de l'Université impériale.

*
* *

Le *Journal de la société de 1789* était, comme son titre l'indique, l'organe d'un des clubs si nombreux pendant la Révolution. La *société de 1789*, dirigée par Malouet, comptait dans ses rangs Condorcet, Grouvelle, Dupont de Nemours, de Kersaint, le duc de la Rochefoucauld, Pastoret, Chénier, le chevalier de Pange, Roucher, l'ami et le compagnon d'infortune de Chénier.

Tous ceux qui voulaient maintenir le gouvernement dans les voies constitutionnelles se groupèrent et trouvèrent un centre de ralliement dans la *Société de 1789*. Le *Journal de la société* devint entre leurs mains un instrument de combat contre la *Société des Amis de la constitution*, berceau du club tout-puissant des Jacobins.

Saluons en passant la noble figure d'André Chénier, ce jeune enthousiaste de la poésie et de la liberté, qui a célébré en si beaux vers la prise de la Bastille.

La terre tressaillit ; elle quitta son deuil.
Le genre humain d'espérance et d'orgueil
Sourit. Les noirs donjons s'ébranlèrent d'eux-mêmes.
Jusques sur leurs trônes lointains
Les tyrans ébranlés, en hâte à leurs fronts blêmes,
Pour retenir leurs tremblants diadèmes,
Portèrent leurs royales mains.

Comme journaliste, André Chénier publia, au mois d'août 1790, dans le *Journal de la société de 1789*, un article qui eut un grand retentissement, sous le titre d'*Avis aux Français sur leurs véritables ennemis* et qui fut traduit en langue polonaise par ordre du roi Stanislas-Auguste. Les véritables ennemis, il les voit dans « cette nombreuse et effrayante race de libellistes sans pudeur, qui, sous des titres fastueux et des démonstrations convulsives d'amour pour le peuple et pour la patrie, cherchent à s'attirer la confiance populaire ; gens pour qui toute loi est onéreuse, tout frein insupportable, tout gouvernement odieux ; gens pour qui l'honnêteté est de tous les jougs le plus pénible ».

Avec quelle force il dénonce les funestes effets d'une presse désordonnée, et sans frein ! « Tous les citoyens, dit-il, ont le droit d'avoir et de publier leur opinion sur tout ce qui concerne la chose publique ; mais ils n'ont pas celui de prêcher la révolte et la sédition..... A travers cet amas bourbeux de déclamations, d'injures, d'atrocités, cherchons s'ils veulent, s'ils approuvent, s'ils proposent quelque chose ; si, après une critique bonne ou mauvaise de telle ou telle loi, ils indiquent au moins, bien ou mal, ce qu'ils jugent qu'on

Dessiné par Tony Johannot. Gravé par Baudran.

ANDRÉ CHÉNIER

(1762-1794)

Poète et publiciste.

Incarcéré le 17 nivôse (7 janvier) de l'an II de la République. Exécuté le 7 thermidor (25 juillet) de la même année.

pourrait mettre à la place. Non, rien, ils contredisent, mais ils ne disent pas ; ils empêchent, mais ils ne font pas. Quel décret de l'Assemblée nationale leur plaît, quelle loi ne leur semble pas injuste, dure, tyrannique ?..... Enfin quel emploi, quel office, quelle chose, quelle personne publique a pu trouver grâce devant eux ? M. Bailly.... M. de la Fayette..... l'abbé Sieyès..... M. de Condorcet..... tous les hommes qui ont consacré au bien public, à la patrie, à la liberté, leur voix, ou leur plume, ou leur épée : tous, sans exception, se sont vus dénoncés dans ces amas de feuilles impures comme ennemis de la liberté, du moment qu'ils n'ont pas voulu que la liberté consistât à diffamer au hasard et à ouvrir des listes de proscrits dans les groupes du Palais-Royal. »

André Chénier et ses amis continuèrent, dans un supplément au *Journal de Paris* publié à leurs frais, leur lutte contre les Jacobins avec autant d'éclat que de courage. Après la fuite de Louis XVI à Varennes, l'émigration des nobles et des prêtres, la situation politique prenant un caractère particulier de gravité, André Chénier prévoit avec une amertume douloureuse les excès qui vont souiller la cause de la liberté. Comme toutes les âmes généreuses, il éprouve une invincible répugnance pour la force séparée du droit.

Il n'ignorait pas qu'au milieu de l'agitation des partis, la modération courageuse et l'esprit de justice avaient, pour vaincre, moins de ressources que la violence des factieux. Dans les temps de trouble, disait-il lui-même, les scrupules de la conscience ne sont pas des obstacles pour ceux que la passion emporte ; et c'est pour cela que les honnêtes gens, même les plus intrépides, se trouvent trop faibles pour lutter contre ceux qui osent violer ouvertement les lois de l'humanité [1].

Il n'en redoubla pas moins de zèle, jusqu'à la journée du 10 août, qui brisa sa plume.

*
* *

Mais les périls grandissants de la royauté firent éclore une foule de journaux dévoués à sa défense.

Au premier rang nous devons faire figurer le *Journal général de la Cour et de la Ville*, plus connu sous le titre de *Petit Gautier*, du nom d'un de ses principaux rédacteurs, Jacques-Louis Gautier de Syonnet,

[1] Hatin. *Histoire de la Presse*, t. V, p. 181.

qui avait créé cette feuille de concert avec Brune, le futur maréchal de France [1].

Le ton du *Petit Gautier* était celui de la satire et de la raillerie, les armes favorites des écrivains du parti royaliste, qui s'imaginaient terrasser ainsi leurs redoutables adversaires. En 1790, il ne parut peut-être pas un seul numéro de cette feuille, sans que Barnave, Bailly, Camus, Mirabeau, Pétion, Robespierre, Villette, d'Aiguillon, Mme de Staël, etc., ne fussent vilipendés et diffamés en vers et en prose.

Ce journal, dit M. de Monseignat [2], était le fidèle interprète des ultra-royalistes et des émigrés : mêmes colères, mêmes illusions extravagantes, même outrecuidance présomptueuse, même insolence aristocratique, même gaîté frivole et licencieuse.

Les écrivains royalistes ne dissimulaient pas qu'ils mettaient leur suprême espoir en la prochaine entrée des armées étrangères dans Paris. Il n'est bientôt plus question dans leurs articles que de bâtonner et de souffleter leurs adversaires, de faire pendre ou monter à l'échafaud les députés et les Jacobins, de *régénérer la France dans un bain de sang*. Les premiers à proférer des menaces de mort, ils habituent ainsi les esprits aux idées de représailles et de terreur.

Voici deux échantillons des infamies ordinaires du *Petit Gautier* : « Les ci-devant Français n'attendent que l'arrivée des Autrichiens pour changer leur devise. Au lieu de *Vivre libre et mourir*, ils diront : *Vivre libre et courir* (numéro du 16 septembre 1791).

Vive la France !
Vive notre bon roi !
La noire engeance
Qui lui donne la loi,
A la potence
Ira bientôt, je croi.
L'ingratitude
Mérite le gibet
. . . .

Les deux frères Lameth
Font une étude
De ce lâche forfait.

(Numéro du 30 octobre 1791.)

[1] Tourneux. *Op. cit.*, t. II, p. 541.

[2] *Un chapitre de la Révolution française*. Paris, Hachette, 1883, p. 123 et suiv.

Il n'est pas possible de donner une idée des injures licencieuses lancées contre Mme de Staël, Mme Fréteau, le marquis de Villette et Mme de Sillery-Genlis. A peine osons-nous citer les grossiers outrages adressés à Condorcet et à sa femme dans le numéro du 1er mars 1792 : « Tout le monde sait que Condorcet, il y a deux ans, fit passer sa femme dans un de ses marchés avec Mirabeau, et que celui-ci voulut bien lui en tenir compte sur le pied de cent écus. Mais ce qu'on ne sait pas, c'est que le jour où l'affaire se conclut, Condorcet, après avoir laissé le grand homme avec sa moitié, revint le trouver cinq minutes après, et, sans troubler en rien....., il frappa sur l'épaule de Mirabeau et lui dit : « A propos, en avez-vous parlé à « Montmorency ? »

Maintes fois les exemplaires du *Petit Gautier* furent saisis par les passants exaspérés et jetés au ruisseau. Souvent aussi ils furent l'objet d'un de ces autodafés, très fréquents à cette époque. M. Hatin a cité, d'après la *Chronique de Paris*, le procès-verbal d'une de ces exécutions populaires rédigé en bonne et due forme par les habitués d'un café obscur.

*
* *

Les autres journaux du parti royaliste, sous la Constituante et la Législative, n'étaient pas moins violents. Il suffit, pour s'en convaincre, de parcourir quelques numéros de l'*Ami du roi*, publié par les continuateurs de l'*Année littéraire* du fameux Fréron, l'imprimeur Crapart, Montjoye, Mme Fréron et l'un de ses frères, l'abbé Thomas Marie Royou. Ceux-ci prirent d'abord cette épigraphe :

Pro Deo, Rege et Patria,

qu'ils remplacèrent par la suivante, à partir du 1er juillet 1791 :

Je l'aimais tout-puissant ; malheureux, je l'adore.

L'histoire de l'*Ami du roi* offre cette particularité singulière, que l'abbé Royou d'abord, Montjoye ensuite, en abandonnèrent la rédaction, pour créer de nouvelles feuilles portant le même titre, élevant ainsi autel contre autel et établissant une concurrence, que le législateur n'avait pas encore songé à réprimer. Mais pour la postérité, le véritable *Ami du roi*, c'est l'abbé Royou, de même que l'*Ami du peuple*, c'est Marat.

Royou ne surpassait pas Montjoye comme écrivain; mais il l'emportait de beaucoup en violence. Royou, dit Léonard Gallois[1], était et se montrait à la fois aristocrate exalté et prêtre fanatique. A ce double titre, sa feuille devait être recherchée par la noblesse et par le clergé; et comme elle parlait toujours aux passions, que nulle autre ne s'exprima avec autant de violence contre les hommes et les institutions de la Révolution, elle obtint sans peine les prédilections de toute l'aristocratie. Ajoutons que le journal de Royou ne cessa d'être appuyé par la cour et les ministres, jusqu'à l'époque de la fuite du roi, et l'on se rendra facilement compte de sa fortune.

Royou ne cessa pas un seul instant d'accabler les hommes de la Révolution des plus grossières invectives, appelant sur leur tête une prompte et terrible vengeance. « Lorsqu'une révolution, écrivait-il, n'est qu'un tissu de crimes et d'horreurs, une contre-révolution est un grand service rendu à la société et à l'humanité. » Il provoquait les officiers à la désertion au moment où les armées coalisées marchaient sur la France : « Il est vraisemblable, disait-il, que les officiers vont quitter l'armée, qui se dissoudra d'elle-même. Cette dissolution peut donner lieu à de grands malheurs, sans doute; mais l'Europe entière sous les armes rétablira du moins, sans beaucoup de peine, l'ordre et les lois, qu'il importe à sa tranquillité de voir régner en France. »

De telles violences ne pouvaient manquer de soulever les colères populaires. Et en effet, au lendemain de la fuite de Louis XVI, la foule ameutée brisa les presses de Royou, qu'elle accusait d'avoir trempé dans ce complot, et empêcha ainsi son journal de paraître pendant quelques jours.

Malgré l'indifférence ordinaire des pouvoirs publics à l'égard des provocations répétées des journaux extrêmes, l'Assemblée législative, dans sa séance du 3 mai 1792, décréta en même temps d'accusation Marat et Royou, ce dernier comme tendant au renversement de la République « par un système réellement lié, quoique opposé en apparence, à celui de l'*Ami du peuple* ».

Beaucoup d'autres journaux royalistes ne méritent qu'une mention rapide. Dans ce nombre, nous ferons figurer : La *Gazette de Paris*, dont le principal rédacteur fut Barnabé Farmian du Rozoy, qui comparut le premier devant le tribunal criminel révolutionnaire, comme

[1] *Histoire des journaux et des journalistes de la Révolution française*, par Léonard Gallois. Paris, 1845-1846, 2 vol. in-8°.

inculpé de conspiration en faveur de la royauté dans la journée du 10 août, et monta sur l'échafaud avec un grand courage.

Le *Fouet national*, qui n'eut que vingt numéros.

Le Journal de Louis XVI et de son peuple ou le Défenseur de l'autel, du trône et de la patrie, qui plaçait en tête de ses numéros des épigraphes très significatives. L'une d'elles portait :

Un seul Dieu, un seul Roi.

Une autre reproduisait ces vers des *Frères ennemis* de Racine :

O toi, soleil! ô toi qui rends le jour au monde,
Que ne l'as-tu laissé dans une nuit profonde ?
A de si noirs forfaits prêtes-tu tes rayons,
Et peux-tu sans horreur voir ce que nous voyons ?

La *Chronique du Manège*, journal satirique rédigé par Marchant, dont le titre était une allusion au local des séances de l'Assemblée.

Le *Défenseur des opprimés*, réuni bientôt au *Journal de la noblesse*.

La *Feuille du Jour*, plus spécialement consacrée aux annonces de tout genre, n'abordait la politique que sous forme d'entrefilets. Ce journal, dit M. Tourneux, était néanmoins classé parmi les feuilles royalistes, bien que celles-ci l'aient désavoué, et disparut après le 10 août. C'est, au point de vue de l'histoire intime, l'un des plus curieux répertoires de l'époque, et MM. de Goncourt l'ont souvent mis à contribution dans leur *Histoire de la Société française sous la Révolution*.

L'*Indicateur ou Journal des causes et des effets*, rédigé, ou tout au moins inspiré par Adrien Duport, qui fut, à raison de sa collaboration, l'objet d'un mandat d'arrêt décerné le 28 août 1792 par la Commune de Paris. Dès le 12 août, la Commune avait voté la suppression et fait saisir les presses de ce journal.

Le *Journal-Pie*, rédigé par Antoine-Joseph de Barruel-Beauvert, ci-devant capitaine de dragons et ensuite des grenadiers royaux de Bretagne. « J'ai choisi une pie pour présider à mon journal, disait le rédacteur du prospectus, et je tirerai plus parti de sa langue et de ses couleurs que nos Tibulles n'en ont tiré des pigeons de Vénus ou du moineau de Lesbie. J'aurai donc le babil et les livrées de la pie.... car j'ai à peindre les aristocrates, qui se font blancs de leurs épées, et les Jacobins, dont les figures et les projets noircissent de jour en jour. »

Néanmoins les souscripteurs ne tardèrent pas à remarquer «que le titre versatile du journal ne convenait point à la droiture et à la fermeté de leurs principes ». Ils en demandèrent le changement, et le *Journal-Pie* devint le *Journal royaliste.*

La Rocambole des Journaux, ou histoire aristo-capucino-comique de la Révolution, rédigée par dom Regius Anti-Jacobinus et compagnie, avec cette épigraphe :

Une foi, une loi, un Roi

attribuée à David Sabalut ; il semble qu'il s'agisse là d'un pseudonyme, plutôt que d'un nom réel.

Le Journal du soir ou le Petit Page, qui eut à peine six numéros.

Les Folies d'un mois, à deux liards par jour. Des pièces de comptabilité saisies chez Laporte, intendant de la liste civile, et publiées par ordre de l'Assemblée législative, dit M. Maurice Tourneux, il résulte que les frais d'impression et de distribution des *Folies d'un mois* (désignées une seule fois par les mots *Journal à deux liards*, et partout ailleurs sous le titre de : *le Journal* tout court) étaient supportés par la cassette du Roi. Le nom du rédacteur n'y est pas mentionné et rien absolument dans le texte de ce virulent pamphlet quotidien ne peut mettre sur la trace de sa personnalité. Mais, d'après certains indices, ce serait l'abbé Victor Auguste de Bouyon, qui, selon une tradition recueillie par Auguste Vitu, aurait été massacré sur la terrasse des Tuileries, le 10 août 1792, quelques instants avant Suleau.

*
* *

On aura un tableau en raccourci de la presse royaliste de 1789 à 1792, si l'on joint à l'énumération que nous venons de donner, les *Actes des Apôtres* et le *Journal de Suleau.*

Nous avons déjà parlé des *Actes des Apôtres* et de Rivarol, le plus brillant représentant de cette espèce disparue, le journaliste voltairien. Ses principaux collaborateurs, Peltier[1] et Suleau, s'inspirent,

[1] Peltier était un champion bien compromettant pour la monarchie et pour la religion, si nous en croyons Chateaubriand, qui l'avait connu en Angleterre et en parle ainsi dans ses *Mémoires :* « Peltier, principal rédacteur des *Actes des Apôtres,*

comme lui, des ouvrages de Voltaire ; et c'est *la Pucelle*, qu'ils affectionnent, qui est leur livre de chevet, qu'ils appellent le livre divin. « C'est le genre même de *la Pucelle* qu'ils reprennent, dit M. Maurice Souriau[1], avec moins d'esprit peut-être, avec autant d'impudeur à coup sûr. Là-dessus le lecteur voudra bien en croire sur parole ceux qui ont été obligés, par scrupule d'historien, d'étudier cette riche collection de plaisanteries de corps de garde, de gravelures et d'infamies. On ne peut naturellement citer que les inventions les plus anodines. Un procédé constant consiste à insinuer que les gentilshommes ralliés aux idées du tiers sont les fils des valets de leurs parents.» Voici une des épigrammes les moins impudentes dirigée contre Mathieu de Montmorency :

> Connaissez mieux cette illustre maison.
> Vous détromper est nécessaire.
> Ce M..... n'en a que le nom,
> Et d'un des laquais de sa mère
> Il a reçu le jour, le cœur, l'âme et le ton.

Les *Apôtres* poursuivaient de leurs railleries les plus honnêtes femmes. C'est ainsi que pour rabaisser les services militaires d'un des Lameth, on prétendait qu'il devait ses grades à la protection passionnée de Mme de Polignac. Nos polémiques contemporaines les plus violentes ne donnent pas une idée, même affaiblie, de l'indécence des plaisanteries de cette feuille. Marat, dans l'*Ami du peuple*, et Hébert, dans le *Père Duchesne*, dépasseront rarement le style outrageant des *Apôtres* s'écriant : « C'est toute la canaillarchie de l'Assemblée nationale qui a dicté le décret qui supprime la noblesse. La clique purulente des avocats n'y a pas peu contribué ! » Et les *Apôtres* méritent peut-être moins d'indulgence, si l'on songe qu'ils écrivaient pour la meilleure société du temps.

Rien de plus odieux que les menaces de mort lancées par les *Apôtres* contre tous leurs adversaires politiques. « Il faudrait, disent-ils, chasser tous les démagogues pour en faire la justice la plus sévère,

n'avait pas précisément de vices ; mais il était rongé d'une vermine de petits défauts dont on ne pouvait l'épurer ; libertin, mauvais sujet, gagnant beaucoup d'argent et le mangeant de même, à la fois serviteur de la légitimité et ambassadeur du roi nègre Christophe auprès de Georges III, buvant en vin de Champagne les appointements qu'on lui payait en sucre. »

Le moral du personnage convenait fort bien à son emploi de libelliste.

[1] *Louis XVI et la Révolution*. Paris, ancienne maison Quantin, in-8°, p. 260.

et se repaître du spectacle de les voir tous subir le même sort que nous faisions subir aux crapauds dans la campagne, en les accrochant au bout d'une perche sur les ruines de la Bastille, pour les faire mourir à petit feu. » Ils ne sont pas plus tendres envers leurs confrères en journalisme, « un Marat, un Desmoulins, un Prudhomme, et tant d'autres écrivassiers tous dignes du dernier supplice ».

Ce qu'il y a de plus extraordinaire, c'est que Louis XVI lui-même était en butte aux sarcasmes de ses défenseurs attitrés. Avec une inconcevable légèreté, on tournait en dérision la nullité du roi et son incurable inertie. On lui disait textuellement :

Ce seul désir de sauver ta personne
T'a rendu nul, et l'État est perdu.

A propos d'un tableau représentant Louis XVI, et respecté par les émeutiers, lors de la mise à sac de l'hôtel de Castries, on trouvait matière à plaisanter :

Qui donc put inspirer à cette troupe impure
Ou ce respect, ou cet effroi ?
Est-ce la peinture du roi ?
Est-ce le monarque en peinture ?

Il est vrai que l'esprit le plus piquant, le plus mordant agrémentait les moindres articles des *Actes des Apôtres*. Mais cet esprit incisif et sarcastique faisait plus de mal que de bien à la cause royaliste, ne convertissait personne et enflammait encore davantage les passions politiques. Les bons mots, les mauvais quolibets et les plaisanteries compassées provoquaient le sourire des personnes de bon ton ; mais ils irritaient les révolutionnaires, qui brûlaient solennellement chez le libraire Gattey, au Palais Royal, les derniers numéros des *Actes des Apôtres* et faisaient retomber sur le roi et sur son entourage la responsabilité de ces insultes.

La cour vit enfin clairement qu'elle jouait là un jeu des plus dangereux ; le journal cessa de paraître, sur l'ordre formel de Louis XVI. Ce n'était plus avec les *foudres à deux sous*, dont la boutique de Gattey recélait l'arsenal, qu'on pouvait espérer mettre un frein à la Révolution triomphante.

Suleau, le type du chevalier batailleur, spirituel et brave, continua la lutte dans une nouvelle feuille, qu'il appela le *Journal de*

M. Suleau. Il avait servi dans les hussards, au temps de sa jeunesse ; et il avait gardé de sa première profession cette ardeur martiale qui brave tous les périls. La plume en main, comme l'a dit un critique littéraire, il a le tour vif, le ton naturel, le trait incisif, et parfois dans l'escrime du langage et de la pensée une rare dextérité. Ses diffamations et ses invectives, sans parler de ses conspirations avec les émigrés de Coblentz, dont il se vantait dans son journal, lui attirèrent beaucoup d'ennemis. Néanmoins, avec son audace habituelle, il alla au-devant des poignards qui l'attendaient et qui ne le manquèrent pas, dans la nuit qui précéda le 10 août. Il parcourait les Tuileries en uniforme de garde national, excitant les bataillons royalistes à la résistance, lorsqu'il fut reconnu par la fameuse Théroigne de Méricourt, que les *Apôtres* avaient criblée de sarcasmes et mariée symboliquement, dans une tragédie burlesque, avec le député Populus. Celle-ci excita la foule contre Suleau, qui fut massacré dans la cour des Feuillants. Il n'avait que trente-cinq ans.

*
* *

Après avoir énuméré et apprécié les champions de la cause royaliste, plaçons-nous dans le camp adverse et passons en revue les promoteurs et les soutiens de la Révolution.

Nous connaissons déjà la plupart d'entre eux ; nous les avons vus se lever, dès les premiers jours de 1789, pour fonder et défendre la liberté.

Voici d'abord, le *Patriote Français* de Brissot, soutenu par un journaliste aussi spirituel que courageux, Girey-Dupré, et ouvert aux communications d'hommes politiques tels que Pétion, Condorcet, Manuel, Lanthenas, Roland, Clavières, Payne et Kersaint. Brissot fut des premiers parmi les publicistes de la Révolution à mettre en avant la République comme forme de gouvernement. Mais il laissa percer en même temps ses idées de fédéralisme. Lorsque les divisions se firent jour dans le parti révolutionnaire, on lui en fit un crime ; et peu à peu le *Patriote Français*, organe des Girondins, se transforma en pamphlet contre les Jacobins.

La *Chronique de Paris*, fondée dès le 24 août 1789, par Millin et Noël, était, au dire de Camille Desmoulins, le mieux fait des journaux de l'époque révolutionnaire. Elle fournit des indications précieuses pour l'histoire du parti girondin, et aussi pour l'histoire générale de

Peint par F. Bonneville. Gravé par N.-F. Maveiz.

J.-P. BRISSOT

Né le 14 janvier 1754

Député du département de Paris à la première législature

Mort sur l'échafaud le 30 octobre 1793.

Gravure extraite de *La Révolution française*, par Armand Dayot (Ernest Flammarion, éditeur).

la presse, des informations sur la bibliographie, la critique théâtrale et la nécrologie. Condorcet y publia des comptes rendus des séances de la Législative. Elle fut entraînée dans la chute du parti girondin.

Chaque numéro débutait par une chronique littéraire ; à la suite venaient les variétés, la correspondance, les faits divers, la Commune de Paris, le Châtelet, l'Assemblée nationale ; enfin les nouvelles étrangères, le cours des effets publics et les spectacles formaient autant de rubriques.

Les annonces jouaient déjà dans la *Chronique de Paris* un rôle important, comme le témoigne un avis inséré dans un supplément au numéro 103 (4 décembre 1789) rapporté par Hatin : « On nous adresse chaque jour des annonces et des prospectus qu'il nous est impossible d'insérer dans notre feuille, consacrée particulièrement aux nouvelles publiques et littéraires, sans en détruire l'intérêt. Nous prévenons donc tous ceux qui pourront nous adresser à l'avenir des annonces, des prospectus, des avis d'effets perdus, de maisons à louer, à vendre, etc., que tous ces objets seront insérés dans un supplément de la chronique, qui sera publié dès qu'il y aura de quoi composer quatre pages. »

Une feuille bien éphémère, puisqu'elle n'eut que quatre numéros (juillet 1791), *le Républicain ou le Défenseur du gouvernement représentatif*, mérite d'attirer l'attention, pour la hardiesse et la nouveauté de ses idées. Mme Roland, dans ses Mémoires, raconte ainsi la naissance du *Républicain* : « J'avais été frappée de la terreur, dont Robespierre parut pénétré le jour de la fuite du roi à Varennes. Je le trouvai l'après-midi chez Pétion, où il disait avec inquiétude que la famille royale n'aurait pas pris ce parti sans avoir dans Paris une coalition qui ordonnerait la Saint-Barthelémy des patriotes...... Pétion et Brissot disaient, au contraire, que cette fuite du roi était sa perte, et qu'il fallait en profiter...., qu'il fallait préparer les esprits à la République. Robespierre, ricanant à son ordinaire et se mordant les ongles, demandait ce que c'était qu'une république ! Le projet du journal intitulé *le Républicain* fut alors imaginé. Dumont, le Génevois, homme d'esprit, y travaillait ; Duchâtelet, militaire, y prêtait son nom, et Condorcet, Brissot, etc., se préparaient à y concourir. »

Le premier article, sous le titre d'*Avis aux Français*, fait le procès de la royauté en termes d'une réelle brutalité, dont voici un curieux échantillon : « Qu'est-ce, dans un gouvernement, qu'un office qui ne demande ni expérience, ni habileté, un office qu'on peut abandonner au hasard de la naissance, qui peut être rempli par un idiot, un fou, un méchant, comme par un sage ?

« Un tel office est évidemment un *rien*. C'est une place de représentation, et non d'utilité. Que la France, parvenue à l'âge de raison, ne s'en laisse plus imposer par des mots, et qu'elle examine si un roi insignifiant n'est pas en même temps fort dangereux. »

Ces idées républicaines rencontrèrent alors si peu de sympathies que Condorcet et ses amis remirent leur drapeau dans leur poche, en attendant une occasion plus propice. Ceux-là même qui appelaient la République de leurs vœux, comme Camille Desmoulins, firent un crime à Brissot d'avoir jeté ses idées républicaines à tous les vents. » Etait-il d'une bonne politique, écrivait Desmoulins à Brissot [1], lorsque la France avait été décrétée une monarchie, lorsque le nom de république effarouchait les neuf dixièmes de la nation, lorsque ceux qui passaient pour les plus fougueux démocrates, Loustallot, Robespierre, Carra, Fréron, Danton, moi, Marat lui-même, s'étaient interdit de prononcer ce mot, était-il d'une bonne politique à vous, Brissot, d'affecter de vous parer du nom de républicain, de timbrer toutes vos feuilles de ce mot *république*, de faire croire que telle était l'opinion des Jacobins, et d'autoriser les calomnies et la haine de tous ses ennemis. »

L'infatigable et fécond Condorcet fonda encore une autre feuille pour développer ses théories humanitaires ou d'économie sociale, comme on dirait aujourd'hui.

La Chronique du mois ou les Cahiers patriotiques paraissait avec la collaboration de quatorze écrivains, quatorze patriotes, qui avaient réuni leurs lumières, disait le prospectus, pour payer ensemble à la chose publique leur dette de citoyen ; c'étaient Condorcet, Clavières, Bonneville, Brissot, Mercier, Auger, Oswald, Bidermann, Broussonnet, Guy-Kersaint, Garran de Coulon, Dussault, Lanthenas et Collot-d'Herbois.

*
* *

Une feuille des plus originales fut *la Bouche de fer*, paraissant trois fois par semaine en 1790 et 1791. Elle portait en tête un fleuron

[1] Hatin, t. V, p. 283.

bizarre ; au milieu une tête humaine avec une bouche de fer, et surmontée d'un coq ; d'un côté, la foudre sortant d'un nuage ; de l'autre, un insigne maçonnique dans une gloire, et autour, singulièrement disposée, cette épigraphe : *Tu regere eloquio populos, ô Galle, memento !* L'abbé Claude Fauchet, évêque constitutionnel du Calvados, révolutionnaire mystique qui mariait l'évangile à des sentiments démocratiques, était le principal rédacteur de ce journal avec Bonneville, une sorte de précurseur de Fourier, se disant assuré de réaliser le bonheur parfait de l'humanité « en bannissant la haine de la terre pour n'y laisser subsister que l'amour ».

Les publicistes de la *Bouche de fer* faisaient tenir la solution de toutes les questions sociales dans une formule commode.

Il suffirait, disaient-ils, que la patrie s'obligeât à assurer à tous les pauvres valides les jouissances nécessaires de la vie avec le travail, et à tous ceux qui ne peuvent pas travailler la faculté de vivre et d'être soignés dans leurs besoins. « Ce système, ajoutait Fauchet avec l'exaltation d'un illuminé, est aussi simple dans son établissement que facile dans son exécution..... L'erreur est diverse, la vérité est une. »

La *Bouche de fer* servait d'organe à un *Cercle social* fondé au Palais Royal par Fauchet et Bonneville, au sein d'une loge de Francs-maçons, qui donnaient pour but à leur société comme à la Révolution la régénération de l'humanité. Ce club socialiste eut un moment une grande vogue ; dix mille personnes, dit-on, se pressaient tous les vendredis, à la fin de l'année 1790, dans la vaste enceinte du cirque national, pour entendre Fauchet réclamant la confédération universelle des Francs-maçons dans tous les pays, afin de réunir tous les rayons épars dans un centre commun d'amour et d'humanité, et de ne faire de tous les peuples qu'une seule famille.

Les utopies évangéliques de Claude Fauchet et de Bonneville flattaient la foule dans son amour des chimères, dans ses aspirations vers l'absolu et le rêve ; mais elles ne pouvaient prévaloir, et la feuille qui les colportait ne tarda pas à être délaissée. Elle publiait cependant des lettres curieuses de Clootz à Fauchet, avec les réponses, des articles de Thomas Payne, une lettre remarquable de Condorcet sur les spectacles, et les discours d'une savante et spirituelle Hollandaise, Mme d'Aelders, sur la condition des femmes, leur éducation et leur influence dans les gouvernements. La *Bouche de fer* va jusqu'à proposer la formation d'un tribunal national pour juger les différends des rois et les rois eux-mêmes [1].

*
* *

On ne peut passer sous silence le *Défenseur de la Constitution* par Maximilien Robespierre. Ce journal eut fort peu de succès, malgré la popularité de son rédacteur, peut-être à cause de son style compassé et de ses périodes cicéroniennes, qui s'accommodaient malaisément aux mouvements violents de cette époque tourmentée. Le journal de Robespierre était pour lui une tribune, du haut de laquelle il luttait contre Condorcet, Brissot et ses autres adversaires du parti Girondin [2].

N'y a-t-il pas une sorte de paradoxe à présenter Robespierre, ce farouche Jacobin, comme le défenseur d'une constitution monarchique ? Voici pourtant comment il s'en explique lui-même : « J'aime mieux, dit-il, voir une assemblée représentative populaire et des citoyens libres et respectés avec un roi, qu'un peuple esclave et avili sous la verge d'un sénat aristocratique et d'un dictateur..... Est-ce dans les mots de *république* ou de *monarchie* que réside la solution du grand problème social ? Sont-ce les définitions inventées par les diplomates pour classer les diverses formes de gouvernement qui font le bonheur et le malheur des nations, ou la combinaison des lois et des institutions qui en constituent la véritable nature ? Toutes les constitutions politiques sont faites pour le peuple ; toutes celles où il est compté pour rien ne sont que des attentats contre l'humanité. »

Cependant, après le 10 août, Robespierre ne pouvait guère maintenir le titre de son journal; il le comprit et l'intitula, dès le mois de septembre : *Lettres de Maximilien Robespierre à ses commettants.*

On sait quelle influence les Jacobins, dominés successivement par les Girondins et par les Montagnards, ont exercé sur la politique générale de la Révolution. C'est ce qui donne un intérêt particulier aux journaux qui furent publiés pour répandre les doctrines de la fameuse société Jacobine, surtout en province, parmi les nombreuses sociétés affiliées.

[1] Hatin. *Loc. cit.*, t. VI, p. 377 et suiv.

[2] Hamel. *Histoire de Robespierre*, t. II, p. 249.

Ce fut d'abord le *Journal des amis de la Constitution* (21 novembre 1790 — 6 novembre 1791), rédigé par Choderlos de Laclos, l'ami du duc d'Orléans. Ce journal était un puissant instrument de propagande; mais il ne contient ni les débats, ni les procès-verbaux, et la correspondance des sociétés affiliées y est assez maigre[1].

Un autre journal consacré au compte rendu des séances du club parut à partir du 1er juin 1791 sous le titre de *Journal des débats de la Société des amis de la constitution séante aux Jacobins de Paris*. Après la proclamation de la République par la Convention, ce titre fut ainsi modifié : *Journal des débats et de la correspondance de la Société des Jacobins, amis de la liberté et de l'égalité, séante aux Jacobins à Paris*.

Dès le début, la société des Jacobins avait annoncé au public par des prospectus la publication d'un journal. Elle s'y plaignait d'être calomniée et de ne pouvoir, à cause de l'exiguïté de son local, admettre le public à ses séances. « Doit-elle pour cela, ajoutait-elle, s'interdire tout autre moyen de communiquer avec lui?... Non, sans doute, et c'est pour atteindre à ce but que des gens de lettres, membres de la Société des amis de la Constitution, se sont réunis pour publier, le lendemain de chacune de ces séances, le résumé de ce qui s'y sera passé la veille. Cette feuille offrira l'analyse des discussions et l'extrait des discours que leur étendue ne permettra pas d'insérer en entier. La vérité sera le seul ornement de ce tableau... Ce journal, d'une demi-feuille d'impression in-4° petit romain, paraîtra les lundi, mardi, jeudi, et samedi de chaque semaine. Lorsque l'abondance des matières l'exigera, il sera donné un supplément dans lequel on sera admis à faire insérer les discours qui n'auraient pas été lus dans la Société, ainsi que les avis et les annonces qu'on voudrait faire parvenir sûrement aux Amis de la constitution. On prendra au bureau les arrangements les plus honnêtes à cet égard, toute idée de lucre étant loin de l'esprit des auteurs de cette feuille. »

*
* *

Nous devons mieux qu'une mention à la *Feuille villageoise, adressée, chaque semaine, à tous les villages de la France, pour les*

[1] Aulard. *La société des Jacobins. Recueil de documents pour l'histoire du club des Jacobins de Paris*, t. I, p. 110 de l'Introduction.

instruire des lois, des événements, des découvertes, qui intéressent tout citoyen, proposée par souscription aux propriétaires, fermiers, pasteurs, habitants et amis des campagnes. Ce journal fondé par un ancien Jésuite, Cerutti, et par Grouvelle, continué plus tard par Guinguené, s'adressait d'une manière spéciale aux habitants des départements, dont il se proposait de faire l'éducation politique. Tallien, avec l'*Ami des citoyens*, essaya dans le même sens une tentative infructueuse. La *Feuille villageoise* eut une grande vogue; avant la fin de la première année, d'après la *Correspondance littéraire secrète* (4 juin 1791), elle comptait déjà 16500 abonnés. A partir du tome II, elle est ornée de cette épigraphe : *Heureux le pays où l'on ne trouverait ni un seul champ ni un seul esprit incultes !*

« La *Feuille villageoise*[1], dit Hatin avec une très exacte précision, est une vaste encyclopédie à l'usage des classes laborieuses, une sorte de *magazine* assez semblable à notre ancien *Journal des connaissances utiles*, une suite d'instructions familières sur l'état ancien et l'état nouveau de la France, sur la Constitution, les droits et les devoirs de l'homme et du citoyen. L'agriculture y tient nécessairement une large place. On y trouve en outre de nombreuses lettres de curés, de maires, de maîtres d'écoles, de fermiers, etc., apportant aux rédacteurs le concours de leurs idées, ou leur adressant des questions, qui sont presque toujours suivies de la réponse sollicitée. » Parmi les collaborateurs ordinaires, on distingue Mme de Genlis ou plutôt, comme elle signait alors, Mme de Sillery, auteur des *Lettres de Félicie à Marianne* sur la condition sociale des paysannes[2].

Dans le même ordre d'idées, Lequinio, député à l'Assemblée Législative, publia le *Journal des Laboureurs*, qui vécut de 1790 à 1792.

Longue serait encore la liste des journaux révolutionnaires publiés de 1790 à 1792, si nous voulions en faire une énumération complète. Mais nous devons, de parti pris, en négliger le plus grand nombre[3].

[1] Tome VI, p. 263.

[2] Tourneux. *Loc. cit.*, t. II, p. 598.

[3] A la faveur de la liberté illimitée de la presse, il se publiait des journaux, qu'on appellerait aujourd'hui *pornographiques*, véritables organes de la corruption et des maisons de débauche. La *Bibliographie* de Hatin (p. 174, année 1790) nous donne de singuliers échantillons de ce genre de publications.

Nous citerons *le Véritable Journal des femmes du palais*, ou suite du tableau de l'état physique et moral des femmes publiques, par Car, officier de santé. « J'ose me flatter, disait cet étrange journaliste, que cet ouvrage périodique sera

*
* *

Il ne nous reste plus, pour tracer les derniers traits de ce tableau, qu'à nous occuper des feuilles qui se sont signalées par la plus extrême violence :

moins regardé comme un attentat contre les mœurs que comme leur guide même dans les chemins de la tranquillité et des plaisirs. »

Dans le même genre et vers la même époque, on publiait le *Tarif des filles du Palais-Royal,* lieux circonvoisins et autres quartiers de Paris, avec leurs noms et demeures. « Nous croyons, disait-on, faire un acte de patriotisme en cherchant à éclairer le nombre infini d'étrangers que la fête patriotique a amenés dans la capitale, et que l'amour de la liberté y attire tous les jours. Nous devons, en bons frères, leur indiquer un genre d'abus, dont tous les jours ils peuvent être les victimes... Nous allons mettre sous les yeux du public abusé un tarif exact du prix que les prêtresses de Vénus mettent ordinairement à leurs charmes, et qu'elles ne peuvent ni ne doivent augmenter. »

On peut justement s'étonner, ajoute Hatin, de l'existence de pareilles publications, mais ce qui surprendra encore davantage, c'est ce que dit le *Petit Dictionnaire des grands hommes et des grandes choses qui ont rapport à la révolution* (1791), que le *Tarif des filles* était proclamé tous les matins par des jeunes filles de sept à huit ans.

Enfin un bon apôtre, feignant de s'indigner de « cette manie d'une multitude d'écrivains du siècle de donner le tableau des jolies libertines de Paris, et des hommes dont les épouses étaient infidèles, plutôt que de désigner la vertu modeste aux regards curieux des voyageurs », publia un *Tableau et liste de toutes les jolies marchandes* des 48 divisions de Paris, leurs qualités physiques et morales, leurs costumes, le genre de commerce qu'elles font, le nom de leurs rues et le numéro de leurs maisons.

Il ne faut pas perdre de vue cependant, qu'au milieu des plus grandes violences, les révolutionnaires les plus exagérés ont cherché à arrêter la licence des publications obscènes. Voici en effet l'arrêté que fit prendre par le conseil général de la Commune, après de vigoureux réquisitoires, le citoyen Anaxagoras Chaumette, procureur de la Commune de Paris, l'homme du tribunal révolutionnaire :

« Le procureur de la Commune, après avoir exposé les grands principes de la Révolution et de la liberté, qui ne peuvent l'une et l'autre se soutenir que sur les mœurs publiques ; après avoir fait sentir l'effroyable nécessité où l'on est de s'opposer aux progrès rapides et effrayants du libertinage ;

« Le Conseil général, frappé des principes développés dans le réquisitoire... justement alarmé sur le sort de la République au milieu de la dépravation que des monstres excitent sans cesse, soit en offrant aux regards des républicains le vice couronné de fleurs, soit en tapissant nos rues et nos places publiques de gravures, de livres, de reliefs, où les images sacrées de la liberté se trouvent confondues avec un amas d'ordures qui retracent presque toujours les tableaux du vice en action et les scènes les plus scandaleuses ;

« Considérant qu'il est de son devoir de s'opposer aux efforts sans cesse renaissants des corrupteurs du cœur humain, les plus fermes soutiens du royalisme et de l'aristocratie... ;

« Considérant que s'il ne travaille sans relâche à consolider les mœurs... il se rend criminel aux yeux de la postérité...

Arrête :

« ... Il est défendu à tous les marchands de livres, de tableaux, de gravures et de reliefs d'exposer en public des objets indécents et qui choquent la pudeur, sous peine de saisie et anéantissement desdits objets. »

Les *Révolutions de France et de Brabant* et la *Tribune des patriotes* de Camille Desmoulins, l'*Ami du Peuple* de Marat, l'*Orateur du peuple* de Fréron, et le *Père Duchesne* d'Hébert.

Nous avons déjà parlé du talent littéraire de Camille Desmoulins, pamphlétaire éloquent et singulièrement spirituel, écrivain plein de verve et de naturel que Géruzez traitait avec bonhomie de mauvais garçon, d'enfant sans souci, d'enfant terrible de l'esprit révolutionnaire, le comparant à Villon et Marot, bazochiens comme lui et comme lui têtes folles.

Desmoulins publia le 28 novembre 1789 le premier numéro des *Révolutions de France et de Brabant*, et des royaumes qui, demandant une Assemblée nationale et arborant la cocarde, mériteront une place dans ces fastes de la liberté. Il avait pris pour épigraphe : *Quid novi ?* Chaque numéro du journal était accompagné d'une estampe, le plus souvent satirique, dont l'exécution et la valeur historique sont fort inégales. M. Tourneux, dans sa *Bibliographie de l'histoire de Paris*[1], en a donné une liste fort curieuse. On a souvent reproduit celle qui représente Mounier, travesti en jockey, désertant l'Assemblée nationale, avec cette légende :

« *La lanterne est en croupe et galope avec lui* »,

ainsi que la caricature contre l'abbé Maury, avec ces vers pour commentaire :

O rage, ô désespoir ! ô calotte, ma mie,
N'as-tu donc tant vécu que pour cette infamie !

Ce journal était plutôt un pamphlet périodique qu'une gazette. Camille Desmoulins y faisait une guerre d'avant-garde à la monarchie, à la noblesse et au clergé. Son opinion sur la manière de traiter Louis XVI, après la fuite de Varennes, est originale au suprême degré ; et cependant, si elle avait été suivie, elle aurait évité la condamnation et l'exécution du roi. « Messieurs, écrit Camille avec sa verve endiablée, il serait très malheureux, dans l'état actuel des choses, que cet homme perfide vous fût ramené ; qu'en ferions-nous ? Il reviendrait, comme Thersite, nous verser ces larmes grasses dont parle Homère. Si on le ramène, je fais la motion qu'on l'expose pendant trois jours à la risée publique, le mouchoir

[1] Tome II, p. 558, 559 et 560.

rouge sur la tête, qu'on le conduise ensuite par étapes jusqu'aux frontières, et qu'arrivé là on lui donne du pied au cul. »

Le succès des *Révolutions de France et de Brabant* fut des plus vifs. Le 31 décembre 1789, il annonçait à son père qu'il avait à Marseille cent abonnés et cent quarante à Dunkerque, ajoutant : « Si j'avais prévu cette affluence d'abonnés, je n'aurais pas conclu avec mon libraire (Garnery) le marché de deux mille écus par an ; il est vrai qu'il m'en promet quatre mille quand je serai arrivé à trois mille souscripteurs ; tous ces libraires sont juifs ! » Il entonne un chant de triomphe en parlant de sa profession de journaliste. « Ce n'est plus une profession méprisable, dit-il, mercenaire, esclave du gouvernement. Aujourd'hui en France, c'est le journaliste qui a les tablettes, l'album du censeur, et qui passe en revue le sénat, les consuls et le dictateur lui-même. »

La nature d'esprit et les goûts littéraires tout à fait raffinés de Desmoulins le rendaient peu accessible à la foule et ne lui permettaient d'être compris que d'un petit nombre de lettrés. C'est ce que M. Despois a fort bien mis en lumière dans l'étude qu'il lui a consacrée [1]. Ses continuelles allusions à l'histoire ancienne, ses fréquentes citations latines, ses traits d'érudition classique, ne pouvaient être saisis de tout le monde ; il en est de même de ses traductions de fantaisie, de ses anachronismes volontaires, de ces travestissements parfois comiques, quand il transforme Caton et Cicéron en *jacobins*, Catilina en *feuillant*, etc. Toutes ces fantaisies, où il a dépensé tant de finesse et d'esprit, perdaient une grande partie de leur valeur pour la masse des lecteurs ; sous ce rapport, Camille peut sembler moins populaire que les autres journalistes du temps, Loustallot, par exemple, dont le style éloquent, mais grave et dénué d'ornements, était bien mieux à la portée de la foule des illettrés.

Le côté faible de Camille Desmoulins, comme journaliste, c'est qu'avec une légèreté incroyable et une mobilité inouïe, au lieu de discuter les sérieuses et graves affaires publiques, il tourne toute son attention vers les hommes et poursuit les personnalités qui lui déplaisent avec un acharnement peu commun, après les avoir comblées d'éloges. Il en convient lui-même, toute sa vie se passe à élever et à abaisser les mêmes hommes, à les glorifier et à les calomnier ; ses enthousiasmes sont aussi prompts que ses préventions, et ses pré-

[1] *Liberté de penser*, t. IV.

ventions hâtives lui suffisent pour justifier les plus sévères condamnations. Necker, Mirabeau, La Fayette sont là pour l'attester, ainsi que Brissot, Pétion, Robespierre, que tour à tour il aima, loua, détesta, insulta et combattit à outrance. Inconstant et léger, dit très bien Hatin, il fut toujours aussi dangereux ami que dangereux ennemi.

Il semble que l'inconstant Camille n'ait été fidèle qu'à l'amitié de Danton et de Marat. Ce dernier cependant ne lui épargnait pas les plus dures vérités : « Malgré tout votre esprit, lui écrivait-il dans l'*Ami du peuple* du 16 août 1790, vous êtes encore neuf en politique... Vous serviriez mieux la patrie si votre marche était ferme et soutenue ! mais vous vacillez dans vos jugements, vous blâmez aujourd'hui ce que vous approuverez demain ; vous préconisez des inconnus pour l'œuvre la plus mince ; vous paraissez n'avoir ni plan ni but. » Et dans l'*Ami du peuple* du 5 mai 1791, il le persiflait cruellement : « Mon pauvre Camille, la manie de faire de l'esprit vous tourmente si fort que vous sacrifiez au plaisir de paraître piquant jusqu'à la crainte de paraître fou : et que vous aimez mieux être le paillasse de la liberté que d'en être l'apôtre. »

Dans les limites étroites assignées à cette histoire abrégée de la presse pendant la Révolution, nous ne pouvons songer à suivre Camille Desmoulins dans ses longues polémiques des *Révolutions de France et de Brabant*, malgré la riche moisson de traits spirituels et de passages éloquents que nous y ferions.

L'émeute du 17 juillet, à laquelle il fut activement mêlé, et le soin de sa sécurité personnelle obligèrent Desmoulins à cesser la publication de sa feuille. C'est alors qu'il lança, du fond de sa retraite, son quatre-vingt-sixième numéro, dans lequel il envoyait à Lafayette sa démission ironique de journaliste en des termes d'une suprême impertinence : « Libérateur des deux mondes, disait-il, fleur des janissaires agas, phénix des alguazils-majors, don Quichotte des Capets et des deux Chambres, constellation du Cheval blanc, je profite du premier moment où j'ai touché une terre de liberté pour vous envoyer ma démission de journaliste et de censeur national..... Je sais que ma voix est trop faible pour s'élever au-dessus des clameurs de vos trente mille mouchards, et d'autant de vos satellites, au-dessus du bruit de vos quatre cents tambours et de vos canons chargés à raisin.....

Nous avions tort, la chose est par trop claire,
Et vos fusils ont prouvé cette affaire. »

Cependant Camille fut bientôt aux regrets d'avoir quitté sa plume. Il chercha à la reprendre pour redevenir une puissance et faire trembler de nouveau ses ennemis. Il créa, de concert avec son confrère et ami Fréron, la *Tribune des patriotes* (30 avril-mai 1792), qui n'eut que quatre numéros et n'en exerça pas moins une certaine influence sur la journée du 10 août.

*
* *

Il faut bien le dire, parmi tous les journalistes de la Révolution, celui qui a exercé une des plus grandes et des plus décisives influences, c'est Marat. On sait qu'il était d'origine suisse, comme Jean-Jacques Rousseau, et d'une laideur marquée. Il n'avait pas cinq pieds de haut, et il balançait sur ce petit corps une tête énorme. Voici l'idée que Louis Blanc nous en donne, d'après le buste fait pour le club des Cordeliers et par suite un peu flatté : « Sous un mouchoir brutalement noué, sale diadème de cette tête orgueilleuse, le front rayonne et fuit. La partie supérieure de la face est vraiment belle : la partie inférieure est épouvantable. Le roi des Huns devait avoir ce nez écrasé. Le dessus des lèvres qu'on dirait gonflé de poisons, est d'un reptile. Le regard qui monte et s'illumine est d'un prophète. Qu'exprime ce commencement de sourire dont la physionomie s'éclaire ? Est-ce l'ironique mépris des hommes, la bonté aigrie, ou le plaisir de la défiance triomphante ? »

Pour nous, Marat est tout entier dans son journal l'*Ami du peuple*, qu'il commença à publier dès le mois de septembre 1789, avec cette épigraphe : *Vitam impendere vero* [1]. Il n'était déjà plus un inconnu, ayant fait paraître de nombreux ouvrages scientifiques et certaines œuvres politiques, telles que le *Plan de législation criminelle*, *les Chaînes de l'esclavage*, *l'Offrande à la patrie*.

Dès ses premiers numéros, l'*Ami du peuple* obtint un vrai succès de scandale. « Les ennemis de la patrie, écrit-il lui-même dans le n° 13, crient au blasphème, et les citoyens timides qui n'éprouvèrent jamais ni les élans de l'amour de la liberté, ni le délire de la vertu, pâlissent à sa lecture..... Je sais ce que je dois attendre de la foule des méchants que je vais soulever contre moi ; mais la crainte ne

[1] Pour la bibliographie et les changements de titre de la feuille de Marat, nous renvoyons nos lecteurs à la *Bibliographie de l'Histoire de Paris* de M. Tourneux, t. II, p. 538 et suivantes. C'est le travail le plus récent et le plus complet.

J. Caron, sc. Publié par Furne, à Paris.

J.-P. MARAT

(1743-1793)

Député de Paris à la Convention nationale

Assassiné par Charlotte Corday.

peut rien sur mon âme : je me dévoue à la patrie, et je suis prêt à verser pour elle tout mon sang..... Le salut de la patrie est devenu ma loi suprême, et je me suis fait un devoir de *répandre l'alarme*, seul moyen d'empêcher la nation d'être précipitée dans l'abîme..... »

Semer et entretenir les alarmes, sonner le tocsin, dénoncer aux fureurs populaires les traîtres, les fripons et les faiseurs de complots, tel est le rôle que Marat remplit, dans la presse révolutionnaire, avec une passion qui ne l'abandonne qu'à son dernier soupir.

L'Assemblée nationale est pour lui une réunion de fripons et d'endormeurs, de conspirateurs pourris, vendus, prostitués. Le roi est un traître et un imbécile ; la reine est la dernière des femmes. Il honore de la même haine les ministres, la municipalité, la garde nationale ; Necker est un chevalier d'industrie, Bailly un automate trembleur et larmoyant. Quant à La Fayette, il est gratifié de mille injures : c'est l'instituteur des mouchards de l'état-major, le président du comité autrichien, le généralissime des contre-révolutionnaires, le charlatan des deux mondes, le divin Mottié, le dictateur Mottié, dont les gardes nationaux sont les prétoriens.

Il y a bien peu de numéros de l'*Ami du peuple* qui ne se terminent par quelque provocation à l'assassinat. Et ce qui nous paraît vraiment extraordinaire, c'est que le public n'ait pas été promptement fatigué et ennuyé par la violence uniforme du style, qui ramène dans chaque article ces épithètes excessives : *infâme*, *scélérat*, *infernal*, avec le refrain aussi monotone que furibond des têtes à abattre.

Quelques courtes citations suffiront à donner une idée d'une pareille monomanie de l'assassinat. « Il y a une année que cinq ou six cents têtes abattues vous auraient rendus libres et heureux. Aujourd'hui il en faudrait abattre dix mille. Sous quelques mois, peut-être en abattrez-vous cent mille ; et vous ferez à merveille : car il n'y aura point de paix pour vous si vous n'avez exterminé jusqu'au dernier rejeton les implacables ennemis de la patrie. » (17 décembre 1790.) — « Cessez de perdre le temps à imaginer des moyens de défense. Il ne vous en reste qu'un seul, celui que je vous ai recommandé tant de fois : une insurrection générale et des exécutions populaires. Fallût-il abattre cent mille têtes, il n'y a pas à balancer un instant. » (18 décembre 1790.) — « Pendez, pendez, mes chers amis : c'est le seul moyen de faire rentrer en eux-mêmes vos perfides ennemis...... Qu'attendent les patriotes pour se montrer? Un seul coup de poignard dans le cœur de Mottié eût foudroyé ses légions de satellites, et permis au peuple d'abattre sous la hache vengeresse les têtes criminelles de ses mortels ennemis..... S'ils étaient les plus forts, ils vous égorgeraient sans pitié ; poignardez-les donc sans miséricorde! » (18 juillet 1791.) — « Si j'avais eu deux mille hommes comme moi, j'aurais été à leur tête poignarder Mottié au milieu de ses bataillons de brigands, brûler le despote dans son palais, et empaler nos atroces représentants sur leurs sièges. » (3 mai 1792.)

Ces provocations continues suscitèrent bien des indignations. Camille Desmoulins lui-même jugea à propos de persifler légèrement son « cher » Marat à ce sujet: « Vous êtes, lui disait-il, le dramaturge des journalistes. Les *Danaïdes*, les *Barmécides* ne sont rien en comparaison de vos tragédies. Vous égorgeriez tous les personnages de la pièce et jusqu'au souffleur. Vous ignorez donc que le tragique outré devient froid. »

Certains écrivains ont essayé d'atténuer l'odieux du rôle de Marat en rapprochant ses excès et ses violences de langage des excès, des violences et des obscénités immondes des journalistes royalistes, qui ne parlaient, de leur côté, que de pendre, de rouer, de noyer, de décapiter leurs adversaires, de *régénérer la France dans un bain de sang*. Mais il faut bien se dire que si les calomnies et les provocations venimeuses des *Actes des Apôtres*, de l'*Ami du Roi* ont contribué à exciter les passions et à précipiter les catastrophes, la feuille de Marat a eu le pouvoir et le privilège de faire conduire à l'échafaud des milliers de victimes.

Selon Lanfrey [1], les consultations de ce docteur en assassinat étaient accueillies religieusement par une clientèle fanatisée, qui prenait ses visions pour des oracles et sa frénésie pour une sainte et patriotique colère.

Marat fut appelé plusieurs fois à répondre de ses provocations à l'émeute et à l'assassinat, d'abord devant la Commune de Paris gouvernée alors par Bailly, ensuite devant le Châtelet, qui fit saisir ses presses, dès le 8 octobre 1789, et lança contre lui un décret de prise de corps. L'*Ami du peuple* se réfugia dans les caves de l'ancien couvent des Cordeliers, où il continua à rédiger sa feuille, à l'aide d'une *imprimerie patriotique*, se défendant de son mieux contre les contrefaçons, dont son journal était l'objet.

A plusieurs reprises, les poursuites dirigées contre lui l'obligèren

[1] *Essai sur la Révolution française*. Paris, 1858, in-8°.

à se réfugier à Londres. A la suite de l'émeute du Champ de Mars, il se vit contraint, « pour se dérober aux persécutions des pères conscrits conspirateurs et des municipalités traîtresses, pour défendre le peuple, l'avertir, l'éclairer sur tous les complots, de fuir dans un antre souterrain, où on ne le trouverait que mort ».

Il avait été encore réduit à se cacher, lorsque arriva la journée du 10 août. Il rédigea cependant ce jour-là, au bruit du canon, et fit afficher dans Paris un placard d'une énergie délirante, dans lequel il recommandait au peuple de décimer les contre-révolutionnaires, ministres, généraux, députés, etc.[1].

Marat avait un digne lieutenant, le rédacteur de l'*Orateur du peuple*, Louis Stanislas Fréron, fils du célèbre critique de l'*Année littéraire*, qui semblait destiné, en sa qualité de filleul du roi Stanislas, à suivre plutôt les traces de son père ou de l'abbé Royou, son oncle, que celles de l'*Ami du peuple*.

Fréron avait paré son journal d'une épigraphe pathétique et déclamatoire :

> Qu'aux accents de ma voix la France se réveille !
> Rois, soyez attentifs ! Peuples, prêtez l'oreille !

Il rivalisa de violence avec la feuille de Marat ; et, comme ce dernier, fut poursuivi par la municipalité et le Châtelet. Mais il brava les mesures de rigueur, les entraves dont il était l'objet : « Comme un oiseau rapide qui passe à travers les toiles d'une araignée, l'*Orateur* rompt tous les filets où l'aristocratie en rochet, en simarre, en jupon court, en froc, en robe, en camail, en cuirasse, en calotte rouge, voudrait l'envelopper. Il n'y a pas de bâillon capable d'étouffer la vérité dans sa bouche ; il tonnera contre les abus, il dépistera tous les complots, il pourfendra l'aristocratie, et fessera le Châtelet toutes les fois que l'occasion s'en présentera. »

Il fut cependant obligé de se cacher après la journée du Champ de Mars, comme Marat et Desmoulins. A la fin de l'Assemblée constituante, il abandonna son journal à Labenette, qui le rédigea, dans le même style, jusqu'à la fin de 1792.

* * *

[1] Le travail le plus complet qui ait été publié sur Marat est celui de M. Alfred Bougeart, intitulé *Marat*. 2 vol. in-8°, Paris, 1865.

Nous arrivons enfin au journaliste le plus violent peut-être de la Révolution, Hébert, qui est devenu comme la personnification du *Père Duchesne*.

Hébert, né à Alençon (15 novembre 1757) d'un père maître-orfèvre, qui le fit élever au collège des Jésuites de cette ville, quitta de bonne heure son pays natal et vint chercher fortune à Paris. En 1786, il était contrôleur de contremarques au théâtre des Variétés (plus tard théâtre de la République); et il fut congédié de cet emploi pour cause d'infidélité. Camille Desmoulins lui reprocha plus tard ce méfait : « Est-ce toi, disait-il, qui oses parler de ma fortune, toi que tout Paris a vu, il y a deux ans, receveur de contremarques à la porte des Variétés, dont tu as été *rayé* pour cause dont tu ne peux avoir perdu le souvenir[1]. »

En janvier 1790, réduit à la dernière indigence, il fut recueilli par un médecin de ses amis nommé Boisset; et il disparut quelques jours après, emportant le linge et les matelas de son bienfaiteur.

Ce fut alors qu'il commença à écrire pour la Révolution, se jetant au plus fort de la mêlée avec l'espérance d'échapper aux étreintes de la misère.

Le nom du père Duchesne, potier de terre et marchand de fourneaux, qui jure à chaque phrase, représentait un type connu de longue date. Il pouvait être adopté par tout venant. En 1789, plusieurs pamphlets avaient été publiés sous ce pseudonyme. En 1790, un nommé Lemaire, employé de la poste aux lettres, publiait un petit journal quotidien ayant pour titre : *Lettres bougrement patriotiques du Père Duchesne* et qui était écrit dans un style de corps de garde, ce qui lui valut un certain succès dans les masses populaires. Il semble que ce soit à Lemaire qu'Hébert ou Tremblay, son imprimeur, dérobèrent le titre de son journal. Ils purent le faire impunément, puisqu'il n'existait alors aucune loi pour protéger la propriété littéraire[2].

Le *Père Duchesne* d'Hébert parut, en 1790, en feuilles non numérotées, ayant en tête une vignette représentant le Père Duchesne, une pipe à la bouche et une carotte de tabac à la main, avec deux croix de Malte à la fin, et portant au-dessous de la vignette cette épigraphe :

[1] Numéro 5 du *Vieux Cordelier*.

[2] Sur Hébert, on peut consulter : Tourneux, *Bibliographie*, t. II, p. 733 et suiv. ; et Charles Brunet, *le Père Duchesne d'Hébert, ou Notice historique et bibliographique* sur ce journal.

Je suis le véritable Père Duchesne, foutre ! A partir du numéro treize, la vignette est changée et remplacée par une autre empruntée à un *Père Duchesne*, qui s'imprimait rue du Vieux-Colombier. La nouvelle vignette représente un homme à moustaches, ayant un sabre au côté et à la main une hache levée sur un prêtre auquel il adresse le fameux *Memento mori*. Chaque numéro avait un intitulé particulier, commençant par l'une de ces deux formules : *La grande joie..... La grande colère du Père Duchesne,* que l'on criait dans les rues de manière à piquer la curiosité du public ou à surexciter les passions populaires.

Hébert fut loin d'atteindre du premier coup à l'exagération de cynisme, qui l'a rendu célèbre. Il était, au début, modéré et constitutionnel, admirant les réformes opérées par l'Assemblée et pénétré d'amour pour le bon roi Louis XVI. « J'idolâtre la Constitution, écrivait-il, comme un amant sa maîtresse..... Ce n'est pas à vos seuls représentants que nous avons des hommages à rendre. Le roi aime la Constitution, foutre ! il l'a acceptée de bonne foi : il l'a jurée, il la défendra. J'aime le roi de tout mon cœur..... » Le roi est-il malade, on annonce la *grande douleur* du Père Duchesne : « Non, foutre ! il n'est plus de plaisir pour moi ; le vin me semble amer, et le tabac répugne à ma bouche. Mon roi, mon bon roi est malade..... Oh ! foutre ! son cœur est toujours au milieu de son peuple, qu'il aime bougrement, et dont il est bougrement aimé..... »

Mais peu à peu Hébert se met à la remorque de Marat, qu'il dépasse bientôt en violences et en dénonciations mêlées de grossiers jurons. Son bon roi n'est plus dès lors qu'un *ogre royal*, *un ivrogne*, *un cochon*, etc., qu'il faut raccourcir, ainsi que son *infâme Autrichienne*, Mme Véto.

L'expression tendre d'Hébert et ses manières polies contrastaient singulièrement avec les allures de sa feuille. C'est ce qu'a fort bien remarqué un de ses contemporains, député de la Convention, Paganel, dans son *Essai historique sur la Révolution*. « Avec quel étonnement, dit-il, nos neveux apprendront que l'auteur de ce journal, qui, chaque jour appelait la multitude à l'insubordination, les dépositaires de l'autorité à l'injustice, et les deux sexes au mépris de la décence du langage et des mœurs ; qui, pour ramener tous les hommes à l'égalité, n'élevait aucun rang, mais les faisait tous descendre dans la classe la plus grossière et la plus abjecte ; qu'Hébert n'était rien moins, avant cette époque, que grossier, immoral et féroce ! Une physionomie douce, une gaîté aimable, un esprit orné, le distinguaient parmi les révolutionnaires, et son éducation ainsi que ses talents promettaient bien autre chose à la société que la composition d'une feuille séditieuse, et à lui-même une autre fin que l'échafaud. »

La mise d'Hébert était aussi soignée, son allure aussi polie que son style était cynique, dévergondé. Il était petit, mince, avec des cheveux blonds, les yeux bleus, la figure avenante. Sous le masque brutal et rébarbatif qu'il avait adopté, dit l'historien des *Femmes célèbres de la Révolution*, M. Lairtullier, il cachait l'extérieur le plus agréable et les manières les plus élégantes. Chez lui se réunissait une société tout épicurienne, à laquelle présidait une des personnes les plus spirituelles du temps, Marie Goupil, ex-religieuse du couvent de la Conception Saint-Honoré, à Paris, devenue sa femme, et dont Robespierre, dit-on, aimait beaucoup la conversation.

Prudhomme, Camille Desmoulins, Fréron, Marat, Hébert, il semble qu'il y ait entre tous ces journalistes révolutionnaires une sorte de concurrence et d'émulation dans la violence et la fureur. « Ce *crescendo* de violence n'est pas un phénomène particulier aux journaux, dit Michelet dans son *Histoire de la Révolution*[1]; ils ne font généralement qu'exprimer, reproduire la violence des clubs. Ce qui fut hurlé le soir, s'imprime la nuit, à la hâte, se vend le matin. Les journalistes royalistes versent de même au public les flots de fiel, d'outrages et d'ironie, qu'ils ont puisés le soir dans les salons aristocratiques; les réunions du pavillon de Flore, chez Mme de Lamballe, celles que tiennent chez eux les grands seigneurs près d'émigrer, fournissent des armes à la presse, tout aussi bien que les clubs. L'émulation est terrible entre les deux presses. C'est un vertige de regarder ces millions de feuilles qui tourbillonnent dans les airs, se battent et se croisent. La presse révolutionnaire, toute furieuse d'elle-même, est encore aiguillonnée par la pénétrante ironie des feuilles et pamphlets royalistes. Ceux-ci pullulent à l'infini; ils puisent à volonté dans les vingt-cinq millions annuels de la liste civile. Montmorin avoua à Alexandre de Lameth qu'il avait en peu de temps employé sept millions à acheter des Jacobins, à corrompre des écrivains, des orateurs. Ce que coûtaient les journaux royalistes, l'*Ami du roi*, les *Actes des Apôtres*, etc., personne ne peut le dire, pas plus qu'on ne saura jamais ce que le duc d'Orléans a pu dépenser en

[1] Tome II, p. 375.

émeutes. Lutte immonde, lutte sauvage, à coups d'écus. L'un assommé, l'autre avili. Le marché des âmes d'une part, et de l'autre la Terreur. »

* * *

Notre étude sur la presse de la Révolution serait incomplète, si nous ne mentionnions pas le rôle important joué par les Almanachs de tout genre.

Bien que, d'une manière générale, les *almanachs* ne soient guère dignes de retenir l'attention comme écrits de presse, il faut faire une exception pour les almanachs parus pendant la période révolutionnaire.

Comme l'a dit M. Welschinger[1], les almanachs représentent alors avec fidélité les opinions de l'époque en même temps que ses nombreuses et étranges fluctuations. Aux conseils, aux recettes, aux pronostics, aux énigmes, aux charades, ils ont fait succéder les prédictions menaçantes des partis, la satire des choses et des individus, le récit et l'appréciation humoristique des principaux événements de l'année. Les almanachs vulgaires et banals se sont transformés, pour la plupart, en manuels civiques, en abécédaires républicains ou en catéchismes royalistes, cherchant les uns et les autres à propager parmi les masses des sentiments d'affection ou de haine pour la République ou pour la Royauté. Ils méritent donc une place parmi les innombrables publications de la Révolution française.

Le premier almanach politique semble avoir été celui que Sylvain Maréchal publia en 1788 sous le titre d'*Almanach des honnêtes gens* et qui était daté solennellement de l'an premier du règne de la Raison. Sur les réquisitions de l'avocat du roi, Séguier, le Parlement de Paris ordonna que cet écrit serait lacéré et brûlé « comme impie, sacrilège, blasphématoire et tendant à détruire la religion ».

Parmi les almanachs royalistes, citons l'*Abeille aristocrate*, l'*Almanach des aristocrates*, les *Étrennes aux douze cents*, datés de l'année de la Barnavocratie ou de l'an dernier de la Jacobinocratie.

Le plus célèbre des almanachs républicains fut l'*Almanach du père Gérard* rédigé par Collot d'Herbois.

La Société des Amis de la Constitution avait proposé, le 21 septembre 1791, un prix de 25 louis pour le meilleur almanach patriotique.

[1] *Les Almanachs de la Révolution*, Paris, Librairie des bibliophiles, 1884.

Le jury, composé de Condorcet, Grégoire, Polverel, Clavière, Lanthenas et Dussaulx, décerna le prix à Collot d'Herbois.

L'*Almanach du père Gérard* avait deux éditions, la première à 6 sols, la seconde à 12 sols accompagnée de gravures et tirée sur un plus beau papier. Il eut une vogue extraordinaire et fut traduit en anglais, en allemand, en hollandais [1].

Collot d'Herbois écrit avec une modération surprenante, quand on songe à ses violences forcenées pendant la Terreur. Le début ressemble à une idylle : « Vous connaissez tous, dit-il, le Père Gérard, ce vieillard vénérable, ce paysan bas-breton, député à l'Assemblée nationale en 1789. C'est un homme d'un bon sens exquis : il a la droiture du cœur des anciens patriarches. A la fin de la session, il est retourné dans ses foyers, au milieu de sa famille, dans un village du département d'Ille-et-Vilaine. Vous pensez bien qu'il y fut accueilli avec joie ; chacun le bénissait, car on bénit toujours ceux qui ont rempli loyalement les fonctions qui leur ont été confiées par le peuple. Figurez-vous donc le voir entouré de ses frères, de ses amis, caressé et surtout questionné. Je vous dirai ce qu'il a pu leur répondre... » Là-dessus, Collot d'Herbois compose douze entretiens qui serviront d'utile almanach aux campagnes. Ces entretiens portent sur la constitution, la nation, la loi, le roi, la propriété, la religion, les contributions, les tribunaux, la force armée, les droits des citoyens, la prospérité publique et le bonheur domestique.

Pour combattre cet almanach constitutionnel, les royalistes publièrent « les *Entretiens de la mère Gérard*, l'*Almanach de l'abbé Maury*, l'*Almanach des Folies nationales*, les *Constitutions en vaudevilles*, les *Lubies d'un aristocrate*, l'*A B C national*, les *Étrennes aux gens de bien*, littérature endiablée qui répond aux massacres par des bons mots, qui transforme l'Assemblée constituante en *Assemblée destituante*, les républicains en *brissoteurs*, et ne respecte guère plus la *Marseillaise* :

Allons, enfants de la Courtille,
Le jour de boire est arrivé.

« Rivarol eut, on le sait, une grande part à la publication de ces pamphlets. Une note du *Discours de la Lanterne aux Parisiens* (de

[1] Il a été réimprimé récemment par *la Révolution française*, revue de MM. Aulard et Charavay.

Camille Desmoulins) le constate sous la forme suivante : « On ne peut plus parler d'almanachs, qu'on ne se rappelle le divin faiseur, Mgr le comte de Rivarol. On sait tout le mal que lui fait la Révolution et le mélange impur des trois ordres. Les lettres de Bagnoles mandent que les paysans ont brûlé l'ancien et superbe château de Rivarol. Heureusement la manufacture des almanachs va lui rendre de quoi faire rebâtir un château bien plus magnifique [1]... »

On peut citer encore l'*Almanach royaliste*, l'*Almanach des émigrants*, l'*Almanach des Muses*, qui publiait des pièces inédites d'Andrieux, Marie-Joseph Chénier, Picard, Lebrun, Cubières, Collin-Harleville, Berquin, etc., enfin l'*Almanach de maître Mathieu Laensberg*, publié par la veuve Bourguignon, libraire à Liège.

*
* *

M. Gustave Isambert, dans son curieux volume : *la Vie à Paris pendant une année de la Révolution* [2], a noté avec soin le format des principaux journaux qui paraissaient à cette époque. Le *Journal des Débats et Décrets*, l'*Ami du peuple*, le *Courrier français* avaient des numéros d'un plus ou moins grand nombre de pages imprimées dans le format in-8° ordinaire. Le *Journal de Paris*, le *Patriote français*, les *Annales patriotiques*, l'*Ami du roi* paraissaient in-4° à deux colonnes ; tandis que les uns ont au moins huit pages et y joignent des suppléments plus ou moins fréquents, les autres ne paraissent qu'en une demi-feuille de quatre pages. Mais le sujet d'émerveillement, c'est le format in-folio adopté par le *Moniteur*, à l'imitation des journaux anglais. C'est une des curiosités du temps et le minuscule *Journal de la Cour* dit à ce sujet :

> Cette feuille n'est point le vain jouet du vent ;
> Avec trois moniteurs on fait un paravent.

Il est curieux de savoir où se trouvaient les agences, qui approvisionnaient, dès l'aube, les marchands ambulants et les crieurs des rues de tous les imprimés, nouveaux journaux, pamphlets ou placards. Le plus connu, dit M. Isambert, était dans ce boyau de la rue Percée qui, en face la rue des Poitevins, faisait communiquer la

[1] *Les almanachs français*, par John Grand-Carteret. Paris, Alisié, édit.
[2] Page 250. Paris, 1896, in-12, Alcan.

rue Hautefeuille avec la rue de la Harpe. C'était alors le véritable quartier des journaux, dont un très grand nombre avaient leurs imprimeries tout autour, dans la région comprise entre la rue de Seine et la rue Saint-Jacques, mais plus particulièrement sur le quai des Augustins, dans la rue Saint-André-des-Arts, la rue Hautefeuille et les petites rues adjacentes. Le tableau que les contemporains nous font de la rue Percée, au petit-jour, ressemble singulièrement à celui qu'on peut faire aujourd'hui de la rue du Croissant. Tout un peuple de pauvres diables mal réveillés faisait la queue à la porte du grand vendeur Chevalier, chez qui s'engouffraient sans relâche les ballots de papier hâtivement noirci. La boutique à peine ouverte, les notables de la bande, ceux qui étaient en compte, se partageaient le tirage des imprimés les plus en vogue et, s'installant chacun sur une borne, les détaillaient aux petits crieurs, aux camelots du temps, qui se répandaient dans toutes les directions, l'un conseillant la joie et l'autre la colère aux ménagères matineuses et aux boutiquiers en train d'entre-bâiller leur devanture. Le monopole de Chevalier ne dura pas longtemps. A côté de chez lui, rue Poupée, il avait un concurrent, Audiffred. D'ailleurs, les imprimeries s'étaient répandues un peu partout ; il y en avait plusieurs rue Saint-Honoré ; celle du *Patriote français* était place du Théâtre-Italien. L'attraction universelle exercée par le Palais-Royal avait amené chez le libraire Desenne, arcades 1 et 2, et dans un pavillon chez Girardin, le dépôt et la vente en gros d'un certain nombre de journaux et d'écrits, généralement dans le sens de la Révolution, pendant que leur confrère Gattey offrait dans son « antre » un asile et un entrepôt à tous les pamphlets du parti hostile. Les colporteurs des boulevards et des faubourgs de la rive droite trouvaient encore à s'assortir dans le passage du Saumon, chez Gabriel Dufay, « tenant bureau de papiers-nouvelles[1] ».

*
* *

Les inconvénients de la liberté illimitée de la presse ne tardèrent pas à apparaître à tous les yeux. Le mensonge, l'injure, la calomnie, les dénonciations et les provocations à l'assassinat ou à l'émeute coulaient à pleins bords, déversés sans repos ni trêve par des centaines de feuilles quotidiennes ou hebdomadaires, qui s'excitaient

[1] Isambert. *Loc. cit.*, p. 256 et suiv.

mutuellement et criaient de plus en plus fort pour se faire entendre au milieu du tumulte général.

Mais comment mettre un frein à ce déchaînement de toutes les passions ? Où était l'autorité capable de se faire obéir ?

Depuis le 14 juillet 1789, le pouvoir royal, quoique existant encore en droit, n'était plus guère respecté. Il était remplacé, en fait, par l'Assemblée nationale, par les municipalités provisoires d'abord, et bientôt après par les administrations de département, de district, de communes, organisées d'une manière uniforme dans toute la France.

La liberté de la presse dépendait de ces puissances nouvelles, issues du premier élan de la Révolution et disposées, suivant leurs principes et leur origine, à assurer à tous indistinctement cette liberté d'écrire, sans laquelle on ne croyait pas pouvoir établir un régime vraiment populaire. Bailly, le premier maire de Paris, n'était-il pas l'auteur de cet axiome fameux : *La publicité est la sauvegarde du peuple.*

Mais l'injure et la calomnie et les provocations au désordre pouvaient-elles se répandre impunément, à la faveur de la liberté de la presse, alors surtout que les pamphlets et les libelles les plus venimeux paraissaient le plus souvent sans aucun nom d'auteur ?

La municipalité de Paris, chargée de maintenir l'ordre dans les rues, ne le pensa pas. Elle usa de ses pouvoirs de police, pour essayer de rendre les colporteurs et les imprimeurs responsables des calomnies contenues dans les écrits anonymes.

Dès le 24 juillet 1789, elle prit l'arrêté suivant : « Le Comité, sur la représentation qu'il se vend publiquement dans Paris, par les colporteurs et autres, des imprimés calomnieux propres à produire une fermentation dangereuse, arrête : Que les colporteurs de semblables écrits, sans nom d'imprimeur, seront conduits en prison, et que les imprimeurs qui donneront cours à de pareils imprimés, sans pouvoir d'auteurs ayant une existence connue, en seront rendus responsables. »

Les colporteurs devaient être conduits en prison par les patrouilles. Mais ces mesures ne suffirent pas, on le pense bien, à arrêter le flot montant des libelles et des calomnies.

D'un autre côté, les caricatures se répandaient avec une licence inouïe et se multipliaient comme les pamphlets. Un arrêté du 31 juillet ordonna qu'elles passeraient désormais par le visa d'un censeur ; et la municipalité désigna pour cet office M. Robin, de l'Académie royale de peinture et de sculpture.

Le district de Saint-Nicolas-du-Chardonnet applaudit à cette réglementation. Il y eut cependant des protestations. Un écrivain obscur du nom d'Aubin Louis Millin, quoique partisan de La Fayette, « vainqueur comme César, mais plus grand que lui », et de Bailly, « qui nous retrace Aristide et Anaxagore », blâma cette mesure arrachée à la municipalité par une estampe « ingénieusement atroce », et demanda, pour la gravure comme pour le livre, la garantie, au bas de chaque épreuve ou de chaque exemplaire, du nom de l'auteur, de l'imprimeur et du vendeur[1].

Ces arrêtés ne furent pas exécutés et restèrent à peu près lettre morte. Il en fut de même de l'arrêté du 24 août, aux termes duquel il était défendu de publier aucun écrit ne portant pas le nom de l'imprimeur et du libraire, et dont un exemplaire paraphé n'aurait pas été déposé à la chambre syndicale.

Le même arrêté défendait à l'administration des postes de se charger du transport d'aucun imprimé, à moins qu'il n'eût été revêtu du visa et de l'autorisation du comité de police de la municipalité.

Mentionnons enfin un arrêté municipal du 1er septembre défendant de colporter et de crier dans Paris aucun écrit autre que ceux émanés de l'autorité publique, et un arrêté du 31 décembre limitant à trois cents le nombre des colporteurs. Ces arrêtés ne furent ni mieux appliqués, ni mieux respectés que les précédents.

La municipalité essaya bien parfois d'user de ces arrêtés pour entraver les publications scandaleuses ou insurrectionnelles de Marat et de Fréron ; mais ce fut sans grand résultat,

* * *

Pendant les journées des 5 et 6 octobre 1789, Marat avait poussé le peuple « à nommer lui-même un tribun et à l'armer de la force publique ». La Commune de Paris déféra ces provocations incendiaires au Châtelet, pour que le procureur du roi s'opposât aux « excès aussi dangereux qu'inquiétants de la presse ». Le Châtelet fit saisir les presses de l'*Ami du peuple*, et lança un décret de prise

[1] *Bibliographie de l'histoire de Paris pendant la Révolution française*, par Maurice Tourneux, t. II, p. 17 de la *Notice préliminaire*.

de corps contre Marat, qui prit la fuite. Découvert et amené devant le Comité des recherches de l'Hôtel de Ville, il fut mis en liberté et rentra en possession de ses presses. « Touché de leurs procédés, dit Marat lui-même à ce sujet, je les comparais en silence à ceux qu'auraient eus, en pareils cas, des commissaires royaux : je sentis l'extrême différence de l'ancien au nouveau régime, et une émotion délicieuse pénétra mon âme. »

En janvier 1790, sur la dénonciation de Boucher d'Argis, conseiller au Châtelet, les poursuites furent reprises contre Marat et les scellés apposés sur ses presses. Marat se réfugia pendant quelque temps en Angleterre ; et, à son retour, il ne fut pas autrement inquiété. La répression ne fut pas plus efficace, quand la municipalité essaya de faire condamner le prête-nom de Stanislas Fréron, Marcel Enfantin, dit *Martel*, contre qui l'on ne put relever d'autre charge que le transport de la copie de l'*Orateur du peuple* entre le domicile du véritable rédacteur et son imprimerie[1]. A l'occasion de cette poursuite, le procureur syndic prononça un réquisitoire attestant à quel point on poussait alors la licence et l'impunité de la presse. « Les libelles, disait-il, se multiplient à un point effrayant. En vain vos jugements ont-ils déjà plusieurs fois secondé notre zèle ; en vain l'administration surveille-t-elle cette partie essentielle de la police : nous sommes forcé de convenir que le concours de cette double autorité reste impuissant, soit que les colporteurs ou les auteurs eux-mêmes se jouent des peines que vous avez infligées à ceux d'entre eux qui ont comparu devant vous, soit que les imprimeurs folliculaires excitent cette scandaleuse licence, dont ils recueillent impunément les fruits honteux, soit enfin que quelques autres moyens plus criminels encore soient employés par les ennemis de la chose publique pour contrarier ou détruire les vues de votre justice et de votre sagesse. Le mal est véritablement arrivé à son comble, et les bons citoyens, révoltés à l'aspect de tant de désordres, sont presques réduits à douter de la force du pouvoir dont vous avez été revêtus par l'Assemblée nationale et par le vœu de vos concitoyens. »

* * *

Les particuliers eux-mêmes essayèrent quelquefois d'obtenir justice contre les journalistes, qui les poursuivaient de leurs calomnies.

[1] Tourneux. *Bibliographie, Notice préliminaire.*

M. Hatin en cite plusieurs exemples[1], et entre autres celui de Sanson, exécuteur des jugements criminels de la ville, prévôté et vicomté de Paris, qui demanda une rétractation et des dommages-intérêts à divers journalistes, Prud'homme, Gorsas, de Beaulieu, Camille Desmoulins, etc., qui l'avaient accusé de comploter pour les aristocrates et avaient faussement annoncé qu'il était arrêté. Le tribunal de police de l'Hôtel de Ville de Paris condamna les journalistes à se rétracter. Gorsas seul fut condamné à 20 livres de dommages-intérêts et à l'impression de 200 exemplaires du jugement. Cette sentence obtenue à grand'peine n'était pas faite pour encourager les victimes des excès de la presse à porter plainte.

* * *

Pour mettre fin aux abus, il fallait une bonne loi sur la presse. C'est ce que la Commune de Paris finit par entreprendre. Dans sa séance du 28 juin 1790, le procureur syndic dénonce un numéro de l'*Ami du peuple.* » L'assemblée reconnaît dans cet écrit scandaleux un appel incendiaire contre la loi et l'Assemblée nationale, et, sur l'observation de plusieurs membres que les écrits de cette nature se multipliaient à l'infini, et que les jugements rendus par le tribunal de police ou les dénonciations à M. le procureur du roi au Châtelet avaient été jusqu'ici insuffisantes pour réprimer ce désordre, il est arrêté que M. le Maire, M. le procureur syndic et deux membres du conseil se retireront incessamment devers l'Assemblée nationale, pour la supplier de prendre cet objet important en considération, et de donner enfin une loi sur la presse, comme le seul moyen de remédier aux abus [2]. »

La question de la liberté de la presse fut posée, à diverses reprises, devant l'Assemblée constituante. Mais les discussions dont elle fut l'objet n'aboutirent qu'à des déclarations générales de principes, jamais au vote d'une loi précise, déterminant les droits et les devoirs des journalistes.

La première déclaration de principes est tout entière dans la fameuse *Déclaration des droits de l'homme*, dont l'article XI voté le 24 août 1789 est ainsi conçu : « La libre communication des pen-

[1] Tome IV, p. 193 et suiv.

[2] *Le personnel municipal de Paris pendant la Révolution*, par Paul Robiquet, p. 308 et 309. Paris, Jouaust, Noblet et Quantin, 1890.

sées et des opinions est un des droits les plus précieux de l'homme. Tout citoyen peut donc parler, écrire, imprimer librement, sauf à répondre de l'abus de cette liberté dans les cas déterminés par les lois. »

C'est presque textuellement la rédaction proposée par le duc de la Rochefoucauld, qui fit ce panégyrique de la presse : « C'est elle qui a détruit le despotisme ; c'est elle qui précédemment avait détruit le fanatisme. »

Dans la discussion, Rabaud Saint-Etienne, Barère de Vieuzac et Robespierre rivalisèrent d'éloges pompeux en faveur de la liberté illimitée de la presse. « C'est à la déclaration des droits, disait Barère, à publier les grandes maximes, à constater les droits inaliénables, mais dans toute leur pureté et leur énergie. C'est ensuite à la Constitution et aux lois à adapter cette liberté au principe et à la nature du gouvernement.... Ne surchargez pas la déclaration de ces modifications destructives, de ces idées secondaires qui absorbent le sujet, de ces précautions serviles qui atténuent les droits, de ces prohibitions subtiles qui ne laissent plus de la liberté que le nom. » Quant à Rabaud Saint-Etienne, il pensait que « placer à côté de la liberté de la presse les bornes que l'on voudrait y mettre, ce serait faire une déclaration des devoirs, au lieu d'une déclaration des droits [1] ».

Mirabeau fit observer qu'on ne devait pas *restreindre* la liberté de la pressse, mais *réprimer* les délits commis par elle : « On vous laisse, dit-il, un écritoire pour écrire une lettre calomnieuse, une presse pour un libelle ; il faut que vous soyez puni quand le délit est consommé. Ceci est *répression*, et non *restriction*. »

Plus tard, divers membres de l'Assemblée demandèrent avec instances la répression des calomnies répandues par la presse. Mais il se trouva toujours des partisans de la liberté absolue pour réclamer la lecture de la *Déclaration des droits* et le vote de la question préalable [2].

Parfois cependant, lorsque les écrits qu'on lui dénonce touchent à l'ordre public, l'Assemblée s'émeut et saisit le « procureur du roi du Châtelet, auquel elle enjoint de poursuivre contre les auteurs, distributeurs et colporteurs, fauteurs, complices et adhérents [3] ».

[1] *Archives parlementaires*, t. VIII, p. 482 et 483.

[2] *Archives parlementaires*, séances du 22 décembre 1789, du 12 janvier 1790, etc.

[3] *Archives parlementaires*, t. X, séance du 19 février 1790.

Le 1er août 1789, le duc de Liancourt, président de l'Assemblée Constituante,

Dans la séance du 18 juin 1790, Malouet, un royaliste modéré, s'indigne contre les débordements des pamphlets et des journaux. Il dénonce en particulier les *Révolutions de France et de Brabant* de Camille Desmoulins. « Depuis la découverte de l'imprimerie, dit-il, depuis que des milliers d'hommes se sont réunis dans une même enceinte sous le titre de concitoyens, jamais on n'avait entendu ces proclamations effrayantes de calomnies meurtrières qui se renouvellent tous les jours dans Paris, à la porte des magistrats, dans les places publiques.... On nous parle de régénération. Et que pourrons-nous régénérer, si nous laissons attaquer le corps politique jusque dans les sources de sa vie ? Que serait-ce si les diffamations, les libelles, les accusations calomnieuses étaient tolérés comme moyens de révolution, de même que l'incendie des châteaux et les violences exercées contre les prêtres et les nobles ? Mais alors je dis qu'il est impossible aux amis les plus ardents de la liberté, pourvu qu'ils soient vertueux, d'être les coopérateurs d'une révolution qui s'exécute par de tels moyens ; il n'est point d'âme honnête qui puisse composer avec le crime, qui s'en permette l'emploi même pour arriver au bien..... Soyez libres en méritant de l'être[1] ! » Mais l'Assemblée passe à l'ordre du jour.

Le 31 juillet 1790, Malouet revient à la charge. Il dénonce encore les *Révolutions de France et de Brabant* de Desmoulins et un article de Marat, *C'en est fait de nous*, véritable appel aux armes contre le roi, les ministres, la municipalité, le général La Fayette. Les membres de gauche profitent de l'occasion pour dénoncer en même temps les *Actes des Apôtres* et les autres journaux ultra-royalistes, qui provoquent à la guerre civile et à l'invasion de la patrie. L'Assemblée écoute, ce jour-là, les dénonciations portées à sa barre. Elle décrète

en réponse à l'insistance d'une députation des représentants de la Commune, invoqua l'esprit de justice de l'Assemblée « qui, voulant soustraire à des condamnations précipitées les personnes soupçonnées du crime de lèse-nation, les soumet avec nécessité au jugement régulier d'un tribunal qu'elle doit indiquer et qui fera partie intégrante de la Constitution française ». L'affaire fut renvoyée au Comité des rapports. (*Archives parlementaires*, t. VIII, p. 316.)

Par décret du 14 octobre 1789, non sans hésitation, l'Assemblée attribua provisoirement la connaissance des crimes de lèse-nation au Châtelet, et ne la lui retira que le 25 octobre 1790. C'est en tant que tribunal politique que le Châtelet eut à s'occuper, en janvier et mai 1790, de Marat et de Danton.

Le 13 septembre suivant, la Constituante vota l'amnistie, sur la proposition du roi. (*Actes de la commune de Paris pendant la Révolution*, publiés et annotés par Sigismond Lacroix, t. I, p. 73.)

[1] *Archives parlementaires*, t. XVI, p. 272-276.

que, « séance tenante, le procureur du roi au Châtelet de Paris sera mandé, et qu'il lui sera donné ordre de poursuivre comme criminels de lèse-nation, tous auteurs, imprimeurs et colporteurs d'écrits excitant le peuple à l'insurrection contre les lois, à l'effusion du sang et au renversement de la constitution. » Le lendemain, 1er août, elle décrète dans les mêmes termes contre les auteurs, imprimeurs et colporteurs d'écrits « qui inviteraient les princes à faire des invasions dans le royaume ». Mais presque aussitôt, le 2 août, sur les réclamations du côté gauche de l'Assemblée, Desmoulins est mis hors de cause ; et on décide de ne poursuivre que le pamphlet : *C'en est fait de nous*. Marat échappa à ces poursuites, que les magistrats du Châtelet négligèrent complètement. Cela résulte de la discussion qui eut lieu dans la séance du 19 août 1790, à propos de nouvelles dénonciations lancées par Malouet contre Marat, qui avait écrit « qu'il fallait élever dans les Tuileries huit cents potences, pour y attacher une partie des membres de l'Assemblée nationale et tous les ministres ». Regnaud (de Saint-Jean-d'Angély) reprocha alors au Châtelet, sa négligence : « Comment le Châtelet, dit-il, n'a-t-il fait aucune poursuite contre le libelle signé Marat, que vous avez excepté par un de vos décrets ? On dit qu'il est occupé d'opérations plus pressantes ; mais est-il rien de plus pressant que de se conformer à une disposition que vous avez prise, et dont vous avez annoncé que vous demandiez une prompte exécution[1] ? »

* * *

Dès le 20 janvier 1790, l'abbé Sieyès avait donné lecture à l'Assemblée d'un rapport sur un projet de loi contre les délits qui peuvent se commettre par la voie de l'impression et par la publication des écrits et des gravures. Ce rapport remarquable par son style et par les idées qui y étaient exprimées fut accueilli par des applaudissements. Mais il n'y fut donné aucune suite.

Il mérite cependant d'attirer l'attention.

Sieyès établit d'abord que c'est en vertu de leurs droits naturels, et non en vertu d'une loi que les citoyens pensent, parlent, écrivent et publient leurs pensées. La liberté embrasse d'elle-même tout ce qui n'est pas à autrui : la loi n'est là que pour l'empêcher de s'éga-

[1] *Archives parlementaires*, t. XVIII, p. 168.

rer. Si l'on veut que la loi protège en effet la liberté du citoyen, ajoute Sieyès, il faut qu'elle sache réprimer les atteintes qui peuvent lui être portées. Elle doit donc marquer dans les actions naturellement libres de chaque individu le point au delà duquel elles deviendraient nuisibles aux droits d'autrui. La liberté de la presse, comme toutes les libertés, doit donc avoir ses bornes légales.

Vient ensuite un merveilleux éloge de la presse, empreint de l'enthousiasme généreux de ces premières heures de liberté. La presse, dit Sieyès, est la sentinelle et la véritable sauvegarde de la liberté publique. Voulez-vous réformer des abus ? Elle vous préparera les voies, elle balayera, pour ainsi dire, devant vous, cette multitude d'obstacles que l'ignorance, l'intérêt personnel et la mauvaise foi s'efforceront d'élever sur votre route. Au flambeau de l'opinion publique, tous les ennemis de la nation et de l'égalité, qui doivent l'être aussi des lumières, se hâtent de retirer leurs honteux desseins. Avez-vous besoin d'une bonne institution ? Laissez la presse vous servir de précurseur, laissez les écrits des citoyens éclairés disposer les esprits à sentir le besoin du bien que vous voulez leur faire.

Sieyès considère la presse comme une nouvelle faculté, ajoutée aux plus belles facultés de l'homme. La presse est pour l'immensité de l'espace, ce qu'était la voix de l'orateur sur la place publique d'Athènes et de Rome ; par elle, la pensée de l'homme de génie se porte à la fois dans tous les lieux ; elle frappe, pour ainsi dire, l'oreille de l'espèce humaine entière. Partout le désir secret de la liberté, qui jamais ne s'éteint entièrement dans le cœur de l'homme, la recueille, cette pensée, avec amour, et l'embrasse quelquefois avec fureur ; elle se mêle, elle se confond dans tous ses sentiments ; et que ne peut pas un tel mobile agissant, à la fois, sur des millions d'âmes ?

Sieyès était d'avis, comme Du Port et d'autres législateurs éminents de la Constituante, de soumettre à la décision du jury tous les procès civils et criminels. C'est au jury tout naturellement qu'il propose de déférer tous les procès de presse. « Il sera essentiel, dit-il, d'employer tôt ou tard le ministère des jurés pour la décision de tous les faits, en matière judiciaire ; cette vérité vous est déjà familière ; vous craignez seulement que son exécution ne soit prématurée en ce moment : mais cette inquiétude ne peut vous arrêter, lorsqu'il s'agit des délits de la presse, c'est-à-dire de cette partie de l'ordre judiciaire qui se prête le plus aisément à l'institution des jurés, et qui échappe à tous les inconvénients qui pourraient en résulter en toute autre matière. En effet, nous vous prions d'observer d'abord que ce n'est guère que dans les principales villes du royaume que sont les imprimeries, et où se fait le commerce des livres, et que, par conséquent, il ne sera pas difficile d'y trouver des jurés instruits et propres à bien décider du fait des délits de la presse. En second lieu, il s'agit ici d'une loi qui ne peut guère intéresser que la plus petite partie du peuple, c'est-à-dire cette classe de citoyens que leurs lumières accoutumeront bientôt à un changement, dont ils sentent et reconnaissent déjà l'utilité [1]. »

* * *

Les troubles qui signalèrent la journée du 17 juillet 1791, au Champ-de-Mars, obligèrent l'Assemblée à sortir enfin de son inertie et à prendre quelques mesures de répression. Elle rendit le 18 juillet un décret, dont nous citerons l'article premier, qui visait les provocations au meurtre, à l'incendie, au pillage et à la désobéissance aux lois commises par la voie de la presse : « Toutes personnes qui auront provoqué le meurtre, le pillage, l'incendie, ou conseillé formellement la désobéissance à la loi, soit par des placards ou affiches, soit par des écrits publiés ou colportés, soit par des discours tenus dans des lieux ou assemblées publiques, seront regardées comme séditieuses ou perturbatrices de la paix ; et, en conséquence, les officiers de police sont autorisés à les faire arrêter sur-le-champ, et à les remettre aux tribunaux pour être punies suivant la loi [2]. »

Danton, Fréron, Desmoulins, Hébert, Royou et Suleau furent poursuivis aussitôt : les trois premiers se dérobèrent par la fuite aux mandats de justice et les trois autres furent seuls arrêtés. Mais ces velléités d'énergie ne durèrent que quelques jours. Les poursuites furent abandonnées, et la presse se livra de nouveau à tous les excès.

* * *

La constitution du 14 septembre 1791 contient la proclamation des principes généraux en matière de liberté de la presse, que nous reproduisons ici à titre de document.

C'est d'abord, dans le titre premier, relatif aux dispositions fonda-

[1] *Archives parlementaires*, t. XI, p. 259, séance du 20 janvier 1790.

[2] *Collection des lois et décrets* par J.-B. Duvergier, t. 3, p. 131.

mentales garanties par la constitution, une sorte de renouvellement de la Déclaration des droits de l'homme et du citoyen. « La constitution garantit, comme droits naturels et civils......la liberté à tout homme de parler, d'écrire, d'imprimer et publier ses pensées, sans que ses écrits puissent être soumis à aucune censure ni inspection avant leur publication. »

C'est ensuite, dans le titre III et le chapitre v relatif au pouvoir judiciaire, l'exposé des maximes applicables à la répression des délits commis par la voie de la presse : « *Article 17*. Nul homme ne peut être recherché ni poursuivi pour raison des écrits qu'il aura fait imprimer ou publier, sur quelque matière que ce soit, si ce n'est qu'il ait provoqué à dessein la désobéissance à la loi, l'avilissement des pouvoirs constitués et la résistance à leurs actes, ou quelqu'une des actions déclarées crimes ou délits par la loi. La censure sur les actes des pouvoirs constitués est permise ; mais les calomnies volontaires contre la probité des fonctionnaires publics et contre la droiture de leurs intentions dans l'exercice de leurs fonctions, pourront être poursuivies par ceux qui en sont l'objet. Les calomnies ou injures contre quelques personnes que ce soit, relatives aux actions de la vie privée, seront punies sur leur poursuite. — *Article 18*. Nul ne peut être jugé soit par la voie civile, soit par la voie criminelle, pour faits d'écrits imprimés et publiés, sans qu'il ait été déclaré par un jury : 1° s'il y a délit dans l'écrit dénoncé ; 2° si la personne poursuivie en est coupable[1]. »

L'adoption de ces articles fut précédée d'une discussion des plus élevées, à laquelle prirent part de nombreux orateurs : le rapporteur Thouret, Robespierre, Pétion de Villeneuve, Barnave, de La Rochefoucauld, Roederer, d'André et Du Port[2].

Robespierre et Pétion soutenaient qu'il devait être permis de tout dire sur le compte des fonctionnaires publics, et que les calomnies à leur égard ne devaient pas être réprimées. « L'homme qui accepte un poste élevé, disait Pétion, doit savoir qu'il s'expose aux tempêtes, qu'il appelle les regards sur lui, que les rigueurs de la censure poursuivront toutes ses actions. C'est à lui à interroger son caractère, et à sentir s'il est capable de soutenir les attaques qui lui seront portées, s'il est supérieur aux revers, et même aux injustices......Que peut une

[1] *Collection des lois*, t. III p. 289.

[2] *Archives parlementaires*, t. XXIX, p. 292, 645 et suivantes.

calomnie passagère contre une vie entière consacrée à la vertu, contre des actions pures, contre des services importants? » Quant à l'homme faible et pusillanime qui chérit son repos, que l'agitation tourmente, qui aime la gloire sans avoir le courage de la défendre, il ne doit pas prendre en main le gouvernail de l'Etat, et c'est rendre un service à la chose publique que de l'en éloigner. Et Pétion rappelle les paroles attribuées à l'empereur Théodose, à l'occasion de libelles lancés contre lui : « Si c'est légèreté, disait-il, méprisons ; si c'est folie, ayons pitié ; si c'est dessein de nuire, pardonnons. »

M. de La Rochefoucauld ne pense pas que les *sentinelles du peuple*, comme on appelle les journalistes, aient le droit de blesser à leur gré par la calomnie les hommes chargés de fonctions publiques. « A l'égard des consolations que M. Pétion accorde aux hommes calomniés, dit-il, je conviens avec lui que tôt ou tard la vérité se fait jour à travers les calomnies, et qu'elle finit par régner ; mais ce n'est pas au moment même que la calomnie a été débitée qu'elle parvient à se faire jour ; et si la postérité a vengé la mémoire de Phocion et de Socrate, cela n'a pas empêché que leurs concitoyens ne leur aient fait boire de la ciguë. Il est sans doute de ces êtres privilégiés par la nature qui savent se mettre au-dessus de tout, qui boiraient de la ciguë s'il le fallait ; mais je ne crois pas qu'on puisse, ni qu'on doive attendre cette grandeur d'âme de tous les fonctionnaires publics ; je ne crois pas surtout qu'on doive la leur prescrire par une loi. Cette loi tendrait évidemment à écarter de toutes les fonctions publiques tous les hommes qui ne joindraient pas à l'honnêteté de l'âme cette force peu commune. Alors la carrière s'ouvrirait à des intrigants qui ne craindraient pas la calomnie, parce que les intrigues les en mettraient à couvert et qu'ils sauraient se liguer avec les calomniateurs. »

Du Port ajoutait, dans le même sens, des observations d'une vérité frappante et qui conservent encore leur valeur : « Il n'y a pas d'opinion publique dans un pays où la calomnie est ouvertement permise par la loi ; presque tous les journaux sont remplis des plus affreuses calomnies ; il n'est plus permis au public, que les journalistes croient représenter, mais qui existe indépendamment d'eux, de reconnaître la vérité sous les traits avec lesquels ils peignent les choses et les hommes. Le public ignore ce qu'il doit penser, ce qu'il doit croire au milieu de ce déluge de calomnies. Et quel en est l'effet ? C'est de le rendre indifférent à la chose publique, c'est de rompre le lien qui doit l'attacher à ses fonctionnaires, à ses représentants ; car si l'opinion qui leur est transmise est altérée dans son passage par une foule de calomnies, cette opinion ne peut plus lui servir de guide, et alors il arrive les maux les plus grands qui puissent arriver dans un gouvernement représentatif. Le premier, c'est que le peuple ne reconnaît plus ses fonctionnaires, n'a plus de moyens de les apprécier et alors toute action par eux est arrêtée. Un autre objet encore plus important, c'est que les fonctionnaires publics eux-mêmes cessent d'être réprimés par l'opinion; car qui peut se souvenir longtemps d'une opinion aussi étrangement défigurée? Un homme contre lequel on a imprimé publiquement une calomnie peut être sensible à la première, mais lorsqu'il les voit reparaître périodiquement tous les jours dans plusieurs journaux, cet homme cesse d'être sensible à l'opinion publique, elle n'a plus aucun pouvoir, aucune action sur lui.»

A la dernière séance de l'Assemblée constituante, le 29 septembre 1791, Du Port présenta, au nom des comités de constitution et de législation criminelle, un projet de loi sur les délits commis par la voie de l'impression. L'Assemblée prononça l'ajournement à la prochaine législature.

Dans un exposé de motifs de quelques lignes, le rapporteur jetait le cri d'alarme. « Il est absolument nécessaire, disait-il, de ne pas permettre que des citoyens honnêtes, des administrateurs intègres, soient impunément calomniés. Si, par des mesures sages et fermes, on ne réprime pas les excès des libellistes incendiaires, il ne se trouvera bientôt plus une seule autorité qui puisse résister aux effets funestes des calomnies qu'ils répandent avec acharnement contre les pouvoirs publics; ces hommes, ennemis de toute espèce de gouvernement, corrompront sans cesse l'opinion et empêcheront le règne de la paix de s'établir. »

Paroles prophétiques! La licence effrénée de la presse ne fit en effet qu'exaspérer les passions révolutionnaires, pendant la durée des pouvoirs de l'Assemblée législative, et précipiter les catastrophes sanglantes.

La presse contribua, dans une large mesure, à la chute de la royauté, dans la journée du 10 août, ainsi qu'aux massacres de septembre, dont Marat et Hébert ont été les ardents défenseurs [1].

[1] On sait que Marat fut membre de ce terrible comité de surveillance qui s'empara de tous les pouvoirs et provoqua au massacre des prisons. Quant à Hébert, il publia une brochure apologétique de ces massacres, intitulée : *Grand détail de tous les conspirateurs brigands détenus dans les prisons de l'Abbaye.*

***

Il est curieux de rechercher et de préciser quelle fut, sous la Révolution, l'origine du parti républicain, et quelle part prit la presse française à la formation de ce parti.

Il ne fut pas question de République, pendant la discussion de la Constitution. Tout le monde espérait alors affermir la Révolution par la Royauté. Ce n'est que vers le mois d'août 1790, quand l'idée se répandit qu'il y avait une cause des rois et une cause des peuples, quand le soupçon se fit jour que Louis XVI trahissait la France et était d'intelligence avec les émigrés et avec l'Autriche, ce n'est qu'alors seulement que quelques Français crurent ne pouvoir maintenir la Révolution qu'en supprimant la Royauté.

Jusque-là, le républicanisme de Camille Desmoulins avait été sans écho. En septembre 1790, un homme de lettres nommé Lavicomterie, plus tard député de Paris à la Convention, publia un pamphlet intitulé : *Du peuple et des rois*, où il disait : « Je suis républicain, et j'écris contre les rois ; je suis républicain ; je l'étais avant de naître. »

Le 1er octobre 1790, le journal *le Mercure national* adhère aux conclusions de ce pamphlet.

Ce journal démocratique, moniteur du parti républicain à ses débuts, était rédigé par Mme Robert-Kéralio, de l'Académie d'Arras, Louis-Félix Guynement, des inscriptions et belles-lettres, Ant. Tournon, L.-J. Hugon et François Robert, professeur de droit public, tous membres de la Société des amis de la Constitution [1].

Mais la propagande républicaine des rédacteurs du *Mercure* ne rallia que fort peu d'adhérents. Les *Révolutions de Paris* hésitèrent longtemps à réclamer une nouvelle forme de gouvernement. Il en fut de même de Marat, qui écrivait le 17 février 1791, dans l'*Ami du Peuple* : « J'ignore si les contre-révolutionnaires nous forceront à changer la forme du gouvernement, mais je sais bien que la monarchie très limitée est celle qui nous convient le mieux aujourd'hui. ... Une république fédérale dégénérerait bientôt en oligarchie... » Et parlant de Louis XVI, il ajoutait : « C'est, à tout prendre, le roi qu'il nous faut. Nous devons bénir le ciel de nous l'avoir donné. »

[1] Nous empruntons ces détails pleins d'intérêt aux articles sur la *Formation du parti républicain*, publiés par M. Aulard dans la *Revue de la Révolution française* de 1898 et 1899.

FAC-SIMILÉS DE JOURNAUX

COURIER DE PROVENCE.

Pour servir de suite aux Lettres du Comte de Mirabeau à ses Commettans.

Nº XXXI.

Des 22 & 23 Août.

A mesure que l'Assemblée avance dans la déclaration des droits, elle semble forcée de s'écarter de la marche qu'elle avoit d'abord adoptée.

Une déclaration des droits de l'homme, applicable à tous les âges, à tous les peuples, à toutes les latitudes morales & géographiques du globe, étoit sans doute une grande & belle idée; mais il semble qu'avant de penser si généreusement au Code des autres Nations, il eût été bon que les bases du nôtre fussent, sinon posées, du moins convenues.

Pour avoir suivi la marche inverse, l'Assemblée, malgré tout son empressement d'arriver au grand but d'une Constitution Nationale, malgré ses longues, pénibles & nombreuses séances, malgré un travail dont aucune histoire, depuis les loix de Moïse jusqu'au Code Russe, n'offre d'exemple, l'Assemblée se trouve aujourd'hui très-peu avancée. Chaque pas qu'elle va faire dans l'exposition des droits de l'homme, on la verra frappée de l'abus que le citoyen en peut faire, souvent

A

Je suis le véritable pere Duchesne, foutre!

LA MINE ÉVENTÉE,

OU

La Grande Colere

DU

PERE DUCHESNE,

A la découverte d'un nouveau projet de contre-révolution, annoncé pour le 25 Août

Le plus difficile à écorcher, c'est la queue, dit le proverbe. Je m'étois toujours douté que la fin de la Constitution nous ameneroit quelque foutue

70

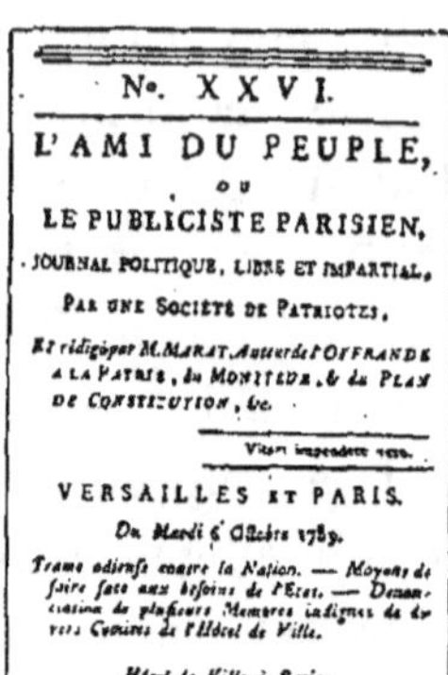

Nº. XXVI.

L'AMI DU PEUPLE,

OU

LE PUBLICISTE PARISIEN,

JOURNAL POLITIQUE, LIBRE ET IMPARTIAL,

PAR UNE SOCIÉTÉ DE PATRIOTES,

Et rédigé par M. MARAT, Auteur de l'OFFRANDE A LA PATRIE, du MONITEUR, & du PLAN DE CONSTITUTION, &c.

Vitam impendere vero.

VERSAILLES ET PARIS.

Du Mardi 6 Octobre 1789.

Trame odieuse contre la Nation. — Moyens de faire face aux besoins de l'État. — Dénonciation de plusieurs Membres indignes de divers Comités de l'Hôtel de Ville.

Hôtel de Ville de Paris.

Pour se laver d'une imputation malheureusement trop fondée, l'Assemblée des Représentans de la Commune s'est oubliée jusqu'à faire afficher contre moi un Placard injurieux. Je serois indigne de la confiance dont le Peuple honore son incorruptible défenseur, si ma loyauté pouvoit

Cc

L'ORATEUR

DU PEUPLE,

PAR MARTEL.

Qu'aux accens de ma voix la France se réveille;
Rois, soyez attentifs; peuple, prêtez l'oreille.

Nº. IV.

Maladie sérieuse du Roi d'Angleterre. — Privation de ses facultés intellectuelles. — Désespoir et chute prochaine de Pitt, ennemi de notre liberté. — Élévation immanquable de Fox, enthousiaste de notre révolution. — Nouvelle agréable pour la France. — Grande et terrible insurrection en Alsace. — Potences dressées, drapeau rouge, etc. — Maire coupable de ces mouvemens. — Le Cardinal de Rohan derrière la toile. — Lettre du Régiment de Flandre à l'Orateur du Peuple, au sujet de ses drapeaux. — Apparition aux' daine du ci-devant Prince de Condé sur la frontière. — Son véritable manifeste publié sous huit jours.

Je ne vous dirai point comme le prophète Jonas, encore quelques jours, et Ninive sera

Tome II C

Nº. III.

REVOLUTIONS

DE PARIS,

DÉDIÉES A LA NATION

Et au District des Petits Augustins; avec un Extrait de quelques papiers de la Bastille.

Les grands ne nous paroissent grands,
Que parce que nous sommes à genoux;
..... Levons-nous.......

Du Dimanche 26 juillet au 1er. août 1789.

Tandis que de nouveaux désastres affligent de toutes parts les provinces, le calme renaît enfin dans la capitale; mais chaque moment atteste de nouveaux forfaits & dévoile quelque partie de ce complot affreux dont nous devions être victimes. Aujourd'hui l'on commence à savoir que, pour enchaîner le courage de nos braves compatriotes de la province de Bretagne, nos ennemis avoient projeté de les faire attaquer dans leurs propres foyers, d'incendier le port de Brest, & de demander asyle pour ceux qui eussent été poursuivis; à une puissance maritime voisine de la France. Dans cette supposition, les intrépides Bretons eussent à regret

A

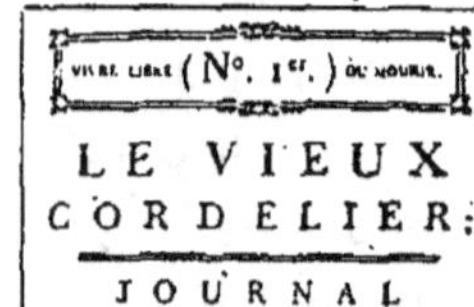

VIVRE LIBRE (Nº. 1er.) OU MOURIR.

LE VIEUX CORDELIER;

JOURNAL

RÉDIGÉ par CAMILLE DESMOULINS, Député à la Convention, et Doyen des Jacobins.

Quintidi Frimaire, 2e. Décade, l'an II de la République, une et indivisible.

Dès que ceux qui gouvernent seront haïs, leurs concurrens ne tarderont pas à être admirés (MACHIAVEL.)

O Pitt! Je rends hommage à ton génie! Quels nouveaux débarqués de France en Angleterre t'ont donné de si bons conseils, et des moyens si sûrs de perdre ma patrie? Tu as vu que tu échouerois éternellement contre elle, si tu ne t'attachois à perdre, dans l'opinion publique, ceux qui, depuis cinq ans, ont déjoué tous tes projets. Tu as compris que ce sont ceux qui t'ont toujours vaincu qu'il falloit

Nº. 1er. A

FAC-SIMILÉS, EN RÉDUCTION D'UN DOUZIÈME, DE LA PREMIÈRE PAGE DES PRINCIPAUX JOURNAUX DE LA PÉRIODE RÉVOLUTIONNAIRE

Gravure en réduction, d'une page extraite de *La Révolution française*, par Armand Dayot. (Ernest Flammarion, éditeur.)

Il faut arriver jusqu'au numéro du 26 mars au 2 avril 1791 pour lire dans les *Révolutions de Paris* une proposition favorable à l'abolition de la royauté.

A la veille de la fuite à Varennes, juin 1791, il y a donc en France un parti républicain à l'état embryonnaire, formé d'une élite de quelques lettrés, de quelques gazetiers, de quelques habitués du salon de Mme Robert. La fuite de Louis XVI et la suspension du pouvoir royal qui en fut la conséquence démontrèrent d'une manière éclatante que la France pouvait vivre en République. La République n'était plus une chimère. Quand Louis XVI se fut rendu tout à fait impossible, en août 1792, il n'y eut plus qu'à reprendre l'expérience commencée et la chose amena le mot.

Peu à peu une partie de la presse se rallia à l'idée républicaine. Le *Patriote français*, rédigé par Brissot et organe du groupe Rolland, écrivit à la date du 22 juin 1791 : « Louis XVI a lui-même ici brisé sa couronne... Il ne faut pas profiter de la leçon à demi. » Et le lendemain : « Un roi, après un pareil parjure, et notre Constitution sont inconciliables. »

Les *Annales patriotiques*, les *Révolutions de Paris*, la *Bouche de fer* suivirent cet exemple et se prononcèrent contre la royauté, tandis que Marat demandait un dictateur. « Un seul moyen vous reste, disait l'*Ami du peuple* du 22 juin, pour vous retirer du précipice où vos indignes chefs vous ont entraînés : c'est de nommer à l'instant un tribun militaire, un dictateur suprême, pour faire main basse sur les principaux traîtres connus. »

Des polémiques s'engagèrent. Tandis que Gorsas, dans son *Courrier* et Sieyès dans le *Moniteur* défendaient la monarchie constitutionnelle, Thomas Paine et Condorcet dans le *Républicain* luttaient en faveur de la République.

Le 8 juillet 1791, Condorcet fit au cercle social, devant l'*Assemblée fédérative des Amis de la vérité*, une apologie de la République qui eut un grand retentissement dans les journaux du temps. Ce fut un événement que d'entendre le plus grand penseur de cette époque, le disciple et l'héritier des encyclopédistes, prêcher cette République que tous les philosophes, ses maîtres, avaient déclarée impossible ou dangereuse à établir en France. Maintenant que les Français sont éclairés, dit Condorcet, qu'ils sont « affranchis, par un événement imprévu, des liens qu'une sorte de reconnaissance leur avait fait une loi de conserver et de contracter de nouveau, délivrés de ce reste de chaîne que, par générosité, ils avaient consenti à porter encore, ils peuvent examiner enfin si, pour être libres, ils ont besoin de se donner un roi. » Et il réfute, une à une, les objections classiques contre la République. L'étendue de la France ? Elle est plus favorable que contraire à l'établissement d'un gouvernement républicain, puisqu'elle « ne permet pas de craindre que l'idole de la capitale puisse jamais devenir le tyran de la nation. » Un tyran ? Comment pourrait-il s'en établir un avec la division des pouvoirs telle qu'elle existe et surtout avec la liberté de la presse ? Qu'une seule gazette soit libre et l'usurpation d'un Cromwell est impossible. On dit qu'un roi empêchera les usurpations du pouvoir législatif. Mais comment ce pouvoir pourrait-il usurper, s'il est fréquemment renouvelé, si les bornes de ses fonctions sont fixées, si des Conventions nationales revisent la Constitution à des époques réglées ? Il vaut mieux, dit-on, avoir un maître que plusieurs. Mais pourquoi faudrait-il avoir des maîtres ? Aux « oppressions particulières », il faut opposer, non un roi, mais des lois et des juges.

Néanmoins, la majorité de l'Assemblée législative élue en octobre 1791 fut loin d'être républicaine. Les jacobins étaient alors monarchistes et les rares républicains qui furent élus à l'Assemblée cachèrent leur drapeau, ou même, comme Condorcet, renoncèrent provisoirement à établir la République en France. En dehors de l'Assemblée, presque personne ne se disait républicain. Presque aucun journal ne demandait nettement la République. Les *Révolutions de Paris* étaient presque seules à afficher encore des tendances républicaines.

Chose singulière, ce fut cette Assemblée monarchique qui, sous le coup des nécessités de la défense nationale, après le fameux manifeste de Brunswick, proclama la patrie en danger et résolut de la sauver sans le roi et, au besoin, contre lui. Les journaux s'accordent alors avec les fédérés des communes de France, avec les sections de Paris, avec l'opinion publique, pour précipiter Louis XVI du trône. Le républicanisme, on l'a dit avec raison, naquit de l'exaspération du patriotisme.

La journée fameuse du 10 août proclama la vacance de la royauté. Il y eut jusqu'au 22 septembre une sorte d'intérim innommé. Le nom du roi fut effacé de tous les titres, de tous les actes, de tous les emblèmes officiels ; le pouvoir fut exercé par un comité exécutif *au nom de la nation française*.

Dès lors, le mouvement fut irrésistible. Le peuple de Paris se prononça pour la République et les jacobins, par la propagande de leurs clubs, ne tardèrent pas à déroyaliser la France. On sait d'ailleurs que la Convention, en se réunissant, proclama la République en France (22 septembre 1792).

CHAPITRE IV

LA PRESSE SOUS LA CONVENTION ET SOUS LE DIRECTOIRE

(1792-1799)

Déclaration de la Commune de Paris (10 août 1792). — Mesures radicales contre la Presse royaliste, au profit des feuilles révolutionnaires. — Roland subventionné par les fonds secrets de la Commune. — Mort héroïque du journaliste royaliste Durosoy. — Derniers efforts des organes partisans de Louis XVI. — Le *Véridique* ne s'annonce pas comme journal, pour « n'être point guillotiné et n'exposer personne à l'être ». — Le *Journal français* et le rôle énergique de son rédacteur Henri Nicolle de Ladevèze. — Lutte de presse circonscrite entre Girondins, Jacobins et Montagnards. — Presse girondine : Le *Patriote* de Brissot ; résistance de Gyrey-Dupré aux commissaires provisoires de la Commune de Paris ; le *Courrier des 83 départements*, de Gorsas ; la *Sentinelle*, de Louvet ; le *Thermomètre du jour*, de Dulaure. — Décret de la Convention (9 mars 1793) mettant en demeure les députés-journalistes d'opter entre leur mandat ou leur journal. — Presse jacobine et montagnarde : *Histoire des Brissotins*, par Camille Desmoulins ; le *Publiciste de la république française*, de Marat ; le *Père Duchesne*, d'Hébert ; le *Bullètin du tribunal criminel révolutionnaire*, organe quasi officiel. — Application de la peine de mort aux délits de presse (décret du 29 mars 1793) par le Comité de sûreté générale ; ses victimes : les écrivains royalistes et les constitutionnels. — Comparution de Marat devant le tribunal révolutionnaire ; son acquittement triomphal. — Condamnation des Girondins. — Girey-Dupré devant l'échafaud. — La loi des suspects (17 septembre 1793) ; condamnation des imprimeurs-libraires Froullée et Levigneur, de Roch Marcandier, auteur du *Véritable ami du peuple, par un sacré bougre de sans-culotte qui ne se mouche pas du pied, foutre, et qui le fera bien voir*. — *Hébertistes, Dantonistes et Robespierristes*. — Camille Desmoulins attaque le ministre de la guerre Bouchotte à propos de sa subvention pour l'envoi de nombreux exemplaires du *Père Duchesne* aux armées de la République. — Le troisième numéro du *Vieux Cordelier*, chef-d'œuvre du journalisme français ; le *Comité de Clémence* et ses conséquences : Camille Desmoulins guillotiné (5 avril 1794). — Procès et exécution du libraire Gattey, des poètes André Chénier et Roucher. — Journaux officieux subventionnés par le Comité de Salut public. — Chute de Robespierre (9 thermidor) ; la presse recouvre sa liberté ; la *Terreur blanche*. — Montagnards et Thermidoriens : Fréron et la *Jeunesse dorée*. — Journaux contre-révolutionnaires : les *Nouvelles politiques*, la *Quotidienne* (La Harpe, Suard), le *Courrier Républicain*, le *Censeur des Journaux*, le *Journal des Rieurs*, l'*Accusateur public*. — Presse jacobine : le *Journal universel*, l'*Ami du peuple* ; le *Télégraphe politique*. — Gracchus Babeuf et ses journaux : le *Journal de la liberté de la presse*, le *Tribun du peuple* ; le *babouvisme*. — Opposition des conventionnels à la liberté illimitée de la presse. — Marie-Joseph Chénier, rapporteur de la loi du 12 floréal an III (1er mai 1795), punissant du bannissement les individus qui, par leurs écrits ou leurs discours, provoqueraient

le retour de la royauté. — Constitution du 5 fructidor an III (22 août 1795); caractère provisoire de toute loi limitant la liberté de la presse.
Le Directoire. — Loi des 27 et 28 germinal an IV (16 et 17 avril 1796). — Persistance du Jury à acquitter les journalistes poursuivis. — Naissance de nouveaux organes contre-révolutionnaires : le *Thé*, les *Rapsodies du jour*, les *Actes des Apôtres et des Martyrs*, le *Miroir*, le *Grondeur*, le *Menteur*. — Organes neutres : *Journal de Paris*, *Journal des Débats et des Décrets*, *Clef du cabinet des Souverains*, *Journal du soir*, des frères Chaigneau. — Presse directoriale modérée : *Chronique du jour*, *Moniteur*, le *Rédacteur*, *Journal des Défenseurs de la Patrie*. — Presse directoriale avancée : l'*Orateur plébéien*, le *Batave*, le *Journal des Tigres*, l'*Ami des lois*. — Multiplicité et solidarité des journaux royalistes. — Loi sur la répression de la « Calomnie écrite » vivement discutée aux Cinq-Cents; remarquable rapport de Daunou; échec définitif de la loi et licence de plus en plus effrénée de la presse. — Coup d'État du 18 fructidor an V; la presse placée sous l'inspection de la police et frappée d'un timbre fiscal. — Suppression de 11 journaux le 26 frimaire an VI, de 15 journaux le 20 messidor an VI. — Avortement du rapport Berlier et abolition des pouvoirs de police; excès des feuilles royalistes et jacobines. — Mesures nouvelles contre la presse; rapport de Sieyès; déportation à l'île d'Oléron des propriétaires, entrepreneurs, directeurs, auteurs et rédacteurs de 40 journaux. — Oscillation continuelle de la presse, jusqu'à la fin du XVIIIe siècle, entre la licence et la servitude.

Le 10 août 1792, la Commune de Paris déclara que le *salut public exigeait qu'elle s'emparât de tous les pouvoirs*. A l'égard de la presse, elle ordonna, dès le 12 août, la suppression de tous les journaux royalistes, l'arrestation des écrivains qui les rédigeaient et la confiscation des presses servant à leur publication, comme en témoigne le texte même de cette décision, d'après le procès-verbal de la Commune :

« Sur la proposition de l'un de ses membres, le Conseil général arrête que les empoisonneurs de l'opinion publique, tels que les auteurs des divers journaux contre-révolutionnaires, seront arrêtés, et que leurs presses, caractères et instruments seront distribués entre les imprimeurs patriotes, qui seront mandés à cet effet. L'assemblée nomme trois commissaires, à l'effet de se rendre au bureau de l'administration et d'envoi de la poste, pour arrêter l'envoi des papiers aristocratiques, entre autres : le *Journal royaliste*, l'*Ami du roi*, la *Gazette universelle*, l'*Indicateur*, le *Mercure de France*, le *Journal de la Cour et de la Ville*, la *Feuille du jour*, ouvrages flétris dans l'opinion publique, dont ils empêcheront l'envoi dans les provinces. »

Les dépouilles des vaincus furent réparties entre les journalistes du parti vainqueur, Carra, Hébert, Gorsas et quelques autres; précédent redoutable, qui ne fut que trop suivi dans le cours de la Révolution. En effet, le 10 mars suivant, l'émeute brisa chez Gorsas les presses de l'*Ami du roi*, que le journaliste girondin avait eues en partage.

Hatin cite à tort Marat comme ayant participé à la distribution des dépouilles des journalistes royalistes[1]. Ce fut sur la motion de la section du Théâtre-Français, le 23 août 1792, que Marat, « riche de vertus civiques, mais pauvre comme Rousseau », se vit attribuer quatre presses et leurs accessoires provenant de l'Imprimerie Royale ; et c'est avec leurs caractères que furent composés typographiquement son *Journal de la république française*, suite de l'*Ami du peuple*, les *Chaînes de l'esclavage* et diverses brochures[2].

L'Assemblée législative et le ministre de l'Intérieur, Roland, jugeant utile de subventionner et de répandre dans le public les écrits favorables aux vainqueurs de la Royauté, mirent, dans ce but, cent mille livres de fonds secrets à la disposition de Roland, par décret du 18-21 août 1792, à la charge d'en rendre compte, « pour les frais de correspondance qu'il jugerait nécessaires, et pour l'impression et distribution dans les départements et les armées, de tous les écrits propres à éclairer les esprits sur les trames criminelles des ennemis de l'Etat, et sur les vraies causes des maux qui ont trop longtemps déchiré la patrie[3] ».

Roland ne dépensa, paraît-il, que le tiers des fonds mis à sa disposition. Ce n'est pas cependant qu'il n'ait été sollicité de faire de plus amples distributions. Marat lui-même, qui le croirait ? écrivit à Roland pour lui demander quinze mille livres afin de publier divers écrits aux frais de la Nation. Cette somme lui fut refusée ; et sa déconvenue ne fut peut-être pas tout à fait étrangère à la haine passionnée dont il poursuivit dès lors Roland et sa *clique*[4].

Enfin, pour compléter les mesures destinées à consolider la victoire du 10 août, la Commune de Paris demanda et obtint de l'Assemblée législative la création du tribunal criminel extraordinaire du 17 août, appelé à juger les défenseurs de la Royauté comme complices d'un complot révolutionnaire tendant à allumer la guerre civile.

C'est devant ce tribunal d'exception que comparut, les 24 et 25 août, le journaliste Durosoy, qui avait défendu avec beaucoup de zèle

[1] *Histoire de la presse*, t. IV, p. 320.

[2] Ce matériel fut conservé, après la mort de Marat, par Simonne Evrard, qui l'exploita sous le nom de « veuve Marat », puis restitué à l'Etat, le 16 ventôse an III (6 mars 1795). V. Tourneux, *Bibliographie de l'histoire de Paris*, t. II, p. 642 et 643, et Loüis Combes, *Episodes et curiosités révolutionnaires*.

[3] *Collection des lois de Duvergier*, t. IV, p. 381.

[4] *Mémoires de Mme Roland*, éd. Ravenel, t. II, p. 37.

la cause du Roi dans la *Gazette de Paris*. Des lettres où on le félicitait « de son rare courage à défendre la bonne cause », servirent à le faire condamner à mort comme étant d'intelligence avec les conjurés. Suivant le compte rendu du *Bulletin du tribunal criminel*, Durosoy remit au président une lettre dont ce dernier fit lecture après que le condamné fut sorti; elle ne contenait que ces mots : « Un royaliste comme moi devait mourir un jour de Saint-Louis. »

Le rédacteur du *Bulletin* loue la résignation et le courage du condamné, montant d'un pas ferme sur l'échafaud, « au milieu des cris de « Vive la nation ! » que répétait une foule immense toujours satisfaite d'avoir à compter un conspirateur de moins » ; et il ajoute : « Nous laissons aux gens de son parti le soin d'arroser sa tombe et de faire son oraison funèbre. Nous regrettons seulement que des hommes de sa trempe n'embrassent point la cause de l'humanité. Du moins s'ils mouraient en la défendant, ils emporteraient les regrets de leurs concitoyens. »

Il n'y eut donc plus aucune liberté d'écrire, du moins pour la presse royaliste, à partir du 10 août, et surtout à partir de la réunion de la Convention et de la proclamation de la République.

Toutefois quelques journaux courageux élevèrent encore la voix en faveur des royalistes vaincus ; demi-liberté qui dura à peu près tant que le parti girondin domina dans la Convention, c'est-à-dire jusqu'à la Terreur.

Citons d'abord la *Feuille du matin*, ou le *Bulletin de Paris*, feuille qui offrait une grande analogie avec le *Petit Gautier*. Rédigée d'après Leber, dans le même esprit, sous une forme semblable, elle avait pris les choses au point où les avait laissées Gautier, dont elle semble la continuation [1].

Lorsque la Convention rendit des honneurs publics à la mémoire de Lepelletier tué par le garde du corps Pâris, la *Feuille du matin* osa publier ces vers satiriques :

> Tout est changé dans nos affaires,
> Jusqu'aux fourches patibulaires.
> Autrefois, c'était Montfaucon ;
> Aujourd'hui, c'est le Panthéon. . .

Après la mort de Louis XVI, dans le numéro du 8 février, on pouvait lire : « Une dame nous prie instamment d'insérer dans notre

[1] Tourneux, *Bibliographie*, t. II, p. 649.

journal l'épitaphe ci-après, que *nous croyons être celle de Charles Ier* :

Ci-gît qui, malgré ses bienfaits,
Fut immolé par ses propres sujets,
Et qui, par un courage inconnu dans l'histoire,
Fit de son échafaud le trône de sa gloire [1].

L'Avertisseur ou les Annonces du jour, rédigé par Jean-Philippe de Lafage, n'était ni moins net, ni moins courageux ; à la veille de l'exécution de Louis XVI, il publiait un article sur l'*inviolabilité des rois*, sous prétexte d'analyser une brochure parue sur ce sujet. En même temps, dans une soi-disant *Adresse de cent cinquante communes de la Normandie à la Convention Nationale sur le jugement de Louis XVI*, il contestait à la Convention le droit de juger le roi déchu et lui reprochait de laisser impunis les massacres de septembre [2].

*
* *

Le Véridique ou l'Antidote des journaux, rédigé sous le voile de l'anonyme par Corentin Royou, le frère et le collaborateur de l'auteur de l'*Ami du Roi*, mérite une mention particulière.

« Cette feuille, est-il dit dans le premier numéro d'octobre 1792, n'est point annoncée comme journal ; elle sera cependant périodique, mais non souscriptible, et pourquoi ? C'est que le système de liberté et d'égalité actuel ferait guillotiner l'auteur et les abonnés. L'auteur ne veut point être guillotiné et ne veut exposer personne à l'être. »

N'oublions pas enfin le *Journal français ou Tableau politique et littéraire de Paris*, qui parut du 15 novembre 1792 jusqu'au 2 juin 1793, grâce à l'énergie de son rédacteur, Henri Nicolle de Ladevèze. Le prospectus de ce journal était des plus significatifs et mérite d'être reproduit en partie : « La stupeur profonde qui avait brisé la plume de nos écrivains s'est dissipée ; la terreur, cette arme perfide entre les mains des scélérats, s'est émoussée. On peut enfin témoigner hautement l'horreur qu'ont inspirée les effroyables journées des 2 et 3 septembre ; il est permis de vouer à l'exécration de

[1] *Un chapitre de la Révolution française*, par de Monseignat, p. 163 et 164.
[2] *Ibid.*, p. 165.

la postérité ce *comité des boucheries* dit de *surveillance;* on peut appeler la vindicte publique sur cette meute de scélérats qui, lâchés dans les départements par la *régence tripolitaine de Paris*, prêchent partout le carnage et la sédition.... Arracher le masque de l'hypocrisie à ces individus d'un jour, publicistes par famine, anarchistes par besoin, assassins par tempérament, voilà la tâche honorable et périlleuse que nous nous sommes imposée [1] ».

Le lendemain de la mort de Louis XVI, le *Journal français* publia un article vigoureux de Nicolle de Ladevèze, dont voici quelques extraits : « Il est inutile de le dissimuler ; Paris est plongé dans la stupeur. La douleur muette, pour me servir d'une expression de Tacite, se promène dans les rues, et la terreur, qui enchaîne l'expression de tous les sentiments, se lit gravée sur le front des citoyens.. Le Roi est mort..... Vous ne savez donc pas que le Comité de surveillance a été renouvelé, et que la liste des membres qui le composent est souillée encore une fois des noms des Bazire, des Chabot et d'autres hommes de sang, qui, dans ce moment, disposent souverainement de la réputation, de la fortune et de la vie des citoyens ? C'est le conseil des Dix de Venise : ils n'ont qu'à dire : Poignardez, et l'on poignardera... »

* * *

Après ce chant du cygne de la presse royaliste, la lutte s'engage entre les Girondins, les Jacobins et les Montagnards, par l'organe des journaux de chaque parti : lutte ardente et violente dès les premiers jours ; lutte sanglante, après les journées du 31 mai et du 2 juin, qui marquent la défaite des Girondins.

Dans les rangs girondins, on distingue le *Patriote* de Brissot et de Girey-Dupré. Jusqu'à la réunion de la Convention, le *Patriote* est un journal grave, soucieux de rester fidèle à ses principes philosophiques et politiques, fournissant à ses lecteurs des développements pleins d'érudition sur tous les sujets à l'ordre du jour. Il a plus de lecteurs et plus d'adhérents en province qu'à Paris. Cela tient à ce que son fondateur, partisan d'une large décentralisation administrative, voulait modeler dans un certain sens les institutions de la France sur celles de l'Amérique et de l'Angleterre, en donnant pour base

[1] Tourneux. *Bibliographie*, t. II, p. 648 et 649.

aux libertés du pays la liberté communale. Ses adversaires lui en ont fait un crime.

Peu à peu, sous l'impulsion de Girey-Dupré, le *Patriote* devient plus agressif, plus mordant, plus âpre contre les personnalités : il sert de tribune au *parti des Brissotins*, *des hommes d'Etat*, comme les appelaient par ironie leurs adversaires.

Dès le lendemain du 10 août, Girey-Dupré résiste aux usurpations des commissaires provisoires de la Commune de Paris, qui ont la prétention de le mander à leur barre pour lui demander compte des attaques dirigées contre leurs actes par le *Patriote*. Il refuse de comparaître et adresse une plainte à l'Assemblée législative, lui rappelant les graves réclamations dirigées déjà contre ces commissaires provisoires, « contre leur avidité funeste à se partager comme un butin les places de l'administration, à dévorer les fruits de leur dictature d'un moment, contre leur système d'avilissement du corps législatif, système qu'ils développent chaque jour avec plus d'audace et à la faveur duquel ils marchent à grands pas vers la dissolution de l'empire. « Il est temps, ajoute-t-il, que ce désordre cesse et que l'on assure à tous les citoyens la liberté individuelle, sans laquelle il n'est point de liberté. »

Sur le rapport de Vergniaud, les mandats d'amener à la barre et d'arrêt, décernés par la Commune, sont déclarés nuls et non avenus comme attentatoires à la liberté de la presse [1]. Mais ce triomphe ne fut pas de longue durée ; Brissot et Girey-Dupré devaient l'expier en portant leur tête sur l'échafaud.

A côté du *Patriote* combattait le *Courrier des quatre-vingt-trois départements*, de Gorsas, dont la vigoureuse polémique irrita ses adversaires, qui soudoyèrent une bande d'hommes armés de pistolets, de sabres et de marteaux et l'excitèrent à tuer Gorsas. Celui-ci vit sa maison de la rue Tiquetonne envahie dans la nuit du 9 au 10 mars 1793, et les presses de son imprimerie brisées. Il eut toutes les peines du monde à se frayer un passage à travers ces forcenés, un pistolet à la main. La presse passait pour être libre en principe ; mais tel était le sort réservé aux écrivains qui ne flattaient pas les sentiments d'une foule fanatisée.

Gorsas ne put reprendre la publication de son journal avant plusieurs jours. Il aurait craint, disait-il, s'il avait eu recours aux presses

[1] Hatin. *Histoire de la presse*, t. V, p. 50 et 51.

d'un de ses confrères, de l'exposer au même sort, d'attirer sur sa tête le même orage, toujours facile à soulever avec une orgie et un écu par tête. Quand le *Courrier* reparaît, Gorsas l'annonce fièrement, et il proclame « qu'il reparaîtra constamment, à moins que les poignards de l'anarchie et de la licence ne viennent à bout d'assassiner sans retour la liberté et son plus ardent défenseur ». *Impavidum ferient ruinae*, telle est sa devise.

La Convention, saisie des plaintes des victimes, n'y prêtait qu'une médiocre attention. Mais comme les journalistes de la Gironde, cause de tous ces conflits, étaient pour la plupart députés à la Convention, un décret fut voté le 9 mars 1793, mettant en demeure les députés journalistes d'opter entre leur mandat ou leur journal [1]. C'était le cas de Brissot, de Gorsas, de Carra, rédacteur des *Annales patriotiques*, qui avait été élu par sept départements à la fois [2], et de bien d'autres encore, Desmoulins, Marat, Robespierre.

Tous les députés journalistes optèrent pour l'exercice de leur mandat ; mais, malgré leurs déclarations solennelles, ils continuèrent à inspirer et à diriger leurs journaux, quand ils ne les rédigeaient pas en personne.

La *Sentinelle* de Louvet occupe un rang à part dans la presse girondine. C'était un journal-affiche, paraissant à intervalles irréguliers et rédigé par la même plume, qui a écrit les romans bien connus, où se confondent les grâces de l'imagination et la légèreté du style. « La *Sentinelle*, dit Mme Roland dans ses *Mémoires*, est un modèle de ce genre d'affiches et d'instructions quotidiennes destinées à un peuple qu'on veut éclairer sur les faits, sans jamais l'influencer que par la raison, ni l'émouvoir que pour le bien de tous, et le pénétrer par des affections heureuses qui pénètrent l'humanité. C'est une belle opposition à faire avec ces feuilles atroces et dégoûtantes, dont le style grossier, les sales expressions, répondent à la doctrine san-

[1] *Moniteur* du 11 mars 1793.

[2] Ce fougueux journaliste se glorifiait d'avoir été l'un des organisateurs de la journée du 10 août 1792. Il avait insisté pour armer le peuple de piques, afin de l'opposer à la garde nationale bourgeoise. C'est lui qui vint annoncer à la Convention les victoires de Kellermann. Il fut nommé secrétaire de l'Assemblée, et se signala par la proposition de former une alliance des peuples contre les rois. Dans le procès du roi, il se prononça contre l'appel au peuple et vota la mort. Mais l'antipathie que lui témoignait Robespierre, à cause des liaisons du journaliste avec Roland et les Girondins, ne tarda pas à perdre Carra. Il fut condamné à mort le 31 octobre 1793 et exécuté le lendemain avec 21 députés girondins. Il avait alors cinquante ans.

guinaire, aux mensonges impurs, dont elles sont l'égout; œuvres audacieuses de la calomnie, payées par l'intrigue et la mauvaise foi, pour achever de ruiner la morale publique, et à l'aide desquelles le peuple le plus doux de l'Europe a vu pervertir son instinct, au point que les tranquilles Parisiens, dont on citait la bonté, sont devenus comparables à ces féroces gardes prétoriennes qui vendaient leurs voix, leur vie et l'empire, au plus offrant et dernier enchérisseur. »

Signalons enfin le *Thermomètre du jour*, rédigé par Dulaure, qui représenta le département du Puy-de-Dôme à la Convention. Marat se plaignait ainsi du dévouement de Dulaure au parti girondin, dans son journal du 30 novembre 1792 : « Dulaure, Gorsas, la *Chronique* et tous les papiers nouveaux sont vendus à Roland, à l'exception de quelques feuilles patriotiques, telles que Audouin qui se remonte, Camille qui pourrait être meilleur, et Prudhomme, qui ne vaut pas grand' chose. »

* * *

En face des journaux girondins, se dressent les journaux jacobins et montagnards de Camille Desmoulins, de Robespierre, de Marat, de Fréron et d'Hébert, dont les violences arrivent bientôt jusqu'à la frénésie.

Camille Desmoulins a réalisé son rêve : il est représentant du peuple à la Convention. Mais il reprend la plume avec le même enthousiasme qu'autrefois; et il publie, en octobre 1792, avec Merlin de Thionville, une nouvelle série des *Révolutions de France et de Brabant*. Cette feuille n'eut que 55 numéros et ne joua qu'un rôle effacé. Camille était plutôt un pamphlétaire qu'un journaliste : et, c'est par un pamphlet, l'*Histoire des Brissotins* ou *Fragments d'une histoire secrète de la Révolution*, qu'il porta un coup terrible à la Gironde, dans le duel fatal engagé entre elle et la Montagne. Il avait pris cette épigraphe suggestive :

Est-ce que des fripons la race est éternelle ?

Ce pamphlet meurtrier acheva de perdre les Girondins dans l'opinion publique. Comme on l'a dit dans le *Grand dictionnaire universel du* XIXe *siècle*, c'est un acte d'accusation très passionné, œuvre étincelante de verve et qui contient sur les intrigues girondines de terribles vérités, mais où abondent les commérages puérils et les anecdotes suspectes. On connaît l'étonnante crédulité des hommes de ce temps quand il s'agissait des *complots* de leurs adversaires. Retournant contre Brissot et ses amis les accusations dont ils avaient été eux-mêmes si prodigues, Desmoulins les accuse formellement d'être les instruments d'un comité anglo-prussien, et, en outre, d'une ténébreuse conjuration orléaniste contre la République.

Ces accusations sont injustes et odieuses. Mais Brissot et ses partisans ne se faisaient pas faute de lancer des diffamations analogues contre Marat, Robespierre et Danton, qu'ils représentaient comme aspirant à la dictature. De telles dissensions sont à jamais déplorables et forment une des grandes misères de cette époque héroïque.

Sans doute, les Girondins et les Montagnards sont unis pour le jugement de Louis XVI, pour recourir à des mesures révolutionnaires et sauver la patrie en danger ; mais ils se soupçonnent les uns les autres, ils cherchent à se supplanter dans la faveur du peuple, et, comme il arrive le plus souvent, ce sont les plus violents, les plus audacieux qui l'emportent.

* * *

La feuille de Marat a changé de nom. L'*Ami du peuple* est devenu le *Journal de la République française* du 25 septembre 1792 au 11 mars 1793, et puis le *Publiciste de la République française*, du mois de mars 1793 jusqu'au 16 juillet de la même année, jour où Marat tombe frappé par Charlotte Corday. Mais c'est toujours la digne continuation des mêmes polémiques sanguinaires. Le 25 février 1793, il écrit dans son journal : « Les moyens les plus propres à faire cesser les accaparements sont indiqués par le simple bon sens. En tout pays où la liberté n'est pas illusoire, le pillage de quelques magasins, à la porte desquels on pendrait les accapareurs, aurait bientôt mis fin à ces brigandages. » Et le 17 avril 1793, il ajoute : « Jamais la liberté ne triomphera qu'on n'ait abattu deux cent mille têtes. »

La majorité de la Convention est hostile à Marat ; mais il s'appuie sur la Commune de Paris, où il exerce la plus grande influence depuis la journée du 10 août, et dont il est le journaliste officiel. Les séances du Conseil de la Commune étaient publiques, on le sait ; et, dès le 23 août 1792, on avait décidé qu'une tribune serait ménagée dans la salle pour Marat, que l'on chargea de rédiger un journal des arrêtés et de ce qui se passait dans la Commune.

JACQUES-RENÉ HÉBERT

(1757-1794)

Substitut du procureur de la Commune de Paris

Rédacteur du *Père Duchesne*

Condamné et décapité le 4 germinal (24 mars) de l'an II de la République.

Gravure extraite de *La Révolution Française*, par Armand Dayot
(Ernest Flammarion, éditeur.)

A la Convention, où Marat représentait Paris, ses écrits et ses discours provoquèrent souvent les scènes les plus scandaleuses. Mais tandis que ses collègues le huaient, les tribunes l'applaudissaient.

Quant à Hébert, il poursuivait, dans son *Père Duchesne*, sa campagne de violences et de dénonciations, demandant, à peu près dans chaque numéro, le supplice de ceux qu'il appelait les conspirateurs, les aristocrates, les agents de Pitt et de Cobourg, les crapauds du Marais, par opposition aux députés de la Montagne. Il avait un vocabulaire choisi pour désigner le supplice par la guillotine : *jouer à la main chaude*, parce que les patients avaient la main attachée derrière le dos ; *mettre la tête à la fenêtre ; faire la bascule ; essayer la cravate à Capet ; éternuer dans le sac ; cracher dans le sac ; demander l'heure au vasistas ; raccourcir*. Il appelait l'instrument du supplice la *sainte guillotine*, le *rasoir national ;* enfin, la charrette dans laquelle on conduisait les condamnés était pour lui le *vis-à-vis de maître Sanson,* ou *le carrosse à trente-six portières*[1].

Ce fut Hébert qui osa accuser Marie-Antoinette devant le tribunal révolutionnaire d'avoir voulu « énerver le physique » de son fils le dauphin. On sait que la malheureuse reine dédaigna d'abord de répondre, et que, sur l'interpellation d'un juré, elle s'écria : « Si je n'ai pas répondu, c'est que la nature se refuse à répondre à une pareille inculpation faite à une mère. J'en appelle à toutes celles qui peuvent se trouver ici[2]. »

*
* *

Il y a un journal qui tient peut-être une place encore plus importante dans la presse française, en 1793, c'est le *Bulletin du tribunal criminel révolutionnaire*.

Le tribunal révolutionnaire, organisé par la loi du 10 mars 1793, fut un terrible instrument de gouvernement mis entre les mains du Comité de salut public par la Convention. Les historiens qui ont approuvé, comme Louis Blanc, l'établissement de ce tribunal d'exception, n'ont pu invoquer qu'une excuse : le fanatisme et l'exaspération qui s'étaient emparés des hommes au pouvoir, des Danton, des Cambacérès, des Robespierre, au milieu des périls de

[1] *Le Père Duchesne d'Hébert*, par Charles Brunet.

[2] Wallon. *Histoire du tribunal révolutionnaire*, t. I, p. 331.

toute nature qui les environnaient, la guerre étrangère et la guerre civile déchaînées.

Cambacérès invitait la Convention à exercer tous les pouvoirs, sans se préoccuper des principes ordinaires, qu'il serait temps de discuter lorsqu'on établirait la constitution ; et il s'opposait à ce que la séance fût levée avant qu'on eût décrété l'organisation du tribunal révolutionnaire. Danton frémissant appuyait cette proposition et s'écriait : « Eh ! que m'importe ma réputation ! que la France soit libre et que mon nom soit flétri ; que m'importe d'être appelé buveur de sang ! Eh bien, buvons le sang de l'humanité, s'il le faut ; combattons, conquérons la liberté. »

Le *Bulletin du tribunal criminel révolutionnaire* fut l'organe quasi officiel de cette terrible institution. Il portait cette épigraphe menaçante :

> Celui qui met un frein à la fureur des flots
> Sait aussi des méchants arrêter les complots.

Il publia une préface curieuse, que nous devons rapporter ici, pour bien faire connaître l'esprit du rédacteur de cette feuille.

« Les complots les plus odieux contre la liberté avaient lassé la patience d'un peuple généreux ; il avait créé, le 17 août 1792, un tribunal extraordinaire. Il s'était flatté que le châtiment prompt et rigoureux de quelques coupables effraierait, intimiderait, ou ramènerait les enfants sourds ou rebelles à la voix de la patrie. Cette institution ne subsista que quelques mois, et déjà la gangrène aristocratique l'avait partiellement attaquée lors de sa suppression.

« A peine le peuple avait suspendu le glaive révolutionnaire, que l'infâme trahison s'est agitée dans tous les sens et sous toutes les formes. Il a fallu de nouveau mettre en activité la hache vengeresse ; les circonstances ont commandé les lois et prescrit le mode de leur application : il est devenu indispensable de détruire la bête féroce que rien ne pouvait apprivoiser ; un nouveau tribunal a été créé.

« Ce sont les décisions de ce tribunal que je crois devoir transmettre à mes concitoyens ; elles doivent servir à l'histoire de notre Révolution ; elles doivent venger et la nation et les agents de ce tribunal redoutable, du reproche odieux qui leur est fait par les êtres vils qui ne regrettent l'ancien régime qu'en considération de leur intérêt personnel.

« Lecteur, parcours la liste des condamnés ; vois quels ils sont ;

pèse leur crime, et n'oublie pas que les jugements que je recueille sont rendus par un peuple qui veut la liberté ou la mort, qu'ils sont prononcés dans un temps où les tyrans coalisés ont jeté des millions d'esclaves entre le despotisme et la liberté. »

Il semble que cette feuille eut certaines tendances girondines ; car, au mois d'octobre 1793, Hébert la dénonçait à la tribune des Jacobins comme coupable d'incivisme, à propos du procès des Girondins. « L'astuce, disait-il, et l'imposture que l'auteur de ce journal met dans sa rédaction, sont inconcevables. Il n'est pas de feuille plus dangereuse pour l'opinion publique, et Brissot lui-même n'aurait pas écrit en sa faveur avec plus d'adresse. » Il demanda, en conséquence, et il obtint que la Société, qui avait son journal à elle, dont elle surveillait les principes, envoyât au Tribunal révolutionnaire une commission de cinq ou six membres, afin que *le Journal de la Montagne* rendît compte de ce procès fameux d'une manière exacte et certaine, et qu'on ne laissât plus flotter l'opinion entre les récits imposteurs des folliculaires[1].

*
* *

La presse, est-il besoin de le dire? fut soumise, comme tout le reste, au régime révolutionnaire et terroriste. Le tribunal révolutionnaire était à peine organisé, qu'un décret du 29 mars 1793 rendit les délits de presse justiciables de ce tribunal et leur appliqua la peine de mort.

Le représentant Lamarque, au nom du Comité de sûreté générale, signala à la Convention les écrits qui tendaient au rétablissement de la royauté. Il rendait d'abord hommage à la liberté de la presse, mais pour mieux la sacrifier ensuite. « La liberté de la presse, disait-il, et la liberté d'opinion doivent être protégées dans tout gouvernement qui n'est pas arbitraire ; mais il est évident pour tous que cette liberté ne consiste nullement à pouvoir troubler avec impunité par la manifestation de ses pensées ou de ses écrits l'ordre public établi par la loi. Déjà vous avez rendu un décret qui prononce la peine de mort contre tout citoyen qui proposerait le rétablissement de la royauté. Un autre décret porte la même peine contre quiconque proposerait la loi agraire ou la subversion de la propriété. Vous avez donc pensé que dans certains cas, et pour l'utilité commune, il fallait

[1] Hatin. *Bibliographie de la Presse*, p. 220 et suivantes.

restreindre la liberté de parler et d'écrire. Vous avez désarmé les citoyens suspects. Eh bien! il n'est pas d'armes aussi dangereuses que les perfides écrits que la loi vous dénonce. Hâtez-vous donc de les briser dans les mains de vos ennemis et effrayez par une loi sévère ceux qui, désormais, auraient la criminelle audace d'en composer ou d'en distribuer de nouvelles. »

Et, sur cet exposé, la Convention vota le décret suivant :

ARTICLE PREMIER. — Quiconque sera convaincu d'avoir composé ou imprimé des écrits qui proposent le rétablissement de la royauté en France ou la dissolution de la Convention nationale sera traduit devant le tribunal révolutionnaire et puni de mort.

ART. 2. — Peine de mort contre ceux qui conseilleront dans des écrits le meurtre ou le pillage.

ART. 3. — Les colporteurs, vendeurs et distributeurs des écrits prohibés seront punis de trois mois de détention, s'ils en découvrent les auteurs, et de deux ans de fer, s'ils ne les découvrent pas [1].

Ce décret draconien fut comme le châtiment des violences et des excès de tout genre commis jusque-là par la presse.

La déclaration des droits de l'homme et du citoyen et l'article 122 de la constitution du 24 juin 1793 proclamèrent bien « la liberté indéfinie de la presse [2] ». Mais il n'y avait là que de vaines promesses; la constitution de 1793 ne fut jamais appliquée.

Ce fut en vertu du décret du 29 mars que tant de journalistes portèrent leur tête sur l'échafaud. En effet le tribunal révolutionnaire envoya successivement à la mort les écrivains royalistes et les constitutionnels, les Girondins, les Montagnards et les Cordeliers : les premiers livrés par les Girondins, les Girondins livrés par les Montagnards, Camille Desmoulins et les autres Montagnards ou Cordeliers livrés par Robespierre et Saint-Just. Et, comme le dit très bien M. Wallon, ce ne sont pas seulement les partis et les hommes qui ont péri; c'est la cause même de la Révolution qui a été atteinte par ce déplorable système. La marque de ce sang est restée au nom de la République et en a fait longtemps un épouvantail, dont les générations nouvelles se détournaient avec horreur [3].

Un des premiers journalistes traduit devant le tribunal révolution-

[1] Séance du 29 mars 1793. *Moniteur* du 31.

[2] Collection des lois, t. V, p. 381, 435 et suivantes.

[3] *Histoire du tribunal révolutionnaire*, t. I, préface, p. XI.

naire fut Marat. Mais il parut devant ses juges en accusateur de ses adversaires de la Gironde, et il en sortit acquitté (24 avril 1792).

On lui reprochait d'avoir provoqué, dans sa feuille, au pillage et au meurtre et d'avoir voulu avilir l'Assemblée; il avoua et développa ses théories favorites au sujet du pillage et du meurtre, soutenant que, pour faire cesser les accaparements, il fallait édicter une mesure révolutionnaire ordonnant le pillage de quelques magasins, à la porte desquels on pendrait les accapareurs. Sur le grief d'avilissement de la Convention, il répondait par une attaque contre les Girondins, qu'il considérait comme des traîtres dont on devrait purger l'Assemblée. Il disait qu'il était monté plusieurs fois à la tribune pour tâcher de rappeler aux devoirs et à la pudeur la faction des hommes d'Etat, et particulièrement leurs meneurs, bien flétris aux yeux des clairvoyants, et déjà devenus des objets de malédiction publique.

Les jurés du tribunal révolutionnaire faisaient connaître leur opinion publiquement et à haute voix. La déclaration du premier juré, nommé Dumont, fut une apologie de Marat, et tous les autres y adhérèrent. Il ne sera pas inutile de la rapporter ici, d'après le procès-verbal de l'audience, reproduit par M. Wallon : « J'ai examiné avec soin, dit-il, les passages cités des journaux de Marat. Pour mieux les apprécier, je n'ai pas perdu de vue le caractère connu de l'accusé, et le temps de révolution pendant lequel il a écrit. Je ne puis supposer d'intention criminelle à l'intrépide défenseur des droits du peuple. Il est difficile à un chaud patriote de contenir sa juste indignation, quand il voit son pays trahi de toutes parts, et je déclare que je n'ai rien remarqué dans les écrits de Marat qui soit propre à constater les délits qui lui sont imputés. »

L'acquittement de Marat fut un triomphe pour lui. Une escorte de citoyens et de commissaires municipaux accompagnèrent l'ami du peuple, la tête ceinte d'une couronne de laurier, et lui firent jusque dans la salle des séances de la Convention une ovation scandaleuse, mais significative.

* * *

Après les journées du 31 mai, du 1er et du 2 juin, ce fut le tour des Girondins de prendre place sur le banc des accusés, devant le redoutable tribunal révolutionnaire; mais cette fois, pas un seul acquittement ne fut prononcé.

Nous n'avons pas à refaire ici l'histoire du procès célèbre des Girondins, ni de leur mort courageuse. Nous devons cependant mettre en lumière la partie du rapport d'Amar à la Convention, reproduit par Fouquier-Tinville dans son acte d'accusation, et qui visait plus particulièrement les griefs relevés contre les Girondins comme journalistes. On les accusait d'avoir aidé aux desseins de l'ennemi du dehors, en attaquant au dedans les vrais amis de la liberté. « Brissot, Gorsas, Louvet, Rabaut-Saint-Etienne, Vergniaud, Guadet, Carra, Caritat (Condorcet), disait l'acte d'accusation, ont uni leurs plumes à celles de cent journalistes mercenaires, pour tromper la nation sur les caractères de ses mandataires et les opérations de la Convention nationale..... Roland et ses collègues Clavière et Lebrun épuisaient les moyens de gouvernement pour répandre en Europe les libelles destinés à flétrir la Révolution du 10 août. » On accusait Rabaut-Saint-Etienne, comme directeur du *Moniteur*, d'avoir altéré les discours des patriotes; et, on ajoutait que Louvet recevait dix mille francs par an pour mentir à l'univers dans le *Journal des Débats de la Convention*[1].

On a trop souvent raconté les scènes dramatiques, qui signalèrent la condamnation et les derniers moments des Girondins, pour qu'il y ait lieu d'en reproduire le récit.

Camille Desmoulins, qui assistait à l'audience du tribunal révolutionnaire, s'écria, dit-on, en entendant la déclaration affirmative du jury : « Ah ! mon Dieu ! mon Dieu ! c'est mon *Brissot dévoilé*, c'est ce qui les tue. » Quant aux condamnés, ils accueillirent la sentence fatale par des chants patriotiques. Toutes leurs voix s'unirent pour adresser des hymmes à la liberté. Ils surent mourir avec courage, tandis que la foule applaudissait et poussait les cris mille fois répétés de « Vive la République » !

Girey-Dupré, le collaborateur de Brissot au *Patriote*, fut condamné, à son tour, le 21 novembre 1793. C'était le journaliste girondin, plus encore que l'insurgé fédéraliste, que l'on voulait atteindre en lui, comme il résulte bien nettement de l'acte d'accusation dirigé contre lui, où il est dit :

« Que Girey-Dupré était lié de la plus coupable et plus étroite intimité avec Brissot, le chef odieux des conspirateurs; qu'il est de notoriété publique que, depuis longtemps, Girey-Dupré lui avait

[1] Wallon. *Op. cit.*, t. I, p. 382.

vendu sa plume vénale et trempée dans le fiel de la corruption et de l'imposture, pour induire en erreur nos frères des départements, les indisposer contre Paris, allumer la guerre civile dans toutes les parties de la République, et faire écraser sous l'écroulement de la Sainte Montagne de la Convention les courageux et incorruptibles mandataires qui avaient juré de périr ou de sauver la liberté et l'égalité; que le soi-disant *Patriote français* était le canal infect par lequel s'écoulait le fatal poison, tant dans les départements qu'en Angleterre et chez les autres puissances de l'Europe; ce qui n'a pas peu contribué, avec d'autres feuilles de ce genre, à nous donner la guerre universelle qui a déjà moissonné tant de nos braves défenseurs; que cette horrible coalition des députés conspirateurs, des lâches généraux et des vils folliculaires était sur le point de renverser la plus sublime des révolutions..... » Bel échantillon de l'éloquence judiciaire, que déployait l'accusateur public dans les audiences du tribunal révolutionnaire !

Girey-Dupré se présenta devant ses juges dans la toilette des condamnés, les cheveux coupés et le col de chemise abattu. On a retenu de son interrogatoire cette fière réponse : « Brissot a vécu comme Aristide et est mort comme Sidney, martyr de la liberté. » Il marcha au supplice en chantant l'hymne funèbre qu'il avait composée en vue de l'échafaud et dont on a fait le chant des Girondins. En voici la principale strophe :

Pour nous quel triomphe éclatant !
Martyrs de la liberté sainte,
L'immortalité nous attend.
Dignes d'un destin si brillant,
A l'échafaud marchons sans crainte;
L'immortalité nous attend.
Mourons pour la Patrie
C'est le sort le plus beau, le plus digne d'envie [1].

* * *

La Terreur fut à son comble, dès l'application de la loi du 17 septembre 1793 sur les suspects, qui, sous un prétexte de sûreté, faisait commencer les châtiments là où ne commençaient même pas encore

[1] Wallon. *Op. cit.*, t. II, p. 94 à 96.

les actes, et frappait ceux dont les inexorables dominateurs du temps craignaient les opinions ou les sentiments. L'article 2 de la loi des suspects détruisait à lui seul toute liberté de la presse, en donnant toute latitude à cet égard au tribunal révolutionnaire. Il suffit, pour en donner la preuve, d'en citer les termes précis : « Sont réputés gens suspects : ceux qui, soit par leur conduite, soit par leurs relations, soit par leurs propos ou *leurs écrits*, se sont montrés partisans de la tyrannie ou du fédéralisme et ennemis de la liberté. »

De simples propos contre-révolutionnaires furent alors punis de mort, s'ils tendaient au rétablissement de la royauté, à la dissolution de la Convention, ou à l'avilissement des autorités constituées, fut-ce d'un simple village. La publication d'écrits et de placards factieux ne fut pas la seule poursuivie ; on était coupable par cela seul qu'on achetait ces écrits, qu'on recevait des lettres provenant de personnes suspectes, etc.

Deux imprimeurs-libraires, Froullé et Levigneur, ayant publié la liste comparative des appels nominaux dans le procès du roi d'après le *Moniteur* et y ayant joint une *Relation des vingt-quatre heures d'angoisse*, qu'ils avaient vu vendre à Paris sans opposition, et qu'ils s'étaient cru le droit de reproduire, eurent beau invoquer la liberté de la presse ; ils furent condamnés pour avoir publié « des faussetés atroces, dont le but était de chercher à perpétuer l'amour de la royauté par les regrets sur le sort du tyran ». Le tribunal révolutionnaire appliqua même ce jour-là la jurisprudence des tribunaux de l'ancien régime et ordonna que « l'ouvrage ou écrit ou imprimé susénoncé serait brûlé au pied de l'échafaud par l'exécuteur des jugements criminels[1] ».

*
* *

Nous ne pouvons passer sous silence Roch Marcandier, un ancien secrétaire de Camille Desmoulins, connu par son pamphlet hardi contre les fauteurs des massacres de septembre, publié au commencement de 1793 sous ce titre : *Histoire des hommes de proie, ou les crimes du comité révolutionnaire*. Au plus fort de la lutte entre la Gironde et la Montagne, Marcandier combattit Marat, Hébert, Robespierre en empruntant le style du Père Duchesne, tout au moins dans

[1] *Ibid.*, t. II, p. 454.

l'intitulé de son journal, qu'il appelait *le Véritable Ami du peuple, par un sacré bougre de sans-culotte qui ne se mouche pas du pied, foutre, et qui le fera bien voir.* Après la chute des Girondins, il se réfugia dans un grenier avec un petit matériel d'imprimerie et continua à faire paraître son journal, daté de *son camp retranché, au sixième étage*, et que sa femme allait afficher pendant la nuit.

Arrêté avec elle et mis en accusation en même temps, il invoqua vainement son civisme et la part qu'il avait prise à la Révolution. Ils payèrent l'un et l'autre de leur tête ce rare courage[1].

*
* *

La lutte entre Girondins et Montagnards était à peine terminée, qu'il se forma deux courants dans les rangs vainqueurs : d'un côté, les enragés, les anarchistes, les athées, avec Hébert, Chaumette, le baron prussien Clootz, etc., qui voulaient toujours pousser plus avant ; et, de l'autre côté, les indulgents, avec Danton, Camille Desmoulins, Fabre d'Eglantine, Hérault de Séchelles, etc., qui inclinaient vers la modération et auraient volontiers reculé.

Le Comité de Salut public régenté par Robespierre se tenait en dehors et au-dessus de ces deux partis, qu'il laissait se heurter, se déchirer, avec la volonté bien arrêtée de se défaire successivement de l'un et de l'autre, pour établir sa domination sur leur ruine.

Les Hébertistes, on le sait, furent sacrifiés les premiers. Hébert, avant d'être livré au bourreau comme un *folliculaire* coupable d'avoir voulu avilir les autorités constituées, avait été l'objet des attaques les plus virulentes de Camille Desmoulins, dans son *Vieux Cordelier*, journal que celui-ci venait de fonder d'accord avec Danton (5 décembre 1793), pour faire campagne contre les violents.

Desmoulins reproche surtout à Hébert les fortes subventions qu'il recevait du ministre de la guerrre Bouchotte pour envoyer de nombreux exemplaires du *Père Duchesne* aux armées de la République [2].

[1] Hatin. *Bibliographie*, p. 248.

[2] Huit journaux eurent part à ces subventions de Bouchotte : la *Montagne*, les *Hommes Libres*, le *Père Duchesne*, l'*Universel*, le *Batave*, le *Rougyff*, l'*Anti-fédéraliste* et le *Journal Militaire*. (Hatin, t. VI, p, 496.)

Les divers ministres de la guerre, sous la Révolution, semblent avoir toujours fait distribuer aux armées des journaux officieux rédigés sous leur inspiration directe. Carnot alla jusqu'à fonder lui-même un journal destiné aux armées de la République, *la Soirée du Camp*, qui parut du 20 juillet au 27 août 1794. M. Aulard (*Études et Leçons sur la Révolution française*, 1893, in-12) a fait des

« Cent vingt mille livres à ce pauvre sans-culotte Hébert pour calomnier Danton, Lindet, Cambon, Thuriot... d'Eglantine, Fréron, Legendre, Camille Desmoulins, et presque tous les commissaires de la Convention ! Pour inonder la France de ses écrits, si propres à former l'esprit et le cœur, cent mille francs de Bouchotte !... Quel sera le mépris des citoyens pour cet impudent Père Duchesne, quand, à la fin de ce numéro, ils apprendront par une note levée sur les registres de la Trésorerie, que le cafard qui me reproche de distribuer gratis un journal que tout Paris court acheter, a reçu, en un seul jour d'octobre dernier, soixante mille francs de *Mécénas* Bouchotte pour six cent mille numéros, et que, par une addition facile, le lecteur verra que le fripon d'Hébert a volé, ce jour-là seul, quarante mille francs à la nation ! »

Camille Desmoulins revient avec complaisance sur cette accusation et il retourne le fer dans la plaie : «... Comme les goujats, dit-il en apostrophant Hébert, tu ne t'es fait remarquer qu'après la victoire, où tu t'es signalé en dénigrant les vainqueurs, comme Thersyte, en emportant la plus forte part du butin et en faisant chauffer ta cuisine et tes fourneaux de calomnies avec les cent vingt mille francs et la braise de Bouchotte. — Serait-ce à titre d'écrivain et de bel esprit que tu prétends, Hébert, peser dans ta balance nos réputations ? Est-ce à titre de journaliste que tu prétendrais être dictateur de l'opinion aux Jacobins ? Mais y a-t-il rien de plus dégoûtant, de plus ordurier que la plupart de tes feuilles ? Ne sais-tu donc pas, Hébert, que quand les tyrans d'Europe veulent avilir la République, quand ils veulent faire croire à leurs esclaves que la France est couverte des ténèbres de la barbarie ; que Paris, cette ville si vantée pour son atticisme et son goût, est peuplée de Vandales ; ne sais-tu pas, malheureux, que ce sont des lambeaux de tes feuilles qu'ils insèrent dans leurs gazettes ?... Comme si tes saletés étaient celles de la nation ; comme si un égout de Paris était la Seine ! »

Et puis, par une sorte de prévision de sa mort tragique, il s'enflamme et s'élève à la plus haute éloquence. « O mes collègues, je

citations qui montrent l'importance de ce journal. Carnot, par des arrêtés officiels, requérait les ouvriers de l'imprimerie Forget, fixait à dix mille exemplaires le tirage quotidien du journal, à raison de 250 livres, attribuait une indemnité mensuelle de 200 livres aux rédacteurs, Aristide Valcour et Camille, tous deux employés au Comité de Salut public. Il déterminait lui-même le format et le caractère typographique de la publication, exigeant qu'on préparât à l'avance douze ou quinze numéros, ainsi qu'un numéro exceptionnel.

vous dirai comme Brutus à Cicéron : Nous craignons trop la mort et l'exil et la pauvreté ; *nimium timemus mortem et exilium et paupertatem*. Eh quoi ! lorsque, tous les jours, les douze cent mille soldats du peuple français affrontent les redoutes hérissées de batteries et volent de victoires en victoires, nous, députés à la Convention, nous qui ne pouvons tomber, comme le soldat, dans l'obscurité de la nuit, fusillé dans les ténèbres et sans témoin de sa valeur ; nous dont la mort soufferte pour la liberté ne peut être que glorieuse, solennelle, et en présence de la nation entière, de l'Europe et de la postérité ; serons-nous moins braves que nos soldats ? Craindrons-nous de nous exposer et de regarder Bouchotte en face ? N'oserons-nous braver la grande colère du *Père Duchesne*, pour remporter aussi la grande victoire que le peuple français attend de nous ; la victoire sur les ultra-révolutionnaires, comme sur les contre-révolutionnaires ; la victoire sur tous les intrigants, tous les fripons, tous les ambitieux, tous les ennemis du bien public ?... Croit-on que, même sur l'échafaud, soutenu par ce sentiment intime que j'ai aimé avec passion ma patrie et la république, environné de l'estime et des regrets de tous les vrais républicains, je voulusse changer mon supplice contre la fortune de ce misérable Hébert... qui, pour s'étourdir sur ses remords et ses calomnies, a besoin de se procurer une ivresse plus forte que celle du vin, et de lécher sans cesse le sang au pied de la guillotine ?... Qu'est-ce que la guillotine, sinon un coup de sabre et le plus glorieux de tous pour un député victime de son courage et de son républicanisme ? »

Les Hébertistes condamnés et exécutés[1], le tour des modérés, des Dantonistes ne tarda pas à arriver. Robespierre ne voulut pas admettre les idées de modération et de pacification des esprits soutenues par Danton, Camille Desmoulins et leurs partisans. Danton était ému quand il voyait avec quelle fermeté les Girondins et les victimes quotidiennes de la guillotine bravaient le trépas. Il disait « que quand on allait en riant au supplice, il était temps de briser la faulx de la mort ». Il disait encore, selon Courtois[2], « que les révo-

[1] Hébert avait encouru la haine de Robespierre, surtout par ses principes d'athéisme et sa propagande en faveur du Culte de la Raison. M. Aulard, professeur à la Sorbonne, a publié récemment un travail des plus curieux sur cette partie de l'histoire religieuse de la Révolution : *Le culte de la Raison et le culte de l'Être Suprême*. Paris, Alcan, 1892.

[2] Jules Claretie. *Camille Desmoulins, Lucile Desmoulins ; Etudes sur les Dantonistes*. Paris, Plon, 1875, in-8°.

lutions sont des navigations pénibles de long cours pendant lesquelles il faut s'attendre à voir souffler le vent de toutes les parties de l'horizon à la fois, et que la pleine mer était souvent moins dangereuse que le port vers lequel on voguait à pleines voiles, sans s'occuper du léger écueil contre lequel le vaisseau vient quelquefois se briser. »

Camille Desmoulins, avec son *Vieux Cordelier*, se chargea de répandre dans le public ces nouveaux sentiments de conciliation et d'humanité. Avec une verve étourdissante et un talent incomparable, il s'arma de la plume de Tacite pour flétrir le tribunal révolutionnaire, la loi des suspects, le régime tout entier de la Terreur, dont Robespierre était l'âme. Sous le nom d'une tyrannie passée, il présenta à ses lecteurs, dans le troisième numéro de son journal, le tableau vivant de la tyrannie présente.

Ce troisième numéro du *Vieux Cordelier*, de l'avis de tous les historiens et de tous les critiques, est un chef-d'œuvre de courage, de pensée et de style, qui touche au sublime. Toutes les histoires de la Révolution en ont donné des extraits ; nous avons le même devoir, d'autant plus qu'il s'agit ici, en vérité, du chef-d'œuvre du journalisme français.

« Il fallait montrer de la joie de la mort de son ami, de son parent, si l'on ne voulait s'exposer à périr soi-même. Sous Néron, plusieurs dont il avait fait mourir les proches allèrent en rendre grâce aux dieux, ils illuminèrent. Du moins fallait-il avoir un air de contentement, un air ouvert et calme. On avait peur que la peur même ne rendît coupable. Tout donnait de l'ombrage au tyran. Un citoyen avait-il de la popularité ? C'était un rival du prince qui pouvait susciter une guerre civile. Suspect. — Fuyait-on au contraire la popularité, et se tenait-on au coin de son feu ? Cette vie retirée vous avait fait remarquer, vous avait fait donner de la considération. Suspect. — Etiez-vous riche ? Il y avait un péril imminent que le peuple ne fût corrompu par vos largesses. Suspect. — Etiez-vous pauvre ? Comment donc ! invincible empereur, il faut surveiller de près cet homme ; il n'y a personne d'entreprenant comme celui qui n'a rien. Suspect. — Etiez-vous d'un caractère sombre, mélancolique, ou mis en négligé ? Ce qui vous affligeait, c'est que les affaires publiques allaient bien. Suspect. — Si au contraire un citoyen se donnait du bon temps et des indigestions, il ne se divertissait que parce que l'empereur avait eu cette attaque de goutte, qui heureusement ne serait rien ; il fallait lui faire sentir que Sa Majesté était encore dans la vigueur de l'âge. Suspect. — Etait-il vertueux et austère dans ses mœurs ? Bon ! nouveau Brutus, qui prétendait, par sa pâleur et sa perruque de Jacobin, faire la censure d'une cour aimable et bien frisée. Suspect. — Etait-il un philosophe, un orateur ou un poète ? Il lui convenait bien d'avoir plus de renommée que ceux qui gouvernaient ! Suspect. — Enfin, s'était-on acquis de la réputation à la guerre? On n'en était que plus dangereux par son talent..... Suspect... — La mort naturelle d'un homme célèbre ou seulement en place était si rare que les historiens la transmettaient comme un événement à la mémoire des siècles. La mort de tant de citoyens innocents et recommandables, semblait une moindre calamité que l'insolence et la fortune scandaleuse de leurs meurtriers et de leurs dénonciateurs..... Tels accusateurs, tels juges : les tribunaux, protecteurs de la vie et des propriétés, étaient devenus des boucheries, où ce qui portait le nom de supplice ou de confiscation n'était que vol et assassinat. »

Dans ce même numéro, Camille Desmoulins invoquait en vain le rétablissement de la liberté de la presse. « Oui, disait-il, j'espère que la liberté de la presse va renaître tout entière. On a étrangement trompé les meilleurs esprits de la Convention sur les prétendus dangers de cette liberté. On veut que la terreur soit à l'ordre du jour, c'est-à-dire la terreur des mauvais citoyens : qu'on y mette donc la liberté de la presse, car elle est la terreur des fripons et des contre-révolutionnaires. »

Dans le quatrième numéro, il précise encore mieux sa pensée, en demandant que les portes des prisons soient ouvertes aux suspects et qu'on établisse un Comité de clémence. « Non, la liberté, cette liberté descendue du ciel, ce n'est point une nymphe de l'Opéra, ce n'est point un bonnet rouge, une chemise sale ou des haillons ; la liberté, c'est le bonheur, c'est la raison, c'est l'égalité, c'est la justice. Voulez-vous que je la reconnaisse, que je tombe à ses pieds, que je verse tout mon sang pour elle ! Ouvrez les prisons à ces deux cent mille citoyens que vous appelez suspects ; car, dans la Déclaration des Droits, il n'y a pas de maison de suspicion, il n'y a que des maisons d'arrêt. Le soupçon n'a point de prison, mais l'accusateur public ; il n'y a que des prévenus de délits fixés par la loi.... Que de bénédictions s'élèveraient de toutes parts ! Je pense bien différemment de ceux qui vous disent qu'il faut laisser la terreur à l'ordre du jour. Je suis certain, au contraire, que la liberté serait

D'après une médaille en bronze à cire perdue (Cabinet des médailles).

MAXIMILIEN DE ROBESPIERRE

(1758-1794)

Député de l'Artois aux États Généraux

Membre de l'Assemblée législative et de la Convention

Décapité le 10 thermidor (28 juillet) de l'an II de la République.

Réduction d'une gravure extraite de *La Révolution française*, par Armand Dayot (Ernest Flammarion, éditeur).

consolidée et l'Europe vaincue si vous aviez un Comité de clémence. C'est ce Comité qui finirait la Révolution : car la clémence est aussi une mesure révolutionnaire, et la plus efficace de toutes quand elle est distribuée avec sagesse. »

Cet appel vibrant à un *Comité de clémence*, qui était la condamnation de la Terreur, du Comité de Salut public et de Robespierre lui-même, eut un grand retentissement dans l'opinion publique. Il eut beau s'efforcer de l'expliquer et de l'affaiblir ; ce fut sa propre condamnation. Robespierre cependant lui accorda, au Club des Jacobins, une protection quelque peu dédaigneuse, disant que Camille était un bon enfant gâté, doué d'heureuses dispositions, mais que les mauvaises compagnies avaient égaré. Il proposa de conserver Desmoulins dans la Société, au lieu de le radier, et de brûler les numéros de son journal. Mais Camille s'y refusa en s'écriant : « C'est fort bien dit, Robespierre ; mais je répondrai comme Rousseau : Brûler n'est pas répondre. » Et Robespierre de répliquer aussitôt : « Comment ! oser encore vouloir justifier des ouvrages qui font les délices de l'aristocratie ! Apprends que, si tu n'étais pas Camille, on ne pourrait avoir autant d'indulgence pour toi. La manière dont tu veux te justifier me prouve que tu as de mauvaises intentions.... »

Camille fut rayé de la liste des Jacobins et désigné ainsi à l'échafaud, où il monta avec les Dantonistes le 5 avril 1794. Jusque sur la fatale charrette et à la vue de l'échafaud, Camille Desmoulins se répandit en lamentations : « Voilà donc la récompense réservée au premier apôtre de la liberté, c'est donc ainsi que l'ami le plus chaud de la République est traité ! La mort est un bienfait, on ne peut la recevoir assez vite. Liberté dont j'ai été, dont je suis idolâtre ; liberté, tes pieds vont être arrosés par le sang d'un de tes enfants ! Les monstres qui m'assassinent ne me survivront pas longtemps [1]. » On peut dire qu'avec Camille Desmoulins s'évanouissait le dernier souffle de la liberté de la presse.

* * *

A partir de ce moment jusqu'au 9 Thermidor (27 juillet 1794), c'est-à-dire pendant quatre mois, ce fut un redoublement de terreur, un silence de mort pour la presse et la liberté.

[1] Des Essarts. *Procès fameux*, t. I, p. 185.

Le 14 avril 1794, François-Charles Gattey, le libraire bien connu du Palais-Royal, était condamné à mort, pour avoir fait le commerce de livres contre-révolutionnaires. La liste des volumes saisis chez lui est assez curieuse et mérite d'être citée ; on y remarquait : La *Défense de Louis Capet* par Desèze, l'*Almanach des honnêtes gens*, la *République en vaudeville*, l'*Ami des lois*, par Laya, les *Dernières Réflexions de Necker sur Louis XVI*, un *Avis à la Convention Nationale sur le procès de Louis XVI*, les *Bienfaits de Louis XVI* et un *Mémoire pour le Roi*[1].

Une des dernières et des plus illustres victimes de la Terreur fut André Chénier. Ses violences de plume d'avant le 10 août publiées par le *Journal de Paris* semblent avoir été oubliées par les Jacobins vainqueurs et n'attirèrent pas sur lui la moindre vengeance. Il assista cependant le vertueux Malesherbes dans la préparation de la défense de Louis XVI, et rédigea même, dit-on, la lettre dans laquelle le roi devait réclamer l'appel au peuple.

Des agents qui recherchaient Pastoret, l'arrêtèrent par hasard en le considérant comme complice de l'évasion de ce dernier. Mais le Comité de Sûreté générale confirma son arrestation, sous prétexte que « la renommée avait publié depuis le commencement de la Révolution sa conduite incivique ». On sait comment il fut impliqué dans la prétendue *conspiration des prisons*, confondu par l'acte d'accusation avec son frère Sauveur, enveloppé dans la *fournée* du 7 Thermidor et exécuté à la barrière de Vincennes, en même temps que vingt-quatre de ses complices, parmi lesquels le poète Roucher.

Deux jours de plus, et grâce au 9 Thermidor, Chénier vivait et, comme le dit un historien de notre littérature[2], tout ce que cette âme noble et délicate, éprise de l'antique beauté, amoureuse de l'art, contenait de trésors de poésie, aurait pu s'épancher en vers harmonieux. Théocrite, Simonide, Properce et Tibulle, Lucrèce peut-être auraient eu parmi nous un rival *sur des pensers nouveaux faisant des vers antiques*. Comment se consoler d'une telle perte, et ne pas maudire, en y songeant, cette frénésie qui peut faire, entre les hommes, d'un dissentiment en matière politique un crime capital ?

*
* *

[1] Wallon. *Histoire du tribunal révolutionnaire*, t. III, p. 229.

[2] Géruzez. *Histoire de la littérature française pendant la Révolution*, p. 109.

Chose digne de remarque, le Comité de salut public avait, lui aussi, comme tous les gouvernements absolus, sa presse officieuse. On en a la preuve dans l'arrêté du 3 août 1793, destiné à rester secret : « Le Comité de salut public arrête qu'il sera rédigé un journal, lequel aura pour objet de développer et de répandre les principes des mœurs républicaines et de la liberté, d'exciter le courage des Français contre l'ennemi extérieur, de les prémunir contre la politique et l'intrigue des gouvernements étrangers et de démasquer les conspirateurs. » Un autre arrêté du 8 août libellé par Hérault de Séchelles, et signé par Couthon, Barère et Robespierre, chargea le citoyen Garat de la rédaction du journal officieux, avec le citoyen Rousselin. L'imprimeur du journal fut un certain Ducros ; ses dépenses furent réglées par deux arrêtés en date du 18 vendémiaire et du 5 brumaire an III.

Suivant M. Aulard [1], la feuille officieuse n'était autre que le journal ordinaire de Rousselin, la *Feuille du salut public, rédigée par une société de gens de lettres patriotes.* Le comité mettait un soin jaloux à cacher le vrai caractère de cette feuille et même à donner le change au public. Il craignait que le titre n'éveillât les soupçons, et, le 12 germinal an II, il arrêta « que nul journal ne pourrait prendre le titre de *Salut public*, dénomination réservée au comité par un décret de la Convention ». Le 14 germinal, Rousselin changea le titre de sa feuille, qui devint le *Journal de la République.* Ce journal officieux ne coûta pas cher à la République, qui ne paya à l'imprimeur Ducros qu'une somme de 8312 livres 16 sols.

Il est vrai que le Comité de salut public subventionnait, en outre, le *Moniteur*, le *Journal universel*, l'*Anti-Fédéraliste*, le *Père Duchesne* et le *Journal des hommes libres*, auxquels il s'abonnait pour six cents exemplaires.

* * *

La chute et l'exécution de Robespierre changèrent la face des choses. La presse recouvra l'exercice de ses droits. L'opinion publique trop longtemps comprimée fit explosion dans une foule de pamphlets et de journaux.

Malheureusement la destinée de la presse ressemble à celle du

[1] *Études et leçons sur la Révolution française*, 1re série, p. 212.

paysan ivre, monté sur son cheval, dont parle Luther : on le relève d'un côté et il retombe aussitôt de l'autre. La presse va d'un extrême à l'autre, sans aucune transition ; de l'extrême servitude elle passe à l'extrême licence.

A peine échappée à la Terreur rouge, elle ne songe qu'à précipiter la nation dans tous les excès d'une Terreur blanche. Paris et la France, disent les frères de Goncourt [1], éclatent en un cri, en un millier, en un million de cris : *Mort aux Jacobins !* Du sang ! demandent toutes les voix ; du sang ! demandent toutes les plumes. La liste des pamphlets publiés à cette époque est des plus suggestives : *l'Agonie des Jacobins, le Cri de la vengeance ou l'Alleluia des honnêtes gens, Donnez-nous leurs têtes ou prenez les nôtres*, par Martainville, *les Crimes des Jacobins, les Jacobins sont f.... et la France est sauvée, les Jacobins aristocrates, fédéralistes et contre-révolutionnaires, les Jacobins assassins du peuple, les Jacobins hors la loi, Jugement du peuple souverain qui condamne à mort la queue infernale de Robespierre, ma Catilinaire*, de Courtois.

* * *

Mais, c'est surtout dans la presse périodique, dans les journaux, qu'il convient de suivre le mouvement des esprits.

Au lendemain du 9 thermidor, les vainqueurs se divisent en deux partis. D'un côté se rangent les Jacobins ou Montagnards, tout puissants dans les comités de la Convention et qui veulent se maintenir au pouvoir par la prolongation du gouvernement révolutionnaire : la journée du 1er prairial an III consomma leur ruine. De l'autre côté prend position le parti thermidorien, cette coalition des modérés du Centre, des Dantonistes et des débris de la Gironde et de la droite, qui veut renverser le tribunal révolutionnaire et établir un ordre de choses régulier et stable.

Tandis que les Jacobins fraternisaient avec les faubourgs, les Thermidoriens s'appuyèrent sur les jeunes gens, qui se formèrent en une sorte de milice connue sous le nom de *jeunesse dorée*. Cette jeunesse se donna un chef, Fréron ; et celui-ci reprit, pour lui servir

[1] *Histoire de la société française pendant le Directoire*, in-12. Paris, Charpentier, 1880, p. 116.

d'organe, la publication de l'*Orateur du peuple*, mais dans un esprit bien différent de celui d'autrefois.

Les révolutions offrent de ces contradictions singulières et de ces alliances extraordinaires. Fréron, cet ancien Jacobin, ami de Danton et de Desmoulins, se convertit au modérantisme et se jeta violemment dans les voies de la réaction, lui que l'ancienne Gironde repoussait avec horreur et que le véhément Isnard, dans de foudroyantes imprécations, représentait *tout nu et tout couvert de la lèpre du crime*. Comme le dit Charles Nodier [1], « Fréron, qui n'était rien, ni par son esprit, ni par son caractère, ni par sa considération, se trouva tout à coup à la tête d'un parti puissant de jeunesse, d'énergie, de vengeance, de ces passions du temps qui menaient à tout, et du silence des lois, qui souffraient tout ».

Chose plus étrange ! Fréron prétend rester ainsi le fidèle disciple de Marat et placer sous l'invocation de l'*Ami du peuple* son *Orateur* transformé. C'est sans doute pour mieux dissimuler sa palinodie. « Je ressaisis avec audace, s'écrie-t-il dès son premier numéro, cette plume véridique qui, dans les premières années de la Révolution, a démasqué l'aristocratie, combattu l'Assemblée Constituante, sapé les fondements du trône, renversé le Club des Feuillants présidé par Barère, épouvanté les traîtres, et fait triompher, avec Marat, les droits du peuple et de la liberté !..... O Marat ! toi qui tant de fois m'as appelé ton disciple chéri, le successeur de ton choix... O mon maître ! ô mon éternel modèle ! ne souffre pas que des fripons et des bourreaux se disputent, comme des chiens dévorants, les lambeaux de la République ! Arme mon bras de ta plume tyrannicide ; que la massue de la liberté disperse ou écrase tous ses ennemis ; que les Droits de l'homme ressuscitent, et que le peuple enfin jouisse des bienfaits de la Révolution ! »

Dans cette campagne de l'*Orateur du peuple* contre les derniers Montagnards, Fréron eut pour lieutenant Dussault, que nous retrouverons au *Journal des Débats*, sous le premier Empire.

La note contre-révolutionnaire domine dans la plupart des journaux de cette époque ; quelques-uns même étalent au grand jour leurs espérances d'une prochaine restauration monarchique. Ce sont les *Nouvelles politiques*, la *Quotidienne*, que rédigeaient Michaud, Fontanes, La Harpe, Suard, dont le nom seul fait connaître l'esprit

[1] *Souvenirs, Episodes et Portraits*, t. I, p. 256.

politique, et qui, comme journalistes, ne rappellent que de bien loin ces brillants pamphlétaires qui les avaient précédés dans la carrière : Rivarol, Mallet, Royou, du Pan. Ils ne sont guère à ces derniers que ce que les Thermidoriens étaient aux orateurs de la Constituante.

Dans le même groupe, le *Courrier républicain* ne prenait cette qualification que pour mieux tromper ses lecteurs ; le *Censeur des journaux* était rédigé par un ancien bénédictin, Gallais ; et le *Journal des rieurs ou le Démocrite français* par Martainville.

Ce *Journal des rieurs* ne semble pas avoir beaucoup égayé les contemporains. On ne trouve guère à citer que cet épigramme sur la conversion d'un aristocrate au jacobinisme :

Fraternisons, chers Jacobins !
Longtemps je vous crus des coquins !
Et de faux patriotes.
Je veux vous aimer désormais ;
Donnons-nous le baiser de paix :
J'ôterai mes culottes.

L'agent le plus actif, le plus hardi de la propagande royaliste fut alors l'*Accusateur public* de Richer-Serisy, que le *Censeur des journaux* appelait « la coqueluche des femmes, les délices des boudoirs ». Sous la forme d'un journal, Richer-Serisy publiait en réalité, à des intervalles indéterminés, une suite de pamphlets et de philippiques enflammés, peu soucieux d'exposer et de commenter les événements du jour. Les frères de Goncourt ont tracé une esquisse frappante de cette feuille de prophète satirique : « Comme la feuille palpite ! comme elle pleure et comme elle tempête ! Quel souffle d'éloquence passe en cette rhétorique : langue forte, outrée, nourrie, soutenue, enflée d'études et de lectures ! Et de cette plume ainsi taillée, d'une verve sans mesure, sans peur, Serisy allume toutes les colères, pour rappeler tous les devoirs. Il avertit cette société......, dérangeant les joies, évoquant tous ces morts mutilés qu'il promène et fait asseoir aux fêtes des vivants. Il voue la Convention à la Postérité juste ; et, comme jaloux d'être le pourvoyeur des gémonies de l'histoire, il traîne, infatigable, au Panthéon de l'égout, les porte-couronnes de la Révolution[1]. »

[1] *La société française pendant le Directoire*, p. 372.

*
* *

Les Jacobins se défendent de leur mieux; mais leurs journaux ne jettent pas grand éclat. Le *Journal universel* ou les *Révolutions des royaumes* était rédigé par le conventionnel Audouin. L'*Ami du peuple* ne pouvait acquérir, sous la direction de Lebois et de Chasles, la même notoriété que son aîné; et cependant, comme le disait le prospectus de cette feuille, il y avait quelque courage à se dire l'*Ami du peuple* et le continuateur de Marat, dans un moment où les idées les moins populaires étaient accueillies avec enthousiasme et les principes de Marat repoussés avec horreur; il y avait du courage à défendre une cause que bien des gens croyaient désespérée. Le *Télégraphe politique ou Journal des fondateurs de la République* avait été créé pour servir d'organe à la société des hommes révolutionnaires et répandre ses principes.

Nous devons prêter plus d'attention à Gracchus Babeuf, à cause de ses hardiesses, nous pouvons dire de ses témérités dans l'ordre de la révolution sociale. Ses débuts dans la presse ne faisaient pas prévoir cependant le farouche conspirateur, qui devait porter sa tête sur l'échafaud.

Babeuf fonda sa première feuille, le *Journal de la liberté de la presse*, peu de temps après le 9 Thermidor, au moment où les hommes du pouvoir songeaient à réfréner les ardeurs de la presse royaliste, et à sauver le régime issu de la Révolution, même au prix de certaines atteintes portées à la liberté. Babeuf se fit le champion de la liberté sans limites et se rencontra dans cette lutte à côté des journalistes contre-révolutionnaires, qui obéissaient à d'autres mobiles et nourrissaient d'autres espérances.

Babeuf n'admet pas que la Convention montre la moindre défiance à l'égard de la presse. « Croira-t-on, s'écrie-t-il, qu'il se soit trouvé des hommes assez osés pour dire au peuple français : Vous ne méritez pas encore qu'on vous accorde l'entière faculté de penser et d'écrire; vous n'êtes qu'un composé d'idiots, qui vous laisseriez entraîner par le premier prédicateur insensé qui vous proposerait un roi..... Vils calomniateurs du peuple, apprenez que ce n'est pas pour établir un roi que nous avons, pendant cinq ans, prodigué nos biens, nos sueurs, notre sang; apprenez que c'est le comble de l'impudence de dire à un peuple qui, par cinq ans de sacrifices et d'efforts, a fait

Flameng sc. D'après de Sève.

FRANÇOIS-NOEL BABEUF

Dit CAÏUS-GRACCHUS BABEUF

Fondateur de la *Doctrine Babouviste*,

Né en 1764,

Condamné à mort et exécuté le 27 mai 1797.

triompher les principes de la liberté, qu'il n'est pas en état de raisonner sur ces principes et de les apprécier... Inquisiteurs de la pensée, vous déguisez mal vos alarmes, et vous ne tromperez personne par les prétextes dont vous vous enveloppez. »

Mais cette polémique un peu froide et banale fut bientôt abandonnée; et il s'opéra un revirement complet dans l'attitude de Babeuf, sur lequel son disciple et biographe, Buonarotti, ne s'explique pas sans embarras. « A la suite du 9 Thermidor, écrit-il, Babeuf applaudit un moment à l'indulgence dont on usa envers les ennemis de la Révolution. Son erreur ne fut pas de longue durée, et celui qui avait pris les Gracques pour modèles de sa conduite ne tarda pas à s'apercevoir que rien ne ressemblait moins à ces illustres Romains que ces post-Thermidoriens. Plus grand que s'il n'avait jamais erré, Babeuf avoua sa méprise, revendiqua les droits du peuple, démasqua ceux par qui il avait été trompé, et porta si loin son zèle en faveur de la démocratie que les aristocrates qui gouvernaient la République ne tardèrent pas à l'emprisonner[1]. »

En entrant dans une voie nouvelle, Babeuf créa un journal nouveau, le *Tribun du peuple ou le défenseur des droits de l'homme*, avec cette épigraphe : *Le but de la société est le bonheur commun*. La fin qu'il poursuit avec ses adhérents, c'est « la République des égaux » par la socialisation de la propriété et la communauté des biens.

Le *Babouvisme* doit son origine aux célèbres doctrines de Platon, de Thomas Morus, de Campanella, qui flottent à travers les âges, et que l'on cherche à réaliser de nos jours sous le nom de collectivisme. On peut résumer en quelques traits essentiels cette doctrine, d'après le *Manifeste des égaux* dû à la plume de l'un deux, Sylvain Maréchal : les jouissances et les travaux doivent être communs; nul ne peut sans crime s'approprier exclusivement les biens de la terre ou de l'industrie ; dans une véritable société, il ne doit y avoir ni riches, ni pauvres; les riches qui ne veulent pas renoncer au superflu en faveur des indigents sont des ennemis du peuple ; la loi agraire ou partage des terres fut le vœu de quelques peuplades mues par leur instinct plus que par la raison ; la véritable organisation, c'est la communauté des biens; plus de propriété individuelle des terres; la terre n'est à personne ; les fruits sont à tous sous l'obligation du travail.

[1] Buonarotti. *Histoire de la conspiration pour l'égalité.*

Telles sont les idées généreuses d'absolue perfection, dignes de l'âge d'or, que Babeuf et ses disciples s'efforcèrent de répandre dans les masses populaires par la presse et aussi par la parole, au club du Panthéon, dans l'ancien local des Génovéfains. Et comme, dans le milieu révolutionnaire où ils vivaient, le caractère de soldats dominait en eux plus encore que celui d'apôtres, ils tentèrent, sous le Directoire, de réaliser par la force leurs théories encore mal ébauchées. On sait comment ils succombèrent et portèrent, pour la plupart, leur tête sur l'échafaud, avec un grand courage.

*
* *

La propagande royaliste et la propagande révolutionnaire agitaient alternativement tous les esprits et ne pouvaient laisser la Convention indifférente. A partir du 9 Thermidor an III, 27 juillet 1794, jusqu'au terme de son existence (4 Brumaire an IV, 26 octobre 1795), cette Assemblée se livra en effet à de nombreuses discussions sur la liberté de la presse, motivées par les excès de tout genre que les événements mettaient en lumière.

Robespierre était à peine renversé, que Fréron réclamait une loi pour proclamer et garantir la liberté indéfinie de la presse. (Séance du 26 août 1794.) Il se demandait comment, après cinq années de révolution et après la Déclaration des Droits de l'homme, on en était encore réduit à solliciter un décret sur la liberté de la presse. Sans doute, aucune loi n'a aboli cette liberté. Mais Robespierre, « ce tyran, disait Fréron, pour qui rien n'était sacré que son orgueil, a également foulé à ses pieds et les droits de l'homme et vos lois. Par lui ont été envoyés à la mort des hommes qui n'avaient commis d'autre crime que d'avoir imprimé leur pensées, dans le temps où les excès même de cette liberté avaient la protection et la garantie de toutes les lois et de tous les pouvoirs. Aussi artificieux que cruel, il ne disait pas : *Il n'est plus permis d'imprimer;* mais la hache était sur toutes les têtes qui auraient usé de cette liberté. » Pour éviter le retour d'une telle tyrannie, Fréron veut que l'on décrète la liberté illimitée de la presse et qu'on traite en conspirateurs les assemblées, les gouvernements ou les fonctionnaires qui oseraient arrêter ou gêner cette précieuse liberté.

Mais plusieurs Conventionnels firent observer que la liberté illimitée de la presse offrirait de graves inconvénients, en assurant l'impunité aux royalistes, aux contre-révolutionnaires de la Vendée et aux calomniateurs éhontés qui attaqueraient les hommes les plus purs dans leur vie privée comme dans leur vie publique.

Le projet de Fréron fut envoyé à l'examen du comité de législation d'où il ne revint pas[1]. Un peu plus tard, après les journées de prairial et la défaite des derniers Montagnards, la Convention estima qu'il importait de refréner l'audace croissante des royalistes. C'est alors que Marie-Joseph Chénier, rapporteur des comités de salut public, de sûreté générale et de législation réunis, fit adopter le décret du 12 Floréal an III (1er mai 1795) qui punissait du bannissement « les individus qui, par *leurs écrits* ou leurs discours séditieux, auraient provoqué l'avilissement de la représentation nationale ou le retour de la royauté[2] ».

Quelques passages de ce rapport d'un style vigoureux méritent d'être cités. Chénier y dénonce le plan général de diffamation contre les membres du gouvernement, poursuivi avec ardeur par les journalistes qui « ont l'impudeur de réclamer ouvertement le droit d'afficher le royalisme et le privilège de calomnier ». Et, il ajoute : « Il faut leur répondre que les discours royalistes tenus en public doivent être punis aux termes de la loi, et qu'il est absurde de prétendre qu'il n'y a pas de crime à imprimer et à semer d'un bout de la France à l'autre ce qu'il y a du crime à dire; il faut donc leur répondre qu'il n'a pas encore existé sur le globe un gouvernement assez frappé de délire pour légitimer la calomnie ; il faut donc leur répondre qu'aucun publiciste, excepté eux, n'a été assez complètement insensé pour confondre le droit d'énoncer sa pensée sans aucune censure, sans aucune limite, droit sacré, droit imprescriptible, avec le privilège de diffamer impunément les individus, et de provoquer le royalisme au sein d'une République; il faut leur répondre enfin que tout droit a pour borne naturelle le mal d'autrui et le mal de la société entière : que de ce principe naît une responsabilité sans laquelle il ne peut exister de garantie générale ou individuelle, ni par conséquent de société, et que, par une suite nécessaire du même principe, le droit de manifester sa pensée n'est pas le droit de provoquer le renversement de la République ou de calomnier les citoyens, comme le droit de porter les armes n'est pas le droit de poignarder. »

[1] *Réimpression de l'ancien Moniteur*, t. XXI, p. 601 et suiv.

[2] *Collection des lois de Duvergier*, t. VIII, p. 129.

Prévost, 1818.

MARIE-JOSEPH CHÉNIER

(1764-1811)

Auteur dramatique,

Membre de la Convention, du Conseil des Cinq-Cents et du Tribunat,

Membre de l'Institut National.

La loi proposée par Chénier fut combattue par Tallien, pour ce motif qu'elle prêtait à l'arbitraire et qu'il fallait considérer la liberté de la presse comme le palladium des libertés publiques. Mais Louvet n'eut pas de peine à refuter ces objections : « Eh, dans quelle république, dit-il, si libre qu'on veuille l'imaginer, permet-on de provoquer l'avilissement de la magistrature populaire, de la représentation nationale, la dissolution des institutions républicaines et le rétablissement de la monarchie ? Qu'on puisse tout imprimer, même d'atroces calomnies contre la République, la liberté de la presse est là qui l'autorise ; mais qu'ensuite on soit forcé de répondre d'un écrit coupable devant les tribunaux ; la loi qui est la garantie de tous contre chacun, doit l'ordonner ; et un gouvernement, dont le devoir est de faire exécuter la loi, doit se hâter de traduire en jugement quiconque a voulu, par des livres séditieux, troubler l'ordre public et redonner à un peuple républicain l'opprobre et le fardeau de la monarchie. C'est tout ce qu'on vous propose dans l'article que j'appuie, et je pense que celui qui vient de le combattre ne l'avait pas bien lu. »

Le projet présenté par Chénier fut voté. Mais ce n'était là qu'une loi de circonstance, visant les projets factieux du parti royaliste et qui demeura à peu près à l'état de menace, sans aucune application sérieuse [1].

*
* *

Il restait à protéger le gouvernement et les fonctionnaires contre les diffamations et les calomnies journalières de la presse. Ce travail

[1] La presse royaliste attaqua naturellement avec véhémence cette loi draconienne et son principal auteur, Chénier. La Harpe, l'abbé Morellet et Lacretelle jeune se distinguèrent surtout par leurs violentes diatribes. « Si la loi que la Convention a rendue contre la liberté de la presse, écrivait Lacretelle, si cette loi de menace et de terreur était suivie de l'effet qu'elle semble commander, et si les amis de la liberté se taisaient, ce silence pourrait faire croire à l'univers que la tyrannie existe encore en France... Vous voulez punir des écrivains royalistes ; les réfuter serait bien mieux... On sait combien de sang les despotes ont fait couler dans tous les temps par l'accusation vague de lèse-majesté ; l'accusation de royalisme n'est pas moins vague ; il est aussi aisé d'inventer des crimes pour l'une que pour l'autre. Quinze mois, équivalant à quinze siècles d'horreurs, nous ont appris sous combien de formes se reproduit l'accusation de royalisme... Chénier n'entend-il pas quelquefois les mânes plaintifs de tant de victimes égorgées sous cet affreux prétexte... Chénier, pourquoi le tableau que je te présente te fait-il détourner les yeux ? Crains-tu de reconnaître parmi ces victimes ton frère éloquent, égorgé par les décemvirs comme écrivain royaliste ?... (Hatin. t. VIII, p. 22.)

fut renvoyé au comité de législation, que la Convention chargea de présenter, sous une décade, un projet de loi contre les calomniateurs.

Jamais pareil projet ne vit le jour ; et lorsque la Convention promulgua la Constitution directoriale du 5 fructidor an III (22 août 1795), elle se borna à consacrer une fois de plus en termes généraux les principes relatifs à la liberté de la presse. L'article 353 de cette Constitution porte en effet : « Nul ne peut être empêché de dire, écrire, imprimer et publier sa pensée. — Les écrits ne peuvent être soumis à aucune censure avant leur publication. — Nul ne peut être responsable de ce qu'il a écrit ou publié que dans les cas prévus par la loi. » Il est vrai que l'article 355, tout en proclamant qu'il n'y a pas « de limitation à la liberté de la presse », ouvre la porte à des lois restrictives du moins pour un certain temps, si des circonstances graves en démontrent la nécessité. « Toute loi prohibitive en ce genre, quand les circonstances la rendent nécessaire, est essentiellement provisoire, et n'a d'effet que pendant un an au plus à moins qu'elle ne soit formellement renouvelée [1]. » La Convention, avec son expérience chèrement acquise, prévoyait que les Assemblées qui lui succéderaient pourraient se trouver en face d'insurrections comme celle de vendémiaire, qu'elle eut tant de peine à comprimer, et elle pensa que, dans ce cas, il serait nécessaire de suspendre la liberté de la presse.

Les dispositions de l'article 355 de la Constitution permettaient au Directoire de légiférer sur la presse. Il les invoqua, lorsqu'il crut le moment venu de réprimer les injures, les menaces, les appels à la révolte, qui lui vinrent des deux partis extrêmes, le parti révolutionnaire de Babeuf et le parti royaliste.

Au sortir des orages et des tempêtes, qui avaient marqué la domination de la Convention, l'indépendance du territoire et la liberté semblaient assurées ; et le rôle du Directoire était de travailler à l'apaisement, à la pacification des esprits. C'est ce qu'il tenta de faire. Dans sa première proclamation aux Français, il fit appel à leur sagesse, et déclara vouloir s'attacher « au prompt établissement du

[1] *Collection des lois de Duvergier*, t. VIII, p. 297.

bonheur public». Mais son appel ne fut entendu ni des ultras de droite, ni de ceux de l'extrême gauche : les uns et les autres commencèrent dans les journaux une campagne des plus vives qui aboutit à des conspirations parallèles contre le pouvoir établi.

C'est alors que le Directoire, bien convaincu que les violences et les provocations impunies devaient avoir tôt ou tard l'insurrection pour conséquence directe, fit voter d'urgence par les Conseils des Cinq-Cents et des Anciens les lois des 27 et 28 germinal an IV (16 et 17 avril 1796).

La loi du 27 germinal punissait de mort « tous ceux qui, par leurs discours ou *par leurs écrits imprimés*, soit distribués, soit affichés, provoqueraient la dissolution de la représentation nationale ou celle du Directoire exécutif, ou le meurtre de tous ou aucun des membres qui les composent, ou le rétablissement de la royauté, ... ou celui de tout gouvernement autre que celui établi par la Constitution de l'an III acceptée par le peuple français, ou l'invasion des propriétés publiques, ou le pillage, ou le partage des propriétés particulières, sous le nom de loi agraire, ou de toute autre manière ». La peine de mort devait être commuée en celle de la déportation, si le jury admettait des circonstances atténuantes [1].

La loi du 28 germinal prescrivait qu'aucun journal ne pourrait paraître sans porter le nom de l'auteur, le nom et l'indication de la demeure de l'imprimeur. Les imprimeurs, vendeurs, distributeurs, colporteurs et afficheurs étaient tenus de dénoncer leurs auteurs, sinon, ils étaient punis de deux ans de fers, et même de la déportation, en cas de récidive.

Ces lois préventives n'empêchèrent pas les babouvistes de s'insurger ni les royalistes de conspirer. Mais le Directoire fut assez heureux pour écraser les premiers et déjouer les complots des autres.

Toutefois, lorsque le gouvernement voulut traduire devant le jury les journalistes révolutionnaires ou royalistes, qui s'obstinaient à commettre les délits de presse réprimés par la loi du 27 germinal, le jury recula devant la sévérité excessive des peines édictées : la peine de mort ou la déportation. On avait manqué le but en le dépassant.

Toute comparution devant le jury devenait pour les journalistes hos-

Collection des lois de Duvergier, t. IX, p. 93.

tiles au pouvoir l'occasion d'un acquittement triomphal. Les frères de Goncourt ont tracé un tableau très vivant et très instructif de cette lutte sans fin, dans laquelle les journalistes semblent toujours sur le point d'avoir le dernier mot. « Quand le Directoire, disent-ils, tiraillé sur les deux flancs, dépourvu de moyens répressifs, se retourne vers le jury et implore ses condamnations, le jury, qui garde vivante la mémoire de tout ce qu'a fait le silence et de tout ce qu'il a laissé faire, le jury qui préfère les excès de la liberté aux excès de la servitude, n'a que verdicts d'acquittement pour toutes les paroles et pour tous les partis. Il acquitte les vendémiairistes ; il acquitte les Jacobins ; il acquitte Lebois, le terroriste ; il acquitte Michaud, le royaliste ; il acquitte Langlois ; il acquitte les libraires ; il acquitte par tête et il acquitte en bloc ; il acquitte les individus ; il acquitte les fournées savamment combinées. Les haines personnelles de Merlin ne le touchent pas. Richer-Serisy est acquitté une première fois, il est acquitté une seconde fois. Le Tribunal de Cassation casse les deux acquittements : le jury de Seine-et-Oise acquitte une troisième fois l'auteur de l'*Accusateur public*[1]. »

*
* *

Comme on le voit, le Directoire est désarmé, impuissant. Il en est réduit à susciter aux journaux de petits tracas et de petits embarras, à les fatiguer de petits coups d'arbitraire et de petites taquineries de détail, à les inquiéter en les menaçant de menues mesures fiscales, telles que des surtaxes, le timbre, une patente additionnelle, etc., jusqu'au jour où il s'emporte, se fâche tout rouge et brise toute liberté de la presse, dans la funeste nuit du 18 fructidor an V (4 septembre 1797).

Mais avant d'arriver à cette date fatale, il nous faut donner une liste rapide des journaux publiés sous le Directoire.

Autour de l'*Accusateur public*, où Richer-Serisy écrit des philippiques pleines de verve et de coloris, de la *Quotidienne*, ce journal lu par toute la bonne compagnie des villes et des châteaux, où collaborent La Harpe, Suard, l'abbé de Vauxcelles, Michaud et Fontanes ; autour du *Censeur des Journaux* de Gallais et du *Courrier politique*,

[1] *Histoire de la Société française pendant le Directoire*. Ch. XII. *La presse royaliste, directoriale, jacobine.*

dont nous avons déjà signalé la naissance au lendemain du 9 thermidor, se sont rangés une multitude de petits journaux contre-révolutionnaires ou royalistes, qui travaillent avec plus ou moins de verve et d'entrain à la restauration de la monarchie.

Voici d'abord le *Thé*, feuille satirique, que les colporteurs vont criant le matin par toutes les rues de Paris en ces termes : « Qui veut du Thé?... Prenez votre Thé, Messieurs!..... Il est fort le Thé!... Voilà le Thé!... » Bertin d'Antilly en était le rédacteur. La satire, sous sa plume, prenait souvent la forme de l'épigramme, comme on en pourra juger par cette attaque dirigée contre un journaliste jacobin, Poultier :

On dit que chaque mois à Poultier on alloue
Cinq cents livres pour ses écrits :
Rien n'est plus vrai ; mais à Paris
Tout s'achète jusqu'à la boue.

Puis viennent les *Rapsodies du jour* de Pierre Villiers, qui n'insèrent que de petits morceaux de prose et de vers et rendent compte en vaudevilles de chaque séance des deux Conseils; les *Actes des Apôtres et des Martyrs* du comte Barruel de Beauvert, qui ont quelquefois l'obscénité de leurs aînés, mais n'en ont ni le sel, ni la gaîté, ni le talent ; le *Miroir*, où Souriguières Saint-Marc et Beaulieu font la guerre à tout le monde et cherchent partout des scandales ; le *Grondeur* ou le *Tableau des mœurs publiques*, qui poursuit et met en lumière les ridicules, plus encore que les vices ; le *Menteur*, qui annonce, en badinant, que, dans ses colonnes, l'histoire aura la plume d'un romancier, la politique la plume d'un laquais parvenu, la morale la plume d'un ex-membre du Comité révolutionnaire, etc. Cette feuille vraiment spirituelle enferme la satire sous la forme piquante de la louange la plus outrée. Reproche-t-on au gouvernement un acte de concussion ? Le *Menteur* signale cet acte au public comme le témoignage du désintéressement le plus sublime, et il porte aux nues les Curius et les Fabricius du Directoire. Pour lui, les proscriptions deviennent des preuves de clémence, de la magnanimité ; la lâcheté se change en courage, etc...

Un extrait du prospectus permettra d'apprécier le caractère bien singulier de cette feuille : « Mille journaux sont répandus sur la surface de la France ; un de plus n'y fera ni bien ni mal : c'est un point dans l'espace... Celui-ci se nomme le *Menteur*, et il sera fidèle à son titre. Nous savons que nos confrères les journalistes sont, pour la plupart, très éclairés, très savants, très spirituels, très délicats, très impartiaux ; nous ne serons rien de tout cela, car il ne faut pas ressembler à tout le monde, et rien n'est plus insipide que la monotonie[1]. »

Si on ajoute à ces feuilles, le *Journal de Perlet*, l'*Eclair* des frères Bertin et le *Messager du soir* d'Isidore Langlois, on a la liste des principaux journaux de l'opposition, toujours plus vivants et plus brillants que les autres.

*
* *

Dans une sorte de zone neutre, on rencontre : le *Journal de Paris*, qui publie les écrits économiques, philosophiques et politiques de Rœderer ; le *Journal des Débats et des Décrets*, qui n'est encore, comme sous la Constituante, qu'une sténographie sans couleur des séances des deux Conseils ; la *Clef du Cabinet des souverains*, que rédigent et soutiennent Daunou et Garat et qui devient l'un des principaux journaux de l'époque directoriale ; l'*Historien*, organe des pures doctrines constitutionnelles, où pontifie Dupont de Nemours ; le *Journal du Soir*, ou journal des frères Chaigneau, qui est plutôt une affaire de spéculation que l'organe d'un parti politique et rapporte cent mille francs par an à ses propriétaires. Les frères de Goncourt ont raconté, d'après le journal *le Thé* du mois de juillet 1797, la fortune de cette feuille des industriels Chaigneau. C'était au premier temps des assignats : beaucoup réalisaient le papier. Il n'existait que des coupures de cinquante livres. Les frères Chaigneau, qui recevaient tous les jours de la petite monnaie de leurs colporteurs, annoncent qu'ils feront l'appoint du papier à leurs souscripteurs en monnaie sonnante. Limonadiers et traiteurs refusaient alors le change ; un portefeuille plein de papier ne pouvait vous donner à déjeuner et à dîner hors de votre maison ; vite on court s'abonner chez les frères Chaigneau, c'est une foule ; l'assignat baisse, c'est une émeute d'abonnements ; tant et si bien que la chose devient une mode et le Journal une fortune. Et à côté du *Journal du Soir*, on fait paraître le *Journal du Matin et du Soir*, imprimé la nuit, après les feuilles du matin qui sortent de la presse à 10 heures

[1] Hatin. *Op. cit.*, t. VII, p. 347.

du soir, et donne les nouvelles avant les autres journaux, lorsque les séances législatives finissent très tard ou se prolongent dans la nuit[1].

*
* *

La presse dévouée au Directoire est moins nombreuse et sera plus vite passée en revue : le *Courrier de Paris ou Chronique du jour*, rédigé par Labatut et la Plâtrière avec cette épigraphe empruntée à Mably : « On ne trouve la liberté qu'au sein d'une République, une République qu'au sein des lois. » Suivant un contemporain, le *Courrier* loue les Directeurs et les ministres, prêche aux royalistes la pénitence, aux émigrés le pardon des injures, aux jacobins la modération. Le *Moniteur* est soumis au Directoire comme il a été soumis à la Convention, et comme il sera soumis à l'Empire et à tous les gouvernements qui se succéderont.

Le Directoire avait ouvertement à sa solde des feuilles officielles, telles que le *Rédacteur*, rédigé par Thuau-Granville et commandité par Lagarde, sécrétaire général du gouvernement directorial, et le *Journal des Défenseurs de la patrie*, destiné aux armées. On lisait en effet en tête des numéros du *Rédacteur*, pendant toute la durée de l'an V, cet avertissement : « Les articles *officiels* de ce journal sont les seuls qui passent sous les yeux du Directoire exécutif ou des autorités constituées ; le gouvernement n'a aucune part aux autres. » Le prospectus du *Journal des Défenseurs de la Patrie* est encore plus explicite. « Le gouvernement a pensé qu'à l'instant où l'ouverture de la campagne va se faire, il serait intéressant qu'un journal fût destiné à réunir tout ce qui est relatif aux armées de terre et de mer...., à faire connaître les marches des armées, leur position, leurs combats, leurs victoires, les actions héroïques des défenseurs de la Patrie, ces prodiges de courage que la liberté enfante chaque jour... Tel est le but du *Journal des Défenseurs de la Patrie*, qui va paraître à l'invitation et sous les auspices du gouvernement. »

A l'extrême gauche du Directoire, doivent prendre place des journaux presque aussi importuns et gênants pour lui que les journaux royalistes, sauf peut-être la *Sentinelle* de J.-B. Louvet, avec Leuliette pour collaborateur. Dans cette série, se rangent : l'*Orateur*

[1] *Histoire de la Société française sous le Directoire, loc. cit.*

plébéien ou le *Défenseur de la République*, qui a cette singulière épitaphe empruntée au *Tribun du peuple* de Babeuf : « Les bêtes féroces ont un antre pour s'y réfugier, et vous, citoyens, vous n'avez ni un antre, ni un asile, ni même un tombeau » ; *le Batave ou le Sans-Culotte*, l'*Ami du peuple* de Lebois, dont nous avons déjà parlé ; le *Journal des hommes libres*, plus connu sous le nom de *Journal des Tigres*. N'oublions pas l'*Ami des lois* de Poultier, que les journaux du temps représentent comme une sorte de Gil Blas de la Révolution, d'abord comédien jouant le rôle d'amoureux du siège de Grenade, en habit de satin lilas, en manchettes de batiste, les jambes toujours prises dans sa longue épée ; puis recevant les billets à la porte du théâtre, amusant de singeries les passants ; puis bénédictin, puis poète, puis garde national, puis représentant du peuple du Pas-de-Calais et journaliste.

* * *

Comme on en peut juger d'après ce tableau rapide, c'est la note royaliste qui domine ; ce sont les journaux royalistes qui mènent la campagne la plus violente. Les contemporains sont obligés d'en convenir, Lacretelle en particulier. « Les écrivains royalistes, dit-il [1], jeunes pour la plupart, et d'un caractère assez ardent, se piquaient moins de circonspection ; ils se retrouvaient avec étonnement, avec ivresse, dans une position plus favorable que celle d'où le canon du 13 Vendémiaire les avait fait descendre pour quelques jours seulement. La province se montrait aussi éprise que Paris des productions éphémères de leur politique sémillante et passionnée... tout souriait à une polémique qui faisait prévoir la chute prochaine de cette Révolution que tant de vœux avaient appelée. Il s'imprimait à Paris seulement plus de soixante-dix journaux politiques et quotidiens, parmi lesquels on en comptait à peine trois ou quatre empreints de la couleur républicaine, et qui, favorables à l'autorité, ne trouvaient qu'un petit nombre de lecteurs.

« L'offensive, dans ces sortes de débats, obtient toujours une extrême faveur. Il pleuvait des satires ménippées. La proscription encourue par les écrivains royalistes avait resserré leurs liens et leurs amitiés. Echappés à la mitraille et aux commissions militaires, ils se

[1] *Histoire du Directoire*, t. II, p. 16.

regardaient comme invulnérables. Quinze ou vingt d'entre eux, et c'étaient les plus accrédités dans l'opinion, se réunissaient habituellement. Rien n'était plus gai, plus ouvert ni plus franc, que les délibérations de ces jeunes publicistes : leurs vœux conspiraient pour la monarchie, quoiqu'ils ne s'entendissent pas fort bien sur le mode de monarchie qui devait être préféré. Le concert de leurs éloges élevait fort haut une renommée qu'ils prenaient sous leur protection ; ils préparaient les suffrages pour les comices nouveaux ; aussi se voyaient-ils sollicités et flattés par les plus illustres candidats. La Révolution suivait un tel cours rétrograde, que d'être réputé ami de l'ordre était un titre à la popularité. »

Le Directoire tenta vainement, à diverses reprises, d'atténuer l'hostilité de la presse ; il opposa aux écrivains royalistes un bataillon d'écrivains qui émargeaient au budget de l'Etat. L'audace de ses adversaires grandissait toujours. Les membres des tribunaux, qui étaient alors recrutés par l'élection, n'offraient que bien peu de garanties pour la répression sérieuse des délits, dont la poursuite leur était confiée. Le jury reculait devant l'énormité des peines à appliquer, d'après les lois de germinal an IV ; et il suivait d'ailleurs avec docilité le courant de l'opinion publique, plutôt favorable au mouvement royaliste. Il faut bien le dire, le nouvel état des mœurs rendait inapplicable la loi qui punissait de mort les écrivains provoquant le retour à la royauté.

Fatigué des attaques incessantes d'une presse, qui déversait tous les jours avec acharnement la calomnie, la haine et le mépris sur les républicains et sur le gouvernement, le Directoire demanda aux Conseils des Cinq-Cents et des Anciens par voie de Message (5 frimaire an V — 25 novembre 1796) une loi sur la répression de la « calomnie écrite ».

Ce Message déchaîna de véritables tempêtes oratoires aux Cinq-Cents. Talot lança bien contre les journalistes une fougueuse philippique, mais Mailhe déclara qu'on anéantissait la liberté française, si on voulait arrêter les attaques contre la conduite et les actes des fonctionnaires. Suivant Boissy d'Anglas, le gouvernement avait mauvaise grâce à s'élever contre les journaux, alors qu'il avait lui-même donné l'exemple des abus, en faisant distribuer des journaux salariés, où les représentants du peuple étaient calomniés d'une manière indécente. Pastoret s'écria qu'on voulait enchaîner la presse et comprimer l'opinion publique, à l'approche des élec-

P.-C.-F. DAUNOU

(1761-1840)

Littérateur et érudit,
Membre de la Convention, du Conseil des Cinq-Cents et du Tribunat,
Membre de l'Académie des Sciences morales et politiques,
Secrétaire perpétuel de l'Académie des Inscriptions,
Pair de France.

tions. Enfin Lecointe-Puyraveau fit observer qu'il ne s'agissait pas de la liberté, mais de la licence de la presse, et la proposition du Directoire fut renvoyée à l'examen d'une commission spéciale.

Cette commission était composée d'hommes vraiment éminents : Siméon, Treilhard, Sieyès, Vaublanc et Daunou. Ce dernier fit un rapport remarquable, dans la séance du 5 frimaire an V[1]. Daunou était un républicain très ferme, un esprit éclairé ; son opinion mérite d'être recueillie et mûrement examinée.

Il met d'abord en lumière les excès scandaleux dénoncés par le Directoire : « L'honneur des citoyens exposé sans défense aux inévitables traits de la calomnie ; les premières autorités nationales, non pas éclairées par une juste et libre censure, mais accablées chaque jour des plus audacieux outrages, les lois elles-mêmes, non pas discutées avec décence et franchise, mais insultées, blasphémées avec le frénétique accent de la sédition ; le dépravateur sentiment de la vengeance allumé, entretenu, exalté dans toutes les âmes ; l'anarchie provoquant sans détour la révolte et les brigandages révolutionnaires ; une autre anarchie s'exhalant en imprécations contre la République, et redemandant à grands cris la royauté et les privilèges ; toutes deux s'accordant à propager les doctrines les plus prochainement éversives de l'ordre social, et préparant surtout par de trop efficaces moyens la ruine du gouvernement représentatif : tels sont les affligeants désordres, dont le progrès de plus en plus rapide excite les alarmes des amis de la Constitution. »

En présence de ces excès, Daunou montre « les vagues idées de sûreté générale, de salut du peuple, se substituant aux idées précises d'une législation régulière ; on veut employer, pour des circonstances périlleuses, des moyens plus périlleux qu'elles : on consent à voiler pour quelques instants l'image de la liberté, et l'on élève imprudemment un trône à la dictature, qui étend sur les nations le voile de la terreur et de la mort ». Il y a là une vision prophétique du 18 fructidor, du 18 brumaire et du sort réservé à la liberté française par la dictature de Bonaparte.

Daunou donne cette conclusion à l'exposé général de son rapport : « Laissez donc à la presse toute la liberté qui lui est promise par la Déclaration des droits et par la constitution ; mais n'accordez point

[1] *Moniteur* du 15 frimaire an V (5 décembre 1796) et numéros suivants.

à ceux qui en abusent des encouragements, de la faveur, et le privilège de l'impunité. »

Au nom de la commission, Daunou proposait trois projets de loi : le premier défendait d'annoncer les journaux et écrits périodiques autrement que par leur titre général et habituel ; le second établissait un journal officiel *tachygraphique*, chargé de reproduire les débats des Assemblées politiques et les articles transmis par le Directoire ; le troisième édictait des mesures contre la calomnie.

Pour ce dernier projet, Daunou n'avait fait que suivre les principes présentés, au nom de la commission de la classification des lois, par Pastoret, dans la séance du 8 brumaire précédent. Il proposait de réprimer la calomnie par des peines légères, dont l'application serait confiée aux tribunaux de police correctionnelle[1]. « Citoyens, disait-il, si vous ne voulez pas considérer combien la diffamation impunie a découragé partout d'hommes éminemment utiles, combien elle en a condamné à la retraite, à l'obscurité, daignez au moins tenir quelque compte de ceux dont elle a préparé la proscription et l'assassinat. Ce sont des calomniateurs qui ont dressé l'échafaud des Bailly, des Vergniaud, de tant d'autres martyrs illustres de la liberté ; c'est en des libelles trop absurdes, disait-on, pour mériter l'attention la plus légère, qu'il fallait mépriser et dont un législateur devait ignorer jusqu'à l'existence ; c'est dans ces libelles que depuis l'on a puisé, copié littéralement des actes d'accusation et des jugements homicides.. Vous devez à l'innocence une garantie contre de tels outrages, vous la devez à tout citoyen sans restriction, fût-il un fonctionnaire public ; car enfin, parce qu'un homme a obtenu d'honorables suffrages, parce que le succès de son ministère tient aux sentiments de respect et de confiance que l'on conserve pour lui, ce ne sont pas là des raisons de l'exposer plus qu'un autre aux sarcasmes de la malveillance, et il n'y a, ce me semble, qu'un esprit profondément désorganisateur, ennemi de tout pouvoir et de toute harmonie, qui ait pu concevoir la pensée d'excepter les magistrats d'un grand peuple de la protection due à l'honneur de chaque Français. »

[1] Voici les principales dispositions du projet de Pastoret : « La loi punit comme calomniateur quiconque impute à autrui, sans preuves et par écrit, une action que les lois caractérisent délit ou crime. La calomnie contre la conduite morale ou la vie privée d'un citoyen, quel qu'il soit, avec les caractères indiqués dans l'article précédent, sera punie la première fois d'une amende..... En cas de récidive, elle sera punie d'un emprisonnement.... La calomnie est un délit privé qui ne peut être poursuivi que par celui qui en est l'objet. Sa poursuite et son jugement sont du ressort de la police correctionnelle. »

La discussion du rapport de Daunou fut des plus vives au Conseil des Cinq-Cents. Noailles, Pastoret et Lemerer s'opposèrent à l'adoption des projets, qui furent votés cependant à une faible majorité. Mais au Conseil des Anciens, Portalis et Tronçon-Ducoudray, soutenus par un ancien conventionnel, Baudin des Ardennes, réussirent à les faire rejeter. « Il n'y a point de République, point de démocratie, disait Baudin, s'il n'existe un recours quelconque au peuple, et ce recours ne se trouve que dans l'appel à l'opinion publique par la voie de la presse. »

Cet avortement parlementaire tourna la tête aux journalistes. Ils se crurent désormais à l'abri de toute répression et s'abandonnèrent à tous les débordements de leur imagination, se jetant dans la carrière sans limites de la calomnie et de la licence.

S'il faut en croire les écrivains contemporains, il existait alors plus de deux cents feuilles périodiques, dont les auteurs, plus extravagants les uns que les autres, renchérissaient à l'envie de sottises, d'impertinence et de déraison. Le plus grand nombre de ces feuilles était vendu au royalisme, soit par principes, soit par corruption. De part et d'autre, ces feuilles étaient aussi injustes que méprisables ; chacun y déversait la calomnie la plus odieuse sur les personnages opposés à son parti. Les journaux républicains soutenaient les directeurs Barras, Rewbel et La Réveillère et excitaient à la haine de Carnot et de Barthélemy. Les journaux adverses traitaient Barras et Rewbel d'hommes impurs, de fripons, de bourreaux. Le délire des journalistes était arrivé au paroxysme. Il n'était pas un folliculaire du parti royaliste qui ne se crut un champion du prétendant, et qui ne fut convaincu qu'il allait lui devoir sa couronne[1].

* * *

La licence effrénée des journaux fut une des causes les plus actives du coup d'Etat du 18 fructidor an V, dont le premier soin fut de briser leurs presses et de condamner à la déportation leurs plus célèbres polémistes pêle-mêle avec deux directeurs et plus de cinquante représentants aux Conseils des Cinq-Cents ou des Anciens.

Dès le matin du 18 fructidor, le Directoire fit afficher sur les murs, à côté du placard édictant la peine de mort contre ceux qui conspire-

[1] *Histoire de la Révolution par deux amis de la liberté*, t. XVI, p. 273.

raient en faveur de la royauté ou de la constitution de 1793, un arrêté pris en vertu de l'article 145 de la constitution de l'An III et ordonnant de conduire dans la maison d'arrêt de la Force les auteurs et imprimeurs des journaux suivants : le *Courrier des départements*, le *Courrier républicain*, le *Journal de Perlet*, l'*Eclair*, le *Messager du Soir*, le *Mercure Universel*, la *Quotidienne*, le *Censeur des journaux*, l'*Auditeur national*, la *Gazette française*, la *Gazette Universelle*, le *Véridique*, le *Postillon des Armées*, le *Précurseur*, le *Journal Général de France*, l'*Accusateur public*, les *Rapsodies*, la *Tribune ou Journal des élections*, le *Grondeur*, le *Journal des Colonies*, le *Journal des Spectacles*, le *Déjeuner*, l'*Europe littéraire*, le *Correspondant*, le *Thé*, le *Mémorial*, les *Annales universelles*, le *Miroir*, les *Nouvelles politiques*, l'*Aurore* et l'*Etoile*.

Les auteurs et imprimeurs de ces journaux étaient tous prévenus de conspiration contre la sûreté intérieure et extérieure de la République ; ils devaient être poursuivis et jugés comme tels conformément à la loi du 28 germinal an IV.

Une loi votée le 19 fructidor an V, dès le lendemain du coup d'Etat, plaça pour un an les journaux et leurs presses sous l'inspection de la police, qui pouvait les prohiber, en vertu de l'article 355 de l'acte constitutionnel[1]. En outre, le Directoire prit deux arrêtés qui affaiblirent encore la puissance de la presse : l'un suspendait la remise aux journaux poursuivis des abonnements versés pour eux à la poste ; et l'autre frappait d'un timbre fiscal les journaux conservés.

Ces décrets draconiens ne semblent pas avoir été exécutés avec beaucoup de rigueur. Lacretelle jeune, parmi les journalistes, fut seul arrêté à son domicile et retenu en prison pendant deux ans. La plupart de ses confrères se contentèrent de remplacer ou souvent même de modifier à peine les titres de leurs feuilles, les imprimeurs de changer la rubrique de leurs adresses. Quant aux scellés apposés sur leur machines, M. Léon Say raconte, d'après une tradition de famille, que des mécaniciens habiles recrutés en Angleterre parvenaient à mettre en branle, sous les rubans et les cachets, les presses de l'imprimerie Lenormant où se composait l'*Eclair* des frères Bertin[2].

[1] *Collection des lois de Duvergier*, t. X, p. 45.

[2] *Le Livre du Centenaire du Journal des Débats*: — *Bibliographie de l'Histoire de Paris*, par Maurice Tourneux, t. II. *Notice préliminaire*, p. XXXII.

*
* *

Cependant, sous le régime de la loi du 19 fructidor, le ton de la presse baissa singulièrement. La crainte de voir leurs feuilles supprimées sans autre forme de procès par la police produisit sur les journalistes le même effet que celui de la censure. L'allusion la plus détournée, la plaisanterie en apparence la plus inoffensive pouvaient suffire à motiver un arrêté de suppression.

Mais, là première émotion passée, la presse reprit courage peu à peu et recommença ses attaques contre le Directoire. Celui-ci avait beau entretenir à sa solde des journalistes officieux comme Thuau-Granville et son *Rédacteur*, Pinglin, Lemaire et son *Patriote*, les journaux de l'opposition royaliste ou jacobine étaient seuls recherchés des lecteurs.

Le Directoire fut réduit à prendre, le 26 frimaire an VI, un arrêté qui supprimait seize journaux. D'autres exécutions partielles suivirent, à de courts intervalles, mais toujours sans grande efficacité[1]. Une nouvelle hécatombe de quinze journaux, publiés pour la plupart en province ou en Belgique, eut lieu le 20 messidor an VI.

L'opposition du Conseil des Cinq-Cents s'émut alors de voir la presse toujours placée sous la main de la police. Elle fit nommer une commission composée de Lucien Bonaparte, Daunou, Cabanis, Berlier, Génissieu et Andrieux, et chargée d'élaborer un nouveau projet de loi sur la presse. Berlier présenta son rapport, au nom de cette commission, dans la séance du 8 fructidor an VI[2], et résuma dans ces termes les principes du projet : « Liberté entière de s'expliquer sur les actes de l'autorité publique, pourvu que l'écrit ne dégénère pas en provocation à la désobéissance. Répression rigoureuse des imputations dirigées contre l'honneur ou la probité des personnes, à moins qu'on ne se porte dénonciatenr civique, ou qu'on n'en produise la preuve par écrit. » Les délits publics de la presse devaient être déférés au jury ; et les pouvoirs de police du Directoire sur la presse devaient cesser trois mois après la promulgation de la loi.

La discussion du rapport Berlier s'annonçait comme des plus laborieuses, et les pouvoirs de police sur la presse, accordés au Direc-

[1] Hatin. *Histoire de la Presse*, t. IV, p. 380 et suivantes.

[2] *Moniteur* du 10 fructidor an VI.

toire par la loi du 19 fructidor an V, étaient sur le point d'expirer. Le Directoire en obtint, non sans peine, la prorogation jusqu'à la publication de la loi projetée, sans toutefois que la durée de ces pouvoirs pût excéder le terme d'une année. L'opposition elle-même finit par reconnaître qu'elle ne pouvait autoriser les feuilles royalistes et jacobines à poursuivre de leurs diatribes passionnées un gouvernement aux prises avec les plus graves difficultés extérieures, au milieu des dangers de la guerre étrangère et des insurrections de la Belgique.

Les débats sur la loi pénale de la presse se prolongèrent pendant tout le mois de Prairial an VII devant le Conseil des Cinq-Cents. Cabanis, Creuzé-Latouche et Lecointe-Puyraveau soutinrent qu'il fallait enfin mettre un terme à la licence de la presse royaliste et jacobine. Chénier soutint l'opinion contraire.

Le projet fut rejeté comme trop imparfait et renvoyé à la Commission. Mais la suppression des pouvoirs de police confiés au Directoire fut votée et approuvée par le Conseil des Anciens le 4 thermidor an VII (22 juillet 1799)[1]. Le Conseil des Anciens s'était déterminé à prendre une pareille résolution, dans l'espérance de discuter bientôt un nouveau projet réprimant d'une manière efficace les abus de la presse.

Dès lors, les feuilles royalistes et jacobines se livrèrent aux derniers excès, avec la conviction intime qu'elles étaient à la veille de renverser le pouvoir tyrannique, objet de leurs attaques de tous les jours. Le 23 thermidor an VII, dans un discours prononcé à l'occasion de l'anniversaire du 10 août, l'un des directeurs, Sieyés, dénonça hautement cette recrudescence d'outrages contre le pouvoir, et en particulier les doctrines du *Journal des Hommes libres*, organe du parti jacobin. Sieyès, disons-le en passant, n'était plus, comme il l'avait été sous la Constituante, le partisan de la liberté à peu près illimitée de la presse.

Le Conseil des Anciens s'indigna à son tour, réclama, par un message adressé au Directoire, une prompte réparation des outrages quotidiens des journaux, et mit le gouvernement en demeure de rendre compte des mesures prises contre cette classe de perturbateurs. Le Directoire répondit. par la plume de Sieyès, en envoyant au Conseil des Anciens un message, où il annonçait la résolution qu'il venait

[1] *Collection des lois de Duvergier*, t. II, p. 306.

de prendre, de recourir aux armes extraordinaires fournies par l'article 45 de la Constitution, en traitant les journalistes comme auteurs ou complices d'une conspiration contre la sûreté de l'État. « Convaincu, disait Sieyès, que la conspiration existe, que ses plus dangereux agents sont ceux qui veulent, préparent, provoquent la destruction du gouvernement établi ; qui sèment la division entre tous les citoyens, déchirent toutes les réputations, calomnient toutes les intentions, ameutent tous les partis, raniment toutes les factions, réchauffent toutes les haines, menacent tous les pouvoirs, discréditent toutes les mesures, découragent tous les agents, avilissent la représentation nationale, énervent l'autorité exécutive, insultent à la nation entière, le Directoire a décerné des mandats d'arrêt contre les auteurs et imprimeurs du *Bulletin officiel des Armées coalisées*, de la *Parisienne*, de la *Quotidienne*, du *Courrier de Paris*, du *Démocrate*, du *Miroir*, de la *Feuille du jour*, du *Nécessaire*, du *Grondeur*, des *Hommes libres*, du *Défenseur de la patrie*, faisant suite à l'*Ami du peuple*..... Citoyens représentants, la loi autorisait, les circonstances imposaient l'acte préservateur que le Directoire vous annonce; il a dû arracher à quelques mains corrompues et parricides, à une poignée de conjurés audacieux, les armes funestes qui assassinaient la patrie..... Cependant une loi sur les abus de la presse aurait prévenu le retour des maux, dont le Directoire vient d'arrêter le cours. En attendant que cette loi soit rendue, l'opinion publique ne sera plus journellement pervertie..... »

En même temps, le Directoire, par un arrêté du 16 fructidor an VII (2 septembre 1799), fit exécuter rigoureusement l'arrêté du 19 fructidor an V, qui n'avait été ni suivi d'effet, ni abrogé, et il ajouta sur la liste, les onze nouveaux journaux énumérés dans le message signé par Sieyès au nom du Directoire.

Cet arrêté ordonnait la déportation à l'île d'Oléron des propriétaires, entrepreneurs, directeurs, auteurs, rédacteurs des journaux ci-après-désignés :

Mémorial : les nommés Laharpe, Fontanes, Bourlet de Vaucelles.
Messager du soir : Langlois (Isidore), Lunier, Porte.
Le Miroir : Beaulieu, De Tallerac, Bridel-Souriguères.
Nouvelles politiques nationales et étrangères : Boyer, Xhrouet.
L'Observateur de l'Europe : Robert.
Perlet : Perlet, Lagarde, Fontanilles.
Le petit Gauthier ou la petite Poste : Lucet.

Le Postillon des Armées ou Bulletin Général de France : Nicole.
Le Précurseur : Duval.
La Quotidienne : Michaud, Geoffroy, Riche et Rupert.
Rapsodies du jour : Villiers fils, Montmignon, Daudoucet.
Le Thé : Bertin d'Antilly.
La Tribune publique : Leblanc, Dapré.
Le Véridique : Poujade, Ladevèze.
L'Argus : Lefebvre-Grandmaison, Pontcharraux dit le Romain,
Annales catholiques : Sicard.
Actes des Apôtres : Barruel-Bauvert.
L'Accusateur public : Richer-Serisy, Migneret l'aîné.
L'Aurore : Grosley, Lasalle, Grimaldy.
Le Censeur des journaux : Gallais, Langlois.
Courrier de Lyon : Pelzin.
Courrier extraordinaire : Caillot, Denis.
L'Anti-Terroriste : Brouilhet, Meilhac.
Courrier Républicain : Fleschelles frères, Poncelin, Jardin, Auvray.
Le Déjeuner : Tutot, Detain.
L'Echo : Wasselin.
L'Éclair : Bertin de Vaux, Neuville.
L'Europe littéraire : Guth.
Gazette française : Fiévée, Debarle.
Gazette universelle : Rippert.
L'Impartial Bruxellois : Brackeniers.
L'Impartial européen : Morneweck.
L'invariable : Royou.
Le Journal des colonies : Chotard, Dubonneau, Clausson, Colas.
Le Journal général de France ou le gardien de la Constitution : Jollivet dit Barrallère, Teulières.

Cette proscription était arbitraire [1]. On ne pouvait, en effet, raisonnablement assimiler à des conspirateurs des journalistes coupables de quelques excès de plume. D'ailleurs les proscrits les plus connus, La Harpe, Fontanes, de Vaucelles, Bertin d'Antilly, Barruel-Beauvert, Gallais, Corentin Royou, Richer-Serisy, réussirent à se soustraire à la déportation. Beaucoup d'autres furent rappelés en France par l'arrêté des Consuls, du 13 nivôse an VIII.

[1] On peut consulter à ce sujet les articles de M. Aulard dans la *Révolution française* des 14 avril et 14 mai 1894 sur le Directoire exécutif et la presse périodique.

Un des moyens dont le Directoire usa pour gêner les journaux hostiles sans violer ouvertement le principe de la liberté de la presse, ce fut d'interdire à la poste de les transporter. Il en vint ainsi à dresser une liste de gazettes autorisées à circuler par la voie de la poste et cette liste fut envoyée par le ministre de la police, avec une circulaire explicative, aux commissaires du Directoire près des administrations du département, le 6 nivôse an VII [1].

Le coup d'Etat du 18 Fructidor an V et les mesures arbitraires du Directoire ouvrirent la voie au 18 Brumaire et à la dictature de Bonaparte pendant le Consulat et le Premier Empire.

On allait ainsi, par une sorte de fatalité, de la liberté illimitée de la presse à la licence et aux excès de tout genre, de la licence aux pouvoirs arbitraires de la police et à l'extrême servitude. Les premières années de la Révolution, si fertiles en événements imprévus, avaient édifié la grandeur et la puissance redoutable de la presse ; les dernières années nous font assister à sa corruption et à sa décadence.

Le problème à résoudre, c'est de trouver une juste limite entre les droits imprescriptibles de la liberté d'écrire et les devoirs nécessaires des écrivains envers les pouvoirs publics régulièrement établis. Le XVIIIe siècle, au milieu des tempêtes qui l'ont assailli à son déclin, n'a pu nous fournir aucune solution.

Le XIXe siècle sera-t-il plus heureux ? Les générations nouvelles sauront-elles tirer profit de l'expérience de leurs aînées ? Grave question, dont la réponse recèle le secret de l'avenir réservé à nos libertés publiques.

[1] *La Révolution française*, 1894, p. 291.

CHAPITRE V

LA PRESSE SOUS LE CONSULAT, LE PREMIER EMPIRE LA PREMIÈRE RESTAURATION ET LES CENT-JOURS

(1799-1815)

La France au 18 Brumaire. — La servitude de la presse. — Indifférence générale. — Surveillance étroite sur les journaux et les livres établie par le Premier Consul. — Fiévée correspondant secret de Bonaparte. — Le *Moniteur* organe officiel ; le *Bulletin de Paris*, feuille officieuse. — Entraves à toute discussion politique et à la propagation des nouvelles désagréables au Gouvernement. — Mesures de répression contre les moindres écarts des journaux. — Le *Publiciste :* Suard et l'affaire du duc d'Enghien. — Guizot et Pauline de Meulan. — Le *Journal des Débats* et les frères Bertin ; Geoffroy, fondateur du feuilleton dramatique ; Hoffmann et l'abbé de Féletz. — Le *Journal des Débats* combattu par Rœderer, rédacteur municipal du *Journal de Paris.* — Le Premier Consul et Mme de Staël. — Commission sénatoriale, dite de la Liberté de la Presse, organisée par l'Empereur (18 mai 1804). — Persécutions contre le *Journal des Débats,* qui devient par ordre le *Journal de l'Empire ;* contre le *Publiciste,* de Suard ; contre le *Mercure de France.* — Censeur attaché à chaque journal. — Les journaux peuvent imprimer tout... ce que permet le Censeur. — La presse départementale sous l'autorité des préfets. — Quatre journaux seulement maintenus à Paris (décret du 8 février 1811). — Le pouvoir impérial propriétaire de tous les journaux ; le *Bureau de l'Esprit public.* — Limitation du nombre des imprimeurs (décret du 5 février 1810). — L'*Allemagne* de Mme de Staël et la censure impériale ; les idéologues. — Attitude du Sénat en 1814 ; revirement en faveur de la liberté de la Presse ; licence générale ; multiplicité des pamphlets. *Bonaparte et les Bourbons,* diatribe de Chateaubriand. — Vives attaques contre Napoléon « aventurier » et « faux grand homme ». — La Presse sous Louis XVIII ; Royer-Collard, Guizot et l'abbé de Montesquiou. — Brochure de Benjamin Constant. — La loi du 21 octobre 1814. — Presse royaliste ; la *Quotidienne,* dite *Nonne sanglante ;* la *Gazette de France ;* le *Journal royal* de M. de Bonald ; le *Journal général de France,* etc. — Le *Censeur,* seul journal indépendant. — Le *Nain jaune* et son collaborateur Louis XVIII. — Réaction de l'opinion publique contre les émigrés et le gouvernement ; retour de l'île d'Elbe (5 mars 1815). — Protestation de Benjamin Constant dans le *Journal des Débats* du 19 mars 1815. — La période des Cent-Jours donne naissance à l'*Indépendant,* prototype du *Constitutionnel* et au *Journal du Lys,* antibonapartiste ; liberté illimitée de la presse durant cette période. — Entrevue de l'Empereur et de Benjamin Constant aux Tuileries ; article 64 de l'acte additionnel aux constitutions de l'*Empire* du 22 avril 1815. — Conversion de Napoléon à la liberté de la presse. — Le *Journal Universel,* organe officiel de la Cour de Louis XVIII à Gand ; son apologie antifrançaise de la bataille de Waterloo. — Abdication de Napoléon qui reconnaît que la presse n'est pour rien dans sa chute.

La journée du 18 Brumaire, qui mit la République et toutes les libertés à la discrétion de Bonaparte, inaugura le règne de la plus dure dictature pour la presse.

Un vent de réaction soufflait sur la France.

« Après de violentes épreuves, dit Charles de Rémusat [1], la société n'aspirait qu'au repos. Toutes les idées qui pouvaient avoir contribué à la troubler étaient suspectes, tout ce qui semblait amener ou constater le retour de l'ordre était accueilli avec ferveur...... Les regards se détournaient des choses les plus sérieuses de l'humanité. Les grandes questions de la politique et de la philosophie obtenaient moins d'attention ; on n'y voulait plus penser, de peur de tout compromettre. On eût dit que la vraie sagesse de la société fut de ne pas se mêler de ses affaires, et la France ne demandait que deux choses : qu'on la gouvernât et qu'on la laissât tranquille. Cette disposition pleine de faiblesse fit la fortune du despotisme ; mais, pour la leçon de l'Humanité, la France, abdiquant sans trouver le repos, apprit par expérience que le sacrifice de la liberté n'a point de dédommagement. »

Heureuse encore la France, si cette douloureuse expérience lui avait profité ! Mais on sait qu'après s'être courbée sous le sceptre glorieux de Napoléon Ier, elle s'est humiliée sous la domination de Napoléon III, et que chaque fois l'invasion étrangère en a été le douloureux dénoûment.

Deux mois après le coup d'État, le Premier Consul publia le fameux arrêté du 27 nivôse an VIII (17 janvier 1800) et supprima d'un trait de plume tous les journaux politiques, à l'exception de treize, qui eurent le droit de vivre, mais sous la surveillance d'une police inquiète et d'une censure des plus étroites.

Ce monument de la servitude de la presse, inspiré par Fouché, mérite d'être reproduit ici :

« Les Consuls de la République, considérant qu'une partie des journaux qui s'impriment dans le département de la Seine sont des instruments dans les mains des ennemis de la République ; que le Gouvernement est chargé spécialement par le Peuple Français de veiller à sa sûreté,

Arrête ce qui suit :

ARTICLE PREMIER. — Le Ministre de la Police ne laissera, pendant toute la durée de la guerre, imprimer, publier et distribuer que les journaux ci-après désignés :

[1] *Passé et Présent*, t. II, p. 57.

Le *Moniteur Universel*; le *Journal des Débats et des Décrets*; le *Journal de Paris*; le *Bien informé*; le *Publiciste*; l'*Ami des Lois*; la *Clef du Cabinet*; le *Citoyen Français*; la *Gazette de France*; le *Journal des Hommes Libres*; le *Journal du Soir*, par les frères Chaigneau; le *Journal des Défenseurs de la Patrie*; la *Décade philosophique*; et les journaux s'occupant exclusivement de sciences, arts, littérature, commerce, annonces et avis.

Art. 2. — Le Ministre de la Police générale fera incessamment un rapport sur tous les journaux qui s'impriment dans les autres départements.

Art. 3. — Le Ministre de la Police veillera à ce qu'il ne s'imprime aucun nouveau journal, tant dans le département de la Seine que dans les autres départements de la République.

Art. 4. — Les propriétaires et rédacteurs des journaux conservés par le présent arrêté, se présenteront au Ministre de la Police pour justifier de leur qualité de citoyen français, de leur domicile et de leur signature, et promettront fidélité à la Constitution.

Art. 5. — Seront supprimés sur-le-champ, tous les journaux qui inséreront des articles contraires au respect dû au pacte social, à la souveraineté du peuple et à la gloire des Armées, ou qui publieront des invectives contre les gouvernements et les nations amies ou alliées de la République, lors même que ces articles seraient extraits des feuilles périodiques étrangères.

Art. 6. — Le Ministre de la Police générale est chargé de l'exécution du présent arrêté, qui sera imprimé au *Bulletin des Lois* [1]. »

On peut évaluer à soixante-douze, le nombre des journaux politiques qui se publiaient alors à Paris, et dont le plus grand nombre fut ainsi anéanti subitement.

La Constitution de l'an VIII, promulguée le 22 frimaire suivant, garda le silence le plus complet sur la liberté de la presse. La pierre du sépulcre était scellée pour une longue période.

Aujourd'hui, nous avons peine à comprendre l'indifférence publique qui accueillit une mesure aussi grave. Mais on était alors fatigué, lassé des querelles politiques, des polémiques de la presse. On avait vu d'ailleurs le Directoire, à plusieurs reprises, pratiquer des coupes sombres dans les journaux et parmi les journalistes. La surveillance de la police et l'arbitraire du gouvernement en cette matière ne semblaient pas un régime nouveau.

Le sort des journalistes et des directeurs dépossédés de la propriété de leurs feuilles n'excita point la moindre commisération. Le général Lacuée, chargé d'une enquête sur la situation de Paris et

[1] *Collection des lois de Duvergier*, t. XII, p. 68.

des départements environnants, constata même, dans un rapport officiel, que tous les amis de la paix avaient vu avec plaisir la suppression des écrits répréhensibles [1].

Comme l'a fort bien dit M. de Rémusat, où donc Bonaparte aurait-il trouvé de la résistance? Sans doute, s'il se fût montré d'abord comme Cromwell ou Monk, les vieux levains de la République se seraient soulevés contre lui. Mais il apparaissait comme un sauveur, dans tout l'éclat de la jeunesse et du talent. Son origine rassurait l'égalité ; la liberté se rappelait les républiques fondées par ses victoires. Il promettait ensemble le repos et la force : quelle séduction toute-puissante sur un peuple désuni et découragé ! Hors quelques esprits qu'un instinct prophétique avertissait, quel Français a vu avec inquiétude le vainqueur de l'étranger recevoir la pourpre consulaire ?

*
* *

Le 5 avril 1800, dit M. Welschinger [2], le Premier Consul invitait Fouché à s'assurer que les rédacteurs des journaux étaient d'une moralité et d'un patriotisme à l'abri de toute corruption. Chaque numéro devait porter la signature du rédacteur avoué. Un bureau de la presse était installé au ministère de la police avec mission de surveiller les journaux et les livres. Un chef de division et des examinateurs officiels étaient chargés de cette importante besogne. De son côté, le Préfet de police recevait l'ordre de ne rien laisser afficher sur les murs de Paris, sans en avoir donné l'autorisation préalable. Défense était faite aux colporteurs de crier aucun titre de feuilles publiques ou pamphlets sans un permis spécial, et aux marchands d'estampes de rien exposer de contraire aux bonnes mœurs ainsi qu'aux principes du gouvernement.

Le Premier Consul se tenait au courant personnellement de toutes les publications. Chaque jour, son bibliothécaire particulier, Louis-Madeleine Ripault, devait lui remettre une analyse de tous les articles de journaux, des brochures, livres et placards touchant la religion, la philosophie et la politique. Il était ainsi en mesure de surveiller et de stimuler, au besoin, le zèle de Fouché.

[1] *L'Etat de la France au 18 brumaire*, par Félix Rocquain. Paris, Didier, 1874, p. 258.

[2] *La Censure sous le Premier Empire*. Charavay, 1882, p. 13.

Jules Porreau, sc. Vignères, édit.

JOSEPH FIÉVÉE

(1767-1839)

Publiciste et littérateur.

Auteur de *Correspondance et relations avec Bonaparte.*

Fouché, il ne faut pas l'oublier, représentait auprès du Premier Consul les intérêts et les idées des Jacobins, des hommes les plus compromis dans les violences révolutionnaires. Il fallait, en matière de presse, lui donner un contrepoids : Bonaparte le chercha et le choisit parmi les monarchistes sceptiques, fatigués d'attendre en vain le retour du Roi. Il s'attacha à titre de conseiller intime et de correspondant secret, un journaliste plein de finesse et de verve, un ancien rédacteur de la *Chronique de Paris*, de la *Gazette de France* et du *Mercure*, Fiévée, l'auteur de ce mot si souvent cité : « La politique, même dans les gouvernements représentatifs, est ce qu'on ne dit pas. »

On sait qu'en dehors de Fiévée, Bonaparte avait d'autres correspondants secrets, chargés de l'instruire, à intervalles rapprochés, des mouvements de l'opinion publique : Mme de Genlis et Barrère furent de ce nombre.

Fiévée a publié lui-même, en 1836, sa correspondance, ou plutôt les notes remises par lui au Premier Consul et à l'Empereur pendant une durée de onze années. Ce sont des documents du plus haut intérêt pour l'histoire des idées, au commencement de ce siècle.

Les notes de Fiévée forment une sorte de journal indépendant écrit par un homme d'esprit pour un seul abonné. Fiévée, comme l'a dit M. Nettement, fit pour l'Empereur ce qu'on fait ordinairement pour le public. Sa correspondance est la véritable gazette politique de l'époque ; ailleurs vous ne trouvez que des officieux de commande et une phraséologie censurée, émondée et dirigée par la police. Ainsi, les rôles étaient intervertis : le souverain recevait la vérité toute nue, et le public ne la recevait qu'altérée.

Dès les débuts du Consulat, le *Moniteur* était devenu l'organe officiel du nouveau gouvernement. Il a joué le même rôle pendant plus de soixante ans, sous les divers régimes qui se sont succédé en France. Le Premier Consul avait imaginé, en outre, d'avoir une feuille officieuse entièrement à sa discrétion, le *Bulletin de Paris*, dont les articles étaient rédigés dans son cabinet, sous ses yeux, et quelquefois sous sa dictée.

Malgré ce haut patronage, le *Bulletin de Paris* n'avait aucun succès. Bonaparte en offrit la rédaction à Fiévée. Celui-ci s'en défendit, et victorieusement, dans une note des plus curieuses. Les journaux officieux, à son avis, ne valent pas le papier qu'on y dépense. « Ils n'ont pas un mois d'existence que chacun sait qui les fait, pourquoi et pour qui on les fait. Alors on les lit bien moins pour s'en laisser diriger que pour savoir ce que le gouvernement veut qu'on pense, et, dès qu'on voit un gouvernement quelconque prétendre faire l'opinion au jour le jour, les esprits se cabrent et se font une opinion directement opposée..... Est-ce que le gouvernement croit de bonne foi que les journaux ne sont pas tous à sa disposition, et que les propriétaires lutteraient contre lui, qu'ils refuseraient des articles communiqués, si ces articles étaient bien faits, surtout s'ils étaient écrits dans le sens du journal auquel on les enverrait, conditions sans lesquelles tout article est sans influence... Je ne sais pas comment il faut parler aux Jacobins, mais le Premier Consul trouvera autour de lui des gens qui le savent, et, par ces gens-là, il disposera du *Moniteur*, des *Défenseurs de la Patrie* et même du *Journal de Paris*, dont les allures penchent toujours de ce côté, parce que l'idéologie y entraîne. Moi, je réponds du *Mercure*, du *Journal des Débats* et de la *Gazette de France*, qui ne refuseront jamais un article de moi. »

Avec une hardiesse de pensée et une vigueur d'argumentation peu communes, Fiévée montre la difficulté pour les journalistes les mieux intentionnés de seconder les vues d'un gouvernement personnel, qui ne confie à personne ses secrètes pensées : « Il restera toujours une grande difficulté pour servir le gouvernement dans les journaux, difficulté qui consiste à savoir ce qu'il désire, où il va et par quels moyens il veut y arriver. Rien n'est plus aisé pour les écrivains anglais que de prendre un parti : on sait toujours dans ce pays de quoi il s'agit entre les opinions diverses, parce que rien de fondamental n'est en discussion. Qu'est-ce qui n'est pas en discussion dans notre pauvre France ? Nous sommes en République, et cela n'est pas vrai ; nous parlons de liberté, et cela n'est pas vrai ; on dit qu'on veut finir la révolution, et cela n'est pas vrai ; on veut seulement qu'elle se repose pour reprendre des forces et suivre un autre chemin, car ses admirateurs avouent qu'elle s'est un peu fourvoyée sous Robespierre et sous le Directoire. Personne ne dit au Premier Consul son arrière-pensée ; je crois bien que le Premier Consul ne confie la sienne à personne : cela est assez embarrassant, quand il s'agit de mettre en évidence l'opinion du pays et du gouvernement[1]. »

[1] *Correspondance de Fiévée*, note 1.

* * *

Le Ministre de la Police, loin de favoriser les journalistes, faisait tout pour les décourager et les molester. Dès le 1er frimaire an VIII, douze jours après le 18 brumaire, il faisait annoncer qu'il ne leur serait plus communiqué ni bulletins, ni notes provenant des bureaux de la police. Quelle entrave pour les rédacteurs de ces « Nouvelles et faits divers » qui formaient à peu près l'unique ressource des journaux du temps !

Comme on le voit, la carrière des journaux maintenus était loin d'être facile et semée de roses. Quel intérêt pouvaient avoir les lecteurs à parcourir les feuilles publiques ? La partie littéraire ne les intéressait pas tous et le reste du journal, comme le fait observer Eugène Despois [1], était d'une insignifiance rare : ses plus grandes témérités consistaient à se taire sur quelques points ; c'était entre les lignes qu'il fallait lire ; et le plus grand régal des esprits frondeurs était de déchiffrer les blancs. Ce système d'énigmes et d'allusions discrètes valut, paraît-il, au *Journal des Débats* jusqu'à dix mille abonnés, chiffre extraordinaire pour cette époque [2].

Est-il possible de croire qu'une presse ainsi domestiquée et réduite à la portion congrue ait encore pu éveiller les susceptibilités du pouvoir ? Il faut bien en convenir, en présence des plaintes répétées que Napoléon adressait successivement, soit à Régnier, Ministre de la Justice, soit à Fouché, au sujet de la licence des journaux.

Les journalistes s'abstenaient soigneusement de toute discussion politique. Mais il pouvait leur arriver de commettre certaines imprudences en insérant des nouvelles désagréables au gouvernement. A cet égard, Bonaparte avait un système très simple, qu'il formula ainsi sous l'Empire : « Toutes les fois qu'il parviendra une nouvelle *désagréable au gouvernement*, elle ne doit pas être publiée jusqu'à ce qu'on soit tellement sûr de la vérité, qu'on ne doive plus la dire parce qu'elle est connue de tout le monde [3]. » On peut se demander

[1] *Les lettres et la liberté*. Paris, Charpentier, 1865, p. 257.

[2] Thibaudeau, *Histoire de l'Empire*, t. III, p. 399. Un tableau des journaux parus en germinal an XI, avec le nombre présumé de leurs abonnés dans les départements, porte à 8150 le nombre de ces abonnés pour le *Journal des Débats*. Ce tableau avait été envoyé par ordre du Premier Consul au Conseiller d'État Rœderer, chargé de faire un rapport sur la presse (Hatin, t. VII, p. 412).

[3] *Correspondance Fiévée*, t. II, p. 414.

comment tout le monde saura la vérité, s'il n'est *jamais* permis à personne de la publier, d'abord parce qu'elle est douteuse, et ensuite parce que tout le monde doit la connaître.

*
* *

M. Welschinger a relevé quelques-unes des mesures de répression exercées sous le Consulat à l'égard des journaux qui se permettaient le moindre écart [1].

Le *Républicain démocrate d'Auch* a l'imprudence de parler du renchérissement des grains. Le préfet du Gers en informe Lucien Bonaparte, alors Ministre de l'Intérieur, qui lui répond le 18 avril 1800 : « Il importe de rompre *sans délai* un instrument aussi dangereux dans les mains des agitateurs. En conséquence, je vous ordonne de supprimer le Journal dont il s'agit, sans avoir égard aux réclamations qui pourront êtres faites par le rédacteur où les intéressés, et de traduire devant les tribunaux quiconque excitera à la révolte au sujet des subsistances, afin de faire peser sur lui toute la rigueur des lois. »

La *Correspondance du Concile national*, qui se publie à Coutances, est saisie au mois d'août 1801, pour ses opinions ultramontaines. Le 10 août de la même année, le *Moniteur* annonce en ces termes la suppression de l'*Antidote* : « Un journal qui s'intitulait *l'Antidote* a été supprimé par un arrêté du Premier Consul. Contresigné de Méhée, le même qui avait signé les massacres de septembre, ce journal était plein de ces maximes affreuses qui ont produit tant de maux et qui pour jamais ont cessé de régner en France. »

Le 25 septembre, le préfet de police Dubois fait arrêter momentanément la circulation, la vente et le débit des *Débats* et de la *Gazette de France*, pour avoir reproduit un bref du Pape aux dix-huit évêques réfugiés à Londres, qui les invitait à donner leur démission afin de faciliter l'exécution de la convention passée entre le Saint-Siège et le gouvernement français.

La simple discussion littéraire offrait elle-même des dangers, lorsque les journalistes ne se bornaient pas uniquement à la critique du style. C'est ainsi qu'un arrêté consulaire du 8 prairial an VIII

[1] *Op. cit.*, p. 82 et suivantes.

supprime le journal *l'Ami des Lois* « pour s'être permis de verser le ridicule et le sarcasme sur une réunion d'hommes qui honorent la République, et étendent chaque jour le cercle des connaissances humaines [1] » : c'est de l'Institut qu'il s'agissait. Les journalistes du Consulat n'avaient même plus le droit de plaisanterie sur l'Académie française. Comme le fait observer Eugène Despois, que serait devenu Boileau, le sage Boileau lui-même, si de son temps il lui avait été interdit de se moquer et de l'Académie et des académiciens ?

On sait d'ailleurs quel respect Bonaparte professait lui-même pour cet Institut qu'il voulait mettre à l'abri des traits acérés des critiques littéraires : les *idéologues* de la section des sciences morales et politiques n'ayant pas eu l'heur de lui plaire, il supprima la section d'un trait de plume et répartit la plupart des académiciens dans les autres classes de l'Institut, sans tenir compte de leurs titres spéciaux.

*
* *

Parmi les journaux tolérés par Bonaparte, il en est un qui mérite, malgré tout, une mention particulière pour son indépendance relative : c'est le *Publiciste*, où collaboraient avec Suard, Dupont de Nemours, Lacretelle jeune, Morellet, Barante, Guizot et Mlle Pauline de Meulan.

Suard n'avait pas une grande sympathie pour le Consulat, mais il comprit que le moment n'était pas favorable, après le 18 brumaire, pour continuer l'opposition qu'il n'avait cessé de faire au Directoire. Il s'inclina et s'humilia même parfois devant les avertissements et les censures que la police consulaire ne lui ménagea pas.

Il eut néanmoins le courage de refuser de publier dans son journal l'apologie de l'assassinat plus ou moins juridique du duc d'Enghien. La lettre qu'il écrivit à ce sujet honore trop la presse pour ne pas être reproduite : « J'ai soixante ans, disait-il au ministre de la police, mon caractère ne s'est pas plus assoupli avec l'âge que mes membres ; je veux achever ma carrière comme je l'ai parcourue. Le premier objet sur lequel vous m'invitez à écrire est un coup d'état qui m'a profondément affligé, comme un acte de violence qui blesse toutes mes idées d'équité naturelle et de justice politique. Le second motif de mécontentement public porte sur l'intervention notoire du gouvernement dans une procédure judiciaire soumise à une Cour de jus-

[1] Thibaudeau, t. I, p. 405.

tice. J'avoue encore que je ne connais aucun acte du pouvoir qui doive exciter plus naturellement l'inquiétude de chaque citoyen pour sa sûreté personnelle... Vous voyez, Monsieur, que je ne puis redresser un sentiment général que je partage. »

Cette attitude courageuse valut mille vexations dans la suite au *Publiciste*. Dès le début de l'Empire, un arrêté du ministre de la police générale nomma comme rédacteur de cette feuille Lacretelle aîné, membre de l'Institut, et confisqua les revenus qui furent ainsi distribués : deux douzièmes prélevés par le gouvernement, deux douzièmes attribués à Lacretelle pour son traitement, et les huit douzièmes restant partagés entre Suard et les autres propriétaires du *Publiciste*, suivant les conventions intervenues entre eux.

C'était la première application de cette théorie autocratique que nous allons voir bientôt érigée en système par le premier Empire. Les journaux ne sont pas une propriété ; ils n'existent que sous le bon plaisir du gouvernement qui les tolère ou les supprime à son gré.

C'est au *Publiciste* qu'eut lieu la rencontre charmante et romanesque, si souvent racontée, de Pauline de Meulan et de Guizot. Fille d'un receveur général de la Généralité de Paris, Pauline de Meulan vit sa famille ruinée et exilée par la Révolution. Réfugiée elle-même à la campagne, obligée de se replier et de vivre d'une vie intérieure, elle apprit à penser et à écrire. D'anciens amis de ses parents lui conseillèrent de tirer parti de son esprit et de son talent ; et Suard inséra dans son journal de nombreux articles sur la littérature et les pièces de théâtre marqués au coin de la finesse féminine la plus aiguisée.

Cependant la fatigue la saisit un jour et l'obligea à interrompre son travail. C'est alors que Guizot tout jeune encore et inconnu, mis au courant par Suard de cette situation si touchante, offrit, sans se nommer, de rédiger pour elle les articles attendus par le *Publiciste* avec impatience. Elle accepta cette offre anonyme, mais obtint bientôt que son mystérieux correspondant levât le voile qui le dérobait à sa reconnaissance.

C'est ainsi que Guizot et Pauline de Meulan se lièrent d'amitié et finirent par unir leurs destinées, après cinq années de travaux communs, où leurs esprits se pénétraient et où leurs cœurs se confondaient peu à peu.

*
* *

Le journal qui tint la plus grande place dans la presse du Consulat et du premier Empire, fut assurément le *Journal des Débats*. Grâce à l'habileté des frères Bertin, il grandit et prospéra, dans un milieu difficile et dans des circonstances qui faisaient craindre à chaque instant pour sa confiscation ou sa suppression.

Nous avons parlé du rôle joué par les Bertin, sous le Directoire, avec le journal *l'Eclair*, plusieurs fois fructidorisé et refructidorisé, pour sa politique favorable à la monarchie constitutionnelle.

Le lendemain du 18 brumaire, Bertin l'aîné, son frère Bertin de Veaux et Laborie s'associèrent avec l'imprimeur Lenormant, de la rue des Prêtres, pour acquérir, au prix de vingt mille francs, le *Journal des Débats et Décrets*, fondé en 1789 par Gaultier de Biauzat, èt passé depuis entre les mains de Baudouin. Ils acquirent en même temps, moyennant une rente de quatorze mille quatre cents francs, le *Courrier Universel, feuille du jour*, de Ladevèze qu'ils fusionnèrent avec le *Journal des Débats*. Ils s'adjoignirent Chabaud-Latour, ancien député au Conseil des Cinq-Cents et membre du Tribunat, avec mission « de se présenter partout où le besoin du journal l'exigerait, comme le seul propriétaire et responsable du journal ; à se dire et qualifier tel dans toutes les déclarations et dans tous autres actes de police publique ou de gouvernement qui pourront être requis ou nécessaires pour la conservation ou l'intérêt du journal, ou pour mettre à couvert de toute responsabilité lesdits Laborie et frères Bertin[1]. »

Les anciens rédacteurs de l'*Eclair* et du *Courrier Universel* se confondirent dans la nouvelle rédaction du *Journal des Débats* : on y remarquait Planche, Dussault, Boissonnade, Boutard, Saint-Victor, auxquels vinrent bientôt se joindre Geoffroy, Hoffman, Fiévée, Féletz, et, plus tard, tant d'autres écrivains de talent qui ont illustré le *Journal des Débats*, et s'y sont illustrés eux-mêmes, le savant géographe Malte-Brun, de Bonald, Royer-Collard et Chateaubriand.

On sait que c'est à Geoffroy que revient le mérite d'avoir créé le feuilleton dramatique, alors qu'avant lui le bulletin des théâtres était une simple annonce des spectacles du jour, et contenait à peine quelques appréciations.

Il semble bien, a écrit M. Jules Simon, dans le *Livre du Centenaire*, que Geoffroy est l'âme et l'honneur du journal, l'artisan

[1] *Livre du Centenaire du Journal des Débats*, p. 27.

Du 5 Pluviose, an 8 de la république.

JOURNAL DES DÉBATS

ET LOIX DU POUVOIR LÉGISLATIF, ET DES ACTES DU GOUVERNEMENT.

Nouvelles de Londres et de la Hollande. — Lettre du général Hédouville. — Nouvelles des départemens de l'Ouest. — Détails sur le conclave. — Découverte d'un enfant sauvage dans la forêt de Lacaune, département du Tarn: détails intéressans sur cet enfant. — Séances du tribunat et du corps legislatif. — Noms des candidats pour le sénat.

Cours des changes du 4 pluviose.

Amst. Bco.
Courant 57 1/4 58
Hamb. 190 189
Madrit 7 f. 25 c billet
Effectif
Cadix 7 f. 25 c billet
Effectif
Gênes effectif 4 f. 50 c
Livourne
Basle 3/4 p. 1 3/4 p.
Lyon p. 25 j.
Marseille 1/2 p. 20 j.
Bordeaux 1/2 p. à v.
Montpellier pair 25 j.
Rente prov. f. c.
Tiers cons. 19 f. 25 c. 13 c
Bons 2/3 1 f. 50.
Bons 3/4 f. c
Bons 1/4 f.
Bons d'arréragés, 88 f. 55 f. 75 c. 50 c 89 f. 88 f. 50 c
Bons pour l'an 8, 88 f. 86 f. 130 88 f. 86 c 75 c

Or fin, l'once 102 f. 50 c.
Argent à 11 d. 10 g. le m. 50 / 80
Portugaise, l'once 92 f. 50 c.
Piastre 5 f. 20 c
Quadruple 79 f. 13 c
Ducat 11 f. 25 c.
Guinée 25 f. c
Souverain 33 f. 50 c.
Café Martinique 2 f. 80 à 85 c.
— S. Domingue 2 f. 45 à 55 c.
Sucre d'Orléans 2 f. 5 c.
— d'Anvers 2 f. 5 c
— Crystalisé
Savon de Marseille 1 f.
Huile d'olive 1 f. 25 c.
Chandelle 75 c.
Coton du Levant 3 f. 10 c.
Esprit 3/6 350 à 360 f.
Eau-de-vie, 22 degrés 270 f.

Agiotage 8 o/o

NOUVELLES ETRANGERES.

ANGLETERRE.

Londres, 8 janvier [18 nivose.]

Les parlemens d'Angleterre et d'Irlande réunis, si l'*union* a lieu, prendront le titre de *parlement impérial des isles britanniques*.

On raconte qu'un officier de marine, d'un grade supérieur, recevant une lettre qui lui annonçoit la prise d'un bâtiment ennemi dont il lui revenoit 30 mille liv. sterl. pour sa part, se plaignit de ce qu'on n'avoit pas affranchi la lettre pour lui éviter de payer cinq schellings de port. (Il paroît que c'est le lord Bridport dont il est question ici.)

Le commodore sir Thomas Trowbridge croisoit devant Malte le 17 frimaire, avec cinq vaisseaux de ligne. Lord Nelson étoit à Palerme.

Une cour martiale tenue à bord du *Gladiateur*, dans la rade de Portsmouth, a condamné Thomas Vanthysen, lieutenant de la *Sophie*, à donner sa démission, et l'a déclaré incapable de servir sa majesté, ses héritiers ou successeurs, pour s'être écrié publiquement, en voyant punir un matelot : « Je veux être damné, si, à la place de l'équipage, » je n'écrirois pas contre le capitaine. »

On mande de Dublin, en date du 13 nivose, que le bruit d'une apparition de la flotte française sur la côte s'étoit répandu la veille dans cette ville, et y avoit jetté l'alarme. On étoit aussi très-inquiet de quelques symptômes d'insurrection qui se remontroient dans le comté d'Antrim.

Du 24, du 25, 26 et 27 nivose.

Trois pour 100 consolidés : 61 3/8 1/8 1/4 3/8. Pour leur ouverture : 62 5/8 1/8 1/4 7/8.

Nous apprenons par la correspondance d'Egypte, interceptée, que le commodore Blanken a été repoussé dans une attaque qu'il a faite contre le fort de Cosséir, sur la Mer-Rouge.

Le bruit qui s'étoit répandu que M. Pitt avoit le projet de différer son nouvel emprunt jusqu'à la fin de la session du parlement, prend de plus en plus consistance. Ce délai paroît calculé de la part du ministre, d'après l'espoir qu'il a que les succès de la nouvelle expédition et les victoires de la coalition feront monter les effets publics. Il cherchera, dans l'intervalle, à faire aller les choses avec une émission de 2 millions sterling de billets de l'échiquier.

La flotte partie de la Jamaïque, le 9 brumaire, a été dispersée bientôt après son appareillage, et aucun des bâtimens qui en faisoient partie, n'est encore arrivé. La frégate qui servoit d'escorte, est rentrée dans le port, avec une voie d'eau considérable.

Sir Edward Pellew a fait voile de Falmouth, pour aller croiser sur la côte de France. Sa division consiste dans l'*Impétueux* de 78 canons, 4 frégates et un cutter.

Le bruit court qu'il est sorti de Brest une flotte de 15 à 16 vaisseaux de ligne.

REPUBLIQUE BATAVE.

La Haye, 17 janvier [27 nivose.]

Le comité de commerce et de navigation a reçu l'avis suivant qu'il a fait répandre avec une grande publicité :

« Sa majesté le roi d'Espagne a ordonné que pendant la guerre avec l'Angleterre, on ne pourra introduire en Espagne, de canelle, que par terre et par Bayonne, muni d'un certificat contrôlé par l'agent consulaire, résidant en ce port. Et pour une plus grande sûreté, le roi a ordonné que la douane *de la Victoria* sera la seule par où l'introduction aura lieu. Le ministre du roi d'Espagne a reçu l'ordre de mettre le plutôt possible cette ordonnance royale à exécution. »

La lettre de Bonaparte à Georges III a fait ici une très-grande sensation.

Les orangistes d'Enkhuyzen ont été mis en liberté, comme ceux d'Alkmaer.

REPUBLIQUE FRANÇAISE.

ARMÉE DE L'OUEST.

Lettre du général Hédouville, lieutenant du général en chef.

Angers, le 1er. pluviose.

La division de chouans de Châtillon a accepté la paix.

RÉDUCTION D'UN FAC-SIMILÉ

Extrait du *Livre du Centenaire du Journal des Débats*.
(E. Plon, Nourrit et Cie, édit.)

principal de sa prospérité, et c'est un peu le sentiment qu'on éprouve en lisant la collection du journal à cette époque. Et qu'est-ce que Geoffroy? Un élève des Jésuites, destiné par eux à l'enseignement de la rhétorique, puis, après l'expulsion, maître de quartier au collège de Montaigu, professeur dans plusieurs institutions, et, sous la Terreur, maître d'école dans un village où il s'était caché. Il se met à écrire sur le tard. On sent dès le premier jour l'étendue de ses connaissances et la rectitude de son jugement. Il acquiert peu à peu assez d'autorité pour rendre des arrêts. On l'oublie à présent, parce qu'on oublie tout; mais il a exercé au commencement du siècle une sorte de souveraineté!

Les collègues de Geoffroy, Hoffman et de Féletz, ont été jugés par M. Paul Desjardins avec autant d'esprit que de justesse, dans le même *Livre du Centenaire*.

Hoffman élevé par un père, officier des armées impériales, avait gardé de son éducation quelque chose d'un peu grossier, une certaine rudesse dans l'esprit et les manières. A Nancy, sa ville natale, il eut l'occasion de réciter des vers dans le salon de la marquise de Boufflers. Il les publia ensuite. Venu à Paris pour y chercher la gloire, il se lia avec Arnault et Fontanes, s'éprit de la Saint-Huberty, la cantatrice fameuse, et exerça pendant quinze ans le métier d'auteur dramatique et de librettiste. Il remporta un triomphe avec l'imbroglio des *Rendez-vous bourgeois*, qui se jouent encore et font toujours rire. C'est en 1807, sur l'invitation d'Etienne, qu'il entra au *Journal des Débats*. Il y apportait, avec l'admiration de Voltaire et de Beaumarchais, des qualités d'auteur dramatique et de pamphlétaire : facilité de plume, vivacité, hardiesse de jugement, habitude de juger des questions par à peu près et à vol d'oiseau.

Quant à l'abbé de Féletz, il était issu d'une famille du Périgord, comme Fénelon, dont sa physionomie rappelle la mansuétude élégante. Il avait eu de rudes et obscurs débuts. Ordonné prêtre des mains d'un évêque insermenté en 1792, poursuivi, arrêté, il passa dix mois sur un ponton à Rochefort. Mais il n'avait pas une vocation véritable, et il renonça à la soutane, sous la Restauration. Né gentilhomme, élevé par l'Eglise, il garda de cette double influence le talent de pratiquer une réticence perpétuelle.

* * *

Les Bertin s'étaient flattés, en créant les *Débats,* d'y poursuivre leur ancienne politique constitutionnelle de l'*Eclair*. On en a la preuve dans un article sur la mort de Washington, publié le 14 pluviôse an VIII (3 février 1800), dans lequel le héros américain est offert en exemple « à celui qui tient maintenant les rênes du gouvernement en France..... La tombe de Washington sera l'asile où il se retirera pour y réfléchir encore sur ce qu'il sait déjà bien, qu'il est une gloire plus belle, plus touchante, plus digne de tous les suffrages, que celle des armes et des conquêtes ». Mais si les Bertin avaient des illusions sur Bonaparte, ces illusions ne durèrent que bien peu de temps. Bonaparte voulait faire de l'ordre à son profit, et en employant, pour faire l'ordre, les Jacobins, les Fouché, les éternels ennemis des Bertin[1].

M. Villemain a tracé de main de maître, dans ses *Souvenirs contemporains*[2], un portrait des Bertin que nous ne pouvons nous empêcher de reproduire ici.

« Les fondateurs du *Journal des Débats* étaient deux frères, de physionomie très diverse, mais également remarquables, dont le caractère et l'influence méritent à plusieurs titres d'être notés dans l'histoire anecdotique et même politique de notre temps.

« L'un, M. Louis Bertin, singulièrement doué pour le monde par la noblesse des traits et des manières, le naturel distingué de l'esprit, la passion et le sentiment délicat des arts, avait eu de bonne heure un rôle actif et courageux dans la polémique de renaissance sociale qui suivit la Terreur. Royaliste et libre penseur, homme d'honneur et d'une parole hardie contre la bassesse et le crime, il avait été fort poursuivi sous le Directoire, et ensuite sous le Consulat, comme par tacite reconduction de police, emprisonné, renvoyé de Paris, mis en surveillance, relégué quelque temps à l'île d'Elbe, et enfin laissé libre de voyager hors de France[3].

« Son goût pour les arts l'avait conduit vers l'Italie, et c'était là que, rapproché de Chateaubriand à Florence, où il assistait avec lui aux funérailles d'Alfiéri ; à Rome, où il le consolait près d'un autre cercueil, il se prit de la plus vive amitié et de la plus constante admi-

[1] *Le livre du Centenaire*, p. 28 et 29.

[2] Tome I, p. 448.

[3] Cette persécution fut l'œuvre de Fouché. Le journal n'en souffrit guère; il était dirigé pendant ce temps par Bertin de Veaux et protégé par Chabaud (*le Livre du Centenaire*).

ration pour ce brillant génie, dans tout l'éclat de son avènement littéraire.

« D'une instruction classique, d'un goût sévère et fin, avec une lecture très variée, M. Bertin, comme admirateur et comme ami, fut très utile à M. de Chateaubriand, non pas seulement par le zèle ingénieux de ses louanges publiques, mais par ses habiles conseils et la franchise intérieure de son culte.

« A cet égard, il mériterait de tous les amis des lettres un souvenir, justifié par bien d'autres mérites, d'affabilité généreuse, d'attention amie, d'encouragement éclairé pour la jeunesse et d'invariable fidélité au talent bien plus qu'au succès.

« Cet hommage d'estime, il y avait droit encore sous un point de vue plus haut, par sa constance dans les opinions saines et libérales, qui conservent quelque reste de dignité aux lettres sous le pouvoir absolu, et qui les rendent puissantes et tutélaires dans les États libres.....

« Les mêmes préférences politiques, avec plus de pénétration active et d'ascendant pratique, marquaient l'esprit de M. Bertin de Veaux, homme supérieur dans les entretiens, par l'abondance des idées, la fermeté du raisonnement et la justesse du sens, sous le coup même de la passion. Moins modeste que son frère, moins volontiers satisfait de la vie spéculative..... »

Dans l'état d'oppression et d'impuissance où se trouvait la presse sous le Consulat, à quoi pouvaient servir les belles qualités des Bertin et de leurs collaborateurs ? La liberté de la presse ne pouvait pas cependant périr tout entière. Elle se réfugia, se glissa dans les critiques et variétés littéraires, dans les correspondances, même dans les faits divers; mais elle fut réduite à ne se manifester que par intermittence, très indirectement, sous le voile de certaines tournures de phrases, d'allusions, de citations ou de réticences. Ces allusions, fort difficiles à retrouver aujourd'hui et à comprendre, étaient saisies avec avidité par les contemporains.

*
* *

C'est par la voie d'une allusion lointaine et détournée que le *Journal des Débats* marqua sa réprobation de l'exécution du duc d'Enghien, au moment où Chateaubriand, pour les mêmes raisons, résigna ses fonctions de secrétaire d'ambassade. Dans un coin de

Ingres, *pinx.* Imp. Eudes. Héliog. Dujardin.

LOUIS-FRANÇOIS BERTIN, dit BERTIN L'AÎNÉ

(1766-1841)

Fondateur du *Journal des Débats.*

Gravure extraite du *Livre du Centenaire du Journal des Débats.*
(E. Plon, Nourrit et Cie, édit.)

feuilleton, on glissa la traduction en vers par E. Aignan d'un fragment du onzième livre de la *Seconde guerre punique* de Silius Italicus. Le passage traduit était précédé de ce sommaire : Pacuvius, seigneur de Capoue, conjure son fils de renoncer au dessein qu'il avait formé d'assassiner Annibal.

Mon fils.....

Je t'en supplie, abjure un criminel dessein.
Sois l'hôte d'Annibal, et non son assassin !
Que le sang d'un héros, versé sous mes portiques,
Ne souille point ma table et mes dieux domestiques.

*
* *

La prospérité du *Journal des Débats* allait toujours croissant ; ses dix ou douze mille abonnés et ses deux cent mille francs annuels de bénéfices ne pouvaient manquer de lui susciter de vives jalousies et d'éveiller les convoitises de ses puissants adversaires.

On en trouve la trace dans un rapport écrit par Rœderer pour le Premier Consul[1]. Rœderer était le rédacteur principal du *Journal de Paris*, organe reconnu du parti des philosophes et des jacobins, dont Fouché était en quelque sorte le chef.

Dans ce rapport curieux, dont l'exagération et la partialité sont évidentes, Rœderer prétend que *l'esprit du Journal des Débats* qu'il distingue de l'intention de ses auteurs, est de faire une guerre ouverte à la Révolution, sans distinction d'hommes, de principes, d'actions, d'institutions, de résultats, de faire la guerre aux philosophes et littérateurs du XVIIIe siècle, aux mathématiciens et aux physiciens, au XVIIIe siècle tout entier, en haine de la Révolution qu'il a fait naître, tout en reproduisant en toute occasion l'éloge de Louis XVI et de sa famille, et en gémissant sans cesse sur l'état de la France.

Il est vrai que les *Débats* font de temps à autre l'éloge du Premier Consul ; mais ils n'y mêlent jamais celui de l'administration.

Ils affectent d'appeler l'attention et les respects sur le siècle de Louis XIV. N'est-ce pas préparer des hommages au prétendant ? Pleurer publiquement Louis XVI, n'est-ce pas appeler Louis XVIII ?

Rœderer partage les lecteurs du *Journal des Débats* en trois caté-

[1] Ce rapport a été publié par son fils dans les *Œuvres complètes de Rœderer*. Hatin l'a reproduit dans le tome VII de son *Histoire de la Presse*.

gories : celle des oisifs qui veulent savoir des nouvelles pour en parler ; celle des indépendants ou frondeurs, pour lesquels La Fontaine a dit :

Tout faiseur de journal doit tribut au malin ;

enfin, celle des mécontents qui y cherchent toujours des aliments de haine et des espérances de subversion.

L'auteur du rapport n'est pas partisan de la suppression du journal, qui irriterait douze mille personnes et ferait perdre au gouvernement *le moyen que lui donne la liste des souscripteurs du journal pour connaître leur nombre et leur nom*. Mais il est d'avis de lui imposer un censeur du genre de ceux qui étaient attachés, sous l'ancien régime, au *Mercure* et au *Journal de Paris*. Ce censeur aurait la haute main sur le directeur et la rédaction du journal, corrigerait tout ce qui entrerait dans la feuille, composerait et insérerait habituellement des articles dans les vues du gouvernement, mais rédigés sur un ton conforme à celui du journal, de manière à passer pour l'écho des opinions de tous les collaborateurs.

Bonaparte goûta ces conseils, et ne tarda pas à les mettre en pratique, lorsqu'il eut été proclamé Empereur, tout en les combinant avec des mesures de confiscation et de suppression.

Ajoutons, pour compléter tout ce qui est relatif à la période consulaire, que la censure, si elle n'existait pas officiellement, n'en fonctionnait pas moins. C'était la cinquième division de la police qui était chargée, de 1800 à 1804, de la surveillance de l'imprimerie et de la librairie et arrêtait la circulation des livres dangereux pour l'esprit public. Un arrêté du 27 septembre 1803 régularisa cette situation. Il était ainsi conçu : « Pour assurer la liberté de la presse, aucun libraire ne pourra vendre un ouvrage avant de l'avoir présenté à une commission de revision, laquelle le rendra, s'il n'y a pas lieu à censure. »

*
* *

Nous devons, à ce propos, dire quelques mots de la guerre acharnée que fit le Premier Consul à Mme de Staël. Le salon de l'illustre fille de Necker réunissait les derniers débris de l'opposition contre la dictature de Bonaparte. Benjamin Constant en était le plus bel ornement. De là la haine violente qui lui fut vouée, et l'espionnage incessant dont elle fut l'objet. Lorsque parurent, en 1802, les *Dernières Vues de politique et de finances* de Necker, le Premier Consul entra en fureur à la lecture de cette phrase : « Je ne crois pas que Bonaparte lui-même, avec son talent, son génie, avec toute sa puissance, puisse venir à bout d'établir en France aujourd'hui une monarchie héréditaire tempérée. » Il fit interdire à Mme de Staël le séjour de Paris, pour la punir, disait-il, d'avoir porté à son père, à Coppet, des renseignements faux sur l'état de la France.

En 1803, c'est le séjour sur le sol français qui est interdit à l'auteur de *Delphine*. Elle essaye en vain d'attendrir par une lettre touchante le Premier Consul. « Il n'est pas de vous, dit-elle, le mouvement qui vous porte à persécuter une femme et deux enfants ; il est impossible qu'un héros ne soit pas le protecteur de la faiblesse. Je vous en conjure encore une fois, faites-moi la grâce entière ; laissez-moi vivre en paix dans la maison de mon père à Saint-Ouen. » Elle ne peut croire à la durée de cette persécution : « Vous me donneriez ainsi une cruelle illustration. J'aurais une ligne dans votre histoire. » Bonaparte fut implacable ; et elle dut prendre le chemin de l'exil, s'acheminant sur Weimar, où elle commença à recueillir des notes pour son livre sur l'*Allemagne*.

*
* *

Mais voici le Premier Consul devenu Empereur des Français et investi du pouvoir le plus absolu par la Constitution impériale ou Sénatus-Consulte organique du 28 floréal an XII (18 mai 1804).

Quoique ses sentiments à l'égard de la presse soient bien connus et ne soient pas susceptibles de variation, il prend l'étrange précaution de faire insérer dans le titre 8 du Sénatus-Consulte les articles 64 à 67, qui organisent une commission sénatoriale pompeusement appelée de la *Liberté de la Presse* [1].

Aux termes de l'article 64, « une commission de sept membres nommés par le Sénat et choisis dans son sein, est chargée de veiller à la liberté de la presse. Ne sont point compris dans ses attributions les ouvrages qui s'impriment et se distribuent par abonnement à des époques périodiques. » On voit par là que la presse périodique est exclue de toute garantie. Hâtons-nous d'ajouter que les garanties

[1] *Collection des Lois de Duvergier*, t. XV, p. 6 et 7.

prévues en faveur des écrits non périodiques sont absolument illusoires. Que dit, en effet, l'article 65? « Les auteurs, imprimeurs ou libraires qui se croient fondés à se plaindre d'empêchements mis à leur impression ou à la circulation d'un ouvrage, peuvent recourir directement et par voie de pétition à la commission sénatoriale de la liberté de la presse..... » La commission peut inviter le Ministre à faire cesser l'empêchement et renouveler ses invitations jusqu'à trois fois consécutives dans l'espace d'un mois, après quoi le Sénat est appelé à déclarer « qu'il y avait de fortes présomptions que la liberté de la presse avait été violée ».

Ces prétendues garanties sont de pures fictions constitutionnelles et ne peuvent plus faire illusion. Une chose certaine, c'est que, pendant toute la durée de l'Empire, personne ne semble se douter de l'existence de la commission sénatoriale de la presse.

La presse française est tout entière dans la main de l'Empereur; et l'enivrement des victoires fait oublier à la nation tout ce qu'il y a d'arbitraire dans sa conduite. Napoléon veut pouvoir dire, et il dit réellement, en parlant de la presse : *Mes journaux*. Tel est bien le langage de l'omnipotence despotique.

L'Empereur, du milieu des camps et des diverses capitales de l'Europe, qu'il traverse en conquérant, gourmande l'indifférence et réveille le zèle de Fouché, si ce dernier laisse publier des articles où il est question de la marche des armées ennemies ou d'entrevues entre souverains étrangers : « Remuez-vous donc un peu plus pour soutenir l'opinion, écrit Napoléon à son ministre de la police. Dites aux rédacteurs que, quoique éloigné, je lis les journaux; que s'ils continuent sur ce ton, je solderai leur compte; qu'en l'an VIII je les ai réduits à quatorze. Je pense que ces avertissements successifs aux principaux rédacteurs vaudront mieux que toutes les réfutations. Dites-leur que je ne les jugerai point sur le mal qu'ils auront dit, mais sur le peu de bien qu'ils n'auront pas dit..... Oiseaux de mauvais augure, pourquoi ne présagent-ils que des orages éloignés? Je les réduirai de quatorze à sept, et je conserverai, non ceux qui me loueront, je n'ai pas besoin de leurs éloges, mais ceux qui auront la touche mâle et le cœur français, qui montreront un véritable attachement pour moi et mon peuple. » Dans une autre lettre, il redouble et précise ses menaces : « La réforme des journaux aura bientôt lieu; car il est par trop bête d'avoir des journaux qui n'ont que l'inconvénient de la liberté de la presse sans en avoir les avantages..... Dites aux rédacteurs que vous ne leur ferez aucune observation sur de petits articles; qu'il n'est plus question aujourd'hui de n'être pas mauvais, mais d'être tout à fait bons, car on ne les laissera pas jouir de bons revenus pour ne rendre aucun service et au contraire pour nuire[1]. »

* * *

Ces menaces ne tardèrent pas à être mises à exécution. On commença par le *Journal des Débats*. En avril 1805, Esménard fut nommé censeur *contre* cette feuille, suivant l'expression de Fiévée. Le feuilleton de Geoffroy était seul exempté de la censure.

Napoléon veut qu'on fasse connaître cette mesure aux autres journaux, et il écrit à Fouché : « Prévenez-les que s'ils s'avisent de débiter des nouvelles par trop bêtes, et dans de mauvaises intentions, j'en ferai autant de leurs feuilles. » Puis il revient aux *Débats*, que Fouché lui dépeignait toujours sous les couleurs les plus noires et il s'écrie : « Au premier mauvais article, je supprime ce journal. »

Rien de plus curieux que la correspondance entretenue par Fiévée avec l'Empereur, au sujet du *Journal des Débats*. En mai 1805, Fiévée reçoit une note, dans laquelle Napoléon, parlant tantôt à la troisième, tantôt à la première personne, lui dit « que l'on est prévenu contre le *Journal des Débats*, parce qu'il a pour propriétaire Bertin de Veaux, vendu aux émigrés de Londres; que cependant on n'a pris aucun parti ; que l'on est disposé à conserver le *Journal des Débats*, si on me présente pour mettre à la tête de ce journal des hommes en qui je puisse avoir confiance..... Le titre du *Journal des Débats* est aussi un inconvénient, il rappelle le souvenir de la Révolution. Il faudrait lui donner celui de *Journal de l'Empire* ou tout autre analogue. Il faut que les propriétaires de ce journal présentent quatre rédacteurs sûrs et des propositions pour acheter la rédaction de quelques journaux. Il sera possible, avec cette garantie, de consolider leur propriété et de la rendre aussi solide qu'un fonds de terre. »

Fiévée eut beau défendre les Bertin, avec lesquels il était lié, ceux-ci durent s'incliner. Ils subirent le changement de titre, mais ils se refusèrent à racheter les journaux qu'on voulait supprimer. Ils préféraient abandonner deux douzièmes de leurs bénéfices au gouvernement,

[1] *Correspondance de Napoléon*, t. X.

« sauf à la police à en employer le produit à des dédommagements pour les journaux qu'on supprimerait, ou au gouvernement à l'employer en pensions pour des hommes de lettres. » Au lieu de deux douzièmes de bénéfices, l'Empereur en prit trois pour le gouvernement et deux pour Fiévée, qui fut nommé par arrêté du 29 vendémiaire an XIV (octobre 1805) rédacteur du *Journal de l'Empire*. Le reste fut laissé comme par grâce aux propriétaires[1].

Loin de diminuer, le nombre des abonnés de la feuille des Bertin semble encore avoir augmenté sous la direction de Fiévée. Fouché en fut offusqué; et l'Empereur finit par donner pour successeur à Fiévée, en juillet 1807, le censeur Etienne, homme de lettres bien connu par les comédies qu'il fit représenter sous le premier Empire.

Au lieu d'un intermédiaire bienveillant, d'un défenseur officieux auprès du gouvernement, les Bertin eurent dès lors un maître investi des pouvoirs les plus étendus; leur influence politique fut réduite à néant, et c'est à peine s'il leur fut permis de s'occuper de la gestion matérielle de l'entreprise.

Les mesures appliquées au *Journal des Débats* le furent aux autres. L'Empereur écrivait à Fouché, du camp de Boulogne, le 7 août 1805 : « Vous généraliserez à l'égard de tous les autres journaux la retenue de deux douzièmes, ou trois douzièmes, selon l'importance des profits, pour être appliqués à des pensions qui seront accordées aux gens de lettres[2]. »

* * *

Ces procédés étaient empruntés au régime de la presse avant 1789. Nous avons vu en effet qu'au XVIIIe siècle, à la veille de la Révolution, certaines pensions de gens de lettres étaient imputées sur les bénéfices des journaux, tels que le *Mercure de France* ou l'*Année littéraire* de Fréron.

Le *Publiciste* de Suard n'était guère plus en odeur de sainteté que la feuille des Bertin. On lui imposa comme rédacteur en chef Lacretelle aîné. Quatre douzièmes furent prélevés sur les bénéfices du journal, dont deux pour le gouvernement et deux pour le traitement de Lacretelle. En 1807, Lacretelle fut remplacé par Jouy.

Napoléon n'en excitait pas moins Fouché à redoubler de vigilance

[1] *Livre du Centenaire du Journal des Débats*, p. 35.

[2] *Correspondance de Napoléon*, t. XI.

et de sévérité dans sa surveillance de la presse. Il lui écrivait de Metz le 23 septembre 1808 : « Monsieur Fouché, le *Publiciste* du 22 septembre agite des questions théologiques ; cela n'est que d'un mauvais effet. Ne peut-on pas laisser les questions théologiques aux prédicateurs ? J'avais déjà fait connaître que mon intention était que les journaux cessassent de s'en occuper. Qu'est-ce que cela fait que les prêtres soient mariés ou non ? Il faut éviter de troubler l'État pour ces bêtises. » Et le 25 janvier 1810, toujours à propos du *Publiciste* : « Monsieur le duc d'Otrante, il y a dans le *Publiciste* un article qui paraît fait en faveur des moines espagnols. Faites sentir au rédacteur l'inconvenance de pareils articles et le risque qu'il court de faire supprimer le journal. Faites faire des articles qui peignent la férocité de ces moines, leur ignorance et leur profonde bêtise, car les moines d'Espagne sont de vrais garçons bouchers[1]. »

Le *Mercure de France* encourut à son tour les sévérités de la police impériale.

C'est dans le *Mercure* que Chateaubriand avait publié les premiers fragments du *Génie du Christianisme*. Le 4 juillet 1807, il fit paraître un compte rendu du *Voyage d'Espagne* de M. de Laborde. Cet article contenait des allusions qui visaient Napoléon et causèrent un gros scandale. Voici les passages les plus curieux de cet article : « La Muse a souvent retracé les crimes des hommes ; mais il y a quelque chose de si beau dans le langage du poète, que les crimes mêmes en paraissent embellis. L'historien seul peut les peindre sans en affaiblir l'horreur. Lorsque, dans le silence de l'abjection, l'on n'entend plus retentir que la chaîne de l'esclave et la voix du délateur, lorsque tout tremble devant le Tyran, et qu'il est aussi dangereux d'encourir sa faveur que de mériter sa disgrâce, l'historien paraît chargé de la vengeance des peuples. C'est en vain que Néron prospère, Tacite est déjà né dans l'Empire ; il croît inconnu auprès des cendres de Germanicus, et déjà l'intègre Providence a livré à un enfant obscur la gloire du Maître du Monde. Bientôt, toutes les fausses vertus seront démasquées par l'auteur des *Annales ;* bientôt il ne fera voir dans le Tyran déifié, que l'histrion, l'incendiaire et le parricide : semblable à ces premiers chrétiens d'Égypte qui, au péril de leurs jours, pénétraient dans les temples de l'idolâtrie, saisissaient, au fond d'un sanctuaire ténébreux, la divinité que le crime offrait à l'encens de la

[1] *Correspondance inédite de Napoléon Ier* par M. de Brotonne (*Nouvelle revue*, année 1894.)

peur, et traînaient à la lueur du soleil, au lieu d'un dieu, quelque monstre horrible. »

M. Guizot a consigné dans ses *Mémoires*[1], l'impression vive et profonde des contemporains à la lecture de cette éloquente tirade. Napoléon irrité imposa au *Mercure* comme censeur Legouvé, et comme collaborateurs Lacretelle aîné, Esménard, le chevalier de Boufflers. « Ainsi, comme le dit M. Guizot, l'empereur Napoléon, vainqueur de l'Europe et maître absolu de la France, ne croyait pas pouvoir souffrir qu'on dît que son historien futur naîtrait peut-être sous son règne, et se tenait pour obligé de prendre l'honneur de Néron sous sa garde. C'était bien la peine d'être un si grand homme pour avoir de telles craintes à témoigner, et de tels clients à protéger. »

***

La physionomie des principaux journaux de Paris en 1808 peut être retracée d'après les Souvenirs du Conseiller d'État Réal. On ne lisait pas beaucoup le *Moniteur*, tant son immense format effrayait les plus intrépides. Le *Journal de l'Empire*, grâce aux feuilletons de Geoffroy, était le plus en vogue ; le *Journal de Paris* avait le monopole des accidents, des suicides, des assassinats, des vols, des faits divers ; la *Gazette de France* était le journal religieux.

Les journaux pouvaient imprimer tout..... ce que leur permettait le censeur attaché à chacun d'eux, et chaque matin, le censeur allait prendre le mot d'ordre chez le ministre de la police. Le journal était composé et imprimé si rapidement que, vers les sept ou huit heures du soir, le ministre recevait le numéro qui devait paraître le lendemain.

La presse départementale n'avait pas grande importance ; et cependant, elle était soumise, elle aussi, à la plus étroite surveillance, si nous en jugeons par la circulaire suivante du ministre de la police aux préfets, le 6 novembre 1807 : « L'influence des journaux sur l'esprit public ne me permet pas, Monsieur, de fermer les yeux sur les abus qui se sont glissés dans la rédaction de ceux qui s'impriment dans les départements. Souvent j'ai eu à me plaindre de leur indiscrétion et de leur maladresse. J'ai même sévi contre quelques-uns d'entre eux ; mais ils n'en continuent pas moins à parler du mouve-

[1] Tome Ier, p. 12.

ment de nos troupes de terre et de mer, à extraire des gazettes étrangères une foule de nouvelles fausses ou au moins hasardées ; enfin, à publier des actes de l'autorité supérieure qui doivent rester secrets, tels que des lettres confidentielles de Sa Majesté. Une mesure générale peut seule arrêter ce désordre. Je vous invite en conséquence, Monsieur, à défendre aux journalistes de votre département d'insérer à l'avenir dans leurs feuilles aucun article quelconque relatif à la politique, excepté seulement ceux qu'ils pourront copier dans le *Moniteur*. »

La même circulaire prescrivait aux préfets de se faire présenter annuellement l'état exact du produit de chaque journal départemental et de prélever deux douzièmes sur les bénéfices [1].

Un dernier coup fut porté à la presse départementale en 1809. Le ministre de la police ordonna qu'il n'y aurait plus par département qu'un seul journal autorisé à s'occuper de politique. Les journaux administratifs, judiciaires ou feuilles d'annonces étaient autorisés à circuler, mais en se conformant aux lois et règlements. Le choix du journal politique conservé dans chaque département était réservé au préfet.

*
* *

Il semble qu'après ces mesures, la presse française était si bien muselée et tenue en laisse, qu'il n'y avait plus rien à tenter contre elle. Et cependant Napoléon trouvait encore que les journaux étaient trop nombreux et trop indépendants. Il résolut d'en réduire le nombre et d'en confisquer la propriété !

Cette œuvre de spoliation s'accomplit en 1811. Quatre journaux seulement furent maintenus : le *Moniteur*, le *Journal de l'Empire*, la *Gazette de France* et le *Journal de Paris*. On supprima tous les autres d'un trait de plume : le *Mercure*, le *Publiciste*, le *Journal du Soir*, le *Courrier de l'Europe*, etc...

La confiscation de la propriété des *Débats* devenus *Journal de l'Empire* fut consommée à la même époque.

Le décret de confiscation porte la date du 8 février 1811. Il était

[1] *Archives nationales*, F. 8350. *La censure sous le Premier Empire*, par Welschinger, p. 104. Le nombre des journaux des départements était en 1807 de 170. Quelques-uns par mesure gracieuse furent dispensés de verser les deux douzièmes. Le produit total de ces douzièmes, prélevé de 1807 à 1809, fut de 2791 fr. 62 cent. Il ne rentra dans la Caisse du Ministère de la police que 1361 francs.

précédé de motifs qui méritent d'être signalés : « Considérant que les produits des journaux ou feuilles périodiques ne peuvent être une propriété qu'en conséquence d'une concession expresse faite par nous ; considérant que le *Journal de l'Empire* n'a été concédé par nous à aucun entrepreneur ; que les entrepreneurs actuels ont fait des bénéfices considérables par suite de la suppression de trente journaux, bénéfices dont ils jouissent depuis un grand nombre d'années et qui les ont indemnisés bien au delà de tous sacrifices qu'ils peuvent avoir faits dans le cours de leur entreprise ; considérant d'ailleurs que non seulement la censure, mais même tout moyen d'influence sur la rédaction d'un journal ne doivent appartenir qu'à des hommes sûrs, connus par leur attachement à notre personne et par leur éloignement de toute correspondance et influence étrangère.... »

Le décret concédait le *Journal de l'Empire* à une société d'*actionnaires*, composée de vingt-quatre actions. Huit actions étaient attribuées à l'Administration générale de la police, et les seize autres à Boulay de la Meurthe, Bérenger, Corvetto, Réal, Fiévée, Mounier, Rémusat, Costaz, Saulnier, Denon, Desmarets, Treilhard, Bausset et de Gérando.

La caisse, les papiers et le mobilier, tout fut confisqué, sans la moindre indemnité aux propriétaires, les Bertin, Chabaud-Latour, Laborie et Lenormant.

Un décret daté de Compiègne, le 17 septembre 1811, généralisa cette mesure de confiscation et fit tomber entre les mains du pouvoir impérial la propriété de tous les journaux. Ce décret ne fut pas publié, mais il fut exécuté. M. Welschinger prétend que l'original fut brûlé en 1814, avec d'autres documents importants des Archives de l'Empereur, par Talleyrand, président du Gouvernement provisoire.

Dès lors, les journaux ne disent plus que ce que veut le Maître et sa police.

L'*Almanach Impérial* de 1811 mentionne l'existence au ministère de la police générale d'un *bureau de l'esprit public*, dirigé par Etienne et ayant dans ses attributions la direction des journaux de Paris. Etienne était assisté d'un Comité où siégeaient notamment les rédacteurs en chef des journaux : Sauvo pour le *Moniteur*, Etienne pour le *Journal de l'Empire*, Jay pour le *Journal de Paris* et Tissot pour la *Gazette de France*. Ce bureau de l'esprit public était chargé de commenter et de chanter les triomphes de l'Empereur, ses actes politiques et ses victoires dans le monde [1].

*
* *

Les journaux et écrits périodiques ne furent pas seuls réduits en servitude. Le même sort fut réservé à l'imprimerie et à la librairie par le décret du 5 février 1810.

Ce décret tyrannique limitait le nombre des imprimeurs, de crainte que plusieurs, faute de travail, ne consentissent à composer des ouvrages dangereux pour le gouvernement. Il organisait une surveillance rigoureuse et incessante des imprimés et la confiait aux agents de l'intérieur et de la police. Il donnait au directeur de la librairie le droit exorbitant de briser les presses et de cartonner les ouvrages. Enfin il infligeait les procès-verbaux, les confiscations, les amendes, les emprisonnements, les saisies et tout ce qui constitue l'attirail d'une oppression légale.

La censure des livres était ouvertement organisée par l'article 14 ainsi conçu : « Lorsque le directeur général aura sursis à l'impression d'un ouvrage, il l'enverra à un censeur choisi parmi ceux que nous nommerons pour remplir cette fonction, sur l'avis du directeur général et la proposition de notre ministre de l'intérieur. »

Aucun ouvrage ne pouvait plus paraître sans l'autorisation du Directeur général et sans l'avis conforme des censeurs. Cette autorisation ne mettait d'ailleurs ni les écrits à l'abri d'une saisie, ni les auteurs à l'abri d'une poursuite. Par surcroît, la police avait toujours la faculté d'arrêter la circulation de tout ouvrage qui lui déplaisait, même alors qu'il avait été examiné, imprimé et autorisé à paraître.

Le comte Joseph-Marie Portalis fut nommé, le 12 février 1810, Directeur général de l'imprimerie et de la librairie. Moins d'une année après, il tomba en disgrâce et fut remplacé par le général de Pommereul. Pasquier fut élu préfet de police en 1810, alors que Savary avait succédé à Fouché au ministère de la police.

Un des scandales les plus retentissants qui ait été soulevé par la

[1] Voici les noms de tous les membres de ce bureau de l'Esprit Public : Etienne, Esménard, Lemontey, Jay, Tissot, Arnault, Michaud, Jouy, Lacretelle, Sauvo, Barrère, de Montlosier, Fabien, Pillet, Merle, Lefebvre, Ourry de Lancy, Dussault, Beuchot, Martainville, Malte-Brun et baron Trouvé.

H.-C. Müller sc.

Anne-Louise-Germaine NECKER
Baronne de STAEL-HOLSTEIN

(1766-1817)

Auteur de : *Considérations sur la Révolution française*, *De l'Allemagne*, *Delphine*, *Corinne*, etc.

censure impériale ainsi organisée fut relatif au livre de Mme de Staël sur l'*Allemagne*.

Mme de Staël s'était installée près de Blois pour surveiller l'impression de la publication de l'*Allemagne*. Les censeurs Pellenc et Delasalle signalaient l'esprit frondeur de l'auteur qui semblait inspiré par Schlegel, le détracteur de la littérature française ; ils blâmaient sa tendance à représenter la France comme gémissant sous un régime qui dérobait à la Nation la connaissance de l'esprit du siècle. Ils ajoutèrent que l'analyse des œuvres de Schiller, Lessing, Gœthe et d'autres écrivains allemands était faite avec un enthousiasme qui indiquait plus d'imagination que de goût et de jugement. Mais ils furent d'avis que la publication de l'ouvrage pouvait être autorisée, si l'auteur se soumettait aux retranchements et aux modifications qui lui seraient indiqués.

L'imprimeur Mame avait commencé l'impression de l'*Allemagne*, sur la foi des premiers renseignements qui lui avaient été donnés par la direction de la librairie et de l'imprimerie, lorsque tout à coup, le 24 septembre 1810, le duc de Rovigo fit mettre les scellés sur toutes les feuilles de l'ouvrage. En même temps, il fit signifier à Mme de Staël l'ordre de quitter la France.

Celle-ci demanda un répit de quelques jours, et, comme elle attribuait au silence gardé, dans son livre, sur l'Empereur, le redoublement de sévérité dont elle était l'objet, elle fit présenter des explications à ce sujet par le professeur Schlegel. Elle s'attira la réponse fameuse du duc de Rovigo, qu'elle fit insérer plus tard dans la préface de l'*Allemagne*. En voici la première partie, que tout le monde doit connaître, pour apprécier comme il convient, les procédés et le style de la police impériale : « J'ai reçu, Madame, la lettre que vous m'avez fait l'honneur de m'écrire. Monsieur votre fils a dû vous apprendre que je ne voyais pas d'inconvénient à ce que vous retardassiez votre voyage de sept à huit jours ; je désire qu'ils suffisent aux arrangements qui vous restent à prendre, parce que je ne puis vous en accorder davantage. Il ne faut point rechercher la cause de l'ordre que je vous ai signifié, dans le silence que vous avez gardé à l'égard de l'Empereur dans votre dernier ouvrage ; ce serait une erreur : il ne pouvait pas y trouver de place qui fût digne de lui ; mais votre exil est une conséquence naturelle de la marche que vous suivez constamment depuis plusieurs années. Il m'a paru que l'air de ce pays-ci ne vous convenait pas, et nous n'en sommes pas encore réduits à chercher des modèles dans les peuples que vous admirez.

« Votre dernier ouvrage n'est point français ; c'est moi qui en ai arrêté l'impression. Je regrette la perte qu'il va faire éprouver au libraire ; mais il ne m'est pas possible de le faire paraître [1]. »

Les censeurs impériaux ne sont plus guère que des persécuteurs, des inquisiteurs de la pensée. On ne peut qu'approuver les sévères appréciations de Villemain sur cette époque de servitude : « Il est d'une exactitude littérale de dire que toute émission de la pensée écrite, toute mention historique, même la plus lointaine et la plus étrangère, devint une chose aventureuse et suspecte. Il n'y eut plus dans l'ordre des idées, d'autre langage possible que le raisonnement prescrit par l'autorité. Il n'y eut plus, dans l'ordre des faits, d'autre vérité soufferte que les innombrables déclarations d'*Absence* dont, après 1812, le *Moniteur* enregistrait habituellement, dans sa colonne d'annonces judiciaires, le relevé funèbre. Cette aggravation de despotisme et de mutisme s'explique d'elle-même [2]. »

* * *

Aussi, lorsque les revers et les jours d'orage fondirent sur l'Empereur, il ne trouva aucun secours, ni dans la presse, ni dans les corps élus. S'il avait laissé quelque liberté à la presse, il n'aurait pas manqué d'en recevoir de salutaires avertissements. Comme l'a dit M. Thiers [3], s'il y avait eu quelque liberté de langage dans les Corps de l'État et dans les journaux, un conquérant aveuglé n'aurait pas pu perdre en Espagne, en Russie, en Allemagne, un million de Français, nos frontières et lui-même.

Au retour de la désastreuse retraite de Russie, après l'avortement de la conspiration Malet, l'Empereur sembla redoubler de sévérité contre toute velléité d'indépendance. C'est alors qu'il adressa au Conseil d'État sa longue tirade officielle contre l'idéologie. « C'est à l'idéologie, dit-il, à cette ténébreuse métaphysique, qui, en recherchant avec subtilité les causes premières, veut, sur ces bases, fonder la législation des peuples, au lieu d'approprier les lois à la connaissance du cœur humain et aux leçons de l'histoire, qu'il faut attribuer

[1] Welschinger. *Op. cit.*, p. 359.

[2] *Souvenirs contemporains*, première partie, p. 285.

Histoire du Consulat et de l'Empire, t. XVIII, p. 270.

tous les malheurs qu'a éprouvés notre belle France. Ces erreurs devaient amener et ont amené effectivement le régime des hommes de sang. En effet, qui a proclamé le principe d'insurrection comme un devoir? Qui a adulé le peuple en le proclamant à une souveraineté qu'il lui était impossible d'exercer? Qui a détruit la sainteté et le respect des lois, en les faisant dépendre, non des principes sacrés de la justice, de la nature des choses et de la justice civile, mais seulement de la volonté d'une assemblée composée d'hommes étrangers à la connaissance des lois civiles, criminelles, administratives, politiques et militaires? Lorsqu'on est appelé à régénérer un état, ce sont des principes constamment opposés qu'il faut suivre. »

Et lorsque le comte Beugnot, un des conseillers de l'Empereur, un de ses courtisans, au lendemain de Lutzen et de Bautzen, en 1813, en présence des préoccupations que semblent lui causer les intrigues ourdies contre lui en France, lui fait observer avec les plus grands ménagements qu'il y a des moments où il convient de ne pas trop heurter l'esprit public, il s'emporte et s'écrie : « Je vous comprends, vous me conseillez des concessions, des ménagements, et surtout un grand respect pour l'esprit public : Voilà les grands mots de l'école dont vous êtes ! — Sire, je ne suis d'autre école que celle de l'Empereur. — Ce que vous dites là est un mot, et rien de plus. Vous êtes de l'école des idéologues avec Regnault, avec Roederer, avec Louis, avec Fontanes; Fontanes, non, je me trompe, il est d'une autre bande d'imbéciles. Croyez-vous que je ne saisisse pas le fond de votre pensée à travers les voiles dont vous l'enveloppez? Vous êtes de ceux qui soupirent au fond de l'âme pour la liberté de la presse, la liberté de la tribune, qui croient à la toute-puissance de l'esprit public. Eh bien! vous allez savoir mon dernier mot. Puis, portant la main droite à la garde de son épée, il ajouta : « Tant que celle-là pendra à mon côté, et puisse-t-elle y pendre encore longtemps, vous n'aurez aucune des libertés après lesquelles vous soupirez, pas même, monsieur Beugnot, celle de faire à la tribune publique quelque beau discours à votre manière [1]. »

*
* *

Le Sénat, qui était resté sourd à toutes les plaintes des imprimeurs et des écrivains, tant que l'Empereur était debout et vainqueur, qui

[1] *Mémoires du comte Beugnot*, t. II, p. 18 et 19.

n'avait jamais songé à réunir la fameuse commission dite *de la liberté de la presse*, eut le cynisme d'élever la voix et d'accabler l'Empereur vaincu, au nom de cette même liberté de la presse.

Dans l'acte du 3 avril 1814, portant la déchéance de Napoléon Bonaparte et de sa dynastie, on peut en effet relever ces quelques lignes, où le Sénat fait un crime au despote d'avoir asservi la presse : « le Sénat conservateur, considérant que dans une monarchie constitutionnelle le Monarque n'existe qu'en vertu de la Constitution ou du pacte social ; que Napoléon Bonaparte..... a déchiré le pacte qui l'unissait au peuple français ; considérant que la liberté de la presse, établie et consacrée comme l'un des droits de la Nation, a été constamment soumise à la censure arbitraire de la police, et qu'en même temps il s'est toujours servi de la presse pour remplir la France et l'Europe de faits controuvés, de maximes fausses, de doctrines favorables au despotisme et d'outrages contre les gouvernements étrangers..... Le Sénat déclare et décrète ce qui suit......... »

Le 6 avril, le Sénat publia une Constitution qui ne fut jamais appliquée. L'article 23 portait : « La liberté de la presse est entière, sauf la répression légale des délits qui pourraient résulter des abus de cette liberté. » Dès le lendemain le Gouvernement Provisoire, « considérant que le moyen le plus certain d'établir la liberté publique est d'empêcher la licence », et soucieux de prévenir les troubles pouvant résulter des pamphlets et des affiches, interdit d'apposer aucun placard ni affiche sans le visa préalable de la préfecture de police. Les colporteurs ne pouvaient crier dans les rues, vendre et distribuer que les pamphlets et feuilles autorisés par la police. Le même jour, M. Michaud était délégué par le Ministre de la police, pour exercer la Censure sur les journaux autres que le *Journal Officiel*.

Ces précautions n'étaient pas tout à fait inutiles. La presse, au milieu de la confusion qui précéda et suivit l'abdication de Napoléon Ier, se livrait à tous les débordements, en présence des armées de la coalition qui occupaient Paris, -

Dans les journaux, dans de nombreux pamphlets, dit Pasquier dans ses *Mémoires*[1], on attaquait avec passion les existences créées depuis vingt-cinq ans, il était très permis de croire qu'on n'en respectait aucune, qu'on voulait les anéantir toutes. Parmi les pamphlets, on ne pouvait manquer de remarquer celui qui était intitulé : *Mani-*

[1] Tome II, p. 316.

feste du peuple Français contre les régicides, leurs adhérents et leurs complices. Les plus violentes récriminations s'y trouvaient mêlées à des assertions d'une indigne fausseté, aux conseils les plus dangereux. On blâmait la levée des impôts, les réquisitions vexatoires, comme s'il était possible, dans la situation des affaires, de nourrir, sans réquisitions, les troupes alliées et même les troupes françaises. Devant l'audace croissante des journaux, Pasquier, qui était toujours préfet de police, estima que Michaud exerçait avec trop de faiblesse la censure dont il était chargé ; il fit rétablir la Direction de la Librairie et la confia provisoirement à M. Royer-Collard.

C'est à ce moment que parut le célèbre pamphlet de Chateaubriand intitulé : *Bonaparte et les Bourbons.* « Je doute, dit le prudent et impartial Pasquier[1], qu'il ait jamais existé, dans aucune langue, une diatribe aussi sanglante, aussi violente, aussi excessive. Les royalistes l'accueillirent avec des transports ; j'en ai vu qui, longtemps après, restaient convaincus que rien n'avait autant contribué que cette pièce à détrôner Napoléon. Je puis affirmer qu'elle a au contraire causé les plus grands embarras aux hommes qui dirigeaient réellement les affaires ; qu'elle fut au moment de causer une explosion dans le parti militaire qu'on avait tant d'intérêt à ménager, dont les étrangers attendaient l'adhésion comme la seule base possible d'un arrangement solide ; j'ajoute que les sentiments d'indignation qu'elle a semés dans l'âme de tant d'hommes, qui se trouvèrent injuriés dans la personne de celui qui avait été si longtemps leur chef, que ces sentiments, dis-je, n'ont point été étrangers à la catastrophe du 10 mars de l'année suivante. »

Chateaubriand dénie à Bonaparte tout talent militaire, et piétine avec fureur le vaincu à chaque page de sa brochure : « C'est un grand gagneur de batailles, dit-il ; mais, hors de là, le moindre général est plus capable que lui. Il n'entend rien aux retraites et à la chicane du terrain... On a cru qu'il avait perfectionné l'art de la guerre, et il est certain qu'il l'a fait rétrograder vers l'enfance de l'art. » Comme on le voit, le pamphlet est excessif d'un bout à l'autre.

Chateaubriand vengeait ses propres injures ; ce n'était pas d'une grande âme. Les journalistes suivirent son exemple. Il y eut dans toute la presse un revirement subit et vraiment peu honorable. Le 30 mars, toutes les nouvelles étaient rédigées dans un sens favorable

[1] *Mémoires du chancelier Pasquier*, t. II, p. 272.

FRANÇOIS-AUGUSTE, vicomte de CHATEAUBRIAND

(1768-1848)

Publiciste et littérateur, Membre de l'Institut

Ministre et Ambassadeur.

à l'Empire et à l'Empereur. Le premier avril, les mêmes journaux maudissaient l'Empire, traitaient l'Empereur de Tyran, d'Usurpateur, de Robespierre à cheval, de tigre à face humaine, vantaient les bienfaits de l'invasion et appelaient de toutes leurs forces les Bourbons. C'est ainsi qu'on pouvait lire dans le *Journal de Paris* du 5 avril : « Il est bon de savoir que Bonaparte ne s'appelle pas Napoléon, mais Nicolas, ni Bonaparte, mais Buonaparte : il avait retranché l'u pour se rattacher à une illustre famille de ce nom. »

Le 8 avril, le *Journal des Débats* reproduisait cette boutade et il ajoutait le lendemain que le véritable prénom du faux grand homme était Maximilien, au lieu de Nicolas. Il n'a changé de prénom que pour éviter que le peuple ne le comparât à Maximilien Robespierre, son devancier, d'exécrable mémoire... »

Dès le premier avril 1814, les deux frères Bertin et leurs associés, armés de cannes, comme autrefois la jeunesse dorée de Fréron, avaient repris possession de la Maison de la rue des Prêtres. Ils avaient fait aussitôt composer une demi-feuille remplie de détails sur l'entrée des armées alliées dans Paris et sur les manifestations royalistes dans les rues ; et, en tête de cette demi-feuille, ils avaient arboré de nouveau le nom de *Journal des Débats*[1].

La haine de l'Empire déborde dans les articles que publient alors les rédacteurs des *Débats*. Quand on renverse la statue qui surmontait la colonne Vendôme, Villemain s'écrie : « Qu'elles disparaissent à jamais les statues du ravageur de la terre, de ce monarque impie qui abusait du sang des hommes, et ne semblait chercher dans la victoire que l'occasion du meurtre. » Lacretelle s'écrie de son côté : « Les conquérants n'étaient point encore assez haïs. Le ciel a permis les trop longs succès de Bonaparte pour en inspirer à jamais l'horreur... Il lui a donné l'habileté militaire, mais sans l'éclat de la valeur personnelle, une activité prodigieuse, mais sans but ; une volonté indomptable, mais sans discernement.......... Quel caractère sauvage dans la prétendue grandeur! Quel contraste avec le noble et touchant tableau que vous offrent les deux souverains qui sont devenus en un jour les fidèles alliés de la France! »

Et ce n'est encore rien. D'autres rédacteurs appelèrent Bonaparte « un maniaque tombé de la rage dans l'imbécillité; un anthropophage poursuivi par les malédictions du monde ». Ils lui infligent les éloges

[1] *Le Livre du Centenaire*, p. 39.

qu'on donnait à Néron : « Cet homme fut un grand artiste......» On se rappelle les deux mots si célèbres qui résument le jugement d'une partie du monde au lendemain de sa chute, l'un de Talleyrand, l'autre de Chateaubriand : « Avoir pu être le fondateur d'une dynastie et n'être qu'un aventurier », dit Talleyrand. Et Chateaubriand, croyant fermement parler comme la postérité : « Napoléon n'est qu'un faux grand homme. »

***

La presse espérait être plus libre et plus heureuse sous la monarchie constitutionnelle des Bourbons. Mais elle ne tarda pas à s'apercevoir qu'elle s'était forgé de singulières illusions.

Le premier acte public de Louis XVIII monté sur le trône de France, fut la déclaration de Saint-Ouen du 2 mai 1814, dans laquelle il s'engageait à « respecter la liberté de la presse, sauf les précautions nécessaires à la tranquillité publique ».

La Charte constitutionnelle du 4 juin consacra solennellement les promesses de la Déclaration. Elle disait en effet dans son article 8 : « Les Français ont le droit de publier et de faire imprimer leurs opinions, en se conformant aux lois qui doivent réprimer les abus de cette liberté. »

Le Comité de constitution chargé par le Roi de donner son avis sur la rédaction de la Charte avait modifié la rédaction primitive ainsi conçue : « en se conformant aux lois qui doivent *prévenir* et *réprimer* les abus de cette liberté. » Boissy d'Anglas avait demandé la suppression du mot *prévenir*, en disant : « Réprimer un abus, c'est empêcher qu'il ne se *reproduise ;* le prévenir, c'est empêcher de le *commettre*. Or, le moyen d'empêcher un fait de presse à moins de rétablir la censure ! Le droit de publier et de faire imprimer ses opinions, dans ce cas, n'existe plus. » M. de Fontanes avait prétendu qu'il n'y avait pas de gouvernement possible avec la liberté de la presse telle que l'entendait Boissy-d'Anglas. Barbé-Marbois et Lainé s'étaient prononcés pour l'opinion de Boissy-d'Anglas. Quant à l'abbé de Montesquiou, ministre de l'intérieur, il était intervenu pour déclarer que la discussion était sans objet, *prévenir* et *réprimer* étant synonymes. « Qui prévient réprime, » disait-il. De sorte que la conquête de la liberté de la presse, comme l'a fait remarquer H. de Vaulabelle [1],

[1] *Histoire des deux Restaurations*, p. 170.

fut le résultat d'une confusion grammaticale, sur laquelle on essaya plus tard de revenir, mais en vain, dans d'interminables discussions parlementaires.

Dans tous les cas, la Charte proclamait seulement le principe de la liberté de la presse. En attendant la loi qui devait organiser cette liberté, une ordonnance du 10 juin 1814 maintenait « les lois, décrets et règlements relatifs à l'usage de la presse et aux délits qui pourraient se commettre par cette voie ».

* * *

Un des premiers soins du gouvernement de la première Restauration fut de saisir les Chambres d'un projet de loi sur la presse, qui devait paraître à bien des esprits destructif de toute liberté.

Ce projet de loi déposé et soutenu par l'abbé de Montesquiou était l'œuvre de Royer-Collard et de Guizot. Ce dernier était Secrétaire général au ministère de l'Intérieur. Royer-Collard était alors bien différent de ce qu'il fut deux ans plus tard. Comme l'a dit un contemporain fort bien placé pour le juger[1], son royalisme était agressif contre la Révolution et ses œuvres. Cette animosité nourrie, avivée par le rôle qu'il avait joué longtemps, n'était pas exempte de préventions à l'égard des personnes qui s'étaient alors fait un nom..... Les opinions constitutionnelles avaient fait peu de progrès dans son esprit. Il parlait fort légèrement de la liberté de la presse, qui depuis lui a été si chère, et il ne se gênait guère dans son intimité pour la déclarer peu compatible avec la restauration d'une vieille monarchie. Quant à M. Guizot, il n'avait pas non plus, à cette époque, des idées bien arrêtées en matière de presse, et il eut peu d'efforts à faire pour rédiger l'exposé des motifs que l'abbé de Montesquiou prononça à cette occasion. Il venait d'ailleurs, quelques jours auparavant, de publier une brochure intitulée : *Quelques idées sur la liberté de la presse*, dans laquelle il soutenait la nécessité de la Censure[2].

Le projet de loi de l'abbé de Montesquiou qui est devenu la loi du 21 octobre 1814, pouvait se résumer dans les dispositions suivantes :

« Tout écrit de plus de *trente feuilles d'impression* pourra être

[1] Pasquier. *Mémoires*, t. III, p. 10.

[2] *Le Journal des Débats* des 29 et 30 juillet 1814 en donne un compte rendu.

publié librement et sans examen de censure préalable. Il en sera de même, quel que soit le nombre des feuilles, des écrits en langue morte ou en langue étrangère, des mandements, lettres pastorales, catéchismes, livres de piété, mémoires sur procès signés d'un avocat, etc... Les journaux et écrits périodiques ne pourront paraître qu'avec l'autorisation du Roi. Nul ne sera imprimeur, ni libraire, s'il n'est breveté par le Roi et assermenté. Le brevet pourra être retiré à tout imprimeur qui aura été convaincu, par jugement, de contravention aux lois et règlements. »

Ce projet souleva une opposition des plus vives dans le monde des écrivains. A la tête des opposants se distingua Benjamin Constant. Il publia une brochure. (*De la liberté des brochures, des pamphlets et des journaux, considérée sous le rapport de l'intérêt du Gouvernement*) qui eut le plus grand retentissement [1]. Il y démontra avec une verve entraînante que rien n'était plus fâcheux que l'asservissement des journaux, non seulement pour les citoyens, qui, en perdant la liberté de la presse, perdent leur unique garantie contre l'arbitraire, mais pour le Gouvernement lui-même, que l'on rend responsable de tout ce que les journaux publient.

Les journaux de leur côté ne se firent pas faute d'engager des polémiques animées au sujet du projet de loi. Tandis que les journaux de droite, la *Quotidienne* et la *Gazette de France*, réclamaient le maintien de la censure, les journaux libéraux tels que le *Censeur*, le *Journal de Paris* et le *Journal des Débats*, s'élevaient avec force contre la violation des promesses de la Charte.

L'opposition de la feuille des frères Bertin étonna et indigna le parti *royaliste pur*, qui les traita ironiquement de royalistes constitutionnels. « Oui, répondirent-ils avec un sang-froid et une prévoyance merveilleuse, oui, nous sommes royalistes constitutionnels, parce que nous sommes vraiment royalistes, et que notre amour pour le Roi consiste à respecter et à faire respecter les lois fondamentales de son autorité suprême..... Nous demandons qu'aucun article de la Charte constitutionnelle ne soit abrogé, ni même suspendu pour quelques années, parce que nous prévoyons qu'une seule atteinte en ferait craindre d'autres, et que cette crainte ébranlerait la confiance si nécessaire au Roi pour rendre ses sujets paisibles et heureux. »

[1] *Cours de politique constitutionnelle*, par Benjamin Constant, Paris, Guillaumin, 1872, t. I, p. 477 et suiv.

A la Chambre des Députés, l'opposition fut sur le point de l'emporter. M. Raynouard, chargé du rapport, conclut au rejet du projet comme inconstitutionnel. Il invoqua l'article 8 de la Charte, qui ne soumettait qu'à des lois *répressives* les abus de la presse, ajoutant : « Que signifient ces derniers mots ? *Réprimer* les abus, ce n'est pas *prévenir* les abus, ce n'est pas arrêter l'usage. L'abus ne naît et ne peut naître que de l'usage..... *Réprimer* n'a jamais été synonyme de *prévenir*..... Il n'y a donc nul doute que la Charte, en ne soumettant la liberté de la presse qu'à des lois répressives, n'a entendu ni pu entendre l'existence et la possibilité de la censure, et dès lors la proposition contenue dans le projet de loi est inconstitutionnelle. »

La discussion durait depuis six jours, lorsque le Ministère, inquiet sur le résultat, se résigna à transiger. Après avoir essayé de prouver que *réprimer* et *prévenir* étaient synonymes, qu'ainsi l'entendait le Roi, interprète de la loi, l'abbé de Montesquiou consentit à abaisser jusqu'à vingt feuilles la limite qui devait séparer les écrits censurés des écrits non censurés, à exempter de la censure préalable la publication des opinions des membres de la Chambre, et à ajouter, comme article additionnel, la disposition suivante : *La présente loi cessera d'avoir son effet à la fin de la session de* 1816.

Le caractère de la loi était ainsi profondément modifié. La liberté de la presse n'était pas supprimée sans espoir de retour ; elle n'était que suspendue. La censure devenait une simple mesure de circonstance, une atteinte temporaire à un droit certain, reconnu et confirmé.

Malgré cette importante concession, il y eut 80 députés opposants dans le vote de la loi, sur 217 votants. A la Chambre des Pairs, la loi ne fut adoptée que par 80 voix contre 42[1].

Aussitôt après la promulgation de la loi du 21 octobre 1814, la censure recommença à fonctionner. Une ordonnance du 24 octobre, rendue pour l'exécution de cette loi, nomma vingt censeurs royaux, parmi lesquels : Auger, de Barentin, Campenon, Dampmartin, Delacroix-Frainville, Delvincourt, Dillon, Frayssinous, Guizot, Ch. Lacretelle, Legraverend, Lemontey, Quatremère de Quincy, Sylvestre de Sacy.

Quant aux journaux et écrits périodiques, un arrêté du Chancelier

[1] Les débats des deux Chambres sur la loi du 21 octobre 1814 sont résumés avec soin dans l'*Histoire du Gouvernement parlementaire* de Duvergier de Hauranne, t. II, p. 289 et suiv.

déclare que nul journal, ni écrit périodique, à Paris ou dans les départements, ne pourrait paraître désormais sans une autorisation spéciale, qui, d'ailleurs, pourrait toujours être retirée, à Paris par le directeur général de la police, et dans les départements, par le directeur général de la librairie.

* * *

L'opinion publique avait cru que la Restauration établirait et respecterait la liberté de la presse. Elle fut déçue dans ses espérances et en éprouva un vif mécontentement, que les adversaires de la Monarchie s'empressèrent d'exploiter.

Peu à peu les partis politiques se dessinèrent. Chacun voulait naturellement avoir son journal.

Les Royalistes purs avaient pour organes : la *Gazette de France*, la *Quotidienne* et le *Journal Royal*.

La *Gazette*, rédigée par Briffaut, Lassalle, Jules Merle, Sévelinges, semblait avoir pris à tâche de prêcher l'intolérance, de vanter sans cesse l'ancien régime, et de décrier le régime nouveau, en dénonçant le libéralisme comme la plus funeste des maladies du siècle.

La *Quotidienne* était plus exaltée encore, sous la direction de Michaud, qui avait été des premiers à acclamer le retour des Bourbons, après avoir été leur correspondant secret. « Comme l'a dit Sainte-Beuve, 1814 et 1815 furent une épreuve pour tout le monde : Michaud s'y laissa trop renflammer ; le journaliste en lui, le pamphlétaire, reprit le mousquet, et il se remit, avec Fiévée et d'autres amis, à la rédaction de la *Quotidienne*. » La *Quotidienne* se fit bien vite une triste célébrité par ses exagérations et ses violences, la guerre furieuse contre tout ce qui touchait à la Révolution et ses évocations des souvenirs de la Terreur, qui lui valut le surnom peu flatteur de *Nonne sanglante*.

Le *Journal Royal*, avec M. de Bonald pour principal rédacteur, était l'organe du Royalisme dogmatique. Il enseignait que le gouvernement monarchique était le seul légitime, que les rois tenaient de Dieu immédiatement toute leur autorité, et qu'il ne pouvait exister qu'un chef dans la Société, de même qu'il n'existe qu'un soleil dans l'Univers. Tout ce qui avait été fait en France, en l'absence du Roi légitime, était nul : les émigrés avaient été illégalement dépouillés de leurs biens ; et il les avaient recouvrés de plein droit par le seul effet de leur rentrée en France.

Les royalistes constitutionnels avaient, de leur côté, plusieurs journaux à leur dévotion. Outre le *Journal de Paris* rédigé par Fabien-Pillet, Jay, l'abbé Salgues, et le *Journal des Débats*, rédigé par l'abbé de Feletz, Hoffmann, Villemain et bien d'autres encore, dont nous avons déjà parlé, un nouveau journal fut créé et placé sous l'influence immédiate du directeur de la librairie, Royer-Collard, le *Journal général de France*, auquel collabora parfois Benjamin Constant. Au début, dit M. Hatin[1], ce journal paraissait avoir pour but de défendre les doctrines gallicanes contre les doctrines ultramontaines, la société laïque contre la société cléricale, le Concordat de 1802 contre les Jésuites. Mais il ne s'en tint pas là, et il dirigea bientôt des attaques fort vives contre les royalistes-ultra de la *Quotidienne* et du *Journal Royal* et même contre les royalistes raisonnables et modérés du *Journal des Débats*, leur reprochant de préparer la ruine de l'autel et du trône, par l'audace même qu'ils mettaient à les rétablir dans leur ancienne prépondérance.

Le journal le plus indépendant, le seul indépendant peut-être de la première Restauration, fut le *Censeur*, fondé dès le 12 juin 1814 par M. Comte, qui s'adjoignit bientôt son ami Dunoyer. « Les journaux, dit-il fièrement dans le premier numéro de sa publication, pourraient être d'une grande utilité ; mais la haute importance qu'ils attachent à de simples discussions littéraires, l'indifférence qu'ils ont pour tout ce qui tient à la moralité ou à la législation, et l'habitude qu'ils ont contractée de l'adulation ne permettent pas d'espérer qu'ils s'occuperont d'éclairer les citoyens sur leurs véritables intérêts. Ce qu'ils ne font point, j'ose l'entreprendre. »

Lorsque la loi du 21 octobre 1814 ne permit plus d'écrire avec liberté que dans un volume au-dessus de vingt feuilles d'impression (320 pages au moins), le *Censeur*, pour échapper à l'arbitraire du gouvernement, prit la forme d'un volume et parut à des époques indéterminées. Il n'en eut pas moins un succès extraordinaire. « On l'attendait avec impatience, dit M. Mignet[2]; on le lisait avec avidité. Instructif comme un livre, amusant comme un journal, tout rempli de savantes doctrines, tout empreint de la verve passionnée de ses deux

[1] *Histoire de la Presse*, t. VIII, p. 79.

[2] *Portraits et notices historiques*, t. II, p. 88.

rédacteurs, il offrait un habile mélange des enseignements les plus sérieux et des discussions les plus animées. L'histoire avec ses utiles exemples, la philosophie avec ses droites maximes, la législation avec ses règles tutélaires, la haute politique avec ses intérêts moraux, la grande critique littéraire avec ses belles directions, comparaissaient dans chaque volume à côté des débats des Chambres, vivement rendus et librement jugés, des actes des ministres sévèrement discutés, des entreprises de l'émigration hardiment combattues, des intolérances du clergé publiquement dénoncées, et de tous les droits nouveaux intrépidement soutenus. »

Un journal, dont le titre était des plus singuliers, le *Nain Jaune*, était l'organe plus ou moins déguisé du parti bonapartiste. Il était rédigé par Cauchois-Lemaire, Etienne, Merle, Jouy, etc., qui, sous le voile de l'anonyme, s'attachèrent surtout à poursuivre de traits satiriques et mordants le parti de l'ancien régime.

Une des inventions les plus originales et les plus goûtées que le *Nain Jaune* ait mises en vogue, c'est l'*Ordre des Chevaliers de l'Eteignoir*, une sorte de réminiscence du fameux *Régiment de la Calotte*, qui défraya si longtemps les rancunes politiques et littéraires sous la minorité de Louis XV. Le *Nain Jaune* avait dressé la liste des principaux personnages et écrivains du parti de l'ancien régime; on leur expédiait à domicile un brevet en forme de *Chevalier de l'Eteignoir*, et les noms de ceux qu'il avait ainsi décorés étaient toujours accompagnés, dans le journal, d'un éteignoir, à l'instar de la croix dont on faisait suivre les noms des chevaliers de la Légion d'honneur dans les publications officielles. Les noms étaient déguisés sous une traduction en latin macaronique. M. de Fontanes, Grand Maître de l'Université, était devenu M. *Curvissimus Faciuntasinos*, et Michaud, *Micaldo*. Les armoiries de l'Ordre étaient : de sable, à l'éteignoir d'or, au chef d'argent avec cette devise : *Solâ nocte Salus;* pour support, une chauve-souris aux ailes étendues[1].

Pour varier cette plaisanterie, on eut l'idée, pendant les Cent-Jours, de décerner une récompense ironique aux personnages qui s'étaient le plus distingués par la variation de leurs opinions depuis 1789. On donna à cette nouvelle institution le nom d'*Ordre de la Girouette*, qui servit de cadre au *Dictionnaire des Girouettes*, dont plusieurs éditions n'épuisèrent pas le succès.

[1] Hatin. *Bibliographie de la Presse*, p. 321 et 322.

S'il faut en croire Merle, l'un des directeurs du *Nain Jaune*, le roi Louis XVIII se plaisait à envoyer à ce journal des articles où se trahissaient son esprit malicieux et sa finesse spirituelle. C'est ce qu'il affirme dans ses *Trente ans de Souvenirs historiques, littéraires et politiques* : « La pensée du *Nain Jaune*, dit-il, fut de nous moquer des ridicules de tous les partis, de flétrir toutes les lâchetés et toutes les défections, de relever la gloire de la France en présence des baïonnettes étrangères, et de rire aux dépens des prétentions exagérées... Dans ces attaques nous avions pour auxiliaire Louis XVIII, qui fut un de nos premiers abonnés, qui lisait avec empressement tous nos numéros, qui en riait de bon cœur, et qui nous envoya plusieurs fois des articles très bien tournés, fort spirituels, et passablement malins, écrits de sa main royale, et dont il nous fut aisé de reconnaître l'auteur, en comparant l'écriture à celle des notes qu'il nous avait fait remettre par M. de Talleyrand pour les lettres du *Cousin et de la Cousine*. Ces articles nous arrivaient par la *bouche de fer* : nous avions donné ce nom à une boîte que nous avions fait placer à la porte du Cabinet littéraire de M. Cauchois-Lemaire ; par cette voie nous avons reçu une foule d'articles très remarquables, qui donnaient une grande réputation d'esprit et de malice au *Nain Jaune*, et rendaient notre part de rédaction aussi légère que facile. »

* * *

Quoi qu'il en soit, la Censure encourageait surtout les journaux à attaquer et même à calomnier les hommes et les choses de la Révolution. On s'appliquait à réprouver et à flétrir tout ce que la France avait fait de 1789 à 1814. Les menaces des émigrés et les imprudences du gouvernement portèrent bientôt l'irritation à son comble. On peut juger de l'état des esprits, un an après le retour des Bourbons, d'après le tableau suivant, tracé par Carnot dans une brochure publiée à la fin de 1814 : « Si vous voulez paraître à la Cour avec distinction, gardez-vous bien de dire que vous êtes de ces vingt-cinq millions de citoyens, qui ont défendu leur patrie avec quelque courage contre l'invasion des ennemis ; car on vous répondra que ces vingt-cinq millions de citoyens sont vingt-cinq millions de révoltés ; que ces prétendus ennemis seront toujours des amis. Dites que vous avez eu le bonheur d'être chouan, ou vendéen, ou transfuge, ou cosaque, ou Anglais, ou enfin, qu'étant resté en France, vous n'avez sollicité des places auprès des gouvernements éphémères qui ont précédé la Restauration qu'afin de mieux les trahir et de les faire plus tôt succomber ; alors, votre fidélité sera portée aux nues, vous recevrez de tendres félicitations, des décorations, des réponses affectueuses de toute la famille royale. »

Napoléon, à l'île d'Elbe, mis au courant par ses affidés du mécontentement général qui régnait en France, se décida à tenter encore une fois la fortune. Le 5 mars 1815, Louis XVIII apprenait tout à coup par le télégraphe le débarquement de l'ex-Empereur au golfe Juan.

On a souvent reproduit la manière dont certains journaux annoncèrent alors le retour de Napoléon, avec cette gradation significative : « Première heure : *Buonaparte* est débarqué au golfe Juan. Deuxième heure : Grenoble a ouvert ses portes au *Général Bonaparte*. Troisième heure : *Napoléon* a fait son entrée à Lyon. Quatrième et dernière heure : *Sa Majesté l'Empereur* est descendu aux Tuileries. »

Néanmoins, les journaux libéraux, le *Journal des Débats* en particulier, combattirent jusqu'à la dernière heure le régime impérial et le despotisme Napoléonien. Le 19 mars 1815, la veille de l'arrivée de Napoléon à Paris, Benjamin Constant, poussé, dit-on, par le désir de plaire à la belle Mme Récamier, publia dans les *Débats* un article plein d'imprécations vigoureuses, marquant du fer rouge l'Empire et l'Empereur, les vouant à l'exécration publique, et laissant bien loin derrière lui la violente diatribe de Châteaubriand. En voici quelques extraits : « Il s'agit de tous nos intérêts, de nos femmes, de nos enfants, de nos propriétés, de la liberté de notre industrie, de nos opinions, de notre parole et de notre pensée. L'homme qui nous menace avait tout envahi : il enlevait les bras à l'agriculture ; il faisait croître l'herbe dans nos cités commerçantes ; il traînait aux extrémités du monde l'élite de la Nation pour l'abandonner ensuite aux horreurs de la famine et aux rigueurs des frimas Par sa volonté douze cent mille hommes ont péri sur la terre étrangère, sans secours, sans aliments, sans consolation, désertés par lui, après l'avoir défendu de leurs mains mourantes. Il revient aujourd'hui, pauvre et avide, pour nous arracher ce qui nous reste encore.......... Du côté du Roi est la liberté constitutionnelle, la sûreté, la paix ; du côté de Bonaparte, la servitude, l'anarchie et la guerre. » Il comparait ensuite Bonaparte à Attila, à Gengiskan, prêt à organiser le massacre et à administrer le pillage. Comment d'ailleurs les Français pourraient-ils abandonner le Roi, pour se prosterner aux pieds de cet homme teint de leur sang et poursuivi naguère de leurs malédictions unanimes? « Non, écrivait Benjamin Constant, tel ne sera pas notre langage ; tel ne sera pas du moins le mien. Je le dis aujourd'hui, sans crainte d'être méconnu : J'ai voulu la liberté sous diverses formes ; j'ai vu qu'elle était possible sous la Monarchie ; je vois le Roi se rallier à la Nation : je n'irai pas, misérable transfuge, me traîner d'un pouvoir à l'autre, couvrir l'infamie par le sophisme, et balbutier des mots profanes pour racheter une vie honteuse. »

* * *

Cependant Napoléon, dans tous ses entretiens, dans ses proclamations, promettait de laisser désormais régner la liberté. Il se déclarait converti et tout à fait corrigé à cet égard. *Quantum mutatus!*

Dès le 25 mars, à peine installé aux Tuileries, il donne un premier gage de la sincérité de ses promesses libérales, en supprimant par décret la direction générale de l'imprimerie et de la librairie, ainsi que les censeurs royaux.

Il est vrai que les circonstances l'obligèrent à maintenir, par un décret du 26 mars, les lois et règlements concernant les imprimeurs et les libraires, à placer les journaux de Paris sous la surveillance du ministre de la police et ceux des départements sous la surveillance des préfets. Mais il est certain et il est reconnu par tous les publicistes, que la plus grande liberté fut laissée aux journaux. Si ceux-ci n'en usèrent pas davantage, il faut en chercher la cause dans la pusillanimité des écrivains plutôt que dans l'arbitraire du gouvernement [1].

Le *Censeur* de Comte et Dunoyer usa, dans une large mesure, de cette liberté. Voici en effet ce qu'il disait le 20 avril, un mois après le retour de l'île d'Elbe : « Le gouvernement n'est qu'un gouverne-

[1] Article du *Censeur* cité par Hatin, *Histoire de la Presse*, t. VIII, p. 124. Voici, à cet égard, l'appréciation de M. Duvergier de Hauranne, dans son *Histoire du Gouvernement parlementaire*, t. II, p. 475 : « Un décret supprimait la direction générale de l'imprimerie et de la librairie, ainsi que les censeurs ; mais aussitôt d'autres décrets maintenaient provisoirement les lois et règlements concernant la profession d'imprimeur et de libraire et plaçaient les journaux de Paris sous la surveillance des préfets. Il résultait de là qu'au lieu d'être censurés les journaux étaient rédigés par les écrivains que le Ministre avait bien voulu placer à côté d'eux pour éviter qu'ils ne se compromissent. Quant aux livres et brochures, ils pouvaient paraître librement, si le Ministre voulait bien user d'indulgence ou si le libraire et l'imprimeur consentaient à braver la ruine. »

ment *provisoire*. Peu importe que Napoléon ait été proclamé Empereur par l'armée et les habitants des pays où il a passé ; peu importe que les puissances coalisées aient ou non tenu les conventions qu'elles avaient faites avec lui. La France n'appartient ni aux soldats ni aux habitants qui se sont trouvés sur la route de Cannes à Paris. »

De nouveaux journaux furent créés pendant cette courte période des Cent-Jours. Il convient de citer parmi eux : l'*Indépendant*, fondé par Gémont, ancien membre du jury révolutionnaire qui avait condamné Marie-Antoinette, et rédigé par Jay, le comte de Lanjuinais, Rousselin de Saint-Albin, etc. L'*Indépendant*, qui semble avoir suivi les inspirations de Fouché, devint bientôt le *Constitutionnel*, qui a fourni une si longue carrière dans la presse française. Un autre journal nouveau, le *Patriote de* 1789, était rédigé par Méhée de Latouche et une réunion de républicains ardents.

Le journal le plus violent, pendant cette période, fut assurément le *Journal du Lys*, que le *Journal de l'Empire*, remplaçant encore une fois le *Journal des Débats*, dénonçait à la police comme un écrit venimeux. On peut en juger par l'extrait qu'en donne Hatin dans sa *Bibliographie*. Le rédacteur du *Journal du Lys* refuse de reconnaître la dictature momentanée de Napoléon pour divers motifs, qu'il énumère : « parce que la liberté donnée par Bonaparte est une plaisanterie de mauvais goût ; parce que l'égalité des sujets de Bonaparte est celle des ilotes ou des forçats ; parce que la légitimité de Bonaparte est une mystification de saltimbanque ; parce que le droit de penser, de parler et d'écrire, sous le gouvernement de Bonaparte, est un guet-apens de bourreaux ; parce que la pairie de Bonaparte est une saturnale qui soulève le cœur. » Et comme « les inclinations conquérantes de vingt mille soldats qui nous gouvernent » font une nécessité à la Nation d'avoir un Roi qui monte bien à cheval, le journaliste propose Franconi et sa dynastie.

On a quelquefois mis en doute la sincérité de Napoléon à l'égard de la liberté de la presse, et on lui a prêté bien des arrière-pensées. Tel n'est pas l'avis de l'historien des *deux Restaurations*, M. de Vaulabelle. Suivant lui, le respect dont Napoléon a fait preuve pour la liberté de la presse, au retour de l'île d'Elbe, témoigne de sa volonté bien arrêtée de restituer à la France les conquêtes morales et politiques de la Révolution. Il est certain qu'à aucune époque, la faculté de tout dire, de tout écrire, de tout imprimer, ne fut plus absolue. Les Cent-Jours furent pour la presse une période de liberté illimitée ; on ne pourrait pas citer un seul exemple d'un ouvrage supprimé, d'un libelliste arrêté plus de trois jours. L'hypocrisie ne se présume pas chez un tel homme.

M. Guizot, dans ses *Mémoires* [1], s'est montré plus sceptique ; mais il est bien obligé de reconnaître que la liberté de la presse fut alors à peu près illimitée. « La liberté, dit-il, devint bientôt étrangement générale et hardie ; on parlait tout haut, on manifestait ses espérances, on se livrait à des menées ennemies, comme si elles eussent été légales ou assurées du succès ; les journaux, les pamphlets, les chansons se multipliaient, s'envenimaient de jour en jour, et circulaient à peu près sans obstacle et sans crainte. Napoléon n'ignorait rien de tout cela, et laissait aller, subissant comme une nécessité du moment la liberté de ses ennemis, la mollesse de ses agents, et gardant sans doute dans son cœur le sentiment qu'il aurait exprimé tout haut dans une autre occasion. »

Fouché lui-même, replacé à la tête de la préfecture de police, envoyait le 31 mars 1815 aux préfets des départements une circulaire pleine de douceur et d'onction, dont le passage suivant mérite d'être retenu : « Il faut abandonner les errements de cette police d'attaque, qui, sans cesse agitée par le soupçon, sans cesse inquiète et turbulente, menace sans garantir et tourmente sans protéger. Il faut se renfermer dans les limites d'une police libérale et positive, de cette police d'observation, qui, calme dans sa marche, mesurée dans ses recherches, partout présente et toujours protectrice, veille pour le bonheur des peuples, pour les travaux de l'industrie, pour le repos de tous. »

* * *

Afin de mieux affirmer la sincérité de sa nouvelle attitude, Napoléon affecta de s'inspirer des opinions des hommes, qui semblaient ne devoir jamais se réconcilier avec le règne impérial.

Il fit appeler aux Tuileries Benjamin Constant, qui l'avait attaqué dans le *Journal des Débats* avec la dernière violence, et lui demanda conseil.

Benjamin Constant a raconté, dans ses *Mémoires sur les Cent-Jours*, sa mémorable entrevue avec l'Empereur. « La Nation, lui dit Napoléon, s'est reposée douze ans de toute agitation politique, et, depuis

[1] Tome I, p. 69.

Laderer *del.* et *sc.* Publié par Pagnerre (*Livre des Orateurs*).

BENJAMIN-CONSTANT

(1767-1830)

Publiciste, philosophe et littérateur

Membre du Tribunat

Député de la Sarthe, de la Seine et du Bas-Rhin

Conseiller d'État.

une année, elle se repose de la guerre. Ce double repos lui a rendu un besoin d'activité. Elle veut ou croit vouloir une tribune et des assemblées. Elle ne les a pas toujours voulues. Elle s'est jetée à mes pieds, quand je suis arrivé au gouvernement. Vous devez vous en souvenir, vous qui essayâtes de l'opposition. Où était votre appui, votre force? Nulle part..... Aujourd'hui, tout est changé. Un gouvernement faible, contraire aux intérêts nationaux, a donné à ces intérêts l'habitude d'être en défense et de chicaner l'autorité. Le goût des constitutions, des harangues, des débats, paraît revenu..... J'ai voulu l'empire du monde et, pour me l'assurer, un pouvoir sans bornes m'était nécessaire. Pour gouverner la France seule, il se peut qu'une constitution vaille mieux..... Voyez donc ce qui vous semble possible : apportez-moi vos idées. Des discussions politiques, des élections libres, des ministres responsables, la liberté de la presse, je veux tout cela : la liberté de la presse surtout. L'étouffer est absurde. Je suis convaincu sur cet article..... Je suis l'homme du peuple; si le peuple veut la liberté, je la lui dois. J'ai reconnu sa souveraineté; il faut que je prête l'oreille à ses volontés, même à ses caprices. Je n'ai jamais voulu l'opprimer pour mon plaisir. J'avais de grands desseins; le sort en a décidé. Je ne suis plus un conquérant, je ne puis plus l'être. Je sais ce qui est possible et ce qui ne l'est pas. Je n'ai plus qu'une mission, relever la France et lui donner un gouvernement qui lui convienne..... Je ne hais point la liberté. Je l'ai écartée quand elle obstruait ma route; mais je la comprends, j'ai été nourri dans ses pensées..... Aussi bien l'ouvrage de quinze années est détruit : il ne peut se recommencer. Il faudrait vingt ans et deux millions d'hommes à sacrifier..... D'ailleurs, je désire la paix et je ne l'obtiendrai qu'à force de victoires... Je prévois une lutte difficile, une guerre longue. Pour la soutenir, il faut que la nation m'appuie; mais en récompense, je le crois, elle exigera de la liberté! Elle en aura..... La situation est neuve, je ne demande pas mieux que d'être éclairé. Je vieillis. On n'est plus à quarante-cinq ans ce qu'on était à trente. Le repos d'un roi constitutionnel peut me convenir. Il conviendra plus sûrement encore à mon fils. »

De cette entrevue et des conseils prodigués par Benjamin Constant à Napoléon sortit l'Acte additionnel aux Constitutions de l'Empire du 22 avril 1815, dont l'article 64 consacrait en ces termes la liberté de la presse : « Tout citoyen a le droit d'imprimer et de publier ses pensées en les signant, sans aucune censure préalable, sauf la responsabilité légale après la publication par jugement par jurés, quand même il n'y aurait lieu qu'à l'application d'une peine correctionnelle. »

Il n'y avait là que la proclamation du principe de la liberté de la presse. Il restait à faire une loi répressive de ses écarts et de ses délits. C'est à quoi songeait Napoléon, lorsqu'en ouvrant les Chambres, le 7 juin, il leur disait : « J'ambitionne de voir la France jouir de toute la liberté possible ; je dis possible, parce que l'anarchie ramène toujours au pouvoir absolu..... La liberté de la presse est inhérente à la constitution actuelle ; on n'y peut rien changer sans altérer tout notre système politique. Mais il faut des lois répressives, surtout dans l'état actuel de la Nation. Je recommande à vos méditations cet objet important. »

Et, quelques jours après, Carnot, ministre de l'Intérieur de l'Empire, s'exprimait dans le même sens : « Au milieu des touchantes acclamations qui l'accueillirent à son retour, Sa Majesté s'était flattée qu'un tel peuple pouvait, pour ainsi dire, être livré à lui-même, et qu'il n'avait en quelque sorte besoin d'aucune police : elle s'empressa de publier la liberté de la presse ; mais Sa Majesté n'avait pas pensé qu'au sein de cette masse de peuple, toujours excellente, il se trouverait une multitude d'ennemis cachés, qui, d'abord stupéfaits et silencieux, n'en méditeraient pas moins le désordre dans l'intérieur et la guerre au dehors. »

Il est certain que le respect de la liberté de la presse fut poussé jusqu'à l'exagération. Benjamin Constant l'atteste formellement dans ses *Mémoires*, les provocations à l'assassinat du Chef de l'État s'imprimaient avec les noms des auteurs et des libraires. La légalité de son titre au trône était contestée dans les feuilles périodiques. Toutes les proclamations de Gand, où s'était réfugiée la Cour de Louis XVIII, tous les manifestes des étrangers étaient insérés dans les journaux. On ne songeait même pas à exercer des poursuites ; et les événements politiques qui se précipitaient empêchaient les Chambres d'édicter une nouvelle loi répressive sur la presse.

*
* *

L'histoire de la presse française pendant les Cent-Jours ne serait pas complète, si nous ne mentionnions pas le rôle joué par l'organe officiel des nouveaux émigrés qui avaient suivi Louis XVIII à Gand.

Le journal des derniers fidèles du roi paraissait deux fois par semaine sous le titre de *Journal universel*. Il avait été fondé par les frères Bertin et avait pour principaux rédacteurs de Chateaubriand, de Lally-Tollendal, de Jaucourt et Beugnot.

Le premier numéro, paru le 14 avril 1815, contenait deux ordonnances défendant à tout Français de payer l'impôt et d'obéir à l'usurpateur. On y lisait en outre quelques détails sur la situation de Louis XVIII à Gand. Le roi, disait-on, ne pouvait se montrer en public, sans attirer sur ses pas une foule empressée : « Hommage bien différent des acclamations qu'arrache à une multitude armée la présence d'un Genséric ou d'un Attila, prêt à donner à ses soldats le signal du *massacre* et du *pillage*. »

Le même numéro reproduisait le Manifeste des puissances européennes contre Bonaparte, déclarant *qu'il s'était placé hors des relations civiles et sociales, et que*, *comme ennemi et perturbateur du monde*, *il s'était livré à la vindicte publique*. Et, à titre documentaire, le *Journal universel* se livrait à une comparaison de haut goût entre Caïn et Napoléon. « Mais le courroux céleste, ajoutait-il, n'avait alors qu'un crime à punir et qu'une victime à venger : aujourd'hui, c'est le meurtrier de l'espèce humaine qui a été mis hors des droits de l'humanité. L'Europe a maudit le flibustier qui, tout à la fois ingrat, parjure et féroce, vient encore chercher dans l'oppression de la France un moyen d'opprimer l'Europe..... Il a trouvé sa première défense dans cette habitude de mensonge inhérente à son caractère, qui rend son joug aussi dégradant à subir qu'odieux à supporter. Ces journalistes qu'il affranchit de la censure par un décret, mais qu'il punirait d'une désobéissance par le cordon de ses mameloucks ou la baïonnette de ses prétoriens, il leur a ordonné de mentir à la France entière[1]..... »

Les rédacteurs du *Journal universel* faisaient cause commune avec les Alliés, avec les ennemis de la France. Le patriotisme le moins jaloux ne peut que s'en offusquer. Il ne saurait admettre la moindre excuse tirée des persécutions dirigées autrefois contre eux par le Premier Consul ou par l'Empereur.

Comment ne pas flétrir les sentiments qui faisaient considérer à ces rédacteurs la bataille de Waterloo comme une grande victoire?

[1] Hatin. *Histoire de la Presse*, t. VIII, p. 140.

Il faut bien le dire, le patriotisme français, à la fin de l'épopée napoléonienne, n'avait ni la même intensité, ni la même délicatesse dont il nous a été donné de voir les manifestations après les malheurs immérités qui ont fondu sur nous pendant l'année terrible.

Voici en quels termes, dans son dernier numéro du 21 juin, le *Journal universel* annonçait à ses lecteurs le désastre de l'armée française à Waterloo : « La victoire la plus complète vient d'être remportée sur l'ennemi et l'oppresseur de la France..... L'audace de l'usurpateur, son plan d'agression médité avec une longue réflexion, exécuté avec cette activité dévorante qui le caractérise et que redoublait la crainte d'un irréparable revers, la rage féroce de ses complices, le fanatisme de ses soldats, leur bravoure digne d'une meilleure cause, tout a cédé au génie de Wellington, à cet ascendant d'une véritable gloire sur une détestable renommée. L'armée de Bonaparte, cette armée qui n'est plus française que de nom, depuis qu'elle est la terreur et le fléau de la patrie, a été vaincue et presque anéantie..... »

Napoléon abdiqua après Waterloo, et cette fois, définitivement. Il s'était élevé par l'épée, et il tomba le jour où il fut impuissant à se maintenir par l'épée.

La presse ne fut pour rien dans sa chute. C'est ce qu'il a reconnu lui-même à Sainte-Hélène, en disant « qu'il était des institutions aujourd'hui, et la liberté de la presse était de ce nombre, sur lesquelles on n'était plus appelé à décider si elles étaient bonnes, mais seulement s'il était possible de les refuser au torrent de l'opinion. Or, il prononçait que l'interdiction de cette liberté dans un gouvernement représentatif était un anachronisme choquant, une véritable folie. Aussi, à son retour de l'île d'Elbe, avait-il abandonné la presse à tous ses excès, et il pensait bien que ces excès n'avaient été pour rien dans sa chute nouvelle[1]. »

[1] *Mémorial de Sainte-Hélène*, le 13 juin 1816.

CHAPITRE VI

LA PRESSE SOUS LA SECONDE RESTAURATION

(1815-1830)

Le Sabre et l'Esprit. — Aurore d'un monde nouveau. — Les Royalistes *ultra* et leurs idées rétrogrades. — Ardeur révolutionnaire de la jeunesse. — Rénovation totale dans les arts et dans les lettres. — Publicistes illustres chez les royalistes catholiques et dans le camp libéral. — Ordonnance du 8 août 1815; loi sur les actes et écrits séditieux, du 9 novembre 1815; amende, déportation et peine de mort. — Répression des *provocations indirectes.* — Les cours prévôtales. — La *Terreur blanche.* — Silence des journaux sur les illégalités commises. — Royalistes ministériels et royalistes *ultra.* — La *Monarchie selon la Charte*, par Chateaubriand; propagation du pamphlet, en dépit de la saisie. — Les royalistes de la Chambre introuvable deviennent partisans de la liberté de la presse. — Loi du 28 février 1817 ne laissant paraître les journaux qu'avec l'autorisation du Roi; poursuites et condamnations. — *Sociétés des amis de la presse.* — Brochure de Benjamin Constant. — Origine du *parti doctrinaire;* sa définition, par Eugène Spuller. — Nouvelle loi sur la presse; exclusion du jury, éloquent discours de Royer-Collard. — Suppression du *Mercure*, qui ressuscite sous la forme de la *Minerve.* — Hardies révélations de la *Bibliothèque historique ;* théorie subtile et casuistique de M. de Marchangy. — Création d'organes ministériels (le *Publiciste,* le *Spectateur,* le *Modérateur*) et de l'organe ultra-royaliste, le *Conservateur.* — Progrès continus des idées libérales dans tous les partis. — Législation nouvelle; lois sur la presse, des 17 et 26 mai et du 9 juin 1819, déposées par M. de Serre; discussion mouvementée. — Institution du jury; preuve en matière de diffamation. — Le cautionnement et la déclaration (loi du 9 juin 1819); discours de Benjamin Constant, Guizot et Royer-Collard. — Langage violent des journaux; impuissance de la répression. — L'Assassinat du duc de Berry par Louvel (13 février 1820) fait naître un projet de loi suspendant la liberté individuelle et rétablissant la censure. — Conséquences de cette loi nouvelle; disparition de la plupart des journaux; formation de la *Société des brochures.* — Procès burlesque du *Miroir.* — Condamnation de Paul-Louis Courier (28 août 1821); le *Pamphlet des Pamphlets.* — Manifestations hostiles au pouvoir dans les cafés, dans les lieux publics, etc.; et particulièrement aux funérailles du jeune Lallemand (7 juin 1820). — Lois illibérales de 1821 ; le ministère Villèle. — Procès des chansons de Béranger (9 décembre 1821); son extraordinaire retentissement. — Loi du 17 mars 1822 s'attaquant à l'*esprit* et à la *tendance* des écrits périodiques. — Inquisition sévère et minutieuse appliquée aux articles de journaux. — Achat de divers organes à l'aide des fonds secrets. — Ordonnance du 15 août 1824 établissant la Censure — Opposition du *Journal des Débats;* ardente polémique de Chateaubriand; multiplicité des brochures. — Avènement de Charles X; ordonnance du 29 septembre 1824 abolissant la Censure. — Retour aux pratiques gouvernementales de l'ancien régime; influence croissante de la congrégation des Jésuites. — Procès du *Constitutionnel* et du *Courrier français,* triomphante plaidoirie de Dupin aîné. — La *loi de justice et d'amour*, traitée de *loi Vandale* par Chateaubriand. — Entraves apportées à l'industrie des imprimeurs et des libraires; les droits de timbre. — Protestations de Casimir Périer et de l'Académie française; retrait de la loi Peyronnet (18 avril 1827); le chef-d'œuvre oratoire de Royer-Collard. — Rétablissement de la Censure; dissolution de la Chambre des Pairs (5 novembre 1827). — La Chambre des 221; le ministère Martignac; suppression de la Censure (avril 1828). — Le ministère Polignac (août 1829) incarne le parti de la contre-révolution. — Article devenu historique du *Journal des Débats;* acquittement de Bertin l'aîné. — La grande presse et la petite presse en guerre contre le ministère. — Le *Globe* (Pierre Leroux, Dubois, Jouffroy), d'abord littéraire, puis politique, devient le porte-drapeau du libéralisme. — Le *National*, avec Thiers, Mignet, Armand Carrel. — Ordonnances du 26 juillet 1830 abolissant la liberté de la presse, dissolvant la Chambre des Députés et transformant la loi électorale, — Protestation de la presse, dans le *National*, provoquant la nation à résister au pouvoir. — La Révolution de 1830; chute de Charles X.

Pendant plus de quinze années, au commencement de ce siècle, nous avons vu la presse, et avec elle la littérature tout entière, l'esprit français, en un mot, opprimés et humiliés sous la main de fer d'un despote.

L'Empereur vaincu et détrôné, le génie national devait naturellement se réveiller et reprendre ses aspirations vers la liberté, avec d'autant plus d'ardeur qu'il fut plus longtemps comprimé. Napoléon lui-même en avait eu le pressentiment, lorsqu'il disait un jour, en 1809, à M. de Fontanes : « Fontanes, savez-vous ce que j'admire le plus dans le monde? C'est l'impuissance de la force pour organiser quelque chose. Il n'y a que deux puissances dans le monde, le sabre et l'esprit. A la longue, le sabre est toujours battu par l'esprit. »

La deuxième Restauration eut pour premier et pour principal effet de soustraire la France à cette ivresse militaire, qui lui avait fait oublier les grandes conquêtes civiles et politiques de la Révolution.

On eut le spectacle d'une effervescence, d'une agitation merveilleuse des esprits, d'un mouvement intellectuel des plus intenses, comme à la veille de l'enfantement d'un monde nouveau.

Mais on ne tarda pas à s'apercevoir que la société française se divisait en deux camps nettement tranchés : celui qui était dévoué aux idées issues de la révolution, et l'autre, celui de la royauté de droit divin, de la Sainte-Alliance.

Les royalistes *ultra*, qui allaient composer la majorité de la Chambre *introuvable*, rentrés en France avec le secours des baïonnettes étrangères, ne prenaient pas la peine de dissimuler leur dessein de faire retirer par des ordonnances les concessions d'une charte octroyée. Ils revenaient de leur exil, pleins d'illusions, n'ayant renoncé à aucune de leurs prétentions surannées et ardents aux vengeances. Ils voulaient inculquer aux Français, de force ou d'adresse, leur vieil esprit rétrograde ; et peut-être quelques-uns d'entre eux ne désespéraient-ils pas de faire rebâtir les châteaux avec les débris des chaumières.

Ignoraient-ils donc, ces insensés, qu'on ne remonte pas le torrent des années ? Comment empêcher le progrès d'avancer et le temps de faire son œuvre ? Autant valait se condamner au travail infernal de Sisyphe, et tenter de tenir immobile l'esprit du siècle, semblable à un rocher, placé sur le penchant de la colline et qu'entraîne une pente rapide. La *pierre insolente*, comme dit le poète, ne cessera de menacer leurs têtes et les écrasera un jour dans sa chute.

La France vit d'abord avec stupeur, puis avec indignation, se dérouler le triste cortège des fureurs monarchiques déchaînées par ce parti contre-révolutionnaire : la terreur blanche, les cours prévôtales, la censure de la presse, le double vote, la congrégation, le milliard aux émigrés, les lois sur le sacrilège et le droit d'aînesse, etc. Par une horreur instinctive de l'ancien régime, le pays se rattacha de plus en plus aux souvenirs, aux principes et aux institutions de la Révolution.

C'est ce que disait déjà bien haut, sous la Restauration, un des écrivains qui pouvaient traduire avec le plus d'autorité les sentiments des nouvelles générations : « La jeunesse s'est identifiée avec la Révolution ; elle ne comprend, elle ne croit, elle ne veut, elle ne sait qu'elle : je veux dire ses principes et ses résultats ; car les actes n'appartiennent qu'à ceux qui les ont faits. Nous sommes pétris et façonnés pour le temps et le pays où nous sommes nés. Les nouveautés qui se sont accomplies dans les mœurs, dans les relations, dans la famille, dans la vie privée, sont déjà pour nous des traditions. On essaierait en vain de nous faire regretter ce qui fut autre et ce que nous n'avons pas connu. Il y a un état général, une certaine nature de principes et d'idées qui a définitivement triomphé parmi nous.... Gardez-vous de demander à ceux qui sont nés d'hier de ressembler à leurs devanciers. N'attendez pas d'une telle génération des préjugés qui sont morts avant elle ; n'exigez pas d'elle des sentiments regrettables, je le veux, mais surannés. Ne lui reprochez pas d'être ce qu'elle est, et ne la traitez pas comme si elle était autrement. Sachez bien que vos souvenirs sont de la fable pour nous ; ce sont les restaurateurs du passé qui nous semblent d'imprudents novateurs et, peu s'en faut, des rebelles. Vos idées conservatrices sont à nos yeux de dangereux desseins ; ce que vous appelez concession, nous l'appelons droit. Ce qui vous paraît une exception, nous le tenons pour un principe. En tout genre, le terrain qu'on nous reproche d'avoir envahi, nous le regardons comme un patrimoine : nous héritons d'une conquête, voilà tout[1]. »

Cette opposition, cet antagonisme de deux grands partis ardents à la lutte et qui se partageaient la nation, fournirent naturellement à la presse française une longue suite de polémiques, où tout était discuté et remis en question, la politique comme la littérature, la philosophie, le théâtre, les beaux-arts. Alors se déroula, de 1815 à 1830, une des plus brillantes périodes de l'esprit humain. « Quelle époque, comme l'a dit un de nos meilleurs critiques[2], quelle époque, que celle où l'on entendait Foy et Royer-Collard à la tribune, Berryer et Dupin au barreau, Villemain, Cousin, Guizot à la Sorbonne ; où l'on chantait des chansons de Béranger, où l'on dévorait les *Méditations* de Lamartine, où Hugo lançait ses merveilleuses *Orientales*, où les pamphlets de Paul-Louis Courier éclataient comme des fusées éblouissantes ; où Augustin Thierry déroulait dans d'admirables récits le tableau des mœurs de nos ancêtres sous les Mérovingiens, tandis que, plus hardis encore, des jeunes gens comme Thiers et Mignet, osaient jeter aux passions déchaînées une histoire monumentale de la Révolution ; où la peinture classique et rococo pliait bagage devant les splendides et audacieuses compositions des Géricault, des Girodet, bientôt suivis des Delacroix et des Ary Scheffer ; où le romantisme, longtemps suspendu et incertain dans ses voies, arborait enfin un drapeau, une devise, et appelait aux armes dans la préface de *Cromwell* et à la première représentation d'*Hernani !* Quelle époque ! On vivait alors. Aujourd'hui, hélas ! elles se sont éteintes une à une, toutes les gloires d'un passé si proche encore et que ne vient remplacer aucune gloire nouvelle. »

* * *

A aucun moment de notre histoire, la presse n'a joué un plus grand rôle, et n'a mieux mérité d'être appelée un quatrième pouvoir

[1] *Passé et présent*, par Ch. de Rémusat.

[2] Paul Albert. *Les Origines du romantisme*, Paris, Hachette, 1882, p. 16.

dans l'Etat. La plume alors a vraiment régné sur la France, presque autant que la parole. On ne pourrait pas citer un seul homme considérable de la Restauration, qui n'ait été plus ou moins journaliste, et qui n'ait mis sa plume au service des idées de son parti.

Dans le camp des royalistes catholiques, on peut citer : Chateaubriand, Bonald, Lamennais, Frayssinous, le duc de Fitz-James, le duc de Lévis, de Villèle, Corbière, de Castelbajac, de la Rochefoucauld ; et, dans le camp libéral, avec des nuances diverses de plus en plus accentuées : Royer-Collard, Guizot, le duc de Broglie, de Barante, Villemain, Cousin, Kératry, Duchâtel, Vitet, de Rémusat, Duvergier de Hauranne, Jouffroy, Dubois, Casimir Périer, Laffitte, le général Foy, Benjamin Constant, Laborde, le marquis de Chauvelin, Comte, Dunoyer, Thiers, Mignet, Carrel.

Voilà de nobles et illustres ancêtres, dont la presse française a le droit de s'enorgueillir. Et ce qui ajoute à leur gloire, c'est que leur destinée a été de vivre en combattant la censure royale, et de conquérir enfin de haute lutte la véritable liberté.

* * *

Dès le début de la seconde Restauration, la presse eut à se débattre contre bien des entraves.

Le retour de Louis XVIII avait pour conséquence de remettre en vigueur la loi du 21 octobre 1814 sur la presse. Mais l'opinion publique s'était élevée avec tant de force contre la disposition de cette loi, qui attribuait au directeur de la librairie et aux préfets des départements la censure sur les ouvrages de vingt feuilles et au-dessous, que le gouvernement renonça de son propre mouvement à l'exercice de ce droit. Une ordonnance du 20 juillet 1815[1] s'exprimait à ce sujet, dans les termes suivants : « Le Directeur général de la librairie et les préfets n'useront point de la liberté qui leur est laissée par les articles 3, 4 et 5, de la loi du 21 octobre 1814. Toutes les autres dispositions de la loi du 21 octobre seront exécutées suivant leur forme et teneur. »

Le 8 août suivant, une nouvelle ordonnance[2], rendue sur le rapport de Fouché, ministre de la police, révoqua toutes les autorisa-

[1] *Collection des lois* de Duvergier, t. XX, p. 11.

[2] *Ibid.*, p. 26.

tions données jusqu'alors aux journaux, de quelque nature qu'ils fussent, et ordonna que pas un de ces organes ne pourrait paraître sans une nouvelle autorisation du ministre de la police générale. Les écrits périodiques devaient être soumis, de plus, à l'examen d'une commission dont les membres seraient nommés par le roi, sur la présentation du même ministre.

Le zèle furieux de la chambre *introuvable* ne permit pas au gouvernement de Louis XVIII de s'en tenir à ces mesures, si restrictives cependant de toute liberté. La presse fut soumise à un régime d'exception par la loi sur les actes et les *écrits séditieux* [1] du 9 novembre 1815. Peu de temps avant, une autre loi avait supprimé la liberté individuelle par une sorte de réédition de la loi des suspects.

Les dispositions de la loi du 9 novembre montrent jusqu'à quels excès peut conduire le fanatisme politique le plus exalté. Elles livraient à une répression arbitraire tout écrit, toute parole, le moindre mot pouvant constituer, non pas même une tentative de désobéissance, mais l'intention, la pensée d'une opposition quelconque au nouveau régime. Un ancien préfet de police de l'Empire, Pasquier, fut le rapporteur de cette loi, sur laquelle il glisse rapidement dans ses *Mémoires* récemment publiés [2].

Les peines correctionnelles lui paraissant insuffisantes pour punir des actes ou des écrits séditieux, il proposa la peine de la déportation. « N'est-il pas juste, s'écriait-il, que celui qui aura voulu renverser les institutions les plus sacrées, ébranler le trône auguste sur lequel reposent toutes les espérances de notre avenir, soit à jamais exclu de cette terre sur laquelle il est indigne de vivre, et aille consumer, sous un ciel lointain, cette vie qui ne lui a été donnée que pour le malheur de sa patrie et la honte des siens ! » Les coupables devaient, en outre, subir une forte amende, dont le *maximum* pouvait être de vingt mille francs, « châtiment, ajoutait le rapporteur, auquel ils seraient bien plus sensibles qu'à la prison, car la plupart ne connaissaient pas la honte et ne verraient dans la détention qu'un moyen de vivre dans l'oisiveté. »

Ces sévérités ne furent pas encore jugées suffisantes par certains royalistes en délire, qui réclamèrent la peine de mort et la confiscation des biens. « Je propose, disait un avocat de Paris, M. Piet,

[1] *Collection des lois* de Duvergier, t. XX, p. 107.

[2] Tome IV, p. 10 et 11.

devant la Chambre *introuvable*, je propose la substitution de la *peine de mort* à celle de la déportation ; ce changement, comme vous le voyez, est *bien peu de chose.* » Et à la Chambre des pairs, de Sallaberry, de Castelbajac, le prince de Broglie insistèrent pour l'application de la peine capitale à tout individu convaincu d'avoir arboré un drapeau tricolore. « Eh quoi ! disait ce dernier, on ne punirait pas de mort l'érection de ce drapeau abominable, que je ne nommerai pas, tant son nom me répugne à prononcer et me révolte ! »

Les articles 1 et 4 autorisaient la saisie non seulement des écrits imprimés *non publiés*, mais encore des écrits *livrés* à l'impression, c'est-à-dire *non encore imprimés*, et permettaient aux tribunaux d'infliger aux imprimeurs et aux auteurs de ces écrits les peines les plus sévères, comme la déportation.

Une autre disposition odieuse de cette loi mérite de retenir l'attention d'une manière particulière : c'est celle qui réprimait les *provocations indirectes* aux faits qualifiés par la nouvelle loi de crimes et de délits. C'était livrer les adversaires du pouvoir à l'arbitraire le plus effroyable. On se garda bien d'ailleurs de définir les mots, les actes qui constitueraient une provocation *indirecte*. Une phrase, un mot, innocents dans leur signification matérielle, un acte sans relation *directe*, saisissable avec ces crimes et ces délits, pouvaient ainsi être considérés comme une provocation *indirecte* à les commettre.

Cette législation d'un arbitraire si redoutable ne réussit pas encore à satisfaire l'ardeur répressive de l'avocat général Trinquelague et de l'ex-garde des sceaux Pasquier, qui firent déclarer séditieux et punir comme tels les écrits ou discours annonçant qu'un fait, qualifié crime ou délit par la loi nouvelle, *serait* ou *avait été* commis.

Et ce ne fut pas tout. Les passions et les colères des royalistes exaltés firent appel à une juridiction exceptionnelle, pour appliquer la nouvelle législation. On eut recours aux cours prévôtales de sanglante mémoire. Une cour prévôtale composée d'un prévôt pris parmi les officiers de terre et de mer, ayant rang de colonel au moins, puis d'un président et de quatre juges choisis parmi les membres du trinal de 1re instance, fut établie dans le chef-lieu de chaque département. On déféra à ces commissions demi-militaires non seulement les rebelles, les personnes accusées d'avoir fait partie d'une bande armée, de lui avoir fourni des munitions ou des vivres, d'avoir arboré un signe de ralliement ou un drapeau autre que le drapeau blanc, mais encore tous ceux qui avaient *publié des écrits*, prononcé des discours, proféré des cris exprimant la *menace* d'un attentat contre la personne du roi ou les membres de sa famille, excitant les citoyens à s'armer contre l'autorité royale ou provoquant à son renversement.

N'oublions pas d'ajouter que les arrêts des cours prévôtales, comme les sentences des tribunaux révolutionnaires, étaient en dernier ressort, sans recours en cassation, et exécutoires dans les vingt-quatre heures[1].

* * *

Tel fut le régime vraiment draconien, auquel la monarchie restaurée et la majorité de la Chambre *introuvable* soumirent la presse française. Il semblait bien fait pour inspirer le regret de l'absolutisme impérial.

Les journaux du temps gardèrent un silence prudent sur les violences et les assassinats qui marquèrent en France, et en particulier dans le Midi, cette sanglante période connue sous le nom de *Terreur blanche*. A lire les feuilles de 1816, on ne pourrait pas même soupçonner qu'on vivait alors sous la domination d'une réaction furieuse. C'est que la censure empêchait la triste vérité de se faire jour.

M. Duvergier de Hauranne a tracé un tableau des plus fidèles de la presse, à l'époque où nous sommes parvenus. « Les journaux, dit-il[2], pouvaient, dans une certaine mesure, louer ou blâmer les actes de la Chambre et débattre entre eux des théories constitutionnelles. La *Quotidienne*, organe de la majorité parlementaire, pouvait dénoncer les prétendus libéraux du jour, qui, suivant elle, « s'armaient de toute la « métaphysique du despotisme pour attaquer la représentation natio- « nale, et se faisaient ainsi les plagiaires de Bonaparte, en renouvelant « les dogmes serviles du *Moniteur* de 1813. » Le *Constitutionnel* pouvait disserter vaguement sur la constitution anglaise et sur la Charte, attaquer les jésuites et signaler Napoléon, « l'ennemi commun, » comme le destructeur de l'indépendance et de la liberté des peuples. Le *Journal des Débats* pouvait rendre compte des brochures politiques et financières, ou diriger de vives et piquantes attaques contre les jacobins et les bonapartistes, qui, devenus libéraux, « injuriaient Na-

[1] *Collection des lois* de Duvergier, t. XX, p. 149.

[2] *Histoire du gouvernement parlementaire*, t. III, p. 430 et 431.

« poléon depuis que l'arbre impérial était séché et ne donnait plus de « fruits ». Le *Journal de Paris* et le *Journal général* pouvaient enfin, tout en plaidant pour les idées libérales, s'efforcer de montrer qu'en France le roi doit régner et gouverner ; mais à aucun de ces journaux il n'était permis de dénoncer à l'indignation publique les violences et les illégalités dont le parti victorieux, triste émule de 93, déshonorait sa cause. A les voir rivaliser d'amour pour la royauté légitime et d'enthousiasme pour les institutions nouvelles, on eût pu croire qu'à l'exception de quelques insensés ou de quelques brigands, justement livrés à la rigueur des lois, la plus touchante unanimité régnait en France, et que l'on se querellait seulement pour savoir qui des royalistes ou des libéraux étaient le plus dévoués au roi et à la Charte. »

Lorsque la fameuse ordonnance du 5 septembre 1816 eut dissous la Chambre *introuvable*, la presse royaliste eut à peu près seule la parole. Le parti *ultra* avait alors à sa disposition les journaux les plus répandus et les écrivains les plus accrédités, en tête desquels se plaçaient naturellement Fiévée et Chateaubriand.

Pasquier l'avoue dans ses *Mémoires*[1], les journalistes royalistes étaient seuls depuis une année en possession de parler en public ; tous les écrivains d'une opinion contraire avaient été à peu de chose près réduits au silence par la crainte des rigueurs dont les menaçaient les lois rendues sur la liberté individuelle et sur les écrits réputés séditieux. L'épithète de séditieux pouvait être largement appliquée par les cours prévôtales.

* * *

La lutte fut donc circonscrite entre royalistes ministériels avec le duc de Richelieu et le duc Decazes et royalistes *ultra* en faveur desquels Chateaubriand publia son célèbre pamphlet : *La monarchie selon la Charte*. Le noble pair de France réclamait l'épuration du personnel et l'application de la maxime bien connue : *Ote-toi de là que je m'y mette*. « Confiez, disait-il, les premières places de l'Etat aux véritables amis de la monarchie légitime. Vous en faut-il un si grand nombre pour sauver la France? Je n'en demande que sept par département : un évêque, un commandant, un préfet, un procureur du roi,

[1] Tome IV, p. 127 et suiv.

un président de la cour prévôtale, un commandant de gendarmerie et un commandant des gardes nationales. Que ces sept hommes-là soient à Dieu et au roi. Je réponds du reste. » Entraîné par la passion de la polémique, il prophétisait le retour des plus mauvais jours de la Terreur et la ruine de la religion : « Comment comprendre que ceux qui peuvent quelque chose sur nos destinées, qui prétendent vouloir la monarchie légitime, rejettent la religion? L'impiété ne nous a-t-elle pas fait assez de mal? le sang et les larmes n'ont-ils pas assez coulé? Eh bien, si nous en sommes encore là, je ne crains pas d'annoncer que le souhait du philosophe Diderot s'accomplira. »

Dans un post-scriptum violent, Chateaubriand qualifiait d'attentat contre la France l'ordonnance du 5 septembre et disait clairement que le roi n'avait pas donné son consentement. Il présentait le roi comme dominé par un parti et par des conseillers révolutionnaires qui l'entraînaient à sa perte pour venger la proscription des régicides. Et il s'écriait : « Cependant que les bons Français ne perdent pas courage ; qu'ils se présentent en foule aux élections. Mais qu'ils se mettent en garde contre une séduction à laquelle il nous est si difficile d'échapper ! On leur parlera *du roi, de sa volonté ;* les entrailles françaises seront émues, les larmes viendront aux yeux ; au nom du roi on ôtera son chapeau, on prendra le billet présenté par une main ennemie et on le mettra dans l'urne. Défiez-vous du piège. Sauvez le roi *quand même !* »

Le ministère s'émut vivement, dès qu'il sut que Chateaubriand se préparait à publier chez l'imprimeur Lenormand un ouvrage destiné à influer puissamment sur les élections. Le directeur de la librairie Villemain et le ministre de la police Decazes se mirent en campagne. Ils apprirent que les presses de l'imprimeur redoublaient d'activité et qu'on avait projeté de faire une distribution clandestine, pour échapper à la saisie que l'on redoutait. Ils parvinrent à se procurer quelques-uns des exemplaires déjà mis dans la circulation, et ils n'hésitèrent pas à faire opérer aussitôt à l'imprimerie même la saisie entière de l'édition, ou du moins de ce qui en restait encore. Chateaubriand provoqua presque une émeute en défendant lui-même son livre et en excitant les ouvriers imprimeurs à le défendre avec lui. M. Duvergier de Hauranne, dans son *Histoire du gouvernement parlementaire* [1], nous représente le noble pair de France assis sur un

[1] Tome III, p. 498 et 499.

des ballots saisis, adressant aux ouvriers, au nom de la Charte, au nom de la liberté de la presse, au nom des privilèges de la pairie, une harangue qui fut suivie d'acclamations enthousiastes, de cris mille fois répétés : *Vive Chateaubriand ! vive la liberté de la presse !* Les ouvriers arrachèrent les exemplaires saisis des mains des inspecteurs de police, et brisèrent les scellés qui venaient d'être apposés sur les formes. Pour mettre fin à ce désordre et contraindre Chateaubriand à la retraite, il ne fallut rien moins que l'arrivée de la gendarmerie.

Cette saisie était strictement légale et conforme aux lois du 21 octobre 1814, du 9 novembre 1815, puisque la publication avait précédé le dépôt. Mais la police ne tarda pas à s'apercevoir que les colporteurs de l'imprimeur Lenormand avaient été plus habiles que ses agents. Au bout de trois jours, non seulement un grand nombre d'exemplaires se trouvaient répandus dans Paris, mais des paquets fort considérables avaient été transportés dans les grandes villes de France. Des poursuites furent exercées par le procureur général contre la brochure et suivies d'une ordonnance de non-lieu ; mais Chateaubriand fut destitué par Louis XVIII de son titre de ministre d'Etat [1].

*
* *

Le ministère l'emporta dans les élections, et les royalistes fougueux de la Chambre *introuvable* se trouvèrent réduits à l'état de minorité, éloignés, par suite, du pouvoir qu'ils ambitionnaient. Par un revirement imprévu mais bien humain, en se rangeant dans l'opposition, ils s'éprirent d'une belle ardeur pour la liberté de la presse.

On le vit bien, lorsque le gouvernement demanda aux Chambres de proroger les pouvoirs que lui attribuait la loi du 21 octobre 1814 sur les journaux. Le projet n'était composé que de deux articles ainsi conçus : « Article premier. Les journaux et écrits périodiques ne peuvent paraître qu'avec l'autorisation du Roi. — Article 2. La présente loi cessera de plein droit d'avoir son effet au 1er janvier 1818. »

[1] Chateaubriand ne pardonnait pas au ministère Richelieu-Decazes de ne pas lui avoir confié un portefeuille. Il se vengea de M. Decazes, en écrivant plus tard, au sujet de sa chute, après l'assassinat du duc de Berry : « Les pieds lui glissèrent dans le sang... » Il se vengea de la même manière de Fouché et de Talleyrand, qui l'avaient exclu du ministère après le retour de Gand, en écrivant cette phrase demeurée célèbre : « Une porte s'ouvre : entre silencieusement le Vice appuyé sur le bras du Crime, M. de Talleyrand marchant soutenu par M. Fouché ; la vision infernale passe lentement devant moi, pénètre dans le cabinet du Roi et disparaît. » (*Le livre du centenaire du Journal des Débats*, p. 124.)

A l'appui de son projet, M. Decazes invoquait les circonstances qui ne permettaient pas de laisser aux passions une arme aussi dangereuse.

On eut alors ce curieux spectacle de royalistes *ultra*, tels que de Castelbajac, de Bonald, de Corbière, de La Bourdonnaye, de Villèle à la Chambre des députés et de Chateaubriand à la Chambre des pairs, se déclarant partisans de la liberté de la presse, alors que quelques mois auparavant ils avaient réclamé les mesures les plus arbitraires, dénoncé des complots et des conspirations imaginaires. Ces changements de front, inspirés aux partis politiques par ce qu'ils considèrent comme une habile tactique, se sont renouvelés si souvent depuis, que le scandale en a été comme atténué.

Le projet de loi fut défendu par Royer-Collard, Courvoisier, Camille Jordan et le ministre Decazes, qui invoquèrent les circonstances exceptionnelles que l'on traversait, pour maintenir une loi exceptionnelle. C'est ce qui fit dire à M. de Fitz-James qu'il était plaisant de voir les défenseurs de la loi proposée commencer par vanter les bienfaits de la liberté et employer ainsi leur éloquence à faire sentir la douceur des biens dont ils allaient priver la France. « Ainsi, ajoutait-il, Bonaparte parlait des douceurs de la paix et faisait marcher des millions d'hommes à la mort ! »

Le projet du gouvernement n'en fut pas moins voté sans modification, et devint la loi du 28 février 1817 [1].

Cette loi fut appliquée avec beaucoup de rigueur. Le *Journal des Débats* fut atteint des premiers. Louis XVIII avait récompensé le dévouement des Bertin, qui l'avaient suivi à Gand, en nommant Bertin l'aîné censeur de son propre journal et Bertin de Veaux secrétaire général du ministère de la police. Mais Bertin l'aîné, suivant les inspirations de son ami Chateaubriand, était passé dans le camp des ultra-royalistes et avait publié contre le ministère des attaques que le duc Decazes ne voulut pas laisser impunies. Les frères Bertin furent destitués, après avoir vu leur journal plusieurs fois réprimandé ou suspendu pour des articles de Chateaubriand ou de Bonald, agressifs sans doute et même violents, mais point du tout séditieux. Les *Débats* furent placés sous la censure de l'abbé Mutin et contraints à plus de réserve.

Le *Constitutionnel* fut supprimé, pour avoir publié, le 16 juillet 1817, un article de M. de Latouche sur le Salon.

[1] *Collection des lois* de Duvergier, t. XXI, p. 98.

A propos d'un dessin d'Isabey, cet article faisait une allusion au roi de Rome. Voici, à titre de curiosité, le passage incriminé : « On remarque parmi les plus jolis dessins de M. Isabey la figure en pied d'un enfant qui porte dans ses deux mains un énorme paquet de *roses*. Cette association des couleurs du printemps et des grâces de l'enfance rappelle et rassemble des idées d'espérance. Au milieu du bouquet, l'auteur a jeté de jolies fleurs *bleues*. L'ensemble de cette composition est du plus riant effet. Ces fleurs se nomment en Allemand *Wergiss mein nicht*, *Ne m'oubliez pas !* » Il fallait être bien prévenu qu'il s'agissait du roi de Rome et de l'emblème tricolore, pour voir un danger dans cet article et lui attribuer un caractère séditieux.

Le *Constitutionnel* reparut sous le titre de *Journal du commerce ;* mais on comprend facilement avec quelle réserve et quelle timidité il dut désormais manifester son indépendance.

*
* *

Les brochures, qui sont comme le dernier refuge de la liberté de la presse persécutée, furent poursuivies avec non moins d'âpreté. Sans énumérer les nombreux procès de cette époque, dans lesquels le substitut de Vatimesnil et l'avocat général Hua se laissèrent emporter par leur zèle répressif aux plus regrettables exagérations, nous en citerons quelques-uns à titre d'exemple.

Un certain Rioust, dans une brochure sur *Carnot*, avait décerné des éloges au grand conventionnel organisateur de la victoire et avait qualifié Bonaparte de *monarque*. Le ministère public poursuivit cet écrit, parce qu'il « *annonçait* des opinions dangereuses et *indiquait* des intentions coupables ». Tout en protestant contre les intentions coupables qu'on lui prêtait, Rioust déclara qu'il ne désavouait rien de ce qu'il avait écrit, et qu'il croyait avoir proclamé les vrais principes. De Vatimesnil soutint qu'une telle défense était un motif d'aggraver la peine ; et le tribunal correctionnel de la Seine condamna Rioust à deux ans d'emprisonnement, à dix mille francs d'amende et cinq ans de surveillance, tant pour son écrit que pour sa plaidoirie. Cette étrange décision, si dangereuse pour les droits de la défense, fut cependant confirmée en appel. L'avocat général Hua n'hésita pas à soutenir qu'en reproduisant dans sa plaidoirie les doctrines de son livre, l'auteur se les était en quelque sorte *person-*

nifiées, et que par conséquent la plaidoirie méritait encore plus que le livre d'attirer sur sa personne toute la sévérité de la loi.

Un jeune écrivain, Chevalier, fut poursuivi pour une brochure dans laquelle il reprochait au ministre Decazes d'avoir violé plusieurs articles de la Charte en suspendant la liberté individuelle et la liberté de la presse. Il fut condamné; le parti libéral saisit cette occasion de protester contre les doctrines et les sévérités du ministère public. Le duc de Broglie, en son nom et au nom de Manuel, Benjamin Constant, Laffitte et Voyer-d'Argenson, écrivit à Chevalier pour lui offrir le remboursement de l'amende et des frais judiciaires. Ce fut là l'origine de la *Société des Amis de la presse*, qui lutta avec tant de vigueur contre les tendances rétrogrades de la Restauration[1].

En même temps, Benjamin Constant publia une brochure, qui produisit un grand effet : *Questions sur la législation actuelle de la presse en France et sur la doctrine du ministère public*[2]. Il s'éleva surtout contre le système qui consistait à faire condamner les imprimeurs comme complices des écrivains, alors même qu'ils avaient rempli toutes les formalités légales. Il refusait de comprendre que, dans un pays où l'état d'imprimeur est un état exclusif et privilégié, les imprimeurs pussent avoir un autre devoir à remplir que celui de se conformer aux lois et règlements qui concernent la librairie. En prolongeant pour les journaux la durée de la censure, on en avait formellement affranchi les écrits. Or étendre aux imprimeurs la responsabilité légale des auteurs, qu'était-ce, sinon soumettre les écrits à une censure plus sévère que celle des journaux, puisque ces censeurs de nouvelle espèce étaient exposés, s'ils se trompaient, à souffrir non seulement dans leur liberté, mais dans leur profession et dans leur fortune?

[1] L'origine de cette société datait du mois de novembre 1817. De Broglie et Destutt de Tracy pairs de France, d'Argenson et Laffitte députés, de Lafayette, Benjamin Constant, les généraux Tarayre et O'Connor figuraient parmi les fondateurs. Les membres de la Société se réunissaient quelquefois dans un banquet, boulevard de l'Hôpital, au restaurant de l'*Arc-en-ciel*. Un comité secret, composé d'une vingtaine d'hommes résolus, parmi lesquels Cadet-Gassicourt père, Cauchois-Lemaire, Châtelain, Mérilhou, en avait la direction occulte. La société fut dissoute, sous le ministère Dessoles-Decazes, par jugement du tribunal correctionnel du 18 décembre 1818. Mais elle continua à subsister à l'état de société secrète..

[2] *Cours de politique constitutionnelle* par Benjamin Constant, avec introduction et notes de M. Edouard Laboulaye. Paris, Guillaumin, 1872, t. I, p. 505 et suivantes.

Malgré la vigueur de son argumentation, Benjamin Constant ne réussit pas à faire prévaloir sa théorie si favorable aux imprimeurs.

Un autre procès mérite d'être rappelé ici, celui qui fut fait aux rédacteurs du *Censeur*, Comte et Dunoyer, en juillet 1817, notamment pour avoir réimprimé, en le faisant suivre d'une réfutation, un écrit attribué à Napoléon et intitulé : *Manuscrit venu de l'île Sainte-Hélène*. Sans tenir compte de la réfutation, le parquet du roi fit arrêter et jeter en prison comme apologistes de Napoléon ceux qui en avaient été les plus fermes adversaires. De Vatimesnil déclara que cette réfutation était plus républicaine que monarchique et que l'antidote était aussi dangereux que le poison. Le procès fut plaidé au milieu d'une affluence considérable. Mérilhou prononça un plaidoyer éloquent et produisit à l'appui de la défense de Comte et Dunoyer une consultation, qui était une sorte de manifeste politique portant la signature de vingt et un avocats tels que Persil, Dupin, Parquin, Hennequin, Mauguin, Berryer fils, Manuel et Odilon Barrot. On eut souvent recours à ce procédé dans la suite. Comte et Dunoyer n'en furent pas moins condamnés par le tribunal, chacun à une année d'emprisonnement et à trois mille francs d'amende, que la Cour réduisit à trois mois de prison.

* * *

Une propagande sérieuse était faite dans les campagnes, à l'aide de brochures anonymes, où l'on représentait systématiquement, d'un côté, un émigré bête et poltron, un curé méchant et hypocrite, un fonctionnaire subalterne intrigant et bas ; de l'autre côté, un paysan acquéreur de biens nationaux, un philosophe de village et un officier à demi-solde, tous intelligents, courageux, modèles d'honneur et de loyauté. Ces brochures, telles que le *Voyage d'un étranger en France* et *le Paysan et le gentilhomme*, n'étaient que de pauvres caricatures ; mais le public y voyait le tableau fidèle de la situation des campagnes, au lendemain du retour des anciens propriétaires, après vingt ans d'absence.

Toute l'activité des publications politiques semblait réfugiée dans les brochures. On ne fondait guère de nouveaux journaux. A peine dans le cours de l'année 1817, peut-on signaler la création d'une feuille nouvelle, les *Archives philosophiques* de Guizot et Royer-Collard, la première manifestation importante du parti *doctrinaire*, parti peu nombreux, mais puissant par le caractère et le talent de ses chefs, tous grands orateurs comme de Serre, Camille Jordan, Royer-Collard, Beugnot, de Barante[1]. Entre les ultra-royalistes, qui voulaient le roi moins la Charte, et les libéraux qui voulaient la Charte moins le roi, s'éleva ce parti intermédiaire qui ne voulait pas séparer les droits de la couronne de ceux du pays, mais se mettre au service des uns et des autres avec le même zèle et une égale fidélité. « Quand on examine théoriquement la politique doctrinaire, on ne peut guère lui refuser l'éloge qui est dû à l'une des conceptions de l'esprit humain les plus élevées et les plus ingénieuses tout ensemble. Cette construction savante et délicate à la fois, où il y a de tout, à l'état de poutres et d'étais également nécessaires au soutien de tout l'édifice; où l'on trouve juxtaposés et s'appuyant l'une à l'autre la légitimité royale et le régime constitutionnel, le respect de certaines traditions du vieux temps et la notion nette et vive du progrès vers l'avenir, une aristocratie de convention dans la Chambre des pairs à côté de la démocratie dans la Chambre des députés, des hommages sincèrement rendus à la religion et un véritable culte professé pour la liberté de l'esprit et des opinions, tout cela forme un ensemble parfaitement admirable dans sa logique et dans sa fragilité. Il faut y voir surtout ce qui en fait la force et la beauté morales, je veux dire cette haute et sévère idée de la prééminence nécessaire, dans la politique des peuples libres, des droits sur les intérêts et des principes sur les événements[2]. »

Le parti doctrinaire demanda l'application du système constitutionnel avec la plus entière franchise et dans ses conséquences les plus rigoureuses. « Le pouvoir, disait Guizot dans un article des *Archives*, a sur la plupart des hommes une vertu léthargique qui leur ferme les yeux et les endort ; bientôt ils ne voient plus ni ce qui se passe autour d'eux ni peut-être ce qu'ils font eux-mêmes. » Les gouvernements doivent être incessamment éclairés sur le véritable état de la société et sollicités à en tenir compte. « Notre système actuel d'élection, ajoutait le journaliste doctrinaire, le jury et

[1] On désigne souvent les doctrinaires sous le nom de parti du *canapé*. L'origine de cette désignation est dans un mot de Beugnot. Un de ses amis s'étonnait de le voir prendre place dans ce parti : « Ce parti des doctrinaires, lui disait-il, est donc bien nombreux, bien puissant? — J'ai voulu m'assurer de sa force, répondit Beugnot; je suis allé le visiter; il tiendrait tout entier sur mon canapé. »

[2] ROYER-COLLARD. (*Les grands écrivains français*), par Eugène Spuller. — Hachette, 1895.

la liberté de la presse, telles sont les institutions dont nous pouvons attendre cet important service. Par ces trois moyens d'une fidélité assurée, le gouvernement peut, s'il est permis de le dire, tâter le pouls à son peuple, et en apprenant où est le mal, discerner où peut se porter le remède[1]. »

*
* *

C'était chose grave et d'une importance capitale que cette résolution du parti doctrinaire d'embrasser la défense de la liberté de la presse et de réclamer pour les délits de la presse la juridiction du jury. Elle exerça, comme nous allons le voir, la plus grande influence sur la direction politique et les destinées de la Restauration.

La législation qui permettait au gouvernement de censurer et de supprimer à son gré les journaux devait expirer le 1er janvier 1818, si une loi nouvelle n'intervenait pas en temps utile. Or le gouvernement tenait à faire maintenir encore pendant trois années le régime qui mettait la presse à son entière discrétion.

Pasquier, qui était alors garde des sceaux, demanda au Conseil d'Etat d'élaborer avec lui un projet de loi sur la presse. Il se heurta à l'opposition très nette de Royer-Collard, Guizot, Camille Jordan et de Barante. Mais il obtint l'adhésion d'hommes tels que Siméon, Portalis, Mounier, Zangiacomi, Dunoyer et Jacquinot-Pampelune.

« Royer-Collard, dit Pasquier dans ses *Mémoires*[2], réserva tous ses moyens pour combattre le maintien de la juridiction des tribunaux de police correctionnelle relativement aux délits de la presse ; il avait complètement adopté les idées de M. Guizot, qui n'admettait que le jury en pareille matière. En vain on lui représenta que ce serait une dérogation formelle aux principes de notre jurisprudence criminelle, qui voulaient que les crimes seuls fussent jugés par le jury, que les délits le fussent par les tribunaux de police correctionnelle. En vain on le pria de considérer combien peu le jury en France était entré dans nos mœurs ; que déjà on avait la plus grande peine à le composer d'une manière satisfaisante, pour les cas qui lui étaient réservés. » Après de longues délibérations, Royer-Collard fut

[1] Duvergier de Hauranne. *Op. cit.*, t. IV, p. 230.

[2] Tome IV, p. 202.

battu ; mais il ne put s'empêcher de dire à Pasquier d'un ton fort aigre : « Heureusement ce n'est pas ici que la question se juge en dernier ressort. »

Les débats parlementaires furent en effet des plus vifs et des plus brillants. Ils se prolongèrent du 11 au 24 décembre 1817. Nous n'avons pas à les analyser longuement ici, d'autant plus qu'il n'en sortit qu'une loi d'expédient. Il se forma à la Chambre une coalition des ultra-royalistes, de Salaberry, de La Bourdonnaye, de Villèle, de Corbière, de Bonald, etc., avec les libéraux opposants, de Chauvelin, Voyer d'Argenson, etc. Cette coalition joignit ses efforts à ceux de Royer-Collard, Camille Jordan et Beugnot pour faire adopter des amendements qui bouleversaient le projet Pasquier. Cependant l'introduction du jury dans la loi fut repoussée après deux épreuves douteuses.

C'est en faveur du jury que Royer-Collard prononça un des discours les plus éloquents, que l'on relira toujours avec fruit à la veille de toute nouvelle discussion sur la presse.

Il posa d'abord la question de main de maître : « Le problème à résoudre doit satisfaire à deux conditions : premièrement, réaliser la liberté de la presse en réprimant l'abus qu'on en peut faire ; secondement, réprimer l'abus sans que l'abus de la répression détruise la liberté elle-même. Ce problème est difficile, sans doute ; mais veuillez remarquer, Messieurs, qu'il se reproduit à chaque pas et sous toutes les formes dans les gouvernements libres, et qu'il n'est qu'un cas particulier du problème général de la conciliation de l'ordre et de la liberté. Quand on désespère de le résoudre, on prononce contre les nations qu'elles sont condamnées à l'inévitable alternative du despotisme ou de l'anarchie. Je n'ai en aucun temps accepté ce désolant arrêt. »

Il proclama la nécessité de ne point faire de distinction entre la provocation directe et la provocation indirecte ; et il s'attacha à démontrer qu'il n'y aurait pas de répression, si, pour être poursuivie, la provocation devait être qualifiée de directe. « La provocation directe, disait-il, est un filet à larges mailles, qui laisse échapper presque tout ce qu'il y a de dangereux dans ce genre d'abus. Car elle est si facile à éviter, et elle attire un châtiment si infaillible, par conséquent elle est si rare et si insensée, au moins contre un gouvernement qui est debout, qu'elle ressemble à un suicide. Un gouvernement qui n'aurait de garantie que contre la provocation

Gianni *pinx.* Publié par Pagnerre (*Livre des Orateurs*). E. Giroux *sc*

ROYER-COLLARD

(1763-1845)

Député de la Marne,
Directeur de la librairie et de l'imprimerie,
Conseiller d'État,
Membre de l'Académie française.

directe resterait exposé sans défense aux traits les plus perçants et les plus redoutables de la presse. »

Sans doute le délit de provocation indirecte n'est jamais bien caractérisé ; il consiste dans l'intention présumée de l'accusé, intention qui n'est jamais évidente. C'est précisément de l'arbitraire inhérent à l'appréciation de la culpabilité que Royer-Collard conclut à la nécessité de soumettre tous les délits de la presse au jury. Les tribunaux composés de magistrats inamovibles établiraient une jurisprudence sur des règles fixes et trop invariables. « La définition de l'abus de la presse par la provocation indirecte, dit l'orateur, constitue l'arbitraire illimité, l'arbitraire sans rivages. Ce que j'ai dit de la provocation, j'aurais pu le dire de la calomnie et de l'injure dans l'ordre politique ; directes, on les évite ; indirectes, elles sont indéfinissables ; la loi n'atteint la licence qu'en frappant la liberté..... L'arbitraire, Messieurs, ou l'impunité, voilà les extrémités entre lesquelles vous êtes pressés ; toute issue vers la justice légale vous est fermée : choisissez donc. Vous n'hésiterez point, vous préférerez l'arbitraire ; mais en le préférant, vous lui imposerez des conditions propres à dompter le vice incorrigible de sa nature..... De toutes les espèces d'arbitraire, celui que je voudrais le moins confier à un pouvoir permanent, c'est l'arbitraire de la presse. Les pouvoirs, Messieurs, ont, comme les individus, leur tempérament, leurs mœurs, leurs instincts naturels qui les dirigent à leur insu. Le bruit les importune ; le mouvement les inquiète ; la censure leur est amère. La liberté de la presse, devant laquelle ils sont responsables, leur semble une ennemie. Plus sensibles à ses inconvénients que touchés de ses avantages, il est à craindre qu'ils n'inclinent sans cesse à resserrer ses limites. »

« Le jury seul est apte à apprécier les délits de la presse suivant les circonstances. Il les jugera dangereux et coupables dans tel moment ; indifférents et impuissants à une autre époque..... Le jury, on l'a trop oublié dans cette discussion, est moins encore une institution judiciaire qu'une institution politique, bien qu'il ait, sous le premier rapport, des avantages inappréciables..... Il n'y a de nations politiquement libres que celles qui participent sans relâche et au pouvoir législatif et au pouvoir judiciaire..... Députés et jurés, vous avez même origine et vous êtes marqués du même sceau ; le même nœud vous rassemble, le même dépôt vous est confié ; députés, vous êtes le pays qui concourt aux lois, jurés, vous êtes le pays qui concourt aux jugements. C'est pourquoi le jugement par jurés s'appelle en Angleterre *jugement du pays par le pays*..... Si la composition actuelle du jury est vicieuse, qu'on la réforme ; que le jury constitutionnel soit enfin organisé ; qu'il ait sa loi comme les élections..... Tel qu'il est, je le préfère, dans l'intérêt du gouvernement aussi bien que de la liberté de la presse, aux tribunaux de police correctionnelle. Je dis dans l'intérêt du gouvernement ; car j'ai la ferme conviction que ces tribunaux sont hors d'état de le venger de la licence des écrits. Elle les accablerait eux-mêmes ; elle a accablé les parlements, qui osèrent à peine opposer quelques vains réquisitoires aux doctrines anarchiques du XVIIIe siècle. La licence des opinions particulières n'est efficacement réprimée que par l'énergie de l'opinion générale et de la raison publique, et des jurés seuls en sont les organes légitimes, et surtout les organes écoutés. »

Le projet de loi du garde des sceaux Pasquier obtint une majorité à la Chambre des députés ; mais il avait été si fortement amendé qu'il n'était plus de nature à satisfaire aucun parti. Il fut rejeté par la Chambre des pairs, après un vigoureux réquisitoire de Chateaubriand.

Toutefois, tandis que la discussion traînait en longueur, le ministère détacha l'article 27 du projet relatif à l'autorisation préalable des journaux, et il le convertit en projet de loi spécial, qui fut voté le 20 décembre 1817 par la Chambre des députés et le 29 par la Chambre des pairs, malgré l'opposition du duc de Broglie, champion de la liberté complète et absolue.

Le 30 décembre 1817 fut promulguée la loi nouvelle, qui continuait à soumettre, jusqu'à la fin de la session de 1818, toutes les publications politiques, soit quotidiennes, soit périodiques, à la nécessité de l'autorisation royale. Cette solution se justifiait, dans une certaine mesure, par les dangers particuliers que pouvait créer la liberté de la presse, en présence de l'occupation étrangère, qui n'avait pas encore pris fin.

* * *

Mais l'esprit d'opposition est ingénieux, quand il s'agit de tourner les barrières légales qu'on lui oppose. Pour éviter la censure, il se réfugia dans des recueils non périodiques et paraissant à des époques indéterminées.

Le ministère Richelieu-Decazes-Pasquier ayant supprimé le journal *le Mercure*, où brillaient côte à côte Benjamin Constant, Etienne, Jay, Tissot et bien d'autres écrivains venus indistinctement du camp libéral et du camp impérialiste, ceux-ci formèrent, dès le mois de janvier 1818, une association pour publier une sorte de recueil, qu'ils intitulèrent la *Minerve*, auquel ils enlevèrent tout caractère de périodicité en ne le faisant pas paraître à jours fixes[1]. Le nombre de livraisons annuelles usitées alors pour ces sortes de publications resta cependant le même. « Ainsi fut créée, dit Pasquier[2], cette fameuse *Minerve* qui, pendant près de deux ans et demi, a été pour le parti qui l'avait fondée un organe puissant, en même temps qu'un adversaire redoutable pour le gouvernement royal. Dès les premiers numéros, il fut facile de reconnaître l'esprit d'hostilité qui présidait à sa rédaction. On agita plusieurs fois dans le conseil la question de savoir si la fiction à l'aide de laquelle on prétendait cacher la périodicité très réelle était admissible, si on ne devait pas en opérer la saisie. Mais cette saisie aurait entraîné un débat devant les tribunaux ; les magistrats consultés pensèrent que les rédacteurs, retranchés derrière le texte littéral de la loi, auraient probablement gain de cause. »

Ce qui fit la force de la *Minerve*, c'est qu'elle servit d'organe à la coalition la plus confuse : aux bonapartistes rêvant toujours de gloires et de conquêtes militaires, aux survivants de la Révolution de 1789 et de la Convention, aux partisans de la liberté constitutionnelle et aux fanatiques du despotisme militaire. Tous les partis hostiles à la Restauration trouvaient dans cette feuille quelque avantage, les uns un souvenir, les autres une espérance. C'est ainsi que, dès les premiers numéros de la *Minerve*, on remarqua tout à la fois des chansons de Béranger, des articles politiques de Benjamin Constant, des esquisses de mœurs par Jouy et les *Lettres sur Paris* d'Étienne.

*
* *

[1] « Nous venons de former une nouvelle société, disaient-ils dans le premier numéro, qui publiera un ouvrage en quatre volumes, sous le titre de la *Minerve française*, et qui sera divisé en cinquante-deux livraisons. Il en paraîtra treize par trimestre, mais à des époques indéterminées. Dépouillant ainsi les formes périodiques, nous pourrons, libres de toute censure, user du droit que la Charte donne à tous les Français de publier leurs opinions. S'il y a moins de régularité dans nos envois, il y aura plus de franchise dans nos écrits. »

[2] *Mémoires*, t. IV, p. 219.

Le succès de la *Minerve* encouragea d'autres écrivains à suivre son exemple et son système de publicité semi-périodique. C'est ainsi que la *Bibliothèque historique*, fondée par Chevallier, devint un très puissant auxiliaire de la *Minerve*. Là se trouvait consigné, avec les faits historiques les plus capables de discréditer le pouvoir monarchique et ses institutions plus ou moins aristocratiques, tout ce qui pouvait jeter le blâme ou le ridicule sur le gouvernement royal depuis la Restauration et sur la conduite journalière de l'administration.

Mais tandis que la *Minerve* observait des ménagements, et, grâce à l'habileté de sa rédaction, se mettait à l'abri des poursuites judiciaires, la *Bibliothèque historique* était toujours prête à soutenir avec une certaine brutalité toutes les réclamations et toutes les plaintes, les actes injustes et arbitraires qui lui étaient dénoncés. Sa publicité d'ailleurs, comme l'a dit l'historien de Vaulabelle, n'appartenait pas seulement aux intérêts et aux faits du moment ; elle éclairait le passé par le récit des excès de 1815 et de 1816, qu'avait jusqu'alors protégés le silence de la presse censurée. Œuvre tout à la fois de patriotisme et de courage, ses hardies révélations ne demeuraient pas la vaine satisfaction des persécutés ; elles arrêtaient la persécution et devenaient le châtiment des persécuteurs. Nulle publication contemporaine ne rendit autant de véritables services. « Si l'on continue à publier ainsi tous les actes arbitraires, écrivait un fonctionnaire de province, il n'y aura plus moyen d'administrer ; je donnerai ma démission. »

Le gouvernement fit appel aux tribunaux correctionnels pour réprimer ces attaques persistantes. De nombreux procès de presse furent engagés. Mais les agents du pouvoir, M. de Marchangy en particulier, qui avait remplacé M. de Vatimesnil comme avocat du roi, déployèrent un zèle excessif et maladroit. Les réquisitoires du ministère public sans jugements, sans mesure et d'un style déplorable, prêtaient souvent au ridicule et faisaient la part belle aux avocats de la défense. Suivant lui, les journalistes, qui accusaient les ministres d'être « faibles de conscience », *distillaient* sur la réputation de ces ministres le *fiel de la calomnie*. Dans un procès fait à un jeune écrivain, Scheffer, il s'écriait qu'on ne pouvait avoir aucune indulgence « pour un homme qui, à peine échappé des liens de la minorité, cherchait à accumuler de nouveau les tempêtes sur l'horizon que le retour d'une paisible et vertueuse légitimité purifiait de tant de funèbres vapeurs ! — Ce qui aggrave ses torts, ajoutait-il, c'est qu'il est étranger. Que les étrangers s'interdisent nos discussions politiques ! Que la France soit pour eux un Eden, où ils pourront savourer tous les fruits, hors celui que produit l'arbre de la science du bien et du mal ! » Dans un autre procès, il arrivait jusqu'au grotesque, en disant : « Il n'est pas besoin de tordre cette expression pour en faire dégoutter le venin dont elle regorge ; c'est l'abrutissement de la calomnie[1]. »

Les journalistes poursuivis n'en étaient pas moins condamnés avec la plus extrême sévérité par des jugements, que l'opinion publique ne ratifiait pas toujours. Fiévée lui-même, le publiciste favori du parti ultra-royaliste, eut trois mois de prison, pour un article de sa *Correspondance politique et administrative*.

Les écrivains de la *Bibliothèque historique* furent frappés plus durement encore, pour avoir publié des actes publics, émanant de fonctionnaires civils et militaires. Pour incriminer une telle publication, M. de Marchangy imagina une singulière théorie : Les faits que vous imputez à d'honorables fonctionnaires, disait-il aux journalistes, exposeraient les fonctionnaires, s'ils étaient prouvés, à des poursuites correctionnelles ou criminelles, ce qui, d'après le Code pénal, constitue la calomnie. A la vérité, vous soutenez que ces faits sont vrais, et vous produisez les actes d'où, selon vous, découle la forfaiture ; cela ne suffit pas, et, pour échapper à l'article 367 du Code pénal, vous devriez produire non seulement ces actes, mais encore un jugement qui les déclare coupables.

Si peu acceptable que puisse paraître cette théorie, elle fut adoptée par le tribunal correctionnel de la Seine, qui condamna, le 24 juillet 1818, Chevallier et Regnaud à six mois de prison et trois mille francs d'amende, à l'interdiction des droits civils et à cinq ans de surveillance, parce qu'ils avaient publié un écrit calomnieux et n'avaient pas rapporté la *preuve légale* des faits articulés contre divers fonctionnaires. Et comme on pourrait croire qu'il s'agit là d'une œuvre de pure fantaisie, voici le passage principal de cette sentence : « Attendu que lesdits Chevallier et Regnaud ne sont pas fondés à supposer qu'une partie des imputations par eux faites sont prouvées par les arrêtés mêmes des préfets, et que c'est de copies *authentiques et imprimées* que la preuve peut seule résulter ; que

[1] Duvergier de Hauranne. *Op. cit.*, t. IV, p. 378. Arnold Scheffer avait publié une brochure sur l'*Etat de la liberté en France*. Il fut condamné à un an de prison, 2.000 fr. d'amende et cinq ans de surveillance.

ces copies ils ne les produisent pas ; mais que, *lors même qu'ils les produiraient, ils seraient encore punissables*, puisque la loi, expresse sur ce point, ne répute *preuve légale* que celle qui résulte d'un *jugement* ou de tout autre acte authentique, d'après lequel il serait *irrévocablement décidé par l'autorité compétente* que lesdites imputations *sont fondées* [1]. »

*
* *

Malgré ces condamnations, peut-être même à cause de ces condamnations, le succès des écrits semi-périodiques alla grandissant. Le parti ministériel d'abord, le parti ultra-royaliste ensuite suivirent le courant et créèrent des organes analogues.

C'est alors que furent fondées des publications ministérielles sous des titres divers : le *Publiciste*, le *Spectateur politique et littéraire*, le *Modérateur*, etc. Le plus brillant de ces écrits fut assurément le *Publiciste*, qui eut la bonne fortune de compter parmi ses principaux rédacteurs Charles Loyson, déjà connu par ses articles littéraires dans les *Débats*, le *Journal général*, les *Archives*, et Lourdoueix, qui a occupé longtemps dans la presse une place des plus honorables.

La création par le parti ultra-royaliste du *Conservateur*, cette sorte de *Minerve blanche*, fut un véritable événement. Les hommes les plus considérables, grands seigneurs, pairs de France ou députés, descendirent dans l'arène et se firent journalistes. En tête marchaient le vicomte de Chateaubriand, de Polignac, de Vitrolles, Mathieu de Montmorency, de Villèle, de Castelbajac, de Bonald ; et, à côté de tous ces représentants de la plus ancienne noblesse, on remarquait l'ardent auteur de l'*Indifférence en matière de religion*, l'abbé de Lamennais.

Les salons ministériels dévoués à M. de Richelieu persiflèrent les rédacteurs du *Conservateur* et prirent en pitié les pairs de France, qui descendaient à ce point de leur haute position. Mais ce recueil n'en obtint pas moins un vif succès, grâce au talent et au courage de ses fondateurs, qui combattaient à visage découvert et faisaient appel à l'opinion publique pour répandre leurs idées et leurs principes.

Le ministère tenta vainement d'assujettir au timbre ce qu'on appelait les *journaux marrons*. Mais une proposition, dans ce sens,

[1] Vaulabelle. *Histoire des deux Restaurations*, t. V, p. 467.

de M. de Puymaurin à la Chambre des députés fut repoussée ; et la loi sur la censure fut ainsi tournée par les journalistes d'une manière victorieuse.

C'est ainsi, et grâce aux efforts des hommes d'extrême droite comme à ceux de gauche, que l'idée de la liberté de la presse fit de grands progrès et ne trouva bientôt plus que de rares contradicteurs. Il se forma un grand courant libéral, dans lequel se confondirent royalistes et anciens bonapartistes, convertis avec plus ou moins de sincérité au nouveau culte de la liberté.

* * *

Il était aisé de prévoir, à ce grand mouvement des esprits, qu'à l'expiration de la session de 1818, la législation exceptionnelle qui régissait la presse ne serait plus renouvelée et ferait place à une loi d'affranchissement. Ces espérances ne furent pas déçues ; et ce sera l'éternel honneur de M. de Serre, le garde des sceaux du ministère Dessole-Decazes, d'avoir attaché son nom à la législation vraiment libérale de 1819 sur la presse.

Ce fut le 22 mars 1819 que M. de Serre déposa les trois fameux projets de loi sur la presse préparés par une commission où siégeaient Royer-Collard, de Barante, Guizot, le duc de Broglie, etc. Le premier était intitulé : *Des crimes et dès délits commis par la voie de la presse ou tout autre moyen de publication* ; le second avait pour titre : *De la poursuite et du jugement des crimes et des délits commis par la voie de la presse* ; le troisième était relatif aux *journaux et écrits périodiques*. Les trois projets furent discutés séparément.

* * *

Nous ne pouvons, dans le cadre restreint que nous nous sommes tracé, donner une analyse complète et détaillée de toutes les discussions brillantes auxquelles donnèrent lieu les trois projets de loi sur la presse de 1819, de la part d'orateurs tels que de Serre, Royer-Collard, Lainé, Benjamin Constant, Manuel, etc. Nous nous bornons à en signaler les points culminants.

La discussion du premier projet, qui est devenu la loi du 17 mai 1819 [1], commença le 14 avril, sur le rapport de M. Courvoisier.

[1] Duvergier. *Collection des lois*, t. XXII, p. 147.

L'exposé des motifs, écrit avec une grande largeur de vues, précisait nettement le caractère général de la nouvelle législation. Il partait de ce principe très simple, que, si la presse pouvait servir d'instrument pour commettre un crime ou un délit, elle ne pouvait donner lieu cependant à la création d'aucun crime ou délit particulier et nouveau. « De même, disait M. de Serre, que l'invention de la poudre a fourni aux hommes de nouveaux moyens de commettre le meurtre, sans créer pour cela un crime nouveau à inscrire dans les lois pénales, de même l'invention de l'imprimerie n'a rien fait de plus que leur procurer un nouvel instrument de sédition, de diffamation, d'injure, et d'autres délits de tout temps connus et réprimés par les lois. Ce qui rend une action punissable, c'est l'intention de son auteur, et le mal qu'il a fait ou voulu faire à un individu ou à la société ; qu'importe que, pour accomplir cette intention et causer ce mal, il ait employé tel ou tel moyen ?..... Il s'agit uniquement de recueillir dans les lois pénales les actes déjà incriminés auxquels la presse peut servir d'instrument, et d'appliquer à ces actes, lorsqu'ils auront été commis ou tentés par cette voie, la pénalité qui leur convient. Et comme la presse n'est pas le seul instrument par lequel de tels actes puissent avoir lieu, elle ne sera pas même, sous ce point de vue, l'objet d'une législation particulière ; on lui assimilera tous les autres moyens de publication par lesquels un homme peut agir sur l'esprit des hommes : car ici encore, c'est dans le fait de la publication, et non dans le moyen, que réside le délit. »

Ce principe posé, le projet énumérait les crimes et délits dont la presse ou tout autre moyen de publication pouvait devenir l'instrument, en les rangeant sous quatre titres : 1° la provocation publique aux crimes ou délits ; 2° les offenses publiques envers la personne du roi ; 3° les attaques à la morale publique et aux bonnes mœurs ; 3° la diffamation et l'injure publique.

Le projet de loi voulait assurer la libre discussion des doctrines, en écartant les délits d'opinion ; mais il ne pouvait tolérer la provocation à la violation des lois pénales. Comment comprendre qu'il puisse être licite d'exciter publiquement à commettre un acte réprimé par le Code pénal ? Le législateur de 1819 faisait donc un acte de sage prévoyance, en punissant la provocation à toute action qualifiée crime ou délit. Si la provocation était suivie d'effet, son auteur était considéré et puni comme complice du crime ou du délit ; la provocation qui n'était suivie d'aucun effet constituait un délit spécial, et la peine était plus ou moins sévère selon que la provocation avait eu pour objet un crime ou un délit. Une seule question pouvait prêter à de sérieuses contestations, c'était celle de savoir si les provocations indirectes seraient réprimées à l'égal des provocations directes. On ne fit aucune distinction.

Le projet classait parmi les délits de la presse « tout outrage à la morale publique et aux bonnes mœurs ». Les députés ultra-royalistes se plaignirent avec véhémence du silence gardé au sujet des outrages dirigés contre la religion. Royer-Collard leur répondit que le mot *morale* comprenait essentiellement le sentiment religieux commun à toutes les religions, que si la morale publique différait du sentiment religieux, elle en était inséparable, et que si le sentiment religieux était offensé, la morale publique devait l'être également. La protection accordée à la morale, ajoutait-il, s'étend au sentiment religieux. Entre ces deux manières de s'exprimer. la *morale publique* ou les *religions*, c'est la première qui a l'acception la plus sûre, la plus vaste, et, si je puis le dire, la plus protectrice. Si donc nous cherchons quel est pour la religion le bouclier le plus large, c'est la morale publique, et même il n'y en a pas d'autre. Modifier l'article du projet par une addition quelconque, ce serait en réalité l'affaiblir et le restreindre.

Les ultra-royalistes ne se laissèrent par convaincre et discutèrent pendant près de trois jours sur ce point. « Hâtez-vous d'opposer une digue au débordement d'impiété qui nous menace de toutes parts, s'écria M. de Puymaurin ; les *Illuminés* en Allemagne, les *Carbonari* en Italie, ont enfin levé le masque; ils ne veulent ni Dieu, ni roi, et cherchent à renverser le trône sur les débris de l'autel. — Je romps un pénible silence et je cède à l'empire d'un devoir sacré, disait avec emphase M. de Marcellus ; le préambule du projet de loi porte : *Louis, par la grâce de Dieu ;* ô vous qui voulez exclure la religion des lois de la France, achevez votre ouvrage ! effacez... mais non, je m'arrête; le nom de Dieu et le nom du fils de saint Louis seront toujours inséparables; toujours Dieu protégera la France et toujours le roi de France protégera la religion du vrai Dieu. »

De guerre lasse, on adopta cette rédaction : toute attaque à la morale publique et *religieuse*.

Le projet de loi introduisait pour la première fois dans la législation de la presse le mot de *diffamation*, pour remplacer le mot de *calomnie* employé par les rédacteurs du Code pénal. Il y avait là une amélioration des plus heureuses. Le mot de *calomnie*, dans son sens vulgaire, implique la fausseté des faits imputés ou allégués contre quelqu'un. Assurément les législateurs du Code pénal n'avaient pas voulu autoriser tout individu à publier, sur le compte d'un autre, des faits, même vrais, dont la publicité aurait causé à ce dernier un dommage réel. Ils avaient donc attribué au mot *calomnie* un sens légal et juridique s'écartant du sens naturel, et ils avaient déclaré que quiconque ne pourrait fournir, par un acte authentique, la preuve légale des faits par lui allégués, serait réputé calomniateur.

Benjamin Constant mit en lumière un point important, celui de la responsabilité des imprimeurs. Il demanda que lorsque l'auteur ou l'éditeur serait connu, l'imprimeur fût affranchi de toute responsabilité. « Tant qu'un imprimeur, disait-il, pourra être réputé complice d'un délit de presse, et tant que, pour une légère condamnation, il pourra être privé de son brevet, la liberté de la presse n'existera pas en France. Prétendre donner la liberté de la presse en enchaînant le mouvement de l'instrument de la presse, c'est dire de labourer sans charrue, de naviguer sans vaisseau. » Et le grand publiciste proposait en même temps de modifier la législation sur les brevets d'imprimeur.

Après une discussion assez mouvementée, la Chambre décida que les imprimeurs d'écrits dont les auteurs seraient mis en jugement ne pourraient être recherchés pour le simple fait d'avoir imprimé ces écrits, à moins qu'ils n'eussent *agi sciemment*, ainsi qu'il était dit à l'article du Code pénal définissant la complicité. Il semble bien, d'après le texte adopté, que les imprimeurs ne devaient être déclarés responsables que dans des cas très rares, où leur culpabilté ressortirait d'autres circonstances. Cependant la loi a été, depuis, fréquemment appliquée d'une manière différente et plus rigoureuse, par suite d'une interprétation quelque peu abusive.

*
* *

Le second projet, qui est devenu la loi du 26 mai 1819[1], posait deux questions de la plus haute gravité : celle du jury et celle de la preuve en matière de diffamation.

Le jugement par jurés ne rencontra guère d'opposition que de la

[1] Duvergier, t. XXII, p. 155 et suiv.

part des magistrats qui faisaient partie de la Chambre des députés. Mais leurs protestations furent inutiles. M. de Serre justifia sur ce point l'innovation proposée : « On craint, disait-il, que le jury ne manque de lumières. C'est pourtant parmi les citoyens les plus éclairés, les plus recommandables du département, que sont choisis les jurés, et au nombre des matières qui leur sont déjà soumises, il en est de plus difficiles, de plus épineuses, que celles dont il s'agit. Les délits politiques commis par la voie de publication sont, au contraire, ceux que les jurés peuvent le mieux apprécier. A qui s'adressent en effet les écrivains punissables? Sur quels esprits veulent-ils faire impression? N'est-ce pas sur le public, sur ce même public précisément d'où le jury est tiré? Qui donc mieux que le jury pourra juger si l'impression qui constituerait le crime a été cherchée ou produite, et si, par conséquent, la publication déférée à la justice a réellement le caractère de la provocation ou de la diffamation ?...

« Mais ce qu'il faut surtout chercher, dans le jugement des délits politiques, c'est une impartialité et une indépendance telles que chacun les demanderait pour soi-même, s'il devait être accusé et jugé sur une accusation portée contre lui par le pouvoir. Sur ce point, le gouvernement peut se rendre justice à lui-même et doit la rendre à la magistrature française ; mais la conviction du gouvernement n'est pas tout en pareil cas, et il faut que le public la partage. Or, le public est-il pleinement convaincu qu'un juge du tribunal correctionnel, qu'un conseiller même de cour royale, malgré son inamovibilité, n'aient rien à espérer du gouvernement ni rien à craindre? Et s'il conserve des doutes à cet égard, quelque peu fondés que soient ses soupçons, n'altéreront-ils pas cette confiance dans la parfaite indépendance et la parfaite impartialité du juge, confiance qui doit être inaccessible à la plus légère atteinte?

« Quant à l'esprit de parti, malheureusement personne n'est à l'abri de son action, et, si vous ne pouvez y soustraire absolument les jurés, ce privilège qui leur est refusé ne sera pas accordé davantage aux magistrats... Mais, du moins, si l'on n'évite pas toujours un jury partial, il n'en résulte que le malheur d'un mauvais jugement. Au contraire, si l'esprit de parti s'est introduit dans une compagnie, dans un tribunal, on ne peut l'en bannir ; les juges inamovibles sont des juges nécessaires : la règle du jugement se trouve alors faussée, elle est faussée pour toujours et pour toutes les affaires. Considération nécessaire, considération décisive en faveur du jury ! »

La discussion fut plus vive et plus prolongée sur l'article 20 relatif à la preuve des faits diffamatoires imputés aux dépositaires ou agents de l'autorité, ou contre toute autre personne ayant agi dans un caractère public. Les fonctionnaires de l'État, fort nombreux dans la Chambre, firent une opposition acharnée, et parmi eux se distinguèrent surtout Favard de Langlade, Lizot, Siméon, Jacquinot-Pampelune, etc. Royer-Collard éleva le débat à une grande hauteur et fit justice de toutes les critiques. L'article, dit-il en substance, établit que la preuve n'est pas admise contre les particuliers, c'est-à-dire qu'il n'est pas permis de dire même la vérité sur la vie privée ; en un mot, la vie privée est *murée*. Il reste à décider si l'on *murera* aussi la vie publique et si l'on déclarera ainsi que la puissance publique est le domaine des fonctionnaires. Aucune législation, si ce n'est la législation impériale, n'a admis une conséquence aussi monstrueuse. Il s'agit véritablement de savoir si la société appartient aux fonctionnaires, ou si les fonctionnaires appartiennent à la société.

Les députés fonctionnaires soutenaient, dans tous les cas, qu'on ne pouvait admettre que la preuve par écrit, mais non la preuve testimoniale. Ils faisaient observer que les fonctionnaires publics avaient affaire à beaucoup de monde, qu'il ne fallait pas les mettre aux prises avec les intérêts ou les amours-propres particuliers, et qu'ainsi la preuve testimoniale devait être rejetée. Royer-Collard répondait qu'il ne peut y avoir pour les jurés de distinction entre la preuve écrite et la preuve testimoniale. « Ce qui prouve le fait, disait-il, c'est ce qui opère leur conviction, et tout ce qui n'opère pas leur conviction, quand même la loi l'aurait qualifié de preuve, n'est pas une preuve pour eux. Ainsi, quand vous attacheriez à certains actes cette vertu d'opérer la conviction, que vous appelleriez la preuve, si le jury n'est pas convaincu, il n'y aura pas de preuve, et quand vous n'admettriez pas comme preuve le témoignage, s'il forme la conviction du jury, ce sera une très bonne preuve... Mais il y a plus, il faut remonter au droit et décider par là la question. Si nul n'a le droit de dire qu'un homme public a fait ce qu'il a fait, aucune espèce de preuve ne doit être admise, pas plus la preuve écrite que la preuve testimoniale. Mais si c'est à la fois un droit naturel et social, si ce droit s'exerce dans l'intérêt public, vous ne pouvez pas dire à celui qui a parlé ou écrit : vous ne prouverez la vérité que de telle manière ; d'autant plus que le jury ramènera toujours la preuve, quelle qu'elle soit, à sa véritable nature, qui est d'opérer la conviction. »

Les véritables raisons de la résistance faite à cet article 20 venaient de ce qu'il n'y avait peut-être pas vingt membres dans la Chambre qui, dans le cours des trente dernières années, n'eussent participé à des actes ou prononcé des paroles dont la révélation, en 1819, ne pût à bon droit être considérée comme diffamatoire. Le garde des sceaux de Serre, Manuel, Benjamin Constant, Dupont (de l'Eure) combattirent cette résistance. Mais nul ne se prononça avec plus de force, de logique et d'éloquence que Royer-Collard :

« Dans les trente dernières années, dit-il, beaucoup d'hommes ont parlé, beaucoup d'autres ont agi, et il est certain qu'exhumer du *Moniteur* et des autres recueils *tels* actes de *tel* jour, ce serait souvent porter atteinte à la considération de ces personnes. Cette question est délicate ; elle m'impose à moi-même ; cependant, il faut la réduire à ce qu'elle est : il s'agit de savoir si vous abolirez l'histoire, et s'il est de l'intérêt de la société qu'elle soit abolie. Or la plus précieuse instruction des sociétés est dans l'histoire, et ses matériaux, loin d'être laissés à la seule disposition des ministres et de leurs agents, doivent être soigneusement conservés et mis à la disposition de tous.

« Refuser la preuve à l'égard des fonctionnaires, c'est proposer de décider qu'il n'y aura pas d'histoire, ou bien de fixer une époque avant laquelle il ne sera pas permis de dire la vérité sur les dépositaires du pouvoir. Fixez ce terme à vingt, trente, cinquante ans, comme vous voudrez, la précaution sera inutile ; car il viendra enfin un temps où les mémoires écrits, amassés, seront livrés à la connaissance du public, sans crainte de la poursuite en diffamation.

« Il est dans la nature du gouvernement, dans nos besoins, que l'histoire et la postérité commencent pour nous chaque jour. La postérité présente, si je peux me servir de ce mot, est pour nous une postérité plus sévère que la postérité réelle ; car les contemporains ne tiennent compte ni des difficultés, ni des obstacles, ni des causes d'entraînement. Mais il nous faut bien accepter la postérité et l'histoire ; nous ne pouvons échapper ni à l'une ni à l'autre ; et c'est vainement que l'on essayerait d'empêcher un écrivain de fouiller dans cet arsenal où, depuis trente ans, s'amassent les diffamations. Vouloir lui défendre d'y jeter les yeux et prétendre sceller tout le passé à sa curiosité ou à son instruction, n'est pas possible. »

*
* *

Le troisième projet, qui est devenu la loi du 9 juin 1819[1], réglementait la publication des journaux et écrits périodiques d'une manière très libérale pour l'époque. Les propriétaires des journaux politiques devaient : 1° fournir un *cautionnement* plus ou moins élevé, suivant les lieux et les intervalles de leur publication ; 2° avertir l'autorité de la création du journal par une *déclaration* dont les conditions et la nature étaient déterminées ; 3° être *éditeurs responsables* du journal, tenus, en outre, d'en *déposer un exemplaire signé* en minute entre les mains de l'administration.

C'est contre ce projet que les libéraux, Daunou et Benjamin Constant en particulier, dirigèrent leurs attaques les plus vives. Ils déclarèrent qu'à leur avis, les dispositions relatives aux cautionnements faisaient de la nouvelle loi une loi d'exception et de prévention.

« Dès que la presse est un instrument, disait Benjamin Constant, elle doit rentrer dans le droit commun. Or, le droit commun ne veut pas que celui qui se sert d'un instrument donne caution qu'il n'en abusera pas. Sous ce rapport, la loi serait donc une loi d'exception. De plus, elle viole l'article 8 de la Charte, qui interdit formellement toutes les lois préventives relativement à la presse, et qui ne permet que les lois répressives ; or, un cautionnement anticipé n'est certainement pas une mesure de répression. D'ailleurs, en partant de là, il faudrait demander des garanties et des cautionnements pour toutes les professions ; car il n'en est pas une dont l'abus ne puisse conduire à des délits, et même à des crimes. Enfin, on a toujours vu que ce système de prévenir les délits, au lieu de les punir, ne servait qu'à enchaîner les innocents, sous prétexte qu'ils pourraient bien devenir coupables. »

Benjamin Constant s'éleva surtout contre l'article qui assujettissait au cautionnement tout journal ou écrit périodique, qu'il parût à *jour fixe* ou irrégulièrement ; il soutint que cette mesure, dirigée contre la *Minerve* et autres écrits à périodicité irrégulière, était inexécutable, et qu'il serait toujours aisé de l'éluder, rien qu'en changeant le titre de l'écrit. On eut recours, dans la suite, à un pareil subterfuge. Mais les tribunaux ne se firent pas faute de le déjouer, toutes les fois qu'il leur fut déféré.

Guizot et Royer-Collard s'attachèrent à réfuter les arguments de

[1] Duvergier, t. XXII, p. 165.

l'opposition. Le premier développa son système bien connu des *garanties*.

« Partout, dit-il, où la société a reconnu le fait d'une puissance capable de lui causer de grands dommages contre lesquels les menaces et les châtiments des lois pénales n'étaient pas de nature à lutter avec succès, elle a exigé de ceux qui prenaient en main cette puissance, des garanties particulières. Ainsi, les médecins, les avocats, les notaires, sont autant d'exemples de cette vérité... La société n'a interdit à personne l'usage de la puissance qu'elle redoutait ; mais elle a imposé à quiconque voudrait s'en servir l'obligation de remplir certaines conditions qu'elle a jugé propres à compenser l'insuffisance de la législation pénale. Ces conditions une fois remplies, elle a laissé aux citoyens toute leur liberté. La seule question qui reste à résoudre est une question de fait : les journaux sont-ils une de ces puissances à la fois nécessaires et redoutables, et contre lesquelles la société a besoin de garanties préalables ?..... Quant au cautionnement, il n'a pas pour unique objet d'assurer le paiement des amendes éventuelles ; son véritable principe, son principe légitime, réside dans cet ensemble de faits dont le résultat est d'attribuer aux journaux une puissance telle qu'on ne saurait, sans une grave imprudence, la livrer à quiconque voudrait s'en servir. »

Royer-Collard appuya de son autorité les théories de Guizot :

« Un journal est-il une influence ? Oui, et peut-être la plus puissante des influences. Or, l'influence politique appelle une garantie : la garantie politique ne se rencontre, selon les principes de notre Charte, que dans une certaine situation sociale ; cette situation est déterminée par la propriété, ou par ses équivalents. Voilà le principe du cautionnement, principe qui lui donne une base bien plus large et plus solide que la garantie des conditions judiciaires. Il ne pourrait y avoir d'objection que contre la quotité, qui, si elle est trop élevée, ferait craindre qu'il n'y eut pas assez de journaux. »

Mais, suivant l'orateur doctrinaire, une telle crainte était chimérique. Le nombre des journaux n'est pas donné par le nombre total des lecteurs, mais par celui des opinions dominantes et des nuances d'opinions. Toute opinion qui a un certain nombre de partisans fait exister un journal qui a pour elle le mérite de la défendre, de lui dire beaucoup de bien d'elle-même et beaucoup de mal des autres opinions. Or, toute opinion capable de faire exister un journal est capable de le cautionner, quel que soit le taux du cautionnement.

Les trois projets de loi votés par la chambre des députés, avec quelques amendements, furent adoptés par la Chambre des pairs sans aucune modification.

*
* *

La nouvelle législation sur la presse avait le grand mérite d'être une législation complète, conçue d'ensemble, en conformité de certains principes généraux. Elle fit faire de grands et décisifs progrès à la liberté de la presse bien entendue. Il faut arriver jusqu'à la loi du 29 juillet 1881, pour rencontrer un effort législatif comparable à celui de 1819.

On peut résumer les trois lois de 1819 en quelques dispositions principales. Leur caractère purement répressif laissa à chacun le droit de publier sa pensée en répondant de ses écrits. Elles déterminèrent les crimes et les délits pouvant résulter de l'usage de la presse, les peines à appliquer, la procédure à suivre, et les droits des citoyens en matière de publicité. La libre publication des journaux devint un droit, aux seules conditions de faire une déclaration préalable, de fournir un cautionnement et de déposer un exemplaire signé de chaque numéro. Les éditeurs furent déclarés responsables de tous les articles insérés, sans préjudice de la solidarité des rédacteurs. Les imprimeurs ne devaient plus être recherchés pour le simple fait de l'impression ; leur responsabilité ne pouvait être engagée qu'autant qu'ils avaient agi sciemment et comme complices.

Le jugement des crimes et délits commis par la voie de la presse fut déféré au jury : on n'attribua à la police correctionnelle que la connaissance des diffamations et injures contre les simples particuliers. La vérité des faits imputés à un agent de l'autorité, quand ils étaient relatifs à l'exercice de ses fonctions, pouvait être établie, et cette preuve faisait renvoyer l'inculpé indemne [1].

*
* *

Dès que les lois de 1819 furent promulguées, les divers partis s'empressèrent de profiter des libertés accordées à la presse. L'obligation de verser un cautionnement ne fut pas une entrave bien sen-

[1] *Manuel de la liberté de la presse*, ou analyse des discussions législatives sur les trois lois relatives à la presse et aux journaux, 1819, in-12.

sible. Le *Constitutionnel*, supprimé depuis deux ans et réuni au *Journal du Commerce*, reprit aussitôt son titre. Mais tandis qu'Etienne, Jay, Tissot, Evariste Dumoulin restaient attachés à sa direction, Benjamin Constant, de Jary, Pagès et Aignan s'en séparèrent pour fonder la *Renommée*. Le *Journal général* se transforma et prit le titre de *l'Indépendant*. Le *Censeur* renonça à son ancien mode de publication et devint quotidien avec des rédacteurs de grand talent : Comte, Dunoyer, Augustin Thierry, Say et Chatelain.

La gauche libérale était représentée par quatre journaux quotidiens, auxquels il convient de joindre les recueils semi-périodiques tels que la *Minerve*, les *Lettres normandes*, la *Bibliothèque historique*, et l'*Homme-gris* réuni au *Libéral*. Quant à la droite royaliste, elle conservait la *Quotidienne*, rédigée par Michaud, Laurentie, Coriolis d'Espinouse, etc., et la *Gazette de France* à laquelle collaboraient de Lourdoueix, de Marchangy. Le *Drapeau blanc*, devenu quotidien, avait comme rédacteurs Martainville, Nodier, Henri de Bonald. Elle fit de plus une conquête précieuse : le *Journal des Débats*, délivré de la censure, secoua le joug ministériel et suivit les inspirations de Chateaubriand. Sous la direction intelligente des frères Bertin, ce journal devint l'organe préféré de la bourgeoisie royaliste, qui ne répugnait pas trop aux idées, ni aux institutions modernes. Ses principaux rédacteurs étaient alors Maltebrun, Aimé-Martin, Feletz, Hoffmann.

Les deux recueils semi-périodiques, le *Conservateur* et la *Bibliothèque royaliste*, complétaient l'ensemble des feuilles de droite.

Le ministère n'avait guère pour se défendre, au milieu du feu croisé des deux oppositions de gauche et de droite, que trois journaux : le *Moniteur*, le *Journal des Maires* et le *Journal de Paris*.

Quant au parti doctrinaire, il n'était plus représenté dans la presse par aucun organe : le recueil de Guizot, les *Archives*, avait cessé de paraître ; le *Spectateur politique et littéraire* n'existait plus, et le *Publiciste* était à l'agonie. Les membres de ce parti s'associèrent pour fonder le *Courrier*, où figurèrent, à titre d'actionnaires ou de rédacteurs, les plus célèbres d'entre eux : Royer-Collard, de Barante, Beugnot, Guizot, Villemain, de Rémusat, Kératry, de Salvandy. Leur but, disaient-ils dans leur premier numéro, était de combattre les préjugés révolutionnaires aussi bien que les préjugés royalistes, de démasquer les intrigues et les arrière-pensées des partis, de porter enfin la lumière dans toutes les parties de l'édifice constitutionnel [1].

La charge des cautionnements n'empêcha donc pas de nouveaux journaux de voir le jour. Dans les premiers temps, s'il faut en croire Pasquier [2], les feuilles d'opposition affectèrent une sorte de modération et se contentèrent d'attaquer les actes de l'administration. Mais bientôt, elles passèrent de la critique des actes à l'attaque des personnes, et la licence ne connut plus de bornes. On évoqua avec une égale fureur, les souvenirs de 1793 et de 1815. En vain le ministère voulut lutter contre cette violence par l'organe de quelques feuilles plus modérées ; le langage de la modération n'était plus de saison. Des poursuites furent exercées, elles n'aboutirent à aucun résultat, et les prévenus échappèrent presque toujours à la condamnation. Les tribunaux correctionnels eux-mêmes, pour les délits de la presse qui leur restaient soumis, furent entraînés par l'exemple, et partagèrent la mansuétude des jurés ; il en résulta une grande effervescence et la guerre entre les différentes opinions prit une violence inaccoutumée.

* * *

Telle était la situation de la presse en France, lorsque tout à coup un crime affreux, l'assassinat du duc de Berry par Louvel, le dimanche 13 février 1820, exalta tous les esprits, changea le cours des événements, et ravit aux journaux la liberté récemment conquise. Ce fut comme le signal d'une violente réaction contre les doctrines, qui, d'après les ultra-royalistes, avaient armé la main de l'assassin.

Dès le 15 février, le ministère Decazes, avant de céder la place au second ministère Richelieu, déposa un projet de loi suspendant la liberté individuelle et un autre projet qui concernait la libre circulation des journaux et écrits périodiques et rétablissait la censure.

Le projet sur la censure de la presse, porté d'abord à la chambre des pairs, y fut assez mal accueilli. Le rapporteur, M. le duc de La Rochefoucauld, déclara que, pour remédier aux excès des journaux, à l'insuffisance de la répression, il suffisait de recourir à quelques dispositions additionnelles de la loi, à une meilleure organisation du jury, etc. Il ajouta que la censure était destructive de la

[1] Duvergier de Hauranne, *Op. cit.*, t. V, p. 123.

[2] *Mémoires* de Pasquier, t. IV, p. 302.

liberté de la presse, sans laquelle le gouvernement représentatif ne peut exister ; et il conclut au rejet du projet.

Pasquier défendit le projet de loi, au nom du ministère. Il fit observer qu'il n'était pas question de toucher aux livres, mais de s'opposer seulement à la licence des journaux.

« Ce sont les livres, dit-il, non les pamphlets, qui ont éclairé le monde..... Qu'on jette les yeux sur l'état où la licence des journaux a mis la société ! Partout les passions ont été exaltées au dernier degré, les haines se sont envenimées, les vengeances ont été aiguisées, et l'horrible catastrophe dont nous sommes destinés à gémir longtemps en est une conséquence immédiate..... Arrêtons-nous un moment sur les caractères évidents de ce crime atroce. Un seul les domine tous : le fanatisme des opinions politiques. Où trouve-t-on les organes de ce fanatisme ? Par qui est-il encouragé, cultivé, soutenu, exalté ? Qui pourrait nier que ce ne soit par les journaux et les écrits périodiques de tout genre ?..... On a dit que la liberté de la presse était de l'essence du gouvernement représentatif. Oui, sans doute ; mais la licence des journaux est en même temps son plus mortel ennemi, et, je ne crains pas de l'avancer, il n'est point de système politique assez robuste pour la supporter telle qu'elle existe parmi nous. »

Pasquier rappelait avec quelles précautions la liberté de la presse s'était implantée en Angleterre ; et il ajoutait, qu'en raison des divisions, des haines, des intérêts opposés qu'elle rencontrait en France, elle ne pourrait s'établir que dans des circonstances plus favorables.

« En attendant, le gouvernement ne peut apporter de remède efficace à ces abus ; il n'a point et ne peut point avoir d'influence sur les tribunaux : la dépendance des magistrats les dégraderait, les poursuites impuissantes aviliraient le ministère. L'effet du jugement par jury, dangereux pour l'opinion publique, est la conséquence de la faiblesse des lois déjà signalées. En un mot, il est nécessaire de suppléer aux moyens *répressifs* par des moyens *préventifs*, c'est-à-dire par la censure. »

La Chambre des pairs adopta la loi sur la censure de la presse, à deux voix de majorité ; mais elle en limita les effets à la fin de la session de 1820.

La Chambre des députés la vota à son tour, sans autre modification, mais après neuf jours de débats orageux, où les querelles des partis se donnèrent libre carrière, sans grand souci des principes.

La majorité, fatiguée par une longue lutte, eut recours à une tactique extraordinaire : elle ne répondit plus aux orateurs de l'opposition et rejeta les amendements sans les combattre. Benjamin Constant, Jay, Manuel, Camille Jordan, Lafayette, Daunou, Bignon et vingt autres, s'aidant des exemples du passé et du présent, du dehors et du dedans, battirent en brèche la politique du ministère, qui s'appuyait trop sur le concours exclusif de la droite. Au milieu de tous les opposants, Royer-Collard s'éleva avec énergie contre toutes les lois d'exception : « Les lois d'exception sont des emprunts usuraires qui ruinent le pouvoir, alors même qu'ils semblent l'enrichir. Amenées par une réaction, elles traînent à leur suite une réaction qui déjà se fait sentir. Les partis s'en emparent. Plus ils sont redoutables et menaçants, plus il y a d'imprudence à leur donner pour manifeste l'apologie de la Charte et la défense des libertés publiques. »

La loi décrétant la censure fut promulguée le 31 mars[1]; et le 1er avril 1820[2], parut une ordonnance créant à Paris, près du ministère de l'intérieur, une commission de douze censeurs, parmi lesquels Auger, de l'Académie française, Mazure, Lourdoueix, Raoul Rochette, de l'Académie des inscriptions, Pariset. Cette commission, chargée de l'examen de tous les journaux ou écrits périodiques, ne pouvait prendre de décision que si cinq membres au moins étaient présents. Une commission de censure composée de trois membres était établie également dans chaque chef-lieu de département. La même ordonnance instituait, pour surveiller les censeurs et leurs opérations, un conseil composé de neuf magistrats de la Cour de cassation, de la Cour des comptes, et de la Cour royale, auquel la commission de censure devait rendre compte de ses décisions, et qui prononçait, quand il y avait lieu, la suspension provisoire des journaux ou écrits périodiques, sous l'approbation du ministère de la justice.

A peine la censure était-elle organisée, que la plupart des écrits politiques semi-périodiques, le *Conservateur*, la *Minerve*, la *Bibliothèque historique*, cessèrent de paraître. Beaucoup de journaux quotidiens disparurent aussi ; mais, avant de disparaître, ils firent entendre des menaces significatives. « Tout est donc consommé, écrivait Augustin Thierry dans le *Censeur*, et l'ignominie de la censure va peser du nouveau sur notre patrie.... La honte la plus grande,

[1] Duvergier, t. XXII, p. 409.

[2] *Ibid.*, t. XXII, p. 415.

c'est qu'il se trouvera des censeurs prêts à faire le métier de faussaires publics pour un millier d'écus par année! Quand les ministres créent une fonction infâme, Dieu crée un lâche pour la remplir! » Et quelques jours après, le *Censeur* déclarait qu'en voyant toutes les garanties, accordées par la Charte, près de succomber, malgré les efforts courageux et l'éloquence de leurs défenseurs, on en venait à se demander si la liberté était compatible avec la monarchie.

*
* *

Quelques journaux essayèrent de prolonger leur existence en publiant une suite de brochures, qui paraissaient sous des titres divers et à des intervalles inégaux. Mais le ministère ne toléra pas ce moyen d'éluder la loi, et il les fit condamner par des jugements de police correctionnelle.

L'opposition eut alors l'idée de publier, tous les deux ou trois jours, de petits pamphlets d'une feuille d'impression seulement, qui se vendaient 30 centimes, et étaient rédigés, pour la plupart, avec une grande vivacité. Il se forma une *Société des brochures*, qui publia les articles censurés et se livra à de larges distributions gratuites de brochures, pamphlets, lithographies, petits journaux à la main. « La presse non périodique, disait à cette occasion Chateaubriand, doit venir au secours de la presse périodique. Des écrivains courageux se sont associés pour donner une suite de brochures; on compte parmi eux des pairs, des députés, des magistrats... Tout sera dit, aucune vérité ne sera cachée. Si certains hommes ne se lassent pas de nous opprimer, d'autres ne se fatigueront pas de les combattre. »

Pour protester contre les suppressions et mutilations imposées par la censure à certains journaux, ceux-ci s'avisèrent de laisser en blanc la place occupée par les articles supprimés; quelquefois même, ils les remplacèrent par une paire de ciseaux. La censure, après avoir toléré d'abord cette petite vengeance, finit par refuser son visa aux feuilles qui se la permettaient.

Les écrivains, chassés par la censure des grands journaux politiques, se réfugiaient dans certains journaux littéraires, et décochaient de là quelques traits plus ou moins acérés à l'adresse des fonctionnaires et des ministres. C'est ainsi que Jouy, Arnault, Dupaty, etc., écrivaient dans le *Miroir*, qui avait pris pour titre *Journal des spectacles, des mœurs et des arts*, et se croyait exempt de la censure, à laquelle les lois d'exception n'assujettissaient que les écrits périodiques *consacrés en tout ou en partie à la politique.*

Un procès fut fait au *Miroir* (mai 1821) : le parquet soutint que les rédacteurs de ce journal avaient commis une *contravention aux lois de la censure*, parce que, si leur journal n'était pas entièrement ni ouvertement consacré à la politique, ils se servaient habituellement d'*allusions*, d'apologues, de tournures sous lesquels ils parvenaient à communiquer à leurs lecteurs des nouvelles ou des idées *politiques*. On leur reprochait surtout le fréquent emploi qu'ils faisaient du *sarcasme politique.* Toute la cause consistait donc en interprétations, à l'aide desquelles l'accusation s'efforçait de transformer en *articles politiques* des rédactions que les prévenus soutenaient n'avoir point ce caractère.

L'accusation s'appuyait sur seize articles dont il fut donné lecture à l'audience, à la grande joie de l'auditoire ; c'étaient notamment : une romance piémontaise, une anecdote sur les parapluies uniformes, un article sur les divers sens de cette expression, *faire des brioches*, un vocabulaire à l'usage des gens du monde, un article sur les fêtes publiques et sur 25 000 petits pâtés donnés à 25 000 indigents qui n'avaient pas de pain, etc.

Dupin aîné défendit brillamment le *Miroir* avec son esprit plein de causticité et de bonhomie narquoise ; et le journal fut acquitté en première instance d'abord, en appel ensuite.

*
* *

Quelques mois plus tard (28 août 1821), le grand pamphlétaire Paul-Louis Courier, déjà connu par sa *Pétition aux deux Chambres* et ses *Lettres au Censeur*, fut condamné à deux mois de prison par la cour d'assises pour délit d'outrages aux bonnes mœurs. Dans une brochure intitulée *Simple discours*, Paul-Louis s'était élevé contre la souscription de Chambord, et, rappelant les vieux souvenirs de la monarchie, il avait peint les cours comme le séjour de toutes les bassesses, de toutes les corruptions, où la mendicité et la prostitution étaient les seuls moyens d'avancer en fortune et en dignités. Paul-Louis Courier fit payer cher au procureur général de Broë la condamnation obtenue contre lui. Dans un pamphlet, aussi acéré et aussi mordant que le premier, le *Pamphlet des pamphlets*, il rendit compte de son procès, racontant à sa façon son interrogatoire, soumettant à une critique impitoyable le réquisitoire de M. de Broë, ajoutant enfin au plaidoyer de son avocat de Berville, le discours qu'il eut prononcé lui-même, s'il n'avait pas craint de gâter sa cause par trop de vivacité. Cependant le gouvernement et le parquet n'osèrent pas commencer de nouvelles poursuites et laissèrent le vigneron de Veretz écrire impunément sur la cour, les courtisans et les courtisanes titrées.

Bien que l'intérêt des œuvres de Paul-Louis Courier soit limité à l'époque qui les a vu naître, elles ont conquis, par leur indiscutable valeur littéraire, le prestige de l'immortalité. « Courier, a dit Sainte-Beuve, restera dans la littérature française comme un type d'écrivain unique et rare... Les traits de raillerie échappaient d'eux-mêmes de ses lèvres comme par un ressort irrésistible, mais il n'était content que quand il les avait polis à loisir et serrés les uns contre les autres en faisceau. »

*
* *

L'esprit d'opposition, comprimé dans la presse, éclata et se fit jour sous les formes les plus diverses. « Dans les cafés, dit Duvergier de Hauranne [1], à la promenade, dans les lieux publics, toutes les conversations roulaient sur la séance de la veille ou du jour, et chacun exprimait son opinion avec une extrême vivacité ; au théâtre, la moindre allusion politique contre le despotisme était saisie avec avidité et applaudie avec enthousiasme ; un grand nombre d'élèves des écoles de droit et de médecine se réunissaient, et signaient des adresses aux députés qui avaient voté contre les lois d'exception ; au Collège de France, M. Raoul Rochette, professeur d'histoire et membre de la commission de censure, était salué par un concert de sifflets et de huées, tandis que son collègue, M. Lacretelle jeune, qui avait refusé les fonctions de censeur, était couvert d'applaudissements. Et ce n'était pas seulement à Paris que l'esprit public se manifestait ainsi ; la fermentation avait gagné les départements : à Rennes, le cérémonial de la remise d'un drapeau à la région de l'Ille-et-Vilaine était troublé par des cris de : *Vive la Charte ! Pas de lois d'exception !* et les jeunes gens qui poussaient ces cris avaient toutes les sympathies de la population, celles même de quelques officiers et de quelques soldats. »

[1] Tome V, p. 480.

Adèle Ethiou, 1863. Publié par Blaisot.

PAUL-LOUIS COURIER

(1772-1825)

Publiciste et érudit.

Par un mouvement irrésistible, en haine de la réaction présente, le pays se rattacha de plus en plus aux souvenirs, aux principes et aux institutions de la Révolution. La démocratie suivit une marche ascendante ; et, en montant, elle ruina sourdement l'édifice monarchique, au-dessus duquel elle devait bientôt passer.

Les nouvelles générations, dont la nature est de reproduire plus vivement l'esprit et le caractère de leur temps, s'imprégnèrent peu à peu de sentiments hostiles aux Bourbons, et cultivèrent avec une foi irrésistible les pensées généreuses qui fermentaient dans les milieux éclairés. Une grande partie de la jeunesse française s'enrôla dans des associations mystérieuses et redoutables, dont l'organisation était empruntée aux *Ventes* du Carbonarisme italien. Là s'ourdirent les complots, les conspirations militaires, qui firent couler tant de sang français. L'esprit de liberté devint peu à peu l'esprit de révolte et de sédition.

Cet état d'esprit se révéla pour la première fois aux funérailles du jeune Lallemand (7 juin 1820), tué par un soldat de la garde royale, au moment où il criait : *Vive la Charte !* dans une manifestation violente faite autour de la Chambre. Cet épisode fut considéré comme le précurseur d'une révolution prochaine. Dans ces funérailles d'un jeune étudiant, la nouvelle génération jeta ses premiers défis à la génération du passé : celle-ci voulut y répondre, dix ans plus tard, par un coup d'État; elle s'attira le coup de foudre de 1830.

Comme les pouvoirs que le gouvernement tenait de la loi de censure devaient expirer avec la session de 1820, le ministère demanda, dès le 9 juin 1821, la prorogation de ces pouvoirs comme une mesure indispensable au maintien de la paix.

La Chambre des députés et la Chambre des pairs, après de longues discussions et des protestations éloquentes, sur lesquelles nous n'insisterons pas autrement, prorogèrent la loi de censure, mais en limitant ses effets à l'expiration du troisième mois qui suivrait l'ouverture de la session de 1821. C'était un échec pour le ministère ; mais, à titre de compensation, M. de Bonald proposa et fit adopter une disposition additionnelle appliquant indistinctement la censure à tous les journaux et écrits périodiques, c'est-à-dire aux journaux littéraires aussi bien qu'aux journaux politiques, qu'ils parussent à jour fixe ou irrégulièrement et par livraisons, et quels que fussent leur titre et leur objet. On mettait ainsi sous le joug, la petite presse et les journaux comme *le Miroir* [1].

* * *

Nous en aurons fini avec la lutte engagée par le second ministère Richelieu contre la presse, lorsque nous aurons mentionné les deux projets de loi déposés par lui le 3 décembre 1821 : l'un relatif à la répression et la poursuite des délits commis par la voie de la presse, l'autre établissant la censure pour cinq années sur les journaux et écrits périodiques. Le ministère fut renversé avant que ces projets vinssent en discussion, et fut remplacé par le ministère le plus anti-libéral qui ait jamais gouverné la France, le ministère Villèle, Corbière et Peyronnet, dont tous les actes ont eu pour but le rétablissement des lois et usages de l'ancien régime.

C'est à cette époque (9 décembre 1821) que se place le fameux procès fait au poète Béranger et à ses œuvres. Quelques-unes de ses chansons avaient été publiées autrefois dans la *Minerve*. Les autres se transmettaient de main en main ; on les chantait dans les hôtels de la Chaussée d'Antin comme dans les cabarets des faubourgs ; on les colportait même dans les casernes, où florissait plus que jamais la légende napoléonienne, depuis la mort de Napoléon Ier à Sainte-Hélène. Lorsque le chansonnier fit imprimer chez Didot son premier recueil, le parquet le poursuivit pour outrage à la morale publique et le traduisit devant la cour d'assises.

Ce procès fut un véritable événement. « De mémoire d'homme, dit M. Duvergier de Hauranne [2], on n'avait vu une telle affluence au Palais de Justice. Dès huit heures du matin, les issues les plus secrètes étaient obstruées par une foule ardente, impatiente, qui se pressait, qui forçait les consignes, qui brisait les clôtures, et qui rendait l'entrée de la salle d'audience tellement inaccessible, que le prévenu fut plus de trois quarts d'heure avant d'y pouvoir pénétrer. Quant aux juges et aux jurés, qui arrivèrent plus tard, plusieurs d'entre eux ne purent entrer qu'en faisant un long circuit et en passant par les fenêtres. L'enceinte réservée aux avocats et aux personnes munies de billets, avait été envahie comme le reste de la salle. »

1. Loi du 26 juillet 1821. Duvergier, *op. cit.*, t. XXIII, p. 293.
2. Tome VI, p. 477.

L'avocat général de Marchangy prononça, ainsi qu'à l'ordinaire, un réquisitoire emphatique, enflé de lieux communs déclamatoires. Il écarta du débat les chansons déjà publiées, pour ne pas avoir à résoudre la question, alors fort controversée, de savoir si leur réimpression constituait un nouveau fait de publication. Il se borna à signaler à la sévérité du jury les chansons intitulées *le Vieux drapeau, la Cocarde blanche, le Bon Dieu, les Capucins.* Malgré une étincelante plaidorie de Dupin aîné, qui déploya sa verve habituelle, Béranger fut condamné à trois mois d'emprisonnement et à cinq cents francs d'amende. Ce fut le point de départ de la vogue extraordinaire et de la renommée universelle du glorieux chansonnier. Ses chansons, lues ou chantées partout, devinrent plus que jamais une arme de guerre entre les mains de l'opposition.

*
* *

Le 2 janvier 1822, M. de Peyronnet, le garde des sceaux du ministère Villèle, retira le projet de loi relatif à la censure, déposé par l'ancien ministère, et présenta un nouveau projet destiné à remplacer avantageusement, pour le pouvoir, l'arme un peu émoussée de la censure, dont il se dessaisissait.

Le projet empruntait à l'ancienne loi de censure l'article qui interdisait la publication de tout journal ou écrit périodique nouveau, sans l'autorisation du roi. De plus, il attribuait aux cours royales, jugeant en séance solennelle, le droit de suspendre ou de supprimer tout journal ou écrit périodique, « *dont l'esprit et la tendance* seraient de nature à porter atteinte à la paix publique, au respect dû à la religion de l'Etat et aux autres religions légalement reconnues, à l'autorité du roi, et à la stabilité des institutions constitutionnelles ». Les débats devaient rester publics, à moins que la cour ne jugeât cette publicité dangereuse pour l'ordre et les mœurs. Si, dans l'intervalle des sessions parlementaires, des circonstances graves survenaient, le projet de loi donnait au roi le droit de rétablir momentanément la censure, en vertu d'une ordonnance contresignée par trois ministres.

Ce qu'il y eut de grave, c'est que pour poursuivre la condamnation d'un écrivain, il n'était plus nécessaire de relever contre lui un article précis, des phrases, des expressions offrant une base fixe à l'accusation et à la défense ; les tribunaux avaient la faculté d'apprécier *l'esprit et la tendance* d'un journal ou d'un écrit périodique, suivant une *succession d'articles*.

Le rapporteur de la loi devant la Chambre des députés fut M. de Martignac, le même qui, obéissant plus tard à des inspirations toutes libérales, devait défaire en 1828 l'œuvre de 1822. De légères modifications furent introduites dans le projet. On supprima, par exemple, l'article qui autorisait la cour à interdire, dans certains cas, la publicité des débats. Mais la faculté de suspendre ou de supprimer un journal fut acceptée, malgré ce qu'il y avait d'odieux à confisquer ainsi une propriété. « Les choses qui peuvent nuire à autrui, disait le rapporteur, ne sont jamais possédées que conditionnellement ; la société en permet l'usage à des conditions qu'elle impose ; elle a toujours la faculté de retirer cette autorisation, dès que les conditions sont violées, et, en usant de cette faculté, elle ne porte pas atteinte au droit de propriété. »

La discussion commencée le 7 février dura dix jours. Royer-Collard prononça un discours vigoureux contre le projet. Il reconnaissait que la presse périodique était un instrument plus puissant que la presse ordinaire, et qu'elle devait, par cela même, être soumise à une répression plus énergique. Mais il ne pouvait accepter une loi qui reposait sur des principes d'arbitraire, rappelant l'institution du tribunal révolutionnaire. La loi proposée n'invoquait-elle pas, en effet, la nécessité prétendue d'un pouvoir extraordinaire placé au delà de la justice pour saisir comme dangereux ce que celle-ci ne saurait atteindre comme coupable ?

« Le ministère, ajoutait-il, ne peut pas maintenir un journal sans la cour royale ; la cour royale ne peut pas supprimer un journal sans le ministère. Les journaux restent soumis à l'arbitraire ; mais l'arbitraire est divisé ; ils ont deux maîtres ; voilà la loi........ Le vice radical du projet de loi, par où il porte atteinte à la Charte bien plus que toutes les lois de censure, c'est qu'il consacre l'arbitraire, non plus comme temporaire, mais comme perpétuel, et qu'il le fait entrer scandaleusement dans notre droit public. Qu'importe qu'il soit divisé, déplacé, qu'il suive la publication au lieu de la précéder ? Il n'est utile ni honorable nulle part, ni sous aucun déguisement. »

La majorité de la Chambre des députés ne tint pas plus de compte de l'opposition de Royer-Collard que de celle de Manuel, de Benjamin Constant et de leurs collègues de la gauche. Le projet voté par elle et accepté sans modification par la Chambre des pairs devint la loi du 17 mars 1822[1].

* * *

En même temps, et d'une manière à peu près parallèle, les chambres discutaient le projet de loi sur les *délits commis par la voie de la presse*, que l'ancien ministère avait proposé, et que M. de Peyronnet avait repris, en y ajoutant quelques dispositions plus rétrogrades, notamment celle qui dépouillait le jury de la connaissance des délits de presse au profit de la juridiction correctionnelle.

Ce projet, devenu la loi du 25 mars 1822[2] détruisit les garanties accordées à la presse par les lois de 1819. Une analyse rapide de ce projet suffira pour l'établir.

Tandis que les lois de 1819 réprimaient uniquement les *outrages à la morale publique et religieuse et aux bonnes mœurs*, le nouveau projet frappait de peines plus sévères tous discours, écrits, gravures, etc. qui outrageaient ou *tournaient en dérision la religion de l'Etat* et les autres cultes légalement reconnus.

Un nouveau délit, celui d'excitation à la haine et au mépris d'une ou plusieurs *classes* de personnes, était introduit dans la législation.

Le projet de loi donnait aux deux Chambres le droit exorbitant de traduire directement à leur barre les prévenus et de les punir elles-mêmes. Il créait de plus le délit de *mauvaise foi* ou d'*infidélité* dans le compte rendu des débats législatifs ou judiciaires. La poursuite et la répression de ce nouveau délit étaient attribuées aux Chambres, aux cours et aux tribunaux intéressés, qui devenaient ainsi juges et parties, et pouvaient, en cas de récidive, interdire pour un temps limité, ou *pour toujours*, la reproduction de leurs séances ou de leurs audiences.

La législation de 1819 admettait la preuve des faits réputés injurieux ou diffamatoires contre les dépositaires ou les agents de l'autorité, ou contre toute personne ayant agi dans un caractère public, quand ces faits étaient relatifs à leurs fonctions; le nouveau projet de loi ne permettait cette preuve *en aucun cas*.

Enfin le jugement des délits commis par la voie de la presse cessait

[1] Duvergier. *Op. cit.*, t. XXIII, p. 479.

[2] *Ibid.*, p. 481.

d'appartenir au jury ; la loi nouvelle le remettait aux tribunaux correctionnels, et, en appel, aux cours royales.

Ces créations de délits nouveaux, l'aggravation des pénalités et, par-dessus tout, le changement de juridiction portaient une atteinte mortelle à la liberté de la presse. C'est ce que les orateurs de la gauche et du centre gauche n'eurent pas de peine à démontrer.

La discussion fut longue et animée, en particulier devant la Chambre des députés. Les représentants les plus modérés, et parmi eux Royer-Collard, parlèrent sans ménagement. Les débuts du ministère Villèle leur firent voir sous les couleurs les plus sombres l'avenir réservé aux libertés constitutionnelles de la France. Les arguments développés, au cours des débats, ne différaient guère de ceux qui avaient défrayé les précédentes discussions. Ce serait s'exposer à des redites que de les analyser ici.

*
* *

Les lois de 1822 permirent au ministère Villèle d'engager contre la presse des poursuites, qui sont demeurées célèbres dans l'histoire sous le nom de *procès de tendance*.

Des employés étaient chargés de lire chaque jour les journaux de l'opposition, de noter avec soin les articles et les faits où pouvaient se rencontrer un mot, une phrase, une pensée, renfermant un blâme ou une critique des actes du gouvernement et de ses agents. Chacun de ces passages, pris isolément, ne pouvait donner lieu à la moindre poursuite ; mais, après trois mois, six mois, une année de ces recherches attentives, on arrivait à en former un faisceau des réflexions ou d'expressions critiques qui, jugées dans leur ensemble, pouvaient constituer, pour des esprits prévenus, une *tendance* plus ou moins prononcée à déconsidérer le pouvoir ou la religion. Mais il arriva que la presse trouva, dans l'esprit d'équité de la magistrature, des garanties et une sorte de protection inattendue contre une législation aussi draconienne.

Le *Courrier français*, le journal le plus avancé du parti libéral, et où écrivaient Benjamin Constant, Manuel, Kératry, subit une première poursuite de ce genre en 1823. Un arrêt du 28 avril le condamna à quinze jours de suspension, parce que « la succession des articles déférés à la Cour était de nature à porter atteinte à la paix publique ». Une seconde condamnation aurait permis de supprimer le *Courrier*. Le ministère lui fit donc intenter, au mois de juin 1824, un nouveau procès, qui portait sur cent quatre-vingt-deux articles embrassant une période de quatorze mois.

Mérilhou défendit le journal. Les débats durèrent quatre audiences devant la cour de Paris ; et, après deux heures de délibération, le premier président Séguier déclara qu'il y avait partage entre les magistrats. Cette décision fut interprétée en faveur du journal et les poursuites furent abandonnées.

*
* *

Il était difficile d'appliquer les mêmes procédés aux journaux de la contre-opposition royaliste, qui faisaient au ministère Villèle une guerre tout aussi redoutable. On résolut de les acheter ou de les *amortir*, suivant l'expression alors usitée. On constitua, à l'aide de fonds secrets, une caisse destinée à acquérir la majorité des parts de propriété de chaque journal. C'était le moyen de devenir maître, sans bruit, de la presse périodique. On peut lire les détails les plus curieux sur cette entreprise honteuse dans le tome VIII des *Mémoires* de M. de la Rochefoucauld. Chateaubriand en parlait comme d'une « espèce de bande noire, qui s'était formée pour démolir la liberté de la presse et niveler toutes les opinions ».

Un tel système réussit à l'égard de la *Gazette de France*, du *Journal de Paris*, des *Tablettes universelles*[1] et du *Drapeau blanc;* mais il échoua à l'égard de la *Quotidienne*, l'une des feuilles les plus désagréables au ministère Villèle, grâce à la fermeté du journaliste Michaud, qui, dépossédé un moment d'une manière violente de la rédaction de son journal, se fit réintégrer par arrêt de la cour royale. Il y eut des révélations scandaleuses au cours du procès, qui mirent Villèle et ses collègues en fort mauvaise posture.

Sous le coup de la plus vive irritation, le ministère rétablit la censure, en invoquant uniquement le péril qui résultait de la faiblesse des tribunaux : tel fut l'objet de l'ordonnance du 15 août 1824, qui avait la prétention de « pourvoir avec efficacité au maintien de l'ordre public[2] ».

[1] Thiers, Mignet, de Rémusat, etc., écrivaient dans les *Tablettes*. Après la vente de ce journal, ils déclarèrent publiquement qu'ils en abandonnaient la rédaction.

[2] Duvergier. *Op. cit.*, XXIV, p. 585.

Cependant, en 1824, le ministère Villèle était arrivé à l'apogée de sa puissance. La guerre d'Espagne avait donné à la Restauration un certain prestige militaire. Les conspirations avaient cessé. Dans les élections du commencement de l'année, la *Chambre introuvable* avait été retrouvée ; Manuel et Lafayette avaient été battus ; l'opposition libérale, qui comptait cent dix membres dans la précédente chambre, n'en avait plus que dix-neuf dans la nouvelle.

Mais la victoire avait été peut-être trop complète. Les fanatiques de droite voulurent l'exploiter en faveur d'une croisade politique et religieuse à l'intérieur de la France. C'est ce qui entraîna peu à peu la bourgeoisie intelligente, éclairée, conservatrice par goût et libérale par instinct, à se séparer de la Restauration.

Le *Journal des Débats*, plus ou moins inconsciemment, contribua très largement à ce mouvement des esprits. Chateaubriand, « chassé comme un garçon de bureau » par le ministère Villèle, dont il faisait partie, reprit sa plume et mena une bataille ardente, implacable contre ses amis de la veille. Dans des articles qui étaient de véritables manifestes politiques, il traitait les ministres de « baladins politiques » ; il les accusait « de prendre l'effronterie pour de la force et d'ouvrir dans leurs hôtels des espèces de bazars où les consciences étaient mises à l'encan » ; il leur adressait des épithètes qui ne dépareraient pas nos polémiques contemporaines, et qui prouvent que nos ancêtres en journalisme n'avaient pas plus peur que nous d'employer un langage énergique.

Chateaubriand et les *Débats* se mirent à la tête d'une opposition de droite ; mais insensiblement, par la force des choses, cette opposition se rapprocha de l'opposition de gauche.

Le rétablissement de la censure au mois d'août 1824 donna au *Journal des Débats*, pendant quelques semaines, ainsi qu'à tous les journaux d'opposition, une physionomie particulière et curieuse qu'ils ont présentée, à diverses reprises, sous la Restauration. Ils parurent avec des colonnes en blanc ; c'était la place laissée vide par un article que la censure avait supprimé. On mettait une sorte de coquetterie à ne pas la remplir. Mais le plus souvent, pour ne pas s'exposer aux coups de ciseaux, on ne parlait pas du tout de politique.

Les écrivains politiques se dédommageaient en publiant des brochures. La Restauration fut l'âge d'or des brochures. Comme elles n'étaient pas soumises au visa des censeurs, elles paraissaient en foule dès que les journaux étaient obligés de se taire. Chateaubriand publia alors les *Lettres sur la censure;* et Salvandy, qui venait d'entrer aux *Débats*, suivit son exemple[1].

* * *

La mort de Louis XVIII et l'avènement de Charles X firent lever la censure. Ce fut un des premiers actes du nouveau roi de rendre à la presse sa liberté par l'ordonnance du 29 septembre 1824 [2]. Cette mesure libérale et quelques mots heureux prêtés à Charles X par d'habiles courtisans effacèrent beaucoup de préventions et firent bien augurer de son règne. Mais les illusions s'évanouirent promptement.

La bourgeoisie française vit se dérouler avec stupéfaction les projets les plus insensés en vue de rétablir l'ancien régime : la loi sur le sacrilège, le projet de rétablissement du droit d'aînesse, le milliard d'indemnité aux émigrés, etc. Ce fut le beau temps de la réaction cléricale, ce qu'on peut appeler le règne de la Congrégation et des billets de confession.

Le clergé, appuyant l'autel sur le trône, se croyait assez fort pour arrêter le progrès et obliger les nouvelles générations à rétrograder vers le vieil ordre religieux et politique. Pour atteindre ce but, on eut recours à la contrainte morale, on tourmenta les consciences, au point qu'on ne pouvait alors ni naître, ni vivre, ni mourir en paix. Des missions parcouraient la France sous prétexte de l'évangéliser et organisaient partout le parti contre-révolutionnaire et congréganiste. Sous leurs pas, les actes scandaleux éclataient en foule : on refusait l'aumône et la sépulture à ceux qui n'accomplissaient pas leurs devoirs religieux. On obligeait les passants à s'agenouiller devant les processions, sous peine de poursuites correctionnelles.

La police, secondant l'action du clergé, faisait disparaître des étalages des libraires les livres qui lui semblaient dangereux pour la religion. Elle alla plus loin, pénétra dans l'intérieur des cabinets de lecture et défendit à leurs propriétaires de garder sur leurs rayons ou de louer au public une foule d'ouvrages, parmi lesquels l'historien de Vaulabelle cite[3] : les *Romans* de Voltaire, les *Contes* de Boccace

[1] *Livre du centenaire du Journal des Débats*, p. 136.

[2] Duvergier. *Op. cit.*, t. XXIV, p.618.

[3] *Ibid.*, t. VIII, p. 491.

et de La Fontaine, *la Nouvelle Héloïse,* les *Œuvres* de d'Alembert, Diderot, Parny, *les Ruines* du comte de Volney, l'*Origine de tous les cultes* de Dupuis, *le Manuscrit de Sainte-Hélène*, le *Dictionnaire philosophique* de Voltaire, le *Censeur européen*, la *Minerve*, le *Nain Jaune*, etc., c'est-à-dire que l'intolérance religieuse était poussée à son comble.

*
* *

La bataille s'engagea avec acharnement, lorsque Montlosier poussa son cri de guerre retentissant contre les Jésuites. Ce fut vers le même temps que Lamennais publia la seconde partie de sa *Religion considérée dans ses rapports avec l'ordre politique et social.* Le gallicanisme et l'ultramontanisme furent aux prises. Leur querelle agita, passionna, divisa la France entière. Le clergé, le public, y intervinrent. Le *Journal des Débats* lui-même s'y jeta avec ardeur. Il attaqua, il dénonça la « Congrégation » et ses complices. Il fit appel à la sagesse, à la clairvoyance du roi pour empêcher que les menées de la Société de Jésus ne provoquassent une révolution nouvelle : « Nous avons, s'écrie-t-il, traversé un drame terrible ; nous avons besoin de le croire achevé. Fasse le ciel que le dénouement soit en effet derrière, et non pas devant nous [1] ! »

Les journaux, et au premier rang le *Constitutionnel* et le *Courrier français*, donnaient la plus large publicité à tous les actes du clergé et de la Congrégation ; ce qui ne contribua pas médiocrement à rendre la liberté de la presse plus odieuse et plus insupportable que jamais au parti ultramontain.

Le ministère Villèle n'osa pas rétablir la censure, dont la suppression était trop récente ; mais il eut recours à de nouveaux procès de tendance contre le *Constitutionnel* et le *Courrier* pour avoir manqué au respect dû à la religion. Le parti clérical croyait avoir dans la magistrature son meilleur soutien ; il fut cruellement déçu.

L'avocat général de Broë soumit à la Cour royale de Paris trente-quatre articles du *Constitutionnel*, publiés dans un espace de plus de deux mois, qu'il prétendait tous empreints d'un évident esprit de dénigrement ou de mauvaise foi à l'égard du clergé et de la religion. « La controverse est permise, disait-il, l'outrage ne l'est pas ; et travestir les actions les plus indifférentes, publier avec fracas toute

[1] *Le Livre du centenaire des Débats*, p. 138.

imprudence, toute maladresse, tout excès de zèle ; mettre avec empressement le public dans la confidence des actes de tout homme ayant avili le caractère sacré dont il était revêtu ; tenir ainsi le clergé en état d'accusation permanente devant la France, ce n'est pas soutenir une thèse théologique, c'est offenser la loi. »

La plaidoirie de Dupin aîné fut un véritable triomphe. Il fit appel avec autant d'éloquence que d'habileté aux traditions de la vieille magistrature ; il rappela la suppression de la Compagnie de Jésus prononcée par l'ancien Parlement, et il montra les Jésuites, au mépris de cet arrêt, osant reparaître et dominant l'État. Eux seuls étaient en cause, et non pas le clergé ! Les successeurs des vieux parlementaires ne pouvaient être moins fermes que leurs devanciers devant une Société, dont l'influence funeste se montrait dans chacun des actes d'intolérance signalés par le journal poursuivi.

Le 3 décembre 1825, la Cour de Paris, présidée par le premier président Séguier, déclara qu'il n'y avait pas lieu de prononcer la suspension requise contre le *Constitutionnel*. Et elle donna à l'appui de sa décision des motifs qui provoquèrent une immense acclamation : « Considérant, dit-elle, que ce n'est ni manquer au respect dû à la religion de l'Etat, ni abuser de la liberté de la presse, que de discuter et de combattre l'introduction et l'établissement dans le royaume de toute association non autorisée par les lois ; que de signaler, soit des actes notoirement constants qui offensent la religion même ou les mœurs, soit les dangers ou les excès non moins certains d'une doctrine qui menace tout à la fois l'indépendance de la monarchie, la souveraineté du roi et les libertés publiques, garanties par la Charte constitutionnelle et par la Déclaration du clergé de France de 1682, déclaration toujours reconnue et proclamée loi de l'Etat. »

Le 5 décembre le *Courrier* fut acquitté à son tour, sur la plaidoirie de Mérilhou, et par des considérants qui méritent d'être reproduits ici, parce qu'ils étaient la condamnation directe des menées du parti ultramontain : « Considérant que la plupart des articles du *Courrier français*, dénoncés par le réquisitoire du procureur général, sont blâmables quant à leur forme, mais qu'au fond ils ne sont pas de nature à porter atteinte au respect dû à la religion de l'Etat ;

« Qu'à la vérité plusieurs autres desdits articles présentent ce caractère ; mais qu'ils sont peu nombreux, et paraissent avoir été provoqués par certaines circonstances qui peuvent être considérées comme atténuantes ;

DUPIN AINÉ

(1783-1865)

Député et sénateur,

Procureur général à la Cour de cassation (1830),

Membre de l'Académie française,

et de l'Académie des sciences morales.

« Considérant que ces circonstances résultent principalement de l'introduction en France de corporations religieuses défendues par les lois, ainsi que des doctrines ultramontaines hautement professées depuis quelque temps par une partie du clergé français, et dont la propagation pourrait mettre en péril les libertés civiles et religieuses de la France..... »

Comme l'a fort bien dit un écrivain [1], c'était alors le beau temps du journalisme : il était bien une affaire de conviction, et ne s'était pas encore ravalé à n'être qu'un métier ; il ne conduisait pas à la fortune, mais à la prison. Il est vrai qu'il conduisait en même temps à la considération.

*
* *

Mais le ministère Villèle, répudié par la magistrature, stimulé et poussé par les ultramontains, qui réclamaient à grands cris une législation plus sévère contre la presse, résolut de s'enfoncer plus avant dans les voies de la réaction. Il fit connaître sa résolution dans le discours royal d'ouverture de la session législative (12 décembre 1826) et annonça le dépôt prochain d'une nouvelle loi sur la presse. Ce fut le fameux projet auquel est resté attaché le sobriquet de *loi de justice et d'amour*, ironiquement emprunté à son auteur, M. de Peyronnet. Dans une lettre adressée au *Journal des Débats*, Chateaubriand traita ce projet de *loi vandale*.

Dans la plupart des dispositions proposées, la violence le disputait à l'absurde. Ainsi, les écrits périodiques de vingt feuilles et au-dessous, ne pouvaient être mis en vente que cinq jours après le dépôt, et les écrits supérieurs à vingt feuilles, dix jours après ce même dépôt. Avant toute impression, les imprimeurs étaient tenus de déclarer le titre de l'ouvrage, le nombre de feuilles composant chaque volume. Si le nombre de feuilles énoncé dans cette déclaration était dépassé, de fortes amendes étaient infligées à l'imprimeur, et l'excédent était détruit. De plus, tout transport d'une partie quelconque de l'édition en dehors des ateliers de l'imprimerie, avant les délais de cinq ou de dix jours, était considéré comme tentative de publication et cette tentative poursuivie et punie comme le fait de la publication même.

[1] Joubert. *De la législation de la presse en France*, dans l'*Illustration* du 7 mars 1857.

Les imprimeurs et les libraires de Paris, sans distinction d'opinion, pétitionnèrent contre ce projet de loi. Ils firent observer qu'il était matériellement impossible à un imprimeur de préciser d'une manière exacte, dans une déclaration préalable, le nombre de lignes et de pages qu'un épais cahier d'écriture doit fournir par la *composition.* M. de Peyronnet semblait ignorer que les volumes ne sortent jamais de l'imprimerie assemblés et brochés. Les imprimeurs livrent les feuilles imprimées, au fur et à mesure du tirage, à des *satineurs*, *assembleurs* et *brocheurs*, qui les transportent dans leurs magasins et les convertissent en volumes. Le projet, en interdisant ce transport, frappait l'industrie de l'imprimerie et de la librairie d'un coup terrible. « Forcés de suspendre la plupart de nos travaux, disaient les imprimeurs et les libraires dans leur pétition, que deviendront, avec nos industries, les différentes professions qui s'y rattachent immédiatement : celle des fondeurs en caractères, des graveurs en tous genres, des lithographes, des imprimeurs en taille-douce, des fabricants d'encre d'imprimerie, de presses et de tant d'objets divers ; celle des satineurs, assembleurs, brocheurs et relieurs ; des fabricants de papiers et des marchands de chiffons ? Ces diverses professions comprennent plus de cent mille familles, dont la plupart seraient réduites à la misère. »

Les livres et les brochures étaient soumis à des droits de timbre fort élevés. Il en était de même des journaux et autres écrits périodiques, qui étaient traités fort durement. Trois des propriétaires, d'après le projet, devaient posséder, à eux seuls, à titre de *gérants*, la moitié au moins de la propriété du journal. Toute poursuite pour crimes et délits, commis par un journal ou écrit périodique, était dirigée contre ses propriétaires.

Casimir Périer, à la Chambre des députés, résume en quelques mots la surprise et l'indignation du parti libéral : « Autant vaudrait, s'écrie-t-il, proposer un article unique qui dirait : L'imprimerie est supprimée en France au profit de la Belgique. »

L'opinion publique s'émeut, et l'Académie française elle-même se met en mouvement. Elle charge Chateaubriand, Lacretelle et Villemain de rédiger une supplique au roi contre le projet. Le royaliste Michaud s'était joint à la grande majorité des académiciens en faveur de cette protestation. Villemain était maître des requêtes au Conseil d'Etat ; Lacretelle, censeur dramatique et Michaud lecteur du roi ; le ministère les révoqua aussitôt de leurs fonctions. Mais la polémique ardente des journaux, soutenue par l'opinion publique, se poursuivit avec une passion peu commune, jusqu'au jour (18 avril 1827) où, devant la résistance de la Chambre des Pairs, le gouvernement retira la malencontreuse loi Peyronnet.

*
* *

De la discussion qui eut lieu à la Chambre, l'histoire a retenu un discours de Royer-Collard, considéré comme l'une des plus magnifiques inspirations de l'éloquence parlementaire. C'est un devoir pour nous d'en reproduire les principaux passages :

« Dans la pensée intime de la loi, disait le grand orateur, il y a eu de l'imprévoyance, au grand jour de la création, à laisser l'homme s'échapper libre et intelligent au milieu de l'Univers ; de là sont sortis le mal et l'erreur. Une plus haute sagesse vient réparer la faute de la Providence, restreindre sa libéralité imprudente, et rendre à l'humanité, sagement mutilée, le service de l'élever enfin à l'heureuse innocence des brutes... Plus d'écrivains, plus d'imprimeurs, plus de journaux, ce sera le régime de la presse. Il faut poursuivre à la fois, il faut ensevelir ensemble, sans distinction, le bien et le mal ; mais pour cela, il faut étouffer la liberté, qui, selon la loi de la création, produit nécessairement l'un et l'autre. Une loi de suspects largement conçue, qui mettrait la France entière en prison, sous la garde du ministère, ne serait qu'une conséquence exacte et une application judicieuse de ce principe, et, comparée à la loi de la presse, elle aurait l'avantage de trancher d'un seul coup, dans la liberté de se mouvoir, d'aller et de venir, toutes les libertés. Le ministère, en la présentant, pourrait dire avec plus d'autorité : le mal produit cent fois plus de mal que le bien ne produit de bien : l'auteur des choses a cru autrefois le contraire, il s'est trompé...

« La loi actuelle ne proscrit que la pensée, elle laisse la vie sauve : c'est pourquoi elle n'a pas besoin de faire marcher devant elle, comme les Barbares, la dévastation, le massacre et l'incendie ; il lui suffit de renverser les règles éternelles du droit. Pour détruire les journaux, il faut rendre illicite ce qui est licite : il faut annuler les contrats, légitimer la spoliation, inviter au vol ; la loi le fait..... Messieurs, une loi qui nie la morale est une loi athée ; l'obéissance ne lui est point due ; car, dit Bossuet, il n'y a point sur la terre de droit contre le droit.

« Deux fois en vingt ans la tyrannie s'est appesantie sur nous, la hache révolutionnaire à la main ou le front brillant de l'éclat de cinquante victoires. La hache est émoussée ; personne, je le crois, ne voudrait la ressaisir, et personne aussi ne le pourrait ; les circonstances qui l'aiguisèrent ne se reproduiront pas, ne se réuniront pas dans le cours de plusieurs siècles. C'est dans la gloire seule, guerrière et politique, comme celle qui nous a éblouis, que la tyrannie doit aujourd'hui tremper ses armes ; privée de la gloire, elle serait ridicule. Conseilleurs de la Couronne, auteurs de la loi, connus ou inconnus, qu'il nous soit permis de vous le demander : qu'avez-vous fait jusqu'ici qui vous élève à ce point au-dessus de vos concitoyens, que vous soyez en état de leur imposer la tyrannie ? Dites-nous quel jour vous êtes entrés en possession de la gloire, quelles sont vos batailles gagnées, quels sont les immortels services que vous avez rendus au Roi et à la Patrie ? Obscurs et médiocres comme nous, il nous semble que vous ne nous surpassez qu'en témérité. La tyrannie ne saurait résider dans vos faibles mains ; votre conscience vous le dit encore plus haut que nous.

« La loi que je combats annonce la présence d'une faction dans le gouvernement, aussi certainement que si cette faction se proclamait elle-même, et si elle marchait devant nous, enseignes déployées. Je ne lui demanderai pas qui elle est, d'où elle vient, où elle va ; elle mentirait ; je la juge par ses œuvres. Voilà qu'elle vous propose la destruction de la liberté de la presse ; l'année dernière elle avait exhumé du moyen âge le droit d'aînesse ; l'année précédente le sacrilège. Ainsi, dans la religion, dans la société civile, dans le gouvernement, elle retourne en arrière. Qu'on l'appelle la contre-révolution ou autrement, peu importe ; elle retourne en arrière, elle tend par le fanatisme, le privilège, l'ignorance, à la barbarie et aux dominations absurdes que la barbarie favorise. L'entreprise est laborieuse, et il ne sera pas facile de la consommer..... Si la charrue ne passe pas sur la civilisation tout entière, ce qui en restera suffira pour tromper vos efforts.....

« Votre loi, sachez-le bien, sera vaine, car la France vaut mieux que son gouvernement..... »

Ce fut une défaite mémorable pour le ministère Villèle d'être obligé de retirer le projet de loi Peyronnet sur la presse. Et cependant il ne s'avoua pas vaincu pour cela. Il eut recours au rétablissement de la censure, qui fut exercée avec la dernière sévérité [1], et, bientôt après, à la dissolution de la Chambre des députés (5 novembre 1827).

Le silence que fit alors la censure autour du gouvernement fut absolu, comme le dit M. de Vaulabelle [2].

« Inexorables pour les journaux de l'opposition royaliste autant que pour ceux de l'opposition libérale, les censeurs ne se bornaient pas, dans leurs rigueurs, à interdire tout reproche, toute critique même indirecte contre l'administration, à biffer les réponses ou les faits opposés par les journaux indépendants aux attaques ou aux assertions des feuilles ministérielles ; ils portaient leur partialité dévote jusqu'à supprimer, dans le compte rendu d'un procès criminel, la partie du résumé du président où ce magistrat vengeait des calomnies de l'abbé sicilien Contrafatto la mère d'une jeune fille victime des lubricités de ce prêtre, calomnies que la presse ministérielle avait pu reproduire et qui tendaient à diminuer au profit de ce misérable, bientôt frappé d'une peine infamante, l'intérêt inspiré par la malheureuse mère dont il avait flétri l'enfant. »

Dans le *Journal des Débats*, les blancs reparaissaient et remplaçaient souvent les articles politiques. A la place où figuraient naguère les articles de Chateaubriand, de Salvandy et de leurs collaborateurs, on lit d'intéressants détails sur la girafe qui vient d'arriver au jardin des plantes, et qui va se transformer sous la plume de Salvandy, en personnage politique. Mais, en revanche, on assiste à un véritable déluge de brochures. C'est dans l'ordre. Salvandy, à lui tout seul, en écrit seize : *huit lettres au rédacteur du Journal des Débats*, *deux lettres de la Girafe au Pacha d'Égypte*, une instruction aux électeurs, sous forme de catéchisme, et cinq autres opuscules. « On le voyait, dit le duc de Broglie dans ses Mémoires, dans l'officine du *Journal des Débats*, du matin jusqu'au soir, et fort avant dans la nuit, sans gilet, sans cravate, les manches de sa chemise retroussées, expédiant ses feuilles barbouillées plus vite que les compositeurs ne les pouvaient mettre en forme [3]. »

*
* *

[1] Ordonnances du 24 juin 1827, Duvergier, *op. cit.*, t. XXVII, p. 290.

[2] *Histoire des deux Restaurations*, t. IX, p. 140.

[3] Tome III, p. 101.

Les élections de 1827 eurent pour résultat la défaite écrasante du ministère Villèle et l'avènement de la Chambre qui devait être la Chambre des 221. Dans les premiers jours de janvier 1828, le ministère Martignac arriva au pouvoir.

Un de ses premiers soins devait être de supprimer la censure facultative, les procès de tendance, en un mot toutes les entraves, dont les lois de 1821 et 1822 avaient embarrassé la liberté de la presse.

Le 14 avril 1828, le Garde des Sceaux Portalis présenta un projet de loi qui abolissait la censure et les autres mesures tyranniques encore en vigueur, mais qui laissait la presse soumise à la garantie onéreuse du cautionnement, aux mesures répressives les plus rigoureuses, et à la juridiction correctionnelle.

Ce projet malgré ses imperfections, fut voté et devint la loi du 18 juillet 1828. Elle constituait, en définitive, un notable progrès. « La presse, dit Mignet[1], soustraite au joug de la censure, délivrée des procès de tendance, releva désormais, pour des infractions précises, d'une justice qui n'eut rien d'arbitraire. La loi destinée à la régir reposa sur des principes conformes à l'intérêt général, qui, chez une nation librement constituée, veut que la presse ne soit pas asservie; salutaires à l'ordre public, qui demande qu'elle ne soit pas licencieuse, lui permettant de se livrer à la discussion la plus étendue sur les actes du gouvernement sans menacer son existence, d'éclairer l'opinion sans troubler l'État. »

⁂

Il était peut-être difficile de faire mieux en un pareil temps. D'ailleurs, les jours du ministère Martignac étaient comptés; ses tendances libérales lui avaient rapidement aliéné la confiance du roi. Aussi fut-il remplacé dès le 9 août 1829 par le fameux ministère Polignac, appelé à incarner le parti de la contre-révolution et à entraîner dans sa chute retentissante le trône de Charles X.

Il y eut dans la presse une véritable explosion d'indignation. Le *Journal des Débats* poussa le premier cri, qui résonna comme le glas de la Restauration, avec ces paroles qui terminaient un article fameux : « Malheureuse France ! Malheureux roi ! » Voici quelques extraits de cet article historique : « Ainsi, le voilà encore une fois brisé, ce lien

[1] Eloge de Portalis.

d'amour et de confiance qui unissait le peuple au Monarque! Voilà encore une fois la Cour avec ses vieilles rancunes, l'émigration avec ses préjugés, le sacerdoce avec sa haine de la liberté, qui viennent se jeter entre la France et son roi. Ce qu'elle a conquis par quarante ans de travaux et de malheurs, on le lui ôte ; ce qu'elle repousse de toute la puissance de sa volonté, de toute l'énergie de ses vœux, on le lui impose violemment.

« Ce qui faisait surtout la gloire de ce règne, ce qui avait rallié autour du trône les cœurs de tous les Français, c'était la modération dans l'exercice du pouvoir. La modération ! Aujourd'hui elle devient impossible. Ceux qui gouvernent maintenant voudraient être modérés, qu'ils ne le pourraient. Les haines que leurs noms éveillent dans tous les esprits sont trop profondes pour n'être pas rendues. Redoutés de la France, ils lui deviendront redoutables. Peut-être, dans les premiers jours, voudront-ils bégayer les mots de Charte et de liberté ; leur maladresse à dire ces mots les trahira ; on n'y verra que le langage de la peur ou de l'hypocrisie.

« Que feront-ils cependant? Iront-ils chercher un appui dans la force des baïonnettes ? Les baïonnettes aujourd'hui sont intelligentes ; elles connaissent et respectent la loi. Vont-ils déchirer cette Charte, qui fait la puissance du successeur de Louis XVIII ? Qu'ils y pensent bien ! La Charte a maintenant une autorité contre laquelle viendraient se briser tous les efforts du despotisme. Le peuple paye un milliard à la loi ; il ne paierait pas deux millions aux ordonnances d'un ministre. Avec les taxes illégales, naîtrait un Hampden pour les briser. Hampden! faut-il encore que nous rappelions ce nom de trouble et de guerre! Malheureuse France ! Malheureux roi ! » L'article, qui était de Becquet, fut déféré aux tribunaux, sous la prévention « d'offense envers le Roi et d'attaque contre la dignité royale ». Bertin l'aîné en revendiqua la responsabilité, en déclarant qu'il l'avait revu, qu'il y avait fait des retranchements et des additions. Condamné en première instance à six mois de prison et 500 francs d'amende, Bertin l'aîné interjeta appel. Il prit la parole après Dupin aîné, son avocat, et fit une courte profession de foi, dont l'effet fut saisissant sur les conseillers de la Cour royale[1] :

« Se figure-t-on, dit M. Léon Say, le Bertin du portrait d'Ingres, se levant sous l'effort de ses mains puissantes, sortant de son cadre,

[1] *Le Livre du Centenaire*, p. 44.

regardant fièrement ses juges, sans arrogance, mais sans embarras, dans une salle remplie d'un public dont l'émotion grandissait à mesure que le grand journaliste laissait tomber ses paroles d'une voix grave et sonore, et disait : « Depuis trente-six ans que j'exerce une profession honorable, mais hérissée de difficultés et pleine de périls, je puis me rendre ce témoignage que, dans les journaux dont j'ai été propriétaire et rédacteur en chef, jamais la majesté royale n'a été outragée, jamais je n'ai écrit ou laissé écrire (toutes les fois que j'ai été libre) une ligne, laquelle n'eut pour but la défense des principes qui pouvaient seuls, suivant moi, rendre au souverain légitime son royaume usurpé, à la France ses libertés perdues..... » Et après avoir rappelé que sa fidélité au roi lui avait valu d'être dépouillé par Napoléon Ier de sa propriété du *Journal des Débats*, qu'il avait suivi Louis XVIII à Gand pour rédiger le journal officiel des Bourbons, il terminait ainsi : « Je ne sais si ceux qui se croient sans doute plus dévoués que moi au petit-fils de Henri IV rendent un grand service à la couronne en amenant devant une cour de justice des cheveux blanchis au service de cette couronne; je ne sais s'il est bien utile que des royalistes, qui ont subi les peines de la prison pour la royauté, les subissent encore au nom de cette même royauté. »

L'arrêt fut rendu après trois heures de délibération, et la cour de Paris prononça l'acquittement de Bertin l'aîné.

.·.

Les rédacteurs des *Débats* soutinrent avec autant de courage que d'éclat la lutte ainsi engagée entre eux et le ministère Polignac. Les nouveaux venus, Saint-Marc-Girardin, Silvestre de Sacy et Jules Janin, ne furent pas les moins ardents [1]. On peut en juger par ces quelques lignes d'un article de Saint-Marc-Girardin : « Coblentz, Waterloo, 1815 ! Voilà les trois principes, voilà les trois personnages du ministère. Tournez-les de quelque côté que vous voudrez ; prenez nos haines d'il y a trente ans, nos douleurs et nos inquiétudes d'il y a quinze ans ; tout est là, tout s'y est donné rendez-vous pour affliger et irriter la France. Pressez, tordez ce ministère; il ne dégoutte que chagrins, malheurs et dangers. »

[1] Jules Janin a débuté par des articles politiques dans le *Journal des Débats*, avant de devenir le prince de la critique dramatique.

La petite presse entra en ligne. Des feuilles telles que la *Pandore*, le *Corsaire* et le *Figaro*, décochèrent contre le roi et son ministère leurs traits les plus mordants. Le 10 août, le *Figaro* parut encadré de noir, avec l'horoscope du ministère et des quolibets tels que ceux-ci : « Au lieu d'illuminations à une solennité prochaine (la fête du roi), toutes les maisons de France devraient être tendues de noir. — M. Roux, chirurgien en chef de l'hôpital de la Charité, doit incessamment opérer de la cataracte un auguste personnage. » Le journal fut poursuivi et son gérant, Bohain, condamné à six mois de prison et mille francs d'amende. La saisie du numéro incriminé fut ordonnée ; mais il s'en était vendu entre temps plus de dix mille exemplaires, et des numéros furent payés jusqu'à dix francs.

Toute la presse libérale se distingua dans cette lutte suprême en faveur de la liberté, le *Constitutionnel* aussi bien que le *Courrier Français* et le *Journal des Débats*. Mais à côté de ces feuilles que nous connaissons de longue date, étaient venus se ranger le *Globe* et le *National*, qui ont exercé une si grande influence sur les idées et les événements de 1830, et qui méritent par suite de retenir notre attention.

* * *

Le *Globe* fut d'abord un journal littéraire. C'est en 1824, le 24 septembre, qu'il fut fondé par Pierre Leroux, jeune alors, nullement attiré encore par les systèmes socialistes, et par Dubois, qui avait alors trente ans, était un ancien élève de l'Ecole Normale, et avait été deux fois révoqué comme libéral. Pierre Leroux s'effaça devant Dubois, qui devint le directeur, l'inspirateur du *Globe*, le rédacteur infatigable, présent sur tous les points.

Dubois s'adjoignit des collaborateurs qui, pour la plupart, lui étaient supérieurs, et qui acceptaient sa direction sans la discuter. La liste de ces collaborateurs est singulièrement instructive, telle qu'elle a été dressée par M. Paul Albert [1].

C'est d'abord son ami Jouffroy, rejeté comme lui hors de l'Université. « Il primait parmi nous, » dit M. de Rémusat. C'est dans le *Globe* que parut l'article célèbre : *Comment les dogmes finissent*.

C'est Farcy, tué en 1830, qui faisait un cours libre dont on sor-

[1] *La Littérature française* au XIXe siècle, t. II, p. 81. Paris, Hachette, 1886.

tait recueilli, suivant Sainte-Beuve. C'étaient Damiron, Magnin, Lerminier, J.-J. Ampère, Sainte-Beuve, tous plus ou moins rattachés à l'Université.

D'autres recrues arrivèrent, venant d'ailleurs, apportant avec la variété nécessaire quelque chose de plus dégagé. C'étaient de jeunes écrivains qui se préparaient aux luttes de la politique. Et ils firent là un glorieux et utile apprentissage. M. Thiers écrit le Salon de 1824, puis, s'absorbe dans son *Histoire de la Révolution*, et passe au *Constitutionnel* et au *National*. M. de Rémusat, le type des esprits distingués, historien, philosophe, critique, poète même, porte les derniers coups en 1830. M. Tanneguy-Duchâtel traite de l'économie politique. M. Duvergier de Hauranne était le plus vif peut-être de ces jeunes gens qui allaient combattre le bon combat. Il faisait de la littérature, de la critique, et expliquait le mécanisme des élections anglaises. L. Vitet, le plus autorisé de tous les critiques d'art du siècle, révéla Delacroix, Ary Scheffer aux contemporains et, par les *Etats de Blois, les Barricades,* la *Mort de Henri III,* indiqua la voie au drame moderne. M. Guizot n'a jamais écrit au *Globe* qu'une colonne, sur un tableau du peintre Gérard.

Le *Globe* se transforma en journal politique bi-hebdomadaire le 22 août 1828, et en journal quotidien le 23 janvier 1830.

Il prit sa place de combat dans les rangs du parti libéral. Mais que d'éléments disparates et parfois discordants dans le parti libéral de la Restauration! On y rencontrait des royalistes tels que Royer-Collard, qui ne séparaient pas le roi de la Charte; des bonapartistes qui associaient d'une manière bizarre dans un même culte l'Empereur et la liberté; des républicains qui rêvaient d'un régime conventionnel ou directorial. Au milieu de ces groupes divers, le *Globe* sut prendre une attitude personnelle, indépendante, tout à fait tranchée, qui lui assura une autorité singulière.

Il se rattacha directement à la Révolution, dit M. Paul Albert. Il l'étudia, formula les principes qui en étaient l'âme, dont la plupart avaient été traduits en faits et constituaient la société même, dont les autres, menacés ou suspendus, devaient triompher. Il battit en brèche les théories du droit divin, et cela par la philosophie, par l'histoire. Il prouva qu'elles étaient le passé, le néant, l'impossible. Aux libéraux, il dit : « Laissez la liberté, ou laissez l'Empereur. L'Empereur, c'est le despotisme incarné. » Aux révolutionnaires, il dit : « Ne songez pas à refaire ce qui a été fait. Il faut maintenir les principes que la raison et la justice proclament, mais ne pas se faire un point d'honneur de justifier, de glorifier tous les auteurs, tous les incidents du grand drame. » Enfin, il y avait un esprit général répandu dans toutes les fractions du parti libéral : on était voltairien, on réimprimait Voltaire, Diderot, Rousseau. On refaisait la guerre de Voltaire contre le christianisme, on plaisantait, on raillait. Le *Globe* condamna hautement cette tactique. Le *Constitutionnel*, qui était le hérault de cette croisade, se fâcha tout rouge, accusa le *Globe* de manquer de respect au *patriarche*, d'être un faux libéral. Le *Globe* répondit : « Voltaire a fait son œuvre ; faisons la nôtre. Depuis Voltaire, il y a eu la Révolution française. » Mais, en revanche, quand la *Biographie Universelle* calomniait Rousseau, il le défendait avec énergie.

Il ne déclamait pas, ajoute M. Paul Albert, comme tous les autres organes du libéralisme, contre le prêtre qui avait refusé le secours de ses prières à l'homme mort sans confession ; mais aussi il admirait, exaltait la ferme attitude de Talma, qui avait refusé de recevoir l'archevêque de Paris et avait voulu être enterré civilement. Il ouvrait une souscription pour lui élever un monument. Il glorifiait ces morts illustres : Foy, Manuel, David. Il insérait telle ou telle chanson de Béranger ; il souscrivait pour payer les dix mille francs d'amende du chansonnier. Il publiait les lettres de Paul-Louis Courier. Il réfutait les sophismes et les assertions insolentes de M. de Bonald contre la liberté de la presse, pour le droit d'aînesse, etc. Quand les libéraux de toutes nuances réclamaient l'expulsion des Jésuites, le *Globe* protestait au nom de la liberté : « Laissez-nous les combattre, disait-il, nous avons pour nous la raison, la justice, le droit, tout enfin ; nous en viendrons à bout, mais ne les détruisez pas. La liberté le défend. Et puis ça repousse. »

A partir du 30 novembre 1830, le *Globe* devint l'organe des Saints-Simoniens.

* * *

Le *National* fut fondé au mois de janvier 1830 par Thiers, Mignet et Carrel, avec le concours de quatre libraires : Bossange, Renouard, Sautelet et Hingray. Il s'agissait pour la nouvelle génération qui s'élevait, et qui s'accommodait mal de l'allure modérée des autres journaux, d'accentuer les vivacités de la polémique quotidienne contre le gouvernement.

D'après un portrait de Mme de Mirbel.
Gravé par Sandoz, et publié en tête du *Consulat et l'Empire*.

LOUIS-ADOLPHE THIERS

(1797-1877)

Gravure extraite des *Journées révolutionnaires*, par Armand Dayot.
(Ernest Flammarion, édit.)

Thiers et Mignet, on le sait, s'étaient déjà fait une réputation littéraire et politique au *Constitutionnel*. Tous deux avaient entrepris la tâche, délicate alors, d'écrire l'histoire de la Révolution. Assez jeunes pour qu'on n'eût pas le droit de leur demander compte du sang versé, ils avaient été assez indépendants pour essayer les premiers de dissiper les préjugés qui pesaient sur une époque de grandeur et de gloire nationales. Quant à Carrel, il avait donné sa démission d'officier de l'armée française, lors de l'expédition du duc d'Angoulême en Espagne. Les bords de la Bidassoa le virent arborer le drapeau tricolore au nom de l'émancipation des peuples. Condamné à mort par un conseil de guerre, acquitté par un autre, après une belle plaidoirie de M. Romiguière, avocat toulousain de grand talent, il revint à Paris, et échangea l'épée contre la plume, arme plus terrible, et qui devait dans sa main porter de si rudes atteintes au pouvoir.

« Ces trois journalistes de premier ordre se complétaient, dit M. Hatin [1], par la diversité de leurs aptitudes. A Thiers, l'initiative, la verve, l'audace, l'éclat et les inépuisables ressources de la polémique ; à Mignet, la dialectique calme et serrée, la délicatesse et l'élégante pureté de la forme ; à Carrel, la rudesse, on pourrait dire les brutalités de l'argumentation. »

Par des rapprochements fréquents avec la révolution anglaise de 1688, que Carrel avait particulièrement étudiée, le *National* sembla indiquer un changement de dynastie comme la meilleure issue de la crise dans laquelle on était engagé, ce qui lui valut plus tard l'accusation d'avoir été l'organe des partisans du duc d'Orléans. Thiers et ses collaborateurs réclamaient la vérité du gouvernement représentatif ; leur idéal était la royauté un peu emblématique de l'Angleterre, contrôlée par une Chambre des communes et une Chambre aristocratique. Thiers prétendait placer la royauté hors du gouvernement par une maxime qui eut alors un grand succès : *Le Roi règne et ne gouverne point.*

Un autre journal, de fondation récente aussi, la *Tribune des Départements*, la future *Tribune* d'Armand Marrast, attaquait avec la même vigueur le parti royaliste, mais sans pouvoir encore proclamer ouvertement ses doctrines républicaines ; Auguste et Victorin Fabre étaient à la tête de cette feuille ; Marrast y publiait des articles de philosophie.

[1] *Histoire de la Presse*, t. VIII, p. 522.

Ce fut le *National* qui eut le mérite de tracer à la presse libérale la stratégie qu'elle devait suivre dans la lutte engagée contre le pouvoir. Il s'agissait d'enfermer les Bourbons dans la Charte, d'en clore toutes les issues, afin de les obliger à sauter par la fenêtre. « Aujourd'hui, disait le *National*, dans son premier numéro, la position des adversaires est devenue plus désolante. Enlacés dans cette Charte, et s'y agitant, ils s'y enlaceront tous les jours davantage, jusqu'à ce qu'ils y étouffent ou qu'ils en sortent ; comment? Nous l'ignorons ; c'est un secret inconnu de nous et d'eux-mêmes, quoique caché dans leur âme. »

* *
*

Les événements, en se précipitant, justifièrent la tactique et les prévisions du *National*. Charles X fit appel au pays. Celui-ci lui renvoya les 221 fortifiés par cinquante nouveaux opposants, et ne lui laissa plus d'alternative qu'entre l'humiliation et le coup d'Etat.

Le roi s'était engagé formellement à maintenir la Charte. Mais sa conscience timorée, mise au régime des subtilités d'une dévotion inspirée et dirigée par la Compagnie de Jésus, lui fit accepter des accommodements et des transactions équivoques. Ses conseillers lui persuadèrent que l'article 14 de la Charte, qui lui conférait le droit de faire des ordonnances pour l'exécution des lois et la sûreté de l'Etat, lui attribuait un pouvoir illimité en matière législative.

Le lundi 26 juillet parurent les trop fameuses Ordonnances, qui allaient déchaîner la guerre civile. La première abolissait la liberté de la presse, en soumettant tous les journaux à une autorisation ministérielle renouvelable à chaque trimestre ; la seconde dissolvait la Chambre des députés, la troisième changeait complètement la loi électorale. C'était la suppression pure et simple du régime représentatif, au profit de l'arbitraire et du bon plaisir royal.

Les Ordonnances étaient précédées d'un rapport au roi, signé par tous les ministres, réquisitoire foudroyant contre la presse, dont on ne lira pas, sans une vive curiosité, quelques extraits : — « A toutes les époques, la presse périodique n'a été, et il est dans sa nature de n'être qu'un instrument de désordre et de sédition. Que de preuves nombreuses et irrécusables à apporter à l'appui de cette vérité ! C'est par l'action violente et non interrompue de la presse que s'expliquent les variations trop subites, trop fréquentes, de notre politique intérieure. Elle n'a pas permis qu'il s'établît en France un régime régulier et stable de gouvernement, ni qu'on s'occupât avec quelque suite d'introduire dans toutes les branches de l'administration publique les améliorations dont elles sont susceptibles. Tous les ministères, depuis 1814, quoique formés sous des influences diverses et soumis à des directions opposées, ont été en butte aux mêmes traits, aux mêmes attaques et aux mêmes déchaînements de passions... Ce rapprochement seul, si fertile en réflexions, suffirait pour assigner à la presse son véritable, son invariable caractère. Elle s'applique, par des efforts soutenus, persévérants, répétés chaque jour, à relâcher tous les liens d'obéissance et de subordination, à user les ressorts de l'autorité publique, à la rabaisser, à l'avilir dans l'opinion des peuples, et à lui créer partout des embarras et des résistances... La presse a jeté le désordre dans les intelligences les plus droites, ébranlé les convictions les plus fermes, et produit au milieu de la société une confusion de principes qui se prête aux tentatives les plus funestes. C'est par l'anarchie dans les doctrines qu'elle prélude à l'anarchie dans l'Etat... La presse ne tend pas moins qu'à subjuguer la souveraineté, et à envahir les pouvoirs de l'Etat. Organe prétendu de l'opinion publique, elle aspire à diriger les débats des deux Chambres, et il est incontestable qu'elle y apporte le poids d'une influence non moins fâcheuse que décisive... Nulle force, il faut l'avouer, n'est capable de résister à un dissolvant aussi énergique que la presse. A toutes les époques où elle s'est dégagée de ses entraves, elle a fait irruption, invasion dans l'Etat... Sa destinée est, en un mot, de recommencer la Révolution, dont elle proclame hautement les principes. Placée et replacée à plusieurs intervalles sous le joug de la censure, elle n'a autant de fois ressaisi la liberté que pour reprendre son ouvrage interrompu. Afin de le continuer avec plus de succès, elle a trouvé un actif auxiliaire dans la presse départementale, qui, mettant aux prises les jalousies et les haines locales, semant l'effroi dans l'âme des hommes timides, harcelant l'autorité, par d'incessantes tracasseries, a exercé une influence presque décisive sur les élections... Contre tant de maux enfantés par la presse périodique, la loi et la justice sont également réduites à confesser leur impuissance... »

La presse reçut ce réquisitoire, comme les Ordonnances, le front haut. Elle y répondit par une résistance vigoureuse; et si, dans les journées de juillet, le peuple eut toute la gloire de la victoire, la presse eut les honneurs du commandement, suivant un mot d'Armand Marrast.

Le signal de la résistance fut donné par le *National*, auquel la vigueur de son opposition avait rapidement acquis une grande popularité, surtout dans la jeunesse des écoles. L'un de ses rédacteurs en chef, Adolphe Thiers, rédigea une protestation provoquant la nation à résister au pouvoir. Sur l'insistance de Thiers, Rémusat, Carrel et Mignet invitèrent les journalistes libéraux à appuyer cette protestation de leurs signatures, en disant : « il faut des noms, il faut des têtes au bas! » Quarante-quatre rédacteurs ou gérants de journaux signèrent le lundi 26 juillet ce document qui restera l'un des plus beaux titres d'honneur de la presse française :

« On a souvent annoncé depuis six mois que les lois seraient violées, qu'un coup d'Etat serait frappé ; le bon sens public se refusait à le croire. Le ministère repoussait cette supposition comme une calomnie. Cependant, le *Moniteur* a publié enfin ces mémorables ordonnances, qui sont la plus éclatante violation des lois. Le régime légal est donc interrompu; celui de la force est commencé.

« Dans la situation où nous sommes placés, l'obéissance cesse d'être un devoir. Les citoyens appelés les premiers à obéir sont les écrivains des journaux ; ils doivent donner les premiers l'exemple de la résistance à l'autorité qui s'est dépouillée du caractère de la loi. Les raisons sur lesquelles ils s'appuient sont telles qu'il suffit de les dénoncer.

« La Charte, article 8, dit que les Français, en matière de presse, sont tenus de se conformer *aux lois;* elle ne dit pas aux *ordonnances*. La Charte, article 35, dit que l'organisation des collèges électoraux sera réglée par *les lois;* elle ne dit pas par les *ordonnances*.

« La couronne elle-même avait reconnu jusqu'ici ces articles. Toutes les fois, en effet, que des circonstances prétendues graves ont paru exiger une modification, soit au régime de la presse, soit au régime électoral, elle a eu recours aux deux Chambres; elle ne s'est arrogé, à l'égard de ces articles 8 et 35, ni une autorité constituante, ni une autorité dictatoriale qui n'existent nulle part.

« Les tribunaux, qui ont droit d'interprétation, ont solennellement reconnu ces mêmes principes. Leurs décisions établissent qu'en matière de presse et d'organisation électorale, les lois, c'est-à-dire le roi et les chambres, peuvent seules statuer.

« Aujourd'hui, le gouvernement a violé la légalité. Nous sommes dispensés d'obéir ; nous essaierons de publier nos feuilles sans demander l'autorisation qui nous est imposée.

« Voilà ce que notre devoir de citoyen nous impose, et nous le remplissons.

« Nous n'avons pas à tracer ses devoirs à la Chambre illégalement dissoute ; mais nous pouvons la supplier, au nom de la France, de s'appuyer sur son droit évident et de résister autant qu'il sera en elle à la violation des lois. Ce droit est aussi certain que celui sur lequel nous nous appuyons. La Charte dit, article 50, que le roi peut dissoudre la Chambre des députés ; mais il faut pour cela qu'elle ait été réunie, constituée en Chambre ; avant la réunion et la constitution de la Chambre, il n'y a que des élections faites. Or, nulle part, la Charte ne dit que le roi peut casser les élections. Les ordonnances publiées aujourd'hui ne font que casser les élections ; elles sont donc illégales, car elles font une chose que la Charte n'autorise pas. Les députés élus et convoqués pour le 9 août sont donc bien et dûment élus et convoqués. Leur droit est le même aujourd'hui qu'hier. La France les supplie de ne pas l'oublier. Tout ce qu'ils pourront pour faire prévaloir ce droit, ils le doivent.

« Le gouvernement a perdu aujourd'hui le caractère de légalité qui commande l'obéissance. Nous lui résistons pour ce qui nous concerne ; c'est à la France à juger jusqu'où doit s'étendre sa propre résistance. »

Cette protestation mémorable était signée de :

Thiers, Carrel, Mignet, Chambolle, Peysse, Albert Stapfert, Dubochet, Rolle, Gauja, du *National ;* Evariste Dumoulin, Cauchois-Lemaire, Année du *Constitutionnel ;* Châtelain, Alexis de Jussieu, Avenel, J. F. Dupont, Guyet, Moussette, Valentin de la Pelouze, du *Courrier français ;* Ch. de Rémusat, B. Dejean, de Guizard, P. Leroux, du *Globe ;* Baude, Busoni, Barbaroux, Haussmann, Dussart, Senty, A. Billiard, Chalas, J. Coste, du *Temps ;* Larréguy, Bert, du *Commerce ;* Léon Pillet, du *Journal de Paris ;* A. Fabre, Ader, de la *Tribune des départements ;* Sarrans jeune, du *Courrier des Electeurs ;* Bohain, N. Roqueplan, du *Figaro ;* Vaillant, du *Sylphe*.

Le *Temps* et le *National* publièrent la protestation des journalistes. Un commissaire de police se présenta aux bureaux du *Temps* pour faire une saisie : le rédacteur en chef, Baude, refusa d'ouvrir ; le commissaire requit un serrurier ; mais Baude lut à l'ouvrier l'article

D'après une lithographie de V. Adam (Bulla, édit.).

SAISIE DES PRESSES AU JOURNAL « LE TEMPS »

(27 juillet 1830).

Réduction d'une gravure extraite des *Journées révolutionnaires*, par Armand Dayot.
(Ernest Flammarion, édit.)

du Code pénal qui punissait des travaux forcés ceux qui se rendent coupables d'effraction ; le serrurier se retira, et il fallut aller chercher le serrurier employé au ferrement des forçats pour enfoncer la porte et briser les presses.

Une scène analogue se produisit au *National*, qui avait alors à peine quelques mois d'existence.

Les ouvriers imprimeurs et des diverses industries se rattachant à l'imprimerie se répandirent dans Paris, en criant : Vive la liberté! A bas les ministres! Ils propagèrent l'agitation et l'esprit de résistance, qui aboutit à la Révolution de juillet 1830.

La presse avait contribué de toutes ses forces à la victoire de la liberté. Elle en sortait plus grande et plus puissante que jamais.

CHAPITRE VII

LA PRESSE SOUS LE GOUVERNEMENT DE JUILLET

(1830-1848)

La Charte de 1830. — La presse justiciable du Jury. — L'autorité du roi Louis-Philippe repose sur l'équivoque. — Son libéralisme à ses débuts ; lois affranchissant la profession d'afficheur et de crieur, réduisant le taux du cautionnement, etc. — Opposition légitimiste et républicaine ; *tout le monde journaliste.* — Subdivision du parti constitutionnel en parti du *mouvement* et parti de la *résistance.* — Éloquents articles de Saint-Marc-Girardin dans le *Journal des Débats,* apôtre de l'orléanisme ; sa rédaction d'élite : Silvestre de Sacy, Cuvillier-Fleury, Jules Janin, etc. — Le *Constitutionnel* sous la direction du docteur Véron. — Les organes de la droite : la *Gazette de France,* la *Quotidienne.* — M. de Genoude fonde la *Nation* et l'entretient à ses frais. — La *Mode,* sorte de Satire Ménippée. — Virulents pamphlets de Chateaubriand ; *le Pot au feu d'une monarchie domestique.* — Développement de la presse légitimiste en province. La démocratie chrétienne ; l'abbé de Lamennais et l'*Avenir ;* le Pape et le Peuple. — L'abbé Lacordaire et M. de Montalembert. — Fondation de l'*Univers;* Louis Veuillot. — Le Saint-Simonisme ; l'*Organisateur* et le *Globe.* — Le Fouriérisme ; le *Phalanstère,* la *Phalange,* la *Démocratie pacifique.* — Vigoureuse polémique d'opposition dans le *National,* par Armand Carrel, le Junius de la presse française, le défenseur du maréchal Ney. — La *Tribune ;* Armand Marrast. — Les pamphlets de Cormenin. — Le *Charivari* et la *Caricature;* Charles Philippon et le procès des *quatre poires.* — Circulaire aux procureurs généraux sur les poursuites à exercer contre la presse. — Fondation de la *Société pour la défense de la presse patriote et de la liberté individuelle.* — Manifestation de Rodde, le gérant du *Bons Sens,* sur la place de la Bourse. — Nouvelle loi sur les crieurs publics. — Discussion d'un projet de loi en vue de garantir la personne du roi et le principe du gouvernement ; intervention de Guizot et de Royer-Collard ; vote définitif de la loi. — Les journaux à quarante francs. — Création de la *Presse* (1er juillet 1836) ; Emile de Girardin et ses idées personnelles sur le mode d'exploitation du journalisme ; son duel avec Armand Carrel. — Le *Siècle,* éducateur politique des classes laborieuses. — Charles Duveyrier créateur de la publicité par les annonces de quatrième page. — Nombre d'abonnés des principaux journaux de Paris. — La *Réforme* de Ledru-Rollin ; le *Journal du peuple,* de Godefroy Cavaignac ; l'*Époque,* journal encyclopédique éphémère. — L'idée napoléonienne selon Louis-Napoléon Bonaparte ; son journal *le Capitole.* — Nombreux procès de presse ; procès dit des « Lettres de Louis-Philippe » ; procès du *Courrier de la Sarthe.* — Propagande clandestine en faveur des idées républicaines. — Armand Barbès et Victor Hugo. — Fondation de la *Revue des Deux-Mondes*, de la *Revue indépendante*, de la *Revue de Paris*, etc. — Balzac journaliste. — Chute de la Monarchie de Juillet.

La victoire de juillet étant en grande partie la victoire de la presse, celle-ci devait naturellement en recueillir le bénéfice.

Dès le 2 août 1830, une ordonnance de Louis-Philippe, duc d'Orléans, lieutenant général du royaume, portait que les condamnations prononcées pour délits politiques de la presse, demeuraient sans effet, et que les personnes détenues à raison de ces délits seraient mises en liberté[1].

Mais il fallait aller plus loin, et affranchir la presse des entraves légales qu'elle supportait avec tant d'impatience.

La Charte de 1830 proclama le droit pour tout Français de publier et de faire imprimer ses opinions en se conformant aux lois, et déclara que la censure ne pourrait jamais être rétablie. Elle ajouta dans son article 69, « qu'il serait pourvu successivement par des lois séparées et dans le plus court délai possible à l'application du jury aux délits de la presse et aux délits politiques...[2] »

En exécution des promesses de la Charte, une loi du 8 octobre 1830[3] attribua aux cours d'assises, c'est-à-dire au jury, la connaissance des délits de la presse. Ce fut sur la proposition de M. Siméon à la Chambre des Pairs que cette loi fut votée ; et, ce qui n'est pas moins significatif, c'est que ce fut M. de Martignac, hostile au jury en 1828, qui fit un rapport tout à fait favorable à la Chambre des députés. « C'est par la société elle-même, dit-il dans ce rapport, par ceux qui en sortent pour remplir une mission temporaire et qui y rentreront après l'avoir remplie, que l'appréciation des délits de la presse peut être faite avec le plus de certitude. »

La nouvelle royauté connut alors les douceurs de la popularité. Mais ce bonheur ne fut pas de longue durée.

La France entière avait salué avec joie, avec enthousiasme, la Révolution de juillet. Tous les cœurs s'ouvraient à l'espérance ; la nation se sentait revivre, et rêvait un avenir indéfini de gloire et de liberté. On avait une confiance naïve dans le duc d'Orléans, que Lafayette appelait « la meilleure des Républiques », et qui promettait d'entourer son trône d'institutions républicaines. En même

[1] Duvergier. *Collection des Lois.*
[2] *Ibid.*
[3] *Ibid.*

temps, les générations humiliées et vaincues en 1815 redressaient la tête et aspiraient à reprendre dans le monde le rang que Waterloo leur avait fait perdre. Les Belges, les Italiens et les Polonais étaient frémissants ; ils voyaient un signal d'affranchissement dans les trois couleurs déployées au sommet des tours Notre-Dame.

La désillusion ne se fit pas attendre longtemps. Louis-Philippe s'imagina que le peuple n'avait voulu que mettre son nom à la place de celui de Charles X, la branche cadette à la place de la branche aînée, qu'il n'était sorti des barricades qu'une révolution de Palais, et qu'il pouvait à l'avenir régner paisiblement avec tous les abus du régime détruit, à la seule condition de ne pas violer ouvertement les lois.

Le nouveau gouvernement ne sut ni atténuer, ni faire oublier ces premiers griefs par son attitude ferme dans les affaires extérieures. Il ne comprit pas que son excessive obséquiosité auprès des Cours étrangères devait humilier et irriter le sentiment national.

A l'intérieur comme à l'extérieur, c'était la politique d'inaction et de la paix à tout prix qu'inaugurait le gouvernement de Louis-Philippe. Ce fut pour le parti patriote, qui avait tant contribué au succès des journées de juillet, une cruelle déconvenue; et l'opposition contre la Royauté constitutionnelle devint bientôt aussi vive dans le pays qu'elle l'avait été naguère contre la Royauté légitime.

Le parti légitimiste et le parti républicain se bornèrent d'abord à protester dans l'ombre ; mais peu à peu ils profitèrent de cette impopularité croissante, pour entrer en scène et prendre position.

* * *

Avant d'exposer le rôle joué par la presse française, à cette époque de notre histoire, il convient de tracer le cadre dans lequel elle allait se mouvoir et s'agiter, et d'esquisser à grands traits la physionomie politique du monarque appelé à exercer la plus haute influence sur les événements.

Le malheur du roi Louis-Philippe, c'est qu'il a usé et abusé toute sa vie de l'équivoque, qui était, à ses yeux, une suprême habileté.

Pour parvenir au trône, il a invoqué indifféremment, suivant les circonstances, les principes de la légitimité et les souvenirs de la Révolution, la filiation d'Henri IV et les trophées républicains de Jemmapes et de Valmy.

L'équivoque préside encore à son avènement. S'il règne, est-ce *quoique* ou *parce que* Bourbon? On n'a jamais pu le savoir. On ne peut pas dire qu'il soit l'élu du peuple; mais on ne peut pas dire davantage qu'il soit le successeur légitime de Charles X.

Louis-Philippe était ce qu'on appelle un excellent homme, régulier dans ses mœurs, bon père de famille; et cependant peu de monarques ont été en butte à autant de haines furieuses. Les républicains et les légitimistes se sont insurgés contre lui; sept ou huit assassins ont attenté à ses jours. Le gros du pays l'acceptait, le tolérait, mais ne l'aimait point. C'était un moyen d'ordre, un préservatif contre l'anarchie, une sorte de pis-aller, et rien de plus.

La France comprit bientôt instinctivement qu'en montant sur le trône, Louis-Philippe n'apportait avec lui aucun de ces principes puissants et féconds qui sont la raison d'être d'une dynastie et préparent les transformations qui naissent et se développent pendant la durée de plusieurs générations. Mais il ne sut ni prendre l'initiative des réformes, ni faire respecter par l'Europe la Révolution qui lui avait donné le trône. Il ne voulut pas être le précurseur de la démocratie et préparer de longue main son avènement politique. Il était doué d'une intelligence souple, mais sans profondeur.

Il donna vite aux Français cette impression qu'arrivé sur le trône, il ne songeait plus qu'à s'y reposer. Malheureusement, quand on ne fait pas la besogne de son temps, elle se fait contre vous. C'est ce qui arriva à Louis-Philippe. A force de tout neutraliser, de tout empêcher, d'atermoyer toutes les questions, il poussa à bout la patience du pays; il vit ses partisans, jusqu'alors les plus dévoués, se tourner contre lui, la garde nationale croiser la baïonnette contre l'armée qui le défendait, et tomba sans avoir pu se décider ni à remonter franchement, ni à descendre le courant.

En résumé, le règne de Louis-Philippe n'a pas été le règne d'une dynastie qui commence, mais bien celui d'une vieille famille qui finit dans une de ses branches collatérales [1].

Il fut comme le pont jeté entre le régime monarchique et la forme républicaine, une sorte de gouvernement de transition.

Il faut dire cependant que, dans les premières années de son règne, Louis-Philippe ne renia pas du premier coup ses origines et le principe de la souveraineté nationale. Il n'insulta pas la Révolution

[1] Adolphe Guéroult, *Etudes de politique et de philosophie religieuse*, p. 357 et suiv.

et ne l'appela pas une catastrophe, comme il devait le faire plus tard. Il rendait le Panthéon au culte des grands hommes, faisait dresser la colonne de la Bastille, célébrait chaque année l'anniversaire des journées de Juillet et chantait volontiers la *Marseillaise*.

* * *

A l'égard de la presse, les premières lois promulguées furent inspirées par l'esprit du plus vif libéralisme. Tous les actes du pouvoir et la direction générale imprimée à la politique furent livrés à peu près sans réserve à l'appréciation de tous les partis. C'était la conséquence naturelle de la loi du 8 octobre 1830, qui rendait la presse uniquement justiciable du jury.

Il est vrai qu'une loi du 29 novembre 1830 fut rendue pour protéger la majesté royale. En vertu de cette loi, toute attaque contre la dignité royale et la stabilité du trône, etc., était punie d'un emprisonnement de trois à cinq ans, et d'une amende de trois cents à six mille francs. Mais il n'y avait là qu'une appropriation des dispositions des lois anciennes, comme celles de 1822, au régime nouveau. La nouvelle loi consacrait le principe de l'irresponsabilité du chef de l'Etat, proclamé par la Charte de 1830, et punissait les attaques commises par la voie de la presse contre les droits et l'autorité du roi et des Chambres.

Une loi du 10 décembre 1830 abrogea l'article 290 du Code pénal, qui exigeait, sous des peines correctionnelles, l'autorisation de la police pour pouvoir exercer la profession d'afficheur, de crieur d'écrits imprimés, dessins ou gravures. Chacun fut libre désormais d'exercer la profession d'afficheur et de crieur d'écrits même temporairement, en faisant une simple déclaration préalable devant l'autorité municipale.

Des lois du 14 décembre 1830 et du 8 décembre 1831 réduisirent dans des proportions considérables le taux du cautionnement, et abaissèrent les droits de timbre et de port des journaux. Pour les feuilles paraissant plus de deux fois par semaine, le cautionnement était de 2400 francs de rente. Pour les organes quotidiens imprimés dans les départements, le cautionnement était fixé à 800 francs de rente dans les villes de cinquante mille âmes et au-dessus, et de 500 francs dans les autres villes. Le droit de cinq centimes établi par la loi du 15 mars 1827, pour le port sur les journaux transportés hors des limites du département où ils sont publiés, était réduit à quatre centimes, et ces mêmes feuilles ne payaient que deux centimes quand elles ne sortaient pas des limites du département[1].

Enfin une loi du 8 avril 1831 régla la procédure en matière de délits de la presse, d'affichage et de criage publics. Elle donnait au ministère public la faculté de saisir les Cours d'assises de la connaissance des délits de presse, en vertu d'une citation donnée directement au prévenu.

* * *

Il semble que jamais, en France, la presse n'ait joui d'une plus grande liberté. Son autorité, dans tous les cas, n'a pas été plus considérable, en aucun temps. Elle fut dès lors vraiment un quatrième pouvoir dans l'Etat, et peut-être mieux encore.

La vérité, c'est que la Révolution de juillet avait donné le signal d'un changement radical dans les mœurs et dans les idées.

« Rarement, dit Thureau-Dangin [2], l'esprit humain a subi un tel ébranlement. Il semble que tous les cerveaux aient alors reçu le coup de soleil de juillet. De là, à la fois, un trouble et une excitation extraordinaires. Ceux qui, en quelques jours, venaient de renverser une dynastie vieille de plusieurs siècles et d'en improviser une autre, étaient comme étourdis par le vertige de cette ruine et grisés par l'orgueil de cette création. Tout leur paraissait avoir été détruit ou remplacé, ou devoir l'être. Aucune nouveauté n'était jugée impossible. On eût dit une immense chaudière où les idées de toute sorte, les chimères, les sophismes, les croyances, les passions, étaient jetés pêle-mêle, bouillonnaient et fermentaient ; et chacun se flattait d'en voir sortir, non plus seulement une Charte revisée, mais un monde intellectuel et moral, purifié, rajeuni, transformé, dont l'ère daterait des barricades de 1830. »

D'un autre côté, les monarchistes attachés au gouvernement tombé, et relégués tout à coup par les événements dans le domaine des idées, eurent recours à la presse, dont ils usèrent comme d'une épée contre un pouvoir usurpateur. La presse légitimiste et la presse républicaine se distinguèrent d'une manière particulière dans les grandes luttes de cette époque. Cela n'a rien de surprenant, si l'on

[1] Duvergier. *Collection des Lois.*

[2] *Histoire de la Monarchie de juillet*, t. I, p. 206.

veut bien réfléchir qu'il est certes plus facile, dans les polémiques quotidiennes des journaux, d'attaquer ses adversaires que de se défendre soi-même.

Un littérateur, M. Alfred Nettement[1], a fort bien retracé le brillant tableau du mouvement de la presse, dans les premières années du gouvernement de juillet, dans ce « temps où tout le monde devint journaliste : l'évêque, le grand seigneur, le magistrat, le militaire, le savant, l'ancien pair de France, l'ancien député, l'étudiant sortant des bancs de l'école, tous étendaient la main pour saisir le levier de la presse périodique, alors si puissant. C'est une tribune si commode et si retentissante qu'un journal! La presse, ce dialogue de chaque jour de l'intelligence individuelle avec l'intelligence publique, donne des émotions si vives à ceux qui deviennent ainsi les interlocuteurs de l'opinion ! Le livre est froid et lent comme un monologue débité en vue d'un spectateur absent. Dans le journal, au contraire, l'effet suit l'action. Cette idée, que vous jetez sur le papier, fera demain le tour de la France. Ce sentiment, qui jaillit de votre cœur, fera battre bien des cœurs à l'unisson. A ce souvenir, des têtes se relèveront ; à cet espoir, des âmes se sentiront ranimées. Votre parti, insulté et malheureux, se redressera vengé par cette parole aiguë comme la pointe de l'épée qui va frapper en pleine poitrine les heureux et les puissants. ..... Il faut tenir compte aussi de la facilité avec laquelle on écrit sous l'influence de cette espèce de fièvre intellectuelle et morale que donne la polémique de chaque jour. Le choc des idées produit des étincelles qui échauffent et qui éclairent. Le journal est, à proprement parler, une improvisation écrite qui supporte les études incomplètes et rapides ; le journaliste apprend, tout en écrivant, plus de choses qu'il n'en sait sur la question qu'il traite, et il en devine encore plus qu'il n'en apprend. Il acquiert, au milieu de ce conflit perpétuel d'idées et d'intérêts, un don singulier qui naît de l'application continuelle de son esprit aux questions les plus diverses et de la nécessité de former sur-le-champ son opinion, le don de l'intuition. Il voit vite et loin, comme ces pilotes qui ont longtemps exercé leur vue. Enfin, il se forme des liens secrets entre lui et des amis inconnus qu'il n'a jamais vus, qu'il ne verra jamais, mais dont sa pensée est l'aliment, auxquels il communique ses sentiments. »

[1] *Histoire de la littérature française sous le gouvernement de juillet*, t. I, p. 211.

* * *

Le parti constitutionnel, qui, ayant dirigé la Révolution de juillet, en avait recueilli presque tous les bénéfices, se divisa presque aussitôt en deux nuances bien tranchées : le parti du *mouvement* avec Laffitte, Lafayette, Dupont de l'Eure, Odilon Barrot et le parti de la *résistance* qui ne tarda pas à l'emporter avec Casimir Périer, Guizot, de Broglie, Dupin, Thiers, etc...

Le régime nouveau ne trouva pas de défenseur plus dévoué, plus résolu, plus brillant, dans la presse, que le *Journal des Débats.*

Nous ne parlons pas du *Moniteur Universel*, qui continua à enregistrer, comme par le passé, avec le même sang-froid, les actes du gouvernement. Le *Moniteur*, disait-on alors non sans raison, n'est pas un journal de discussion ; c'est un poteau sur lequel les ministères placardent les actes officiels.

Silvestre de Sacy et Saint-Marc-Girardin représentaient aux *Débats* l'élite de la jeunesse française d'alors, impatiente de vivre, d'agir et de gouverner. Leur talent ardent et passionné sut se soumettre à la mesure et n'en devint que plus fort. On considère généralement comme ingrate la tâche de la presse qui défend un Cabinet. Aux yeux de Saint-Marc-Girardin, il n'y a pourtant rien de si beau que la défense du pouvoir par la discussion, que cette nécessité d'avoir raison et de le prouver [1].

Il faut reconnaître que ce grand écrivain, avec une verve impitoyable, savait s'attaquer aux amis imprudents ou trop avides du pouvoir, aussi bien qu'aux ennemis déclarés. Tandis que le poète Auguste Barbier flétrissait dans la *Curée* les intrigues des solliciteurs, Saint-Marc-Girardin les flagellait dans un article célèbre des *Débats* (16 août 1830). « Une scène de Molière, une page de La Bruyère, restent vraies à travers les âges. Le tableau des vices de notre Société de 1830 demeure jeune après un demi-siècle. Relisez tout l'article : chaque ligne, chaque trait éveillera un souvenir [2]. » Le journal des Bertin fut des premiers à appeler publiquement de ses vœux un ministère de résistance, qu'il croyait seul capable de consolider la monarchie. Il fut le précurseur et le meilleur soutien du

[1] *Souvenirs d'un journaliste*, p. 73.

[2] *Le Livre du Centenaire*, p. 161.

R. Victor Meunier sc. Imp. Eudes.

SAINT-MARC-GIRARDIN

(1801-1873)

Membre de l'Académie française

Député de la Haute-Vienne (1871)

Gravure extraite du *Livre du Centenaire du Journal des Débats*.
(E. Plon, Nourrit et Cie, édit.)

ministère Casimir Périer. On pourra en juger, d'après les termes dont se servait Saint-Marc-Girardin dans le numéro qui annonçait la constitution de ce ministère :

« La tyrannie n'est plus en haut, elle vient d'en bas. Est-ce en effet de la liberté religieuse que les violences exercées contre quelques prêtres ? de la liberté de la tribune que l'attaque de la maison d'un député ? de la liberté d'écrire que les menaces de briser les presses ? du droit des gens que les outrages aux ambassadeurs ? N'est-il pas nécessaire, si nous voulons être libres, d'empêcher que de pareils excès ne passent en habitude ? La liberté n'est plus menacée d'en haut, mais d'en bas. Entre le censeur qui brise ma phrase et les séditieux qui brisent mes presses, la différence n'est que du nombre des tyrans. La liberté de quelques-uns, c'est la tyrannie. La liberté de tout le monde, voilà la seule vraie liberté. Or les émeutes donnent la liberté à quelques-uns ; mais le maintien des lois, c'est-à-dire l'ordre, donne la liberté à tout le monde. Il était temps de choisir entre ces deux libertés. »

*
* *

Après les émeutes de la fin de 1830, se dressèrent, devant la monarchie de juillet, l'insurrection républicaine de Lyon, les échauffourées du Midi et les soulèvements des départements de l'Ouest, qui rendaient la situation politique bien sombre et bien difficile pour un gouvernement encore mal affermi. Dans ces crises redoutables, le *Journal des Débats* demeura le meilleur appui de la politique de résistance.

M. Picot, dans son étude sur le *Journal des Débats* sous la monarchie de juillet [1], a fort bien apprécié les efforts et le sang-froid de ce grand organe de publicité, au milieu des périls de tout genre qui menaçaient la politique de son choix. « Dans la lecture de la plupart des journaux, dit-il, ce qui surprend le plus, c'est la passion et l'ardeur, la colère et la joie, les mouvements imprévus et souvent désordonnés d'écrivains recevant les impressions les plus soudaines et les plus contradictoires. Peu d'unité de vues, beaucoup d'incohérence, tel est le caractère des articles écrits au jour le jour et relus à distance. Grâce à la sûreté d'un jugement haut et ferme, les Bertin

[1] *Le Livre du Centenaire*, p. 169.

échappaient au sort commun : ils dirigeaient sans une heure de défaillance leurs collaborateurs, les animant de leur esprit, les soutenant de leur courage et ayant cette supériorité si précieuse en temps de trouble d'avoir vécu plus longtemps qu'eux et traversé de bien autres révolutions... La vieille expérience des Bertin avait éclairé leur esprit sans refroidir leur âme. Fidèles à la liberté, ennemis de l'anarchie, attachés à la Charte qui garantissait l'ordre légal, ils avaient rencontré dans le cabinet Périer l'expression de la politique modérée telle qu'ils l'avaient conçue. Leur sympathie y trouvait la même satisfaction que leur raison : leur choix fait, ils y demeurèrent fidèles. Ni la mort de M. Casimir Périer, ni les insurrections du 6 juin, ni le débarquement de la duchesse de Berry et les prises d'armes de Vendée ne provoquèrent chez eux ni autour d'eux de panique. Ils travaillèrent à la constitution du ministère du 11 octobre, et continuèrent avec MM. de Broglie, Thiers et Guizot l'œuvre entreprise le 13 mars. »

*
* *

Un caractère commun à tous les rédacteurs des *Débats*, c'est qu'ils étaient des lettrés de premier ordre et appartenaient pour la plupart à l'Université : il suffit de nommer, à côté de Silvestre de Sacy et de Saint-Marc-Girardin, Cuvillier-Fleury, Philarète Chasles et, dans l'ordre des sciences économiques, Michel Chevalier.

On l'a dit, et nous devons le répéter ici, aucun de ceux qui tinrent la plume de 1830 à 1848, dans le *Journal des Débats*, ne se désintéressa de la littérature ; tous les écrivains, même les plus mêlés à la polémique de la presse et des chambres, avaient quelque sujet en réserve qui servait de délassement à leur esprit, qu'ils traitaient avec prédilection dans les livres, développaient à la Sorbonne, au Collège de France, et dans lequel ils épanchaient le meilleur de leur âme. Les articles politiques n'étaient pas signés ; aussi ne voyait-on paraître qu'à la troisième page, dans des études brillantes sur les questions les plus diverses, les noms à demi connus qui devaient figurer plus tard au premier rang de la critique et de l'histoire littéraire.

Un autre trait caractéristique de ces grands écrivains, c'est qu'ils avaient une certaine tournure d'esprit voltairienne, sauf peut-être Silvestre de Sacy, qui était plutôt janséniste. Esprit net et délicat, élevé dans le culte de l'antiquité et du XVIIe siècle, de Sacy parlait et écrivait la langue classique avec autant de grâce que de naturel. Il avait apporté en quelque sorte, dans ses luttes contre la Restauration, les traditions de Port-Royal, qui étaient pour lui comme un souvenir de famille, attiédi toutefois, suivant l'expression de Nettement, par un souffle de scepticisme du XVIIIe siècle. C'est ce qui explique qu'il prit toujours parti avec vivacité en faveur de l'Université contre les empiétements du clergé. On raconte qu'un écrivain catholique lui disait un jour à la tribune des journalistes de la Chambre des députés : « Vous êtes un esprit trop distingué et trop loyal pour n'être pas des nôtres tôt ou tard. » — « Non pas, répondit vivement M. de Sacy, je veux vivre et mourir avec un pied dans le doute et l'autre dans la foi. »

Saint-Marc-Girardin et Cuvillier-Fleury étaient plus franchement voltairiens. Ce dernier touchait rarement à la politique et consacrait plus volontiers son talent aux variétés littéraires. On l'a dépeint avec raison comme un esprit orné et disert, formé par une étude approfondie des littératures anciennes, intelligent admirateur du XVIIe siècle, mais avec un souffle plus marqué des opinions du XVIIIe, et comptant parmi ses dieux domestiques Voltaire et Rousseau. Ancien professeur du collège Sainte-Barbe, il n'abandonna l'Université que pour devenir précepteur du duc d'Aumale, dont il est resté longtemps le secrétaire, et qui lui a consacré une notice touchante dans le *Livre du Centenaire du Journal des Débats*.

Avec de tels écrivains, l'autorité des *Débats* ne pouvait que grandir. Il était comme le reflet ou l'écho de l'esprit de la bourgeoisie française... Ses rédacteurs entraient le plus souvent à l'Académie française, dans les Chambres, sans rompre avec le journal, et ajoutaient ainsi à la réputation de cette feuille l'éclat de leurs propres succès.

Il faut bien le dire, le *Journal des Débats* eut aussi tous les défauts, l'étroitesse d'esprit et l'égoïsme de la bourgeoisie dirigeante de cette époque, qui devaient entraîner la décadence de la classe moyenne et la chute du régime qui la représentait au pouvoir.

M. Picot lui-même a été obligé d'en convenir, pour être fidèle à la vérité historique. Quand la société politique issue des journées de juillet sentit le sol affermi sous ses pas, elle s'endormit dans sa victoire. « Elle ne vit plus qu'elle-même et crut qu'à elle seule elle représentait toute la France. Atteinte par les maux qui sont le châtiment des trop grandes prospérités, elle s'aperçut trop tard des périls qui la minaient. Le *Journal des Débats* partagea les mêmes erreurs ; au premier rang de cette société qui, sans en avoir conscience, s'était peu à peu fermée et dont il était la vivante expression, il montra les mêmes qualités qu'elle, la même valeur dans le gouvernement, la même défiance des nouvelles recrues, les mêmes illusions dans le succès. S'identifiant avec le pays légal et avec le cabinet qui en était issu, disposé à ne voir que les Chambres, et dans l'une d'elles que la majorité, regardant beaucoup moins le pays vers la fin du règne que dans les grandes luttes du début, il eut du moins le mérite de lutter jusqu'à l'heure suprême et tomba le dernier, atteint par le coup qui foudroyait la monarchie [1]. »

Mentionnons, pour être complet, que Jules Janin rédigeait aux *Débats* le feuilleton dramatique, avec une verve extraordinaire, inépuisable, que Delécluze écrivait la critique d'art, tandis que Hector Berlioz, le grand compositeur, faisait la critique musicale. Quel merveilleux ensemble !

*
* *

A côté des *Débats*, subsistait le *Constitutionnel*, baissant tous les jours comme prestige et comme influence. L'année 1830 fut pour lui le point culminant de la prospérité : il comptait alors jusqu'à vingt-trois mille abonnés à quatre-vingts francs par an. Mais rien ne vieillit un journal militant et d'opposition comme une révolution, surtout lorsque cette révolution a pour résultat d'en faire une feuille dévouée au pouvoir. Un journal, comme un homme, a dit M. Nettement, devient inutile quand il a réalisé son idéal ; et tout ce qui est inutile disparaît. Or, quand un journal a eu principalement pour idéal la chute d'un gouvernement, il meurt comme l'abeille, en laissant son aiguillon dans la plaie.

Le *Constitutionnel* a survécu à la révolution de 1830 ; mais il n'a jamais pu retrouver sa vogue de la Restauration. Il y eut alors pour ce journal une période de désabonnement, qui est restée légendaire dans les annales de la presse française. En 1838, le nombre

[1] *Le Livre du Centenaire*, p. 191.

des abonnés était à peine de six mille, et, en 1843, il tombait à trois mille sept cents.

La presse satirique et la caricature donnaient pour symbole au *Constitutionnel* un bonnet de coton en forme d'éteignoir. Son abonné était considéré comme le type du bourgeois ridicule et niais.

C'est à cette époque que le docteur Véron s'en rendit acquéreur aux enchères, au prix de 432 000 francs. La couleur du journal fut dès lors celle de l'opposition dynastique. Thiers y était tout-puissant avec ses amis de Rémusat et Duvergier de Hauranne. On sait que ce qui valut alors au *Constitutionnel* un regain de popularité, ce fut surtout la publication d'un grand roman d'Eugène Sue, le *Juif Errant.*

Parmi les rédacteurs du *Constitutionnel*, vers 1840, citons Charles Reybaud, Mme Charles Reybaud et Louis Reybaud, Rossew-Saint-Hilaire, Etienne fils et Jay, auteur de nombreux feuilletons qu'il signait *Un Voltairien*.

Le *Temps*, le *Courrier français,* le *Commerce* virent aussi leur puissance diminuée.

Le *Temps*, après s'être intitulé longtemps le *Journal du progrès*, est devenu l'organe d'une petite fraction du centre gauche, de MM. Passy et Dufaure. Il a pour principaux écrivains de Montrol, ancien rédacteur du *Constitutionnel*, et Eugène Briffaut, qui a traversé bien des rédactions, depuis celle du *Corsaire* jusqu'à celle du *Constitutionnel.*

Le *Courrier français* a pour rédacteur en chef Chatelain, sous le gouvernement de juillet tout aussi bien que sous la Restauration. A sa mort, Chatelain a été remplacé par Léon Faucher, dont on disait malicieusement : c'est un petit jeune homme avec une figure en lame de couteau, qui a plus d'ambition que de talent. Le *Courrier* fut un des organes de la gauche pure, avec Odilon Barrot pour chef de file.

A côté de Léon Faucher, on remarquait Isidore Guyet, qui écrivait au *Courrier* depuis sa fondation, et Adolphe Blanqui, le frère du fameux révolutionnaire Auguste Blanqui ; Adolphe Blanqui publiait des articles d'économie politique, qui ont fondé sa réputation.

Le *Commerce*, avec Charles de Lesseps pour rédacteur en chef, est tombé plus bas encore. Il a suivi pendant plusieurs années la direction imprimée par le député Mauguin, et a été vendu ensuite au prince Louis Bonaparte, qui n'a pas tardé à s'en défaire.

Le parti napoléonien a eu, à cette époque, d'autres organes, notamment la *Révolution de* 1830 et le *Capitole*, deux feuilles éphémères.

Une autre feuille, le *Messager*, qui avait pris place dans l'opposition, se rangea du côté du pouvoir, lorsque M. Thiers devint ministre. On distinguait dans sa rédaction, Edouard Thierry, qui rédigeait avec talent la chronique théâtrale, et qui est devenu depuis directeur de la Comédie-Française, et bien d'autres écrivains tels que Balzac, Eugène Sue, Frédéric Thomas, Jules Sandeau, etc.

* * *

Si nous passons aux journaux de la droite, nous voyons à leur tête, la *Gazette de France* et la *Quotidienne*. qui avaient soutenu le long ministère de Villèle et approuvé le régime des ordonnances du ministère de Polignac.

Au lendemain de la Révolution de juillet, ces deux feuilles furent aussitôt des feuilles d'opposition légitimiste, d'une rare violence, essayant de venger la royauté traditionnelle des affronts, des humiliations de toute nature qui lui venaient des vainqueurs du jour. Il y avait cependant, entre la *Gazette* et la *Quotidienne*, des différences appréciables dans le ton et la portée des polémiques, parce qu'elles s'adressaient à des lecteurs différents.

La *Quotidienne* était plutôt l'organe des officiers démissionnaires en 1830, de la partie exaltée des populations de l'Ouest et du Midi, qui ne se résignaient pas à subir le gouvernement de Louis-Philippe et semblaient prêts à tirer l'épée pour s'engager dans une contre-révolution militaire.

M. de Brian, rédacteur en chef de la *Quotidienne* au lendemain des journées de juillet, représenta brillamment et courageusement la fraction militante et révolutionnaire du parti royaliste. La rédaction du journal fut renouvelée. Elle se composait surtout, dit M. Nettement, de jeunes écrivains qui attisaient les ardeurs de leurs loyales convictions par les ardeurs de leur âge. Leurs articles sonnaient le boute-selle, et l'on peut dire qu'ils écrivaient la guerre civile en attendant qu'on la fît. Heures d'enthousiasme et de colère, d'espoir et d'impatience, où l'on saisissait, chaque matin, sa plume comme une épée.

M. Laurentie, qui succéda, en qualité de rédacteur en chef de la *Quotidienne*, au baron de Brian, était un ami du duc de Montmorency, qui avait fait de grands sacrifices pour le journal. Poujoulat, un ancien collaborateur de Michaud, prêtait le concours de sa plume à M. Laurentie, pour la rédaction d'articles tantôt politiques et tantôt littéraires.

La *Gazette de France* fut plutôt le journal doctrinaire du parti légitimiste. Sans doute, il y avait une sorte de ligne commune à tous les partisans de la monarchie traditionnelle. Pour soutenir leur opposition, ils avaient besoin de faire appel à la liberté et d'élargir la base de leurs systèmes, de leurs théories. Les écrivains se ralliaient tous autour de Chateaubriand, tandis que les orateurs se groupaient autour de Berryer.

Néanmoins la *Gazette de France* eut un système, tout à fait particulier et très original, de battre en brèche la monarchie de juillet. Sous l'impulsion de ses deux principaux rédacteurs, de Genoude et Lourdoueix, elle arbora sur son drapeau les deux principes de la royauté héréditaire et du suffrage universel. Ces idées étaient hardies et pouvaient paraître téméraires et contradictoires. Elles n'en exercèrent pas moins une grande influence et constituèrent peu à peu le fond de toutes les polémiques de la droite.

* * *

Ce fut M. de Genoude, originaire du Dauphiné, qui eut l'idée de se placer ainsi sur le terrain de la liberté, de proclamer le vote libre de l'impôt et des lois, la nomination des députés par tous les Français âgés de vingt-cinq ans, domiciliés et compris au rôle des contributions directes. Il y avait là une confusion bizarre, une sorte d'amalgame des idées les plus opposées de souveraineté du peuple et de légitimité royale.

Ce programme avait été imaginé et calculé de manière à permettre de concilier et de concentrer la droite et la gauche dans une action commune contre le trône de Louis-Philippe. M. de Genoude était si attaché à cette tactique et en attendait un si grand succès, qu'il fonda lui-même, au risque d'y engouffrer sa fortune, un journal de gauche, *la Nation*, qu'il rédigea de manière à le faire marcher absolument d'accord, au point de vue de la doctrine, avec *la Gazette de France*, et de manière à donner au public français l'image de la conciliation qu'il rêvait du principe de liberté avec le principe d'autorité. On a caractérisé avec beaucoup d'esprit la manœuvre de M. de

A. Legrand. Lith. de Castille.

ANTOINE-EUGÈNE DE GENOUDE

(1792-1849)

Député de Toulouse.

Publiciste et littérateur.

Genoude et son peu d'efficacité, en disant qu'il avait mis sa main gauche dans sa main droite.

L'historien de la Monarchie de juillet, M. Thureau-Dangin, a tracé de M. de Genoude un portrait des plus piquants et qui doit trouver sa place ici : « Personnage étrange, dit-il, marié d'abord assez richement, ayant ajouté un *de* au commencement et à la fin de son nom patronymique qui était *Genou*, il devenait prêtre en 1835, peut-être avec l'espoir de pouvoir présenter désormais toutes ses lubies comme des dogmes, menant du reste une vie qui, sans être irrégulière, n'était guère plus sacerdotale que son costume moitié frac, moitié soutane. Une fois prêtre, il n'aura de cesse qu'il ne soit député, et il y parviendra en 1846. C'étaient autant de préparatifs au rôle universel dont il avait la prétention. Il annonçait, à jour fixe, les Etats Généraux, le congrès et le concile, où il devait siéger, et qui auraient pour tâche de refaire d'après ses plans et sous sa direction, la monarchie, l'Europe et l'Eglise..... Ecrivain médiocre et terne, compilateur audacieux, universellement superficiel, il touchait à tout, fondait des journaux, entreprenait des encyclopédies, faisait des livres de théologie, mêlait la littérature, la politique, la religion et le commerce. Mais il possédait quelques-unes des qualités du journaliste, et son nom a souvent été mis à côté de celui de M. de Girardin..... Il avait, au milieu d'une vie par d'autres côtés si mobile et si dispersée, la puissance de l'idée fixe. *Je suis*, disait-il de lui-même, *la vrille qui tourne toujours jusqu'à ce qu'elle ait fait son trou.* Vainement ses amis le trouvaient-ils souvent compromettant, vainement ses ennemis étaient-ils tentés de ne pas le prendre au sérieux, il s'imposait à tous, à force de les fatiguer, obligeant les uns à compter sur lui et les autres à compter avec lui ; bien plus, il a fait en sorte que l'histoire ne peut le passer sous silence. »

Dans le cours des dix-huit années du Gouvernement de juillet, la *Gazette de France* a eu plus de soixante procès à soutenir et a été frappée de plus de cent mille francs d'amende.

Après la mort de M. de Genoude, survenue en 1849, ce fut M. de Lourdoueix qui devint l'acquéreur de la *Gazette* et continua à soutenir le principe de l'appel à la nation, malgré la résolution du comte de Chambord et de sa petite cour de Frosdorff, de ne jamais entrer dans cette voie, qu'ils jugeaient par trop révolutionnaire.

A côté de la *Quotidienne* et de la *Gazette de France*, il ne faut pas oublier un autre journal légitimiste, *la Mode*, que dirigèrent successivement avec beaucoup de vivacité et d'esprit Alfred de Fougerais et le vicomte Edouard Walsh. Ce journal ne paraissait que le dimanche. Si l'on en croit M. Nettement, écrivain légitimiste, la *Mode*, qui avait les qualités et les défauts ordinaires de l'esprit français, a exercé, sur les salons comme sur les lecteurs populaires de son parti, plus d'influence que ne semblait en comporter son titre. Elle était passionnée, agressive, spirituelle ; c'était une sorte de *Satire Ménippée* périodique, où le raisonnement lui-même affectait la forme du sentiment, à moins qu'il ne prit celle de l'épigramme et de l'invective. C'est dans la *Mode* que commença à se faire connaître M. de Pontmartin, écrivain des plus distingués et esprit tout à fait délicat.

Mentionnons encore la *France*, journal des intérêts monarchiques et religieux, qui parut de 1834 à 1847 et fut alors réuni à la *Quotidienne* et à l'*Echo Français*, sous le titre de *l'Union monarchique*.

La presse légitimiste avait encore à son service de petites feuilles satiriques d'une extrême violence. Nous signalerons le *Bridoison* et les *Cancans*, dont M. Giraudeau, dans son livre sur la *Presse périodique de* 1789 *à* 1867, a donné des extraits fort édifiants.

On n'en est point surpris, lorsqu'on sait que, pour les royalistes de cette époque, tout était préférable au pouvoir issu des journées de juillet. Il fallait, par tous les moyens, arriver à renverser Louis-Philippe et son système de gouvernement. On tendait la main, pour cette œuvre de destruction, au parti républicain, au risque de voir la République triompher. On se consolait en songeant que la République ne serait pas de longue durée.

Chateaubriand dominait la presse royaliste de toute la hauteur de son génie. Dans des pamphlets virulents et des discours retentissants prononcés à la Chambre des Pairs, il donnait le signal de l'attaque. C'est ainsi qu'il publiait : *De la Restauration et de la monarchie élective* (1831), — *De la nouvelle proposition relative au bannissement de Charles X et de sa famille* (1831), — *Lettre à la duchesse de Berry*, etc. C'est lui, dit-on, qui aurait tenu ce propos curieux, au début des journées de Juillet : « Si la légitimité est renversée et que la presse soit libre, je ne demande qu'une plume et deux mois pour relever la légitimité. »

Avec quelle verve il montre la royauté de 1830 « arrivant piteuse, les mains vides, n'ayant rien à donner, tout à recevoir, se faisant pauvrette, demandant grâce à chacun, et cependant hargneuse, déclamant contre la légitimité, contre le républicanisme, et tremblant devant lui ».

Chateaubriand se rencontrait avec les patriotes républicains, dans ses attaques contre la politique extérieure du nouveau pouvoir. Il flétrissait le *pot-au-feu d'une monarchie domestique*, reprochant au roi les génuflexions et les mains mendiantes de sa diplomatie, « d'avoir eu peur de son principe par faillance de cœur, manque d'honneur et défaut de génie », d'avoir abandonné les nations soulevées par elle et pour elle, d'avoir ainsi laissé échapper l'occasion de rendre à la France ses frontières.

A l'intérieur, les royalistes réclamaient la liberté absolue de la presse, des associations, des réunions, l'extension des droits du jury, la suppression de tout cens électoral, l'élection des maires, etc. ; et quand on leur objectait que tout gouvernement monarchique était impraticable avec un tel programme à appliquer, ils répondaient avec Berryer : « Qui vous dit le contraire ? Je surprends vos embarras, je les avais prévus, et c'est pourquoi je protestais contre ce que vous faisiez et contre le principe que vous adoptiez. Mais il est adopté ce principe, adopté pour être la loi du pays. » Et la *Quotidienne* s'écriait : « Il faut oser demander aux révolutions la conséquence des principes qui les produisent. Cela pousse à des abîmes peut-être, mais aussi ramène forcément à l'ordre moral... »

Disons un mot du journal *le Rénovateur*, fondé vers la fin de l'année 1831, par M. Laurentie pour défendre les idées conservatrices, ou plutôt rétrogrades. Clausel de Coussergues, le duc de Fitz-James, le vicomte de Conny y figuraient à côté du vénérable de Bonald, l'auteur de la *Législation primitive*. De Balzac, qui commençait à être connu comme romancier, écrivait avec beaucoup de talent dans le *Rénovateur*.

Notons ici quelques phrases, demeurées célèbres, de M. de Bonald, le défenseur de l'absolutisme religieux et monarchique : « La Révolution française a commencé par la déclaration des droits de l'homme, elle finira par la déclaration des droits de Dieu. » — « C'est par l'état social des femmes qu'on peut toujours déterminer l'état politique d'une société. » — Et cette définition des Révolutions par un contre-révolutionnaire : « Des sottises faites par des gens habiles, des extravagances dites par des gens d'esprit, des crimes commis par des honnêtes gens, voilà les révolutions. »

La presse légitimiste se développait en province dans des proportions dignes d'être remarquées. Elle y poussait des racines profondes. Dans les villes principales furent créés des journaux qui devinrent le centre d'associations importantes. Cette presse de province vit éclore des écrivains de talent, tels que Abel à Marseille, de Curzon à Poitiers, Castillon de Saint-Victor à Toulouse, Joseph Walsh à Rouen, de la Guichardière à Saint-Brieuc, Muller à Laval, Dupuis à Bordeaux.

* * *

Mais le mouvement le plus remarquable, dans la presse de droite, ce fut celui qui poussa certains esprits à séparer les intérêts de la religion catholique de ceux de la royauté, et à développer toute une doctrine nouvelle de démocratie chrétienne.

A la tête de ce mouvement se plaça le fougueux abbé de La Mennais, un des plus grands écrivains du XIXe siècle, un de ceux qui ont le plus remué et agité nos pères, dont l'influence sur la génération de 1830 a été si grande.

Nous avons parlé de ses débuts dans le journalisme sous la Restauration, et de sa condamnation provoquée par ses doctrines trop ultramontaines, malgré une brillante défense de Berryer.

Après la révolution de juillet, La Mennais se sentit entraîné dans le grand courant démocratique. En voyant la chute de la monarchie traditionnelle, le dernier des Bourbons en exil, toutes les nations de l'Europe en ébullition, il pensa que le moment était venu pour l'Eglise, de s'allier à la démocratie.

Le 16 octobre 1830, il fonda le journal *l'Avenir*, avec la collaboration de l'abbé Gerbet, de l'abbé Henri Lacordaire, de l'abbé Rohrbacher, du comte de Coux, du comte Charles de Montalembert. Les thèses contradictoires, qui se heurtaient alors dans l'esprit de La Mennais et de ses ardents collaborateurs, étaient résumées par ces deux épigraphes : *Dieu et liberté* et *Le pape et le peuple*. L'autorité religieuse fut placée au-dessus de toute autre et proclamée la seule souveraineté légitime. Quant à l'autorité royale, elle fut traitée de tyrannie et attaquée comme un obstacle à la souveraineté du genre humain, que personnifiait l'Église. C'est ainsi que, dans un de ses articles, La Mennais s'écriait, en s'adressant aux monarchistes : « Si vous essayez de nous donner des fers, nous les briserons sur vos têtes. »

* * *

Il convient de résumer ici, à l'aide d'extraits d'articles de La Mennais lui-même, quel était exactement son système. Dans l'*Avenir* du 28 juin 1831, il déclarait que la liberté devait être le fondement de la société nouvelle : « Comme dans la famille, disait-il, il vient une époque où, par la nécessité même des choses, l'enfant qui a crû en intelligence devient naturellement libre de la même liberté que le père ; il vient également une époque où, par la même nécessité, les peuples qui ont aussi crû en intelligence deviennent naturellement libres comme les pères de la grande famille. C'est le temps de leur royauté, et ce temps est venu pour les peuples chrétiens. »

Et, dans le numéro du 29 juin, La Mennais définit ce que doit être, dans le système qu'il a conçu, le rôle du gouvernement : « Le gouvernement ne sera qu'un simple agent régulateur placé, par la délégation nationale, à la tête d'un système d'administrations libres, pour les concentrer et en former un tout harmonique et vivant..... Le pouvoir, semblable, au fond, à celui du maire, et seulement exercé dans une sphère plus étendue, n'aura point, par conséquent, d'autre principe immédiat que la volonté de ceux qui le délèguent..... Alors se réalisera de soi-même, et sans qu'il puisse en être autrement, ce qu'on regardait comme des prétentions exorbitantes de l'Église. La liberté enfantera la foi. Les peuples, politiquement constitués de manière que, jouissant d'une pleine indépendance dans l'ordre spirituel, ils administreront leurs affaires par des agents de leur choix, il est clair que le gouvernement n'exercera aucun pouvoir spirituel quelconque, et que le peuple entier n'obéira, dans cet ordre, qu'à l'Église et à son chef, et leur obéira librement. La liberté de pensée et de conscience constituera, par l'unité de la foi, le règne du Christ, non seulement comme pontife, mais comme roi, puisque son vicaire sera de fait la seule puissance temporellement spirituelle, alors existante et reconnue, puissance qui, selon la nature, n'aura que des sujets volontaires. La liberté s'alliera tellement à cette haute souveraineté, qu'elles seront le fondement et la condition l'une de l'autre, et ne pourront ni exister ni être conçues séparément. »

Pour exécuter son programme politique si chimérique, La Mennais réclamait l'abolition des concordats, celle du budget ecclésiastique,

Galerie de la Presse, de la Littérature et des Beaux-Arts (Imp. Aubert.)

LA MENNAIS

(1782-1854)

Écrivain, philosophe, polémiste,

Membre de l'Assemblée constituante (1848).

la liberté de la presse illimitée et la séparation absolue du temporel et du spirituel.

M. Nettément nous a tracé des deux plus célèbres disciples et collaborateurs de l'abbé de La Mennais, l'abbé Lacordaire et M. de Montalembert, des portraits, dont nous croyons devoir reproduire ci-dessous les principales lignes.

Voici d'abord pour Lacordaire : « Dans toute la fougue de sa puissante nature, l'abbé Lacordaire, sorti d'une famille bourgeoise de la Bourgogne, avec des opinions démocratiques exaltées par son éducation, et la sève puissante qui débordait d'un talent que la méditation et l'étude n'avaient pas encore mûri, suivait la pente impétueuse de son intelligence et de son caractère, qui le précipitait vers la démocratie. La Révolution bouillonnait dans ses idées et dans son style. L'invective ardente, la protestation passionnée, le défi violent et hardi, coulaient comme une lave enflammée de la plume redoutable de ce tribun sacré. Quand il priait, qu'il adjurait le clergé de renoncer au budget ecclésiastique pour être libre, et qu'il sommait presque les évêques de ne point accepter de la main du pouvoir les collègues qu'il voudrait leur donner, on aurait dit un Tiberius Gracchus du sanctuaire, haranguant les plébéiens de Rome. »

Le portrait de M. de Montalembert, à ses débuts, n'est pas dessiné d'une main moins ferme : « Avec autant d'ardeur et d'impétuosité que M. Lacordaire, mais avec quelque chose de moins rude, M. de Montalembert, aussi libéral que son ami et plus jeune encore, mais moins démocrate que lui, entrait dans ces luttes naissantes de la presse quotidienne, exalté par la jeunesse, le talent et l'espérance, devant laquelle les perspectives s'ouvrent si longues et si belles quand on a vingt ans. Rien ne lui paraissait au-dessus des forces du grand écrivain auquel il donnait le nom de maître et de père. Comme un soldat dont la responsabilité est couverte par l'autorité du génie et de la gloire de son général, il se précipitait, le cœur ardent et la conscience tranquille, dans cette mêlée intellectuelle, semblable à un fils des croisés, ainsi qu'il devait le dire un jour, combattant les fils de Voltaire. Le monde à changer, toutes les nationalités catholiques à rétablir, la République du moyen âge, moins l'empereur, à réédifier par la liberté à peu près illimitée de la presse, avec le Pape au sommet, arbitre souverain entre les peuples de la terre et dictateur pacifique connaissant des querelles de peuple à peuple et de peuple à gouvernement....qu'est-ce que cela dans un temps de révolution et dans une époque de la vie où l'imagination, en possession de toute la vigueur de son élan, dévore le temps et l'espace ? »

La démocratie religieuse du journal *l'Avenir* se rencontrait sur bien des points avec la démocratie politique. De là des protestations de la part des conservateurs timorés, du clergé orthodoxe, d'un grand nombre d'évêques.

Ces protestations obligèrent les fondateurs de *l'Avenir* à suspendre, le 15 novembre 1831, la publication de leur journal et à partir à Rome, pour défendre leurs doctrines devant le Pape. On sait comment Grégoire XVI, dans une encyclique du 16 août 1832, condamna d'une manière générale les doctrines de La Mennais et de ses collaborateurs sans les nommer. Le Pape désapprouvait surtout les doctrines relatives à la liberté civile et politique, qui tendaient, disait-il, à exciter et propager partout l'esprit de sédition et de révolte de la part des sujets contre leurs souverains.

Lacordaire et de Montalembert se soumirent. Mais il n'en fut pas de même de La Mennais, qui, après de longues hésitations, se livra de plus en plus au courant démocratique et se mit en révolte ouverte contre l'Eglise. C'est dans ce nouvel état d'esprit que furent écrites les *Paroles d'un Croyant*, ce livre incomparable, où se mêlent les inspirations bibliques et les violences révolutionnaires, le mysticisme et la démocratie, la poésie et la politique, les malédictions et les paraboles touchantes.

N'est-il pas un des pères de la démocratie contemporaine, celui qui, au sujet des prolétaires de Lyon, écrivait ces nobles paroles, pleines de flamme et de foi, qu'il devait prononcer, si les accusés avaient consenti à se laisser juger :

« Que veulent-ils donc ces républicains poursuivis par tant de haines? Que veulent-ils si ce n'est le règne de l'équité, seul lien solide d'union, de la fraternité qui, par un libre échange de services, sous l'égale protection de la loi, assure à tous la paix, la sécurité personnelle, et, ce qui ne doit jamais manquer à aucun, le pain quotidien, l'aliment du corps et celui de l'esprit non moins nécessaire à l'homme. Ils ne cherchent point l'ombre; leur gloire comme leur force est de n'avoir rien à dissimuler. Pleins d'une immense foi au progrès social, leur pensée de chaque jour, de chaque heure est de concourir à le hâter.

« Ils ont vu les maux innombrables qui pèsent sur la race humaine, et ils se sont dit : Travaillons sans relâche à les diminuer.

Soulager les souffrances du pauvre, secourir le faible que le puissant opprime, se dévouer à ses frères et, s'il le faut, mourir pour eux. Qu'y a-t-il de meilleur et de plus grand sur la terre? Venez donc, vous tous qui ne croupissez point au sein d'un abject égoïsme, vous qui vivez, vous qui aimez, venez et unissons-nous pour accomplir l'œuvre d'amour. Le temps propice est arrivé, la moisson blanchit et déjà l'Orient resplendit des feux qui achèveront de la mûrir. — Espérance et joie, ineffable joie à ceux qui ont faim et soif de la justice, car ils seront bientôt rassasiés [1] ! »

Le rôle de La Mennais comme journaliste n'était pas terminé. Il prit part à la rédaction de plusieurs feuilles, sous le gouvernement de juillet, notamment à celles du *Monde* et de la *Revue du Progrès*, que dirigeait Louis Blanc. Le programme du grand écrivain se transforme, comme sa foi elle-même. L'infaillibilité du peuple remplace l'infaillibilité du Pape. C'est, comme l'a défini Nettement, un républicanisme universel mêlé de socialisme, la fusion de toutes les nationalités dans l'unité du genre humain, le libre échange pour le commerce, la liberté illimitée de la presse, de l'enseignement, de l'association, la perfectibilité infinie de l'homme et des sociétés, le bien-être et le bonheur universels.

* * *

Le journal *l'Avenir* fut remplacé un moment, dans la défense des doctrines catholiques, par la *Tribune catholique*, qui eut peu de succès.

Mais, en 1836, fut fondé l'*Univers*, que devait rendre célèbre Louis Veuillot, avec la collaboration de Saint-Chéron et de Louis de Carné.

On sait que Veuillot était fils d'un honnête et pauvre ouvrier tonnelier de Bourgogne. Il débuta comme journaliste en rédigeant de petites feuilles départementales, où il défendait les idées qui avaient triomphé en 1830. Il lui resta de ces débuts orageux une sorte de rancune démocratique contre la bourgeoisie.

Il a raconté lui-même une partie de sa vie dans un ouvrage intitulé *Rome et Lorette*. « J'avais dix-huit ans, dit-il, quand je vis la bête féroce abattre les croix ; déjà mes anciens compagnons se félicitaient moins, mais j'applaudisais à mon tour. Tout ce qui tombait

[1] *La Mennais*, par Eugène Spuller (Hachette et Cie, édit.).

excitait ma joie; je me voyais condamné à n'habiter partout que la poudre des grands chemins, et déjà je disais des choses qui allaient les épouvanter. J'avais raison dans ma joie sauvage; la place que je cherchais m'était préparée......Pour moi, j'avais eu la foi de mes besoins, j'eus facilement celle de mes intérêts; sans aucune préparation, je devins journaliste. Je me trouvais de la résistance; j'aurais été tout aussi volontiers du mouvement, et même plus volontiers. C'est un aveu dont je ne refuse pas l'ignominie; je veux bien publier que c'est la religion seule qui m'a rétabli dans ma dignité. Je dirai encore que j'ai peu d'estime pour ce qu'on appelle une conviction. Toute conviction......qui n'est pas une religion est le sophisme spécieux de la passion, de l'entêtement et de l'intérêt. »

On a tracé bien des portraits de ce vigoureux polémiste du parti catholique. Il a été bafoué, vilipendé par les uns, loué, exalté par les autres. A la vérité, il n'a « mérité ni cet excès d'honneur, ni cette indignité ».

Un des meilleurs et des plus justes, parmi ces divers portraits, est celui que Nettement a tracé de l'homme et de l'écrivain.

« C'est un rude chrétien, dit-il, plein de foi et de zèle, mais aussi dur envers les autres qu'il l'est avec lui-même, orateur éloquent au besoin, poète à ses heures, polémiste toujours, par-dessus tout grand pamphlétaire, puissant satirique, parce que ce Juvénal catholique n'a pas été élevé dans les cris de l'école, mais à l'école de la foi, et que ses hyperboles les plus violentes sont les cris d'une passion véritable qui frappe, flagelle à outrance les ennemis de son Dieu. Il nous l'a dit lui-même, il est plus encore le disciple du Dieu terrible que du Dieu clément; il appuie donc sur le ressort de la crainte bien plus que sur celui de la miséricorde. »

Il faut compléter cette peinture par quelques lignes consacrées au journaliste, au polémiste militant : « Louis Veuillot est un écrivain de combat, aimant la bataille parce qu'il trouve dans la bataille l'emploi de ses facultés. Dialecticien véhément, railleur impitoyable, il s'anime au bruit de sa polémique; les coups qu'il reçoit dans ces mêlées intellectuelles excitent ce vaillant soldat au lieu de ralentir son ardeur; à peine reçus, ils sont rendus avec usure : alors son esprit s'exalte, ses idées bouillonnent, son style se colore, sa phrase court plus rapide et s'aiguise, sa logique passionnée éclate en sarcasmes; on dirait que ses armes se fourbissent dans le combat au lieu de s'y fausser; toutes les facultés de son talent arrivent à leur apogée dans cette effervescence intellectuelle, et l'invective sort de ce travail intérieur comme la foudre du nuage où les éléments se rencontrent et se combinent, l'invective éloquente, aiguë et tranchante à la fois, qui transperce, qui frappe en même temps l'homme et l'idée. »

* * *

On ne saurait porter un jugement précis sur le mouvement religieux en 1830, si, après avoir assisté au développement du monde catholique, on négligeait les manifestations du monde Saint-Simonien. Le Saint-Simonisme était une véritable religion ; et ses adeptes avaient, pour la propager, deux organes : l'*Organisateur* et le *Globe*, offert par Pierre Leroux.

Le fondateur de la religion Saint-Simonienne, le comte Henri de Saint-Simon, était mort sous la Restauration (1826). Mais ses disciples se réunirent en un petit groupe formé d'Olinde Rodrigues, de Léon Halévy (père de Ludovic Halévy), de Bailly, de Duvergier et ne tardèrent pas à faire deux recrues de premier ordre : Enfantin, ancien polytechnicien, ancien négociant en vins, et Bazard, ancien carbonaro.

Leur premier journal, *le Producteur*, avait eu pour principal collaborateur Auguste Comte, qui se sépara bientôt des Saint-Simoniens, pour fonder une religion particulière et jeter les bases de l'école positiviste, développée plus tard par Littré.

C'est à la veille de la Révolution de 1830, en 1829, qu'avaient commencé les conférences publiques de la rue Taranne, où Hippolyte Carnot, Duveyrier, Fournel et Bazard exposaient les théories de leur livre de l'*Exposition de la doctrine*. Le côté religieux du Saint-Simonisme y était si bien accentué que Benjamin Constant appelait déjà cette doctrine un *papisme industriel*.

Ce fut Enfantin, grâce à son influence de plus en plus prépondérante, qui transforma tout à fait l'école en église. Il s'agissait en effet, pour ces nouveaux réformateurs d'une envergure peu ordinaire, de transformer, de changer l'homme même.

Leur premier principe étant l'association, ils se mirent à vivre en commun, comme une seule famille, dans un vaste immeuble de la rue Monsigny. Bazard et Enfantin furent les *Pères suprêmes* de cette communauté ; et leurs disciples, qui atteignirent le chiffre d'une centaine, furent soumis à une stricte hiérarchie. Parmi les recrues les plus précieuses, il faut compter Edouard Charton, Jean Reynaud, Michel Chevalier, d'Eichthal, les Péreire, Pierre Leroux, Adolphe Guéroult, etc.

Ce fut l'apogée du Saint-Simonisme. Le journal *le Globe* était assez répandu ; et les ressources dont disposait la communauté permettaient de le distribuer gratuitement dans d'assez larges proportions.

Mais la période de décadence et de chute se préparait déjà. Ce fut l'infatuation mystique d'Enfantin qui commença à rompre l'union. Le bruit s'était répandu que les Saint-Simoniens de la rue Monsigny pratiquaient la communauté des femmes. Bazard rédigea une protestation, destinée à la Chambre des députés. Enfantin la signa d'abord ; mais, le lendemain, il déclara ne pouvoir s'associer à cet anathème contre l'amour. La monogamie lui semblait contraire à la nature ; et d'ailleurs Saint-Simon avait réhabilité la chair. Au reste, pourquoi ne pas consulter d'abord la femme sur cette question qui l'intéresse? Tant que la femme n'aura pas parlé, rien ne peut être décidé. Il faut donc faire un appel à la femme. Elle prononcera. Elle est la sibylle de l'avenir, la moitié du messie.

Il y eut des séances orageuses rue Monsigny, à la suite desquelles Bazard se sépara de l'église Saint-Simonienne, avec Carnot, Charton, Pierre Leroux, Jean Reynaud, et quelques autres (novembre 1831). Enfantin, resté seul maître du terrain, présida dès lors les réunions, ayant à ses côtés un fauteuil vide (symbole de l'appel à la femme). Il donna libre cours à ses tendances mystiques, adopta la métempsycose, déclara que l'âme de saint Paul et de Saint-Simon vivaient en lui.

Alors survinrent les orages et même les tempêtes. Enfantin et ses principaux disciples furent poursuivis pour attaques contre la morale et pour infractions à la loi sur les réunions (1832). La maison de la rue Monsigny fut fermée. Enfantin se retira à Ménilmontant, avec quarante disciples choisis, et se prépara à l'apostolat, dans la solitude et le silence. C'était alors un but de promenade pour les Parisiens, le dimanche, d'aller assister à leurs bizarres cérémonies. La police poursuivit Enfantin dans sa retraite et l'obligea à purger sa condamnation à un an de prison. En même temps l'argent manquait. Il y eut de nombreuses désertions ; et l'année 1833 vit la fin de l'église Saint-Simonienne.

La plupart des Saint-Simoniens eurent de brillantes destinées. Ils appliquèrent à la vie pratique leurs idées sur la puissance de l'association et du crédit. Ils fondèrent des sociétés par actions et s'enrichirent. Enfantin lui-même, après avoir vainement essayé d'obtenir la concession du canal de Suez, devint administrateur de la compagnie Paris-Lyon-Méditerranée et mourut en 1864[1].

Le Fouriérisme fit son apparition, au moment même où le Saint-Simonisme disparut. Un des adeptes les plus fervents de Fourier fut Victor Considérant, ancien élève de l'Ecole Polytechnique, puis capitaine du génie, qui déploya une ardeur extrême à propager la nouvelle doctrine, surtout par son côté industriel et éducatif.

Les Fouriéristes eurent d'abord pour organe le *Phalanstère*, qui vécut fort peu de temps, puis la *Phalange*, que fonda Considérant.

Après la mort de Fourier, survenue le 9 octobre 1837, Victor Considèrant fut reconnu comme chef des Fouriéristes, dont le nombre alla en augmentant tous les ans. Ils créèrent alors un journal quotidien, *la Démocratie pacifique*, pour mettre en relief les idées économiques et raisonnables de leur maître, en ajournant à des temps éloignés la réalisation complète de l'harmonie sociale.

* * *

Nous devons maintenant passer en revue les divers journaux de gauche, dont la plupart sont devenus très rapidement des organes républicains.

En première ligne, nous rencontrons le *National*, qui a contribué, dans une si large mesure, au succès de la Révolution de juillet.

Après la Révolution, Thiers et Mignet étaient entrés dans le nouveau gouvernement, tandis que Carrel, après avoir refusé la préfecture du Cantal qui lui était offerte, était resté seul rédacteur en chef du *National*.

Tout d'abord Carrel ne fit aucune opposition au nouveau gouvernement. Il déclara lui-même qu'il croyait plus convenable de s'intéresser à l'administration avec indépendance et de la soutenir au milieu des difficultés qu'elle rencontrait pour s'affermir.

Ce n'est que progressivement, et lorsque les fautes accumulées lui parurent irrémissibles, qu'Armand Carrel devint sévère et tout à fait hostile, après avoir été bienveillant.

[1] Charléty. *Histoire du Saint-Simonisme*, Paris, 1896. — *Encyclopédie nouvelle, article biographique sur Bazard* écrit par Pierre Leroux. — Louis Blanc. *Histoire de dix ans.*

VICTOR CONSIDÉRANT

(1808-1893)

Économiste réformateur.

Membre de l'Assemblée Constituante et de l'Assemblée législative (1848).

L'opposition de Carrel date surtout du jour où le ministère de résistance de Casimir Périer (13 mars 1831) prit la place du ministère Laffitte.

Carrel pensait qu'une guerre générale était alors inévitable en Europe et qu'il fallait saisir l'occasion pour détruire les traités de 1815. En voyant s'installer un ministère, qui avait pour programme d'éviter la guerre au dehors et de rétablir, avant tout, l'ordre au dedans, il frémit d'indignation et poussa un cri d'alarme. « Malheur, s'écria-t-il dès le 16 mars, malheur à qui coupe les jarrets de son coursier pour n'être pas emporté par lui! Le hardi cavalier sait qu'il a besoin des jambes de l'animal fougueux qui le porte ; mais il fait jouer à propos le mors et l'éperon. C'est par cette figure qu'un grand homme d'état anglais a donné l'idée de ce que doit être le gouvernement chez une nation forte, une nation qui a de grandes facultés et de grandes passions ; car il n'y a point de grandes facultés sans grandes passions : et malheur aux nations qui ne sont point passionnées ! Elles ne sont faites que pour l'esclavage. »

Carrel fut un redoutable adversaire pour l'hérédité de la pairie. Il ne comprenait pas qu'après les révolutions de 1789 et de 1830 on songeât à reconstituer une aristocratie, une hérédité législative. « Une société, d'ailleurs, ajoutait Carrel, ne peut mettre dans sa constitution ce qui n'est pas en elle. Si l'égalité est dans ses mœurs, si la propriété, déjà divisée, tend à se diviser chaque jour davantage, si la plus démocratique des révolutions a promené son niveau sur elle et fait descendre les sommets dans les vallons ; si, en un mot, elle est homogène et n'est plus composée que de citoyens, la force et la stabilité de son gouvernement ne peuvent être que dans la ressemblance de ce gouvernement avec elle-même. »

Grâce à une longue et brillante polémique sur cette question, l'hérédité de la pairie fut abolie, comme le demandait Carrel.

*
* *

Un des épisodes de la vie de Carrel qui donne l'idée la plus exacte de son caractère chevaleresque, c'est son attitude en présence des ordres donnés par le ministère Périer pour faire incarcérer préventivement les journalistes dont les écrits étaient poursuivis devant les tribunaux. On voulait assimiler ainsi la publication d'un écrit au flagrant délit. Carrel personnifia, en quelque sorte, en lui la cause de tous les écrivains, en proposant au gouvernement sa vie, comme enjeu, dans cette espèce de duel.

Carrel déclara hautement qu'il ne permettrait pas qu'on violât le droit en sa personne, et il signa son article, alors qu'aucun article n'était signé. En le lisant aujourd'hui, comment se défendre d'un sentiment d'admiration et de respect pour ce noble caractère !

« M. le Ministre, écrivait Carrel, croit l'illégalité peu dangereuse quand elle ne blesse qu'un petit nombre de citoyens : il se trompe, et, malgré toute sa fierté, il pourrait bien éprouver qu'un seul homme, convaincu de son droit et déterminé à le soutenir par tous les moyens que lui dicterait son courage, n'est pas facile à vaincre. Pourquoi un de ces écrivains, devenu l'objet des haines du pouvoir, ne se rencontrerait-il pas qui opposerait la force à la force et se dévouerait aux chances d'une lutte inégale ! Eh bien ! il y en a dans la presse périodique, de ces hommes qu'on ne provoque pas impunément, et qui, certes, ne seraient pas emportés vivants, s'ils avaient juré de ne pas laisser violer en eux la majesté de la loi. Il est facile de faire tuer par cinquante hommes un seul homme qui résiste, mais croit-on que cela pût arriver deux fois, sans péril pour l'ordre de choses actuel ? — Non, non, ce n'est pas notre pensée, et il faut ici relever la dignité de l'homme et du citoyen, si souvent, si impunément insultée par l'indigne ministère du 13 mars. Il ne sera pas dit que ce régime pourra s'enrichir encore d'un arbitraire illimité qui s'intitulerait la jurisprudence du flagrant délit. Un tel régime ne s'appellera pas, de notre consentement, la liberté de la presse ; une usurpation si monstrueuse ne s'accomplira pas. Nous serions coupables de le souffrir, et il faut que ce ministère sache qu'un seul homme de cœur, ayant la loi pour lui, peut jouer, à chances égales, sa vie contre celle non seulement de sept ou huit ministres, mais contre tous les intérêts, grands ou petits, qui se seraient attachés imprudemment à la destinée d'un tel ministère. C'est peu que la vie d'un homme, tué furtivement au coin de la rue, dans une émeute ; mais c'est beaucoup que la vie d'un homme d'honneur qui serait massacré chez lui par les sbires de M. Périer, en résistant au nom de la loi. Son sang crierait vengeance. Que le ministère ose risquer cet enjeu et, peut-être, il ne gagnera pas la partie. — Le mandat de dépôt, sous le prétexte de flagrant délit, ne peut être décerné légalement contre les écrivains de la presse périodique, et tout écrivain, pénétré de sa dignité de citoyen, opposera la loi à l'illégalité, et la force à la force. C'est un devoir : advienne que pourra. »

Carrel, armé, passa la nuit qui suivit dans les bureaux du *National;* quelques amis partagèrent, malgré lui, son dévouement. Mais la force publique ne parut pas ; et les droits de la presse furent désormais garantis contre les arrestations préventives. C'était un véritable triomphe pour Carrel et le *National.*

C'est à partir du 1er janvier 1832 que Carrel proclame, qu'à son avis, l'épreuve de la monarchie de juillet est faite. Il est intéressant, encore aujourd'hui, de savoir dans quels termes Carrel exprima cette conviction, qui eut alors un grand retentissement.

« Les dix-huit mois qui se sont écoulés, disait Carrel, depuis la Révolution n'ont pas été perdus pour la France. La France, alors maîtresse absolue de ses destinées, a dû se demander quelle était la forme de gouvernement qui exprimerait et garantirait le mieux le grand changement qui venait de s'accomplir, qui la préserverait à la fois de nouveaux coups d'État, du retour du despotisme militaire et des excès de la première Révolution. On crut trouver la solution du problème dans l'imitation aussi parfaite que possible de la révolution anglaise de 1688. On conserva la royauté constitutionnelle, héréditaire, irresponsable, faisant la paix, faisant la guerre ; la royauté de 1814 moins son principe. On espéra qu'en prenant la nouvelle royauté dans une famille dont les habitudes étaient moins princières que bourgeoises, on la rapprocherait du peuple, on fonderait l'ère de la royauté populaire, simple, économe, régulière dans ses dépenses comme dans ses mœurs. Depuis dix-huit mois nous faisons l'expérience de ce système. Cette expérience était-elle inévitable, indispensable? Oui. Est-elle complète et satisfaisante? Nous ne croyons pas qu'il y ait beaucoup de gens de conscience qui la trouvent satisfaisante ; mais le nombre est assez grand, peut-être, de ceux qui ne la trouvent pas complète, et qui, comme on dit, veulent voir encore. Il y a beaucoup de choses, cependant, que tout le monde a reconnues. — C'est que, à tort ou à raison, l'opposition n'est pas moins vive en présence de la royauté élue que de la royauté légitime ; c'est que la royauté élue n'est pas plus appuyée au dedans, et qu'elle est plus menacée au dehors ; c'est que la royauté élue, héréditaire, irresponsable, a un intérêt particulier de dynastie comme la royauté légitime, un système qui lui est propre aussi, et dont aucune protestation nationale ne peut l'obliger à se départir ;

ARMAND CARREL

(1800-1836)

Publiciste et historien.

c'est que les intérêts privés de la royauté élue ont plus d'affinité pour les doctrines de la Sainte-Alliance que pour les principes de la liberté ; c'est que sous la royauté élue, on ne paie pas moins d'impôts, et que la liste civile d'un roi citoyen n'est pas moins considérable que celle d'un roi légitime. — Il n'a pas fallu moins de dix-huit mois pour nous instruire de toutes ces choses que nous ne savions pas certainement le 8 août 1830, et nous ne pouvions pas échapper à la nécessité de les apprendre à nos dépens ; car les nations, comme les individus, payent leur expérience. Il fallait passer par la série des essais que nous avons parcourus. Si, par exemple, après la Révolution de juillet, on eût voulu frapper à la fois et la dynastie parjure et le gouvernement monarchique, si la République se fût établie, que d'embarras l'eussent entourée à sa naissance ? Quel avantage n'eussent pas obtenu sur elle ses adversaires !.... Est-ce donc la République que nous demandons ? — Pas positivement, mais cependant, il faut se rendre compte de la situation. La France ne meurt pas, de quelque énergie de vitalité que l'ordre de choses actuel puisse paraître doué à ceux qui le conseillent, on nous accordera que la France est encore plus vivace que lui et est appelée à lui survivre. Quand ? Peu importe ; mais, à s'en tenir aux lamentations, aux sinistres pronostics des hommes qui se disent le plus attachés à cet ordre de choses, il est parvenu à de tels embarras que c'est un devoir, une nécessité de chercher à prévoir après lui..... La monarchie de juillet est sapée dans les bases que lui avaient données ses fondateurs, et toute la question se résout à ceci :... Une monarchie responsable est-elle possible ? Une monarchie, quelle qu'elle soit, pourra-t-elle briser l'alliance despotique de 1815, et rendre, à la fois, à la France la paix, l'honneur et la liberté ? L'année 1832 répondra à toutes ces questions que l'année 1831 laisse pendantes. »

C'est l'année 1848 qui a répondu à ces questions. Carrel s'était trompé seulement de date.

*
* *

On a souvent appelé Carrel le *Junius* de la presse française (1). Il y a beaucoup de vérité dans cette appréciation ; mais ce qui donne

[1] Littré. *Notice biographique* précédant les Œuvres d'Armand Carrel. — D. Nisard. *Etudes de critique littéraire*. — Sainte-Beuve. *Causeries du lundi*, t. VI, p. 127 de la 3e édition.

un intérêt tout différent et bien français au belliqueux champion, c'est que ce n'est pas, comme en Angleterre, un inconnu mystérieux qui attaque sous le masque. On le voit d'ici, comme le dit Sainte-Beuve dans un portrait fort bien venu, de taille au-dessus de la moyenne et bien proportionnée, avec cette maigreur nerveuse qui est le signe de la force, d'une tête singulière, ombragée de cheveux bruns assez touffus, au profil marqué et comme emporté dans l'acier, le sourcil aisément noueux, les traits heurtés, la bouche grande, mince, et qui ne souriait qu'à demi à cause de quelques dents de côté qu'il n'aimait pas à montrer, avec un visage comme fouillé et formé de plans successifs ; l'ensemble de sa physionomie exprimait l'énergie, quelque chose d'éprouvé et de résolu. Tel qu'il était, il appelait aussitôt l'attention sans effort et la déférence naturelle autour de lui. Quand il voulait, il séduisait par une politesse simple et une grâce sobre qui tirait tout son prix de la force même qu'on sentait dessous.

Carrel lui-même a tracé son propre portrait, dans une lettre du 25 février 1833 adressée à Sainte-Beuve, qui avait parlé de lui dans la *Revue des Deux-Mondes* : « Je vous sais, disait-il, un gré infini d'avoir deviné et si bien exprimé ma double prétention d'être un homme politique en dehors de la hiérarchie, malgré la hiérarchie, et un journaliste de quelque influence sans être un homme de lettres, ni savant, ni historien breveté, ni quoi que ce soit qui tienne à quelque chose. Vous avez fait de moi une espèce de partisan politique et littéraire, faisant la guerre en conscience pour le compte de ses opinions qui se trouvent être celles du grand nombre, sans prendre ni recevoir de mot d'ordre d'aucune autorité organisée ; ennemi du pouvoir, sans engagement avec l'opposition légale, ni même avec les affiliations populaires. Ce rôle est, en effet, celui que j'ai tâché de me faire, et je ne le croyais pas encore assez nettement dessiné pour qu'un autre que moi pût me l'attribuer. Je vous remercie sans façon aucune de m'avoir pris comme je m'efforce d'être. »

*
* *

Le *National* et Carrel furent impliqués, nous le verrons plus bas, dans un grand nombre de procès de presse. Dans la plupart de ces procès, Carrel présenta la défense du journal avec un talent extraordinaire.

Il faut rappeler ici son admirable mouvement oratoire au sujet du maréchal Ney. Devant la Chambre des Pairs, Carrel défendait le gérant du *National*, prévenu d'offense envers la Pairie. Il fut amené, au cours de sa harangue, à reprocher à la Chambre des Pairs le refus obstiné qu'elle opposait à la revision du procès du maréchal Ney. « A ce nom, dit-il, je m'arrête par respect pour une glorieuse et lamentable mémoire. Je n'ai pas mission de dire s'il était plus facile de légaliser la sentence de mort que la revision d'une procédure inique. Les temps ont prononcé : aujourd'hui, le juge a plus besoin de réhabilitation que la victime. »

Le président interrompt le défenseur et lui rappelle qu'il y a dans la Chambre des Pairs des juges du maréchal Ney, et que ses paroles pourraient être considérées et punies comme une offense. Carrel apostropha alors l'assemblée en ces termes éloquents : « Si, parmi les membres qui ont voté la mort du maréchal Ney et qui siègent dans cette enceinte, il en est un qui se trouve blessé de mes paroles, qu'il fasse une proposition contre moi, qu'il me dénonce à cette barre ; j'y comparaîtrai, je serai fier d'être le premier homme de la génération de 1830 qui viendra protester, ici, contre cet abominable assassinat. » Des applaudissements éclatèrent dans les tribunes ; et on juge de la stupéfaction des Pairs de France. La stupéfaction redoubla encore, lorsqu'on entendit l'un d'entre eux, le général Exelmans, s'écrier : « Je partage l'opinion du défenseur ; oui, la condamnation du maréchal Ney a été un assassinat juridique, je le dis, moi ! »

Ce cri généreux du général Exelmans permit à Carrel de continuer sa défense. Mais le gérant du *National* fut condamné à deux ans de prison et dix mille francs d'amende.

On a dit d'Armand Carrel, non sans raison qu'il se souvenait, trop souvent, dans ses polémiques, qu'il avait été sous-lieutenant. Il rejetait volontiers la plume pour saisir l'épée et provoquer ses adversaires en duel [1]. C'est dans une de ces rencontres avec Emile de

[1] C'est ainsi qu'en 1833, après l'arrestation de la duchesse de Berry, un journal satirique, *le Corsaire*, se permit de reproduire un bruit qui ne devait être confirmé que plus tard. Le parti légitimiste eut la prétention d'imposer silence à la presse sur ce sujet, et le rédacteur en chef du *Corsaire* fut grièvement blessé. Le parti républicain crut devoir répondre à cette provocation du parti légitimiste. Le *National* et la *Tribune* annoncèrent qu'on trouverait dans leurs bureaux les noms de nombreux patriotes prêts à se battre en duel avec les cavaliers servants de la captive de Blaye. Il n'y eut qu'un duel, celui de Carrel avec Roux-Laborie. Ce dernier reçut deux coups d'épée et Carrel lui-même fut grièvement blessé.

Girardin, à la suite de polémiques soulevées par la création de la presse à quarante francs, et dont nous aurons occasion de parler, que Carrel perdit la vie en 1836.

La presse entière sans distinction d'opinion, regretta le fougueux journaliste. Elle se plaisait, comme l'a dit Nettement, à se personnifier dans Armand Carrel; elle aimait son humeur fière et même un peu hautaine, la mâle vigueur de sa polémique, la supériorité dédaigneuse qu'il prenait vis-à-vis du gouvernement, sa situation de chef de parti et la dignité de son caractère, qui relevaient le niveau général du journalisme, et jusqu'aux défauts de sa nature, sa témérité intrépide, sa susceptibilité ombrageuse, sa plume tenue comme une épée. Chateaubriand, qui l'avait connu et aimé, suivit son convoi funèbre.

Un mois avant sa mort, Carrel, annonçant un écrit de Chateaubriand, écrivait, comme pour laisser une marque du point où en étaient arrivées ses opinions, ces quelques lignes qui méritent d'être reproduites : « Nous avons le dernier mot de M. de Chateaubriand, et ce dernier mot, ce n'est ni la monarchie, ni l'aristocratie, ni la charte, ni même le gouvernement représentatif, c'est quelque chose de plus digne des efforts et des sacrifices de la génération vivante, c'est la révolution sociale. La tâche est si grande que l'imagination la plus hardie s'en effraye, et nous ne sommes pas étonnés de l'espèce d'incrédulité que rencontrent dans M. de Chateaubriand ses propres prédictions. La révolution, que M. de Chateaubriand aperçoit dans un avenir très reculé, est moins éloignée du gouvernement bourgeois de ce temps-ci, que ce gouvernement lui-même ne l'est des pompes aristocratiques et du bon plaisir royal du vieux Versailles. »

A la mort de Carrel, les actionnaires du *National* furent assez embarrassés pour lui donner un successeur. On songea d'abord à Anselme Petetin, qui rédigeait alors le *Censeur de Lyon*, et l'on nomma Thomas directeur et Trélat rédacteur en chef. Comme celui-ci était détenu à Clairvaux, l'intérim fut confié à Bastide et Littré. Mais Trélat était loin d'avoir toutes les qualités nécessaires pour rédiger le *National*. Il céda la place à Bastide, qui s'adjoignit en 1837 Armand Marrast.

*
* *

A côté du *National*, l'organe le plus important du parti républicain fut assurément la *Tribune*. Les principaux rédacteurs de ce journal après 1830 furent Armand Marrast, Germain Sarrut, Godefroy Cavaignac, Narcisse Boussy des Deux-Sèvres et tout un groupe de jeunes hommes dont les études viriles avaient formé les opinions.

Marrast semblait être né pour devenir journaliste. C'était un esprit fin et pénétrant, a dit Ambert, dans ses *Portraits républicains*, doué d'une rare puissance d'à-propos et d'une vaste mémoire, possédant des connaissances étendues, et pouvant, au besoin, s'approprier celles des autres par une faculté merveilleuse d'assimilation, écrivant et pensant avec une égale rapidité ; redoutable par le raisonnement, plus redoutable encore peut-être par la raillerie ; enfin, donnant à son expression la chaleur et l'éclat d'une imagination méridionale, Marrast portait en lui toutes les qualités qui font le journaliste.

On sait que Jean-Pierre-Armand Marrast est né à Saint-Gaudens (Haute-Garonne) le 5 juin 1801, et qu'après de fortes et brillantes études, il se voua d'abord à l'enseignement. Il était surveillant de la section des lettres à l'école normale supérieure, lorsque le rôle qu'il joua dans les funérailles de Manuel (août 1827) lui valut une révocation qui décida de son avenir. Il débuta comme journaliste dans la *Tribune des départements* fondée par Auguste et Victorin Fabre.

Armand Marrast, suivant le portrait qu'en a tracé M. Thureau-Dangin, était un jeune méridional, de gracieuse tournure, à la physionomie fine et sensuelle, aux cheveux abondants et un peu crépus, trahissant en tout la recherche de l'élégance et du bien-être, avec une sorte de fatuité hautaine qui devait le faire surnommer le « marquis de la Révolution », esprit aiguisé, léger, facile avec indolence, sceptique, plus volontiers persifleur qu'enthousiaste, mêlant à la gaminerie destructive de Desmoulins quelque chose de la raillerie dissolvante de Beaumarchais.

Le premier article d'Armand Marrast, devenu rédacteur en chef de la *Tribune* après 1830, fit sensation. Il y exposait la situation politique de la France et l'attitude que le parti républicain devait observer, en termes qui méritent encore de nos jours de retenir l'attention, au moins au point de vue de l'histoire.

« Pour les hommes à vue courte, disait-il, la Révolution de 1830 n'eut d'autre cause que les quinze années d'oppression qui la précédèrent. Pour ceux qui savent enchaîner les événements de l'histoire, la Révolution de 1830 est fille de la Révolution de 89.

Aubart, édit.

ARMAND MARRAST

(1801-1852)

Publiciste et conférencier,
Membre du gouvernement provisoire et de l'Assemblée constituante,
Maire de Paris.

Gravure extraite des *Journées révolutionnaires* par Armand Dayot.
(Ernest Flammarion, édit.)

« La gloire de nos pères fut de verser leur sang pour faire connaître et respecter des autres peuples le dogme de la souveraineté populaire; la nôtre sera de leur apprendre comment on marche, avec sagesse mais avec fermeté, à la réalisation de toutes les conséquences qu'il doit amener tôt ou tard.

« Mais l'œuvre qui doit développer, étendre, affermir les intérêts du peuple, sera longue et difficile.

« Croyez-vous que trois jours aient pu guérir les plaies sociales qui fatiguent la France? Croyez-vous qu'en trois jours on épure les mœurs, on ramène à la dignité de la conscience, à la haute estime du travail, trois générations, témoins de tant d'intrigues, victimes aussi de tant de malheurs?

« Que nous reste-t-il donc à faire, à nous qui souhaitons pour notre pays et pour l'Europe ensuite, ce que nos pères ont voulu, ce que Napoléon lui-même a prédit?

« Il nous reste à voir s'user devant nous tous ces prétendants qui se feront populaires d'abord, et qui, entraînés par une force logique, s'aperçoivent bientôt que leurs intérêts ne sont pas les nôtres, qui commencent alors par la crainte, qui essayent ensuite de la corruption, et qui finissent par la violence.

« Patience, le temps les pousse.

« Maintenant, que des partis se choquent encore; que des prétentions diverses se heurtent, on sait avec qui nous serons, avec le peuple, toujours avec le peuple.

« Ce sont là nos principes, et nous n'avons pas peur qu'ils périssent. Tôt ou tard, la France fatiguée de déceptions viendra leur demander son repos et sa gloire. Jusque-là qu'avons-nous à faire? *Attendre et nous préparer.* »

Marrast était souvent violent jusqu'à l'injustice dans ses polémiques contre les hommes du gouvernement. C'est ainsi qu'au mois de juillet 1831, au moment où le gouvernement passait des marchés pour l'armement général des gardes nationales, il n'hésita pas à dénoncer les ministres comme prévaricateurs des deniers de l'Etat. Il accusait, en termes formels, le maréchal Soult et Casimir Périer d'avoir reçu chacun un pot-de-vin de plus d'un million pour les marchés de draps et de fusils. Il faut dire, pour être complet, que Marrast n'hésitait pas à assumer publiquement toutes les responsabilités de son accusation et qu'il signait son article, alors que la signature n'était pas alors obligatoire.

Les ministres ne pouvaient rester sous le coup de cette attaque qui fit grand scandale dans l'opinion publique. Marrast fut poursuivi devant la Cour d'assises de la Seine, et, malgré une belle et énergique défense de Michel de Bourges, il fut condamné à six mois de prison.

* * *

A ces journaux de premier plan, il faut joindre d'autres feuilles de second ordre, telles que la *Révolution de 1830* et le *Bon-Sens*.

La *Révolution de 1830*, comme le dit son prospectus, est née au sein des barricades ; elle était rédigée par James Fazy et Antony Thouret. « Le titre de notre feuille, disaient-ils, a effrayé quelques personnes. Ceux-là nous ont jugés sans nous lire, qui ont cru que notre mission était de remettre en honneur les théories sanglantes de 93 ; mais il importe aux gens qui exploitent l'*événement* de Juillet d'effacer jusqu'au mot qui dit la chose : notre titre demeurera comme une protestation quotidienne. La *Révolution de 1830* sympathise avec tous les sentiments populaires. Comme le peuple, elle veut des formes de gouvernement dans l'intérêt, non de quelques-uns, mais du plus grand nombre ; comme lui, elle veut que la France soit grande, forte et respectée au dehors. A l'ère républicaine elle emprunte sa haine du privilège, ses principes de liberté et d'égalité, ses institutions démocratiques ; à l'ère impériale, elle emprunte son vif sentiment de gloire et de nationalité. Avec l'un de ces régimes elle relève la dignité de l'homme et du citoyen ; avec l'autre elle relève la dignité de la nation. Voilà les bases sur lesquelles s'appuie notre système, voilà l'alliance que nous voulons cimenter : déjà faite dans les esprits, elle a besoin d'être proclamée. » L'existence de la *Révolution de 1830* ne fut pas de longue durée ; elle ne se prolongea pas au delà de l'année 1832. Elle portait en elle un étrange mélange de jacobinisme et de bonapartisme, comme on le voit d'après son prospectus lui-même.

Le *Bon Sens* dura plus longtemps. Il vécut de 1832 à 1837. Son premier rédacteur en chef, Cauchois-Lemaire, fut remplacé par Louis Blanc. Il était, dans une nuance un peu moins accentuée que celle de la *Tribune*, le journal des intérêts démocratiques. Sa devise résumait son esprit : *Tout pour et par le peuple*. Il se distinguait entre tous les journaux par l'appel incessant et direct qu'il faisait à l'intelligence des masses.

La guerre de plume faite au gouvernement de Louis-Philippe comportait une série de pamphlets des plus venimeux. Les plus célèbres sont ceux de Cormenin, qui écrivait sous le pseudonyme de Timon. Ancien membre du conseil d'État sous l'Empire et sous la Restauration, il était député et votait, depuis juillet, avec le parti le plus avancé de la Chambre.

Ses *lettres sur la liste civile*, publiées en décembre 1831, eurent le plus grand retentissement dans tout le pays. Avec une logique serrée et une ironie pénétrante, il rappelait que quand le héros d'Italie, le conquérant fabuleux de l'Égypte, le pacificateur de la Vendée vint siéger sur le trône consulaire, les trois consuls ne coûtaient à la France, frais de table et de maison réunis, qu'un million cinquante mille francs ; il montrait que pour la royauté le meilleur moyen de se faire respecter était de se rendre utile, que c'était le peuple, le même peuple qui payait la liste civile et qu'il était dérisoire de prendre aux pauvres leur argent pour leur faire du bien. Il mettait en regard la paille nécessaire à la litière des écuries royales, et celle qui manquait au lit de tant de pauvres familles ; ou bien il calculait combien, à quinze sous par jour, on nourrirait de paysans avec les millions de la liste civile.

« Chacune de ses petites brochures atteignait un chiffre considérable d'éditions et de tirages successifs ; ses portraits parlementaires, si souvent retouchés et remaniés, faisaient sensation ; il eut un procès ; toute la France en retentit. Vers 1839 et 1840, il eut son plus beau triomphe. Il s'agissait de doter le duc de Nemours. Timon écrivit les *Questions scandaleuses d'un Jacobin*, bientôt suivies du deuxième *Pamphlet sur la dotation*. M. de Cormenin prit ce nom terrible de Jacobin pour relever la maladresse du ministère qui désignait ainsi ceux qui avaient l'audace de s'opposer à la dotation. Ses petits livres portaient pour épigraphe ces mots accueillis par la France opposante avec acclamation : *De l'argent ! de l'argent ! toujours de l'argent !* C'était le même thème que celui des *Lettres sur la liste civile ;* les *Questions d'un Jacobin* et le *Pamphlet de la dotation* obtinrent une vogue égale à celle des *Lettres*. A la Chambre, l'effet fut si grand que le ministère dut retirer les projets de lois ; c'est l'apogée de la gloire de Timon [1]. »

[1] *Figures disparues*, par Eugène Spuller, 1re série (F. Alcan, édit.).

* * *

Nous aurons passé en revue les journaux les plus importants publiés dans les premières années du gouvernement de juillet, lorsque nous aurons dit un mot de la petite presse : du *Charivari*, de la *Caricature* et du *Corsaire*.

Le *Charivari* et la *Caricature* furent créés en 1831 par Charles Philipon. Le *Charivari* était un pamphlet quotidien, plein de verve et de malice, où faisaient assaut d'esprit Altaroche, Albert Clerc, Louis Huart, Taxile Delord, Clément Caraguel. Quant à la *Caricature* qui était hebdomadaire, le crayon de ses artistes n'était pas moins acéré que la plume des écrivains du *Charivari*.

Philipon dessinait peu lui-même ; mais il savait, comme le dit M. Thureau-Dangin, grouper, lancer, échauffer les artistes qu'il employait. Il leur fournissait des idées, des légendes, bravait les procès et les condamnations, et devenait ainsi l'un des plus dangereux adversaires de la royauté de juillet. Ses collaborateurs les plus distingués étaient : Daumier, Granville, Traviés, Raffet, Charlet, Descamps, Bellangé, Deveria.

C'était surtout le roi Louis-Philippe qui était visé par les artistes du *Charivari* et de la *Caricature*. On le tournait en ridicule, en l'affublant de déguisements grotesques. Dans un numéro de la *Caricature*, le roi est travesti en vulgaire escamoteur, et on lui prête le langage suivant : « Tenez, Messieurs, voici trois muscades ; la première s'appelle Juillet, la seconde Révolution et la troisième Liberté. Je prends la Révolution qui était à gauche, je la mets à droite ; ce qui était à droite, je le mets à gauche. Je fais un micmac auquel le diable ne comprend goutte, ni vous non plus : je mets tout cela sous le gobelet du juste milieu ; et avec un peu de poudre de non-intervention, je dis passe, impasse et contre-passe..... Tout est passé, Messieurs ; pas plus de liberté et de Révolution que dessus ma main..... A un autre, Messieurs. »

Ah ! tu veux te frotter à la presse ! lit-on au bas d'un autre dessin, où l'on voit un imprimeur du *National* qui a mis sous la presse Louis-Philippe. La figure du roi s'élargit en s'écrasant.

On lui prédit, sous toutes les formes, une révolution prochaine. On montre le roi se faisant tirer les cartes : « Ton jeu, lui dit le sorcier, annonce qu'une femme brune que tu as épousée en juillet, et avec laquelle tu veux divorcer, te causera bien du désagrément. Le public te donnera tort ; il s'ensuivra beaucoup de querelles ; tu feras une perte considérable d'argent, à laquelle tu seras très sensible, et *tu entreprendras un grand voyage.* »

On avait trouvé une certaine ressemblance entre la physionomie du roi, son toupet avec ses épais favoris et une poire. On exploita cette soi-disant ressemblance de mille manières. On représentait, par exemple, la *Caricature* plaçant elle-même la poire sur le feu et demandant à ses clients à quelle sauce ils veulent la manger.

*
* *

Nous ne pouvons résister au désir de résumer ici un des plus curieux procès de presse de cette époque, si fertile en poursuites judiciaires contre les journalistes.

Philipon comparut en 1832 devant la cour d'assises de la Seine en qualité de gérant du journal *la Caricature,* sous la prévention d'*outrages envers la personne du roi.* Il s'agissait de deux lithographies dont l'une figurait le pouvoir, sous les traits du roi habillé en maçon et occupé à effacer les inscriptions de juillet ; l'autre représentait le prince de Talleyrand en paillasse, faisant danser trois marionnettes : le républicanisme, le carlisme et le juste-milieu.

Charles Philipon prit la parole, après son avocat, et présenta lui-même sa défense en termes ironiques : « Jugez-moi, Messieurs, dit-il en terminant, décidez entre le système de l'accusation, qui veut poursuivre une ressemblance, comme si elle était la propriété d'un seul homme, vous faire soulever des guenilles, faire poser le roi, et vous faire juger si cette marionnette, si ce maçon lui ressemblent. Système qui vous mènerait à l'absurde : car, voyez ces traits informes, auxquels j'aurais peut-être dû borner ma défense. (Ici M. Philipon fait voir aux jurés quatre poires qu'il a croquées).

« Ils sont liés l'un à l'autre par un chaînon insensible, ils se ressemblent tous. Le premier ressemble à Louis-Philippe, le dernier ressemble au premier, et cependant ce dernier......c'est une poire ! Où vous arrêteriez-vous, si vous suiviez le principe qu'on veut vous faire admettre ? Vous condamneriez un homme à deux ans de prison, parce qu'il aurait fait une poire qui ressemble au roi ! Alors vous auriez à condamner toutes les caricatures dans lesquelles pourrait se trouver une tête étroite du haut et large du bas ! Alors vous

Ferdinand *sculps.* Collection de l'*Artiste.* Moine, imp.

CHARLES PHILIPON

(1800-1862)

Fondateur de **la Caricature** et du **Charivari.**

auriez de la besogne, je vous en réponds, parce que la malice des artistes se plairait à vous montrer ces proportions dans une foule de choses *plus* que bizarres. Voyez comme vous auriez relevé la dignité royale! Voyez quelles limites raisonnables vous auriez posées à la liberté du crayon, liberté aussi sacrée que toutes les autres, car elle fait vivre des milliers d'artistes, des milliers d'imprimeurs, liberté qui est mon droit, et que vous ne devriez point me ravir, quand je serais le seul à en user..... »

Philipon déclaré coupable fut gratifié de six mois de prison et 2000 francs d'amende.

Dans un autre procès, le *Charivari* fut condamné à un mois de prison et à 5500 francs d'amende. Philipon se vengea en faisant vendre, pour payer les amendes, les poires qu'il avait faites à la Cour d'assises et présentées aux jurés pour sa défense.

*
* *

Le *Corsaire* qui datait de 1823, avait subi, depuis, de nombreuses modifications. Son intelligent directeur, Lepoitevin Saint-Alme, ouvrit les colonnes de sa feuille à des débutants pleins d'ardeur et de talent qui y commencèrent leur réputation : Alphonse Karr, Léon Gozlan, Méry, Louis Reybaud, Paul de Musset, Jules Sandeau, Théodore de Banville, Murger, Champfleury, etc.

En dehors de la presse politique et dans une sphère moins agitée, nous remarquons la création de l'*Artiste,* en 1831, la doyenne de nos actuelles revues d'art, magnifique publication de luxe, où ont successivement tenu le sceptre de la critique les écrivains les plus compétents et les plus raffinés.

*
* *

Le gouvernement de Louis-Philippe ne pouvait longtemps supporter les attaques violentes, parfois même factieuses, de la presse opposante, légitimiste ou républicaine. Il prit la résolution, sous le ministère de Casimir Périer, de poursuivre devant le jury la répression des délits de la parole, de la plume ou du crayon.

Le garde des sceaux, Barthe, donna le signal de ces poursuites par une circulaire adressée aux procureurs généraux, dont voici les principaux passages :

« La presse, et particulièrement celle des journaux, a outrepassé les limites qu'il est interdit à toute discussion de franchir. Je n'ai pas besoin de provoquer vos poursuites contre ces attaques cyniques dont plus d'une fois la personne même du prince a été l'objet...

« Au lieu de se renfermer dans la critique des doctrines et des actes du gouvernement, quelques écrivains, s'excitant par une déplorable émulation, ont mis en question le gouvernement même dans son principe et dans son essence... Il n'en saurait être ainsi... Nier ou mettre en question le principe du gouvernement est toujours un délit... Toute attaque dirigée contre les bases de notre droit public doit être punie: la paix publique y est intéressée...

« La licence de ces ennemis déclarés de l'ordre a déjà porté ses fruits. Des paroles provocatrices ont été suivies d'actes hostiles. Nul n'oserait prétendre que, dans cette dépravation politique qui, dans la Vendée comme à Paris, a préludé à la guerre civile par l'assassinat, ces prédications quotidiennes en faveur de la dynastie déchue ou de la République n'ont armé aucun bras, et n'ont pas exercé la plus déplorable influence......

« Vous n'hésiterez pas à vous servir de toutes les ressources que la législation vous offre contre ces délits......Un pays où la législation serait assez obscure pour qu'un écrivain convaincu d'attaques contre le principe de la constitution et l'essence du gouvernement ne fût pas condamné, serait livré à des périls sans cesse renaissants. »

On entra dès lors dans une ère de procès indéfinie qui a fait qualifier de *processif* le gouvernement de juillet. Des acquittements sans nombre et souvent scandaleux suivirent les poursuites. La faiblesse des jurés et les hésitations des magistrats redoublaient l'audace des journalistes militants.

Sarrans jeune, dans son livre sur *Louis-Philippe et la contre-Révolution de 1830*[1], a dressé un tableau des procès de presse intentés par le gouvernement pendant les deux années 1831 et 1832. Il porte le nombre des procès à 411 ayant abouti à 143 condamnations donnant un total de 65 ans de prison et de 350 000 francs d'amende.

La *Tribune* seule, dans le cours d'une existence d'environ quatre années, fut l'objet de 111 poursuites, qui aboutirent à 20 condamnations totalisées par 49 années de prison et 157 630 francs d'amende. A la suite de tous ces procès, des souscriptions étaient

[1] Tome Ier, p. 306.

réunies qui permettaient au journal condamné de reprendre la lutte. Les bourses légitimistes s'ouvraient elles-mêmes en faveur des feuilles républicaines; et on voyait Chateaubriand souscrire publiquement pour 50 francs et la *Gazette* pour 1000 francs en faveur de la *Tribune*, condamnée pour avoir traité la Chambre des députés de *prostituée*.

M. Degouve-Denunques, rédacteur du *Progrès du Pas-de-Calais*, se vantait, en 1838, d'avoir été 24 fois poursuivi et 24 fois acquitté. De même l'*Écho du peuple*, journal républicain de Poitiers, en 1835, comptait 13 acquittements sur 13 poursuites. Anselme Pétetin, de Lyon, poursuivi 13 fois en trois ans, n'avait été condamné qu'une fois, et encore disait-il que c'était faute d'avoir bien fait les récusations.

Le *National* était rarement frappé. Antony Thouret, gérant de la *Révolution de 1830*, fut acquitté 22 fois sur 30.

Pour intimider les jurés, les journaux condamnés imprimaient en gros caractères, quelquefois pendant plusieurs mois, leurs noms et leurs adresses. Une feuille satirique, *les Cancans*, s'exprimait ainsi, pour se venger du verdict prononcé contre elle : « Ferme, Messieurs les jurés, courage, déchaînez-vous..... Pour commencer à m'acquitter envers vous, je vous condamne à figurer trois fois de suite en tête de mes *Cancans*. Je vous attache à ce poteau populaire, nouveau pilori, index vengeur de la liberté de la presse, où 200000 Français viendront vous saluer des noms qu'on prodigue toujours au *courage* ou à l'*indépendance*..... Ah ! la France entière saura vos noms..... J'ai fait tirer leur honte à 20000 exemplaires. » La *Tribune*, à son tour, annonce son intention de publier la liste de toutes les condamnations, avec les noms des jurés en regard.

Les journaux républicains étaient soutenus dans leur lutte par une association fondée dans ce but, la *Société pour la défense de la presse patriote*. Beaucoup de ses membres appartenaient à la Chambre des députés, et ils ajoutèrent bientôt à leurs statuts primitifs la *défense de la liberté individuelle*. Cette association ne venait pas seulement en aide aux journaux pour le paiement des amendes ; elle fournissait une allocation mensuelle aux écrivains *patriotes* condamnés à la prison ; elle subventionnait la publication de brochures et de pamphlets.

L'ardeur des passions populaires était entretenue, à cette époque, dit Louis Blanc[1], par les *crieurs publics*, agents actifs des feuilles démocratiques et moniteurs ambulants de l'insurrection. Ces crieurs, ajoute M. Thureau-Dangin[2], remplissaient alors les rues les plus fréquentées, colportant, avec des exclamations assourdissantes, des libelles dont le titre seul était un outrage aux lois ou aux bonnes mœurs. Cette sorte d'orgie prit de telles proportions que l'on put se vanter d'avoir distribué ainsi, en trois mois, 6 millions d'imprimés démagogiques. Les colporteurs étaient presque tous enrégimentés dans la *Société des droits de l'homme*, grande association républicaine, et revêtus même d'une sorte d'uniforme.

Le préfet de police Gisquet crut pouvoir empêcher, sur la voie publique, la vente des écrits qu'il n'avait pas autorisés. Mais le tribunal lui donna tort et déclara que la loi du 10 décembre 1830 obligeait le crieur à faire seulement une déclaration et un dépôt préalables, non à demander une autorisation. Il y eut appel. Mais la Cour de Paris jugea que, moyennant la déclaration prescrite par la législation existante, la profession de crieur public était libre, et ne pouvait donner lieu qu'à des poursuites pour délits de presse, comme tout autre genre d'ouvrage et tout autre mode de vente et de distribution. Jusque-là la police avait continué ses saisies et ses arrestations.

Armé de l'arrêt de la Cour, Rodde, gérant du journal *le Bon Sens*, annonça que, le dimanche 13 octobre 1833, il vendrait en personne, sur la place de la Bourse, les imprimés interdits par le préfet de police. « Je résisterai, disait-il, à toute tentative de saisie et d'arrestation arbitraires ; je repousserai la violence par la violence ; j'appelle à mon aide tous les citoyens qui croient encore que force doit rester à la loi. Qu'on y prenne garde..... J'ai le droit d'en appeler à l'insurrection ; dans ce cas, elle sera, ou jamais, le plus saint des devoirs. »

Le préfet de police fit alors annoncer, dans le *Moniteur*, que, jusqu'à la décision de la Cour de cassation, il ne serait fait aucune poursuite nouvelle contre les crieurs publics.

Rodde n'en persista pas moins dans sa manifestation. A l'heure fixée et au jour indiqué, sur la place de la Bourse, au milieu de la foule accourue, on vit s'avancer un homme à la taille athlétique, à la

[1] *Histoire de dix ans*, t. IV, p. 95.

[2] *Histoire de la Monarchie de juillet*, t. II, p. 224.

démarche hautaine. « Deux pistolets étaient dans la boîte que portait cet homme, dit Louis Blanc, et il avait le costume des crieurs publics : une blouse amaranthe et un chapeau verni sur lequel on lisait ces mots : *Publications patriotiques*. L'air fut ébranlé de mille cris : Vive le défenseur de la liberté ! Vive M. Rodde ! Respect à la loi ! Les chapeaux étaient levés en l'air ; les mouchoirs étaient agités aux fenêtres ; des gardes nationaux se pressaient autour de l'intrépide distributeur, prêts à le défendre ou à le venger. La distribution se fit sans obstacle. »

Le gouvernement crut alors le moment venu de proposer une nouvelle loi sur les crieurs publics, pour prendre sa revanche de l'espèce de défaite, que l'autorité venait de subir. D'après cette loi, qui fut votée le 16 février 1834, les crieurs publics devaient obtenir une autorisation toujours révocable, et l'infraction à cette prescription était déférée, non au jury, mais aux tribunaux correctionnels [1].

Malgré les prescriptions de cette loi, les crieurs publics prétendaient encore vendre sans autorisation. Il y eut des rixes violentes et de petites émeutes. Mais enfin force resta à la loi.

*
* *

On aurait bien voulu, dès lors, faire juger par la police correctionnelle tous les délits de la presse et les délits politiques. Mais la Charte avait stipulé l'application du jury à ces délits, et on ne pouvait songer qu'à renvoyer aux tribunaux correctionnels tout ce qu'on pouvait soutenir n'être pas, à proprement parler, un *délit politique*. C'est ainsi qu'on avait procédé dans la loi sur les crieurs publics ; c'est ainsi qu'on procéda dans la loi sur les associations de 1834 et dans les lois de septembre 1835.

On sait qu'à la suite des insurrections d'avril et de l'attentat de Fieschi, Morey et Pépin, le conseil des ministres, présidé par le duc de Broglie, et dont faisaient partie Guizot, Thiers et Persil, déposa trois projets de loi, l'un sur le jury, l'autre sur le jugement des actes de rébellion, et le troisième sur la presse. Ces projets avaient pour but de rendre impossibles les attaques contre la personne du roi et le principe du gouvernement, de supprimer, comme le disaient les ministres, la presse carliste et la presse républicaine.

[1] *Histoire de la Monarchie de juillet*, t. II, p. 224.

Le projet relatif au jury, lui attribuant le vote secret, disposait que la majorité des voix nécessaire pour la condamnation serait réduite de 8 à 7.

Le projet relatif aux actes de rébellion investissait le Ministre de la Justice, à l'égard des citoyens accusés de ce chef, du pouvoir de former autant de cours d'assises que le besoin l'exigerait, et chaque procureur général d'abréger, en cas de besoin, les formalités de la mise en jugement. Il donnait aussi au président de la cour d'assises le droit de faire emmener de force les accusés qui troubleraient l'audience et de faire passer outre aux débats en leur absence.

Le projet relatif à la presse déclarait punissables de la *détention et d'une amende de* 10 000 *à* 50 000 *francs* l'offense à la personne du roi et toute *attaque contre le principe du gouvernement commise par voie de publication*. Il défendait aux citoyens, sous des peines exorbitantes, quoique moins sévères, de prendre la qualification de républicain, de mêler la personne du roi à la discussion des actes du gouvernement, d'exprimer le vœu ou l'espoir de la destruction de l'ordre monarchique ou constitutionnel, d'exprimer le vœu ou l'espoir de la restauration du gouvernement déchu, d'attribuer des droits au trône à quelqu'un des membres de la famille bannie, de publier les noms des jurés avant ou après la condamnation, de rendre compte des délibérations intérieures du jury, d'organiser des souscriptions en faveur des journaux condamnés. Il donnait aux tribunaux le droit de suspendre la feuille frappée ; il exigeait des journaux un cautionnement presque double, qui devait être versé en numéraire. Il enlevait aux gérants la faculté de donner des signatures en blanc ; il leur imposait l'obligation de dénoncer les auteurs des articles incriminés ; il les privait de l'administration des journaux durant le cours de l'emprisonnement. Aucun dessin, aucun emblème, aucune gravure, aucune lithographie ne pourraient plus être exposés, publiés, mis en vente, qu'après avoir subi la censure préalable, qui était appliquée aussi aux spectacles et aux pièces de théâtre.

De plus, pour échapper à la juridiction du jury, qu'on trouvait trop incertaine, sans cependant violer la Charte qui l'avait établie pour juger les délits de presse, on érigeait en *attentats* certains de ces délits, notamment l'excitation à la haine ou au mépris du Roi et la provocation à la révolte par la voie de la presse. Or, d'après cette même Charte, les attentats pouvaient être déférés à la Cour des Pairs.

L'exposé des motifs, résultat de la collaboration du Garde des sceaux Persil et du Président du conseil des ministres, s'exprimait ainsi au sujet de la presse : « La liberté de la presse ne domine pas les autres institutions ; elle est elle-même limitée par la Constitution, dont elle fait partie... Les partis hostiles n'ont, il me semble, que trois garanties principales à invoquer : la liberté individuelle, la liberté de la presse, et l'ordre constitutionnel des juridictions... Quant à la liberté de la presse, nous la voulons franche et complète, mais nous n'admettons pas la discussion sur le roi, sur la dynastie, sur la monarchie constitutionnelle. La presse ne saurait avoir plus de droits que cette tribune... Notre loi a pour but principal d'empêcher les attaques à la personne du roi et au principe de son gouvernement. On vous dira, nous nous y attendons, que, par l'énormité des peines, nous voulons tuer la presse. Il faut distinguer entre la presse monarchique constitutionnelle, opposante ou non, et la presse républicaine, carliste ou dans les principes de tout autre gouvernement qui ne serait pas le nôtre. Celle-ci, nous ne le nions pas, nous ne sommes nullement disposés à la tolérer. Notre loi manquerait son effet si toute autre presse que la presse monarchique constitutionnelle, opposante ou non, pouvait se déployer librement après sa promulgation. Il n'y a pas en France, et il ne peut y avoir de république, de gouvernement légitime restauré. L'invocation de l'un ou de l'autre serait un délit, un crime, aujourd'hui ; et un délit et un crime ne peuvent pas avoir d'organe avoué de publicité. »

La discussion fut des plus vives à la Chambre et se prolongea pendant quinze jours. Le rapporteur était M. Sauzet. Il fut soutenu, dans la discussion, par Duvergier de Hauranne, au nom de la majorité.

*
* *

M. Guizot, ministre de l'instruction publique, intervint avec une inflexible logique et de véritables menaces. « On oublie constamment, dans ce débat, dit-il, le but de toute peine, de toute législation pénale. Il ne s'agit pas seulement de punir ou de réprimer le condamné ; il s'agit surtout de prévenir des crimes pareils. Il ne faut pas seulement mettre celui qui a commis le crime hors d'état de nuire de nouveau ; il faut surtout empêcher que ceux qui seraient tentés de commettre les mêmes crimes se laissent aller à cette tentation. L'intimidation générale et préventive, tel est le but principal, le but

D'après un portrait de Delaroche, lithographié par Emile Lassalle et publié par la maison Aubert.

FRANÇOIS GUIZOT

(1787-1874)

Historien et publiciste. Grand-maître de l'Université

Président du conseil des ministres.

Réduction d'une gravure extraite des *Journées révolutionnaires* par Armand Dayot. (Ernest Flammarion, édit.)

dominant des lois pénales. Il faut choisir, dans ce monde, entre l'intimidation des honnêtes gens et l'intimidation des malhonnêtes gens, entre la sécurité des brouillons et la sécurité des pères de famille ; il faut que les uns ou les autres aient peur, que les uns ou les autres redoutent la société et ses lois. Il faut le sentiment profond, permanent, d'un pouvoir supérieur, toujours capable d'atteindre et de punir..... Qui ne craint rien ne respecte rien .... »

L'opposition discuta longtemps et pied à pied. Elle fut secondée non seulement par Mauguin et par Lamartine, mais encore par des jurisconsultes du parti modéré tels que Dupin et Dufaure.

On attaqua surtout le caractère facultatif de la disposition de la loi, qui permettait de renvoyer soit devant la cour d'assises, soit devant la Chambre des Pairs, les journalistes prévenus de complicité *d'attentats* prévus par les articles 86 et 87 du Code pénal. « Jamais, dans aucune législation, disait M. Dufaure, on n'a vu la faculté attribuée à un accusateur de traduire l'accusé devant un tribunal ou devant un autre, de choisir à son gré, comme il lui plaira, le tribunal dont il espère la répression la plus sûre. Voilà qui est contraire aux principes les plus constants, les plus élémentaires, de notre droit criminel. »

***

Mais ce fut l'intervention inattendue de M. Royer-Collard qui produisit la plus vive impression. Agé alors de soixante-douze ans, dit M. Thureau-Dangin[1], l'illustre vieillard n'avait pas paru à la tribune depuis son discours de 1831, en faveur de l'hérédité de la pairie. Il était demeuré, en face de la monarchie de juillet, dans une attitude de spectateur chagrin, découragé, un peu méprisant.

Comme M. Dufaure, M. Royer-Collard s'attaqua surtout aux dispositions qui, en qualifiant certains délits d'attentats, les enlevaient au jury pour les déférer à la Cour des Pairs. Cela lui paraissait un « subterfuge », et il accusait la loi de n'être pas « franche ». « Je refuse, disait-il, ces inventions législatives où la ruse respire ; la ruse est sœur de la force et une autre école d'immoralité. » Puis il ajoutait : « Il est avéré que le gouvernement veut une autre justice de la presse que la justice du pays dont il se défie, qu'il veut une justice spéciale. N'osant la proposer, car il n'oserait, que fait-il ? Il a recours à une

[1] *Op. cit.*, t. II, p. 316.

nouvelle transformation. C'est la Chambre des Pairs qui sera sa cour spéciale, sa cour prévôtale. Oui, Messieurs, la Chambre des Pairs, déjà cour spéciale de l'émeute, on la fait encore cour spéciale de la presse. Messieurs, la Chambre des Pairs n'a pas mérité ce traitement. Elle n'existe pas pour être un instrument de gouvernement, *instrumentum regni*, selon l'énergique expression de Tacite. Essentiellement pouvoir politique, accidentellement pouvoir judiciaire dans de rares circonstances où l'Etat lui-même intervient, placé, je dirais volontiers relégué dans la sphère la plus haute de la région politique, d'où il domine par sa dignité et par le respect de son impartialité toutes nos agitations, c'est ce pouvoir si élevé, que je caractérise encore bien faiblement, qu'on fait descendre à l'humiliante condition de cour spéciale, de cour prévôtale, assise sur les ruines de la justice du pays violée dans son sanctuaire. Et dans ce misérable état, elle sera saisie par la réquisition arbitraire, capricieuse, du gouvernement, tandis que la chambre des Lords ne l'est que par l'accusation de la chambre des Communes, le Sénat américain par l'accusation de la chambre des représentants qui n'accuse que des fonctionnaires publics....... Messieurs, la Chambre des Pairs n'est que trop affaiblie, elle n'a éprouvé que trop de revers.... Elle renferme certainement beaucoup de vertus éprouvées : et cependant, si elle subit l'affront qu'on lui prépare, elle périra. Un tribunal permanent, juge de la presse, perpétuellement battu par les flots irrités des partis, s'abîmera bientôt dans l'impuissance. Alors, Messieurs, alors, la Chambre des Pairs décriée, avilie, frappée de mort politique, ne pourra plus revivre que par l'élection. La Chambre des Pairs élective, voilà, Messieurs, la dernière et inévitable conséquence de la loi. Je le veux bien ; mais ce n'est pas par cette voie qu'il faudrait y arriver. Et si nous y arrivons en effet, une Chambre des Pairs élus ne s'enrichira pas, soyez-en sûrs, de la dépouille du jury. » Enfin l'orateur s'élevait à la plus haute éloquence, en établissant, suivant son système, l'origine du désordre des idées que l'on prétendait réprimer par la loi sur la presse : « Le mal est grand, s'écriait-il, il est infini, mais est-il d'hier ? Enhardi par l'âge, je dirai ce que je pense, ce que j'ai vu. Il y a une grande école d'immoralité, ouverte depuis cinquante ans, dont les enseignements, bien plus puissants que les journaux, retentissent dans le monde entier. Cette école, ce sont les événements qui se sont accomplis, presque sans relâche, sous nos yeux. Regardez-les : le 6 octobre, le 10 août, le 21 janvier, le 31 mai, le 18 fructidor, le 18 brumaire ; je m'arrête là. Que voyons-nous dans cette suite de révolutions ? La victoire de la force sur l'ordre établi, quel qu'il fût, et, à l'appui, des doctrines pour la légitimer... Le respect est éteint, dit-on : rien ne m'afflige, ne m'attriste davantage, car je n'estime rien plus que le respect : mais qu'a-t-on respecté depuis cinquante ans ? Les croyances sont détruites, elles se sont battues et ruinées les unes sur les autres. Cette épreuve est trop forte pour l'humanité, elle y succombe. Est-ce à dire que tout soit perdu ? Non, tout n'est pas perdu : Dieu n'a pas retiré sa main, il n'a pas dégradé la créature faite à son image ; le sentiment moral qu'il lui a donné pour guide et qui fait sa grandeur ne s'est pas retiré du cœur. Le remède que vous cherchez est là et n'est que là. »

La commission fit introduire dans la loi sur la presse l'article 8, qui punissait toute attaque contre la propriété, le serment, le respect dû aux lois, toute apologie de faits qualifiés crimes ou délits par la loi pénale, toute provocation à la haine entre les diverses classes de la société. « Le silence du projet, disait le rapporteur de la commission, nous ne pouvions le garder, quand nous voyons tous les jours attaquer ce qu'il y a de plus saint parmi les hommes, le mariage, la famille, la propriété, le serment ; quand tous les crimes ont des apologies publiques, quand toutes les jalousies et les mauvaises passions sont ardemment excitées, quand le doute est partout, et le frein nulle part. Notre loi eût manqué son caractère, sans une éclatante réprobation de tous ces blasphèmes sociaux. »

De tous les discours de l'opposition, nous ne retiendrons que quelques observations pénétrantes et lumineuses de H. Dubois, député de la Loire-Inférieure, contre le cautionnement et contre le monopole qui en était la conséquence.

« Pour moi, disait-il, le cautionnement est un monopole, un monopole qui tend à constituer la presse d'une manière immorale : c'est depuis 1819 l'erreur de notre législation..... Autrefois, un journal était à la vérité une association, mais chacun des membres répondait personnellement de ses écrits. Il était en face des hommes qu'il attaquait, il mettait son nom au bas de ses pages, en regard du nom auquel il se prenait, et alors il encourait une responsabilité véritable. Que constituez-vous aujourd'hui par votre cautionnement ? Une raison sociale abstraite, une unité factice et mensongère, derrière laquelle se cachent toutes les diversités de caractère, de talent et de moralité. ... Sachez-le bien, un parti puissant et nombreux sera toujours assez riche pour établir un journal, à quelque prix que ce soit ; ce n'est pas deux cent mille francs de cautionnement qui l'arrêteront. Mais les diverses opinions du pays, celles qui ne sont pas assez fortes pour constituer un parti, mais qui par la publicité peuvent cependant neutraliser et à la longue même dissoudre les partis, celles-là vous les faites esclaves, vous les enchaînez malgré elles sous des drapeaux dont elles ne voudraient pas.... Et que devient le gouvernement en face de ces tribunes privilégiées ? Quelle chance reste-t-il au pouvoir, je ne dis pas de s'éclairer, de connaître les véritables sentiments du pays, mais même de lutter contre une puissance si formidable ? Aucune sans doute ; et bientôt entraîné par la nécessité, il n'a plus qu'une seule ressource, celle de se défendre par les mêmes armes avec lesquelles on l'attaque ; il fonde et paye des journaux ; mais des journaux payés n'ont ni attrait ni force..... Voilà pour lui la conséquence du monopole des journaux. Heureux si, dans l'abandon où il tombe nécessairement, il n'en vient pas à regarder le silence et l'oppression comme la seule arme bonne et sûre ! Rarement, nous l'avons vu, les gouvernements échappent à cette fatale conséquence et nous savons ce que la société en souffre. »

* * *

Mais ces arguments se heurtèrent au parti pris le plus assuré, qui provenait de l'indignation causée par le crime exécrable de Fieschi et les ardeurs trop souvent inconsidérées de la presse hostile au pouvoir.

Les lois de septembre 1835 furent votées. Elles n'étaient, en définitive, qu'un expédient. Elles étaient loin d'avoir résolu le problème que soulève la liberté de la presse dans notre société démocratique. Où est d'ailleurs, comme se le demande M. Thureau-Dangin[1], la solution de ce problème? Qui a trouvé le secret d'ouvrir les portes à la liberté, sans que la licence en profite pour se glisser par quelque endroit ? Quel mode de répression qui ne puisse, à un moment donné, entre les mains d'un gouvernement sans scrupule, devenir

[1] *Op. cit.*, t. II, p. 323.

un instrument d'oppression? A ces deux périls, le remède est plutôt dans les mœurs que dans les lois.

Le résultat des lois de septembre ne fut pas, comme ses auteurs se l'étaient proposé, de tuer la presse carliste et républicaine. Mais elle obligea cette presse à voiler un peu son drapeau. C'est ce qu'exprimait fort bien Carrel dans un article du *National* du 1er juillet 1836 : « On a mis les journaux dans la nécessité de se censurer eux-mêmes. Ils s'y résignent; mais on n'écrit pas tout ce qu'on pense, et l'on ne publie pas même tout ce qu'on écrit. Pour avoir l'idée de la violence que se fait la presse à elle-même, en se présentant avec ces apparences de modération que le *Journal des Débats* célèbre comme le résultat des lois de septembre, il faudrait se faire apporter les épreuves et les manuscrits qui passent chaque soir sous les yeux des directeurs des feuilles opposantes... Imaginez les lois de septembre suspendues pendant deux fois vingt-quatre heures! Combien de choses qu'on croit oubliées recommenceraient à se dire!... »

Les lois de septembre réprimèrent les écarts de la caricature, firent condamner par le jury beaucoup de délits de presse, qui bénéficiaient autrefois d'une impunité presque absolue; elles contribuèrent à faire disparaître certaines feuilles comme la *Tribune*. Mais, en vérité, elles ne changèrent rien à l'hostilité des uns, à l'indifférence des autres, et ne servirent nullement à consolider la dynastie de Louis-Philippe. On s'en aperçut bien, treize ans plus tard, en 1848.

* * *

Quoi qu'il en soit, ces lois draconiennes n'empêchaient pas le journalisme de se développer de plus en plus, grâce à l'avènement de la presse à quarante francs, dont il convient maintenant de parler.

Ce fut un journal conservateur, dont les premiers rédacteurs en chef furent Léonce de Lavergne et Alph. Grün, le *Journal général de France*, qui entra le premier, dès le 15 mars 1836, dans la voie de la publicité à bon marché.

Dans son prospectus, ce nouveau journal s'élevait contre l'abus résultant du prix élevé des journaux. Dans la librairie, le grand nombre des souscripteurs amenait le bon marché et profitait aux lecteurs. Pourquoi n'en était-il pas de même pour les journaux? « Aujourd'hui, disait le *Journal général*, tout le monde a besoin de

Masson del. et sculp. Collection de l'Artiste. Drouart, imp.

ÉMILE DE GIRARDIN

(1806-1881)

Publiciste et auteur dramatique

Député de la Creuse.

lire un journal; mais le prix des feuilles politiques éloigne les lecteurs. Grâce aux exigences de l'impôt, et au monopole exercé par quelques grandes exploitations, des millions de Français sont condamnés à la privation des jouissances intellectuelles, à l'ignorance de leurs droits, à l'isolement moral, à l'erreur, aux fausses doctrines. » Pour remédier à ce mal, on donnait au public pour 48 francs ce qu'il avait payé jusque-là 80 francs par an.

L'idée mise en pratique par le *Journal général* avait été exposée déjà par Emile de Girardin dans le *Journal des connaissances utiles*, au commencement de l'année 1835. C'est le 1er juillet 1836 que parut la *Presse*. Il est curieux d'entendre Emile de Girardin, député de la Creuse, décrire lui-même le mécanisme et les ressorts de la nouvelle feuille : « La *Presse*, disait-il, ne se fonde point avec la prétention de venir émettre une doctrine nouvelle, de susciter encore dans le pays un parti ou une coterie de plus : le journalisme a mis au monde assez de dissentiments sociaux, il a fait de toutes les couleurs de nos drapeaux assez de nuances diverses pour qu'il lui soit rendu la justice de reconnaître qu'à cet égard il n'a plus laissé rien à tenter : passions, intérêts, ambitions, haines, préventions, illusions, fausses théories et vaines terreurs, sont depuis longtemps et alternativement de la part des journaux existants, l'objet d'une trop habile exploitation... La *Presse* différera des journaux établis... Le prix d'abonnement des journaux quotidiens n'est pas en juste rapport avec la modicité du revenu moyen de la grande majorité des électeurs français, qui se compose de propriétaires ruraux ; sur beaucoup de points, nous le savons, 80 francs sont à peine la rente annuelle d'un capital de six à huit mille francs en terres arables. La presse politique appelle donc une réforme... »

Emile de Girardin prouvait ensuite par des chiffres qu'avec dix mille abonnés à quarante francs, la *Presse* serait annuellement en perte de 150 000 francs. Toute la question se réduisait donc à ces termes : comment couvrir ce déficit annuel? Et il répondait : Par les annonces. En cela, il imitait l'organisation de la presse anglaise, dont la prospérité était bien faite pour justifier la hardiesse apparente de ses calculs. « Au prix de quarante francs par année, disait-il, dix mille abonnés seront plus faciles à acquérir que mille seulement au prix de quatre-vingts francs. Ce nombre, la *Presse* l'aura dépassé dans six mois. Telle est notre opinion, fondée sur l'expérience et sur une étude constante et approfondie de la presse périodique. Dix mille

Galerie de la presse. Aubert imp.

JOSEPH MÉRY

(1789-1866)

Poète et publiciste

Romancier et auteur dramatique.

abonnements placeront la *Presse* au premier rang des journaux quotidiens, et lui assureront alors par les annonces payées une recette annuelle qui suffira à la balance de ses frais, au service des intérêts du capital social, et enfin à son remboursement. »

La *Presse* ne fondait pas exclusivement sur le bon marché ses espérances de succès. « Ce que la *Presse*, disait-elle, ne veut être ni paraître, c'est un journal au rabais. La mission de la *Presse* est d'un autre ordre ; ce qu'elle a entrepris, c'est une réforme radicale du journalisme quotidien, en dépit de la fiscalité législative. La rédaction la plus noblement rétribuée, l'impression la plus soignée, et le prix d'abonnement le plus faible, voilà ce que la *Presse* s'est assuré les moyens de concilier.... »

Et en effet, autour de M. de Girardin, soleil de ce monde nouveau, gravitaient une quarantaine de satellites des plus brillants, ayant chacun son rôle spécial dans la *Presse* : Balzac, scènes de la vie privée ; Berthoud, intérieur des contemporains célèbres ; Alexandre Dumas, feuilleton historique, et compte rendu des drames nouveaux ; Esquiros, sciences occultes ; Théophile Gautier, beaux-arts ; Granier de Cassagnac, livres historiques et religieux ; Gozlan, tableaux modernes ; Victor Hugo, questions sociales ; Achille Jubinal, revue rétrospective, ancienne littérature ; Paul Lacroix (Bibliophile Jacob), bibliographie ; Jules Lecomte, marines ; Malitourne, souvenirs et portraits historiques ; Gustave Planche, critique littéraire ; Alphonse Royer, Orient, Russie, Allemagne ; marquis de Custine, Lettres d'un cosmopolite ; Eugène Sue, Lettres de Saint-Brice ; de Norvins, Souvenirs de l'Empire ; Eugène Scribe, proverbes dramatiques ; Frédéric Soulié, compte rendu des théâtres lyriques ; Jules Sandeau, critique des livres nouveaux ; etc., etc.

C'est dans la *Presse* que Delphine Gay (Mme Emile de Girardin) fit paraître ces scintillantes *Lettres parisiennes*, sous le pseudonyme du vicomte de Launay, qui ont été l'origine et qui sont restées le modèle de la chronique périodique.

Un des plus spirituels causeurs de la première moitié de ce siècle, le poète Joseph Méry, qui faisait journellement assaut d'esprit dans le célèbre salon de Mme de Girardin, fut aussi un des plus distingués collaborateurs de la *Presse*, à laquelle il fournit d'intéressants et nombreux romans. Méry avait déjà, précédemment, payé son tribut au journalisme par une série de mordants articles publiés dans le *Nain jaune* sous la Restauration ; il a laissé, en outre, la réputation d'un poète pittoresque et coloré, d'un auteur dramatique original et saisissant.

*
* *

Pour en revenir à la création de M. de Girardin, elle fut accueillie par un *tolle* général dans le monde du journalisme. Le fondateur de la *Presse* fut attaqué avec âpreté par les feuilles dont une concurrence inattendue menaçait la prospérité ou l'existence. M. Capo de Feuillide, dans le *Bon Sens*, se mit à la tête de ce mouvement contre la presse à bon marché et contre M. de Girardin. Celui-ci se défendit par un procès en diffamation, se réfugiant de la sorte sous la protection d'une loi qui n'admettait point l'accusateur à prouver la vérité de l'accusation.

Une irréparable catastrophe fut la conséquence de cette querelle. Armand Carrel publia, dans le *National* du 20 juillet 1836, quelques lignes dans lesquelles il soutenait que M. de Feuillide avait bien le droit de trouver mauvaise l'entreprise de M. de Girardin. Il blâmait en outre ce dernier d'avoir eu recours aux lois de septembre. M. de Girardin répondit par un article, qui semblait jeter des doutes sur la loyauté du rédacteur en chef du *National*, et qu'il terminait par la menace de publier les comptes des journaux qui l'attaquaient et aussi la biographie de plusieurs de leurs rédacteurs. Carrel pensa que cette menace pouvait l'atteindre et provoqua M. de Girardin en duel.

Un des témoins de Carrel, Ambert, nous a laissé le récit de ce duel historique. « Le matin, dit-il, vers les cinq heures, je fus prendre Carrel à son domicile, rue Grange-Batelière. Il était déjà prêt, et, comme j'étais arrivé le premier, nous pûmes causer seuls, quelques instants. Nous parlâmes naturellement, d'abord de lui-même et ensuite des choses indifférentes de la vie, comme il arrive toujours, quand on veut éloigner une préoccupation. Tout à coup, et comme s'il retrouvait un lointain souvenir : « Tu ne sais pas, me dit-il, j'ai « fait, cette nuit, un étrange rêve : je voyais ma mère en deuil, et « lorsque je lui demandais si mon père était mort, elle m'a répondu : « Non, mon fils, c'est ton deuil à toi que je porte. » Et, en terminant, le pauvre Carrel souriait; je souriais avec lui, mais j'éprouvais un sentiment indéfinissable..... Arrivés sur le terrain, Carrel s'approcha de M. de Girardin, et lui dit avec fermeté : « Monsieur, nous devons « nous battre, vous m'avez menacé d'une biographie ; la chance des « armes peut m'être contraire ; cette biographie, vous la ferez alors ;

« mais si vous la faites loyalement, dans ma vie privée comme dans « ma vie politique vous ne trouverez rien qui ne soit honorable, « n'est-ce pas, Monsieur? — Oui, Monsieur, » répondit M. de Girardin. Il fut décidé que les deux combattants seraient placés à la distance de quarante pas, pouvant marcher et tirer à volonté, mais sans dépasser la limite de vingt pas qui devait toujours les séparer l'un de l'autre. Carrel, la poitrine découverte, franchit rapidement sa distance et fit feu le premier. M. de Girardin qui était resté à sa place, le canon de son arme dirigé vers son adversaire, s'écria : « Je suis touché au genou... Et « moi à l'aine, » dit Carrel, qui venait d'être frappé à son tour et presque simultanément. Nous le soutînmes et il eut encore la force d'aller s'asseoir sur un tertre qui bordait l'allée..... »

Carrel fut emporté, après deux jours d'horribles souffrances. Tous les partis, dit Louis Blanc dans son *Histoire de dix ans*, tous les partis s'unirent pour bénir sa mémoire et pour le pleurer. Arnold Scheffer, Thibeaudeau, Martin Maillefer lui firent des adieux touchants auxquels s'associa la France entière ; et Chateaubriand, Arago, Cormenin, Béranger furent aperçus en larmes autour de la fosse qui attendait et qui garde ce vaillant homme. L'illustre sculpteur David l'a fait revivre en bronze, et son tombeau est devenu le but d'un pèlerinage austère.

Cependant les fondateurs de la presse à bon marché voyaient leurs efforts couronnés de succès. Au bout de trois mois la *Presse* avait plus de dix mille abonnés, elle en compta bientôt vingt mille; et, dès 1838, ses annonces furent affermées 150 000 francs.

* * *

Un autre journal, fondé le même jour que la *Presse*, et dans des conditions à peu près identiques, eut un succès plus grand encore : il s'agit du *Siècle*, créé par Dutacq, et qui atteignit, en quelques années, le chiffre fabuleux alors de 38 000 abonnés.

Le *Siècle* fut admirablement lancé par Dutacq, qui le plaça sous les auspices des députés de l'opposition constitutionnelle : Jacques Laffitte, Dupont de l'Eure, Salverte, Odilon Barrot, Chapuis-Montlaville, etc. Il s'annonçait comme consacré à la défense des principes de la souveraineté nationale, de monarchie représentative, d'égalité et de liberté, proclamés par les deux révolutions de 1789 et de 1830.

On a souvent dit du *Siècle* que c'était le journal des épiciers et des marchands de vin. Ce qu'il y a de certain, c'est que, grâce à ses romans et au ton général de sa rédaction, il s'est créé un immense auditoire parmi le public affairé des trafiquants des villes et des campagnes ; c'est lui qui a commencé l'éducation de cette classe laborieuse du pays qui a besoin d'une monnaie d'idées toute frappée et d'une valeur moyenne pour ses échanges quotidiens. Il fut, en un mot, pour la classe ouvrière, ce qu'avait été le *Constitutionnel* pour la bourgeoisie. C'était là un rôle plein d'avenir, et le *Siècle* ne s'en est pas acquitté sans mérite. Il faut bien le dire cependant, les romans-feuilletons du *Siècle* ont été pour beaucoup dans la vogue rapide qu'il obtint. Un simple roman d'Alexandre Dumas, *le Capitaine Paul*, lui procura cinq mille abonnés, en moins de trois semaines.

La direction du *Siècle* est passée successivement des mains de Guillemot à celles de Chambolle, Louis Perrée et Havin. Parmi les rédacteurs les plus connus, on peut citer : Léon Plée, Louis Jourdan, Emile de la Bédollière, Taxile Delord, Edmond Texier, Eugène Guinot etc. [1].

Tous les journaux furent entraînés dans la révolution opérée par la *Presse* et le *Siècle*. Un seul journal, les *Débats*, put rester au prix de 80 francs, sans compromettre son influence ni sa prospérité.

* * *

Il y avait des difficultés et de graves inconvénients pour les journaux politiques à exploiter eux-mêmes directement leur publicité. Ce fut un disciple d'Enfantin, Charles Duveyrier, qui eut l'idée ingénieuse et fructueuse tout à la fois d'affermer les annonces des journaux et d'ouvrir en même temps dans Paris de nombreux bureaux destinés à recueillir les annonces du public.

Taxile Delord a tracé de Duveyrier un portrait des plus vivants. Il le représente comme un esprit actif, pénétrant, habile à prévoir les situations, philosophe dans l'industrie, industriel dans la philosophie, poète, orateur, publiciste, auteur dramatique, apôtre au besoin, prodigue d'idées, inventeur désintéressé d'une foule d'entreprises qui ont enrichi les autres, mourant pauvre des suites de cet apostolat universel.

[1] Eugène Hatin. *Bibliographie de la Presse*, p. 402.

Charles Duveyrier portant un jour son regard sur l'ensemble des choses humaines, le laissa tomber par hasard sur le coin que l'annonce occupait à la quatrième page des journaux : il se dit que l'industrie française comprenait mal la publicité et qu'il était temps de lui apprendre à user du système anglais qui consiste à résumer l'annonce en quelques lignes, et qui par conséquent en diminue le prix. Duveyrier eut l'idée de traiter, en 1845, avec le *Journal des Débats*, le *Constitutionnel*, la *Presse*, et d'affermer leurs annonces. Les frères Péreire et Arlès-Dufour mirent 600 000 francs dans cette affaire ; Duveyrier ouvrit soixante bureaux, fit courir dans les rues de petites voitures pour recueillir les annonces anglaises. Le public industriel resta sourd à son appel ; heureusement le succès de l'annonce française ordinaire suffit pour donner des bénéfices à la société. La révolution de février fut pour l'entreprise Duveyrier un moment de crise facile à surmonter : mais son directeur, tout entier à la politique, au lieu de songer aux annonces, ne s'occupait que du moyen de refaire la société ! Charles Duveyrier, renonçant de gaieté de cœur à la perspective assurée d'une grande fortune, se jeta dans le journalisme et livra son entreprise à des industriels qui en ont fait la grande compagnie qui dispose aujourd'hui de la publicité de presque tous les journaux de Paris et des départements [1].

Hatin, dans son *Histoire de la presse* [2], a donné des chiffres qui prouvent l'influence de l'abaissement du prix d'abonnement sur le mouvement général de la presse en France.

En 1828, dit-il, le nombre des feuilles timbrées à Paris pour le service des journaux n'était que de 28 millions : il s'éleva en 1836 à 42 millions. Dix ans après, en 1846, il était de 80 millions, et le nombre des abonnés aux journaux parisiens de 70 000 s'était élevé à près de 200 000.

En 1846, on comptait à Paris 26 journaux quotidiens :

Quatre : le *Journal de Paris*, le *Messager*, le *Corsaire-Satan*, et la *France*, avaient de 500 à 2000 abonnés ;

Huit : le *Moniteur parisien*, la *Réforme*, l'*Echo français*, le *Courrier français*, la *Démocratie pacifique*, la *Droit*, la *Gazette des tribunaux* et l'*Entr'acte*, en comptaient de 2000 à 3000 ;

Neuf : le *Charivari*, la *Gazette de France*, le *Commerce*, la *Quo-*

[1] *Histoire du Second Empire* par Taxile Delord, t. II, p. 171.

[2] Tome VIII, p. 569 et 570.

tidienne, la *Patrie*, l'*Estafette*, l'*Esprit public*, le *National*, l'*Univers*, en comptaient de 3 000 à 5 000 ;

Deux : les *Débats* et l'*Epoque*, en comptaient 10 à 15 000 ;

Deux : la *Presse* et le *Constitutionnel*, en comptaient de 20 à 25 000 ;

Un : le *Siècle*, en comptait plus de 30 000.

Il n'est pas question du *Moniteur Universel*, parce qu'il était envoyé gratuitement à tous les fonctionnaires et qu'il comptait peu d'abonnés payants.

* * *

Dans la courte statistique qui précède, nous avons vu figurer deux journaux importants créés vers la fin du gouvernement de juillet, la *Réforme* et l'*Epoque*, dont il convient de dire quelques mots.

La *Réforme*, créée par Ledru-Rollin et trois ou quatre députés, en 1843, fut rédigée par Flocon. Ce journal, plus accentué que le *National*, représentait l'extrême gauche, la révolution démocratique. « Consacré, disait-il lui-même, à la défense de tous les intérêts nationaux, il promettait de s'attacher principalement à diriger les réformes politiques dont l'urgence était reconnue par tous les hommes de bonne foi vers les réformes sociales qui devaient en être la sanction et le but. » Il voulait refaire, dans des circonstances toutes différentes, la première République, touchait même au socialisme et laissait entrevoir une sorte d'idéal de République prolétarienne.

A côté de la *Réforme*, il y a lieu de signaler un autre journal républicain et démocratique de même nuance, le *Journal du Peuple*, revue mensuelle d'abord, journal hebdomadaire à partir de 1837, tri-hebdomadaire à partir de 1841, et enfin quotidien à partir de janvier 1842. Il était rédigé par Godefroy Cavaignac et Dupoty.

M. Thureau-Dangin, quoique absolument hostile aux opinions de Godefroy Cavaignac, a tracé de ce grand républicain, de cette nature supérieure, un portrait auquel nous pouvons emprunter quelques traits, en les rectifiant parfois.

Godefroy Cavaignac avait passé sa jeunesse en Belgique auprès de son père exilé, en compagnie de Levasseur, Vadier, Cambon, David et autres Montagnards. Toute sa vie, il a gardé à la mémoire de ce père un véritable culte, qui donnait à ses passions politiques le caractère d'une sorte de piété filiale et de point d'honneur de famille.

Il faisait partie des jeunes républicains que Thiers conduisit au Palais-Royal, dans la soirée du 31 juillet 1830. Le duc d'Orléans ayant, dans la conversation, dit un mot des égarements de la Convention, Cavaignac l'interrompit avec une vivacité quelque peu impérieuse : « Monseigneur, dit-il, oublie que mon père était de la Convention. — Le mien aussi, Monsieur, » avait répondu le duc d'Orléans.

Louis Blanc raconte que Cavaignac lui parlant un jour de l'*Histoire de dix ans* et du chapitre où hommage était rendu aux qualités militaires de son frère : « Sais-tu, lui disait-il, ce qui dans ce chapitre m'a particulièrement touché? C'est la note qui apprend au lecteur que le Cavaignac d'Afrique est mon frère. Mais pourquoi n'as-tu pas ajouté qu'il est le fils de cet autre Cavaignac.....? » Il regarda le ciel et ne put continuer, tant il était ému.

Godefroy Cavaignac était d'une taille élevée; ses traits étaient d'une régularité vigoureuse, la figure amaigrie, l'œil ferme et souvent triste, la lèvre ombragée par une moustache épaisse ; sa démarche un peu militaire semblait celle d'un homme qui va droit devant lui ; et dans tout son être il y avait comme une intrépidité fière qui donnait l'idée, si l'on peut accoler ces deux mots, d'un paladin de la démocratie. Hautain et sévère d'aspect, affectant le parler rare et bref, il se roidissait pour paraître plus énergique encore. Cela ne l'empêchait pas de laisser voir, dans l'intimité, un fond de tendresse et de douceur qui le faisait aimer. Son esprit était cultivé, ouvert particulièrement aux choses de l'art. Il est mort à quarante-cinq ans, sans avoir vu le triomphe de son parti, après toute une vie consacrée à ses convictions.

Quant à l'*Époque*, fondée par Granier de Cassagnac, Victor Bohain, et Solar, en juin 1845, elle avait la prétention de faire entrer dans son cadre toutes les matières qui sont le sujet de publications spéciales, et d'envoyer, en quelque sorte, à chaque abonné, sans augmentation de prix, un cabinet de lecture à domicile.

L'*Époque* était un journal encyclopédique fondé en vue d'absorber tous les journaux spéciaux : politiques, militaires et maritimes, administratifs, scientifiques, médicaux, juridiques, commerciaux, agricoles, littéraires, des travaux publics, des cultes, etc.

L'*Époque* se heurta à la concurrence et aux attaques de la *Presse* de M. de Girardin ; et, après une existence tourmentée d'environ dix-huit mois, elle dut cesser de paraître et céder à la *Presse* ses rares abonnés.

*
* *

Le retour des cendres de Napoléon Ier et les entreprises aventureuses de Louis-Napoléon à Strasbourg d'abord, à Boulogne ensuite, ne pouvaient manquer d'engendrer une certaine agitation et de se répercuter dans la presse.

Ce fut vainement que Louis-Napoléon négocia avec M. Degeorge, rédacteur en chef du journal républicain *le Progrès du Pas-de-Calais*, une alliance avec le parti républicain démocratique et le journal *le National*. Il échoua dans ses tentatives de séduction ; et il se résigna à faire connaître ses aspirations dans une brochure écrite par M. de Persigny, intitulée *Lettres de Londres* et plus tard dans ses *Idées napoléoniennes*, où il étalait un mélange de doctrines démocratiques et socialistes destinées à rallier les mécontents de toute nuance qui faisaient à la monarchie de juillet une guerre active.

« Ce ne sont pas seulement les cendres, disait Louis-Napoléon, mais les idées de l'Empereur, qu'il faut ramener... Expliquons en peu de mots ce que nous entendons par l'idée napoléonienne. De toute convulsion politique jaillit une idée morale, progressive, civilisatrice. L'idée napoléonienne est sortie de la révolution française comme Minerve de la tête de Jupiter, le casque en tête et toute couverte de fer. Elle a combattu pour exister, elle a triomphé pour persuader, elle a succombé pour renaître de ses cendres, imitant en cela un exemple divin. L'idée napoléonienne consiste à reconstituer la société française, bouleversée par cinquante ans de révolutions, à concilier l'ordre et la liberté, les droits du peuple et les principes d'autorité. Au milieu de deux partis acharnés, dont l'un ne voit que le passé et l'autre que l'avenir, elle prend les anciennes formes et les nouveaux principes. Voulant fonder solidement, elle appuie son système sur des principes d'éternelle justice, et brise sous ses pieds les théories réactionnaires enfantées par les excès des partis. »

Un moment même, du 15 juin 1839 au 3 décembre 1840, le prince Napoléon eut un journal pour propager ses doctrines, *le Capitole*, qui fit beaucoup de bruit. Ses rédacteurs ou directeurs étaient : le marquis de Crouy-Chanel, que l'on accusa d'être vendu à la Russie, Saint-Edme, Barginet, Ch. Durand, etc. Malgré sa courte existence, ce journal démontra que l'Empire, avec ses souvenirs de grandeur militaire, pouvait éveiller des échos en France, que le feu brûlait encore sous les cendres ramenées de Sainte-Hélène.

A cette même époque, en novembre 1839, commença à paraître une petite Revue, à la note incisive et hardiment aristophanesque, qui lui créa aussitôt de nombreux lecteurs et un retentissement considérable ; il s'agit des *Guêpes*, fondées et rédigées par Alphonse Karr, alors rédacteur en chef du *Figaro*, et dont le souvenir quasi légendaire s'est propagé jusqu'à la génération actuelle.

Bien qu'il ait repris plus tard cette même publication, à différentes reprises, en 1852, en 1858, en 1869, mais sans y retrouver un succès identique, l'auteur de *Sous les Tilleuls* mérite de ne pas être oublié, quoiqu'il ait lui-même, dans les dernières années de sa vie, cherché l'oubli du monde dans son ermitage fleuri de Saint-Raphaël.

* * *

Sous le ministère Guizot constitué le 29 octobre 1840, la presse de droite et celle de gauche semblèrent redoubler leurs attaques contre le roi Louis-Philippe et contre son système de gouvernement.

Le ministre de la justice, Martin (du Nord), adressa le 6 novembre 1840, une circulaire aux procureurs généraux, pour leur recommander l'exécution rigoureuse des lois contre la presse. Le 8 novembre, une saisie du *National* répondait aux exhortations du ministre. Quelques jours après, une feuille nouvelle, la *Revue démocratique*, était également poursuivie, et l'éditeur condamné à une peine sévère. Le *National* fut renvoyé de la plainte par la chambre des mises en accusation. Mais le ministère revint à la charge. Une nouvelle saisie vint frapper le *National* le 16 décembre ; et le 26 La Mennais était condamné par la cour d'assises à un an de prison et deux mille francs d'amende. De nombreux procès furent faits aux feuilles royalistes : la *Gazette de France*, la *France*, la *Quotidienne*, la *Mode*, le *Revenant* qui ne s'en montrèrent guère émus et reprirent de plus belle leurs attaques, même après une condamnation. Il en fut de même pour les journaux de province.

Le plus retentissant de ces procès fut le procès dit des « Lettres de Louis-Philippe », intenté au journal *la France* au mois d'avril 1841.

Dans son numéro du 15 janvier 1841, la *Gazette de France* donna le texte de trois lettres, qu'elle prétendait avoir été écrites par Louis-Philippe, alors duc d'Orléans, pendant qu'il était banni de France. Ces lettres étaient datées de 1808 et de 1809 ; le prince y déclarait ses vœux en faveur du succès des armées étrangères engagées en Espagne contre les Français. Publiées d'abord en Angleterre, relevées par la presse opposante, les lettres n'avaient été l'objet ni de démentis, ni de poursuites. Elles provenaient d'une source assez impure, d'une femme auteur, décriée pour ses mœurs, Ida de Saint-Elme, connue sous le nom de *la Contemporaine*. Mais les hommes de parti s'inquiètent fort peu de savoir d'où viennent les armes dont ils se servent.

L'impunité de la *Gazette* lui suscita des imitateurs. Le 24 janvier, la *France* fit paraître, à son tour, une série de lettres également attribuées à Louis-Philippe, mais postérieures à son avènement. Dans ces lettres, le roi, déclarant les traités de 1815 irrévocables, abandonnait aux puissances du Nord le sort de la Pologne, prenait envers l'Angleterre l'engagement d'évacuer l'Algérie et expliquait les fortifications projetées de Paris par la nécessité de se réserver les moyens de contenir la capitale.

Propagée par les journaux de l'opposition, la publication fit scandale. La justice intervint. Les feuilles royalistes qui avaient inséré les lettres, furent saisies ; le gérant de la *France*, M. de Montour, et son rédacteur en chef de Lubis, mis en prison, contrairement aux usages en matière de presse ; et le journal fut traduit, le 24 avril 1841, devant la cour d'assises de la Seine. Sur une belle plaidoirie de Berryer, il fut acquitté. Salué par les applaudissements de l'auditoire et de la foule qui débordait au dehors de la salle, ce verdict émut vivement l'opinion publique, d'autant plus que, tout en déclarant apocryphes les lettres publiées par la *France*, il ne se prononçait pas sur le caractère de celles qui avaient paru dans la *Gazette*. L'avocat général avait motivé son silence à ce sujet en disant qu'on poursuivait les attaques dirigées contre le roi des Français, et non les offenses dirigées contre le duc d'Orléans.

En réalité, le verdict du jury atteignait le roi lui-même. Le *Journal des Débats* ne chercha point à le dissimuler. Il reprocha aux ministres de n'avoir pas saisi cette occasion d'appliquer les lois de septembre, en traduisant les auteurs de la publication devant la Chambre des Pairs.

La *Gazette de France* exagéra la portée de l'acquittement et fournit ainsi au gouvernement le sujet d'une revanche. Elle affirma que Berryer avait conclu à l'authenticité des lettres attribuées au roi par le journal *la France*. Poursuivie pour compte rendu infidèle, elle fut traduite devant la Cour d'assises jugeant cette fois sans l'assistance du jury, et condamnée sur les réquisitions du ministère public qui rappela ces paroles de Berryer : « En résumé, je n'examine la cause que sous le point de vue de la bonne foi. »

*
* *

En 1841, l'élection de Ledru-Rollin comme député du Mans donna lieu à un procès célèbre fait au *Courrier de la Sarthe*, dirigé alors par M. Hauréau, pour avoir publié un discours dans lequel Ledru-Rollin parlait de la souveraineté populaire et affirmait ses convictions républicaines.

Devant la Cour d'assises de Maine-et-Loire, Ledru-Rollin fut défendu par Odilon Barrot, et Hauréau par Berryer. Le plaidoyer de Berryer fit une grande impression et fut couvert d'applaudissements. « Quoi ? vous craignez la république ? disait-il. Vous la repoussez de tous vos efforts ! Si, plus puissants que vous, les événements faisaient triompher la république en France ; si, fidèle aux conséquences de son principe, elle laissait la liberté d'exprimer toutes les opinions dans le sein des collèges électoraux, n'auriez-vous pas le courage d'aller y défendre la monarchie ? Vous qui défendez la monarchie, est-ce que votre cœur ne se sent pas la résolution d'aller dans le sein des collèges de la république et de dire : vous avez maintenu un gouvernement déplorable, j'en veux un autre et je sollicite vos suffrages pour être député, afin de rétablir la monarchie. Vous êtes infidèles à la monarchie, vous n'êtes pas dignes de la servir, si vous ne réservez pas ce droit, qu'il faut respecter chez les autres, lorsqu'on veut l'exercer plus tard... Si les intentions, les vœux, les pensées, les systèmes ne se développent pas librement dans les assemblées populaires, si la presse n'a pas le droit de les faire connaître et de tout soumettre au jugement du pays, croyez bien que vous ne ferez pas taire les consciences, que vous ne tuerez pas les intelligences, que des arrêts ne détruisent pas les convictions de toute une vie. Vous nous condamnerez à chercher d'autres ressources. »

C'est ce qui arriva en effet pour la fraction révolutionnaire du parti républicain. Ne pouvant publier ses opinions, à cause des lois de Septembre sur la presse, elle eut recours aux assemblées et aux publications clandestines. Elle se réunissait dans la *Société des familles*, au début du règne de Louis-Philippe, et plus tard dans la *Société des Saisons*, où l'on préparait des émeutes, sous la direction de Blanqui, de Barbès, de Martin-Bernard.

L'insurrection du 12 mai 1839, où Barbès fut grièvement blessé, fournit à Victor Hugo l'occasion d'un de ces actes de haute humanité, où sa grande âme se révélait dans son éclat.

L'auteur du *Dernier jour d'un condamné* était à l'Opéra, où il assistait à une des représentations de son *Esméralda*, lorsque M. de Saint-Priest, pair de France, alla s'asseoir auprès de lui et lui annonça que la Chambre de Paris venait de prononcer la peine de mort contre Barbès pour la part qu'il avait prise à l'insurrection, en ajoutant que l'exécution aurait lieu le lendemain.

Victor Hugo monta aussitôt à la régie du théâtre, demanda une feuille de papier et y écrivit ces quatre vers, où il rappelait à la fois la mort récente de la princesse Marie et la naissance du comte de Paris :

> Par votre ange envolée ainsi qu'une colombe !
> Par ce royal enfant, doux et frêle roseau !
> Grâce encore une fois ! Grâce au nom de la tombe !
> Grâce au nom du berceau !

Il mit ces vers dans une de ces enveloppes grises qui servent aux billets de théâtre, courut aux Tuileries, et donna la lettre au portier en le priant de la porter tout de suite. — Le lendemain, il reçut cette réponse du roi : « *La grâce est accordée, il ne me reste plus qu'à l'obtenir.* » — En effet, les ministres voulaient l'exécution. Louis-Philippe tint bon et Barbès fut sauvé. Mais ce ne fut qu'en 1848 qu'il sortit de prison.

Voici la lettre qu'il écrivit plus tard à Victor Hugo :

« La Haye, le 10 juillet 1862.

« Cher et illustre Citoyen,

« Le condamné dont vous parlez dans le septième volume des *Misérables* doit vous paraître ingrat.

« Il y a vingt-trois ans qu'il est votre obligé !... et il ne vous a rien dit.

« Pardonnez-lui ! pardonnez-moi.

« Dans ma prison d'avant février, je m'étais promis bien des fois de courir chez vous si un jour la liberté m'était rendue.

« Rêves de jeune homme ! Ce jour vint pour me jeter comme un brin de paille rompu dans le tourbillon de 1848.

« Je ne pus rien faire de ce que j'avais si ardemment souhaité.

« Et depuis, pardonnez-moi ce mot, cher citoyen, la majesté de votre génie a toujours arrêté la manifestation de ma pensée.

« Je fus fier, dans mon heure de danger, de me voir protégé par un rayon de votre flamme. Je ne pouvais mourir, puisque vous me défendiez.

« Que n'ai-je eu la puissance de montrer que j'étais digne que votre bras s'étendît sur moi ! Mais chacun a sa destinée, et tous ceux qu'Achille a sauvés n'étaient pas des héros.

« Vieux maintenant, je suis depuis un an dans un triste état de santé. J'ai cru souvent que mon cœur ou ma tête allait éclater. Mais je me félicite, malgré mes souffrances, d'avoir été conservé, puisque, sous le coup de votre nouveau bienfait, je trouve l'audace de vous remercier de l'ancien.

. . . .

« A vous de profonde affection.

« A. Barbès. »

La réponse de Victor Hugo fut digne de cette belle lettre :

« Quand un homme a, comme vous, été le combattant et le martyr du progrès; quand il a, pour la sainte cause démocratique et humaine, sacrifié sa fortune, sa jeunesse, son droit au bonheur, sa liberté ; quand il a, pour servir l'idéal, accepté toutes les formes de la lutte et toutes les formes de l'épreuve : la calomnie, la persécution, la défection, les longues années de la prison, les longues années de l'exil... quand un homme a fait cela, tous lui doivent, et lui ne doit rien à qui que ce soit. Qui a tout donné au genre humain est quitte envers l'individu[1]. »

Entre temps, la fraction révolutionnaire du parti républicain propageait dans l'ombre, *le Moniteur républicain* et *l'Homme libre*, où l'on excitait les républicains aux barricades et même au régicide.

En tête du *Moniteur républicain* était placée une vignette représentant la république assise sur une barricade, le doigt sur la détente d'un fusil. « Nous discuterons, était-il dit, dans le premier numéro de ce journal clandestin, nous discuterons tous les principes, toutes les opinions ; nous nous proclamerons ce que nous sommes, républicains.... Nous parlerons contre la royauté, contre le mono-

[1] Voir la *Mort d'Armand Barbès*, dans *Chants et Chansons*, de Paul Avenel (Quantin, 1897).

D'après une lithographie du temps (édit. de la *Propagande socialiste*).

ARMAND BARBÈS

(1809-1870)

Gravure extraite des *Journées révolutionnaires*, par Armand Dayot.
(Ernest Flammarion, édit.)

pole législatif, contre la propriété mal acquise, contre la religion de la majorité, contre le serment..... Nous ferons l'apologie des faits politiques qualifiés crimes et délits par les gens du roi ; nous provoquerons même, sans scrupule aucun, à la haine, au mépris, au changement et à la destruction du gouvernement du roi et des classes aristocratiques. Nous ferons, en un mot, tout ce qui nous est défendu sous peine d'amende, prison et guillotine, par les lois salutaires de Septembre... Nous croyons à la nécessité d'une nouvelle révolution, qui soit la dernière de longtemps, d'une révolution à la fois sociale et politique..... »

Pendant près d'un an, le *Moniteur républicain* fut répandu à un grand nombre d'exemplaires, surtout à Paris. On le jetait dans les boutiques, sous les portes ; on en envoyait même des exemplaires par la poste. Cette publication fut l'objet de poursuites, au mois de juin 1839, et on y impliqua, à défaut d'auteurs connus, tous ceux qui avaient pu coopérer à sa composition ou à sa distribution. Il y eut neuf inculpés : Gambin, ouvrier imprimeur ; Boudin, bottier ; Seigneurgens, bonnetier ; un habitant de Perpignan nommé Gervais ; Aubertin, menuisier ; Fombertaut, dessinateur ; Guillemain ; Lecomte, épicier à Quimper ; Pierre Joigneaux, homme de lettres, mort sénateur de la troisième République ; ils furent condamnés à cinq ans de prison chacun.

Mais cette poursuite n'empêcha pas le *Moniteur républicain* de continuer sa propagande irrégulière. Dans le deuxième numéro, on peut lire une apologie d'Alibaud. « Que l'obscurité de votre condition, dit-on aux lecteurs, et le sentiment de votre faiblesse individuelle n'arrête point vos pas, car chacun de vous est placé sur un théâtre immense où il ne tient qu'à lui de jouer un grand rôle, ce théâtre où tant de Brutus et tant d'Alibaud ont déjà légué leur mémoire à tous les siècles du monde en immolant ou cherchant à immoler la tyrannie..... »

Dans le numéro 5, il est question de tuer Louis-Philippe et les siens : « Il est temps, s'écrie-t-on, de tirer l'épée du fourreau et surtout de jeter le fourreau loin de vous. Mais ce serait risquer la partie que l'entamer autrement qu'en frappant de grands coups ; et, puisqu'il faut nous expliquer, nous ne concevons rien de possible, si l'on ne commence par attaquer la tête de la tyrannie, ou, en d'autres termes, par tuer Louis-Philippe et les siens. Nous prouverons cette nécessité dans notre prochain numéro. » Et, en effet, le numéro 6 est consacré à cette démonstration et à l'éloge du régicide avec ces trois sentences pour épigraphes :

On ne juge pas un roi, on le tue.

(BILLAUD-VARENNES.)

On ne peut pas régner innocent.

(SAINT-JUST.)

Le régicide est le droit de l'homme qui ne peut obtenir justice que par ses mains.

(ALIBAUD.)

*
* *

Nous n'aurions pas donné un tableau complet de la presse sous la monarchie de juillet, si nous ne disions quelques mots des diverses *Revues* qui furent créées à cette époque, et prirent très vite de si grands développements.

L'une d'elles, la plus célèbre, la *Revue des Deux-Mondes*, s'est maintenue prospère et florissante jusqu'à ce jour. Elle avait été fondée en 1829 par Ségur-Dupeyron et Mauroy ; mais dès 1831 Buloz en devint le rédacteur en chef et assura son succès. Il en fit avant tout et par-dessus tout une revue littéraire, recherchant la collaboration des écrivains et des poètes les plus célèbres : Sainte-Beuve, Victor Hugo, Alfred de Vigny, puis Alfred de Musset, George Sand, Balzac, Alexandre Dumas. Une grande place fut faite à la critique philosophique et littéraire, à la haute politique.

La *Revue de Paris* eut d'abord presque autant d'importance que la *Revue des Deux-Mondes*. Elle avait été fondée aussi en 1829 par M. Véron qui « voulait ouvrir les deux battants d'une grande publicité à tous les jeunes talents encore obscurs, comme à tous les écrivains déjà célèbres, et en même temps assurer aussi une certaine rémunération aux compositions littéraires qui demandaient trop de développement pour être réduites aux proportions d'un article de journal, mais qui n'en pouvaient fournir assez pour défrayer un livre. » Elle introduisit le roman dans la presse périodique, avec Alexandre Dumas, Sue, Karr, Gozlan, Janin, Balzac, etc.

C'est dans cette *Revue de Paris* que l'auteur du *Père Goriot* publia sa fameuse *Lettre aux écrivains français du* XIXe *siècle*, qui renfermait en principe l'idée de la « Société des gens de Lettres »; le célèbre romancier fonda lui-même la *Chronique de Paris* et la *Revue Parisienne*, et collabora simultanément à la *Silhouette*, au *Rénovateur*, à l'*Artiste;* ce qui ne l'empêcha pas d'écrire une *Monographie de la Presse parisienne*[1], où il donna librement carrière à la fougue de son tempérament et à son indomptable esprit d'indépendance en émaillant son texte de mordants paradoxes, tels que ceux-ci :

« On tuera la presse, comme on tue un peuple, en lui donnant la liberté. — Tout journal qui n'augmente pas sa masse d'abonnés, quelle qu'elle soit, est en décroissance. — Frappons d'abord, nous nous expliquerons après. — Plus un homme politique est nul, meilleur il est pour devenir le Grand Lama d'un journal. — Moins on a d'idées, plus on s'élève. — La critique aujourd'hui ne sert plus qu'à une seule chose, à faire vivre le critique. — Il n'y a pas de police correctionnelle pour la calomnie et la diffamation des idées. — Pour le journaliste, tout ce qui est probable est vrai. — Si la presse n'existait pas, il faudrait ne pas l'inventer. »

Et cependant le même Balzac, a, dans la *Fille aux yeux d'or*, donné cette belle définition : *Le journaliste est une pensée en marche!* et, dans son Code littéraire (article 13, titre I), il accordait une pension de 1200 francs par an à *tout journaliste, qui, pendant dix ans, avait fait plus de quarante articles par an.*

En 1831, la *Revue de Paris* passa des mains de Véron dans celles d'Amédée Pichot; et, en 1834, elle fut achetée par Buloz, qui la fit paraître parallèlement à la *Revue des Deux-Mondes*, jusqu'en 1840. Mais alors l'avènement de la presse à 40 francs et la publication quotidienne des romans feuilletons amenèrent la disparition de la *Revue de Paris*.

C'était, malgré tout, le temps de la floraison des Revues; quand une disparaissait, une autre naissait. Sous la direction de Pierre Leroux, un des fondateurs du *Globe*, l'*Encyclopédie nouvelle* succédait en 1838 à la *Revue encyclopédique*, mais ne put elle-même durer bien longtemps, en dépit de la profondeur et de la variété des articles de son rédacteur en chef; le savant publiciste philosophe n'en créa pas moins, en 1841, de concert avec George Sand, la *Revue indépendante* qui se fit rapidement une grande notoriété par la vivacité de ses polémiques religieuses et ses études sur les questions sociales;

[1] La *Monographie de la Presse parisienne* est un des plus curieux chapitres de la *Grande Ville* (nouveau tableau de Paris), ouvrage rare aujourd'hui, paru en 1843, et qui fait partie de la *Bibliothèque de M. Amédée Prince.*

enfin, en 1845, le célèbre auteur de l'*Humanité, son principe et son avenir* pensa mettre la dernière main à son œuvre, en fondant la *Revue sociale*, où il put développer tout à son aise ses théories saint-simoniennes.

Toutefois la presse ne contribua qu'indirectement à la chute de la monarchie de juillet, qui fut renversée, on le sait, par la campagne des banquets et aux cris de : *Vive la réforme!* Mais la presse eut une grande part, comme nous allons le voir, dans l'établissement de la seconde République.

Grandi et A. *del.* Bourdon et Reilhauer, sc.

DESCENTE DANS LES ATELIERS DE LA LIBERTÉ DE LA PRESSE

Réduction d'une gravure extraite des *Journées Révolutionnaires*, par A. Dayot.
(E. Flammarion, éditeur.)

CHAPITRE VIII

LA PRESSE SOUS LA SECONDE RÉPUBLIQUE

(24 février 1848 — 2 décembre 1851.)

Organisation du Gouvernement provisoire de 1848 dans les bureaux du *National* et de la *Réforme*. — Attitude conciliante de la presse de tous les partis. — Suppression de l'impôt du timbre ; abolition des lois de septembre. — Retrait aux Cours d'appel du droit d'attribuer les annonces judiciaires à leur gré.. — Décret proclamant l'incompétence absolue des tribunaux civils en matière de réparation pour diffamation par la voie de la presse. — L'influence des clubs contre-balance l'action de la presse. — Les journaux ultra-révolutionnaires et ultra-conservateurs ; le socialisme de la *Presse*, la *République*, d'Eugène Bareste, la *République française*, de Bastiat, la *Vraie République*, de Thoré, la *Commune de Paris*, de Sobrier. — F. V. Raspail et son *Ami du peuple*. — Lacordaire et son opinion sur le rôle politique du clergé. — L'*Événement*, journal de Victor Hugo. — Le *Peuple;* originalité des idées révolutionnaristes de Proudhon. — Alexandre Dumas journaliste et candidat à l'Assemblée constituante. — L'*Assemblée nationale*, journal d'opposition philippiste. — Le *Bulletin de la République*, organe de Ledru-Rollin, ministre de l'Intérieur. — Les feuilles fantaisistes et féministes : la *Voix des femmes*, la *République des femmes*, etc. — Antagonisme entre le peuple et la bourgeoisie. — Développement de la presse bonapartiste et de la presse anarchique ; le *Journal de la République napoléonienne*, le *Tocsin des travailleurs*. — Journées de juin : saisie de onze journaux ; arrestation d'Emile de Girardin. — Loi sur la presse du 12 août 1848 ; adoption du cautionnement, combattu par Louis Blanc. — Disparition du *Peuple constituant;* éloquents adieux de La Mennais à ses lecteurs. — L'Assemblée législative ; le Comité de la rue de Poitiers ; les pamphlets royalistes (la *Lettre d'un maire de village*, les *Partageux*, etc.). — Paris en état de siège ; suspension de six journaux républicains avancés et leur inutile requête devant le tribunal civil. — Loi des 27-29 juillet 1849, punissant les offenses envers le Président de la République, les provocations aux militaires, les organisateurs de souscriptions pour indemniser les condamnés aux amendes et soumettant toute distribution d'imprimés à l'autorisation préfectorale. — Rejet de l'amendement de Pascal Duprat ; protestation de Crémieux. — Loi des 16-19 juillet 1850, augmentant le taux des cautionnements, rétablissant l'impôt du timbre, et imposant la signature du journaliste. — Le président Louis-Napoléon ; campagne du *Constitutionnel* en faveur de la revision de la Constitution et de la prorogation des pouvoirs présidentiels. — Tableau du journalisme en 1851, par Adolphe Granier de Cassagnac. — Le 2 décembre 1851 et ses conséquences.

Ce fut la presse qui organisa le Gouvernement provisoire de 1848 : c'est là ce qu'atteste l'histoire impartiale. Le *National* et la *Réforme* furent en effet comme le berceau de la seconde République française. Il existait des compétitions entre les rédacteurs de ces deux journaux et les hommes politiques qui s'y rattachaient ; mais ils comprirent qu'ils devaient faire taire leurs rivalités dans l'intérêt de leur parti et de la liberté.

Au *National* et à la *Réforme* siégeaient deux comités en permanence : dans chacun d'eux, on délibérait sur les mesures à prendre et on se mettait d'accord sur la nécessité de proclamer un Gouvernement provisoire et d'organiser la République. Au comité du *National* on remarquait : Thomas, Emmanuel Arago, Sarrans, Duméril, Chaix (de Lyon), Aristide Guilbert, Edmond Adam, Peauger, Billaudel, Hauréau, Hélie, etc. A la *Réforme* étaient réunis : Beaune, Flocon, Gervais (de Caen), Cahaigne, Louis Blanc, Thoré, Etienne Arago, Sobrier, Albert et bien d'autres encore. Ces réunions dans les salles de rédaction des deux journaux républicains, pendant que la Révolution grondait encore dans les rues de Paris, empruntaient aux circonstances un caractère tout particulier. Des hommes noirs de poudre ou tachés de sang se tenaient debout, appuyés sur leurs fusils, autour de la table de rédaction.

C'est là qu'étaient préparées les listes, qui furent ensuite proclamées à la Chambre des députés et à l'Hôtel de Ville, pour constituer le Gouvernement provisoire, le 24 février 1848. On sait que la liste définitive fut la suivante : Dupont (de l'Eure), François Arago, Ledru-Rollin, Marie, Crémieux, Garnier-Pagès, Lamartine, avec Marrast, Louis Blanc, Flocon et Albert comme secrétaires.

On ne peut que rendre justice à l'esprit de large et sincère philanthropie qui animait indistinctement tous les membres du gouvernement provisoire et dont ils donnèrent des preuves immédiates par la proclamation du droit au travail, l'abolition de la peine de mort pour cause politique, la suppression des peines corporelles dans la marine, la reconnaissance du droit absolu à la liberté de penser, etc.

A côté de ces représentants du peuple qui avaient assumé la lourde tâche du pouvoir, il ne faut pas omettre le colonel Charras que ses opinions républicaines d'avant-garde avaient fait envoyer en Afrique sous la monarchie de Juillet, et qui devint, sous le régime nouveau, secrétaire de la Commission de défense nationale, puis sous-secrétaire d'État au ministère de la guerre. La perspicacité de Charras lui avait fait pressentir les manœuvres de la conspiration élyséenne ; aussi avait-il fait tous ses efforts pour amener le vote qui

Samedi 26 Février 1848. — [illegible] FRANCS PAR AN. — Édition de Paris.

Prix de l'abonnement : Paris, Départ. et Étranger. Pour un an ... 60 f. — six mois ... 32 — trois mois ... 15

LE NATIONAL

DE 1834.

On s'abonne à Paris : Rue Lepelletier, numéro 3. — L'un des Gérans : Ch. Thomas. — Paris. — Imprimerie de Proux, Rue Lepelletier, 3. — Les manuscrits déposés ne sont pas rendus.

FRANCE.

PARIS, 25 FÉVRIER

RÉPUBLIQUE FRANÇAISE.

Citoyens !

Le Gouvernement provisoire déclare que le gouvernement actuel de la France est le gouvernement républicain, et que la nation sera appelée immédiatement à ratifier par son vote la résolution du gouvernement provisoire et du Peuple de Paris.

DUPONT DE L'EURE.
GARNIER-PAGÈS.
F. ARAGO.
MARIE.
LAMARTINE.
CRÉMIEUX.
LEDRU-ROLLIN.

Secrétaires :

LOUIS BLANC.
ALBERT, ouvrier.
ARMAND MARRAST.
FLOCON.

RÉPUBLIQUE FRANÇAISE.

Au nom du gouvernement provisoire de la république française,

Nous soussignés déclarons que :

Le fort de Vincennes et tous les autres qui environnent Paris, et les casernes, ont reconnu le gouvernement provisoire.

La plus grande sécurité règne désormais pour le triomphe de la liberté.

L'approvisionnement de la capitale en vivres et en substances de toute nature est assuré.

Les membres du gouvernement provisoire,
Dupont (de l'Eure), Lamartine, Garnier-Pagès, Arago, Marie, Ledru-Rollin, Crémieux, Louis Blanc, Albert, ouvrier, Marrast, Flocon.

RÉPUBLIQUE FRANÇAISE.

La garnison du fort de Vincennes vient de reconnaître le gouvernement de la république.

Toutes les troupes donnent leur adhésion au mouvement qui emporte la France entière.

A chaque instant le gouvernement provisoire de la république reçoit des villes et des populations les témoignages les plus passionnés de sympathie à la victoire et à la cause du peuple.

RÉPUBLIQUE FRANÇAISE.

Au nom du peuple français.

A LA GARDE NATIONALE.

Citoyens,

Votre attitude dans ces dernières et grandes journées a été telle qu'on devait l'attendre d'hommes exercés depuis long-temps aux luttes de la liberté.

Grâce à votre fraternelle union avec le peuple, avec les Écoles, la révolution est accomplie !

La patrie vous en sera reconnaissante.

Aujourd'hui tous les citoyens font partie de la garde nationale ; tous doivent concourir activement avec le gouvernement provisoire au triomphe régulier des libertés publiques.

Le gouvernement provisoire compte sur votre zèle, sur votre dévouement à seconder ses efforts dans la mission difficile que le peuple lui a conférée.

24 février 1848.

Les membres du gouvernement provisoire :
Dupont (de l'Eure), F. Arago, Marie, Lamartine, Crémieux, Ledru-Rollin, Garnier-Pagès ; secrétaires : Louis Blanc, Albert, Armand Marrast, Flocon.

RÉPUBLIQUE FRANÇAISE.

Le gouvernement provisoire arrête :

Vingt-quatre bataillons de garde nationale mobile seront immédiatement recrutés dans la ville de Paris.

L'enrôlement commence dès aujourd'hui, à midi, dans les douze mairies d'arrondissement où se trouvera le domicile de l'enrôlé.

Ces gardes nationaux recevront une solde de un franc cinquante centimes par jour, et seront habillés et armés aux frais de la patrie.

Le ministre de la guerre est chargé de se concerter avec le commandant général des gardes nationales de la Seine, pour l'organisation, la prompte instruction et l'armement des susdits bataillons.

Hôtel-de-Ville, 25 février, 7 heures du matin.

Dupont (de l'Eure), F. Arago, Marie, Garnier-Pagès, Lamartine, Crémieux, Ledru-Rollin ; secrétaires, Louis Blanc, Albert, Armand Marrast, Flocon.

RÉPUBLIQUE FRANÇAISE.

Proclamation à l'armée,

Généraux, officiers et soldats,

Le pouvoir, par ses attentats contre les libertés, le peuple de Paris par sa victoire, ont amené la chute du gouvernement auquel vous aviez prêté serment. Une fatale collision a ensanglanté la capitale. Le sang de la guerre civile est celui qui répugne le plus à la France. Le peuple oublie tout en serrant les mains de ses frères qui portent l'épée de la France. Un gouvernement provisoire a été créé ; il est sorti de l'impérieuse nécessité de préserver la capitale, de rétablir l'ordre, et de préparer à la France des institutions populaires analogues à celles sous lesquelles la République française a tant grandi la France et ses armées.

Vous saluerez, nous n'en doutons pas, ce drapeau de la patrie remis dans les mains du même pouvoir qui l'avait arboré le premier. Vous sentirez que les nouvelles et fortes institutions populaires qui vont émaner de l'assemblée nationale ouvrent à l'armée une carrière de dévouement et de services que la Nation, libre, appréciera autant et mieux que les rois.

Il faut rétablir l'unité de l'armée et du peuple un moment altérée.

Jurez amour au Peuple où sont vos pères et vos frères ! Jurez fidélité à ses nouvelles institutions, et tout sera oublié excepté votre courage et votre discipline.

La liberté ne vous demandera plus d'autres services que ceux dont vous avez à vous réjouir devant elle et à vous glorifier devant ses ennemis.

Les membres du gouvernement provisoire,
Dupont (de l'Eure), Garnier-Pagès, F. Arago, Marie, Lamartine, Crémieux, Ledru-Rollin ; secrétaires : Louis Blanc, Albert, Armand Marrast, Flocon.

RÉPUBLIQUE FRANÇAISE.

Le gouvernement provisoire, informé que quelques militaires ont déserté et remis leurs armes, donne les ordres les plus sévères, dans les départemens, pour que les militaires qui abandonnent ainsi leurs corps soient arrêtés et punis selon la rigueur des lois.

Jamais le pays n'eut plus besoin de son armée pour assurer au dehors son indépendance, et au-dedans sa liberté. Le gouvernement provisoire, avant de faire appel aux lois, fait appel au patriotisme de l'armée.

Pour le gouvernement provisoire,
GARNIER-PAGÈS, LAMARTINE.

RÉPUBLIQUE FRANÇAISE.

Le gouvernement provisoire arrête :

La chambre des députés est dissoute.

Une assemblée nationale sera convoquée aussitôt que le gouvernement provisoire aura réglé les mesures d'ordre et de police nécessaires pour le vote de tous les citoyens.

Paris, le 24 février 1848.

Dupont (de l'Eure), Garnier-Pagès, F. Arago, Marie, Lamartine, Crémieux, Ledru-Rollin ; secrétaires : Louis Blanc, Albert, Armand Marrast, Flocon.

RÉPUBLIQUE FRANÇAISE.

Le gouvernement provisoire arrête :

Il est interdit aux membres de l'ex-chambre des pairs de se réunir.

Paris, 24 février 1848.

Dupont (de l'Eure), Garnier-Pagès, F. Arago, Marie, Lamartine, Crémieux, Ledru-Rollin ; secrétaires : Louis Blanc, Albert, Armand Marrast, Flocon.

RÉPUBLIQUE FRANÇAISE.

Paris, le 25 février 1848.

Le gouvernement de la République française s'engage à garantir l'existence de l'ouvrier par le travail ;

Il s'engage à garantir du travail à tous les citoyens ;

Il reconnaît que les ouvriers doivent s'associer entre eux pour jouir du bénéfice légitime de leur travail.

Le gouvernement provisoire rend aux ouvriers, auxquels il appartient, le million qui va échoir de la liste civile.

GARNIER-PAGÈS, maire de Paris.
LOUIS BLANC,
L'un des secrétaires du gouvernement provisoire.

RÉPUBLIQUE FRANÇAISE.

Le gouvernement provisoire arrête :

MM. les chefs de postes de la garde nationale prendront les mesures nécessaires pour se procurer des vivres, tels que viande, charcuterie, fromages et vins, qu'ils feront distribuer aux citoyens selon leurs besoins.

Ils donneront en échange de ces vivres des bons dont le prix sera remboursé à l'Hôtel-de-Ville.

Hôtel-de-Ville, 25 février 1848.

Par délégation :
Les membres du gouvernement provisoire.
Signé : *Garnier-Pagès, Ad. Crémieux, Ledru-Rollin, Marie ; Louis Blanc*, secrétaire.

RÉPUBLIQUE FRANÇAISE.

Ministère des finances.—Cabinet du ministre.

Paris, le 25 février 1848.

Le ministre des finances vient d'adresser la circulaire suivante aux agens et comptables de tout grade de l'administration des finances :

« Monsieur, le gouvernement provisoire vient de me confier la direction de l'administration des finances. En acceptant cette position, je crois faire acte de dévouement et de bon citoyen : c'est aussi, je n'en doute pas, ce que la France doit attendre des agens et des comptables du ministère des finances.

» En dehors des luttes et des passions, vous y avez été mêlés moins que tous autres. Que cette position reste la vôtre ; faites preuve de la même droiture et de la même exactitude à remplir vos fonctions, et tous, vous pouvez compter sur mon concours et mon appui.

» Je compte [illegible] sur vous et sur votre dévouement à la France.

» Recevez, [illegible] l'assurance de mon attachement et de ma con[illegible]

[illegible] des finances, M. Goudchaux. »

RÉPUBLIQUE FRANÇAISE.

Le gouvernement provisoire de la république invite les citoyens de Paris à se défier de tous les bruits que feraient courir des gens mal intentionnés.

La république est proclamée.

Les membres du gouvernement provisoire :
Dupont de l'Eure, Lamartine, Garnier-Pagès, Arago, Marie, Ledru-Rollin, Crémieux, Louis Blanc, Albert, ouvrier, Marrast, Flocon.

RÉPUBLIQUE FRANÇAISE.

Les élèves de l'École polytechnique et les citoyens de Bassano et de Solms sont chargés de veiller à l'exécution pleine et entière des arrêtés pris par le gouvernement provisoire de la république pour les subsistances de toute nature.

Ils tiendront la main à ce que, notamment, les boulangers soient suffisamment approvisionnés. Tous pouvoirs leur sont donnés à cet égard, et à cet effet ils se rendront aux halles et entrepôts, et s'assureront de la mise en état complète des approvisionnemens ; ils sont autorisés à requérir la force armée pour en assurer les délivrances.

Ils devront aussi, et les citoyens gardiens des barricades devront les aider dans cette grande mission, faire en sorte que la circulation soit assez libre pour permettre les arrivages.

Aujourd'hui que Vincennes et les forts sont pris, il n'y a plus de nécessité aussi grande de se garder contre une invasion nouvelle.

Les membres du gouvernement provisoire :
Dupont (de l'Eure), Lamartine, Garnier-Pagès, Arago, Marie, Ledru-Rollin, Crémieux ; secrétaires, Louis Blanc, Marrast, Flocon, Albert, ouvrier.

Paris, 25 février 1848.

RÉPUBLIQUE FRANÇAISE.

Arrêté du Gouvernement provisoire.

Le gouvernement provisoire arrête :

La garde municipale est licenciée. Le ministre de la guerre est chargé de l'exécution de cette mesure.

Le Gouvernement provisoire,
Dupont (de l'Eure), Lamartine, Garnier-Pagès, Arago, Marie, Ledru-Rollin, Crémieux, Louis Blanc, Albert, ouvrier : Marrast, Flocon.

25 février 1848.

RÉPUBLIQUE [illegible]

Le gouvernement provisoire de la république déclare adopter les trois couleurs disposées comme elles l'étaient pendant la République ; le drapeau portera ces mots : République française.

Dupont (de l'Eure), Lamartine, Garnier-Pagès, Arago, Marie, Ledru-Rollin, Crémieux, Louis Blanc, Albert, ouvrier, Marrast, Flocon.

Paris, 26 février 1848.

RÉPUBLIQUE FRANÇAISE.

État-Major général de la Garde nationale.

Citoyens,

L'ennemi est encore à nos portes ; tous les moyens de résistance nous sont nécessaires. Au nom de la Patrie, de la République que nous avons proclamée hier, je vous engage à ne tirer aucun coup de fusil, à ne faire aucune manifestation inutile, et à conserver la poudre sans laquelle nous ne pourrons défendre la grande Révolution que nous venons d'accomplir.

Le chef d'État-major provisoire, A. GUINARD.

RÉPUBLIQUE FRANÇAISE.

Avis aux Gardes nationales de la Seine.

Le général commandant supérieur prévient les colonels des différentes légions qu'il aura l'honneur de les passer en revue demain, 26 février, dans l'ordre suivant :

La première à neuf heures du matin, Champs-Élysées.
La deuxième à dix heures, sur le boulevard Italien.
La troisième à onze heures, place des Victoires.
La quatrième à midi, cour du Louvre.
La cinquième à une heure, boulevard Saint-Martin.
La sixième à deux heures, boulevard du Temple.
La septième à trois heures, place Royale.
La huitième à quatre heures, barrière Contrescarpe.
La neuvième à quatre heures et demie, île Saint-Louis.
La dixième à cinq heures, quai Bourbon.
La onzième à cinq heures et demie, quai Malaquais.
La douzième à six heures, place du Panthéon.
La treizième à neuf heures du matin, Champs-Élysées.

Le général commandant supérieur, COURTAIS.

DÉPÊCHES TÉLÉGRAPHIQUES.

25 février.

« La république vient d'être proclamée à Dijon. »

« Bordeaux jouit de la plus grande tranquillité.

« A Tours, à Rouen, et dans d'autres villes des commissions départementales ou municipales sont instituées pour l'établissement du gouvernement républicain.

Le préfet de la Seine-Inférieure annonce que le gouvernement de la République a été proclamé dans son département et accueilli avec le plus vif enthousiasme.

Le bruit court aujourd'hui soir que la république a été proclamée à Bruxelles.

Collection de M. Ernest Casseux

aurait mis la force armée entre les mains de l'Assemblée. Ce fut en vain; le colonel Charras dut, après le coup d'État, prendre le chemin de l'exil, d'abord en Belgique, puis en Hollande et enfin en Suisse où il mourut en 1865.

* * *

Le premier résultat de la Révolution de février, et le plus immédiat, fut de libérer la presse et de l'affranchir de toutes les obligations légales et restrictives qui pesaient sur elle. Avec le suffrage universel qui allait être institué, une noble mission s'imposait aux journalistes. Il s'agissait de faire l'éducation d'une grande démocratie, d'habituer tout un peuple à l'exercice de sa souveraineté.

Bien des exagérations, bien des utopies se sont fait jour, au cours du grand mouvement politique et social de 1848. Mais, en définitive, cette Révolution a eu un grand mérite, qu'il serait injuste de méconnaître : elle a été pour la France, et même pour l'Europe, une sorte de renaissance et de rajeunissement; elle a indiqué aux sociétés modernes la voie qui leur était assignée par leurs nouvelles et inéluctables destinées.

Chose singulière et tout à fait extraordinaire, dans les premiers jours de la Révolution, la presse se montra unanime à remplir ses devoirs, à propager des idées de modération, de conciliation et de respect pour le Gouvernement provisoire. C'est Garnier-Pagès qui l'affirme dans son *Histoire de la Révolution de 1848;* la presse racontait les faits avec sincérité, adoucissait les causes d'irritation, calmait les impatiences. Elle se montrait indulgente, consciencieuse sans haine dans ses polémiques et sans amertume dans ses critiques. Elle bannissait les querelles personnelles, les outrages, les banalités, ne demandant ses inspirations qu'à l'amour du bien public.

Les rédacteurs des principaux journaux allèrent à l'Hôtel de Ville les 24, 25 et 26 février. Merruau, rédacteur en chef du *Constitutionnel*, y coudoyait de Lubis, rédacteur en chef de l'*Union*. Les uns et les autres semblaient ne songer alors qu'à donner leur concours désintéressé à la réorganisation du pouvoir.

Les *Débats* savaient allier leur fidélité à la famille royale avec le respect de la souveraineté populaire. Ils ne prodiguaient pas leurs éloges au pouvoir nouveau ; mais ils s'appliquaient à ne lui susciter aucun embarras. Il leur arrivait même quelquefois d'approuver certaines mesures et d'encourager leurs amis à soutenir les républicains devenus les soutiens de la société française.

Le *Siècle*, dirigé par Chambolle et Perrée, qui avait contribué puissamment à la Révolution, en acceptait toutes les conséquences; et l'un de ses directeurs, Perrée, fut nommé, dès le 25 février, maire du IIIe arrondissement de Paris où il rendit de réels services.

Le *National* et la *Réforme* défendaient naturellement un gouvernement qui était leur œuvre, presque autant que celle du peuple de Paris.

L'*Atelier*, journal publié par des ouvriers, adressait aux camarades des conseils pleins de bon sens et de patriotisme.

La presse départementale, fidèle écho de celle de Paris, ne songeait aussi qu'à l'intérêt général et au bien du pays.

Mentionnons, pour compléter ce tableau flatteur, la scène émouvante de Saint-Mandé, le 2 mars, jour anniversaire des funérailles d'Armand Carrel, victime de son duel avec Emile de Girardin. Armand Marrast, suivi d'un long cortège de citoyens, de gardes nationaux et d'élèves des écoles, alla rendre un pieux hommage à la mémoire de Carrel, sur sa tombe. Dans un discours funèbre qui toucha vivement les auditeurs, Marrast rappela que Carrel n'admettait ni classes, ni distinctions autres que celles des services rendus, qu'il ne tolérait ni ostracisme, ni exclusion. L'émotion fut à son comble, lorsqu'on vit s'avancer Emile de Girardin lui-même, venant exprimer des regrets amers et douloureux et serrer la main de Marrast en signe d'union et de concorde.

La presse, au milieu même des barricades, s'affranchit d'elle-même de toutes les entraves qui pesaient sur elle, sous le régime déchu. Une véritable avalanche de journaux s'abattit sur le pavé de Paris, sans se soucier autrement des conditions légales imposées à la publication des feuilles périodiques, cautionnement, impôt du timbre, etc.

Mais c'était là une situation tout à fait précaire. Pour la régulariser et la faire sanctionner par le pouvoir, les journalistes se réunirent et demandèrent, d'un commun accord, l'affranchissement du timbre pour les feuilles publiques. Dans les bureaux du *Courrier français* se rencontrèrent les rédacteurs de la *Réforme*, de l'*Union*, de l'*Estafette*, de la *Presse*, du *National*, du *Constitutionnel*, de la *Démocratie pacifique*, du *Courrier français*, du *Charivari*, de la *Patrie*, du *Commerce*, du *Droit*, de la *République*, du *Représentant du peuple*, du *Peuple constituant*, du *Populaire*, de la *Revue indépendante*, journaux anciens et nouveaux. Les *Débats* s'étaient abstenus. Des délégués furent nommés, qui se présentèrent à l'Hôtel de Ville et portèrent à Garnier-Pagès, Carnot et Pagnerre, chargés de les recevoir, les doléances des journalistes de Paris. La République, disaient-ils, ne pouvait imposer la pensée. La presse avait fait la Révolution ; elle était la vie de l'ordre nouveau. La persistance, à son égard, dans les errements du régime déchu, constituerait non seulement une injustice, mais une faute. Le gouvernement devait favoriser la création de nouveaux organes, attachés par l'intérêt et la reconnaissance au nouvel état de choses.

* * *

Cependant, sur les instances du ministre des finances Goudchaux, le Gouvernement provisoire décidait que les impôts, quels qu'ils fussent, ne sauraient être supprimés, sans préjudice pour la chose publique, qu'il ne pouvait y avoir actuellement d'exception pour l'impôt du timbre relatif aux journaux ; et il décrétait que l'impôt du timbre continuerait à être perçu à partir du lendemain 5 mars. Seulement, pour laisser aux élections prochaines la plus grande publicité possible, on déclara que cet impôt serait suspendu dix jours avant la convocation des assemblées électorales.

La vérité est que le timbre des journaux n'était plus payé et qu'il devenait difficile, sinon impossible, d'en rétablir la perception. Après quelques tergiversations, le Gouvernement provisoire revint sur sa décision, et « embrassant dans leur ensemble les intérêts les plus pressants », il abolit décidément l'impôt du timbre sur les journaux, en invoquant les considérations suivantes insérées au *Moniteur* du 5 mars : « La presse, cet instrument si puissant de civilisation, de liberté, et dont la voix doit rallier à la République tous les citoyens, la presse ne pouvait rester en dehors de la sollicitude du Gouvernement provisoire. Résolu comme il l'est à maintenir tous les impôts, pour acquitter tous les engagements et assurer le service de l'Etat, il ne pouvait considérer comme un simple revenu fiscal une taxe essentiellement politique. Le timbre des écrits périodiques ne saurait être continué au moment où la convocation des prochaines assemblées électorales exige l'expression libre de toutes les opinions, de tous les sentiments et de toutes les idées. La pleine liberté de

Jeudi 24 février 1848. Seconde édition Huitième année. — N° 56.

LA PATRIE

JOURNAL DE L'ESPRIT PUBLIC,

POLITIQUE, AGRICOLE, INDUSTRIEL, SCIENTIFIQUE ET LITTÉRAIRE.

Bureaux, rue Saint-Joseph, 6.

PRISE DES TUILERIES.

Midi. — Les Tuileries sont attaquées par des forces populaires immenses. Les troupes se défendent avec acharnement. On parle d'un grand nombre de morts.

La fusillade s'entend de tout Paris.

Les mille barricades de Paris sont gardées par des hommes armés et résolus à se défendre jusqu'à la dernière extrémité.

Les Tuileries ont été enlevées à une heure et demie, par la garde nationale réunie au peuple armé.

Le Palais-Royal avait été pris d'assaut, peu de temps auparavant, à la suite d'une lutte acharnée.

Aux Tuileries, il y a eu comparativement peu de résistance. La famille royale avait pris la fuite en suivant la terrasse du bord de l'eau, comme pour se rendre à la chambre des députés.

Elle était escortée par des cuirassiers et des dragons.

Elle a pris la route de Neuilly. Le peuple est calme dans la victoire. Il s'est porté vers l'Hôtel-de-Ville pour faire nommer un gouvernement provisoire.

Honneur encore une fois à la brave population parisienne, elle a montré à la face du pays et de l'Europe entière comment elle sait punir la tyrannie et revendiquer ses droits.

Nous venons de le dire, le peuple est admirable ; il est calme dans son triomphe si chèrement acheté ; lui recommander la modération, ce serait lui faire une injure.

Trois mille Rouennais et Havrais, conduisant un fort approvisionnement de munitions de guerre, sont arrivés ce matin par le chemin de fer de Rouen. Ils ont pris part aux combats et au triomphe de la population parisienne.

Paris étant complètement barricadé, nous n'avons pu raconter ici que les quelques faits que nous avons vus de nos propres yeux, auprès des barricades, où tous nos rédacteurs se sont rendus

---

Les deux proclamations suivantes ont été faites dans la journée, mais sans succès pour arrêter le mouvement populaire.

PREMIÈRE PROCLAMATION.

A 10 HEURES 1/2.

Citoyens de Paris!

L'ordre est donné de suspendre le feu. Nous venons d'être chargés par le roi de composer un ministère. La chambre va être dissoute. Le général Lamoricière est nommé commandant en chef de la garde nationale de Paris.

MM. Odilon-Barrot, Thiers, Lamoricière, Duvergier de Hauranne, sont ministres.

LIBERTÉ! — ORDRE! — UNION! — RÉFORMES!

Signé : ODILON-BARROT et THIERS.

DEUXIÈME PROCLAMATION.

A UNE HEURE.

Citoyens de Paris!

Le roi abdique en faveur du comte de Paris, avec la duchesse d'Orléans pour régente.

Amnistie générale.

Dissolution de la chambre.

Appel au pays.

Paris, dès six heures du matin, était couvert de barricades. Tous les citoyens les plus paisibles concouraient à relever les pavés, à forger des pics ; des travaux gigantesques ont été accomplis. A huit heures le rappel battait dans les rues et la garde nationale se rassemblait.

Des milliers de citoyens armés de fusils, de sabres, de piques, de pistolets, se rendaient silencieusement derrière les barricades, sur lesquelles le drapeau tricolore n'a pas tardé à être arboré.

Une grande hésitation se faisait remarquer parmi les troupes de ligne, qui attendaient [illegible] les événemens.

Le mouvement populaire s'est bientôt prononcé avec la plus grande énergie. Le tocsin sonnait à toute volée.

A dix heures et demie, le 45e de ligne fraternisait avec le peuple et accompagné de la garde nationale, il rentrait dans la caserne de la Nouvelle-France.

La prison pour dettes [illegible], tous les prisonniers sont relâchés.

Une foule immense stationne sur le théâtre du massacre de l'hôtel des Capucines. Il y a des mares de sang. L'indignation publique est à son comble.

L'hôtel des Capucines est abandonné par la troupe ; quelques gardes nationaux maintiennent l'ordre, que d'ailleurs on ne songe pas à troubler.

Voici les inscriptions que nous avons vues écrites sur la porte de l'hôtel Guizot : HOTEL DU PEUPLE ! PROPRIÉTÉ NATIONALE ! AMBULANCE !

On criait dans la foule, en montrant l'hôtel Guizot : BOUTIQUE A LOUER !

Le général Lamoricière est blessé à la main.

Paris, le 25 février.

AUX CITOYENS DE PARIS!!!

Une grande révolution vient de s'accomplir. En deux jours l'opinion publique s'est prononcée avec une énergie et une unanimité qui n'a pas de précédens dans notre histoire, nous ne craignons pas de le dire.

Quatre-vingts mille hommes de gardes nationaux sont sous les drapeaux ; plus de cent mille citoyens ont pris les armes!!!

Vous pourvoyez aux besoins de la liberté ; il faut songer aussi aux besoins de l'ordre !

Organisez-vous, formez des patrouilles, mêlez-vous à la garde nationale, reliez entre eux les divers points de la capitale. En attendant que les pouvoirs publics soient reconstitués sur leurs bases naturelles, que les hommes qui se chargeront de prendre la direction des affaires aient commencé à accomplir leurs devoirs envers vous, c'est vous qui gardez Paris ; Paris a confiance dans votre patriotisme et dans votre patriotisme et dans votre dévouement.

Surtout pas de division.

GOUVERNEMENT PROVISOIRE :

ARAGO, DUPONT (de l'Eure), LAMARTINE, LEDRU-ROLLIN, MARIE, MARAST LOUIS BLANC, FERDINAND FLOCON, ALBERT (ouvrier).

Cette liste n'est que provisoire.

Nos braves compositeurs ont pris part à la grande journée du 24 février 1848 ! Quelques-uns d'entre eux rentrent à peine, brisés de fatigues ; la plupart de nos rédacteurs sont encore sur le théâtre des événemens ou à l'Hôtel-de-Ville. Nous nous empressons cependant de publier quelques avis qui nous parviennent et la séance de la chambre des députés.

On affiche à l'instant le placard suivant :

VŒUX DU PEUPLE.

RÉFORMES POUR TOUS.

Amnistie générale, — les ministres exceptés et mis en accusation.

Droit de réunion consacré par une manifestation prochaine. Dissolution immédiate de la chambre et convocation des assemblées primaires.

Garde urbaine aux ordres de la municipalité. Abolition des lois de septembre. Liberté de la parole, liberté de la presse, liberté de pétition, liberté d'association, liberté d'élection.

Réforme électorale. Tout électeur et éligible. — Réforme. Rétribution aux députés ; les fonctionnaires publics à leur poste. — Réforme de la chambre des pairs. Pas plus de nomination royale que d'hérédité aristocratique. — Réforme administrative. Garanties pour tous les fonctionnaires et employés contre l'abus des faveurs et des influences. — La propriété respectée, mais le droit au travail garanti. Le travail assuré au peuple.

Union et association fraternelle entre les chefs d'industrie et les travailleurs. — Egalité de droits par l'éducation donnée à tous : Crèches, Salles d'Asile, Ecoles rurales, Ecoles urbaines. Plus d'oppression et d'exploitation de l'enfance. — Liberté absolue des cultes. Indépendance absolue des consciences.

— Protection pour tous les faibles, femmes et enfans. — Paix et Sainte-Alliance entre tous les peuples. — Abolition de la guerre, où le Peuple sert de chair à canon. — Indépendance pour toutes les nationalités. — La France gardienne des droits des peuples faibles. — L'ORDRE FONDÉ SUR LA LIBERTÉ.

FRATERNITÉ UNIVERSELLE!!

Les rédacteurs de la *Démocratie pacifique.*

Il est un homme en France qui accepte ces principes... qui les a déjà proclamés : M. DE LAMARTINE.

Collection de M. Ernest Casseux.

discussion est un élément indispensable de toute élection sincère. »

Par un autre décret du 6 mars[1], le Gouvernement décréta l'abolition des lois de septembre et de tous les articles de lois qui avaient changé l'ordre et la nature des juridictions, et appliqué, contre tous les principes du droit, à des faits qualifiés contraventions les peines réservées aux délits. Ce décret ne se bornait pas à rétablir le jury pour les affaires de presse : il portait qu'à l'avenir toute condamnation par jurés ne serait prononcée qu'à la majorité de plus de huit voix. « Considérant, était-il dit dans l'exposé des motifs de ce décret, que les lois de septembre, violation flagrante de la Constitution jurée, ont excité, dès leur présentation, la réprobation unanime des citoyens ; — Considérant que la loi du 9 septembre 1835 sur les crimes, délits, contraventions de la presse et autres moyens de publication, est un attentat contre la liberté de la presse, qu'elle a inconstitutionnellement changé l'ordre des juridictions, enlevé au jury la connaissance des crimes et des délits de la presse, appliqué, contre les principes du droit, à des faits appelés contraventions, les peines qui ne doivent frapper que des délits ; — Considérant que, dans la loi du même jour sur les cours d'assises, plusieurs dispositions sont à la fois contraires à la liberté ou à la sûreté de la défense et à tous les principes du droit public ; que la condamnation par le jury à la simple majorité est une disposition que réprouvent à la fois la philosophie et l'humanité, et qui est en opposition complète avec tous les principes proclamés par nos diverses assemblées nationales. »

Le Gouvernement provisoire fit plus encore. Il retira aux Cours d'appel le droit d'attribuer les annonces judiciaires, à leur gré, aux journaux de leur ressort. Cette faculté d'attribution était devenue un moyen indirect de subventionner les feuilles ministérielles, une sorte de monopole mis en œuvre par la complaisance d'une magistrature trop à la discrétion du pouvoir. Dans un grand nombre de villes, la presse départementale de l'opposition avait succombé par suite de cet arbitraire. Le faire cesser, c'était rendre à cette presse la vie et la liberté.

Enfin un nouveau décret du Gouvernement provisoire du 22 mars proclama l'incompétence absolue des tribunaux civils en matière de réparation civile pour diffamation, injures ou autres attaques dirigées par la voie de la presse ou par tout autre moyen de publication,

[1] Duvergier. *Collection des lois.*

contre les fonctionnaires ou contre tout citoyen revêtu d'un ministère public, en raison de leurs fonctions ou de leur qualité, et confondant, quant à la poursuite et à la durée, l'exercice de l'action civile avec l'action publique. L'exposé des motifs de cet important décret était ainsi conçu : « Considérant que les fonctions publiques sont exercées sous la surveillance et le contrôle des citoyens ; que chaque citoyen a le droit et le devoir de faire connaître à tous, par la voie de la presse, ou par tout autre moyen de publication, les actes blâmables des fonctionnaires ou des personnes revêtues d'un caractère public, sauf à répondre légalement de la vérité des faits publiés ; Considérant que le débat entre le fonctionnaire et le citoyen touche nécessairement à des intérêts publics, et ne peut dès lors être jugé que par le jury ; que, si un préjudice, un dommage résulte d'une attaque déclarée injurieuse ou diffamatoire, c'est la cour d'assises seule qui doit prononcer ; Considérant que la Charte de 1830 avait exclusivement attribué au jury la connaissance de ces délits ; que la jurisprudence qui s'était établie, autorisant l'action civile devant les tribunaux ordinaires, indépendante de l'action devant le jury, n'était qu'une entrave nouvelle à la liberté de la presse, et une cause de ruine pour les journaux et pour les citoyens courageux. »

Les événements ont démontré qu'il y avait une grave imprudence à donner ainsi une liberté illimitée à la presse, au sortir d'un régime de compression. Mais cette imprudence, il faut bien le dire, était à peu près impossible à éviter. Comment un gouvernement issu d'une révolution faite au nom de la liberté aurait-il pu entraver ou limiter aucun des modes d'expression de l'opinion populaire? Les organisateurs des banquets, les rédacteurs du *National* et de la *Réforme*, n'étaient-ils pas engagés d'honneur et contraints par la nécessité politique à proclamer la liberté absolue de la presse?

*
* *

L'action de la presse, et c'est là un trait caractéristique de la Révolution de 1848, était doublée par celle des clubs, avec laquelle elle se combinait et se confondait parfois. Daniel Stern, dans une page attristée et amère, nous donne une idée assez exacte de la détestable influence des clubs[1]. « La voix des hommes sérieux

[1] *Histoire de la Révolution de 1848*, t. II, p. 14 de l'édition in-12, 1862.

y put rarement dominer le tapage des fous; les conseils d'une sage politique ne s'y frayèrent qu'un chemin difficile à travers les flatteries et les exagérations perfides dont on commençait à empoisonner l'oreille du peuple. Au lieu d'enseigner aux prolétaires les nouveautés de l'institution démocratique et le sens profond de la souveraineté du peuple, on leur souffla dans la plupart des clubs un mauvais esprit d'imitation jacobine; on leur apprit le langage d'un autre temps qu'ils avaient oublié; on suscita en eux un esprit de despotisme révolutionnaire qui faillit, en plusieurs circonstances, perdre une cause dont la grandeur n'avait besoin pour triompher que de temps et de liberté. Des improvisateurs, des hommes sans étude et sans expérience, traitèrent à l'aventure, sans préparation, sans réflexion, les plus graves questions de droit politique, les ramenant toutes à je ne sais quelle doctrine de l'*infaillibilité* du peuple, qui rendait superflu l'exercice de la raison individuelle.... Ils accoutumèrent les masses à se payer de paroles sonores et vides, les abusant, les égarant par de détestables adulations. »

Chaque personnage notable, on le sait, avait son club : Blanqui avait le sien, la *Société centrale républicaine;* Barbès présidait le *club de la Révolution*, en opposition à celui de Blanqui. Barbès avait une autorité particulière et inspirait une véritable vénération, grâce à la dignité qu'il avait su garder à travers le cours de sa vie agitée, devant ses juges, devant ses geôliers, devant la mort elle-même. Son club était fréquenté par un auditoire sérieux, par un grand nombre d'hommes influents sur le peuple, Pierre Leroux, Bac, Ribeyrolles, Martin-Bernard, Proudhon, Greppo. Le club des *Amis du peuple* était suivi par les adeptes de Raspail, qui fut l'un des premiers à critiquer les actes du gouvernement provisoire avec une grande âpreté de verve et une amère éloquence. Cabet groupait les Icariens dans un club appelé *Société fraternelle centrale.*

Pour contre-balancer l'influence de ces divers clubs plus ou moins révolutionnaires et réfractaires aux impulsions gouvernementales, on créa divers clubs, tels que la *Société centrale démocratique* présidée par Guinard, le *Comité central des élections* fondé par le *National*, le club de l'*Emancipation des peuples*, qui fournit une garde armée pour veiller jour et nuit sur le ministère des affaires étrangères, où siégeait Lamartine. Les conservateurs eux-mêmes fondèrent des clubs : le *Club républicain pour la liberté des élections* présidé par Viennet, celui du *X^e arrondissement* présidé par

D'après une lithographie de Maurin. (Collection Bouasse-Lebel.)

GARNIER-PAGÈS

(1803-1878)

Membre du Gouvernement provisoire

Maire de Paris

Gravure extraite des *Journées révolutionnaires*, par Armand Dayot. (Ernest Flammarion, édit.)

de Vatimesnil, celui du *Salut du peuple* où pérorait de La Rochejaquelein.

Dans la seule ville de Paris, le nombre des clubs atteignit le chiffre fabuleux de quatre cent cinquante.

Les journaux secondèrent l'action dissolvante des clubs. Le gouvernement attaqué, critiqué, vilipendé tous les jours par une nuée de feuilles de toutes couleurs et de tous formats, n'avait qu'un journal pour faire connaître sa pensée, *le Moniteur;* et il en usait rarement.

Le *National* et la *Réforme*, jaloux de garder leur indépendance et de se préserver de l'impopularité attachée à la qualification de journaux du gouvernement, soutenaient timidement leurs amis et leurs mesures. Pour la première fois depuis 1830, l'opposition arrivait au pouvoir, et ne pouvait arriver à se façonner du premier coup à son nouveau rôle. C'est ce qui explique que le gouvernement soit resté à peu près sans aucun défenseur. Dans les premiers jours, il n'en avait pas besoin, le concours unanime de la presse soutenant ses efforts du début. Mais peu à peu l'habitude de la critique reprit son empire; un ton aigre-doux s'insinua dans les appréciations; à l'enthousiasme succéda une critique indulgente d'abord, puis un peu plus vive, enfin d'une extrême violence.

Le célèbre impôt des *45 centimes additionnels aux contributions directes*, dû à l'initiative du ministre des finances Garnier-Pagès et que celui-ci qualifiait avec raison d'« impôt sauveur », fournit ainsi à la presse l'occasion des attaques les plus vives qui jetèrent le discrédit et l'impopularité sur le gouvernement de la République, particulièrement dans les campagnes. Il est regrettable que le ministre en cause n'ait pas jugé utile de répondre immédiatement à cette polémique violente, en mettant sous les yeux du public, par la voie des journaux, les arguments probants qu'il a depuis, en 1862, méthodiquement développés dans son *Histoire de la Révolution de 1848*. « Au ministère des finances était réservée, dit-il, la mission pénible de trouver des ressources contre les maux présents... On avait successivement condamné comme inefficaces, le papier-monnaie, la banqueroute... Si le dégrèvement recevait sa loyale exécution des préfets et des maires, le but était atteint de ne faire payer les 45 centimes qu'à ceux qui jouissaient d'un revenu... »

* * *

Les anciens journaux : *les Débats*, *le Constitutionnel*, *le Siècle*, *le Commerce*, *l'Union*, *la Patrie*, *le Courrier français*, observèrent une attitude plus longtemps bienveillante. Mais les autres organes, nouvellement créés, se montrèrent plus emportés et plus intolérants.

La *Presse* d'Emile de Girardin donna la première l'exemple, en arborant le drapeau du socialisme et en attaquant avec amertume les hommes du pouvoir et les principes sociaux.

Les nouvelles feuilles étaient, en général, les organes et comme les échos des clubs ultra-révolutionnaires ou ultra-conservateurs. La plupart étaient rédigées par des écrivains de talent ; elles allaient droit au but, posaient et développaient hardiment les questions les plus difficiles et n'hésitaient pas à se mettre en opposition avec le pouvoir.

Comme la vente des journaux était devenue libre, chaque jour, depuis le matin jusqu'à la nuit, une nuée de colporteurs et de distributeurs s'abattaient sur Paris. Ils parcouraient les rues, les places, les ponts, les boulevards, tous les quartiers, criant sur tous les tons, piquant la curiosité par des annonces singulières, énergiques ou pittoresques, exploitant la curiosité des nouvelles, l'ardeur à s'initier à la vie politique, et vendant par milliers d'exemplaires des feuilles que les lecteurs dévoraient le plus souvent sur les voies publiques.

Pour frapper l'oreille des passants et pour flatter les curiosités dépravées, les feuilles colportées et criées en public rivalisaient de cynisme et de violence. Les partis hostiles à la République, dit Daniel Stern, se servirent de ce moyen abject de propagande et, comptant sur la crédulité des masses, ils dressèrent leurs embûches dans ce terrain fangeux de la démagogie.

* * *

Durant les quatre mois où fleurit la liberté illimitée de la presse, il se publia jusqu'à deux cents journaux, énumérés par Daniel Stern dans les *Documents historiques* qui terminent son *Histoire de la Révolution de 1848*. Hippolyte Castille, dans son *Histoire de la seconde République*, compte jusqu'à 789 journaux ou écrits périodiques politiques publiés en 1848, 1849, 1850, 1851, sans parler des journaux non politiques qui, pour cette période, s'élevèrent à plus de 400.

Il nous suffira de passer en revue les plus importants [1]. Le premier journal qui parut, dès le 26 février, pendant les barricades, fut *la République* d'Eugène Bareste. Celui-ci s'adjoignit comme collaborateurs Chatard, Laurent de l'Ardèche, J. Langlois, etc. Dès son premier numéro, elle découvre ses tendances socialistes, qu'elle ne devait pas tarder à développer. « Nous voulons, disait-elle, que les lois qui entravent la liberté de penser, de parler, d'écrire et de s'assembler soient abolies à tout jamais ; — que les intérêts et les droits de chacun, ceux du riche comme ceux du pauvre, soient respectés également, et soutenus par des institutions en harmonie avec les besoins du temps, les désirs de notre époque : — que tous les citoyens qui participent aux charges de la France puissent être électeurs, et même éligibles ; — que l'éducation soit donnée gratuitement aux enfants de tous les Français ; — que le travail matériel et intellectuel soit organisé sur de nouvelles bases ; — que l'existence de tous les travailleurs soit assurée d'une manière définitive... »

Le titre de *République* pour un journal sonnait trop bien pour ne pas être adopté par des feuilles de toutes nuances. Il y eut la *République française* de Bastiat, Hippolyte Castille et Molinari. « La France, disaient-ils, vient de se débarrasser d'un régime qui lui était odieux ; mais il ne suffit pas de changer les hommes, il faut changer aussi les choses... Nous ne voulons plus de corruption, nous ne voulons plus de privilégiés... Suffrage universel ! plus de cultes salariés. Que chacun salarie le culte dont il se sert. Liberté absolue de l'enseignement. Liberté du commerce. Suppression des droits sur les denrées alimentaires, comme sous la Convention. *La vie à bon marché* pour le peuple ! Plus de conscription ; recrutement volontaire... Respect inviolable de la propriété. »

« Plus de conscription, respect inviolable de la propriété », telles étaient les idées de Frédéric Bastiat, dont M. Passy a dit que nul n'a mérité plus que lui d'être signalé pour le zèle et pour les succès de l'apostolat économique. Partisan du « laissez-faire, laissez-passer », fondateur du journal *le Libre-Échange*, Frédéric Bastiat restera célèbre aussi bien par son ardente polémique avec Proudhon que par son goût décidé pour l'individualisme et son opposition absolue à l'intervention de l'État.

La *Vraie République* du citoyen Thoré, avec la collaboration de

[1] Nous ferons cette revue rapide d'après la *Bibliographie de la presse* de Hatin, p. 436 et suivantes.

Lith. de Léveillé. Coll. Bouasse-Lebel.

FRÉDÉRIC BASTIAT

(1801-1850)

Économiste, libre-échangiste

Représentant du peuple aux Assemblées constituante et législative.

Gravure extraite des *Journées révolutionnaires* par Armand Dayot.
(Ernest Flammarion, édit.)

Pierre Leroux, George Sand, Barbès, etc., ne parut que du 26 mars au 21 août 1848. Elle était nettement socialiste. « La révolution n'est que commencée, disait-elle. Nous avons renversé la royauté, il faut instituer la République. L'Assemblée nationale décidera donc de la destinée de la France. Il faut qu'elle assure à la patrie toutes les conséquences politiques et *sociales* de la victoire populaire : dans l'ordre politique, la souveraineté du peuple et le suffrage universel.... liberté individuelle, liberté de réunion, liberté de la pensée et de la conscience, de la parole et de la presse ; éducation publique, commune et gratuite ; — dans l'ordre social, organisation du travail agricole, industriel, intellectuel, par l'État. Socialisation progressive et pacifique des instruments du travail, afin qu'ils soient mis à la portée de tous les citoyens. Sans la réforme sociale, il n'y a point de vraie république. Si l'Assemblée nationale n'abolissait pas bravement le prolétariat social, il faudrait continuer, au nom de l'égalité, la révolution engagée au nom de la liberté ! La République, la réforme sociale, l'abolition du prolétariat, voilà les mots d'ordre pour l'élection de nos représentants. »

Mentionnons la *Commune de Paris*, moniteur des clubs et organe du citoyen Sobrier, secondé, dans sa publication ultra-montagnarde, par J. Cahaigne, George Sand, Eugène Sue, etc. La *Commune*, interrompue par les journées de juin, fut reprise en 1849. « Nous sommes de la *Montagne*, écrivait Cahaigne, nous glorifions la Convention, la plus grande Assemblée du monde, parce qu'elle a sauvé la France. Nous marchons avec la *Réforme*, celui de tous les journaux qui a le plus contribué aux glorieuses journées de février ; nous suivons la même voie, non en dissidents, non en concurrents jaloux, mais fraternellement, mais en vieux amis depuis longtemps habitués aux balles de la monarchie. »

*
* *

L'*Ami du peuple*, journal de Raspail, mérite d'attirer notre attention et de la retenir un instant. Le premier numéro parut le 27 février et contient de curieux passages : « Salut ! s'écrie Raspail, toi qui as béni mon berceau et toi qui béniras ma tombe, République, gouvernement des peuples majeurs et dignes de la liberté ! Salut, culte de toute ma vie !... Cette république qui n'était pas possible en France, la voyez-vous déjà qui couvre l'Europe ? *Vive la République euro-*

péenne! Dans un an, *Vive la république universelle....* Peuple, voilà ton œuvre! Peuple, veille sur elle et que nul n'y porte plus une main profane : car toi seul gouvernes en souverain!.... Nul n'est rien sans toi, nul ne doit être rien que par toi, et toi seul n'as besoin de personne afin d'être tout et encore quelque chose!.. »

Quoique partisan d'une sorte de communisme radical et quoique considérant *le droit de propriété comme une illusion de l'amour-propre*, Raspail s'élevait contre la pensée d'une réforme immédiate et violente; il combattait la loi agraire, qu'il appelait une chimère de répartition, une idée absurde. « Ceux qui rêveraient la Réforme sociale par le bouleversement subit de la propriété, disaient-ils, seraient plus que des coupables; ce seraient des insensés; ce seraient des sauvages qui se vengent de leurs ennemis en dévastant leurs moissons, et qui couronnent de leur propre mort le succès d'une stupide vengeance. *L'égalité des droits est une loi immuable, l'égalité des biens ne durerait pas deux heures.* »

Le caractère ombrageux de Raspail et son austérité l'isolaient des partis et des coteries. Il s'exprimait avec tant d'âpreté sur le compte de quelques hauts fonctionnaires du nouveau Gouvernement tels que Caussidière, et sur la portée de certains décrets, qu'il suscita des jalousies et des rancunes. On l'obligea pendant quelques jours à s'abstenir de publier son journal. Un jour, en effet, raconte Daniel Stern, *l'Ami du peuple* fut enlevé des mains des crieurs et déchiré par une troupe d'étudiants à qui l'on avait su le rendre suspect. Le bruit se répandit, on ne sait trop comment, que Raspail prêchait, comme l'avait fait Marat, l'extermination des riches. Alors, profondément blessé, jugeant la République perdue, puisque le plus convaincu des républicains était persécuté et calomnié, il s'enfonça plus avant dans sa retraite, ne garda plus de ménagement et se mit à dénoncer au peuple les actes du gouvernement provisoire, inspirés, disait-il, par l'esprit de réaction et funestes à la cause démocratique[1].

« Quoi qu'il en soit, dit Eugène Spuller[2], F.-V. Raspail était un homme d'une volonté de fer, d'une âme ardente et passionnée, d'un esprit élevé et grave; c'était aussi une intelligence fertile, souple et fine, un cœur excellent avec quelques travers incommodes, mais tout cela sous une enveloppe d'une stature et d'une noblesse vrai-

[1] *Daniel Stern*, t. II, p. 10.

[2] *Figures disparues* (2e série). F. Alcan, édit.

ment admirables. Le parti républicain n'a pas compté beaucoup d'hommes de ce relief et de ce caractère. »

* * *

D'autres journaux, comme le *Peuple constituant* de La Mennais, la *Cause du peuple* de George Sand, l'*Ère nouvelle* de Lacordaire, étaient rédigés dans un grand et beau style et s'adressaient surtout aux esprits philosophiques ou aux imaginations contemplatives. On ne saurait mieux dépeindre La Mennais journaliste en 1848 que ne l'a fait Daniel Stern [1].

« L'illustre vieillard, sorti brusquement de sa retraite au bruit du tocsin, apportait dans la lutte quotidienne du journalisme où l'avaient jeté la fougue de son caractère et l'ardeur du sang breton, des habitudes de style d'une majesté toute philosophique. Sa diction superbe et son accent sacerdotal ne transmettaient point à ses lecteurs la fièvre révolutionnaire dont son âme était tourmentée. S'il pensait souvent comme Danton, il parlait toujours comme Bossuet. Quand la passion le voulait faire journaliste, la forte discipline de son esprit le contraignait à rester Père de l'Église ; le peuple, qui ne connaît pas ces contradictions du génie, demeurait insensible à une éloquence dont le caractère était opposé à l'inspiration et qui n'empruntait rien au temps ni à la circonstance. »

Il en était à peu près de même de l'éloquence de Lacordaire ; elle ne pouvait guère être goûtée que par des lettrés ou des mystiques. Voici en quels termes il salue, dans l'*Ère nouvelle*, la Révolution de 1848 : « De grands événements viennent de s'accomplir dans notre patrie. Une troisième fois depuis cinquante ans, l'impuissance des hommes à fonder en France un pouvoir solide a été manifestée..... Napoléon avait été vaincu par l'Europe, et un million de soldats nécessaires pour l'abattre avaient enveloppé sa chute dans une solennité qui imposait à l'âme. Charles X avait laissé derrière lui sauve et intacte la dignité du parlement national. Mais aujourd'hui, que reste-t-il qui n'ait été atteint ? Rois, princes, pairs, députés, soldats rangés en bataille, tout a disparu dans une ruine qui n'a rien coûté. Il semble que la révolution d'un empire ne soit qu'un jeu d'enfant..... Nous sommes de ceux qui croient et attendent : car,

[1] *Figures disparues* (2e série), p. 18. F. Alcan, édit.

D'après un portrait de Leclerc.

F.-V. RASPAIL
(1794-1878)
Représentant du peuple et Député
Auteur d'ouvrages scientifiques et politiques.

Gravure extraite des *Journées révolutionnaires*, par Armand Dayot.
(Ernest Flammarion, édit.)

au milieu de ces catastrophes répétées, nous retrouverons toujours deux choses debout : la nation et la religion..... Non, la France n'est point un peuple inexplicable ou mort..... il cherche un gouvernement sincère comme lui, généreux comme lui, qui ne fasse pas de son existence une contradiction perpétuelle à ses vœux. *On promet trop à ce peuple et on ne lui tient pas assez ;* les lois lui reprennent ce que ses constitutions lui donnent, les restaurations lui ôtent ce que ses révolutions lui gagnent, et dans cet horrible jeu, s'il perd la foi aux pouvoirs qui lui mentent et aux choses qui le trahissent, il ne perd jamais l'espérance d'une vie régulièrement ordonnée, qui consacre les principes de liberté, d'égalité et de fraternité que le christianisme a mis au monde. »

Lacordaire fut nommé député des Bouches-du-Rhône à l'Assemblée Constituante, où il siégea en habit de Dominicain. Dans un article du 22 avril 1848 de l'*Ère nouvelle*, il s'exprimait en ces termes sur les candidatures du clergé : « ... Le clergé se présente aussi. Pour la première fois depuis un demi-siècle, il trouve en lui-même le courage de s'offrir, et dans les populations le courage de l'accepter. C'est un des résultats les plus extraordinaires de la révolution qui est sous nos yeux..... Le peuple avait sacré le prêtre, le prêtre était donc Français, citoyen, républicain ; il pouvait voter aux élections, se porter comme candidat et siéger à l'Assemblée nationale : il le pouvait, mais le devait-il ? N'était-ce pas user prématurément de la bonne volonté populaire, et s'exposer, d'abord dans les comices électoraux, puis sur les bancs de la Constituante, aux caprices imprévus d'une opinion bien jeune encore ? Cette question a partagé les esprits. Quant à nous, il nous a semblé que la France, dans la situation solennelle où elle est placée, avait besoin du concours de toutes les lumières et de tous les dévouements sans exception. Se retirer en un pareil moment, c'est abdiquer le service militaire à l'heure d'une bataille..... »

Lacordaire ne croit pas cependant, qu'en temps ordinaire, le prêtre doive briguer les suffrages populaires. Le rôle politique du clergé ne lui paraît qu'un accident transitoire. « Une fois la République constituée, dit-il, le prêtre se retrouvera en présence d'une nation extrêmement jalouse de la distinction des deux pouvoirs spirituel et temporel, et qui s'est fait dès longtemps une si haute idée du sacerdoce, qu'elle souffre avec peine tout ce qui le fait descendre, même pour un temps, des hauteurs de l'Horeb et du Calvaire..... Le

Samedi 21 Avril 1849. — N. 153. Liberté, Égalité, Fraternité. Le numéro : Paris, 5 c. — Départemens, 10 c.

Qu'est-ce que le producteur ? — Rien. Que doit-il être ? — Tout.

Qu'est-ce que le capitaliste ? — Tout. Que doit-il être ? — Rien.

DIVISION DES FONCTIONS.

Le Peuple

Abolition de cinq milliards de rentes payés par le travail au capital.

Double produit.

Quadruple salaire.

INDIVISIBILITÉ DU POUVOIR.

JOURNAL DE LA RÉPUBLIQUE DÉMOCRATIQUE ET SOCIALE.

Prix d'abonnement à l'édition quotidienne, [illegible]		Paris	Départemens
	Un an	23 fr.	36 fr.
	Six mois	12	18
	Trois mois	6	9
	Un mois	2	3

Prix d'abonnement à l'édition hebdomadaire. Par an : — Paris, SIX fr. — Départemens, HUIT fr.

BUREAUX, RUE COQ-HÉRON, 5.
Toutes les lettres non affranchies sont refusées.

Total des sommes reçues pour compléter le cautionnement du PEUPLE, absorbé par des amendes. 8,105 fr. 55 c.

[illegible] pour délivrer gratuitement chaque jour des numéros du journal aux soldats de la garnison de Paris. 1,154 f. 25

Nous avons distribué dans les premiers jours 50 numéros ; aujourd'hui, la distribution s'élève à plus de 500.

Comité démocratique-socialiste des élections.

Tout citoyen dont la candidature pour la représentation nationale est posée devant le comité démocratique-socialiste des élections du département de la Seine, DÉCLARE, à la face du peuple, par le seul fait de sa candidature, ADHÉRER, sans restriction ni réserve d'aucune sorte, aux six propositions suivantes :

1° La République est au-dessus du droit des majorités.

2° Si la Constitution est violée, les représentans du Peuple doivent donner au Peuple l'exemple de la résistance.

3° Les Peuples sont solidaires comme les hommes. — L'emploi des forces de la France contre la liberté des Peuples est un crime, une violation de la Constitution. La France doit ses secours aux nationalités qui combattent la tyrannie. Elle peut aujourd'hui les accorder immédiatement.

4° Le droit au travail est le premier de tous les droits ; il est le droit de vivre.

La plus dure de toutes les tyrannies est celle du capital. — La représentation nationale peut et doit poursuivre l'abolition de cette tyrannie.

5° Dans une nation libre, l'éducation doit être pour tous gratuite, commune, égalitaire et obligatoire.

6° Le rappel du milliard des émigrés est une mesure juste, utile, possible.

Il s'engage en outre [illegible] sans restriction ni réserve d'aucune sorte les deux engagemens suivans :

1° Il se désiste publiquement et d'avance entre les mains du comité de toute candidature dans le département de la Seine pour le cas où il ne serait pas du nombre des candidats proposés au Peuple par le Comité.

2° Si le candidat est l'objet d'une double élection pour l'Assemblée nationale, il consent que son droit d'option soit exercé en son lieu et place par le Comité.

Dans la séance du 18 avril, le Comité électoral a décidé qu'un registre d'inscription des candidatures de la Seine sera immédiatement ouvert au siége de la commission permanente, passage des Bourdonnais, 6 ; et qu'il sera définitivement clos le 21 avril, à minuit précis. Les démocrates-socialistes sont invités à venir y faire inscrire les candidats.

Les délégués des quatorze arrondissemens de la Seine au comité démocratique-socialiste [illegible] que la réunion générale, qui, aux termes du vote émis dans une des dernières séances, [illegible] d'arrêter la liste définitive des candidats à l'Assemblée législative, aura lieu dimanche 22 avril, salle des Concerts, rue Lamartine, n° 13.

La séance commencera à 8 heures précises du matin ; chaque délégué devra se présenter muni de sa carte [illegible].

Toutes les mesures sont prises pour que ce long et consciencieux travail puisse se terminer, sans désemparer, quelle que doive être la durée de la séance.

RÉUNION ÉLECTORALE, samedi 21 avril, à cinq heures du soir, des ÉLECTEURS DE L'ARMÉE, à la salle de la Fraternité, rue Martel, 9. Cette réunion aura pour objet de désigner les DEUX CANDIDATS de l'armée [illegible] sur la liste des [illegible] présentée par le comité tout entier. On entrera en séance à cinq heures très précises (heure militaire). Les citoyens de l'armée seront seuls admis.

PARIS, 20 AVRIL.

La République et la coalition.

(2e article.)

Un gouvernement d'unité, de légalité et d'ordre ;

Un gouvernement qui ne donne par lui-même prétexte à aucune conspiration ;

Un gouvernement capable de retenir, dans une même confraternité d'idées et d'espérances, tous ceux qui en admettent le principe ; qui, dès le premier jour de son existence, a eu le singulier pouvoir de soumettre ceux-là même qui, pendant la discussion, avaient le plus énergiquement réclamé contre la forme donnée à la Constitution, la *République* s'est établie.

Cette République est devenue gouvernement *de fait* et *de droit*, d'abord par la chute successive et providentielle de trois monarchies, la première despotique, la seconde hypocrite, la troisième corruptrice ; — en second lieu, par le consentement de la nation, manifesté deux fois en élections générales ; — enfin, par la participation à l'œuvre nouvelle de sept millions de citoyens, convoqués pour la nomination du président.

Le caractère progressif, démocratique et social de cette République n'est pas équivoque.

L'article 1er du préambule de la Constitution porte :

> La France s'est constituée en République. En adoptant cette forme définitive de gouvernement, elle s'est proposé pour but de marcher plus librement dans la voie du progrès et de la civilisation, d'assurer une répartition de plus en plus équitable des charges et des avantages de la société, d'augmenter l'aisance de chacun par la réduction graduée des dépenses publiques et des impôts, et de faire parvenir tous les citoyens, sans nouvelle commotion, par l'action successive et constante des institutions et des lois, à un degré toujours plus élevé de moralité, de lumières et de bien-être.

Et dans l'art. 8 du même préambule, il est dit :

> La République doit protéger le citoyen dans sa personne, sa famille, sa religion, sa propriété, son travail, et mettre à la portée de chacun l'instruction indispensable à tous les hommes. Elle doit, par une assistance fraternelle, assurer l'existence des citoyens nécessiteux, soit en leur procurant du travail dans les limites de ses ressources, soit en donnant, à défaut de la famille, des secours à ceux qui sont hors d'état de travailler.

D'un côté, le *progrès* ; de l'autre, à défaut de travail, le *droit à l'assistance* ; au-dessus, comme sanction et principe, le *suffrage universel* : voilà la Constitution, voilà la République !

Le progrès, c'est la négation de toute pensée rétrograde, de tout retour au privilége et à la monarchie.

Le droit à l'assistance, *à défaut de travail*, c'est, renversez la phrase, la même chose que le droit au travail, et, *à son défaut*, le *droit à l'assistance*, c'est-à-dire précisément ce que demande le socialisme. — Les socialistes n'eussent été insensés de faire tant de bruit pour le droit au travail, quand on leur offrait, *à défaut de travail*, le droit à l'assistance, s'ils n'eussent compris que la garantie de l'assistance, dégénérant facilement en taxe des pauvres, est chose [illegible], [illegible], [illegible], et mille fois plus onéreuse à la République que le droit au travail.

Or, y a-t-il, dans tout cela, danger pour la religion, danger pour la famille, danger pour la propriété ?

Nullement : les articles 1 et 8 du préambule, ainsi que l'article 13 de la Constitution, ont été votés à une majorité immense, par ceux qui voulaient avant tout le maintien de la religion, de la famille et de la propriété, et qui, à cette occasion, voient en haine du socialisme, [illegible].

Mais, dira-t-on, le socialisme, dernière forme, forme la plus complète de la République, est une menace permanente à la religion, à la famille, à la propriété.

En quel sens dit-on cela ?

En matière de religion, la plupart des socialistes sont mystiques ; et, par contre, une foule de catholiques sont socialistes. — En ce qui concerne la famille et la propriété, [illegible] de leur respect pour la famille et les droits acquis ; tous, j'ose le dire, donnent à la fois le précepte et l'exemple de ce respect.

Sur la religion, la famille et la propriété, il n'existe, dans le socialisme, que des controverses. On s'est demandé, on ne pouvait pas ne pas se faire cette question, si, lorsque tous les membres de la société seront parvenus au degré de moralité, de lumières et de bien-être promis par la Constitution, la religion, la famille et la propriété auront conservé leur forme actuelle ? Sur chacun de ces points, les uns, parmi les socialistes, répondent oui, les autres non. Il n'y a pas autre chose, je le répète, dans tout le socialisme.

C'est en présence de cette Constitution et à propos de ses conséquences les plus éloignées, les plus problématiques, qu'une coalition s'est formée, avec l'intention avouée de la détruire.

Sur quoi se fonde cette coalition ? Quelle est son origine ? Quels sont ses titres, ses griefs ? Quelle réforme, quelle amélioration, inconnue à la République, propose-t-elle ? Quel principe vient-elle révéler ? Quelle forme supérieure de gouvernement ? Quels droits inconnus ou méconnus ? Car, quand on se ligue contre un gouvernement, quand on attaque une Constitution, c'est que le principe du gouvernement est faux et la Constitution vicieuse ; c'est qu'elle fait grief et porte préjudice à certains droits.

Que voudrait donc de mieux la coalition, *pour faire parvenir tous les citoyens, par l'action successive et constante des institutions et des lois, à un degré toujours plus élevé de moralité, de lumières et de bien-être* ? Comment entendrait-elle, par exemple, remplacer le droit à l'assistance, droit onéreux et démoralisateur, par le droit au travail, productif de moralité et de richesse ? Que la coalition, avant de conspirer et de détruire, daigne s'expliquer elle-même. Naguère elle sommait le socialisme, accusé de conspirer contre la société, de produire ses théories ; maintenant les socialistes la somment, avant de porter la main sur la Constitution, de produire les siennes.

Vous demandez à la coalition son origine ? — Elle vous répond : Empire, Restauration, Monarchie de Juillet. Elle s'est formée, cette coalition, des débris de trois gouvernemens qui ont vécu, et *qui sont tombés*, comme le dit le chef même de la coalition.

Son principe ? — C'est, en politique, d'un côté, la prérogative royale, anciennement appelée [illegible] ; de l'autre, le cens à 200 fr. ; — en économie politique, la prééminence du capital. Le privilége, encore le privilége, et toujours le privilége ; voilà le principe de la réaction.

Sa forme de gouvernement ? — A cet égard, la coalition vous offre trois *perspectives* : perspective du despotisme impérial ; perspective du jésuitisme de la restauration ; perspective de la corruption de Juillet.

Le progrès qu'elle veut réaliser ? — C'est de consolider et consacrer à jamais l'inégalité des avantages sociaux au moyen de l'inégalité des droits politiques.

Les droits qu'elle veut faire reconnaître, les abus qu'elle veut déraciner ? — Elle veut, après avoir évincé le droit au travail, supprimer le droit à l'assistance.

Voilà le programme de la coalition !

Voilà l'ordre qu'elle veut établir, la légalité qu'elle veut nous rendre !

Voilà ce qui lui fait chanter sur tous les tons que la société a été gravement, profondément atteinte par la Révolution de Février ; que l'ordre n'existe nulle part ; que la religion est perdue ; que la famille est menacée ; et, ce qui importe encore plus que la religion et la famille, que la propriété même est en danger !...

Que si maintenant, du manifeste de la coalition nous passons à ses actes, nous découvrirons mieux le but où elle vise. L'histoire de ses intrigues est patente : elle frappe tous les regards.

Les premiers jours de la Révolution, les réacteurs se taisent. Leurs journaux se bornent à enregistrer les faits. Ils adorent la providence, dont les voies sont impénétrables ; ils acceptent le fait accompli ; ils portent bas l'oreille, ils auraient tendu l'échine, si, parmi le Peuple de Février, il s'était trouvé pour ces Basiles un Figaro !

Arrive le jour des élections, premier essai du suffrage universel. Ils posent timidement leurs candidatures, avouant en toute humilité que s'ils n'étaient pas républicains de la veille, leur républicanisme, pour dater du lendemain, n'en était pas moins à l'épreuve ; que tout ce qu'ils demandaient, c'était une République honnête et modérée, telle qu'ils avaient rêvé de l'établir, en laissant subsister, comme monument historique, le trône de Juillet. — Comme tout le monde voulait la République honnête et modérée, ils passèrent avec les autres, et arrivèrent en force à l'Assemblée nationale.

Là, après avoir épuré, dans son personnel, le gouvernement provisoire, et l'avoir transformé à leur guise, ils commencèrent à le déconsidérer dans ses décrets. Puis on attaqua sur toute la ligne le socialisme, qui devint bientôt l'épouvantail de la nation. Le socialisme ! c'était la ruine de la religion, la communauté des biens et des femmes, la barbarie ! La majorité du pays n'en est pas encore revenue !

Le socialisme, avons-nous dit, est le terme final, l'expression complète de la République. En attaquant le socialisme, la coalition prenait la République par derrière ; elle en diminuait déjà la formule ; elle en restreignait la portée. Or, tout principe qui se laisse mutiler doit périr, et j'ose dire que ce serait déjà fait de la République, si le socialisme, qui seul de nos jours pouvait lui donner une signification, ne l'avait entourée, comme d'un rempart, de sa propagande et de sa [illegible].

Ainsi, la coalition s'efforçait de diviser la République et de mettre aux prises les républicains. Cette tactique ne réussit que trop. Les hommes qui composaient le gouvernement provisoire et la commission exécutive, divisés en présidentiaux, montagnards et socialistes, comme s'ils eussent appartenu à des partis différens, s'observaient avec méfiance, se tenaient sur la réserve, ne sachant pas reconnaître la communauté de leur principe, et manquant par là de boussole et de direction.

Le droit au travail avait été garanti par le gouvernement provisoire ; une conséquence de cette garantie avait été la création des ateliers nationaux.

Tous le monde sait aujourd'hui que si la déclaration du droit au travail était due surtout à l'influence socialiste, l'organisation des ateliers nationaux fut l'œuvre exclusive de la partie la moins avancée du gouvernement. La coalition réussit à faire dissoudre brutalement, et sans compensation, ces ateliers : 100,000 hommes qui avaient dû compter sur un droit positif, et à qui l'on venait dénier ce droit, se trouvèrent jetés sur le pavé, sans pain et sans travail. Une collision était inévitable : c'est ce qu'attendait la réaction. Le socialisme, l'extrême gauche républicaine fut écrasée par des soldats républicains. La France entière fut conviée à ce repas de Thyeste !...

Un seul homme dans la République parut alors avoir le sentiment vrai de la situation : c'était pourtant un adversaire du socialisme, le général Cavaignac !

Si la République, me disait-il quelque temps après les journées de Juin, devait subir encore une saignée pareille, peu importe de quel côté serait la victoire, ce serait fait de la République.

Le général Cavaignac avait raison : plus de républicains, plus de République. Pourquoi faut-il que cet homme, sur qui s'étaient fondées de si grandes espérances, ait ensuite prêté l'oreille aux clabauderies réactionnaires ! Il y a gagné une réputation de cruauté machiavélique qu'il n'avait point méritée : telle est du moins, même après les explications du 25 novembre, et bien que j'aie peu à me louer de lui, mon opinion.

Le socialisme vaincu, il fallait profiter de la victoire. La coalition s'occupa d'opérer à son profit une grande concentration du pouvoir. La commission exécutive fut dissoute, l'état de

— 1 —

Collection de M. Ernest Cosseux.

clergé de France ne s'exposera jamais sans dommage au souffle des passions politiques..... La France qui croit aujourd'hui et la France qui croira demain, toutes deux demandent à ses prêtres une vie cachée, sobre et digne, une charité connue du pauvre et de Dieu, une grande douceur de jugements, une élévation de l'âme par dessus tous les événements de la terre, une vertu qui n'attende pas l'ostracisme, mais qui s'y condamne d'elle-même par respect pour celui qui s'est voilé au Sinaï et qui l'était au Thabor[1]. »

* * *

Le plus grand poète du dix-neuvième siècle, Victor Hugo, avait aussi son journal, *l'Evénement*, fondé le 1er août 1848 sous l'invocation et dans l'intérêt exclusif de sa personnalité. « Nous donnerons, était-il dit dans le premier numéro, la place la plus visible à l'événement de la journée quel qu'il soit, quelle que soit la région de l'âme ou du monde d'où il vienne..... Si, dans ces jours inouïs, il arrivait un jour ordinaire, qui serait le plus extraordinaire de tous, si, par impossible, l'événement nous faisait défaut une fois, cette fois nous réunirions dans le même numéro, et comme en une *constellation éblouissante, tous les noms illustres qui étoilent notre rédaction*, et nous tâcherions que ce jour-là notre journal fût lui-même l'événement. » Ces étoiles étaient Paul Meurice, Charles, Victor et François Hugo, Auguste Vacquerie, Théophile Gautier « le statuaire du vers », Amédée Achard, Méry, Karr, Champfleury, Balzac, Gozlan, Gérard de Nerval, etc.

Une feuille qui exerça une influence autrement profonde, ce fut *le Représentant du peuple*, rédigé par Ch. Fauvety, Viard, Proudhon, Darimon, Langlois, Le Chevalier, Lachambaudie, etc. Elle fut suspendue et se reconstitua plus tard sous le titre du *Peuple*. Les polémiques de Proudhon lui donnèrent une vogue énorme. Cet écrivain, quoiqu'il eût déjà publié ses principaux ouvrages, était encore peu connu du public, ayant vécu loin de Paris et des intrigues du journalisme. Paris, dit Hippolyte Castille, salua de son empressement, de sa curiosité, de ses éloges et de ses épigrammes le nouveau lutteur qui entrait dans l'arène en frappant sur tout le monde. Ce Gaulois, né pour la critique, se trouvait dans son élément au milieu de

[1] *Lacordaire journaliste*, par l'abbé P. Fesch. Paris, 1897, Delhomme et Briguet.

ce fracas révolutionnaire. Lui-même, comme s'il eût voulu mettre le comble à ce tapage par une note plus criarde que tout le reste, se mit à soutenir imperturbablement, avec le flegme d'une dialectique subtile, exercée, l'ancienne théorie des humanitaires sur l'anarchie ; il réimprimait et paraphrasait en même temps le livre *la Propriété, c'est le vol!* accompagnant ces théories, auxquelles il donnait par la forme je ne sais quoi d'excessif, de turlupinades rabelaisiennes contre les Montagnards, les Girondins, les phalanstériens, les communistes et tout le monde.

Daniel Stern a tracé de Proudhon une figure dont les traits ne s'éloignent guère de ceux mis en œuvre par Hippolyte Castille. Proudhon, dit Daniel Stern, ne se rangea sous aucune bannière. Attaquant d'une verve hautaine aussi bien la majorité que la minorité du gouvernement, gourmandant les clubs, les journaux, la place publique, jugeant dédaigneusement et raillant sans pitié tantôt les républicains du *National*, tantôt les Jacobins, tantôt les communistes, Proudhon surprenait chaque matin ses lecteurs qui avaient peine à concilier le ton et l'allure de sa politique contre les révolutionnaires avec ce que l'on connaisait de ses opinions ultra-radicales. A tout moment, il paraissait en contradiction avec lui-même, parce qu'au lieu de chercher les moyens d'organiser la démocratie, son radicalisme négatif se donnait pour tâche la désorganisation de tous les pouvoirs. Il ne croyait pas que la révolution eût autre chose à accomplir que la destruction de toutes les entraves qui gênaient la spontanéité de l'instinct social. Plus de clergé, plus d'armée, plus de magistrature, plus de propriété, l'absence de tout gouvernement, l'anarchie, c'est-à-dire la société livrée à ses propres forces, c'était là l'idéal philosophique de Proudhon ; mais cette vue générale variait à l'infini dans les applications particulières : il en résultait des inconséquences, des revirements, des soubresauts, toute une manière de dire imprévue, saisissante, qui excitait au plus haut point la curiosité publique.

Proudhon, avec ses idées de transformations subversives, précédemment Fourier, l'apôtre du travail rendu attrayant et de l'association des individus d'après l'analogie des aptitudes, plus tard Auguste Comte, le fondateur de la philosophie positive, ont été tous trois les inspirateurs du mouvement actuel de la presse socialiste et ont servi de bases à son développement.

*
* *

Si Proudhon était un publiciste aussi vigoureux qu'original, Alexandre Dumas était un journaliste d'une fantaisie étincelante. Il écrivit d'abord au journal *la Liberté*, que rédigeaient Lepoitevin Saint-Alme, Vitu et Ponroy, avec l'habile Dutacq comme administrateur. *La Liberté* avait déjà obtenu beaucoup de succès, lorsqu'elle fit appel à la collaboration d'Alexandre Dumas, qu'elle annonçait ainsi à ses lecteurs : « Pour répondre à l'empressement du public et se rendre plus digne de sa bienveillance, *la Liberté* a fait l'acquisition de presses nouvelles douées d'une plus grande énergie, et d'un publiciste doué d'une non moins grande énergie, d'un des plus beaux esprits contemporains, d'un poète habitué à voir tomber de sa plume les rubis et les perles : nous avons nommé M. Alexandre Dumas. »

Rien de plus curieux que la profession de foi d'Alexandre Dumas. Elle occupa deux numéros du journal ; mais elle peut se résumer ainsi : *Ego sum qui sum !* J'ai fait la Révolution de Juillet ! J'ai fait la Révolution de Février ! J'ai écrit 400 volumes ! Je ferai toutes les révolutions qui me seront demandées ; j'écrirai tous les volumes qu'on voudra : car je suis celui que je suis.

Alexandre Dumas ne vécut pas longtemps en bonne intelligence avec *la Liberté* : il écrivit alors à *la France Nouvelle;* il collabora ensuite à *la Patrie*, et prêta enfin son nom, et sa verve quelquefois, à un recueil mensuel, *le Mois*. Dans son premier article de *la France Nouvelle*, Dumas explique pourquoi il a quitté le journal *la Liberté* et pose en même temps sa candidature à l'Assemblée Constituante : « Il est bon, dit-il, en quelque temps que ce soit, et mieux encore dans des temps nuageux et sombres comme ceux où nous entrons, qu'il y ait un homme dont la vie a été une éternelle indépendance..... suivant son impulsion, relevant de sa conscience, vivant de sa pensée, n'ayant aucun bien-être matériel à attendre des rois, aucune faveur à demander aux peuples..... Il est bon qu'il y ait un Historien qui au milieu de ces publicistes qui semblent avoir oublié l'histoire, en face de ces législateurs qui semblent ne l'avoir jamais sue.... essaye de surprendre le secret de l'avenir à ce sphinx, muet et dévorant, que l'on trouve accroupi au seuil de chaque nouvelle révolution. Il est bon enfin qu'il y ait un poète dont le cœur résonne comme un bronze sous chaque événement qui vient le frapper ;... qui, sans jamais avoir une flatterie pour les puissants, ait toujours un cri, un soupir, une arme à donner aux faibles, et de son enthousiasme pour ce qui s'élève, écarte toujours l'insulte pour ce qui vient de tomber..... Ce

Phot. Philippon (Versailles)

AUGUSTE COMTE

Phot. Pierre Petit

Lieut.-colonel CHARRAS

F.-M.-C. FOURIER
Extrait des *Journées révolutionnaires*
(Flammarion, édit.)

Phot. Reutlinger

JOSEPH PROUDHON

qu'il nous faut aujourd'hui à l'Assemblée nationale, ce sont des hommes d'énergie, des hommes qui disent hautement leur pensée, des hommes qui la soutiennent avec la voix, avec la plume, avec le bras, si besoin est. Je crois avoir prouvé depuis deux mois que je suis un de ces hommes-là. Ma devise est celle de la République, mais à cette condition que la République de 1848 ne ressemblera en rien à la République de 1793, et qu'en regard des trois mots : Liberté, Égalité, Fraternité, on écrira ces trois autres mots : Patrie, Propriété, Famille. Que ceux qui pensent comme moi se rallient à moi. »

* * *

Tous les journaux que nous venons de passer en revue, acceptaient la révolution de 1848, tout en prétendant la diriger chacun à sa manière. Mais une opposition ouverte ne tarda pas à se produire. Ce fut *l'Assemblée nationale*, rédigée par d'anciens fonctionnaires du gouvernement de Louis-Philippe, qui fit entendre le premier cri de protestation contre le gouvernement de février. Le titre du journal, suivant la remarque de Hatin, était à lui seul un trait d'habileté : il voulait dire que la France entendait réserver l'avenir. Le moment d'ailleurs était on ne peut plus favorable pour une semblable entreprise : la vieille presse modérée était d'une extrême prudence, l'opinion se cherchait, les départements attendaient plongés dans l'incertitude, quand *l'Assemblée nationale* planta fièrement un drapeau au beau milieu du camp révolutionnaire. On a dit qu'elle avait semé de verres cassés la route du gouvernement provisoire, et, de fait, elle n'a cessé de lui faire une guerre aussi courageuse qu'énergique.

En 1851 *l'Assemblée nationale* fut l'organe d'un comité fusionniste, où se rencontraient MM. Molé, Guizot, Berryer, Duchâtel, de Pastoret, de Salvandy, Falloux, duc d'Uzés, de Talleyrand, de Larochefoucauld, de Valmy, de Noailles, de Montebello, de Montalivet, etc...

On ne lira pas sans intérêt ce curieux échantillon de sa polémique : « Voici les noms des dynasties, qui veulent régner sur 35 millions de Français, qui veulent gouverner le plus noble pays du monde. La dynastie du *National*, la dynastie de la *Réforme*, la dynastie de la *Commune de Paris*, la dynastie des communistes socialistes, etc., et enfin la dynastie des *fainéants* et des pillards; nous oublions sans scrupule quelques autres prétendants, d'une nuance trop insignifiante ou d'une couleur trop tranchée. *Le National* représente le

D'après une peinture du musée Carnavalet.

LEDRU-ROLLIN

(1808-1874)

Avocat et jurisconsulte

Membre du gouvernement provisoire

Représentant du peuple.

Gravure extraite des *Journées révolutionnaires*, par A. Dayot.
(E. Flammarion, édit.)

gouvernement accepté et responsable; la *Réforme*, toute minorité qu'elle est, règne un peu et gouverne beaucoup; *la Commune de Paris* aspire au triumvirat dictatorial; les socialistes rêvent l'égalité mathématique et anti-sociale; enfin les *fainéants* et les pillards demandent le pillage et le partage des propriétés, pour y jouir à leur our et en paix des douceurs de l'oisiveté. »

* * *

Pour défendre et propager les idées de la fraction avancée du Gouvernement provisoire, le ministre de l'intérieur Ledru-Rollin eut recours à la publication des fameux *Bulletins de la République*, dont la plupart ont été rédigés par George Sand. Ils paraissaient tous les deux jours, avec l'en-tête : *République française. — Ministère de l'intérieur*. Le numéro du 15 avril eut un grand retentissement. Il était relatif aux élections prochaines et à cette question que la presse discutait avec passion : *Que feriez-vous si l'Assemblée nationale ne proclamait pas la République ?*

« Les élections, disait *le Bulletin de la République*, si elles ne font pas triompher la vérité sociale, si elles sont l'expression des intérêts d'une caste, arrachée à la confiante loyauté du peuple, les élections qui devaient être le salut de la République, seront sa perte, il n'en faut pas douter. Il n'y aurait alors qu'une voie de salut pour le peuple qui a fait les barricades : ce serait de manifester une seconde fois sa volonté, et d'ajourner les décisions d'une fausse représentation nationale. Ce remède extrême, déplorable, la France voudrait-elle forcer Paris à y recourir? A Dieu ne plaise! Non; la France a confié à Paris une grande mission; le peuple français ne voudra pas rendre cette mission incompatible avec l'ordre et le calme nécessaires aux délibérations du corps constituant. Paris se regarde, avec raison, comme le mandataire de toute la population du territoire national; Paris est le poste avancé de l'armée qui combat pour l'idée républicaine; Paris est le rendez-vous, à certaines heures, de toutes les volontés généreuses, de toutes les forces morales de la France. Paris ne séparera pas sa cause de la cause du peuple qui souffre, attend et réclame, d'une extrémité à l'autre du pays..... » Et le *Bulletin* s'expliquait ensuite sur l'attitude qu'observerait le Gouvernement provisoire. Il laissait entendre qu'il ne s'opposerait pas aux mesures de violence que pourrait exiger la justice populaire : « Le

Gouvernement provisoire ne peut que vous avertir et vous montrer le péril qui vous menace ; il n'a pas le droit de violenter les esprits et de porter atteinte au principe du droit public. Élu par vous, il ne peut ni empêcher le mal que produirait l'exercice mal compris d'un droit sacré, ni arrêter votre élan le jour où, vous apercevant vous-même de vos méprises, vous voudriez changer dans sa forme l'exercice de ce droit.... »

Il ne faut pas oublier de rappeler à ce sujet que Ledru-Rollin avait déjà été le promoteur du pétitionnement de 260 000 signatures demandant l'extension du droit du suffrage et un changement notable dans les conditions d'électorat et d'éligibilité. C'est dans son journal *la Réforme* qu'il développa le programme suivant : « Sans la réforme électorale tout progrès pacifique est impossible ; il faut que chaque citoyen soit électeur, il faut que le député soit l'homme de la nation, non de la fortune... »

*
* *

A côté de la presse politique, il y avait une presse fantaisiste, des feuilles plus ou moins originales, qui vivaient l'espace d'un matin. On peut juger de leur caractère excentrique par le titre de quelques-unes : *la Carmagnole, le Lampion, le Canard, le Petit-homme rouge, le Hoquet aristocratique, la Moutarde après dîner, la Chasse aux bêtes puantes, le Postillon extraordinaire, la Trompette du père Belle-Rose, la Bouche de fer, la Langue de vipère, le Croquemort de la presse,* le *Père Duchêne,* pâle imitation du *Père Duchêne* de la première Révolution, avec une kyrielle de contrefaçons.

Philibert Audebrand, dans ses *Souvenirs de la tribune des journalistes*, affirme que jamais gouvernement ne fut plus ridiculisé, plus bafoué que celui du 24 février. Comme on avait affaire au pouvoir le plus débonnaire, on le combattait avec le sarcasme, dans des termes souvent violents. C'est du lendemain du 24 février que datent tant de vers qui avaient la prétention d'être méchants et qui n'étaient guère que misérables.

Au moment où les chefs des diverses écoles socialistes exposaient leurs doctrines dans les clubs et dans les journaux, on afficha sur les murs ce triolet :

La très sainte et très glorieuse Trinité !
Proudhon, Cabet, Pierre Leroux
Sont adorés chez les Indous.
Pierre Leroux, Proudhon, Cabet
Sont divinisés au Thibet.
Cabet, Pierre Leroux, Proudhon
Charment les Cosaques du Don.

Ce fut surtout lorsque l'Assemblée constituante fut réunie et organisée, que les Archiloques du côté droit aiguisèrent leurs crayons et s'efforcèrent de piquer jusqu'au vif les hommes de la gauche. On fit des bouts rimés par charretées, et Louis Veuillot ne fut pas le dernier à prendre goût à ce jeu.

Senard ayant été élu président de la Constituante, après les scènes du 15 mai, on mit sous forme de distique la *pensée de son perruquier*.

.....
Sa tête est dégarnie, et malgré tout mon art
Je ne puis replanter la forêt de *Senart*.

On fit des vers encore, lorsque Trouvé-Chauvel fut nommé ministre des finances :

Il nous faut un Cambon, a dit Ledru-Rollin,
Pour que la France soit prospère ;
Il le cherche pour rendre un Père
A l'assignat si longtemps orphelin.
O citoyen Ledru, permettez que j'espère,
Pour ce pays tant de fois éprouvé,
Que ce Cambon n'est pas *Trouvé*.

Au théâtre, la réaction faisait d'éclatants succès à *la Foire aux idées*, à *la Propriété c'est le vol*, où un acteur avait copié le masque de Proudhon, et aux *Saisons vivantes* où l'on se moquait sans la moindre gêne de la forme du gouvernement.

Dans le *Daguerréotype théâtral*, que dirigeait en 1850 le célèbre chansonnier Paul Avenel, on retrouve l'écho fidèle des passions qui alimentaient l'art dramatique de cette époque.

L'*aimable Faubourien*, qui appartint à cette catégorie de feuilles éphémères, avait pris pour épigraphe ces vers d'Auguste Barbier :

La grande populace et la sainte canaille
Se ruaient à l'immortalité.

Il excitait le peuple des *aimables faubourgs* à la guerre civile, dans des termes violents, dont voici un échantillon : « Tu attends, et

Numéro 37. 27 Décembre 1850.

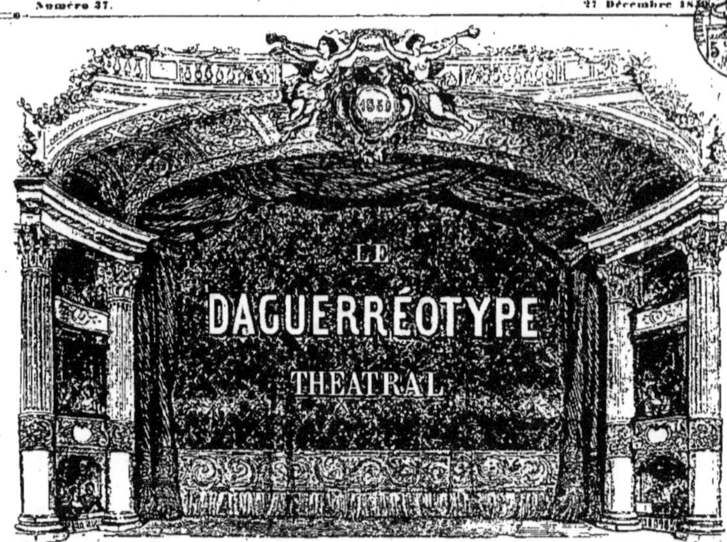

Abonnements :

	3 mois.	6 mois.	Un an
Paris	5 fr	9 fr	16 fr.
Départem	5	9	16
Étranger	6	11	20

Le Rédact. en chef : Paul AVENEL.

JOURNAL ARTISTIQUE ET LITTÉRAIRE

ILLUSTRATION DES PIÈCES A SUCCÈS

Dessins de A. ROUARGUE, gravés par A. JOURDAIN.

(LE JOURNAL EST ENVOYÉ AUX ABONNÉS LE SAMEDI DE CHAQUE SEMAINE.)

Bureaux :

rue Mazarine, 36, au premier étage

On ne reçoit que les lettres affranchies

Le Gérant : Aug. JOURDAIN.

Paris, 26 décembre.

M. le préfet de police vient de publier un règlement pour l'affichage des théâtres, spectacles, bals, concerts et jardins publics dans Paris.

« A l'avenir, les affiches de théâtres, spectacles, concerts, bals et jardins publics ne pourront être apposées, sur les emplacements destinés à ce genre d'annonces, que dans l'ordre fixé ci-après, en commençant par la droite :

« Savoir :

« THÉATRES SUBVENTIONNÉS. — Opéra et bals de l'Opéra, Français, Opéra-Comique, Italiens, Odéon.

« THÉATRES DE VAUDEVILLES. — Vaudeville, Variétés, Gymnase, Montansier.

« THÉATRES DE DRAMES. — Gaîté, Ambigu-Comique, Porte-Saint-Martin, Cirque-National, Folies-Dramatiques.

« PETITS THÉATRES. — Funambules, Délassements-Comiques, Luxembourg, Lazary, Beaumarchais, Saint-Marcel.

« SPECTACLES DE CURIOSITÉS. — Cirque des Champs-Elysées, Hippodrome, Spectacle-Choiseul, Spectacle-Bonne-Nouvelle, autres spectacles de curiosités par ordre d'ancienneté.

« CONCERTS ET BALS. — Concerts publics, Jardins publics, Bals publics selon leur ancienneté.

« Toutes les affiches de théâtres seront sur papier timbré à cinq centimes pour les représentations ordinaires ; elles pourront être sur papier à dix centimes pour les représentations extraordinaires et à bénéfices.

« Les affiches des spectacles de curiosités, concerts et bals, placées à la gauche des établissements appartenant aux genres dramatiques, pourront également être établies sur papier timbré à dix centimes.

« Aucune affiche de théâtre, spectacle quelconque, bal ou concert, ne pourra être établie sur du papier dont la dimension excéderait le format du colombier, soit 86 centimètres de hauteur sur 62 centimètres de largeur. »

Nous ne pouvons qu'applaudir à une pareille mesure, et nous profiterons de cette occasion pour prier M. Carlier de faire surveiller les affiches, car, dans certains quartiers, elles disparaissent avant l'heure de l'ouverture des théâtres. C'est un inconvénient fort désagréable, surtout pour les habitants de la rive gauche, où l'affichage n'a lieu que dans des endroits assez éloignés les uns des autres. Avec un peu de surveillance, les affiches n'iraient dans la hotte du chiffonnier qu'une ou deux heures plus tard, le public n'aurait plus à se plaindre, et les braves industriels de la nuit ne perdraient rien pour attendre.

PAUL AVENEL.

PREMIÈRES REPRÉSENTATIONS.

THÉATRE-FRANÇAIS.

LE JOUEUR DE FLUTE, comédie en un acte, en vers, par M. ÉMILE AUGIER.

PERSONNAGES ET ACTEURS. *Psaunis*, Samson ; *Bomilcar*, Got ; *Ariobarzane*, Geffroy ; *Laïs*, mademoiselle Nathalie.

Non licet omnibus adire Corinthum. — Le riche seul pouvait aller savourer les douceurs de la voluptueuse Corinthe ; le pauvre en était exclu, et il devait se résigner philosophiquement ou mourir de désespoir de ne pas tremper ses lèvres à la coupe des plaisirs dont s'enivraient les courtisanes grecques. Les richesses donnent tant de vertus ! Elles rendent jeune, beau, noble, lorsqu'elles ne tombent pas dans des mains avares. — Mais, en ce temps-là, quel était le sort de l'humble citoyen sans fortune ? Quoique doué par la nature de tous les avantages physiques, il ne pouvait en jouir que par un caprice ou une fantaisie de ces *belles filles* qui, d'un regard ou d'un sourire, décidaient des destinées de la Grèce. — M. ÉMILE AUGIER a voulu réhabiliter la courtisane et initier un simple pâtre de Thessalie aux voluptés divines de la débauche antique.

L'avare Psaunis et le prodigue Bomilcar, que les dettes ont chassé de Carthage, sont chez Laïs. Ils s'entretiennent des charmes de la belle courtisane. Psaunis voudrait bien obtenir ses faveurs, mais sans toucher à son argent ; il espère la fatiguer par ses assiduités. — Cependant notre homme (marié depuis quinze ans) a manqué à sa ligne de conduite habituelle en achetant un joueur de flûte à sa femme. Mais l'esclave a mis dans le marché qu'il ne se livrerait qu'au bout de huit jours.

Ariobarzane, riche Persan, est l'amant de Laïs depuis quelques jours, il semble en être fatigué, il va la quitter. — Psaunis veut vendre son esclave à cet heureux amant. Laïs s'en étonne, mais son étonnement redouble quand le fier Ariobarzane lui dit : Chalcidias, le joueur de flûte, c'est moi. Je vous aimais, et je me suis vendu afin d'être assez riche pour vous posséder. Je ne regrette rien. — La courtisane s'intéresse à lui désormais, elle comprend le sacrifice qu'il a fait de sa liberté.

Bomilcar découvre la résolution secrète de cet homme, Chalcidias préférera la mort à l'esclavage. Alors Psaunis le lui vend pour un *talent* et l'astucieux Carthaginois dit à Laïs que seule elle peut empêcher le suicide de son amant.

Laïs interroge Chalcidias ; elle lui demande pourquoi il veut mourir. Il lui répond :

. . . . Ah ! tu me le demandes,
Eh bien ! soit, j'ai besoin aussi que tu l'entendes.
J'ai besoin, à la fin, de répandre le fiel
Amassé dans mon cœur comme l'orage au ciel.
J'ai quitté mon pays par haine d'être esclave,
Trouvant qu'une famille est encore une entrave
Et las de ressembler au triste tournesol
Dont la tête voyage et le pied tient au sol.
Depuis, j'ai promené partout ma libre vie,
Vagabond, dédaigneux de tout ce qu'on envie,
M'endormant quelquefois au milieu du chemin,
Sans souvenir d'hier, sans souci de demain !
Mais un jour. . . jour fatal où tu m'es apparue
Triomphante au milieu de la foule accourue,
Le serpent de l'envie en moi s'est éveillé !
Tout un monde invisible à mes yeux a brillé :
Monde de voluptés, de parfums, de lumière,
Dont l'éclat rayonnait autour de ta litière ;
Monde resplendissant aux jours d'été pareil,
Dont ta fière beauté me semblait le soleil !
Un amour furieux éclata dans mon âme.
Être pendant huit jours l'amant de cette femme !
Me dissiper ; et donner le reste de mes jours

tu délaisses ton fusil pour les intruments de travail. Ton fusil ! oh ! cache-le..... mais pourtant ne le quitte pas de l'œil, et qu'au premier signal il se retrouve dans tes viriles mains !...... La Révolution de Février, comme sa sœur la Révolution de Juillet, est une Révolution *escamotée !* »

*
* *

Il y avait aussi une presse féministe représentée par *la Voix des femmes*, que dirigeait Eugénie Niboyet. « Les lettres, disait-elle dans sa profession de foi, s'honorent de la célébrité de George Sand, les arts s'honorent de la célébrité de Mmes Rachel, Georges, Marie Dorval, Marie Pleyel, etc., etc. On doit aux femmes de merveilleux travaux d'industrie, et cependant, depuis le 24 février, quel écrivain s'est occupé d'elles, quel homme juste a dit : « La liberté pour tous, « c'est la liberté pour toutes...... » Quand le moins intelligent citoyen a droit de voter, la plus intelligente citoyenne est encore privée de ce droit..... »

La Voix des femmes, se vendant peu, ne tarda pas à disparaître ; et sa directrice, Mme Niboyet, s'en consola en ouvrant le *Club des Femmes*, de ridicule mémoire.

La Politique des Femmes et *l'Opinion des Femmes*, où se faisaient remarquer Jeanne Deroin, Désirée Gay, Marie Dalmay, H. Sénéchal, etc. furent encore plus éphémères que *la Voix des Femmes*.

La République des Femmes, journal des cotillons, prêchait la croisade contre les maris et publiait des chants de guerre pour exciter les cohortes Vésuviennes :

Vésuviennes, marchons, et du joug qui nous pèse
Hardiment affranchissons-nous !
Faisons ce qu'on n'osa faire en quatre-vingt-treize,
Par un décret tout neuf supprimons nos époux !
Qu'une vengeance sans pareille
Soit la leçon du genre humain.
Frappons : que les coqs de la veille
Soient les chapons du lendemain !

Voici le refrain du *Chant du Départ de ces dames ou Grande Expédition contre ces gueux de maris* :

En avant ! délivrons la terre
De tyrans trop longtemps debout !
A la barbe faisons la guerre,
Coupons la barbe, coupons tout.

*
* *

La presse eut sa part de responsabilité dans les sanglantes journées de Juin 1848. Elle contribua certainement à créer divers malentendus entre la bourgeoisie et le peuple et à susciter ainsi la guerre civile.

Il y eut une sorte de mouvement parallèle provenant des feuilles bonapartistes, à la dévotion du prince Louis-Napoléon qui travaillait déjà à rétablir l'Empire, ainsi que des feuilles ultra-révolutionnaires.

Un des journaux les plus avancés, *l'Organisation du Travail*, avait pour rédacteurs Lacolonge, l'ouvrier cordonnier Savinien Lapointe, etc. « La rue, disait-il, est le premier et le plus saint des clubs..... Que voulez-vous, Messieurs les Bourgeois, le peuple n'a pas à sa disposition vos salles dorées et fleuries. La Porte Saint-Denis, la Porte Saint-Martin, la Bastille, voilà ses meeting favoris. » Dès son sixième numéro (le 8 juin), il dénonçait au public les noms de soixante millionnaires de Paris, ce qui pouvait faire croire que, pour lui, l'organisation du travail, c'était le pillage. Le lendemain il reproduisait sa liste de délation « à la demande des abonnés ». Stigmatisé le 10 juin à la tribune de l'Assemblée, il continuait le 11, et donnait une nouvelle liste de soixante noms choisis parmi les plus riches propriétaires de France. Le 12 juin, il s'écriait en réponse à l'Assemblée : « Ils ne comprennent pas encore que par le mot république on entend le gouvernement de tous, et que, dans un état social pareil, un homme ne peut posséder huit cents millions devant six millions de mendiants. De bonne foi, je le demande à tout homme qui a été dans les affaires, est-il possible que dans l'espace d'une vingtaine d'années on puisse acquérir avec probité une vingtaine de millions? Certes non, et pourtant *voilà l'histoire de la plupart des fortunes de nos jours !* » Ce même journal, à côté de ces listes qu'il reproduisait et renouvelait à satiété, recevait et publiait tous les jours les avis communiqués par la famille Bonaparte, prenait la défense du Prince Louis, et citait longuement ou analysait en une série d'articles certains ouvrages de sa captivité.

Les partisans du rétablissement de l'Empire s'agitaient fiévreusement ; ils recrutaient des gens chargés de pousser à l'Hôtel de Ville, autour de l'Assemblée, sur les boulevards, des cris de : *Vive l'Empereur ! Vive Napoléon ! Vive Louis Bonaparte !* Ils s'efforçaient en même temps d'organiser une sorte de presse volante et improvisée. Le 10 juin, ils faisaient paraître *l'Aigle Républicaine* et en même temps *la Constitution, journal des vrais intérêts du pays*, qui dès le n° 3 prenait ce sous-titre : *Journal de la République Napoléonienne*. Le 11, ils donnaient l'essor au *Napoléon Républicain*, le 12, au *Napoléonien*, et quelques jours après au *Petit Caporal* et à *la Redingote grise*.

La presse anarchique suit les mêmes voies et pullule au même instant que la presse bonapartiste. Comme elle, elle a recours à des titres éclatants : *La Carmagnole*, *le Robespierre*, *la République rouge*, *le Bonnet rouge*, *le Drapeau des Sans-Culottes*, *le Pilori*, *le Spartacus*, *le Tocsin des Travailleurs*, etc. Voici un extrait tout à fait édifiant de *la République rouge* : « Il y a deux républiques, demandez-le plutôt au vicomte Hugo. Nous irons plus loin que cet honorable : il y en a trois, il y en a quatre ; car la République blanche de l'ex-Pair n'est pas, bien certainement la République tricolore de Lamartine, la République bleue de lord Marrast. Il y en a bien d'autres encore, si nous voulions compter. Mais il y en a une dont ils ne veulent pas..., la République rouge. Eh bien, c'est la nôtre, et, comme Proudhon, nous serrons sur notre cœur le glorieux étendard de pourpre, celui qui n'a pas fait la conquête de l'Europe par la guerre, mais qui porte dans ses plis flottants l'avenir de l'humanité!... Quand donc, ô peuple! seras-tu enfin le maître chez toi? Quand cesseras-tu de te laisser escamoter la souveraineté par les fripons et les ambitieux? »

Quant au *Tocsin des Travailleurs*, il conviait les travailleurs à un nouvel ordre social, où il n'y aurait plus d'héritage, plus de propriété individuelle, et où l'État, devenu l'unique propriétaire et le seul capitaliste, distribuerait à chacun selon sa capacité et ses œuvres. Le principal rédacteur était un écrivain de talent : Émile Barrault, un éloquent prédicateur Saint-Simonien, qui se montrait, comme journaliste, fidèle au culte de sa jeunesse.

*
* *

Les Journées de juin furent le point de départ d'une réaction vigoureuse contre la presse. En vertu de l'état de siège, le 25 juin, le général Cavaignac, investi de tous les pouvoirs exécutifs, prit un arrêté ordonnant la fermeture des clubs reconnus dangereux, la saisie de 11 journaux et la mise de leurs presses sous scellés. Voici la liste des onze journaux : *le Pilori*, *le Père Duchesne*, *l'Organisation du Travail*, *le Journal de la Canaille*, dont chaque numéro était une excitation à l'insurrection, *la Révolution de 1848*, *la Vraie République*, devenue le Moniteur des ateliers nationaux en révolte, *le Napoléon Républicain* et *la Liberté*, deux organes bonapartistes, *le Lampion* et *l'Assemblée Nationale*, feuilles royalistes, et enfin *la Presse* de Girardin, qui attaquait la République avec la dernière violence, signalait l'avenir sanglant qui était imminent, accusait le Gouvernement d'avoir toléré ou voulu le désordre des ateliers nationaux et d'avoir provoqué la guerre civile pour se maintenir au pouvoir.

La Presse protesta aussitôt contre la mesure dont elle était l'objet : « Nous voilà donc retombés sous le *despotisme du sabre*, disait-elle, le 25 mai au matin, et pour comble d'abaissement, réduits à considérer ce despotisme comme un *bienfait!* Toutes les libertés sont suspendues, la liberté individuelle et la liberté de la presse ! un mot suffit, mal interprété ou mal imprimé, pour vous exposer à être fusillé. Paris est en état de siège ! On se souvient à quelles attaques le gouvernement de Juillet fut en butte de la part du *National*, pour avoir mis Paris en état de siège ! Eh bien ! c'est à peine si *le National* règne et gouverne depuis quatre mois, voilà à quelle extrémité nous en sommes venus. » Dans une ville soumise à l'état de siège et en proie à l'insurrection, toute excitation d'un journal risquait de se traduire immédiatement par des barricades et des coups de fusils. Il était donc bien difficile de tolérer les récriminations violentes de *la Presse*.

Le général Cavaignac ne se contenta pas de supprimer des journaux. Le même jour, vers trois heures, il fit arrêter Émile de Girardin dans les bureaux de *la Presse*, le fit écrouer à la Conciergerie, où il fut maintenu pendant huit jours au secret le plus rigoureux. Par suite de l'état de siège, c'est à la juridiction militaire qu'il appartenait de le juger.

On s'est demandé pourquoi Emile de Girardin avait été arrêté, pourquoi on avait usé à son égard de cette rigueur exorbitante. S'agissait-il de venger des injures anciennes, comme la mort d'Armand Carrel, ou l'opposition récente dirigée contre la République et le général lui-même ? « A la hauteur où ces scènes cruelles m'ont placé, répondait le général, où je ne désirais pas m'élever, où je ne désire pas rester, les passions ne peuvent m'atteindre[1]. » Les adversaires eux-mêmes

[1] *Journal d'un journaliste au secret*, par Emile de Girardin (juillet 1848).

du général Cavaignac n'ont pas cru qu'il ait obéi à des rancunes personnelles. Mais ils ont suspecté son entourage. Ce qu'on voulait surtout, dit M. Victor Pierre dans son *Histoire de la République de 1848*, c'était ôter la parole à un adversaire incommode, téméraire, et que rien n'arrêtait. On mit en avant de prétendues intelligences avec les Princes d'Orléans ; ses papiers furent visités, ses lettres décachetées ; il resta dix jours en prison ; aucun document ne vint justifier les soupçons. Il fut relâché comme il avait été arrêté, sans explications, le 5 juillet. *La Presse* resta sous les scellés jusqu'au 25 août. C'est à peine si, un mois après, une voix osa s'élever à la tribune pour protester contre cet acte. Le général Cavaignac répondit en se retranchant derrière la nécessité politique et le salut public, et une majorité de 300 voix lui donna un bill d'indemnité.

Le Comité de législation répondit au représentant du peuple, qui prétendait que l'état de siège n'impliquait pas, au profit du pouvoir exécutif, le droit de suspendre les journaux, qu'il n'était pas nécessaire d'entrer dans une discussion juridique sur les effets et la portée de la législation sur l'état de siège. « Il suffit de dire, ajoutait le rapporteur de ce Comité, en se reportant au 24 juin, qu'il y eut entre l'autorité et le général Cavaignac, quels que fussent les termes du décret qui déclara Paris en état de siège, une pensée commune, celle de sauver le pays. En tout cas, le général et l'Assemblée ne cessaient pas d'être en présence. Tout ce que le Chef du pouvoir exécutif a cru nécessaire pour le salut du pays, il l'a fait sous les yeux, sous le contrôle immédiat, incessant, de l'Assemblée Nationale. L'Assemblée a tout vu, tout su, et, par sa toute puissance, tout sanctionné, soit implicitement, soit d'une manière explicite, par des votes qui restent avec leur portée politique. En présence de ces faits, tout débat sur les actes du pouvoir exécutif serait superflu. »

***

Le gouvernement s'empressa d'ailleurs de rentrer dans la légalité, aussitôt après les journées de Juin et la défaite de l'insurrection. Il présenta à l'Assemblée Constituante deux projets de loi sur la presse, qui furent votés les 9 et 11 août 1848[1]. La première de ces lois visait les crimes et délits commis par la voie de la presse, et avait

[1] Duvergier. *Collection des Lois.*

surtout pour but de mettre en harmonie avec le nouvel ordre de choses les expressions des lois antérieures. Elle s'appropriait, par de simples corrections grammaticales, les lois de 1819 et de 1822, en renvoyant à d'autres temps la revision complète du système répressif des délits de presse. Elle punissait les attaques contre les droits et l'autorité de l'Assemblée, contre les institutions républicaines, contre la liberté des cultes, le principe de la propriété et les droits de la famille. Elle punissait également l'excitation à la haine ou au mépris des citoyens les uns contre les autres, et l'exposition ou la distribution de tous signes ou symboles propres à propager l'esprit de rébellion ou à troubler la paix publique ; dispositions un peu vagues, qui sont restées longtemps en vigueur, et qui manquaient de précision. Enfin, l'article 463 du Code pénal sur les circonstances atténuantes était appliqué à tous les délits de presse, comme droit commun. Il était entendu qu'il s'agissait de dispositions transitoires destinées à être exécutées jusqu'à leur abrogation ou leur revision par une loi nouvelle.

*
* *

La question la plus importante et la plus difficile à trancher était celle relative au cautionnement, suspendu provisoirement au mois de mars 1848. La loi un moment inexécutée, par suite de cette suspension, devait reprendre son empire. Mais les intéressés ne l'entendaient pas ainsi et refusaient de se soumettre à cette mesure incompatible, suivant eux, avec le principe de la liberté de la presse. C'est ce qui obligea le gouvernement à saisir séparément l'Assemblée Constituante d'un projet de loi sur le cautionnement.

« La société, disait le ministre de l'intérieur Senard, en déposant ce projet, ne peut pas rester dénuée de toute garantie devant la puissance considérable que possèdent les nombreux organes de la presse périodique. L'expérience a démontré que la garantie pécuniaire résultant d'un cautionnement est la plus efficace comme la plus rationnelle de toutes. Elle rentre dans la nature même des entreprises de publications de journaux, qui joignent presque toujours le lucre d'une industrie à l'exercice d'un droit, à l'expression de la pensée politique ; elle n'expose pas aux sévérités de la loi le seul gérant de l'entreprise, mais elle atteint aussi les propriétaires du journal, qui le dirigent et l'exploitent, et à qui la responsabilité d'une pensée coupable doit quelquefois remonter. »

Le Ministre s'efforçait d'établir qu'il ne voulait pas faire du cautionnement un instrument de compression : « Le Gouvernement républicain, disait-il, veut sincèrement la liberté de la presse, comme il veut tous les développements légitimes du principe démocratique ; loin de lui le dessein de comprimer l'essor de la pensée par une mesure fiscale, et d'élever, sous forme de cautionnement, un obstacle pécuniaire que les plus modestes organes de la presse ne sauraient surmonter. »

Le projet de loi reconnaissait d'ailleurs la nécessité d'abaisser le chiffre trop élevé des cautionnements fixés par la législation monarchique. Il proposait de les réduire à moins du quart de ceux prescrits par les lois d'avant 1848. Le chiffre maximum de 24 000 francs pour la Seine, Seine-et-Oise, Seine-et-Marne s'abaissait à 18 000, 12 000, 6 000, 3 600, et 1 800 francs, en raison de la périodicité, plus ou moins fréquente, du siège de la publication plus ou moins populeux, plus ou moins rapproché de Paris. De plus, le projet de loi était présenté comme une mesure essentiellement transitoire ; le Gouvernement disait qu'il appelait de ses vœux et hâterait de tous ses moyens, le moment où l'Assemblée nationale pourrait réunir dans un même code de la presse tous les principes régulateurs de cette importante matière, toutes les conditions qui doivent concilier, sur ce difficile terrain, l'intérêt de l'ordre public et le droit individuel des citoyens.

La nécessité du cautionnement fut vivement combattue, surtout par Louis Blanc, qui s'efforça d'en faire ressortir les inconvénients sous un régime politique basé sur le suffrage universel. « Sans doute, disait-il, il faut des garanties contre les abus possibles de la liberté de la presse ; je dirai plus, il semble que les garanties soient particulièrement nécessaires sous un régime républicain, parce que la République, par sa nature même, tend à donner de plus vives allures à la liberté. Mais que les garanties contre l'abus aillent jusqu'à la suppression même du droit, c'est ce que vous ne sauriez admettre... Car enfin, qu'est-ce que le cautionnement ? Le cautionnement, c'est cette phrase écrite dans la loi : « La liberté de la presse existera pour tous ceux qui pourront payer tant ; elle n'existera pas pour les autres. » Le cautionnement, c'est une condition préventive, c'est un monopole, c'est, pour le dire en termes plus énergiques et plus précis, l'interdiction de la presse des pauvres... La presse s'est acquis une puissance, une domination incomparable, et qui, trop concen-

Coll. Bonasse-Lebel.

LOUIS BLANC

(1812-1882)

Publiciste et historien.

Représentant du peuple.

Gravure extraite des *Journées révolutionnaires*, par A. Dayot.
(E. Flammarion, édit.)

trée, serait terrible, car elle s'exerce sur les meilleures parties de l'homme, son intelligence, son cœur. Soumettre toutes choses à un contrôle permanent, infatigable; faire et défaire les réputations, diriger le mouvement, les affections et les haines publiques, improviser l'histoire, créer une suite de jugements acceptés, la plupart du temps, avec confiance par cette irrésistible souveraineté des temps modernes, l'opinion : voilà le rôle de la presse, et certes, il n'en est pas de plus imposant. Mais aussi combien un tel pouvoir est redoutable !... Chose étrange ! on demande le cautionnement comme garantie; eh bien, citoyens, il me semble qu'il faudrait le repousser au contraire, comme détruisant la meilleure, la plus naturelle, la plus légitime des garanties qui puisse être invoquée contre la presse. En quoi consiste, en effet, une garantie véritable, suprême? Est-ce que ce n'est pas dans l'opposition des jugements, dans la diversité des appréciations, dans le choc aussi répété que possible des idées, dans la rivalité aussi nuancée que possible des opinions ?... Messieurs, il faut bien le dire, depuis quelques années, la presse, ou partie de la presse, nous a donné un affligeant spectacle; nous avons vu certains journaux chercher leurs moyens de succès dans l'augmentation du tribut prélevé sur toutes les industries qui s'annoncent à prix d'argent; nous avons vu certains journaux devenir en quelque sorte les porte-voix de la spéculation. La place que réclament dans les feuilles publiques les sciences, la philosophie, la littérature, les arts, tout ce qui charme le cœur des hommes, tout ce qui élève la pensée, a été envahie par une foule d'avis menteurs et de recommandations payées. C'est là un grand mal. Eh bien, l'ordre d'idées qui a créé cet état de choses, c'est l'ordre d'idées dans lequel rentre le régime du cautionnement. Le régime du cautionnement tend à donner à la presse le caractère purement industriel... Mais alors quelle sera la garantie contre les abus possibles de la presse? La garantie, citoyens, ce sera la garantie personnelle, et c'est la bonne. Qu'on n'exige pas que la signature soit mise au bas de l'article qui sera livré aux lecteurs, je le conçois; mais je ne vois vraiment pas d'inconvénient à ce qu'on fasse mettre la signature de l'auteur au bas de l'article qui sera envoyé au procureur de la République, afin que chacun soit admis à répondre de son œuvre, ce qui est juste, ce qui est moral, ce qui est conforme à la dignité de l'homme[1]. »

[1] *Recueil périodique* de Dalloz, année 1848, 4e partie, p. 145.

Malgré cet éloquent discours, un peu paradoxal par certains côtés, un amendement proposé dans ce sens par Pascal Duprat fut rejeté, et le projet du Gouvernement fut adopté purement et simplement le 12 août 1848. Mais il fut décidé que les lois existantes sur la presse ne resteraient en vigueur que jusqu'au 1er mai 1849.

Louis Blanc, collaborateur au *Bon sens*, fondateur de la *Revue du Progrès*, a été un des plus fervents apôtres de l'idée républicaine, comme le témoignent les lignes suivantes qu'il écrivait dès 1835 :

« La République, pour nous, c'est la France avec le souvenir de toutes ses victoires, l'amour de tous ses enfants, le respect de tous ses ennemis ; c'est le bonheur du peuple, la glorification du talent, l'amour des hommes, la dévotion à la patrie, l'enthousiasme saint de la liberté. Qu'importent les obstacles ? en dépit de tout, le travail des générations se continue, et si nous ne devons pas arriver, d'autres commenceront leur course là où se sera terminée la nôtre. Oui, nous le croyons dans notre cœur, parmi les hommes de ce temps, il y en a qui vaincront, par la dignité de la foi et la patience du talent, toutes les incrédulités railleuses. Persécutés par les puissants, reniés peut-être par leurs amis, ils ne se décourageront point. Ils ont appris de l'histoire comment vivent et meurent ceux qui se dévouent à sucer le venin de quelque grande blessure sociale. Calomniés, ils se tiendront debout et calmes sous l'injure : le mensonge vieillit bien vite. D'ailleurs, ils ont dû savoir, en partant, qu'à travers ce siècle, un peu étroit à son entrée, ils allaient entreprendre un rude pèlerinage et qu'ils laisseraient quelque chose d'eux aux ronces du chemin. Mais quelque gloire est attachée aux choses souffertes pour le peuple, et il est des gloires qu'on doit subir dans ce qu'elles ont de plus amer. Malheur à ceux qui ne savent pas dire sans fatigue et sans crainte tout ce qui leur paraît vrai, tout ce qui leur paraît juste ! S'arrêter devant l'erreur qu'on peut combattre est un crime contre la raison, et reculer devant l'injustice qu'on peut détruire, un crime contre l'humanité[1] ».

L'obligation d'un cautionnement força bien des journaux à disparaître. Ce fut le cas notamment du *Peuple Constituant*. La Mennais fit ses adieux aux lecteurs de ce journal, dans un article qui est le cri suprême d'une âme profondément ulcérée et qui mérite, pour la beauté du style, d'être reproduit ici : « *Le Peuple Constituant* a

1. *Figures disparues*, par Eugène Spuller (F. Alcan. édit.).

commencé avec la République, il finit avec la République : car ce que nous voyons, ce n'est pas, certes, la République, ce n'est même rien qui ait un nom. Paris en état de siège, livré au pouvoir militaire, livré lui-même à une faction qui en a fait un instrument; les cachots et les forts de Louis-Philippe encombrés de 14 000 prisonniers, à la suite d'une affreuse boucherie organisée par des conspirateurs dynastiques devenus, le lendemain, tout-puissants; des transportations sans jugement, des proscriptions telles que 93 n'en fournit pas d'exemple; des lois attentatoires au droit de réunion, détruit de fait; l'esclavage et la ruine de la presse, par l'application monstrueuse de la législation monarchique remise en vigueur; la garde nationale désarmée en partie; le peuple décimé et refoulé dans sa misère, plus profonde qu'elle ne le fut jamais; non, encore une fois non, certes, ce n'est pas là la République, mais, autour de sa tombe sanglante, les saturnales de la réaction. Les hommes qui se sont faits ses ministres, ses serviteurs dévoués, ne tarderont pas à recueillir la récompense qu'elle leur destine et qu'ils n'ont que trop méritée. Chassés avec mépris, courbés sous la honte, maudits dans l'avenir, ils s'en iront rejoindre les traîtres de tous les siècles dans le charnier où pourrissent les âmes cadavéreuses, les consciences mortes. Mais que les factieux ne se flattent pas non plus d'échapper à la Justice inexorable qui pèse les œuvres et compte les temps! Leur triomphe sera court. Le passé qu'ils veulent rétablir est désormais impossible. A la place de la royauté, qui, à peine debout, retomberait d'elle-même sur un sol qui refuse de la porter, ils ne parviendront à constituer que l'anarchie, un désordre profond, dans lequel aucune nation ne peut vivre, et de peu de durée dès lors. En vain ils essayeraient de le prolonger par la force. Toute force est faible contre le droit, plus faible encore contre le besoin d'être. Cette force, d'ailleurs, où la trouveraient-ils? Dans l'armée? L'armée de la France sera toujours du côté de la France. Quant à nous, soldats de la presse, dévoués à la défense des libertés de la patrie, on nous traite comme le peuple, on nous désarme. Depuis quelque temps, notre feuille, enlevée des mains des porteurs, était déchirée, brûlée sur la voie publique. Un de nos vendeurs a même été emprisonné à Rouen, et le journal saisi sans autre formalité. L'intention était claire : on voulait à tout prix nous réduire au silence. On y a réussi par le cautionnement. Il faut aujourd'hui de l'or, beaucoup d'or, pour jouir du droit de parler : nous ne sommes pas assez riches. *Silence au pauvre !* »

Cet article valut au gérant du *Peuple Constituant*, malgré les efforts de La Mennais pour en assumer la responsabilité, une condamnation à six mois de prison, trois mille francs d'amende et trois ans d'interdiction des droits civiques [1].

Le Gouvernement estimait sans doute que beaucoup de journaux gênants ne disparaissaient pas assez vite ; car le général Cavaignac usa encore de ses pouvoirs pour supprimer, le 22 et le 24 août, *la Gazette de France, le Représentant du peuple, la Vraie République, le Lampion* et *le Père Duchêne*, c'est-à-dire les organes des deux partis extrêmes, le parti révolutionnaire de gauche et le parti révolutionnaire de droite.

La Constitution du 4 novembre 1848, à l'exemple de ses devancières, proclamait, en présence de l'Etre suprême, le droit pour tous les citoyens « de manifester leurs pensées par la voie de la presse ou autrement », droit qui n'a pour limite que celui d'autrui et la sécurité publique. En aucun cas, la presse ne devait être soumise à la censure. La connaissance de tous les délits politiques et de tous les délits commis par la voie de la presse devait appartenir exclusivement au jury. On réservait aux lois organiques le soin de déterminer la compétence en matière de délits d'injures et de diffamations contre les particuliers ; mais on décidait que le jury statuerait seul sur les dommages-intérêts réclamés pour faits ou délits de presse.

Une loi du 11 décembre 1848 plaçait la loi sur la presse au nombre des lois organiques. Mais la Constituante n'avait pas le temps nécessaire pour élaborer et faire voter cette loi importante. Et comme, en vertu de la loi sur la presse du 9 août, la législation existante n'était prorogée que jusqu'au 1er mai 1849, c'est-à-dire au moment même de l'expiration du mandat de l'Assemblée nationale, le Gouvernement demanda la prorogation de la législation jusqu'au 10 août 1849. Cette nouvelle prorogation fut accordée par la loi provisoire qui porte la date du 21 avril 1849 [2].

∴

On sait comment Louis-Napoléon fut élu Président de la République le 10 décembre 1848 et comment, en 1849, l'Assemblée constituante, qui était républicaine, fut remplacée par l'Assemblée législa-

[1] Hatin, *Bibliographie de la Presse*, p. 485.

[2] Duvergier. *Collection des Lois*.

tive, composée en grande majorité de royalistes. Les bonapartistes s'étaient fondus, au moment des élections, dans ce qu'on appelait le grand parti de l'ordre représenté par le comité de la rue de Poitiers, où siégeaient pêle-mêle Thiers, de Persigny, d'Haussonville, de Broglie, Lucien Murat, Duvergier de Hauranne, Achille Fould. Après les élections, bonapartistes, orléanistes et légitimistes continuèrent à unir leurs efforts contre le parti républicain, qu'ils représentaient tout entier comme un parti de révolutionnaires et d'anarchistes. Ils agitèrent le spectre rouge devant la France pour l'affoler. A l'aide d'une souscription faite entre les membres du Comité de la rue de Poitiers, ils distribuèrent près de six cent mille exemplaires de pamphlets divers, sous prétexte de défendre la famille, la propriété et la religion. C'est ce qu'on a appelé la politique de la peur, exploitée par les conservateurs contre les partisans de la démocratie.

Le rédacteur d'un de ces pamphlets, après avoir exposé les titres des diverses maisons royales, s'écrie : « Eh bien, peuple, tu as entendu? quelle famille plus que celle des Bourbons a mérité de la France, de la patrie et de toi?... C'est peut-être celle de Ledru-Rollin ?... tu rougis. Alors c'est celle de Proudhon ?... tu fais le signe de la croix... J'entends, c'est celle de Flocon... Flocon!... nom d'une pipe! je ne t'en demande pas davantage. Cependant, peuple, cette famille à laquelle tu dois tant est proscrite..., etc. »

Dans d'autres pamphlets : le *Petit manuel du paysan électeur*, la *Lettre d'un maire de village*, *les Partageux*, on trouve de curieux échantillons de la haine qui animait les orléanistes contre la République. On y lit des dialogues dans le goût de celui-ci : « Les montagnards sont des républicains farouches, ou plutôt des espèces de tyrans; ils sont pires que des sauvages de l'Amérique. Les socialistes et les communistes sont des montagnards renforcés; c'est un ramassis d'aventuriers, d'hommes ruinés, criblés de dettes, échappés des prisons et des galères. — Mais où veulent-ils donc en venir? — Parbleu, c'est bien clair, à mettre les mains dans vos poches. — Ils prendront encore ta femme à ton nez, et tu n'auras rien à dire. »

Voici *les Partageux*, une physiologie bizarre du républicain, de nature, à cette époque, à faire impression sur des illettrés : « Les républicains sont d'un rouge tendre ou d'un rouge sang; mais le meilleur des rouges ne vaut pas grand'chose. Vous savez, on dit : Tout bon ou tout mauvais. Les républicains, c'est tout mauvais. Et puis un rouge n'est pas un homme, c'est un rouge; il ne raisonne pas, il ne pense plus, il n'a ni le sens du vrai, ni le sens du juste, ni celui du beau et du bien. Sans dignité, sans moralité, sans intelligence, il fait le sacrifice de sa liberté, de ses instincts, de ses idées, au triomphe des passions les plus brutales et les plus grossières ; c'est un être déchu et dégradé ! Il porte bien, du reste, sur sa figure, le signe de cette déchéance ; une physionomie abattue, abrutie, sans expression, les yeux ternes, mobiles, n'osant jamais regarder en face, et fuyants comme ceux du cochon. »

Ces ignobles petits livres, dit Taxile Delord[1], n'étaient pas seulement répandus à la manière des bibles ; les curés les lisaient à leurs paroissiens, les maires à leurs administrés, les notaires à leurs clients. De là de sourdes excitations, auxquelles Ledru-Rollin et ses amis eurent le tort de répondre par un appel aux armes et par l'émeute du 13 juin 1849, après avoir vainement demandé à la Chambre la mise en accusation du Président de la République et de ses ministres.

La conséquence fut la mise de Paris en état de siège et la suspension de six journaux républicains avancés : *la Réforme*, *le Peuple*, *la Démocratie pacifique*, *la Révolution démocratique et sociale*, *la Tribune des peuples* et *la Vraie République*. Désormais la République ne pouvait plus avoir qu'une existence nominale. Elle succomba dans une sombre nuit de décembre 1851 ; mais elle était condamnée depuis le 13 juin 1849.

*
* *

Les mesures dictatoriales prises contre la presse soulevèrent les plus vives protestations. Les gérants des journaux suspendus le 13 juin par le Président de la République contestèrent devant les tribunaux la légalité de cette suspension. Ils présentèrent requête au président du tribunal civil de la Seine pour être autorisés à citer à bref délai le ministre de l'intérieur, M. Dufaure. L'autorisation fut accordée et la citation donnée ; mais le tribunal se déclara incompétent, parce qu'on soumettait à son appréciation un acte du ministre de l'intérieur dans l'exercice de ses fonctions, et que l'article 19 de la Constitution, relatif à la séparation des pouvoirs législatif et judiciaire, lui interdisait de connaître de la légalité d'un pareil acte. On

[1] *Histoire du Second Empire*, t. I, p. 155 et 156.

soumit alors la question au Conseil d'État, qui se prononça pour la légalité de ces mesures. D'ailleurs, la loi sur l'état de siège votée le 9 août 1849 leva tous les doutes qui pouvaient subsister, en accordant à l'autorité militaire, par son article 9, le droit d'interdire, pendant l'état de siège, les publications qu'elle juge de nature à exciter ou à entretenir le désordre.

C'est alors que fut votée la loi des 27-29 juillet 1849[1], qui a été souvent considérée comme la restauration des lois de septembre, et qui, sur certains points, allait même au delà dans la rigueur de la répression. Le conseil des ministres était présidé par Odilon Barrot, dont le radicalisme d'autrefois avait fait place à des sentiments étroits de conservation à outrance. Son ministère suivait naturellement les mêmes inspirations.

« Le gouvernement, dit le ministre de la justice en présentant le nouveau projet de loi sur la presse à l'Assemblée législative, croit devoir devancer l'époque où l'Assemblée pourra discuter la loi générale, dont il s'occupe activement lui-même de condenser les matériaux, pour proposer quelques dispositions qui, du reste, en étaient en quelque sorte détachées, et devaient y prendre place ultérieurement. Il ne s'agit ni de détruire ni de modifier les règles générales qui dominent notre législation ; il s'agit simplement d'étendre ces règles à quelques cas nouveaux qui sont nés des circonstances, et qui sollicitent toute l'attention du législateur. Il y a des nécessités supérieures auxquelles il n'est pas possible de ne pas pourvoir. Le péril de la Société frappe aujourd'hui tous les regards. Ce péril naît principalement de la déplorable impulsion que la presse a suivie depuis quelque temps. Les appels aux armes, les provocations à la violence, ont remplacé la discussion... Le gouvernement avait le droit de rechercher et de vous apporter les mesures qui doivent faire disparaître ces provocations. Le projet que nous vous présentons pourvoit d'abord à quelques lacunes qui existent dans la partie pénale de la législation de la presse. Il reprend quelques dispositions trop légèrement effacées de cette législation, et qui sont relatives à la publication des journaux et écrits périodiques. Enfin il s'occupe de la procédure pour en abréger les délais et lui imprimer une rapidité plus prompte dans l'intérêt soit de la défense des prévenus, soit de la répression des délits... »

[1] Duvergier. *Collection des Lois*.

*
* *

La loi nouvelle créait de nouveaux délits de presse : les offenses envers le Président de la République, les provocations adressées aux militaires pour les détourner de leurs devoirs, les souscriptions publiques ayant pour objet d'indemniser les condamnés des amendes; et elle réglait en même temps les pénalités applicables à ces délits.

Aucune loi ne protégeait le Président de la République, pouvoir nouveau, contre les attaques dont il pouvait être l'objet. Pour caractériser ce délit, on chercha, comme le dit le rapporteur, un terme comprenant toute attaque, distincte de ce qui, en langage ordinaire, s'appelle une insulte, une injure ou un outrage, et qui néanmoins est de nature à jeter sur la personne comme sur les intentions du premier magistrat de la République des insinuations portant atteinte à sa considération et à son honneur. Le mot *offense* parut le seul propre, parce qu'il comprend toutes les nuances d'attaques, sans porter atteinte au droit de critique et de libre discussion.

Une disposition nouvelle qui mérite de retenir l'attention est celle de l'article 6, qui soumettait à l'autorisation préfectorale toute distribution et tout colportage de livres, écrits, gravures, etc., sans exception. Cette diposition était-elle applicable à la distribution et au colportage des journaux et écrits périodiques? On pouvait en douter; mais une circulaire du ministre de l'intérieur se prononça dans le sens de l'affirmative. Nous verrons à quels abus innombrables donna lieu cette disposition pendant la période du 16 mai 1877, alors que le maréchal de Mac-Mahon essayait de faire prévaloir son pouvoir personnel contre les volontés manifestes de la nation.

*
* *

Pascal Duprat avait prévu tous les dangers qui pouvaient résulter de cette réglementation administrative et arbitraire du colportage. L'autorisation toujours susceptible d'être retirée avait, à ses yeux, un caractère préventif équivalant à la négation du droit de colportage. Il proposa un amendement tendant à n'astreindre les colporteurs qu'à une simple déclaration au parquet du procureur de la République. « Dans le système de la commission, disait-il, chaque préfet accorde l'autorisation suivant son caprice, suivant les sollicitations qui peuvent l'assiéger, comme il peut, suivant son caprice et, suivant les sollicitations, la retirer; il n'y a nulle règle, nulle garantie. Le principe de la liberté de l'industrie est complètement méconnu, et cet autre principe plus sacré encore de la liberté de la pensée souffre toutes sortes d'atteintes. » L'amendement Pascal Duprat fut repoussé sur les observations aussi optimistes que peu judicieuses de M. Dariste : « Messieurs, disait ce membre de la commission, les scrupules pour la liberté sont toujours respectables, et il est bon, il est nécessaire que ces scrupules se produisent incessamment et dans toutes les occasions ; mais dans un gouvernement comme le nôtre, un gouvernement de complète publicité, de suffrage universel, de souveraineté nationale, il ne faut pas trop se préoccuper de dangers imaginaires, de dangers que les souvenirs d'un autre temps pourraient peut-être nous porter à croire plus réels qu'ils ne peuvent être en effet. N'oublions pas surtout, dans la crainte des petits dangers, les grands, les vrais, les immenses dangers qui nous environnent, de toutes parts. Le pays nous impose rigoureusement la mission de les combattre avec énergie, résolution et persévérance... » Sous le second Empire, la jurisprudence alla jusqu'à imposer l'autorisation préfectorale aux distributeurs de bulletins électoraux, ce qui donna lieu aux plus vives controverses.

L'article 7 de la loi portait qu'indépendamment du dépôt prescrit par la loi du 11 octobre 1814, tous les écrits traitant de matières politiques ou d'économie sociale, et ayant moins de dix feuilles d'impression, autres que les journaux ou écrits périodiques, devaient être déposés par l'imprimeur au parquet du procureur de la République du lieu de l'impression, vingt-quatre heures avant toute publication et distribution.

Les articles du chapitre 2, s'appropriant et complétant la loi du 25 mars 1822, défendaient de publier les actes d'accusation et aucun acte de procédure criminelle avant la lecture en audience publique, interdisaient le compte rendu des procès en diffamation où la preuve n'est pas admise par la loi ; ils interdisaient encore à tout représentant du peuple de signer un journal ou écrit périodique en qualité de gérant responsable[1].

Au cours de la discussion de cette loi, qui fut des plus vives, Crémieux alla jusqu'à la qualifier de nouvelle loi de Septembre : « Pour

[1] *Recueil périodique* de Dalloz, année 1849, 4e partie, p. 118 et suiv.

moi, dit-il, la loi actuelle est la répétition, la reproduction des articles des lois de Septembre, qui avaient soulevé l'indignation de l'opposition de 1835 ».

Et cependant, le Gouvernement ne se trouva pas encore suffisamment protégé contre les attaques de la presse; et, dès le 21 mars 1850, le Ministre de la justice, Rouher, déposa un projet de loi *sur le cautionnement et le timbre des journaux*, pour lequel il demanda l'urgence.

« Le gouvernement, disait l'exposé des motifs[1], ne saurait se dissimuler qu'une partie de la presse a subi, depuis la révolution de Février, une transformation grave : elle s'est occupée un peu moins de politique, beaucoup plus d'organisation sociale. A partir de ce moment, elle est devenue plus violente dans ses attaques, plus audacieuse dans ses diffamations, plus prompte à mettre en mouvement les plus dangereuses passions. Il n'y a pas eu de principe qui n'ait été contesté, pas de vérité sainte qui n'ait été méconnue, pas d'acte vicieux ou criminel qui n'ait trouvé des justifications ou des panégyriques; et ces coupables erreurs ont été adressées de préférence aux parties les moins éclairées de la population. C'est un devoir pour nous de combattre ce mal, de protéger la République et nos institutions contre ce danger. Nous y parviendrons sans recourir à des pénalités nouvelles ; mais il faut du moins que l'exécution des lois en vigueur soit parfaitement assurée. »

* *
*

Pour rendre plus certaine l'exécution des lois pénales, le gouvernement proposait de doubler le taux des cautionnements fixé par la loi du 9 août 1848 et de soumettre les journaux, quelles que fussent leurs dimensions, à un timbre fixe.

La commission modifia profondément le projet. Elle abandonna l'idée d'élever le taux des cautionnements de tous les journaux; et elle s'attacha à chercher des garanties dans une répression plus prompte et plus sûre. Le rapporteur de la commission, M. Chasseloup-Laubat, reconnaissait l'insuffisance des garanties résultant du cautionnement : « Dans plusieurs circonstances, disait-il, le montant des condamnations a dépassé de beaucoup la valeur du cautionne-

[1] *Recueil périodique* de Dalloz, année 1850, p. 159.

ment ; et l'on a vu des journaux, après des arrêts qui leur infligeaient des amendes considérables, abandonner ces cautionnements illusoires, changer de titre, puis reparaître, organes des mêmes hommes, s'adressant aux mêmes passions, défendant d'aussi détestables doctrines que celles que la justice avait flétries, et encourir plus tard de nouvelles condamnations... On a vu aussi, dans l'intervalle qui sépare la mise en accusation de l'arrêt définitif, des journaux, dans la prévision d'une condamnation inévitable, se livrer aux excès les plus honteux, certains après tout, quel que fût le nombre des délits accomplis jusqu'au jour de la condamnation, de ne supporter qu'une seule peine, à laquelle ils savaient pouvoir se soustraire entièrement en cessant de paraître... »

La commission proposait, en conséquence, et l'Assemblée décida que, lorsque le gérant d'un journal ou écrit périodique aurait été renvoyé devant la cour d'assises par un arrêt de mise en accusation pour crime ou délit de presse, si un nouvel arrêt de mise en accusation intervenait contre les gérants de la même publication avant la décision de la cour d'assises, une somme égale à la moitié du maximum des amendes édictées par la loi pour le fait nouvellement incriminé, devait être consignée dans les trois jours de la notification de chaque arrêt, et nonobstant tout pourvoi en cassation.

*
* *

Au sujet du timbre, le rapporteur reconnaissait qu'en dehors des garanties qu'il a le devoir de réclamer de la presse périodique, l'État a aussi le droit de lui demander de supporter une part dans les charges publiques. « Industrie souvent lucrative, disait-il, elle ne saurait sans injustice être affranchie de tout impôt. C'est pour atteindre ce but qu'on avait soumis les journaux à un droit de timbre que le gouvernement provisoire a aboli, et dont le projet de loi demande le rétablissement. Aucune objection, Messieurs, ne s'est élevée dans le sein de la commission contre la pensée même du projet. Elle repose, selon nous, sur le principe de notre droit public en matière d'impôt, et sur le double caractère politique et industriel de la presse. En effet, si l'on veut bien y réfléchir, on reconnaîtra que la publicité est tout à la fois ce qui fait la puissance de la presse et sa valeur industrielle ; de telle sorte qu'il est vrai de dire que l'étendue de la publicité peut servir de mesure à la part de contributions qu'elle doit au trésor ; et si l'on y regarde de près, on voit que cela est d'autant plus juste, qu'après tout, cette publicité, qui fait sa force et sa valeur, c'est à l'Etat que la presse en est en partie redevable. Réduit à ses seuls moyens de distribution, un journal pourrait bien se répandre dans quelques centres de population, mais il ne saurait franchir un cercle assez restreint, il ne saurait aller chercher des lecteurs dans nos campagnes. Grâce à l'État, au contraire, il parcourt rapidement les distances les plus considérables ; il pénètre chaque jour dans le plus obscur de nos villages ; et, pour cela, il ne paye pas même le sixième de ce que vous avez cru devoir demander pour le transport d'une simple lettre. »

La commission acceptait donc le rétablissement du timbre ; mais elle demandait qu'il fût confondu avec le droit de poste, qu'au lieu de deux droits, un pour le timbre proprement dit et un pour la poste, il n'y eût plus qu'une seule taxe, mais qui emporterait avec soi l'affranchissement du journal lorsqu'on le confierait à la poste. M. Rouher prit part à la discussion et acheva de préciser les tendances du projet de loi, en se livrant à une attaque en règle contre le jury auquel était soumis le jugement des affaires de presse, « juridiction défectueuse, faible, impuissante » ; et il souleva une véritable tempête en qualifiant la révolution du 24 février de *catastrophe*. — « Qu'étiez-vous avant le 24 février, et que seriez-vous devenu sans la république ? » réplique vivement M. Bancel. Vainement la gauche demanda le rappel à l'ordre du Ministre qui outrageait ainsi la révolution, origine du gouvernement de la République. Les députés républicains durent se borner à une vaine et stérile protestation. Mais il n'était que trop évident que c'était au principe même de la République que l'on en voulait et que sa destruction était l'objectif de toute cette campagne.

* * *

Au cours de la discussion, il fut fait deux additions importantes au projet qui est devenu la loi des 16-19 juillet 1850[1].

Ce fut d'abord un amendement de M. de Riancey, inspiré par le désir « de frapper une industrie qui déshonore la presse et qui est préjudiciable au commerce de la librairie » qui fut adopté. Il portait

[1] Duvergier. *Collection des Lois.*

que tout roman-feuilleton publié dans un journal ou dans son supplément serait soumis à un timbre de 1 centime par numéro ».

Un autre amendement, d'une plus grande portée, qui est devenu l'article 3 de la loi, fut proposé par M. de Tinguy, d'où le nom de loi Tinguy donné bien souvent à la loi sur la presse des 16-19 juillet 1850. Cette disposition rendait obligatoire la signature du journaliste pour tout *article de discussion politique, philosophique ou religieuse.*

Il n'était pas facile de déterminer en quoi consiste la discussion et à préciser les limites où commencent et où finissent la politique, la philosophie et la religion. Aussi n'a-t-on pas tracé cette ligne de démarcation. « Le cas est embarrassant, disait un peu plus tard Armand Bertin dans le *Journal des Débats* du 7 octobre 1850 ; aussi le Ministère l'a-t-il simplifié en faisant rentrer dans le domaine de la discussion tout ce qui est susceptible d'appréciation. Le temps qu'il fait, l'heure qu'il est, les goûts et les couleurs, *les vessies et les lanternes*, sont susceptibles d'appréciation. » Cette disposition légale a en effet causé, dans la suite, d'interminables controverses devant les tribunaux.

L'idée d'imposer aux journalistes la signature de leurs articles n'était pas nouvelle. On se souvient, en effet, que, dans la discussion de la loi du 9 août 1848, elle avait été mise en avant par Louis Blanc et Pascal Duprat. Mais on voulait, en 1848, substituer la responsabilité individuelle à la responsabilité collective, en supprimant le cautionnement. Au contraire, en 1850, on maintenait le cautionnement, et on ajoutait une garantie individuelle à la garantie collective.

Voici d'ailleurs en quels termes, tout à fait agressifs contre la presse, M. de Tinguy expliquait sa proposition : « Je crois que les révolutions, tout en abaissant d'une manière notable, d'une manière douloureuse, le sens moral de la société, n'ont pas cependant réussi à nous dégrader tout à fait; et que, bien que je sois disposé à m'associer aux mesures matérielles, utiles, qu'on nous demande aujourd'hui, dans une limite raisonnable, cependant j'attendrais bien davantage d'un moyen qui relèverait de l'ordre moral et qui s'attaquerait aux esprits, aux cœurs, aux caractères. Voilà pourquoi je viens vous proposer un moyen qui me paraît tiré de l'ordre moral, et je crois qu'il aurait une influence considérable sur la dignité de l'écrivain. Ce moyen, le voici : c'est tout simplement de faire signer par l'auteur l'article qu'il a inséré dans un journal. Eh! mon Dieu!

quelle est la puissance véritable de la mauvaise presse? quel est son danger? C'est le prestige de l'anonyme pour la majeure partie des lecteurs. Un journal n'est pas l'œuvre de tel ou tel individu : c'est une œuvre collective, c'est une puissance mystérieuse, c'est le prestige de l'inconnu. Voilà la puissance de la presse, elle n'est que cela; et lorsqu'un article sera signé, il arrivera ceci : ou le nom sera honorable, le nom d'un homme connu par l'élévation de ses sentiments, par la pureté de ses mœurs, par l'identité d'une ligne politique, et alors cet article aura toute la valeur que cet homme porte en lui-même; s'il est signé par un homme déconsidéré, ou même par un inconnu, l'article perd toute sa puissance, tout son charme, tout son prestige. Ainsi vous aurez établi dans la presse la plus complète vérité; chacun répondra de son œuvre. — Je dis que vous aurez dans la presse une complète vérité, et vous lui aurez rendu sa dignité. Voici comment. L'écrivain qui aujourd'hui se permet de jeter l'injure, l'outrage, l'insulte, soit aux individus, soit à la société, en s'abritant sous le manteau de l'anonyme ou se cachant derrière le nom de son gérant, n'osera pas le faire, parce qu'il sera obligé de signer son article; malgré lui, il sentira le besoin de se relever aux yeux de ceux pour qui il écrit. — Quant à l'homme d'honneur, si, par malheur, il avait un jour la pensée de s'oublier jusqu'à écrire un article qui ne fût pas digne de son nom, de sa position, du rang qu'il occupe dans le monde et dans l'estime publique, il ne le fera pas, parce qu'il faudra qu'il signe. — On a produit des arguments contre mon système : Mais vous allez décapiter la puissance des journaux! Mais un journal, ce n'est pas un homme, c'est un parti : vous le décapitez, vous lui ôtez son influence, vous allez l'individualiser... Mais c'est précisément ce que je veux, dans un certain sens, et je prétends ceci : qu'un parti, quel qu'il soit, s'honore toujours du nom d'un homme honorable. — La véritable raison, ce n'est pas cela; je vais vous la dire : c'est qu'une signature serait extrêmement gênante dans l'état présent, aujourd'hui, pour des hommes qui, dans les journaux où ils se couvrent du nom de leurs gérants, viennent insulter cette Assemblée. Elle serait très gênante, très embarrassante pour les hommes qui ont successivement encensé, flatté tous les pouvoirs; pour ces hommes qu'on a vus successivement légitimistes, orléanistes, républicains, et qui maintenant sont bonapartistes; ce serait très gênant pour eux. Voilà pourquoi ils ne veulent pas, voilà pourquoi je veux que chacun signe ses œuvres... »

Un membre de l'Assemblée législative, M. de Charencey, ayant proposé de n'exiger la signature de l'auteur que sur le manuscrit de l'article, M. de Laboulie s'y opposa victorieusement. « Ce que nous voulons, dit-il, c'est la publicité des noms devant le tribunal de l'opinion publique... Ce n'est pas une signature honteuse qui se cache au bas d'un manuscrit, et qui craint de paraître au grand jour de la publicité sur les exemplaires des journaux répandus par toute la France. Ce que nous voulons, c'est que celui qui nous accuse fasse connaître son nom, comme lorsque nous accusons ici quelqu'un, nous le faisons à visage découvert. Individualisez le journalisme, vous aurez émancipé la presse, parce que le journalisme n'est pas la liberté de la presse ; il est l'exploitation de la presse, il n'en est pas la liberté... »

Dans la pensée de ses auteurs, a dit Hatin, cette obligation de la signature était, selon l'expression pittoresque d'un critique, une espèce de machine infernale placée sous chaque journal pour le faire sauter et voler en éclats. On pouvait craindre, en effet, que, favorable à quelques journalistes, elle fût fatale au journalisme, en supprimant cette association intellectuelle, cette puissante individualité de la pensée, qui faisait son importance et sa force. Mais l'expérience ne tarda pas à démontrer que les espérances des partisans de la loi Tinguy étaient aussi vaines que les craintes de ses adversaires étaient chimériques.

* * *

La presse contribua puissamment à préparer les voies au rétablissement du second Empire. Elle n'avait été pour rien, il faut le reconnaître, dans l'élection du prince Louis-Napoléon à la Présidence de la République, qui était due à un courant irrésistible du suffrage universel, aux traditions, aux légendes, à l'auréole des Napoléon.

Une fois arrivé à la Présidence, ce prince chercha par tous les moyens à garder le pouvoir suprême. Les journaux qui lui étaient dévoués furent chargés de lancer dans le public l'idée de proroger ses pouvoirs pour dix ans. Comme la Constitution, dans son article 45, déclarait le président inéligible, la prorogation des pouvoirs ne pouvait être obtenue que par une revision en règle.

Ce fut *le Constitutionnel*, toujours dirigé par le docteur Véron, récemment converti à la politique de l'Élysée, qui lança le premier l'idée de la revision, pour arriver à la prorogation des pouvoirs. Des polémiques violentes s'engagèrent aussitôt et passionnèrent la plupart des journaux. *Le National*, *la Presse*, *l'Assemblée nationale*, *la Patrie*, *l'Opinion publique* combattirent avec ardeur les idées développées par les amis de l'Élysée. La plupart de ces journaux n'avaient pas un goût bien vif pour la Constitution ni pour la République; mais ils voyaient nettement derrière la revision et la prorogation le fantôme de l'Empire qui se relevait; et ils comprenaient sans peine que s'ils ouvraient la porte au rétablissement de l'Empire, ils la fermaient aux combinaisons orléanistes, légitimistes ou plus franchement républicaines.

Adolphe Granier de Cassagnac, qui commença, pour le compte de l'Élysée, la campagne de la revision dans *le Constitutionnel*, nous a tracé de la presse à cette époque un tableau des plus fidèles, et qu'il est bon de reproduire ici, à cause de sa précision[1].

« Les journaux d'alors étaient nombreux, ardents et bien faits. Voulant convaincre, ils discutaient; leurs colonnes se couvraient de longues thèses, toujours étudiées, souvent éloquentes, mais qu'on ne lirait pas aujourd'hui, parce que la presse a changé de caractère et qu'elle est devenue, avant toutes choses, un moyen d'information. Le public veut des nouvelles beaucoup plus que des doctrines, et l'habile reporter a discrédité le grand journaliste.

« Ces journaux étaient la voix des partis, et, à l'exception du *Journal des Débats* et de *l'Univers*, qui eurent — *l'Univers* surtout — des moments de patriotique et éloquente impartialité, ils étaient tous placés sous la bannière des groupes parlementaires.

« La Montagne et toutes les nuances républicaines, réunissant à l'Assemblée 220 voix, avaient pour organes : *le National*, signé par M. Léopold Duras; *le Siècle*, signé par M. Lamarche; et *la Voix du peuple*, signée par M. Proudhon. Il est vrai que Proudhon disparut rapidement de la scène politique. Condamné à trois années de prison par la cour d'assises de la Seine, le 29 mars 1849, il se réfugia en Suisse; mais il revint, le 4 juin 1850, se constituer prisonnier à Sainte-Pélagie, où il se maria.

« L'extrême droite, qui disposait de 30 voix, était soutenue par *l'Union*, signée par M. Laurentie, mon compatriote.

« La droite modérée, comptant 120 voix, avait la *Gazette de*

[1] *Souvenirs du Second Empire, la Présidence et le Coup d'Etat*, p. 69 et 70.

France, signée par M. de Lourdoueix et *l'Opinion publique*, signée par M. Nettement.

« Les fusionnistes, qui avaient 30 voix rangées sous la bannière de M. Molé, s'appuyaient sur *l'Assemblée nationale*, que signait M. Adrien de La Valette.

« Le parti orléaniste exclusif et le tiers parti, réunissant chacun 30 voix, avaient pour organe *l'Ordre*, signé par M. Chambolle, et *la Patrie*, signée par M. Forcade.

« Enfin le groupe conservateur, marchant avec le courant du suffrage universel, rallié à la politique du Président, et comptant 200 voix, était soutenu par *le Pays*, que signait M. de Bonville ; souvent par *l'Univers* que signait M. Louis Veuillot ; et toujours par *le Constitutionnel*, que signaient M. Véron, avec M. Boilay, M. Cucheval-Clarigny, M. Burat, M. Cauvain et moi.

« Dans les eaux du vaisseau à trois ponts, *le Constitutionnel*, naviguait comme aviso mouche *le Pouvoir*, dirigé et signé par moi, et qui, en la personne de Lamartinière, son gérant, fut traduit, le 18 juillet 1850, devant l'Assemblée nationale, sur la proposition de M. Baze, et condamné à 5 000 francs d'amende, malgré l'éloquente plaidoirie de Chaix d'Est-Ange.

« Le général Changarnier, soigneux de ses intérêts, avait eu la précaution de fonder un journal pour lui seul. Il se nommait *le Messager de l'Assemblée*. Il passait pour être en très grande partie rédigé par lui-même ; et l'on y trouvait la parole un peu courte d'haleine, mais toujours nette, incisive et émue, restée familière au général. »

Une feuille particulièrement dévouée à la cause du prince-président, c'était le *Journal des Faits*, dont le programme se résumait ainsi : « Tous les journaux dans un — Des faits, non des paroles — Exposer, non discuter ».

* * *

Il est curieux de savoir comment les rédacteurs du *Constitutionnel*, s'inspirant de l'Élysée, préparaient l'opinion publique au coup d'État du 2 décembre, qui était sur le point d'éclater. M. Granier de Cassagnac, dans ses *Souvenirs du Second Empire*, nous a initiés aux mystères de ces coulisses bonapartistes.

M. Granier de Cassagnac allait prendre le mot d'ordre à l'Élysée auprès de Mocquard, de Fleury, et parfois auprès du prince-prési-

2e Année. — N° 389. Samedi, 6 Décembre 1851.

JOURNAL DES FAITS

DES FAITS, NON DES PAROLES; EXPOSER, NON DISCUTER.

TOUS LES JOURNAUX DANS UN.

BUREAUX : RUE JEAN-JACQUES-ROUSSEAU, 13.

PRIX, POUR PARIS :

FAITS POLITIQUES.

RÉPUBLIQUE FRANÇAISE

PROCLAMATION

Habitants de Paris !

PROCLAMATION

LES FAUSSES NOUVELLES.

PROCLAMATION

JOURNAL DES DÉBATS.

(Numéro unique.)

Collection de M. Ernest Cassetix.

dent. Il rédigeait ensuite ses articles, qu'il soumettait à son directeur M. Véron. Celui-ci exigeait quelquefois que les articles fussent lus à table, à la fin du dîner, devant tous les convives. Il prétendait qu'un article médiocre ne pouvait jamais passer pour bon après dîner, et tromper des auditeurs dont les sens étaient déjà émoussés par le vin de champagne et les truffes, et qui étaient épuisés par la conversation. Tout article, ayant résisté à une pareille épreuve, lui paraissait devoir être nécessairement bon.

Le 23 novembre 1851, alors qu'on touchait au coup d'État, M. Granier de Cassagnac avait fait un article dans lequel il dénonçait un projet de dictature rouge avec le général Cavaignac, succédant à un projet de dictature blanche avec le général Changarnier. Cet article était destiné à soulever un orage dans l'Assemblée ; mais il risquait de valoir à son auteur et au journal de l'amende et de la prison. L'article devait être examiné avec soin. Il y avait à dîner un sujet des chœurs de l'Opéra, qui était l'Antigone de l'aimable et charmant Auber, avec lequel la belle était venue. L'article, quoique très long, obtint l'assentiment de cet aréopage. Avant de se séparer de M. Granier de Cassagnac, M. Véron lui dit : « Votre article est excellent. Pendant la lecture, j'en suivais l'effet sur la figure de D... Cette fille est spirituelle comme une oie. Eh bien ! mon cher, vous l'avez enlevée ! Je ne sais rien de plus fort. »

Le parti républicain, il faut le dire, manqua de vigilance. Il refusa de voter la proposition des questeurs, qui aurait permis de requérir la force armée et de défendre, au besoin, l'Assemblée contre les attaques dont elle était menacée. Michel de Bourges, dans un discours célèbre, comptait sur l'armée et sur le peuple pour défendre la République, en cas de danger : « Vous avez peur de Napoléon Bonaparte, disait-il en s'adressant à la droite de l'Assemblée, et vous voulez vous sauver par l'armée. L'armée est à nous, et je vous défie, quoi que vous fassiez, si le pouvoir militaire tombait dans vos mains, de faire un choix qui fasse qu'aucun soldat vienne ici pour vous contre le Peuple. Non, il n'y a point de danger, et je me permets d'ajouter que, s'il y avait un danger, il y a aussi une sentinelle invisible qui vous garde ; cette sentinelle, je n'ai pas besoin de la nommer, c'est le Peuple. »

Quelques jours après, la police de Napoléon Bonaparte mettait sa main sur la bouche des représentants de la nation et brisait la plume des journalistes.

Il y eut cependant d'héroïques résistances, entre autres celle d'Alphonse Baudin, qui montra au peuple comment un de ses représentants savait « pour vingt-cinq francs » affronter la mort pour la défense de ses droits et de la loi — comme le témoignent la statue, œuvre d'Aimé Millet, érigée, à Paris, au cimetière Montmartre et celle que Nantua, sa ville natale, a élevée en 1888, au noble martyr de la liberté.

C'en était fait. Les républicains désespérèrent de la *sentinelle*, qu'ils avaient vainement invoquée. Pendant vingt ans encore, pendant toute la durée du Second Empire, cette sentinelle devait demeurer muette et invisible !

BAUDIN SUR LES BARRICADES

(3 décembre 1851.)

CHAPITRE IX

LA PRESSE SOUS LE SECOND EMPIRE
(1852-1870)

Triomphe de la Dictature bonapartiste. — Destitution et exil du professeur Emile Deschanel. — La Presse sous le joug des tribunaux correctionnels. — *Autorisation préalable.* — Les *Avertissements.* — Circulaire du 30 mars 1852 du ministre de la police. — MM. de Persigny, Rouher et Baroche préparateurs du décret du 17 février 1852. — Opinion d'Armand Bertin et de Victor Hugo. — Diminution du nombre des journaux. — Importance croissante du *Moniteur;* ses collaborateurs célèbres : Théophile Gautier, Sainte-Beuve, Prosper Mérimée, etc. — *Le Constitutionnel* et *le Pays;* le Dr Véron et le financier Mirès. — Arthur de la Guéronnière. — Amédée de Césena, fondateur du *Courrier du dimanche.* — *Le Pays* et *le Constitutionnel* avec Granier de Cassagnac, Grandguillot, Grenier, Auguste Vitu, Fiorentino. — Autre feuille officieuse : *la Patrie*, avec Joncières, Paulin Limayrac, Edouard Fournier. — La vicomtesse de Renneville créatrice du *Courrier de la Mode.* — Presse monarchique : *l'Assemblée nationale, la Gazette de France, l'Union, l'Univers.* — Louis Veuillot ; sa polémique, son portrait par Philibert Audebrand ; son monument au Sacré-Cœur de Montmartre. — *Le Journal des Débats ;* sa brillante phalange et son programme politique. — Vie directoriale d'Edouard Bertin. — Ernest Bersot, écrivain libéral et voltairien. — Prévost-Paradol : sa puissance d'ironie; sa facilité d'improvisation. — Parallèle entre Prévost-Paradol et Hippolyte Rigault. — Jules Janin et son *discours de réception à la porte de l'Académie française;* son portrait par Jules Lemaître. — L'opinion démocratique est représentée par deux journaux seulement : *la Presse* et *le Siècle.* — *La Presse :* Emile de Girardin, Alphonse Peyrat, Eugène Pelletan, Paul de Saint-Victor, etc. — *Le Siècle* et son directeur politique Havin ; son attitude et sa conduite après le 2 décembre. — *Le Charivari*, feuille satirique et libérale; illustration aussi spirituelle que sa rédaction. — Pierre Véron, Cham, Albert Wolff ; débuts d'Henri Rochefort. — Publications des républicains proscrits. — La Presse littéraire et mondaine ; *la Chronique.* — Originale supplique du *Figaro.* — De Villemessant et son flair littéraire. — La princesse de Metternich, Worth, le *faune de la toilette* et Aurélien Scholl. — Les imitateurs du *Figaro : la Chronique parisienne, le Mousquetaire, la Causerie*, etc. — Nouveaux journaux illustrés : *la Gazette des Beaux-Arts, le Monde illustré, l'Univers illustré.* — Naissance de *la Vie parisienne* (1862); ses collaborateurs mystérieux sous la direction de Marcelin. — Fondation du *Petit Journal* (1863) : Timothée Trimm. — Régime légal appliqué à la presse politique. — Quatre-vingt-onze avertissements et trois suspensions de deux mois infligés aux journaux dans une période de quatorze mois, pour des causes diverses. — Mesures sévères de MM. de Maupas, de Persigny et Billault. — L'honneur de Turcaret et le talent de Camargo. — Ménagements vis-à-vis du *Siècle.* — Suspension de *la Presse.* — Insertion des *communiqués*, par ordre.

— Conséquences de l'attentat d'Orsini et de la loi de sûreté générale. — Légère détente après la guerre d'Italie. — Fondation de *l'Opinion nationale* (30 septembre 1859). — Biographie d'Adolphe Guéroult ; débuts de Francisque Sarcey dans la critique théâtrale. — Procès du *Siècle* et de l'évêque Dupanloup. — Poursuites contre la presse légitimiste et cléricale. — *Le Monde* et son rédacteur en chef : J.-B. V. Coquille, jugé par Eugène Spuller. — Reproduction autorisée des débats des deux chambres (novembre 1860), mais interdiction aux journaux d'y ajouter leurs appréciations. — Diatribe du prince Napoléon contre la famille de Bourbon (1er mars 1861) ; réponse du duc d'Aumale par sa *Lettre au prince Napoléon sur l'histoire de France*, publiée clandestinement. — Résurrection du *Temps* (1861). — Physionomies de Nefftzer et de Scherer ; M. Adrien Hébrard. — *La France*, feuille officieuse dirigée par La Guéronnière, *ce grand flandrin de vicomte*. — Alphonse Peyrat et *l'Avenir National* : son rôle dans le réveil de l'esprit démocratique. — Nouveaux journaux : *l'Epoque*, *la Liberté*, *l'Etendard*. — *Le Nord*, promoteur de l'alliance franco-russe dès 1864. — *Le Courrier du dimanche* et les articles de Prévost-Paradol. — *Le Nain jaune* et Aurélien Scholl. — Retentissement des *Propos de Labiénus* publiés par *la Rive gauche*. — Invective contre *la Vie de César*, de Napoléon III. — Influence de la Presse d'opposition sur les élections parisiennes de 1863. — L'Impératrice et Emile de Girardin. — Maintien du décret de 1852 en dépit des efforts des libéraux. — Origine du *tiers-parti*. — Amendements de la Gauche et des Quarante-cinq pour la liberté de la presse ; discussions entre MM. Buffet, Martel, Rouher, Ollivier et Thiers. — Avertissements prodigués aux journaux de province et de Paris. — Procès des correspondances envoyées aux journaux légitimistes des départements. — Suppression du *Courrier du dimanche* (août 1866). — Programme de *la Libre pensée*. — Autorisation de fonder un journal refusée à Emile Ollivier et accordée à Louis Veuillot. — Inauguration d'une ère nouvelle par le manifeste impérial du 19 janvier 1867. — Le journalisme politique à cette époque ; 267 feuilles départementales et 63 feuilles parisiennes ; enquête d'Ernest Bersot. — Liste des journaux indépendants. — Géographie de la presse départementale. — Situation difficile des imprimeurs de journaux. — Les annonces judiciaires et les préfets. — Projet de loi du 13 mars 1867 déférant les délits de presse aux tribunaux correctionnels. — *Le Mur de la Vie privée* de M. Guilloutet. — *La Rue* ; originale physionomie de Jules Vallès. — Un mot sur Pipe-en-Bois. — *Le Corsaire* : Jules Lermina et Jules Claretie. — *Le Journal de Paris* : J.-J. Weiss, Eugène Spuller et Edouard Hervé. — Visions prophétiques d'Edouard Hervé sur les événements de 1870. (Extrait du *discours de réception de M. Paul Deschanel à l'Académie française*, le 1er février 1900.) — Ranc conspirateur. — *Les Rois à l'Exposition*, chanson de Ferdinand Duval et Lambert de Sainte-Croix. — « On demande un jeune homme sans position « pour nous débarrasser de l'Empereur ». — *La Lune* et *l'Éclipse* ; André Gill. — Fausse évasion de Pilotell. — Continuation des mesures répressives contre la presse ; multiplication des *communiqués*. — La presse indépendante est accusée de connivence avec l'étranger. — Discussion de la loi sur la presse (29 janvier 1868) ; vote de la suppression de l'autorisation préalable, malgré l'opposition des *Sept Sages de la Grèce* ; vote de la loi entière par le Sénat (7 mai 1868). — Création à Paris de 140 journaux nouveaux. — Le premier numéro de *la Lanterne* d'Henri Rochefort est tiré à 50 000 exemplaires ; saisie du troisième numéro. — *L'Electeur* et son programme ; vigoureuses attaques de Jules Ferry. — *La Cloche* (Louis Ulbach) ; *le Diable à quatre*. — Charles Delescluze, fondateur du *Réveil*. — Programme du *Rappel* (4 mai 1869) présenté par Victor Hugo. — Création de *la Marseillaise* par le député Henri Rochefort. — *Le National* et *le Soir*. — Profession de foi du *Peuple* de Clément Duvernois. — Affaire de la souscription Baudin ; la manifestation du cimetière Montmartre ; premières armes de Gambetta. — Condamnations pour manœuvres à l'intérieur. — Les « irréconciliables ». — *L'Avenir de la Corse* et *la Revanche* ; le prince Pierre Bonaparte et Victor Noir. — Article virulent d'Henri Rochefort faisant appel à la révolution. — Emouvantes funérailles de Victor Noir ; Rochefort à Sainte-

Pélagie. — *Candide*, journal du conspirateur Blanqui. — Augmentation des journaux républicains à Paris et dans les départements. — Redoublement de rigueurs ; disparition de *la Marseillaise ;* saisie du premier numéro du *Combat*. — Hostilité continue entre le gouvernement et la presse. — Plébiscite de mai 1870. — La guerre franco-allemande ; silence imposé à la presse. — Chute de l'Empire ; la circulaire Jules Favre du 6 septembre 1870.

Le coup d'Etat du 2 Décembre fut le triomphe de la dictature bonapartiste et le prélude de la restauration impériale, en même temps que le signal du départ pour l'exil d'hommes éminents, honneur du pays, à l'âme haute et à l'esprit indépendant, qui préféraient l'éloignement à la soumission devant le triomphe de la force.

Parmi ces victimes morales, les Victor Hugo, les Michelet, les Vacherot, etc., nous remarquons Emile Deschanel[1] qui, pour quelques articles de philosophie politique, publiés dans la *Liberté de penser*, fut mis à la réforme universitaire, c'est-à-dire dépouillé de sa chaire de rhétorique au Lycée Louis-le-Grand et de celle d'histoire de la littérature grecque à l'Ecole Normale supérieure, en dépit d'une énergique et éloquente défense présentée par Dubois, Ortolan, Saint-Marc Girardin, Joseph-Victor Leclerc et Isidore-Geoffroy Saint-Hilaire.

Contraint de prendre le chemin de l'exil, Emile Deschanel se réfugia à Bruxelles ; il y écrivit dans *l'Indépendance Belge* jusqu'en 1859, où nous le retrouverons au *Journal des Débats*.

Tel fut l'inévitable résultat des événements qui suivirent la Révolution de 1848. Nos bourgeois, surpris et épouvantés, avaient vu la société si compromise par la tempête populaire, que, pour la sauver, ils s'empressèrent de jeter par-dessus bord toutes les libertés qu'ils avaient passé leur vie à solliciter ou à défendre, sous la Restauration ou sous le gouvernement de Juillet.

Ils avaient semblé tout d'abord se rallier à la République avec un enthousiasme entraînant ; mais ce premier mouvement n'avait pas été de longue durée. Renonçant à fonder une République démocratique et libérale, ils ne firent usage de la liberté à peu près illimitée qu'ils tenaient de la République que pour préparer inconsciemment les voies à une restauration, que les uns voulaient orléaniste, les autres légitimiste, et qui se trouva, en réalité, bonapartiste.

Décidés à tout sacrifier à l'ordre social menacé, ils livrèrent avec

[1] M. Emile Deschanel est le père de M. Paul Deschanel, Président de la Chambre des Députés, reçu récemment à l'Académie française.

bonheur la liberté de la presse et toutes les autres garanties des gouvernements libres au prince qui avait entrepris de rassurer leurs esprits timorés.

*
* *

Dès le 31 décembre 1851, un décret dictatorial attribue aux tribunaux correctionnels la connaissance de tous les délits prévus par les lois sur la presse et commis au moyen de la parole.

La Constitution du 14 janvier 1852 garda un silence absolu sur la liberté de la presse ; elle ne reproduisit même pas les dispositions de la Charte de 1830 qui portaient abolition de la censure.

Le décret des 17 et 23 février 1852, qui a régi la presse française jusqu'en 1868, établit qu'aucun journal politique ne devait être créé ou publié sans l'autorisation préalable du gouvernement, et cette autorisation ne pouvait être accordée qu'à un Français majeur, jouissant de ses droits civils et politiques. L'autorisation préalable était également nécessaire pour tous les changements opérés dans le personnel des gérants, rédacteurs en chef, propriétaires ou administrateurs du journal.

Le cautionnement était maintenu, et le droit de timbre également. La publication de nouvelles fausses, même faite de bonne foi, était un délit.

Il était défendu de rendre compte des débats du Corps législatif autrement que par l'insertion des procès-verbaux officiels, rédigés par les secrétaires. Les comptes rendus du Sénat ne pouvaient être que la reproduction des articles insérés au *Moniteur*. Ces dispositions, hostiles à tout ce qui semblait de près ou de loin rappeler le régime parlementaire, furent modifiées toutefois en 1861 par un sénatus-consulte.

Il était également interdit de rendre compte des procès pour délits de presse ; le jugement seul pouvait être publié.

Tous les délits de presse étaient déférés à la police correctionnelle. Le montant des condamnations encourues devait être acquitté dans les trois jours de tout jugement ou arrêt définitif de contravention de presse, ou consigné dans le même délai en cas de pourvoi en cassation.

La suppression du journal avait lieu de plein droit après une condamnation pour crime commis par la voie de la presse, ou après deux condamnations pour délits ou contraventions commis dans l'espace de deux années. Après une condamnation prononcée pour contravention ou délit de presse contre le gérant responsable d'un journal, le gouvernement avait la faculté, pendant les deux mois qui suivaient cette condamnation, de prononcer soit la suspension temporaire, soit la suppression du journal. Un journal pouvait être suspendu par une décision ministérielle, alors même qu'il n'avait été l'objet d'aucune condamnation, mais seulement après deux avertissements motivés et pendant un temps qui ne pouvait excéder deux mois. Un journal pouvait être supprimé, soit après une suspension judiciaire ou administrative, soit par une mesure de sûreté générale; mais, dans ce cas, un décret spécial du Président de la République, publié au *Bulletin des Lois*, était nécessaire.

*
* *

Si on veut connaître l'esprit et les tendances de la nouvelle législation, il faut les demander à une circulaire du 30 mars 1852 du Ministre de la police, entre les mains duquel se trouvait désormais la presse.

« La pensée du décret organique, disait cette circulaire adressée aux préfets des départements, ne saurait être méconnue. Le gouvernement, tout en réservant une liberté légitime à l'expression des opinions et aux manifestations de l'intelligence, a voulu sauvegarder la société contre les abus et les excès qui, tant de fois, l'avaient mise en péril. Il a fait la part du droit et celle de l'ordre; il a considéré la mission de la presse comme une haute fonction qui ne devait s'exercer qu'au profit des intérêts sérieux, et qui, si on voulait en abuser pour soulever les passions et réveiller les mauvais instincts, devait rencontrer dans la loi des obstacles insurmontables. En agissant ainsi, le gouvernement a donné satisfaction aux réclamations des gens honnêtes, et il n'a paru sévère qu'à ceux qui, de la presse, voulaient se faire une arme destructive des éléments de l'organisation sociale. L'opinion publique lui a su gré de n'avoir point reculé devant les difficultés de cette tâche et de s'être mis au-dessus des traditions et des préjugés du faux libéralisme. Désormais, aucun journal ou écrit périodique, traitant de matières politiques ou d'économie sociale, ne pourra être créé ou publié sans l'autorisation préalable du gouvernement... Pour prendre à cet égard une détermination équitable et juste, j'aurai besoin de recueillir des appréciations locales qui seules pourront me permettre d'agir en parfaite connaissance de cause, et c'est à vous, Monsieur le Préfet, que je demanderai d'éclairer, de préparer mes résolutions par des rapports et des documents circonstanciés... Vous vous souviendrez que l'administration trahirait les intérêts placés sous sa sauvegarde, si elle usait d'une indulgence ou d'un laisser aller qui ne sont ni dans la pensée ni dans le but de la loi. Je crois superflu d'insister à cet égard. »

Comme on le voit, l'innovation la plus curieuse et la plus ingénieuse du décret de février 1852, c'était le régime des avertissements. On a souvent fait honneur de cette invention à M. de Persigny. M. Granier de Cassagnac, dans ses *Souvenirs du second Empire*, en restitue la paternité à M. Rouher ; et il nous semble avoir été mieux que personne à portée d'être exactement renseigné à ce sujet.

M. Rouher n'arriva pas d'ailleurs du premier coup à cette découverte. On avait d'abord songé, dans les conseils du gouvernement, à réunir, coordonner et codifier toutes les lois sur la presse, pour en rapprocher et en coudre les lambeaux, et tirer de ce chaos une règle pour diriger et contenir le journalisme. M. Rouher fut chargé de ce travail de codification. Il s'en défendit un peu comme d'une tentative impuissante, les moyens qui n'avaient pas maîtrisé la presse dans le passé ne lui paraissant pas offrir de plus sérieuses garanties pour l'avenir. Néanmoins il remit son travail au prince Louis-Napoléon en lui disant : « Voilà, Monseigneur, la besogne que vous m'avez demandée. Si vous me permettez d'y ajouter un conseil, c'est, après l'avoir parcourue, de la jeter au feu. »

Dans les discussions préparatoires qui eurent lieu, M. Baroche, esprit pratique et résolu, proposa la censure dans les matières politiques. M. Rouher la combattit et produisit alors la combinaison à l'aide de laquelle les rédacteurs en chef des journaux, tout en restant absolument maîtres de tout dire, furent constitués leurs propres censeurs, sous la pénalité d'avertissements successifs, dont le troisième entraînait la suspension du journal. De cette manière, rien n'était censuré, quoique tout fût surveillé par les écrivains eux-mêmes ; car la sécurité du journal devenait le frein à l'aide duquel était contenue la témérité du journaliste.

M. Granier de Cassagnac raconte que M. Rouher ayant rencontré

M. Baroche au Conseil d'État, et lui ayant proposé la combinaison, celui-ci l'accepta avec enthousiasme et embrassa son auteur. Il ajoute que, quelques jours après la promulgation du décret du 17 février 1852, un journaliste célèbre, Armand Bertin, dînait chez Mme la comtesse Le Hon. On parla du nouveau régime de la presse, et l'on demanda au rédacteur en chef du *Journal des Débats* ce qu'il en pensait. « On peut dire ce qu'on voudra du décret, répondit-il, excepté que son auteur est une bête. Ce décret me constitue surveillant des écarts de mon propre journal, et fait de moi un fonctionnaire gratuit chargé d'empêcher les attaques contre la Constitution, et de maintenir l'ordre au profit du gouvernement. On peut rechercher si le système est efficace ; mais on ne peut nier qu'il ne soit habile. »

M. de Persigny eut cependant un mérite, qu'il convient de reconnaître, celui d'introduire dans le décret une disposition des plus heureuses, toujours ratifiée depuis lors par l'opinion publique ; il s'agit de l'interdiction de publier des comptes rendus des procès relatifs aux séparations de corps. Cette disposition n'a plus cessé de faire partie de la législation sur la presse.

* * *

Victor Hugo, dans un chapitre de *Napoléon le petit*, a stigmatisé une telle législation de la presse : « Et la liberté de la presse ! Qu'en dire ? N'est-il pas dérisoire seulement de prononcer ce mot ? Cette presse libre, honneur de l'esprit français, clarté faite de tous les points à la fois sur toutes les questions, éveil perpétuel de la Nation, où est-elle ? qu'est-ce que Monsieur Bonaparte en a fait ? Elle est où est la tribune. A Paris, vingt journaux anéantis ; dans les départements, quatre-vingts... Pour la loi de la presse, un décret posé sur elle ; un fefta, un firman daté de l'étrier impérial ; le régime de l'avertissement... Il fallait ces gens-là, pour inventer cette chose-là ! Jamais le despotisme ne s'est montré plus lourdement insolent et bête que dans cette espèce de censure du lendemain qui précède et annonce la suppression, et qui donne la bastonnade à un journal avant de le tuer. Dans ce gouvernement le niais corrige l'atroce et le tempère... Les trois quarts des journalistes républicains déportés ou proscrits, le reste traqué par des commissions mixtes, dispersé, errant, caché ; çà et là dans quatre ou cinq journaux indépendants, mais guettés, sur la tête desquels pend le gourdin de Maupas, quinze ou vingt écrivains courageux, sérieux, purs, honnêtes, généreux, qui écrivent, la chaîne au cou et le boulet au pied... »

Mais il ne suffit pas de refréner la presse française; il faut se préoccuper de la presse étrangère, surtout de la presse belge et de la presse anglaise. On décide que les journaux étrangers ne circuleront plus qu'avec l'autorisation du gouvernement français. « Ce gouvernement se sent hideux, dit Victor Hugo. Il ne veut pas de portrait, surtout pas de miroir. Comme l'orfraie, il se réfugie dans la nuit; si on le voyait, il en mourrait. Or, il veut durer. Il n'entend pas qu'on parle de lui; il n'entend pas qu'on le raconte. Il a imposé le silence à la presse en France. On vient de voir comment. Mais faire taire la presse en France, ce n'est qu'un demi-succès. On veut la faire taire à l'étranger. On a essayé deux procès en Belgique, procès du *Bulletin français*, procès de la *Nation*. Le loyal jury belge a acquitté. C'est gênant. Que fait-on? On prend les journaux belges par la bourse. Vous avez des abonnés en France; si vous nous discutez, vous n'entrerez pas. Vous voulez entrer? Plaisez. On tâche de prendre les journaux anglais par la peur. Si vous nous discutez... Décidément, non, on ne veut pas être discuté! — nous chasserons de France vos correspondants... »

Le régime dictatorial de 1852 sur la presse ne laissa subsister à Paris qu'un très petit nombre de journaux politiques, soumis à une surveillance des plus étroites : le *Moniteur Universel*, le *Constitutionnel*, la *Patrie*, le *Pays*, l'*Union*, l'*Univers*, la *Gazette de France*, l'*Assemblée Nationale*, le *Journal des Débats*, la *Presse* et le *Siècle*. Ces journaux représentaient diverses opinions politiques.

*
* *

Au commencement du second Empire, le *Moniteur* fut l'objet d'une véritable réorganisation. Il quitta l'hôtel qu'il occupait rue des Poitevins depuis 1789 et vint s'établir quai Voltaire, 13, où il est encore.

Jusqu'en 1851, le *Moniteur* était imprimé en format in-folio. Ce format, qui paraissait gigantesque à l'origine, ne suffit plus et d'un seul coup il fut doublé. Ce développement extraordinaire lui permit, tout en demeurant l'organe officiel du pouvoir, de faire concurrence aux autres journaux quotidiens.

Julien Turgan, l'auteur bien connu des *Grandes Usines de France*,

Collection de l'*Artiste*.
Bracquemond, d'après la phot. de Nadar. Imp. Delatre.

THÉOPHILE GAUTIER
(1811-1872)

Poète, romancier, critique.

fut nommé directeur et cogérant du *Moniteur* avec Paul Dalloz, représentant d'une des branches de la famille de Panckoucke.

Toutes les communications politiques et les actes officiels durent désormais être envoyés par chaque ministre au ministre d'État, chargé de les contrôler et de diriger leur publication dans le *Moniteur*.

Afin de répandre le journal et d'accroître son influence, le prix de l'abonnement annuel fut abaissé de 120 francs à 40 francs, alors que le format était doublé. Aussi bientôt le *Moniteur*, qui ne vendait guère que deux mille exemplaires, en vendit jusqu'à vingt-cinq mille.

Nous ne saurions donner ici la liste de tous les littérateurs et de tous les savants qui ont collaboré au *Moniteur* sous le second Empire, soit dans le corps du journal, soit dans le feuilleton, et surtout dans les variétés. Alfred de Musset y publia sa dernière nouvelle, *la Mouche;* Alexandre Dumas, dont l'imagination et la verve étaient intarissables comme son esprit, y publia des causeries, des romans, des voyages intéressants comme tout ce qui sortait de sa plume féconde. Edmond About écrivit pour les lecteurs du *Moniteur* les *Mariages de Paris*, l'un de ses meilleurs ouvrages.

Citons ensuite, un peu au hasard : Ampère, Baschet, Théodore de Banville, Edouard Beulé, Cucheval-Clarigny, Pierre Clément, Caro, Champfleury, Depping, Eugène Delacroix, Erkmann-Chatrian, Ernest Feydeau, Octave Feuillet, Franck, Ed. Fournier, Léon Gozlan, Arsène Houssaye, Paul de Molènes, A. Maury, Méry, Désiré Nisard, Rathery, Reybaud, La Rounat, A. Tardieu, Mario Uchard, Oscar de Vallée, de Viel-Castel, Viollet-Leduc, Wolowski.

Et, dans cette galerie, brillaient au premier rang Théophile Gautier, Mérimée, Sainte-Beuve.

Tout le monde connaît l'auteur de *Mademoiselle de Maupin*, de *Fortunio,* des *Jeunes Frances*, qui prit une part si active aux luttes du romantisme en 1830. Mais on connaît moins le journaliste qui a écrit des nouvelles d'une originalité saisissante, des critiques d'art et de théâtre qui suffiraient à la gloire d'un grand génie.

Détail curieux : la copie de Théophile Gautier était un chef-d'œuvre de calligraphie; il ne s'y trouvait pas une seule rature. Turgan lui en fit un jour l'observation et il lui répondit : « Pourquoi veux-tu qu'il y ait des ratures sur ma copie, puisqu'il n'y en a pas dans mon cerveau? »

Après avoir collaboré à la *Revue des Deux-Mondes* et à la *Presse*, il fut chargé du feuilleton dramatique au *Moniteur*, auquel il donna, en outre, des variétés et le compte rendu des beaux-arts. Son roman de la *Momie* a obtenu comme feuilleton du *Journal Officiel* un immense succès; et on peut dire que si le goût des arts s'est propagé de plus en plus dans la société française, c'est à Théophile Gautier qu'on le doit.

Sainte-Beuve avait publié, dans le *Globe*, sous la Restauration, ses premiers articles d'histoire, de philosophie et de critique. Il avait compté dans les rangs de l'école romantique avec ses poésies de *Joseph Delorme*, *Consolations et Volupté*, avant d'écrire son *Histoire de Port-Royal* et d'inaugurer au *Constitutionnel* ses magnifiques *Causeries du Lundi*, qu'il continua au *Moniteur* à partir de 1861. Attaché à la rédaction littéraire du *Journal Officiel* dès 1852, il y a publié un grand nombre de portraits et le compte rendu de l'Académie française.

Prosper Mérimée, grâce à son goût pour les chroniques, a donné à ses écrits la vie et la couleur locale qui charment le lecteur. Les recueils littéraires de 1830 à 1850 s'étaient empressés d'ouvrir leurs colonnes à ce faiseur de contes, comme il s'appelait lui-même modestement. La *Revue de Paris* avait inséré les diverses nouvelles qui ont été réunies en volume sous le titre de *Mosaïque*. La *Revue des Deux-Mondes* avait publié ces chefs-d'œuvre inimitables : *Carmen*, *Colomba*, où brille la pureté du style à côté de la simplicité dramatique et de la finesse d'observation.

Devenu académicien et sénateur du second Empire, il a donné dans le *Moniteur* un compte rendu des Salons, d'intéressants articles sur les *Mormons* et de remarquables appréciations sur le *British Museum* [1].

*
* *

Taxile Delord, dans son *Histoire du Second Empire* [2], a raconté comment le *Constitutionnel* passa des mains du Docteur Véron dans celles du financier Mirès.

Véron s'était jeté de bonne heure dans le bonapartisme, convaincu que la France ne pouvait trouver la fortune et la prospérité que sous

[1] *Les Grands journaux de France*, par Jules Brisson et Félix Riboyre. T. II, p. 174 et suivantes.

un Bonaparte. Mais, dès le lendemain du Coup d'État, il voyait les abonnés déserter peu à peu son journal. De plus, il apprenait par deux avertissements que le pouvoir ne permettait pas plus la libre discussion à ses amis qu'à ses ennemis. Comment remettre le journal à flot et conjurer les destinées contraires? Question d'autant plus difficile à résoudre que le *Pays*, journal officieux au même titre que le *Constitutionnel*, lui faisait une rude concurrence. Le *Pays* se trouvait entre les mains du financier Mirès. Véron proposa de l'acheter. Mirès lui répondit avec flegme : « Je ne vends pas mon journal ; mais si vous voulez, j'achète le vôtre. »

Véron ne fut pas offusqué de cette proposition; mais la propriété du *Constitutionnel* se divisait en deux parts : de Morny avait acheté, moyennant une somme de cent mille francs, la moitié des droits de Véron comme gérant; son consentement était donc indispensable pour vendre le *Constitutionnel*. Mirès courut chez de Morny et ne le quitta qu'après avoir échangé contre la somme de cinq cent mille francs sa moitié de gérance.

Un bénéfice de quatre cent mille francs, c'était un fort joli denier, et de Morny pouvait s'en contenter ; mais le Docteur Véron, gérant et de plus rédacteur du *Constitutionnel*, ne se déclarait pas satisfait pour si peu. Il n'avait pas, il est vrai, de traitement fixe ; mais il cotait à un très haut prix les articles qu'il écrivait et il touchait mille francs par mois dont il ne rendait compte à personne. Il voulait se faire indemniser de tous ces petits bénéfices. « Soit, lui dit Mirès, vous aurez 180 000 francs de plus que M. de Morny, et si, rendu aux loisirs de la vie privée, vous éprouvez le besoin de faire valoir votre argent, je vous apporterai des affaires à choisir. » Mirès, qui ne lésinait sur rien, offrit en outre quatre mille francs par action du *Constitutionnel;* un acheteur ordinaire n'en aurait pas donné mille francs. Le marché ne pouvait donc manquer de se conclure.

Cette intervention de la haute finance dans le journalisme se manifestait d'une manière vraiment cynique. Un journal payé un tiers de plus que sa valeur, une place de gérant estimée à près de douze cent mille francs et ne rapportant que mille francs par mois, il y avait là de quoi inquiéter le public sur l'origine des bénéfices des journalistes. Et ce qui devait donner lieu à des réflexions non moins piquantes, c'était de voir Mirès, à peine devenu propriétaire du *Constitutionnel*, comme il l'était du *Pays*, les mettre aussitôt à la disposition du Gouvernement, qui s'empressait d'accepter ce pré-

Jeudi 28 Juin 1855

ABONNEMENTS DE DÉPARTEMENTS.

TROIS MOIS 14 FR.

LE PAYS
JOURNAL DE L'EMPIRE

1re Année. — N° 179.

ABONNEMENTS DE PARIS.

TROIS MOIS : 12 FR.

Paris, 27 Juin.

LES DAMNÉS DE JAVA.

PAR MÉRY.

PREMIÈRE PARTIE.

LES COLONS.

IX.

Collection de M. Ernest Casseux.

cieux concours et de donner la direction de ces deux organes à Arthur de la Guéronnière.

*
* *

Le vicomte Arthur de la Guéronnière commençait alors à devenir un personnage important et le plus brillant des écrivains enrôlés au service du second Empire, parmi lesquels figuraient Granier de Cassagnac, Amédée de Céséna, Auguste Vitu, Paulin Limayrac. Il avait débuté tout jeune, sous Louis-Philippe, dans un journal de Limoges, fondé par les légitimistes de l'endroit, l'*Avenir National*. Poète et publiciste, il dédiait sa prose à Henri V et ses vers à M. de Lamartine. Disciple préféré du poète des *Méditations*, dont il sut fort habilement s'assimiler les idées et le style, Arthur de la Guéronnière suivit aveuglément les destinées politiques du maître. Il fut son collaborateur au *Bien Public*, et, lorsque cette feuille disparut, il fit partie de la rédaction de la *Presse* d'Emile de Girardin, où il lança des apostrophes virulentes contre les « Décembraillards ».

Lorsque Lamartine fonda le *Pays*, pour remplacer le *Bien Public*, il prit Arthur de la Guéronnière comme rédacteur en chef. Celui-ci eut l'idée singulière de transformer le journal en une sorte de galerie de portraits historiques. On pouvait déjà, à cette époque, pressentir le Coup d'État. Un portrait de Louis-Napoléon, Président de la République, révéla la fragilité des convictions du jeune journaliste : « La figure de Louis-Napoléon, écrivait-il, est douce et calme, mais elle n'est que le masque d'une vie intérieure forte et puissante. » Blâmé par ses amis pour s'être fait le champion de Louis-Napoléon, il s'empressa de racheter sa faute en publiant un non moins enthousiaste portrait du comte de Chambord, dont il disait : « sa beauté physique n'est sur ses traits que le reflet de la beauté morale. » Il affirmait ainsi son indépendance et son éclectisme et se tenait prêt à servir la cause à laquelle les événements donneraient la victoire.

Cependant, au lendemain du Coup d'État, il manifesta des velléités d'opposition. Un de ses frères avait été nommé sous-préfet par de Morny, ministre de l'intérieur. La Guéronnière protesta dans une lettre que publièrent les journaux, déclarant qu'au nom de son frère absent, il refusait cette nomination; de Morny le fit appeler. En une audience d'une heure, il le convertit si bien que le *Pays* devint, sans tarder, le défenseur du Coup d'État. Quelques mois plus tard, Arthur de la Guéronnière était candidat officiel et député du Cantal.

« Venez donc avec nous, lui avait dit de Morny; nous sommes la jeunesse, l'avenir, la fortune; nous vous porterons loin et haut. » Cette promesse fut tenue. Député en 1852, conseiller d'État en cette même année, directeur général des services de la presse et de la librairie en 1853, confident de l'Empereur qui s'en remettait à lui du soin de préparer l'opinion par de suggestives brochures, sénateur en 1861, plus tard ambassadeur, la Guéronnière vit se réaliser, très jeune encore, la plupart de ses ambitions.

***

Le *Constitutionnel* et le *Pays* ne restèrent pas plus de dix-huit mois sous l'intelligente direction du vicomte de la Guéronnière. Cucheval-Clarigny fut appelé à lui succéder et réserva à Amédée de Céséna une situation importante dans le journal. En 1857, de Céséna quitta à son tour le *Constitutionnel* pour fonder la *Semaine politique*, journal hebdomadaire, qui s'appela plus tard le *Courrier du Dimanche*.

Au mois de mai 1857, Cucheval-Clarigny eut pour successeur Amédée Renée, qui fut chargé en même temps de la direction politique du *Pays*. Mais en 1859, le *Pays* passa sous la direction de Granier de Cassagnac ; il y déploya son musculeux tempérament de polémiste pour la défense du gouvernement de Napoléon III ; bientôt après, un nouveau venu, Grandguillot, fut appelé à prendre la direction du *Constitutionnel*.

Grandguillot se fit remarquer par de nombreuses polémiques contre l'Autriche en faveur de l'Italie, contre les mandements ecclésiastiques et en particulier contre Dupanloup, le fougueux et éloquent évêque d'Orléans.

Comme il y avait assez fréquemment des échanges de rédacteurs entre les divers journaux officieux, Grandguillot, en quittant le *Constitutionnel*, devint rédacteur en chef du *Pays*.

Divers autres journalistes ont collaboré au *Constitutionnel* sous le second Empire. Citons au premier rang Paulin Limayrac, qui passa bientôt à la *Patrie*, et Auguste Vitu, qui, après une vie pleine de traverses, après avoir dépensé beaucoup de verve dans la petite presse, au *Charivari* par exemple, était resté cinq années l'un des principaux rédacteurs du *Pays*, avant d'entrer au *Constitutionnel*.

Nous ne saurions oublier Grenier, cet universitaire érudit, dont la forme et le style ont été souvent loués. Ancien élève de l'école normale et de l'école d'Athènes, Grenier débuta au *Constitutionnel* en 1861 par un article sur l'évacuation de Rome, qui, traduit en vingt langues, fit aussitôt le tour de l'Europe. Il fut, dès lors, de tous les hommes de la presse semi-officielle, l'un des plus écoutés et surtout des plus redoutés.

On a dit de lui qu'il avait le vrai tempérament du polémiste. Il se passionnait aisément à propos de toutes choses, et il improvisait alors, sans les relire, ces violentes apostrophes dont les colonnes du *Constitutionnel* retentissaient. Mais ces coups de tonnerre étaient de peu de durée, et il ne poussait jamais une polémique au delà de trois articles. C'était bien assez pour le public. Il s'arrêtait alors, et revenait avec bonheur à ses études, au soin plus appliqué de la forme, à la pureté, à l'élégance, jusqu'à ce qu'un nouveau pétard éclatât au bout de sa plume [1].

C'est dans le *Constitutionnel*, et en même temps dans le *Pays*, que de Parville a écrit ses remarquables *Causeries scientifiques*, qu'on lisait avec autant de plaisir que des romans.

Sainte-Beuve, ce critique à la fois solide et charmeur, figurait en première ligne parmi les rédacteurs littéraires du *Constitutionnel*, où il publia avec un succès des plus retentissants les *Causeries du lundi*. A côté de lui, il convient de nommer des érudits et des écrivains de talent, tels que Caro, Monty, Émile Chasles, Étienne, Louis Enault, et particulièrement le célèbre feuilletoniste théâtral, Fiorentino, dont la critique, à la fois courtoise et mordante, s'inspirait de cette méthode : « Avant d'assassiner un homme, il faut commencer par lui ôter son chapeau. »

*
* *

La *Patrie* complétait, avec le *Constitutionnel* et le *Pays*, le trio des feuilles officieuses chargées de chanter les louanges de l'Empire et de ses ministres. Son directeur était M. Delamarre, un ancien garde du corps du roi Charles X, qui avait passé une partie de son existence dans les finances avant de devenir journaliste. La *Patrie* était le journal le mieux informé au sujet des crimes, catastrophes, accidents et autres menus faits de chronique qui intéressent un si grand

[1] Félix Ribeyre, *les Grands Journaux*, p. 315.

nombre de lecteurs et de lectrices. Malgré ces précieuses informations et les nouvelles politiques que le gouvernement lui communiquait pour les porter à la connaissance du public, cette feuille n'exerçait sur l'opinion qu'une influence modérée.

Parmi les nombreux rédacteurs de la *Patrie*, il convient de citer Paulin Limayrac, qui soutenait avec beaucoup de verve et d'esprit la polémique avec les journaux de toute nuance, surtout avec les feuilles religieuses. En journaliste expérimenté, il savait éviter les longs articles ; il possédait un style brillant et surtout l'à-propos du trait final.

A côté de Limayrac, Cucheval-Clarigny donnait à peu près un article par semaine sur la politique anglaise et américaine. Il traitait avec une préférence marquée ces questions de politique étrangère, qui mettaient en relief la vivacité de son style et son habileté à manier l'ironie.

Joncières, entré à la *Patrie* dès 1851, prenait une part active et presque quotidienne à la rédaction de ce journal. Moins brillant dans la forme que Limayrac, il était plus serré dans l'argumentation. C'était un polémiste vigoureux, parfois méchant, dont l'ironie prenait presque toujours une allure agressive.

Edouard Fournier, l'auteur de l'*Esprit dans l'histoire*, des *Variétés historiques et littéraires*, du *Vieux-Neuf*, cumulait dans la *Patrie* la chronique et la critique théâtrale.

Cortambert publiait de temps à autre des articles géographiques dans la *Patrie*, et Marius Fontane y étudiait les populations du Liban, qu'il avait connues tandis qu'il était attaché au secrétariat de Ferdinand de Lesseps, le promoteur du canal de Suez.

Citons enfin Mme la vicomtesse de Renneville, qui donnait un courrier de modes à la *Patrie* et en même temps à bien d'autres journaux.

M. Félix Ribeyre, dans *les Grands journaux de France*, a raconté comment Mme de Lascaux, femme d'un homme de lettres, fut présentée à de Villemessant, qui était alors directeur de la *Sylphide*, et comment elle débuta, à la suite de cette visite, dans la chronique des chiffons.

Mme de Lascaux apportait au directeur de la *Sylphide* une légende italienne intitulée : *le Verrier de Murano*. De Villemessant regarda la jeune femme : elle avait une délicieuse toilette gris perle dont le goût exquis frappa de Villemessant. Il cherchait une chroniqueuse de modes ; il la trouva dans la toilette gris perle. Mme de Lascaux fut baptisée, séance tenante, sous le nom de vicomtesse de Renneville, qu'elle a gardé depuis lors et qu'elle a rendu si populaire.

On sait avec quel esprit, quelle finesse charmante et toute féminine la vicomtesse de Renneville a raconté longtemps les caprices de la mode et les merveilles de l'élégance parisienne.

La presse monarchique fut ménagée, dans une certaine mesure. On la respecta et on laissa vivre ses trois principaux organes : l'*Assemblée nationale*, qui représentait la fusion des deux branches et qui ne tarda pas à mourir d'une mort lente ; la *Gazette de France*, qui continua, sous la direction de M. de Lourdoueix, les traditions de M. de Genoude, c'est-à-dire la défense du système de droit divin mélangé de suffrage universel ; enfin l'*Union*, où MM. de Laurentie, de Riancey, Poujoulat, de Nettement et bien d'autres encore, défendaient les théories chères aux partisans du trône et de l'autel.

* * *

L'*Univers*, avec Louis Veuillot, comme rédacteur en chef, représenta plus spécialement la presse cléricale. Il ne se piquait pas de fidélité à ses opinions politiques ; il se ralliait avec une égale facilité à tous les gouvernements qui se succédaient, pourvu que ses passions religieuses fussent plus ou moins satisfaites. Voici en quels termes il adhère à l'Empire sorti du Coup d'État : « Si jamais, depuis un siècle, on a pu espérer une restauration sociale, c'est tout à l'heure, c'est en ce moment. Devant quelle entreprise de pacification politique et intellectuelle se sentirait-il trop faible le pouvoir privilégié qui a le profit de tout ce que Napoléon Ier a fait de grand et d'utile, qui n'a la responsabilité d'aucune de ses fautes, et à qui une expérience de quarante années permet de les corriger ! Il ne peut rien redouter sérieusement de ses ennemis révolutionnaires dont les doctrines font horreur, ni de ses adversaires parlementaires dont les entêtements font pitié. Contre cette troupe en désarroi, deux armées se donnent la main pour sa cause au sein du peuple qui les a fournies et qui l'aime. L'une, composée de 400 000 hommes de guerre, pleins de discipline et de jeunesse dans le vieil honneur de leur drapeau ; et l'autre, celle que Napoléon Ier n'eut pas et qu'aucun peuple n'eut jamais peut-être vue si florissante et si belle, l'armée de charité, forte de 40 000 prêtres et de 50 000 religieuses. »

Phot. Pierre Petit.

GRANIER DE CASSAGNAC

Phot. Pierre Petit.

ARTHUR DE LA GUÉRONNIÈRE

Phot. Ad. Braun et Cie

Phot. Ch. Reutlinger

Louis Veuillot devint dès lors comme le chef du parti catholique, une sorte de Père de l'Église. Il n'y a qu'un dogme pour lui, le Pape, ainsi que l'a écrit Taxile Delord : « Discutant comme on fait de l'escrime, sans ménagement dans les accusations, ardent à l'hyperbole, donnant à sa pensée une forme paradoxale, présentant un lieu commun comme une grande découverte, solennel et comique tout à la fois, tenant d'une main la croix, de l'autre la marotte, coupant, cassant, mêlant l'anathème au sarcasme, Louis Veuillot est au premier rang d'une école nouvelle de journalistes tapageurs, au ton tranchant. Un homme de son envergure devait facilement s'entendre avec le gouvernement impérial, qui n'eut pas, en effet, dans les premiers temps de son existence, d'apologiste plus déclaré que l'*Univers*[1]. »

Il faut reconnaître que c'est cette période de sa vie qui fut la plus brillante pour le journaliste catholique. Il soutint une campagne des plus retentissantes contre l'enseignement de l'antiquité classique et en faveur de la littérature chrétienne, d'accord en cela avec l'abbé Gaume, mais ayant à combattre l'archevêque de Paris, Sibour et l'évêque d'Orléans, Dupanloup.

Ce fut une lutte vraiment homérique. L'évêque d'Orléans, qui faisait jouer des tragédies grecques par les élèves de son petit séminaire, publia des mandements fort vifs contre le rédacteur en chef de l'*Univers*; et il finit par interdire la lecture de ce journal aux curés de son diocèse. L'épiscopat français se divisa dans cette grave querelle : quarante-cinq évêques suivirent M. Dupanloup et manifestèrent en faveur de l'étude des classiques grecs et latins ; les autres évêques se rangèrent du côté de l'abbé Gaume et de Veuillot. L'évêque de Gap se prononça dans une lettre des plus spirituelles adressée à l'évêque d'Orléans et qui mérite d'être citée.

Monseigneur,

« Je crois en Dieu, Créateur de l'Univers, mais je ne crois pas à la bonne foi de ceux qui veulent détruire l'*Univers*.

« Je crois en Jésus-Christ qui a établi son Église avec les docteurs chrétiens, mais non avec les doctes du paganisme.

« Je crois au Saint-Esprit qui a parlé par les prophéties, et non par les sibylles.

[1] Taxile Delord, *Histoire du Second Empire*, t. II, p. 192.

« Je crois à la communion des Saints, mais je ne veux pas être de celle du *Siècle*, des *Débats*, de la *Presse* et du *Charivari*.

« Je crois à la résurrection des morts, mais je crains beaucoup celle des Gallicans et des parlementaires.

« Je crois à la vie éternelle, mais je ne veux pas de celle des Champs-Élysées, quelque belle que la fassent les poètes païens.

« C'est-à-dire, Monseigneur, que je suis pour l'adoption des auteurs chrétiens dans une juste proportion, sans renoncer aux chefs-d'œuvre de Rome et d'Athènes soigneusement expurgés de ce qu'ils ont trop souvent de contraire aux bonnes mœurs et à la foi catholique. »

L'archevêque de Paris, à son tour, suspendit l'*Univers*, se plaignant de « ses insultantes et calomnieuses accusations contre quelques évêques, de sa persistance à railler, avec un rire imité de Voltaire, les prêtres qui défendent l'Église à l'aide d'une méthode que les écoles du monde catholique ont consacrée. » Il ajoutait : « L'*Univers* a méconnu les règles de la controverse chrétienne et même de la simple honnêteté ; au lieu de discuter avec mesure et modération pour établir ses opinions et ses doctrines, il a eu recours aux facéties, au persiflage le plus insultant pour déconsidérer les personnes, il a calomnié des prêtres et des évêques français en répétant avec affectation qu'on poursuit en lui un journal ultramontain. »

L'*Univers* en appela au Pape ; et, chose extraordinaire, le Pape donna raison à Veuillot contre l'archevêque de Paris. Il y avait bien là de quoi enorgueillir le grand journaliste catholique.

Un écrivain, qui a bien connu Louis Veuillot à cette époque glorieuse de sa vie, en a crayonné un portrait pris sur le vif, que nous ne pouvons résister au désir de reproduire, en raison de son puissant coloris.

« L'homme n'a rien d'un ascète ; il sue le vieux Voltairien par tous les pores. Comme tous ceux de la génération de 1830, il a le regard décidé, quoique le mouvement de ses yeux soit dissimulé par le verre de grosses lunettes à branches d'or. On a longuement écrit sur les taches de petite vérole qui, mordant ses joues et son front, lui donnent en petit ces airs de léopard moucheté que Rivarol trouvait dans la figure de Mirabeau. Que n'a-t-on pas dit sur son nez long, lourd, sans dessin, rouge comme la betterave coupée par le couteau, et zébré de petites taches folâtres ? Pour moi, ce nez est plein d'éloquence ; j'en fais une sorte de synthèse à l'aide de laquelle le journaliste révèle à un observateur intelligent toutes les phases de sa vie si variée ; j'y vois le romantique qui applaudissait à tout rompre aux premières représentations d'Hernani; j'y distingue le bousingot de 1830 qui écrivait des nouvelles érotiques, maintenant désavouées; j'y retrouve le blasé qui, un peu plus tard, devenait écrivain officiel du *Périgord*, dans le terroir des truffes; j'y rencontre le catholique, avide d'avoir deux mentons, qui abandonnait la politique pour l'étude des Pères; j'y découvre surtout le polémiste savoureux qui a feuilleté et remué; bien souvent trois hommes : Rabelais, Molière et Voltaire, et, chose bizarre, qui s'imprégnait de leur style et de toutes les forces de leur dictionnaire pour essayer de les battre en brèche. Mais c'est la lime d'acier à laquelle le serpent de la fable se rompait les dents. Pour achever cette esquisse, je dirai que les lèvres sont grosses, conséquemment sensuelles. Un vermillon d'un ton violet les colore. Quant au sourire, il est immobile. Lorsqu'il s'anime, par extraordinaire, c'est pour s'effacer vite dans un air de béatitude qui fait songer aux moineries dessinées par Jacques Callot. Du reste du corps, il n'y a pas grand chose à dire, si ce n'est que la charpente manque absolument de distinction. Au reste, l'homme ne paraît être mondain en rien, ni dans ses habits, qui portent toujours le caractère de la négligence, ni dans son langage, que ses amis prétendent être d'une âpreté plus que pittoresque [1]. »

Quoi qu'il en soit, et quoi qu'on puisse penser de cet infatigable lutteur avec lequel un maître du théâtre contemporain, Emile Augier, s'est jadis mesuré en un vigoureux corps à corps dans la célèbre comédie du *Fils de Giboyer*, on vient de rendre pleine et entière justice, après l'apaisement de la lutte éventuelle des partis, à la haute originalité de ce gigantesque héros de plume. Dans l'Eglise du Sacré-Cœur, à Montmartre, un monument lui a été érigé (le 29 novembre 1899), produit d'une souscription d'environ 30 000 francs ; l'auteur des *Odeurs de Paris* et du *Parfum de Rome* y est glorifié par un buste reposant sur un piédestal où se lit cette inscription : « J'ai cru, je vois. »

*
* *

Tandis que l'*Univers* se résumait et se confondait, pour ainsi dire, avec l'unique personnalité de Louis Veuillot, le *Journal des Débats*, au contraire, brillait par la verve et le talent d'un nombreux état-

[1] Philibert Audebrand. *Souvenirs de la tribune des journalistes*, p. 3.

major d'écrivains illustres : Baudrillart, Bersot, Chasles, Alloury, Caraguel, Michel Chevalier, Cuvillier-Fleury, Emile Deschanel, Franck, Saint-Marc Girardin, Jules Janin, Laboulaye, John Lemoine, Prévost-Paradol, L. Ratisbonne, Renan, Hippolyte Rigaud, Taine et de Sacy.

Cuvillier-Fleury, l'ancien précepteur du duc d'Aumale, avait renoncé à la politique militante pour se consacrer à ces hautes études de critique qui lui ouvrirent en 1866 les portes de l'Académie française.

Hippolyte Taine, le profond et original penseur, communiquait aux lecteurs du plus littéraire des journaux de cette époque la quintessence de ces belles leçons d'esthétique dont bénéficiaient les élèves de l'Ecole des Beaux-Arts.

Emile Deschanel enrichissait le même organe d'articles profondément étudiés sur les sujets les plus variés : littérature, voyages, questions d'art, de philosophie, d'histoire, d'économie sociale, etc.

Mais ce qui fit de tout temps, ce qui fait encore aujourd'hui, la force du *Journal des Débats*, c'est qu'il adopta, le premier jour, un programme pouvant se résumer ainsi :

« Chercher, sous les divers régimes que se donne ou que subit la France, la conciliation des principes qu'une nation ne peut oublier sans se perdre ou sans s'avilir ; ne rien abandonner des droits de l'État, sans leur sacrifier la dignité des citoyens ; se garder de l'esprit d'aventure et de système ; rendre la demeure habitable plutôt que de rêver de la jeter à bas pour la reconstruire sur des plans incertains. »

Les Bertin étaient toujours les directeurs de ce journal incomparable. Armand Bertin mourut en 1854. Au moment du Coup d'État de Décembre, il n'avait pas hésité à publier une lettre de protestation du comte de Molé. Le jour même, de Morny fit aviser Armand Bertin que sur un mot de plus le journal serait supprimé !... « Il faut retrouver la collection de cette époque, a écrit John Lemoine, pour voir où nous en étions. Les journaux qui n'appartenaient pas au nouveau pouvoir n'avaient plus à insérer que des proclamations officielles, des décrets et des procès-verbaux. Ils étaient tenus d'envoyer tous les soirs au ministère de l'intérieur une épreuve de la feuille du lendemain. C'était la censure préventive dans toute sa beauté. On se mit à disserter sur les affaires étrangères, sur des affaires des autres. Puis nous inventâmes le petit bulletin quotidien, résumé inoffensif des nouvelles ; petit poisson qui devint grand, jusqu'au jour où nous recouvrâmes la parole. »

Edouard Bertin succéda à Armand Bertin et garda la direction du *Journal des Débats* jusqu'au mois de septembre 1871. « Il eut une certaine hésitation, dit encore John Lemoine [1], et une certaine peine à assumer des fonctions et à quitter ses habitudes indépendantes d'artiste. Cependant il entra tout naturellement dans son nouveau rôle. Comme tous les siens, il avait toujours vécu dans l'atmosphère de la politique ; il l'avait apprise dans l'air qu'il respirait, dans la société qu'il voyait. Il la savait avant d'avoir à la pratiquer. Il possédait une instruction très étendue. Étant d'habitudes assez sédentaires, il lisait énormément ; il était au courant de tout, et rien ne lui était étranger. »

Taine nous a tracé en quelques lignes le tableau de la vie directoriale d'Édouard Bertin : « Vers cinq heures, dans l'escalier du journal, on entendait son pas appesanti ; il entrait et allait s'asseoir dans le vieux fauteuil de cuir vert, en face de M. de Sacy ; un cercle se faisait autour d'eux. On causait, et dans cette conversation la politique du jour n'avait qu'une place très restreinte ; plus mince encore était la part de la Bourse et des affaires d'argent ; au contraire, on y parlait beaucoup de littérature et d'esthétique, d'histoire, de philosophie et de science ; des esprits différents, mais tous cultivés à fond, y apportaient, parfois en mots piquants, toujours en anecdotes précises, le résumé de leur expérience, leurs conclusions d'ensemble... Les nouveaux venus s'y trouvaient à l'aise et sur un pied d'égalité ; ils découvraient très vite que, là du moins, la politesse n'était pas une convention de surface, ni la bienveillance un calcul d'arrière-plan ; ils oubliaient les premiers crève-cœur de la jeunesse et la dureté ordinaire du commerce humain ; ils se livraient : ils se sentaient accueillis. Le soir, dans son salon, ils retrouvaient le même accueil, avec une grâce et un charme de plus [2]. »

Ernest Bersot a commencé sa collaboration aux *Débats* en janvier 1859 et ne l'a abandonnée qu'avec la vie en 1880. Ancien élève de l'École normale supérieure et secrétaire de Victor Cousin, il avait été successivement professeur de lycée et professeur de faculté à Bordeaux et à Dijon. En 1852, il avait refusé le serment à l'Empire, se

[1] *Le livre du Centenaire*, p. 56.
[2] *Le livre du Centenaire*, p. 67.

Phot. Pierre Petit.

ÉMILE DESCHANEL

Phot. Ch. Reutlinger.

PRÉVOST-PARADOL

Phot. Ad. Braun et Cie.

CUVILLIER-FLEURY

Phot. Ad. Braun et Cie.

SAINTE-BEUVE

renfermant dans une solitude virilement acceptée, où se plaisait son âme stoïque et délicate. Il est devenu, sous la troisième république, membre de l'Institut et directeur de l'École normale supérieure.

Ernest Bersot a surtout donné au *Journal des Débats* des articles de philosophie, de critique littéraire et de pédagogie. Dans sa vie et dans ses œuvres, qui en sont le pur reflet, comme l'a écrit un de ses disciples, Ernest Bersot a été, du commencement à la fin, un libéral, c'est-à-dire un esprit indépendant et mesuré.

C'était un voltairien ; et c'est lui qui a donné du voltairien cette belle définition... « Qu'est-ce qu'un voltairien ? Un Voltairien est un homme qui aime assez à voir clair en toutes choses, en religion et en philosophie, il ne croit volontiers que ce qu'il comprend et il consent à ignorer, il estime plus la pratique que la spéculation, simplifie la morale comme la politique et la veut tourner aux vertus utiles ; il aime une politique tempérée qui préserve la liberté naturelle, la liberté de la conscience, de la parole et de la personne, retranche le plus possible de mal, procure le plus possible de bien et met au premier rang des biens la justice ; dans les arts, il goûte par-dessus tout la mesure et la vérité ; il déteste mortellement l'hypocrisie, le fanatisme et le mauvais goût ; il ne se borne pas à les détester, il les combat à outrance. »

*
* *

Mais le plus brillant et le plus connu des journalistes des *Débats* sous le second Empire, ce fut Prévost-Paradol, né à Paris le 8 août 1829 et mort à Washington le 20 juillet 1870, ambassadeur de Napoléon III.

Il avait remporté le 1er prix de discours français au concours général en 1848 et le prix d'honneur de philosophie l'année suivante. Entré à l'École normale supérieure, une année après Taine, About et Francisque Sarcey, il en était sorti en 1851.

Mais l'École normale et l'Université étaient alors suspectes et frappées comme la liberté l'était dans le pays. Prévost-Paradol eut peur de la sujétion qui le menaçait dans l'enseignement ; aussi, comme beaucoup de ses camarades, il en sortit et se fit journaliste, après avoir été professeur à la faculté des lettres d'Aix.

Il entra en 1856 au *Journal des Débats*. Là et au *Courrier du Di-*

manche, dont nous parlerons plus loin, il a pendant quatorze ans charmé le public. Mais aussi, quel merveilleux journaliste ! Comme l'a dit Bersot, il avait la clarté lumineuse, la fécondité inépuisable, la facilité sans laquelle on n'écrit pas français, une adresse infinie de polémique, la malice d'un enfant de Paris, l'ironie terrible, une incroyable puissance de mépris, et, par intervalles, de ces notes émues qui vous pénétraient. Ces petits chefs-d'œuvre ne lui coûtaient rien : il les écrivait sur le coin d'une table, au milieu du bruit, au courant de la plume ; à peine parus, ils couraient partout ; on s'abordait en se demandant : « Avez-vous lu l'article de Prévost-Paradol ? » Nous n'avons pas tout ce qu'il a écrit : des milliers de traits jetés en passant, éparpillés dans les journaux, sont perdus ; heureusement, il a recueilli un bon nombre d'articles dans les *Essais de politique et de littérature*, qui forment trois séries, et, en quatre séries, dans *Quelques pages d'histoire contemporaine.* Des articles plus travaillés ont composé le volume des *Études sur les moralistes français* publié en 1864 et la *France nouvelle* publiée en 1868, qui est son testament.

L'arme ordinaire de Prévost-Paradol était l'ironie. Un jour, dans un rapport de M. Troplong, président du Sénat, et premier président de la Cour de cassation, il avait été parlé avec un souverain dédain de la classe des journalistes, et comme n'étant pour la plupart, que « de frivoles élèves d'Aristophane et de Pétrone. » Prévost-Paradol releva le mot, et nonseulement il le fit, le premier jour, d'une manière directe, mais un article de lui suivit peu après, moitié sur Pétrone, moitié sur Aristophane, sous prétexte de traductions plus ou moins récentes de ces deux auteurs.

Sainte-Beuve, dans ses *Nouveaux Lundis* [1] a fait un parallèle des plus réussis entre Prévost-Paradol et Hippolyte Rigault, ces deux grands écrivains des *Débats*. « Rigault, dit Sainte-Beuve, n'est pas seulement, par goût et par vocation, un littérateur, c'est un universitaire, une fleur d'université ; mais il en est et il en tient jusqu'au bout des ongles ; il en a le tempérament et les prétentions. Son esprit très réel, très vif, était très pédantesque, livresque, et sentant quelque peu le collège.

L'esprit de Prévost-Paradol ne le sent pas du tout. L'un reste professeur et rhéteur jusque dans ses plus grandes mondanités et dans ses diversions vers la politique ; il soigne et arrange, tout en par-

[1] Tome Ier, p. 153.

lant, les plis de sa robe : l'autre en vérité n'en a jamais eu. Rigault est le plus agréable des littérateurs sortis d'une classe, mais il en sort : il lui faut bien dix minutes pour construire son thème, avant d'avoir ensuite toute sa malice et tout son pétillement, avant de débiter toutes les choses qu'il réserve et qui ne tariront plus. Si le terme de pédant choquait, je l'explique aussitôt, et je le réduis dans ce cas à sa stricte valeur : je veux dire que Rigault est non seulement armé d'esprit, mais pointu d'esprit ; il s'ajuste, il se concerte, il prend ses avantages, et il vous fait ensuite la leçon impitoyablement, agréablement. Rien de cela chez Prévost-Paradol ; il a une autre manière de vous piquer ; ses impertinences même (car il en a), ont un certain air ; Rigault s'évertue, s'agite, se trémousse, se prépare de loin pour vous lancer un trait qui vous atteint : Prévost-Paradol lance le sien sans effort, le cou penché et comme nonchalamment. »

C'est Rigault qui, le premier, a inauguré, en 1857, les *Chroniques* des *Débats* avec une plume aussi légère que prudente, aussi libre que retenue. Dès son coup d'essai, il fut le *Chroniqueur*, non de l'anecdote frivole, de l'historiette du *Sport* ou du *Bois*, mais de l'événement littéraire nouveau. Il développait surtout les réflexions morales que l'écrit du jour lui suggérait, avec le piquant enjouement d'un homme d'esprit qui cause dans un salon de bonne compagnie.

* * *

La réputation de Prévost-Paradol lui ouvrit du premier coup l'Académie française en 1865 ; il avait alors trente-six ans. Prévost-Paradol fut élu par seize voix contre quatorze données au plus ancien des rédacteurs des *Débats*, au fameux Prince des critiques, Jules Janin. « Qu'allais-tu chercher dans cette galère, animal ! » se dit le bon J. J., et il se consola en écrivant ce célèbre *Discours de réception à la porte de l'Académie française*, publié dans le *Journal des Débats* deux jours après l'élection de Prévost-Paradol. Pour n'avoir été prononcé qu'à la porte de l'Institut, ce chef-d'œuvre de verve, d'humour, de grâce et d'atticisme n'en est pas moins resté un modèle de discours académique. On sait d'ailleurs que Jules Janin fut élu à son tour le 10 avril 1870, presque à l'unanimité, pour remplacer Sainte-Beuve.

Jules Lemaître, qui a tenu récemment aux *Débats* l'emploi de Prince des critiques, a tracé de Jules Janin un portrait en raccourci,

R. Victor Meunier, sc. Imp. Eudes.
E. Plon, Nourrit et Cie, édit.

JULES JANIN

(1804-1874)

Critique et romancier,
Membre de l'Académie française.

qu'on aimera certainement à relire : « La vogue de ses feuilletons, dit-il[1], fut prodigieuse ; nul critique, depuis, ne l'a retrouvée. Cela tient un peu, sans doute, au petit nombre de journaux d'alors ; cela s'explique aussi, si je puis dire, par la température très élevée de l'atmosphère littéraire de ce temps-là : mais il est évident que cela tient surtout à la très grande puissance de sympathie dont ce généreux esprit était doué. Il rajeunit la forme même du feuilleton. Il en fit une causerie brillante et capricieuse, où l'analyse des pièces de la semaine était souvent remplacée par de vives considérations de morale, des anecdotes, des citations d'Horace, et même des confidences intimes. Ce genre est difficile. Quand il plaît, ce n'est jamais médiocrement : mais il plaît surtout en ce qu'il nous fait sentir toute proche la personne de l'écrivain et aussi par ce je ne sais quoi qui est *l'accent du jour*. Et à cause de cela, je crois, ce charme a dû être mieux apprécié par les premiers lecteurs de Janin qu'il ne l'est aujourd'hui par nous autres. C'est une sensation exquise que de tremper sa moustache dans la mousse du champagne, mais cette mousse tombe vite. »

On apprendra avec une certaine curiosité, mais sans grande surprise, que Jules Janin a comme pressenti et souhaité les tendances réalistes et libres de notre théâtre contemporain ; il était « très ouvert à toutes les nouveautés, très libéral », furieux que la littérature de l'Empire s'opposât à la représentation d'*Hernani* au Théâtre-Français, et disant avec quelque exagération : « Comme si tout le théâtre antique n'était pas fondé sur l'inceste et tout le théâtre classique moderne sur l'adultère ! » disant à propos d'une pièce tirée de l'*Eugénie Grandet* de Balzac : « Il a fallu le grand nom de Balzac pour faire admettre Grandet au théâtre. Quelle est cette prudence du public qui exclut de la scène *tout sujet qui palpite dans la société*[2] ? »

* * *

Deux journaux ont représenté seuls, pendant la première moitié du second Empire, l'opinion démocratique : la *Presse* et le *Siècle* ; et encore faut-il dire que la *Presse* représentait presque exclusivement

[1] *Le livre du Centenaire*, p. 424.

[2] *Histoire de la langue et de la littérature française*, par L. Petit de Julleville (Armand Colin et Cie, éditeur).

la politique particulière et personnelle de son directeur, Emile de Girardin.

Emile de Girardin avait été un moment exilé, après le Coup d'État; mais il n'était resté que deux ou trois mois éloigné de la France. Il avait avec le prince Napoléon des relations intimes qui ne lui permettaient pas de se montrer trop hostile au régime impérial. Il ne fut guère, et très volontairement, que le rédacteur en chef honoraire de la *Presse*, voyant passer devant lui le défilé des expédients du règne, laissant à ses rédacteurs, Alphonse Peyrat, Guéroult, Pelletan, Nefftzer, Darimon, qui appartenaient ouvertement à l'opposition, la liberté d'apprécier, de critiquer, même avec amertume, des événements qu'il regardait se dérouler, sans vouloir s'y mêler.

Mais Émile de Girardin ne supporta pas longtemps ce rôle tout à fait effacé, qui ne pouvait lui convenir. Il vendit en 1856 sa part de propriété de la *Presse* à un homme d'affaires bien connu, Millaud, pour la forte somme de huit cent mille francs.

Il faut reconnaître toutefois qu'avec ses allures de libre discussion dont il ne pouvait se départir, Émile de Girardin se heurta à des avertissements qui le découragèrent. Dès le 9 avril 1852, la *Presse* reçut un premier avertissement du ministre de la police de Maupas au sujet d'un article de Girardin, où se trouvait le passage suivant : « L'empire serait la provocation directe à un attentat qui vraisemblablement ne se ferait pas attendre, car si dans le parti républicain il ne se trouvait pas d'Alibaud, il se trouverait un Merino dans le parti royaliste... » De Maupas lui déclara « qu'il ne pouvait être permis, sans outrager à la fois la morale publique et le caractère de la nation, de proclamer comme un fait inévitable un attentat sur la personne du chef de l'État, quels que fussent d'ailleurs les prétextes ou les circonstances hypothétiques sur lesquels on appuyait une argumentation si coupable. »

Un autre avertissement fut motivé par une série d'articles publiés par Émile de Girardin sous ce titre : *Pourquoi la République a cessé d'exister*. Enfin on avertit officieusement de Girardin, en 1854, de ne pas donner suite à des articles qu'il publiait sous ce titre : *l'Ornière des Révolutions*.

Alphonse Peyrat fut un des collaborateurs les plus assidus de la *Presse*. Il était originaire de Toulouse et avait fait ses débuts, sous la monarchie de juillet, à la *Tribune* et au *National*. C'est surtout dans des articles de politique extérieure, d'histoire et de religion qu'éclatait sa supériorité. Ses *Correspondances d'Angleterre* envoyées de Londres en 1854 furent très remarquées, ainsi qu'une série d'études sur l'*infaillibilité des Papes*, sur les *Nationalités*. Dans ces écrits, on était frappé par la vivacité de style et l'exubérance chaleureuse, qui attirèrent au journal la *Presse* une désagréable suspension de deux mois en 1857. On l'a dit avec raison, comme journaliste, Peyrat était, par la forme de ses articles, de l'école de la *Tribune* et du *National*. Il recherchait plutôt l'énergie que le brillant du style, et se distinguait bien plus par le côté sérieux et profond de la logique que par l'allure légère et piquante. Il préférait le boulet rouge à la mitraille, et ne tirait jamais sa poudre aux moineaux.

Alfred Darimon, qui écrivait dans la *Presse*, à côté de Peyrat, était un disciple de Proudhon. Il avait rédigé le *Peuple*, la *Voix du Peuple* et le *Peuple de 1850*, avant d'entrer à la *Presse*, où il s'occupa principalement des questions financières et de la *Réforme des Banques*.

Parmi les autres rédacteurs de la *Presse*, signalons Gaillardet, l'auteur de la *Tour de Nesles* en collaboration avec Alexandre Dumas. N'oublions pas Jules Mahias, qui est devenu préfet sous la troisième République, qui était chargé à la *Presse*, du département des faits divers et traitait, en outre, d'intéressantes questions municipales, réclamant la création de bibliothèques populaires et aussi la publicité des séances des conseils municipaux, qui n'est entrée dans notre législation qu'en 1884.

Paul de Saint-Victor rédigeait le feuilleton dramatique et artistique de la *Presse*. Il rendait compte des expositions de peinture et des pièces de théâtre avec une sûreté de main prodigieuse, un bonheur d'expressions inouï et un éclat de style sans le moindre nuage; ce qui a permis à un spirituel critique, Xavier Aubryet, d'écrire : « Paul de Saint-Victor est le Don Juan de la phrase, l'homme qui, à ma connaissance, a eu le plus de bonnes fortunes de style, sans compter ses bonnes fortunes de pensées. Lamartine, dont il avait été le secrétaire, disait de lui : « Chaque fois que je lis du Saint-Victor, je me trouve éteint... »

Le savant Louis Figuier rédigeait le feuilleton scientifique.

Les romanciers de la presse étaient choisis parmi les meilleurs écrivains du temps : George Sand, Alexandre Dumas, Léon Gozlan, Paul Féval, Champfleury, Félicien Mallefille, Charles Monselet, Charles Hugo, Théodore de Banville, Auguste Vacquerie.

Phot. Ad. Braun et Cie

PAUL DE SAINT-VICTOR

Phot. Pierre Petit.

ERNEST RENAN

Phot. Ad. Braun et Cie

ALPHONSE PEYRAT

Phot. Ad. Braun et Cie.

JEAN-JACQUES WEISS

*
* *

En réalité, l'opinion démocratique ou républicaine n'était guère représentée, pendant les premières années du second Empire, que par le journal le *Siècle*, qui héritait ainsi des lecteurs du *National*, de la *Réforme*, de la *République*. Le directeur politique, Havin, était merveilleusement secondé par des écrivains de grande valeur, et qui jouissaient d'une influence personnelle peu ordinaire sur le public : Eugène Pelletan, Louis Jourdan, Léon Plée, Émile de la Bédollière, Edmond Texier, Taxile Delord, Anatole de la Forge, Eugène d'Auriac, Frédéric Thomas, Louis Desnoyers, de Biéville et Hippolyte Lucas.

Il paraît que la suppression du *Siècle* avait été demandée, au moment du Coup d'État, dans l'entourage intime de Napoléon III ; mais de Morny se fit le défenseur des actionnaires et des lecteurs de ce journal, qui obtint ainsi le droit de vivre.

*
* *

Le directeur du *Siècle* a joué un rôle des plus importants, pendant toute la durée du second Empire. Pour le faire bien connaître, nous croyons qu'il convient d'emprunter à Taxile Delord, l'historien du *Second Empire*, la notice très complète et très vivante qu'il a consacrée à Havin [1].

« Havin, dit-il, ancien député de la Manche, membre du conseil de surveillance du *Siècle*, avait été chargé d'exercer une sorte de direction officieuse sur ce journal, en attendant que le conseil eût fait un choix pour remplacer Louis Perrée, rédacteur en chef, mort récemment. Cette surveillance, en réalité, c'était la rédaction en chef ; Havin la prit, s'en acquitta à la satisfaction du conseil de surveillance, et finit par la garder.

« Havin ne se doutait pas, en 1848, qu'il passerait les dernières années de sa vie dans le journalisme. Député pendant dix-huit ans, il était entré à la Chambre dans les premiers jours de la monarchie de juillet, à la limite d'âge permise, c'est-à-dire à trente ans, et il était l'un de ses doyens, non par les années, mais par la durée des services. Il siégeait sur les bancs de la gauche dynastique, tenant convenablement son rôle au second rang, parlant peu, chargé de

[1] *Histoire du Second Empire*, t. II, p. 180 et suiv.

Collection Pierre Petit

rapports importants, tacticien politique, actif, habile, sachant agir sur les hommes et les grouper, très apprécié à cause de ces qualités qui ne sont pas communes. L'opposition dynastique n'avait rien de bien farouche : un député, en faisant la guerre au ministère, ne perdait pas de vue les intérêts de ses électeurs. La politique, quand il s'agissait du clocher, fermait les yeux : tel député, qui aurait rougi à la seule pensée de solliciter une place pour lui, ne craignait pas de faire quelques concessions pour doter ses amis d'un bureau de tabac. Le député de l'opposition ne s'en retrouvait pas moins, aux grands jours, homme de conviction forte et arrêtée, mais il fallait les grands jours.

« Havin, fils d'un conventionnel, très dévoué à la Révolution, aurait approuvé le 18 brumaire, et servi le Consulat et l'Empire, qu'il confondait avec la Révolution elle-même, comme beaucoup d'hommes de sa génération. L'erreur s'explique aisément. Qu'on se rappelle l'insolence et les menaces de la noblesse émigrée, les colères du clergé après le renversement de l'Empire ; quelle dût être la joie des révolutionnaires, en lisant l'acte additionnel ! La Révolution représentée par Washington à cheval, c'était leur idéal ; ils le crurent réalisé ; leurs yeux restèrent éblouis par cette vision de la liberté unie à la gloire. Les bancs de la gauche dynastique, sous la monarchie de 1830, étaient en grande partie occupés par des gens nés à la politique sous les Cent-Jours. Un gouvernement comme celui de Louis-Philippe n'était qu'à demi leur fait ; ils le virent tomber avec résignation. La formation d'un ministère Barrot aurait sans doute fait plus de plaisir à Havin que l'avènement du gouvernement provisoire ; il accepta beaucoup plus franchement pourtant la République que bien des gens qui la saluèrent de leurs acclamations. Ledru-Rollin, un ancien collègue, le pria de la servir. Il accepta les fonctions de commissaire dans le département de la Manche. Un jour, il vit arriver de Paris à Saint-Lô un républicain de la veille envoyé pour le seconder, un peu aussi pour le surveiller. Ce républicain était M. Viellard, ancien précepteur du fils aîné de la reine Hortense. Havin n'eut pas de peine à s'entendre avec ce démocrate farouche ; ils furent envoyés tous les deux à l'Assemblée constituante, Havin le premier sur la liste des représentants de la Manche ; cette assemblée le choisit pour un de ses vice-présidents. Très ferme et très courageux devant les barricades de juin, ses votes avaient compromis sa réélection dans son département dominé par la réaction ; il accepta les fonctions de conseiller d'État, dont les membres étaient alors élus par le pouvoir législatif. »

Le 2 Décembre trouvà Havin directeur politique du *Siècle*. Il connaissait fort peu les hommes et les choses de la presse ; il avait à se démêler au milieu des prétentions d'un monde difficile, à se tirer des pièges d'une législation plus que sévère, à prévoir les avertissements, à les conjurer, à en adoucir les conséquences ; il était fort propre à cette diplomatie. Quoique, en sa qualité de Normand, on lui trouvât plus de finesse que d'esprit, il avait autant de l'une que de l'autre.

Le directeur politique du *Siècle*, sans renier ce qu'il y avait dans son passé de républicain, ne portait cependant pas le deuil de la République ; il voyait même, avant qu'il fut question du couronnement de l'édifice, l'horizon se colorer des feux d'un nouvel acte additionnel. Que la France avec la gloire reconquît la somme de liberté dont elle jouissait sous Louis-Philippe, Havin ne demandait rien au delà. Homme pratique, peu disposé à admettre les raisonnements d'une nuageuse abstention, il poussait le parti démocratique à l'action, et il y entrait lui-même, avec l'heureuse confiance de ceux qui croient aux sommeils alternatifs et aux réveils de la France.

Le parti républicain aurait souhaité que le *Siècle*, héritier des journaux tués par le Coup d'État, continuât à suivre exactement les traditions de ses prédécesseurs ; il lui demandait plus d'audace, plus de passion. Le *Siècle* ne répudiait pas la succession de la presse démocratique, mais il voulait la défendre à sa façon ; de là des tiraillements, des accusations, des récriminations fréquentes entre ce journal et les républicains ; le général Cavaignac, qui faisait partie du conseil de surveillance, donna sa démission ; quelques personnages marquants du parti républicain s'associèrent à des tentatives pour substituer un autre directeur politique à Havin. Le parti républicain ne pouvait rien gagner au change ; le successeur d'Havin aurait été obligé d'imiter sa conduite ou de sacrifier la propriété du *Siècle*. Havin, indifférent à tout ce qui dans la politique ne touche pas à l'intérêt du moment, au débat quotidien, dévoué à la Révolution, homme d'honneur, incapable de trahir les devoirs que sa situation lui imposait, mais voulant les remplir à sa manière, était bien l'homme qui convenait en ce moment à la direction politique du *Siècle*.

* * *

A côté des grands journaux politiques, le *Charivari* jouait son rôle, toujours fidèle au drapeau du libéralisme. Au lendemain du Coup d'État, il suspendit sa publication pendant quelques jours et reparut rédigé par Louis Huard, Taxile Delord, Clément Caraguel et Arnould Frémy.

En 1858, le *Charivari* prit la physionomie qu'il a encore aujourd'hui. Le format fut agrandi, le nombre des rédacteurs augmenté. On y vit successivement entrer Pierre Véron, Henri Rochefort, Albert Wolff, Louis Leroy, Adrien Huard, Ernest Blum, Zabban, Denizet et Jules Moinaux, célèbre par ses Compte rendus comiques des Tribunaux. Théâtre, causeries, feuilleton prirent dans les colonnes du journal une place qui leur avait fait défaut jusque-là. Les dessins restaient toujours un des meilleurs éléments de succès.

Après une longue et vaillante carrière, Daumier se retira ; il fut remplacé par un groupe d'artistes, de jeunes dessinateurs, tels que : Darjou, Pelcoq, L. de Beaumont, Vernier, que dominait par son talent et son esprit l'inimitable Cham.

Pierre Véron était chargé de rédiger, avec sa verve satirique qui jamais n'a sommeillé, des articles politiques, des articles de genre et des feuilletons. Il a toujours déployé un véritable talent littéraire, et cela s'explique, lorsqu'on sait que de grands succès en ce genre l'avaient prédestiné à l'École normale comme Prévost-Paradol ; mais il abandonna l'Université pour embrasser la carrière du journalisme.

Albert Wolff était originaire de Cologne (Prusse rhénane) et avait fait ses études à l'Université de Bonn. En 1859, il entra en même temps au *Charivari* et au *Figaro*, c'est-à-dire dans les deux journaux les plus spirituels de France.

Henri Rochefort fit partie aussi, bien que fort jeune, de la rédaction du *Charivari*. On sait que son père, le marquis de Rochefort-Luçay, a été, sous Louis XVIII, vice-gouverneur de l'île Bourbon. Quant à son grand-père, il avait été colonel dans l'armée de Condé, après avoir émigré pendant la Révolution.

Malgré son jeune âge, Rochefort avait fait déjà jouer plusieurs pièces sur les petits théâtres de Paris. Après son admission dans le bataillon satirique du *Charivari*, Henri Rochefort vit s'ouvrir devant lui les portes du théâtre du Palais-Royal.

Chargé d'abord de rendre compte des pièces de théâtre, il ne tarda pas à aborder, non sans succès, l'article politique et l'article de genre.

C'est ainsi qu'a débuté ce brillant journaliste, qu'on peut juger très diversement, mais qui ne continue pas moins à déployer un grand talent et une verve étourdissante depuis un demi-siècle.

Il nous faut dire un mot du caricaturiste Cham, qui s'appelait en réalité vicomte de Noé et était fils du marquis de Noé, Pair de France, mort vers 1860. Son pseudonyme de Cham, fils de Noé, était donc aussi spirituel que transparent.

Malgré les entraves que la caricature était forcée de subir sous le second Empire, Cham étonnait ses lecteurs par les prodigieuses ressources de son esprit. Son talent fut bien vite des plus populaires et très apprécié, non seulement en France, mais dans toute l'Europe.

*
* *

Il ne sera peut-être pas sans intérêt de mentionner ici certaines publications des républicains proscrits. Le plus grand nombre s'était réfugié en Angleterre, la Belgique s'étant montrée peu hospitalière, à l'instigation du Gouvernement impérial français. Victor Hugo et sa famille, Ribeyrolles, ancien rédacteur de la *Réforme*, etc., avaient fixé leurs résidences à Jersey. Ribeyrolles fonda dans l'île un journal intitulé l'*Homme*. Ce journal publia, au mois d'octobre 1855, une lettre sur le voyage de la Reine d'Angleterre à Paris, dans laquelle Félix Pyat reprochait à la Reine Victoria d'avoir abjuré sa pudeur de femme en acceptant l'hospitalité de la famille impériale de France. Les habitants de Jersey protestèrent contre cette lettre par des placards, des meetings et demandèrent la suppression de l'*Homme*. L'agitation gagna l'Angleterre et le gouvernement anglais ordonna l'expulsion de tous les proscrits français établis à Jersey. Tandis que la plupart d'entre eux se dispersaient dans toutes les directions, Victor Hugo avec sa famille se fixa à Guernesey, où il écrivit *Napoléon le Petit* et les *Châtiments*.

*
* *

La politique étant à peu près entièrement bannie de la société française, l'esprit public devait fatalement rechercher les cancans et

3me Année — No 115 TRENTE CENTIMES Dimanche 25 Mars 1856

H. DE VILLEMESSANT
B. JOUVIN et G. BOURDIN
RÉDACTEURS EN CHEF

PRIX D'ABONNEMENT

PARIS

Un an . .	25 fr.	Trois mois . .	9 fr.
Six mois . .	16	Un mois . .	3

DÉPARTEMENTS

Un an . .	32 fr.	Trois mois . .	9 fr.
Six mois . .	18	Un mois . .	3

Étranger, le port en sus selon les pays.

FIGARO
PARAIT DEUX FOIS PAR SEMAINE
Le Jeudi et le Dimanche
104 NUMÉROS PAR AN

RÉDACTION
53, rue Vivienne, au coin du boulevard
Au rez-de-chaussée
PARIS

« On me dit qu'il s'est établi dans Madrid un système de liberté sur la vente des productions, qui s'étend même à celles de la presse; et que, pourvu que je ne parle en mes écrits ni de l'autorité, ni du culte, ni de la politique, ni de la morale, ni des gens en place, ni des corps en crédit, ni de l'Opéra, ni des autres spectacles, ni de personne qui tienne à quelque chose, je puis tout imprimer librement, sous l'inspection de deux ou trois censeurs. »

(Mariage de Figaro)

« Loué par ceux-ci, blâmé par ceux-là, [illegible] de rire de tout de peur d'être obligé d'en pleurer. » (Barbier de Séville.)

H. DE VILLEMESSANT
B. JOUVIN et G. BOURDIN
RÉDACTEURS EN CHEF

PRIX D'ABONNEMENT

PARIS

Un an . .	25 fr.	Trois mois . .	9
Six mois . .	16	Un mois . .	3

DÉPARTEMENTS

Un an . .	32	Trois mois . .	9
Six mois . .	18	Un mois . .	3

Étranger, le port en sus selon les pays.

FIGARO
PARAIT DEUX FOIS PAR SEMAINE
Le Jeudi et le Dimanche
104 NUMÉROS PAR AN

ADMINISTRATION
BUREAUX,
Rue Coq-Héron, [illegible]
PARIS

FIGARO

« ... que je voudrais bien tenir un de ces puissants de quatre jours, si légers sur le mal qu'ils ordonnent, quand une bonne disgrâce a cuvé son orgueil! Je lui dirais que les sottises imprimées n'ont d'importance qu'aux lieux où l'on en gêne le cours; que sans la liberté de blâmer il n'est point d'éloge flatteur, et qu'il n'y a que les petits hommes qui redoutent les petits écrits. »

(Mariage de Figaro.)

A S. A. MONSEIGNEUR LE PRINCE IMPERIAL

Paris, [illegible] mars 1856.

Monseigneur,

Il y a aujourd'hui quarante-cinq ans, un Prince naissait aux Tuileries.

Quelques jours après cet événement, un solliciteur se présentait au palais pour remettre un placet au Roi de Rome.

L'Empereur, votre aïeul, voulut que la pétition *fût remise à son héritier en personne.*

Puis il dit au solliciteur, en souriant : « Qu'a répondu le Roi de Rome?

— Rien, Sire; — mais, qui ne dit mot consent, je suis donc autorisé à penser que le Prince accueille ma demande. »

Napoléon ratifia le tacite engagement de son fils.

Monseigneur, sous les auspices de ce précédent, *Figaro* vous remet aujourd'hui sa pétition.

Les 101 coups de canon qui ont salué votre naissance nous apportaient l'espérance, car nous savions que vous entriez dans ce monde les mains pleines de pardon et d'indulgence.

Cependant, Monseigneur, vous nous avez oubliés.

On vous aura dit que nous étions de grands coupables, des corrupteurs de l'esprit public, *la terreur des pères de famille.*

On vous trompe déjà, Monseigneur.

La vérité, la voici :

Deux ans avant votre naissance, nous avons fondé un petit journal d'un esprit libre mais non licencieux.

Nous n'avons jamais eu en vue d'entrer, comme élément d'éducation, dans les pensionnats de demoiselles.

Nous avons voulu, tout simplement, recueillir — une ou deux fois *par semaine* — les enfants perdus et les enfants trouvés de l'esprit français, l'anecdote, le mot, voire même la galante aventure du jour, — toutes choses qui n'effrayaient ni François Ier, ni Henri IV, ni Louis XIV, souriant aux crudités de Molière.

A une Princesse, je n'oserais rappeler ces souvenirs; mais entre hommes, Monseigneur, nous pouvons causer de ces choses-là, à l'heure où les petites filles sont couchées.

L'esprit français, pour mieux circuler en Europe, a toujours été léger de voiles et court vêtu, et aux plus mauvais jours des réactions politiques, jamais le pouvoir n'a songé à lui imposer des *vêtements de deuil.*

Aussi, de ce qui nous arrive, n'est-ce pas le pouvoir que nous accusons.

Pourquoi ne le dirions-nous pas?

En retour d'une parfaite soumission aux lois du pays, d'une probité littéraire qui demeurera notre titre, quoi qu'il advienne, nous avons trouvé dans l'administration de paternels ménagements.

On nous disait quelquefois : « Figaro, mon ami, » calmons-nous. — Vous êtes gentil, mais un peu » léger : — *on vous aime, parce que vous ne man-* » *quez pas d'esprit*; mais le siècle présent a des » pudeurs inconnues à nos pères. — Soyez plus » décent que M. de Voltaire, et si vous cassez les » vitres, que ce soit comme les voleurs, sans bruit » et sans éclat. »

Parfois il a pu arriver, Monseigneur, que la vitre brisée est tombée dans la rue (un malheur est bientôt fait, et notre plume n'est pas un diamant).

Aussitôt, les badauds de s'assembler, et toutes les *vertus du demi-monde de se voiler en criant* : « A l'aide! au meurtre! »

Voilà notre crime, Monseigneur.

Nous avons démasqué quelques hypocrisies, mordu quelques vanités. — On a persuadé aux magistrats que nous étions des païens, sans *patrie et sans famille*, et les *magistrats nous ont* condamnés à la prison et à l'amende :

Puis, implicitement, et en vertu des lois sur la presse, l'immortel Figaro — le patrimoine d'une famille — va mourir!

Et pourtant, l'enfant de Beaumarchais n'est pas *né pour mourir. — Il porte avec lui la tradition de* cet esprit souple et vif qui, sous tous les régimes, — tantôt triomphant et épanoui au soleil, tantôt persécuté et proscrit, — a prévalu contre la calomnie de Bazile.

On peut le mutiler et l'emprisonner, — un jour il reparaît comme ces petits diables enfermés dans une boîte à surprise.

Aussi Figaro a-t-il pensé qu'en Prince homme d'esprit, à votre entrée dans le monde, vous vous diriez : « Je viens de sécher bien des larmes. Figaro » est, à coup sûr, moins coupable que la plupart de » ceux à qui j'ai fait grâce. — Rendons la liberté, » rendons la vie à Figaro, et qu'il apprenne de » nous à être indulgent, même pour le vice et le » *ridicule.* »

Voilà donc, Monseigneur, notre pétition en vos mains — ne dites pas non, et Figaro est sauvé.

Daignez agréer, Monseigneur, l'assurance de mon profond respect.

FIGARO.

Pour copie conforme :

Son rédacteur en disgrâce.

H. de Villemessant.

Phot. Pierre Petit.

DE VILLEMESSANT
(Jean-Hippolyte CARTIER)
(1812-1879)
Fondateur du **Figaro**.

les bruits du jour. Une presse spéciale, moitié littéraire, moitié mondaine, se fonda pour se conformer à la mode nouvelle. Ce fut le régime de la *Chronique*, parfois frivole et parfois aussi scandaleuse, écoutant aux portes, rôdant dans les antichambres et même dans les boudoirs pour satisfaire une curiosité malsaine.

L'exemption du timbre, accordée aux feuilles littéraires, leur permettait de se répandre, tandis que l'indulgence du pouvoir leur donnait la facilité de déployer parfois sur les hommes et les choses du temps une hardiesse qui dépassait de beaucoup celle des feuilles politiques.

La chronique allait quelquefois si loin, que les tribunaux devaient intervenir et que le journal littéraire était menacé de périr étouffé entre deux procès. Souple, insinuant, sachant frapper à propos à la porte des puissants et profiter de toutes les occasions, il parvenait à se tirer d'embarras. C'est ainsi que le *Figaro*, le plus fameux de ces journaux, sut se glisser jusqu'aux Tuileries, alors qu'il était menacé de suppression, et déposa dans le berceau du prince impérial une demande en grâce qui fut favorablement accueillie.

Voici quelques extraits de cette pétition originale :

« Les 101 coups de canon qui ont salué votre naissance nous apportaient l'espérance... Cependant, Monseigneur, vous nous avez oubliés. On vous aura dit que nous étions de grands coupables, des corrupteurs de l'esprit public, la terreur des pères de famille. On vous trompe déjà, Monseigneur. La vérité, la voici. Deux ans avant votre naissance, nous avons fondé un journal d'un esprit libre, mais non licencieux. Nous n'avons jamais eu en vue d'entrer, comme élément d'éducation, dans les pensionnats de demoiselles. Nous avons voulu, tout simplement, recueillir une ou deux fois par semaine, les enfants perdus et les enfants trouvés de l'esprit français, l'anecdote, le mot, voire même la galante aventure du jour, toutes choses qui n'effrayaient ni François Ier, ni Henri IV, ni Louis XIV, souriant aux crudités de Molière. A une princesse, je n'oserais rappeler ces souvenirs, mais entre hommes, Monseigneur, nous pouvons causer de ces choses-là, à l'heure où les petites filles sont couchées. L'esprit français, pour mieux circuler en Europe, a toujours été léger de voiles et court vêtu, et aux plus mauvais jours des réactions politiques jamais le pouvoir n'a songé à lui imposer des vêtements de deuil... Nous avons démasqué quelques hypocrisies, mordu quelques vanités. On a persuadé aux magistrats que nous étions des païens, sans patrie et sans famille, et les magistrats nous ont condamnés à la prison et à l'amende..»

Il est de toute évidence qu'il y avait de quoi tenter un esprit observateur, original, essentiellement parisien, à rapporter au jour le jour les faits et gestes de la vie parisienne.

* * *

A ce moment, se rencontra précisément un homme plein d'initiative, connaissant à fond le journalisme, sachant réunir autour de lui tous les éléments de succès, en un mot, un maître journaliste. J'ai nommé H. de Villemessant, qui fit paraître le *Figaro* le 2 avril 1854. On peut dire que cette date marque véritablement la naissance de la vie parisienne du second Empire, le mouvement intellectuel de cette période, l'éclosion des talents en art, en littérature. En ce qui concerne le théâtre en particulier, le *Figaro* s'appliquait à donner une note personnelle, parfois un peu dure, toujours originale. Ce résultat, comment pouvait-il l'obtenir? De Villemessant ne se heurtait jamais de front aux obstacles; il tournait tout autour, comme en se jouant, si difficile que ce jeu puisse paraître. Avec lui le succès était toujours certain.

Il savait réunir autour de lui tous ceux qui avaient du talent; il avait pour cela un flair particulier, un instinct infaillible. Il lançait ses collaborateurs inconnus, et dès le lendemain ses collaborateurs avaient un nom.

C'est ainsi qu'ont débuté les Auguste Villemot, les Jouvin, les Jules Noriac, les Jules Lecomte, les Charles Monselet, les Albéric Second, les Gustave Claudin, les Nestor Roqueplan, les Barbey d'Aurevilly, les Théodore de Banville, les Aurélien Scholl, les Jules Claretie, les Charles Bataille, les Albert Wolff, les Henri Rochefort, les Alphonse Duchêne, les Alfred Delvau, les Vacquerie, et bien d'autres, qui tenaient le sceptre de la chronique et de la critique.

C'est un vrai défilé, où chacun donne sa note personnelle. Il serait curieux de comparer cette presse fantaisiste du second Empire avec la presse de nos jours. Quel chemin parcouru! La cause en est certainement dans la liberté dont jouit la presse actuellement. Sous l'Empire, la politique lui étant interdite, il lui fallait bien, pour intéresser le public, se confiner dans le domaine littéraire.

Citons ici un exemple curieux de ce qu'était alors la chronique parisienne. On connaît le charme particulier, l'élégance mondaine et l'éclat incomparable dont rayonnait la princesse de Metternich, ambassadrice d'Autriche, à la cour de Napoléon III, au milieu d'un cercle où brillaient la comtesse Walewska, la comtesse Pourtalés, la marquise de Galliffet, la comtesse Poniatowska, MM. Sagan, Paul de Bussierre, Beyens, ministre de Belgique et Solms, premier secrétaire de l'ambassade de Prusse.

La princesse de Metternich fut une des premières à se faire habiller chez Worth, dont la profession de tailleur pour dames est aujourd'hui si répandue. Dans une de ses chroniques pleines d'humour, Aurélien Scholl malmena le tailleur assez osé, pour porter, au cours de l'essayage, ses mains de mercenaire sur ce buste de patricienne. Quoique l'article visât surtout le couturier, qui y était traité de *Faune de la Toilette*, la princesse en prit ombrage et s'en plaignit. Le malentendu fut vite dissipé par l'envoi de vers ultra-galants, qu'on nous saura gré, croyons-nous, de reproduire :

Si je vous demandais, madame la princesse,
Un pardon que le ciel n'a jamais refusé,
Pourriez-vous me trouver seulement bien osé,
Après l'aveu loyal de ma grande tristesse ?
Laissez plutôt tomber, ainsi qu'une déesse,
De vos yeux si hautains un regard apaisé !
Depuis plusieurs saisons, je vous connais, madame,
J'eus l'honneur de vous voir à la fin d'un hiver.
C'était à l'Opéra, qui donnait TANNHAUSER :
Et, placé près de vous, je lisais dans votre âme.
Savez-vous qu'un volcan eût lancé moins de flamme,
Savez-vous qu'un orage eût jeté moins d'éclair ?
Au milieu des éclats puissants de l'harmonie,
J'osais vous contempler et je disais tout bas :
Plus d'un voudrait baiser la trace de ses pas !
En la voyant braver cette foule impunie...
S'il méconnait l'auteur et siffle son génie,
C'est que tout ce public ne la regarde pas.
Sans doute, on vous l'a dit, je ne suis qu'un bohème ;
Pourtant j'aurais alors donné mon sang pour vous.
Mais de me voir de près peu de gens sont jaloux,
Personne ne me hait et personne ne m'aime.
J'ai passé, murmurant l'ébauche d'un poème,
Comme le filet d'eau sur un lit de cailloux...
Sans jamais calculer tout ce qui me sépare
De celle dont j'avais admiré la fierté,

Ce souvenir, madame, au cœur m'était resté.
J'ai gardé ce trésor comme fait un avare.
Si je n'ai jamais eu que les ailes d'Icare,
Elles m'ont, un instant, auprès de vous porté.
Comme lui, retombé lourdement sur la terre,
J'aurais certainement bravé tous les verrous
Pour pouvoir vous parler une heure à deux genoux.
Mais il fallait franchir une immense barrière...
Et, croyez-le, je n'ai cherché votre colère
Que pour avoir au moins quelque chose de vous!

AURÉLIEN SCHOLL.

Ces excuses délicates n'étaient-elles pas du meilleur goût, mises aux pieds d'une femme par un écrivain toujours prêt à répondre, l'épée à la main, des offenses de sa plume?

Charles Monselet, l'un des collaborateurs les plus spirituels et les plus assidus du *Figaro*, a défini ce journal avec une piquante légèreté : « C'est un journal, disait-il, où l'on ne s'occupe guère que des littérateurs, des boursiers et des comédiennes. Les articles sur les boursiers y sont faits par les littérateurs ; les articles sur les littérateurs y sont faits par les comédiennes. »

Voilà comment Villemessant obtint le succès de son journal, dont il fit, grâce à sa baguette magique, un merveilleux cadre pour dépeindre le tableau sans cesse renouvelé de la vie parisienne. Il fallait lire le *Figaro* si l'on voulait être au courant de ce qui se disait et se faisait dans les salons officiels, au bois pour l'exhibition des modes nouvelles, au théâtre dans les premières à sensation, aux bals de la Cour, à l'Hôtel de Ville, aux chasses de Compiègne et à Fontainebleau.

* * *

Une foule de petits journaux suivirent la voie tracée par le *Figaro*. Mais aucun n'obtint un pareil succès. Mentionnons la *Chronique Parisienne*, où écrivaient en 1858 Jules Lecomte, Louis Lurine, Aurélien Scholl, Léon Gozlan, etc... Le *Mousquetaire*, le *Satan*, avec Roger de Beauvoir, Philibert Audebrand, Pierre Zaccone, Asseline, H. de la Madéleine, E. Potier; la *Causerie* avec Victor Cochinat comme rédacteur en chef; les *Nouvelles de Paris*, le *Gaulois*, le *Journal de Paris*, fondé par Jules Mahias et Henri Vié, avec des collaborateurs tels que Darimon, Pelletan, Louis Figuier, d'Auriac, Paul Avenel, Hector Depasse, Castagnary, Izambard ; feuille qui disparut d'ailleurs, et fut remplacée par la *Ville de Paris* en 1860.

Les journaux illustrés prirent alors un grand développement. On ne connaissait guère jusque-là que *l'Illustration et l'Artiste*. En 1859, on vit paraître la *Gazette des Beaux-Arts* deux fois par mois. Charles Blanc en était le rédacteur en chef. Les gravures et dessins étaient confiés à des artistes tels que Bracquemard, Daubigny, Flameng, Jules Laurens, Guillaume Viollet-Leduc. Paul Mantz, Mérimée, Ph. Burty, Antoine Étex, Feuillet de Conches étaient chargés de la rédaction.

Le *Monde illustré* et *l'Univers illustré* étaient des journaux bon marché. L'*Univers illustré*, le plus répandu, était rédigé par Albéric Second, sous le pseudonyme de Gerôme, Caraby (J.-Raymond), Émile de Labédollière. De Montépin et Mme Roger de Beauvoir y publiaient des romans.

Ce ne fut que vers 1862 que parut la *Vie Parisienne*. Elle était, au début, l'œuvre à peu près exclusive de Marcelin, qui l'animait de la verve de son crayon et du feu de ses légendes. Il rendait avec un talent original les scènes du monde viveur, élégant et bohême ; ses parodies dramatiques étaient pleines de finesse et d'humour.

Marcelin (pseudonyme d'Émile Planat) a réalisé le problème difficile, pour ne pas dire impossible, de faire lire à Paris un journal d'images, et de le rédiger sans le concours de journalistes. Avant lui, personne n'avait eu cette idée toute nouvelle. Il est vrai de dire que la *Vie Parisienne* avait alors des correspondants mystérieux dans tous les coins du monde parisien. La cour, le faubourg, la haute bourgeoisie, la finance, le monde officiel et étranger, le demi-monde, les coulisses, les bureaux de journaux fournissaient à l'envi des sujets d'articles à la *Vie Parisienne*. Des écrivains de grand talent collaboraient à cette feuille essentiellement mondaine. Nous ne citerons que Gustave Droz, qui signait Gustave Z. et dont Albéric Second disait : « Il est peintre de son métier ; son père fut de l'Académie. Le fils a certes plus d'esprit et de style que la plupart de ceux qui siègent aujourd'hui sous la coupole de l'Institut. » Ce jugement flatteur n'a pas été démenti par les succès qu'obtint bientôt l'auteur de *Monsieur, Madame et Bébé*.

*
* *

C'est en 1863 que le banquier Moïse Millaud inaugura le journalisme populaire à un sou en publiant le *Petit Journal* non politique et tout rempli de faits divers et de romans. Le *Petit Journal*[1] arriva rapidement à des tirages de 250 et 300 000 exemplaires et ouvrit la voie à de nombreuses concurrences, la *Petite Presse*, le *Petit National*, le *Petit Moniteur*.

Un des plus distingués chroniqueurs du *Petit Journal* fut Léo Lespès, sous le pseudonyme de Timothée Trimm. Il chantait avec la même verve le mois de mai, la gloire de Meyerbeer ou l'orfèvrerie de Christophle. Sa prose était dévorée par plus de cent mille acheteurs encore vierges d'émotions littéraires.

*
* *

Il nous faut exposer maintenant comment le régime légal des avertissements, des communiqués, des suspensions et suppressions fonctionnait pendant les premières années de l'Empire.

M. Léon Vingtain, dans son Livre sur la *Liberté de la Presse*[2], nous a donné une liste complète des avertissements, suspensions et suppressions encourus par la presse quotidienne ou périodique jusqu'en 1859. M. Taxile Delord a résumé cette liste dans son *Histoire du Second Empire*. Nous imiterons son exemple, pour éviter une énumération fastidieuse.

La surveillance des journaux fut confiée au ministère de la police, que l'on institua le 22 janvier 1852 et que l'on supprima le 10 juin 1853. Dans cette période de quatorze mois, grâce à M. de Maupas, ministre de la police, aidé de M. Latour-Dumoulin, directeur de la division de la presse et des préfets des départements, il fut infligé quatre-vingt-onze avertissements aux journaux et trois suspensions pour deux mois, qui atteignirent le *Journal de la Meuse*, le *Corsaire* et la *Gazette du Languedoc*.

Les causes les plus diverses motivaient les avertissements. C'était par exemple, au sujet d'un article dans lequel Napoléon Ier était traité de missionnaire de la Révolution, « article, disait l'avertissement, qui outrage la vérité autant que le héros législateur auquel la France reconnaissante a dû son salut, le rétablissement de la

[1] La fondation du *Petit Journal* a été un événement capital et qui fait date dans l'histoire de la presse ; nous lui consacrerons plus loin une étude spéciale.

[2] Paris, Michel Lévy, 1860, in-12.

Le Petit Journal

Bureaux : rue Richelieu, 112 — Librairie du Petit Journal

Abonnements Paris — Trois mois...... 5 fr. Six mois...... 9 fr. Un an...... 18 fr.

QUOTIDIEN — UN NUMÉRO : 5 CENTIMES

Abonnements Départs — Trois mois...... 6 fr. Six mois...... 12 fr. Un an...... 24 fr.

Sixième Année : N° 1,836 — Samedi 8 février 1868

Tirage du Petit Journal : 245,300

VENDREDI 7 FÉVRIER 1868

LE NOUVEAU FLUIDE... MAGNÉTIQUE...

On croit généralement que le temps des sortilèges est passé, — et que le dernier des Cagliostro a été condamné par la 6e chambre de police correctionnelle... pour s'être mêlé de ce qui ne le regardait pas...

Le livre de l'avenir n'est plus marqué, comme les cotonnades d'un magasin de nouveautés, en chiffres connus.

Et le temps n'est plus où l'on vendait son âme au Diable, à l'aide d'un simple acte sous-seing privé.

De notre temps, on est devenu plus positif : on fait les affaires en règle, et un misérable qui vendrait son âme au démon en lui signant de son sang une cession de cette propriété précieuse... n'accomplirait pas la convention.

Il ferait annuler le *traité*... pour défaut d'enregistrement...

⁂

Je n'ai jamais eu la velléité de vendre mon âme pour les biens périssables de ce monde.

Je dois à la vérité de déclarer que personne ne m'a offert de l'acheter...

Les bons curés m'ont exhorté à la conserver dans le meilleur état possible... et m'ont donné d'édifiants conseils pour sa conservation.

Mais jamais Lucifer, à notre époque où l'on voyage si vite, n'a quitté l'enfer pour me faire, entre quatre routes, dans un carrefour sombre comme il convient pour ces sortes de transactions, une proposition d'affaires.

⁂

Cela ne veut pas dire que le merveilleux soit absolument distrait de la surface du globe.

Seulement il est devenu plus facile à expliquer.

Aujourd'hui les dieux de l'Olympe descendraient sur terre que les hommes se mettraient à analyser leurs nuages... On regarderait si Vénus a de la poudre de riz sur le visage, si Cupidon a été vacciné, et si le Jupiter, se changeant en pluie d'or devant Danaé, se compose de pièces... contrôlées à la monnaie.

⁂

Nous parlions l'autre jour, chez le dramaturge, entre amis communs, des sorcelleries des siècles passés, des talismans et des charmes de la magie, des poisons et des philtres qui peuvent mener à la puissance et à la célébrité, quelquefois à la fortune.

Un vieillard qui était présent nous dit :

— Il existe dans notre monde actuel un liquide plus magique que l'anneau de Gigès ou le chapeau de Fortunatus... On peut devenir une autorité quand on sait s'en servir habilement.

— C'est un poison.

— C'est, continua-t-il, un composé de poisons réunis ; le sulfate de cuivre, uni à la noix de galle d'Alep, y joue un rôle actif.

— Et cela est un talisman contemporain ?

— Sans doute, répondit-il.

— Pouvez-vous nous le montrer ?

— Je n'ai pas loin à aller, répondit-il, car je vois la fiole merveilleuse sur le bureau de notre hôte.

Et il nous montra... *une bouteille d'encre.*

⁂

Cela est vrai, il peut couler de cette bouteille la joie ou la tristesse, le bien ou le mal.

C'est avec cette encre que le négociant établit son crédit et donne à ses billets à ordre la sanction de sa signature.

C'est avec cette encre que notre hôte avait écrit des romans qui ont fait les délices de la génération actuelle.

C'est avec cette encre que le Souverain signe ses décrets, que l'expéditionnaire fait ses copies, que l'amoureux timide confie au papier son premier aveu...

Cette bouteille, notre vénérable ami avait raison de le dire, contient le Bien et le Mal, selon qu'on se sert de son contenu.

Le peintre Vernet se présente un jour chez Voltaire, qui s'écrie en l'abordant :

— C'est vous, monsieur Vernet, qui irez à l'immortalité ! Vous avez les couleurs les plus brillantes et les plus durables !

— Mes couleurs, monsieur, n'ont rien de comparable à votre *encre*, reprit modestement le peintre.

⁂

A propos de l'encre et de l'usage qu'on en peut faire, Alphonse Karr écrivait ceci il y a vingt ans :

« Plusieurs milliers d'hommes vont chercher aux coins des bornes, dans les tas d'ordures, — dans les endroits les plus boueux, — tout ce qu'il y a de chiffons misérables, de lambeaux infects, de haillons pourris. On les entasse dans les cuves, on les fait pourrir encore, — puis on en fait une pâte que l'on étale et que l'on fait sécher en feuilles minces.

» D'un autre côté, — on concasse un poison violent que l'on appelle noix de galle ; — on y mêle un peu d'un autre poison qu'on nomme vitriol — et on en fait un liquide d'une couleur triste et funeste, de la couleur du deuil et de la mort.

» D'autre part, on a rassemblé curieusement les plumes d'un animal, emblème de la sottise, et dont le nom est devenu une injure ; — on les taille en forme de dard. — Quand cela est fait, — des milliers de gens — s'établissent sur des tables et se livrent au singulier exercice que voici :

» Cette liqueur noire, composée du mélange de deux poisons, est dans un petit vase, — devant eux ; ils s'arment de leur harpon de plume d'oie, — et ils se livrent à la pêche de vingt-quatre petits *signes* (n'écrivez pas cygnes, ô messieurs les imprimeurs !) qu'ils mettent sécher à mesure qu'ils les ont pêchés l'un après l'autre sur les feuilles minces provenant des pourritures diverses dont je vous parlais tout à l'heure, c'est-à-dire, pour parler plus clairement, que de leur plume d'*oie*, trempée dans ce poison noir, — ils forment sur leur papier vingt-quatre petits dessins, toujours les mêmes, mais dans un ordre différent, — mettant l'un avant l'autre, ou celui-ci avant celui-là.

» C'est bien pis que les caractères magiques, que les signes cabalistiques des sorciers. »

⁂

On a beaucoup discuté sur l'origine de l'écriture, je crois que les premiers écrivains ont été les pasteurs qui, avec leurs bâtons, traçaient des sillons dans le sable mouillé par les pluies.

Il est néanmoins évident que ces écrivains, consommateurs d'encre de la *petite* et de la *grande vertu*, dont parle Alphonse Karr, n'ont fait qu'amplifier l'*écriture idéographique*, c'est-à-dire celle qui, à l'aide de certaines figures, exprimait, non des mots... mais des idées entières.

Les hiéroglyphes égyptiens, les mille signes des chinois, appartiennent évidemment à l'écriture idéographique.

L'écriture alphabétique a succédé à ces sortes de signes représentant la pensée, le premier alphabet fut fait pour reproduire les mouvements de la bouche articulant les sons.

On le voit, dit M. Bouilhet, dans la lettre B, qui est l'image des lèvres, et dans la lettre O, qui représente la bouche, qu'on arrondit en la prononçant.

⁂

Il ne faut pas croire que tous les pays se servent de l'encre... de la même manière...

En Europe, on écrit de gauche à droite.

En Orient, on écrit de droite à gauche.

Au Mexique, l'écriture est perpendiculaire.

Dans le Japon, l'écriture est oblique.

En Angleterre, pour utiliser la feuille de papier à lettres qu'on affranchit, en écrivant à un ami, on écrit en tout sens au recto et au verso, en travers de l'écriture déjà tracée... cela a l'air d'un quadrillé calligraphique.

⁂

J'ai voulu savoir d'où venait cette expression populaire : *Écrire comme un ange.*

N'en déplaise à MM. les expéditionnaires, je ne crois pas qu'il y ait de commis aux écritures dans le Paradis, bien que Sterne y ait sublimement placé un chérubin greffier, chargé d'établir la balance de nos bonnes et de nos mauvaises actions...

L'origine de ce dicton est toute mondaine.

Une livraison de l'*Esprit des Journaux*, de 1783, nous initie à l'origine de cette expression :

Ange Vergèce était l'un des plus habiles *écrivains* qu'il y ait eu. La Bibliothèque nationale possède trois manuscrits grecs écrits de sa main.

C'est la belle écriture d'Ange Vergèce qui, selon Ménage, a donné lieu à l'expression proverbiale : *écrire* comme un ange.

⁂

Nous ne sommes plus au temps où le Roi, l'Empereur Charlemagne n'avait pas d'encrier... ne sachant pas écrire.

Où son fils, Louis-le-Débonnaire, ayant assemblé plusieurs évêques pour signer un acte important, ne trouva d'écritoire ni dans son palais, ni dans les maisons des évêques.

On fut obligé d'aller emprunter un encrier au chancelier.

Aujourd'hui il y a, dans chaque logis, de l'encre.

Chacun sait écrire...

Et la cause de la civilisation y a gagné plus d'une conquête importante.

⁂

Je l'ai devant moi cette bouteille d'encre, et je déclare que dans les mains de

---

FEUILLETON DU 8 FÉVRIER 1868

LES

ESCLAVES DE PARIS

TROISIÈME ET DERNIÈRE PARTIE

Le Chantage

XIII

— Suite —

La plus vive surprise se peignit sur la physionomie du bon père Tantaine, surprise mêlée de colère et de chagrin.

Il parut tout interdit d'abord ; puis, se remettant :

— Rendez-moi mon billet, Chupin, dit-il d'un ton glacé.

Le garnement s'était reculé hors de la portée du bras.

— Plus souvent !... répondit-il. Pourquoi vous le rendrais-je, votre billet ?

— Parce que tout est rompu entre nous. Parce que je ne m'associe pas avec un galopin qui doute de ma bonne foi et qui m'accuse de traîtrise. Eh !... je trouverai dix bons garçons qui, pour la dixième partie de ces mille francs, seront enchantés de me donner un coup de main. Allons, mon argent, et vite !...

Avec autant d'attention pour le moins et aussi peu de succès que le comte de Mussidan, Chupin s'efforçait de deviner l'expression de l'œil du bonhomme, derrière ses impénétrables lunettes.

Cet examen calma ses défiances.

— Excusez, papa, dit-il gravement, ce n'est pas la peine de vous emporter. Vous paraissez gentil aujourd'hui, mais l'autre soir, au *Grand-Turc*, vous étiez furieux.

— Oh !... furieux...

— Non,... c'est mon oncle !... Allons, ne dites pas le contraire, je l'ai bien vu à la façon dont vous tripotiez vos lunettes,... comme cela, tenez...

Et il imitait d'un air narquois le geste familier du vieux clerc.

Pour cette fois, le doux Tantaine eut un mouvement d'effroi qui certes n'était pas feint, et son regard eût fait frémir et fuir Toto, s'il eût pu le voir.

— Tu es, ma foi !... un observateur, dit-il avec une gaieté un peu forcée, et cela te servira. Eh bien !... oui, j'étais mécontent de te rencontrer en mauvaise compagnie, et surtout de t'entendre révéler des secrets de fortune à des scélérats qui ne manqueront pas d'en abuser...

Il parut interrompu par une petite quinte de toux, et c'est lentement, en concentrant toute son attention sur la figure de Chupin, qu'il ajouta :

— D'ailleurs, à ce moment là, j'étais encore au service de M. Mascarot, et on doit prendre les intérêts de son patron...

— Il fallait donc le dire !... on n'est pas sorcier !

— N'importe !... nous ne pouvons plus rien faire ensemble, tu as un trop détestable naturel. Quand on veut être trop fin, on devient sot. Me soupçonner de te vouloir du mal, moi, un ami !...

Toto était complètement rassuré, il chercha à s'excuser.

— J'ai peut-être eu tort, prononça-t-il, mais c'est que je viens d'être mordu !... Les autres aussi étaient des amis !... Voyons, papa, sans rancune, vite une petite risette, l'affaire est entendue.

Mais maintenant que Chupin était décidé, le doux père Tantaine ne l'était plus du tout. Non, il ne voulait plus entendre parler d'association... [illegible] son prix, et il réclamait énergiquement... [illegible] avance.

Pour se faire pardonner, Toto n'eut pas trop de toute son éloquence.

— Je n'avais pas réfléchi, protestait-il, et j'ai dit une bêtise. Qu'ai-je à craindre !... Si j'étais pincé, est-ce que je ne vous dénoncerais pas !..

— Tu serais dans ton droit, si c'était par ma faute.

— Naturellement !... Et vous seriez pris à votre tour. Oh ! ça ne serait pas long. Par le jeune homme tombé... comment l'appelez-vous ? Pierre, on découvrirait vite la femme, et par la femme on connaîtrait le vieux jaloux. La police n'est pas plus bête que nous, n'est-ce pas ? elle comprendrait bien que ce n'est pas à moi qu'un gros richard se serait adressé pour faire détruire son ennemi, que j'ai [illegible] embaucheur, et que cet embaucheur [illegible]...

— Juste !.. [illegible] de la voix et du geste le vieux clerc d'huissier, très juste, plein de sens !

Qui parlemente désire se rendre, qui discute ne demande qu'à se laisser convaincre. Le père Tantaine finit par accepter les excuses de Toto, il lui laissa le billet que le mauvais drôle roula dans le lambeau de soie qui lui servait de cravate, et bientôt, assis l'un près de l'autre, amicalement, ils dressèrent leurs batteries et arrêtèrent leurs dernières dispositions.

Reproduction et traduction interdites.
Voir le *Petit Journal* du 9 juillet au 22 octobre, et depuis le 5 novembre

Phot. parisienne (B. Braquehais).

TIMOTHÉE TRIMM
(LÉO LESPÈS)
(1815-1875)

religion, sa législation et son organisation modèle. » On reproche à un journal légitimiste de « s'attacher avec une regrettable partialité à représenter la souveraineté nationale en France comme aboutissant fatalement soit à l'anarchie, soit au despotisme, qui sont des faits accidentels inhérents à la fragilité des hommes bien plus qu'aux vices des institutions ». On blâme une autre feuille qui se permet d'assimiler la chute de Charles X et de Louis-Philippe à celle de Napoléon : « L'histoire démontre, au contraire, que si le trône des Bourbons a été renversé par des mouvements populaires, Napoléon n'a succombé, après des efforts héroïques de la part de l'armée, que devant la coalition étrangère ; et les événements contemporains attestent combien la France est restée fidèle à la mémoire du grand homme, et si elle a jamais été complice de la chute de l'Empereur. »

M. de Maupas manda un jour les rédacteurs de la partie financière des journaux, pour les avertir qu'il avait l'œil ouvert « sur tout ce qui pouvait ressembler, de près ou de loin, à des exagérations intéressées, et que, le cas échéant, il n'hésiterait pas à faire de sévères exemples ». L'administration, dit Taxile Delord, ne se contentait pas de veiller sur l'honneur de Turcaret ; elle protégeait aussi le talent de Camargo. Le feuilleton du théâtre fut plus d'une fois averti d'avoir à prendre garde à ses opinions sur les pirouettes des demoiselles du corps de ballet de l'Opéra.

Dès que M. de Persigny devint ministre de l'intérieur, il voulut avoir la direction de la presse dans ses attributions ; et il se montra d'une grande sévérité. Du 10 juin 1853 au 20 juin 1854, il frappa les journaux de Paris et des départements de trente-deux avertissements. Le premier fut adressé à la *Gazette du Languedoc* « pour avoir publié, sous le titre : *A Monseigneur le Comte de Chambord*, une pièce qui, n'empruntant en rien la forme ordinaire des articles de presse, est un véritable manifeste dans lequel le signataire, parlant au nom d'une collection d'individus, déclare que ce parti est uni de pensées et de sentiments pour espérer que le Comte de Chambord sera le sauveur de la France ». C'est surtout contre les feuilles légitimistes des départements que le zèle de M. de Persigny trouva à se dépenser ; le Coup d'État n'ayant guère laissé subsister en province, comme journaux d'opposition, que des journaux légitimistes.

Le *Progrès du Pas-de-Calais*, dont Napoléon III avait été autrefois le collaborateur, n'échappa pas, lui-même, à la férule de M. de

Persigny. Il fut averti à cause d'un article sur le service de la remonte, et de « ses tendances générales, qui avaient fait naître, à plusieurs reprises, de vives réclamations de la part des autorités religieuses et judiciaires ».

Le *Siècle* reçut un avertissement pour avoir réclamé trop vivement la mise en liberté d'un avocat du barreau de Paris, M. Hubbard, qui avait été arrêté. On reprochait au journal « de dénaturer un acte de la justice ordinaire et d'exciter à la haine et au mépris de l'autorité publique ».

Les journaux officieux eux-mêmes ne doivent faire connaître les nouvelles que lorsque cela convient au gouvernement. Ils ne peuvent ouvrir la bouche que sur son ordre. C'est ainsi que la *Patrie* reçut un avertissement pour avoir publié des nouvelles de Constantinople *probables*, mais non *officielles*.

La presse ne pouvait pas même traiter librement la question des engrais. Le préfet des Côtes-du-Nord, Rivaud, avertit le *Journal de Loudéac*, parce que « la polémique ouverte dans ce journal, au sujet des engrais industriels, était de nature à infirmer la valeur et les résultats des mesures de vérification prises par l'administration, et qu'elle ne pouvait que porter l'indécision dans l'esprit des acheteurs. »

Le ministre de l'intérieur Billault, qui succéda le 23 juillet 1854 à M. de Persigny, donna cinquante-sept avertissements. La *Presse* fut avertie à cause d'un feuilleton de George Sand intitulé *Daniella*, dans lequel on avait découvert des passages offensants contre le pape. L'*Écho agricole* ne fut pas épargné, parce que « nonobstant les avertissements officieux qui lui avaient été donnés, ce journal n'avait pas cessé de peser sur les transactions en matière de subsistances par une polémique systématiquement alarmante et de nature à produire une hausse factice ». On interdit à l'*Observateur de la Corse* de discuter la question de la vaine pâture, « cette polémique pouvant exciter le mécontentement d'une classe de citoyens ».

Le *Siècle*, dans un article relatif aux élections de 1857, se faisant l'organe des craintes des amis de la révolution, en présence de l'alliance du Gouvernement et des cléricaux, avait déclaré qu'en votant pour les candidats officiels on portait atteinte indirectement aux principes de 1789. Cet article, signé par Havin, valut au journal démocratique un nouvel avertissement. Il en avait déja reçu deux ; et, aux termes de la loi, ce troisième avertissement pouvait faire encourir la suspension. Mais le Gouvernement affecta de laisser en apparence à la lutte électorale la plus grande liberté, et il déclara qu'il ne voulait pas « frapper, aux derniers jours de cette lutte, même l'un des organes les plus vifs et les plus agissants d'une opposition dont l'opinion publique apprécierait la portée ». Le *Siècle* ne fut donc pas suspendu, après son troisième avertissement.

En 1857, *l'Assemblée Nationale*, la *Foi Bretonne* et la *Presse* furent suspendues, tandis que la *Gazette du Languedoc* était supprimée.

La suspension de la *Presse* avait été motivée par un article de Peyrat. Il s'agissait du refus de serment de deux députés au corps législatif, nommés par le parti démocratique : Carnot et Cavaignac. Voici le passage incriminé : « Il y a depuis quelque temps dans la conscience universelle un vague frémissement. Voici évidemment l'heure des résolutions décisives. Les problèmes qui préoccupent le monde politique se simplifient... Les partis se serrent et se comptent... Il semble que nous ayons tous entendu d'un bout de l'Europe à l'autre une voix qui nous crie : Levez-vous et marchez... Devons-nous, vivant toujours de nos souvenirs et de nos regrets, nous enfoncer de plus en plus dans notre abattement... Le révolutionnaire doit-il imiter le parti légitimiste, que l'abstention a conduit à la nullité ?... Nous nous sommes comptés ; nous savons que nous sommes un grand parti dévoué à la révolution. » Le ministre Billault motiva ainsi l'arrêté de suspension : « Si insensées que soient de telles paroles au milieu de la paix profonde dont jouit le pays, on ne saurait cependant laisser quelques esprits turbulents prêcher en pleine liberté l'agitation et l'appel aux passions révolutionnaires... »

Cette suspension, qui dura deux mois, fut très préjudiciable à la *Presse*, dont le tirage tomba de 36 000 à 23 000. Peyrat fit un procès à la société du journal pour continuer sa collaboration, et le perdit devant le tribunal de commerce.

Le gouvernement usait, en outre, et abusait parfois du *communiqué*, pour répondre aux journaux. Le *communiqué*, ne portant aucune signature, devait être inséré en tête du journal avant tout autre article. L'administration lui donnait toutes les formes, même les plus impérieuses. Le sous-préfet de Cherbourg terminait un *communiqué* adressé au journal de cette ville par cette phrase : « l'article suivant ne pourra être précédé ni suivi d'aucune rectification, d'aucun commentaire, ni même du présent réquisitoire. »

Le *Journal de la Côte-d'Or*, ayant publié le mémoire de M. Bocher sur la confiscation des biens de la famille d'Orléans, fut obligé de reproduire les articles apologétiques publiés par Granier de Cassagnac dans le *Constitutionnel* pour justifier cette mesure.

* * *

L'attentat d'Orsini et la loi de sûreté générale, au début de l'année 1858, furent le signal de nouvelles persécutions dirigées contre la presse. Cependant, tandis que les journaux officieux faisaient appel à une répression inexorable, les journaux indépendants prenaient une attitude des plus humbles. Le *Journal des Débats* montra seul quelque dignité ; il osa résister à l'entraînement général. Granier de Cassagnac, dans le *Constitutionnel*, alla jusqu'à l'accuser de complicité dans l'attentat. En face de cette accusation, les *Débats* gardèrent un silence dédaigneux.

Certains esprits proposèrent d'imposer aux gérants, rédacteurs et propriétaires de journaux le serment politique. Ils pensaient pouvoir se débarrasser ainsi des éléments hostiles ou dangereux qui cherchaient à satisfaire des sentiments de haine. On abandonna ce moyen comme impraticable, et aussi celui de ne plus tolérer qu'un seul journal, le *Moniteur*. Mais on supprima le *Spectateur* (ancienne *Assemblée Nationale*) et la *Revue de Paris* qui avait pour gérants Laurent Pichat et Maxime Ducamp : le premier pour n'avoir cessé de faire aux institutions de l'Empire une guerre sourde, mais constante, déguisée sous les formes les plus adroites ; l'autre, pour s'être fait le centre d'une sorte d'agitation par correspondances, dont le Gouvernement venait de trouver les rouages dans plusieurs départements. Dans le long rapport qui précédait le décret de suppression et qui était signé Billault, il était impossible de trouver une raison qui pût résister à un examen sérieux. Il n'y eut qu'un mot qui révélât la pensée gouvernementale : « Ce sera, disait le ministre de l'intérieur, un avertissement pour d'autres. »

Cette terreur, causée par l'attentat d'Orsini, ne fut pas de très longue durée.

Les événements qui précédèrent, accompagnèrent et suivirent la guerre d'Italie, imprimèrent aux esprits une secousse salutaire. Les journaux ne craignirent pas de discuter le régime sous lequel ils étaient placés, par suite de circonstances exceptionnelles, et ils osèrent en demander l'amélioration.

Des faits significatifs semblèrent, un moment, encourager toutes les espérances. La rentrée des troupes de l'armée d'Italie fut l'occasion de fêtes brillantes, dont l'éclat était encore rehaussé par une amnistie accordée aux condamnés pour crimes et délits politiques. Cette amnistie fut suivie d'un décret qui effaçait les avertissements infligés jusque-là aux journaux. Un journaliste, de la Guéronnière, était nommé directeur de la presse, au ministère de l'intérieur. On alla jusqu'à discuter s'il valait mieux juger les délits de presse devant le jury ou les tribunaux correctionnels.

Mais le *Moniteur* ne tarda pas à détruire toutes les illusions en insérant cette note un peu dure : « Plusieurs journaux ont annoncé la prochaine publication d'un décret modifiant la législation de 1852 sur la presse. Cette nouvelle est complètement inexacte. La presse, en France, est libre de discuter tous les actes du Gouvernement et d'éclairer ainsi l'opinion publique. Certains journaux, se faisant, à leur insu, les organes des partis hostiles, réclament une plus grande liberté, qui n'aurait d'autre but que de leur faciliter les attaques contre la constitution et les lois fondamentales de l'ordre social. Le Gouvernement de l'Empereur ne se départira pas d'un système qui, laissant un champ assez vaste à l'esprit de discussion, de controverse et d'analyse, prévient les effets désastreux du mensonge, de la calomnie et de l'erreur. » Une circulaire, adressée par le duc de Padoue, ministre de l'intérieur, à tous les préfets, traça de nouveau à ces fonctionnaires les règles de conduite à tenir à l'égard des journaux et affirma que le gouvernement ne songeait nullement à modifier la législation en vigueur (18 septembre 1859).

*
* *

Un nouveau journal reçut alors l'autorisation de paraître : l'*Opinion nationale*, sous la direction politique d'Adolphe Guéroult, un des esprits les plus délicats et les plus fins de la presse contemporaine, de l'aveu même de ses adversaires.

Adolphe Guéroult avait collaboré quelque temps aux *Débats*, sous le règne de Louis-Philippe. Du temps de la Constituante et de la Législative, il était entré au journal la *République*, feuille saint-simonienne, où écrivaient, sous la direction de Barette, Laurent (de l'Ar-

NUMÉRO 240. **LE MONITFUR UNIVERSEL** 28 AOUT 1860.

Journal officiel de l'Empire Français.

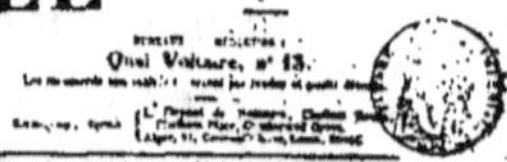

Quai Voltaire, n° 13.

Mardi 28 Août 1860.

SOMMAIRE.

PARTIE OFFICIELLE.

Paris, le 27 août.

RAPPORT A L'EMPEREUR.

NAPOLÉON,

Par la grâce de Dieu et la volonté nationale, Empereur des Français,

A tous présents et à venir, salut :

Fait au palais de Saint-Cloud, le 26 août 1860.

NAPOLÉON.

PARTIE NON OFFICIELLE.

Paris, le 27 août.

PAGANINI.

I.

Collection de M. Ernest Casseux.

(Numéro unique, offrant la particularité d'une faute d'impression dans le titre.)

dèche), Tourneux, Massol et cinq ou six autres de ceux qui avaient prêché à la salle Taitbout. Sous le second Empire, il était devenu rédacteur de la *Presse*, et, pendant la courte apparition qu'il avait faite à ce journal, il s'était révélé comme un écrivain de la plus haute distinction. Des dissentiments ayant amené sa sortie de la *Presse*, il fonda l'*Opinion Nationale* pour travailler avec une ardeur infatigable au triomphe des nationalités, et en particulier de l'unité italienne.

L'*Opinion Nationale* fut lestement écrite, surtout pendant les trois premières années de son existence. On a fait quelquefois à Guéroult le reproche d'avoir trop semé les abeilles napoléoniennes sur son drapeau. Mais il faut savoir combien était difficile, à cette époque, l'art de publier un journal et surtout de le faire vivre en suivant un programme purement démocratique.

Le rédacteur en chef de l'*Opinion Nationale* possédait au plus haut point la faculté d'élucider les questions auxquelles il touchait. Son style simple, ferme, d'une grande justesse, intéressait à force de clarté, et le ton aisé, familier, courtois, qui était habituel à l'écrivain, relevait l'habileté peu commune qu'il savait déployer dans la polémique.

Adolphe Guéroult ne s'est jamais écarté des principes philosophiques que la Révolution a fait triompher. Il y a mieux, toutes les audaces et tous les faits généreux qui ont eu quelque retentissement vers la fin du second Empire ont rencontré en lui un approbateur convaincu. Nul n'a plus que lui contribué à populariser la pensée d'abord, et ensuite les conséquences libérales de la campagne d'Italie. Dans l'ordre des petits faits même, il ne marchandait ni ses encouragements, ni son enthousiasme. Un jour qu'il se promenait avec Philibert Audebrand sur le boulevard Montmartre, la conversation tomba sur une œuvre récente de Victor Hugo dont l'entrée n'était pas permise en France. « Quelle belle poésie! disait-il. Cela fait sur l'estomac l'effet d'un verre de ce tafia généreux que les marins boivent pendant le gros temps pour se donner du ton [1]. »

Un peu plus tard, en 1863, Adolphe Guéroult fut élu député de Paris après ballottage, contre le candidat des catholiques dans le sixième arrondissement, Augustin Cochin.

Adolphe Guéroult était protégé par le prince Jérôme ; et il lui fut

[1] *Souvenirs de la tribune des journalistes*, par Philibert Audebrand, p. 169.

cependant fort difficile d'obtenir l'autorisation de créer l'*Opinion Nationale.* Les efforts de Guéroult auprès des ministres, s'il faut en croire Taxile Delord, restèrent longtemps infructueux ; il s'adressa à l'Empereur et en obtint une audience. Napoléon III lui témoigna sa satisfaction de la politique de la *Presse*, dont il était le rédacteur principal pendant la guerre d'Italie ; en lui reprochant seulement « d'avoir quelquefois trop tôt démasqué les batteries ». Guéroult reçut en même temps la promesse formelle que l'autorisation de fonder un journal lui serait accordée. Restait à obtenir des bureaux de la presse au ministère de l'intérieur, l'accomplissement des formalités nécessaires pour la publication. Mais l'Impératrice ne voyait pas d'un œil favorable la faveur accordée, et les bureaux traînèrent les formalités en longueur, espérant les rendre inutiles. Il fallut les leur arracher ; l'*Opinion Nationale* parut enfin le 30 septembre 1859 avec une sorte de dédicace au Prince Jérôme, à qui elle devait la vie.

Au cours d'une de ses nombreuses polémiques, Guéroult définissait lui-même le but qu'il poursuivait : « J'ai voulu fonder, disait-il, un organe qui fût moins un journal d'opposition qu'un journal d'avant-garde ; qui, sans agiter des questions interdites et sans perdre son temps à des coups d'épingles inoffensifs et à des insinuations inintelligibles, formulât nettement, directement, sans parti pris et sans arrière-pensée, les solutions actuellement possibles, et cherchât à attirer le Gouvernement dans ses voies. »

Parmi les nombreux rédacteurs de l'*Opinion Nationale,* il faut accorder une mention à Ch. Sauvestre, qui traitait avec une prédilection particulière la question de l'enseignement populaire, qu'il connaissait mieux que tout autre, ayant été instituteur primaire dans sa jeunesse. Il publiait, en outre, presque chaque jour, une revue des journaux qui ne manquait ni de verve, ni d'esprit.

Un spirituel avocat du barreau de Paris, M. Carraby, se dissimulait sous le pseudonyme de Stéphen. Tantôt il racontait un souvenir du Palais, tantôt il donnait son avis sur un projet de loi ou sur toute autre actualité judiciaire.

Les questions agricoles et scientifiques étaient confiées à des savants de premier ordre, Barral et Victor Meunier.

La réputation d'Hector Malot comme romancier venait de percer à peine, lorsque Guéroult fonda l'*Opinion Nationale.* On lui demanda un roman pour le nouveau journal, et on lui confia une revue des romans, qu'il transforma bientôt en véritable critique littéraire.

C'était Francisque Sarcey qui était chargé à l'*Opinion Nationale* du feuilleton dramatique. Il n'avait ni le charme de bonhomie de Jules Janin, ni l'éclat de style de Théophile Gautier et de Paul de Saint-Victor, ni l'esprit de Nestor Roqueplan ; mais il avait, plus que tout autre critique, le goût, l'amour, la passion du théâtre.

***

Si la guerre d'Italie eut pour conséquence de rapprocher le parti démocratique du gouvernement impérial, elle eut aussi celle d'éloigner le parti clérical et d'en faire un parti d'opposition. De là des luttes violentes et passionnées dans la presse. L'évêque d'Orléans, Dupanloup, se jeta dans l'arène avec une fougue incomparable et publia diverses brochures. Le *Constitutionnel*, répondant à une de ces brochures, cita certains passages hostiles au pouvoir temporel des papes et tirés des écrits de l'évêque Rousseau, ancien prédicateur de Louis XVI et ancien évêque d'Orléans. Le *Siècle* reproduisit ces passages ; et, dans sa réponse au *Constitutionnel*, l'évêque Dupanloup se livra à de violentes attaques tout à la fois contre la mémoire de l'évêque Rousseau et contre les rédacteurs du *Siècle*, qu'il qualifiait de gens sans honneur.

Havin, Jourdan, Léon Plée et Taxile Delord, rédacteurs du *Siècle*, intentèrent un procès en diffamation à l'évêque d'Orléans; et les arrière-neveux de l'évêque Rousseau imitèrent leur exemple. Ce procès, jugé au mois de mars 1860 par la première chambre de la Cour d'Appel de Paris présidée par M. Devienne, eut un grand retentissement. Le procureur général Chaix-d'Est-Ange porta la parole au nom du ministère public. Berryer et Dufaure défendirent Dupanloup, tandis que le bâtonnier Plocque plaidait pour la famille Rousseau et que Sénard soutenait la plainte du *Siècle*.

L'arrêt de la Cour de Paris débouta les rédacteurs du *Siècle* de leur plainte, et déclara non recevable celle des héritiers Rousseau, parce que la diffamation contre la mémoire d'un mort ne constituait pas un délit prévu par la loi pénale. En effet la loi de 1819, qui réglementait alors la répression en fait d'injure ou de diffamation, ne contenait aucune disposition applicable à la mémoire des morts ; elle définissait la diffamation l'imputation d'un fait portant atteinte à l'honneur d'une *personne*, mot qui, dans le langage du droit et du droit répressif, ne désigne jamais qu'une personne vivante. « Si les héritiers Rousseau, dit l'arrêt, ont été blessés par la publication de documents appartenant à la vie privée de leur parent, et qu'ils devaient croire à l'abri de toute divulgation dans le dépôt où leur confiance les avait laissés ; s'ils ont été cruellement troublés dans leurs sentiments de famille par une discussion à la fois hautaine et ironique de souvenirs qu'ils regardent comme placés sous la garde même de celui qui les a si durement réveillés, ils sont forcés de reconnaître eux-mêmes que ces violences, que les entraînements des passions politiques ou religieuses expliquent sans les justifier, n'étaient point dirigées contre eux personnellement. »

La Cour de Cassation, par un arrêt du 24 mai 1860, sur le réquisitoire du procureur général Dupin, annula l'arrêt de la Cour de Paris. D'après la Cour de Cassation « le mot personne employé dans la loi de 1819 comprend les vivants et les morts, la loi ne distinguant pas : les raisons de moralité publique, de paix entre les citoyens, qui ont fait garantir par la loi le respect de la réputation d'autrui, ne s'arrêtent pas aux limites de l'existence humaine... La limite imposée à la diffamation ne peut, dans aucun cas, devenir une gêne pour l'histoire ; le juge saura toujours reconnaître la bonne ou la mauvaise foi de l'écrivain, apprécier le but de ses jugements ou de ses attaques, ne pas confondre les nécessités et les franchises de l'histoire avec la malignité du pamphlet et enfin ne trouver le délit que là où il trouvera l'intention de nuire. »

* * *

Le gouvernement impérial redoubla de rigueur, à cette époque, contre la presse légitimiste et cléricale. Le ministre de l'intérieur Billault ordonna aux préfets d'appliquer aux mandements et aux lettres pastorales des évêques la loi qui prescrivait pour les imprimés la double formalité du dépôt, de la déclaration et, dans certains cas, l'obligation du timbre. Cette loi n'avait jamais été appliquée aux publications de l'autorité religieuse ; on ne songea à s'en servir que lorsque le clergé se mit à attaquer les doctrines officielles sur le pouvoir temporel des papes.

La nomenclature des journaux atteints par le pouvoir en 1860 ne laisse pas d'être fort instructive. On frappa d'un ou de deux avertissements le *Siècle*, l'*Opinion Nationale*, la *Presse*, la *Gazette de France*, l'*Univers*, le *Correspondant*, la *Gironde*, l'*Union de l'Ouest*, l'*Écho de la Frontière*, le *Journal des Villes et des Campagnes*, le *Mémorial de l'Allier*, l'*Espérance de Nantes*. On suspendit la *France Centrale* et le *Journal de la Guadeloupe*. Enfin on supprima l'*Univers*, la *Gazette de Lyon*, la *Bretagne* et l'*Algérie Nouvelle*.

L'*Univers* fut remplacé par le *Monde* avec J.-B.-V. Coquille, comme rédacteur en chef. Coquille était un journaliste du plus grand mérite et d'un caractère élevé, fort instruit, très dévoué à sa cause politique et religieuse et uniquement préoccupé, dans son labeur quotidien, de servir cette cause par des écrits qui semblaient ne lui rien coûter, mais qu'il n'aurait pas pu produire, s'il n'avait pas travaillé tous les jours de sa vie pour conserver et pour étendre tout ce qu'il avait acquis.

M. Eugène Spuller, dans ses *Figures Disparues* (2e série), en a fait un grand éloge et très mérité. « Coquille, dit-il, avait fait trois parts de sa journée : le matin, il était à l'église, entendant la messe et suivant les offices; l'après-midi, il allait des bibliothèques publiques et des cabinets de lecture aux bureaux du journal où il faisait son article; le soir, il était au café, et au café Procope, aussi longtemps que ce café a été ouvert, tout comme les écrivains du XVIIIe siècle, comme les encyclopédistes, comme Diderot et Voltaire qu'il a tant combattus, mais qu'il avait beaucoup lus, sans jamais avouer qu'il les admirait, tout en les combattant.

« Il était tout imbu des théories de la monarchie chrétienne, et il n'en trouvait l'application historique que dans la royauté française. Pour lui, le roi de France n'était pas un chef militaire, non plus d'ailleurs qu'un magistrat civil : c'était un personnage à part, revêtu d'un caractère profondément original qu'il tenait surtout de sa consécration religieuse, sorte de sacrement à l'usage exclusif de nos anciens rois, et qui lui assignait un rôle éminent dans le monde pour le meilleur service de l'Église et la plus grande gloire de la France. Cette royauté chrétienne a été un instant figurée par le comte de Chambord. Coquille avait enfin, comme dernier trait caractéristique, la plus grande aversion comme la plus grande crainte du césarisme, qu'il voyait d'ailleurs un peu partout. »

* * *

Il vint cependant un moment où un certain souffle de liberté pénétra dans les institutions du second Empire.

Le 24 novembre 1860, Napoléon III décréta que le Sénat et le Corps législatif voteraient tous les ans une Adresse en réponse au Discours du Trône. C'était rétablir la tribune française, au moins en partie. On prit en même temps des mesures pour assurer la reproduction prompte et complète des débats des deux Chambres. Ce dernier point intéressait naturellement la presse.

Jusque-là les débats du Sénat ne paraissaient au *Moniteur* que dans de rares circonstances et sous l'*autorisation* du gouvernement. Il est vrai que la reproduction des débats du Corps législatif était de droit, mais le procès-verbal livré à la publicité ne donnait pas l'expression vivante de ce qui s'était dit et ressenti, il n'en donnait qu'un calque refroidi par un résumé analytique.

Suivant un sénatus-consulte modificatif de la Constitution de 1852, les débats des séances du Sénat et du Corps législatif devaient être reproduits par la sténographie et insérés *in-extenso* dans le *Journal Officiel* du lendemain. En outre, les comptes rendus de ces séances, rédigés par des secrétaires-rédacteurs, placés sous l'autorité du Président de chaque Assemblée, furent mis chaque soir à la disposition de tous les journaux.

Il ne faut pas croire que les journaux eussent la liberté de reproduire ces comptes rendus en les réduisant à leur guise. Le compte rendu des séances du Sénat et du Corps législatif par les journaux ou tout autre moyen de publication ne pouvait consister que dans la reproduction des débats insérés *in-exténso* dans le *Journal Officiel*, ou du compte rendu rédigé sous l'autorité du Président. « Le but du projet, disait le rapporteur M. Troplong, est de présenter au public un miroir fidèle de la politique délibérante... Il veut se placer dans le vrai. Or il ne s'y placerait un instant que pour en sortir aussitôt, si l'on autorisait des retranchements arbitraires qui tronqueraient la discussion. Le gouvernement n'en a pas le droit. Il serait étrange que les journaux en eussent le privilège; à moins que vous ne vouliez voir reparaître ces discussions agencées dont l'esprit de parti avait jadis introduit l'usage. Un journal, par des coupures adroites et un arrangement arbitraire, referait pour ainsi dire la séance et plierait toutes les discussions au point de vue de son parti. On aurait beaucoup de place pour ses amis; on en aurait toujours trop peu pour ses adversaires. On laisserait le *Journal Officiel* planer dans les froides régions de l'impartialité; on se donnerait le plaisir d'amuser, d'intéresser, de passionner ses lecteurs par des fragments choisis avec art, et dont on ferait un tableau de fantaisie, où les uns seraient sacrifiés sans justice et les autres exaltés avec exagération. Ces abus ont été vus, vous n'en admettrez pas le retour... »

La question du droit pour les journaux d'apprécier les débats législatifs fut pendant longtemps une source de difficultés. Au cours de la discussion du sénatus-consulte devant le Sénat, le Président Bonjean avait présenté un amendement qui reconnaissait le droit de libre discussion ; mais Troplong avait fait écarter l'amendement, en déclarant que personne ne songeait à nier ce droit. Malgré cette déclaration, l'administration érigea en doctrine l'interdiction pour les journaux d'apprécier les discours prononcés au Corps législatif, et, toutes les fois que l'un d'eux s'avisa de le faire, il fut frappé de la peine de l'avertissement ou de la suspension.

Darimon crut mettre fin à ces interprétations fâcheuses, en adressant une pétition au Sénat. Il aurait voulu qu'un sénatus-consulte interprétatif fixât les limites dans lesquelles on voulait que la presse se renfermât. Cette pétition fut rejetée, après un rapport du sénateur de la Guéronnière concluant à l'inutilité d'un sénatus-consulte, puisque le droit n'était pas nié. Cela n'empêcha pas le gouvernement de continuer à frapper d'avertissements et de suspension les journaux qui se permirent d'apprécier les discours des orateurs, dans des comptes rendus, *autres*, *parasites* ou parallèles.

Vers la même époque, on rendit aux deux Chambres le droit de discuter une Adresse en réponse au discours de la Couronne.

Ce fut à l'occasion de la discussion de l'Adresse et à propos de la politique suivie en Italie, que le prince Napoléon prononça le 1er mars 1861 au Sénat un discours violemment hostile à la famille de Bourbon, que le ministre de l'intérieur Billault fit afficher dans toutes les communes de France. Nous devons mentionner ici cet incident, à cause des polémiques et du procès de presse qu'il provoqua.

Le sénateur Heeckeren venait de rappeler certaines paroles de pitié prononcées par Napoléon III à l'adresse du roi de Naples. Le prince Napoléon dit alors : « Il y a quelques paroles pour lesquelles je tiens à remercier M. le sénateur Heeckeren : ce sont celles par lesquelles il a justement flétri ces membres des familles royales, qui, voulant se faire une situation anormale, injuste, immorale, trahissent leur drapeau, leur cause et leur prince pour se faire une fallacieuse popularité personnelle. Il a eu parfaitement raison et j'approuve ses paroles. Je ne suis pas étonné que cette observation soit venue à son esprit en parlant de la famille des Bourbons. Car c'est cette famille qui, partout, toujours, dans tous les pays où elle a régné, nous a donné ce scandaleux exemple de luttes et de trahisons intérieures. En France, rappelez-vous Philippe-Égalité ; en Espagne, les affaires de Bayonne, et Ferdinand VII invoquant le secours de l'étranger contre son père Charles IV, et, en dernier lieu, le comte de Montemolin luttant contre la reine d'Espagne. »

Le duc d'Aumale répondit par une *Lettre au prince Napoléon sur l'Histoire de France* où il lui reprochait son ingratitude, lui rappelant les démarches de son père, le roi Jérôme, et les siennes propres, en 1847, la faculté qui leur fut accordée de rentrer en France malgré la loi qui les bannissait et l'accueil bienveillant qui leur fut fait à Saint-Cloud. « Parmi les huissiers qui remplissent l'antichambre de l'Empereur, disait-il, vous pourriez reconnaître celui qui vous introduisit dans le cabinet de Louis-Philippe, lorsque vous veniez le remercier de ses bontés, et en solliciter de nouvelles. » Il rappelait ensuite la clémence dont on avait usé envers l'auteur des échauffourées de Strasbourg et de Boulogne ; il ajoutait : « Ces d'Orléans sont incorrigibles, et ce serait à recommencer, que je crois vraiment qu'ils seraient aussi cléments que par le passé. Mais pour les Bonaparte, quand il s'agit de faire fusiller, leur parole est bonne. Et tenez, prince, de toutes les promesses que vous et les vôtres avez faites ou pourrez faire, celle-là est la seule sur l'exécution de laquelle je compterais. »

En trois jours, à Twickenham, le duc d'Aumale avait improvisé cette *Lettre* fameuse, où il infligeait au prince Napoléon la leçon que l'orateur imprudent du Sénat impérial s'était attirée. M. Ernest Daudet, dans un livre consacré au duc d'Aumale, nous a conté les détails de cette affaire. Très enfiévré en composant sa *Lettre*, le prince lisait le soir à sa famille et à quelques amis accourus de France sur sa demande les pages écrites dans la journée. L'un d'eux emporta à Paris le précieux manuscrit. Il trouva pour le publier deux hommes courageux, et, peu de jours après le scandaleux discours du Sénat, on vit apparaître un matin aux vitrines des libraires la réplique foudroyante du duc d'Aumale, portant la date du 15 mars, sans nom d'auteur sur la couverture, mais signée Henri d'Orléans. C'est le comte d'Haussonville qui avait été chargé par le prince d'en assurer la publication. L'imprimeur qu'il choisit se nommait Henri Beau et avait ses ateliers à Saint-Germain. La brochure, composée et tirée secrètement, portait le nom du libraire-éditeur Dumineray. Les épreuves en furent corrigées par de Guerle, qui avait été précepteur du fils de M. d'Haussonville et qui fut plus tard préfet, puis trésorier général. Il s'était installé à Saint-Germain à cet effet. Un des premiers exemplaires fut enfermé dans une boîte de dragées et déposé chez le préfet de police avec, dans la boîte, une carte portant ces mots : « Dragée amère. » On n'avait mis chez les libraires qu'un petit nombre d'exemplaires, par crainte d'une saisie probable. Le reste du tirage avait été réparti entre diverses personnes sûres. L'une d'elles, par suite d'un malentendu, prit peur avant même que la saisie eût été opérée et brûla 3 000 exemplaires. On en avait expédié un certain nombre à l'étranger. Indépendamment de la première édition, introuvable aujourd'hui, la *Lettre sur l'Histoire de France* figure dans les *Écrits politiques* du duc d'Aumale publiés à Bruxelles sous l'Empire.

Après avoir écrit sa *Lettre*, le duc d'Aumale s'attendait à recevoir les témoins du prince Napoléon. En prévision de leur arrivée, il désigna les siens. Mais son adversaire ne fit pas mine de vouloir demander raison. On attendit en vain son cartel. On racontait, entre temps, qu'au plus fort des émotions auxquelles donnait lieu l'événement, le prince Napoléon s'était présenté un soir aux Tuileries, et qu'en le voyant entrer, l'Impératrice l'avait salué de ces mots : « Tiens, c'est vous. Je vous croyais à Londres. » C'était un mot cruel, un vrai mot de femme.

Il n'y eut pas de duel, mais il y eut un procès de presse. Le libraire-éditeur Dumineray et l'imprimeur Beau furent traduits devant la police correctionnelle et condamnés, malgré les plaidoiries des avocats Dufaure et Hébert, le premier à une année d'emprisonnement et 5 000 francs d'amende, le second à six mois d'emprisonnement et 5 000 francs d'amende.

Le 15 mai de la même année, dans un dîner à Londres qu'il présidait en l'honneur de la célébration du 72e anniversaire de la fondation du *Royal Litterary fund*, le duc d'Aumale prononça un discours d'une grande élévation d'idées sur la littérature anglaise et le rôle du journalisme, en général, d'où nous détachons les passages suivants :

« Une presse réellement libre exprime toujours les opinions et les sentiments de la grande majorité du pays, elle leur donne la prépondérance, et neuf fois sur dix la majorité penche vers la conduite la meilleure et la plus sage.

« La presse agit sur le pouvoir exécutif tout à la fois comme un aiguillon et comme un frein. Elle suspend bien des décisions irréfléchies, elle signale bien des choses excellentes à faire, qu'un seul homme ne saurait toujours apercevoir sans le secours de ses cent voix. Son action se ressent jusqu'au plus bas degré de la hiérarchie administrative. J'ai servi moi-même mon pays dans des fonctions publiques, et je sais par ma propre expérience que rien ne donne à un homme public un sentiment plus vif de ses devoirs, que rien ne lui impose avec plus d'autorité l'obligation de réfléchir profondément avant de prendre une résolution et de se consacrer tout entier à sa tâche, que la certitude que toutes ses actions ou tous ses oublis seront exposés au public, et quelquefois commentés sur un ton tout autre que celui de la bienveillance.

« A un autre point de vue aussi, la presse, si elle est bâillonnée, n'a plus la même autorité dans ses jugements littéraires ; elle n'exerce plus sur la littérature la même influence bienfaisante. Je sais que la liberté de la presse a existé ou existe plus ou moins dans beaucoup d'autres pays de l'Europe. Mais, par suite de circonstances diverses ou de changements dans la législation, elle a été jetée dans un état intermittent de défaillance ou de surexcitation qui l'a souvent lancée dans de mauvaises voies, qui l'a parfois empêchée d'exercer toute la puissance qu'elle possède pour faire le bien. Personne ne peut nier que les journalistes du continent n'aient à se débattre contre des difficultés considérables et qu'ils n'aient déployé une habileté et souvent un courage qui leur fait le plus grand honneur. »

*
* *

En dépit des sévérités de la législation sur la presse, il se produisit, à partir de 1860, un véritable réveil de la vie publique en France. De nouveaux journaux furent fondés avec l'autorisation du gouvernement : nous allons les passer en revue.

Ce furent d'abord, en 1861, le *Temps* et la *France*.

Le *Temps*, qui avait cessé de vivre depuis plusieurs années, date sa résurrection du mois d'avril 1861 ; il la doit à Auguste Nefftzer, ancien rédacteur en chef de la *Presse*. Dès ses débuts, ce journal a rivalisé avec les *Débats*, en raison de la variété et du talent de ses rédacteurs. Il suffit de citer Scherer, qui est mort sénateur inamovible de la troisième République et qui était, comme on l'a dit, le Laboulaye du *Temps,* de même que Laboulaye était le Scherer du *Journal des Débats.* Louis Ulbach était le rédacteur du feuilleton dramatique ; il eut pour successeur Francisque Sarcey, remplacé aujourd'hui par le fin littérateur G. Larroumet. Citons encore Ch. Dollfus, A. Erdan, J. Grenier, G. Servois, enfin Louis Blanc, dont les correspondances de Londres étaient si remarquées par la justesse des appréciations, toujours modérées dans les termes et souvent très profondes.

Nous avons relevé dans le programme politique du *Temps* ce passage caractéristique : « Le *Temps* sera ce que doit être un journal sous le régime du suffrage universel. Il ne relèvera d'aucun parti, d'aucune secte, d'aucune coterie. Son programme, c'est le large programme de l'esprit moderne : la liberté. »

Il convient de retracer ici la physionomie des deux principaux rédacteurs du *Temps* : Nefftzer et Scherer[1].

« Longtemps avant d'être directeur du *Temps*, qu'il avait fondé afin de rester maître de sa ligne comme il l'était de sa pensée politique, Nefftzer avait déployé les plus sérieuses et les plus attachantes, les plus rares et les plus nécessaires qualités du journaliste rompu à toutes les difficultés du métier. Il avait même créé un genre spécial dans la littérature toute spéciale de la presse. C'est lui qui s'était chargé, après le Coup d'État du 2 Décembre et sous le couteau toujours levé des avertissements décrétés par la dictature bonapartiste, de dire tous les jours un mot sur tous les événements de nature à intéresser les lecteurs de la *Presse*, au dedans comme au dehors de nos frontières ; c'est lui qui a inventé le Bulletin, qui, pendant tout l'Empire, a figuré en tête de tous nos journaux. C'est là qu'il avait vraiment montré tout ce qu'il valait, sous le rapport de l'instruction, du courage, de l'habileté, du sang-froid, du bon jugement, de l'attachement indéfectible aux principes de liberté et de justice qui sont la force et l'honneur des nations modernes. C'est en ce temps-là qu'il avait conquis la clientèle toute personnelle qui l'a suivi au *Temps* et qui a fait des premiers abonnés de ce journal comme une sorte de famille intellectuelle, morale et politique, dont Auguste

[1] Nous reproduisons ces deux personnalités d'après les portraits singulièrement vivants des *Figures disparues* (2e série), par Eugène Spuller.

Phot. Pierre Petit.

AUGUSTE NEFFTZER

Phot. Pierre Petit.

ADRIEN HÉBRARD

Cliché Carjat.

JULES CLARETIE

Phot. Reutlinger.

EDMOND SCHERER

Nefftzer était l'aîné, l'inspirateur, le conseiller, le guide, dans toutes les circonstances un peu graves de notre vie politique.

« Nefftzer aurait pu, tout comme Havin et Guéroult, devenir député en 1863, à une époque où les directeurs de journaux démocratiques exerçaient une action considérable et tenaient la première place dans les partis. Il refusa de laisser inscrire son nom sur la liste dressée par les directeurs des autres journaux hostiles à l'Empire. Il institua même une polémique en règle pour démontrer que la vraie place des journalistes était dans les bureaux de leurs feuilles avec leurs collaborateurs, et non pas au Palais Bourbon sur les bancs de la Chambre. Il croyait à l'utilité, à l'efficacité de la tâche dont il s'acquittait tous les jours, sous le contrôle de l'opinion, à la satisfaction du public. Sans penser que la presse fût un sacerdoce, il considérait que les journaux faisaient œuvre d'éducation politique, et cette œuvre lui paraissait assez grande, assez noble pour remplir la vie d'un honnête homme et assurer la paix de sa conscience. Cette opinion n'était pas d'un esprit médiocre ni vulgaire.

« En dehors de Nefftzer, auquel il doit sa naissance, le *Temps* doit beaucoup à Scherer et aussi à Adrien Hébrard, l'un des ouvriers de la première heure qui a succédé à Nefftzer comme directeur. A M. Adrien Hébrard, le serviteur le plus actif comme le plus dévoué de l'œuvre commune, dans les bons comme dans les mauvais jours, le *Temps* doit cette vitalité si lente à s'établir, mais aujourd'hui si puissante et pouvant rivaliser avec celle du *Times*, son frère d'Angleterre, cette impartiale indépendance qui procède à la fois du véritable esprit libéral et du respect inviolable qui est dû au public, cette puissance de rajeunissement et de transformation, cette accommodation prudente mais incessante aux exigences du journalisme contemporain, qui ont fait du *Temps* l'un des organes les plus considérables, peut-être le premier, de la pensée publique de nos jours.

« Edmond Scherer a beaucoup écrit dans le journal le *Temps*. Il a compté lui-même, en se relisant, jusqu'à 3 600 articles classés et catalogués pendant les vingt-huit ans de sa collaboration. Ce ne fut pas sans avoir lutté avec sa conscience littéraire, si scrupuleuse et si délicate, que, cédant aux sollicitations de ses amis, il se décida à réimprimer, en une série de volumes qui forment une sorte de complément aux admirables *Lundis* de Sainte-Beuve, les plus importants et les plus soignés de ses articles littéraires : cette série se compose de neuf tomes d'inégale importance. »

Eugène Spuller a dit avec raison que Scherer devait être placé parmi les premiers journalistes de ce siècle pour l'ampleur et la variété de ses travaux. Afin d'être digne à ses propres yeux d'être ainsi apprécié, Scherer ne négligeait rien, continuait à s'instruire, se tenait au courant de tout, pour être toujours prêt. C'est lui qui a caractérisé en termes énergiques et élevés la profession du journaliste et ses productions. « L'œuvre du journaliste, écrivait-il, est essentiellement éphémère ; elle ne dure qu'à la condition de recommencer sans cesse ; lorsque la main qui écrivait s'arrête, les pages qu'elle remplissait d'éloquence sont mortes et glacées comme elle. Plus le journaliste a l'esprit de sa tâche, plus il est docile aux impressions du moment. Mais aussi ses articles sont comme les feuilles d'automne qui, vertes et fraîches hier, sont aujourd'hui entassées au pied de l'arbre, sans couleur et sans vie. »

*
* *

Le journal *la France* fut fondé, sous l'inspiration du gouvernement impérial, avec mission de combattre la timidité de ceux que ses réformes alarmaient et de contenir l'impatience de ceux qui les trouvaient insuffisantes. La Guéronnière fut nommé directeur de cette feuille officieuse.

Fécond en arguments, habile à les présenter sans choquer aucune opinion, d'une ingéniosité de plume qui, sous les formes les plus onctueuses, lui permettait de tout dire, il eut vite fait de réaliser les espérances que le gouvernement impérial fondait sur son concours. Avec un peu plus d'énergie dans l'expression de sa pensée et moins tourmenté de la crainte de déplaire aux puissants du jour, il eût été un journaliste accompli. Nul mieux que lui ne savait parler sans engager personne ni lui-même, et nul non plus se dérober quand les polémiques s'envenimaient [1].

Les polémiques de ce temps n'offraient rien de commun avec celles d'aujourd'hui. On se scandalisait pour des mots qui sembleraient bien anodins maintenant. Le plus violent des polémistes d'alors, et le premier par le talent, Louis Veuillot, n'allait pas au delà de certaines épithètes qu'on croirait trempées dans l'huile, à les comparer à celles que nous pouvons lire couramment à cette heure. Un jour

[1] Ces appréciations et celles qui suivent, au sujet de La Guéronnière, sont empruntées à un article du *Figaro* du 21 mai 1895 intitulé *Un vieux journal.*

qu'il avait appelé La Guéronnière *ce grand flandrin de vicomte*, bien des gens s'indignèrent et se voilèrent la face. Que de chemin nous avons fait depuis ! Et, encore, Louis Veuillot était-il une exception. La Guéronnière eut des adversaires plus courtois : Prévost-Paradol, John Lemoine, Havin, Peyrat, Guéroult, sans parler de Girardin qui se réservait souvent.

Les discussions étaient brillantes. En un temps où toute audace dans l'attaque recevait un châtiment qui pouvait aller jusqu'à la suppression du journal, il fallait tourner vingt fois sa plume avant d'écrire. La nécessité d'un effort incessant pour arriver à exprimer, sous des formes modérées, des idées considérées alors comme subversives et à faire passer le venin, en le distillant goutte à goutte dans une prose en apparence inoffensive, cette nécessité était propice au développement du talent. C'est ce qui explique le grand éclat qu'eut alors le journalisme français, bien qu'enserré de toutes parts dans des lois répressives.

Pour le seconder, La Guéronnière s'était entouré à la fois de publicistes de premier ordre et d'hommes de second rang chez qui la compétence et l'activité suppléaient aux qualités de l'écrivain. Les questions politiques, après lui, étaient traitées par Joseph Cohen, Garcin, La Ponterie, Paul Foucher, qui était en même temps correspondant de l'*Indépendance Belge*. Jean-Baptiste Dumas et Caro de l'Académie française, de Calonne, H. de Viel-Castel, le vieux Méry, Henri Delage, Paul de Saint-Victor, et les frères Escudier étaient chargés de la science, des beaux-arts, de la littérature, des théâtres et des causeries. Charles Genty, un des gros financiers d'alors, et S. de Rouville s'occupaient plus particulièrement de la partie administrative.

Malgré son ignorance bien connue, Marie Escudier avait pour mission, à la *France*, de recueillir des renseignements dans les ministères et dans les ambassades. On cite de lui des traits assez curieux. Un jour, pendant la campagne du Mexique, il arriva tout ému au journal et d'une voix triomphante annonça... l'entrée des troupes françaises à Montézuma. Une autre fois, écrivant en hâte, dans la salle de rédaction, une *dernière heure*, il s'interrompit pour demander à un de ses collaborateurs qui se trouvait là :

— Dit-on le maréchal Ney ou le maréchal de Ney?

C'est dans la *France* que parurent pour la première fois les *Échos parlementaires*, qui, depuis, se sont développés dans chaque journal au point d'y nécessiter la présence d'un rédacteur spécialement chargé de cette rubrique.

La Guéronnière conserva ces rédacteurs formés par lui jusqu'au jour où, nommé ministre de France à Bruxelles pour passer ensuite à l'ambassade de Constantinople, il dut abandonner à Charles Genty la direction de la *France*. Il lui laissa ce personnel ; mais le journal commença à péricliter et se traîna péniblement jusqu'à la guerre. A cette époque, de Girardin y entra et lui fit recouvrer son premier éclat.

*
* *

C'est de 1863 que date l'autorisation qui fut accordée à Alphonse Peyrat de fonder l'*Avenir National*.

Peyrat, qui est mort sénateur de la Seine au mois de juin 1891, était incontestablement de tous les journalistes français celui qui avait le plus profondément étudié l'histoire de la Révolution française et de tout le XVIIIe siècle. De Girardin a dit de son ancien collaborateur à la *Presse* que c'était un historien égaré dans le journalisme. Ce qui caractérisait le style de Peyrat, c'était l'absence absolue de tout mot parasite. Sous ce rapport, sa sobriété n'avait en politique d'égale que celle de Mérimée en littérature.

Alphonse Peyrat appartenait à la génération des Armand Carrel, des Godefroy Cavaignac, des Armand Marrast [1]. Plus jeune qu'eux d'une dizaine d'années, il se considérait comme leur élève ; il était digne, par son savoir et sa supériorité dans l'art d'écrire, d'être leur émule, leur héritier, leur continuateur. Sa première jeunesse s'était passée dans son pays natal, à Toulouse, au foyer ardent des passions du Midi.

Peyrat avait débuté dans la presse républicaine du temps de Louis-Philippe par un article qui fut considéré comme un coup de maître, puisque cet article valut au gérant de la *Tribune*, qui l'inséra, une comparution devant la Cour d'Assises et une forte condamnation. Peyrat venait de se présenter au journal, où Armand Marrast l'accueillit, sans trop savoir ce qu'il pourrait bien faire du zèle et de l'inexpérience de ce jeune provincial qui demandait lui-même à faire ses débuts. Heureusement pour Peyrat, ce jour-là, Marrast ne pouvait pas donner son article, et il lui prit fantaisie, sans doute

[1] *Figures disparues* (2e série), par Eugène Spuller, dont nous reproduisons ici une sorte de résumé.

pour éprouver les talents du néophyte, de lui demander le Premier-Paris. Peyrat se mit à une table et écrivit cent lignes : c'était l'article qui fut si sévèrement condamné. Du premier coup, le jeune homme fut classé parmi les premiers du métier, et la vérité est que Peyrat a été un journaliste de premier ordre, avant de se ranger, par de doctes livres, parmi les écrivains dont le parti républicain a eu le plus de droit de s'honorer.

Un jour, après les élections de 1857, celles qui envoyèrent les Cinq au Corps législatif de l'Empire, Peyrat inséra dans la *Presse* un article terrible, dont nous avons déjà parlé et qui amena la suspension du journal. Certes, l'opinion républicaine était vengée ; elle s'exaltait à la pensée qu'une voix libre avait osé parler en pleine France, à l'exemple de ce que faisaient les proscrits du dehors. Le vaillant polémiste privé d'organe ou se sentant soumis à une sorte de censure intime et préalable qui le révoltait dans sa fierté, se renferma dans des travaux moins dangereux ; pendant ce temps-là, les modiques ressources dont il pouvait disposer allaient en diminuant, à l'heure même où elles lui étaient le plus nécessaires pour sa famille, pour l'éducation de ses enfants, et leur établissement dans le monde.

Lorsque Peyrat fit paraître *l'Avenir national*, les républicains purent augurer que les temps étaient proches. Peyrat sut s'entourer de jeunes collaborateurs qui commençaient à compter dans le parti démocratique et qui ont depuis joué un grand rôle dans la politique contemporaine : Henri Brisson, Allain-Targé, Élias Regnault, Frédéric Morin, Charles Blanc, J.-E. Horn, Taxile Delord et bien d'autres ; sans compter Étienne Arago qui rédigeait le feuilleton dramatique.

Dans le premier numéro, qui parut le 10 janvier 1865, Peyrat traçait d'une main ferme la voie à suivre : « Nous n'avons, disait-il, en fondant ce journal, qu'une ambition : servir la cause de la libre-pensée, de la démocratie, de la révolution, à laquelle depuis de longues années nous avons consacré notre vie... La contre-révolution, dans ses manifestes lancés du Vatican, peut nier ou maudire cette vérité : « Le peuple monte et la liberté avec lui ; » elle n'échappera pas à ses inflexibles conséquences. Elle a beau s'agiter dans son impuissance, exhaler ses mauvais desseins ; son règne est fini, chaque jour la dévore, et elle assiste à ses propres funérailles ; tandis que la libre-pensée, excommuniée et triomphante, marche de conquête en conquête. La démocratie a traversé de mauvais jours. Elle a eu ses erreurs et ses faux calculs cruellement expiés. Mais parce que la Révolution a semblé quelquefois s'arrêter dans sa marche, nous n'avons jamais douté de son triomphe définitif, sachant bien que les principes qu'elle a proclamés il y a soixante-quinze ans et au nom desquels elle s'est faite, sont tirés des entrailles mêmes de la société et indestructibles comme elle. Semblable au chêne antique dont parle le poète, si quelquefois elle a plié, jamais elle n'a rompu, et les orages qui ont brisé ses rameaux n'ont fait qu'ajouter à la vigueur de sa tige. La démocratie commence enfin à recevoir le prix de sa persévérance et de sa longue abnégation. Chaque jour lui apporte une réparation légitime, chaque heure voit grandir ses espérances...

« La France, il y a quarante ans, tressaillit en entendant ce mot fameux : « La démocratie coule à pleins bords dans de faibles digues qui la contiennent a peine. » Aujourd'hui, plus encore qu'il y a quarante ans, elle coule à pleins bords non seulement dans la France, mais dans l'Europe, telle que la révolution et les événements de ces dernières années l'ont faite. Qui pourrait, selon la belle expression de Montesquieu, dénombrer les innombrables fils par lesquels elle nous enlace ? »

L'*Avenir National* contribua pour une large part au réveil de l'opinion publique, et lorsque vint le 4 Septembre 1870, Peyrat qui n'avait cessé de signaler les fautes qui devaient aboutir à tant de catastrophes, put revoir la République. Il n'avait jamais désespéré d'elle, même dans les temps les plus sombres ; mais lui qui était de cet ancien parti républicain, si jaloux de l'honneur national, et si passionné pour la grandeur française, il dut voir la patrie envahie et mutilée. Cette plaie ne s'est jamais fermée dans son cœur ; il en a souffert avec stoïcisme, mais sans résignation.

* * *

Nous aurons passé en revue à peu près tous les grands journaux politiques de Paris publiés sous le régime de l'autorisation, lorsque nous aurons mentionné l'*Époque* fondée en 1864, la *Liberté* fondée en 1865, et l'*Étendard* fondé en 1866.

L'*Époque*, dirigée par Ernest Feydeau, n'avait guère de raisons de naître ; elle eût beaucoup de difficultés à vivre et disparut, sans laisser de regrets, ni de brillants souvenirs. Feydeau et ses collaborateurs disaient, dans leur programme, qu'ils voulaient tout simplement, en fondant ce journal, défendre les idées qu'ils croyaient justes et poursuivre la réalisation de ces idées partout où ils les verraient se produire. « Nous sommes, disaient-ils, libéraux et conservateurs : ces deux mots, à eux seuls, constituent notre programme. » Mais ce qu'il y a de plus curieux, pour cette nouvelle feuille rédigée en chef par un écrivain qui devait son nom au roman, c'est qu'elle proscrivit le roman-feuilleton.

M. Muller publia la *Liberté* pour aider, disait-il, à la réalisation du problème dont la France cherchait la solution depuis le commencement du siècle, la conciliation de l'ordre et de la liberté. Sa conviction était que, pour servir efficacement la cause de la liberté, il fallait que la presse indépendante renonçât à ses habitudes de dénigrement systématique et d'opposition aveugle, qui entretiennent les défiances du pouvoir et servent d'excuse à toutes les réactions. Il lui semblait qne le temps était venu d'abandonner ces vieux errements condamnés par le bon sens et le patriotisme des masses. « Ayons foi dans l'avenir, ajoutait-il, plaçons là nos efforts, et qu'à la politique des regrets succède la politique des espérances. »

L'*Étendard* était dirigé et rédigé par Auguste Vitu, qui avait un véritable tempérament de journaliste et surtout le don d'exposer avec clarté les questions qu'il traitait. Ce journal puisait ses inspirations dans le monde officiel. Il ne fournit pas une longue carrière et ne tarda pas à disparaître.

C'est le mercredi 27 juin 1866 que parut le premier numéro de l'*Étendard*. Son rédacteur en chef exposait ainsi le programme qu'il se proposait de suivre : « Voici ce que nous voulons : l'affermissement de l'Empire, le respect de la Constitution, le désarmement des partis, la réconciliation la plus loyale avec tous ceux qui se rallient franchement à la dynastie impériale... L'Empereur, tout le monde en conviendra, est plus populaire, plus respecté que jamais; sa sagesse a grandi avec sa gloire ; la France l'aime, l'Europe l'admire. Cependant, dans ces dernières années, on a pu croire, on a pu dire que son gouvernement avait moins d'autorité. D'où vient cette anomalie apparente... ? La presse a, pour une large part, contribué à ce résultat, en ne se tenant pas dans son rôle, qui est de contrôler la gestion des affaires, de dénoncer les abus et de censurer, s'il y a lieu, les agents du pouvoir. Complaisante jusqu'à tout approuver, ou injuste jusqu'à tout blâmer, elle a laissé l'opinion sans guide, se préoccupant beaucoup moins de chercher la vérité des faits que d'entasser systématiquement des critiques sans mesure ou d'hyperboliques apologies... Dévoués sans réserve à l'Empereur et à sa dynastie, nous lui donnerons notre concours sous la seule forme qui nous paraisse efficace : avec liberté et avec franchise... »

Les collaborateurs d'Auguste Vitu étaient : Jean Wallon, A. de Toulgoet, Henry d'Audigier, Robert Mitchell.

*
* *

Un journal international fondé en 1855, en pleine guerre, le *Nord*, fut réorganisé en 1864, sous la direction de Théophile Franceschi. Il puisait ses inspirations à la chancellerie russe et préconisait vigoureusement, dès cette époque, l'entente de la Russie et de la France. Il est curieux, en relisant l'article programme du *Nord*, à la date du 2 juillet 1864, de constater combien les événements se sont chargés de réaliser ce programme, trente ans plus tard. « En face des journaux de Paris qui se font les champions de l'alliance franco-britannique, écrivaient les rédacteurs du *Nord*, nous préconisons, nous, l'alliance de la France et de la Russie. Nous ne prétendons pas exposer ici cette thèse en détail ; elle n'a pas pour elle l'actualité immédiate ; c'est un tort passager, mais qui suffit pour nous interdire en ce moment des développements étendus ; car le propre du journalisme, c'est la nécessité d'avoir raison tous les jours, ou du moins de ne pas avoir raison à trop longue échéance. Mais convaincus que l'avenir appartient au système que nous soutenons, nous voulons indiquer les points saillants qui déterminent notre conviction... L'alliance franco-russe, c'est la réunion d'intérêts assez distincts pour ne pas dégénérer en coalition préjudiciable à l'Europe, assez semblables pour ne pas se traduire en antagonisme stérile... »

Il nous faut dire un mot du *Courrier de Paris* publié dès 1857. Nombreuses furent ses vicissitudes et ses variations. Il eut successivement pour rédacteurs en chef : Félix Mornand, Chéron de Villiers, Hippolyte Castille. Au nombre de ses rédacteurs figuraient Emile de Girardin, Louis Blanc, Eugène Pelletan. C'est le *Courrier de Paris*, suivant M. Hatin [1], qui inaugura le règne de la Chronique quotidienne et lui fit les honneurs des colonnes réservées d'ordinaire à la politique. En 1860, Jules Ferry y collabora à côté d'Adrien Hébrard,

[1] *Bibliographie*, p. 533.

de Floquet, de Chassin, sous la direction de Clément Duvernois, dont les défaillances ultérieures sont connues [1]. C'est aussi en 1857 que fut fondé un journal hebdomadaire destiné à une grande célébrité, le *Courrier du Dimanche*. La rédaction en chef fut assez vite confiée à M. Leymarie et plus tard à Grégory Ganesco, dont l'expulsion momentanée en 1861, pour un article un peu vif contre la politique impériale, causa une émotion presque européenne.

*
* *

Le *Courrier du Dimanche* est surtout célèbre par les articles qu'y publia Prévost-Paradol et par la guerre violente, acharnée, qu'il soutint contre le régime de la dictature. Cette feuille jeune, confiante, décidée à tous les risques, s'offrit comme un nouveau terrain de lutte à Prévost-Paradol et à ses vaillants compagnons d'armes ; Hervé, Ferdinand Duval, J.-J. Weiss, etc.

M. Gréard nous a tracé de ces luttes épiques de Prévost-Paradol un charmant et très vivant tableau, qu'il est bon de reproduire ici. « Réservant aux *Débats* ses articles littéraires, dit-il, Prévost-Paradol se jeta dans le *Courrier du Dimanche*, et il y introduisit avec lui cette indomptable et insaisissable ironie qui enveloppe et dissout peu à peu les dominations les plus triomphantes. Son premier article, qui portait sur les limites du droit de discussion, résonna comme un coup de clairon (décembre 1859). Et pendant quatre ans, de quinzaine en quinzaine, sous forme de lettres, il expliqua, commenta, discuta les événements qui occupaient l'esprit public. Les mesures qui intéressaient le régime intérieur de la France l'attiraient de préférence : outre que l'appréciation en était plus accessible à tout le monde, elles lui fournissaient un point immédiatement vulnérable, et il ne comptait les coups qu'il portait que par les blessures qu'il faisait. Mais il suivait avec plus de sollicitude encore peut-être, non moins d'inquiétude assurément, la menace des dangers qui, d'année en année, s'amoncelaient autour de nous : l'unité de l'Italie, Rome, l'expédition du Mexique, le démembrement du Danemark et le principe des nationalités, analysant à fond chacune de ces questions au fur et à mesure qu'elles surgissaient, les envisageant virilement dans toutes leurs conséquences, et les jugeant, comme tant d'autres, hélas, ne devaient les juger que par l'expérience.

[1] *Discours et Opinions de Jules Ferry*, t. I, p. 24 et suivantes.

« Dans ces articles étincelants, ajoute M. Gréard, l'esprit n'était que l'aiguillon du patriotisme et la parure du bon sens. Mais quelle richesse de ressources! Ici la fantaisie ailée d'Aristophane, là le sarcasme rieur de Lucien, ailleurs l'âpre raillerie de Swift, et cela dans une langue transparente et pleine, souple et nerveuse, tour à tour brûlante et légère comme la flamme, ou froide et tranchante comme l'acier, toute de verve et qui rappelle, sans l'ombre d'une imitation ou d'un pastiche, Chamfort et P.-L. Courier, Montesquieu et Voltaire. Tous les incidents lui étaient matières à satire : un discours, un article de loi, un mot qui avait couru le monde. Sous le couvert d'une comparaison, d'un apologue, d'un souvenir, d'une citation, il n'était rien qu'il ne s'enhardît de jour en jour et qu'il ne réussît chaque fois davantage à faire passer. Il avait à la fois toutes les audaces et toutes les prudences. Dur et hautain envers le pouvoir, doué d'une incroyable puissance de mépris, il trouvait le moyen de toucher à fond ses adversaires sans les injurier. Jamais poison plus subtil ne fut présenté dans une coupe plus élégamment ciselée. Même alors qu'il semble s'indigner, à Dieu ne plaise qu'il s'enfle ou se travaille. Le ton reste de bon goût, comme dans une conversation de salon. La théorie qu'il donnait de son secret est peut-être encore plus superbement mordante que l'application qu'il en faisait. « L'art n'y suffit point, disait-il, il faut le don. » Il avait reçu le don. On n'oserait dire qu'il n'en a jamais abusé. Dans certaines lettres au *Courrier*, l'ironie est parfois trop prolongée. Il n'est rien dont on ne se lasse. A quelques années de distance, alors qu'il n'était plus dans le feu de l'action, Prévost-Paradol aurait été le premier, je le crois bien, à retrancher ou à resserrer. Mais on n'écrira point l'histoire du second Empire sans consulter les *Pages d'Histoire Contemporaine*, et il en est qu'on lira pour elles-mêmes, tant qu'il y aura des hommes de goût : elles font partie du meilleur patrimoine de l'esprit français[1]. »

C'est vers cette époque, en 1860, que Prévost-Paradol fut condamné à un mois de prison pour sa brochure des *Anciens Partis*. On aimera peut-être à retrouver ici un extrait du jugement de condamnation : « Le but de l'ouvrage est de former une ligue de tous les partisans des régimes déchus contre le Gouvernement actuel... L'auteur affecte, pour réunir les anciens partis monarchiques et le parti républicain sous un même drapeau, malgré les profondes divisions

[1] *Le Livre du Centenaire du Journal des Débats*, p. 307 et 308.

qui les séparent, de ne considérer la forme du Gouvernement que comme un accessoire de peu d'importance, sur laquelle on pourra débattre ultérieurement, et les convie de se concerter quant à présent, dans un seul but : le renversement du despotisme et la conquête de la liberté... L'auteur, en signalant : *comme le plus ancien de tous les partis l'alliance vieille comme le monde de la démagogie et du despotisme, le désir inique de la toute-puissance faisant un pacte avec l'instinct aveugle de l'égalité... ce parti est celui qui a fondé la vaste dynastie des Césars, aux acclamations de la populace romaine, et il a encore sur les mains le sang de Caton...* a évidemment voulu désigner le Gouvernement actuel, comme renouvelant le despotisme des Césars. Il indique, à ce que nul ne puisse s'y méprendre, qu'il y a entre le parti qui soutenait la tyrannie des Césars, les tyrannies d'Orient et de la Grèce, et celui qui soutient aujourd'hui l'Empire, une certaine ressemblance... »

*
* *

Nous ne saurions oublier un des journaux littéraires et satiriques qui ont eu le plus de succès : le *Nain Jaune*, fondé en 1863, par Aurélien Scholl. Ce journal devient politique, en 1864, grâce à Théophile Silvestre, qui l'acheta et obtint l'autorisation nécessaire pour entrer dans le domaine réservé des questions politiques. Théophile Silvestre était inspecteur général de la librairie au ministère de l'Intérieur, avant d'entrer dans le journalisme. Il fut secondé par Ulysse Pic, Hippolyte Babou et Barbey d'Aurevilly. Mais il fut vite en proie à des embarras financiers qui ne lui permirent pas de vivre longtemps.

Le *Gaulois*, actuellement un de nos premiers journaux élégants et mondains, inaugura sa carrière, dans cette même période de temps, par des débuts modestes ne faisant rien présager de la brillante fortune que l'avenir lui réservait.

Il faut mentionner enfin un journal littéraire, écho de la jeunesse républicaine de ce temps, *la Rive Gauche*. Cette petite feuille fit beaucoup de bruit en publiant dans ses colonnes les *Propos de Labiénus* par Rogeard ; et cette publication suffit pour faire ordonner sa suppression.

*
* *

Première Année. — N° 2 TRENTE CENTIMES Mercredi 20 mai 1863

RÉDACTEUR EN CHEF
AURÉLIEN SCHOLL

PRIX D'ABONNEMENT
Paris
Trois mois. . . . 6 fr. 50 c.

LE NAIN JAUNE
Paraît deux fois par semaine,
LE MERCREDI ET LE SAMEDI
104 NUMÉROS PAR AN

RÉDACTION
Passage de l'Opéra (Salle Beethoven)

ADMINISTRATEUR
HENRY DE TAILHAN

PRIX D'ABONNEMENT
Départements

LE NAIN JAUNE
Paraît deux fois par semaine,
LE MERCREDI ET LE SAMEDI
104 NUMÉROS PAR AN

ADMINISTRATION
Passage de l'Opéra (Salle Beethoven)

LE NAIN JAUNE

Par arrêté de M. le Préfet de police, le **Nain Jaune** *est autorisé à se vendre dans les gares de chemins de fer et sur la voie publique par les marchands permissionnés.*

VAINQUEUR

Du prix de Diane et du prix du Jockey-Club en 1863 :

LA TOUCQUES

Par The Baron et Tapestry, née et élevée à Servacques
Propriétaire, M. le comte de Montgomery
Entraîneurs, MM. Fobert et Briggs.

JOURNAL DES ABUS

Donnons le bon exemple au public en étant les premiers à nous plaindre.

Le *Nain jaune* se fait annoncer à la quatrième page des grands journaux, — ce qui est de sa part un acte de pure modestie, car plusieurs des grands journaux auraient certainement besoin de se faire annoncer dans le *Nain jaune* !

Or, ce petit journal a une prétention, c'est d'être un journal honnête.

La manie de se singulariser !

∴

La première annonce du *Nain jaune* a été envoyée au *Journal des Débats*, qui a consenti à annoncer notre succès, moyennant 225 fr.

∴

Pour cette somme modique, le *Journal des Débats* a bien voulu imprimer la phrase suivante :

« RECEVOIR LE NAIN JAUNE EN PROVINCE, C'EST HABITER PARIS, — MOINS LES DÉSAGRÉMENTS ! »

∴

Ce qui peut faire croire aux personnes qui résident dans les Deux-Sèvres que — avec 400 francs de loyer et 21 francs pour un abonnement de six mois — ils auront un balcon sur le boulevard des Italiens et un billet d'enceinte à La Marche !

∴

Evidemment, cela n'est pas vrai, et le *Journal des Débats* l'a imprimé *moyennant deux-cent-vingt-cinq francs*.

MAIS ce qui est VRAI et ce que le *Journal des Débats* n'a pas cru devoir imprimer, c'est cette simple ligne de notre annonce :

Revue SINCÈRE de la Bourse.

Le mot *sincère* a été biffé.

Par qui ?

Et pourquoi ?

∴

M. Paton, chargé de la Revue financière dans les *Débats* croit-il avoir le privilége de la sincérité ?

∴

Que dira M. Crampon ?

∴

Notre Revue de la Bourse ne sera point faite au point de vue du rendement.

Quand une affaire nous paraîtra suspecte, nous dirons : Elle est mauvaise.

∴

N'est-ce pas notre droit ?

Et quel est le droit de celui qui se permet de rayer le mot *sincère* ?

∴

La vérité vous paraît être une chose douloureuse, messieurs ?

Mais que voulez-vous ?

Est-ce notre *faute* ?

Brocanteurs qui nous appauvrissez à vos comptoirs, accapareurs de tables d'hôte et de débits de tabac, il est temps d'en finir.

Infâme féodalité de l'argent, mère Gigogne de la prostitution, le *Nain* te terrassera avec le simple caillou que David a mis dans sa fronde !

HENRY DE TAILHAN.

DIEU EST-IL MORT ?

RÉPONSE D'UN CHRÉTIEN A M. SARCEY

Il y a un mot que cette époque infatuée d'elle-même répète comme une menace contre toutes les religions, et qui ne nous fait peur pour aucune : *la Science* !

Je suis la Science, a-t-elle l'air de dire à la Foi, tu croyais illuminer le monde par la clarté spirituelle, je verse sur lui des torrents de lumière électrique qui feraient paraître ténèbres les plus vifs resplendissements. Abdique, cinq cents Galilée en chambre sont prêts à te détrôner !

Voulez-vous savoir ce qui excite l'admiration contemporaine, c'est cette admirable définition de notre espèce :

L'homme est un animal mammifère, de l'ordre des primates, famille des bimanes, caractérisé taxinomiquement par une peau à duvet ou à poils rares.

Merci pour le Jardin-des-Plantes !

Que dis-je ! la science moderne est tellement large dans ses moyens de conception, qu'elle fait savoir officiellement cette décision du tribunal suprême, cour de cassation de l'immortalité ; elle ne veut plus qu'on prononce devant elle le nom de causes finales ou premières, d'âme et de Dieu. Elle intime à la pensée humaine qui se révolte contre tant d'arbitraire, l'ordre de chasser du cerveau ces vieilleries qui lui souriaient encore après sept mille ans. C'est comme si vous disiez à un homme : Je ne veux pas que tu penses ce que tu penses. Merveilleux perfectionnement de lumière ! Puissance de l'abstraction. Tu as faim, disait Odry, cela ne te regarde pas. Tu as soif d'infini, dit M. Littré, je te défends de te croire altéré.

Dans le groupe des penseurs choisis par Mgr Dupanloup dans son excellente brochure, pour *personnifier* la *doctrine moderne*, MM. Littré et Taine sont en tête ; le premier est la massue, le second est le couperet d'acier tout neuf. J'ai plus de regret d'y voir à leur suite M. Renan, intelligence moins métallique que M. Taine, mais plus souple et plus imprégnée d'idéal. Quant à

Collection de M. Ernest Casseux.

Les *Propos de Labiénus* ont eu un tel retentissement dans les dernières années du second Empire, qu'on sera sans doute bien aise d'en retrouver ici quelques extraits : « ... En ce temps-là vivait Labiénus. Connaissez-vous Labiénus? C'était un homme étrange et d'humeur singulière. Figurez-vous qu'il s'obstinait à rester citoyen dans une ville où il n'y avait plus que des sujets... Il voulait, comme Cicéron, mourir libre dans sa patrie libre; imagine-t-on pareille extravagance? Citoyen et libre, l'insensé! Sans doute il disait comme cela, comme plus tard Polyeucte disait : Je suis chrétien! sans trop savoir ce qu'il disait. Le vrai c'est que sa pauvre tête était malade; il était atteint d'une dangereuse affection du cerveau; du moins c'était l'avis du médecin d'Auguste, le célèbre Antonius, qui appelait ce genre de folie : une monomanie raisonneuse, et qui avait ordonné de traiter le malade par la prison. Labiénus n'avait pas suivi l'ordonnance; aussi n'était-il pas guéri... C'était un homme du vieux parti, puisque la liberté était passée; un réactionnaire, puisque la République était une chose du temps jadis...

« Il était de ces méchants qui doivent trembler sous un gouvernement fort, pour que les bons se rassurent, et que la société, ébranlée jusque dans ses fondements, puisse se rasseoir sur ses bases. Ce n'est pas tout; Labiénus était ingrat : en plein césarisme, en pleine gloire, au milieu de cette surabondance de félicité publique et de cette fête immense du genre humain, il méconnaissait les bienfaits que répandait à pleines mains le second fondateur de Rome, le pacificateur du monde; il avait à la fois les passions aveugles et les passions ennemies qui font les hommes dangereux et les citoyens funestes... Octave avait eu beau frapper une superbe médaille avec les trois mains entrelacées des triumvirs, et cette sublime légende : *le Salut du Genre Humain*, cela encore lui déplaisait; il prétendait qu'on l'avait sauvé malgré lui, et il citait les vers d'Horace :

Quand d'être ainsi sauvé je n'ai pas le dessein,
Au diable le sauveur, qui n'est qu'un assassin.

« Le vieux Labiénus était de ceux qui avaient vu la République; ce n'était pas sa faute, mais il avait la sottise de s'en souvenir, là était le mal. Il voyait maintenant un grand règne, et il n'était pas content. Il y a des gens qui ne le sont jamais... Et puis des idées fantasques et d'incroyables manies; surtout un goût bizarre, inexplicable,

QUATRIÈME ANNÉE, N° 124. TRENTE CENTIMES DIMANCHE 9 SEPTEMBRE 1860.

ABONNEMENTS
Paris
Un an. . . . . 15 fr.
Six mois . . . . 8 fr.
Trois mois. . . . . . 4 fr 50

BUREAUX A PARIS :
7, rue des Filles-Saint-Thomas, 7.
Ouverts de midi à 5 heures

LE GAULOIS paraît tous les dimanches

ABONNEMENTS
Départements
Un an. . . . . 18 fr.
Six mois. . . . . 10 fr.
Trois mois. . . . . . . 6 fr.

BUREAUX A LONDRES :
Chez M. de Lavigerie
12, Little Mary le Bone street, Manchester square.

PRIX D'UN NUMÉRO ANCIEN :
60 c.

KADOL

LE GAULOIS

SOMMAIRE.

COURRIER DES MOUSQUETAIRES

Je suis Athos, monsieur Mordaunt, et vous connaissez ma légende :

Un soir que j'étais jeune, — il n'y a pas si longtemps de cela, — en revenant je ne sais d'où et passant par Mabille, j'aperçus d'aventure madame votre mère qui lapait un sorbet au rhum sous un palmier de zinc doré, dans l'un des bosquets artificiels de ce *Zoological Garden* de la galanterie parisienne

Oh! mais rassurez-vous, mon gentleman! Milady ne ressemblait guère, en vérité, aux *Ugolines* ordinaires, aux *Mercadettes* habituelles dont se peuple l'allée des Veuves, elle n'en avait ni les caparaçons de dentelles, ni le linge extravagant, ni les bijoux à grelots, ni le chapeau-plumeau, ni l'appétit héroïque ni la soif tantalienne, ni l'œil qui *pickpockette* la bourse, ni le sourire qui crochète les cœurs. Non; c'était une beauté fièrement vêtue, secouant à son cou des perles authentiques et à ses bras des diamants retour de l'Inde; son cachemire avait fait ses preuves chez Biétry : on eût nourri pendant six mois quatre ou cinq ménages d'ouvriers avec le prix de la façon de sa robe. Doublement femme, puisqu'elle était blonde, elle attirait par je ne sais quoi de virginal et de ténébreux, d'immaculé et d'infernal Sa figure avait été commencée par l'amour, mais terminée par le diable. Le front appelait le nimbe irradié des madones de Sasso Ferrato et de Carlo Dolci; la bouche gazouillait les *Contes de La Fontaine*, édition des fermiers généraux, vous savez, l'édition *inexpurgata*, avec gravures en déshabillé, que possède madame Doche Tout cela arrivait d'Angleterre — par les Batignolles — et se prétendait riche et noble. Il est de fait que Milady avait vingt mille livres de rente inscrites au grand-livre de la crédulité publique. Je ne parlerai pas de sa noblesse si Adam s'était avisé d'acheter une charge de secrétaire du roi, la donna aurait été duchesse — tout comme une autre.

Tout puritain que vous vouliez être — ou paraître — vous comprendrez que je devins instantanément épris de madame votre mère J'allais écrire *toqué*; quand je me suis souvenu que vous aviez raillé fort à propos nos vocables sans gants glacés et notre style qui ne s'endimanche pas tous les jours d'une tenue de syntaxe. Ah! monsieur Mordaunt, et moi

THÉATRES.

ODÉON. La direction Larounat. — *Le Parasite*, comédie en un acte et en vers, de M. Pailleron; Thiron, Mlle Debay. — *Les Mariages d'amour*, comédie en cinq actes et en prose de M. Ernest Dubreuil; la morale au théâtre; Tisserant, Kime, Mlles Ramelli, Harville, Rosé. — COMÉDIE-FRANÇAISE. *Tartufe, les Jeux de l'amour et du hasard*, rentrée de Got et de Mme Plessy; Mlle Marie Royer. — THÉATRE DES FOLIES-DRAMATIQUES : *Les Écoliers en vacances*, vaudeville en douze tableaux, de M. Thierry — THÉATRE DES BOUFFES 279e représentation d'*Orphée*

Si M. Delaporte est le Garibaldi de la musique, on peut dire que M. Larounat, directeur de l'Odéon, est le Garibaldi de la littérature dramatique

Un beau jour, il a quitté la terre ferme et sa vie tranquille; il est parti, le cœur plein de joie, vers l'île de serêves, une île déserte et abandonnée, et il a entrepris de conquérir à la civilisation ces lointaines et sauvages contrées.

A son appel sont accourus en foule les jeunes volontaires de l'art, l'espérance à l'âme, le sourire aux lèvres, le manuscrit à la main. Ils sont venus par dizaines, par centaines, s'engager sous les drapeaux du nouveau chef.

Ce n'était point une armée régulière et disciplinée; c'étaient des conscrits, de jeunes et insouciants enfants de conditions et de fortunes diverses, et d'aspirations multiples

Ils n'avaient point d'habit uniforme, ils ne portaient pas les mêmes armes

Les uns tenaient en main de la prose, d'autres des vers; ceux-ci une comédie, ceux-là un drame; mais tous portaient au cœur la jeunesse et la foi.

Mais bientôt la discipline régna dans cette troupe hétéroclite, et le nouveau général eut sous la main une armée régulière.

De là sont sortis des généraux et des colonels dont la gloire brille déjà d'un certain éclat : Ponsard, Bouilhet, Émile Augier, Alfred de Musset, Rolland, Belot, Villetard, Bataille, Laluyé, Barrillot, de Courcy, Jules Viard.

Bien peu sont restés simples soldats. Tout l'honneur de cette brillante armée revient à M. Larounat. Presque seul dans ce steppe immense qu'on appelle l'Odéon, il appelle à lui les jeunes, les convaincus, les vaillants, les courageux.

Plus courageux lui-même, il lit et reçoit leurs œuvres, pour peu qu'il y trouve une lueur d'idée, un éclair de sentiment, et surtout une étincelle de naïve honnêteté

Il bat le rappel dans la cité des lettres, et chaque coup de baguette fait lever un homme, qui va grossir les cadres de la nouvelle armée.

Ceux qui gémissaient dans leurs froides mansardes ont repris courage; repoussés partout, rebutés des directeurs impitoyables qui, pour leur faire un nom en les jouant, leur demandaient de s'en être déjà fait un, ils allaient, épuisés, manger leur dernier morceau de pain, et mourir ensuite de froid, de misère et de faim; ils entendirent le rappel, ils descendirent les sept étages de leur froid grenier, ils frappèrent à l'Odéon, et les portes de l'Odéon s'ouvrirent devant eux.

Gloire en soit rendue à M. Larounat. Le *Gaulois* le remercie du fond du cœur des services rendus à la jeune et honnête littérature. Il compte des amis parmi ceux que le directeur du théâtre d'outre-Seine a arrachés à l'obscurité, et il rend grâce à M. Larounat au nom de ses amis aussi bien qu'en son propre nom.

Je n'ai pas l'honneur de connaître M. Pailleron; je sais seulement qu'il en est à ses débuts dans la carrière dramatique. — Je sais qu'il a de l'esprit, le vers facile et bien tourné, la repartie vive et de bon goût.

Sa petite comédie est fort jolie; Phèdre, le poète, est amoureux de sa cousine Myrrhine, mariée depuis quatre ans à un vieux bonhomme qui est parti le soir des noces, et dont on n'a plus eu de nouvelles.

Ah! si le vieux ne revenait pas, les deux amants s'épouseraient; il faut donc qu'il revienne, car Lampito, la servante de Myrrhine, adore, elle aussi, le beau Phèdre

Que faire? Lampito a gagné par ses talents de cuisinière l'estomac et le cœur d'un charmant garçon nommé Laque, qui, pour une sauce bien tournée et un vin bien vieux, se jetterait au feu pour l'amour de son idolée. Lampito souffle à Laque l'ingénieuse idée de passer pour le mari de Myrrhine. Mais la ruse est bientôt découverte, le faux mari e étrange : il aimait la liberté! Évidemment Labiénus n'avait pas le sens commun. Aimer la liberté! Comprenez-vous cela? C'était une opinion rétrograde, puisque la liberté était une chose ancienne; les hommes nouveaux aimaient le régime nouveau. Il n'avait pas le sentiment des nuances, ni la notion du temps, ni l'intelligence des transitions. Le temps avait marché; les idées aussi; lui, restait planté là comme un terme; il croyait encore à la justice, aux lois, à la science et à la conscience; évidemment il radotait... Au demeurant, bonhomme; entêté plutôt que méchant; incapable de tuer un poulet, et de souhaiter le moindre mal à un homme, si ce n'est à Auguste et encore. Il était si doux, qu'il était d'avis de ne l'envoyer qu'au bagne, tourner la meule, contrairement à l'opinion plus commune de ceux qui voulaient le mettre en croix. Il pensait d'ailleurs, avec les stoïciens, que le châtiment est un bien pour le coupable; il est donc vrai de dire qu'il souhaitait à Auguste le seul honneur qui pût lui arriver : l'expiation. »

L'auteur de ce pamphlet vigoureux terminait par une invective contre le premier volume de la *Vie de César* par Napoléon III : « Auguste en est là; ce buveur de sang n'a plus qu'une soif, celle des louanges; ce voleur de l'empire du monde ne veut plus voler qu'une chose : sa réhabilitation; mais il tente l'impossible... cette dernière lutte de César avec l'opinion qui l'écrase a je ne sais quoi de lugubre et de comique, comme la dernière grimace d'un pendu, ou comme le sourire du gladiateur qui veut mourir avec grâce. Le livre de César, c'est la toilette du condamné; c'est le salut du supplicié à la foule en marchant au supplice. C'est la coquetterie du dernier jour. César était si sale que le bourreau n'en eut pas voulu : il se débarbouille un peu pour embrasser la mort. Et il demande des lecteurs! l'insolent! des lecteurs pour César! à quoi bon? Il ose dans une préface adresser des questions aux lecteurs; mais c'est le lecteur qui répondra. »

* * *

Malgré les liens étroits dans lesquels elle était enserrée, la presse parisienne n'en joua pas moins un rôle fort important et même prépondérant dans les élections législatives, du moins dans les élections parisiennes de 1863.

On sait comment le groupe des *Cinq* avait été élu dès l'année 1857 : Hénon à Lyon, Jules Favre, Ernest Picard, Émile Ollivier et Darimon

Collection Pierre Petit.

à Paris. En 1863, grâce à la propagande du *Siècle*, de l'*Opinion Nationale*, du *Temps*, de la *Presse*, du *Courrier du Dimanche*, et même un peu des *Débats*, toute la députation parisienne fut composée de membres de l'opposition; parmi eux brillaient quatre journalistes : Havin, Adolphe Guéroult, Darimon et Pelletan, à côté d'avocats et de publicistes tels que Jules Favre, Emile Ollivier, Ernest Picard, Thiers et Jules Simon.

Les journaux furent soutenus par l'action énergique d'un groupe d'avocats, qui avaient rédigé un *Manuel électoral* resté fameux : Clamageran, Dréo, Durier, Ferry, Floquet, Hérisson, Hérold. Il y eut aussi un Comité, où siégeaient avec les jeunes avocats, que nous venons de citer, d'anciens représentants du peuple tels que Carnot, Charton, Garnier-Pagès, Marie, Henri Martin, etc.

« Le 21 Mai 1863, jour du vote, dit Taxile Delord dans son *Histoire du Second Empire*, le soleil brillait au milieu du ciel printanier, il y avait dans tous les cœurs une grande attente et une émotion véritable. La foule, vers le soir, remplissait les boulevards et assiégeait la porte de tous les journaux. Pas de cris, pas de tumulte; quelques exclamations de joie, quelques serrements de main à la vue des premiers résultats de l'élection. A dix heures, il y eut comme une explosion : « Toute la liste de l'opposition a passé ! » C'était une grande victoire pour la presse républicaine de Paris. »

L'Empereur et l'Impératrice furent exaspérés. Darimon raconte, dans son *Histoire de douze ans*, que de Girardin se trouvait, peu de temps après, parmi les invités de Compiègne. L'Impératrice l'ayant abordé, il ne souffla pas un mot des élections; ce fut elle qui prit l'initiative : « Eh bien, M. de Girardin, dit-elle, avec un dépit qu'elle ne pouvait parvenir à dissimuler, votre ami M. Pelletan l'emporte. » Elle laissa échapper quelques paroles amères; puis voyant que Girardin ne semblait pas disposé à accepter la discussion, elle lui dit avec une certaine vivacité : « Mais défendez donc M. Pelletan. » De Girardin répondit avec un grand sang-froid : « Je n'ai pas à défendre ceux qui triomphent. » Ce mot mit fin à la conversation. L'Impératrice tourna brusquement le dos à l'éminent publiciste et s'éloigna.

Le lendemain des élections, Proudhon écrivait à un de ses amis, avec une grande sagacité : « L'opinion se prononce décidément contre le système... Nous marchons à l'Empire Constitutionnel... »

* * *

Dès lors, à l'occasion de la discussion de l'Adresse, l'opposition demanda tous les ans l'amélioration du régime de la presse. Jules Simon s'élevait contre un système qui permettait à l'administration de défendre le bulletin du journal des *Débats* à un homme de cœur, à un homme d'un talent incomparable, comme Prévost-Paradol, qui jetait sur la presse une sorte de gloire. Ernest Picard, après avoir rappelé ce qui s'était passé à la fin du premier Empire, prouvait que le régime de la presse ne répondait plus à la situation : « Il faut ou redoubler de rigueurs, ou les supprimer toutes ; la législation de 1852 est usée ; si vous ne voulez pas la voir finir en même temps que vous, changez-la. »

Peu à peu un mouvement dans ce sens se faisait dans tous les esprits. Émile de Girardin ayant envoyé à M. de Persigny son livre : *Les Droits de la Pensée*, où il réclamait l'impunité de la presse, l'ancien ministre de l'intérieur déclarait qu'il était disposé à faire des concessions : « Cette question me préoccupe beaucoup, et je me sentirais peu disposé aujourd'hui à maintenir le régime actuel sans de sérieuses modifications. » Les journaux flattaient souvent leurs lecteurs de l'espoir d'une prochaine évolution libérale du Gouvernement. Mais le 13 septembre 1865, le *Moniteur* coupa court à toutes les illusions par cette note : « Les journaux s'évertuent depuis quelque temps à prédire un changement dans les hommes et dans les choses du Gouvernement. Nous sommes autorisés à déclarer que ces bruits sont sans fondement et inventés par la malveillance. »

Pendant la session législative de 1865, certains députés proposèrent de déférer à l'avenir les délits de presse à la police correctionnelle, en supprimant toutes les rigueurs administratives. Ils présentèrent même un amendement dans ce sens, soutenu par M. Martel avec beaucoup de tact et de mesure. M. Rouher déclara que rien ne serait changé au Décret de 1852 et l'amendement fut rejeté.

Le gouvernement redoubla même de rigueur contre les livres, aussi bien que contre les journaux. Deux condamnations, à un an et à trois mois de prison, sans compter les amendes, frappèrent l'éditeur et l'imprimeur des *Évangiles annotés* par Proudhon. La terreur régnait parmi les imprimeurs et les éditeurs, à ce point que M. Ernest Hamel, après avoir fait un traité avec un éditeur pour publier une *Histoire de Robespierre*, fut obligé de soutenir un procès afin d'obliger l'éditeur à tenir ses engagements.

On alla jusqu'à faire saisir par la police l'*Histoire de la maison de*

Condé par le duc d'Aumale. Vainement l'auteur et l'éditeur Michel Lévy s'adressèrent-ils aux tribunaux pour obtenir la restitution de l'ouvrage saisi. L'article 75 de la constitution de l'an VIII donnant au Gouvernement impérial le droit de substituer sa responsabilité à celle du fonctionnaire, ils se trouvèrent en présence d'un commissaire de police qui s'effaça derrière le Préfet de Police, lequel s'abrita à son tour derrière le ministre, qui répondit enfin : « Voyez la constitution, je ne suis pas responsable. »

*
* *

Les tendances libérales et les protestations de l'opinion publique se manifestèrent surtout lors de la discussion de l'Adresse de 1866. Le discours de l'Empereur, à l'ouverture de la session, avait semblé affirmer l'immuabilité des institutions et l'inopportunité des discussions. Quarante-cinq députés appartenant au parti conservateur, et qui devinrent le noyau du tiers-parti, proposèrent un amendement, dans lequel ils affirmaient que la stabilité gouvernementale n'avait rien d'incompatible avec le sage progrès de nos institutions. En tête de ces quarante-cinq députés se trouvaient MM. Buffet, Martel, de Talhouet, de Chambrun, Lambrecht, Brame, de Janzé, Plichon, d'Andelarre, Latour-Dumoulin, Planat, Malézieux, Javal, etc.

Les députés de la gauche, Jules Favre, Marie, Ernest Picard, Lanjuinais, Hénon, Eugène Pelletan, Bethmont, Havin, le duc de Marmier, Guéroult, Girot-Pouzol, Garnier-Pagès, Glais-Bizoin, Carnot, Jules Simon, Magnin, Dorian, avaient, de leur côté, présenté un amendement revendiquant la liberté de la presse. Ils invoquaient les Principes de 1789, et ils disaient : « La France a droit à une presse libre ; cependant la presse périodique soumise à l'arbitraire administratif, la censure rétablie sous une nouvelle forme, et les procès de presse enlevés au jury, leur juge naturel, confisquent la liberté de discussion. »

Ce dernier amendement fut discuté le premier. Il fut soutenu avec une grande vigueur par Jules Favre et ses amis. Ernest Picard, qui par son esprit finissait toujours par obtenir de la Chambre des députés une attention qu'elle aurait refusée à ses idées, s'éleva contre le régime de la presse qui la tuait petit à petit. « Au lieu de la vie privée, dit-il, c'est la vie politique qui est murée ; la littérature, pour le Gouvernement, ne se compose que de productions frivoles dont il facilite l'écoulement par tous les moyens possibles, y compris la circulation sans l'impôt du timbre. Mais, il y a plus encore, ajoutait-il ; l'État, non content de se faire journaliste, s'arroge le pouvoir de désigner aux directeurs de journaux les collaborateurs qu'il leur est permis de s'adjoindre. »

Granier de Cassagnac, qui essaya de répondre à Picard, déclara nettement que l'Empire devait ajourner la liberté de la presse jusqu'au jour où les partis auraient désarmé et les prétendants abdiqué.

L'amendement de la gauche ne fut voté que par les dix-sept députés qui l'avaient présenté. Thiers, Ollivier et Darimon s'abstinrent.

* * *

Quant à l'amendement des Quarante-cinq, il fut soutenu avec éclat par M. Buffet d'abord, par MM. Martel et de Talhouet ensuite. M. Buffet revendiqua pour les journaux le droit d'apprécier en toute liberté, dans les bornes de la convenance et de la modération, les discussions parlementaires. « Mais il ne suffit pas, disait-il, que nos débats puissent être discutés ; il faut encore que les questions sur lesquelles ces débats doivent porter soient préalablement et librement discutées par la presse. Je considère la presse comme l'auxiliaire nécessaire de la tribune. J'avoue que les considérations présentées hier ne m'ont pas convaincu, que, dans la situation actuelle, après quinze ans de calme et de gouvernement régulier, nous ne puissions pas espérer pour la presse un régime meilleur que celui qui la soumet purement et simplement à l'arbitraire administratif, à l'autorité discrétionnaire du ministre de l'intérieur ayant sur elle droit de vie et de mort ; je ne puis pas, pour ma part, trouver que le régime soit bon. Je ne me dissimule, assurément, aucun abus, et, à un certain égard, les dangers de la presse ; mais, tout en désirant une législation qui réprime ces abus autant qu'il est possible, je ne crois pas qu'on puisse laisser la presse dans la situation où elle est : car, malgré ces abus, pour tout homme qui réfléchit, elle est véritablement la garantie des autres garanties. »

M. Martel s'attaqua à la presse littéraire : « Que sont, disait-il; ces petits journaux qui paraissent, sans subir le timbre, le cautionnement, les droits de poste, qui n'ont besoin, pour paraître, que d'une simple déclaration faite au ministère de l'intérieur ; quels sont-ils pour la plupart? Des journaux qui vivent de niaiseries littéraires et de scandale. De quoi s'occupent-ils? De désordres de mœurs. Pour eux, rien n'est sacré ; par eux, rien n'est respecté, et, pourvu qu'ils ne s'occupent pas de matières politiques ou d'économie politique ou sociale, tout leur est permis... Et d'où vient la faveur dont jouissent ces journaux qui pullulent? Elle vient de ce que les journaux politiques, ou qui s'occupent d'économie sociale, sont à des prix exagérés pour les petites bourses. »

M. Rouher répondit de très haut : « Le droit d'imprimer et de publier ses opinions existe pour tous les citoyens en France, et il ne relève que de la loi répressive et de l'autorité judiciaire. Il en est autrement pour le journalisme... En 1789, l'existence du journalisme comme être collectif, affranchi de toute espèce de règle, de tous moyens préventifs, n'était pas sciemment et volontairement affirmée dans les principes de la déclaration du 26 août... Qu'est-ce donc que le journalisme, ce monologue quotidien, cette tribune toujours ouverte, sans contradicteur, sans personne pour réfuter ses doctrines, allant trouver des lecteurs curieux ou indifférents, les pénétrant chaque jour profondément et à leur insu, leur servant chaque jour des passions toutes faites, des impressions toutes produites contre les hommes et contre les choses? Est-ce que ce n'est pas là une puissance redoutable? Est-ce là une puissance qu'on puisse assimiler à cette faculté que l'écrivain a aujourd'hui de produire son opinion sous sa responsabilité personnelle? Je ne le crois pas, et j'en ai la preuve dans ces efforts incessants faits par tous les gouvernements qui se sont succédé : car c'est aujourd'hui un aphorisme politique, que les moyens répressifs employés contre la presse par l'autorité judiciaire et le jury sont des moyens impuissants pour sauvegarder le principe du gouvernement, le principe de la dynastie et les institutions du pays. Si cela est vrai, il faut choisir entre deux thèses : ou la liberté complète ou le pouvoir discrétionnaire placé entre les mains du pouvoir exécutif... Voulez-vous vous demander ce que deviendrait cette presse sans contrepoids? Eh bien, les élections arriveront, le scrutin va s'ouvrir ; les partis que vainement on voudrait nier, que je connais, que je signale, qui, quoique sans m'effrayer, ne me laissent pas indifférent, est-ce qu'au jour de la lutte, ils n'exploiteront pas les ressources de la presse? Est-ce que dans chaque arrondissement, dans chaque canton, lorsque l'autorisation aura disparu, lorsque le droit d'avertissement aura été balayé, lorsqu'enfin la presse sera libre, lorsqu'elle ne relèvera que d'elle-même, est-ce que dans chaque ville, dans chaque canton, on ne soufflera pas une publicité ardente, passionnée, hostile, cherchant à bouleverser le pays dans un intérêt électoral ? Et que fera la justice, Messieurs ? Elle arrivera d'un pas claudicant, après l'élection, pour obtenir la répression ; mais, à ce moment, les passions et les diffamations auront fait leurs ravages ; la majorité aura été détruite ; la minorité sera devenue triomphante, et cette presse, que vous voulez laisser entièrement libre, aura commis son troisième attentat contre les pouvoirs publics et contre les droits de la nation. »

Ollivier et Thiers répliquèrent à M. Rouher. Retenons ces paroles remarquables de celui qui devait, le premier, présider aux destinées de notre troisième République : « Oui, je reconnais les inconvénients de la liberté de la presse, je les reconnais dans toute leur gravité. Je sais que la répression légale n'est pas suffisante pour prévenir les abus de la presse. Quel est le véritable, l'unique moyen que révèle l'expérience ? C'est celui-ci : l'usage. Oui, lorsqu'on rend la liberté à la presse, elle en abuse, cela est vrai. Moi qui parle ici pour elle, je ne serais pas mieux traité que ceux qui la refusent, mais cela importe peu. La presse abuse, mais alors elle encourt bientôt la réprobation publique, et, avec le temps... elle reconnaît sa faute... On pourra écrire des volumes sur ce sujet, mais la vérité se réduit à ces quelques mots : c'est qu'on ne peut arriver à la véritable répression que par l'usage. C'est une épreuve à traverser ; mais tant que l'épreuve n'est pas faite, elle reste à faire. »

L'amendement des Quarante-cinq fut rejeté par 206 voix ; mais 63 suffrages se prononcèrent en sa faveur, malgré l'abstention d'une partie de la Gauche. Jamais la minorité n'avait atteint un chiffre aussi élevé. C'était presque une victoire pour la presse.

*
* *

Néanmoins le Gouvernement continuait à user contre la presse du pouvoir discrétionnaire qu'il tenait de la législation de 1852. Les avertissements étaient prodigués aux journaux d'opposition, aussi bien en province qu'à Paris. C'est ainsi qu'en 1864 on avertit l'*Indépendant de la Charente*, qui « excite à la haine et au mépris du Gouvernement en le présentant comme un pouvoir sans frein et sans contrepoids ». Le *Temps*, pour un motif analogue ; l'*Indépendant de Constantine*, qui « entretient l'inquiétude dans les esprits » ; la *Foi Bretonne*, qui « attaque les articles organiques » ; l'*Opinion Nationale*, qui « ose dire à propos de la politique du Gouvernement, dans la question polonaise, que la France est condamnée à l'impuissance, qu'elle a subi l'humiliation imposée par les puissances étrangères, et qu'elle obéit aux doctrines de la paix à tout prix ».

L'*Union de l'Ouest* fut suspendue pendant deux mois, dès le début de l'année 1865. Il en fut de même de la *Gazette du Midi*, qui avait contesté au Conseil d'Etat les pouvoirs, que la Constitution lui conférait sur le clergé, en matière d'appel comme d'abus. L'*Indépendant de la Charente-Inférieure* et le *Mémorial des Deux-Sèvres* furent avertis pour avoir commis l'éternel délit d'excitation à la haine et au mépris du Gouvernement : le premier, en se permettant de douter du succès de l'expédition du Mexique ; le second, en dénaturant les actes de l'autorité. Le *Courrier du Dimanche*, qui venait à peine de reparaître après une suspension de deux mois, fut averti « parce qu'il tournait en ridicule la politique de l'Empereur ». Le *Monde* fut averti, à son tour, parce qu'en rendant compte d'un entretien entre le pape et l'ambassadeur de France, il « n'avait eu pour but que de jeter le trouble dans les esprits ». Guéroult, ayant eu une discussion fort vive sur les postes avec M. Vandal, crut pouvoir publier un article sur ce sujet dans l'*Opinion Nationale ;* il fut averti pour « avoir apprécié d'une façon injurieuse les paroles prononcées devant le Corps législatif par un commissaire du Gouvernement. »

Une fois de plus Prévost-Paradol fut averti, pour avoir publié dans le *Courrier du Dimanche* un article « offensant pour les magistrats chargés d'appliquer les lois ». Laurent Pichat attira la foudre administrative sur le *Phare de la Loire* par un éloquent article sur la mort d'Amédée Jacques, un proscrit du 2 Décembre, ancien élève de l'École normale, démissionnaire de l'Université pour refus de serment, et rédacteur de la *Libre Pensée*. L'*Époque*, coupable d'avoir blâmé par la plume d'Adrien Marx la décision disciplinaire appliquée aux étudiants qui avaient pris part au congrès de Liège, fut rappelée au respect des arrêts du tribunal universitaire.

* * *

C'est en 1864 et 1865 qu'eut lieu le procès relatif aux correspondances envoyées aux journaux légitimistes des départements par Léon Lavedan, de Saint-Chéron et Finance de Clairbois. Une vingtaine de journaux légitimistes recevaient, sous enveloppe cachetée, les lettres écrites par Lavedan et les publiaient, soit intégralement, soit avec des modifications, tantôt sous la signature de Clairbois, tantôt sous la signature de leurs rédacteurs. Aucune de ces lettres n'avait encore provoqué ni poursuite, ni avertissement, lorsque tout à coup le Gouvernement fait opérer des perquisitions, le même jour, à la même heure, chez Léon Lavedan, Saint-Chéron et Finance de Clairbois, et aussi dans les bureaux des journaux de départements reproduisant les correspondances. Chacun des trois correspondants fut traduit devant la police correctionnelle et condamné à un mois de prison et 100 francs d'amende, pour avoir contrevenu à l'article 1er du décret du 17 février 1852 en publiant, sans autorisation du Gouvernement, un écrit périodique traitant de matière politique. La Cour d'appel de Paris confirma ce jugement; mais la Cour de Cassation annula l'arrêt de la Cour de Paris et renvoya l'affaire devant la Cour de Rouen, qui se rangea à l'opinion de la Cour de Paris et confirma de nouveau le jugement de condamnation. Nouveau pourvoi en Cassation et nouveau renvoi de l'affaire devant la Cour d'Orléans, qui accepte la doctrine de la Cour de Cassation et acquitte les prévenus.

* * *

L'année 1866 vit se terminer la lutte depuis si longtemps engagée entre le Gouvernement et le *Courrier du Dimanche*. Le ministre de l'intérieur, de la Valette, demanda et obtint sa suppression pure et simple. Voici le texte du curieux rapport adressé à ce sujet par le Ministre à l'Empereur Napoléon III.

« Sire,

« Le journal *le Courrier du Dimanche*, dans son numéro du 29 juillet, publie un article intitulé *Lettre au rédacteur*, qui contient notamment les passages suivants : « La France est une dame de la Cour, très belle, aimée par les plus galants hommes, qui s'enfuit pour aller vivre avec un palefrenier. Elle est dépouillée, battue, abêtie un peu plus tous les jours ; mais c'en est fait, elle y a pris goût et ne peut être arrachée à cet indigne amant... Noble et chère Nation, qui donc plaidera ta cause, comme il convient, auprès de la postérité trop sévère? Qui expliquera, comme il est juste, ton découragement par tes échecs, la lassitude par tes chutes, ton dégoût par tant de sublimes et stériles efforts ? Comme cet homme à la main malheureuse dont on raconte l'histoire aux enfants, qui ne pouvait marcher sans faire un faux pas, ni toucher un meuble sans le briser, ni tendre la main sans renverser quelqu'un ou quelque chose, et qui finit par rester cloué sur sa chaise de peur de faire crouler la maison, tu demeures immobile et sans voix, pleine de défiance contre toi-même et aussi de surprise, déconcertée par le sentiment même de ta force et par cette impuissance de la faire tourner à bien. Mais ce mauvais sort n'est pas éternel, et cette contradiction doit cesser un jour... »

« Le langage que j'ai voulu reproduire, pour le signaler non seulement à Votre Majesté, mais au pays tout entier, est-il celui d'une appréciation loyale des affaires de l'État ?... C'est à de tels signes que se révèle cette presse anti-dynastique, instrument d'un parti incorrigible, qui cherche dans la violence des attaques de vaines compensations à sa faiblesse et à son isolement. Or, c'est contre de pareils organes de publicité que le législateur a armé le pouvoir.

« Le *Courrier du Dimanche* a, depuis son apparition, encouru huit avertissements, deux suspensions et une condamnation judiciaire pour excitation à la haine et au mépris du Gouvernement. A côté de ces mesures sont intervenues des amnisties successives, qui auraient dû inspirer quelque modération et quelque convenance à la rédaction de cette feuille. Mais l'indulgence et la sévérité devaient être également impuissantes à contenir des passions et une hostilité qui poursuivaient un dessein prémédité.

« Le recours à un droit extrême s'impose donc au Gouvernement, et je n'hésite pas à soumettre à la signature de Votre Majesté un décret qui prononce la suppression du *Courrier du Dimanche*. »

Un décret, daté de Vichy, le 2 août 1866, supprima en effet ce vaillant journal.

*
* *

Cependant, au même moment, des journaux littéraires n'hésitaient pas à se lancer sur la mer orageuse de la publicité, au risque de se briser sur l'écueil qui sépare les matières politiques des matières économiques et sociales. La *Libre Pensée*, feuille hebdomadaire rédigée par Eudes, Flourens, Coudereau, Létourneau, Asseline,

1. Léon Gozlan. — 2. Jules Noriac. — 3. Ernest Legouvé. — 4. Édouard Plouvier. — 5. Louis Ulbach. — 6. Arsène Houssaye. — 7. Pierre Véron. — 8. Jules Moinaux. — 9. Jules Michelet. — 10. Émile Littré. — 11. Prosper Mérimée. — 12. Paul Avenel. — 13. Roger de Beauvoir. — 14. J.-A. Castagnary. — 15. Philibert Audebrand

Portraits tirés des collections Pierre Petit, Nadar, Eug. Pirou, Ch. Reutlinger, Benque (Phot.).

Girard de Rialle, Regnard, parut le 21 octobre 1866. « Notre titre, écrivait Coudereau, dans le premier numéro, dit assez nos tendances. Affranchir l'esprit humain des hypothèses, des superstitions, des doctrines irrationnelles, tel est notre but. N'admettre de raisonnement que basé sur l'observation, l'expérience, telle est notre loi... Notre publication s'adresse à tous, surtout à ceux qui reculent à l'idée de puiser la science dans de gros et arides volumes, à tous ceux qu'effraye l'étude de la philosophie obscurcie comme à plaisir par le langage à part des scolastiques. Nous passerons en revue, tour à tour, sciences, lettres, arts, histoire, philosophie, tout le patrimoine intellectuel de l'humanité, sans autre prétention, sans autre parti pris que d'être utiles et vrais... »

Plusieurs mois avant la publication de la *Libre Pensée*, avait paru la *Morale Indépendante*, avec Henri Brisson, Massol, Frédéric Morin, Ch. Renouvier, Vacherot, etc.

Un mot en passant sur Massol, bien connu comme ancien Saint-Simonien et comme l'un des plus grands dignitaires de la franc-maçonnerie. Il avait séjourné assez longtemps en Égypte, auprès du vieux Méhémet-Ali ; on l'avait préposé, dit Philibert Audebrand dans ses *Souvenirs*, à l'éducation et à l'instruction du fils d'un pacha. Il y avait cette particularité, que son élève, ayant passé quatre ans à Paris, pouvait être considéré comme un Occidental. « On l'avait suffisamment frotté de cosmographie, d'histoire et de géographie, racontait Massol, en sorte que je le croyais acquis aux idées européennes. Eh bien, un jour, à la chasse, près du désert, il se mit tout d'un coup à nous dire : On en pensera ce qu'on voudra, je suis sûr que la terre est portée par un éléphant. A dater de ce moment-là, ajoutait Massol, je me suis mis à douter un peu de ce qu'on appelle la perfectibilité humaine. »

Il avait assez longuement parcouru la Grèce. Aussi parlait-il avec enthousiasme de l'Hellade et de la race presque divine qui l'a toujours habitée. « Les Grecs d'aujourd'hui, disait-il, ont encore la beauté traditionnelle. J'ai souvent pris plaisir à les regarder d'une hauteur. Quand on les voit marcher deux à deux, en se tenant par l'épaule, on croirait voir s'avancer un bas-relief antique. »

Trois personnalités appartenant à des partis bien différents, Émile Ollivier, Veuillot et Chassin, ayant demandé l'autorisation de fonder un journal politique, se virent opposer un refus. Le ministre de l'intérieur répondit à Émile Ollivier : « Vous avez demandé l'autorisation de fonder un journal, j'ai dû examiner votre demande en même temps qu'un grand nombre d'autres du même genre, et je viens de décider que l'autorisation ne pourrait vous être accordée. » La réponse adressée à Veuillot était formulée comme une mercuriale : « Si vous aviez voulu consacrer votre grand talent à une œuvre de conciliation au milieu des grands intérêts qui s'agitent en ce moment en Europe, je n'aurais pas tardé à vous donner l'autorisation demandée, mais le Gouvernement a cru devoir écarter de la discussion, dans l'intérêt même de l'Église, tout ce qui pouvait répandre dans les esprits une agitation stérile et troubler les consciences. » Quant à M. Chassin, on ne lui répondit même pas[1]. Il est vrai que Veuillot fut plus heureux l'année suivante et qu'il put remercier dans le premier numéro de l'*Univers* le ministre de l'intérieur de « la bonne grâce extrême » avec laquelle il lui avait permis de publier une nouvelle feuille. L'Impératrice avait fort contribué à rendre à Veuillot les bonnes grâces du ministre de l'intérieur.

*
* *

Quoi qu'il en soit, au moment où l'on s'y attendait le moins, éclata le Manifeste du 19 janvier 1867, par lequel l'Empereur annonçait solennellement à la France que l'heure de la liberté avait enfin sonné pour elle.

Après avoir déclaré que l'Adresse serait remplacée par le droit d'interpellation sagement réglementé et que les ministres participeraient désormais aux discussions législatives, en vertu d'une délégation spéciale, sans aucune solidarité entre eux et tout en dépendant uniquement du chef de l'État, l'Empereur ajoutait : « Mais là ne doivent pas s'arrêter les réformes qu'il convient d'adopter. Une loi sera proposée pour attribuer exclusivement aux tribunaux correctionnels l'appréciation des délits de presse, et supprimer ainsi le pouvoir discrétionnaire du Gouvernement. Il est également nécessaire de régler législativement le droit de réunion... Par les mesures que je viens d'indiquer, je n'ébranle pas le sol, que quinze années de calme et de prospérité ont consolidé ; je l'affermis davantage, en rendant plus intimes mes rapports avec les grands pouvoirs publics, en assurant, par la loi, aux citoyens des garanties nouvelles, en ache-

[1] Taxile Delord. *Histoire du Second Empire*, t. IV, p. 586.

vant enfin le *couronnement de l'édifice* élevé par la volonté nationale. »

Il semblait qu'une ère nouvelle et des horizons plus vastes allaient s'ouvrir pour la presse française.

* * *

Avant d'exposer comment les promesses du 19 janvier furent tenues et quels en furent les résultats pour la presse, il convient de dire quel était, en 1867, l'état du journalisme dans les départements. Nous n'avons en effet guère parlé jusqu'ici que des organes parisiens.

D'après l'*Exposé de la situation de l'Empire*, présenté au Sénat et au Corps législatif en 1865, le nombre des journaux politiques était de trois cent trente, dont soixante-trois imprimés à Paris, et deux cent soixante-sept imprimés dans les départements. Dans le cours de l'année 1865-1866, le Gouvernement n'avait accordé que quatre autorisations pour la création de nouvelles feuilles politiques, dont deux à Paris et deux en province.

Un éminent rédacteur des *Débats*, Ernest Bersot, eut la curiosité de rechercher, en janvier 1867, quels étaient ces journaux de départements, à quelles opinions ils appartenaient et comment ils se répartissaient à la surface de la France. Nous n'avons qu'à reproduire, presque textuellement, les résultats de l'enquête longue et difficile, faite à cette époque par un membre de l'Institut.

Les journaux des départements étaient, pour la plupart, des journaux gouvernementaux. Les uns appartenaient entièrement à l'administration ; d'autres, moins nombreux appartenaient à des amis dévoués du Gouvernement ; d'autres, encore, malgré la tentation qu'ils en avaient, ne contrariaient jamais l'administration, qui les tenait par la faveur et par la crainte : par la faveur des annonces judiciaires et la crainte des désagréments qui peuvent tomber sur une feuille indépendante, en comptant parmi ces désagréments la suspension et la mort.

Les journaux d'opposition ou indépendants, c'est-à-dire ceux qui examinaient et appréciaient librement les actes du pouvoir, étaient en petit nombre, surtout si on ne tenait compte que de ceux qui se signalaient par leur courage.

En voici l'énumération à peu près complète, abstraction faite de la couleur et de la nuance de chacun des organes de l'opposition. Dans le département de la Gironde : la *Gironde*, le *Courrier de la Gironde*, avec son annexe le *Journal du Peuple*, et la *Guienne* paraissant à Bordeaux, l'*Espérance de Blaye*. Dans la Charente-Inférieure : le *Courrier de la Rochelle*, l'*Indépendant de la Charente-Inférieure*, à Saintes. Dans les Deux-Sèvres : le *Mémorial des Deux-Sèvres*, à Niort. Dans la Vienne : le *Courrier de la Vienne et des Deux-Sèvres*, à Poitiers. A Nantes : le *Phare de la Loire* et l'*Espérance du Peuple*. A Angers : l'*Union de l'Ouest* et son annexe l'*Ami du Peuple*. Au Mans : l'*Union de la Sarthe* et la *Chronique de l'Ouest*. Dans la Mayenne : l'*Indépendant de l'Ouest*. Dans l'Ille-et-Vilaine : le *Journal de Rennes*. Dans le Morbihan, à Vannes : le *Courrier de Bretagne*. Dans le Finistère : l'*Océan* et l'*Impartial de Quimper*. Dans les Côtes-du-Nord : la *Foi Bretonne*. Dans la Manche : la *Vigie de Cherbourg*. Dans le Calvados : l'*Ordre* et la *Liberté*, de Caen, l'*Indicateur de Bayeux*, et le *Normand* de Lisieux. Dans la Seine-Inférieure : le *Journal de Rouen*, le *Journal du Havre* et le *Journal de l'arrondissement du Havre*. Dans le Nord : l'*Echo du Nord*, le *Propagateur du Nord et du Pas-de-Calais*, à Lille. L'*Echo de la Frontière*, à Valenciennes, et l'*Emancipateur*, à Cambrai. A Troyes : l'*Aube*. Dans la Moselle, à Metz : le *Courrier de la Moselle*, l'*Indépendant de la Moselle* et le *Vœu National*. A Nancy : le *Journal de la Meurthe* et l'*Espérance*. Dans le Bas-Rhin : le *Courrier du Bas-Rhin*. Dans l'Yonne : la *Constitution*, d'Auxerre, et le *Sénonais*. Dans la Côte-d'Or : le *Journal de Beaune*. Dans le Doubs : l'*Union franc-comtoise*, avec son annexe la *Feuille hebdomadaire*, la *Franche-Comté* avec son annexe le *Conservateur*. Dans le Rhône : le *Progrès de Lyon* et le *Salut Public*. Ajoutez dans le centre : la *France Centrale*, à Blois, le *Mémorial de l'Allier*. Dans le Midi : le *Journal de Toulouse*. Le *Sémaphore* et la *Gazette du Midi*, à Marseille. Dans le Var : le *Toulonnais ;* à Grenoble : l'*Impartial dauphinois* ; à Chambéry : le journal très clérical, le *Courrier des Alpes*.

Ainsi, dans trente et un départements, il y avait environ cinquante-six journaux d'opposition, cinquante et un seulement en déduisant les annexes. Dans les cinquante-huit autres départements, il n'y avait que des journaux gouvernementaux, ou même il n'y avait aucun journal politique.

On voit par ce tableau comment la vie politique était distribuée à la surface du pays. Elle existait surtout à la circonférence, dans le

Sud-Ouest, l'Ouest, le Nord et l'Est. Au centre, autour de Paris, rien. Dans le riche département de Seine-et-Marne, il n'y avait pas même un journal politique ; ailleurs, c'était une seule petite feuille qui paraissait trois fois, deux fois, une fois la semaine. Il en était ainsi dans la Seine-et-Oise, dans l'Eure, dans l'Orne et dans l'Eure-et-Loir, où paraissait une feuille du dimanche. Quand on tirait vers le Nord et l'Est de Paris, hors des points parcourus, il se produisait ce phénomène curieux : les journaux se multipliaient quelquefois d'une manière prodigieuse, sans que l'opposition y eut la moindre part. Ainsi, dans la bande formée par la Marne, la Meuse, la Haute-Marne, les Vosges, le Haut-Rhin, la Haute-Saône, il y en a vingt, dont sept dans le département de la Marne ; dans la bande formée par l'Aisne et les Ardennes, il y en a dix ; dans la bande formée par l'Oise, la Somme et le Pas-de-Calais, il n'y en avait pas moins de vingt-quatre. Au-dessous de Paris, en prenant tout l'espace qui s'étend entre le chemin de fer de Paris à Bayonne et le chemin de fer de Paris à la frontière, vers Neufchâtel, en réservant dans la première région Blois, Bordeaux et Toulouse, dans la seconde région l'Yonne, la Côte-d'Or, Lyon, Grenoble, Chambéry, Toulon et Marseille, puis certains points isolés comme l'Isère et l'Allier, il y avait quarante départements, c'est-à-dire presque entièrement le centre et le midi de la France, dans lesquels on ne trouvait que 66 journaux politiques et pas un d'opposition. C'était la Sologne de la presse.

Dans cette étendue de quarante départements, la presse politique gouvernementale était ainsi répartie : trois journaux dans Saône-et-Loire, la Dordogne, le Cantal, le Tarn, l'Hérault et le Gard ; deux dans les départements suivants : Charente, Cher, Indre, Corrèze, Loire, Landes, Basses-Pyrénées, Hautes-Pyrénées, Lot, Lot-et-Garonne, Aveyron, Ain, Jura, Alpes-Maritimes, Corse ; un dans les départements suivants : Loiret, Indre-et-Loire, Creuse, Haute-Vienne, Nièvre, Puy-de-Dôme, Haute-Loire, Gers, Tarn-et-Garonne, Ariège, Pyrénées Orientales, Aude, Lozère, Vaucluse, Ardèche, Drôme, Haute-Savoie, Basses-Alpes. Dans les Hautes-Alpes : rien.

*
* *

Tel était l'état de la presse dans les départements en 1867. Ce serait une erreur de croire que la presse parisienne suffisait à combler les vides signalés. Sans doute, à la rigueur, la presse parisienne, arrivant dans les départements, pouvait y représenter les diverses opinions politiques; mais elle n'avait aucune influence sur les élections locales consulaires, municipales, d'arrondissement, de département. Elle ne servait à rien pour la publicité des comptes rendus des Conseils municipaux et du Conseil général, à rien pour la discussion de mille intérêts locaux, en vue desquels les journaux parisiens n'ont pas de place. La décentralisation départementale ne saurait exister sans une presse départementale fortement organisée.

Le régime de la presse des départements était celui de toute la presse, aggravé par l'éloignement de Paris. Comptez les prises que l'administration avait sur elle : l'autorisation très difficile à obtenir, le cautionnement qui rapportait peu et était exposé aux saisies, le timbre, le don et le retrait des annonces judiciaires, la permission ou la défense de vendre sur la voie publique, les procès correctionnels avec la prison et l'amende, l'avertissement avec la suspension et la suppression.

N'oublions pas la condition des imprimeurs, qui vaut la peine qu'on s'y arrête un instant. Leur nombre était restreint, il leur fallait un brevet; or, un imprimeur réfléchissait avant de prêter ses presses à un journal d'opposition, et une fois qu'il s'était décidé, il redoutait les procès avec l'amende et la prison; il ne craignait pas seulement de la part du journal qu'il imprimait; dès qu'on avait l'œil sur lui, tout ce qu'il imprimait pouvait le compromettre : il était si facile d'oublier une formalité, et si, dans quelque ouvrage de moins de dix feuilles, il se glissait quelques phrases de cette économie sociale, qu'avec un peu de bonne volonté on peut découvrir partout, il était frappé d'une condamnation compromettante pour son brevet qui, après une contravention quelconque, risquait d'être supprimé. Aussi dès qu'un journal attirait sur lui l'attention du pouvoir, l'imprimeur priait perpétuellement qu'on atténuât, qu'on retranchât; il priait, et au besoin, il exigeait; en sorte qu'il arrivait ce fait curieux que la censure, qui devait être supprimée à jamais, était rétablie; seulement, au lieu de la censure du Gouvernement, on avait celle de l'imprimeur.

Ajoutez, lorsque le rédacteur n'était pas propriétaire du journal, les alarmes de la propriété, la pression qui s'ensuivait; aussi était-il difficile aux feuilles indépendantes, et surtout à une feuille indépendante dans un département, de naître et de vivre.

Ce qui gênait particulièrement la presse des départements, c'était le pouvoir donné aux préfets d'accorder et de retirer les annonces judiciaires, pouvoir qui leur était conféré par le décret organique sur la presse de 1852. A moins d'être par trop naïf, comment s'imaginer que le préfet, agent politique, pouvait oublier la politique pour partager également ses faveurs entre ses amis et ses adversaires ? Comment ne pas voir que la jouissance des annonces était pour la plupart des journaux une tentation trop forte ? Les annonces judiciaires étaient donc, en réalité, une subvention déguisée.

* * *

Mais revenons aux promesses libérales contenues dans le Manifeste impérial du 19 janvier 1867.

Le projet de loi sur la presse, si vivement attendu, fut déposé au Corps législatif dans la séance du 13 mars 1867, après l'étude préparatoire confiée au Conseil d'État. M. Pinard, Conseiller d'État, avait rédigé l'exposé des motifs de cette loi, qu'il devait bientôt être appelé à défendre en qualité de ministre de l'intérieur.

Après avoir esquissé à grands traits l'histoire de la presse en France, il montrait son influence toujours croissante, soit comme organe de polémique, soit comme organe de publicité. Il abordait ensuite les détails du projet, qui se résumait dans la déclaration préalable, le cautionnement et le timbre ; et il faisait ressortir l'importance de la suppression de l'autorisation. Au point de vue général, il signalait les innovations de la loi relativement aux faits punissables, aux pénalités, à la juridiction, à la procédure : le régime des avertissements, de la suspension et de la suppression administratives prenait fin, et les tribunaux correctionnels devenaient les seuls juges des délits des journalistes. Il justifiait enfin la proposition du Gouvernement de rendre libre le commerce de l'imprimerie et de la librairie et de supprimer les brevets. Il terminait en résumant ainsi l'esprit de la loi nouvelle : « Elle ne redoute pas l'initiative individuelle, puisqu'elle l'affranchit ; elle n'a pas de téméraires confiances, puisqu'elle arme la justice. Elle ne veut pas que ces armes soient rigoureuses, mais qu'elles soient efficaces ; elle a le privilège d'être humaine parce qu'elle a le soin d'être prévoyante. Dans ses détails, comme dans son ensemble, elle recherche l'utile, mais à la condition que l'utile soit le juste. »

Le Corps législatif nomma, pour examiner le projet, une commision composée des députés suivants : Douesnel, de Beauverger, Chauchard, Busson-Billault, Perras, Lebon, Bournat, Mathieu, Nogent-Saint-Laurens. Ce dernier fut nommé rapporteur.

La commission consacra vingt-six séances à l'examen de la loi et des nombreux amendements présentés par les députés, notamment par Ollivier, Belmontet et de Kervéguen. Quelques-uns de ces amendements constituaient de véritables contre-projets par leur importance et leurs développements. Un premier rapport fut présenté à la Chambre le 15 juin 1867. Au nom de la Commission, Nogent-Saint-Laurens s'associait complètement à la pensée généreuse qui avait inspiré le projet de loi ; et il en caractérisait l'esprit en ces termes : liberté progressive, garanties utiles, responsabilité indispensable. Il s'applaudissait de voir voter une loi destinée à développer les franchises et l'influence de la presse ; il proposait d'ajouter, aux immunités consenties par le Gouvernement, la diminution du timbre et l'applicabilité des circonstances atténuantes à tous les délits et contraventions de presse ; mais il considérait comme inopportune la suppression du brevet des imprimeurs et libraires. Il terminait, en exprimant loyalement sa confiance dans les heureux résultats de la loi projetée : « L'avenir sera là, nous le croyons, pour prouver bientôt qu'en France tout s'élève, tout se modère, tout se perfectionne, la presse comme autre chose, et que la liberté, qui n'est dangereuse que par la pratique excessive, deviendra la condition organique d'un pays qui veut le progrès général avec la stabilité du Gouvernement qu'il s'est donné lui-même. »

Cependant la session de 1867 se termina sans que la Chambre des députés abordât la discussion de la loi. Au début de la session suivante, de nouveaux amendements nécessitèrent le dépôt d'un rapport supplémentaire, dans lequel apparut pour la première fois la proposition de M. Guilloutet sur le *mur de la vie privée*. Un second rapport supplémentaire fut déposé le 27 janvier 1868 [1].

*
* *

Au cours de l'année 1867, la presse littéraire et satirique, qui n'avait pas besoin d'autorisation administrative, prit de nouveaux

[1] Ce résumé des travaux préparatoires est emprunté au *Commentaire de la loi sur la presse* de M. Giboulot, p. 22 et suiv.

développements. Ces journaux étaient hebdomadaires et avaient des tendances démocratiques.

Mentionnons la *Rue* surnommée le *Petit Hurleur*, qui parut le 1er juin 1867, avec Jules Vallès comme rédacteur en chef, et pour collaborateurs, Cavelier dit Pipe-en-Bois, Longuet, Pierre Denis, Stamirowsky dit de Stamir, J.-B. Clément, Gill, Maroteau, Puissant, Pouvillon, Arthur Arnould, Savinien Lapointe, Francis Enne, etc.

Dès le premier numéro, Jules Vallès, avec son style pittoresque, gouailleur et un peu lugubre, indique et décrit ce que sera la *Rue* qui fera le sujet de ses articles : « Celle qui mène au boulevard et celle qui aboutit au faubourg : la rue que tous traversent pour aller à l'hospice ou au bal, au bureau ou à l'atelier, à la Bourse, à la Halle, au travail, au plaisir, à la Roquette, au cimetière ; habitée par des chiffonniers et des millionnaires, bordée de monuments ou de masures, de casernes ou de chantiers, de boutiques ou d'échoppes : pleine d'odeurs, de bruits, pavée de hasards... Nous avons pris son nom pour pavillon, pour indiquer du coup qui nous sommes... Ces monuments accroupis au bord des quais ou sur les places, qui ne disent rien, nous les ferons parler, nous essayerons aussi de leur donner une âme. Nous suivrons, à l'hôpital, le chirurgien jusqu'au lit du malade, la sœur jusqu'à la chapelle, l'interne jusqu'à l'amphithéâtre. Dans les prisons, nous demanderons aux gardiens des confidences, aux condamnés des révélations ; nous calquerons des faces de voleurs ou de criminels... C'est donc Paris, Paris misérable et glorieux, Paris dans sa grandeur et son horreur, que la *Rue* va mouler, mouler vivant, mordant dans la peau, le plâtre, la pierre, la chair... Nous sonnerons l'attaque et donnerons l'assaut contre toutes les forteresses, instituts, académies, du haut desquelles on fusille quiconque veut avoir l'esprit libre ; Gavroche battra la charge sur le pont des Arts, Giboyer clouera aux portes de la Sorbonne son gant crevé, et nous racolerons des poêles à frire pour aller donner charivari à M. Auber, sous les fenêtres du Conservatoire... »

Jules Vallès s'est dépeint lui-même en quelques vers écrits au bas de sa photographie :

C'est bien la mine bourrue
Qui dans un salon ferait peur,
Mais qui, peut-être, dans la rue,
Plairait à la foule en fureur.

Je suis l'ami du pauvre hère
Qui, dans l'ombre, a faim, froid, sommeil.
Comment, artiste, as-tu pu faire
Mon portrait avec du soleil?

S'il faut en croire Charles Virmaitre[1], Jules Vallès aimait à raconter des histoires lugubres ; celles dans lesquelles le bourreau jouait un rôle lui plaisaient plus particulièrement. Un soir, à table, il raconta une visite qu'il avait faite la veille au bourreau Heindrich, boulevard Beaumarchais. C'était à soulever le cœur de dégoût, les femmes durent se retirer. Le mot de la fin de cette conversation fut celui-ci : « Lorsque le bourreau me reconduisit sur le palier, il me tendit la main et me dit : Au revoir, Monsieur, je suis à votre service. » — « Si jamais tu montes sur l'échafaud, répondit Gill, il te soignera comme un ami. »

On raconte aussi qu'après avoir vu rouler sur l'échafaud la tête d'un assassin, cet écrivain par trop réaliste demanda et obtint la *faveur* d'aller visiter la cellule du supplicié et qu'il s'assit sur le lit encore chaud.

Nous retrouverons Jules Vallès dans la presse de la Commune.

Après Vallès, à la *Rue*, la plus curieuse figure était celle de Pipe-en-bois. On connaît l'origine de ce surnom ; il lui fût donné à la première représentation d'*Henriette Maréchal*, le 5 décembre 1865. Il courut alors au quartier latin une chanson, dont voici un passage :

De Pipe-en-Bois connaissez-vous l'histoire.
C'est le Censeur du Théâtre-Français...
Dès qu'il paraît une pièce nouvelle,
A l'instant même il vient dicter des lois ;
La voir tomber, qu'elle soit bonne ou belle,
C'est l'humble vœu de Monsieur Pipe-en-Bois...

Le numéro 27 de la *Rue* amena sa suppression. A propos de la loi militaire sur le remplacement, Vallès écrivit un article intitulé : *les Cochons vendus.* « C'était, dit Charles Virmaitre, le lendemain de l'exécution d'Avinain. Vallès commanda pour la troisième page un dessin représentant la cellule d'un condamné à mort. On voyait, sous le drap blanc qui formait linceul, un homme couché comme un cadavre. Près du poêle qui ronflait, un soldat était assis, tête bestiale, dos lourd, il se chauffait stupidement les mains ; c'était l'abru-

[1] *Paris-Canard*, p. 101.

tissement de l'obéissance, l'exécution résignée et muette de la consigne funèbre. Le gérant fut condamné à deux mois de prison et 400 francs d'amende ; le journal *la Rue* releva appel ; mais devant les tracasseries de l'imprimeur Kugelmann, il disparut le 11 janvier 1868. »

Jules Vallès fit en ces termes l'oraison funèbre de la *Rue* : « Nous continuerons ici ou là, chez nous ou chez les autres, tous ensemble, à frapper au cœur ou à rire au nez des plus redoutables et des plus illustres, les redoutables qui menacent de leur influence, et les illustres qui abusent de leur gloire. Nous continuerons à battre en brèche tout ce qui, en dehors de l'État ou de l'Église, est caserne ou sacristie, attaquant l'ennemi par la colère ou l'ironie, cette arme blanche de l'esprit français. »

*
* *

Le *Corsaire*, qui parut au mois d'octobre 1867, avait pour rédacteur en chef Jules Lermina et pour principaux collaborateurs : Étienne Arago, Paul Arène, E. Blavet, Alfred Bougeart, Alexis Bouvier, Étienne Carjat, Henri Chabrillat, Jules Claretie, Édouard Lockroy, Jules Mahias, Louis et Victor Noir, Ranc, Tony Révillon, Georges Sauton, Francisque Sarcey, Édouard Siebecker, Spoll, Pierre Véron, etc.

L'article-programme du *Corsaire* était tout à fait hardi : « Dans toutes les questions purement artistiques et littéraires qui se rattachent si intimement aux questions sociales, disait-on, le *Corsaire* sera l'organe de ceux qui veillent et espèrent encore, enregistrant les faits à mesure qu'ils se produisent, les étudiant, les commentant et s'efforçant de leur assigner leur importance et leur valeur réelles dans l'ordre auquel ils appartiennent. Pour mieux dire, le *Corsaire*, en dépit des insouciants et des persifleurs, inscrit sur son drapeau cette devise : *Justice et Liberté*. Ce drapeau, le *Corsaire* promet de ne jamais le mettre dans sa poche. Il le tiendra, pour tout ce qui est de son domaine, haut et ferme, ne consentant à le baisser que devant les exigences de la loi... »

Entre tous les journalistes de brillant avenir qui collaboraient au *Corsaire*, il faut mettre hors de pair Jules Claretie, qui est devenu membre de l'Académie française et directeur de la Comédie-Française, après s'être montré chroniqueur parisien élégant et bien

JULES VALLÈS.

Phot. Et. Carjat.

FÉLIX PYAT.

Phot. Eug. Pirou, Boul. Saint-Germain.

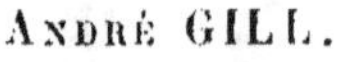

ANDRÉ GILL.

Phot. E. Carjat.

CHARLES DELESCLUZE.

informé, romancier du plus grand mérite, historien d'un talent remarquable dans ses travaux sur *Camille Desmoulins et les derniers Montagnards*. Dès cette époque, Jules Claretie était apprécié à sa juste valeur. Voici en effet ce que nous lisons à son sujet dans la *Petite Revue* du 30 juin 1866 : « Une des figures sympathiques de la jeune littérature, c'est à coup sûr Jules Claretie. Tout plaît en lui : sa jeunesse, son enthousiasme, son amour du vrai, sa passion pour le bien, sa haine profonde, violente de l'injuste. Contrairement à beaucoup de récents petits journalistes, persuadés que l'effronterie, l'aplomb et un certain bagout tiennent facilement lieu de savoir, Jules Claretie, se destinant aux luttes de l'esprit, s'y est préparé par de fortes études littéraires, historiques et philosophiques. Aussi, derrière le chroniqueur abondant et riche en observations, le lecteur entrevoit-il un écrivain sérieux, qui, partant du roman et de l'étude de mœurs, ira certainement s'épanouir sur les hauteurs fécondes où fleurit la grande histoire du génie humain et des idées. Jules Claretie a déjà tous les goûts que l'exercice des belles-lettres développe peu à peu chez l'écrivain, en même temps que toutes les généreuses aspirations de la jeunesse qui entrevoit avant l'âge le but sérieux de la vie. Il aime les arts, les livres, les bibelots, et il attribue de pieuses superstitions de culte et d'amitié à la possession de certains souvenirs, qui sont les liens par lesquels son âme, tendue ardemment vers l'avenir, se rattache aux nobles exemples du passé. »

*
* *

Le *Journal de Paris*, plus grave, plus académique, parut le 27 août 1867, avec cette devise : *Fluctuat nec mergitur*. Ce journal avait deux rédacteurs en chef, Jean-Jacques Weiss et Édouard Hervé, du parti de la monarchie constitutionnelle, et des rédacteurs républicains, comme Eugène Spuller et Arthur Ranc. Lorsque la nouvelle loi sur la presse permit aux journaux politiques de paraître sans autorisation, le *Journal de Paris* rallia autour de lui la plus grande partie de l'opposition libérale.

C'est au *Journal de Paris* que Jean-Jacques Weiss et Édouard Hervé déployèrent librement et dans tout leur éclat leurs précieuses qualités de sagacité, de vigoureux relief et de perspicacité, qui leur firent prévoir en 1867 les néfastes événements de 1870, si proches

Troisième année. — N° 90 | 10 CENTIMES | 24 Novembre 1867

RÉDACTEUR EN CHEF
F. POLO

ABONNEMENTS

LA LUNE

DIRECTEUR-GÉRANT
F. POLO

ABONNEMENTS

LE CORSAIRE — par GILL

1 Lermina. — 2. Faure. — 3 Ranc. — 4. Guillemot. — 5. Étienne Arago — 6 Albert Brun — 7. Victor Noir. — 8. Sauton. — 9. Siebecker
10. Lafargue. — 11. Alexis Bouvier. — 12 Chabrillat — 13 Paul Arène — 14. Denizet. — 15. Schiller, imprim.

par la distance des années et pourtant si éloignés, grâce à l'indifférence de l'opinion publique.

« La guerre (entre la France et la Prusse) est inévitable ; elle sera terrible, disent-ils dans un de leurs premiers numéros. Elle sera portée au cœur même de l'une ou l'autre nation... Et il est à craindre que la paix qui la terminera ne soit une paix boiteuse, moins propre à vider définitivement le différend des deux peuples qu'à préparer à l'Europe de nouveaux troubles et de nouvelles perplexités. »

. . . .

« Mais, pénétrant l'avenir d'une vue plus profonde et plus lointaine encore, Édouard Hervé, par delà l'inévitable conflit entre la France et la Prusse, en aperçoit un autre, conséquence du premier, et conséquence extrême du principe des nationalités, celui dont M. de Moltke sentit passer plus d'une fois sur son front le souffle glacé : le duel entre le Germain et le Slave.

« Les deux amis, dans leur journal plus libre, rivalisent de verve, de sagacité, d'éloquence. C'est la pure lumière de l'esprit français, raisonnable et courageux. Ils criblent de leurs flèches étincelantes ce prétendu « droit nouveau », qui signifie simplement le droit, pour les autres, de tout prendre, et que Frédéric avait mis à la mode lorsqu'il enlevait la Silésie et déchiquetait la Pologne ; cette politique « soi-disant démocratique et libérale », qui nous a conduits à présenter de nos propres mains aux fils des vainqueurs de Rosbach les clefs de Hanovre, de Dresde et de Francfort. Ils peignent en traits de feu le Danemark déjà trop vengé par le châtiment prompt et éclatant de tous ceux qui se sont prêtés à cette grande injustice, la déchéance, l'exil, la ruine, la servitude ; la Confédération germanique dissoute ; l'Autriche exclue de l'Allemagne ; le roi de Saxe sous le joug ; le roi de Hanovre errant comme Œdipe ; Francfort sans lois ; l'Europe suspendue avec angoisse entre une paix incertaine et une guerre imminente ; à travers ces ruines, l'Allemagne marchant à grand pas vers l'unité, engloutissant un à un ces États secondaires de la Confédération qui avaient été si souvent notre rempart contre la Prusse, et contre l'Autriche ; les traités de 1815, ces traités si honnis, aggravés à nos dépens ; et au fond du tableau, M. de Bismarck mordant à belles dents, suivant le conseil de Méphistophélès, dans les fruits d'or de l'arbre éternellement vert de la vie, et laissant à qui les veut ramasser les théories stériles et grises. »

. . . .

Phot. Th. Truchelut et Valkman.

Édouard HERVÉ

Phot. Pierre Petit

CUCHEVAL-CLARIGNY

Extrait de l'*Illustration*.

Hippolyte TAINE

MEMBRE DE L'ACADÉMIE FRANÇAISE

(1828-1893)

« M. Édouard Hervé, autant que personne, a montré ce que peut devenir un journal aux mains d'un galant homme, d'un politique avisé et d'un patriote : une arme, non seulement pour un parti, mais pour le pays lui-même.

« Il défendit toujours la liberté de la presse, même contre ses amis, et il faisait voir par son exemple comment la presse doit se montrer digne de la liberté ; mais il était loin de partager l'opinion paradoxale d'Émile de Girardin sur l'innocuité de la parole imprimée. « Les mots sont des choses, a dit Byron dans une parole célèbre, et une petite goutte d'encre tombant, comme une rosée, sur une pensée, la féconde et produit ce qui fait penser ensuite des milliers, peut-être des millions d'hommes. »

« Surtout, il avait le sens du rôle international de la presse. Il avait vu avec quelle habileté consommée certains hommes d'État avaient manié cette arme puissante contre nous. Aussi pensait-il toujours à l'étranger en dirigeant la grande maison qu'il avait créée, « mon usine, disait-il, mais une usine qui a une âme ». A ses yeux, la presse devait être une force nationale, comme la diplomatie, comme l'armée, comme le crédit. Et c'est bien en effet, ainsi comprise, qu'elle devient, dans le vrai sens du terme et autrement que par figure de langage, un pouvoir de l'État[1]. »

*
* *

On sait que Jean-Jacques Weiss quitta le *Journal de Paris* en janvier 1870 et fut nommé secrétaire général des Beaux-Arts sous le ministère Ollivier. Hervé, resté seul directeur politique et rédacteur en chef du journal, s'adjoignit comme collaborateurs Louis Joly, Louis Teste et Jules Delafosse.

Aux beaux jours du *Journal de Paris*, on ne se doutait guère qu'Eugène Spuller et Arthur Ranc ne tarderaient pas à tenir une grande place dans le parti républicain devenu le maître de nos destinées. La vie de Ranc, plus orageuse que celle de son ami Spuller, se passait souvent en conspirations contre l'Empire. Charles Virmaitre rapporte à ce propos une curieuse anecdote, qu'on nous saura gré de reproduire ici.

[1] Extrait du *Discours de réception de M. Paul Deschanel à l'Académie française*, le 1er février 1900.

Au lendemain d'un complot dirigé contre la vie de l'Empereur, Ranc fut appelé dans le cabinet du juge d'instruction. Il arriva à l'heure fixée par le mandat de comparution, il était très inquiet. Le juge le regarda à peine, fouilla dans son dossier et en retira une pièce contenant l'interrogatoire du principal accusé, M. R... — Vous connaissez R..., dit le juge à Ranc. — Beaucoup. Le magistrat parcourut de nouveau l'interrogatoire de R..., puis il reprit : R... vous a confié qu'il avait l'intention de tuer l'Empereur. M. Ranc allait répliquer ; le magistrat ne lui en laissa pas le temps et continua : Vous l'en avez dissuadé... M. Ranc respira, mais avant qu'il eût le temps de reprendre haleine... Oui, vous l'en avez dissuadé, vous lui avez dit : « Tu es myope, tu le manquerais. »

Quelques mois plus tard, M. Ranc était à Lambessa, d'où il s'évadait peu de temps après. Il ne rentra à Paris qu'après l'amnistie de 1860. Il a raconté son évasion dans une brochure pleine d'humour.

Notons, en passant, que Victor Noir, qui devait périr victime de Pierre Bonaparte, était *reporter* au *Journal de Paris*. Le *Journal de Paris*, a écrit quelque part M. Ranc, était certes l'endroit de France où on disait le plus de mal de l'Empire. Orléanistes, républicains, voire communards futurs s'y rencontraient et y fraternisaient. Les Orléanistes, les amis des princes, n'étaient pas les moins violents. C'est au *Journal de Paris* que fut chantée pour la première fois, en 1867, une chanson extrêmement démagogique où les différents monarques de l'Europe étaient fortement conspués. Cela s'appelait : *les Rois à l'Exposition*. Auteurs : deux purs monarchistes, tous deux familiers des Princes d'Orléans : Ferdinand Duval et Lambert de Sainte-Croix. On y lisait ce couplet :

Viens, Roi des Grecs ! Paris vaut bien Athènes,
La Maison d'Or vaut bien le Parthénon,
Et tu verras que notre Belle Hélène
A ce qu'il faut pour mériter son nom.

On y souhaitait aussi, en ces termes galants, la bienvenue à une auguste visiteuse de Napoléon III :

Tout l'escadron des Cent-Gardes s'apprête
A rendre honneur à Votre Majesté.

Au dernier couplet, le spectre du fusillé de Queretaro, de Maximilien, appâraissait en Banquo.

C'est encore au *Journal de Paris* qu'un après-midi où l'on s'était répandu en propos variés contre le Chef de l'État, un notable Orléaniste, un ancien notaire de Louis-Philippe, laissa échapper ce cri du cœur : « Comment, il ne se trouvera donc pas un jeune homme sans position pour nous débarrasser de ce misérable? » Un jeune homme sans position, n'est-ce pas admirable, n'est-ce pas de la plus pure sève orléaniste ?

* * *

On n'oubliera jamais deux journaux satiriques illustrés, qui ont eu une très grande vogue ; La *Lune* et l'*Éclipse*.

La *Lune* fut fondée en 1866 par Auguste Polo, un ancien chroniqueur du *Nain Jaune*. Le grand succès que lui valurent, dès son apparition, les caricatures d'André Gill, lui attirèrent mille tracasseries de la part de l'administration, qui, dans les dessins les plus anodins, voyait des attaques contre le Gouvernement impérial. La *Lune* avait pour collaborateurs Paul Mahalin sous le pseudonyme d'Émile Blondet et F. Savard. André Gill, bohême par excellence, oubliait souvent d'envoyer son dessin ou sa caricature en temps utile. Il était alors remplacé par Pilotell, que le rôle rempli par lui sous la Commune fit appeler plus tard *Pill-Hôtel*.

Charles Virmaitre raconte au sujet de Pilotell une anecdote des plus curieuses. Vers la fin de 1865, Pilotell avait été condamné à la prison pour délit de presse. On l'incarcéra à Sainte-Pélagie. Une nuit, on entendit un coup de feu, qui, en un clin d'œil, mit les surveillants sur pied. Toute la prison fut sens dessus dessous. C'était Pilotell qui, ne pouvant dormir, s'était imaginé de déchirer ses draps de lit et d'en faire une corde au bout de laquelle il avait attaché son traversin. La sentinelle qui ne pouvait pas, à cause de l'obscurité, distinguer la nature du corps qui pendait par la fenêtre, avait cru à une évasion et avait tiré sur le traversin.

La *Lune* disparut en 1867 et fut remplacée par l'*Éclipse* le 26 janvier 1868. L'*Éclipse* avait pour dessinateurs André Gill et Régamey, et pour rédacteurs Léon Bienvenu, Jules Pelpel, Mahalin sous le pseudonyme d'Émile Blondet, Ernest d'Hervilly, Eugène Vermesch. Voici quelques extraits du premier numéro de l'*Éclipse* : « Il y avait une fois, il n'y a pas si longtemps, un journal qui, dans un genre où devaient se produire tant d'imitateurs, avait su se créer une spécialité nouvelle, hardie, originale, et rencontrer en même temps un succès

Nouvelle Série. — N° 37. 10 CENTIMES 18 Novembre 1866.

Rédacteur en chef
F. POLO

ABONNEMENTS
PARIS
Un an........... 5 fr.
Six mois........ 3
Trois mois...... 1 50

BUREAUX
5, Cité Bergère

Au clair de la lune,
Mon ami Pierrot,
Prête moi ta plume
Pour écrire un mot.
Air connu

Directeur
D. LÉVY

ABONNEMENTS
DÉPARTEMENTS
Un an........... 6 fr.
Six mois........ 3 50
Trois mois...... 2

BUREAUX
5, Cité Bergère

C'était dans la nuit brune,
Sur le clocher jauni,
La lune
Comme un point sur un i.
(A. de Musset)

Semaine Comique Illustrée

PARAISSANT TOUS LES DIMANCHES

Ant. Gill

ALBERT WOLFF

Chroniqueur à aiguille, né en Prusse. — Ne travaille guère pour son roi.

ALPHONSE DUCHESNE

Le bras droit du patron. Une bonne plume au bout de son bras.

LE PATRON

Si vous saviez comme ça l'ennuie de continuer son *joli petit métier de galerien en chambre* qui ne lui rapporte pas plus de 7 à 800,000 francs par an!...

Pauvre cher bichon! ça fend le cœur.

GEORGES MAILLARD

Heureux qui peut l'appeler Georges tout court,
Heureux qui peut l'appeler son ami.

ADRIEN MARX

Si je lui demandais l'adresse de son coiffeur : serait-ce une indiscrétion?

FRANCIS MAGNARD

Trouvera sa charge médiocrement réussie.

L'INCONNU

Est-ce Monselet ou Polichinelle? Ni l'un ni l'autre, — mais Louis Ulbach : c'est du reste le secret de Polichinelle.

JOUVIN

Le gendre : ne pas confondre avec celui de Raymond Deslandes.

CLARETIE

Récompense honnête à qui résoudra les questions suivantes :
— Où Claretie n'écrit-il pas?
— Où écrit-il sans talent?

ALPHONSE DAUDET

Joli, joli!... et si aimable tout de même.

JULES VALENTIN (PRÉVEL)

Le *Koning* de la chose.

AD. SAINT-LÉGER

O Adolphe! crois-tu donc : pour le chemin que vous ferez au Figaro mieux valent quatre bonnes pattes que trois pauvres petites jambes.

exceptionnel, incontestable et mérité. Ce genre, passé dans nos mœurs depuis Grandville, Gavarni et Daumier, ce journal l'avait relevé de l'indifférence et de l'oubli, en lui infusant le jeune talent d'André Gill. Aussi lui aviez-vous fait son succès, vous qui aimez à voir la pointe du crayon et le bec de la plume s'aiguiser en fine et décente ironie... Intruits par de récents exemples, nous apporterons une prudence extrême dans l'accomplissement du programme que nous nous sommes tracé. Nous nous ferons donc une loi de rester dans les limites qu'il nous est interdit de franchir. Nous voulons vivre, vivre le plus longtemps possible, pour la satisfaction des autres... et pour la nôtre... La *Lune* faisait bien ; l'*Éclipse* fera mieux. »

*
* *

Pendant que la Chambre des députés discutait la nouvelle loi sur la presse, il semble que le Gouvernement eût dû renoncer aux mesures répressives autorisées par le Décret du 17 février 1852. Mais il n'en était rien. Le vice-empereur Rouher, qui dirigeait le ministère, était sourdement hostile aux promesses libérales du 19 janvier. Aussi le ministre de l'intérieur faisait-il à chaque instant usage de son pouvoir discrétionnaire pour retirer la vente sur la voie publique aux journaux dont l'opposition paraissait trop vive. Les condamnations tombaient comme grêle sur les journaux, dans les départements et à Paris ; il ne se passait pas de semaine, dit Darimon dans son *Histoire de Douze ans*, de 1857 à 1869, sans que la Sixième Chambre, présidée par Delesvaux, ne vit traduire à sa barre, rédacteurs, gérants et imprimeurs, pour s'entendre condamner à plusieurs mois de prison et à de fortes amendes.

Les journaux étaient alors ce qui donnait le plus de souci aux hommes chargés de surveiller les mouvements de l'opinion. Il est certain que la presse, longtemps comprimée, avait fait explosion. On avait perdu le sentiment de la mesure, et on était allé tout de suite aux énormités. Cela ressemblait à ces échappées d'écoliers, dont parle le Cardinal de Retz, à propos des libellistes de la Fronde.

A la suite de la lettre du 19 janvier, le pouvoir ayant renoncé au régime des avertissements, on rechercha autour de M. Pinard comment on pourrait bien les remplacer ; le chef du bureau de la presse, Fernand Giraudeau, lui suggéra le système des *communiqués*. Le nouveau ministre de l'Intérieur, peu au courant de ce qui concernait la presse, se figura qu'il avait mis la main sur un moyen puissant de diriger l'opinion publique. Il donna pour instructions aux feuilles officieuses de ne pas laisser passer dans les journaux de l'opposition un fait erroné sans le rectifier. De son côté, la direction de la presse envoyait des *communiqués*, quand les faits avancés par l'opposition paraissaient devoir égarer les esprits sur les actes de l'administration. Les *communiqués* se mirent à pleuvoir à torrents sur les journaux. En un seul jour, il y en eut dix-sept envoyés à treize d'entre eux. Le personnel de la direction de la presse était sur les dents. M. Pinard dut reconnaître bien vite qu'il n'était pas aussi facile qu'il le croyait d'entretenir un dialogue permanent avec la presse. Il fallut chercher autre chose.

Un certain nombre de députés songèrent à déshonorer la presse, puisqu'on ne pouvait pas l'empêcher d'être libre. M. de Kervéguen vint lire à la tribune un ignoble pamphlet, dans lequel on prétendait que la plupart des grands journaux de Paris, les *Débats*, le *Siècle*, l'*Opinion Nationale*, l'*Avenir National* étaient, depuis plusieurs années, à la solde des gouvernements italien et prussien. Le scandale du fameux dossier La Varenne, publié dans le journal belge *la Finance*, au moyen duquel on essaya de salir tout ce qui tenait en France une plume indépendante, fut un des plus tristes épisodes de notre histoire parlementaire. Cette tentative d'inaugurer une nouvelle ère de liberté, par une guerre de calomnies et d'injures, produisit sur le public son effet naturel ; il y eut une véritable explosion de dégoût.

Havin et Guéroult mirent en demeure M. de Kervéguen de justifier ses allégations devant un jury d'honneur composé de Berryer, Marie, Jules Favre, d'Andelarre et Martel, la preuve de la diffamation n'étant pas admise devant nos tribunaux. Il est superflu de dire que l'opinion du jury fut unanimement favorable aux journalistes calomniés; mais l'intolérante majorité de la Chambre, qui avait entendu l'accusation, refusa d'entendre la lecture du verdict du jury d'honneur.

*
* *

Cependant le Corps législatif de l'Empire, malgré ses répugnances, dut se résigner à voter la loi sur la presse. On était arrivé au 19 janvier 1868, dit à ce propos M. Darimon ; il y avait juste un an que l'Empereur avait écrit sa fameuse lettre. Les journaux de l'opposition ne manquèrent pas de célébrer cet anniversaire par des moqueries et des épigrammes. L'un deux avait même paru encadré de noir. Il devenait évident que le moment de se décider était arrivé.

La discussion générale s'ouvrit enfin le 29 janvier. Jules Favre prononça un long discours, dans lequel il résuma les critiques que l'opposition adressait à la loi. Granier de Cassagnac lui répondit sur un ton très agressif, en condensant en peu de mots tous les faits qui pouvaient éveiller les inquiétudes du Gouvernement et de la majorité. « La loi, s'écria-t-il, ne défendra, ne protégera rien. Des écrivains impudents jetteront au vent de l'ingratitude et de l'oubli les seize années de calme, de prospérité, de gloire et de grandeurs dus à l'accord des grands pouvoirs de l'État. » Ce discours prononcé avec véhémence produisit un grand effet sur la majorité.

A ce même moment, une délégation de la presse départementale, conduite par Ollivier Merson, fut reçue par l'Empereur et tenta de le faire revenir sur ses dispositions libérales.

D'après ce que rapporte M. Darimon, les délégués auraient déclaré à l'Empereur que, si la loi était votée, la presse gouvernementale des départements pouvait se considérer comme perdue. Chaque arrondissement compterait bientôt un journal d'opposition, et, malgré les annonces judiciaires, les journaux officieux auraient à subir une concurrence redoutable, et se verraient, à bref délai, privés de leurs abonnés. L'Empereur aurait, dit-on, paru frappé de ces observations, mais il aurait répondu : « Je ne puis retirer la loi ; je la trouve bonne. Mais je puis me tromper. Aussi je vous engage à voir les députés de vos départements. » C'était évidemment une façon polie d'éconduire des gens qui avaient fait auprès du Souverain une démarche quelque peu indiscrète.

La discussion générale de la loi fut close très rapidement, après des discours de Baroche, de Nogent-Saint-Laurens, rapporteur, et d'Ernest Picard.

La grande bataille se livra sur l'article premier, qui était en réalité toute la loi, puisqu'il supprimait l'autorisation préalable, nécessaire jusque-là pour publier un journal. C'est au sujet de cet article, dans la séance du 4 février 1868, que le ministre d'État Rouher déclara que le Gouvernement maintenait le projet de loi, malgré les périls qu'il pouvait présenter dans son application. Il supplia la majorité, dans une belle péroraison, d'accepter la solidarité de l'expérience qui allait être tentée. « Nous ne sommes plus au temps, s'écria-t-il, où les périls de la Patrie créaient l'Empire. De nouvelles générations se sont élevées. Sur ces huit millions et demi d'électeurs qui, d'un mouvement unanime, ont constitué l'Empire, quatre millions sont couchés aujourd'hui dans la tombe ; quatre millions d'hommes nouveaux sont inscrits depuis 1852 sur les listes électorales. Ceux-là n'ont pas nos souvenirs et notre expérience ; ils arrivent avec une ardeur nouvelle ; ils demandent une liberté plus étendue. » 215 Députés se prononcèrent pour l'article premier ; il n'y eut que sept opposants ! *Les sept Sages de la Grèce !* s'écria M. Granier de Cassagnac. Le mot est devenu historique.

La discussion de la loi et des nombreux amendements déposés occupa vingt-sept séances. Signalons seulement le grave incident soulevé, le 14 février, par la discussion d'un article additionnel de Berryer, demandant que, chaque année, le roulement pour la composition des chambres correctionnelles se fît en audience publique par la voie du tirage au sort des noms des présidents, vice-présidents et juges. C'était un moyen d'atténuer les inconvénients de la justice correctionnelle, où le juge, maintenu dans la chambre dont il faisait partie ou appelé dans une autre par la seule volonté du président, du procureur général ou du ministre, perdait en quelque sorte le privilège de l'inamovibilité. Le décret de 1859, qui avait institué cette manière de procéder, était devenu la source des plus scandaleux abus. Six juges du tribunal civil avaient présidé la sixième chambre depuis 1859 ; tous les six, au bout d'un an, étaient parvenus au grade supérieur. Le président de la sixième chambre correctionnelle en 1859 avait été nommé conseiller en 1860 ; le président de 1861, conseiller en 1862 ; le président de 1862, conseiller en 1863 ; le président de 1864, conseiller en 1865 ; celui de 1866, conseiller en 1867. Nous attendons le sort de celui qui préside en ce moment, ajouta Berryer de sa grande et honnête voix résonnant au milieu de la chambre silencieuse et émue. Le président de la police correctionnelle de 1868 n'était autre que le fameux Delesvaux, qui se suicida au lendemain de la révolution du 4 septembre 1870.

La loi fut envoyée, le 10 mars, au Sénat, qui nomma une commission composée de MM. Devienne, Béhic, de Royer, F. Barrot, de Saint-Germain, de Chasseloup-Laubat, Boulay de la Meurthe, Dariste et de Richemont.

Dans un remarquable rapport, M. Devienne, après avoir examiné la loi, au point de vue philosophique et juridique, en signala les périls et les avantages : « Les décrets de 1852 contenaient des dispotions destinées à être de moins en moins appliquées. C'était un arsenal pour les temps de luttes violentes. Après quinze années de tranquillité, il y avait deux partis à prendre : laisser reposer ces armes, mais les garder pour les éventualités de l'avenir ; ou bien, dès à présent, les réformer et les détruire. Le premier parti était celui de la prudence ; le second celui de la confiance et du courage. Le Gouvernement a préféré le dernier. » Il conviait donc le Sénat à s'associer à la pensée libérale de l'Empereur, « qui saurait l'appeler aux résistances, si elles devenaient nécessaires ».

Les Sénateurs de Maupas, de Ségur d'Aguesseau, Bernier et L. de Saint-Arnaud combattirent une loi qu'ils regardaient comme dangereuse pour l'ordre et la dynastie impériale. Mais d'autres sénateurs la défendirent, Hubert-Delisle, F. Barrot, la Guéronnière, Sainte-Beuve, Rouher, Bonjean, qui proposa de soumettre les délits de presse au jury, et Boinvilliers qui demanda l'établissement d'un jury spécial.

La loi fut votée par le Sénat, le 7 mai, sanctionnée par l'Empereur le 11 mai 1868 et promulguée le 1er juillet. Ce n'était certainement pas une loi des plus libérales. Qui pouvait, en effet, se flatter de publier un journal sans tomber dans le délit de *nouvelle fausse ou erronée*? D'apprécier le discours d'un député ou d'un sénateur sans le résumer ? D'exposer les résultats d'une séance parlementaire, sans entrer dans le domaine de la narration ? De critiquer les fautes du Gouvernement sans prêter le flanc à l'accusation d'exciter à le haïr ou à le mépriser ? Cette loi imposait en outre à tout journal un cautionnement, le timbre et d'autres entraves. Mais l'essentiel, c'était l'abolition de l'autorisation ; les députés de l'opposition qui votèrent la loi, pour la plupart ne s'y trompèrent pas. La création des nouveaux journaux allait, en effet, donner un nouveau ton à la polémique et exercer une grande influence sur les destinées de l'Empire.

En moins d'une année, il fut créé 140 journaux nouveaux à Paris seulement. Les rigueurs de la loi furent appliquées fort durement aux journaux de l'opposition. Dans les sept mois qui suivirent la promulgation de la loi nouvelle, 64 condamnations intervinrent devant les tribunaux correctionnels prononçant 66 mois de prison et plus de 120 000 francs d'amende.

*
* *

Troisième année. — N° 64 10 CENTIMES. — Tirage : 41,000 4 Mai 1867

RÉDACTEUR EN CHEF
F. POLO

ABONNEMENTS
PARIS
Un an .... 5 fr.
Six mois 3
Trois mois 1 50

BUREAUX, 5, CITÉ BERGÈRE

DIRECTEUR
D. LÉVY

ABONNEMENTS
DÉPARTEMENTS
Un an .... [illegible]
Six mois 3 50
Trois mois ...... [illegible]

BUREAUX, 5, CITÉ BERGÈRE

Albert WOLFF et Henri ROCHEFORT, par GILL

Mon cher Rochefort, je vous attends ce soir à dix heures précises chez Brébant pour régler l'affaire du Luxembourg. Bismark sera des nôtres.
29 avril 1867 Albert Wolff

Mon cher Wolff,
J'y serai avec cent mille hommes et le Général Boum.
Henri Rochefort

Parmi les nouvelles feuilles qui virent le jour, à cette époque, la plus célèbre fut assurément la *Lanterne* de M. Henri Rochefort, qui paraissait le dimanche. M. Dumont était l'administrateur et M. de Villemessant le commanditaire du journal, que Rochefort devait seul rédiger.

Rochefort s'était fait remarquer comme rédacteur de chroniques dans le *Figaro* par le ton de mépris et de dédain naturels avec lesquels il s'exprimait sur les Impérialistes et sur l'Empire. Le Gouvernement, qui supportait d'autres attaques, se sentit atteint par l'insolence de Rochefort, et il menaça le *Figaro* de suspension ou de suppression, s'il n'enlevait pas la chronique qui lui portait ombrage. Mais il se trouva que de Villemessant avait intérêt à garder son journaliste, qui avait conquis une si grande vogue. Il résista aux injonctions du pouvoir sur un ton moitié sérieux, moitié plaisant. Cette persécution servit de piédestal à Rochefort, qui désormais ne prit plus la plume dans le *Figaro* sans menacer le Gouvernement de fonder un journal pour lui seul, puisqu'on lui interdisait d'écrire dans les journaux des autres. C'est ainsi que fut préparée l'apparition de la *Lanterne* par des réclames savamment échelonnées, comme on prépare la première représentation d'une pièce de théâtre.

« J'ai appelé ma publication de ce nom-là, dit Rochefort lui-même dans ses *Aventures de ma vie*, parce qu'une *Lanterne* peut servir à éclairer les honnêtes gens et à pendre les malfaiteurs. »

Le succès dépassa toutes les espérances de ses fondateurs : plus de 50 000 exemplaires du premier numéro furent enlevés rapidement, et chaque exemplaire était vendu 40 centimes. Ce premier numéro débutait ainsi : « La France contient, dit l'Almanach Impérial, trente-six millions de sujets, sans compter les sujets de mécontentement. Avant d'essayer devant mes confrères en sujétion une sorte de cavalier seul dans le cotillon politique, je dois au public, qui m'a montré souvent tant de sympathies, le diable m'emporte si je sais pourquoi, je lui dois, dis-je, quelques explications sur les différentes particularités qui ont présidé à l'élaboration de la *Lanterne*. Par une froide matinée d'hiver..... »

Un historien du Second Empire, Taxile Delord [1], nous semble avoir donné la note exacte sur le succès extraordinaire de la *Lanterne*. « La situation politique, dit-il, se trouva subitement changée par ce

[1] Tome 5, p. 285.

Phot. Reutlinger.

HENRI ROCHEFORT
EN 1868

pamphlet, dont l'effet prodigieux ne peut être compris que par ceux qui ont vécu dans le temps où il parut. La satire, sous le Second Empire, bien que voilée et affaiblie, pouvait s'exercer de temps en temps sur les choses de l'État, mais à la condition d'en respecter le Chef et ceux qui le représentaient, et c'était à l'Empereur, à ses ministres, à ses amis, que s'attaquait surtout l'auteur de la *Lanterne*. Il y a en littérature un art de se faire pardonner l'audace du fond par l'agrément et par la finesse de la forme, mais cet art de ciseler l'épigramme et de la faire accepter de ceux contre lesquels elle est dirigée n'était point à la portée de l'auteur de la *Lanterne*, doué pour ridiculiser les personnes de plus de verve que de finesse, de plus de malice que de véritable esprit, condamné par son talent même à franchir l'épigramme et à tomber dans la personnalité. M. de Rochefort fit le saut avec l'audace de quelqu'un qui emprunte son élasticité, moitié à l'ignorance du danger, moitié au désir de le braver. L'étonnement et la curiosité du public furent immenses, en voyant les principaux personnages et le Chef de l'État lui-même atteints par la fronde de l'archer. »

Pendant quelques jours, le Gouvernement sembla ne pas s'apercevoir de l'existence de la *Lanterne ;* mais il jugea bientôt qu'il ne lui était pas possible de laisser vivre un petit pamphlet qui portait chaque semaine une atteinte plus grave au prestige de l'Empire. Le troisième numéro de la *Lanterne* fut saisi, et il en fut de même de tous les numéros suivants, qui étaient de plus en plus violents et acerbes.

L'Empire, dit encore Taxile Delord, avait produit des pamphlets bien supérieurs à la *Lanterne* par la pensée et par le style, mais, publiés à l'étranger, ils franchissaient difficilement la frontière. La *Lanterne,* par le fond, comme par la forme, s'adressait à tout le monde ; une publicité savante, organisée d'avance par les soins du *Figaro*, servait à la répandre.

Le 26 août, M. de Rochefort comparut devant le Tribunal correctionnel de la Seine, et fut condamné à treize mois de prison et 10 000 francs d'amende. La *Lanterne* et son rédacteur se réfugièrent à Bruxelles ; mais l'exil ne fit qu'accroître la vogue du pamphlet banni. Distribuer la *Lanterne* devint une profession lucrative et une contrebande si fructueuse, que tous les efforts du Gouvernement ne parvinrent point à l'empêcher de circuler, dans les campagnes, comme dans les villes.

A peu près dans le même temps, le *Moniteur Universel* tomba en disgrâce et cessa d'être l'organe du gouvernement ; il fut remplacé par le *Journal officiel*, sous la direction de Wittersheim.

* * *

L'*Électeur*, journal politique d'opposition à l'Empire, fut publié, dès le mois de juin 1868, sous le patronage de trois députés démocrates : Jules Favre, Hénon et Ernest Picard, avec la collaboration d'André Pasquet, Gaulier, Jules Ferry, Ed. Laferrière et Ernest Liouville. Ce journal était fondé en vue des prochaines élections législatives de 1869.

M. Gaulier définissait ainsi le but poursuivi par la nouvelle feuille : « Il y a seize ans, on nous a dit : Laissez-là la politique : nous ferons pour vous vos affaires ! Abandonnez-nous, livrez-nous vos destinées en aveugles ; nous vous sauverons ! Où nous ont conduit ces sauveurs ? Vous le savez ! Le budget qui marche vers un troisième milliard peut vous le dire ; le Mexique peut vous le dire ; Sadowa peut vous le dire..... Et c'est vraiment maintenant que la France est en péril. Mais pour la France, nous ne reconnaissons d'autre sauveur qu'elle-même. Elle peut se sauver, non pas en se cramponnant à tel ou tel drapeau, en se livrant à tels ou tels hommes, à tel ou tel parti, mais en prenant elle-même en mains sa cause, ses affaires ; en surveillant d'un œil attentif et jaloux l'exercice des pouvoirs qu'elle doit déléguer, en assurant aux intérêts de quarante millions d'hommes ce qu'on assure aux intérêts les plus minimes : le contrôle partout, la responsabilité partout..... Le but de ce journal est de vous offrir, en vous prenant le moins de temps possible, les renseignements essentiels. Il ne s'agit point de vous imposer des opinions ; nous ne disposons pour cela d'aucun moyen ; la seule force que nous ayons viendra de la confiance que vous nous témoignerez. La politique actuelle est pleine de confusion ; nous tâcherons d'y faire dominer des idées simples ; ce sont des idées simples qui ont triomphé en 1789, en 1830, en 1848. En 1789, c'était la suppression des privilèges, en 1830 le maintien de la charte, en 1848 la réforme électorale. Ce qui doit triompher en 1868, c'est l'indépendance du suffrage universel ; ce qui doit disparaître, c'est la canditature officielle. »

L'*Electeur* se donne la mission « d'être, à côté du *Moniteur des*

Communes, un organe indépendant, qui saurait le contrôler et le réfuter au besoin. » Mais les rédacteurs républicains de la nouvelle feuille allèrent du premier coup, bien au delà de leur modeste programme. Dès le premier numéro de l'*Electeur*, Jules Ferry dressa, sous le titre de *Grandes manœuvres électorales*, un véritable acte d'accusation contre le régime impérial. Cet article fut immédiatement poursuivi et inaugura l'application de la nouvelle loi sur la presse. Dans le numéro du 2 juillet, Jules Ferry prit acte de ces poursuites et remercia le Gouvernement de la faveur insigne qu'il accordait au journal naissant. « Le délit d'excitation à la haine et au mépris du Gouvernement, qui de nous, hommes de l'opposition, peut se flatter de ne pas le commettre sept fois par jour ? Qu'on nous indique le moyen de parler du Mexique, de Sadowa, de la loi militaire, des budgets incessamment accrus, de la dette qui monte toujours, du déficit à l'état normal, de l'emprunt en permanence, de toutes les fautes du passé, de tous les périls de l'avenir, sans faire naître dans l'esprit de ceux qui nous lisent des sentiments un peu différents de l'admiration et de l'amour ! »

La sixième chambre correctionnelle, par jugement du 8 juillet, condamna André Pasquet, le secrétaire de la rédaction du journal et Jules Ferry, l'auteur de l'article poursuivi, chacun à 5 000 francs d'amende. L'imprimeur fut gratifié en outre d'une amende de 500 francs. Jules Ferry fut si peu intimidé par ces rigueurs judiciaires que, dans le numéro du 9 juillet, qui reproduisait le jugement de la veille, il publia un article fort vif, intitulé : *Ce que paie la France*, et prit vigoureusement à partie le Ministre Pinard dans le numéro du 16. André Pasquet et Jules Ferry furent traduits de nouveau devant la juridiction répressive ; et l'*Electeur* n'en était encore qu'à son cinquième numéro !

Jules Ferry, avec une activité incroyable et un talent qui se pliait à toutes les formes de la politique, continua ainsi chaque semaine la guerre acharnée contre l'Empire [1]. Souvent il emprunte le langage des paysans pour démontrer aux gens des campagnes qu'on abuse de leur candeur. On croit lire du Paul-Louis Courier, quand on parcourt cette jolie lettre du rural qui a pris des obligations du Mexique : « Monsieur, je suis électeur d'un gros bourg proche de Dijon que j'aime mieux ne point nommer pour raison à moi connue. J'ai lu sur le

[1] *Discours et opinions de Jules Ferry*, t. I, p. 166 et suiv.

Phot. Pierre Petit.

JULES FERRY

Phot. Pierre Petit.

CHARLES FLOQUET

Phot. Pierre Petit.

ERNEST PICARD

Phot. Pierre Petit.

HENRI BRISSON

Petit Moniteur que ceux qui ont pris, il y a trois ans, du Mexicain, n'allaient pas tout perdre, et que l'État leur faisait des rentes. Pourquoi donc cela, Monsieur? »

L'*Electeur* fut supprimé le 18 mars 1869, par suite de la retraite de son gérant A. Pasquet. Il fut remplacé le 25 mars par un nouveau journal qui s'appelait l'*Electeur libre*. Jules Ferry continuait à marcher à la tête des rédacteurs, tous ennemis de l'Empire, Laferrière, Gaulier, L. Herbette, etc.

*
* *

La *Lanterne* de Rochefort donna naissance à une foule de pamphlets du même genre, tels que la *Cloche* de Louis Ulbach, presque aussi agressive que la *Lanterne*, le *Diable à Quatre* d'Édouard Lockroy, le *Lorgnon* d'Aurélien Scholl, etc.

Dans la *Cloche*, Louis Ulbach écrivait sous le pseudonyme de *Ferragus*. « La cloche que nous mettons en branle, disait-il, ne sonnera pas le tocsin sans nécessité. Son ambition, c'est d'être la voix qui traverse l'air frais du matin, avant toutes les voix de la plaine, pour saluer l'aurore, pour dire aux hommes : Réveillez-vous ! La corde est solide, le métal est plein, le sonneur ne se fatigue pas aisément ; nous sonnerons longtemps. Est-il vrai que les cloches attirent la foudre ? Je ne désire pas l'éprouver, mais j'en cours le risque ; et si l'orage vient, je mettrai mes deux mains à la corde. »

Le *Diable à Quatre* fut lancé, comme la *Lanterne*, par de Villemessant, avec la collaboration d'Alphonse Duchesne, Édouard Lockroy et Méphistophélès, qui dissimulait le nom de divers collaborateurs. « De programme, je n'en tracerai aucun, disait de Villemessant dans le premier numéro. Le mari est si rarement fidèle aux serments du fiancé ! Mes collaborateurs formuleront leur petite profession de foi, s'ils le jugent à propos. Moi, je m'en abstiens. Serons-nous agressifs? Peut-être bien. Donnerons-nous de la besogne aux vitriers? Il se pourrait. Ferons-nous au contraire concurrence au baron Taylor pour l'article miel ? Qui sait? Serons-nous sérieux ? A l'occasion. Gais? Autant que le permettront les circonstances ! Frondeurs ? Dame ! Nous payons sous M. Rouher comme sous Mazarin : nous raillerons de même. »

Il parut presque en même temps, dans les derniers mois de 1868 et

Phot. Pierre Petit.

AUGUSTE VACQUERIE

Phot. Pierre Petit.

VICTOR HUGO

Phot. R. Autin.

PAUL MEURICE

Phot. Et. Carjat.

EDOUARD LOCKROY

les premiers mois de 1869, une foule d'autres journaux, grands et petits. Nous citerons le *Public*, dirigé par Ernest Dréolle et très dévoué au régime impérial, l'*Ami du Peuple* de Jules Lermina, la *Foire aux sottises*, revue satirique illustrée, rédigée par Arthur Arnould, le *Français* rédigé par François Beslay, la *Revue politique et littéraire*, dont les noms de Challemel-Lacour et Henri Brisson, ses principaux rédacteurs, indiquaient assez les tendances démocratiques et républicaines, le *Gaulois* dirigé par H. de Pène et Edmond Tarbé, avec la collaboration de Francisque Sarcey, Paul Parfait, Chavette, Armand Gouzien, etc.; la *Tribune française* de Théodore Duret; le *Courrier des Deux Mondes* d'Édouard Portalis; le *Parlement*, de Grégory Ganesco; le *Réfractaire* de Jules Vallès; la *Réforme*, de Vermorel, l'*Universel* de Ducuing; les *Tablettes de Paris* d'Achille de Secondigné.

Nous nous arrêterons particulièrement sur trois journaux d'opposition violente et irréconciliable envers l'Empire : le *Réveil*, le *Rappel* et la *Marseillaise*. Ces trois journaux représentaient trois personnalités d'inégale importance : Charles Delescluze, Henri Rochefort et Victor Hugo.

Charles Delescluze, écrivain passionné, d'une âcreté d'humeur surexcitée par les prisons et par l'exil, ne comptait, à vrai dire, que sur lui-même, soit qu'il ne souffrît pas volontiers des collaborateurs autour de lui, soit que les collaborateurs ne pussent s'y souffrir longtemps eux-mêmes. Ses premiers collaborateurs furent : A. Ranc, Édouard Siebecker, Ch. Quentin, Eugène Chatard, Gustave Naquet, F. Cournet, Raoul Boudon, Fr. Favre.

« Le *Réveil*, disait Delescluze à ses lecteurs, pourrait se passer de programme : son nom en dit assez..... Nous voulons, dans la mesure de nos forces, renouer la grande tradition française, réhabiliter le passé pour préparer l'avenir et mettre en chaque chose le fait d'accord avec le droit. Pour tout dire, le *Réveil* sera l'organe de ce glorieux parti qui, depuis le XVIIIe siècle, poursuit à travers les réactions et les défaites, la réalisation intégrale des principes sauveurs proclamés par la Révolution..... Si la France s'est toujours relevée après tant et tant de tourmentes, si, au milieu des fortunes contraires, en dépit de ses longues défaillances, elle a conservé, quoi qu'on en prétende, le sceptre des idées, elle ne le doit qu'à la Révolution... Nourrie de ce lait généreux, elle a pu tout supporter, tout réparer. C'est là, et non ailleurs, qu'est le secret de ces résurrections prodigieuses dont elle a si souvent ébloui l'Europe et dont nous ne tarderons pas à saluer encore une fois l'aurore, sans craindre désormais pour le lendemain... Bien des années ont passé sur notre deuil, et souvent il nous a fallu faire un effort pour empêcher le découragement de monter jusqu'à nous, lorsque les échos lointains de la Patrie ne nous apportaient que désolation et désespérance. On nous disait que la France, oublieuse d'elle-même, affolée de repos et de jouissance, ne regrettait pas sa liberté, estimant qu'après tout la servitude était un doux oreiller. Nous avions beau nous répéter que le dégoût viendrait, qu'un peuple comme la France ne pouvait se complaire éternellement à ces grossières et douteuses satisfactions, qu'elle secouerait ces liens honteux. Pourquoi le taire? Nous redoutions qu'au sortir de ce long cauchemar, la France ne retrouvât plus ni sa vivacité d'esprit, ni sa chaleur de cœur, ni cette aptitude à l'action qui faisaient sa grandeur et sa force..... La France n'a rien perdu de sa virilité, ni de ses facultés traditionnelles. Aujourd'hui, comme à ses meilleurs temps, penser et agir se confondent dans ses efforts. Demain, elle aura regagné tout ce qu'elle avait perdu. Certes, la loi du 11 mai sur la presse est un maigre cadeau pour la liberté, et cependant, dès qu'on a pu lire au *Moniteur*, après de longues incertitudes, que la parole n'était plus à la merci des préfets et des ministres, que tout citoyen pouvait désormais publier sa pensée, les fronts se sont redressés, les esprits se sont ouverts. Qu'importent les exigences fiscales, où chaque jour peut s'engloutir une fortune, les pénalités rigoureuses, la prison et le reste? On pourra faire un journal, parler à tous, rétablir la communion des intelligences, combattre le mal, prêcher le bien, revendiquer la justice en plein soleil, et cela suffit..... »

* * *

Le *Rappel*, bien supérieur au *Réveil*, arborait le nom de Victor Hugo, non comme celui d'un rédacteur en chef, mais comme un programme et un drapeau. L'auteur des *Châtiments* prêtait au *Rappel* le talent de ses fils, de deux de ses amis les plus dévoués, Auguste Vacquerie et Paul Meurice, et le patronage de sa grande renommée. Le *Rappel* comptait en outre, au nombre de ses rédacteurs : Ponsard, Arthur Arnould, X. Feyrnet, Ernest Blum, Henri Rochefort, A. Baume, Édouard Lockroy, E. Laferrière et Albert Barbieux, en qualité de gérant.

Le premier numéro du *Rappel*, à la date du 4 mai 1869, insérait une lettre de Victor Hugo, dont nous donnons quelques extraits contenant le programme du journal. « Le *Rappel!* J'aime tous les sens de ce mot : rappel des principes par la conscience ; rappel du devoir par le droit ; rappel des morts par le respect ; rappel du châtiment par la justice ; rappel du passé par l'histoire ; rappel de l'avenir par la logique ; rappel des faits par le courage ; rappel de l'idéal dans l'art par la pensée ; rappel du progrès dans la science par l'expérience et le calcul ; rappel de Dieu dans les religions par l'élimination des idolâtries ; rappel de la loi à l'ordre par l'abolition de la peine de mort ; rappel du peuple à la souveraineté par le suffrage universel renseigné ; rappel de l'égalité par l'enseignement gratuit et obligatoire ; rappel de la liberté par le réveil de la France ; rappel de la lumière par le cri : *Fiat lux!* Vous dites : voilà notre tâche ; moi je dis : voilà votre œuvre. Cette œuvre, vous l'avez faite, soit comme journalistes, soit comme poètes, dans le pamphlet, admirable mode de combat, dans le livre, au théâtre, partout, toujours ; vous l'avez faite d'accord et de front avec tous les grands esprits de ce grand siècle. Aujourd'hui, vous la reprenez, ce journal au poing, le *Rappel*. Ce sera un journal lumineux et acéré ; tantôt épée et tantôt rayon. Vous allez combattre en riant. Moi, vieux et triste, j'applaudis. Courage donc, et en avant ! Le rire, quelle puissance ! Vous allez prendre place comme auxiliaires de toutes les bonnes volontés, dans l'étincelante région parisienne des journaux du rire... Aucune générosité ne manquera à votre œuvre. Vous donnerez le mot d'ordre de l'espérance à cette admirable jeunesse d'aujourd'hui, qui a sur le front la candeur loyale de l'avenir. Vous rallierez dans l'incorruptible foi commune cette studieuse et fière multitude d'intelligences toutes frémissantes de la joie d'éclore, qui le matin peuple les écoles et le soir les théâtres, ces autres écoles ; le matin cherchant le vrai dans la science, le soir applaudissant ou réclamant le grand dans la poésie et le beau dans l'art. Ces nobles jeunes hommes d'à présent, je les connais, et je les aime. Je suis dans leur secret et je les remercie de ce doux murmure que si souvent, comme une lointaine troupe d'abeilles, ils viennent faire à mon oreille. Ils ont une volonté mytérieuse et ferme, et ils feront le bien, j'en réponds. Cette jeunesse, c'est la France républicaine en fleur, c'est la Révolution redevenue aurore. Vous communierez avec cette jeunesse. Vous

N° 1. — Mardi 4 mai 1869.

LE RAPPEL

LA CAMPAGNE ÉLECTORALE

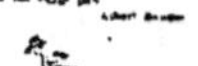

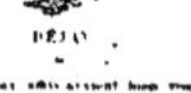

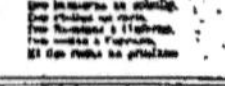

VICTOR HUGO.

Feuilleton du RAPPEL

L'HOMME QUI RIT

PRÉFACE

LA MER ET LA NUIT

URSUS

éveillerez avec tous les mots magiques : devoir, honneur, raison, progrès, patrie, humanité, liberté, cette forêt d'échos qui est en elle. Répercussion profonde, prête à toutes les grandes réponses. Mes amis, et vous, mes fils, allez ! combattez votre vaillant combat ! Combattez-le sans moi et avec moi. Sans moi, car ma vieille plume guerroyante ne sera pas parmi les vôtres ; avec moi, car mon âme y sera. »

*
* *

Henri Rochefort, devenu député de Paris et tout à fait célèbre par le succès de la *Lanterne*, fonda la *Marseillaise* en décembre 1869. « En présence d'une situation nouvelle, écrivait-il, il faut nécessairement des journaux nouveaux. La *Marseillaise* ne vient pas renforcer ceux qui existent, elle essaiera de remplacer ceux qui sont occupés à rendre l'âme. Il y a seulement trois ans, le *Siècle*, l'*Avenir National*, l'*Opinion*, le *Temps* et les autres feuilles de cette gamme avaient le don de remuer tous les cœurs en publiant quelques commentaires ingénieux sur un *Jamais !* de M. Rouher. Aujourd'hui qu'un ministre parle, qu'il se taise, qu'il rappelle les mauvais jours de 48 ou les beaux jours de 52.... que le Gouvernement s'indigne de ce que le citoyen Raspail et moi nous ayons accepté le mandat impératif des mains du peuple qui est honnête, et que lui, qui ne l'est pas, l'impose à ses candidats officiels.... Tous ces incidents auraient fait naguère encore la joie des lecteurs de M. Guéroult et les choux gras des abonnés de M. Nefftzer. Malheureusement, le peuple, depuis longtemps déjà, sait à quoi s'en tenir sur le charlatanisme ministériel, et il demande d'autres récits. Mais, M. Nefftzer, pas plus que M. Peyrat, pas plus que M. Taxile Delord, pas plus que M. Guéroult n'osent les lui donner, parce qu'ils commencent à s'apercevoir que le peuple est devenu graduellement plus intelligent qu'eux, qu'il leur échappe et qu'il les laisse s'envelopper dans leurs papiers conservateurs, pour aller dans les réunions publiques et privées faire la répétition générale de la République. Ils se sont coalisés aux dernières élections dans l'espérance de rattraper sur un suprême banquo leur influence aux abois. Il leur fallait une tête de Turc qui pût donner la mesure de leurs forces. Ils m'ont rencontré sur leur route, et ils m'ont choisi pour l'essai définitif. Pendant trois semaines, il ne s'est pas trouvé à Paris une seule feuille politique, sauf la *Réforme*, qui n'ait employé quotidiennement, pour me bombarder,

N° 79. Mercredi 9 Mars 1870. — NUMÉRO EXCEPTIONNEL — Mercredi 9 Mars 1870. N° 79.

LE NUMÉRO 50 CENTIMES

LA MARSEILLAISE

LE NUMÉRO 50 CENTIMES

NUMÉRO FAIT DANS LES PRISONS D'EUROPE

SOMMAIRE

Au préfet de police, par le citoyen Henri Rochefort, député de la première circonscription de la Seine, rédacteur en chef de la *Marseillaise*, détenu à *Pélagie* (pavillon des princes.)

Adresse au citoyen Rochefort, par les citoyens républicains tchèques, détenus dans la *citadelle de Prague*.

Lettre du citoyen O'Donovan Rossa, député fénian au parlement britannique, condamné aux galères, et détenu à la prison de *New Gate*.

Assassinat commis sur le citoyen Fermin Salvochea, député aux Cortès, raconté par le citoyen Fermin Salvochea, député aux Cortès, chef de l'insurrection républicaine de Cadix, actuellement en exil.

L'empire libéral et les irréconciliables, par le citoyen Millière, extradé [illegible] de Décembre, actuellement détenu à la prison cellulaire de la *Santé*, 4e division, N° 71.

Une arrestation sous l'empire, par le citoyen M. A. Grenier, détenu à la prison cellulaire de la *Santé*, 4e division, N° 24.

Dédié, par le citoyen Paschal Grousset, détenu à *Pélagie* (pavillon des princes.)

Notes de police, par le citoyen Mourot, détenu à *Pélagie*, (pavillon des Princes.)

Lettre, du citoyen Bruneteau, détenu à la prison cellulaire de la *Santé*, 4e division, N° 31.

La prévention, par le citoyen E. [illegible], détenu à la prison cellulaire de la *Santé*, 4e division, N° 60.

L'Amnistie du 15 mars, par le citoyen Raoul Rigault, détenu à la prison cellulaire de la *Santé*, 4e division, N° VI.

Lettre à M. Jules Favre, député de Paris, par le citoyen Alphonse Humbert, détenu à la prison cellulaire de la *Santé*, 4e division, N° [illegible].

Aventures d'un médecin, par le citoyen E. Villeneuve, détenu à la prison de la *Santé*, 4e division, N° 107.

Aux membres de l'Internationale et des fédérations ouvrières, par le citoyen Dereure, gérant de la *Marseillaise*, détenu à la prison cellulaire de la *Santé*, 4e division, N° 93.

La Conscription, article posthume du citoyen Victor Noir, assassiné par le prince Pierre Bonaparte.

FEUILLETON : Monsieur Capital, par le citoyen Gustave Mathieu, rédacteur politique honoraire.

AU PRÉFET DE POLICE

Monsieur le préfet,

Le bruit a couru, me dit-on, que privé de tout moyen d'existence, et ne pouvant m'habituer à la nourriture de la prison, j'avais été, comme Jugurtha, trouvé mort de faim dans ma cellule.

∴

C'est dans l'unique but de vous rassurer que je vous écris cette lettre, et je vous la fais parvenir par la voie de la *Marseillaise*, convaincu que vous la recevrez plus sûrement que par tout autre canal, car rien de ce que j'ai envoyé jusqu'ici par les moyens ordinaires n'était arrivé à son adresse.

Je serais mort, en effet, d'inanition si la providence n'avait suscité un certain Henri Dangerville, un autre moi-même, je puis le dire, qui, non content de m'offrir son concours, m'a donné ses appointements.

Donner ses appointements! voilà un trait dont vous ne seriez pas capable.

∴

Je vis donc, il faut vous accoutumer à cette pensée douloureuse, si toutefois on peut appeler vivre l'état végétal auquel vous m'avez réduit. A force d'arrêter mes communications, comme si c'étaient des diligences, vous avez fait de moi une sorte de député sauvage du Var.

∴

Est-il vrai, comme il me semble l'avoir entendu répéter, entre cour et parloir, que le prince Pierre Bonaparte aurait été condamné à cinquante francs d'amende?

Ecoutez, monsieur le préfet, ce serait bien sévère, et je ne puis croire qu'il se soit trouvé dans les conseils généraux quarante hommes aussi impitoyables. Ce Bonaparte-là n'est pas riche comme les autres, puisque, dans une partie de l'opinion, il aurait tenté le coup dont a été victime notre ami Noir que pour se rapapilloter avec sa famille. D'ailleurs, pourquoi 50 francs et non 1 franc, taux ordinaire accordé par M. Delesvaux aux républicains qui s'adressent aux tribunaux du pays? La justice ne doit rien exagérer, et ne jamais pousser la sévérité jusqu'au délire. Du reste, les rigueurs exceptionnelles, dont le prince a été accablé pendant sa prévention, faisaient prévoir ce poignant résultat.

Je n'ai pas besoin de vous répéter à quel point je désire que ce soit là une nouvelle fausse, et qu'il n'y ait de réel que les onze mille francs auxquels la *Marseillaise* a été déjà condamnée depuis l'affaire d'Auteuil.

∴

Cette arrestation préventive et systématique de tout ce qui émane de moi, peut avoir, du reste, monsieur le préfet, d'assez graves inconvénients pour vous-même. Vous vous rappelez que dernièrement, avec l'humilité d'un détenu trop heureux de ramper aux pieds des autorités, pour obtenir un peu de dessert, j'ai, conformément à vos ordres suprêmes, déposé au greffe un article que je destinais à la *Marseillaise*. Cet article, vous l'avez « étouffé, » style de préfecture.

Ce n'est pas tout : lors de mon arrestation, de cette arrestation ténébreuse dont une haute cour de justice suffirait à peine à illuminer tous les mystères, et sur laquelle j'en sais beaucoup plus long que M. Emile Ollivier ne le suppose; lors de mon arrestation, dis-je, quand un de vos agents imitant les allures d'un enfant du peuple me répétait en me tenant par le bras (ce doit être le même que vous chargez de crier : au voleur! quand les honnêtes gens vous glissent des mains).

« Venez, citoyen Rochefort, vous [illegible] par les [illegible] la réunion. »

Mon chapeau (Renard, fournisseur de S. A. le prince Napoléon, rue Vivienne) me fut brusquement enlevé.

∴

Eh bien! connaissez-vous le bruit [illegible] dont l'écho est arrivé jusqu'à moi? On prétend que ce chapeau a été cédé par vous au musée Tussaud, de Londres, où on le montre en ce moment à côté des têtes en cire de Napoléon Ier, Napoléon III, Dumollard, La Pommeraye, Soufflard et autres grands criminels.

Quant à l'article, fruit de mes veilles, et que vous vous êtes indûment approprié, ce serait plus grave : vous en auriez fait affaire, avec Vrain-Lucas, qui lui-même l'aurait revendu à M. Michel Charles, comme étant un autographe de Vercingétorix.

∴

Voilà ce que l'on dit de vous dans la *Gazette de Hollande*. Vous pourriez m'objecter que ce sont de pures calomnies, et que la raison d'Etat seule vous empêche de me rendre mon article, mais alors rendez-moi au moins mon chapeau. Je ne sais pas ce que vous pouvez valoir, à dire d'expert, monsieur le préfet, mais vous me coûtez déjà énormément d'argent, savez-vous?

En échange de toutes ces dépenses, vous pourriez, il me semble, nous envoyer quelques nouvelles un peu fraîches des événements de la grande ville. Si quelqu'un doit être bien informé, c'est vous. Il est vrai que pendant un an, lors de mon séjour à Bruxelles, j'ai, toutes les semaines fait pénétrer à Paris douze cents *Lanternes*, dans un cadre de bois sculpté, fabriqué tout exprès, et que vos préposés n'y ont vu que le jus de réglisse au moyen duquel on avait transformé quelques morceaux de bois blanc tout neuf, en un objet d'art remontant au moyen-âge.

∴

J'ai même envie de l'envoyer également au musée dont je parle plus haut. On le mettrait à côté de mon chapeau, et ces deux spécimens donneraient une idée à la fois de la délicatesse et de l'intelligence de vos collaborateurs.

∴

Vous qui avez dans vos attributions la surveillance des femmes, faites-moi donc savoir ce qu'est devenue cette [illegible] Marguerite [illegible] que souvent autrefois, lorsque je m'occupais de théâtre [illegible] m'a assuré que, depuis, [illegible] Hollandais. Mais la [illegible] Voilà laquestion.

Et le [illegible] ça marche-t-il un peu complet? [illegible] trace? Nous avons bien souvent [illegible] de vous tous les deux. Ne vous [illegible] jamais; serrez-lui de ne la main pour moi.

Quant à ma santé, vous êtes bien bon, elle n'est pas absolument mauvaise. J'ai trouvé un moyen assez ingénieux de me venger des procédés du gouvernement à mon égard, c'est de [illegible] qu'il [illegible] fait auteur de [illegible] pour écrire l'*Histoire de l'Empire*. Je n'y mets aucune prétention, mais j'ai idée que ce sera drôle. Les documents les plus extraordinaires m'arrivent de toutes parts. Si vous voulez m'en adresser quelques-uns, je les recevrai avec plaisir.

∴

Vous me donnez six mois de prison. Je vous réponds en publiant vos portraits et vos aventures à tous. Le public dira qui, de vous ou de moi, aura subi la condamnation la plus dure.

Soyez tranquille, du reste, je n'en déposerai pas le manuscrit au greffe.

Mais je vois que je vous ennuie, il faut dire que de votre côté vous ne m'amusez pas énormément. Brisons-là, et croyez à mon entier dévouement... à la République.

HENRI ROCHEFORT,
Député, 6 mois de prison.

Adresse des républicains tchèques

C'est avec une vive émotion que nous avons lu la lettre que nous [illegible] plus loin, adressée du fond de leur prison, par des républicains autrichiens, à notre rédacteur en chef, Henri Rochefort, représentant du peuple, prisonnier lui-même.

Nous sommes convaincus que nul hommage ne pouvait le toucher davantage, et nous sommes profondément heureux de voir, dans cette lettre, dont nous avons voulu respecter le style, une nouvelle et éclatante preuve de la solidarité qui unit tous les défenseurs de la Révolution, toutes les victimes du despotisme.

Que nos amis, que nos [illegible] de Prague, reçoivent donc nos remerciements.

Ces mains qu'ils nous tendent à travers les barreaux de leur cachot, nous espérons bien un jour les serrer au grand soleil de la liberté européenne.

[illegible]
en liberté provisoire

Au citoyen Rochefort, à la prison de Pélagie, à Paris.

Prague, prison du nouvel Hôtel de Ville, le [illegible] mars 1870.

Citoyen,

Nos ennemis n'ayant pas réussi à nous exterminer dans le [illegible] mai, ni à anéantir notre nationalité, ils voulurent nous faire entrer dans certain ensemble de pays appelé « Cisleithanie, » pour commenter ainsi notre droit public. Ils décrétèrent assez des libertés sur du papier, ainsi qu'en même temps des [illegible] qui devaient tromper le monde, et faire resonner la phrase connue : « La liberté comme en Autriche. »

De cette liberté autrichienne, nous, soussignés, sommes les preuves vivantes, [illegible] nous empêcher de vous témoigner, vaillant citoyen, nos plus vives sympathies, ainsi que notre juste indignation en apprenant que, pour avoir si énergiquement revendiqué la liberté de tous, vous êtes vous-même privé de votre liberté personnelle.

Nos sympathies n'appartiennent pas seulement à l'intrépide et courageux citoyen qui a le premier osé dire tout haut ce que les autres pensaient tout bas, mais aussi aux principes républicains et démocratiques que vous soutenez avec tant de dévouement et de succès. Nous vous prions en même temps d'accepter l'assurance que la démocratique nation tchèque qui, au milieu des ténèbres du quinzième siècle, donna naissance à des hommes comme Huss, Ziska et Procope le Grand, fait cause commune avec la glorieuse nation française qui, la première, donna, en 1789, une expression à la colère des peuples, ainsi qu'avec toutes les autres nations, tant qu'elles aspirent à la liberté, et qu'elles ne souhaitent rien plus ardemment que de voir enfin triompher cette idée sublime :

Fraternité et solidarité des peuples!

Les prisons autrichiennes ne savent retenir que les corps; nos âmes sont auprès de vous, et, en franchissant même les murs de Sainte-Pélagie, elles vous crient : salut et fraternité!

Les détenus politiques de la prison du nouvel Hôtel-de-Ville à Prague, en Bohême, tous accusés du crime de lèse-majesté (le plus grave délit du code autrichien).

Suivent les signatures.

P. S. Nous prions l'honorable rédaction de la *Marseillaise* de vouloir bien faire parvenir cette adresse au citoyen Rochefort, ainsi que de lui ouvrir les colonnes de la *Marseillaise*, mais de ne pas faire connaître les noms des signataires, car ce ne serait que donner aux tribunaux autrichiens une occasion à de nouvelles poursuites. Cette crainte est d'autant plus fondée, que récemment le simple cri de : Vive la République! [illegible]

Qu'il me soit permis, comme rédacteur de cette adresse, d'ajouter un petit mot.

[illegible]

Pour copie conforme :
[illegible]

Lettre d'O'Donovan Rossa

O'Donovan-Rossa, le prisonnier de l'implacable aristocratie anglaise, a pu faire parvenir une lettre à ses amis, [illegible] sont les nôtres.

Nous publions avec bonheur cette page émouvante; il est bon que le peuple sache que partout les aristocraties et les réactions sont les mêmes, et que nulle part elles ne reculent devant aucune lâcheté pour assouvir leur basse et sordide vengeance.

O'Donovan-Rossa, dont l'élection a été cassée déjà une fois par les députés du capital et de la réaction, sera de nouveau nommé par le peuple, et il sortira de la tombe où ses bourreaux le tiennent, pour épouvanter le monde par le récit de leurs forfaits.

O'Donovan-Rossa, député des fénians irlandais au parlement britannique, la démocratie universelle salue en toi un de ses plus glorieux martyrs!

[illegible]
en liberté provisoire.

Londres, le 3 mars

Dans la séance de la maison des communes du 3 mars, M. [illegible] interpelle M. [illegible]

FEUILLETON DE LA *MARSEILLAISE*
du 9 mars 1870

MONSIEUR CAPITAL

I

La face pleine et l'air benoît,
Ramassé dans Ma Majesté,
Je suis là, le cul dans le lit,
Par le poids du ventre arrêté.
Dans les éclats de ma lumière,
La justice et l'autorité,
Le bourreau se tenant derrière,
Marchent sans cesse à mon côté.

Je suis la force et la puissance,
L'esprit, la gloire et la science,
Valeur, marchandise ou métal,
Je règne sous le nom de Monsieur Capital.

II

Invisible propriétaire,
Je tiens le travail sous ma loi,
Et si je reste sans rien faire
On ne peut rien faire sans moi.
Je suis l'inventeur de la gloire,
De la Nationalité,
De la guerre et de la victoire,
Du trône et de la papauté.

III

J'ai des généraux par centaines
Tout cousus d'or du haut en bas,
A vos officiers, capitaines,
Et pour un sol j'ai des soldats
Qui frapperont de sollicitude
Les bourgs, les hameaux, les cités
En écrasant la multitude
Sous les délires des libertés.

IV

J'ai des robins à mon service
Fourrés d'hermine, et gens d'honneur
Faisant si bien que leur justice
Penche toujours en ma faveur...
Et lorsqu'en moi-même je rentre
Un par la justice et la loi,
J'en ris, les poings sur mon gros ventre;
Et c'est ma comédie à moi!!!

V

Dans le brasier des républiques
Semant l'or et les grands moyens,
Je fais sur les places publiques
S'entr'égorger les citoyens.
Je pousse au meurtre, à la folie,
Sous les pieds d'un pape et d'un roi
J'ai remis la libre Italie,
Et c'est ma tragédie à moi!!!

VI

Pour éclairer leur République,
Jadis le vote universel
S'élançait, rouge et magnifique,
Comme un soleil au bleu du ciel.
De par l'argent, l'or et le cuivre,
Les millions, les milliards!!!
Il faudra bien qu'on m'en délivre,
J'en ai déjà pris les trois quarts.

VII

Chacun m'adore à sa manière :
L'un me jette à profusion;
Ce vieux, m'embrassant sans terre,
S'accroupit sur sa passion.....
Sentant vivre dans sa poitrine...
La sainte ardeur d'un triple gain.
Cet autre, flairant la famine,
Change son or contre du grain.

VIII

Je prends les plus fraîches pucelles
Pour m'amuser soir et matin,
Et je n'ai d'ardeurs avec elles
Qu'à force d'être libertin.
Je flétris tout ce que je touche
Mes embrassements sont maudits
L'amour en sortant de ma couche,
Regagne en boitant les taudis.

IX

Travailleurs, déchirez la plaine,
Fouillez le sol et les hauteurs.
Le vivre en main, sous sa [illegible]
Je bois le prix de vos sueurs.
Quatre fois plus fort que la terre,
Je rapporte quinze pour cent.
Un jour je mangerai ma mère,
Je boirai sa sève et son sang.

Je suis la force et la puissance,
L'esprit, la gloire et la science;
Valeur, marchandise ou métal,
Je règne sous le nom de Monsieur Capital.

G. MATHIEU,
rédacteur politique honoraire.

la mitraille la plus déloyale. Ma candidature a été pendant vingt et un jours ridiculisée, bernée, vilipendée, depuis le Premier-Paris jusqu'aux échos de théâtres de tous les journaux connus. Or, cette campagne, où tout en moi a été incriminé, mes paroles, mes gestes, la forme de mes paletots et la couleur de mes gants, s'est terminée par ma nomination.... »

Dans la rédaction de la *Marseillaise*, Henri Rochefort groupa un certain nombre de jeunes journalistes très ardents, qui s'exposèrent sans crainte à la prison et aux amendes, et qui prirent l'habitude de remplacer par les témérités de leur polémique politique les scandales mondains qui faisaient la fortune de tant d'autres journaux. C'étaient Germain Casse, Arthur Arnould, Victor Noir, Ed. Bazire, Gustave Flourens, Ernest Lavigne, Ch. Habeneck, Paschal Grousset, Dereure.

Le succès des journaux tels que le *Rappel* et la *Marseillaise* fut tout de suite considérable, surtout à Paris et dans les grandes villes. « N'ayant que très peu d'abonnés, dit Taxile Delord, faits pour la vente dans les rues, ils s'adressaient à un public plus passionné qu'instruit, plus ardent qu'habitué à la discussion sérieuse; aussi avaient-ils emprunté à des feuilles comme le *Figaro* et le *Gaulois* la coupe du journal et la forme des articles. Le Gouvernement avait beau les poursuivre, les traquer, leur interdire la vente sur la voie publique, ils pénétraient dans les maisons et se distribuaient partout en contrebande. Le bourgeois les achetait presque autant que l'homme du peuple, ils l'amusaient et l'agaçaient à la fois; ils servaient sa haine contre l'Empire et en même temps ils lui faisaient peur, la *Marseillaise* surtout, qui, dans l'ardeur de son socialisme, alla jusqu'à profiter du 8 janvier, date où se payent les loyers de 300 francs, pour exhorter ses lecteurs à ne pas s'acquitter envers leurs propriétaires. »

*
* *

Il se fondait aussi, en 1869, quelques journaux moins hostiles à l'Empire, entre autres d'abord le *National de 1869* avec Rousset, E. de la Bédollière, d'Epoizez, Sévilly, comme principaux rédacteurs. « La date de 1869 ajoutée à notre titre, disait Rousset, montre que nous avons conscience des besoins nouveaux de notre époque et de la nécessité d'y satisfaire... Le hasard donne à notre premier numéro la date du 19 janvier, date d'un acte mémorable, plus parce qu'il a promis que par ce qu'il a tenu. Nous ne voulons pas nier l'importance de cet hommage rendu à la liberté, et du réveil des aspirations progressistes qui en a été la conséquence. C'est une nouvelle étape sur la route qui nous ramène à la véritable application des principes de 1789. Voués aux idées démocratiques, nous voulons faire franchement et loyalement la guerre aux tendances réactionnaires, de quelque côté qu'elles se produisent. Nos aspirations et notre tempérament nous placent dans les rangs de l'opposition; mais notre opposition ne sera jamais systématique et aveugle. Nous saurons louer les actes qui nous paraîtront dignes d'éloges, mais nous serons impitoyables pour tout ce que nos convictions réprouveront, pour tout ce qui répugnera à notre conscience. Nous respectons toutes les croyances religieuses, mais nous pensons que le prêtre ne doit pas dépasser le seuil du temple, et nous repoussons énergiquement toute intervention cléricale dans les choses de la politique... »

Le *Soir*, rédigé par Ed. Levé, A. Marcel, Denis Guibert, Robert de Lizy, se disait partisan de la paix au dehors, de l'ordre et de la liberté au dedans, indépendant vis-à-vis des personnes et des partis, ajoutant qu'au point où en étaient les choses, on ne pouvait méconnaître que la France était centre gauche, et que les véritables conservateurs n'étaient autres que les libéraux.

* * *

Il manquait une feuille semi-officielle, qui fut un organe des idées gouvernementales; c'est dans ce but que Clément Duvernois, secondé par Leguevel de la Combe, Charles Gaumont et Paul Foucher, fonda le *Peuple français*, pour reproduire la pensée et les confidences de Napoléon III, ou tout au moins de son chef de cabinet Conti. Voici le programme exposé par Clément Duvernois, dans le premier numéro du journal, le 2 février 1869 : « Fermement convaincu qu'une révolution ne profitera jamais qu'aux ambitieux, que pour la grande majorité des citoyens, c'est une opération qui commence invariablement par le chômage, pour finir par la dictature d'une minorité, nous sommes contre ceux qui, soit dans les journaux, soit à la tribune, provoquent une nouvelle révolution ou une nouvelle réaction. C'est par l'alliance du peuple et du prince que le suffrage universel a été définitivement fondé, à ce point que ses ennemis n'osent plus l'attaquer ouvertement; c'est par l'alliance du prince et du peuple que l'ordre a été établi; c'est par le maintien de cette alliance que l'ordre restera inébranlable. Aussi demanderons-nous toujours à l'Empire d'être le gouvernement du suffrage universel, et d'être aussi complètement démocratique dans ses actes et dans ses tendances, qu'il est démocratique dans ses origines et dans son principe... L'Empereur s'est déclaré le chef responsable d'un pays libre; qu'il reste responsable devant le peuple et devant l'histoire, mais que le pays soit libre, de plus en plus libre, tout à fait libre... Ce que veut le peuple, c'est un changement progressif dans le fond des choses, sans révolution; ce que veut l'esprit de parti, c'est un changement de gouvernement sans changement dans le fond des choses... Sans négliger la polémique courante, mais en la ramenant toujours à notre principe, le suffrage universel, nous examinerons les questions qui se rattachent à la liberté civile et sociale, les lois qui l'entravent, les mesures capables d'en assurer l'expansion. Nous étudierons les moyens de développer l'instruction publique, base indispensable de la liberté intellectuelle. Nous réclamerons la liberté communale, la décentralisation, garantie d'ordre et de liberté. Nous discuterons les questions d'impôts, de crédit, de commerce, de travail. Au lieu d'attaquer les réunions ou de les louer, nous ferons ce que personne ne fait; nous regarderons en face les problèmes qui s'y posent, pour discuter sérieusement les solutions qui y sont proposées. En un mot, nous défendrons les intérêts du peuple et les intérêts de l'ordre, pour eux et non pour nous, c'est-à-dire sans flatterie. Ceux qui flattent le peuple, comme ceux qui flattent le pouvoir, ne songent à le servir; ils songent à l'entraîner pour le dominer et l'exploiter. Comme nous ne voulons ni entraîner, ni dominer, ni exploiter personne, nous serons toujours également sincères envers le peuple et envers le pouvoir. »

En même temps et concurremment, Jules Vallès faisait paraître le premier numéro du *Peuple*, son Peuple à lui — comme il disait — celui des Proudhon, des Duchêne, des Longuet.

* * *

La presse issue de la nouvelle loi était dans son ensemble une presse de combat contre le second Empire, aux allures démocratiques et aux tendances républicaines.

On le vit bien dans l'affaire de la souscription Baudin, qui porta

Numéro 5. Prix : 5 centimes. 8 février 1869.

LE PEUPLE

Rédacteur en chef : JULES VALLÈS

AVIS

Adresser tout ce qui concerne l'Administration à M. Rallard, et la Rédaction, à M. Jules Vallès, 3, rue Pagevin, 3.

En vente chez CALVET, 11, rue Notre-Dame-des-Victoires

COMMENT UN JOURNAL SE FONDE

Le nôtre s'est fondé entre cinq et six heures du soir, sur la place St-Michel.

L'autre venait de paraître, sentant encore l'eau du trempage, l'encre des rouleaux : M. Duvernois laissait passer sa tête de canard jaune hors de son nid d'aigle.

— Et notre *Peuple* à nous ! — fit Denis.

Notre *Peuple* ! il voulait dire celui auquel devait travailler avec moi toute la noble famille des amis de Proudhon, les anciens, les jeunes : Duchêne, Langlois, Longuet, Chemalé ; d'autres encore, sans compter les irréguliers de la *Rue*, depuis Puissant le sage jusqu'à Maroteau le conscrit.

Nous nous mîmes à rire, du rire large des convaincus insouciants devant le danger et ironiques dans la défaite. On se chercha ; on se retrouva, et le premier numéro du *Peuple* fut bâclé. Le matin nous revit fiévreux et pâles, contents ; contents par conviction, non par orgueil. Nos articles ne nous semblaient pas superbes, mais nous sentions bien que nous faisions œuvre d'amis du peuple et de braves gens. Pour les hommes de notre parti, c'est tout ; et nous bûmes une goutte et cassâmes une croûte, au matin, avec la joie des travailleurs honnêtes.

On mit le nouveau-né sous la presse, mais les machines allaient moins vite que nos espérances, et il fallut se coucher, le soir sans avoir livré bataille comme des soldats s'endorment, leur fusil pour oreiller. On avait chargé la veille, on ne tira que le lendemain.

On tira à dix mille. — Dix mille ; — c'est une armée.

Ces dix mille revinrent le lendemain, avec quelques autres encore. — C'était le diable pour contenter ce monde-là — On le mécontenta ! la machine à labeur geignait, toussait et crachait noir, mais n'arrivait pas, et les marchands se plaignaient. Le peuple criait qu'il avait failli attendre !

Les articles pendant ce temps se méditaient entre deux portes, ou s'écrivaient entre deux courses ; griffonés avec la pointe d'un crayon ou le bec d'une plume, avec un bout d'allumette quand pointe de crayon ou bec de plume était cassé.

Nous avons vécu comme cela trois jours et trois nuits pleins, barbouillant le papier, surveillant les machines, épluchant des idées, comptant des feuilles, les rédacteurs se faisant ouvriers, moule à phrases, machine à labeur ; c'est bien, et il n'y aurait pas grand mal à voir quelquefois passer sur le pantalon noir de l'écrivain la culotte de coton bleu du travailleur.

Notre journal a été fait vite, vite et assez mal. Il nous est [illegible] les meilleurs du monde ; les machines, qui ne rendaient déjà qu'une par une les feuilles de papier noirci, se sont arrêtées, essoufflées, cassées et lasses ; — la foule ne s'est pas lassée.

Nous la remercions de tout notre cœur, et, sans lui jurer rien, nous sommes de ceux qui ne violent pas le serment qu'ils ont fait, nous lui promettons de nous mettre en quatre pour que maintenant le *Peuple* arrive quand elle l'attend.

Dès aujourd'hui, nos précautions sont prises. Mais elle prévoit sans doute que nous ne mentions pas à notre titre comme y mentent les autres. Nous le disons, — dût notre entêtement de plébéiens nous isoler, — nous resterons des plébéiens.

La presse bourgeoise essayera de ricaner et nous calomniera. Pauvre vieille ! Ce n'est pas elle qui nous fera tourner la tête — elle ni d'autres ! Tous les dangers et les malheurs viendraient, moi qui suis de quart pour le moment, je crierais tout haut sous le feu :

« Equipage du *Peuple*, ne nous rendons pas ! »

JULES VALLÈS.

BOUFFONS TRAGIQUES

On sait que, il y a quinze jours M. Jules Favre et, plus récemment, M. Cremieux, ont donné des conférences. Dédaignant de se mêler aux discussions publiques, moins courageux en cela que ces braves gens qui les valent bien, et qui se rangent, dans la lutte, sous la bannière — j'allais dire sous le manuel — de M. Joseph Garnier, l'économiste honnête et modéré ; préférant aux tempêtes des interruptions ou des répliques le doux murmure d'une voix hoquetante ou cassée qui monologue, ils ont choisi cette forme de réunion, c'était leur droit, leur intérêt peut-être.

Mais ce qui doit nous surprendre de la part de ces chevronnés de la politique, c'est qu'ils semblent s'être donné le mot pour causer de la littérature.

M. Favre a parlé de *l'influence des mœurs sur les lettres* ou de l'influence des lettres sur les mœurs, je ne sais plus au juste : *l'un et l'autre se dit ou se disent* — M. Cremieux a traité de *l'art théâtral* — *Théâtral* est du style d'architecte, de décorateur ou... d'avocat — mais passons.

Est-ce que, par hasard, ces vieux basochiens auraient parié de concourir à qui rappellerait le mieux Saint Marc Girardin ? Ainsi l'on voit à Carpentras, ou à Meaux-en-Brie, un vieux père noble fourbu imiter Monsieur Dumaine !

Dans sa conférence sur l'art théâtral, Me Cremieux n'a parlé que de la tragédie, et de la tragédie de Racine encore. Non-seulement ce dilettante du prétoire n'a pas paru se soucier de Shakespeare et de Molière, de Gœthe et de Schiller, mais il n'a pas l'ombre de se douter qu'un membre de sa famille ou un homonyme, M. Hector Cremieux avait, dans son *Orphée aux enfers*, inventé un genre après lequel la tragédie antique ne se comprend plus sans la musique d'Offenbach.

Non, Me Cremieux, par une bouffonnerie digne de son homonyme, qui, lui, eut donné le rôle à Désiré, a commenté et récité des scènes d'*Iphigénie en Aulide*, de Racine.

Pendant une heure ce petit vieux a gazouillé d'une voix lamentable les jérémiades de la vierge grecque. Pendant une autre heure, il a rugi la colère du « bouillant Achille » Du moins il en a fait les gestes.

Puis, pour terminer, il a conclu gravement que si la tragédie n'était plus en honneur, c'est qu'il n'y avait plus de tragédiens. « Talma, Lafont, Raucourt, Duchesnois, Rachel sont morts ! » s'est-il écrié tout en larmes. Eh bien ! après, et Cujas et Pothier est-ce qu'ils ne sont pas morts aussi ? En défendez-vous moins les veuves et les orphelins ?

Me Cremieux, si l'autorité de son homonyme, et celle des auteurs de la *Belle Hélène*, ne lui paraissaient pas suffisantes, ferait bien de lire les lignes — très-sérieuses — d'un grand poëte dramatique qui fut aussi un philosophe.

« Les rois, les princesses ou les héros d'un Corneille ou d'un Voltaire, dit Schiller dans son *Esthétique*, n'oublient jamais leur *rang*, même dans les plus violents accès de passion, et ils dépouilleront leur *humanité* bien plutôt que leur *dignité*. Ils ressemblent à ces rois et à ces empereurs de nos vieux livres d'images qui se mettent au lit avec leur couronne. »

Assez de critique littéraire comme cela ! Nous avons le droit de demander ce que signifient ces exhibitions saugrenues où l'on voit des momies s'efforçant à ressusciter des momies.

Ces hommes qui jouèrent les niais ou les traîtres — tragiques bouffons — dans le grand drame, dans la vraie tragédie de 1848, Cremieux, le Bridoison formaliste avec le bégayement en moins et la juiverie en plus, Jules Favre, démocrate mielleux et enfiellé, Pagès, le Jocrisse féroce, ces hommes et ses cabotins usés, viennent avant la reprise de la pièce nous donner un spécimen de leurs petits talents de société. Avant peu, sans doute, nous aurons une dissertation du philosophe Simon, un sermon du Révérend Pelletan, un petit carême — après le carnaval — du P. Guéroult, et le bonhomme Carnot nous récitera des fables.

Ces messieurs font payer leurs conférences un franc, et cinq francs les places réservées — pour les pauvres ! Ils ont raison : des auditeurs à cinq sous leur auraient jeté des pommes cuites à la tête.

CH. LONGUET.

PROMISCUITÉ

Le pianisme. — L'île courante. — L'Ordonnance de police sur les industries à marteau.

« Je donnerais le musée du Louvre, les Tuileries, Notre-Dame, — et la colonne par-dessus le marché, — pour être logé chez moi, dans une petite maison faite à ma guise que j'occuperais seul, au centre d'un petit enclos d'un dixième d'hectare, où j'aurais de l'eau, de l'ombre et du silence. »

Il faudrait être prédestiné par vocation spéciale à la vie de caserne pour ne pas s'associer complètement à ce vœu de philosophe. Etre chez soi ! Les gens qui n'ont jamais habité que Paris savent-ils seulement ce que ces trois mots veulent dire ? Etre chez soi ! c'est de n'avoir à souffrir ni du vacarme des enfants du dessus, ni du piano de la dame du dessous, ni des odeurs de fricasse de toute la maison. Etre chez soi, c'est n'être tributaire ni des exactions du portier, ni des excès de pouvoir du propriétaire. Etre chez soi enfin, c'est avoir complétement la clé dans sa poche.

Cet entassement d'humains, dont la caserne haussmannienne, après le ponton-bagne, offre le type le plus accompli, n'est pas favorable au développement de la fraternité et de l'urbanité, tant prônées. Il y a des froissements, des impatiences, des agacements, des mots aigres-doux et d'acerbes récriminations. La police est forcée d'intervenir.

Il intervient d'abord contre le travail et ses bruits inévitables, laissant de côté les tapages inutiles de la fantaisie et de l'oisiveté. Ainsi fonctionnent les ordonnances sur les industries à marteau, sur le transport des fers en barres, sur les trompettes des fontainiers ; excellentes mesures auxquelles chacun applaudit, et qui n'ont qu'un tort, celui de ne pas réprimer avec une égale sollicitude les sonneries de cloches, le pianisme, les tambours et autres vacarmes aussi inutiles qu'irritants.

Parfois, cependant, le magistrat se permet d'intervenir par interprétation, sous condition que les tapageurs soient des petites gens.

L'ami Schaunard, quoique établi et patenté, a conservé quelques-unes des distractions de bohême. Rentrant chez lui, par exemple, entre onze heures et minuit, il se mettait volontiers au piano jusqu'à ce que le sommeil le gagnât. Il n'y entendait point malice, et ne songeait pas que son agrément pût faire le cauchemar des voisins.

Un jour il est appelé chez le commissaire de police de son quartier.

— Tapage nocturne, lui dit l'alcade ; Monsieur Schaunard, vous êtes accusé de tapage nocturne.

— Si les faits reprochés remontent à vingt ans, je ne dis pas non, répond Schaunard.

— Ils sont récents, réplique le magistrat. Plaignant, déposez : à quel genre de tapage se livre l'intimé ?

— Il pianote à des heures indues.

— Diable ! piano, tapage nocturne, l'assimilation me semble un peu forcée ; mais j'ai votre affaire : industrie à marteau, que vous en semble, monsieur Schaunard ? Piano, industrie à marteau ; l'analogie est complète. L'ordonnance prescrit qu'il est défendu de marteler avant cinq heures en été, avant six heures en hiver, et passé dix heures en toute saison. Les pianos sont nécessairement réglés par le règlement des industries à marteau.

— Monsieur le commissaire, reprit Schaunard, votre jugement ferait honneur à Salomon ; croyez que je m'y conformerai autant au moins par admiration que par déférence.

* * *

L'artiste X... n'en fut pas quitte à si bon compte ; lui aussi, sans penser à mal, pianotait volontiers jusqu'à deux heures du matin. En revanche, il dormait la grasse matinée. Il habitait le rez-de-chaussée au régime impérial un coup aussi terrible qu'imprévu. Les origines du second Empire furent discutées avec violence et mises à l'ordre du jour de l'opinion publique. Ce furent d'abord des brochures, le *Voyage d'un transporté*, par Delescluze; un *Chapitre inédit du 2 décembre* par Jules Vallès; les *Mémoires d'Exil* par Mme Edgar Quinet. Puis vint le *Paris en décembre 1851* d'Eugène Ténot. Ranc a dit un mot très vrai sur le livre de Ténot: « L'ouvrage de Ténot est plus qu'un livre, c'est un acte politique, et c'est aussi pour le pays le point de départ d'une situation nouvelle. Aux uns, il a rappelé le passé; aux autres, il l'a appris. »

Il y avait longtemps que les exilés du 2 décembre cherchaient une occasion de rentrer en scène. Ils saisirent avec empressement celle de rendre hommage à la mémoire de Baudin, mort sur les barricades pour la défense de la Constitution républicaine; et ils choisirent le 2 novembre 1868, le jour des Morts, pour leur manifestation au cimetière Montmartre sur la tombe de Baudin. Charles Quentin, Gaillard père et fils, Abel Peyrouton prononcèrent des discours agressifs et provocants. « Qu'au jour du combat, dit ce dernier, la vie de Baudin nous serve d'exemple et de stimulant! »

L'*Avenir National* de Peyrat, le *Réveil* de Delescluze, la *Revue politique* de Challemel-Lacour et Brisson ouvrirent aussitôt une souscription pour élever un monument à Baudin. Le pouvoir vit dans cette souscription une manœuvre à l'intérieur tombant sous le coup de la loi de sûreté générale. Les journaux de Peyrat et de Delescluze furent saisis plusieurs fois de suite. Les souscriptions devinrent alors plus nombreuses et plus éclatantes. Victor Hugo, Louis Blanc, Edgar Quinet, Jules Favre, Prévost-Paradol figurèrent sur les listes, ainsi que Berryer, dont l'adhésion produisit une vive émotion dans toute la France. Les étudiants de l'École de Droit, de l'École de Médecine, de l'École polytechnique s'associèrent au mouvement. Des journaux qui avaient d'abord considéré la souscription comme impolitique, le *Siècle*, le *Temps*, le *Journal de Paris*, la *Tribune*, lui ouvrirent leurs colonnes le jour où le Gouvernement crut devoir en poursuivre les promoteurs.

Les journaux déférés à la police correctionnelle se firent défendre par Crémieux, Emmanuel Arago, Clément Laurier, Gambetta, Leblond et Hubbard. Gambetta trouva dans sa plaidoirie le début de sa brillante renommée. Il mit le régime impérial en accusation et prononça contre lui un réquisitoire enflammé. « Le dernier endroit qu'on eût dû choisir, selon lui, pour plaider cette cause, était l'enceinte dans laquelle siègent les magistrats. On ne peut oublier le trouble apporté dans les consciences par l'acte du 2 décembre. A cette date, se sont groupés, autour d'un prétendant, des hommes sans talent, sans honneur, perdus de dettes et de crimes, de ces gens, complices, à toutes les époques, des coups de la force, de ces gens dont on peut répéter ce que Salluste a dit de la tourbe qui entourait Catilina, ce que César a dit lui-même de ceux qui conspiraient avec lui : Éternels rebuts des Sociétés régulières. Avec ce personnel on sabre depuis des siècles les institutions et les lois, et malgré ce défilé sublime des Socrate, des Thraséas, des Caton, on écrase le droit sous la botte d'un soldat... Mais devant la justice, devant les magistrats, il ne saurait en être ainsi. On a prétendu que l'on sauvait la France par le coup d'État. Mais pour témoins de la vérité, n'avons-nous pas Michel (de Bourges), Charras et tant d'autres, morts loin de leur pays ; Ledru-Rollin exilé, et Berryer, ce mourant illustre, qui a prouvé par une lettre que tous les partis se tiennent pour la conservation de la morale ? Où étaient le 2 décembre, M. Thiers, M. de Rémusat, M. Dupont (de l'Eure), tous les honnêtes gens? A Mazas ! à Vincennes ! en route pour Cayenne, pour Lambessa, les victimes spoliées d'une frénésie ambitieuse ! Que parle-t-on de plébiscite, de ratification par la volonté nationale ? La volonté d'un peuple ne saurait changer la force en droit, pour détruire ce peuple lui-même. Après dix-sept ans, on cherche à interdire la discussion de ces faits. Mais on n'y réussira pas. Ce procès a été jugé hier, il le sera demain, toujours, jusqu'à ce que la conscience universelle ait reçu sa suprême satisfaction. Depuis dix-sept ans, vous qui êtes les maîtres de la France, vous n'avez jamais osé célébrer le 2 décembre, comme un anniversaire national; eh bien, cet anniversaire, c'est nous qui le prenons.... »

Delescluze fut frappé de six mois d'emprisonnement et de deux mille francs d'amende, avec interdiction de l'exercice de ses droits civiques, de vote, d'élection et d'éligibilité. Quentin, Challemel-Lacour et Peyrat furent condamnés à deux mille francs d'amende, Gaillard père à cinq cents francs d'amende, Gaillard fils et Peyrouton à cent cinquante francs d'amende et un mois de prison chacun.

Les journaux répandirent en France et dans le monde entier les plaidoiries du procès Baudin. Ce fut celle de Gambetta qui obtint le plus grand succès; son nom fut dès lors dans toutes les bouches.

* * *

Les journaux condamnés ayant continué à recevoir des souscriptions, de concert avec le *Temps* et le *Journal de Paris*, il y eut un nouveau procès pour manœuvres à l'intérieur, dans lequel Hébrard du *Temps*, J.-J. Weiss du *Journal de Paris*, Duret de la *Tribune*, Peyrat de l'*Avenir National* et Delescluze du *Réveil* furent condamnés à mille francs d'amende chacun. Weiss se défendit lui-même dans une plaidoirie aussi virulente contre l'Empire que celle de Léon Gambetta.

Les journaux indépendants de la province avaient aussi ouvert des souscriptions. Ils furent condamnés, sauf l'*Indépendant du Centre* qui fut acquitté par le Tribunal de Clermont-Ferrand. « Cet acquittement, dit M. Darimon dans son *Histoire de douze Ans*[1], causa un étonnement voisin de la stupéfaction. Il y avait à craindre, en effet, que la débandade se mît dans la magistrature de province, si timide et si tremblante devant les coteries locales. Le jugement du tribunal de Clermont-Ferrand était très fortement motivé et les considérants très propres à donner à réfléchir à des magistrats irrésolus... On établissait en termes très nets que le fait d'avoir publié une liste de souscription pour le monument Baudin ne constituait pas : la manœuvre à l'intérieur. On invoquait à l'appui un Arrêt de la Cour de Cassation du 11 décembre 1858, qui avait décidé que la manœuvre à l'intérieur supposait un ensemble de faits et d'actes spécifiés par le but coupable auquel ils tendent. Si cette doctrine était admise par d'autres tribunaux, le jugement du tribunal correctionnel de la Seine, qui avait prononcé dans un sens contraire se trouverait infirmé. Heureusement la Cour d'Appel de Riom vint au secours du Gouvernement en détresse et l'*Indépendant du Centre* fut, comme tous ses confrères, condamné à une forte amende. »

La presse d'opposition contribua aussi, pour une grande part, à faire nommer, aux élections législatives de 1869, une minorité imposante de députés hostiles à la candidature officielle ; les députés *irréconciliables*, Gambetta, Bancel, Rochefort.

* * *

Il importe maintenant de signaler le rôle de la presse, et en parti-

[1] Page 343.

Phot. Et. Carjat.

VICTOR NOIR

PASCHAL GROUSSET

Phot. Pierre Petit.

ULRIC DE FONVIELLE

culier du journal *la Marseillaise*, dans l'affaire Victor Noir, qui fut accompagnée et suivie de scènes de désordre, présage de la désaffection populaire à l'égard de l'Empire.

On sait qu'un journal démocratique de Bastia, *la Revanche*, ayant publié un article virulent contre le premier Bonaparte, le prince Pierre-Napoléon Bonaparte, l'un des fils de Lucien Bonaparte, répondit dans l'*Avenir de la Corse* : « Pour quelques lâches Judas traîtres à leur pays, et que leurs propres parents eussent autrefois jetés à la mer dans un sac; pour deux ou trois nullités, irritées d'avoir inutilement sollicité des places, que de vaillants soldats, d'adroits chasseurs, de hardis marins, de laborieux agriculteurs, la Corse ne compte-t-elle pas, qui abominent les sacrilèges et qui leur eussent déjà mis le *stentine per le perrette*, les tripes aux champs, si on ne les avait retenus ! »

La *Marseillaise* prit fait et cause pour les rédacteurs de la *Revanche*, d'où une provocation en duel, conçue en termes très violents, adressée par le prince Pierre Bonaparte à Rochefort. D'un autre côté, Paschal Grousset, correspondant de la *Revanche* à Paris, provoqua le prince et lui envoya deux de ses amis comme témoins, Victor Noir et Ulric de Fonvielle.

Le 10 janvier 1870, Victor Noir trouva la mort dans le salon du prince Pierre-Napoléon Bonaparte. Devant la Haute Cour qui fut réunie à Tours pour juger le prince, Ulric de Fonvielle déclara qu'à peine Victor Noir avait-il dit qu'il était solidaire avec ses amis, que le prince Pierre lui lança un soufflet et, tirant un revolver de sa poche, fit feu sur lui à bout portant. Pendant que le blessé sortait pour appeler du secours, le prince Pierre Bonaparte s'avança, le canon haut, sur de Fonvielle, qui lui aussi, porteur d'un revolver, reçut, en essayant de le tirer de son étui, un coup de feu qui traversa son paletot. Il battit aussitôt en retraite, en criant : A l'assassin ! Arrivé dans la rue sain et sauf, il y trouva Victor Noir expirant. Le prince Pierre Bonaparte soutint, de son côté, devant la justice, qu'Ulric de Fonvielle et Victor Noir s'étaient présentés d'un air menaçant, et qu'il n'avait fait usage de ses armes qu'après avoir été frappé au visage par ce dernier.

Charles Floquet, alors à ses débuts, rédacteur au *Temps* et au *Siècle*, se chargea de plaider pour la famille de la victime la question des dommages civiles.

La Haute Cour acquitta le prince. Mais, dès le lendemain de la mort de Victor Noir, le 11 janvier, la *Marseillaise* parut encadrée de noir, avec ces lignes imprimées en gros caractères, en tête du journal :

« *Assassinat commis par le prince Pierre-Napoléon Bonaparte sur le citoyen Victor Noir.*

« Tentative d'assassinat commise par le prince Pierre-Napoléon Bonaparte sur le citoyen Ulric de Fonvielle.

« J'ai eu la faiblesse de croire qu'un Bonaparte pouvait être autre chose qu'un assassin !

« J'ai osé m'imaginer qu'un duel loyal était possible dans cette famille où le meurtre et le guet-apens sont de tradition et d'usage.

« Notre collaborateur Paschal Grousset a partagé mon erreur, et aujourd'hui nous pleurons notre pauvre et cher ami Victor Noir, assassiné par le bandit Pierre-Napoléon Bonaparte.

« Voilà dix-huit ans que la France est entre les mains ensanglantées de ces coupe-jarrets, qui, non contents de mitrailler les républicains dans les rues, les attirent dans des pièges immondes pour les égorger à domicile.

« Peuple français, est-ce que décidément tu ne trouves pas qu'en voilà assez ? « HENRI ROCHEFORT. »

Le journal fut saisi. Mais cela n'empêcha pas le peuple de Paris de faire à Victor Noir des funérailles émouvantes qui faillirent dégénérer en émeute. Rochefort poursuivi devant la police correctionnelle, après autorisation des poursuites votée par la Chambre des députés, fut condamné à six mois de prison et trois mille francs d'amende. C'est dans la prison de Sainte-Pélagie que l'on alla chercher Rochefort, le 4 septembre, pour le faire entrer dans le gouvernement de la Défense nationale.

Après l'arrestation de Rochefort, le 9 février, la *Marseillaise* cessa de paraître pendant trois jours ; ses deux gérants et presque tous ses rédacteurs étaient en prison. Une rédaction nouvelle fut aussitôt formée, dans laquelle on remarquait : Antonin Dubost, Édouard Siebecker, Jules Claretie, Louis Noir, Lissagaray, Benoît Malon, G. Flourens. E. Vermesch, Georges Sauton, Eug. Mourot, Ulysse Parent, Alfred Naquet, G. Cavelier.

Félix Pyat, qui fut rédacteur au *Rappel*, dès les premiers mois de l'existence du journal, est resté légendaire par son fameux *Toast à une petite balle*, que lui inspira le meurtre de Victor Noir et dont il chargea son secrétaire de donner lecture aux convives du banquet démocratique qui eut lieu à Saint-Mandé le 21 janvier 1870.

Voici cette ode-pamphlet, qui valut à son auteur une condamnation — par contumace — à cinq ans de prison et 6 000 francs d'amende.

« Altesse !

« Il y a huit jours, deux cent mille hommes rendaient un hommage solennel à ta victime. J'ai, moi, à te donner un conseil non moins solennel aujourd'hui 21 janvier.

« ... Ton crime veut sa peine, l'aura-t-il ?

« ... Non ! une balle d'empire brave les hautes cours et vit impunie, acquittée par le jury.

« Eh bien, écoute !

« Tu peux mériter ta grâce ; que dis-je ! ta réhabilitation. Tu peux changer ton éternel opprobre en immortel honneur. Tu peux être plus historique et plus épique que l'épée de Judith, la flèche de Tell, la hache de Cromwell, le couperet de Robespierre et la balle même de Juarez.

« Réfléchis !

« Tu n'as qu'à faire aux mains d'un homme ce que tu as fait aux mains d'un prince. Si ta mission est de tuer, tue au moins une fois, une dernière fois pour l'amour de l'humanité.

« Il est temps !

« ... O petite balle !

« Tu peux être la vie comme la mort. Tout dépend de toi, de toi seule. Chacun t'invoque, tout le monde t'attend, n'espère qu'en toi ! Tout le monde !... Car si la France marche, le monde marche ; si elle penche, il tombe. — Petite balle de bon secours, relève tout !... Petite balle de l'humanité, délivre-nous, délivre-nous tous !

« Comment ?

« Si tu ne devines pas, tu n'es pas digne de l'apprendre ! Reste infâme ! Si tu le sais, n'en dis rien à personne. Si tu consens, plus de larmes ! Ça mouille la poudre ! Vise bien ! Comme avec le prince, n'aie pas la goutte aux mains. Ne manque pas ton coup ! et si tu touches, sois en repos, tranquille ! Deux cent mille hommes ont maudit ton crime ! deux cent millions d'hommes béniront ta gloire. Justice sera faite ! »

* * *

Vendredi 14 Janvier 1870.

LA CLOCHE

M. AUGUSTE PANIS
ABONNEMENTS
ANNONCES

Les Funérailles de Victor Noir

Aujourd'hui, plus de cent mille hommes debout, la douleur dans l'âme, la colère dans les yeux, n'ayant d'autre signe de ralliement qu'une branche d'immortelle à la boutonnière, pour attester l'impérissable haine qu'ils ont vouée au despotisme, ont fait pieusement cortège au cercueil d'un enfant, et ont dédaigné de hâter l'avènement de la République par une émeute ou par une bataille !

THÉATRE DU CRIME D'AUTEUIL

Porte par laquelle est entré Victor Noir. — Pistolet accroché à une porte. — Porte de la salle d'armes. — Porte par laquelle est entré Pierre Bonaparte.

FUNÉRAILLES DE VICTOR NOIR

VICTOR NOIR

La Cloche, concurremment avec les journaux démocratiques, ouvre une souscription pour élever un monument à la mémoire de Victor Noir, assassiné par Pierre Bonaparte.

Les souscriptions seront reçues au journal, 3, rue Coq-Héron.

PREMIÈRE LISTE.

La rédaction de la *Cloche*	100 fr.
L'administration	100
Les compositeurs de la *Cloche*	8 60
Total	208 60

LA FIN DES FUNÉRAILLES

Le Gouvernement impérial devait aussi se défendre contre les attaques des journaux littéraires, qui traitaient de matières politiques, sans payer de cautionnement. Ces journaux étaient vite supprimés; mais ils retrouvaient une vie nouvelle, sous un autre titre.

C'est ainsi que les *Ecoles de France*, où Rogeard avait fait paraître les *Propos de Labiénus*, furent remplacées par la *Rive gauche*, que rédigeaient Rogeard et Ch. Longuet.

La *Rive gauche* supprimée eut *Candide* pour successeur. Gustave Geffroy, dans son livre de l'*Enfermé*[1], nous apprend que ce journal à cinq centimes, paraissant le mercredi et le samedi de chaque semaine à partir du 3 mai 1865, était le journal du fameux conspirateur Blanqui. Il avait pour collaborateurs : Gustave Tridon, l'auteur des *Hébertistes*, P. Vaissier, E. Villeneuve, baron de Ponnat, Louis Watteau, Losson, Viette, docteur Onimus, etc. Blanqui signait Suzamel, d'un nom abréviatif des deux prénoms de sa femme : Suzanne-Amélie. C'est Blanqui qui rédigea le programme ou plutôt la préface du journal : « *Candide* ne veut pas être un journal futile. Ce genre est peu de son goût. Il désire encore moins être un journal ennuyeux. La concurrence l'écraserait. Instruire et plaire serait son vœu. C'est beaucoup d'ambition sans doute. Tout le monde ne sait pas mêler l'utile à l'agréable. Être à la fois sérieux et amusant, c'est un gros problème. Si *Candide* ne sait pas le résoudre, il ira rejoindre tant d'autres qui ne l'ont pas résolu, et bien d'autres, à leur tour, le rejoindront par le même chemin. Il n'y a pas de cimetière plus peuplé que ce rendez-vous. » Blanqui a publié dans *Candide* des articles de morale et de critique religieuse : *Notre morale*, *Un père de l'Église au* IVe *siècle*, le *Monothéisme*, *Science et Foi*, réponse au Père Gratry.

L'*Art* remplaça *Candide*, et fut traduit devant la police correctionnelle pour avoir traité de matières politiques et avoir excité à la haine des citoyens les uns contre les autres. Le *Père Duchesne*, publié par Maroteau et Humbert, continua l'*Art* et fut supprimé comme lui le 8 décembre 1869. Aucun de ces journaux ne vivait longtemps et il en surgissait tous les jours de nouveaux. Le *Faubourg*, la *Misère*, le *Misérable*, le *Jocko*, le *Gueux*, le *Rrrrann*, le *Sans-culotte*, la *Rue* de J. Vallès, ne firent que paraître et disparaître.

[1] Pages 251 et suivantes

*
* *

Cependant les journaux républicains augmentaient en nombre dans les départements comme à Paris. Pas de grande ville qui n'eut le sien, flanqué de deux ou trois journaux littéraires gravitant dans son orbite.

Dans son numéro du 5 juin 1869, le *Siècle* se faisait ainsi l'écho des doléances de la presse départementale :

Les annales de la liberté de la presse s'enflent à vüe d'œil :

Nous avons annoncé la saisie du *Peuple*, de Marseille, à la veille des élections ; — la double saisie du *Doubs*, également à la veille des élections.

Il faut ajouter :

Que M. Charles Beauquier, rédacteur de ce dernier journal, est cité à comparaître devant un juge d'instruction de la Seine, agissant en vertu d'une commission rogatoire du parquet de Besançon, et ce, sous l'inculpation d'avoir excité à la haine et au mépris du gouvernement ;

Que M. Eugène Véron, rédacteur en chef de la *Liberté*, de Montpellier, et M. Anterrieu, gérant, ont comparu deux fois dans la même journée devant M. Vedel, juge d'instruction, sous la double inculpation de diffamation envers M. le préfet de l'Hérault et de diffamation envers M. Jullian, maire de Villeneuve-lez-Maguelone ;

Que le *Libéral du centre*, dont un premier procès est déjà pendant, vient d'être assigné de nouveau à la requête du maire d'Isle, sous l'inculpation de diffamation et d'outrage envers un fonctionnaire public ;

Qu'enfin, M. Denis Brack, rédacteur en chef du journal lyonnais *l'Excommunié*, et M. Regard, imprimeur, traduits en police correctionnelle sous la prévention d'outrage à la morale publique et à un culte reconnu, ont été condamnés, le rédacteur, à quinze jours d'emprisonnement et 200 francs d'amende ; l'imprimeur, à 100 francs.

Mais c'est surtout à Paris que la lutte devenait de jour en jour plus âpre et plus violente. La *Marseillaise* avait ouvert une souscription pour l'érection d'un monument à Victor Noir. D'autres journaux en proposèrent une au profit de Rochefort prisonnier, « privé de son traitement de député et mis dans l'impossibilité de se livrer à aucun travail productif ». Un ancien représentant du peuple de 1848,

Gambon, alla jusqu'à exhorter les électeurs de la première circonscription de Paris, privés de leur député, à refuser l'impôt.

A ce redoublement de vivacité dans la polémique des journaux, répondit un redoublement de sévérité dans la répression judiciaire. Les mois de février, mars, avril et mai 1870 furent féconds en procès. Tous les rédacteurs de la *Marseillaise* furent emprisonnés; le journal lui-même fut suspendu pour deux mois. La *Marseillaise* cessa de paraître le lundi 25 juillet, après la déclaration de guerre à l'Allemagne; Henri Rochefort expliquait ainsi cette résolution : « Etant donné l'état de dictature militaire sous lequel nous vivons... je crois que la *Marseillaise* ne peut continuer à accepter une lutte où il faudrait, pour échapper à une catastrophe judiciaire, remplacer l'expression de nos convictions par des récits de bataille qui nous répugnent et des nomenclatures de morts et de blessés. La Marseillaise de Rouget de l'Isle est aujourd'hui bonapartiste et officielle, nous reparaîtrons quand elle sera redevenue républicaine et séditieuse. »

Un nouveau journal, *le Combat*, fut saisi dès son premier numéro. La prison de Sainte-Pélagie regorgea de journalistes qui se plaignaient de ce que toute communication avec leur journal leur fût interdite. « Jamais, disaient-ils, ni sous Louis-Philippe, ni sous la Dictature de décembre, il n'avait été défendu aux journalistes emprisonnés de gagner leur vie avec leur plume. Cette rigueur monstrueuse est de l'invention des geôliers de la Préfecture de police, sous l'Empire libéral. »

Comme le dit Taxile Delord[1], « lorsque les choses en sont venues à ce point entre le Gouvernement et la Presse, que la discussion dégénère en provocation, et que la répression se transforme en représailles, il arrive que presque toujours la presse se fortifie dans le combat, tandis que le Gouvernement s'use, quelque fort qu'il soit; les journaux d'ailleurs n'arrivent au degré de violence qu'on leur vit à la fin de l'Empire, que lorsque la situation politique du pays les y pousse; l'avènement du ministère libéral d'Émile Ollivier ne suffisait pas évidemment pour la modifier au profit du Gouvernement. L'Empire saisi corps à corps par la presse avait besoin, pour se soustraire à ses étreintes, du concours moral de la nation ou de son impuissance. Changer la situation par un coup d'État qui lui rendit

[1] *Histoire du second Empire*, t. VI, p. 43.

BUREAUX : 16, RUE DU CROISSANT

LA RÉFORME

POLITIQUE ET SOCIALE

Deuxième Édition

LES ASSASSINS

sa force, ou par une guerre qui lui créât un prestige nouveau, c'est entre deux tentatives également hasardeuses que l'Empereur était obligé de choisir. »

Il tenta d'abord une diversion en organisant le plébiscite du mois de mai 1870. La presse joua naturellement un grand rôle dans cette manifestation.

Dans le comité central du plébiscite, entrèrent les directeurs ou rédacteurs en chef de nombreux journaux favorables à la dynastie impériale : Gibiat du *Constitutionnel*, Jenty de la *France*, E. de Girardin de la *Liberté*, Francis Aubert du *Messager de Paris*, Grégory Ganesco du *Parlement*, de Saint-Valery de la *Patrie*, Clément Duvernois du *Peuple français*, Ernest Dréolle du *Public*, Cucheval-Clarigny de la *Presse*.

Après avoir été successivement directeur du *Constitutionnel* et de la *Presse*, Cucheval-Clavigny se fit une réputation comme spécialiste dans les questions anglaises et américaines, sur lesquelles il écrivit de nombreuses et substantielles études, surtout dans la *Revue des Deux-Mondes*.

Les journaux démocratiques, de leur côté, se joignirent aux députés de la gauche pour combattre le plébiscite. Le comité anti-plébiscitaire se réunissait d'ordinaire chez M. Crémieux, député. Un manifeste fut adressé aux électeurs et signé par Jules Simon, E. Pelletan et Esquiros députés, Louis Jourdan du *Siècle*, Delescluze du *Réveil*, Peyrat de l'*Avenir national*, Louis Ulbach de la *Cloche*, Duportal de l'*Emancipation de Toulouse*, Lavertujon de la *Gironde* de Bordeaux, Véron du *Progrès* de Lyon.

Deux journaux, la *Marseillaise* et le *Rappel*, refusèrent d'adhérer à ce manifeste, parce qu'il se bornait à combattre strictement le plébiscite, en évitant de formuler une profession de foi républicaine.

Le plébiscite assura une majorité formidable à l'Empire libéral, mais ne lui donna nullement la force morale qui lui faisait défaut.

L'Empereur, poussé par l'Impératrice, se jeta alors dans les hasards de la guerre étrangère qui aboutit aux plus lamentables désastres, à la perte de l'Alsace et de la Lorraine et à l'effondrement du second Empire.

* * *

Au fond, si nous considérons le développement graduel des événements que nous offre l'histoire de la presse, nous sommes amenés à cette conclusion que l'Empire était définitivement condamné, à brève échéance, et que la guerre de 1870 n'a fait que devancer sa chute de quelques années.

L'Empire ne pouvait pas plus survivre au désastre de Sedan qu'il n'avait survécu autrefois à celui de Waterloo.

A peine la guerre était-elle déclarée que le ministère Émile Ollivier présenta et fit voter une loi pour fermer la bouche à la presse sur tout ce qui touchait à la guerre.

En Prusse, le ministre de l'Intérieur s'était borné à adresser cet avis aux journaux : « J'invite respectueusement les honorables rédacteurs des journaux à ne publier aucune communication, quelque insignifiante qu'elle puisse leur paraître, relative au mouvement des troupes. »

En France, on laissait toute liberté aux communications télégraphiques ; mais on se réservait le droit de poursuivre un journal coupable de critiquer l'intendance militaire, par exemple. Les journaux devaient donc se borner à remplir leurs colonnes de détails et de descriptions pleines de ce pittoresque que les journaux à chroniques avaient mis si fort à la mode. « La loi nouvelle, avait dit M. Jules Ferry, met dans les mains du Gouvernement un arbitraire illimité et lui permet de choisir certains journaux pour ses confidents, au détriment de la publicité générale. »

Des mesures plus rigoureuses résultèrent bientôt de la mise en état de siège de Paris et d'un grand nombre de départements par divers décrets du 11 août 1870. La presse était désormais, et pour longtemps, soumise à l'autorité militaire, du moins en droit ; car, en fait, la juridiction militaire ne fut appliquée aux journaux que par intermittences.

Ces mesures n'empêchèrent pas le second Empire de tomber. Après sa chute, le Gouvernement du 4 septembre fut porté naturellement au pouvoir comme un gouvernement de *Défense nationale*, avec l'adhésion de l'opinion publique. Aussi Jules Favre a-t-il pu dire en toute vérité, dans sa célèbre circulaire aux puissances étrangères, à la date du 6 septembre : « En cédant à un élan irrésistible trop longtemps contenu, la population de Paris a obéi à une nécessité supérieure, celle de son propre salut. Elle n'a pas voulu périr avec le pouvoir qui conduisait la France à sa perte. Elle n'a pas prononcé la déchéance de Napoléon III et de sa dynastie. Elle l'a enregistrée au nom du droit, de la justice et du salut public. Et cette sentence était si bien ratifiée à l'avance par la conscience de tous, que nul, parmi les défenseurs les plus bruyants du pouvoir qui tombait, ne s'est levé pour le soutenir. Il s'est effondré lui-même sous le poids de ses fautes, sans qu'une goutte de sang ait été versée, sans qu'une personne ait été privée de sa liberté. »

GOUVERNEMENT DE LA DÉFENSE NATIONALE
(4 septembre 1870.)

Jules Favre. — Général Trochu. — Léon Gambetta. — Emmanuel Arago. — Adolphe Crémieux. — Henri Rochefort. — Ernest Picard. — Glais-Bizoin. — Jules Simon. — Garnier-Pagès. — Jules Ferry. — Eugène Pelletan.

CHAPITRE X

LA PRESSE PENDANT LE SIÈGE DE PARIS ET LA COMMUNE

(1870-1871)

La Révolution du mépris. — Investissement de Paris. — Liberté, sans limites, de la presse. — La *Patrie en danger*, organe de Blanqui. — L'émeute du 31 octobre. — Jugement de J.-J. Weiss sur Blanqui ; disparition de son journal. — Le *Peuple souverain*, de Pascal Duprat. — Le *Combat*, de Félix Pyat. — Progrès de la presse démagogique. — Ligne de conduite des journaux modérés, et particulièrement du *Journal des Débats*. — Rapports des journaux et des journalistes avec l'administration allemande. — Mesures de rigueur contre des organes légitimistes et contre la corporation des Jésuites, prises par des préfets et désapprouvées par Gambetta. — Difficultés des communications entre la presse de province et celle de Paris. — Fin du siège ; attitude des journaux parisiens devant l'occupation allemande. — Surexcitation dans les esprits et désordre administratif ; causes et origine du mouvement communaliste. — Suspension des journaux révolutionnaires par arrêté du général Vinoy, et interdiction de créer de nouveaux organes. — Mécontentement général ; ses conséquences. — Le 18 mars 1871 à l'Hôtel de Ville. — Le *Comité Central* décrit par Jules Vallès. — Premiers actes du pouvoir nouveau ; saisie du *Figaro* et du *Gaulois*. — Protestation des *Débats* et de 28 autres journaux ; réponse du Comité Central dans le *Journal Officiel*. — Epuration de la presse par la Commune : suppression successive de tous les journaux ; « il ne doit y avoir d'exception que pour l'*Officiel* ». — Création de nouveaux journaux dévoués à la cause communaliste. — Les rédacteurs de l'*Officiel* : Longuet, Vésinier, J.-B. Clément, Ch. Quentin, etc. — Physionomie des rues de Paris. — Le *Vengeur* de Félix Pyat ; son portrait de l'exécutif. — Le *Mot d'ordre*, d'Henri Rochefort ; Adolphe et le Maréchal. — Le *Cri du peuple*, de Jules Vallès. — « Si M. Thiers est chimiste, il nous comprendra. » — La *Caricature politique*, l'*Affranchi*, l'*Ami du peuple*, etc. ; — La *Commune*, sous la direction de Millière et Georges Duchêne, est un journal d'opposition aux fonctionnaires communalistes. — Journaux anti-communards : l'*Indépendance française*, le *Bien public*, de Vrignault. — Violences de langage des journaux de Maroteau et de Vermesch ; le *Faubourg* et le *Père Duchêne*. — Chute de la Commune.

La presse de Paris et des départements fut à peu près unanime pour approuver la Révolution du 4 septembre. Les paisibles populations des campagnes, en apprenant, dans la journée du 5 septembre, que l'Empire avait disparu, éprouvèrent comme un sentiment de soulagement et de délivrance.

On trouve l'expression de cette pensée dans la plupart des journaux du temps. Voici, par exemple, ce que publiait l'*Univers* du 5 septembre 1870, sous la signature de Louis Veuillot :

« Ainsi succombe l'Empire de Napoléon III, six mois après le plébiscite qui lui a donné sept millions et demi de suffrages. Jamais peut-être il ne s'est rien vu de si honteux. Du reste, c'est juste. On parlait de la Révolution du mépris. Toutes les révolutions du monde moderne sont un peu les révolutions du mépris, mais devant celle-ci toutes les autres doivent baisser pavillon. La révolution du mépris !... La voilà ! La voilà bien, et plus l'histoire la considèrera, plus elle verra que rien n'y manque, plus elle trouvera que c'est juste ! »

Un moment, on put croire que la chute de l'Empire allait assurer la paix. Le roi de Prusse n'avait-il pas dit qu'il faisait la guerre à l'Empereur et non à la France ? Napoléon III était tombé. La cause de la guerre avait disparu avec lui.

Mais ces illusions ne furent pas de longue durée, et on dut se résoudre à la continuation de la guerre nationale.

« On a cru que la guerre était finie, disait la *Revue des Deux-Mondes* du 15 septembre ; c'est maintenant peut-être qu'elle commence en changeant de caractère, en devenant la lutte à outrance d'une nation pour son indépendance et son intégrité. »

Paris devint dès lors le siège de la résistance.

M. G. de Molinari a tracé un tableau aussi exact que précis de l'état des esprits à la veille de l'investissement de la Ville de Paris.

« Quoique le temps lui manquât, dit-il [1], pour approvisionner cette forteresse, qui contenait la population d'un petit État, elle avait reçu un supplément abondant de blé et de bétail ; elle possédait d'ailleurs, dans la multitude des magasins et des débits du commerce de gros et de détail, un stock considérable de denrées alimentaires de toute sorte. Abrité par une enceinte de forts et de remparts, pourvu d'un matériel de guerre suffisant et qu'il était, au besoin, facile d'augmenter, disposant d'une armée composée d'éléments de valeur inégale, marins, soldats, gardes mobiles et gardes nationaux, mais, sauf de rares défaillances, également résolus à faire leur devoir, Paris ne se montrait nullement effrayé de la perspective d'un siège. Il y avait

[1] *Le Livre du Centenaire du* Journal des Débats, p. 331.

même, dans cet événement imprévu et extraordinaire, je ne sais quoi de séduisant pour les imaginations, et l'on pouvait démêler dans les sentiments de la population quelque chose de l'intérêt de curiosité que provoque une représentation. Au surplus, on ne croyait guère que le siège pût se prolonger au delà d'un mois ou six semaines. On comptait sur l'armée de Metz, sur la levée en masse des départements, sur l'intervention des puissances, et même, ô comble de l'illusion ! sur les dissensions et la lassitude des Allemands. Faut-il ajouter que la chute du Gouvernement impérial et l'avènement de la République avaient absorbé les préoccupations des esprits au point que, dans la semaine qui suivit le 4 septembre, on avait presque oublié l'invasion ! La foule s'attroupait autour des caricatures de l'ex-empereur, suspendues à des cordes, le long des boulevards ; des nuées de camelots criaient les feuilles nées de la veille, d'autres vendaient des médailles de la République et des cannes à épée. Les populations de la banlieue, auxquelles un décret imprudent prescrivait de faire le vide devant l'ennemi, comme si la banlieue de Paris avait ressemblé à celle de Moscou ! affluaient aux portes avec leurs mobiliers et leurs bestiaux, et l'on s'occupait de les caser dans les appartements vacants. Cependant les laitières n'arrivaient plus, et, le 19 septembre, on apprenait que les communications postales avec le dehors étaient interrompues depuis la veille à 2 heures. Paris était investi, le siège commençait. Au lieu de quelques semaines, il allait durer plus de quatre mois, du 18 septembre 1870 au 29 janvier 1871. »

*
* *

Malgré l'état de siège proclamé par l'Empire agonisant, la presse a joui, pendant le siège de Paris, d'une liberté sans limites. Un décret du 10 octobre 1870 avait supprimé le cautionnement des journaux politiques, et un autre décret en date du 27 octobre avait rendu au jury la connaissance des délits commis par la voie de la presse.

Au lendemain du 4 septembre, on assista à l'éclosion d'un grand nombre de feuilles plus ou moins écarlates, que nous allons passer en revue.

Dès le 7 septembre, Blanqui, l'éternel conspirateur, l'organisateur de la dernière émeute dirigée contre l'Empire, celle de La Villette,

Blanqui fonde la *Patrie en danger*. Comme l'a dit Gustave Geffroy[1], il faut lire les quatre-vingt-neuf numéros du journal pour connaître l'attitude de Blanqui pendant la guerre franco-allemande et le siège de Paris.

Le premier numéro porte un acte d'adhésion au gouvernement provisoire. La déclaration, rédigée par Blanqui, est signée des noms de : Balsenq, Blanqui, Breuillé, Brideau, Caria, Eudes, Flotte, Gois, Granger, Lacambre, Ed. Levraud, Léonce Levraud, Pilhes, Regnard, Sourd, Tridon, Verlet, Émile Villeneuve, Henri Villeneuve, parmi lesquels les auteurs de la tentative de La Villette. Il est dit, en ces quelques lignes, qu'en présence de l'ennemi, il n'y a plus de partis ni de nuances, que le gouvernement du 4 septembre représente la pensée républicaine et la pensée nationale et que cela suffit, que toute opposition, toute contradiction doit disparaître devant le salut commun. Il n'y a plus qu'un ennemi, le Prussien, et son complice, le partisan de la dynastie déchue qui voudrait faire de l'ordre dans Paris avec les baïonnettes prussiennes. La conclusion est à citer : « Maudit soit celui qui, à l'heure suprême où nous touchons, pourrait conserver une préoccupation personnelle, une arrière-pensée, quelle qu'elle fût. Les soussignés, mettant de côté toute opinion particulière, viennent offrir au gouvernement provisoire leur concours le plus énergique et le plus absolu, sans aucune réserve ni condition, si ce n'est qu'il maintiendra quand même la République et s'ensevelira avec nous sous les ruines de Paris, plutôt que de signer le déshonneur et le démembrement de la France. »

Pendant quelque temps, le journal fut fidèle à cette déclaration. La première place appartint aux nouvelles militaires, avec la préoccupation de ne pas alarmer le public, mais aussi avec la volonté de ne rien lui céler. Puis, c'est l'article de Blanqui, un exposé des faits et une exhortation à l'action. Blanqui contresigne, dès le premier jour, le langage que parle Jules Favre, ministre des Affaires Étrangères. Il n'ajoute qu'une condition au refus de céder un pouce de territoire, une pièce de forteresse : pas de contribution de guerre non plus. La paix sans condition ou la guerre. C'est toute sa politique et celle de son journal. Comme lui, ses collaborateurs veulent la trêve sociale, l'union dans la défense. « N'oubliez pas, écrit Blanqui, que demain on va combattre, non pour un gouvernement, pour

[1] *L'Enfermé*, p. 295 et suivantes.

PREMIÈRE ANNÉE. — N° 54. DIX CENTIMES 13 Brumaire An 79 (Jeudi 3 Novembre 1870)

LA PATRIE EN DANGER

JOURNAL POLITIQUE QUOTIDIEN

Rédacteur en Chef : A. BLANQUI

PRIX D'ABONNEMENT
3 fr. par mois
4 fr. 50 pour la province

ADMINISTRATION ET RÉDACTION, 78, RUE D'ABOUKIR, A PARIS

Les manuscrits non insérés ne sont pas rendus

BUREAU DE VENTE
Chez PITOIS
rue du Croissant

L'enterrement civil du citoyen LAURENT, troisième victime de la catastrophe de l'impasse Mansourt, aura lieu aujourd'hui, 2 novembre, à trois heures précises.

Le convoi partira de l'ambulance du Grand-Orient, 16, rue Cadet.

Prière à tous les républicains de lui rendre les derniers devoirs.

LA LOYAUTÉ

DU GOUVERNEMENT

Le Gouvernement de la Défense nationale vient de donner au grand soleil la mesure de sa bonne foi.

Hier, il avait spontanément accordé, par l'organe des maires, les élections municipales, et dans la nuit, à la suite de longs pourparlers, il avait également concédé la réélection des membres du Gouvernement, pour le mardi 1er novembre.

A cette condition, solennellement débattue et acceptée de part et d'autre, les citoyens installés par le peuple dans les salles de l'Hôtel-de-Ville consentaient l'évacuation du palais par les bataillons républicains.

A vrai dire, nous comptions peu sur la loyauté de nos adversaires; ils avaient trop souvent fait leurs preuves. Dès le lendemain, leur parole était violée, non pas avec franchise, mais avec un tour essentiellement loyolesque.

Au lieu de procéder aux élections ils demandent : voulez-vous élire, oui ou non? le plébiscite ressuscité avec toute la morgue dictatoriale! Il leur manquait ce dernier point de ressemblance avec Bonaparte. Ils n'ont pas voulu se le refuser.

Les journaux réactionnaires poussent avec ardeur le pouvoir à une violation plus scandaleuse encore de sa parole. A merveille, il ne peut rien refuser aux trois bataillons jésuites du faubourg Saint-Germain, les 15e, 17e et 106e, son seul appui dans la garde nationale, en y joignant les mobiles Bretons. C'est l'armée catholique qui a gagné par une trape la bataille de l'Hôtel-de-Ville. Que l'*Univers* illumine.

BLANQUI

La Journée du 31 Octobre

Le moment n'est pas venu de l'apprécier, mais seulement de la raconter.

La capitulation de Sedan avait fait le 4 septembre, la capitulation de Metz, de concert avec le maréchal Bazaine, aussi ignominieuse, n'a pu faire le 31 octobre.

Cependant, l'élan fut tout aussi unanime, l'indignation fut aussi violente. Spontanément, sans mot d'ordre autre que celui de la conscience publique outragée, de la France trahie, plus de cinquante mille hommes se trouvaient réunis à deux heures sur la place de Grève.

A trois heures, le peuple était maître de l'Hôtel-de-Ville.

A quatre heures, du haut du balcon de la cour vitrée, Flourens proclamait, au milieu des acclamations, les noms des nouveaux élus du peuple. Le gouvernement de la défense était gardé à vue dans la salle située à l'extrémité du pavillon Sud.

—

A ce moment même, une faute immense était commise. Les révolutions bourgeoises ont ce privilège, c'était qu'à la garison de réunir tous les suffrages, y compris ceux des réactionnaires. On criait qu'il en était comme au 4 septembre. L'Hôtel-de-Ville balayé, chacun s'en fut.

A cinq heures, la place de Grève était à peu près vide. Parmi les membres du nouveau Gouvernement — nommé pour quarante-huit heures, qu'on ne l'oublie pas — Flourens seul était là. Il s'était transporté dans la salle où se trouvaient réunis MM. Trochu, Jules Favre, Jules Ferry, Garnier-Pagès, le général Tamisier, etc. On s'épuisait en pourparlers, ces messieurs refusant obstinément de céder au vœu général.

Seul, le citoyen Dorian promettait de veiller à la prompte et sincère exécution, en ce qui concerne l'élection de la Commune.

Le temps passait. La situation pouvait se modifier d'instant en instant : aucune mesure n'était prise.

L'un des assistants propose, aux acclamations générales, de mettre immédiatement en état d'accusation les membres du Gouvernement de la défense. Les ordres manquent.

A six heures arrivent les citoyens Mottu, puis Millière, Ranvier, Blanqui. Celui-ci s'installe de suite au bureau.

Mais déjà un fait redouté depuis longtemps s'était produit. Le [illegible] bataillon s'était introduit dans l'Hôtel-de-Ville et avait occupé la salle située entre celle où se trouvaient les membres du gouvernement et Flourens, et la pièce occupée par Blanqui.

Cependant, le 106e est expulsé et remplacé par un bataillon républicain. Mais dans la bagarre, et sans qu'on puisse savoir à qui la faute a incombé, le général Trochu s'était esquivé, bientôt suivi de Jules Ferry. Il était environ sept heures et demie.

—

Le citoyen Blanqui continuait à pourvoir aux besoins les plus urgents. Il est faux qu'il ait délivré des ordres, touchant l'occupation du ministère des finances. La plupart de ces ordres avaient pour but la sûreté des forts ainsi que des remparts, et le secret de nos dissensions.

A ce moment, il voulut se rendre dans la salle voisine pour y rejoindre Flourens. Presque aussitôt la porte se referme sur lui. Cette salle intermédiaire, véritable boîte à surprise, machinée comme un plancher d'opéra, venait de se remplir comme par enchantement d'un nouveau piquet de réactionnaires. C'était cette fois le 17e bataillon.

Blanqui reconnu, est immédiatement assailli de coups de poings et de bourrades, renversé sur une table, à demi étouffé. Il est rejeté violemment dans un corridor, où il tombe presque inanimé, les vêtements en lambeaux. Cela a toujours été le privilège et la gloire réactionnaires d'assommer les gens sans défense, surtout les vieillards. Les sergents de Pietri étaient dépassés.

Cependant, devant un pareil spectacle, quelques hommes s'émeuvent, on crie : Un blessé! et des gardes de ce même bataillon, plus humains, lui portent secours.

—

Un peu ranimé, notre Rédacteur en chef est entraîné de nouveau jusqu'au rez-de-chaussée. Quelques-uns des tirailleurs de Flourens le reconnaissent : l'un d'eux, apprenant qu'il est prisonnier, interpelle son geôlier. Un garde du 17e bataillon s'élance et, le saisissant à la gorge, se met en devoir de l'étrangler.

Le franc-tireur décharge un coup de son revolver, qui n'atteint personne, mais met en fuite les gardes nationaux. Le prisonnier, resté seul entre les deux parties, leur adresse quelques représentations sur les inconvénients terribles d'une lutte en pareil moment.

—

Blanqui ainsi délivré, remonte dans l'intérieur de l'Hôtel-de-Ville. A son grand étonnement, tout a changé de face. Accueilli par d'unanimes acclamations, il revient prendre place au bureau où déjà étaient installés les citoyens Flourens, Millière, Delescluze, Ranvier et Mottu. Il pouvait être onze heures : le 17e bataillon venait d'être expulsé.

—

Cependant les bataillons républicains sur pied depuis le matin, harassés, affamés, avaient vu leurs rangs s'éclaircir peu à peu.

Par contre, le rappel se battait dans les quartiers aristocratiques. Un certain nombre de bataillons se réunissaient place Vendôme. Bientôt ils sont dirigés sur le siège du gouvernement. En même temps, vers les deux heures du matin, arrive Jules Ferry, à la tête d'un bataillon de mobiles, qui essaie d'enfoncer l'une des portes principales de l'Hôtel-de-Ville.

La porte, barricadée avec deux voitures, tient bon. Les coups redoublent. Une grande animation régnait parmi les bataillons républicains ainsi assiégés. Le sang allait couler.

—

Les membres de la nouvelle Commission veulent empêcher à tout prix un pareil malheur; ils se rendent près du citoyen Dorian.

Celui-ci rappelle que le Gouvernement a rendu un décret pour les élections municipales et qu'il a proposé sa propre réélection. Ce que le peuple n'a pas accepté dans la crainte que d'ici-là les garanties de l'armistice ne fussent accordées.

Actuellement, dit le citoyen Dorian, les membres du Gouvernement de la défense consentent à se soumettre à la réélection.

La garantie parait insuffisante à la nouvelle commission, les membres en question étant alors prisonniers. Elle demande l'adhésion des citoyens Trochu et Jules Ferry. Celui-ci, interpellé à la porte, qu'il s'obstine à battre en brèche, déclare accepter la condition.

—

Il est alors convenu : 1° que les républicains évacueront l'Hôtel-de-Ville et sortiront avec les membres du gouvernement alors prisonniers;

2° Qu'il ne sera pas donné suite autrement à l'affaire, de part et d'autres sous aucun prétexte.

A la suite de cette convention, tout le monde descend. Mais arrivés dans la cour, les deux partis se trouvent en présence d'un bataillon de mobiles massé sous une large voûte et présentant un triple front de baïonnettes. Cette nouvelle bande avait pénétré par les souterrains qui font communiquer l'Hôtel-de-Ville avec la caserne ci-devant Napoléon.

Invités à relever la baïonnette, les mobiles refusent. Un chef de bataillon s'avance et invective les Républicains. D'autres, plus habiles, s'approchent du citoyen Dorian, lui serrent les mains, et cherchent à l'entraîner au milieu d'eux. Celui-ci, en homme loyal, se refuse absolument à se séparer des Républicains. On remonte dans les appartements.

—

Là des explications s'engagent, avec une certaine véhémence, entre les deux gouvernements. Sur la nouvelle de ce qui vient d'arriver, les soldats républicains se refusent, à leur tour, à laisser sortir les membres du Gouvernement de la défense.

L'entente finit par s'établir. Il est convenu que tout le monde sortira par la porte qu'occupe la garde nationale. Les membres prisonniers partent avec Delescluze, Millière, etc. Puis, Flourens, Blanqui avec le citoyen Tamisier, auquel il donne le bras, et derrière eux tous les républicains demeurés dans l'Hôtel-de-Ville.

Ainsi finit cette journée du octobre fatal.

A. LEONARD.

LA NUIT D'AVANT-HIER

On battait la générale, disions-nous hier, pour envoyer la garde nationale dans les forts. C'était, en effet, ce qu'on avait affirmé à certains bataillons.

Il n'en a rien été.

On battait la générale, parce que Trochu soulevait Paris réactionnaire contre Paris révolutionnaire, et pour la deuxième fois, suscitait la guerre civile.

A minuit, sur la place de l'Hôtel-de-Ville, nous sommes assaillis Regnard, Brideau et moi. On nous traite de factieux.

Factieux! parce que nous voulons sauver la France!

Les membres du comité de salut public travaillent au palais municipal, pendant que Ferry, sur la place Vendôme, harangue et excite les bataillons de la bourgeoisie.

Bientôt le tambour retentit, les clairons sonnent; la réaction arrive, baïonnette au bout du fusil. Elle trouve le champ libre, le peuple, dans sa naïve confiance, a regagné les remparts.

L'Hôtel-de-Ville est cerné; la mobile se masse sur les quais et le boulevard Saint-Michel. Rue de Rivoli, l'artillerie. [illegible] place Saint-André-des-Arts.

Répondrait-on au nouveau coup d'État?

L'espoir ne nous a pas encore abandonnés complètement, nous courons au comité central républicain. Des délégués de tous les arrondissements discutent les moyens de sauver Paris.

[illegible], eux aussi, à la Commune et on affiche qui annonce les élections pour le 1er novembre.

On prépare les listes, on fixe le nombre des membres à dix par arrondissement.

Le choix des candidats s'opère dans le plus grand calme. Chaque comité d'arrondissement a envoyé sa liste où l'étendue, [illegible] pèse la valeur des candidats. Certains sont éliminés, par suite de faits révélés à leur charge.

Il est évident que les comités veulent une Commune révolutionnaire qui, par son énergie, sauve la Patrie et la République.

Cent trente noms environ étaient déjà acceptés quand le commandant Goupy nous annonce que la troupe a envahi l'Hôtel-de-Ville par [illegible] qui a son entrée à la caserne Napoléon.

L'assemblée déclare et vote que la discussion des candidatures sera interrompue [illegible] faut que chacun coure à sa mairie respective et prépare les salles du vote. Les partisans [illegible] à rentrer ouverts [illegible] nombreux, et la majorité de la réunion [illegible] rallie à ce [illegible], le seul [illegible] puisse entraver le trône [illegible] de la réaction.

La [illegible] combien pas ont retrouvé leur municipalité encore libre!

Les prévôtés avaient bien pris leurs mesures.

Cependant, nous assure-t-on, la mairie [illegible] arrondissement a été occupée par [illegible] et son bataillon. On y a procédé aux élections.

Les élections, également, ont eu lieu dans le XVIIIe.

Pauvre Commune! Faudra-t-il un nouveau désastre pour que sa puissance rompre les digues que la réaction oppose au salut de la France!

HENRI VERLET.

P. S. Le temps nous a manqué pour copier la liste des candidats. Nous pouvons citer cependant dans le XVIIIe arrondissement, Clémenceau, Lafond, Blanqui, Jaclard, Ferré, Félix Pyat, Lepas, Theur; dans le Ve, Bertillon, Treilhard, Regnard; à Batignolles, Villeneuve, Mégy, Moreau; à Belleville, Tridon; dans le Xe, Henri Verlet, Germain Casse, Brionne; dans le XVe, Combault, Brideau, Chalain. On a également choisi les citoyens Victor Hugo, Ledru-Rollin, Delescluze, Lockroy, Margueritte, Louis Blanc, Ranvier, Mottu, Poirier, Tolain, Murat, Bonvalet, Cleray, Chavagnat, etc., etc.

H. V.

UN PLÉBISCITE

Cette nuit, le gouvernement a pris sa revanche sur le Peuple.

Le général Trochu, qui avait pu s'échapper de l'Hôtel-de-Ville, s'était hâté d'agir.

Dès huit heures il avait fait battre la générale. Les bataillons réactionnaires et les mobiles bretons, jaloux de se montrer, répondirent avec empressement à l'appel.

A minuit, sur la place Saint-Michel, stationnaient des officiers supérieurs. Penchés sur le cou de leurs chevaux, ils se consultaient silencieusement dans l'ombre. Sur les quais, les mobiles étaient rangés en bataille.

La réaction veillait : elle allait agir.

Elle allait remettre entre les mains des incapables les pouvoirs que la volonté populaire leur avait enlevés.

Ce matin, tout était rentré dans l'ordre.

Le maire et les membres du comité d'arrondissement étaient arrêtés, les affiches convoquant le peuple dans ses comices étaient lacérées dans les quartiers du jésuitisme et de la légitimité.

A une heure, Jules Favre fait afficher le placard suivant :

L'affiche publiée hier pendant que les membres du gouvernement étaient gardés à vue annonce des élections matériellement impossibles pour aujourd'hui, et sur l'opportunité desquelles le gouvernement veut connaître l'opinion de la majorité des citoyens.

En conséquence, il interdit aux maires sous leur responsabilité d'ouvrir le scrutin.

Le peuple de Paris votera jeudi prochain par oui ou par non sur la question de savoir si l'élection de la municipalité et du gouvernement aura lieu dans le plus bref délai.

Jusqu'après le vote, le gouvernement conserve le pouvoir et maintiendra l'ordre avec énergie.

Le ministre des affaires étrangères, chargé par intérim du département de l'intérieur,

JULES FAVRE

Ainsi, c'est entendu, le peuple a manifesté hautement sa volonté, et on feint d'ignorer ce qu'il veut, ce qu'il exige impérieusement.

Le Gouvernement de la défense agit comme l'empire.

Quand la situation se complique, quand le pouvoir lui échappe, il a recours à un plébiscite.

Fra Paolo Sarpi a fait de nombreux adeptes chez les membres de l'ancienne gauche.

Après Ollivier, c'est Jules Favre. Les mânes du grand homme doivent tressaillir d'aise.

On va procéder comme sous l'empire.

On fera voter les paysans bretons que Trochu a fait venir soi-disant pour défendre Paris, et leur opinion, jointe à celle des réactionnaires, des lâches et des peureux, de ceux qui ne désirent qu'une chose : capituler, fera poids dans la balance.

Et les Parisiens, dont la majorité n'a qu'un désir : celui de résister à outrance, verront avant cinq jours le Prussien dans leurs murs.

Les républicains retourneront encore une fois en prison, toujours comme sous l'empire. Cayenne et Lambessa les attendent.

Pauvre France! pauvre République!

A. RANCIZIA.

QUESTIONS

Nous voulions refouler en nous l'indignation qui nous serre la gorge. Il y a des jours où la douleur, si grande qu'elle soit, n'autorise pas les larmes, et où la colère même doit être réprimée. D'ailleurs les occasions ne manqueront pas de revenir sur les événements du 31 octobre, date désormais historique. Leurs conséquences nous forceront souvent, hélas! à en reparler.

Nous voulons seulement aujourd'hui poser quelques questions, que tous ceux qui furent témoins des scènes de la nuit passée ont déjà dû se poser.

Un homme d'honneur a-t-il jamais le droit de manquer à sa parole?

Lorsque l'engagement pris par lui au nom de plusieurs n'est pas respecté par ceux-là, peut-il se considérer comme dégagé lui-même?

N'est-il pas, jusqu'à réparation complète, le débiteur des autres combattants qu'il a ainsi involontairement (?) trahis?

Ceux qui se sont tus pendant que l'on s'engageait en leur nom, peuvent-ils se croire non liés, après avoir bénéficié des avantages de la convention commune?

A ces questions, il n'est personne autre qu'un jésuite qui ne soit prêt à répondre : Non!

Or, M. Dorian a juré sur son honneur que des élections libres seraient faites, le 1er ou le 2 octobre, pour la Commune et le Comité de salut public. M. Tamisier a juré sur son honneur qu'aucune poursuite ne serait exercée contre les personnes pour les faits du 31 octobre.

Les élections sont indéfiniment ajournées. Des arrestations nombreuses ont été faites.

Donc, M. Dorian et M. Tamisier ont manqué à leur parole d'honneur.

Les engagements contractés par eux au nom de MM. Trochu, Ferry, Favre, Garnier-Pagès, Le Flô, Jules Simon n'étant point respectés par ces derniers, MM. Dorian et Tamisier restent les débiteurs de ceux dont ils ont, involontairement ou volontairement, abusé la confiance.

MM. Trochu, Ferry, Favre, Garnier-Pagès, Le Flô, Jules Simon, qui ont bénéficié de la clémence du peuple, sont engagés envers lui, ou leur acte ne peut être assimilé qu'à une escroquerie ou un vol.

Conclusion. Les hommes qui viennent de s'emparer de nouveau du pouvoir, cette fois par le mensonge et la violence, sont [illegible]. Ce gouvernement hâtif [illegible] par une honte moindre pour la France que ne l'était le gouvernement de Louis Bonaparte, le héros de Sedan.

Qui lui [illegible] [illegible] commence à [illegible]

A. [illegible]

Le Lendemain

Hier, on lisait sur les murs deux affiches bizarres.

La première annonçait la reddition de Metz.

L'autre nous apprenait que le vieillard réactionnaire de Thiers revenait de sa tournée, et qu'après avoir prostitué notre République à tous les souverains, il avait à peu près intéressé en notre faveur quelques-uns de ces augustes personnages.

Le peuple ne pleurait pas, lui.

L'échec du Bourget était frais encore : les Parisiens bondirent sous les nouveaux désastres qui les frappaient.

Ils pensaient que c'était assez de honte et qu'il fallait en finir avec une politique qui traînait la guerre sans qu'on prouve.

On battit la générale,

Et le faubourg se déroula vers la Grève comme un serpent. —

Ah! quand les baïonnettes luisaient sous les fenêtres de l'Hôtel-de-Ville, quand le peuple entra pour regarder entre les yeux ceux qui le conduisaient à la ruine : où étaient-ils donc, le grand bâton de Trochu?

La [illegible] de Favre?

[illegible] de M. Picard?

[illegible] de M. Garnier-Pagès?

[illegible] la trop chevaleresque Flourens [illegible] laissaient passer la tempête [illegible] Rochefort en avant.

Ils font les rodomonts à cette heure. Lisez plutôt :

« Jusqu'après le vote, le gouvernement conserve le pouvoir et maintiendra l'ordre avec énergie. »

Quelle distance, maître Favre, quelle distance, entre le plat-ventre d'hier et les paroles d'aujourd'hui!

Il n'est rien, à ce qu'il parait, comme les baïonnettes bretonnes pour donner du cœur.

Quoi qu'il en soit, revanche! ô vieux lion des faubourgs qui jadis rugissais si bien!

Revanche! on t'en dira que tu as perdu griffes et dents.

Et, si cela était, comme tu ne peux compter sur autre chose, fais ton deuil de tes libertés, et va lécher les pieds de tes maîtres.

G. DELLOR-LAVIALLE.

LA GUERRE

Le 14e mobile, qui a éprouvé des pertes si considérables au Bourget, était le bataillon du quartier des Batignolles.

—

Les Prussiens établissent leurs batteries dans les rues de Saint-Cloud, dont les habitants ont tous été contraints à abandonner leurs demeures.

Douze pièces de siège sont déjà en position.

—

Pierrefitte a été incendié par deux de nos forts.

—

L'ennemi continue ses retranchements au Bourget.

—

Le fils de l'insolent Pyat est demandé par le Rappel.

C'est bien Rochefort qui avait annoncé à Flourens la reddition de Metz.

Alors ... Non, le fait se passe de tout commentaire.

—

Le Rappel annonce que dans un conseil de guerre tenu l'autre semaine à Versailles, on aurait agité la question du bombardement de Paris. M. de Bismarck aurait été contre, et le [illegible] pour. M. de Moltke aurait, de plus, été d'avis d'y procéder [illegible].

des intérêts de caste ou de parti, non pas même pour l'honneur, les principes, les idées, mais pour ce qui est la vie, la respiration de tous, pour ce qui constitue l'être humain dans sa plus noble manifestation, pour la Patrie... Que serons-nous demain, si nous n'avons plus de Patrie ? »

On ne nous pardonnerait pas de ne pas mentionner ici la belle invocation de Blanqui à la race latine, écrite dans un style tout à fait remarquable : « Les Teutons ont franchi le Rhin et menacent une fois encore la civilisation. Les races du Midi ont tressailli au bruit des pas de ces bandes féroces, sorties des forêts du Nord pour asservir la Méditerranée aux rois et aux hobereaux. L'Italie se souvient et accourt dans sa plus illustre personnification. L'Espagne s'ébranle au delà des Pyrénées. Le monde entier s'agite au spectacle de cette lutte suprême entre une nationalité farouche et étroite et l'idée de la fraternité humaine. Ils courent nos plaines fertiles, ces hommes aux longues tripes, aux pieds plats, aux mains de singes, qui se prétendent l'élite du genre humain, qui n'en ont jamais été que le fléau, et qui viennent pour nous refouler mille ans en arrière dans les brouillards ténébreux de la Baltique. Oh ! vous, la grande race de la Méditerranée, la race aux formes fines, délicates, l'idéal de notre espèce, vous qui avez couvé, fait éclore et triompher toutes les grandes pensées, toutes les généreuses inspirations ; debout pour le dernier combat, debout pour exterminer les hordes bestiales de la nuit, les tribus zélandaises qui viennent s'accroupir et digérer sur les ruines de l'humanité ! »

* * *

Mais cet accord de Blanqui avec le gouvernement de la Défense ne fut pas de longue durée. Dès la seconde quinzaine de septembre, il lui déclare la guerre ; il l'accuse de livrer le pays à la Prusse ; il déclare qu'il est frappé de déchéance et qu'il doit disparaître.

Les rédacteurs de la *Patrie en danger* furent tous mêlés à l'émeute du 31 octobre, provoquée par la nouvelle de la capitulation de Metz et l'inertie de Trochu qui venait d'éclater dans l'affaire du Bourget. Blanqui fut poursuivi ; mais il réussit à se cacher chez Léonce Levraud, où il continua à écrire chaque jour son article pour la *Patrie en danger*. Désormais, c'est le regret, la tristesse, la douleur, qui s'exhalent de sa plume. Il prédit, en frémissant, la capitulation de

Paris et le règne de la réaction. « Quand on songe, écrit-il le 11 novembre, que l'Hôtel de Ville n'a jamais cru une minute au succès possible de la résistance, qu'il a fait deux mois de cette horrible guerre sans nul espoir, uniquement pour conserver l'autorité, pour rester gouvernement ! Et quand on songe encore que cette certitude préconçue de la défaite en a été la seule cause, que des préparatifs sérieux faits à temps nous assuraient la victoire, et que l'on s'est croisé les bras, par conviction de leur inutilité, comment ne pas rester anéanti de douleur et de rage devant la Patrie qui s'abîme par l'inertie, l'égoïsme et la plate ambition de quelques hommes ? » Un peu plus tard, il formule cette conclusion sévère : « Paris abandonne en aveugle sa défense à un homme qui a déclaré la défense impossible. Paris a perdu le sens, l'esprit, la volonté, Paris abdique. Eh bien ! il aura le sort des peuples qui abdiquent, la ruine et le déshonneur. »

Puis subitement, le 8 décembre , la voix de Blanqui se tait, son journal meurt. Une note annonce ainsi cette fin : « La *Patrie en danger* cesse de paraître. Nous dirons franchement pourquoi : les ressources nous manquent. Malgré la plus stricte économie, malgré la gratuité absolue de la rédaction, le journal n'arrive pas à faire ses frais. Le déficit est peu de chose, mais il suffit quand on est pauvre. Nous regrettons amèrement que cette nécessité survienne au moment où chacun doit lutter de ses derniers efforts. »

* * *

Nous ne pouvons donner une meilleure idée de Blanqui journaliste pendant le siège de Paris, qu'en reproduisant quelques extraits d'un article de J.-J. Weiss sur ce sujet : « ... Je ne connais de Blanqui que ce que j'ai vu de lui, du 4 septembre au 8 décembre 1870, sur une estrade de club, ce que j'ai lu de lui, pendant le même temps, sur un méchant morceau de papier jaunâtre qu'il faisait paraître à force de sacrifices, qui n'avait ni abonnés ni acheteurs, qui n'a pas pu vivre plus de trois mois, et dont je suis peut-être le seul, en dehors de son cénacle intime, à me souvenir aujourd'hui. Je ne connais que le Blanqui du siège, le Blanqui du club des Halles et de la *Patrie en danger*. C'est de celui-là seul que je veux parler. »

Après avoir apprécié l'orateur du club, J.-J. Weiss ajoute : « Et le lendemain je lisais le journal ! Ah ce n'était pas la parole froide et correcte de la veille, cela brûlait et ravissait! Quelle puissance! Quelle sincère et déchirante tendresse pour la patrie en péril! Quel retentissement de ses blessures! Quelles saignantes douleurs! Quelles colères, quelles rages magnifiques contre les incapacités souveraines et les abominables vanités qui perdaient Paris en s'admirant!

« Écrire ainsi à soixante-cinq ans sonnés, après quinze ou vingt ans de captivité, quand l'imagination est tarie, quand les sens sont éteints, le corps épuisé, l'esprit fatigué : comment le peut-on, à moins d'écrire avec sa chair et son sang et comme en s'ouvrant les entrailles? Ce n'étaient que des cris de l'âme et des éclats de nerfs, mais des cris qui étaient des arguments, mais des éclats que dominait en leur désordre un jugement d'une sûreté et d'une vigueur toute géométrique. Où donc Corneille a-t-il appris l'art de la guerre? s'écriait le grand Condé à la première représentation de Sertorius.

« Blanqui n'avait point, je suppose, appris la guerre plus que Corneille. Mais comme il possédait à un degré éminent la faculté politique, il a donné, du 4 septembre au 9 octobre, pendant qu'il en était temps encore, même en matière militaire, tous les avertissements qui, écoutés, eussent pu préparer le salut; il a prédit, dès avant l'investissement, la catastrophe et les causes qui l'amèneraient... La politique n'a pas été douce à Blanqui... Il lui demandait le bonheur et la gloire pour prix de son existence et de sa personne qu'il engageait sans réserve : elle ne lui a apporté que brisement et déchirement, tortures physiques et morales, une renommée atroce, une légende d'ignominie. On ne peut lire sans émotion les lignes douloureuses qu'il a lui-même écrites sur ce sujet en 1848.

« Comment tant de souffrances, à la longue, et tant de déceptions si profondes et si cruelles, n'eussent-elles pas apporté à leur suite un ferment de folie? Avoir la conscience nette et claire qu'on est le premier de sa secte et de son parti; sacrifier tout à la cause révolutionnaire, joies de la jeunesse, études et travaux de l'âge mûr, fortune, liberté, honneur, une femme aimée; méditer sans cesse, dans la prison, dans l'exil, à travers les chemins que l'on suit en fugitif, au fond des cachettes ténébreuses où l'on se dérobe, sur les lois de la politique et sur les procédés certains de gouvernement qu'on mettra en jeu le jour de la victoire et, quand elle arrive, la victoire convoitée de la Révolution, quand la Révolution triomphante reçoit de la fortune, pour première tâche, la France à délivrer de l'invasion, Paris à sauver d'une capitulation épouvantable, voir la Révolution

D'après une peinture d'E. Carrière. Collection de M. G. Geffroy.

AUGUSTE BLANQUI

(1805-1881)

Réduction d'une gravure extraite des *Journées révolutionnaires*, par A. Dayot. (E. Flammarion, édit.)

qu'on a préparée par toute sa vie glisser entre les mains de *valets des rois, métamorphosés en brillants papillons républicains*, tous médiocres d'ailleurs, tous incapables, tous sans foi dans la patrie ; discerner les moyens de salut et ne les point pouvoir appliquer ; n'être rien, tandis que Jules Favre et le général Trochu sont tout et perdent tout parmi les acclamations idolâtres de cette démocratie à laquelle on s'est immolé, et de cette démagogie idiote en laquelle on espérait trouver un instrument de règne ; puis, un beau jour, ne même plus se plaindre, parce qu'on n'a plus de quoi payer les morceaux de papier sur lequel on imprimera sa plainte ; se sentir mourir inutile à son pays qui se meurt... Ah ! si l'enfer existe, il doit être fait de sensations pareilles. Et ç'a été l'existence de Blanqui ! »

*
* *

A côté de Blanqui, écrivain de race, des démagogues violents étalaient leur style digne de la cour des miracles. Témoin le citoyen Brideau, qui, après avoir traité un journaliste de la *Gazette de France* de bonhomme usé jusqu'à la corde, vieux, cassé, ratatiné, bossu au physique comme au moral, vieillard raboteux et escarpé, s'écriait : « Ecoute, Escande, vieux ramolli, continue à gratter ta cervelle avec tes ongles de hibou. Calomnie, hurle, mords si tu peux ; mens, puisque tu ne peux pas faire autrement. Mais tes jours sont comptés, mon bonhomme, et il ne restera bientôt plus de ta plate personne qu'un squelette étrange et contrefait, qu'un descendant de Cuvier, dans cent ans, prendra pour les restes d'un vieux singe. »

Parmi les autres collaborateurs de la *Patrie en danger*, nous pouvons citer Villeneuve, A. Breuillé, Levraud, H. Verlet, A. Goulé, Chédame, A. Humbert, C. Bouis, R. Lafagette, E. Maréchal, le docteur Lacambre, Vuillaume, etc. Il y avait même un poète, le doux fabuliste Lachambeaudie, qui écrivait :

Hélas ! je ne suis ni Tyrtée,
Ni Rouget, le poète aux chants inspirateurs ;
Je n'ai pour la France attristée
Que des accents consolateurs.

Un ancien proscrit du 2 décembre, Pascal Duprat, publia, dès le 10 septembre, le *Peuple souverain*. Ce journal, qui se proclamait le « tocsin des résistances nationales », terminait ainsi sa profession de foi : « O Paris... nous allons te purifier au feu des batailles, et si le salut public demande que tu périsses, nous te promettons des funérailles qui feront jusqu'à la fin des siècles la stupeur et l'admiration du monde ». Mais Pascal Duprat quitta Paris, avant son complet investissement ; et le *Peuple souverain* fit place au « *Tribun du peuple* » dirigé par V. Simond.

Il faut signaler aussi la *Vérité*, fondée par Edouard Portalis, qui, depuis, a attaché son nom à des organes plus retentissants.

* * *

Un journal qui mérite plus qu'une mention, c'est le *Combat*, de Félix Pyat. A peine entré dans la lice, il fait de l'opposition au gouvernement de la Défense nationale et réclame l'établissement de la Commune de Paris, qu'il appelle la fille de Danton, la mère de l'audace, la grande redoutée des rois, l'amie des peuples. « Nous la voulons, s'écrie-t-il, nous l'aurons avec vous ou sans vous. *Salus populi suprema lex*... et, s'il le faut, contre vous... Il ne sortira pas de France un Prussien sain et sauf, si le gouvernement sort de l'Hôtel de Ville et fait place à la Commune. »

On sait comment Félix Pyat publia dans le *Combat*, dès le 27 octobre, « le fait vrai, sûr et certain » de la trahison de Bazaine et de la capitulation de Metz, qui devait entraîner les regrettables événements de la journée du 31 octobre. Ce fait fut démenti par le gouvernement avec indignation ; et le lendemain, la foule aussi irritée que le gouvernement, alla casser les vitres des bureaux de rédaction du *Combat*, criant que Pyat n'était qu'un mouchard payé par la Prusse. On alla jusqu'à se livrer à des actes de violences contre les rédacteurs du journal. Félix Pyat déclara qu'il tenait le fait de Flourens, qui lui avait dit le tenir directement de Rochefort ; mais ce point n'a jamais été bien éclairci.

Félix Pyat était un journaliste plein de verve, de souffle ardent, d'un style original et brillant. Derrière l'homme politique, comme l'a dit Firmin Maillard[1], on sent le littérateur, et il ne faut pas s'en plaindre ; c'est à ce dernier que nous devons ce passage contre la *Gazette de France* qui l'avait attaqué : «... Mais je finis de corriger mes épreuves, et j'entends chanter le coq !... Voici l'aube ! c'est

[1] *Histoire des Journaux publiés à Paris pendant le siège*, p. 30.

l'heure où les spectres doivent rentrer dans leur tombe. Allez vous coucher, ma mie ! Si vous tardez, on pourrait vous arrêter, reconnaître sur votre linceul le sang de la France, et dans quelques-uns de ses plis une bourse infâme, celle de Judas, pleine des deniers de la trahison... Oui, sous l'écu à la vache et le louis fleurdelisé, les frédérics et les georges, l'or anglais et l'argent prussien, l'or de Quiberon et l'argent de Waterloo ! A la tombe ! allez ! Allez vous coucher en paix ! Voici le jour ! Bonne nuit ! »

Le *Combat* cessa de paraître le 23 janvier vers la fin du siège de Paris. Ses principaux collaborateurs étaient : C. Gérardin, H. Brissac, O. Delimal, E. Clerc, Gromier, Ch. L. Chassin, Vuillaume, B. Malon, Troubat, l'ancien secrétaire de Sainte-Beuve, Millière, Maret, B. Gastineau, de Ponnat.

* * *

Parmi les nouveaux journaux, certains comme la *Cloche* et l'*Ami de la France*, publièrent une édition microscopique du numéro de chaque jour, dans le format et avec le poids voulu, pour servir de correspondance avec la province. Sur quatre pages de papier pelure, les deux pages du milieu contenaient la reproduction du numéro de la *Cloche* ; la première page servait à la correspondance écrite et la quatrième page était réservée à la suscription de l'adresse. Ces éditions microscopiques étaient obtenues au moyen de la photographie.

N'oublions pas, enfin, le *Drapeau rouge*, et plus tard, le *Faubourien*, du citoyen Maroteau, qui eurent à peine quelques numéros. Voici un échantillon de la prose de Maroteau, dans le *Drapeau rouge* : « Qui vive ? — Républicain. — Le mot de ralliement ? — La sociale. — Imbécile, salue... Nous périrons tous, sans sauver rien. Oui, et c'est, Messieurs, parce que vous tremblez devant cette loque : le drapeau rouge. Eh bien ! je le lève au vent. Il est temps que l'armée funèbre des affamés se montre. En avant, les va-nu-pieds ! Aux armes, les sans-culottes ! ».

Quant au *Faubourien*, Firmin Maillard nous donne une idée de cette publication en reproduisant un article intitulé *Mars et Vénus*, d'après lequel douze mille soldats étaient en traitement dans les hôpitaux pour la même maladie. « Sur les boulevards, au milieu de leurs campements même, ils ont rencontré des femmes accortes, avenantes, gracieuses, aimables, dont un maquillage habile rehaussait la beauté. A tant d'attraits, un cœur de vingt ans a-t-il jamais résisté? A côté du plaisir, la peine a toujours sa place marquée d'avance. »

Il va sans dire que les journaux du parti avancé, qui paraissaient déjà à la fin de l'Empire, le *Réveil*, de Delescluze par exemple, se joignaient à la *Patrie en danger* de Blanqui et au *Combat* de Félix Pyat, pour donner l'assaut quotidien au gouvernement de la Défense nationale.

Quant à la *Marseillaise*, il n'en parût qu'un seul numéro, le 9 septembre 1870. Paschal Grousset en avait accentué la ligne politique et fait imprimer en tête du journal, en majuscules énormes : *Vive la République démocratique et sociale*, et Cluseret, dans un article violent, avait écrit : « Gambetta a plus fait pour Guillaume que Steinmetz. Il a bien mérité de la Prusse ; au peuple de dire s'il a bien mérité de la patrie. » Cet article avait soulevé des colères indignées dans le public parisien, qui avait brûlé et lacéré le journal à l'entrée de la rue du Croissant. Henri Rochefort s'était empressé de désavouer Cluseret et de faire cesser la publication de la *Marseillaise*. Dès le lendemain du 4 septembre, il avait déjà écrit à Grousset : « Vous comprenez que, tant que je ferai partie du gouvernement provisoire, je ne pourrai prendre aucune part à la rédaction de la *Marseillaise*. »

* * *

En présence de la presse révolutionnaire, les autres journaux, pour la plupart, soutenaient le gouvernement de la Défense nationale, qui avait hérité de la faillite de l'Empire.

Les journaux modérés et conservateurs, comme le *Journal des Débats*, s'efforçaient d'empêcher l'invasion de la démagogie et du socialisme d'ajouter ses calamités à celles de l'invasion étrangère. Ils avaient, dans la ville assiégée, à lutter à la fois contre l'ignorance et les passions égalitaires de la multitude qui réclamait, par exemple, la mise en commun des approvisionnements, au risque de les épuiser[1].

En réalité, ces journaux ne se faisaient aucune illusion sur l'issue de la lutte engagée et ils étalaient beaucoup trop leurs sentiments de découragement. C'est ainsi que, lorsque le gouvernement de la Défense nationale déclarait, en répétant la phrase célèbre de Jules

[1] *Le livre du centenaire du* Journal des Débats, p. 332.

Favre, qu'il ne céderait « ni un pouce de notre territoire, ni une pierre de nos forteresses », le *Journal des Débats* répondait par la plume de John Lemoinne : « Les deux points contenus dans cette formule sont loin d'avoir à nos yeux une valeur égale. Nous ne mettons point sur le même rang la terre et les pierres. Un pouce de territoire représente la patrie ; il représente un citoyen, une âme, une créature humaine. Des pierres, des moellons et des briques représentent des moyens d'attaque et de défense qui suivent la fortune de la guerre. »

Les journaux modérés soutenaient de vives polémiques contre les révolutionnaires, qui ne craignaient pas de déchaîner la guerre civile dans Paris assiégé, comme à la journée du 31 octobre. Voici en quels termes caustiques le *Journal des Débats* raillait la prétention qu'affichaient les révolutionnaires, d'être seuls capables de sauver la France, en invoquant les souvenirs de 93 :

« Comme les aristocrates de l'ancien régime, les jacobins de 1870 s'appuient sur des témoignages généalogiques. Ils sont les fils et les héritiers de ces jacobins illustres qui ont sauvé en 93 la France et la Révolution. D'abord, il n'est pas du tout avéré que les jacobins aient sauvé la France en 93. Quant à la Révolution, il est trop certain qu'ils l'ont conduite au 18 brumaire, et qu'ils ont dégoûté pour longtemps, Dieu nous garde de dire pour toujours, la France de la République. Mais enfin, quand même les jacobins de 93 auraient sauvé la France, qui nous garantit que leurs descendants soient capables de la sauver aujourd'hui ? Dans une jolie fable du poète russe Kryloff, les oies rappellent avec orgueil que leurs ancêtres ont sauvé le Capitole. — Vos ancêtres, oui... mais vous, qu'avez-vous fait ? — Eh bien, qu'ont fait les héritiers des jacobins de 93 ? Quelles preuves d'intelligence et d'énergie nous ont-ils données ? Par quels actes de dévouement et d'énergie se sont-ils signalés ? Quelles vues politiques profondes, quelles connaissances militaires ont-ils déployées dans leurs journaux et dans leurs clubs ? Ils ont passé leur vie à conspirer, nous le voulons bien, mais on peut être un conspirateur des plus distingués et un général des plus médiocres... »

*
* *

En résumé, les journaux de Paris, pendant le siège, ne pouvaient offrir qu'un faible intérêt. C'est ce qui résulte jusqu'à l'évidence du tableau tracé par M. de Molinari de ce qu'était le *Journal des*

Débats à cette époque. « La politique intérieure et extérieure, dit cet écrivain, autant que les nouvelles intermittentes du dehors, permettaient d'apprécier la situation. La lutte quotidienne contre la démagogie, la question des élections générales et municipales, les questions de droit soulevées par l'abus des réquisitions allemandes, les questions des subsistances, des loyers, des échéances, les mesures d'hygiène, les dénonciations contre les accapareurs, la manie des espions et des signaux fournissaient une ample matière aux articles de fond ; les opérations militaires, les décrets parfois surabondants du gouvernement de la Défense nationale, les proclamations de Gambetta et les autres communications officielles, sinon toujours véridiques, qu'apportaient les pigeons, les extraits des journaux des départements et de l'étranger, sans oublier le *Moniteur de Seine-et-Oise*, que publiait la chancellerie allemande, les menus événements et incidents du siège suffisaient, et au delà, pour remplir le reste du journal. Le feuilleton des théâtres était remplacé par le compte rendu des clubs ; l'intérêt dramatique n'y manquait point ; comme dans les pièces de Shakespeare, la tragédie s'y mêlait à la comédie et même à la farce. Au lieu des annonces, la quatrième page contenait, imprimés en grosses lettres, tantôt des « avis » concernant la santé des soldats et des « conseils pour éviter les maladies, adressés aux gardes mobiles et aux gardes nationaux mobiles et sédentaires par la société des médecins des hôpitaux civils et militaires de Paris », tantôt des « prescriptions et secours contre l'incendie en cas de bombardement », des « instructions pour le tir au fusil » ou d'autres avis de circonstance. »

Tous les journaux, sauf le ton des polémiques, ressemblaient plus ou moins au tableau que vient de nous tracer le journaliste des *Débats*.

*
* *

La presse de province avait devant elle un champ plus vaste de renseignements et de discussion. Mais son rôle était aussi plus difficile et son existence plus tourmentée, surtout dans les départements envahis par les Prussiens.

L'ennemi prenait des mesures arbitraires contre les journaux et contre les journalistes français : il y eut des tracasseries sans nombre et beaucoup d'arrestations. Nous avons noté à ce sujet les faits les plus saillants et nous allons les passer en revue.

Georges Romann, rédacteur de l'*Industriel alsacien*, est arrêté à Mulhouse par les Prussiens, en octobre 1870, et n'est remis en liberté qu'après une assez longue détention.

Le gouverneur prussien de Reims prend, à la date du 4 novembre 1870, un arrêté des plus oppressifs, dont nous livrons les termes à l'appréciation des lecteurs : « Il est interdit aux rédactions des journaux, qui paraissent dans les provinces occupées faisant partie de ce gouvernement général, de publier aucune critique ou protestation contre les mesures des autorités allemandes. Les rédactions sont tenues d'insérer les communications des autorités allemandes textuellement et dans la prochaine feuille du journal. En cas de contravention, la continuation du journal serait prohibée. »

L'imprimeur du journal l'*Etincelle de Meulan*, nommé Masson, est arrêté et envoyé en Allemagne, pour avoir expliqué que, selon la loi française, il est défendu, sous peine de mort, de fournir des vivres à l'ennemi.

Deux rédacteurs du *Journal d'Amiens*, Jeunet et Tilloy, sont arrêtés comme coupables d'injures envers le roi de Prusse et de diffamation envers les armées prussiennes. On demande 50 000 francs pour les rendre à la liberté.

Dans une ville de Bourgogne occupée par les Prussiens, le commandant mande devant lui les journalistes et leur permet de continuer leur publication, s'ils veulent écrire dans un sens favorable à la Prusse. Comme ils refusent tous, on les met en chemin de fer et on les envoie en Allemagne[1].

*
* *

D'un autre côté, certains préfets ou commissaires du gouvernement de la Défense nationale se permettent de supprimer, de leur seule autorité, les journaux qui leur paraissent hostiles. Ce fut le cas de la *Gazette du Midi* de Marseille, organe légitimiste suspendu jusqu'à nouvel ordre par le préfet Esquiros. Comme ce préfet avait en même temps dissous les congrégations des Jésuites, l'*Indépendance Belge* s'exprimait ainsi au sujet de ces mesures : « La dissolution des maisons de jésuites peut se justifier jusqu'à un certain point par la législation qui prohibe cet ordre en France. M. Esquiros ne

[1] *La France et l'Europe pendant le siège de Paris*, p. P. Maquest, *passim*.

fait qu'exécuter la loi que le gouvernement de l'Empire n'a point voulu ou osé rapporter, mais dont il a imperturbablement toléré et même encouragé la violation. Mais la suspension prononcée contre un journal, si violente que puisse avoir été son opposition, est une pure illégalité en même temps qu'un expédient parfaitement inefficace. Nous ne croyions pas que cette façon de comprendre les droits et de respecter la liberté de chacun put être reprise par la République, et nous aimons à penser qu'elle sera répudiée par un gouvernement qui n'a succédé aux hommes du régime de décembre que parce que tous ses membres avaient toujours défendu toutes les libertés, et en première ligne la liberté de la presse. »

En effet, dès le 16 octobre, Gambetta, ministre de l'Intérieur, remplaça le préfet Esquiros par Delpech et annula les arrêtés illégaux pris à l'égard de la *Gazette du Midi* et des jésuites. Les termes du décret signé par Gambetta méritent d'être consignés ici, à titre de document historique :

Tours, 16 octobre 1870.

Monsieur le Ministre de l'Intérieur au Préfet de Marseille,

La démission de M. Alphonse Esquiros est acceptée ; M. Delpech est chargé de l'administration.

En ce qui concerne le décret de suspension du journal la *Gazette du Midi* :

Considérant que le gouvernement de la République ne saurait admettre qu'en dehors de la violation formelle des lois, les journaux et les écrivains puissent être l'objet de mesures pénales ;

Considérant, au contraire, qu'il importe de prouver que la République est le seul gouvernement qui puisse supporter dans sa plénitude la liberté de la presse et qu'il n'appartient pas à ceux qui ont toujours réclamé dans l'opposition en faveur de cette liberté de la restreindre ou de la mutiler ;

Décrète :

L'arrêté de l'administrateur des Bouches-du-Rhône, qui frappe de suspension la *Gazette du Midi*, est annulé et ce journal est autorisé à reparaître.

En ce qui touche l'arrêté préfectoral qui frappe d'expulsion les membres de congrégations religieuses non reconnues et met leurs biens sous sequestre :

Considérant que, si on peut dissoudre légalement la corporation, on ne peut porter atteinte à la liberté des Français qui en font partie et à leurs droits de résidence en France ;

Décrète :

Tout arrêté d'expulsion, s'appliquant à un Français, membre d'une congrégation religieuse non reconnue par la loi, est nul, de nul effet et sans force exécutoire.

Signé : GAMBETTA.

A Saint-Etienne, le préfet César Bertholon employa les mêmes procédés qu'Esquiros et suspendit la publication du *Défenseur*, dont le rédacteur en chef était Auguste Callet. Bertholon refusa d'obéir aux ordres de la délégation de Tours lui prescrivant d'annuler son arrêté de suspension ; et le rédacteur du *Défenseur* dut s'adresser aux tribunaux pour obtenir justice.

La presse de province ne pouvait que rarement donner des nouvelles de Paris. Toutes les communications télégraphiques entre Paris et Tours, siège de la délégation du gouvernement de la Défense, avaient cessé depuis le 1er octobre. On n'était plus renseigné que par les pigeons et par les aéronautes, qui transportaient des paquets de journaux, de lettres et de dépêches officielles dans leurs ballons.

Certains journaux de Paris s'étaient, pour ainsi dire, dédoublés, et se publiaient en même temps à Tours, et plus tard à Bordeaux. De ce nombre étaient le *Constitutionnel*, le *Français*, la *France*, la *Gazette de France*, le *Moniteur universel*, le *Siècle*, l'*Union*.

*
* *

Ce fut la convention du 28 janvier 1871 qui mit fin à la résistance opposée pendant cent trente jours par la population parisienne à l'investissement, au siège et au bombardement de Paris.

« Cependant, si la France avait eu devant elle quelques mois de plus, la sélection brutale des faits aurait produit les chefs nécessaires, comme l'élimination de d'Aurelle de Paladines avait produit Chanzy, comme de l'élimination de Bourbaki était résulté Faidherbe.

« L'effort fut égal en 1870 à l'effort de 1792 ; le temps, facteur essentiel, nous fit défaut. La production des moyens matériels commençait à atteindre son plein lors de l'armistice. Il eût fallu quelques semaines encore pour que le commandement s'organisât et se fortifiât par le travail naturel des faits de guerre. Le malheur est une école, l'insuccès est une leçon, à la seule condition d'espérer et de persévérer [1]. »

[1] *Les dernières cartouches*, par Henri Génevois. (H. Le Soudier, éditeur.)

L'entrée de l'armée allemande dans les Champs-Elysées jusqu'à la place de la Concorde s'effectua sans aucun des conflits que l'on pouvait redouter, grâce surtout à l'attitude adoptée par la presse. Les journaux de Paris, presque à l'unanimité, prirent la résolution de s'asbtenir de toute publication aussi longtemps que des soldats ennemis fouleraient le sol d'un quartier de Paris.

Voici l'avis que publièrent tous les journaux adhérents à cette résolution : « Au moment où l'entrée des Prussiens dans Paris est officiellement annoncée, les directeurs des journaux ci-dessous, confondus dans un même sentiment de patriotisme, croient devoir insister de nouveau auprès de la population parisienne pour qu'elle conserve, en face de la situation cruelle qui lui est faite, le calme et la dignité que les circonstances commandent impérieusement. Ils ont résolu, pour leur part, de suspendre la publication des feuilles qu'ils dirigent, pendant l'occupation prussienne :

« *L'Opinion Nationale, Le Rappel, Le Journal des Débats, Le Temps, Le Journal de Paris, La France, Le Pays, Le Figaro, Le Siècle, Le Soir, La Presse, La Cloche, Le Mot d'Ordre, Le Droit, La Gazette des Tribunaux, Le Constitutionnel, L'Avenir National, La Patrie, L'Avenir Libéral, La Liberté, Le Messager de Paris, La Gazette de France, Le Français, Le Peuple Français, Paris-Journal, L'Electeur Libre, Le Vengeur, La Vérité, L'Univers, Le Charivari, L'Ami de la France, L'Écho du Commerce, Le Moniteur de l'Agriculture, La Mercuriale des Halles et Marchés, L'Avant-Garde, La France Nouvelle, Le Petit Journal, Le Moniteur du Peuple, L'Illustration, L'Univers Illustré, Le Moniteur de l'Armée.*

*
* *

A peine délivrée des tortures du siège, la population de Paris eut à subir les angoisses de la Commune et de la guerre civile. Voici, selon M. de Molinari[1], l'exposé des causes diverses qui amenèrent ces douloureux événements :

« Dans les semaines qui suivirent la capitulation, dit-il, Paris se trouva abandonné à lui-même. Les élections, la réunion de l'Assemblée nationale à Bordeaux, le remplacement du Gouvernement de la Défense nationale par le gouvernement de M. Thiers élu dans vingt-

[1] *Le Livre du Centenaire du* Journal des Débats, p. 336.

deux départements et nommé chef du pouvoir exécutif (17 février 1871), les négociations engagées pour la conclusion de la paix, les préoccupations de personnes et de partis, absorbaient l'attention et l'activité des hommes politiques. On ne s'avisa point qu'après un siège, pendant lequel les passions avaient été exaltées jusqu'au délire, tandis que les privations de tous genres anémiaient les tempéraments, la population parisienne devait se trouver dans un état anormal et maladif qui exigeait une sollicitude particulière. Cette population dont on avait jusqu'au dernier jour entretenu les illusions, elle était maintenant en présence de la plus triste des réalités ; on lui avait juré que Paris ne capitulerait pas, et Paris avait capitulé ; on lui avait promis que les Allemands n'entreraient pas dans ses murs, et cependant les uhlans allaient descendre, le pistolet au poing, les Champs-Élysées ; ajoutez à cela les difficultés matérielles de l'existence et les soucis du lendemain ; en attendant que les ateliers se rouvrissent, les ouvriers n'avaient d'autre ressource que leur solde de gardes nationaux et ils redoutaient le moment où cette ressource leur serait enlevée ; ils avaient contracté d'ailleurs des habitudes qui ne leur faisaient pas envisager sans répugnance la nécessité de reprendre le joug de la vie régulière ; en les enrégimentant, on avait, pour tout dire, constitué un immense atelier national où s'étaient développés et épanouis les vices inhérents à cette institution : l'oisiveté, l'indiscipline et l'intempérance. Cet atelier, il eut été possible, sinon de le dissoudre, au moins de le désarmer, dans le moment de prostration découragée qui suivit la capitulation. Jules Favre déclina la proposition qui lui en fut faite, par cette affirmation théâtrale : *Je réponds de la garde nationale.* Au lieu de désarmer la garde nationale, on désarma l'armée, et ce ne fut pas un des moins navrants spectacles de cette époque douloureuse que celui de troupeaux de soldats débandés qui traînaient leurs uniformes salis dans les cabarets et les mauvais lieux. La police était désorganisée. On mit les halles au pillage, et pendant quelques jours le ravitaillement fut retardé par le chapardage. Tandis que les pommes de terre se vendaient 2 francs le boisseau à Courbevoie, on continuait à les payer 15 francs de l'autre côté du pont de Neuilly. Le désordre et l'effarement étaient partout. En même temps, l'exode des classes supérieures, qui profitaient du rétablissement des communications pour aller respirer l'air du dehors, laissait abandonné à lui-même et sans contre-poids l'élément populaire, aigri par les déceptions de la veille et les inquiétudes du lendemain. L'entrée de l'armée allemande, quoique limitée au quartier des Champs-Élysées, porta à son comble l'exaspération et l'affolement des esprits. Les bruits les plus alarmants se propagèrent et trouvèrent créance. On répandit la nouvelle que l'Assemblée de Bordeaux se disposait à rétablir la monarchie. Les comités de la garde nationale se réunirent et prirent une attitude menaçante. Le gouvernement s'émut enfin du péril et donna l'ordre d'enlever les canons de la garde nationale, qui avaient été transportés sur les hauteurs de Montmartre, à la veille de l'entrée des Allemands. Alors l'abcès révolutionnaire creva, et pendant plus de deux mois Paris demeura au pouvoir des insurgés. »

La guerre sociale déchaînée, le lion populaire démuselé, comment lui remettre un frein, comment lui dire et lui imposer le fameux : « Tu n'iras pas plus loin ! » Aveugle et irrésistible comme les forces de la nature, le mouvement communaliste devait entraîner dans l'orbite de son tourbillon les intelligences les plus droites, les cœurs les plus généreux, les esprits les plus sincères. Les conséquences matérielles en seront éternellement déplorées par les hommes de tous les temps et de tous les partis ; mais on peut aujourd'hui, avec l'impartialité de l'histoire, rendre cette justice aux fédérés que, bien qu'inconsciemment, ils ont évité à la France une restauration monarchique et l'économie d'une révolution future, dans un délai sans doute peu éloigné. « Sans la Commune, dit M. E. Zevort [1], l'Assemblée Nationale eut renversé M. Thiers au premier dissentiment, sur la question de nomination des maires, par exemple, appelé au pouvoir le duc d'Aumale ou le prince de Joinville et, sous le couvert d'une Lieutenance générale ou d'une Présidence princière, préparé le retour de Henri V. »

Une mesure des plus impolitiques, prise contre la presse en vertu de l'état de siège, hâta l'insurrection communaliste. Le général Vinoy, qui commandait l'armée de Paris, suspendit la publication des journaux révolutionnaires de Félix Pyat, Jules Vallès, Rochefort, Vermesch, Grousset, Pilotell, et interdit la publication de nouveaux journaux politiques jusqu'à la levée de l'état de siège par l'Assemblée nationale.

Le 12 mars 1871, le *Journal Officiel* publia cette décision, que nous reproduisons ici, en raison de son importance :

[1] *Histoire de la troisième République.* (F. Alcan, éditeur.)

« Le général en chef de l'armée de Paris, exerçant pendant l'état de siège, en vertu des articles 7 et 9 de la loi des 9-11 août 1849, les pouvoirs nécessaires au maintien de l'ordre et de la police;

« Sur l'avis du gouvernement,

« Attendu qu'il n'y a pas de gouvernement libre possible lorsque, chaque jour, impunément, des feuilles publiques, répandues à profusion, prêchent la sédition et la désobéissance aux lois ;

« Que la République ne peut être fondée que par le respect des droits de tous, l'ordre et le travail ;

« Que l'ordre et le travail ne peuvent être rétablis tant que de pareilles publications seront tolérées ;

« Que les journaux ci-dessous désignés ne cessent de provoquer directement à l'insurrection et au pillage ;

« Qu'il est du devoir du gouvernement, dans les circonstances exceptionnelles où se trouve la France, d'user des droits que lui donne l'état de siège ;

Arrête :

« ARTICLE PREMIER. — La publication des journaux le *Vengeur*, le *Cri du Peuple*, le *Mot d'ordre*, le *Père Duchêne*, la *Caricature*, la *Bouche de Fer*, est et demeure suspendue.

« ART. 2. — La publication de tous nouveaux journaux et écrits périodiques, traitant de matières politiques ou d'économie sociale, est interdite jusqu'à la levée de l'état de siège par l'Assemblée nationale.

« ART. 3. — Le préfet de police est chargé de l'exécution du présent arrêté.

« Le Général en chef de l'armée de Paris,

VINOY

« Paris, le 11 mars 1871. »

La presse était soumise au régime militaire. On pouvait donc user des rigueurs de l'état de siège pour imposer à des attaques exagérées un silence forcé. Le gouvernement de l'Assemblée nationale allait jusqu'à aggraver la législation du second Empire, en prononçant l'interdiction de créer aucun nouveau journal politique.

Comme l'a écrit Frédéric Lock[1], quand même l'arrêté du général Vinoy n'eut pas visé « l'avis du gouvernement », il était évident que le commandant de l'armée de Paris n'eût pas, de son autorité privée,

[1] *La Commune, deuxième siège de Paris*, p. 72.

lancé une mesure aussi grave. C'était donc bien un acte politique et non pas exclusivement militaire. L'effet en fut désastreux ; tous les soupçons, toutes les défiances, sincères ou injustes, à l'endroit des projets monarchiques d'une partie de l'Assemblée, se réveillèrent avec violence. Loin de songer à restituer les canons, ceux qui les détenaient affectèrent de redoubler de précautions pour les garder, pour les défendre. Il devint évident que le gouvernement ne pourrait plus rentrer en leur possession que par la force.

On sait comment le général Vinoy échoua, pendant la matinée du 18 mars, dans sa tentative de reprendre les canons de Montmartre, comment les généraux Clément Thomas et Lecomte furent fusillés, et comment le Comité Central s'empara de l'Hôtel de Ville, avec l'aide des bataillons fédérés de la garde nationale.

« Le 18 mars fut, d'abord, une fièvre de foi, de dévouement, d'espoir surtout. Quelle rébellion fut jamais armée de la sorte ! Il ne s'agit plus, comme en juin 1848, de désespérés, derrière des pavés, réduits à charger leurs fusils de lingots ou de pierres. La Commune de 1871, bien autrement armée que celle de 1793, possédait plus de 60.000 aguerris, des centaines de mille de fusils, 1.200 canons, cinq forts, une enceinte couverte par Montmartre, Belleville, le Panthéon, des munitions pour des années, des milliards si elle veut [1]. »

La physionomie de ce nouveau gouvernement donna à Jules Vallès l'occasion d'exercer sa verve satirique ; il nous a tracé, avec sa plume impitoyablement endiablée, les portraits pris sur le vif des principaux acteurs du 18 mars et des principaux agents du Comité central. Rien de plus curieux que le récit des visites de Jules Vallès à l'Hôtel de Ville, au Ministère de l'Intérieur, au Ministère de l'Instruction publique.

Le matin du 19 mars, le rédacteur du *Cri du Peuple* pénètre à l'Hôtel de Ville, en enjambant « par-dessus les hommes endormis et affalés comme des bêtes fourbues » ; il trouve le Comité central « égrené dans une pièce »; l'un écrit, l'autre dort; celui-ci cause, assis sur une table; celui-là raconte une histoire drôle et rafistole un révolver. Vallès assiste au crochetage de la caisse municipale, dont le contenu sert à assurer la solde de la garde nationale pendant les premières journées, et rencontre Ferré qui reproche au rédacteur

[1] *Histoire de la commune de 1871*, par Lissagaray (librairie Dentu).

du *Cri du Peuple* d'avoir réclamé l'élargissement de Chanzy, d'avoir reproduit dans son journal le procès-verbal que le Comité a « osé rédiger pour renier l'exécution de Lecomte et de Thomas ». A l'Intérieur, où Vallès se rendait avec l'intention d'y rester, « s'il n'y avait personne », il trouve installé son ancien adjoint de La Villette, le citoyen Grêlier « un brave garçon » qui signe des ordres « pavés de barbarismes, mais pavés aussi d'intentions révolutionnaires ». A l'Instruction Publique, enfin, trône le grand Rouiller, cordonnier révolutionnaire « qui chausse les gens et déchausse les pavés », qui en sait plus, « en histoire et en économie sociale que tous les diplômés réunis » et dont le plan d'éducation, que Vallès ne nous fait malheureusement pas connaître, « renverse par sa sagesse les catéchismes des Académies et des Grands Conseils. »

D'autres portraits de membres du Comité central ou de la Commune ne sont pas moins vivement brossés par Jules Vallès. Delescluze, le révolutionnaire classique, est tout surpris qu'on ne le regarde pas davantage et qu'on l'écoute peut-être moins que Clément le teinturier, qui est venu, en galoches, de Vaugirard. Vermorel est « un enfant de chœur qui a déchiré sa jupe écarlate en un jour de colère », et placé sur son crâne le bonnet phrygien, au lieu du petit couvercle pourpre. Ranvier est « un long corps maigre, au haut duquel est plantée, comme au bout d'une pique, une tête livide, qu'on croirait coupée, s'il baissait les paupières. » L'auteur lui-même, Jules Vallès, se représente présidant l'agonie de la Commune, c'est-à-dire la dernière séance, celle où Cluseret fut acquitté, où Billioray annonça l'entrée des Versaillais, et éprouvant, après cette séance qui ne devait pas avoir de lendemain, le désir « de dîner royalement, de se gargariser la gorge et le cœur avec un peu de vin vieux [1]. »

***

L'insurrection du 18 mars invoqua, pour se justifier et se légitimer, la liberté de la presse. Le Comité central s'écriait, en s'adressant au peuple de Paris : « Nous avons fait, sans coup férir, une révolution. C'était un devoir sacré ; en voici les preuves : le gouvernement de la Défense nationale a rétabli l'état de siège tombé en désuétude et donné le commandement à Vinoy, qui s'est installé la menace à la

[1] *Histoire de la troisième République*, par Zevort, p. 201 et suiv.

bouche ; il a porté la main sur la liberté de la presse en supprimant six journaux. »

On aurait pu croire, après cela, que le Comité central respecterait la liberté des journaux hostiles à la Révolution du 18 mars. Mais on ne tarda pas à s'apercevoir qu'il n'en serait rien. Le premier acte du Comité central fut une attaque directe contre la liberté de discussion.

A peine les vainqueurs sont-ils investis du pouvoir, qu'ils rédigent cette lettre de cachet, un véritable ukase, qui prouve, dit Maxime Du Camp[1], peu de sympathie pour les écrivains : « Ordre au commissaire spécial séant à la préfecture de Paris, de saisir le journal le *Figaro* ainsi que son personnel et d'empêcher militairement la presse dudit journal de fonctionner, en y apposant les scellés. L'imprimeur est enjoint d'exécuter cet ordre, sauf par lui d'être mis en état d'arrestation. Fait à l'Hôtel de Ville, salle du Conseil de la Commune de Paris ; par ordre : général E. Duval, Raoul Rigault. »

Le *Gaulois* subit le même sort que le *Figaro*. Les fédérés s'emparèrent des bureaux de la rédaction, de l'imprimerie, et y campèrent comme sur la brèche.

Le premier numéro du *Journal Officiel*, paru le 20 mars, contient un avis aux journaux : « Les autorités républicaines de la capitale veulent faire respecter la liberté de la presse ainsi que toutes les autres. Elles espèrent que tous les journaux comprendront que le premier de leurs devoirs est le respect dû à la République, à la vérité, à la justice et au droit, qui sont placés sous la sauvegarde de tous. »

*
* *

Mais les journaux conservateurs et républicains modérés ne se laissèrent pas intimider par les périls qui les menaçaient et qu'ils connaissaient bien.

Dès le 18 mars, ils protestèrent contre l'insurrection victorieuse. Voici, à titre d'exemple, ce qu'écrivait la rédaction des *Débats*, le soir même du 18 : « La journée du 18 mars comptera parmi les plus lugubres de notre histoire. L'émeute est maîtresse de Paris ; le général Lecomte et M. Clément Thomas auraient été, dit-on, lâche-

[1] *Les Convulsions de Paris*, t. IV, p. 164.

ment assassinés dans le jardin de la maison occupée à Montmartre par le prétendu Comité central de la garde nationale. Toute la France sera unanime à flétrir les auteurs de ces meurtres et les promoteurs de cette odieuse insurrection, qui n'a ni prétexte avoué, ni drapeau avouable. Quel sera le résultat de ces déplorables événements? La province viendra-t-elle rétablir l'ordre parmi nous? L'émeute s'éteindra-t-elle d'elle-même, en l'absence de toute résistance, comme un feu sans aliment, ou bien sommes-nous réservés à cette suprême humiliation de voir l'ennemi rentrer dans nos murailles? Quoi qu'il en soit, cette affreuse journée a fait plus de mal à la République que n'auraient pu lui en faire les intrigues bonapartistes les plus habilement ourdies, et la France qui se déchire de ses propres mains est aussi malade que la République. Dans ces douloureuses circonstances, les bons citoyens ont un devoir tout tracé, c'est de se ranger autour du gouvernement constitué par les représentants légitimes du pays. L'Assemblée nationale et ses délégués ont seuls le droit de commander; c'est en lui obéissant qu'il nous reste un dernier espoir de sauver notre malheureux pays. »

Le 21 mars, vingt-huit journaux publièrent une note identique pour engager les électeurs à ne point répondre à la convocation qui leur était adressée par le Comité de l'Hôtel de Ville. Voici les termes de cette note :

Déclaration de la presse aux électeurs de Paris

« Attendu que la convocation des électeurs est un acte de la souveraineté nationale;

« Que l'exercice de cette souveraineté n'appartient qu'aux pouvoirs émanés du suffrage universel;

« Que par suite, le Comité qui s'est installé à l'Hôtel de Ville n'a ni droit ni qualité pour faire cette convocation;

« Les représentants des journaux soussignés considèrent la convocation affichée pour le 22 mars comme nulle et non avenue, et engagent les électeurs à n'en pas tenir compte.

« Étaient présents et ont adhéré :

« Les journaux du matin : *Journal des Débats*, *Constitutionnel*, *Electeur Libre*, *Petite Presse*, *Vérité*, *Figaro*, *Gaulois*, *Paris-Journal*, *Petit National*, *Rappel*.

« Journaux du soir : *Presse, France, Liberté, Pays, National. Univers, Cloche, Patrie, Français, Bien public, Union, Opinion nationale, Journal des Villes et des Campagnes, Journal de Paris, Moniteur universel, France Nouvelle, Gazette de France.* »

Le Comité central le prit de très haut et fit insérer dans le *Journal Officiel* de Paris du 22 mars cette note comminatoire :

AVERTISSEMENT

« Après les excitations à la guerre civile, les injures grossières et les calomnies odieuses, devait nécessairement venir la provocation ouverte à la désobéissance aux décrets du gouvernement siégeant à l'Hôtel de Ville, régulièrement élu par l'immense majorité des bataillons de la garde nationale de Paris (215 sur 266 environ). Plusieurs journaux publient, en effet, aujourd'hui, une provocation à la désobéissance à l'arrêté du Comité central de la garde nationale, convoquant les électeurs, pour le 22 courant, pour la nomination de la commission communale de la ville de Paris. Voici cette pièce, véritable attentat contre la souveraineté du peuple de Paris, commis par les rédacteurs de la presse réactionnaire..... Comme il l'a déjà déclaré, le Comité central de la garde nationale, siégeant à l'Hôtel de Ville, respecte la liberté de la presse, c'est-à-dire les droits qu'ont les citoyens de contrôler, de discuter et de critiquer ses actes à l'aide de tous les moyens de publicité, mais il entend faire respecter les décisions des représentants de la souveraineté du peuple de Paris, et il ne permettra pas impunément qu'on y porte atteinte plus longtemps, en continuant à exciter à la désobéissance à ses décisions et à ses ordres. Une répression sévère sera la conséquence de tels attentats, s'ils continuent à se produire. »

On pouvait se demander de quelle répression sévère il était question. Le *Journal Officiel* du 23 mars se chargea de l'indiquer : « Des écrivains de mauvaise foi, dit-il, auxquels seraient applicables *en temps ordinaire* les lois de droit commun sur la calomnie et l'outrage, seront immédiatement déférés au Comité central de la garde nationale. » Ce n'était pas rassurant, lorsqu'on savait que ce Comité condamnait à mort Ganier d'Albin et Wilfrid de Fonvieille, auxquels il n'avait rien à reprocher. C'était sans doute là le sort réservé aux journalistes récalcitrants.

*
* *

Voici, d'après Maxime Du Camp[1] le tableau des diverses mesures prises par la Commune contre la presse.

« On ne tarda pas à procéder à l'épuration de la presse parisienne. Le prétexte est trouvé : c'est celui derrière lequel se sont abrités de tout temps les violents, les faibles d'esprits, les vaniteux qui ne peuvent supporter la contradiction. Nous sommes en révolution, donc tout est permis : *Salus populi suprema lex ;* plus tard, après la victoire, nous rétablirons les libertés que nous sommes obligés de supprimer aujourd'hui ; « argument hypocrite des assassins et des tyrans », a dit Charles Nodier. Arthur Arnould leur dira : C'est le raisonnement de tous les despotes ; avec moins de naïveté, Arthur Arnould se serait aperçu que ses collègues du Comité central et de la Commune n'étaient et ne pouvaient être autre chose.

« On profite du premier engagement des insurgés contre les troupes françaises pour faire payer aux journaux la défaite que l'on a été chercher au Rond-Point des Bergères. Le 3 avril, Lissagaray ouvre l'attaque contre les journaux. Dans l'*Action*, il est dit : « Nous demandons la suspension sans phrase de tous les journaux hostiles à la Commune. Paris est en état de siège réel. Les Prussiens de Paris ne doivent pas avoir de centre de ralliement, et ceux de Versailles des informations sur nos mouvements militaires. » Cette mise en demeure de rentrer de plain-pied dans l'iniquité ne passera pas inaperçue. Un gouvernement sérieux et respecté tient compte de l'opinion de la presse ; un gouvernement faible et déconsidéré obéit à ses injonctions.

« La Commune se fit un devoir de suivre le conseil que Lissagaray venait de lui donner. Les exécuteurs de ces hautes œuvres ne manquèrent pas à l'Hôtel de Ville. Les *Débats*, le *Constitutionnel*, *Paris-Journal* sont supprimés le 4 avril, en vertu de mandats signés par les membres du Comité de sûreté générale : Th. Ferré, Raoul Rigault, L. Chalain. Le « citoyen » Vinchon, commissaire de police de la Commune de Paris, exécuta ces mandats. Le coup se fit pendant la nuit, comme un guet-apens. A 3 heures du matin, la vieille maison de la rue des Prêtres-Saint-Germain l'Auxerrois, où le *Journal des*

[1] *Les Convulsions de Paris*, t. IV, p. 166 et suivantes.

Troisième année. N° 108 Mardi 18 Avril 1871

JOURNAL OFFICIEL
DE LA RÉPUBLIQUE FRANÇAISE

SOMMAIRE

PARTIE OFFICIELLE

Paris, le 17 avril 1871.

La Commune

DÉCRÈTE :

Art. 1er. Le remboursement des dettes de toute nature souscrites jusqu'à ce jour et portant échéance, billets à ordre, mandats, lettres de change, factures réglées, dettes concordataires, etc., sera effectué dans un délai de trois années à partir du 15 juillet prochain, et sans que ces dettes portent intérêt.

Art. 2. Le total des sommes dues sera divisé en douze coupures égales, payables par trimestre, à partir de la même date.

Art. 3. Les porteurs des créances ci-dessus énoncées pourront, en conservant les titres primitifs, poursuivre le remboursement desdites créances par voie de mandats, traites ou lettres de change mentionnant la nature de la dette et de la garantie, conformément à l'article 7.

À l'avance sur le choix des candidats.

Les électeurs de Paris, les comités des arrondissements, les administrateurs des municipalités peuvent adresser dès aujourd'hui à la délégation de la justice les noms de leurs candidats aux fonctions de juge de paix dans les vingt arrondissements de la Commune.

Considérant que toute facilité et protection doivent être accordées à tout citoyen approvisionnant Paris, la Commune

DÉCRÈTE :

Tout citoyen arrivant à Paris, y amenant une marchandise quelconque, recevra gratuitement, à son entrée, un laissez-passer à sa volonté, portant sa propre signature, son âge, sa taille, l'énumération et la nature des marchandises objet de son voyage.

PARTIE NON OFFICIELLE

Paris, le 17 avril 1871.

RAPPORTS MILITAIRES

Tout va bien. L'artillerie démonte les batteries ennemies.

Les attaques réitérées dirigées contre nous sont repoussées énergiquement et avec le plus grand succès. Pas de morts, un blessé dans l'attaque de la nuit dernière. Le moral des troupes est excellent, et chacun est impatient d'en finir avec les hordes versaillaises.

Délégation de la Justice

ORDRE

Instruction primaire

DÉLÉGATION COMMUNALE

COUR MARTIALE

COMMUNE DE PARIS

NOUVELLES ÉTRANGÈRES

BELGIQUE

RUSSIE

ALLEMAGNE

Collection de M. Ernest Gasseux.

Débats a pris naissance aux premières lueurs de la Révolution française, fut envahie par le commissaire de police escorté de fédérés. Le journal était composé, la machine allait faire fonctionner les presses. La rédaction et l'administration étaient représentées par un prote qui, en présence de la violence, reconnut que : *la raison du plus fort est toujours la meilleure.*

« Ne pouvant faire autrement, il se résigna à suspendre le tirage et obtint, non sans quelque peine, que les formes et les presses ne seraient pas brisées. Lorsque les plieuses arrivèrent, on leur interdit l'entrée de la maison, où tout le jour, un piquet de fédérés se tint en permanence. »

La suppression de *Paris-Journal*, des *Débats*, du *Constitutionnel*, fut un avertissement pour l'*Union*, le *Français*, le *Monde*, l'*Ami de la France, le Pays, la Liberté, le Peuple français,* qui, plutôt que de s'exposer à des avanies, préférèrent cesser de paraître pendant ces quelques jours d'oppression, où l'indépendance ne pouvait exprimer sa pensée. Dans sa correspondance diplomatique, M. Washburne, habitué aux libertés de l'Amérique, revient souvent sur ce sujet et laisse voir l'indignation dont il est animé. On dirait que la Commune, s'attribuant le privilège de la calomnie, refuse aux autres celui de la vérité. Tout blâme l'irrite et la force à dévoiler les instincts tyranniques dont elle est tourmentée. Le 18 avril, elle supprime le *Soir*, la *Cloche*, le *Bien public*, l'*Opinion nationale*. Ce n'est pas assez. Dans les délibérations de l'Hôtel de Ville, on la pousse aux décisions excessives.

Au cours de la séance du 21 avril, sous la présidence de Varlin, Amouroux s'écrie avec conviction : « A mon avis, il ne devrait y avoir qu'un seul journal ; il faut les supprimer tous. En temps de guerre, il ne doit y avoir que l'*Officiel*. » Pour répondre à la proposition d'Amouroux, Félix Pyat déclare qu'il serait heureux si le *Journal Officiel* était rendu gratuit et public, et le docteur Rastoul, en homme pratique, se contenterait de le voir adressé gratuitement à tous les électeurs. La Commune a eu raison de dire qu'elle avait des idées nouvelles en économie politique ; toutes celles qu'elle a eu le temps d'émettre ressemblent au mode d'abonnement préconisé par son *Journal Officiel*.

Le *Journal Officiel* appartient à une compagnie particulière qui l'exploite sous certaines conditions déterminées par le cahier des charges ; cela n'est pas suffisamment révolutionnaire. Le 23 avril,

Longuet dit : « Il faut absolument que le journal devienne la propriété de la Commune et soit parfaitement entre nos mains. » Régère approuve, et si la Commune avait duré, le *Journal Officiel* serait devenu propriété communale par voie de confiscation.

*
* *

Raoul Rigault a quitté la Sûreté générale, où il est remplacé par Cournet ; celui-ci fait aussi des considérants et prend des arrêtés où la boursouflure du style arrive au comique : « Considérant... qu'il serait contraire à la moralité publique que de laisser continuellement déverser par certains journaux la diffamation et l'outrage sur les défenseurs de nos droits, qui versent leur sang pour sauvegarder les libertés de la Commune et de la France ; considérant que le gouvernement de fait, qui siège à Versailles, interdit dans toutes les parties de la France, qu'il trompe, la publication et la distribution des journaux qui défendent les principes de la révolution représentés par la Commune.... Arrête : les journaux le *Petit Moniteur*, le *Petit National*, le *Bon Sens*, la *Petite Presse*, le *Petit Journal*, la *France*, le *Temps* sont supprimés. » Ceci est du 5 mai et émane du citoyen Cournet, ancien rédacteur du *Réveil*, un des journaux qui, sous l'Empire, condamnèrent le plus énergiquement les suspensions et suppressions de journaux. Le lendemain, la Commune, sur la proposition de Mortier, décide que : « Aucun journal, sauf l'*Officiel*, sous aucun prétexte, n'insérera d'articles touchant aux opérations militaires. » Le 11 mai, Cournet, qui bientôt va quitter la préfecture de police, veut laisser un dernier souvenir aux journaux parisiens et il interdit la publication du *Moniteur Universel*, de l'*Observateur*, de l'*Univers*, du *Spectateur*, de l'*Etoile* et de l'*Anonyme*.

Le 17 mai, la cartoucherie de l'avenue Rapp ayant sauté, le Comité de salut public décrète, à la date du 18 mai 1871 :

« Article premier. — Les journaux la *Commune*, l'*Echo de Paris*, l'*Indépendance française*, l'*Echo d'Ultramar*, l'*Avenir national*, la *Patrie*, le *Pirate*, le *Républicain*, la *Revue des Deux-Mondes*, la *Justice*, sont et demeurent supprimés.

Art. 2. — Aucun nouveau journal ou écrit périodique ne pourra paraître avant la fin de la guerre.

Art. 3. — Tous les articles devront être signés par leurs auteurs.

ART. 4. — Les attaques contre la République et la Commune seront déférées à la cour martiale.

ART. 5. — Les imprimeurs contrevenants seront poursuivis comme complices et leurs presses mises sous scellés.

ART. 6. — Le présent arrêté sera immédiatement signifié aux journaux supprimés, par les soins du citoyen Le Moussu, commissaire civil désigné à cet effet.

ART. 7. — La sûreté générale est chargée de veiller à l'exécution du présent arrêté.

Le Comité de salut public :

A. ARNAUD, EUDES, BILLIORAY, F. GAMBON, G. RANVIER.

Il résulte de ce rapide exposé que, sauf de rares hésitations qu'on peut attribuer au désir de prévenir et d'arrêter la guerre civile, toute la presse existante au 18 mars prit résolument parti contre l'insurrection. Cette hostilité contre la Commune, cette censure incessante des actes de l'Hôtel de Ville amenèrent la suppression successive de presque tous les journaux parisiens. La Commune fut obligée de se faire défendre par des journaux créés, pour la plupart, par ses membres eux-mêmes, les Félix Pyat, les Jules Vallés, les Paschal Grousset, etc... C'est cette presse révolutionnaire et communaliste, dont nous allons maintenant passer la revue.

* * *

Le 19 mars, c'est le gouvernement de M. Thiers qui dirige encore le *Journal Officiel*. Le 20 mars, le Comité central s'empare des presses, et, sans modifier en rien la disposition du journal, en fait un organe officiel de la Commune. Le citoyen Lebeau, accompagné de Vésinier et de Barberot, occupe les ateliers à la tête de trois compagnies de la garde nationale mises à sa disposition par son ami, Ch. Lullier; mais le journal est toujours signé : Wittersheim, imprimeur-gérant, bien que Wittersheim soit à Versailles.

Le jeudi 30 mars, le *Journal Officiel de la République Française* changeait de titre, et le *Journal Officiel de la Commune de Paris* publiait le premier numéro de sa première année, toujours à l'imprimerie de Wittersheim, que l'on continuait à faire signer comme imprimeur-gérant.

Le vendredi 31 mars, un jour après, le *Journal Officiel de la Commune de Paris* a cessé de paraître et a cédé la place au *Journal*

Officiel de la République Française, qui publie le quatre-vingt-dixième numéro de sa troisième année, sans avoir publié le quatre-vingt-neuvième. Que s'est-il passé? Il est permis de supposer que la Commune de Paris, fière de l'adhésion qui lui a été donnée par les frères et amis de Lyon, de Toulouse, de Narbonne, ne voulait pas abdiquer la prétention de représenter, non pas la France, qui est la patrie, mais les diverses fractions de la République universelle qui commençaient à s'agiter sur le sol français [1].

Une révolution de palais, s'était produite, en outre, dans les bureaux du *Journal Officiel*, où le citoyen Lebeau avait été dépossédé par le citoyen Longuet.

Un certain article, que publia Longuet dans *l'Officiel*, en tête de la partie non officielle, lui paraissait « répondre d'une façon satisfaisante à une des difficultés du moment. » Cet article, signé du citoyen Ed. Vaillant, n'était autre qu'un appel au meurtre dirigé contre les princes de la famille d'Orléans. Il faisait suite à un article sur le régicide, publié par le citoyen Pagès (de l'Ariège) dans le *Journal Officiel* du 24. Les théories exposées dans ces deux pièces avaient soulevé la réprobation générale. Dans le numéro du 31 mars, le citoyen Longuet s'étonne du bruit qui se fait autour du dernier de ces articles : on en a exagéré la portée, il ne représente qu'une opinion individuelle, puisqu'il est signé, et encore cette opinion individuelle est-elle très acceptable. « On a fait grand bruit, dit-il, dans la presse et ailleurs, d'un article sur *le Tyrannicide*, publié dans le *Journal Officiel* du 27 mars. L'esprit de parti a tenu à exagérer la portée de cette publication. Il est pourtant bien certain qu'étant signé, ce qui est contraire aux usages du *Journal Officiel*, cet article ne représente qu'une opinion individuelle, *opinion très soutenable d'ailleurs*, et qui a pour elle l'autorité de toute l'antiquité, et aussi de modernes tels que Montesquieu, Milton, sir Philipp Francis, l'auteur présumé des lettres de Junius, sans parler des théologiens qui l'ont soutenue au point de vue catholique. ».

Cependant, dans les derniers jours de la Commune, Longuet fut remplacé à l'*Officiel* par Vésinier. Jusque-là, malgré deux décisions formelles prises par la Commune, le prix de vente de l'*Officiel* n'avait pas changé ; les abonnements restaient toujours fixés à 40 francs par

[1] Nous empruntons ces détails et ceux qui suivent à l'ouvrage de Ch. Livet, le *Journal Officiel de Paris pendant la Commune, de Paris.* Bernardt, éditeur, 1871.

an, pour Paris comme pour les départements. Enfin, le mardi 16 mai, les réformes promises sont opérées. Le titre de l'*Officiel* est modifié. En tête on lit : 26 floréal an LXXIX, n° 136 avec la devise : Liberté, égalité, fraternité. Au-dessous, au lieu de la mention portant le prix de l'abonnement, on lit le nouveau prix de vente : cinq centimes le numéro. C'est alors qu'un journal satirique, le *Grelot*, ennemi déclaré de l'*Officiel*, lança cette malice : « Depuis que Vésinier écrit dans l'*Officiel*, l'*Officiel* ne vaut plus qu'un sou. Ce n'est point une épigramme, c'est de l'histoire. »

L'imprimerie, le bureau d'abonnement, la direction, la rédaction sont toujours au n° 31 du quai Voltaire. Le numéro du 16 mai, comme les suivants, continue à porter cette signature : l'imprimeur-gérant, A. Wittersheim et Cie, à Paris.

Le numéro du lundi 22 mai est curieux à consulter. On y lit, sous la rubrique *Théâtres*, et sous le titre *Représentation de bienfaisance*, un compte rendu qui, dans les circonstances où se trouvait la Commune, le jour même où l'armée pénétrait dans Paris, peut sembler tout à fait extraordinaire.

Après avoir parlé d'un concert des Tuileries et d'une soirée artistique et littéraire au Cirque national, Vésinier fait le compte rendu d'une représentation du Gymnase.

« Salle comble, *c'est tout naturel*. La citoyenne Desclée, si intelligente de finesse dans les moindres détails, a, comme toujours, provoqué les applaudissements mérités qu'elle partage *fraternellement* avec ses charmantes partenaires, les citoyennes Fromentin, Massin, Angélo, toutes gracieuses et si jolies... qu'elles font regretter ces représentations d'ensemble, devenues si rares dans ce gentil cadre fait pour la bonne et véritable comédie. »

Donnons, en terminant, la liste des écrivains qui ont collaboré au *Journal Officiel* en signant leurs articles : Edouard Portalis, Paul Vapereau, J.-B. Clément, G. Courbet, A. Regnard, L.-X. de Ricard, C.-S. Sée, Henri Bellenger, Ch. Quentin, E. Maréchal, Ch. Limousin et Maxime Vuillaume.

***

Pendant qu'on se battait au dehors, s'il faut en croire Ch. Virmaitre [1], les crieurs de journaux arpentaient, dans Paris, les boule-

[1] *Paris-Canard*, p. 231.

vards par groupes, les uns coiffés du bonnet rouge, d'autres de casquettes à trois ponts, sur lesquelles ils attachaient le titre de leur journal avec une ficelle. Tout ce monde piaulait, hurlait, pour attirer l'attention des passants. Ceux qui vendaient le *Père Duchêne* se signalaient entre tous : « Lisez, disaient-ils, lisez le *Père Duchêne.* Il est bougrement en colère, il a cassé sa pipe et ses lunettes, il a foutu une danse à sa femme qui plaignait ces canailles de Versaillais... Il a bien fait d'assommer c'te vieille saucisse. Il a cassé sa marmite et ses fourneaux. Lisez le *Père Duchêne.* »

Les trois journaux les plus en vue pendant la période communaliste, furent assurément le *Vengeur* de Félix Pyat, le *Mot d'Ordre* de Rochefort et le *Cri du Peuple* de Jules Vallès, parus tous les trois au mois de février 1871 et supprimés tous les trois par l'arrêté du général Vinoy du 11 mars.

Pour remplacer le *Combat*, Félix Pyat avait créé le *Vengeur*, qui paraissait encadré d'un filet de deuil. « Le *Vengeur* succède au *Combat*, écrivait-il dans le premier numéro. Même équipage, même pavillon, celui de la République. La République est ce qui reste à défendre. La République n'a pas encore été vaincue... » Tout Paris a lu, dans le numéro du 8 février, le fameux article de Millière intitulé *le Faussaire*, annoncé déjà dans le *Combat* des 25 et 29 novembre : c'est la vie privée de Jules Favre mise impitoyablement à nu par un ennemi furieux.

Ce fut un article de Cluseret, faisant un appel violent à la garde nationale, au sujet du général d'Aurelle de Paladines appelé à la commander, qui motiva la suppression du *Vengeur* par le général Vinoy. « L'assemblée, était-il dit dans cet article, n'est plus qu'un groupe de factieux, du jour où elle refuse de se dissoudre... Faites-vous respecter en arrêtant et en mettant en accusation l'homme coupable qui, après avoir aidé à faire le coup d'État, trahit une seconde fois la France en livrant l'armée de la Loire ».

Le jeudi 30 mars 1871, Félix Pyat célèbre en ces termes la réapparition du *Vengeur* : « Vinoy avait tué le *Vengeur;* le peuple l'a ressuscité. Le *Vengeur* reparaît avec la Révolution. Il a quitté son pavillon de deuil. C'est la victoire... Plus de crêpe à son mât... Il arbore aujourd'hui les vives couleurs de la Révolution triomphante, de la Commune révolutionnaire. Il arbore le drapeau rouge... »

Nous ne citerons de toutes les polémiques de Félix Pyat qu'un portrait assez curieux de *l'Exécutif*, c'est-à dire de M. Thiers : « Sa forme (la forme d'Adolphe Ier) n'est pas moins bourgeoise, petite, mesquine, étriquée ; la tête ronde et courte comme le nom, d'une rondeur celtique de boule-dogue, dolicocéphale ; les lèvres minces, pincées, narquoises et d'un rictus répulsif, les joues fortes et pleines d'une mâchoire ornée, signe d'une certaine force, avec de petits yeux à lunettes, preuve d'une certaine ruse, une voix aigre qui ne parle pas, qui cause... et assez juste avec des idées fausses ; au total, type inférieur, équivalent en politique à son contemporain Scribe en littérature ; nulle autre passion que l'égoïsme, nul autre idéal que l'intérêt, ne craignant rien tant que l'élévation ; de l'adresse sans moralité, de l'habileté sans principe et de l'esprit sans cœur. »

Les deux derniers numéros du *Vengeur* des 23 et 24 mai sont imprimés en forme de placards et contiennent des proclamations adressées au peuple de Paris et aux soldats. Voici un extrait de l'adresse aux soldats : « Soldats ! Désarmez, nous sommes frères. Si vous attaquez, vous ne sortirez pas. Vous avez pénétré dans l'antre. Gare le lion !.. Écoutez le tocsin, la générale, le canon. C'est un rugissement... Prenez garde ! Il est invincible... car il combat pour vous en combattant contre vous. » Voici ce qu'on dit au peuple : « Citoyens, depuis trois jours la lutte suprême est engagée dans nos murs ; la grande lutte entre le droit et le privilège, entre le peuple et les exploiteurs du peuple ; entre la plus juste des causes et la plus criminelle des conspirations ; entre la République et la Restauration ; entre la plus belle des Révolutions et la plus honteuse des Réactions... Jamais la grande cité n'a autant souffert pour la grande cause ; plus que jamais aussi son sacrifice aura été sublime : plus que jamais sa victoire sera féconde, durable et décisive. »

La liste des collaborateurs de Félix Pyat est longue : Rogeard, Pierre Denis, Gromier, Arthur Monnanteuil, P. Vésinier, H. Bellanger, Millière, Maurice Lachâtre, Gambon, Henri Brissac, Ferdinand Bias, Jules Troubat, A. Hubert, Cam. Bias, Cam. Cloding, Et. Ducret, etc... On sait que Félix Pyat réussit à s'échapper, au moment de la débâcle de la Commune, et à se réfugier à Londres.

*
* *

Le *Mot d'Ordre* avait pour rédacteur en chef Henri Rochefort et pour rédacteurs principaux : E. Mourot, Henry Maret, Barberet,

G. Richard, Robert Halt, Martin Bernard, qui y publiait son livre : *Dix ans de prison au Mont Saint-Michel.*

Voici comment le pamphlétaire de la *Lanterne* qualifiait l'Assemblée nationale qui siégeait à Versailles : « Nous avons à cette heure un parlement comme celui de Cromwell. On l'intitulait alors le Parlement Croupion. Le nôtre, il faut le dire, est au-dessous du croupion. » En constatant l'absence à l'Assemblée nationale des hommes de l'Empire, il disait qu'il eût été assez délicat de répondre à un discours du maréchal Bazaine par ces mots : « L'honorable traître qui descend de cette tribune... » ou d'interrompre M. Devienne par ceci : « Est-ce comme député ou comme proxénète que vous avez demandé la parole ? » On connaît assez la manière de M. Rochefort ; il est donc inutile de multiplier les citations.

Rochefort avait de fréquentes et de violentes polémiques avec Vésinier et Félix Pyat. Il baptisa l'un *Racine de buis* et l'autre un *lapin qui bat du tambour*, pour caractériser l'habitude qu'avait ce dernier de distribuer aux autres les rôles dont il redoutait de se charger.

Dans un article fort humoristique, Rochefort représente le Maréchal de Mac-Mahon et M. Thiers, exposant chacun leur plan pour prendre le fort d'Issy : « Petit Thiers persistait à imposer son plan, et son plan c'était naturellement le plan de Bonaparte devant Toulon..... A toutes les objections, Petit Thiers, imperturbablement répondait, le doigt sur la carte : — C'est là qu'est Toulon..... Non, je veux dire : c'est là qu'est Paris !... — A la fin, Mac-Mahon, impatienté, finit par dire, en montrant du doigt un autre point de la carte : — Et c'est là qu'est Charenton ! — Le petit bonhomme frissonna de colère de la tête aux pieds. Il se contint pourtant, et d'un air narquois il dit au maréchal : — J'ai indiqué mon plan, maréchal, daignerez-vous nous indiquer le vôtre ? — Mon plan ! fit le maréchal, le voici : Je pars de Novare à trois heures du matin, en ayant soin d'obliquer à droite dans la direction de Turbigo..., j'opère une conversion à gauche et j'écrase les parisiens à Magenta. C'est simple comme bonsoir. — Maréchal, répondit froidement Adolphe, en mettant le doigt sur la carte, c'est là que sont les Invalides ! — Je vous laisse à penser les cris et les menaces ! A grand'peine on les sépara ; la brouille s'ensuivit..... »

Le *Mot d'ordre* cessa sa publication le 20 mai. Rochefort s'enfuit de Paris et fut arrêté à Meaux. Un conseil de guerre le condamna à être déporté à la Nouvelle-Calédonie, d'où il s'évada en 1874.

*
* *

Les rédacteurs du *Cri du Peuple* étaient tous de rudes gaillards [1]. A côté de Jules Vallès, qui les dominait tous par son talent d'écrivain, se groupaient E. Vermesch, un des fondateurs du *Hanneton* de jadis et qui allait bientôt trouver sa véritable voie dans le *Père Duchêne*, les citoyens Humbert et Vuillaume, Casimir Bouis, A. Breuillé, Henri Verlet, H. Bellenger, J.-B. Clément, A. Goullé, Pierre Denis, G. Courbet, André Léo, Maréchal.

Dans son premier numéro, le *Cri du peuple*, dont le programme est *Paris ville libre*, annonce la sociale, la République sociale. « Entendez-vous? Elle arrive à pas de géant, apportant non la mort, mais le salut. Elle enjambe par-dessus les ruines et elle crie : Malheur aux traîtres! malheur aux vaincus! Vous espérez l'assassiner ; essayez ! Debout entre l'arme et l'outil, prêt au travail ou à la lutte, le peuple attend. »

Après les élections et la proclamation solennelle de la Commune sur la place de l'Hôtel-de-Ville, le *Cri du Peuple* est dans l'épanouissement d'une gaîté printanière ; il parle du soleil tiède et clair qui dore la gueule des canons ; de l'odeur des bouquets, du frisson des drapeaux ; il appelle cette journée *la Fête nuptiale de l'Idée et de la Révolution*, et invite les patriotes qui se sont enivrés... de la *poésie du triomphe* à revenir à la prose du travail.

Mais dès que Versailles, la ville royale, déclare la guerre à la cité républicaine, Vallès crie : aux armes. « La garde nationale, en cas de besoin, saura retrouver son Maillard, dit-il, et ramener les vendeurs de la patrie dans la charrette du peuple. — Il faut absolument que Paris ait sa Roche Tarpéienne à côté de son Capitole... » Il ajoute que pour passer sur le corps de la République, il y a encore cent mille gardes nationaux à tuer.

Lorsque la situation devient critique et que l'entrée de l'armée régulière dans Paris n'est plus douteuse, J. Vallès fait prévoir les sinistres incendies qu'allumeront les défenseurs de la Commune plutôt que de se rendre.

Premier avis aux bombardeurs (16 mai) :

« On nous avait donné, depuis quelques jours, des renseignements

[1] *Histoire des journaux pendant le siège*, par Fmin Maillard. Nous lui empruntons les détails relatifs au *Cri du Peuple*.

de la plus haute gravité, dont nous sommes aujourd'hui complètement sûrs. On a pris toutes les mesures pour qu'il n'entre dans Paris aucun soldat ennemi.

« Les forts peuvent être pris l'un après l'autre. Les remparts peuvent tomber. Aucun soldat n'entrera dans Paris.

« *Si M. Thiers est chimiste, il nous comprendra.*

« Que l'armée de Versailles sache bien que Paris est décidé à tout plutôt que de se rendre. »

Deuxième avis (20 mai) du même aux mêmes :

« Le gouvernement de Versailles peut faire sauter un coin de Paris... Paris héroïque et désespéré pourra sauter peut-être ; mais s'il saute, ce sera pour engloutir le gouvernement de Versailles et son armée. »

Troisième et dernier avis (23 mai) :

« Il reste à cette politique gouvernementale qui, de révolutions en coups d'Etat, de trahisons en faux serments, nous a conduits jusqu'à ce chaos dans lequel nous nous débattons désespérés, il lui reste un grand crime à commettre : détruire Paris après l'avoir livré. Celui-là, elle ne le consommera pas. »

Le *Cri du Peuple* termine les dernières nouvelles de son dernier numéro par ces mots consolants : *Tout va bien.*

J. Vallès, suivant Firmin Maillard, était petit, maigre ; on le sentait tourmenté par la bile ; la tête pleine de bosses et de trous, avait je ne sais quoi de noueux qui ajoutait à son caractère de dureté et de sauvagerie ; les cheveux et la barbe étaient noirs ; le tout à l'état de broussailles. Il avait les yeux bruns, mais striés de ces filets sanguinolents qui, chez les chiens du moins, sont loin d'indiquer la douceur et la bonté ; la mâchoire forte et solide était celle d'un carnassier, et de ses lèvres serrées sortait une voix tranchante, mais claire et brève ; il y avait d'ailleurs de l'intelligence dans son front haut et carré, de la pénétration et de l'habileté dans son nez aux ailes fines et pincées, et quelque distinction dans ses mains longues et effilées.

Le vrai portrait de Vallès est celui que le caricaturiste André *Gill* avait chargé naguère, dans le journal la *Lune*, en chien du *convoi du pauvre*.

*
* *

A la suite du *Vengeur*, du *Mot d'ordre* et du *Cri du Peuple*, bien d'autres feuilles, destinées à une vie des plus éphémères, parurent pendant la Commune.

Nous dirons peu de chose de la *Caricature politique* de Pilotell, suspendue par le général Vinoy. On va juger de son peu d'esprit par les dessins de ses deux premiers numéros.

Le premier est consacré au *brave et honnête* Trochu : un homme coiffé du bonnet rouge, cravate et ceinture de même couleur, les bras à moitié nus, la face tournée vers la foule, est perché sur un entablement du Louvre ; d'une main il désigne l'h qui manque au nom de Trochu, écrit ainsi : *Trocu*, l'h est dans l'autre main. Au-dessous du dessin, ce vers comme légende :

Je veux la mettre au moins au front de son palais.

Le dessin du deuxième numéro représente une superbe guillotine rouge ; au-dessous, ces mots : *Offert par la Caricature à l'Assemblée nationale pour l'exécution des J... f... de membres de la trahison nationale.*

Ces exagérations grossières eurent peu de succès. C'est ce qui explique que la *Caricature* n'ait eu qu'un seul numéro après sa réapparition du 23 mars. Pilotell abandonna son journal pour une écharpe de commissaire de la police de Raoul Rigault.

L'*Action*, journal de Lissagaray, Henry Maret et Ch. Lullier, n'eut que six numéros, du 4 au 10 avril.

L'*Affranchi, journal des hommes libres*, parut le 2 avril et disparut le 25 avril. Il comptait parmi ses collaborateurs Paschal Grousset, A. Arnould, Edm. Barrère, J. Morot, Raoul Rigault, Dacosta, Dereure, Breuillé, Vésinier, etc. Il succédait à la *Nouvelle République*, qui succédait elle-même à la *Bouche de Fer*, supprimée par le général Vinoy.

L'*Affranchi* cessa de paraître le 25 avril, sur la prière de Paschal Grousset, qui écrivait : « Il ne faut point que les écrivains de la République aillent criant partout que des journalistes de la Commune suppriment des journaux pour mieux vendre les leurs. » L'*Ordre* créé par Vermorel, le 20 mars, n'eut que 2 numéros.

L'*Ami du Peuple*, du même Vermorel, eut quatre numéros, du 23 au 29 avril. Il contient des articles violents contre Félix Pyat, qui avait accusé Vermorel d'avoir envoyé autrefois des rapports chiffrés à M. Rouher. En voici quelques extraits : « Vous essayez de m'écraser du haut de vos vingt ans d'exil, citoyen Félix Pyat... Pendant que vous faisiez à Londres du régicide en chambre, je luttais activement à Paris... Le 22 janvier, j'étais de ma personne à l'enterrement de Victor Noir, pendant que vous vous cachiez dans un bateau à charbon, et je poussais le peuple à la révolution par des articles dont j'affrontais toute la responsabilité !.... Le 4 septembre m'a trouvé en prison ; vous, vous étiez prudemment à Londres... Et dire que M. Félix Pyat, qui a donné sa démission de membre de la Commune pour faire sa rentrée littéraire dans le rôle du *Chiffonnier de Paris*, qu'il a créé, va en être réduit, s'il veut continuer sa malheureuse polémique, à recueillir ses ordures dans sa hotte. Pitié ! »

Nous n'avons rien à dire du *Mont-Aventin*, ni du *Bonnet rouge* qui lui succéda ; le rédacteur en chef Secondigné, pour encourager les vendeurs de sa feuille, eut l'idée assez originale de leur donner un bonnet phrygien dont ils se coiffaient lorsqu'ils vendaient le numéro dans les rues.

Nous ne dirons rien non plus du *Corsaire*, qui fut la suite du *Petit National*, comme le *Pirate* continua le *Corsaire* après sa suppression du 6 mai. Ces journaux étaient rédigés avec beaucoup de talent ; mais ils se montraient trop indépendants, ce qui ne pouvait que déplaire à la Commune.

*
* *

L'histoire du journal la *Commune* est plus intéressante.

Cette feuille parut du 20 mars au 14 mai. En tête du premier numéro on lisait la déclaration suivante : « La rédaction de la *Commune* est entièrement composée des rédacteurs du *Combat* et de la *Marseillaise*. Cette déclaration nous dispense de formuler un programme. » Mais Millière entra à la rédaction le 9 avril ; il en fit son organe personnel et n'hésita pas à dire de dures vérités aux chefs de la Commune.

Georges Duchêne, un ancien collaborateur de Proudhon et de Vermorel, publia, dans le n° 48, un article qui mit sens dessus dessous le ban et l'arrière-ban des gens de l'Hôtel de Ville. Il était intitulé : *Vieux habits, vieux galons*. Nous en citons quelques passages : « Cette Commune parisienne ne nous a encore rien appris des monopoles urbains sur lesquels elle a la main : les voitures, les omnibus, les factages de la halle, les vidanges, la distribution des eaux, le gaz. Mais le vieux Miot a réinventé le Comité de Salut public ; voilà qui est parlé à propos. Il est entré à la Commune à un âge où les fonctionnaires de l'Empire étaient mis à la retraite; que pouvait-il faire de mieux que d'exhumer le Salut public? Des jeunes gens l'y ont aidé, comme des collégiens qui jouent le jeudi au Brutus, au Caton, au Démosthènes. Récréations d'écoliers d'une part, ganaches et culottes de peau d'autre part, Versailles a 1815, Paris a 1793! Intelligents de la Commune, souvenez-vous qu'il n'y a rien de plus fatal aux révolutions que les mardis gras révolutionnaires. »

Dans le n° du 19 mai, la *Commune* résumait dans un article des plus incisifs le règne des hommes du drapeau rouge. L'article était intitulé *Responsabilités* : « *Trahison* au Moulin Saquet, *Trahison* au Fort d'Issy, *Trahison* à la cartoucherie de l'avenue Rapp, *Trahison* partout. Mais qui donc trahit? Les agents de Versailles? Ils font leur métier et nous serions heureux de leur répondre par la réciproque. Il n'y a ici d'autres *Trahisons* que l'*ineptie*, l'*imbécillité des polissons et des drôles* qui ont mis la main sur les services publics dont ils ne connaissaient pas le premier mot. Entre leurs mains *sûreté générale* est devenue *guet-apens*, et *salut public* doit s'appeler *abandon* et négligence des plus élémentaires garanties. »

Il n'est pas surprenant que la Commune ait trouvé ces vérités désagréables et ait supprimé le journal qui avait eu le courage de les lui jeter publiquement à la face.

L'*Indépendance française* fut supprimée aussi, son titre ne pouvait que déplaire. Elle reparut le 26 mai et exhala son ressentiment en menaces terribles : « Au moment où le souffle nous revient, où l'air rentre dans nos poumons flétris par l'impur courant de ces monstres odieux, un seul cri peut sortir de nos lèvres, et ce cri sera celui de tout Français : *Pas de pitié pour ces infâmes !*... Un seul châtiment peut expier de pareils crimes : la mort! » Et l'*Indépendance française* signalait aux vainqueurs, comme dangereux au premier chef, les gens que la pitié allait prendre au cœur après la victoire et qui allaient plaider pour les égarés... les circonstances atténuantes. Il faut à tout prix, ajoutait-elle, éviter le retour des choses abominables que nous venons de voir; et pour cela, il n'y a qu'une ligne de conduite à suivre : pas de pitié!

Parmi les journaux qui ont mené contre la Commune une campagne vigoureuse, il nous faut signaler le *Bien public* fondé par H. Vrignault, qui se déroba heureusement aux poursuites ordonnées contre lui : « Me voilà donc proscrit, dit-il le 8 avril; proscrit, soit; exilé, non. Je resterai à Paris, j'y resterai pour dire ma pensée, pour

1. Auguste Vermorel. — 2. J.-B. Millière. — 3. Gustave Flourens. — 4. Alphonse Humbert. — 5. Gustave Maroteau. — 6. Eugène Vermesch.

Portraits tirés des collections de MM. Bacard fils, Etienne Carjat, E. Appert, Legé (Phot.).

soutenir mes concitoyens, pour ouvrir les yeux des aveugles. Qu'auront gagné ceux qui me poursuivent? De m'obliger à quelques ruses faciles; en vérité, c'est peu. » Et, de sa retraite, M. Vrignault continua à tirer à boulets rouges sur ses ennemis. Supprimé, le *Bien public* paraît, disparaît, paraît encore, paraît toujours, tantôt sous un titre, tantôt sous un autre : aujourd'hui c'est la *Paix*, demain l'*Anonyme*, après-demain le *Républicain*.

* * *

Mais nous n'avons pas encore la physionomie complète de la presse sous la Commune; il nous reste à analyser aussi les journaux publiés par Maroteau et Vermesch.

Le 26 mars, Gustave Maroteau ressuscita le *Faubourg* publié par lui à la fin du second Empire. Mais cette réapparition ne dura qu'un jour. « Aujourd'hui nous triomphons, disait Maroteau, après vingt ans de honte, de combat et de misère, quand tous les corbeaux sont gorgés de notre main. Nous sommes la force en même temps que le droit. *Pas de faiblesse et pas de pitié.* »

Quelques jours plus tard, le 2 avril, Maroteau fonda la *Montagne* avec Francis Enne, H. Verlet, Tridon, Georges Sauton, Tibaldi, Maréchal, Protot, etc., pour collaborateurs. C'est dans le numéro du 19 avril que fut publié l'article fameux qui valut à Maroteau une condamnation à mort changée en déportation : « ... Et ne parlez pas de Dieu, le croquemitaine ne nous effraie plus. Il y a trop longtemps qu'il n'est qu'un prétexte au pillage et à l'assassinat. C'est au nom de Dieu que Guillaume a bu à plein casque le plus pur de notre sang; ce sont les soldats du pape qui bombardent les Ternes. Nous biffons Dieu. Les chiens ne vont pas se contenter de regarder les évêques, ils les mordront; les balles ne s'aplatiront pas sur les scapulaires; pas une voix ne s'élèvera pour nous maudire le jour où l'on fusillera l'archevêque Darboy. Il faut que M. Thiers le sache, il faut que M. Favre le marguillier ne l'ignore pas. Nous avons pris Darboy comme ôtage, et si l'on ne nous rend point Blanqui, il mourra. La Commune l'a promis; si elle hésitait, le peuple tiendrait le serment pour elle. Et ne l'accusez pas ! Que la justice des tribunaux commence, disait Danton au lendemain des massacres de septembre, et celle du peuple cessera... Ah! j'ai bien peur pour monseigneur l'archevêque de Paris. »

Le 16 mai 1871, Maroteau fit paraître le *Salut public*, qui eut huit numéros.

Le 21 mai, cette feuille annonçait encore une nouvelle victoire de Dombrowski sur les Versaillais. Le dernier numéro contient un appel aux armes des plus violents. « Si Thiers est vainqueur, vous savez la vie qui vous attend. Plus d'avenir ! Plus d'espoir ! Vos enfants, que vous aviez rêvés libres, resteront esclaves ; les prêtres vont reprendre leur jeunesse ; vos filles, que vous aviez vues belles et chastes, vont rouler flétries dans les bras de ces bandits. *Aux armes !* Pas de pitié. — Fusillez ceux qui pourraient leur tendre les mains... »

Gustave Maroteau est mort déporté en Nouvelle-Calédonie.

***

Le *Père Duchêne*, de sinistre mémoire, avait publié son premier numéro le 20 décembre 1870. Il fut supprimé à son cinquième numéro par le général Vinoy, et reparut le 30 mars 1871 pour disparaître le 21 mai. Ses principaux rédacteurs étaient G. Vermesch, Maxime Vuillaume et A. Humbert. Ce fut le journal le plus violent parmi ceux qui soutenaient la Commune. Toutes les mesures les plus odieuses que décrétait le Comité de Salut public étaient proposées la veille par Vermesch dans son journal, et c'était dans les agapes fraternelles de l'Hôtel de Ville, dont il était l'hôte assidu, qu'il puisait chaque soir ses inspirations [1].

Voici deux échantillons des propositions du *Père Duchêne* :

« *En avant ! Foutre ! ou la grande joie du Père Duchêne* de voir que les jean-foutres de traîtres ont reçu une pile et que les patriotes s'en vont à Versailles pour foutre une fessée aux gredins de la ci-devant Assemblée Nationale. Sa grande motion pour qu'on ne fasse pas de quartier à ces caffards. »

« *La grande colère du Père Duchêne* contre les jean-foutres de calotins et les vieilles bougresses de cagottes qui fouttent la discorde dans la cité en mentant comme des arracheurs de dents. »

Tous ceux qui avaient connu Vermesch au quartier latin devaient reconnaître difficilement, dans ce rôle lugubre et grossier, celui qui écrivait dans les *Lettres à Mimi :*

[1] *Les journaux de Paris pendant la Commune*, par Lemonnyer, p. 60.

Pour tous les jours de bonheur
Que j'ai passés sur ton cœur,
Coquette,
Je veux, naïf amoureux,
Payer d'un couplet ou deux
Ma dette.

Une des plus curieuses diatribes de Vermesch fut dirigée contre le général Trochu. Quelques extraits suffiront à donner une idée du style de ce journaliste déguisé en marchand de fourneaux.

« Le *Père Duchêne* est ce matin bougrement en colère après ce jean-foutre de Trochu, général pour rire, traître pour de bon, calotin de malheur, qui vient de baver à Versailles des insultes sur notre bonne ville de Paris qu'il va vendre. Ah ça! cette infâme crapule, bas valet de Badingue, pilier de sacristie, après nous avoir livrés comme bétail en foire, n'est donc pas encore allé se cacher dans un trou pouilleux de sa Bretagne pour y manger tout l'or que Bismarck lui a donné. Il reparaît! il ose parler! et cela pour essayer de justifier l'état de siège. Mais, misérable lâche! enragé fuyard, assassin de nos frères que tu as fait massacrer par le Prussien, mourir de froid dans la tranchée ou canarder le 23 janvier! il ne te reste donc plus, vilain bougre! une goutte de sang dans les veines! Plus rien que de l'eau bénite ou du fiel! sale bête! va!... Tu ne mérites pas la mort, non! tu es trop vil pour cela... mais si jamais le *Père Duchêne* t'attrape, foutre! ton compte est bon! Il te déculottera en place publique et te fouettera jusqu'au sang... comptes-y! En attendant, général de carton, licheur de patènes, donneur d'eau bénite, loueur de chaises, rat d'église trichiné, tais ta sale gueule et fais le mort; tu as laissé derrière toi trop de larmes, trop de sang et trop de honte, et, sache-le bien, tu n'inspires même à ceux de ton bord que du mépris et du dégoût. »

Rapprochez maintenant de ces grossières apostrophes cette pièce de vers écrite avant la guerre et intitulée *Voleurs d'auréoles* :

Non! car nous sommes nés aux pays énivrants
Des étoiles et des grands aigles;
Car nous aimons ouïr les doux oiseaux charmants
Chanter dans les blés et les seigles;
Car nous voulons enfin, nous l'avons bien gagné,
Savoir le fond riant des choses :
Notre acte de naissance, auquel Dieu a signé,
Dit : Poètes, frères des roses.

Allons, la joie! allons, les fleurs! allons, le jour
Dans la mansarde et la chaumière.
Et qu'un enthousiaste et large chant d'amour
Monte, immense, dans la lumière!

* * *

Quoi qu'il en soit, le 28 mai 1871, à 4 heures de l'après-midi, la Commune fut définitivement vaincue.

Le rôle de la presse, pendant ces hécatombes sanglantes de mai et dans les jours qui suivirent, après le 28 mai, la chute de la Commune, ne pouvait être que bien effacé. La plupart des journaux, tels que le *Figaro*, le *Gaulois*, le *Bien public*, se contentaient de dépeindre à leurs lecteurs les scènes terribles dont Paris venait d'être le théâtre ; les feuilles illustrées reproduisaient les attitudes et physionomies des fédérés sur les barricades et devant les conseils de guerre.

La presse, à peu près tout entière, se rangea du côté des vainqueurs de la Commune, à l'exception de quelques organes de province : les *Droits de l'homme*, de Jules Guesde, à Montpellier, l'*Émancipation* de Toulouse, le *National* du Loiret [1].

A la distance de trente années où nous sommes de ces tragiques événements, nous pouvons dire que l'opinion publique, aujourd'hui assagie et pondérée, tout en désavouant pleinement certains actes et certains hommes de la Commune, a réservé son estime — l'estime de la postérité — pour les Flourens, les Delescluze, les Millière, qui ont crânement payé de leur vie la défense de leur foi républicaine ; nous sommes heureusement d'une époque où le sacrifice à une idée, quelle qu'en soit la source, quel qu'en soit le mobile, force l'admiration et le respect de ses adversaires les plus déterminés.

[1] Pour bien comprendre et juger cette époque, il est utile de lire, outre les volumes de Jules Claretie et de Zevort, quelques ouvrages publiés par ceux qui ont pris une part militante à la lutte, tels que : *Le 18 mars*, par Bergeret; *Souvenirs d'un membre de la Commune*, par Jourde ; *la Dernière Révolution*, par Gambon ; *Causes de la défaite de la Commune de Paris*, par Blanchet; *les Incendiaires*, par Vermesch ; *Histoire de la Commune*, par Vésinier ; *Mes Souvenirs*, par Ch. Beslay, etc.

CHAPITRE XI

LA PRESSE SOUS LA TROISIÈME RÉPUBLIQUE

I. — DE 1871 A 1880

Acheminement de la volonté du pays dans le sens de la démocratie républicaine. — Loi des 15-22 avril 1871, relative aux poursuites pour délits de presse. — Harangue du duc de Broglie. — Résistance du pays au courant monarchique. — Loi du 6 juillet 1871, rétablissant le cautionnement des journaux politiques et autres. — Loi des 14-16 septembre 1871, portant augmentation des impôts concernant les contributions indirectes, nouvel obstacle à la diffusion des journaux. — Rôle de l'*Union parisienne de la presse* dans la manifestation électorale du 2 juillet 1871. — Fondation du groupe l'*Union républicaine* et du journal la *République française ;* sa rédaction d'élite : Eugène Spuller, Challemel-Lacour, Gustave Isambert, Waldeck-Rousseau, etc. — L'état de siège et les conseils de guerre. — Gaston Crémieux : le journaliste et l'homme politique : sa condamnation, ses derniers instants, sa mort héroïque. — Acquittement de journaux poursuivis au nom de la Commission des grâces. — Procès du général Trochu contre le *Figaro*. — Suppression du *Corsaire* et du *Radical*. — Antagonisme entre l'esprit républicain et les tendances monarchiques. — La nouvelle rédaction du *Journal des Débats ;* MM. Charmes, Caraguel, de Molinari, etc. — Le *XIXe Siècle ;* physionomie de la salle de rédaction ; les saillies d'Edmond About. — Le *Matin* et son article-programme nettement républicain. — Fondation de l'*Événement* par Edmond Magnier. — Le *Soleil ;* Edouard Hervé et le comité des banquets Chambord. — Le drapeau blanc et le drapeau tricolore. — Renversement de M. Thiers ; élection du maréchal de Mac-Mahon. — *De Bordeaux à Versailles : l'Assemblée de 1871*, par Ranc. — Le cabinet de Broglie ; M. Beulé, ministre de l'intérieur. — « L'Assemblée nommée dans un jour de malheur. » — Une circulaire « très confidentielle ». — Tentatives de restauration monarchique ; prorogation pour sept ans des pouvoirs du maréchal de Mac-Mahon. — Mesures rigoureuses contre la presse démocratique. — Interpellation des députés Lamy et Jules Ferry sur le maintien de l'état de siège dans les départements, du député Ricard sur le régime de la presse. — Evasion de Rochefort et de Paschal Grousset de la Nouvelle-Calédonie. — Discussions sur le Septennat ; spirituel article d'Edmond About ; circulaire du Garde des Sceaux. — Le cabinet de Cissey ; propagande bonapartiste. — Voies de fait contre Gambetta. — Manifeste du comte de Chambord. — L'amendement Wallon, base de la Constitution républicaine (27 février 1875). — Nouvelle loi sur la presse, substituant la police correctionnelle au jury ; argumentation du ministre Dufaure. — Amendement du baron de Janzé concernant la vente des journaux sur la voie publique. — Attitude bienveillante du ministère Dufaure-Ricard. — Création de nouveaux journaux : la *Nation*, le *Bon Sens*, le *Petit Parisien*, la *Lanterne*. — Un procès en diffamation contre *l'Avenir de la Haute-Saône.* — Campagne épiscopale en faveur du pouvoir temporel du pape. — « Le cléricalisme, voilà l'ennemi ! » — Le 16 mai 1877. — Brillante campagne républicaine d'Edmond About dans le *XIX*e *Siècle*, de John Lemoinne dans les *Débats*, d'E. de Girardin dans la *France*, du *Temps*, de la *République française*, du *Rappel*, etc. — Manifeste de M. Thiers. — Les 363 ; leur rôle capital dans l'évolution républicaine du pays. — Dissensions entre légitimistes, orléanistes et bonapartistes. — Circulaire de M. de Fourtou pour entraver la diffusion de la presse républicaine. — Poursuites exercées particulièrement contre des journaux de province. — Gambetta et son discours de Lille. — Caractère agressif du *Bulletin des communes*. — M. Gilbert Martin et le *Don Quichotte ;* un rébus et un clysopompe séditieux. — Les élections du 14 octobre 1877 ; l'amnistie de 2 700 condamnations de presse. — Jules Grévy succède à Mac-Mahon. — Le *Bien public*, sous la direction d'Emile Ménier père et la rédaction en chef d'Yves Guyot. — Célébration du centenaire de Voltaire interdite en 1878 par M. de Marcère, ministre de l'Intérieur. — Création de nouveaux journaux : le *Voltaire*, le *Triboulet*, la *Civilisation*, etc. — Le *Parlement* et sa campagne libérale sous la direction politique de M. Ribot. — Fondation d'importants organes politiques : la *Justice*, *l'Intransigeant*, le *Clairon*, *Paris*. — M. Stephen Pichon, le journaliste et le diplomate. — Procès de presse de la *Lanterne*, du *Petit Parisien* et de *l'Intransigeant*. — La presse dite pornographique ; le *Gil Blas* et ses succédanés.

Il nous reste à exposer maintenant la part des plus militantes que prit la presse aux luttes passionnées qui ont abouti à l'établissement définitif de la République en France.

La bataille a été vive et ardente ; il semblait que comme les émigrés de Coblentz, les Français d'alors n'eussent *rien appris, rien oublié*.

Une partie de la nation serait volontiers retournée au régime de l'ancienne monarchie ou même à la forme impérialiste, dont les récentes catastrophes n'avaient pu suffire à dessiller tous les yeux.

De même qu'après 1815, le parti légitimiste apparaissait alors aux esprits timorés comme l'emblème de la pacification sociale, comme une panacée capable de cicatriser les plaies encore saignantes et de réunir tous les enfants de France dans une adoration commune et un commun amour.

Les expériences cruelles, les terribles et éloquentes leçons de choses dont on sortait à peine, risquaient de devenir inutiles ; la prophétie de Napoléon Ier : « dans cinquante ans, la France sera républicaine ou cosaque ! » menaçait d'être démentie.

Les événements, aidés du concours et de la clairvoyance de citoyens d'élite, confiants dans la foi républicaine, ont eu raison des obstructions les plus adroitement accumulées.

Comme l'a fort bien dit M. Francis Charmes,[1] après la guerre et la Commune, une question se posait, qui dominait toutes les autres, à savoir quelle serait la forme définitive du gouvernement de la France, république ou monarchie. Pendant la guerre, la préoccupation patriotique de la défense nationale était passée avant toutes les autres, et les avait même momentanément étouffées. Plus tard, l'Assemblée de Bordeaux avait consacré ses premières séances au traité de paix qui mutilait si cruellement la France, mais qui la rendait à elle-même.

Après la défaite de la Commune, la question constitutionnelle s'imposa bien vite à tous les esprits. La majorité de droite de l'Assemblée regardait volontiers cette question comme résolue : elle était monarchique, il semblait que la monarchie devait naturellement sortir de ses délibérations et de ses votes. On sait quelles graves difficultés et bientôt quelles impossibilités insurmontables les événements opposèrent aux projets de l'Assemblée nationale.

La presse joua naturellement un grand rôle et contribua à fortifier, à éclairer la volonté du pays, qui se prononçait de plus en plus dans le sens de la démocratie républicaine, dans toutes les consultations électorales qui se succédaient.

Et cependant une législation nouvelle avait restreint sa liberté d'allures et lui avait imposé des freins nombreux. Malgré l'arbitraire absolu que l'état de siège permettait de faire peser sur la presse, les journaux avaient joui, pendant le siège de Paris, d'une liberté sans limites. Quant à la Commune, pour motif de salut public, elle avait supprimé toutes les feuilles opposantes, sans distinction de nuances.

* * *

L'Assemblée nationale, effrayée de la propagande socialiste et internationaliste, dont elle redoutait les conséquences, vota la loi des 15 et 22 avril 1871, relative aux poursuites à exercer en matière de délits commis par la voie de la presse. C'était, en définitive, une loi libérale, puisqu'elle remettait partiellement en vigueur la loi du 27 juillet 1849 sur les délits de presse et les dispositions de la loi de 1819 qui permettaient, devant le jury, la preuve de la diffa-

[1] *Le livre du centenaire*, p. 339.

mation à l'égard des fonctionnaires publics, pour faits relatifs à leurs fonctions.

« La loi proposée, disait M. le duc de Broglie rapporteur, a un caractère d'urgence : le Gouvernement la demande pour mettre dès à présent un terme à la licence de la presse anti-sociale qui, dans quelques villes, a dépassé toutes bornes. C'est sans retard, c'est demain peut-être qu'elle devra être appliquée..... »

On avait pensé à organiser un jury spécial appelé à connaître uniquement les délits de publication... On soutenait que, dès qu'il s'agissait de se prononcer sur la valeur d'une pensée, souvent profonde, relevée ou déguisée par une parole habile, le bons sens ne suffisait plus, et qu'il fallait cette intelligence cultivée par l'éducation, que l'on ne pouvait s'attendre à trouver que dans les classes ou les professions élevées de la société.

Ce projet de jury spécial fut écarté « par ce motif que l'opinion a toujours accueilli avec défaveur, en France, tout ce qui présentait, en matière pénale, un caractère de juridiction exceptionnelle, et qu'il importe, surtout en ce moment, d'écraser, sous le poids de l'indignation publique, les odieux pamphlétaires qui offensent sans pudeur les principes fondamentaux de toute société. Pour comprendre, pour réprimer de pareils outrages à la morale publique et au bon sens, aucun raffinement d'intelligence n'est nécessaire ; il suffit d'un cœur et d'un esprit droits, tels qu'on peut espérer de les rencontrer chez la plupart des membres du jury ordinaire... »

Les diffamations et injures contre les simples particuliers étaient réservées à la juridiction correctionnelle, de même que les outrages aux mœurs commis par voie d'exposition de gravures ou de peintures obscènes. Mais les diffamations contre les fonctionnaires publics étaient justiciables de la cour d'assises, avec cette prévision qu'il n'était pas permis de séparer l'action civile en dommages-intérêts de l'action publique. Si cette séparation avait été permise, en effet, le fonctionnaire, en intentant seulement une action civile, aurait échappé au jury, et, par suite, à la nécessité de subir la preuve des faits avancés contre lui, et le but de la loi aurait été ainsi éludé [1].

*
* *

A l'appui de son rapport, M. le duc de Broglie prononça devant

[1] *Recueil périodique de Dalloz*, année 1872, 4e partie, p. 44 et suivantes.

l'Assemblée nationale une harangue des plus étudiées et tout à fait remarquable, dont il y a lieu de reproduire quelques fragments : « On a pu quelquefois, j'en conviens, suspecter l'impartialité de la magistrature dans le jugement des délits de presse, parce que, dans son origine, sa constitution, elle tient de trop près au pouvoir exécutif, et que, par cela même, ses sentences ont peu de valeur morale, lorsqu'elles s'appliquent à des matières politiques. Mais ce n'est pas là la vraie raison qui doit lui faire enlever les délits de presse. La vraie raison, c'est que la répression des délits de presse, pour être efficace, doit être dictée à l'avance ou du moins ratifiée après coup par l'opinion publique. Nous avons essayé, dans ce pays, de tous les systèmes en matière de presse. Eh bien, Messieurs, tous ces systèmes ont réussi ou échoué, suivant que l'opinion les a secondés ou contrariés. Tous ont réussi, même l'impunité, quand l'opinion, fortement éveillée par un péril public et formée par une longue éducation politique, a su faire justice elle-même des écarts de la presse par son indignation ou son dédain.

« Tout a échoué, même la censure, quand l'opinion s'est mise de complicité avec l'écrivain pour suppléer à son silence, à ses réticences, pour comprendre ses allusions, pour interpréter ses équivoques, lorsqu'en un mot elle a aidé la pensée à filtrer à travers les digues que la loi voulait lui imposer. Le concours de l'opinion dans les lois qui touchent les délits de presse, la nécessité de ce concours, voilà encore une des causes principales qui doivent faire appliquer au jury la connaissance de ces délits. Le jury, sorti du sein même de la société, est tout imbu, pour ainsi dire, tout imprégné de l'opinion publique, dont sa sentence n'est que l'expression instinctive et involontaire. »

M. de Broglie prouvait par ce discours qu'il avait été élevé à l'école des grands parlementaires et qu'il était fidèle à leurs leçons. Sa péroraison mérite d'être reproduite : « Messieurs, le projet de loi d'aujourd'hui est avant tout, c'est sa gloire, un projet de liberté. Nous nous en faisons honneur, car il y a quelque mérite a cette Assemblée à faire un projet de loi de liberté au milieu des menaces qui grondent autour d'elle, quand l'anarchie se déchaîne et fait gronder le canon à ses oreilles. Il y a quelque mérite à cette Assemblée, qu'on appelle si facilement réactionnaire, peut-être parce qu'elle déteste les dictatures de tous les genres ; il y a quelque mérite à répondre, par une loi de liberté, aux violentes passions qui s'agitent jusqu'à ses portes. Je me trompe, Messieurs, elle n'a pas tant de mérite qu'elle en a l'air. Elle a seulement un peu de mémoire. Elle sait ce que valent ces artifices, ces remèdes factices de compression matérielle qu'on lui propose, elle sait ce qu'ils valent, ce qu'ils coûtent et ce qu'ils produisent. Elle a assisté à leur déploiement sans mesure et à leur empire sans frein ; elle peut juger si, pendant vingt ans qu'ils ont prévalu, ces remèdes ont arrêté les maux de la société ou si ces maux ont un instant disparu à la surface, pour grandir dans l'ombre et circuler plus avant encore dans toutes les veines du corps social. Elle sait ce qu'il faut penser de cette défiance mal dissimulée contre le jury et toutes les institutions libérales, de ces appels faits contre le désordre des idées et des mœurs à une justice soi-disant inflexible et qui ne serait qu'une forme légale de la compression. Elle ne veut plus rentrer dans cette voie ; elle ne veut plus du poison assoupissant de la dictature. Elle veut les remèdes douloureux, mais vigoureux et virils, de la liberté. »

*
* *

Tels sont les accents que faisait entendre le duc de Broglie en pleine efflorescence de la Commune. Mais derrière ces beaux sentiments de libéralisme se dissimulaient des arrière-pensées et des calculs d'un égoïsme bourgeois. Le duc de Broglie et ses amis pensaient que le pays terrifié par la Commune allait se jeter dans les bras des monarchistes et qu'un immense courant de réaction ne pouvait tarder à submerger la république. Ils espéraient que les électeurs peupleraient les Conseils municipaux et les Conseils généraux de conservateurs faits à leur image. Ils n'hésitaient pas à renvoyer les journaux devant le jury, avec cet espoir secret que le jury, formé de bourgeois effrayés, condamnerait les journaux.

Il se trouva que le pays ne fut nullement effrayé et ne s'abandonna pas au courant monarchique, pas plus d'ailleurs que M. Thiers, dont on avait escompté la complicité en faveur d'une restauration. La France nomma des conseils municipaux et des maires républicains ; la loi des Conseils généraux, conçue dans le même esprit que la loi sur la presse, tourna à la confusion des monarchistes. Dans toutes les élections législatives, le pays signifia à l'Assemblée qu'il voulait la République. Qui plus est, le jury, appelé à se prononcer sur les poursuites dirigées contre les journaux républicains, les acquitta tous, au grand scandale du duc de Broglie et de ses amis.

Dès lors le duc de Broglie et ses fidèles firent volte-face, renièrent leurs idées libérales et empruntèrent au second Empire ses procédés de gouvernement plus ou moins tyranniques. Cette attitude ne leur fut d'ailleurs d'aucun profit et ne fit que rendre plus éclatant le triomphe de la République et des républicains.

∴

La loi du 15 avril 1871 n'avait d'ailleurs pas toute la portée libérale qu'elle paraissait avoir. En effet, Paris et un grand nombre de départements restaient soumis à l'état de siège, ce qui permettait au gouvernement de suspendre et même de supprimer les journaux dont les polémiques ou les attaques violentes lui déplaisaient. Sous la présidence de M. Thiers, des ministres, tels que Lambrecht et Casimir Périer, ne pouvaient user que rarement d'armes aussi tranchantes ; ils avaient recours à des rectifications publiées par le *Journal Officiel* : personne ne lisait ces longues notes et le journal visé lui-même, s'il les reproduisait, n'en tenait aucun compte.

Cette loi du 15 avril fut complétée par une seconde loi, celle du 6 juillet 1871, qui abrogea le décret du 10 octobre 1870 du Gouvernement de la Défense nationale, et rétablit le cautionnement des journaux politiques, en l'étendant à tous les écrits périodiques même non politiques, paraissant plus d'une fois par semaine. Ce cautionnement variait de 3.000 à 24.000 francs.

Chose singulière, c'était un ancien membre du Gouvernement de la Défense nationale, qui avait pris l'initiative de ce projet de loi, alors qu'il était ministre de l'Intérieur. Les débats furent très vifs et durèrent quatre jours. On y dépensa de part et d'autre beaucoup d'éloquence ; on invoqua en sens divers l'autorité des de Serre, des Benjamin Constant et des Royer Collard.

Bien que le rétablissement du cautionnement fut une mesure antilibérale au premier chef, il est à remarquer qu'une partie de la droite, représentée par le marquis de Castellane et le fougueux Baragnon, le combattit avec autant d'énergie que la gauche. La raison en est facile à saisir. Les intérêts monarchiques sont soutenus surtout par les journaux de province, sur lesquels les charges pécuniaires pèsent à proportion plus lourdement que sur ceux de Paris.

Les orateurs autorisés de la gauche déployèrent de grands efforts. M. Bethmont expliqua comment le cautionnement créait des monopoles dangereux et nuisait à la décentralisation, en lésant la province au profit des grandes villes. M. Bardoux dit combien la presse gagnerait à perdre son caractère de spéculation ; M. Brisson invoqua à son tour la liberté, l'égalité et le suffrage universel ; M. Tolain réclama pour la classe ouvrière la faculté de fonder des journaux destinés à soutenir ses intérêts ; M. Pelletan s'éleva contre la tendance de l'Assemblée à introduire subrepticement des réformes partielles dans la législation, au lieu de faire une loi d'ensemble ; enfin M. Louis Blanc rappela cette parole de Stuart-Mill : Mettre obstacle à l'émission d'une idée, c'est voler la race humaine.

* * *

A la tête des partisans du cautionnement, on vit se signaler M. de Gavardie, qui, emporté par un superbe mouvement oratoire, termina son discours en flétrissant la mémoire de Voltaire et en demandant la canonisation de Jeanne d'Arc.

MM. Jaubert et Lucien Brun, députés de la droite, MM. Lambrecht et Dufaure, ministres de l'Intérieur et de la Justice, se contentèrent de répéter les lieux communs d'usage sur la nécessité de mettre un frein aux excès de la plume. M. Ernest Picard lui-même, malgré tout son esprit, ne réussit pas à expliquer sa conversion d'une manière satisfaisante.

Un amendement de M. Jozon, ayant pour but d'exonérer de tout cautionnement des feuilles politiques paraissant une fois par semaine ou à des intervalles plus éloignés, fut rejeté à une faible majorité[1].

Pour justifier l'extension du cautionnement aux écrits périodiques même non politiques, le rapporteur, M. Salvy, s'exprima ainsi : « Ce n'est pas seulement dans les feuilles qui ont pour spécialité la politique ou l'économie sociale que l'écrivain peut se livrer à des écarts regrettables, et maintes fois on a vu des journaux, se disant littéraires ou scientifiques, profiter de cette annonce trompeuse pour professer des doctrines condamnables ou se livrer à des attaques inqualifiables contre les institutions ou contre les personnes. D'un autre côté, la littérature et la science touchent par un si grand

[1] *Histoire de l'Assemblée nationale de 1871*, par Edmond Franck, p. 120 et 121.

nombre de points à la politique et à l'économie sociale qu'il est presque impossible de séparer les unes des autres. La jurisprudence est là pour l'attester. Dès qu'il y a une entreprise véritablement industrielle de la part de celui qui crée une feuille périodique, la société est en droit de lui demander des garanties, et personne ne saurait trouver injuste qu'on lui impose un cautionnement, de même qu'on y assujettit les comptables publics et les officiers ministériels, à raison des actes dommageables ou délictueux contre lesquels on veut se prémunir. »

Le rétablissement du cautionnement fut voté par 314 voix contre 197.

*
* *

Une autre loi, celle des 4 et 16 septembre 1871, portant augmentation des impôts concernant les contributions indirectes, créa un nouvel obstacle à la diffusion des journaux. Outre le droit de fabrication imposé aux papiers de toutes sortes, le papier employé à l'impression des journaux et autres publications périodiques, assujetties au cautionnement, fut soumis à un droit de 20 francs par 100 kilogrammes. Cette taxe spéciale sur le papier était destinée à remplacer l'impôt du timbre, dont les journaux étaient grevés autrefois.

*
* *

La presse française, et en particulier la presse parisienne, prit une part importante à la grande manifestation électorale du 2 juillet 1871.

Ce jour-là, jour mémorable dans l'histoire de la troisième République, à la suite d'élections multiples et de démissions, les collèges de quarante-quatre départements étaient convoqués ; le département de la Seine avait 21 députés à nommer. Sur tous les points du territoire, comme l'a dit M. Ranc [1], au nord comme au sud, à l'est comme à l'ouest, les électeurs étaient mis en mouvement. Quelle serait la réponse du suffrage universel ? Si les élections nouvelles n'étaient que la continuation des élections générales, si la coalition des partis monarchistes l'emportait encore, la République était gravement

[1] *De Bordeaux à Versailles*, p. 36 et suivantes. Nous empruntons à ce livre la plupart des détails qui suivent sur les élections du 2 juillet.

compromise, sinon perdue. Au contraire, si les républicains triomphaient, la conspiration royaliste était frappée au cœur et le chef du pouvoir exécutif, appuyé par le pays tout entier, se trouvait fortifié dans sa résolution de travailler à l'établissement de la République.

A Paris, tous les journaux conservateurs et monarchistes se coalisèrent pour présenter une liste unique : c'est ce qu'on appela l'*Union parisienne de la presse*. Le *Constitutionnel*, les *Débats*, le *Droit*, le *Figaro*, la *France*, le *Gaulois*, la *Gazette* de *France*, la *Gazette des Tribunaux*, le *Journal de Paris*, la *Liberté*, le *Messager de Paris*, le *Monde*, le *Moniteur universel*, la *Patrie*, le *Pays*, le *Petit moniteur*, la *Petite Presse*, l'*Union*, *l'Univers* adhérèrent à cette coalition électorale de droite.

Les républicains étaient divisés. Peu de journaux, peu de réunions. On se demandait si, après la sanglante répression de la Commune, les ouvriers des faubourgs oseraient seulement aller au vote. Mais telle est la force de l'esprit républicain dans Paris, que l'*Union parisienne de la presse* fut contrainte d'emprunter les noms de républicains modérés et n'osa pas combattre à visage découvert. Elle déclara se rallier au programme de M. Thiers, et plusieurs de ses candidats prirent, et à bon droit, — la suite l'a prouvé, — le titre de républicains conservateurs.

Les comités républicains n'avaient pu réussir à se mettre d'accord que sur un petit nombre de noms. Deux listes principales se faisaient jour : celle du comité de la rue Turbigo soutenue par le *Siècle* et l'*Avenir National*, celle de la ligue des droits de Paris qui n'avait l'appui d'aucun journal.

L'*Union parisienne de la presse* ne parvint qu'à faire passer 16 de ses candidats, et parmi eux Wolowski, Paul Morin, de Pressensé, Dietz-Monnin, Krantz, Laboulaye, qui se firent inscrire au Centre gauche, Pernolet, André, Denormandie, Sébert qui votèrent quelquefois avec la gauche. La réaction ne pouvait revendiquer que MM. Louvet, de Plœuc, Lefébure, Drouin et Moreau. En revanche, Corbon, Gambetta, Scheurer-Kestner, Laurent-Pichat et Brelay, tous fermes républicains, étaient au nombre des élus de Paris.

Dans les départements, les royalistes furent littéralement écrasés. Presque partout les républicains l'emportèrent avec des majorités triomphales : dans l'Ain, l'Aisne, les Basses-Alpes, les Alpes maritimes, l'Aude, les Bouches-du-Rhône, la Charente-Inférieure, la Côte-d'Or, le Doubs, la Drôme, le Finistère, le Gard, la Gironde, la

Haute-Savoie, l'Hérault, l'Indre-et-Loire, l'Isère, le Loir-et-Cher, le Lot-et-Garonne, la Mayenne, le Nord, l'Orne, le Pas-de-Calais, les Pyrénées-Orientales, le Rhône, la Saône-et-Loire, la Seine-et-Oise, la Somme, le Tarn, le Var et le Vaucluse. A peine quelques ombres à ce tableau, par suite d'échecs partiels dans la Charente, le Cher, la Dordogne et la Charente-Inférieure.

L'effet moral fut immense. Les républicains ne pouvaient pas encore lutter à forces égales dans l'Assemblée; mais ils furent désormais assez nombreux pour obliger leurs adversaires à compter avec eux.

* * *

C'est après ce magnifique succès électoral du 2 juillet 1871, que Gambetta fonda le groupe parlementaire de l'*Union républicaine* et lui donna pour organe dans la presse le journal la *République française*, dont le premier numéro parut le 5 novembre 1871, et qu'on appela quelquefois le *Journal des Débats* de la démocratie.

Autour de lui, il réunit une phalange d'esprits vigoureux, étroitement unis dans un même amour de la démocratie : Eugène Spuller, Challemel-Lacour, Gustave Isambert, Charles Floquet, Allain-Targé, Waldeck-Rousseau, Paul Bert, Arthur Ranc, Louis Combes, Barrère, de Freycinet, Antonin Proust, Girard de Rialle, Colani, Marcellin Pellet, Gaston Thomson, Georges Avenel, Hector Depasse, etc.

Tous ces rédacteurs formaient une même famille, chacun partageant les opinions de son confrère et en revendiquant, le cas échéant, l'entière responsabilité, comme nous l'apprend M. G. Isambert [1].

Gambetta lui-même n'exerçait guère de contrôle sur des collaborateurs qui étaient, pour lui, des amis de longue date, ayant tous soutenu les mêmes luttes, imbus des mêmes idées et parfaitement d'accord sur la manière d'en poursuivre l'application.

Gambetta avait établi, dès le premier jour, qu'il fallait s'occuper des réformes une à une, pour les faire aboutir en temps voulu, sans renoncer au programme d'ensemble de la république radicale ; c'est ce qui donna naissance à l'*opportunisme*, dont l'expression fit fortune et ne tarda pas à devenir une arme entre les mains d'adversaires, hostiles à la maturité et à la pondération dans la marche du progrès, partisans d'une évolution précipitée et d'une transformation immédiate dans les rouages de l'état social.

[1] Ephémérides de Paris, du 20 novembre 1890.

« Dans les polémiques journalières, à Paris comme en province, on se sert encore couramment du mot *opportuniste*, *opportunisme*. Jamais mot ne fut plus détourné de son sens propre et de son acception première...

« L'opportunisme était, dans l'esprit de ceux qui l'attaquaient, soit à droite, soit à gauche, la politique de Gambetta. Cet opportunisme-là ne reniait ni ne répudiait le radicalisme et n'avait pas plus peur du mot que de la chose ; le comité de Belleville s'appelait le « comité républicain radical ». Nous disions être ce que nous étions en effet, des radicaux de gouvernement.

« Le mot nous arrive du concile, écrivais-je[1] dans le *Voltaire* en 1884. On se souvient que l'évêque Dupanloup et les autres adversaire de l'infaillibilité papale s'étaient déclarés non opportunistes ; cela signifiait qu'ils ne jugeaient pas opportun de proclamer le dogme nouveau... »

Les collaborateurs de Gambetta l'ont aidé à fonder la République en France ; ils ont exercé sur le progrès des idées et la marche des événements une action prépondérante ; ils ont été appelés à diriger les affaires du pays comme ministres, présidents du conseil ou ambassadeurs. Les plus illustres et les meilleurs ont été fauchés par la mort inexorable, comme leur chef, le tribun et l'organisateur de la troisième république. Mais ils ont laissé aux nouvelles générations des leçons à méditer, des exemples impérissables.

*
* *

Pour donner une idée de l'élévation de leurs sentiments, de l'importance de la mission qu'ils pensaient avoir à remplir, il nous suffira de citer quelques lignes de Spuller, le secrétaire et le confident de toutes les pensées du maître. « J'ai l'honneur d'être journaliste, écrivait-il dans les dernières années de sa vie[2], et j'aime passionnément mon métier. Je dois à la presse ce que je suis, et la reconnaissance que je lui garde n'a d'égale que la haute idée que j'ai toujours eue de sa fonction sociale. Je ne crois pas méconnaître, encore moins calomnier mes confrères, anciens et nouveaux, parmi lesquels je compte tant d'amis qui me sont si chers, en leur disant ici, avec une

[1] Extrait d'un article de M. Arthur Ranc dans le *Matin* du 10 septembre 1897.

[2] *Figures disparues*, 3e série, 1894, p. XVI et suiv.

PREMIÈRE ANNÉE — N° 1 Paris, 15 cent. Départem. : 20 cent. MARDI 7 NOVEMBRE 1871

LA RÉPUBLIQUE FRANÇAISE

ABONNEMENTS — RÉDACTION, ADMINISTRATION ET ANNONCES — ABONNEMENTS

AVIS IMPORTANT

Paris, 7 Novembre

INFORMATIONS

BOURSE DE PARIS

Dépêches télégraphiques

liberté sincère, ce que je crois utile à la cause que j'ai de tous temps servie et la seule que je servirai jamais, la cause du peuple. Dans ma carrière d'écrivain politique, j'ai constamment cherché à instruire la démocratie, même au temps de nos luttes les plus passionnées, et j'ai mieux à faire, ce me semble, qu'à me donner un démenti à moi-même, après tant d'années de travail où j'ai multiplié les déclarations publiques et les démonstrations décisives. Arrivé à ce point de la vie où l'on commence à redescendre les pentes de l'autre côté du versant, on éprouve une réelle satisfaction de conscience à se dire que l'on remplit un devoir, en faisant profiter autrui de l'expérience que l'on croit avoir acquise. Si je me décide à faire part au public des pensées que j'exprime ici, c'est d'abord pour rendre hommage à la vérité telle qu'elle m'apparaît ; c'est ensuite ponr continuer à servir la démocratie républicaine, qui a plus besoin de conseillers, même sévères, que de complaisants et de flatteurs. Cette dernière engeance pullule dans les états populaires. On ne saurait trop se mettre en garde contre un pareil fléau, pour n'avoir pas à réparer le mal qu'il ne saurait manquer de faire. Il y va des destinées de la démocratie dans notre pays. Son règne commence à peine. Il nous importe à tous que ce souverain d'espèce nouvelle ne soit pas gâté par la pire éducation, celle qui l'enivrerait de sa toute-puissance, sans frein ni contre-poids. La République, si elle veut se montrer supérieure aux gouvernements qu'elle a définitivement remplacés, doit nous inspirer à tous un idéal plus élevé de moralité, de lumière et de bien-être, et que nulle monarchie jusqu'à présent n'a su atteindre ; mais la République ne peut se soutenir que par les progrès incessants de la raison publique, et c'est à procurer ces progrès incessants que la presse a pour mission de s'appliquer tous les jours, en éclairant la démocratie. »

Eugène Spuller, né à Seurre (Côte-d'Or) en 1835, après des études de droit à Dijon, se fit inscrire au barreau de Paris en 1862. Il entra bientôt dans le journalisme, écrivit successivement au *Nain Jaune*, à la *Revue politique*, au *Courrier du Dimanche* et au *Journal de Paris* avec Weiss, Ranc et Hervé. Pendant la guerre, il suivit la fortune de Gambetta, son ami, se rendit avec lui, en ballon, de Paris assiégé en province. Ecrivain tout à fait distingué, orateur et conférencier très écouté, il fut choisi, par Gambetta comme rédacteur en chef de la *République française* dès sa fondation et devint plus tard ministre de l'instruction publique à deux reprises, puis

Phot. Et. Carjat.

Phot. Walery.

Phot. Et. Carjat.

Phot. Et. Carjat.

LÉON GAMBETTA
(1838-1882)

ministre des affaires étrangères, après avoir été sous-secrétaire d'État de Gambetta sous le grand ministère.

A côté de Spuller, Paul-Armand Challemel-Lacour, ancien élève de l'École normale supérieure, brillait d'un éclat incomparable comme écrivain et comme orateur. Exilé après le coup d'État du 2 décembre, il parcourut l'Allemagne, l'Italie, la Suisse et se réfugia en Belgique, où il fit des conférences célèbres. Il ne rentra en France qu'en 1859; il y prit part au mouvement littéraire et philosophique de l'époque, en collaborant au *Temps*, à la *Revue des Deux-Mondes*, à la *Revue germanique*, à la *Revue Nationale*. Nommé préfet du Rhône après le 4 septembre, il devint plus tard député des Bouches-du-Rhône, sénateur, ambassadeur à Berne et à Londres, ministre des Affaires étrangères et président du Sénat.

Gustave Isambert, qui fut également un des plus fermes soutiens de la *République française*, à sa création, avant d'en devenir, en 1879, le rédacteur en chef, avait d'abord passé par le *Temps* et l'*Indépendant rémois;* depuis 1889, il représente à la Chambre des députés Châteaudun, sa ville natale. Journaliste de race, il avait écrit, dès sa sortie du lycée à l'*Union agricole* de Chartres, puis à la *Jeune France*, au *Phare de la Loire*, au *Courrier du Dimanche*, dont il devint rédacteur en chef; après le 4 septembre, il joua un rôle intime et des plus actifs auprès de Gambetta, à Tours et à Bordeaux.

Allain-Targé, ancien magistrat, avait donné sa démission de substitut du procureur général en 1864, pour collaborer au *Courrier du Dimanche ;* il devint ministre des Finances dans le grand ministère, et ministre de l'Intérieur dans le cabinet Brisson en 1885.

Waldeck-Rousseau, qui, après une assez longue éclipse, occupe, depuis 1899, le ministère de l'Intérieur et la présidence du Conseil des ministres dans des circonstances difficiles, avait commencé par s'asseoir sur les bancs de l'*Union républicaine ;* dans le cabinet Gambetta de novembre 1881, où il tenait le portefeuille de l'Intérieur, le futur président du Conseil de 1900 s'était signalé par des mesures prises contre les empiètements de la politique dans l'administration.

Quant à Georges Avenel, mort en 1876, il a laissé la réputation d'un fin et savant lettré, très versé dans l'histoire de la Révolution, d'un quasi-contemporain de Diderot ou de Jean-Jacques.

Hector Depasse, qui fut longtemps au *Siècle* et qui collabore au *Voltaire* et à l'*Écho de Paris*, était entré, sous les auspices d'Eugène Spuller, en 1880, à la *République française*, où il sut se maintenir et

1. Gustave Isambert. — 2. Eugène Spuller. — 3. Arthur Ranc. — 4. Waldeck-Rousseau. — 5. Challemel-Lacour. — 6. Paul Bert. — 7. Georges Avenel. — 8. Hector Depasse. — 9. Gaston Thomson.

Portraits tirés des collections de MM. Étienne Carjat, Benque, Truchelut, Valkman, Chambay, phot.

se rendre utile jusqu'à la prise de possession du journal par Jules Méline, soit jusqu'en novembre 1893.

Enfin, la partie scientifique était confiée à Paul Bert, l'ardent promoteur de la gratuité et de la laïcité de l'enseignement primaire, et la revue des théâtres à Paul Arène.

Dans ce bataillon hors ligne qui composait la rédaction de la *République française,* il y aurait eu largement facilité à pourvoir de rédacteurs expérimentés plusieurs autres organes importants.

*
* *

Les journalistes avaient une mission difficile à remplir à cette époque troublée, où les conseils de guerre étaient appelés à juger les partisans de la Commune, où l'état de siège s'étendait sur Paris et les principales villes de France.

Pour avoir écrit un article un peu vif contre le troisième conseil de guerre siégeant à Versailles, le rédacteur en chef de la *Cloche*, Louis Ulbach, fut condamné à trois ans de prison et 6000 francs d'amende, comme coupable de compte rendu infidèle et de mauvaise foi d'une audience du conseil de guerre. Il s'agissait cependant d'un journal supprimé par la Commune[1].

Ce régime militaire était lourd et vraiment trop implacable. Plusieurs députés, Millaud et Ordinaire du Rhône, Rouvier des Bouches-du-Rhône, demandèrent la levée de l'état de siège dans leurs départements. Leurs propositions furent rejetées, mais après des scènes d'une extrême violence.

M. Thiers, par crainte des responsabilités à assumer, avait consenti à subordonner son droit de grâce à l'avis conforme d'une commission de quinze membres, élus par l'Assemblée nationale.

Plusieurs condamnations à mort avaient été prononcées contre les combattants de la Commune; la presse républicaine demandait la grâce de Rossel, général de la commune de Paris, et celle de Gaston Crémieux, chef de la commune de Marseille; elle disait qu'il n'était pas bon, qu'il n'était pas politique, après tant de deuil, de misères, après tant de sang versé, de rouvrir l'ère des condamnations et des fusillades.

Le jour de l'exécution de Rossel et de ses compagnons de supplice

[1] *Gazette des Tribunaux* du 25 novembre 1871.

la *République française* écrivait : « Les supplications des mères, les cris de l'opinion publique, les adjurations de la presse, les avertissements de la raison politique, tout a été inutile, tout est venu se briser contre une immuable résolution. Six mois après la défaite de l'insurrection, de longues semaines après les condamnations des accusés, on exécute des jugements de mort. On a cru obéir à la raison d'État, et on a fermé l'oreille à la voix de l'humanité. Pour notre pays éprouvé déjà par tant de désastres, nous ne savons pas de plus affreux malheur... »

Le lendemain, on apprit que Gaston Crémieux avait été fusillé à Marseille, et il y eut partout une inexprimable surprise. C'est ce qui explique que M. Rouvier ait pu dire, au milieu d'une tempête de cris, en demandant la levée de l'état de siège : « Vous avez lancé à Marseille un défi sanglant. » L'état des esprits explique aussi l'exclamation que M. Ordinaire, pâle d'émotion et frémissant de colère, laissa échapper de ses lèvres : « Commission d'assassins ! » La censure fut prononcée contre le député de Lyon.

* * *

Parmi les organisateurs du mouvement républicain dans le Midi, le plus ardent à la lutte contre le régime impérial, le plus passionné, le plus malheureux aussi fut, en effet, Gaston Crémieux qui, journaliste brillant, avocat plein de talent, poète délicat, appelé sans doute aux plus utiles destinées, mourut, un matin de novembre 1871, sous les balles d'un peloton d'exécution, victime de son rêve et de la cruauté des hommes.

Il appartient à la grande famille des écrivains politiques, à la presse qui, adversaire ou amie, n'a jamais cessé d'honorer sa mémoire, et le raconter c'est faire, à grands traits, l'historique du journalisme républicain dans cette Provence où s'affirma si fortement le parti démocratiqne dès 1867.

Gaston Crémieux naquit à Nîmes en 1838. Pauvre, il fit à Paris ses études juridiques, fréquentant l'école et les bibliothèques le jour, copiant, la nuit, des rôles d'huissier pour vivre, puis revint, avocat, dans sa ville natale, y fonda le premier journal libéral, prit rapidement le premier rang parmi ses confrères du barreau et s'établit enfin à Marseille en 1862.

Les républicains — nombreux et résolus, — mais disséminés et sans guide cherchaient un chef. Ils allèrent à lui comme au plus dévoué. Une élection au conseil général va avoir lieu. Désigné pour soutenir le programme démocratique, Gaston Crémieux se présente contre le candidat officiel, n'ignorant pas qu'il sera battu. Mais cette campagne portait en elle son germe. Des journaux nettement républicains avaient été créés ; en 1867 le *Père Tranquille*, sous la direction d'Adolphe Royanez, l'*Ami du Peuple* où écrivaient Pollio, Philippe Mabilly, le *Peuple* enfin, créé par Gaston Naquet, que Delescluze avait délégué à Marseille pour y appuyer le mouvement d'opposition. Ce fut le premier quotidien républicain. Clovis Hugues, Royanez, Armand Elbert, y collaboraient.

Une élection législative allait avoir lieu. Gaston Crémieux préconise la candidature de Gambetta et fonde un nouveau journal l'*Égalité*, où Maurice Rouvier, Delpech, Brochier, Gilly-Lapalud attaquent chaque jour l'empire chancelant.

La guerre est déclarée. Gaston Crémieux, exalté par les grands souvenirs de notre histoire, ne doute pas un instant de la patrie, mais il ne croit le salut possible que par la République. Pénétré de cette idée, il se met à la tête de quelques hommes décidés, s'empare de l'Hôtel de Ville de Marseille et y proclame la République un mois avant le 4 septembre.

Arrêté, Gaston Crémieux est condamné à deux ans de prison, mais bientôt délivré, il reprend sa place à la tête du parti républicain.

Les événements se précipitent. La Commune, proclamée à Paris, rencontre à Marseille de nombreux partisans; ils s'emparent de la préfecture et y installent un gouvernement insurrectionnel, dont Gaston Crémieux devient le chef. Que fait-il pendant cette période tumultueuse ? Il s'efforce de concilier les pouvoirs publics, il empêche les actes de violence, protège l'évêché, défend qu'on attente à la liberté des journaux adverses; il adresse enfin un appel fraternel à l'armée campée à Aubagne et qui se dirige sur Marseille où elle entre le 4 avril.

La Commune vaincue, Gaston Crémieux, traduit devant un conseil de guerre, accepte toute la responsabilité de ses actes, couvre ses compagnons, entend sans faiblir l'arrêt de mort prononcé contre lui. Sept mois il attendra l'heure suprême, sept mois pendant lesquels son admirable femme tente à Paris des efforts désespérés pour le sauver et qu'il met à profit, lui, pour écrire un drame en vers, joué depuis, le *Neuf thermidor*.

GASTON CRÉMIEUX
(1838-1871)

Le 30 novembre, à trois heures du matin, on lui dit qu'il allait mourir. Il demanda quel genre d'exécution on lui ferait subir. Quand on lui apprit qu'il serait fusillé : « Tant mieux, dit-il, je le préfère ainsi. »

Il manifesta le désir de voir sa famille. On lui répondit que cette consolation lui serait refusée. Alors il courba tristement la tête : « Et cependant, j'avais besoin de quelqu'un ! ».

On fit entrer le rabbin. Gaston Crémieux s'entretint avec lui, puis demanda une plume, de l'encre, du papier. Ses dernières lettres achevées, il se coucha sur le lit, ferma les paupières et prit quelques instants de repos.

Le moment du départ arriva. A la vue des troupes, Gaston Crémieux se découvrit. — Je veux, dit-il, mourir debout, comme j'ai vécu, sans être attaché et sans avoir les yeux bandés.

Gaston Crémieux se porta alors à la droite des douze soldats chargés de le fusiller. « Mes amis, j'ai une recommandation à vous faire. Comme il est probable que mon corps sera rendu à ma famille après l'exécution, je vous prie de ne pas me défigurer. Visez droit au cœur. Je vous montrerai ma poitrine. Ayez du courage comme j'en ai. »

Puis il se plaça devant le peloton, la main gauche appuyée sur son cœur, la main droite élevée, et il dit : — Attention. En joue. — Les armes s'abaissaient. L'officier qui commandait le peloton s'avança d'un pas comme pour dire : Attendez mon commandement. Mais Gaston Crémieux commanda : Feu. La décharge se fit entendre.

— Vive la Républi...

Et Gaston Crémieux tomba à la renverse, un peu incliné sur le côté droit.

Il avait trois enfants, à l'aîné desquels, avant de mourir, il écrivit ces lignes touchantes :

Mon fils Albert,

Te voilà maintenant chef de famille. Entoure ta mère de prévenances et d'amour. Elle a bien souffert. Console-la. Instruis-toi, imite mon honnêteté, mais sois plus prudent que ton père. Je meurs en t'envoyant mes caresses. Sois toujours le meilleur ami de ton jeune frère et de ta sœur. Votre père vous aurait bien aimés. Aimez bien votre père.

GASTON CRÉMIEUX.

Gaston Crémieux laissait un drame inachevé qu'a terminé le meilleur de ses amis, M. Clovis Hugues. C'est le *Neuf thermidor*, représenté en 1883 avec le plus grand succès et dont nous parlons plus haut. Il avait également écrit pendant sa captivité les *Impressions d'un condamné à mort* et de délicates poésies que sa veuve réunit en un volume et publia en 1879 avec une lettre-préface de Victor Hugo.

Adoré à Marseille, Gaston Crémieux y laissa un impérissable souvenir ; sa mort fondit en un seul parti les diverses fractions républicaines qui, depuis, l'emportèrent dans toutes les luttes ; et aujourd'hui encore, après environ trente années, pas un anniversaire ne se passe sans que les démocrates marseillais aillent déposer sur la tombe de cette grande victime les pieux hommages de leur fidelité à sa mémoire.

*
* *

Dans la séance du 9 décembre 1871, M. le garde des sceaux Dufaure vint demander à la Chambre l'autorisation de poursuivre les nombreux journaux qui avaient attaqué la commission des grâces. Voici en quels termes était conçue la demande du gouvernement :

« Le Président de la République française,

« Sur le rapport du garde des sceaux, ministre de la justice,

« Et de l'avis du Conseil des ministres,

« Vu l'article 2 du décret du 11 août 1848 ainsi conçu :

« L'offense par l'un des moyens énoncés en l'article 1er de la loi du 17 mai 1819 envers l'Assemblée nationale, sera punie d'un emprisonnement d'un mois à trois ans et d'une amende de cent francs à cinq mille francs.

« Vu l'article 2 de la loi du 26 mai ainsi conçu :

« Dans le cas d'offense envers les Chambres ou l'une d'elles par voie de publication, la poursuite n'aura lieu qu'autant que la Chambre qui se croira offensée l'aura autorisée » ;

« Attendu qu'il résulte d'une jurisprudence constante : 1° que l'article 2 de la loi du 26 mai s'applique au cas d'offense envers une Assemblée nationale unique comme envers les deux Chambres de la monarchie constitutionnelle ; 2° que l'offense envers une fraction de l'Assemblée déléguée par elle est considérée comme adressée à l'Assemblée elle-même ;

« Considérant en fait que divers journaux ont depuis quelques jours publié des articles contenant dans la forme la plus grossière les plus violentes insultes et même les plus odieuses menaces contre les quinze membres d'une commission de l'Assemblée, chargée de prononcer sur les recours en grâce ; que de pareils excès, qui, en déshonorant la presse périodique, cherchent à exciter le mépris et la haine des citoyens contre les membres de la représentation nationale, ne peuvent demeurer impunis ;

« Demande à l'Assemblée nationale d'autoriser la poursuite... »

L'*Alliance républicaine de Saône-et-Loire*, le *Républicain de Tarn-et-Garonne*, l'*Indépendance de Savoie*, le *Phare de la Loire*, l'*Indépendance de la Charente-Inférieure*, la *République de Montpellier*, l'*Avenir d'Auch*, le *Réveil de Lot-et-Garonne*, le *Patriote Savoisien*, les *Travailleurs unis de Rochefort*, le *Républicain de l'Aveyron* furent poursuivis devant le jury.

Quelques semaines plus tard, à Nantes, à Chambéry, à Montpellier, à Montauban, à Agen, à Auch, à Rodez, etc., le jury rendait son verdict. Tous les journaux poursuivis furent acquittés. C'était la condamnation de la politique implacable par l'opinion publique humaine et éclairée.

* * *

Un autre procès de presse se déroula, vers la même époque, devant le jury de la Seine, à Paris : ce fut celui que le général Trochu dirigea contre MM. Vitu et de Villemessant, du *Figaro*, pour outrage et diffamation. Commencé le 27 mars 1872, il ne se termina que le 3 avril par une condamnation à un mois de prison et trois mille francs d'amende contre chacun des deux accusés.

Ce fut l'occasion d'un véritable tournoi d'éloquence entre MM. Allou, Trochu, Lachaud et Grandperret, ces deux derniers avocats des journalistes, et l'avocat général Merveilleux-Duvignaux.

On avait accusé Trochu d'avoir trahi l'Impératrice régente au 4 septembre 1870. On disait qu'on l'avait reconnu à Londres, dans le musée de cire de Mme Tussaud, entre Dumolard et Troppmann.

On lui appliquait un mot de Changarnier : *C'est Tartuffe coiffé du casque de Mangin*, et un autre mot du maréchal de Mac-Mahon : *Je le croyais un honnête homme.*

Le gouvernement de M. Thiers ne se montrait pas toujours bienveillant pour la presse, et il avait recours parfois aux moyens de

Numéro exceptionnel au profit de la souscription des FEMMES DE FRANCE

8e ANNÉE. — N° 48 | PRIX EXCEPTIONNEL — VINGT-CINQ CENTIMES | DIMANCHE 10 MARS 1878

RÉDACTION
19, RUE DU CROISSANT, 20
PARIS

ABONNEMENT
Un an........................ 10 fr.
Six mois 6
Trois mois.................. 3

ADMINISTRATION
20, RUE DU CROISSANT, 21
PARIS

ABONNEMENT
Un an........................ 10 fr.
Six mois..................... 6
Trois mois 3

LA LIBERTÉ DE LA PRESSE, PAR ALFRED LE PETIT

LA PRESSE. — Tu m'avais promis de me laisser marcher toute seule, na !
VICTORINE. — Je t'avais promis... je t'avais promis... oui je te l'avais promis, mais si tu crois tout ce qu'on te promet !

SOMMAIRE

répression que l'état de siège mettait entre ses mains. C'est ainsi qu'il suspendit, en 1872, la publication du journal le *Gaulois* et qu'il supprima le *Corsaire*, rédigé par Edouard Portalis, dont les attaques vives et incessantes l'importunaient et l'exaspéraient (22 décembre 1872).

Il est curieux de remarquer que ces deux journaux, le *Corsaire* et le *Gaulois*, simultanément condamnés, se livraient, l'un vis-à-vis de l'autre, aux attaques et aux polémiques les plus violentes.

Le *Radical* fut également frappé, le 28 juin 1872, par un arrêté du général gouverneur de Paris, ainsi conçu :

« Attendu que le journal le *Radical*, par des attaques quotidiennes, provoque à la haine et au mépris du gouvernement et de l'armée,

« En vertu des pouvoirs que lui confère la loi sur l'état de siège du 9 août 1849,

« Arrête,

« Art. premier. — La publication du journal le *Radical* est interdite. Art. 2. — M. le préfet de police est chargé de l'exécution du présent arrêté. « De Ladmirault. »

* * *

Les luttes politiques, relatives à la forme du gouvernement, amenèrent des changements importants dans l'attitude et dans le personnel de certains journaux, et non des moindres. Tel fut le cas du *Journal des Débats* que nous devons rapporter ici. Nous le ferons d'ailleurs à l'aide du *Journal des Débats* lui-même, ou du moins à l'aide d'un chapitre du *Livre du centenaire du journal des Débats*, écrit par Francis Charmes, un de ses plus brillants rédacteurs [1].

La question de république ou de monarchie se posait au *Journal des Débats* comme au pays lui-même : il fallait choisir, et le choix était rendu plus difficile par la composition même de la rédaction. Elle n'était pas homogène. Sous l'Empire, tous avaient combattu le même combat. L'*Union libérale* couvrait de son drapeau multicolore une armée dont les éléments étaient assez disparates ; diversités qui disparaissaient dans la lutte, mais devaient se manifester après. Tous voulaient la liberté et le gouvernement parlementaire ; seulement ils ne le voulaient pas de la même manière ; car les uns ne les concevaient au fond que sous la forme monarchique, et les autres, tout en

[1] Pages 340 et suivantes.

conservant aux anciennes traditions le respect qu'elles méritaient, se montraient moins attachés à la forme, plus ouverts aux nécessités actuelles, plus libres d'esprit et plus indépendants d'humeur. La divergence tenait à la fois, comme il arrive toujours, aux caractères autant qu'aux opinions. Que de fois ne s'était-on pas dit, alors qu'on combattait l'Empire, que la forme du gouvernement n'avait au total qu'un intérêt de second ordre, et qu'il serait puéril de lui sacrifier les questions capitales! On répétait volontiers que, l'adversaire une fois abattu, on se retrouverait certainement d'accord pour le remplacer, comme on l'avait été pour le renverser. Si le pays se prononçait alors pour la monarchie constitutionnelle, lequel, parmi les libéraux et les parlementaires, voudrait s'opposer au verdict du pays? Mais s'il se prononçait pour la République, on accepterait la République, car on n'avait ni préjugés ni engagements : les circonstances et la volonté nationale trancheraient une question qui n'avait pas une importance extrême. Elle en avait plus qu'on ne le croyait. Tous étaient sincères dans l'échange de ces sentiments réciproques : on l'est toujours quand on est uni par une passion commune; mais la sincérité est parfois doublée d'illusions, et tel qui se ferait scrupule de tromper autrui, ne s'aperçoit pas qu'il s'abuse lui-même. C'est ce qui est arrivé aux vaillants lutteurs de l'*Union libérale*. Les uns étaient restés plus obstinément monarchistes qu'ils ne le pensaient, et les autres étaient encore plus prêts qu'ils ne le croyaient peut-être à se rallier résolument à un gouvernement républicain.

De là des oppositions qui, peu sensibles au début, ne tardèrent pas à s'accentuer dans la rédaction du journal. Le fait est trop naturel pour qu'il y ait lieu de s'en étonner : il se produisait, sous des formes différentes, dans la France entière, dans les groupes de l'Assemblée nationale, dans les ministères que M. Thiers était obligé de former. Singuliers ministères qui comprenaient en même temps M. de Larcy et M. Jules Favre ! Certes, on pouvait leur reprocher de ne pas correspondre à la saine doctrine parlementaire, mais ils correspondaient parfaitement à la situation, ils en étaient l'image très ressemblante. La confusion était partout. Il faut bien reconnaître qu'elle était aux *Débats* comme ailleurs, et qu'il en résultait quelque embarras dans la politique du journal. Parmi les rédacteurs, les uns applaudissaient sans réserve aux travaux heureux et féconds de M. Thiers, les autres lui demandaient, avec une inquiétude apparente, des gages conservateurs. On sait ce que cela voulait dire. Un jour ou l'autre, une rupture était inévitable, mais il y avait intérêt à ne pas la précipiter, afin de retenir ou de ramener les dissidents, si on le pouvait. Leur situation, leur talent, leur dévouement méritaient d'ailleurs tous les égards. Le plus illustre d'entre eux, M. Saint-Marc-Girardin, était une des gloires des *Débats ;* nul, pendant de longues années, n'avait répandu plus d'esprit et de bon sens dans les colonnes du journal ; il en avait été, avec M. de Sacy, la plume la plus alerte et la plus active ; mais son âge lui rendait peut-être plus difficile de rompre avec des opinions auxquelles se mêlait pour lui un peu de sentiment, de fidélité. M. Saint-Marc-Girardin était membre de l'Assemblée nationale, il appartenait à la majorité royaliste et faisait partie de ses conseils ; il en partageait aussi les entraînements, autant du moins que cela était possible à un homme de tant de finesse. Un jour, M. Saint-Marc-Girardin, accompagné de quelques membres de la droite, se rendit chez M. Thiers pour lui adresser quelques représentations mêlées de prières, et pour tâcher de ramener au bercail conservateur la brebis égarée dans des voies qui conduisaient manifestement à la République. Cette démarche, malgré son caractère historique, aurait peut-être déjà disparu des souvenirs, si, le lendemain, M. John Lemoinne ne l'avait marquée d'un de ces mots à l'eau-forte qui ne s'effacent plus. Rappelant une démarche analogue qu'un bataillon conservateur de la Garde nationale avait tenté de faire, en 1848, auprès du gouvernement de l'Hôtel de Ville, M. John Lemoinne parla de « Manifestation des bonnets à poil ». Le mot eut une fortune toute naturelle, brillante, éclatante. On le trouva généralement fort bon, mais M. Saint-Marc-Girardin le trouva mauvais, et il donna sa démission de rédacteur du journal. Il fut suivi dans sa retraite par MM. Auguste Léo et Eugène Dufeuille, qui, pour être moins en vue que lui, n'en rendaient pas moins au journal des services très appréciés. M. John Lemoinne était maître du champ de bataille, mais il restait avec un contingent fort diminué ; le général avait besoin d'une nouvelle armée pour soutenir les polémiques du jour.

* * *

C'est alors que MM. Henry Aron, Gabriel et Francis Charmes entrèrent au *Journal des Débats*. Aron avait été un des plus brillants élèves de l'École normale, qui a fourni à ce journal tant de collaborateurs éminents. Son talent, comme sa personne, était fin et distingué, avec quelque chose de nerveux et, parfois, d'inquiet et de douloureux. L'harmonie du journal était entretenue par le nouveau directeur, M. Jules Bapst, d'une bonté toujours égale et d'un bon sens toujours sûr. M. de Molinari était secrétaire de la rédaction ; son accueil était des plus aimables ; il savait conseiller et encourager les jeunes gens avec un esprit vif et gai, il n'était intransigeant qu'en économie politique ; pour le reste, très conciliant. Le bulletin du journal était rédigé par Clément Caraguel et Ernest Dottain ; et plus tard par Francis Charmes et Aron. Caraguel était un homme d'esprit plus encore qu'un politique ; quant à Dottain, sorti en 1848 de l'École normale, avec MM. Weiss, About, Taine, Prévost-Paradol, moins habile écrivain que ceux-ci et d'une portée d'esprit plus modeste, il ne le cédait à personne pour la solidité de son jugement et surtout pour la sûreté de sa mémoire, qui était surprenante. Dottain, ancien professeur d'histoire, savait tout. Il suffisait de le consulter pour s'éviter la peine de longues recherches : aussi ne s'en faisait-on pas faute, et le bon Dottain se laissait tourner et retourner comme un dictionnaire infaillible et commode, grâce à cette douceur de caractère qui lui valut la sympathie de tous. M. Louis Ratisbonne, rédacteur plus intermittent, mais très actif à cette époque, apportait aux *Débats* une collaboration que son esprit mordant rendait très remarquable.

Les nouveaux rédacteurs des *Débats* avaient une idée très nette des nécessités politiques qui s'imposaient. Ils voulaient que la France eût, comme on disait alors, un gouvernement défini et définitif, et que ce gouvernement fût la République. Nouveaux venus dans la politique, ils n'y apportaient aucune des préoccupations que le souvenir du passé avait laissées dans certains esprits. Le droit de la France d'avoir un gouvernement leur apparaissait incontestable, et l'impossibilité de restaurer un trône quelconque ne leur semblait pas moins évidente. La majorité de l'Assemblée nationale rêvait, au contraire, le rétablissement de la monarchie, et, en attendant la réalisation de son rêve, elle refusait de donner au pays un gouvernement ayant une forme et un nom. Toutes les luttes de cette époque procédaient de ces tendances divergentes. Elles ont été longues, à la fois très subtiles et passionnées ; le pays s'y intéressait ardemment ; mais les détails nous en sembleraient aujourd'hui fastidieux. Qui se souvient encore de la commission des Trente et de ses « chinoiseries » ? C'était pourtant la matière de la plupart des articles des années 1872 et 1873, sans parler de la *conjonction des centres* qui fit répandre aussi des flots d'encre.

* * *

À côté du *Journal des Débats*, en 1872 et les années suivantes, alors qu'il s'agissait d'établir et de fonder la République, un autre journal menait la bataille avec un entrain endiablé, une verve éclatante le : *XIXe Siècle*, fondé en 1871, et dont Edmond About prit la direction au mois de mai 1872[1].

Un journaliste qui a écrit au *XIXe Siècle*, Joseph Reinach, nous a tracé le tableau de ce qu'était alors ce journal. Les témoins oculaires, dit-il[2], peuvent seuls dire quel directeur de journal il a été. Un très puissant journaliste, peut-être, un détestable rédacteur en chef : About était le modèle des directeurs. Même pendant la période où il se prodiguait le plus, les lecteurs du *XIXe Siècle*, qui étaient très vite devenus légion, ne trouvaient jamais qu'About écrivît assez souvent; ni la judicieuse bonhomie de Sarcey, ni la fine dialectique de Bigot ou de Schnerb, ni l'escrime serrée de Liébert, ne remplaçaient les pages où la plume rapide et souple d'About résumait les polémiques en quelques traits et semait les démonstrations de saillies éblouissantes. L'esprit d'About était cependant à toutes les pages du journal. Bien avant l'heure où arrivaient les rédacteurs ordinaires, il était installé dans son cabinet, lisant les journaux, dépouillant une correspondance qui était une conversation avec tous ceux qui, d'un bout à l'autre de la France, savaient qu'une injustice n'était jamais dénoncée inutilement au *XIXe Siècle*; universitaires persécutés, petits fonctionnaires traqués pour leurs opinions, plaideurs renvoyés de Ponce à Caïphe, instituteurs en proie aux vengeances froides des sacristies, l'avaient pour défenseur naturel. La liste des collaborateurs réguliers du journal serait déjà longue ; celle de ses collaborateurs anonymes, qui ne furent pas les moins utiles à sa fortune, rempliraient un petit *Bottin*. La publicité est le premier châtiment de l'abus de pouvoir ou de la sottise : About ne la leur refusait jamais, soit qu'il prît lui-même en main la cause de la victime, soit qu'il la passât à Sarcey, dont le robuste appétit dévorait presque tous les jours un curé à

[1] Auparavant, Edmond About écrivait au *Soir*, journal dirigé par Hector Pessard.

[2] Le *XIXe Siècle*, introduction par Joseph Reinach, p. 45.

Huitième année. — N° 2350. Prix du Numéro à Paris : 15 Centimes — Départements : 20 Centimes

RÉDACTION
S'adresser au Secrétaire de la Rédaction
de 2 heures à minuit
16, rue Cadet, 16

LE XIXe SIÈCLE

JOURNAL RÉPUBLICAIN CONSERVATEUR

ADMINISTRATION
16, rue Cadet, 16

ABONNEMENTS
PARIS — DÉPARTEMENTS

Nous commencerons demain la publication d'un nouveau roman de M. E. Caro, intitulé :

DERTHE SIGELIN

BULLETIN

Paris, le 11 Juin 1878.

Le Sénat, dans sa séance d'hier, a adopté la loi relative aux pensions de retraite des officiers et l'article 13 de la loi relative aux contributions directes tels qu'ils ont été votés par la Chambre.

Les deux Chambres se sont ajournées au 28 octobre.

Le *Journal officiel* d'hier matin publie la liste des membres du jury international de l'Exposition universelle.

Le congrès tiendra sa première séance demain jeudi à deux heures. On se contentera dans cette première séance de la vérification des pouvoirs et de l'élection du président. Cette élection ne donnera lieu, d'ailleurs, à aucune difficulté, le prince de Bismarck étant désigné d'avance non-seulement par l'entente unanime des plénipotentiaires, mais aussi par les usages diplomatiques. Le prince de Bismarck prononcera un discours dans lequel il indiquera les points principaux sur lesquels devront porter les délibérations, puis le congrès s'ajournera sans doute à samedi pour tenir une seconde séance. Le *Journal de Saint-Pétersbourg* met ses lecteurs en garde contre le bruit que le congrès ne durera que sept ou huit jours.

[...]

représentants de la Porte, Karatheodory et Mehemet-Ali, ont été nommés, et le premier, au moins, prêtera à une cause qui paraît perdue tout l'art, toute l'habileté et toute la finesse qui caractérisent le type le plus parfait de l'esprit grec. Mais ils doivent comprendre qu'ils ont entrepris une tâche véritablement désespérée.

Quoi qu'il en soit, et bien qu'il existe encore quelques points noirs, nous sommes heureux d'avoir à constater que la situation est meilleure et qu'un grand apaisement s'est fait dans les esprits aussi bien en Russie qu'en Angleterre.

Les élections pour le renouvellement partiel du Sénat et de la Chambre des représentants ont eu lieu hier en Belgique. La Chambre actuelle se compose de 124 membres (56 libéraux, 68 catholiques). La moitié des représentants est soumise à la réélection ; sur cette moitié sortante, 35 sont libéraux, 26 catholiques. Si nous retranchons ces chiffres de la Chambre actuelle, on trouve qu'elle reste composée de 21 libéraux et de 42 catholiques. Huit sièges nouveaux ont été créés en vertu de la nouvelle loi : 1 à Gand, 2 à Charleroi, 1 à Waremme, 1 à Verviers, 1 à Bruxelles, 1 à Anvers et 1 à Courtrai. Au Sénat, 32 sénateurs sont soumis à la réélection, dont 11 libéraux, 21 catholiques. Les élections ont lieu dans la province d'Anvers, dans le Brabant, dans la Flandre occidentale, dans le Luxembourg, dans la province de Namur et dans la Flandre orientale. En vertu de la nouvelle loi, 4 sièges ont été créés : 1 à Anvers, 1 à Gand, 1 à Soignies, 1 à Verviers. Une dépêche de notre correspondant particulier, à Bruxelles, nous fait prévoir la victoire du parti libéral.

Le conseil fédéral allemand a adopté hier à l'unanimité le projet du gouvernement tendant à la dissolution du Reichstag.

[...]

Bourse de Paris

[...]

LE PARLEMENT

COURRIER DE LA CHAMBRE

Versailles, 11 juin 1878.

[...]

COURRIER DU SÉNAT

[...]

LE CONGRÈS

[...]

NOUVELLES D'ALLEMAGNE

[...]

LES ÉVÉNEMENTS D'ORIENT

[...]

Congrès littéraire international

[...]

déjeuner et soupait de quelques magistrats... Bientôt arrivaient les rédacteurs attitrés, en quête d'un sujet d'article ou d'entre-filet, sans inquiétude d'ailleurs, sachant par qui le rabat avait été fait. About ne dictait jamais la matière d'un article, mais il *causait* tout le journal. Et quelle causerie que la sienne, toujours en haleine, toujours pleine de faits, d'informations, d'anecdotes, débordante de mots d'esprit!... Des miettes qu'il semait, sans y prendre garde, sur le bord de la route, dix pauvres journalistes auraient fait fortune tous les soirs. Emmanuel Arène revenait du Sénat, Ducuing du Palais : il se faisait raconter la séance ou l'audience, et d'une interruption au bon endroit, donnait la note juste, nette et précise. Puis, le soir, à l'heure tardive de la correction des épreuves, il était encore là, revoyant le journal tout entier de l'œil du maître, et, la plume à la main, redressant une épithète, égayant une période, ajoutant une saillie. Le fait-diversier s'écriait le lendemain : « Ai-je assez d'esprit! » Mais Sarcey, s'il lui arrivait de se relire, disait aussitôt : « Edmond a encore passé par là ».

La salle de la rédaction du *XIXe Siècle*, qu'Edmond About animait de sa verve intarissable, était alors un des centres politiques les plus courus de Paris. On avait l'habitude de ces réunions au retour de Versailles, après les séances importantes. Il y avait là Eugène Schnerb, qui est mort depuis conseiller d'État, ancien préfet, ancien directeur de la Sûreté générale, ayant justifié une fois de plus le mot célèbre que le journalisme mène à tout à la condition d'en sortir. Rappelons, en passant, qu'Eugène Schnerb avait débuté à la Préfecture de la Seine, presque en même temps qu'Henri Rochefort, Arthur Arnould, Guillemot, Vermesch, et d'autres encore, dont les fortunes ont été très diverses.

Il y avait encore là Francisque Sarcey, qui menait la campagne anti-cléricale et était engagé dans une guerre à mort contre les petits chinois. On y voyait Paul Lafargue, revenant de la Chambre, qui devait passer trésorier général, après avoir été secrétaire général de la Présidence sous M. Casimir Périer ; Eugène Liébert, Charles Bigot, Henry Fouquier, de La Rounat ; puis les hommes politiques, Jules Simon, de Marcère, Tirard, le colonel Langlois, qui continuaient en discussions bruyantes, dans cette salle de rédaction, la séance de la journée à la Chambre.

Edmond About allait et venait, de son petit pas sautillant, égayant les discussions passionnées de ses mots toujours remplis d'esprit et

Phot. Pierre Petit.

Edmond ABOUT

Phot. Bary.

Francisque SARCEY

Phot. Boyer.

Emmanuel ARÈNE

Phot. Benque

Henry FOUQUIER

d'un imprévu charmant. Un soir, entrant dans la rédaction, il y aperçut une tête nouvelle; c'était un brave petit garçon, engagé le matin même pour faire la *Mercuriale des Halles et marchés*.

— Ah! lui dit About, vous êtes notre nouveau collaborateur?

— Oui, monsieur, fit l'autre, timidement....

— Et vous allez faire la mercuriale des Halles et marchés ?

— Oui, Monsieur...

— Très bien. Je ne vous ferai qu'une seule recommandation : Inspirez-vous toujours de la ligne de conduite du journal!...

Edmond About était cependant quelque peu susceptible. Il n'aimait pas que ses collaborateurs missent, en dehors de lui, le journal en avant, et il prit fort mal la décoration donnée par Jules Simon à Schnerb, comme principal rédacteur du *XIXe Siècle*. C'est ce qui obligea Schnerb à quitter le journal et le journalisme, pour entrer dans les fonctions administratives, où il termina sa carrière.

Edmond About explique, dans un article du 2 mai 1872, le programme politique qu'il se proposait de suivre. En voici un extrait, qui peint très exactement l'état des esprits à cette époque : « Le peuple n'appartient qu'à lui-même, il le sait ; il ne croit plus au droit divin de ceux-ci ni à la mission providentielle de ceux-là. Il s'est livré pieds et poings liés à l'Empereur Napoléon III, et cet acte de foi lui a coûté 10 milliards et deux provinces. Instruit par une si cruelle expérience, il sent que désormais il aura tout profit à économiser les frais du culte monarchique et à faire ses affaires lui-même. Ce sentiment, qui paraît être celui de la majorité des Français, est le nôtre. Nous sommes résolus à le défendre au jour le jour et à combattre poliment, mais résolument, les prétentions des restaurateurs de l'Empire et de la Royauté. Si la France a besoin d'un gouvernement stable, le plus stable de tous est celui qui n'a rien à craindre des caprices des princes, de leur ambition, de leur minorité, de leur sénilité, de leur mort.... La majorité de la nouvelle Chambre sera républicaine, nous en sommes bien sûrs ; la seule question ponr nous est de savoir si elle aura assez de bon sens, de droiture et de modération pour construire une République habitable. Si le suffrage universel choisit des radicaux, il nous jette dans l'anarchie, c'est-à-dire dans un chemin qui mène droit au despotisme.... Supposez au contraire que la France ait l'esprit de confier ses destinées à des républicains conservateurs, c'est-à-dire à des hommes convaincus que les États se fondent sur l'ordre, sur les lois, sur l'esprit de famille, sur le travail, l'épargne et la propriété : la France devient, sans effort, le pays le plus libre et le plus tranquille du monde, la Suisse en grand. Le malheur est que les républicains et les conservateurs français sont un peu comme les chiens et les chats qui n'ont jamais frayé ensemble. Il est aussi rare et aussi difficile chez nous de trouver un républicain conservateur que de mettre la main sur un conservateur républicain, tandis qu'en Suisse et aux États-Unis d'Amérique, les meilleurs républicains sont aussi les conservateurs les plus résolus. »

*
* *

Les années qui suivirent 1871 ne furent guère favorables au développement de la presse française : peu de feuilles nouvelles virent le jour. Nous nous contenterons de signaler les principales.

Le 10 avril 1872 parut le premier numéro du *Matin*, avec A. Gragnon comme rédacteur-gérant, Thomas Puech, Neukomm, Robert de Lizy, Paul Maurice, Eugène Hubert et Ed. Marion comme rédacteurs ordinaires.

Le *Matin* affirmait hautement ses préférences pour la République. Voici quelques extraits de son article-programme : « Affirmons hautement la République, non seulement comme le régime qui nous divise le moins, mais comme celui qui doit le mieux rassurer les intérêts. Prouvons à tous ceux qui possèdent que leur bien-être et leur fortune n'ont plus aujourd'hui de plus grands ennemis que les prétendants et les ambitieux de tous les régimes déchus, qui entretiennent au sein du pays un foyer permanent d'inquiétude et d'irritation. Prouvons aux classes déshéritées que la République qui doit être le gouvernement de tous par tous n'admet et ne protège aucun monopole, aucun privilège ; que, dans une République bien organisée, les seuls privilégiés sont ceux qui travaillent le plus et le mieux ; qu'il est dès lors absurde d'exciter par de folles déclamations la haine du prolétaire contre le capital, puisque le capital appartient à quiconque sait l'acquérir et le conserver. Laissons aux idéologues et aux sophistes la jouissance artistique des phraséologies creuses et des phrases à effet. Voulant de bonne foi consolider la République, en la dégageant des souvenirs du passé et des appréhensions de l'avenir, nous serons pratiques beaucoup plus que dogmatiques ; et, convaincus que la République, pas plus que la monarchie, ne peut se soutenir sans donner d'amples satisfactions aux intérêts matériels toujours meurtris par les révolutions, nous nous efforcerons, dans la mesure de nos moyens et de notre expérience, de relever et de soutenir le crédit public, en discutant avec un soin particulier toutes les questions économiques, agricoles, industrielles, commerciales et financières, qui préoccupent jour par jour la classe la plus nombreuse et la plus intéressante de la société, celle qui travaille et qui produit..... *Go a head!* En avant!... ont dit les pionniers du Nouveau-Monde ; que ce vigoureux mot d'ordre devienne aussi celui de la France républicaine. Comme les Américains, n'ayons qu'un but : le progrès, qui seul peut améliorer la condition de l'homme en détruisant le paupérisme, cette plaie honteuse des sociétés modernes..... Si l'opinion publique nous suit dans cette voie, si l'Assemblée et le gouvernement, abandonnant enfin les tâtonnements de l'essai loyal et les ambiguïtés d'un régime provisoire, acceptent résolument la République définitive, la proclament hautement et la justifient par une action vigoureuse et soutenue, on verra bientôt les rêves dynastiques s'effacer et disparaître dans le réveil d'un grand peuple ; et celui qui aura eu la gloire de fonder la République sur des bases impérissables, aura mérité le plus beau titre que puisse convoiter une généreuse ambition, le plus grand nom que puisse lui décerner la reconnaissance publique, celui de Washington du XIXe siècle. »

* * *

Le 14 juillet 1872, parut le premier numéro de l'*Espérance nationale* avec Frédéric Pichereau comme rédacteur en chef, qui disait que son rôle était « de recommander l'espérance, la soumission aux lois et l'attente patiente de l'heure où la nation aurait dicté ses arrêts ».

Presque en même temps que le *Courrier du soir*, le *Peuple* et les *Droits de l'homme*, paraissait, le 22 décembre 1872, le premier numéro du journal l'*État*, qui était la continuation de l'ancien journal la *Cloche*. Ses principaux rédacteurs étaient : Frédéric Lock, Émile d'Ervy, Eugène Chatard, et le rédacteur en chef Ernest La Haranne. Ce nouvel organe était nettement républicain. Il suffit, pour s'en convaincre, de jeter un coup d'œil rapide sur son programme.

« Aujourd'hui, disait-il, la République étant, quoiqu'il arrive, définitivement acquise, il s'agit, pour les plumes militantes qui s'inspirent de la raison patriotique, de consolider l'œuvre et de garantir la conquête. Il faut que les plus modérés, les plus sensés et, répétons-le, les plus patriotes, arborent désormais une politique de conciliation sans arrière-pensée, de progrès sans soubresauts, de liberté sans licence, d'instruction générale sans fausses théories, de commerce sans entraves restrictives et de travail pour tous sans revendications injustes ou violentes. Alors nous ferons une République digne, durable et forte, en d'autres termes, un État républicain définitif, respectable et respecté. Nous aurons placé ainsi la responsabilité civique à la hauteur même des droits que nous nous serons assurés ; car, plus nous désarmons le pouvoir exécutif, plus nous renforçons la loi, cette abstraction impersonnelle qui soumet, sans la froisser, l'indépendance individuelle à la collectivité sociale. Une telle République rend facile l'Administration à l'intérieur et à l'extérieur. Elle assure l'ordre chez nous, ce grand bien de tous ; elle attire la confiance du dehors, ce besoin permanent, cette ressource des grands jours. Il faut vouloir cette République. Elle est possible, elle est facile et très pratique. Rien, sinon l'intolérance aveugle ou le mauvais vouloir des exceptions hostiles dans les rangs monarchistes, rien ne peut empêcher l'établissement et l'épanouissement de ce régime de bon sens et d'intelligente modération..... Les événements désastreux des dernières années ont rallié au drapeau de la République non point absolument des convictions d'ancienne date, mais surtout et sérieusement des bonnes volontés utiles et patriotiques. Il s'est trouvé, — parce que le néant des choses et la nécessité suprême surgissaient tout à coup du sein de nos malheurs, — il s'est trouvé du jour au lendemain une France républicaine, un peuple prêt, et, depuis, demeuré debout, pour la défense et la sauvegarde de ce seul gouvernement qui nous divise le moins...... »

.·.

C'est en 1872, qu'Edmond Magnier fonda l'*Événement*, de concert avec M. Dumont, ancien administrateur du *Figaro*. Le titre de ce journal avait été donné le premier août 1848 à une feuille qui paraissait alors sous l'inspiration de Victor Hugo. Le nouvel *Événement* fut une sorte de *Figaro* républicain et devint un des plus zélés défenseurs de la République, avec la collaboration d'Alfred Naquet, qui y fit campagne, en 1873, pour la candidature Barodet contre celle de M. de Rémusat.

L'*Événement* prit les plus grands développements et arriva à son apogée vers 1878. Il eut alors toute une pléïade de collaborateurs distingués : Edmond Hippeau, ancien secrétaire d'ambassade, faisait fonctions de rédacteur en chef; Aurélien Scholl y étalait sa verve mordante et son esprit à l'emporte-pièce, qui faisait passer les boutades les plus acérées. Monselet, esprit délicat, fin gourmet, avec sa mine réjouie qui rappelait les abbés de cour du XVIIIe siècle, y publiait des causeries intéressantes et amusantes; Léon Chapron était un chroniqueur plein de verve caustique; Georges Duval faisait le Courrier de la Chambre, des revues de la semaine; puis il rédigea le courrier des théâtres et la soirée parisienne qu'il signait Tabarin. A côté d'eux, il faut citer Gustave Batiau, Henri Privat, Émile Blavet qui signait le *Sphinx*, Firmin Javel, Louis Besson, Henri Avenel, Gallichet sous le pseudonyme *H. Galli*.

Vers 1872, le journal le *Français*, fondé en 1868 par MM. le duc de Broglie et Buffet, reçut une nouvelle et vigoureuse impulsion. Il représentait le parti monarchique et catholique, adversaire déterminé de la République. Il avait recruté comme collaborateurs M. Dufeuille qui venait de quitter le *Journal des Débats*, et Thureau-Dangin, devenu depuis académicien et historien du règne de Louis-Philippe.

Un peu plus tard, en 1873, le *National*, qui avait reparu en 1869 sous la direction de M. Ildefonse Rousset, et avait soutenu le gouvernement de la défense nationale avec celui de M. Thiers, se transforma et se rajeunit singulièrement. Il s'attacha à défendre les opinions de la gauche républicaine et compta dans ses rangs de brillants écrivains : Emile de la Bédollière, André Pasquet, Rousset, Ch. Sauvestre, Joseph Doucet, Deschanel, Ayraud-Degeorge, Paul Parfait, Clère, Paul Féval, Alfred Assollant, Théodore de Banville, Ed. Texier, Paul Foucher. — En 1878, le *National* et le *Petit National* furent réunis sous la direction d'Hector Pessard, qui défendit la politique du centre gauche de MM. Ricard et de Marcère.

*
* *

L'année 1873 vit la naissance du journal le *Soleil*, le premier grand journal politique à 5 centimes. Il fut fondé par Édouard Hervé, qui dirigeait alors le *Journal de Paris*. Son journal ne tarda pas à dé-

Phot. Pierre Petit.

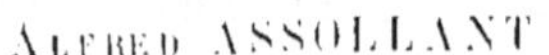

ALFRED ASSOLLANT

Phot. Le Lieure, Roma.

FRANCIS MAGNARD

JOHN LEMOINNE

Phot. Benque.

HECTOR PESSARD

passer 35.000 exemplaires et alla toujours en augmentant d'année en année. Les articles d'Édouard Hervé ne cessèrent pas d'avoir le plus grand retentissement et d'être reproduits dans la plupart des journaux français et étrangers.

Né aux colonies, d'une famille bretonne, lauréat du collège Henri IV, ancien élève de l'École normale supérieure, Hervé a été rédacteur en chef du *Courrier du Dimanche* et du *Journal de Paris*, après Weiss[1]. Dans le *Soleil*, comme dans les autres feuilles où il écrivait auparavant, Hervé s'est toujours montré absolument dévoué aux intérêts des princes d'Orléans. Quelques mois à peine après la fondation du *Soleil*, il se battit en duel avec Edmond About, à l'occasion d'une polémique relative à la visite du comte de Paris à Frosdhorf.

Édouard Hervé, tout en étant partisan de la fusion des d'Orléans avec le prince de Chambord, voulait une monarchie populaire appuyée sur le suffrage universel, à l'instar du second empire, avec le drapeau tricolore comme étendard. Au mois de septembre 1873, alors que tout le monde croyait à une prochaine restauration monarchique, au lendemain de l'entrevue de Frosdhorf, Hervé écrivit au comité des banquets Chambord une lettre qui fit grand bruit. Voici cette lettre, qui mérite d'être reproduite ici :

« Messieurs,

« Vous me faites l'honneur de m'inviter au banquet de Chambord. Je sens, comme je le dois, le prix de cette invitation ainsi que des éloges infiniment trop flatteurs dont vous voulez bien l'accompagner.

« J'aurai cependant la franchise de vous dire l'inconvénient qu'offrirait, suivant moi, ma présence à cette réunion.

« Vous ne voulez certainement pas créer une équivoque.

« Ne vous y trompez donc pas : Faire asseoir, dans cette circonstance, à côté des chefs du parti où vous tenez une place si honorable par votre dévouement et par votre fidélité, le modeste journaliste auquel vous vous adressez et qui n'a d'autre mérite, s'il y en a un, que celui de traiter sérieusement les choses sérieuses, ce serait dire implicitement qu'un accord est fait : non pas un accord vague et général, mais un accord formel et précis, pouvant servir de base à une action politique.

[1] Voir plus haut, Chapitre IX, pages 550 et suiv.

« Or je suis obligé de constater qu'un tel accord n'existe pas et qu'il paraît même plus éloigné que jamais de s'établir.

« Souffrez donc, Messieurs, que je décline l'honneur qui m'est fait et veuillez agréer, avec mes respects, l'expression de mes sentiments les plus distingués,

« EDOUARD HERVÉ. »

Les autres rédacteurs du *Soleil* étaient : Amédée de Césena, Charles Canivet, Émile Cardon, Louis Peyramond et Saint-Marc-Girardin, fils de l'académicien bien connu.

La mort du fondateur du *Soleil*, survenue dans les premiers jours de 1899, a été, pour un grand parti politique, la disparition d'une force vive; écrivain de race et possédant une grande autorité sur ses lecteurs, Edouard Hervé avait su, de bonne heure, imposer le respect absolu et même la sympathie à ses adversaires par sa sagesse et sa mesure dans la discussion, la correction et la dignité de son attitude, la fermeté inaltérable de ses opinions.

*
* *

Les monarchistes, qui composaient la majorité de l'Assemblée nationale siègeant à Versailles, travaillaient avec ardeur à installer la monarchie de leurs rêves à la place de la République. La nation, disait l'un d'entre eux, M. de la Rochette, la nation tourne en ce moment en l'air, comme un gros sou, et s'apprête à retomber pile ou face, selon la chance des joueurs; au risque de se briser dans sa chute.

Mais le roi légitime, le comte de Chambord, qu'ils appelaient de leurs vœux, ne voulait pas accepter le drapeau tricolore et tenait à arborer le drapeau blanc, ce que les orléanistes repoussaient de toutes leurs forces. De là des tiraillements, des négociations sans fin, qui lassaient le pays et lui faisaient désirer de plus en plus vivement l'établissement définitif de la République.

Dès le 5 juillet 1871, au lendemain de la Commune, le comte de Chambord avait adressé un manifeste aux Français, daté de Chambord, pour protester de son attachement invincible et intransigeant au drapeau blanc. «... Je ne laisserai pas, disait-il, arracher de mes mains l'étendard d'Henri IV, de François Ier et de Jeanne d'Arc. C'est avec lui que s'est faite l'unité nationale; c'est avec lui que vos pères, conduits par les miens, ont conquis cette Alsace et cette Lorraine, dont la fidélité sera la consolation de nos malheurs. Il a vaincu la barbarie sur cette terre d'Afrique, témoin des premiers faits d'armes des princes de ma famille ; c'est lui qui vaincra la barbarie nouvelle dont le monde est menacé. Je le confierai sans crainte à la vaillance de notre armée ; il n'a jamais suivi, elle le sait, que le chemin de l'honneur. Je l'ai reçu comme un dépôt sacré du vieux roi, mon aïeul, mourant en exil ; il a toujours été pour moi inséparable du souvenir de la patrie absente ; il a flotté sur mon berceau, je veux qu'il ombrage ma tombe. Dans les plis glorieux de cet étendard sans tache, je vous apporterai l'ordre et la liberté. Français ! Henri V ne peut abandonner le drapeau blanc d'Henri IV. »

Dans un autre manifeste du 25 janvier 1872, le comte de Chambord avait persisté dans sa manière de voir avec une rare énergie : « Je l'ai répété souvent, disait-il, je suis prêt à tous les sacrifices compatibles avec l'honneur, à toutes les concessions qui ne seraient pas des actes de faiblesse. Dieu m'en est témoin, je n'ai qu'une passion au cœur, le bonheur de la France ; je n'ai qu'une ambition, avoir ma part dans l'œuvre de reconstitution qui ne peut être l'œuvre exclusive d'un parti, mais qui réclame le loyal concours de tous les dévouements. Rien n'ébranlera mes résolutions, rien ne lassera ma patience, et personne, sous aucun prétexte, n'obtiendra de moi que je consente à devenir le roi légitime de la révolution. »

Cependant M. Thiers, qui, devant la sourde opposition d'une partie de la Chambre des députés, avait plusieurs fois menacé de quitter la Présidence de la République, se décida à prendre position par son Message du 13 novembre 1872, où il insistait sur la nécessité de fonder définitivement la République, et par sa déclaration du 23 novembre, où il s'exprimait ainsi devant la Commission d'examen du Message : « Mon honneur est engagé à soutenir la République, parce que c'est elle dont le dépôt m'a été confié par le Pacte de Bordeaux. »

* * *

Toutefois les monarchistes ne désespéraient pas, à force d'habileté, d'amener un arrangement acceptable entre Henri V et les partisans du drapeau tricolore. En 1873, ils crurent que le succès était entre leurs mains et que la présence de M. Thiers à la tête du pou-

LA FRANCE EN 1872

PREMIÈRE FONDATION DU RÉGIME RÉPUBLICAIN

« Nos arrière-neveux me devront cet ombrage. »

(La Fontaine. — *Le vieillard et les trois jeunes hommes.*)

Gravure extraite du *Nouveau Ministère et la Nouvelle Chambre*, par Henri Avenel.
(Librairie Ernest Flammarion, 1898.)

voir exécutif pouvait seule entraver leurs projets. On saisit adroitement le prétexte de l'élection Barodet, nommé député de Paris contre M. de Rémusat, ministre de M. Thiers, pour déclarer qu'il était urgent de suivre une politique *résolument conservatrice.* M. Thiers fut renversé, le 24 mai 1873, à une faible majorité, par une coalition de légitimistes, d'orléanistes et de bonapartistes.

Il descendit du pouvoir avec la plus haute dignité. Après avoir rappelé tous ses actes depuis vingt-sept mois, il justifia sa politique et s'écria aux applaudissements de la gauche de l'Assemblée : « Non, je ne crains pas pour ma mémoire, car je n'entends pas paraître au tribunal des partis ; devant eux je fais défaut, je ne fais pas défaut devant l'histoire, et je mérite de comparaître devant elle. »

Le Maréchal de Mac-Mahon, duc de Magenta, fut élu le soir même pour le remplacer (24 mai 1873). Il s'était rendu dans l'après-midi, un peu troublé, chez M. Thiers. On venait, disait-il, de lui offrir la Présidence de la République, et il se demandait si, eu égard à ses relations antérieures avec le petit bourgeois, il lui était permis d'accepter l'offre qui lui était faite. — Vous en êtes seul juge, répondit sèchement le démissionnaire. — Si vous promettez de revenir sur votre détermination et de retirer votre démission, je refuserai. — Quant à cela, maréchal, c'est moi qui suis seul juge en cette affaire. Je n'ai jamais joué la comédie ; je ne jouerai pas celle-là.

*
* *

Ce fut au cabinet de Broglie, avec M. Beulé au ministère de l'intérieur, que fut d'abord confié le pouvoir, sous la présidence du maréchal de Mac-Mahon. Ce cabinet avait la prétention de *faire marcher la France*, suivant le mot bien connu de M. Baragnon. Mais il lui était bien difficile de remonter le courant général créé dans le pays par l'adhésion à la République de M. Thiers et de ses amis, les de Rémusat, les Casimir Périer, les Dufaure, les Chanzy, les Léon Say, les de Marcère, les Christophle. Le gouvernement de M. Thiers venait de démontrer qu'avec la République on avait pu rétablir l'ordre, payer les frais de la guerre, vaincre la Commune, faire bonne figure devant l'étranger et vivre en paix, sans que l'orgueil national fut humilié, sans que la prospérité matérielle fut compromise, sans que les croyances fussent menacées.

C'est contre une telle démonstration que s'insurgeait le nouveau pouvoir. Dès ses débuts, il s'attaqua à la presse; et cette tentative malheureuse lui valut un premier déboire.

Le journal le *Corsaire*, supprimé une première fois en 1872, avait reparu; et ses polémiques étaient des plus violentes au lendemain du 24 mai. Il fut supprimé de nouveau, par arrêté du général de Ladmirault, gouverneur de Paris. Les députés de la gauche demandèrent à interpeller le gouvernement sur cet acte d'arbitraire.

M. Beulé, croyant trouver dans cette interpellation une occasion de se montrer sur un terrain où il serait assuré de l'appui de la majorité, et où le centre gauche ne lui serait pas trop hostile, se déclara aux ordres de l'Assemblée pour le lendemain [1].

M. Lepère développa l'interpellation avec cette netteté, cette finesse, cette vigueur qui faisaient de lui un des orateurs les plus écoutés et les plus persuasifs.

L'arrêté de suppression ne tenait pas sur ses pieds.

Il ne relevait aucun grief précis. Depuis le 24 mai, la modération, dans la presse républicaine, était de la plus simple prudence, et le *Corsaire*, comme on l'a vu, n'avait guère fourni de prétexte. En revanche, les journaux bonapartistes ne se gênaient pas; et M. Lepère avait beau jeu à comparer le langage du *Corsaire* à celui des feuilles qui disaient : « Ce sont les Gambetta, les Peyrat, les Gent, les Naquet, que les conseils de guerre et les balles de nos soldats iront chercher de préférence. »

Puis M. Beulé monta à la tribune; il se fit un grand silence. La gauche attendait avec curiosité. Sur les bancs de la droite, c'était quelque chose de recueilli et de religieux. On avait fait à M. Beulé une réputation d'homme d'État de premier ordre.

Rien de la parole d'un homme d'État; nulle autorité dans l'accent, point de suite, point de logique, aucune précision. Des phrases banales, déclamatoires et incohérentes. Les gens de la droite étaient consternés. Quelques applaudissements isolés, timides, douteux. Au bout de dix minutes, Baragnon seul tenait bon. C'était un désastre. Ce fut un effondrement lorsque M. Beulé lança cette phrase énorme et qui est restée fameuse dans les annales parlementaires : « Vous me demandez ce que c'est que l'ordre établi? Je vais vous le dire :

[1] *De Bordeaux à Versailles*, par Ranc, p. 179 et suiv. — Pour ce qui concerne les actes du cabinet de Broglie et du ministre de l'Intérieur, Beulé, nous laissons la parole à M. Arthur Ranc, le seul publiciste dont la plume incisive et mordante ait su donner la physionomie vraie de cette période.

l'ordre établi, c'est cette Assemblée que le pays a nommée dans un jour de malheur. » C'était le coup de grâce. Baragnon, à bout d'héroïsme, plongea sa tête dans ses mains, pendant que des applaudissements et des éclats de rire formidables éclataient sur les bancs de la gauche.

M. Beulé tombait sous le ridicule et il lui était réservé d'être aplati sous le mépris. Gambetta avait demandé la parole. Ce n'était point pour faire un discours. Après quelques mots d'entrée en matière, il donna lecture d'une circulaire « très confidentielle », adressée par M. Beulé aux préfets. Voici cette pièce curieuse :

MINISTÈRE DE L'INTÉRIEUR

SOUS-SECRÉTARIAT D'ÉTAT

(Dépêche très confidentielle.)

« Envoyez-moi d'urgence un rapport sur la presse de votre département. L'heure est venue de reprendre de ce côté l'autorité et l'influence qu'une affectation de neutralité indifférente avait détruites.

« Dites-moi les journaux conservateurs ou susceptibles de le devenir, quelle que soit la nuance à laquelle ils appartiennent, leur *situation financière et le prix qu'ils pourraient attacher au concours bienveillant de l'administration ;* le nom de leurs rédacteurs en chef, leurs opinions présumées et leurs antécédents. Si vous pouvez causer avec eux, voyez s'ils accepteraient une correspondance et dans quel sens ils la souhaiteraient.

« Nous allons organiser un bulletin de nouvelles télégraphiques et autographiques qui vous sera régulièrement adressé et dont vous mesurerez la communication au degré de confiance que les divers journaux vous inspireront. Pour cela, vous ferez sagement de créer un service de la presse dans votre cabinet, soustrait aux employés indigènes.

« Donnez-moi sur ces divers points votre sentiment. Je m'en rapporte à votre tact. Il n'est pas de question plus délicate et qui exige plus de prudence et d'habileté. Multipliez autour de vous vos relations, et soyez très accessible aux représentants de la presse. »

Aux premières phrases, les hommes de la droite tentèrent quelques interruptions. Ils feignirent de ne trouver rien que de naturel, de légitime, dans les instructions du ministre. Mais bientôt il fallut se taire. Les légitimistes ne cachaient pas leur indignation. Tous les yeux étaient tournés vers M. Beulé ; tous les regards lui disaient : « Mais levez-vous donc ! mais criez donc que c'est un faux, que cette pièce est apocryphe ! » Le ministre restait immobile et silencieux. M. Buffet, à demi-levé, pétrissait le bureau présidentiel d'une main nerveuse ; son œil terne et bombé semblait jaillir à travers les lunettes ; M. Magne avait un fin sourire qui signifiait : « De notre temps, on n'écrivait pas ces choses-là ». M. de Broglie, lui, ne souriait plus.

Pour se tirer d'un pareil pas, pour faire bonne figure après un pareil coup d'assommoir, il aurait fallu un fier tempérament d'orateur, des attitudes à la Guizot. Pauvre M. Beulé ! il n'eut pas même la décence de la chute : il commença par s'écrier qu'il « assumait, acceptait et réclamait » la responsabilité de la pièce qu'on venait de lire, puis tout de suite il balbutia qu'il n'avait « ni dicté ni signé cette pièce. » Il avait songé que peut-être pourrait-il sauver son portefeuille, en jetant à la mer son sous-secrétaire d'Etat, Pascal, rédacteur de la circulaire.

L'excitation de l'Assemblée était extrême. La gauche avait présenté un ordre du jour de blâme contre le ministère. Qui oserait proposer l'ordre du jour pur et simple ? Baragnon fut celui-là. Le résultat était loin d'être assuré. Le comte Rampon et M. Germain, les hommes les plus modérés du centre gauche, avaient fait entendre à la tribune les accents de l'honnêteté indignée. Les légitimistes demandaient un mot qui leur permît d'aider au sauvetage du ministère. C'est encore Baragnon qui se chargea de dire ce mot-là. Il vint déclarer que, dans sa pensée, l'ordre du jour pur et simple n'impliquait pas l'approbation de tous les termes de la circulaire. Le ministère se raccrocha à cette planche pourrie.

Le lendemain, M. Pascal n'était plus sous-secrétaire d'État, mais M. Beulé gardait son portefeuille, quoiqu'il se fût laissé prendre en flagrant délit de tentative de corruption.

La haine du nouveau pouvoir contre les journalistes se traduisit, peu de jours après le 24 mai, par des poursuites exercées contre M. Ranc, récemment élu député de Lyon, accusé d'avoir fait partie du gouvernement insurrectionnel de la Commune jusqu'au 6 avril. M. Ranc se réfugia en Belgique, d'où il continua à collaborer au journal la *République française*. Le conseil de guerre, devant lequel il fut traduit, le condamna par coutumace à la peine de mort.

*
* *

Ce fut pendant les vacances parlementaires des mois d'août, septembre et octobre, que les monarchistes de l'Assemblée nationale, croyant enfin l'heure décisive, firent une suprême tentative pour restaurer la royauté légitime en France.

La préface de cette restauration était la fusion des orléanistes avec les légitimistes. On apprit brusquement que M. E. Hervé, rédacteur en chef du *Journal de Paris* et du *Soleil*, s'était rendu à Villers-sur-Mer, près du comte de Paris, pour le décider à sauter le pas, puis que le prince était arrivé à Vienne, enfin qu'une entrevue avait eu lieu à Frohsdorf le 5 août entre lui et le comte de Chambord. Le comte de Paris, en abordant son cousin, lui avait dit : « Sire, je viens vous faire une visite qui était dans mes vœux depuis longtemps. Je salue en vous, au nom de tous les membres de ma famille et en mon nom, non seulement le chef de notre maison, mais encore le seul représentant du principe monarchique en France. »

Dès lors, toute la presse se livra à de vives polémiques au sujet de cette abdication de la royauté bourgeoise au profit de la royauté légitime.

Pour bien marquer que les monarchistes de la fusion étaient résolus à ne reculer devant aucune extrémité, M. Édouard Hervé, le porte-parole des princes d'Orléans, écrivait dans le *Journal de Paris* : « Nous avons coupé les ponts derrière nous ; nous ferons la monarchie à une voix de majorité. »

Mais il fallait compter avec les irréconciliables qui existent toujours dans les partis. C'est ce que n'avaient pas prévu les conseillers de M. le comte de Paris, quand ils l'avaient décidé à déchirer le testament de son père, le duc d'Orléans, en allant à Frohsdorf; ils n'avaient compté ni avec les opinions sincèrement libérales de la génération de 1830, ni avec les sentiments des vieux serviteurs de la branche cadette. Ils auraient dû penser que M. Duvergier de Hauranne, par exemple, ne renierait pas la révolution et que M. de Montalivet n'irait pas à Froshdorf.

*
* *

Dans le centre droit même, il y avait des résistances. M. John Lemoinne, rédacteur des *Débats*, qui s'était mis de l'affaire, par suite d'un revirement singulier; s'efforçait de dégager une formule acceptable pour les libéraux de son école. Il écrivait : « La question qui est désormais posée, c'est de savoir si la royauté héréditaire peut être une royauté, nous ne disons pas révolutionnaire, mais libérale. Il faut que nous sachions si elle le veut et si elle le peut. » En d'autres termes, le centre droit demandait une charte et ne voulait se lier que par un contrat librement et publiquement discuté.

Le drapeau, tout le monde le sentait, était la pierre d'achoppement. Obtiendrait-on du comte de Chambord qu'il renonçât au drapeau blanc, symbole de l'ancien régime?

Vers la fin de septembre 1873, les monarchistes déléguèrent à Froshdorf deux députés catholiques, MM. Merveilleux-Duvignaux et de Sugny, chargés de pressentir le comte de Chambord.

Les députés vinrent dire au descendant des Bourbons : « L'Assemblée ne fera jamais la monarchie qu'avec le drapeau tricolore. » Il se contenta de répondre d'un ton indifférent : « Je le sais », en congédiant ses interlocuteurs.

Les monarchistes, dont la *Gazette de France* était l'organe, avaient confiance dans le prochain rétablissement de la royauté ; ils crurent cependant devoir envoyer un nouvel ambassadeur au comte de Chambord : ils choisirent M. Chesnelong. On n'était pas sans avoir de graves appréhensions, depuis que le maréchal de Mac-Mahon avait tenu certaines paroles bien significatives. « On parle, avait-il dit au duc d'Audiffret-Pasquier, de substituer le drapeau blanc au drapeau tricolore. Je crois devoir, à ce sujet, vous donner un avertissement. Si le drapeau blanc était levé contre le drapeau tricolore, et qu'il fût arboré à une fenêtre tandis que l'autre flotterait vis-à-vis, les chassepots partiraient d'eux-mêmes, et je ne pourrais répondre ni de l'ordre dans la rue ni de la discipline dans l'armée ».

D'un autre côté, le centre gauche qui était présidé par Léon Say et qui comptait dans ses rangs d'anciens monarchistes désabusés par les divisions de la droite, avait repoussé dédaigneusement les avances du centre droit, en déclarant qu'à son avis « la République conservatrice était la plus sûre garantie de l'ordre comme de la liberté et que la restauration monarchique dont il était question ne serait pour la France qu'une cause de nouvelles révolutions ».

M. d'Audiffret-Pasquier ayant voulu néanmoins engager des pourparlers, Léon Say lui répondit que la restauration monarchique serait considérée dans le pays comme une revanche de 1789, ce qu'elle serait d'ailleurs en réalité. Dans ces conditions, le centre gauche ne pouvait accepter de communications officielles, qui ressembleraient à des négociations qu'il ne voulait pas entamer.

Cependant M. Chesnelong revint de Salzbourg, où se trouvait le comte de Chambord, et rendit compte de son ambassade au comité des droites. Pour dissimuler sa déconvenue, il fit insérer, dans un procès-verbal resté fameux, des déclarations équivoques au sujet du drapeau. Les journaux de toutes nuances se livrèrent à des polémiques sans fin, les uns soutenant que l'accord était fait, même sur la question du drapeau, les autres affirmant que le comte de Chambord n'avait consenti aucune concession.

Le journal l'*Union*, interprète fidèle et autorisé de la pensée du roi, déclarait, en quelques lignes dédaigneuses, que le comte de Chambord n'avait rien cédé, rien octroyé, qu'il remonterait sur le trône dans toute l'intégrité et la majesté de son principe.

Les principaux journaux républicains ou simplement libéraux criaient à l'équivoque et faisaient appel à la loyale franchise du prince, l'engageant à parler et à faire la lumière.

Les fusionnistes habiles, tels que Falloux, Dupanloup, évêque d'Orléans, et Janicot, rédacteur en chef de la *Gazette de France*, tentaient les derniers efforts auprès de l'entourage du comte de Chambord. Ils escomptaient le silence du roi, afin de l'exploiter au profit de leurs combinaisons monarchiques, bien résolus à substituer le comte de Paris au comte de Chambord, si, au moment critique, celui-ci leur faisait défaut.

La *Gazette de France*, dans son numéro paru à 4 heures du soir, le 30 octobre 1873, affirmait qu'aucune lettre n'était arrivée de Froshdorf. Le même jour, à la même heure, à la même minute, l'*Union* publiait une lettre du roi. Dans la journée, M. Chesnelong avait reçu le terrible papier et l'avait immédiatement communiqué au comité des droites. Le comité télégraphia sur le champ au prince, pour le supplier de ne pas rendre le document public avant d'avoir conféré avec un de ses membres qui partirait le soir même. Mais toutes les précautions avaient été prises à Froshdorf. M. Laurentie rédacteur en chef de l'*Union*, avait reçu copie de la lettre avec ordre de la publier dans le plus prochain numéro de son journal.

Voici le passage le plus caractéristique de cette lettre célèbre, datée de Salzbourg le 27 octobre 1873 et adressée à M. Chesnelong : « On me demande aujourd'hui le sacrifice de mon honneur ; que puis-je répondre, sinon que je ne rétracte rien, que je ne retranche rien de mes précédentes déclarations? Les prétentions de la veille me donnent la mesure des exigences du lendemain, et je ne puis consentir à inaugurer un règne réparateur et fort par un acte de faiblesse. Il est de mode, vous le savez, d'opposer à la fermeté d'Henri V l'habileté d'Henri IV. La *violente amour* que je porte à mes sujets, disait-il souvent, me rend tout possible et honorable. Je prétends sur ce point ne lui céder en rien, mais je voudrais bien savoir quelle leçon se fut attirée l'imprudent assez osé pour lui persuader de renier l'étendard d'Arques et d'Ivry. Vous appartenez, monsieur, à la province qui l'a vu naître, et vous serez d'avis, comme moi, qu'il eût promptement désarmé son interlocuteur en lui disant avec sa verve gasconne : « Mon ami, prenez mon drapeau blanc; il vous conduira toujours au chemin de l'honneur et de la victoire... »

La franchise de ce document était bien faite pour écarter tous les malentendus. Désormais, il n'y avait plus de transaction possible entre le droit divin et le royalisme libéral. Le sentiment public ne s'y trompa point. L'effet fut foudroyant. Les bons esprits considérèrent dès lors la République comme définitivement fondée.

*
* *

Les Orléanistes et leur chef, M. de Broglie, vice-président du conseil des ministres, comprirent que leurs projets ne pouvaient pas aboutir, à moins que le comte de Chambord ne mourût ou n'abdiquât. Ils firent proroger, par la loi du 20 novembre 1873, pour sept années, les pouvoirs du maréchal de Mac-Mahon comme président de la République. Ils espéraient qu'il se produirait, dans cet intervalle, certaines éventualités, dont ils pourraient bénéficier dans l'intérêt de leur cause ; et ils laissaient ainsi une porte ouverte sur l'avenir.

C'est ce que ne manquèrent pas de mettre en lumière les journaux monarchiques dans de vives polémiques, surtout lorsque le ministère de Broglie tenta d'organiser une constitution à peu près définitive répondant aux vues des hommes du centre droit. « La loi du 20 novembre, disait l'*Union*, n'a pas été un acheminement vers la République, mais une préface vers la Monarchie... Les auteurs de la loi de prorogation, en donnant un pouvoir de sept années à M. le maréchal de Mac-Mahon, président de la République, ont entendu se réserver la faculté de changer, par des lois constitutionnelles, la forme républicaine du gouvernement actuel et d'y substituer la forme monarchique. La République, si elle venait à être constituée, demeurerait confiée pour sept ans à M. le maréchal de Mac-Mahon. Voilà le vrai sens de la loi, dont nous ne méconnaissons pas, du reste, le caractère équivoque. » Le journal des légitimistes transigeants, la *Gazette de France*, n'était pas moins affirmatif ; sa formule était : « La prorogation sera monarchique ou elle ne sera pas », et la feuille de Janicot ajoutait : « Que l'on prenne garde d'entrer dans une voie dangereuse et de lancer le gouvernement du maréchal dans des aventures du genre de celles qui ont perdu le gouvernement de M. Thiers. »

*
* *

Au milieu de ces polémiques et de ces projets de restauration monarchique, la presse républicaine et démocratique était frappée partout avec une rigueur excessive. Dans les départements en état de siège, on supprimait les journaux ; dans ceux qui restaient soumis au droit commun, on leur retirait l'autorisation de vente sur la voie publique, et certains sous-préfets assimilaient au colportage la distribution d'une feuille par ses porteurs ordinaires. En six mois, le gouvernement avait prononcé cinq suppressions et quatorze interdictions de vente.

C'est dans ces circonstances que M. Lamy, député républicain du Jura, interpella, le 4 décembre 1873, sur la levée de l'état de siège. Dans un éloquent discours, il fit remarquer que « tant que les troupes étrangères campaient sur notre sol, l'état de siège, maintenu comme une mesure de défense nationale contre les périls de l'occupation, était, sinon régulier dans son principe, du moins mesuré dans ses effets et respectable dans son but. Mais depuis que l'œuvre de l'affranchissement était assurée, le retour au droit commun s'imposait ; le gouvernement semblait inexcusable de perpétuer l'état de siège dans vingt-neuf départements, et d'en considérer dix autres comme placés sous le même régime, bien qu'ils n'eussent été mis en état de siège par aucun décret régulièrement promulgué. Il suffisait au gouvernement d'une mention d'état de siège trouvée dans les archives du ministère de l'Intérieur. Les archives du ministère de l'Intérieur remplaçant la publicité du *Journal Officiel* et du *Bulletin des Lois*, c'était une pratique juridique d'une singulière audace. Résultat de la guerre, l'état de siège devait cesser avec elle ; au fur et à mesure qu'un département était évacué par les Allemands, le régime des lois régulières aurait dû y être rétabli. Versailles et le département de Seine-et-Oise avaient été évacués après la ratification des préliminaires. Le régime exceptionnel de l'état de siège avait disparu avec les Allemands. S'il n'avait pas disparu, l'Assemblée aurait-elle eu besoin de voter, le 21 mars 1871, au lendemain de la Commune, une loi spéciale pour l'y rétablir? » A cette argumentation serrée, il n'y avait rien à répondre, et, en effet, il ne fut rien répondu.

Cette violation de la loi frappait surtout les héroïques départements de l'Est « qui avaient forcé l'estime même de leurs ennemis » et n'avaient pas « obtenu le respect d'un cabinet français ». Après avoir établi que le pays avait été d'une patience admirable en supportant depuis six mois le régime du 24 mai, l'orateur affirma que confier aux généraux l'administration d'une nation calme, c'était les détourner de leur mission naturelle et « préparer pour l'avenir une armée d'état de siège, incapable de défendre la France au dehors et capable de l'opprimer au dedans ».

M. de Broglie, ministre de l'Intérieur et vice-président du Conseil, s'attacha, dans sa réponse, à prouver qu'il n'avait fait que suivre l'exemple et les pratiques du gouvernement précédent, qui avait maintenu sous l'état de siège les départements évacués par l'étranger, et il ajouta que les ministres du 24 mai n'avaient pas frappé des journaux pour attaques contre les membres du cabinet, mais pour insultes à l'armée française ou appels à l'insurrection. Il réclama, dans sa péroraison, des mesures nouvelles contre la presse, en promettant, quand le gouvernement tiendrait ces armes, de renoncer aux armes exceptionnelles de l'état de siège.

* * *

Jules Ferry répondit au duc de Broglie et prononça un magnifique discours, dont voici quelques extraits [1] : « ...... Tout à l'heure, examinant l'usage qui avait été fait de l'état de siège, M. le vice-président du Conseil disait : Est-ce que l'état de siège est devenu entre nos mains une arme de défense personnelle? Est-ce que l'état de siège a servi à autre chose qu'à défendre des principes sociaux?

[1] *Discours et opinions de Jules Ferry*, t. II, p. 8 et suiv.

Et, à l'appui de cette proposition, M. le vice-président du Conseil vous a apporté des lectures... Cette tactique n'est pas légitime, et j'ajoute qu'elle est usée. Oui, elle est usée ; nous avons entendu cette théorie, pendant quinze ans d'empire, tomber de la bouche des ministres du pouvoir personnel ; alors, comme aujourd'hui, c'était avec des articles de journaux qu'on prétendait justifier la servitude de la presse... Je dis que vous avez fait de l'état de siège une arme de parti. Je n'ai pas besoin de faire de lecture pour le prouver. Au plus fort de cette agitation, fomentée par les espérances monarchiques, l'état de siège a sévi dans vos mains; les arrêtés de suspensions et de suppressions se sont abattus sur les journaux de Paris et de la province, et, à mesure qu'approchait une certaine date, qui était la date du dénouement pour beaucoup d'entre vous, ces rigueurs s'aggravaient, s'accumulaient : elles prenaient un caractère auquel on ne pouvait pas se méprendre Je vois, dans ces derniers temps à Paris, un journal supprimé par M. le général commandant de l'état de siège, pour avoir imprimé un article disant : « A bas Chambord! » Je vois M. le général commandant à Marseille qui, peu de temps après, croyant que le rêve est accompli, que le roi est sur le trône, frappe un journal pour avoir attaqué la personnalité du comte de Chambord. De tels faits démontrent surabondamment que l'état de siège n'est pas dans vos mains cette arme de protection sociale dont vous parlez. Ce que vous appelez la défense sociale, c'est la défense politique, et vos lois de défense sociale, la loi sur la presse que vous nous annoncez, comme la loi sur les maires que nous avons déjà eu la douleur de voir, ce ne sont pas des lois de défense sociale, ce sont des lois de défense électorale.... Et si vous prétendez que vous n'avez fait, en vous servant ainsi de l'état de siège, qu'user d'un droit de protection de la décence publique, je dis que cette réponse n'est pas sérieuse, en présence de tout ce qui s'imprime et se débite, tous les jours, de calomnies et d'injures contre les hommes les plus éminents de ce pays. Assurément, vous avez distingué : ce n'était pas l'homme, ce n'était pas M. le comte de Chambord, c'est le roi de demain que vous vouliez protéger.... Vous espérez pendant de longues années encore tenir la France avec l'état de siège ; vous l'espérez en vue d'une autre espérance que vous dissimulez avec soin, mais que déjà, dans le public, dans le public intéressé, l'on aperçoit. Il y aura donc une longue transition à pourvoir, durant laquelle l'état de siège va subsister...... Je pourrais établir ici une longue discussion sur bien des documents ; je n'en prendrai qu'un. Je vous demande pardon si ce document s'applique à un fait en quelque sorte personnel..... Le 13 août dernier, le département des Vosges, qui venait de saluer avec ivresse le départ de l'étranger, a appris, tout d'un coup, qu'après avoir subi pendant trois ans l'état de siège prussien, il aurait à subir l'état de siège français. Un décret du 13 août supprimait un journal qui s'appelait la *Gazette vosgienne*, et visait, pour justifier cette application toute nouvelle de l'état de siège, un décret du 11 août 1870 signé par l'impératrice-régente.

« Messieurs, ce décret a ceci de particulier, qu'il n'a jamais figuré au *Bulletin des lois*, qu'il n'a jamais été publié, ni placardé, ni affiché dans le département, qu'il ne figurait pas dans le bulletin des actes administratifs du département, bien que ce bulletin ait été tenu avec le plus grand soin jusqu'aux premiers jours d'octobre. C'est à cette date seulement que les Prussiens sont entrés à Épinal ; mais, jusqu'à la dernière heure, le bulletin administratif a enregistré, avec un soin infini, avec une régularité qui fait le plus grand honneur à l'administration, toutes les circulaires, tous les actes de l'autorité, même les plus étrangers à la guerre ; ainsi des recherches d'enfants dont les familles avaient perdu la trace. Or, le décret de l'état de siège n'a été ni promulgué, ni publié, ni affiché, ni inséré où que ce soit ; et pourtant, ce décret on l'a appliqué, bien qu'il n'en existât même pas un exemplaire dans les archives de la préfecture ; car, pour le faire arriver à votre connaissance, M. le Ministre de l'Intérieur, qui était l'honorable M. Beulé, a été dans la nécessité de nous en envoyer une copie par la poste. »

L'interpellation de MM. Lamy et Jules Ferry se termina par le vote de l'ordre du jour pur et simple.

* * *

Ce résultat ne découragea pas M. Ricard, député des Deux-Sèvres, un des membres les plus fermes, les plus modérés et les plus éloquents de la gauche, où l'on comptait tant d'orateurs remarquables. Le 21 janvier 1874, M. Ricard interpella de nouveau le cabinet de Broglie sur le régime de la presse et le maintien de l'état de siège.

M. Ricard démontra [1], chose facile, que la liberté de la presse était

[1] *Histoire de la Troisième République*, par E. Zevort, t. II, p. 85.

moins assurée, moins effective, sous le gouvernement de M. de Broglie, qu'elle ne l'avait été sous l'empire libéral. Dans la moitié des départements qui n'étaient pas en état de siège, la presse restait soumise au régime libéral de la loi du 11 mai 1868; mais les préfets, privés du droit de surveillance, que cette loi leur avait retiré, avaient, par un biais, fait rentrer l'arbitraire dans l'application de la loi, en prohibant ce qu'on appelait le colportage, c'est-à-dire la vente sur la voie publique et en ruinant le journal, par le seul fait de cette prohibition. Quant aux jurés et aux juges que l'Assemblée elle-même a chargés, en 1871, de prononcer sur les procès de presse, on ne leur défère aucun article, même dans les départements les plus conservateurs; l'arbitraire administratif règne en maître. Dans les départements en état de siège, même spectacle : il suffit de donner une consigne, et le journal est supprimé. M. Ricard rappelait les éloquentes revendications que M. de Broglie avait fait entendre en 1871, alors que l'insurrection désolait Paris, ses protestations contre « le poison de la dictature », ses appels, pour guérir les maux de la patrie « aux remèdes douloureux, mais vigoureux et virils, de la liberté ». — « Je demande, disait M. Ricard, à l'honorable M. de Broglie et à son sous-secrétraire d'État, d'appliquer les principes de leur vie, d'appliquer les doctrines qu'ils ont professées à la tribune; je leur demande de déférer les délits de la presse au jury, et s'ils ne le veulent pas, s'ils veulent boire juqu'à la lie le calice amer des renonciations, s'ils veulent revenir au régime de l'Empire, à ce décret de 1852, à l'autorisation préalable, à toutes ces mesures, je leur demanderai de nous apporter une loi; quelque draconienne qu'ils puissent la faire, elle vaudra mieux que leur arbitraire. »

Après une réponse de M. Baragnon, qui donna lecture à l'Assemblée de longs passages de journaux, supprimés ou suspendus, l'ordre du jour pur et simple fut encore voté.

*
* *

Nous mentionnons ici un incident des plus connus, en ce qu'il appartient à l'histoire de la presse. Le 31 mars 1874, le bruit se répandit, à Paris, que Rochefort, Paschal Grousset et deux ou trois autres condamnés à la déportation dans une enceinte fortifiée, pour faits de presse et participations aux actes de la Commune, s'étaient évadés de la Nouvelle-Calédonie, sur un bateau anglais qui les avait débarqués en Australie. De Sydney, Rochefort avait télégraphié à son ami Edmond Adam, député à l'Assemblée nationale, le priant de le faire créditer d'une somme de 25 000 francs, destinée à solder les frais de son évasion et le prix de son retour en Europe. Cette nouvelle trouva d'abord beaucoup d'incrédules. Outre que le gouvernement n'avait reçu qu'un court télégramme d'une authenthicité fort douteuse, tout le monde était frappé des difficultés matérielles de l'aventure. La presqu'île Ducos, séjour des déportés dans une enceinte fortifiée, est hérissée de récifs qui en défendent l'approche aux navires, et éloignée de cinq bonnes journées de navigation de la terre la plus voisine, l'Australie. On pouvait donc croire à une mystification, œuvre de quelque audacieux escroc. Mais le doute ne fut bientôt plus permis. Le *Journal Officiel* du 10 avril publia une dépêche sommaire de Nouméa, confirmant pleinement la réalité de l'évasion de Rochefort et de ses compagnons[1].

*
* *

Toute l'année 1874 et les premiers mois de l'année 1875 furent remplis par des polémiques interminables et toujours renaissantes des journaux des divers partis au sujet de l'organisation du septennat du maréchal de Mac-Mahon et des lois constitutionnelles de la République.

Les légitimistes et les impérialistes, qui s'étaient montrés les promoteurs résolus de la prorogation des pouvoirs du maréchal, manifestaient fort peu d'empressement devant l'échéance imminente des lois organiques à voter. La chose était d'ailleurs toute naturelle, et la presse officieuse, composée du *Français*, du *Journal de Paris*, du *Moniteur*, etc... qui s'étonnait de ces dispositions, y mettait vraiment bien de la candeur. Les républicains, ceux du moins qui étaient doués de sens politique, ne pouvaient se refuser à faire, quelques mois après la prorogation, ce qu'ils avaient voulu faire avant. Ils n'avaient du reste aucune raison d'être hostiles au septennat, qui représentait la République de fait, s'affirmant par son existence; tandis que les répugnances des légitimistes et des bonapartistes s'expliquaient à merveille par la perspective du long ajournement et peut-être de la ruine finale de leurs espérances.

[1] *L'année politique 1874*, par André Daniel, p. 168 et 169.

Les craintes de ces deux partis inspiraient à leurs organes un langage empreint de violence et d'amertume. L'*Union* s'emparant d'un mot injurieux appliqué par J.-J. Weis à la République conservatrice, déclarait le septennat une « bêtise ». Elle allait même jusqu'à la menace, et soutenait que par suite des projets constitutionnels annoncés, « les royalistes avaient recouvré leur liberté d'action à l'égard des pouvoirs du maréchal. » La *Liberté*, feuille impérialiste, exprimait plus brutalement la même idée en écrivant : « L'inamovibilité des pouvoirs du maréchal, c'est l'abdication de l'Assemblée. » A Paris et en province, beaucoup d'autres journaux, de même couleur, développaient les mêmes thèses.

***

Le gouvernement, après avoir en vain invité officieusement les journaux intransigeants de droite à modérer le ton de leurs polémiques, jugea convenable d'intervenir officiellement par une circulaire que le ministre de la Justice adressa aux procureurs généraux[1] :

« Monsieur le Procureur général,

« Divers journaux ont publié, depuis quelque temps, des articles dans lesquels se trouvent contestés les pouvoirs conférés par l'Assemblée nationale à M. le Maréchal de Mac-Mahon.

« Le 20 novembre dernier, l'Assemblée nationale, usant de son droit constituant, adoptait la résolution suivante : « Le pouvoir exécutif est confié, pour sept ans, au maréchal de Mac-Mahon, duc de Magenta, à partir de la promulgation de la présente loi. Ce pouvoir continuera à être exercé avec le titre de Président de la République et dans les conditions actuelles jusqu'aux modifications qui pourraient y être apportées par les lois constitutionnelles. »

« Lorsque l'Assemblée a prorogé, pour sept ans, les pouvoirs du Maréchal de Mac-Mahon, elle a entendu placer ces pouvoirs et leur durée au-dessus de toute contestation ; elle s'est liée et elle a lié le pays par la résolution qu'elle a prise, résolution incommutable, puisque l'Assemblée refusa formellement de la subordonner à des clauses qui l'auraient laissée incertaine jusqu'au vote des lois constitutionnelles.

[1] *L'année politique 1874*, p. 189.

« Ces lois seront prochainement soumises à l'examen de l'Assemblée nationale; mais, quelles qu'elles soient, le pouvoir lui-même du maréchal ne peut plus être contesté; il est devenu irrévocable par le vote de la prorogation, et ce pouvoir, aussi bien dans sa durée de sept ans que dans la personne qui le représente, ne saurait être nié impunément. De telles attaques constituent, en effet, une violation de la loi; elles ont, en outre, pour résultat de troubler les esprits, d'entraver le mouvement des affaires et d'amoindrir la sécurité que la loi du 20 novembre a voulu assurer au pays.

« Je vous invite, en conséquence, monsieur le Procureur général, à me signaler les articles publiés dans votre ressort qui vous paraîtraient contenir le délit d'attaques prévu par l'article 1er de la loi du 27 juillet 1849.

Le Garde des sceaux, ministre de la Justice,

Octave Depeyre.

Ce document était suivi, au *Journal Officiel* du 14 avril, de deux communiqués adressés à la *Liberté* et à l'*Union* et appliquant nommément à ces jonrnaux les avertissements comminatoires contenus dans la circulaire.

Le 29 avril, l'*Union libérale et démocratique de Seine-et-Oise*, journal d'une modération constante et notoire, fut supprimé comme « se livrant habituellement à une polémique de nature à exciter le désordre et à provoquer la haine du gouvernement et le mépris envers l'armée ».

Edmond About, dans le *XIXe Siècle* du 25 mars 1874, se moqua avec beaucoup d'esprit de ces polémiques et tourna en ridicule le duc de Broglie, qui avait qualifié d'*incommutable* le pouvoir que le Maréchal de Mac-Mahon tenait de l'Assemblée :

« Une poissarde, au temps où les poissardes ne s'intitulaient point négociantes en marée, se prit de bec avec un écolier. Elle lui lança coup sur coup tous les gros mots de son répertoire ; l'écolier, qui n'était pas manchot de la langue, riposta vertement ; la foule s'attroupa, comme d'usage, applaudissant, riant, prenant parti pour l'un ou pour l'autre, et curieuse de savoir lequel des deux aurait le dernier mot. L'étudiant parut faiblir, deux ou trois fois il avait bredouillé ; on crut même un instant que son sac était vide ; quand tout à coup, roulant les yeux, rassemblant les derniers restes de sa vigueur, et poussant un effort désespéré, il s'écria : « Vieille catachrèse ! » La poissarde étendit les bras et resta bouche béante. Elle était vaincue. Son adversaire l'acheva en ajoutant : « Oui, catachrèse! figure de rhétorique! » Et le bon peuple d'applaudir. Car nous sommes ainsi faits, qu'un seul mot inintelligible, s'il est lancé de haut avec aplomb, frappe d'admiration ceux qu'ils ne frappe point de terreur.

« Monsieur de Broglie le sait bien ; aussi cet habile homme, depuis qu'il a lancé du haut de la tribune le fameux *incommutable*, pousse-t-il ses avantages à bout. Incommutable est plus qu'un adjectif, c'est une arme dont le ministre et ses officieux nous frappent tous à coups redoublés, aussi bien les amis que les ennemis, sans trêve ni miséricorde. C'est en vain que dans tous les camps, on cède, on s'agenouillle, on demande grâce ; l'adjectif va son train, tombant à droite, à gauche, comme un fléau ensorcelé et rompant nos malheureuses têtes.

« Quand nous serons rentrés en possession de notre entendement, nous nous mettrons à raisonner, et poliment, doucement, nous ferons observer à M. le duc de Broglie que son grand mot ne signifie absolument rien. Incommutable est un terme de droit : il se dit exclusivement d'une propriété dont on ne saurait être dépouillé légitimement... »

Quant aux républicains, sans prendre une part directe à toutes ces logomachies, ils regardaient la coalition monarchique se diviser et se désagréger d'elle-même. Leur ligne de conduite pouvait se résumer en quelques mots. Le Centre gauche voulait la réalisation immédiate de la République septennale sous la présidence du Maréchal, assurés que faire durer sept ans une magistrature républicaine c'était, en réalité, fonder la République. La gauche modérée se ralliait sagement au plan du Centre gauche, qui n'était autre que l'ancien plan de M. Thiers. Les radicaux eux-mêmes, dans l'intérêt de la cause républicaine, semblaient consentir à laisser dans l'ombre leurs théories absolues. Ces idées étaient développées dans des articles publiés par l'*Aube* et attribués à M. Casimir Périer, dans une lettre de Laboulaye au *Journal des Débats* du 21 avril, dans une déclaration des députés de l'Aisne publiée par le *Temps* du 23 avril.

*
* *

Par contre, les articles violents que publiait alors M. de Saint-Genest dans le *Figaro*, motivèrent une interpellation d'un membre important du centre gauche, M. Christophle. Fort habilement M. Christophle écarta d'abord du débat la personne et les intentions du Président de la République. Puis il établit que le respect de la souveraineté nationale et la sécurité des discussions étaient la condition essentielle du régime parlementaire. Ces conditions existent-elles, en présence des appels de certains journaux à la force? L'article où le *Figaro*, rappelant le récent pronunciamiento de Pavia, pousse le Maréchal à un coup d'État, a-t-il échappé à l'attention du gouvernement, qui a suspendu ou supprimé des journaux pour des délits bien moindres? L'autorisation de vente sur la voie publique a été retirée au *XIX*e *Siècle*, pour avoir reproduit une parole de M. Lefèvre, député de la gauche, accusant le Président de l'Assemblée nationale, M. Buffet, de « partialité révoltante », et l'incitation au coup d'État est restée impunie. « Cela fait rire et voilà tout, s'écria le garde des sceaux, M. Depeyre; voilà l'effet que produit dans le pays le *Figaro.* » Le lendemain du jour où il avait attaqué la majorité avec la dernière violence, le *Figaro* avait, par une sorte de compensation, prodigué les injures à la minorité, et le gouvernement était resté muet comme la veille, oubliant les paroles que le duc de Broglie avait prononcées le 24 mai, dans son discours contre M. Thiers : « Ce qu'un gouvernement autorise et permet, il est censé le faire lui-même. » Il était difficile au duc de Broglie de nier qu'il avait usé de l'état de siège dans l'intérêt de ses amis, non dans l'intérêt de la justice et de l'équité. Il répondit plaisamment qu'il était heureusement surpris de la susceptibilité inquiète montrée par la gauche, pour les droits, l'autorité et la dignité de l'Assemblée, et salua avec plaisir cette conversion, qu'il souhaita durable et sincère. Quant au *Figaro*, « journal plus connu pour la variété piquante de sa rédaction que par sa consistance politique », ses attaques ne comptaient pas, et le vice-président du Conseil avait à peine eu le temps de lire ces « minuties de la presse courante. » D'ailleurs le rédacteur en chef du journal avait désavoué l'auteur de cet article[1]. »

Peu à peu, par suite de la surexcitation des polémiques, les journaux des divers partis en vinrent à se menacer de la dissolution. Les journaux monarchiques eux-mêmes n'échappaient pas à ce curieux état d'esprit, eux qui repoussaient naguère avec indignation

[1] *Histoire de la Troisième République*, par Zevort, t. II, p. 93, 94.

la pensée d'assigner un terme quelconque aux travaux de l'Assemblée. Si l'on essaye d'organiser une présidence viable, disaient l'*Union* et la *Gazette de France*, la droite sera obligée de délaisser le ministère et de s'unir aux radicaux pour voter la dissolution. Si on laisse choir le cabinet, ripostaient le *Moniteur* et le *Français*, le 24 mai et le 19 novembre s'écrouleront sur la tête de ceux qui les ont faits, et cette catastrophe obligera les conservateurs à subir la dissolution, sinon à la voter eux-mêmes. Enfin, la *Presse* et le *Journal de Paris* déclaraient à leur tour que, si l'on refusait d'organiser sérieusement le septennat, il n'y aurait plus qu'à remettre au pays les pouvoirs dont l'Assemblée n'aurait pas su faire usage. Ce dernier journal prenait même cette hypothèse tellement au sérieux, qu'il demandait que la loi électorale fut mise la première à l'ordre du jour, afin qu'on se trouvât prêt à tout événement.

*
* *

Les polémiques s'envenimèrent à tel point que le cabinet de Broglie y sombra le 16 mai 1874 et fût remplacé par le cabinet de Cissey, où l'on remarquait de Fourtou à l'Intérieur et Magne aux Finances : c'est dire qu'on avait fait une large place au parti bonapartiste.

Dès lors, ce parti releva la tête avec arrogance et travailla presque ouvertement au rétablissement de l'Empire. Sa propagande devint de plus en plus agressive et inquiétante. A l'Assemblée, dans un incident tumultueux, M. Levert, député du Pas-de-Calais, criait à la gauche : « Nous vous imposerons bientôt silence ! » Des comités anonymes, dirigés par d'anciens serviteurs du régime impérial, travaillaient sans relâche à recruter des partisans à la cause napoléonienne et ne dédaignaient aucun moyen d'action.

Les adulations étaient prodiguées à l'armée. On popularisait dans les campagnes la personne du prétendant de Chislehurst, le prince impérial, par l'envoi gratuit de milliers de photographies. On agissait enfin isolément par l'intimidation ou par les promesses sur les fonctionnaires et les officiers ambitieux ou mécontents. Dans la séance du 8 juin 1874, un membre de la gauche, M. Cyprien Girerd, député de la Nièvre, appela l'attention de l'Assemblée sur toute cette organisation occulte, à propos de l'élection récente, comme député de la Nièvre, de M. Bourgoing, ancien écuyer de Napoléon III.

Il mit sous les yeux de la Chambre un document tombé par hasard entre ses mains et qui portait l'en-tête et le cachet d'un certain *Comité central de l'appel au peuple* siégeant à Paris. « Recommandez bien à tous nos amis, disait cette circulaire, surtout à ceux qui sont investis de fonctions municipales ou administratives, d'appliquer tous leurs soins à nous gagner le concours des officiers retraités ou autres, fixés dans la Nièvre. Vous pouvez leur assurer que nous sommes en mesure de les pourvoir avantageusement quand on créera les cadres de l'armée territoriale ou de leur obtenir tous autres emplois ou faveurs... Notez soigneusement aussi ceux qui nous sont hostiles ou seulement indifférents. Ci-joint liste des noms et adresses des officiers payés par recette de la Nièvre, fournie par finances. »

Une enquête fut ordonnée. Mais, au cours des débats, M. Rouher affirma, sur l'honneur, qu'il ne connaissait pas l'existence d'un *Comité central de l'appel au peuple*. Une telle assertion était au moins invraisemblable. Les feuilles dévouées à l'Empire avaient maintes fois, dans leurs polémiques électorales, parlé d'un comité parisien dirigeant de loin la campagne bonapartiste. Les journaux exhumèrent ces extraits et les opposèrent au démenti de M. Rouher. Le *Progrès de Lyon*, entre autres, signala l'existence d'une circulaire autographiée, émanant d'un *Comité d'anciens officiers* présidé par le colonel Pietri ; et l'*Ordre*, organe de M. Rouher lui-même, avoua l'authenticité de cette pièce dans son numéro du 23 juin.

Dans la presse impérialiste de cette époque, nous remarquons les noms de MM. Ernest Dréolle, Jules Amigues, Paul de Cassagnac, Robert Mitchell, etc.

Une ironie de M. Rouher à l'adresse des hommes du 4-Septembre appela Gambetta à la tribune : « Il est des hommes, dit le grand patriote, à qui je ne reconnais ni titre ni qualité pour demander des comptes à la Révolution du 4-Septembre ; ce sont les misérables qui ont perdu la France !... » Rappelé à l'ordre pour cette virulente apostrophe, Gambetta reprit : « Il est certain que l'expression que j'ai employée renferme plus qu'un outrage, c'est une flétrissure, et je la maintiens. »

A la suite de cet incident, la gare Saint-Lazare fut le théâtre de scènes inqualifiables. Gambetta fut frapppé à la figure d'un coup de canne par un certain marquis de Sainte-Croix, que les tribunaux condamnèrent pour ce fait à six mois de prison. Les amis de Gambetta furent insultés, injuriés, assaillis par une bande de coquins, et là police ne leur donna qu'une protection inefficace. Deux députés radicaux, MM. de Mahy et Lefèvre, furent même arrêtés.

*
* *

Les journaux étaient naturellement remplis de polémiques à ce sujet. L'*Union*, qui n'était certes pas suspecte de tendresse à l'endroit des députés radicaux, affirmait avoir vu l'un des principaux agents de l'ex-police impériale donner ostensiblement des instructions aux sergents de ville, et signalait avec indignation l'attitude molle de la force publique en présence des injures et des voies de fait dont les membres de l'Assemblée avaient été l'objet. Ces soupçons étaient corroborés par la publication, dans le *Pays* du 12 juin, d'un article incisif où M. Paul de Cassagnac reprochait aux sergents de ville « d'avoir hésité devant le prestige qui s'attache au mandat de représentant » ; il leur exposait que l'inviolabilité parlementaire ne s'applique point « à tout ce qui est flagrant délit, tapage diurne ou nocturne, vol à l'étalage de l'opinion publique et autres effractions morales »; il les engageait enfin à « empoigner et amener au poste ces élus de la radicaille, ces hommes sinistres, fils des émeutiers de juin et des brûleurs de gardes municipaux, petits-fils des bourreaux de 93; ces lâches hurleurs, ces poltrons de la défense nationale, qui avaient fait mourir de faim Paris assiégé et n'avaient pas répudié le massacre des gendarmes ».

Le *Pays*, le *Rappel* et le *XIXe Siècle* furent suspendus pour 15 jours en raison des violences de leurs polémiques. Ne pouvant, toutefois, méconnaître qu'il n'y avait nulle parité à établir entre les violences des deux dernières feuilles et les déclamations furieuses du journal bonapartiste, le Garde des Sceaux ordonna des poursuites contre le *Pays*, qui fut acquitté, quelques jours plus tard, par le jury[1].

*
* *

L'agitation provoquée par les bonapartistes mit en défiance les autres partis politiques. M. Casimir Périer, au nom des républicains modérés, proposa à l'Assemblée d'organiser la République conservatrice. Les orléanistes proposèrent d'organiser le septennat et les

[1] *L'année politique 1874*, par A. Daniel.

légitimistes de rétablir la monarchie pure, suivant une motion de M. de Larochefoucauld-Bisaccia.

A l'occasion de cette dernière motion, le comte de Chambord se décida à venir en personne au secours de ses fidèles, au moment où ils tentaient un dernier effort. Il fit publier dans l'*Union* du 4 juillet 1874 un manifeste, où il s'offrait comme prétendant, au lieu de garder son attitude chevaleresque, en attendant fièrement que la France vint se jeter à ses pieds.

« Je manquerais au plus sacré de mes devoirs, disait M. le comte de Chambord, si à ce moment solennel je ne tentais un suprême effort pour renverser la barrière de préjugés qui me sépare encore de vous... En affirmant que je ne rétractais rien des déclarations sans cesse renouvelées depuis trente ans, dans les documents officiels et privés qui sont dans toutes les mains, je comptais sur l'intelligence proverbiale de notre race et sur la clarté de notre langue. On a feint de comprendre que je plaçais le pouvoir royal au-dessus des lois et que je rêvais je ne sais quelles combinaisons gouvernementales basées sur l'arbitraire et sur l'absolu. Non, la monarchie chrétienne et française est dans son essence même une monarchie tempérée, qui n'a rien à emprunter à ces gouvernements d'aventure, qui promettent l'âge d'or et conduisent aux abîmes.

« Cette monarchie tempérée comporte l'existence de deux Chambres, dont l'une est nommée par le souverain, dans des catégories déterminées et l'autre par la nation, selon le mode de suffrage réglé par la loi. Où trouver ici la place de l'arbitraire ?... Français, je suis prêt aujourd'hui comme je l'étais hier. La maison de France est sincèrement, loyalement réconciliée.

« Ralliez-vous, confiants, derrière elle. »

Le gouvernement du Maréchal de Mac-Mahon ne pouvait, sans paraître abdiquer, laisser passer ce manifeste et les commentaires qu'y avait ajoutés l'*Union*. Le journal légitimiste fut suspendu pour quinze jours. M. Lucien Brun et ses amis interpellèrent à ce sujet, mais sans le moindre résultat.

On raconte qu'en lisant le manifeste de M. le comte de Chambord, un des membres du centre droit se serait écrié : « La lettre du 27 octobre a fait le septennat, le manifeste du 2 juillet fera la République. » Les événements ne tardèrent pas à justifier cette prophétie. On sait comment, le 27 février 1875, notre Constitution républicaine, sous la forme de l'amendement Wallon, fut arrachée à la lassitude et au découragement de l'Assemblée nationale. Quelle distance parcourue entre les séances de Bordeaux en 1871 et celles de Versailles en 1875! On avait tout tenté pour établir la monarchie : on avait renversé M. Thiers, on avait fait la fusion, on avait fait le septennat, et, en fin de compte, le représentant du septennat, bon gré, mal gré, devenait celui de la République.

M. Wallon, dit M. Ranc [1], a eu son jour de gloire. Professeur sans auditoire, écrivain sans lecteurs, la politique l'a d'un seul coup bombardé à la célébrité. Il était né pour l'oubli, et son nom vivra ; nul esprit n'était plus rétrograde que le sien, et ce nom sera, dans les souvenirs, attaché à la fondation de la République. Le sort a de ces ironies.

* * *

Avant de se séparer, l'Assemblée nous légua une nouvelle loi sur la presse, due à la collaboration de M. Dufaure redevenu Garde des sceaux avec M. Buffet comme vice-président du Conseil des Ministres.

Une poursuite en Cour d'assises pour délit de presse, suivie d'un acquittement retentissant, fut le prélude de cette nouvelle loi. Dans une réunion de bonapartistes triés sur le volet, qui s'était tenue à Belleville, M. Paul de Cassagnac avait dirigé contre la Constitution les attaques les plus violentes, contre la République tous les griefs et toutes les récriminations. Traduit devant le jury de la Seine, en même temps que le *Pays* et le *Gaulois* qui avaient reproduit son discours, il fut acquitté, et aucune mesure administrative ne fut prise contre les journaux que le jury avait également renvoyés indemnes.

Mais l'opinion publique savait depuis longtemps à quoi s'en tenir sur la choquante inégalité et l'arbitraire du traitement appliqué aux journalistes, suivant qu'ils étaient favorables ou hostiles à la République. L'*Indépendance Belge* du 13 novembre et le *Siècle* du 22 novembre 1874 ont dressé une statistique comparative, singulièrement curieuse à cet égard. C'est celle des pénalités administratives infligées à la presse, en vertu de l'état de siège, sous la présidence de M. Thiers et sous celle du maréchal de Mac-Mahon.

[1] *De Bordeaux à Versailles*, p. 319.

Dans les dix-sept mois écoulés à partir du 24 mai 1873, vingt-huit journaux ont été supprimés, vingt suspendus, cent soixante-trois s'étaient vu interdire la vente sur la voie publique ; sur ces 211 actes de rigueur, 191 frappaient des organes de l'opinion républicaine. Pendant les vingt-six mois de la présidence de M. Thiers, la presse avait encouru 52 peines administratives.

Dans l'exposé des motifs du projet de loi, qui est devenu la loi du 29 décembre 1875, le gouvernement déclarait qu'on ne pouvait procéder à la levée de l'état de siège, sans apporter d'abord des modifications restrictives à la législation en vigueur sur la presse. « Bien qu'il soit rarement fait usage, disait-il, des pouvoirs que confère l'état de siège aux commandants militaires, personne ne contestera que l'existence seule de ces pouvoirs exceptionnels ait pour effet de modérer le ton général de la presse, d'empêcher les violences envers les personnes de devenir habituelles, et de rendre ainsi moins sensible l'insuffisance de la répression judiciaire à l'égard de certains délits. Si ce régime était brusquement supprimé, sans aucune précaution, il serait à craindre qu'en beaucoup d'endroits la presse périodique ne tombât dans des excès qui auraient infailliblement pour résultat de discréditer, dans l'esprit des hommes les plus libéraux, l'usage légitime de la libre discussion. C'est surtout à la veille des élections générales et pendant la période électorale, que de pareils écrits sont le plus à redouter ; les passions surexcitées par la lutte ne manqueraient pas de se répandre en polémiques injurieuses et en débordements de toute nature, que votre sagesse doit prévoir et que votre devoir est de prévenir. Lorsque les élections auront définitivement organisé le gouvernement que vous avez fondé et que l'apaisement se sera fait dans les esprits, vos successeurs auront la tâche de recueillir toutes les dispositions de nos lois sur la presse, de les soumettre à une révision attentive et de jeter les bases d'un régime durable, fondé tout à la fois sur la raison et sur l'expérience. Notre rôle est plus modeste : il consiste à pourvoir aux dangers que peut entraîner la disparition de l'état de siège dans la plupart des départements où il a été maintenu..... »

On pouvait résumer d'un mot les dispositions principales de la loi, comme le fit M. Albert Grévy, rapporteur. C'était la substitution de la police correctionnelle au jury dans presque toutes les poursuites pour délits de presse que peut provoquer la lutte électorale ; c'était la répudiation des principes que l'Assemblée nationale avait rétablis par la loi du 15 avril 1871[1].

La loi posait bien en principe la juridiction du jury pour les délits de presse ; mais aussitôt, dans huit paragraphes successifs, elle établissait au profit des tribunaux correctionnels une série d'exceptions telles, qu'on se demandait si véritablement ce n'était pas le principe lui-même qui restait désormais à l'état d'exception. Qu'on en juge d'ailleurs par les explications embarrassées et entortillées, données à ce sujet par M. Dufaure, garde des sceaux : « Quand vous examinerez la nature des délits pour lesquels la juridiction du jury est conservée, et la nature des délits qui sont renvoyés devant le tribunal de police correctionnelle, la distinction entre les uns et les autres vous frappera immédiatement, et vous comprendrez pourquoi les uns sont de la compétence des cours d'assises et les autres de la compétence des tribunaux..... Sont de la compétence du jury les délits suivants : l'excitation à la haine et au mépris du Gouvernement, l'excitation à la haine et au mépris des citoyens les uns contre les autres, l'outrage à la morale publique et religieuse..... A côté de ces délits, ceux que nous vous proposons de soumettre aux tribunaux de police correctionnelle, ce sont : les délits d'offense au Président de la République, le délit de diffamation envers les fonctionnaires publics, le délit de publication de fausses nouvelles, le délit de provocation à la désobéissance aux lois, enfin le délit de cris séditieux..... On laisse donc au jury tous les délits qui touchent à la politique ; les autres appartiennent aux tribunaux correctionnels. »

*
* *

C'est surtout l'attribution à la police correctionnelle des délits de diffamation envers les fonctionnaires publics, qui fut l'objet de vives attaques. L'Empire seul, à ses plus mauvais jours, disait le rapporteur, avait fait à la magistrature ce redoutable cadeau. Depuis cette grande loi de 1819, qui fut l'honneur de la Restauration, toutes nos lois libérales ont proclamé la compétence exclusive du jury en pareille matière. Pourquoi d'ailleurs faire en 1875 précisément le contraire de ce qu'on avait fait en 1871 ? M. Dufaure eut quelques peines à produire quelques médiocres arguments à l'appui de son projet. « Nous

[1] *Recueil Périodique* de Dalloz, année 1876, 4e partie, p. 30 et suiv.

avons donné, dit-il, à la personne qui est accusée d'avoir diffamé un fonctionnaire, le droit de faire la preuve des faits diffamatoires. N'oubliez pas, Messieurs, la distinction que notre loi elle-même établit entre le simple particulier et le fonctionnaire. Vous diffamez un simple particulier, il vous traduit devant le tribunal ; c'est la législation actuelle. Vous êtes condamné, et c'est en vain que vous vous engagez à prouver que le fait que vous avez articulé est vrai ; la loi vous interdit de faire cette preuve. — Mais, pour le fonctionnaire public, la question n'est pas aussi simple ; il y a un élément d'appréciation qui vient d'être rappelé par M. le rapporteur, et que nous ne pouvions pas perdre de vue. C'est le droit qui appartient à tous les citoyens d'attaquer sincèrement le fonctionnaire public, de révéler un fait déterminé, même un fait déshonorant, qui aura été commis par un fonctionnaire public. Alors, pour sa justification, le citoyen doit être admis à faire la preuve. Il se présente devant le tribunal en disant : C'est dans l'intérêt public que j'ai signalé un abus commis par le fonctionnaire public qui me poursuit, je demande à prouver la réalité de l'abus que j'ai dénoncé. Notre loi, comme la loi existante, donne le droit de faire cette preuve. Voilà la distinction admise ; elle est fondée, mais, de grâce, n'en faites pas d'autre..... Vous m'objectez que par cela seul que le diffamé est un magistrat, qu'il est fonctionnaire public, il aurait trahi le gouvernement en commettant un acte de corruption : le fait qu'on lui impute serait un délit politique. Mais, Messieurs, tout cela c'est l'abus de l'argumentation la plus subtile ! Cela n'est pas exact. Le magistrat concussionnaire a trahi la société tout entière et s'est déshonoré lui-même ; ce n'est pas seulement le Gouvernement qui l'a nommé et envers lequel il s'est montré un serviteur infidèle qu'il a trahi en se laissant corrompre; il a trahi aussi la société pour la sauvegarde de laquelle il avait l'honneur de monter sur son siège de magistrat. Eh bien, nous demandons pour le magistrat précisément le droit qui a déjà été accordé par la loi au simple particulier. »

*
* *

Grâce à un amendement du baron de Janzé (art. 3 de la nouvelle loi), l'interdiction de vendre sur la voie publique, cette arme favorite des préfets du 24 mai, disparut de l'arsenal des lois de répression. Mais nous verrons bientôt que les préfets, encouragés par des ministres autoritaires tels que Buffet et de Fourtou, surent tourner la loi en n'accordant le droit de colportage qu'à ceux qui vendaient des journaux agréables, en le retirant à ceux qui en vendaient d'autres.

On n'avait appliqué aux journaux la mesure de l'interdiction sur la voie publique que par suite d'une interprétation illégale et d'un usage abusif. En effet, l'article 6 de la loi du 27 juillet 1849, qui réglait le colportage, était dirigé contre les ouvrages non périodiques, contre le colportage de brochures socialistes. M. le baron de Janzé soutint son amendement avec beaucoup d'énergie :

« Puisque vous êtes décidés, disait-il, à voter la loi sur la presse, qui doit être le rachat de l'état de siège pour un grand nombre de départements, sinon pour tous, il faut au moins que, partout, vous substituiez la légalité à l'arbitraire. Or, qu'est-ce autre chose qu'une sorte d'état de siège partiel appliqué à la presse, que le droit donné à l'administration de suspendre tel ou tel journal, ou d'en interdire la distribution sur la voie publique ? N'est-ce pas une sorte de subvention déguisée en faveur des éloges ? Quels sont les effets de cette mesure ? Ils sont énormes : par exemple, la suppression peut être illimitée, et elle est d'une conséquence extrêmement grave au point de vue de l'atteinte à la propriété des journaux. » L'amendement de Janzé fut voté, après une discussion ardente, par trois cent trente-sept voix contre trois cent trente-deux.

En vertu de la nouvelle loi, l'état de siège fut levé dans tous les départements, à l'exception de ceux de la Seine, de Seine-et-Oise, des Bouches-du-Rhône et du Rhône, où il ne prit fin que par la loi du 4 avril 1876.

L'ensemble de la loi sur la presse fut adopté le 29 décembre ; et l'Assemblée élue en un jour de malheur, suivant le mot de M. Beulé, se sépara définitivement le 31 décembre 1875. D'un bout à l'autre de la France, on poussa un profond soupir de soulagement.

* * *

A peine l'Assemblée était-elle séparée, que la loi nouvelle sur la presse fut l'objet de deux circulaires d'un esprit bien différent. Dans une circulaire aux procureurs généraux, le Garde des sceaux Dufaure invita ces magistrats à user modérément de l'arme nouvelle mise entre leurs mains. Il engagea les chefs de parquet à se montrer sobres de poursuites durant la quinzaine électorale, et à ne point obtempérer trop promptement aux plaintes de fonctionnaires susceptibles qui se croient aisément diffamés. Le ministre indiqua qu'entre l'impunité systématique et la répression tracassière, il y avait un juste milieu et que les condamnations, pour avoir un effet durable, devaient être approuvées par l'opinion publique.

Mais, à l'inverse de M. Dufaure cherchant à rendre tolérable une loi répressive, le ministre de l'intérieur M. Buffet s'ingénia à éluder un texte nettement libéral, l'article 3 de la nouvelle loi qui supprimait l'interdiction administrative de vente et distribution sur la voie publique. Une circulaire aux préfets laissa percer tout le dépit que cette décision inspirait au ministre de l'Intérieur et leur indiqua en outre le moyen de reconquérir par une voie détournée le terrain perdu. L'article 6 non abrogé de la loi du 27 juillet 1849 prescrivait aux distributeurs et colporteurs d'être munis d'un permis. Le ministre ordonna aux préfets d'exiger que chaque permis de colportage ou de distribution fut accompagné d'un catalogue ne contenant « que des écrits qui ne fussent pas contraires à l'ordre, à la morale, à la religion, à la paix publique, à la société. » La vente de tous écrits, *périodiques ou non,* non inscrits sur cette liste, était absolument prohibée. Le préfet n'avait donc qu'à omettre sur le catalogue les journaux qu'il jugeait dangereux, les mêmes qu'il aurait frappés d'interdiction sur la voie publique, avant que la loi lui en eût ôté le droit. Par le seul fait de cette omission, le journal se voyait interdit de plein droit ; et la nouvelle loi était tournée de la manière la plus ingénieuse.

*
* *

Hâtons-nous de dire qu'aussitôt après les élections sénatoriales et législatives faites dans les premiers mois de l'année 1876 par application de la Constitution du 25 février 1875, le ministère Dufaure-Ricard remplaça le ministère Buffet.

C'est à ces élections législatives de 1876 que M. Émile Deschanel fut élu député de la Seine ; après l'acte du 16 mai 1877, il fut un des 363 qui refusèrent un vote de confiance au ministère de Broglie. Réélu après la dissolution de la Chambre, Émile Deschanel retrouva au service des idées républicaines tout le succès de ses conférences littéraires, en attendant sa nomination au Collège de France en 1880 et son élection comme sénateur inamovible en 1881.

*
* *

Nous insistons particulièrement, pour la bien faire ressortir, sur la circulaire du nouveau ministre de l'intérieur, en date du 5 mai 1876, recommandant aux préfets de prendre vis-à-vis de la presse une attitude de tolérance bienveillante, au lieu de chercher, comme l'avait fait M. Buffet, dans une extension subtile de la loi sur le colportage, le moyen d'éluder la loi du 29 décembre 1875.

« Monsieur le préfet, écrivait M. Ricard, l'article 3 de la loi du 29 décembre 1875, en décidant que l'interdiction de vente et de distribution sur la voie publique ne pourra plus être édictée par l'autorité administrative comme mesure particulière contre un journal déterminé, a eu évidemment pour but d'accorder à tous les journaux la vente sur la voie publique, en ne maintenant que les garanties générales établies dans un intérêt de sécurité et de moralité publiques par l'article 6 de la loi du 27 juillet 1849, c'est-à-dire la nécessité, pour le colporteur ou le distributeur, d'être muni d'une autorisation du préfet. Mais les dispositions libérales, introduites dans la législation et dans la pratique à ce sujet, seraient en grande partie annihilées, si l'administration reprenait indirectement ce que la loi a concédé, et si, en entourant de toutes sortes de difficultés l'octroi des permissions de colporteur, elle arrivait à ce résultat de rendre impossible la vente des journaux ou d'un journal sur la voie publique. Il doit être entendu que vous ne refuserez ou ne retirerez jamais ces permissions que pour des motifs sérieux, et que jamais le fait de vendre ou d'avoir vendu tel ou tel journal ne pourra servir de raison au refus ou au retrait de ces permissions. Le gouvernement a la ferme volonté, Monsieur le préfet, de faire à la liberté des écrits, et particulièrement à celle des journaux, la part aussi large que possible. Il ne peut donc songer à restreindre ou à entraver, par des interprétations trop étroites de la loi, la circulation des journaux dans lesquels l'opinion publique trouve son expression multiple et quotidienne. Vous seconderez donc ces vues en vous inspirant non seulement de la lettre, mais encore de l'esprit de cette circulaire, et en facilitant, dans la mesure fixée par la loi, l'exercice d'une industrie qui ne saurait être tenue en suspicion par un gouvernement républicain. »

*
* *

La République victorieuse eut une existence sans grandes secousses pendant l'année 1876 et les premiers mois de l'année 1877. Il suffit de noter seulement que le ministère Dufaure se retira, au mois de décembre, devant un vote hostile du Sénat, et fut remplacé par un ministère plus accentué, celui de M. Jules Simon.

Le nouveau cabinet, où Jules Simon prit, avec la présidence du conseil, le ministère de l'Intérieur, exposa dès le lendemain un programme « franchement républicain et résolument conservateur, dévoué profondément à la liberté de conscience, mais sincèrement respectueux de la religion, et prêt à exiger que la République soit servie par des républicains. »

Dans cet intervalle, quelques nouveaux journaux virent le jour.

La *Nation* (21 octobre 1876) était rédigée par des écrivains de grand mérite, Jules Delafosse, Augustin Filon, Albert Duruy, acquis à la cause bonapartiste et à la doctrine de l'Appel au peuple. « Nos convictions, disaient-ils dans le premier numéro, et nos sympathies n'ont nullement été modifiées, parce que notre opinion n'a pas triomphé en février dernier ; mais le respect, dont nous faisons profession pour la souveraineté du peuple, nous impose l'obligation de n'apporter aucune entrave à l'exécution de sa volonté..... Aux républicains de justifier, en l'appliquant, leur programme, dans lequel nous ne comprenons pas, bien entendu, les aspirations irréalisables du radicalisme. Qu'ils se mettent donc enfin à pratiquer complètement et vraiment le régime républicain, pour permettre à la France d'en apprécier la valeur. S'ils réussissent, ils forceront les convictions contraires à reconnaître leur succès. S'ils échouent, tous ceux qui auraient espéré fonder une République conservatrice et modérée feront honorablement retour à une autre forme de gouvernement, compatible avec la constitution égalitaire et démocratique de notre société..... Son but est de préparer, en éclairant l'opinion, la manifestation décisive du suffrage universel, qui doit se produire après que seront expirés les pouvoirs de la Chambre actuelle. »

M. Léonce Détroyat quitta la direction de la *Liberté* pour fonder le *Bon Sens*, (21 juin 1876) avec M. Levert, député du Pas-de-Calais, Dréolle, Robert Mitchell, députés de la Gironde, A. Filon, etc... Ce fut un des organes les plus en faveur des doctrines de l'appel au peuple, mais dans une gamme très modérée. « Les formes de gouvernement, a dit Lamartine, ne sont ni absolument bonnes, ni absolument mauvaises ; elles sont toutes relativement bonnes et mauvaises. Cet avis est aussi le nôtre. C'est au suffrage universel qu'il appartient de décider de la forme de gouvernement, bonne ou mauvaise, qui nous convient le mieux. Mais pour que cette doctrine soit rationnelle et juste, il faut logiquement admettre qu'une manifestation libre et directe de la volonté du peuple ne peut être annulée ou détruite que par une manifestation aussi librement et aussi directement exprimée. »

De cette même époque datent l'*Assemblée Nationale*, l'*Estafette*, la *Défense sociale et religieuse*, inspirée par l'évêque Dupanloup.

*
* *

Le *Petit Parisien*, journal à 5 centimes, parut, pour la première fois, le 15 octobre 1876. M. Jules Roche en était le rédacteur en chef sous le patronage des sénateurs Le Royer, Calmon, Fourcand, Edmond Adam, des députés Cochery et Andrieux. « Dans un pays de suffrage universel, disait M. Jules Roche, les institutions politiques ne sont durables qu'à la condition de s'appuyer toujours sur le consentement de la majorité. Faire violence à la volonté du plus grand nombre pour satisfaire les impatiences de quelques-uns, réaliser des formes prématurées auxquelles résiste encore l'esprit public, c'est provoquer une réaction qui se manifeste bientôt à chaque élection par des choix hostiles au gouvernement établi. Pour cette politique de temporisation et de prudence, au bout de laquelle nous apercevons très clairement l'application complète et définitive des principes de la Révolution française, nous ne nous flattons pas de rencontrer l'approbation des infaillibles qui habitent la région supérieure de l'absolu... *Fais ce que dois, advienne que pourra*, disaient-ils dans un de leurs récents manifestes. Nous professons autant de respect pour le devoir, mais moins de dédain pour les résultats. Nous pensons que ce que doit un homme politique, c'est de se préoccuper en toute chose de ce qui *adviendra*... Quant aux irréconciliables de droite, coalisés pour renverser le gouvernement que la France s'est librement donné, il paraîtra sans doute superflu de rappeler que nous ne *transigeons* pas avec eux... »

Toujours fidèle à ses principes et sans cesse en quête d'améliorations pour l'agrément et l'utilité de ses lecteurs dont le nombre a sans cesse augmenté, et cela dans toutes les classes de la société, le *Petit Parisien* a survécu à bien des organes, plus bruyants que lui dès leur naissance; il occupe aujourd'hui, dans le journalisme fran-

QUATRIÈME ANNÉE — N° 827 Le numéro 5 centimes MERCREDI 22 JANVIER 1879

Le Petit Parisien

Abonnements : 3 mois 5 fr., 6 mois 9 fr., un an 18 fr. | Direction : 18, rue d'Enghien | Annonces : chez M. AUDBOURG, 10, place de la Bourse

LE MAINTIEN DU MINISTÈRE

Le ministère est maintenu.

L'ordre du jour pur et simple, proposé par M. Floquet, a été repoussé par 223 voix contre 121.

M. Jules Ferry a déposé l'ordre du jour suivant, accepté par le ministère :

La Chambre des députés, confiante dans les déclarations du gouvernement et convaincue que le cabinet, désormais en possession de sa pleine liberté d'action, n'hésitera pas, après le grand acte national du 5 janvier, à donner à la majorité républicaine les satisfactions légitimes qu'elle réclame depuis longtemps au nom du pays, notamment en ce qui concerne le personnel administratif et judiciaire, passe à l'ordre du jour.

Votants	**344**
Majorité absolue	**173**
Pour l'adoption	**223**
Contre	**121**

L'INTERPELLATION D'HIER

Le début de la séance

Versailles présentait hier la physionomie des grands jours parlementaires. L'affluence du public dans les tribunes et dans la salle d'attente était énorme, l'agitation la plus vive régnait dans les couloirs, les bruits les plus contradictoires étaient mis en circulation.

Enfin, la séance s'ouvre ; elle prend du premier coup un aspect un peu lugubre, car M. Grévy débute par l'éloge funèbre, très mérité, de M. Mollien, député de la Somme, dont nous avons annoncé hier la mort.

Enfin la discussion sur l'interpellation est ouverte, et M. Senard monte à la tribune.

***

Le discours de M. Senard

M. Senard a débuté par un aveu assez étrange en déclarant qu'il avait accepté d'interpeller le ministère sur son programme, *avant même de connaître ce programme*. Il a fait ensuite l'éloge de la déclaration, s'est félicité pour son pays de la période écoulée depuis le 14 décembre, et des projets que les ministres se proposent de présenter.

Suit un éloge éclatant des ministres. — Très bien ! s'écrie une voix à gauche. — Cet isolement dans l'approbation produit dans toute la Chambre des sourires non équivoques.

Mais l'orateur déclare cependant qu'il doit faire une réserve. Sa réserve est relative aux fonctionnaires, sur lesquels il dit des choses justes ; il critique sans hésitation le programme, ce qui lui vaut une certaine approbation à gauche.

Cependant, malgré le talent incontestable de M. Senard, il faut bien reconnaître que, jusqu'à présent, la Chambre reste froide comme si elle entendait une déclaration ministérielle ou une défense de M. Decazes.

La droite elle-même, rompant avec les habitudes du temps jadis, écoute silencieusement et avec une convenance irréprochable.

M. Senard ne met pas le pouvoir judiciaire en dehors des fonctionnaires. Il appuie sur la question des parquets. Elle est, dit-il, plus importante encore que celle des préfectures. Il arrive, pour cinq départements parfois, que la force publique est dans les mains d'un seul homme, le procureur général, dont l'action s'étend jusqu'au ministre de la justice.

« Eh bien, je demande à M. le ministre de la justice s'il est bien sûr du dévouement de tous ses procureurs généraux ? »

A ces paroles de M. Senard, un tonnerre d'applaudissements éclate sur les bancs de la gauche. « — M. Dufaure décore les magistrats ennemis de la République ! » s'écrient plusieurs voix.

M. Dufaure n'avait pas, en ce moment, la physionomie joyeuse.

M. Senard étend ses critiques à tous les ministères et descend de la tribune après quelques observations générales pleines de sens et qui sont en contradiction avec la thèse qu'il soutient.

Singulier procédé, toutefois, pour défendre le ministère.

***

La réplique de M. Dufaure

M. Dufaure vient répondre. Jamais sa voix n'a été plus nasillarde ni plus pénétrante. Il débute par s'étendre sur les élections du 5 janvier, dont il cherche à se prévaloir, en affirmant que le ministère du 14 décembre en a tout le mérite, vu que c'est lui qui les a préparées.

De ces élections ne peut résulter aucune modification à nos institutions ; c'est une consécration de la constitution, tout au contraire. Quant aux fonctionnaires, ils doivent désormais se pénétrer de l'esprit de dévouement ou tout au moins de soumission aux institutions existantes. Ils n'ont plus le prétexte d'une majorité dans l'une des Chambres pour justifier leur hostilité.

M. Dufaure s'efforce d'établir ensuite qu'il a été d'une férocité inouïe envers les fonctionnaires des parquets, envers les juges de paix ennemis de la République, et il promet d'être plus féroce encore dans l'avenir.

Il termine en rappelant qu'il est l'un des fondateurs de la République, par une péroraison d'une chaleur calculée et tout à fait en dehors de ses habitudes oratoires, laquelle lui attire de nombreux applaudissements au centre. Les deux ailes de l'assemblée restent silencieuses et froides.

En résumé, immense talent de parole ; mais c'est tout.

M. Dufaure ne saura jamais que résister et réagir contre la volonté de la nation. Ce n'est pas ainsi qu'on gouverne un grand pays, qui entend rester maître de ses destinées.

***

Discours de M. Madier-Montjau

M. Madier-Montjau répond au président du conseil avec cette éloquence chaleureuse et communicative qu'on lui connaît. Il veut qu'on rentre dans une situation parlementaire et normale ; celle qui existe actuellement ne l'est pas.

Pour justifier son assertion, M. Madier-Montjau jette un rapide coup d'œil sur l'histoire politique de cette dernière année. Puis caractérisant les élections du 5 janvier, il considère qu'elles ont été « la libération de la République ».

Le programme du ministère est une pâle reproduction de la politique suivie jusqu'à ce jour. Les promesses qu'il contient ont un caractère vague. Pour le personnel, qu'a-t-on fait ? Le renouvellement partiel du conseil d'État fournit la réponse. On se propose de faire entrer dans le conseil d'État huit membres nouveaux, qui seront-ils ? Des amis ou des ennemis de la République ?

Passant en revue les questions de la magistrature, des grands commandements, de l'arrivée au pouvoir de M. le général Gresley, M. Madier-Montjau indique, sans insister, les obstacles dont on a voulu se prévaloir, les résistances de l'Élysée avec lesquelles il ne peut y avoir à compter désormais.

Il appuie enfin sur les conséquences produites dans le pays par la politique du ministère, sur le désir qu'il a ainsi que ses amis de voir maintenir l'union du parti républicain dans le pays et dans le Parlement.

Le passage sur les aspirations du pays par lequel a terminé M. Madier-Montjau est très remarquable et fait le plus grand honneur au député de la Drôme. Le pays le comprendra et cela peut le consoler des marques d'impatience que ne lui a pas ménagées le centre gauche.

***

Discours de M. Floquet

M. Floquet lui succède. Il se promet d'être très modéré. La question qui se pose, dit-il, est simple. Le cabinet actuel est-il en harmonie avec l'opinion du pays, avec la situation créée par les élections du 5 janvier ?

Si l'on a accepté le ministère actuel, c'est que nous avons consenti à ajourner l'exécution de notre mandat, à attendre le 5 janvier, déclare M. Floquet. Quelques murmures se produisent au centre : « J'en appelle à vos consciences ! » s'écrie-t-il. Et les murmures cessent ; on commence à écouter.

« Depuis 1871, la France a été perpétuellement déçue, on lui a fait ajourner ses espérances, on l'a renvoyée au 5 janvier ; le 5 janvier, la France a remporté la victoire, et on veut la renvoyer encore à plus tard. » Les applaudissements se succèdent sur les bancs de la gauche, plus serrés et plus nourris à chaque fois, et saluent les paroles de l'orateur, notamment lorsqu'il parle de l'amnistie, de l'envahissement clérical, du conseil d'État.

Abordant ensuite la question des fonctionnaires, l'orateur rapproche les déclarations actuelles de celles que faisaient les mêmes ministres en 1876. Une simple citation montre tout le chemin fait en arrière.

La suite du discours de M. Floquet est une remarquable série de tableaux qui montrent ce qu'est la situation de la magistrature, celle de la gendarmerie ; quelques mots sur l'histoire parlementaire depuis 1876 sont une preuve éclatante du degré de confiance que l'on peut accorder au ministère. Si jamais le passé a mérité de servir de leçon pour l'avenir, c'est bien ici.

La lecture d'une profession de foi sénatoriale de M. Bulay (Union républicaine) et Bozérian (centre gauche), demandant tout ce que le ministère refuse, gêne horriblement le centre gauche, qui semble vouloir renier ce pauvre M. Bozérian.

Les amis du ministère, continue M. Floquet, ceux qui sollicitent un vote de confiance, savent et disent que cette confiance ne peut être que précaire, que provisoire. Mais c'est là qu'est le plus grand danger qui nous puisse menacer.

La péroraison de M. Floquet est un éloquent appel à l'union des gauches. Que celui qui veut la dissoudre demande la parole et lui succède à cette tribune ! s'écrie-t-il en terminant.

***

La suspension de la séance

M. de Marcère, de sa place, sollicite une suspension de séance. Il faut bien continuer un peu le travail des couloirs si bien commencé déjà avant la séance, et s'entendre sur la rédaction d'un ordre du jour pouvant contenter à peu près tout le monde. On verra plus loin, à nos informations de couloirs, que cela ne s'est pas fait sans peine.

---

61 — Feuilleton du PETIT PARISIEN.

NINI BELLOTTE

LA

PETITE PARISIENNE

DEUXIÈME PARTIE

LE CALVAIRE D'UNE ENFANT

XII

TRAVAUX D'HERCULE

— Suite —

— Là ! fit l'Enrhumé en reposant son verre et en claquant de la langue, voilà un vrai velours. Maintenant, petit raboson de mon cœur, écoute bien papa. Si tu es bien gentil, on ne te fera pas de mal et on te lâchera... plus ou moins tôt. Ça, c'est notre affaire. Donc, réponds à quelques questions... et si tu coupes dans notre pont, alors tope..., tu seras un vrai camarade...

Béquaret ne répondait pas, attendant toujours.

— Dis d'abord, vieux !... qu'est-ce qu'on te paye pour être le chien de garde à la maison là-bas ?...

— Ce qu'on me paye !... fit le bosso. Je ne comprends pas.

— Dame ! c'est pas pour rien, probablement que tu gardes la petite Nini Bellotte ?

Ce nom, si doux, si aimé, semblait à Béquaret profané par les lèvres ignobles qui le prononçaient. Mais voici que la vérité commençait à se réveiller... c'était bien à elle, à Nini Bellotte qu'on en voulait.

Aussi une inspiration subite traversa son cerveau.

— Si ! c'est pour rien ! grogna-t-il, mais si vous croyez que ça m'amuse !...

— Alors pourquoi que tu le fais ?..

— Est-ce qu'on sait ces choses-là ! J'aime cette famille-là, moi !... mais, ajouta-t-il, si je vois que ça m'attire des désagréments...

Il prit sa respiration. Il lui paraissait si dur de mentir. C'était pour cet honnête homme une sorte de sacrilège. Mais il dit nettement :

— Pas si bête que d'avoir des histoires... je lâcherai tout ce monde-là...

La Ribochard eut un geste de surprise :

— Ah, bah ! fit-elle. T'es donc moins bête qu'on ne l'avait dit ?

L'Enrhumé administra sous la table un vigoureux coup de pied à sa compagne.

— Qu'est-ce qu'on vous a dit, fit Béquaret qui s'efforçait de donner à sa voix l'accent canaille qui pouvait le mettre à l'unisson des deux bandits. Eh bien ! oui, je tiens un peu à cette petite... Ça c'est vrai ! mais je tiens encore plus à ma peau... et puisque vous l'avez pigée ! tant mieux pour vous !

Pigée ! Béquaret avait dit pigée ! O mânes des grands musiciens, voilez-vous la face, votre fidèle parle argot !

Du reste, cela parut plaire à l'Enrhumé qui reprit :

— Tiens ! mais au fond tu n'as pas l'air d'un zinve. Pourquoi diable as-tu voulu y aller du surin tout à l'heure ?

Surin ! mais voilà le malheur. Béquaret n'était pas très ferré sur l'argot. Et il avait provoqué le premier.

— Pourquoi j'ai voulu m'en aller ? reprit-il se méprenant un peu sur la vraie signification du mot. Dame ! qu'est-ce que vous auriez fait à ma place ?

— Ça, c'est vrai ! mais pour en revenir à la fillette, alors tu n'y tiens pas tant que ça...

— Non... j'y tiens sans y tenir... vous l'avez, gardez la !

C'était la seconde fois, — avec le mot pigée, — qu'il émettait la même idée.

Et décidément il n'était pas trop sot. Car cette fois la Ribochard, qui ne tenait pas fort bien sa langue, répondit :

— On ne la tient pas encore, mais ça ne moisira pas !

On ne la tenait pas. Dieu du ciel ! tout le sang de Béquaret ne fit qu'un tour ! Il ferma à demi les yeux pour cacher l'éclair joyeux qui jaillit de ses prunelles.

Il eut le courage de répondre :

— Baste ! un peu plus tôt, un peu plus tard...

— Faudra bien toujours qu'elle y passe, acheva philosophiquement l'Enrhumé.

Avoir tenu un enfant dans ses bras, l'avoir bercé tout petit, l'avoir adoré, alors qu'il grandissait sous l'abri du respect qu'inspirait sa chasteté, et entendre ces mots ignobles.

Béquaret sentait ses dents qui grinçaient. Et pourtant il ne voulait pas se mettre en fureur. Il se contenait, sentant bien qu'une imprudence c'était la perte de Nini. Il n'y avait plus qu'un espoir. Il fallait faire chorus avec ces brigands. Qui sait ? se faire accepter comme complice, c'était peut-être la dernière chance.

Et déjà l'Enrhumé reprenait :

— Tu sais, moi, au fond, j'aime pas faire arriver de la peine au monde. Si tu voulais être raisonnable, et que ça pût s'arranger à l'amiable...

Béquaret parvint à retrouver un peu de salive et dit :

— On peut toujours s'arranger.

— Au fait, reprit la Ribochard, tu n'as pas l'air de rouler sur l'or... et puis c'est pas ta fille, pas vrai !

— Non ! non ! ça n'est pas ma fille ! répéta Béquaret, dont le cœur pleurait.

L'Enrhumé et la Ribochard se regardaient.

Il parait qu'une même idée traversa leur cerveau. Car, d'un commun accord, ils se levèrent et allèrent se parler dans un coin çais, un rang très élevé et que peuvent lui envier bien des feuilles de politique ou de haute littérature.

***

L'*Homme libre*, avec Louis Blanc comme directeur politique, publia son premier numéro le 7 octobre 1876, mais n'eut qu'une vie éphémère.

***

Le 22 avril 1876, Rochefort, au retour de Nouméa, fit paraître le journal la *Lanterne* avec la collaboration d'Henry Maret, Adrien Duvand, Monprofit et G. Puissant. Il avait pour signature les initiales X...y. Voici quelques extraits de son premier article intitulé *Le Revenant*, où se reconnaît l'esprit original du pamphlétaire goguenard : « En présentant cette nouvelle *Lanterne* au public, nous ne voudrions ni désillusionner ceux qui nous suivent, ni décourager ceux qui rêvent de nous imiter. Il m'est cependant impossible de ne pas me demander ce que sont devenus, après tant d'orages, ceux de mes collaborateurs qui s'étaient lancés, à mes côtés, dans cette carrière du journalisme, où l'on sable à si peu de frais le falerne dans des coupes d'or. Voici la liste — incomplète — des rédacteurs de la *Marseillaise* (la vraie, celle de 1869) dont je faisais partie, les titres et dignités auxquels ils sont parvenus à force d'intrigues.

« Victor Noir, tué à coups de revolver ; Millière, tué à coups de fusil ; Flourens, tué à coups de sabre ; Corcelles, mort à bord de la *Guerrière;* Verdure, mort à la presqu'île Ducos ; Ranc, condamné à mort ; Jules Vallès, condamné à mort ; Humbert, travaux forcés à perpétuité ; Henri Rochefort, déportation perpétuelle dans une enceinte fortifiée ; Olivier Pain, même maison ; Arthur Arnould, déportation même maison ; Paschal Grousset, déportation même maison ; Assi, déportation même maison ; Malon, déportation même maison ; Lissagaray, déportation même maison. Telles sont les récompenses décernées par la République à ceux qui ont le plus énergiquement travaillé à son avènement, à travers les casse-têtes de l'Empire. Nous avons tiré les marrons du feu ; malheureusement les marrons se sont changés pour nous en balles de chassepot, et le feu est devenu un feu de peloton. Ceux que nous avons faits ce qu'ils

La Lanterne

ADMINISTRATION, RÉDACTION ET ANNONCES
À PARIS
3 — Rue Coq-Héron — 3

Abonnements : Paris
Trois mois.... 8 fr.
Six mois..... 16 fr.
Un an........ 30 fr.

JOURNAL POLITIQUE
QUOTIDIEN
UN NUMÉRO : 5 CENTIMES

Abonnements : Départements
Trois mois.... 8 fr.
Six mois..... 14 fr.
Un an........ 30 fr.

PREMIÈRE ANNÉE. — NUMÉRO 2

Lundi 23 avril 1877. — 4 floréal an 85.

Beaucoup de personnes n'ayant pu se procurer notre premier numéro, qui a été rapidement enlevé.

*Nous avons fait faire un tirage supplémentaire, et le public peut demander chez tous les marchands notre numéro d'hier, qui contient la première lanterne d'***X... y.***, en même temps que celui d'aujourd'hui.*

Nos lecteurs trouveront à la quatrième page une Carte du **Théâtre de la guerre d'Orient**. Pour suivre les opérations militaires, il est absolument nécessaire de se reporter à cette Carte, dont nous garantissons la parfaite exactitude.

Lire à la deuxième page le compte-rendu de

L'AFFAIRE CASSAGNAC

Demain nous publierons la seconde lanterne de

X... y.

L'HÉROISME CONTEMPORAIN

Le prévenu Paul de Cassagnac a inauguré hier, devant la cour d'assises, un système de défense qui, étant donnée la glorieuse époque où nous avons l'honneur de vivre, ne manquera pas d'être suivi par un nombre incalculable d'imitateurs.

Ce système consiste à s'oublier soi-même avec une humilité toute chrétienne, et à appeler l'attention de ses juges sur des personnes étrangères, à qui l'on ne serait pas fâché de faire passer un vilain quart d'heure.

Le Paul, que l'Athénée-Comique nous a [illegible], s'est évidemment fait ce raisonnement :

« Puisque me voilà devant une cour d'assises, et que je suis, comme on dit, tout porté, je n'aurai jamais une meilleure occasion de dénoncer mes adversaires politiques, et de les faire condamner à ma place. »

Et oubliant généreusement ses propres torts, il s'est mis à proposer à la cour de prononcer des peines sévères contre le *Radical*, le *Républicain du Finistère* et autres journaux radicaux, si bien que, pendant quelques instants, l'assemblée a pu croire que les rôles étaient intervertis, que c'était M. Paul de Cassagnac qui requérait contre M. de Leffemberg, et que, si cela continuait, ce dernier n'en serait pas quitte à moins d'une grosse amende.

Pour l'éviter, M. de Leffemberg a dû répondre au prévenu, devenu accusateur public, qu'il se ferait un plaisir de lui être agréable, et que le *Radical* allait être assigné, ainsi qu'il semblait le désirer.

Sur quoi, M. Paul :

« J'en remercie le chef du parquet, et je rappelle que c'est sur ma dénonciation que le *Républicain du Finistère* a été poursuivi. »

Un murmure flatteur a accueilli ce noble aveu ; et le chef du parquet n'a pas dû être peu fier d'avoir mérité les remerciements de celui qu'il n'avait pourtant pas fait venir là pour lui demander des conseils.

Pendant les quelques instants que la scène a duré, on a pu remarquer un léger embarras dans l'auditoire, et quelques étrangers, qui ne sont pas encore au courant de nos mœurs républicaines, adressaient de temps en temps à leurs voisins des questions bizarres :

— C'est un procès qu'on fait au *Radical* ? disait l'un.

— Le *Radical*, journal bonapartiste. — Oui, monsieur.

— C'est étonnant, je croyais qu'il s'agissait du *Pays*.

— D'où sortez-vous, monsieur ? Le *Pays* est un journal républicain. Comment voulez-vous que sous la République on condamne un journal républicain ?

— Je me suis trompé, c'est moi qui ai tort.

Jean Hiroux, le héros d'Henry Monnier, n'avait pas trouvé ce procédé, découverte dont la gloire revient tout entière au parti bonapartiste. Il n'y a aucun doute que les Jean Hiroux de l'avenir n'en profitent, et je suis persuadé que lorsque Moyaux sera amené devant ses juges, il prendra la parole en ces termes :

« Messieurs, les magistrats de mon pays attendent évidemment de moi quelque grand service, puisqu'ils ont eu l'obligeance de me faire conduire dans cette enceinte. Je crois donc de mon devoir de leur signaler les progrès que fait dans notre malheureuse société la falsification du laitage. La petite fille que j'ai jetée dans un puits n'est pas morte, comme on le croit, d'un séjour prolongé dans ce lieu de plaisance, qui n'est pas beaucoup plus effroyable que les cachots de la Nouvelle-Calédonie. Elle a expiré, empoisonnée par une laitière, dont je puis donner l'adresse à la cour, et dont j'ai eu à me plaindre personnellement. J'espère que le ministère public ne refusera pas d'exercer des poursuites contre cette scélérate, que je signale à la vindicte sociale. »

Il lui sera beaucoup pardonné, parce qu'elle a beaucoup aimé, disait le Christ, parlant de Madeleine. Il lui sera beaucoup pardonné, parce qu'il a beaucoup dénoncé, disent aujourd'hui les honnêtes gens. Les quatre cent mille dénonciations qui ont suivi la Commune et qui ont opéré une si prodigieuse transformation dans notre sens moral, expliquent et justifient la conduite de M. Paul de Cassagnac, comme elles expliqueront et justifieront celle de tous ses successeurs. Dans ce temps-là, le *Figaro* (je crois que c'était le *Figaro*, et si ce n'était lui, c'était lui tout de même) a traité de vieil imbécile le Ruy Gomez de Silva, de Victor Hugo, refusant de livrer Hernani à Don Carlos et à ses gendarmes. Depuis ce moment, l'héroïsme, parmi les classes dirigeantes, consiste dans la dénonciation. C'est un genre de courage particulier à notre époque, et qui, je ne crains pas de le dire, lui donnera une place tout à fait exceptionnelle dans l'histoire de la civilisation.

De même que les Indiens s'enorgueillissent du nombre de chevelures qu'ils rapportent du combat, ainsi les héros contemporains comptent avec une noble ivresse le nombre de leurs contemporains qu'ils ont livrés à la police. Encore un peu de temps, et on leur délivrera des médailles. C'est pourquoi M. Paul de Cassagnac a cru mériter l'indulgence de la cour, en rappelant ses prouesses en cette sorte de combats.

Un jour viendra, espérons-le, où les bonnes places seront mises au concours et où l'on fera subir aux candidats l'interrogatoire suivant :

D. — Vous désirez une préfecture, un grand commandement ou une recette générale, c'est très-bien ; mais, qu'avez-vous fait pour cela ? Combien avez-vous dénoncé de personnes ?

R. — Dix-sept.

D. — C'est bien peu, il faudra vous contenter d'une sous-préfecture de troisième classe.

HENRY MARET

Voir les dernières nouvelles à la troisième page.

LES

PREMIÈRES ANNÉES DE PARIS

L'éditeur Calmann Lévy vient de republier, sous un format des plus séduisants, *Mes premières années de Paris*, d'Auguste Vacquerie. La vie de tout homme contient un poème, mais combien peu savent l'en extraire ! Il y a en Australie des malheureux qui tombent de misère et d'épuisement à l'endroit même où, quelques mois plus tard, des chercheurs découvrent une mine d'or. Auguste Vacquerie a interrogé sa jeunesse, fouillé ses souvenirs, traduit ses sensations, et y a découvert des filons de poésie. Ce livre offre ce contraste si précieux et si rare : un talent plein d'expérience pour exprimer des pensées pleines de jeunesse.

L'Attente. A une Rieuse, où nous lisons ces vers charmants :

> Vous êtes clarté, danse, joie,
> [illegible]
> Et vous voulez que je vous croie
> Quand vous dites que vous m'aimez ?

La note dramatique est dans ce magnifique fragment, intitulé *Haas et Marie*, et dans *Proserpine* ; la note élégiaque dans le morceau à madame *Victor Hugo*, et qui est, à notre avis, le plus parfait du livre. Nous regrettons vivement que la taille de la *Lanterne* nous interdise les longues citations ; nous ne pouvons que renvoyer le lecteur à ces pages que nous avons lues au milieu du brouhaha causé par la création d'un journal, mais que nous comptons bien relire dès que la politique nous laissera un jour de loisir et de tranquillité.

X... y.

Nous rappelons à nos lecteurs que *la Lanterne* a pris des mesures pour être renseignée d'une façon absolument *exceptionnelle* sur tous les détails de la guerre qui va commencer.

Le principal de nos correspondants en Orient est le secrétaire de **X... y.**

LA GUERRE

Le tzar Alexandre sera demain soir, dimanche 22 avril, à Kichenieff. C'est tout ce que l'on sait de précis sur la situation. Le mauvais état des routes en Roumanie, les pluies et les inondations qui ne discontinuent pas dans les régions du Pruth et du Danube, ont pour conséquence de suspendre tous les mouvements de troupes, et, de divers côtés, nous arrive la nouvelle que la déclaration de guerre ne sera pas officielle avant le 29 courant. Les informations les plus sûres que nous avons recueillies nous permettent de fixer comme date de l'ouverture sérieuse des hostilités le 15 mai seulement.

Nous sommes en mesure d'affirmer que le bruit qui a couru de l'envoi d'un délégué turc à Kichenieff, chargé de s'entendre directement avec le tzar, était loin d'être dénué de fondement. [illegible] Mahmoud-Damad-Pacha, Redouf-Pacha, [illegible] avaient fini par décider Abdul-Hamid à rouvrir des négociations directes avec la Russie, quand les intrigues de l'Angleterre et l'arrivée de M. Layard à Constantinople ont dissuadé le Grand-Turc de cette dernière tentative de conciliation. Ce qui hier était encore probable, le remplacement de l'intransigeant Edhem-Pacha par le [illegible] Mahmoud-Nedim ou Mahmoud-Damad, est devenu aujourd'hui tout à fait incertain.

Le gouvernement anglais avait chargé MM. Jocelyn et Layard, d'obtenir du gouvernement turc qu'en raison de son importance internationale, au point de vue du commerce, la ville d'Odessa ne soit pas bombardée par la flotte ottomane. Ces diplomates, secondés par les chargés d'affaires de France et d'Italie, ont agi dans ce sens sur la Porte. Mais le Divan s'est montré inflexible, et n'a pas renoncé à son projet de bombardement de cette ville. Cette nouvelle a produit dans tout le monde diplomatique une pénible impression.

Le prince Nicolas, du Monténégro, vient d'adresser, à des dates différentes, aux six grandes puissances, par l'intermédiaire de leurs consuls à Raguse, une note explicative des motifs qui l'amènent à recommencer la guerre. Voici un extrait de cette note qu'il a adressée au tzar :

« La mer nous est fermée, nous n'avons pas de campagnes fertiles, nous n'avons pas de stations pour notre commerce, et les froides montagnes oppriment le pauvre peuple.

La plus grande partie de la Cosa et de la Brda ne peut absolument pas nourrir notre population. Sur les 81 milles carrés que mesure le Monténégro, 10 seulement sont à peu près habitables ; cette surface ne peut absolument pas nourrir 120,329 personnes. En outre, en 1852, lorsque Omer-Pacha assaillit sans motif et à l'improviste les Monténégrins, la Porte nous imposa des frontières impossibles à conserver.

« J'ose espérer que V. M. ne nous donnera pas tort, » [illegible]

FEUILLETON DU 23 AVRIL

1

MALHEUR AUX PAUVRES !

1re PARTIE

UN DRAME EN MER

CHAPITRE Ier

La Deruchette

(Suite)

[illegible] à ce moment au-dessus de l'en[illegible] avait disparu, la foudre commença à [illegible] le ciel noir. L'homme [illegible]

[illegible] allons, Jean, ce n'est pas l'heure des folies... [illegible] de rentrer.

— Il est trop tard, maintenant...

— Comment ? dit-il effrayé.

Nous avons [illegible] vent debout, il faudrait [illegible] plus de trois heures et la [illegible] avant une heure...

Alors, parce [illegible] nous allons passer la nuit en mer... Entendez-vous Paule, ce que nous dit cet imbécile de Jean, qui, pour nous promener, va nous faire passer la nuit avec l'orage...

La jeune femme ne répondait pas, elle contemplait.

— Mais, Jean, il faut aviser... qui sait ce qui peut arriver... Nous ne sommes plus des jeunes gens jouant avec la vie... Nous avons des enfants... J'ai un fils... tu en as un.

— Le vôtre a sa famille, M. de l'Hautil, et le mien, si un malheur arrivait... n'aurait que la charité publique pour vivre.

— Raison de plus... Pas de sottise, commande-moi, je vais t'aider... Il faut rentrer, si nous le pouvons, au Havre.

— Ce n'est pas possible...

Le tonnerre commença à gronder sourdement. Celui qu'on avait appelé de l'Hautil, tremblant, effrayé, dit inquiet :

— Mais, sacristi nous sommes perdus...

— Peut-être ! répondit Jean d'une voix singulière.

Et comme pour donner plus de force à sa réponse, les vagues s'allongèrent et le vent souffla en rafale, l'avant du bateau heurtait des montagnes d'eau et d'écume.

De l'Hautil regardait autour de lui, il devint pâle. La nuit venait rapidement. Les oiseaux de mer passaient bas en piaillant, cherchant à regagner leurs nids dans les roches des falaises avant le déchaînement de la tempête. Le cotre portant sur le côté ses voiles brunes qui gonflées courbaient le mât, filait rapide en faisant craquer les clains de ses bordages.

Jean, la main sur la barre avait l'œil au vent, prêt à filer l'écoute sous la bourrasque, de l'Hautil se tenait au bordage, effrayé du changement rapide qui s'opérait dans le temps... Et la jeune femme, la Paule, toujours étendue sur la levée, sous le foc, d'une main cramponnée à la chouque du mât, de l'autre accoudée, la bouche à demi ouverte, les narines dilatées, les yeux ardents, semblait boire l'air chargé d'électricité, ayant à chaque éclair des tressaillements qui lui couraient dans le corps, calme enfin au milieu de ce terrible, et aspirant avec volupté au fracas grandiose qui allait commencer.

— Quelle folie d'être sorti par ce temps, répétait d'Hautil.

Paule avait entendu. Elle tourna à peine la tête et dit :

— C'est à cause de ce temps-là que j'ai voulu sortir... Vous verrez comme c'est beau, la tempête...

Le tonnerre gronda, la foudre déchira la nue... puis il y eut un silence et le vent souffla, hurlant dans les toiles ; le cotre penché à mouiller ses toiles, embarqua un paquet de mer ; mais Jean rentra dans le vent, et le petit bateau sembla, pendant une minute, voler sans toucher l'eau... Jean eut un rire étrange en disant :

— Enfin, voilà le bon temps..

De l'Hautil l'avait entendu ; il le regarda et devint livide.

Jean [illegible] était superbe de calme au milieu des éléments déchaînés ; debout, droit, fier, le regard fixé sur un but invisible, il allait de l'avant ; on eût dit que les hurlements du vent, les gémissements de la tempête étaient une harmonie aimée. C'était un beau gars d'une trentaine d'années, solidement bâti, aux traits vigoureux, le front large, des yeux bleus, le nez un peu lourd, la bouche épaisse, qui tranchait de l'éclat de rougeur de ses lèvres sur sa barbe rousse, il portait les cheveux longs séparés sur le front. C'eût été un splendide gaillard, mais les paupières étaient rougies, le bout du nez était grêlé. Jean buvait.

Sa femme, la Paule, avait vingt-six ans. De Caen à Trouville et de Trouville, on disait des belles Parisiennes qui venaient à la saison des bains : « Elle est aussi belle que la Paule. » et cette réputation de beauté était méritée ; elle avait l'élégance charnelle de la Vénus de Milo, qu'une coquetterie particulière faisait admirable, [illegible]. Elle était brune, ses yeux noirs avaient un regard lourd qui gênait ceux qui la regardaient, un regard doux cependant, plein de promesses ; la bouche bien dessinée, forte de lèvres laissait voir des dents magnifiques ; le nez charmant, malin, avait les narines un peu ouvertes. Sa chevelure, d'une épaisseur extraordinaire, semblait négligemment rattachée par le peigne, et ses grosses masses pendaient de chaque côté, fasont aujourd'hui, et qui nous en remercient par l'exil et la mort, nous font observer, il est vrai, que leur république est athénienne. Nous leur répondrons que le brouet noir et l'eau croupie dont ils nourrissent leurs déportés, à 6.500 lieues de la métropole, nous paraissent terriblement spartiates... »

Avant de fonder la *Lanterne*, Rochefort publiait ses articles dans le journal les *Droits de l'Homme*. Il y témoignait presque journellement ses sympathies pour les insurgés de la Commune. Sa verve bouffonne et trop démesurée ne cessait de prodiguer les attaques à l'armée, aux magistrats, aux ministres, au maréchal-président surtout. De tels excès de plume attirèrent sur les *Droits de l'Homme* de nombreuses condamnations; mais chaque condamnation ne faisait qu'accroître l'audace des rédacteurs du journal. Au mois de janvier 1877, le tribunal correctionnel ajouta à l'amende et à la prison la peine de la suspension pendant six mois : ce fut le signal de sa disparition et de son remplacement par la *Lanterne*.

*
* *

Il va sans dire que la presse de l'extrême gauche n'avait nullement le monopole des violences de langage. Les journaux de l'Appel au peuple ne lui cédaient en rien sur ce point. Leurs colonnes étaient pleines d'attaques contre le principe du gouvernement et d'allégations perfides contre les ministres, les députés, les sénateurs républicains, voire contre des personnes que les convenances auraient dû tenir toujours à l'écart des polémiques de parti. C'est ainsi qu'une feuille bonapartiste des Charentes fut condamnée pour outrages envers Mme Jules Simon [1]. Le *Pays*, journal de M. Paul de Cassagnac, se faisait remarquer entre tous par sa virulence. A propos de l'élection de M. de Marcère à la présidence du centre gauche, M. Paul de Cassagnac écrivait, par exemple : « Poltrons, avares, dissimulés, nés de l'accouplement incestueux de l'orléanisme et de la République, ayant pour mère une tricoteuse et pour père un garde national, les centres gauches ont nommé président M. de Marcère. » Ailleurs : « La République définitive!... mais c'est aussi impossible que la fièvre définitive, que le choléra définitif. On en mourrait. Nous voulons croire, au contraire, que si la France, un jour d'imprudence, a

[1] L'*Année politique 1877*, par A. Daniel, p. 8.

attrapé la République, elle s'en guérira prochainement par le remède qui lui a réussi déjà deux fois; et ce remède, c'est une bonne et chaude infusion de violettes. » Et ailleurs encore : « Être blâmé, être flétri par des amis, par des hommes de notre monde, par des gens que nous honorons, cela serait une chose grave qui nous donnerait à réfléchir. Mais subir tout cela de la part des républicains, c'est-à-dire des gens que nous méprisons profondément et que nous haïssons de même, voilà qui nous est bien égal. Ils nous jugent d'après eux et s'imaginent que notre conviction, comme la leur, tient à une pièce de cent sous. Ainsi nous sommes menacés de voir supprimer notre traitement de député ! La belle affaire ! Mais nous vous le jetterons à la figure quand il vous plaira. Et vous croyez, naïfs républicains, que nous nous laisserons insulter, outrager par vous et mépriser par nos électeurs pour 750 francs par mois. La honte à 25 francs par jour, pour vous, c'est bien payé, car vous la boiriez à moins cher; mais pour nous c'est, encore peu et c'est absolument insuffisant. »

Le jour même où les *Droits de l'Homme* furent condamnés, le président du Conseil, M. Jules Simon, jaloux de démontrer publiquement son impartialité à l'égard des excès commis par les journaux des différents partis, provoqua des poursuites contre M. Paul de Cassagnac. Ces poursuites aboutirent un peu plus tard à une condamnation à deux mois de prison ; mais le 16 mai arriva à propos pour dispenser M. Paul de Cassagnac d'aller sous les verrous.

*
* *

C'est vers la même époque que l'opinion publique se préoccupa d'un procès en diffamation, qu'un magistrat ayant fait partie des commissions mixtes de 1851, M. Willemot, avait dirigé contre l'*Avenir de la Haute-Saône*, comme l'ayant désigné dans un article, où il était dit : « qu'avoir prêté son concours à l'œuvre des commissions mixtes, c'était s'être associé à des crimes. » La cour de Besançon avait condamné le journaliste à des dommages-intérêts, par un arrêt qui semblait vouloir réhabiliter les commissions mixtes et qui produisit dans le public une pénible émotion. Le garde des sceaux Martel destitua l'avocat général Bailleul, dont les conclusions complaisamment développées avaient servi de base à l'arrêt de la cour de Besançon. Mais il arriva que la cour de cassation, malgré d'énergiques conclusions du procureur général Renouard, refusa de casser l'arrêt de Besançon (3 février 1877). Elle affirma que la légalité des commissions mixtes résultait des décrets législatifs promulgués par l'auteur du coup d'État, dans l'exercice de ses pouvoirs dictatoriaux, après le vote plébiscitaire de la Constitution de 1852. Elle en concluait que les membres de ces commissions n'avaient rien fait d'illégal. Par conséquent, en évoquant de tels souvenirs, le journal n'avait pas commis une diffamation, c'est-à-dire une imputation capable de porter atteinte à l'honneur ou à la considération des anciens commissaires. Mais il avait commis un outrage, car on ne peut qualifier de criminels des actes « autorisés, prescrits ou sanctionnés par la loi ». Malgré l'autorité de la cour de cassation, l'opinion publique a pensé, comme M. Renouard et comme M. le garde des sceaux Martel, qu'il y avait dans la participation aux délibérations des commissions mixtes un acte blâmable, un acte arbitraire, et que la question juridique se confondait avec la question morale. On pouvait reconnaître que des tribunaux d'exception, commissions mixtes, cours martiales ou prévôtales, avaient légalement fonctionné, sans admettre que des magistrats avaient pu cumuler cet emploi avec les devoirs de leur état.

*
* *

La marche des affaires suivait, au milieu de ces incidents, un cours tout à fait régulier, lorsque se produisit un réveil inattendu des questions religieuses, une levée de boucliers des évêques français en faveur du pouvoir temporel du pape, qui mirent en présence la société laïque et le monde clérical et provoquèrent la crise redoutable du 16 mai 1877, qui ne fut conjurée qu'à la fin de la même année, après avoir failli déchaîner la révolution et la guerre étrangère.

Un certain nombre d'évêques publièrent des mandements, ou même adressèrent au président de la République des lettres destinées à appeler l'attention sur la situation temporelle qui était faite au Saint-Père [1]. Il fallait une singulière imprudence et une méconnaissance bien grande de l'état général de l'Europe, pour s'adonner

[1] Nous empruntons ce récit des préliminaires du 16 mai à un article de M. Francis Charmes, inséré dans le *Livre du Centenaire du Journal des Débats*, p. 363-364.

à une propagande de cette nature. M. Thiers en était indigné, et il s'exprimait sur le compte des évêques manifestants avec une vivacité extrême. On ne pouvait, d'après lui, être trop sévère, trop dur même contre une telle conduite, et il encourageait M. Jules Simon à se montrer tel dans son langage à la Chambre, parce que, disait-il, si les paroles ne sont pas assez vigoureuses, on demandera des actes contre l'agitation cléricale, et ces actes peuvent nous conduire loin. Il était d'ailleurs aisé de voir que la situation du Saint-Père n'était pas le seul souci des évêques ; dans cet appel adressé au monde catholique et aux pouvoirs publics, les préoccupations intérieures tenaient une grande place ; le clergé aspirait à jouer un rôle politique, et ses plaintes servaient de mot d'ordre aux partis réactionnaires coalisés. Le journal la *Défense sociale et religieuse*, organe de l'évêque d'Orléans, proclamait que le Maréchal n'attendait que l'heure convenable pour déclarer « l'expérience terminée », autrement dit pour faire un coup de force. A Goritz, le comte de Chambord sortait une fois de plus de son majestueux silence et annonçait aux légitimistes marseillais que les temps étaient venus et que la Restauration allait s'accomplir. Une discussion parlementaire était inévitable sur ce sujet. Elle eut lieu, en effet, et M. Jules Simon, interrogé sur les mesures qu'il avait prises et se proposait de prendre pour réprimer les « menées ultramontaines dont la recrudescence inquiétait le pays », qualifia ces menées comme il convenait de le faire et affirma que le gouvernement saurait les réprimer. Mais M. Gambetta trouva son langage insuffisant, et c'est à cette occasion qu'il prononça la véhémente harangue qui se terminait par le cri de guerre : « Le cléricalisme, voilà l'ennemi ! », dont le retentissement fut profond et les suites considérables.

Le parti clérical dénoncé, démasqué, stigmatisé avec éloquence, n'était pas d'humeur à renoncer à la lutte ; mais par quels moyens la soutiendrait-il ? On ne tarda pas à le savoir. A peine quelques jours s'étaient-ils écoulés, que le maréchal de Mac-Mahon congédiait M. Jules Simon en se demandant, à propos d'un incident parlementaire sans importance (le vote en première lecture de la publicité des séances des conseils municipaux), si le chef du cabinet avait « conservé sur la Chambre l'influence nécessaire pour faire prévaloir ses vues ». C'était la condamnation du ministère et de la Chambre, l'annonce d'un appel au pays, la mise en avant de la personne même du maréchal, qui se jetait imprudemment dans la lutte.

La surprise fut grande dans Paris et l'émotion très vive. On ne s'attendait pas à ce retour brusque et offensif des partis réactionnaires. Le bruit s'en répandit aux obsèques de M. Ernest Picard, qui avaient lieu à l'église Saint-Germain l'Auxerrois, c'est-à-dire sous les fenêtres du *Journal des Débats*. Il y avait là tout le personnel politique républicain, empressé de rendre un dernier hommage à l'illustre orateur qui venait de mourir. La plupart de ceux qui arrivaient ignoraient la nouvelle, l'apprenaient aussitôt et manifestaient un étonnement sans pareil. La place Saint-Germain-l'Auxerrois présentait une animation extraordinaire. Le journal fut bientôt envahi. Les commentaires se multipliaient, les impressions s'échangeaient, et l'on put voir tout de suite que le gant qui était jeté serait relevé comme il devait l'être. Une même résolution s'empara de tous les cœurs avec la rapidité du feu qui prend à une traînée de poudre. La guerre était déclarée, elle devait être acharnée, mais pas un instant le succès ne parut douteux aux républicains.

*
* *

Pendant toute la période du 16 mai, il y eut, dans la presse républicaine, une entente, un accord et, en même temps, un entrain, un élan merveilleux. Edmond About dans le *XIXe Siècle*, John Lemoinne dans les *Débats*, Emile de Girardin dans la *France* se montrèrent les trois polémistes les plus vigoureux et les plus remarquables de cette période héroïque du journalisme militant.

Depuis plusieurs années, M. Émile de Girardin s'était mis au service de la politique républicaine très résolument; il avait fourni toute une carrière nouvelle avec une force, un éclat, des ressources inattendues et prodigieuses de verve et de fécondité. Quand survint le 16 mai, il se jeta en travers des projets de la réaction et du gouvernement de combat, et pendant les cinq mois que dura l'interrègne entre la Chambre dissoute et la Chambre réélue le 14 octobre, il multiplia les preuves de son dévouement aux institutions nouvelles. Cette période de la vie de M. Émile de Girardin est celle qui lui comptera le plus devant l'histoire. Ses contemporains demeurèrent émerveillés de tant de puissance, de souplesse, d'habileté et d'énergie. Les électeurs du neuvième arrondissement, qui s'apprêtaient à réélire M. Thiers, appelèrent M. de Girardin, après l'option de M. Jules Grévy pour le Jura. Le grand journaliste entra à la Chambre et alla siéger sur les bancs de l'Union républicaine, à côté de Gambetta. C'est là que la mort vint le saisir (29 avril 1881)[1].

* * *

Le *Journal des Débats* avait un rôle particulier. Il poussait la hardiesse, la violence même de l'attaque, aussi loin qu'il était possible. C'est ce qu'a fort bien vu et fort bien raconté M. Francis Charmes[2]. Les *Débats* ne ménageaient rien, dit-il, et, s'il faut dire la vérité, ils avaient un secret mais très ardent désir d'être poursuivis. Ils firent tout ce qu'ils purent pour cela, sans y réussir. C'était la popularité certaine et bruyante : le gouvernement eut la malice de ne pas la leur octroyer. Tous leurs efforts furent infructueux. Mais en parlant comme ils le faisaient, eux, les modérés, les conservateurs républicains, ils donnaient en quelque sorte le ton au reste de la presse. Ce que se permettait le *Journal des Débats*, comment les autres ne se le seraient-ils pas permis? Si l'on ne le frappait pas, comment aurait-on pu frapper autour de lui ? La vérité est qu'il y avait quelques gens d'esprit égarés dans cette triste aventure du 16 mai, et qu'ils n'osaient pas se donner le ridicule de poursuivre les *Débats*. Le même embarras, d'ailleurs, les tenait et les gênait pour tout ce qui concernait Paris. Les journalistes criaient à la persécution, à la tyrannie ; mais la violence même avec laquelle on les laissait crier se retournait un peu contre leur thèse. Elle n'était pas vraie à Paris, elle ne l'était qu'en province. Jamais le gouvernement n'a donné le spectacle d'un tel respect pour la capitale et d'un pareil sans-gêne envers les départements. En province, c'était une sorte de terreur. L'administration se montrait menaçante, brutale, dure et cruelle pour les malheureux incapables de se défendre, pour les petits et les humbles : ils étaient indignement persécutés. Mais il en était tout autrement à Paris, où régnait la plus grande liberté. Phénomène singulier et assez difficile à expliquer, car les hommes qui étaient au pouvoir professaient pour Paris des sentiments peu sympathiques, tandis qu'ils se vantaient d'être ruraux et provinciaux.

La campagne dans les *Débats* était conduite par John Lemoinne. Il était d'une impertinence transcendante. Ses articles cinglaient comme

[1] Spuller, *Figures disparues*, 1re série.

[2] *Le Livre du Centenaire des Débats*, p. 365 et 366.

des coups de lanière, et jamais son talent, si ferme et si nerveux, ne s'était manifesté avec plus d'éclat. À côté de lui, sur un ton différent, mais avec non moins d'énergie et de vaillance, M. Cuvillier-Fleury publiait une série d'articles signés A. Tout Paris savait quelle haute personnalité littéraire était derrière cette lettre, et on admirait, on applaudissait des qualités de polémiste politique qui étaient une révélation pour la jeune génération d'alors, un souvenir du passé pour ceux qui, plus âgés, avaient suivi M. Cuvillier-Fleury dans toute sa carrière. Il était resté ce qu'il avait toujours été, un libéral, et rien ne lui était plus pénible que de voir quelques-uns de ses amis d'autrefois suivre une politique qu'ils avaient en commun combattue et sigmatisée. Il faut rappeler aussi Ernest Bersot, qui, déjà atteint du mal cruel qui l'a rongé dans un si long martyre, stoïcien avec grâce, spirituel, mordant, ingénieux dans sa finesse, travaillant volontiers son style en épigrammes acérées, apportait avec discrétion un concours toujours remarqué. Aron, Gabriel et Francis Charmes n'étaient guère inférieurs à de tels maîtres.

*
* *

Les *Débats* eurent, à deux reprises, un collaborateur dont ils avaient le droit d'être particulièrement fiers. C'était M. Thiers en personne. Le rôle qu'il a joué comme chef de parti est connu de tous; il a été, avec Gambetta, l'organisateur de la campagne républicaine; mais les grandes affaires ne le détournaient pas de celles qui l'étaient moins, et il s'intéressait passionnément aux polémiques des journaux. Il conseillait, encourageait, soutenait Gabriel et Francis Charmes, leur disant : « Jeunes gens, vos articles sont très bien, mais ils sont trop longs; il faut tirer sur ces gens-là à coups de pistolet. Croyez-en un vieux journaliste; les articles les meilleurs sont les plus courts. Je n'ai pas, d'ailleurs, tellement abandonné le métier que je ne puisse vous montrer quelques spécimens de ma manière. » Deux fois les *Débats* ont publié d'importants articles de M. Thiers sous le 16 mai. Il avait promis à ses jeunes confrères de leur enseigner l'art d'être court, et il faut dire qu'on pourrait reconnaître ses articles à leur étendue exceptionnelle. Mais on les reconnaîtrait mieux encore à la vivacité du style, à l'esprit qui y était répandu, à la logique pressante, impétueuse même, de l'argumentation, enfin à ces qualités si rares que l'âge semblait avoir affinées chez lui sans les altérer.

On sait que M. Thiers employa les deux derniers mois de sa vie à préparer un Manifeste destiné au pays[1]. Il disait, quelques jours avant sa mort, à M. Francis Charmes : « Je joue ma vie en travaillant comme je le fais, je le sens bien, mais je ne suis pas plus libre en ce moment à la tête de l'opposition que je ne l'étais au pouvoir en 1871. Il faut que nous réussissions. L'Europe a les yeux fixés sur ce que nous faisons en France, et, je puis vous l'assurer, elle le voit avec bienveillance... Vous le voyez, je travaille au delà de mes forces en vue du succès que j'attends : il m'est indispensable. Je me dois aux hommes que j'ai poussés dans la voie républicaine. Mes efforts d'aujourd'hui sont pour la justification finale de ce que j'ai fait depuis sept ans. Je ne puis plus, à mon âge, avoir d'autre souci que celui de ma mémoire. Que m'importe, à cet égard, d'être une seconde fois président de la République ? Une nouvelle présidence ajouterait-elle quelque chose à mon nom ? Ce n'est pas au pouvoir que je tiens, je n'en ai pas besoin ; mais j'ai besoin que la République réussisse. Si elle réussit, j'en serai incontestablement le fondateur dans l'histoire. » C'est au *Journal des Débats* que fut imprimé le Manifeste de M. Thiers, publié quelques jours après ses obsèques, qui furent la manifestation la plus imposante, et en même temps la plus significative. L'effet de ce Manifeste fut considérable. Cette éloquente défense de la République et du parti républicain, tel qu'il s'était comporté depuis qu'il était au pouvoir, était faite pour frapper tous les esprits. Les sophismes, au nom desquels la Chambre avait été condamnée et dissoute, étaient réfutés avec la plus ferme logique. Le vieil homme d'État semblait, du fond de la tombe, jeter au pays comme le résumé de ses convictions et de son expérience, comme son testament et son programme politiques, les mots qui terminaient son œuvre dernière : « Souveraineté nationale. République. Liberté. Légalité scrupuleuse. Liberté des cultes. Paix. — Telles sont ajoutait-il, mes chers électeurs, les opinions de toute ma vie, celles de notre XIXe siècle, qui marquera dans l'histoire de la France et de l'humanité, et que je vous conjure de consacrer dans cette occasion solennelle. »

* * *

Edmond About et le journal le *XIXe siècle* jouèrent un rôle différent,

[1] M. Thiers est mort subitement d'apoplexie le 3 septembre 1877 à Saint-Germain-en-Laye.

mais non moins important que celui des *Débats*. Qu'on en juge par quelques citations, qu'on nous saura gré certainement de reproduire ci. Dès le 20 mai 1877, Edmond About, dans un article d'une limpidité merveilleuse et d'un véritable courage civique, prédit à coup sûr les diverses évolutions et l'échec inévitable du 16 mai. Écoutons-le : « Les Cent-Jours de l'ordre moral ont commencé hier ; où et quand finiront-ils? Je ne sais, mais on peut se livrer aux conjectures. Notre pays est en face de quelques hommes prêts à tout, qui ont dit en partant pour leur première campagne : *Nous irons jusqu'au bout de la légalité*. Qu'ils y aillent ! Nous les suivrons, et la France avec nous, dans cet aventureux voyage. On peut même compter les étapes dès aujourd'hui..... Sans sortir de la légalité, les ministres selon le cœur de M. le Président de la République auront le droit de dissoudre la Chambre, avec le consentement du Sénat..... Le Sénat prêtera-t-il les mains à cette opération..... césarienne? J'en doute, mais enfin, mettons toutes choses au pis. Le maréchal de Mac-Mahon dissout la Chambre, sans sortir de la légalité. MM. de Broglie, de Fourtou, Decazes et consorts ont trois mois devant eux pour destituer les préfets, s'il en reste, épurer les parquets, s'il en reste, et faire condamner les journaux, s'il en reste. Après quoi, le peuple français, maître chez lui comme le charbonnier, rentre en possession de ses droits, court aux urnes et envoie à Versailles une Chambre non seulement républicaine, mais radicale, pour ne pas dire intransigeante jusqu'aux moelles! Le gouvernement sera allé jusqu'au bout de la légalité, et la nation l'aura suivi pas à pas dans la voie qu'il aura tracée lui-même... Que fera alors M. le maréchal de Mac-Mahon? Il aura le choix, ce jour-là, entre une démission logique, nécessaire, indispensable, et... mais non, je me trompe, rien autre chose que la démission. Nous avons un proverbe qui dit : « Au bout du fossé la culbute. » Mais lorsqu'on est au bout de la légalité, on n'a plus rien devant soi que l'attentat ; je mettrais ma tête à couper que jamais les pires conseillers du maréchal de Mac-Mahon ne l'entraîneront jusque-là. »

Edmond About terminait son article prophétique par ces sentiments de haute dignité sur le rôle qu'avait à tenir, dans cette crise incomparable, la presse républicaine : « Aussi longtemps que la Chambre et le Sénat seront prorogés, l'opinion publique n'aura pas d'autre organe que la presse. La presse remplira son devoir sans marchander, nous paierons de notre bourse et de notre personne l'amende que les magistrats voudront nous infliger et nous n'en mourrons pas.

La loi qui nous régit pourrait être meilleure ; nous ne la craignons pas telle qu'elle est. Mais nous succomberions inévitablement aux rigueurs arbitraires, si le nouveau gouvernement de combat trouvait dans les agitations de la rue quelque prétexte à rétablir l'état de siège. Le calme des républicains est donc non seulement la garantie de notre liberté telle quelle, mais de notre existence. Nos amis feront bien de ne pas l'oublier. »

On sent toute l'ironie de Voltaire et de Paul-Louis Courier dans l'article du 10 juillet : « Pour sauver un noyé, me disait le maître nageur, c'est d'abord de l'envoyer au fond de l'eau et lui faire boire un tel coup qu'il ne puisse bouger ni pieds ni pattes, ni surtout s'accrocher aux vôtres, dont on aurait danger de mort. Alors vous l'empoignez par les cheveux, vous le traînez à terre, vers le poste de secours et vous le confiez aux mains de la science. Moyennant quoi, l'on gagne la médaille avec la prime, et l'on n'a pas risqué sa peau. Les gaillards providentiels qui, depuis le 16 mai, travaillent à sauver le pays, appartiennent tous à l'école de notre vieux maître nageur. Le duc de Broglie, le duc Decazes, le vicomte de Meaux et le gentilhomme de Fourtou, l'ancien porte-drapeau Pàris, l'ex-président Brunet et M. Caillaux, cher et tendre aux grandes compagnies, sont accourus au secours de la France, qui ne courait aucun danger. Et les voilà tous qui s'escriment à lui faire boire un bon coup ; histoire de gagner la prime et la médaille, sans risquer leur estimable peau ! Si la France reste au fond de l'eau, ou si elle en sort asphyxiée, tant pis pour elle ! Les sauveteurs diront qu'ils l'ont remise aux mains de la science, et ils iront déjeuner à ses frais..... »

Il en est de même de l'article du 21 juillet, au sujet du retard apporté à la convocation des électeurs : « Lorsque j'entends un maladroit dire qu'il a gagné du temps, je me rappelle ce bon bourgeois qui avait gagné une panthère en loterie. Il monta fièrement en voiture avec son lot et fut mangé. Gagner du temps ! c'est, dit-on, la devise de M. de Fourtou, et le Machiavel de Ribérac a concentré dans ces trois mots toute sa politique... Reculer les élections à la dernière limite et même vingt jours au delà du délai marqué par la Constitution, c'est imiter cet étourdi qui a sauté par la fenêtre d'un cinquième étage et qui, calmé par le grand air, comprend qu'il n'est plus temps de remonter, prévoit le choc épouvantable qui brisera ses os sur le trottoir et n'a plus qu'une espérance : rester en l'air un moment de plus. Je n'exagère pas ; telle est bien la situation des imprudents qui nous gouvernent. Ils ont sauté par la fenêtre un beau matin, sans savoir ni comment ni pourquoi, et ils domineront la France aussi longtemps qu'ils pourront se maintenir en l'air..... Gagnez du temps, Messieurs! Gagnez du temps! vous ne gagnerez pas autre chose, à moins pourtant que la bonté paternelle des dieux vous fasse gagner la panthère! »

Admirez enfin avec quelle verve étourdissante il trace, dans le *XIXe Siècle* des 6 et 7 août, le tableau en raccourci des faits et gestes des hommes du 16 mai. C'est le modèle du genre, et d'une ressemblance criante : « Depuis tantôt trois mois, ils *bousculent* la France, comme l'a dit un de leurs protecteurs et de leurs protégés, le capitan de la troupe bonapartiste. Ils font la chasse aux écrivains, aux dessinateurs, aux graveurs, aux libraires, aux colporteurs, aux commis voyageurs, aux limonadiers et aux cabaretiers républicains ou suspects d'attachement aux institutions établies. Ils révoquent des préfets, des sous-préfets, des maires, des adjoints, des conseillers municipaux et de pauvres expéditionnaires à 1200 francs, tapis dans le bureau des mairies; des procureurs généraux, des procureurs de la République, des substituts, des juges de paix, et suppléants de justice de paix. Ils suppriment des comices agricoles, des loges maçonniques, des chambres syndicales, des orphéons, des sociétés de secours mutuels. Ils imposent aux compagnies de chemin de fer la destitution de leurs médecins les plus honorables et l'intimidation de leurs employés les plus sûrs. Ils interdisent les réunions les plus inoffensives et fourrent la police jusque dans les noces de campagne. Ils apprennent aux employés de l'administration des postes, les plus honnêtes gens de France et les plus universellement estimés, qu'il n'est pas de secrets inviolables devant l'omnipotence des préfets. Après avoir congédié les élus du suffrage universel, ils les insultent et les calomnient dans des placards officiels, dont l'affichage obligatoire et illégal salit les murs de nos mairies..... Leur presse intime, où l'on admire, parmi quelques honnêtes gens fourvoyés, des farceurs de bas étages, des croupiers, des ruffians à 3 francs la ligne, des entrepreneurs de bals publics, des marauds de sacristie, des étrangers sans aveux et des repris de justice fraîchement émoulus de Poissy, outrage tous les jours, en leurs noms, et sous leur responsabilité, les hommes les plus honorables et les plus illustres de la majorité républicaine. Ils payent ces ignominies de notre argent; ils les propagent, ils trouvent bon que la presse immonde leur conseille des attentats et les montre au pays comme des aventuriers sans scrupules, capables de tout, prêts à tout. Voilà ce qu'ils font ou font faire par leurs agents et leurs affidés, depuis trois mois..... N'en déplaise aux vauriens de sacristie et de coulisses qui mettraient le feu au pays pour y allumer leurs cierges ou leurs cigares, j'ose espérer que le malentendu finira par une séparation amiable..... Je ne veux pas mentionner, même pour en faire justice, les abominables projets qui s'agitent dans les bas-fonds du journalisme fangeux. M. le maréchal de Mac-Mahon, nous l'avons dit et il l'a prouvé, n'est pas un homme de génie, mais un français moyen en toutes choses, par le talent, le caractère et la vertu. Il a commis des fautes et il en commettra encore ; il ne sautera jamais le Rubicon, quoiqu'il monte bien à cheval. »

Et lorsque, après le scrutin triomphal du 14 octobre, après de vaines tentatives de résistance, le maréchal se soumet, sauf à se démettre plus tard, Edmond About nous représente M. de Mac-Mahon, suivant l'exemple d'un roi mérovingien de joyeuse mémoire, mettant son vêtement à l'envers. Et il ajoute : « Le jour où M. de Mac-Mahon nous dirait, comme le roi Dagobert à ses chiens : « Il n'est si « bonne compagnie qui ne se quitte, » nous nous sentirions moins offensés que soulagés ; car nous persistons à croire que l'héritier des rois d'Irlande et de la famille de Morey n'est pas né pour nous commander, ni nous pour lui obéir. »

Malgré les divergences de doctrine et de tempérament qui séparaient profondément la presse radicale de la presse centre gauche, toute dissidence fut oubliée pendant la lutte du 16 mai. Depuis le *Rappel* jusqu'aux *Débats*, en passant par la *République Française* et le *Temps*, toute la presse républicaine suivit une ligne identique, travailla à la réélection des 363, semblant éviter et presque ignorer les questions qui eussent pu jeter la discorde dans le camp des gauches. Les feuilles avancées, le *Mot d'Ordre* et la *Lanterne*, en dépit de quelques coups de boutoir lancés contre le modérantisme et l'insuffisance des 363, se ralliaient en rechignant à la tactique commune.

*
* *

Cette attitude de la presse était la conséquence de la discipline que le parti républicain tout entier s'était imposée. Dès le jour même de la dissolution de la Chambre des députés, le 25 juin, les bureaux des groupes de gauche avaient déclaré que « les 363 députés ayant voté l'ordre du jour de défiance émis contre le ministère du 17 mai, restant unis dans une pensée commune, se représenteraient collectivement et au même titre devant le suffrage universel ». Et les bureaux des gauches sénatoriales exprimaient l'avis que la réélection des 363 députés ayant voté l'ordre du jour du 19 juin contre le ministère présidé par M. le duc de Broglie, était un devoir civique et s'imposait au pays comme s'était imposée en 1830 la réélection des 221 ; que cette réélection serait l'affirmation la plus solennelle que la France pût donner de sa volonté de maintenir et de consolider les institutions républicaines, seules capables d'assurer l'ordre à l'intérieur et la paix au dehors. Faisant appel au patriotisme de tous, ils comptaient qu'aucune candidature républicaine ne serait opposée à celle des 363 députés ayant voté l'ordre du jour de défiance. » Et cette consigne fut rigoureusement observée.

*
* *

La désagrégation des fractions monarchiques faisait un singulier contraste avec l'union des forces républicaines, dans la presse comme dans les comices électoraux. Les légitimistes, les orléanistes et les bonapartistes déclaraient à l'envi qu'ils soutiendraient le maréchal jusqu'à la fin du septennat et qu'ils rétabliraient ensuite, s'ils le pouvaient, les uns la monarchie, les autres l'empire : de là des récriminations et des polémiques des plus aigres.

Le 2 août 1877, sous la signature de M. de Mayol de Luppé, l'*Union* écrivait : « Les bonapartistes nous offrent un spectacle édifiant, mais surtout fort rassurant. Ils invitent la France à méditer sur les *convoitises, les rivalités et l'anarchie qui serait leur don de joyeux avènement, si l'Empire venait à triompher*. Les hommes qui ont le respect du principe d'autorité se détourneront de plus en plus d'un régime *néfaste dans le passé, impuissant dans l'avenir*. »

Le *Moniteur universel* : « Nous pouvons, dès maintenant, déclarer que nous n'acceptons d'autre terrain que celui de la Constitution, à côté des conservateurs dignes de ce nom, et *il nous est impossible de reconnaître comme tels les bonapartistes*, qui ne voient dans les difficultés présentes qu'un moyen de restaurer le régime impérial, et qui, voulant faire servir à cette restauration les élections prochaines, ne s'uniraient maintenant aux conservateurs que pour les quitter au lendemain de l'élection, après leur avoir fait, selon l'expression populaire, tirer les marrons du feu. »

Le *Journal du Mans* déclarait que « le parti monarchique ne pouvait souffrir qu'on nous ramenât à ces jours de désordre moral qui avaient enfanté la guerre de 1870, Sedan, Metz, et toutes les hontes de l'Empire ».

La *Défense* s'en prenait surtout au chef reconnu du parti impérialiste, à M. Rouher : « Sa vie tout entière s'est passée à sacrifier à des rancunes inavouables, à des satisfactions personnelles, les intérêts de ceux qu'il représente, les intérêts de la France. Mais quant à prétendre, après cette nouvelle expérience, à prendre sa place dans les rangs du parti conservateur, ceci est toute une autre affaire, et nous espérons bien que le parti conservateur, enfin éclairé, saura chasser les vendeurs du Temple. »

Les bonapartistes, est-il besoin de le dire, rendaient aux monarchistes injure pour injure. L'*Ordre*, journal de M. Rouher, déclarait qu'il ne pourrait « se plier aux exigences, de jour en jour plus intolérables, d'un parti sans racines et sans popularité, et courber la tête en silence sous les outrages dont l'abreuvait la presse légitimiste ». Il attribuait aux royalistes « la responsabilité des échecs multipliés qui attendaient le gouvernement et de l'immense défaite vers laquelle ils l'entraîneraient ». Le *Combat*, journal spécialement fondé pour soutenir les intérêts napoléoniens durant la période électorale du 16 mai, inaugurait sa publication par un violent pamphlet intitulé : *Ces messieurs d'Orléans*.

Voici en quels termes le *Pays* parlait du parti orléaniste : « Oh ! nous comprenons que les orléanistes demandent l'effacement du drapeau, car ils n'ont plus de drapeau et leur seule ressource devant le suffrage universel, qu'ils voudraient supprimer, c'est de se faire tout petits, de se faire tout muets, et de se glisser à la sourdine dans l'urne. Comme le renard qui avait... l'opinion coupée, ils veulent couper l'opinion des autres. Condamnés à la candidature grise, ils prêchent le gris. N'ayant pas d'avenir politique, ils veulent fermer les portes de 1880 à ceux qui pourraient y passer... Naturellement, ils ont tout intérêt à ce que le gâchis dure, afin de durer eux-mêmes. »

Le *Gaulois*, dans un article fort remarqué du 26 juillet, rompait presque ouvertement avec le cabinet et déclarait que, « si jusqu'alors le gouvernement avait pu compter sur les bonapartistes, il devait à l'avenir compter avec eux ».

Des dissensions éclataient entre les bonapartistes eux-mêmes. Une polémique ouverte s'engageait entre l'*Ordre* et le *Pays*, entre M. Rouher et M. de Cassagnac : « Il ne me déplaît point, écrivait M. Rouher, d'être attaqué, même calomnié, par le rédacteur en chef du *Pays*. S'il y trouve l'avantage de se mieux dégager et de se mettre plus en relief, j'acquiers un avantage non moins précieux : le droit de constater publiquement que j'ai toujours blâmé une politique dont les excès et les emportements ont été trop souvent inspirés par le sentiment d'une personnalité qui s'illusionne. » A quoi M. de Cassagnac répondait par les personnalités les plus aigres : «... Ma vie a été fort ordinaire et n'a jamais présenté la précocité extraordinaire de la vôtre, qui vous avait permis, à mon âge, d'avoir été déjà républicain sincère. Mon talent est mince, et il serait incapable évidemment de plaider le faux et le vrai, le pour et le contre, avec le même éclat, avec la même conviction... »

***

Plus on approchait des élections du 14 octobre, plus le succès des républicains paraissait assuré. C'est alors que la *Défense*, le *Gaulois*, le *Pays*, etc., trouvèrent le gouvernement « mou » et réclamèrent la proclamation de l'état de siège. Le *Figaro*, par la plume de Saint-Genest, entreprit une campagne pour provoquer l'élimination des ministres auxquels il attribuait des scrupules intempestifs de légalité. Le *Français* publia, le 27 août, des déclarations très significatives au sujet des excitations au coup d'État lancées par une partie de la pressse de droite : « Il y a un malentendu entre cette fraction des conservateurs et le maréchal sur les conditions dans lesquelles celui-ci leur a proposé de sauver le pays du péril radical. Consciencieusement ou non, ils avaient rêvé le salut par une sorte de coup d'État à la façon du 2 décembre ou du 18 brumaire, alors qu'un seul homme se charge à lui seul de tout accomplir d'un tour de main, sans demander à personne aucun effort, faisant immédiatement le silence qu'on appelle la paix, et la servitude qu'on nomme l'ordre. Ce qu'est la moralité d'un tel procédé et le prix dont on en paye l'emploi, il est inutile de le rappeler. Contentons-nous de dire que, si c'est là ce qu'on voulait, il ne fallait pas s'adresser au maréchal de Mac-Mahon, et que rien n'est plus oiseux ni plus absurde que de demander à un homme une besogne dont il est incapable. »

* * *

On peut affirmer que l'effort le plus considérable des hommes du 16 mai, afin de peser sur le résultat des élections, fut dirigé contre la presse républicaine. Ils parvinrent à interdire, sur presque tout le territoire, la vente et la distribution des journaux appartenant à l'opinion républicaine, tandis qu'ils laissaient toute liberté aux journaux qui soutenaient les opinions opposées. L'amendement de Janzé, introduit dans la loi du 29 décembre 1875, avait eu pour but de réprimer un pareil abus; comme nous l'avons vu, le ministre de l'Intérieur Ricard avait envoyé aux préfets une circulaire très nette dans ce sens. Si les préfets, aux termes de la loi de 1849, restaient maîtres d'accorder ou de refuser l'autorisation de colportage aux personnes qui la sollicitaient, il leur était interdit à l'avenir de retirer ou de refuser cette autorisation pour le motif que le colporteur vendait ou distribuait tel ou tel journal déterminé, la concession ou le refus d'autorisation ne devant plus dépendre que des garanties présentées par la personne, et non du caractère du journal à distribuer.

Mais M. de Fourtou envoya aux préfets une nouvelle circulaire, destinée à leur indiquer le moyen d'éluder les prescriptions de la loi de 1875. « L'article 3 de la loi du 29 décembre 1875, était-il dit dans cette circulaire datée du 5 juin 1877, en décidant que l'interdiction de vente et de distribution sur la voie publique ne pourra plus être édictée par l'autorité administrative comme mesure particulière contre un journal déterminé, n'a porté aucune atteinte à l'article 6 de la loi du 27 juillet 1849, qui demeure tout entier avec les conséquences légales qu'il entraîne dans un intérêt supérieur d'ordre public. Cet article, dont aucune interprétation depuis trente ans n'a contesté ni affaibli la portée, stipule que « tous distributeurs ou colporteurs de livres, écrits, brochures, gravures et lithographies, devront être pourvus d'une autorisation délivrée par les préfets », et il ajoute que « ces autorisations pourront toujours être retirées par les autorités qui les auront délivrées. » Il résulte de ces dispositions précises que, si certains écrits ne peuvent plus être, comme autrefois, l'objet d'une interdiction administrative au point de vue de la vente sur la voie publique, l'administration n'en conserve pas moins le droit formel et le rigoureux devoir de n'admettre à l'autorisation de colporter que des agents reconnus dignes de cette faveur par leurs antécédents, leur moralité et les garanties qu'ils assurent à l'ordre social. Vous saurez faire comprendre à tous vendeurs, colporteurs où distributeurs de journaux et d'écrits, que leurs nouvelles autorisations seraient immédiatement retirées, s'ils se faisaient les complices des mensonges, des calomnies et des attaques dont la société, le gouvernement et les lois sont journellement l'objet. »

Les préfets suivirent ces instructions, et n'accordèrent l'autorisation de colportage aux vendeurs et distributeurs de journaux qu'à la condition qu'ils ne distribueraient pas les feuilles dont l'administration voulait entraver la circulation. Comme les colporteurs étaient astreints à la nécessité de présenter la liste des journaux qu'ils entendaient distribuer, l'autorisation leur était accordée ou refusée sur la vue de cette liste : elle était immédiatement retirée à ceux qui enfreignaient l'interdiction, qui leur avait été verbalement faite, de vendre tel ou tel journal déterminé.

Les citoyens lésés par ces mesures arbitraires et illégales, et notamment les propriétaires des journaux qui en étaient victimes, essayèrent d'en poursuivre la réparation devant les tribunaux civils. Ils furent soutenus par les consultations d'un comité de jurisconsultes composé de MM. Allou, Ad. Crémieux, Jules Favre, Senard, Herold, Mimerel, Leblond, Émile Durier. Un grand nombre de procès à fin de dommages-intérêts furent introduits contre les préfets à qui en incombait la responsabilité. Les plaignants ne purent obtenir justice, non que les tribunaux aient méconnu en général la véritable signification de l'article 3 de la loi du 29 décembre 1875. Mais les préfets soutinrent que les arrêtés pris par eux pour retirer ou accorder l'autorisation du colportage, et même les interdictions verbales adressées dans certains cas aux colporteurs autorisés, constituaient des actes administratifs dont l'appréciation échappait à la juridiction civile en vertu du principe de la séparation des pouvoirs; le plus grand nombre des tribunaux, devant ces déclinatoires, se déclarèrent incompétents, ou tout au moins décidèrent qu'ils ne pouvaient statuer qu'après que la juridiction administrative aurait prononcé sur la légalité des arrêtés préfectoraux. Quelques tribunaux ayant reconnu leur compétence, des arrêtés de conflits furent immédiatement pris par l'administration, et le tribunal des conflits, statuant sur une des affaires qui lui étaient ainsi déférées, décida que l'illégalité reprochée à un acte administratif ne le dépouillait pas de ce caractère, et qu'à l'autorité administrative, seule, il appartenait d'apprécier si ce reproche était fondé [1].

* * *

La circulaire de M. de Fourtou sur le colportage fut interprétée par plusieurs préfets de si étrange façon, que, dans bon nombre de départements, la vente sur la voie publique de journaux d'opposition aussi académiques que les *Débats*, de publications populaires aussi modérées d'allures que le *Petit Journal*, fut absolument interdite.

Les journaux républicains, traqués sur la voie publique, se réfugièrent chez de petits boutiquiers, qui s'improvisèrent libraires afin de les vendre au public. Les hommes du 16 mai leur suscitèrent de nouvelles difficultés. Ils prétendirent qu'on ne pouvait établir des dépôts de journaux dans des librairies fictives, que la vente des journaux à domicile n'était permise que lorsqu'elle était l'accessoire d'un commerce de librairie sérieux. Le comité des juriconsultes protesta contre de telles prétentions, et de nombreux procès furent généralement suivis de condamnations contre les libraires improvisés.

On poursuivit enfin les journaux, et même les simples particuliers, soit pour avoir proféré des injures publiques contre le maréchal président, soit pour avoir répandu de fausses nouvelles, de nature à troubler la tranquillité publique. On considéra comme injures publiques ou comme fausses nouvelles de simples actes de propagande républicaine commis soit dans les journaux, soit dans les cabarets, spectacles, assemblées, réunions privées, etc..

Il est clair que les poursuites devaient être dirigées surtout contre les journaux de Paris, qui faisaient au 16 mai une guerre si énergique, quelquefois si violente, et auxquels la presse de province empruntait les renseignements, le ton, l'inspiration, souvent les articles eux-mêmes ; c'est le contraire qui se produisit.

Les poursuites pour délits de presse n'en furent pas moins très nombreuses et très rigoureuses. Du 16 mai au 2 septembre, 85 procès furent intentés aux journaux. Dans ces trois mois et demi, on a condamné des journalistes français, pour délits politiques, à des peines

[1] Dalloz. *Périodique*, 1873, 3e partie, p. 17 et suiv.

dont le total s'élève à sept ans, dix mois, vingt-sept jours de prison et 101.967 francs d'amende. Et il ne s'agit là que d'une partie des condamnations prononcées à l'occasion du 16 mai ; car ce régime néfaste se prolongea jusqu'au mois de décembre 1877.

* * *

Il semble que le *Journal des Débats*, la *France*, le *Temps*, le *XIXe Siècle*, la *République Française*, le *Rappel* et tant d'autres journaux menant une campagne ardente, passionnée et agressive contre les ministres du 16 mai, devaient avoir une large part dans ces condamnations; mais pas un de ces journaux ne fut poursuivi. De ceux qui furent compris dans les poursuites, six seulement appartenaient à la presse parisienne. Ce sont : la *Marseillaise*, le *Radical*, supprimé judiciairement pour six mois, le *Bien Public*, le *Mot d'Ordre*, le *Courrier de France* et la *Lanterne*. Tous les autres journaux poursuivis étaient des journaux de province : le *Nivernais*, l'*Yonne*, le *Réveil du Dauphiné*, le *Réveil de l'Ardèche*, le *Progrès libéral de Toulouse*, l'*Avenir du Mans*, l'*Écho de la Sarthe*, le *Finistère*, le *Républicain de Melun*, le *Rappel Charentais*, l'*Union Républicaine de Brest*, le *Phare du littoral de Nice*, le *Journal de Montdidier*, le *Patriote d'Angers*, l'*Egalité de Marseille*, etc., en un mot, tous les journaux républicains des départements.

Ainsi, lorsque les organes de Paris étaient trop vifs dans leurs polémiques, les ministres passaient leur mauvaise humeur sur les petites feuilles de province, qui payaient les amendes et faisaient les mois de prison.

Il en était de même pour le colportage : tandis que les journaux républicains étaient interdits sur la voie publique en province, ils se vendaient librement à Paris. C'était l'application du mot de Paul-Louis Courier : *Il n'y a de lois qu'à Paris*. C'est ce qui arracha à un journal très conservateur, le *Constitutionnel*, une protestation indignée : « Les épreuves du journalisme se renouvellent plus intenses que jamais, et d'autant plus cruelles que nulle lumière n'éclaire plus notre route semée d'écueils imprévus. On ne sait plus à quoi s'en tenir, à quelle règle s'attacher ; et terrible est l'embarras des hommes qui, en ce temps de douloureuse obscurité, tiennent une plume indépendante ! Ils font des articles qui, ne blessant aucune loi, ne manquant à aucune bienséance générale, ne sont l'objet d'aucune sévérité du parquet. On a donc lieu de les présumer innocents ; ces articles circulent à Paris, s'y débitent, s'y étalent en montre dans les kiosques et chez les libraires. — Ne serait-on point porté à concevoir la légitime pensée que ces articles, purs, respectés, tolérés, si vous aimez mieux impunis, à Paris, pourront, sans encombre et sans heurt, faire tranquillement leur tour de France ? Ils arrivent facilement et avec une étonnante liberté jusqu'aux portes de Paris, jusqu'au mur d'enceinte; là commence la *via dolorosa* ; à partir de là, il ne se rencontre plus de gare où quelque sombre et sinistre agent d'un pouvoir indiscuté ne règle votre marche et votre destinée..... Les journaux, dont les intérêts positifs sont meurtrièrement atteints, ne souffrent pas seuls de cet état de choses bigarré et presque inconcevable. L'administration y laisse de son prestige et de son autorité. Les populations ont sous les yeux le spectacle inouï de propriétaires ou de vendeurs de journaux faisant aux représentants de l'autorité, mis directement en cause, des procès civils..... »

*
* *

La poursuite la plus retentissante, exercée par les hommes du 16 mai, en matière de presse, fut dirigée contre le journal la *République française*, et contre Gambetta, à propos du célèbre discours de Lille, où le grand orateur avait demandé compte au gouvernement de ses projets et de la perturbation jetée dans le pays (17 août 1877). Tous les journaux, à quelque parti qu'ils appartinssent, avaient reproduit ce discours acerbe et véhément ; ils pouvaient tous être poursuivis. Mais on se borna à traduire le gérant de la *République française* et Gambetta devant le tribunal correctionnel de la Seine, sous la double prévention d'outrage aux ministres et d'offense au Président de la République. Le gouvernement voulait évidemment essayer de poser la question électorale entre le maréchal et Gambetta ; mais il ne réussit qu'à augmenter l'importance et l'éclat du rôle du grand orateur.

Voici quelques-uns des passages incriminés du discours de Lille : « Vous, à qui on ne pouvait que difficilement arracher une signature pour changer un seul fonctionnaire ; vous qui criiez sans cesse contre les hécatombes faites par les ministres républicains, on vous a vus, en moins de huit jours, presque en une nuit, bouleverser tout le personnel administratif, chassant tous ceux qui vous déplaisaient avec la dernière violence, sans tenir compte des ruinés qui sont la conséquence des ces expulsions, sans tenir compte des droits acquis ni des légitimes exigences des populations. Sans tenir compte des intérêts du pays, vous avez chassé quiconque était soupçonné par vous d'être encore libéral, patriote ou républicain. Oui, Messieurs, on a stipendié une certaine presse, toujours prête à vomir l'injure et qui se nourrit exclusivement de mensonges et de calomnies ; on n'a réussi qu'à attrister la conscience du pays et de l'Europe par les infamies qu'on a laissé s'étaler au grand jour dans les papiers des auxiliaires les plus intimes du gouvernement, qui se disent conservateurs et qui n'emploient d'autres armes contre leurs adversaires politiques que l'injure, l'outrage et la calomnie. L'on peut opposer à cette levée de plumes vénales et corrompues le dédain et le mépris qui surgissent dans ce pays de France contre ceux qui n'ont pas d'autre ressource pour vivre et pour durer : on peut s'en fier au bon sens français, à la rectitude de l'honneur national pour faire justice de ces tentatives, qui ne sont déshonorantes que pour ceux qui les emploient ou pour ceux qui en profitent. Ce n'est pas là, Messieurs, ce qui inquiète le pays, et il peut laisser passer sous ses pieds le ruisseau chargé de bave et d'ordures. Mais il y a plus, on tolère, on encourage, on subventionne, dans les feuilles dont on garantit la circulation et la distribution, des appels à la force contre la Constitution et contre le droit, des suggestions criminelles et persistantes, à l'adresse de ceux qui détiennent le pouvoir, sans que la justice se soit émue, sans que les ministres en aient senti leur responsabilité atteinte ou éveillée. »

Le passage qui avait le plus vivement irrité le gouvernement était celui où Gambetta, parlant de la résolution, affichée par le Maréchal, de persévérer dans sa politique, quel que fût le résultat du scrutin, disait que cette résolution ne tiendrait pas devant la volonté du suffrage universel, et résumait sa pensée dans cette formule incisive : « Quand la France aura fait entendre sa voix souveraine, croyez-le bien, Messieurs, il faudra se soumettre ou se démettre. »

Un jugement par défaut, du 10 septembre, condamna Gambetta à trois mois de prison et trois mille francs d'amende. Les considérants étaient fort contestables. Ils attribuaient à la fameuse phrase : *se soumettre ou se démettre*, un caractère délictueux, « attendu qu'elle renfermait une menace, et que toute menace est une offense. »

Gambetta, ainsi frappé par défaut, chercha surtout à gagner du temps par des artifices de procédure, de façon à atteindre, avant l'arrêt définitif, l'époque du scrutin, époque où, certainement nommé député, il serait couvert par l'inviolabilité parlementaire. Opposition fut faite au jugement, à la limite des délais légaux, et lorsque, pour la deuxième fois, Gambetta, défendu par Me Allou, bâtonnier de l'ordre, se présenta devant le tribunal, il souleva l'exception d'incompétence, fondée sur ce que les délits, si le discours incriminé en contenait, étaient des délits d'excitation à la haine et au mépris du gouvernement, c'est-à-dire des délits justiciables de la Cour d'assises. Le tribunal s'étant déclaré compétent, Gambetta interjeta appel de ce jugement et fit de nouveau défaut sur le fond. La condamnation ne fut jamais rendue définitive.

* * *

Il y eut quelque chose de plus extraordinaire encore que les poursuites dirigées contre Gambetta ; ce fut de voir le gouvernement et le ministre de l'Intérieur de Fourtou se ranger eux-mêmes parmi les excitateurs et les insulteurs, par la manière dont ils rédigèrent le *Bulletin des Communes*, journal officiellement affecté à la reproduction de documents officiels et destiné, aux termes de la loi, à être affiché dans toutes les communes autres que les chefs-lieux de canton. Les honnêtes gens, sans distinction d'opinion, en furent révoltés. Profiter de ce que l'on a accaparé le pouvoir pour transformer une feuille officielle en un instrument de diffamation hebdomadaire, assuré de l'impunité, à cause du caractère public de ceux qui le rédigent, défendu même, en vertu de ce caractère, contre le droit de réponse, c'était une entreprise bien neuve et bien audacieuse.

Le *Bulletin des Communes* publiait des articles violents contre la Chambre dissoute, « qui, en quinze mois, n'avait pas accompli une seule réforme, n'avait pas réalisé un seul progrès, une seule amélioration générale, n'avait pu faire une seule grande loi féconde, et dont toute l'activité s'était bornée à casser des élections par esprit de parti, à paralyser systématiquement la marche des affaires, à refuser du travail aux ouvriers, et à réclamer la liberté absolue des cabarets ». La virulence du *Bulletin* dépassait souvent toutes les convenances. Il établissait, par exemple, un parallèle entre les condamnés de la Commune et les 363 ex-députés de la majorité : « Les partisans de la Commune, écrivait-il, les complices des incendiaires et des scélérats de 1871, que le maréchal a vaincus et écrasés dans les rues de Paris, n'étaient pas à cette grande fête militaire (la revue). On n'y voyait pas non plus aucun des 363 députés radicaux qui ont pour programme de désorganiser et de supprimer l'armée, comme ils voudraient désorganiser et détruire tout le reste, tout ce qui fait encore notre prospérité et notre grandeur. Ils s'étaient abstenus de prendre part à cette émouvante journée du patriotisme; ils avaient refusé de s'associer à cette démonstration nationale. »

Ces invectives suscitèrent les réclamations indignées d'un grand nombre de députés ainsi désignés. Plusieurs d'entre eux actionnèrent même judiciairement et l'imprimeur du *Bulletin des Communes* et le ministre de l'Intérieur. Bon nombre de maires refusèrent d'afficher cette publication; ce refus fut même cause de la destitution de force magistrats municipaux.

Aux assignations lancées contre lui, le ministre de l'Intérieur répondit par un déclinatoire où il demanda aux tribunaux de se déclarer incompétents, les actes qu'on lui imputait ayant un caractère administratif qui en interdisait la connaissance à la juridiction correctionnelle civile. La plupart des tribunaux accueillirent favorablement ces déclinatoires et prononcèrent leur incompétence. A Versailles, où M. J. Ménier, ex-député, avait traduit M. de Fourtou et le *Bulletin*, le tribunal se déclara incompétent, « attendu que le ministre de l'Intérieur, en faisant rédiger, imprimer et publier le n° 27 du *Bulletin des Communes*, avait rempli la mission qui lui était expressément conférée. » Le même tribunal refusa au même M. Ménier la réparation qu'il demandait au *Bulletin*, qui, en mentionnant la révocation comme maire de M. J. Ménier, publiait, quelques lignes plus loin, un entrefilet annonçant qu'un M. Ménier, ancien député et rédacteur de la *Revue Coloniale*, venait d'être condamné à trois mois de prison. M. J. Ménier réclamait l'insertion d'une note qui dissipât la confusion intentionnelle établie par le *Bulletin des Communes* entre les deux Ménier. Cette satisfaction ne lui fut pas accordée. M. Turquet, ex-député de l'Aisne, ayant également attaqué le *Bulletin des Communes* en diffamation, pour fait d'outrages envers les 363, se vit débouté par un arrêt d'incompétence, et de plus condamné, sur la demande reconventionnelle de M. Dalloz, éditeur de la feuille officielle, à deux mille francs de dommages-intérêts envers celui-ci.

Il y avait d'ailleurs de singulières différences entre la jurisprudence des divers tribunaux. Un article où l'on accusait les 363 « d'avoir pour programme secret : la suppression des propriétaires, la revanche de la Commune, la proscription en masse de la bourgeoisie et le sacrifice de trois cent mille têtes », cet article, publié dans le *Messager de Bergerac* et reproduit par le *Courrier des Ardennes*, était déclaré non diffamatoire par le tribunal de Bergerac et puni comme outrageant par le tribunal de Rocroi. A Nevers, MM. Girerd, Gudin et Turigny, ex-députés, poursuivirent en dommages-intérêts M. Gourdet, gérant du journal bonapartiste le *Nivernais*, pour avoir reproduit dans ce journal le numéro du *Bulletin des Communes* où les 363 étaient accusés notamment de vouloir désorganiser l'armée, et où même on cherchait à établir une certaine affinité entre eux et la Commune. Le tribunal repoussa le déclinatoire d'incompétence, se déclara saisi de l'affaire, et, jugeant au fond, condamna le *Nivernais* pour avoir reproduit les outrages et allégations diffamatoires signalés par les plaignants. Assurément les arrêts de cette sorte formaient l'exception ; mais ils blessaient profondément le gouvernement, dont ils entamaient le prestige[1].

M. Féray, sénateur de Seine-et-Oise, maire d'Essonne, un des membres les plus éminents du centre gauche, fut au nombre des maires révoqués pour avoir refusé d'afficher le *Bulletin des Communes*. Il écrivit à ce sujet à M. de Fourtou une lettre vengeresse, dont voici quelques passages : « J'ai regardé ma révocation comme un honneur. Ce sentiment est celui de mes anciens administrés ; il est partagé par tous les hommes qui ont le respect des lois et le mépris des calomnies et des calomniateurs... Ma conscience ne m'a pas permis de faire afficher sur les murs d'Essonne les calomnies du *Bulletin des Communes* contre les mandataires de mon pays, ses menaces contre nos institutions. En prenant occasion d'une abstention, qui était l'accomplissement d'un devoir, pour faire prononcer ma révocation par le Président de la République, ce n'est pas un maire de campagne que vous avez voulu frapper : votre but a été d'atteindre les sénateurs, les anciens députés du centre gauche, dans la personne de l'un des fondateurs de ce grand parti national ; vous redoutez les hommes que le patriotisme, le souci de l'ordre véritable, le goût des libertés publiques, a unis dans un loyal attachement à la

[1] *L'année politique 1877*, p. 254 et suivantes.

République. La révocation de M. le comte Horace de Choiseul, de M. Savary, de M. Huguet et de tant d'autres, avait déjà marqué à quels sentiments vous obéissez ; la mienne achève de découvrir votre pensée. »

*
* *

Ce tableau un peu sombre des poursuites exercées par le gouvernement du 16 mai contre la presse, nous essaierons de l'égayer par le souvenir de quelques épisodes comiques, qui ne pouvaient manquer de se produire parmi des Français nés malins, où tout doit finir par des chansons ou par quelque trait d'esprit.

L'épisode le plus curieux est assurément celui des démêlés épiques de M. Gilbert Martin avec le préfet de la Gironde, M. de Magnoncourt de Tracy. M. Gilbert Martin publiait à Bordeaux une petite feuille satirique intitulée le *Don Quichotte*. La rédaction, le titre et surtout les dessins du *Don Quichotte* avaient le malheur de déplaire à M. de Tracy. Il commença par faire saisir deux numéros. M. Gilbert Martin crayonna alors un innocent rébus ; le préfet refusa l'autorisation « parce que le *rébus* n'était pas accompagné de son explication !... » M. Gilbert Martin, après avoir fait remarquer qu'un *rébus* accompagné de son explication ne serait plus un *rébus*, révéla au préfet le mystère. Le *rébus* séditieux et interdit signifiait : *Les chaleurs de cet été sont incroyablement énervantes.*

Pour se venger de ces vexations, M. Gilbert Martin imagina une singulière mystification. Lorsqu'il publiait sa feuille satirique, il en adressait un ballot, à son correspondant de Paris, que le préfet s'empressait de faire saisir sous divers prétextes. Le 29 août 1877, il fit remettre dans la matinée à la gare de Bordeaux un colis, à l'adresse de ce correspondant, qui fut saisi comme les autres. Le papier d'emballage du colis était semblable à celui qui recouvrait habituellement les exemplaires du *Don Quichotte*, et la forme du paquet était la même. Mais, cette fois, le colis ne contenait pas de numéros du *Don Quichotte* ; c'est ce qui résultait de la lettre adressée la veille par M. Gilbert Martin à son correspondant de Paris : « L'affaire pour laquelle je vous écris n'a rien de commun avec le *Don Quichotte*. Je viens simplement vous prier de me rendre un service personnel. Je remettrai demain matin, 29, au chemin de fer, un colis à votre adresse, contenant neuf draps et un clysopompe. Le tout est destiné à une vieille femme qui se trouve à l'hospice de la Salpêtrière, salle Sainte-Rosalie n° 14. Je lui envoie les draps pour son utilité et le clysopompe pour son agrément. Cette pauvre femme ne sait que faire toute la journée ; elle sera bien aise de prendre quelques distractions... je vous enverrai demain le ballot du *Don Quichotte*... »

Ce fut un éclat de rire général dans toute la France, lorsqu'on put lire, dans les journaux, cette anecdote comique. On se demanda si le clysopompe, qui avait éveillé les défiances du préfet de la Gironde, n'était pas un clysopompe à musique jouant la *Marseillaise*, dès qu'on le faisait fonctionner. Il aurait pu, dans ce cas, considérer le clysopompe comme séditieux et de nature à troubler la paix publique.

* * *

La presse républicaine contribua, dans une large mesure, au triomphe du parti républicain, dans les élections législatives du 14 octobre 1877. On sait quelles furent les conséquences de ces élections. Réduit, suivant l'alternative formulée par Gambetta, à se soumettre ou à se démettre, le Maréchal se soumit. Il fit appel à un ministère de gauche présidé par M. Dufaure, et, par le message du 14 décembre 1877, il s'engagea solennellement à rentrer, pour n'en plus sortir, dans les voies parlementaires.

La presse bénéficia la première de cette grande victoire. Aux réceptions du jour de l'an, le ministre de l'Intérieur de Marcère, s'adressant au préfet de police et à la direction de la presse, disait : « Nous voulons aller, non jusqu'au bout de la légalité, mais jusqu'au bout de la liberté... Vous avez, messieurs, à appliquer les lois politiques qui touchent la presse, le colportage, l'imprimerie et la librairie ; c'est par l'esprit dans lequel ces lois sont appliquées qu'un gouvernement caractérise sa politique. Cette application, je vous la demande très libérale, très libérale ! »

La Chambre et le Sénat votèrent alors, sous l'impulsion du ministère Dufaure, des lois nouvelles, destinées à prévenir ou à entraver le retour d'actes arbitraires analogues à ceux du 16 mai. Telle fut la loi des 9-10 mars 1878 relative au colportage des journaux [1], déclarant que la législation en vigueur sur le colportage ne s'appliquait pas

[1] Dalloz. *Périodique*, année 1878, 4e partie, p. 9, 10, 11.

à la presse périodique. Désormais une simple déclaration devait suffire pour donner le droit de colporter des journaux. Une nouvelle loi sur le colportage, et plus complète, fut votée et promulguée un peu plus tard, le 17 juin 1880.

Ce ne fut qu'à grand'peine qu'on obtint du Sénat le vote d'une loi d'amnistie, destinée à effacer les délits et contraventions commis par la voie de la parole, de la presse ou par tout autre moyen de publication. Ce n'était pas seulement une mesure de clémence, mais une loi de réparation. Les adversaires de la République attaquèrent le projet d'amnistie, en affirmant qu'on voulait jeter un blâme au Président de la République, qui n'avait fait qu'exercer son droit en faisant le 16 mai. On prétendait de plus, qu'en effaçant les condamnations prononcées, on niait l'indépendance et l'équité de la magistrature.

* * *

Le projet primitif restreignait l'amnistie aux délits de presse commis entre le 16 mai et le 23 décembre 1877. M. Dufaure appuya ce projet et attaqua avec une âcreté singulièrement mordante les actes du ministère de Broglie-Fourtou : « Nous avons voulu, dit-il, réparer ce que nous avons considéré politiquement comme un malheur qui avait affligé la France pendant six mois... Dès le lendemain du 16 mai, on s'est efforcé d'étaler devant l'opinion publique la personne et l'autorité du président de la République. La responsabilité ministérielle a, en réalité, disparu. On a appelé l'opinion, l'attention, et, faut-il le dire, quand cette attention a été irritée, l'irritation sur le nom de M. le maréchal de Mac-Mahon, président de la République. Voilà ce qu'on a fait, ce qui a été la cause de l'irritation qui s'est répandue dans le pays. Et voilà comment les journaux, que je n'absous pas pour cela, ont été entraînés par le courant de l'irritation publique à attaquer, d'une manière telle que les tribunaux ont souvent eu raison de les condamner, la personne, l'autorité, les droits, la majesté du président de la République. Le maréchal a dû être couvert par des poursuites très nombreuses pendant la période du 16 mai au 14 décembre. Cela a été la conséquence de l'attitude que ses ministres avaient prise en le mettant devant eux. Peut-on nier que ces poursuites avaient été inégalement exercées, qu'on n'ait pas apporté une égale attention à réprimer les délits qui étaient commis par les partisans des candidats officiels et ceux qui étaient commis par leurs adversaires? Je parle là, Messieurs, d'une chose que je connais personnellement, que vous connaissez tous comme moi. Non seulement il n'y a pas eu d'égalité dans les poursuites, mais il y a eu de véritables provocations, qui ont amené et qui expliquent les excitations auxquelles la presse a cédé depuis le 16 mai. Voilà comment, tandis qu'on ne permettait le colportage qu'à des journaux d'une certaine couleur, le gouvernement ne poursuivait devant les tribunaux que les journaux qui étaient d'une couleur différente... Notre loi est une loi d'apaisement. Nous avons voulu effacer tout ce qui s'était passé pendant six mois sous un système de gouvernement et dans une entreprise électorale qui, à notre avis, ont blessé les principes de notre Constitution, en oubliant que le président de la République ne devait pas être responsable, et qui, d'un autre côté, ont dédaigné, dans les poursuites des délits, tous les principes d'égalité que la jurisprudence a consacrés dans l'application de la loi et qui sont les fondements de la justice elle-même... »

La Chambre vota le projet de loi sans aucune modification ; mais le Sénat repoussa les dates du 16 mai et du 14 décembre 1877 entre lesquelles on avait circonscrit les effets de l'amnistie, ce qui impliquait clairement la condamnation des actes accomplis pendant cette période. En outre, l'amnistie ne s'appliqua qu'aux délits pour lesquels les condamnations prononcées n'avaient pas été purgées ou qui ne se trouvaient pas couvertes par la prescription.

Même réduite à ces termes, l'amnistie s'appliquait à 2.700 condamnations prononcées du 16 mai au 14 décembre, qui comportaient 846 peines d'emprisonnement, dont 300 pouvaient encore être exécutées. Quant aux amendes, dont l'amnistie entraînait soit la remise, soit la libération, le total s'élevait à 321.000 francs. On voit bien que cette amnistie était justifiée par des circonstances, dont personne ne pouvait méconnaître le caractère exceptionnel.

*
* *

Une ère nouvelle s'ouvrit pour le parti républicain et pour la presse française, surtout après la brillante exposition de 1878, lorsque le maréchal de Mac-Mahon donna sa démission et fut remplacé par Jules Grévy (30 janvier 1879).

On songea dès lors à refondre, dans son ensemble, toute la législation sur la presse, éparse dans des textes divers, et de la codifier dans une seule loi très libérale et digne de nos institutions républicaines, affermies par la crise du 16 mai, qu'elles venaient de traverser. L'élaboration de ce travail dura trois années et aboutit à la fameuse loi du 29 juillet 1881, qui nous régit encore aujourd'hui.

Dans cet intervalle, de nombreux journaux virent le jour et donnèrent naissance à un mouvement politique, dont nous avons à tracer le tableau.

Le 19 mars 1878, Henry Maret, Emile Richard et Robert Charlie, sous l'inspiration et la direction de Henri Rochefort, encore proscrit, firent revivre la *Marseillaise*.

En 1875, M. Emile Ménier père, fondateur de l'industrie si prospère de Noisiel, acquit la propriété du *Bien public*, dont Yves Guyot était rédacteur en chef.

Après avoir, en 1878, organisé la célébration du Centenaire de Voltaire et s'en être vu refuser l'autorisation par le ministre de l'Intérieur, de Marcère, M. Emile Ménier cessa de faire paraître le *Bien public* et fonda le *Voltaire*.

Le 5 juillet 1878 parut le premier numéro du *Voltaire* avec M. Aurélien Scholl comme directeur-rédacteur en chef, Émile Dehaut, Arthur Heulhard, Gustave Fould, etc. comme rédacteurs. « Pourquoi le *Voltaire*? disait Aurélien Scholl dans son article-programme. Parce que Voltaire n'a jamais cessé d'être l'homme du jour. C'est le grand chasseur de corbeaux, de hiboux et de chauves-souris, et, plus que jamais, on a besoin de lui. Pourquoi le *Voltaire*? parce que le public a l'habitude de placer cet article devant les noms érigés en titres : On a dit : la *Minerve*, le *Mercure*, le *Figaro*, le *Rabelais*, le *Diogène*. On dira donc le *Voltaire*. Le *Voltaire* sera le *Figaro* des républicains. Et si quelque malappris lui cherche une mauvaise querelle, on promet de la lui faire bonne. L'adversaire demandera : Votre heure, Monsieur de Voltaire ? — L'heure des braves. — Vos armes ? — Le ridicule. »

Plus tard, M. Jules Laffitte, quittant les fonctions d'administrateur de la *République Française*, prit la direction du *Voltaire*. Son passage à ce journal fut très remarqué. Avec une activité fébrile jointe à une grande initiative, il sut recruter et s'adjoindre des collaborateurs qui sont devenus des écrivains célèbres, des hommes politiques de premier ordre. On n'a pas perdu le souvenir des chroniques d'Émile Bergerat, sous le pseudonyme de l'*Homme masqué*, de celles de Brummel, d'Armand Silvestre, des piquants articles d'Alfred Naquet, Edmond de Goncourt, Camille Flammarion, Eugène Chavette, les deux Coquelin, Richepin, H. de la Madelène, Ph. Audebrand, etc.

M. Poincaré, plus tard Ministre de l'Instruction publique et Ministre des Finances, rédigeait la chronique des tribunaux; Emile Zola y apportait le concours de sa logique serrée avec la puissance nerveuse de son style.

Le *Triboulet*, dont le premier numéro parut le 16 novembre 1878, avec un format dans le genre du *Punch* de Londres, fit, dès son début, à la République une guerre acharnée, qui lui valut, en un an, onze procès et dix condamnations.

Il eut pour fondateur M. Saint-Patrice, et comme rédacteurs, Gaston Jollivet, Jules de Gastyne, etc.

La *Défense* disparut avec l'évêque d'Orléans, dont elle était l'organe, et fusionna avec le journal le *Français*. Mais la plupart des rédacteurs de la *Défense* suivirent M. Henri des Houx et fondèrent le journal la *Civilisation* (5 février 1879). La *Civilisation*, comme la *Défense*, combattit pour les intérêts catholiques, ou, pour mieux dire, cléricaux. « La politique révolutionnaire, disaient les collaborateurs de M. Henri des Houx, toute surchargée d'imitations étrangères, empruntant tantôt aux Républiques grecques et romaines, tantôt au césarisme romain, tantôt à l'Angleterre, tantôt à l'Amérique, a été une politique antique, païenne et toujours en grande partie étrangère. La politique chrétienne est la politique des temps modernes, politique à la fois humanitaire et nationale..... Ce journal, la *Civilisation*, paraît au moment même où vient de s'établir une situation politique nouvelle, où la République paraît dominer ses contradictions. Nous ne nous en trouvons que plus à même de demander à la République, et dans son intérêt, ce que nous demanderions à tout gouvernement : d'être éclairé et chrétien..... Il a été dit des républicains d'une autre époque : Ils veulent être libres et ne savent pas être justes ! Que la République soit libre et juste ! Qu'elle soit l'intérêt de tous, la liberté pour tous, la garantie des droits de chacun, le respect des droits de l'Église, le développement régulier de nos droits religieux et politiques, l'expression et la représentation de la France civilisée, chrétienne, et nous ne serions pas, assurément, un journal d'opposition. »

En même temps que reparaissait le *Globe* (6 mai 1879), après avoir plusieurs fois changé de format et de ligne politique, venait au monde une nouvelle feuille républicaine, la *Paix* (16 mai 1879), sous la direction politique de Gaston Carle, organe semi-officiel de la présidence de Jules Grévy.

* * *

Fondé le 20 octobre 1879, sous le patronage de M. Dufaure, le *Parlement* eut pour directeur politique, pendant quatre années, M. Ribot, député du Pas-de-Calais. Au mois de janvier 1884, il s'est fondu avec le *Journal des Débats*, qui a pris et conserve encore aujourd'hui une partie de ses rédacteurs.

S'intitulant « journal de la République libérale », le *Parlement* expliquait dans les termes suivants le but qu'il s'était proposé et les principes qui devaient le guider :

« Nous sommes républicains, nous le sommes très nettement, sans regret et sans arrière-pensée. A nos yeux, et depuis longtemps déjà, la République n'est pas seulement le gouvernement légal de la France ; elle est le seul gouvernement qui puisse assurer la paix au sein d'une démocratie ennemie de tous les privilèges et en possession depuis plus de trente ans du suffrage universel.

« Si nous sommes fortement attachés à la République, nous ne le sommes pas moins aux traditions parlementaires et libérales... La génération actuelle, qui est sortie de l'Empire, se doit à elle-même d'être aussi libérale qu'aucune de ses devancières. Elle a horreur du désordre et de la licence ; mais elle ne fera pas de lois d'exception. Elle n'est pas cléricale, mais elle a pour les convictions religieuses, et la liberté de conscience, un respect sincère. Elle n'aime pas les jésuites, mais elle tolère tout le monde. Elle tient infiniment à l'Université ; mais elle a renoncé au monopole et ne redoute pas la concurrence. Elle veut un gouvernement qui sache gouverner, mais elle ne lui sacrifie pas la liberté des citoyens... »

Le *Parlement* fit une campagne énergique contre l'article 7 et contre les décrets. Son rédacteur en chef, M. Jules Dietz, était secondé par M. Gabriel Charmes, qui écrivit pour le *Parlement* les « lettres de provinces » réunies depuis en un volume et toutes étincelantes de verve et de talent, M. Heurteau, M. Anatole Leroy-Beaulieu, etc...

Les questions étrangères furent traitées d'abord par M. G. Labadie,

J. MAGNIN

Phot. Pirou, Bd. St-Germain.

A. RIBOT

Phot. Ladrey-Disderi.

Paul DELOMBRE

Jules MÉLINE

Lagrave, puis par M. Francis de Pressensé, qui rédigea pendant plusieurs années le bulletin de la politique extérieure.

M. Géorges Michel fut un des principaux rédacteurs de la partie économique.

La partie littéraire du journal était placée sous la direction de M. C. de Varigny. M. Paul Bourget, fut, dès le début et jusqu'à la fin, un des collaborateurs les plus assidus du journal, avec M. Paul Albert, M. André Theuriet, etc. La chronique théâtrale fut rédigée par M. Louis Ganderax et la chronique musicale par M. Victor Wilder.

Enfin la critique des beaux-arts fut confiée à M. André Michel et la chronique scientifique à M. Gariel.

Avec de tels collaborateurs, le *Parlement* ne pouvait pas ne pas se faire une place brillante dans la presse, et quoique son existence ait été courte, il a laissé des souvenirs qui ne sont pas effacés.

Outre les organes précités, l'année 1880 vit encore naître d'autres journaux essentiellement politiques, d'opinions et de nuances très variées ; nous allons en faire connaitre les plus importants.

La *Justice*, dont le premier numéro date du 15 janvier 1880, conquit rapidement sa place dans la faveur du public aussi bien par la haute notoriété de ses fondateurs et rédacteurs que par la franchise et la netteté de son programme radical d'extrême gauche, confinant au socialisme, et dont voici les lignes principales : « Abolition de la peine de mort ; Liberté de réunion et d'association ; Instruction laïque et obligatoire ; Surveillance des écoles par les conseillers municipaux ; Défense de la société civile contre l'envahissement clérical ; Décentralisation administrative ; Séparation de l'Église et de l'État. »

Les défenseurs de ces idées s'appelaient le docteur G. Clémenceau, le vaillant protagoniste de l'amnistie en faveur des condamnés de de la Commune, le vigoureux polémiste Camille Pelletan, Stéphen Pichon, actuellement notre héroïque représentant à Pékin, Georges Laguerre, Durranc, Longuet et l'un de nos meilleurs orateurs politiques, Alex. Millerand, actuellement ministre du Commerce et de l'Industrie.

Phot. Eug. Pirou.

Georges CLÉMENCEAU

Phot. Nadar.

Alex. MILLERAND

Phot. Nadar.

Camille PELLETAN

Les terribles événements, qui se déroulent en ce moment dans l'Extrême-Orient, et dont le dénouement préoccupe cruellement l'Europe de plus en plus anxieuse, donnent un vif intérêt à la personnalité de l'ancien rédacteur à la *Justice*, M. Stéphen Pichon.

« Quand, il y a vingt ans, Clémenceau et moi[1] nous avons fondé la *Justice*, je ne sais qui nous amena un jeune étudiant en médecine qui s'était déjà fait un nom dans les réunions publiques du quartier latin. Ce fut une réunion de « jeunes », qui depuis ont fait quelque bruit dans le monde, que la maison que nous ouvrîmes ensemble. Durranc, l'incomparable journaliste, l'esprit si français, le cœur loyal entre tous, tué avant l'âge par la souffrance physique et par les douleurs intimes ; Millerand, Gustave Geffroy, Gerville-Réache, etc., y ont formé avec Pichon le bataillon des débutants. J'ose dire que vieux ou jeunes (et les plus vieux ne l'étaient pas beaucoup) formaient un groupe étroit d'amis à travers les inégalités d'âge et de situation. Des convictions, des passions communes, et, pour la plupart, des liens de profonde affection, ont persisté entre les survivants de cette famille, réunie pour le bon combat sous le drapeau de la République radicale et sociale.

« Quand il arriva, Pichon avait à peine atteint l'âge d'homme, et il se faisait déjà remarquer par une singulière maturité. Sa parole ferme et sûre, qui l'avait fait connaître tout d'abord, avait conquis, dès le premier moment, une autorité qui, d'habitude, n'est pas donnée aux débutants. Ajoutez-y une argumentation solide, une forme vigoureuse et sobre, un profond accent de sincérité : tel était l'orateur, tel était l'écrivain. Aussi eut-il vite marqué sa place. Il venait d'atteindre depuis bien peu de temps l'âge de l'éligibilité, quand, en 1885, Paris, au scrutin de liste, l'envoya siéger au Palais-Bourbon.

« Son début à la tribune fut un véritable triomphe. Parlant de la « séparation de l'Église et de l'État », il s'était adressé à nos aînés dans la foi républicaine, à ceux qui nous avaient enseigné le programme démocratique, et qui devenaient nos adversaires quand nous prétendions le réaliser ; il avait fait appel aux anciennes convictions qui avaient été leur honneur, au souvenir des enseignements qu'ils avaient donnés aux jeunes générations et au nom desquels ces jeunes générations les pressaient de tenir les promesses de la

[1] Extrait d'un article de M. Camille Pelletan dans le *Matin* du 6 juillet 1900.

Extrait de l'*Illustration*.

STÉPHEN PICHON

Ancien rédacteur à la *Justice*.

Ministre plénipotentiaire de France à Pékin.

République. Et il l'avait fait avec une éloquence, à la fois énergique et mesurée, qui avait eu un écho prolongé dans toute la France.

« On sait comment un jour est venu où les vicissitudes électorales l'ont exclu du Parlement. C'est alors qu'on songea à utiliser sa ferme intelligence au ministère des affaires étrangères ; et les services qu'il a rendus, le poste important auquel il a été appelé, ont montré qu'on avait eu raison.

« Ai-je besoin d'ajouter que nul cœur n'est plus loyal, plus droit, plus vaillant ? Nous avons traversé des épreuves où l'on n'a pas de peine à connaître les hommes ; et, au milieu de l'éternel va-et-vient des choses politiques, nous avons passé, tour à tour, bien des heures de succès et bien des heures de profonde anxiété. Pichon n'a jamais été de ceux que les défaites découragent, il n'a surtout pas été de ceux qui oublient leurs amitiés aux moments difficiles. Fidèle à ses convictions et à ses affections, il a toujours conquis et mérité l'estime de ses adversaires eux-mêmes. »

Voici, d'autre part, comment *Le Passant*, du *Figaro* [1], caractérise notre jeune ministre plénipotentiaire :

« Il était jeune, confiant, tout rempli d'ardeur, ce petit Pichon. Parlant bien, il montait souvent à la tribune, et il s'y faisait applaudir. Ses articles n'étaient pas moins alertes, moins vigoureux que sa parole, et dans les polémiques quotidiennes, il ne ménageait pas ses adversaires. . . . .

« Mais, heureusement pour lui, il a quitté la politique et le journalisme. Il n'est plus parmi nous, il n'est plus mêlé aux disputes et aux polémiques, et l'on veut bien s'apercevoir, alors, qu'il est un bon Français, et que, très dignement et très courageusement, il représente, là-bas, la Patrie. Car ce petit Pichon, qui n'était ici qu'un journaliste et qu'un député, il est maintenant, à des centaines et des centaines de lieues de son pays, l'image vivante du drapeau. Il a cet insigne honneur d'incarner la France en une heure difficile. Il tient notre partie dans le grand drame qui se joue là-bas, et il nous apparaît grandi par la distance, grandi par les événements, grandi par le péril, et aussi, il faut bien le dire, par le mystère qui plane sur lui..... »

*
* *

L'*Intransigeant*, qui naquit le 14 juillet, aussitôt après le vote de l'amnistie par le Parlement, fit, dès son apparition, une vive et immé-

[1]. Extrait d'un article du *Figaro* du 3 juillet 1900

17 Prairial An 90. — N° 694 — Un Numéro : Paris, 10 cent. — Départements, 15 cent. — Lundi 5 Juin 1882

L'INTRANSIGEANT

ABONNEMENTS
PARIS — Trois mois, [illegible] ; six mois, [illegible] ; un an, [illegible]
DÉPARTEMENTS — Trois mois, [illegible] ; six mois, [illegible] ; un an, [illegible]
ÉTRANGER, port en sus.

RÉDACTEUR EN CHEF : HENRI ROCHEFORT

RÉDACTION et ADMINISTRATION
16, rue du Croissant, 16
ANNONCES chez MM. LAGRANGE, CERF & Cie, 6, place de la Bourse

MORT DE GARIBALDI

La Mort d'un Héros

Garibaldi a vu la fin de la torture dont se composait sa vie depuis six ans. Lorsqu'il y a dix-huit mois, je l'accompagnai de l'hôtel qu'il habitait à Milan jusqu'au monument de Mentana, je le regardais, couché dans sa voiture ainsi que dans un lit d'hôpital, les mains paralysées et rigides, pâlir à chaque cahot sous son sourire douloureux, et je ne pouvais m'empêcher de lui souhaiter la mort, comme il se la souhaitait lui-même.

Cette existence extraordinaire ne fut, à vrai dire, qu'un long combat pour la liberté contre le despotisme et la superstition, depuis le jour où il s'affilia à la société secrète la *Jeune Italie*, en 1833, jusqu'à sa minute suprême, car lorsque l'épée tomba de ses doigts ankylosés, il continua la lutte par la parole, et de sa chaise [illegible] dirigea le mouvement démocratique et anticlérical auquel l'Italie devra de compléter son affranchissement, encore si incomplet.

Ses blessures à elles seules raconteraient ses batailles. Ce qui fait la grandeur de ce nom légendaire, c'est que Garibaldi n'a pas seulement donné sa vie à sa patrie, il l'a offerte toujours, partout, sans hésitation et sans réserve, à l'humanité tout entière. Il n'a jamais eu que deux ennemis : le despote et le prêtre ; mais ceux-là, il les a poursuivis, assaillis et traqués sans relâche jusqu'à ce qu'il en eût eu définitivement raison. En 1848, il a chassé le pape de Rome. En 1860, il chassa les Bourbons des Siciles, affranchissant ainsi les consciences en même temps que les peuples.

Fidèle à ses instincts libérateurs, le lendemain de la chute de l'Empire, il avait oublié l'expédition romaine et Mentana, il m'adressa une dépêche pour proposer au gouvernement de la Défense nationale ses précieux services. Malgré mes instances et mes supplications, la couardise militaire de l'incapable Trochu s'inquiéta de la présence à Paris du seul général en qui la population eût immédiatement mis toute sa confiance, et on repoussa comme étranger celui qui aurait peut-être empêché les étrangers d'occuper nos forts et de souiller notre capitale.

On comprend tout ce que ce genre d'exploits accumule de haines sur sa tête généreuse. Conspué par les capitulards de Metz, de Paris et d'ailleurs, qui ne lui pardonnaient pas d'avoir sauvé Dijon, outragé par la prêtraille, qui le considérait comme l'Antechrist, honni par les royalistes, qui exècrent ce soldat coupable, à leurs yeux, d'avoir fait évanouir la monarchie napolitaine en soufflant simplement dessus, il a subi, sans paraître d'ailleurs s'en préoccuper beaucoup, tous les anathèmes de la réaction. Ce qui reste encore à la Chambre actuelle de l'ancienne Assemblée de Bordeaux qui l'avait insulté vivant, s'est déjà fait une joie de l'insulter mort.

La proposition présentée par M. de Lanessan de lever la séance d'hier, en signe de deuil, a naturellement déchaîné toutes les rancunes des vieux partis contre le fossoyeur de la dynastie bourbonienne. On l'a appelé condottiere, assassin, voleur, lâche et même marchand de chandelles ! Vendre de la chandelle est, en tout cas, infiniment plus honorable que de fonder des Crédits fonciers tunisiens et d'enfoncer le public au moyen des combinaisons de l'Union générale.

Les cagots monarchistes, que le seul nom de Garibaldi pousse aux extrémités les plus folles, sont d'ailleurs singulièrement maladroits d'afficher un tel mépris pour ce démolisseur de leurs croyances. Ils devraient se rendre compte de ce qu'il y a d'humiliant pour François II, roi de Naples et des Deux-Siciles par la grâce de Dieu, à s'être éclipsé sans coup férir devant le « lâche » dont les journaux légitimistes nous font un si étrange portrait.

A peine ce monarque, — la bravoure même, — a-t-il aperçu le lâche en question qu'il s'est sauvé à toutes jambes. O monarchisme, que de bêtises on débite en ton nom !

Nous n'espérons pas que l'immense deuil qui va couvrir la démocratie des deux mondes, et l'éclat des funérailles que tous les républicains de la terre préparent à l'incomparable héros, ouvrent les yeux des aliénés du royalisme. Nous les inviterons seulement à nous dire quel roi a eu des obsèques comparables à celles que les peuples feront demain au condottiere.

HENRI ROCHEFORT

Henri Rochefort ne pouvant, à son grand regret, quitter en ce moment Paris, où le retiennent ses devoirs de rédacteur en chef, a chargé notre collaborateur Alphonse Humbert de se rendre à Rome, pour y représenter l'*Intransigeant* aux funérailles du général Garibaldi.

LA MORT DE GARIBALDI

Voici les dépêches qui nous sont parvenues au sujet du douloureux événement qui met en deuil toute la démocratie.

Caprera, 2 juin, [illegible] soir.

Garibaldi, qui souffrait d'une bronchite [illegible] depuis hier, [illegible], est mort ce soir, à [illegible] heures et demie.

Caprera, 3 juin.

Quelques minutes avant sa mort, Garibaldi demanda [illegible]. La réponse ayant été négative, le général parut très affligé.

Il demanda ensuite des nouvelles de [illegible].

[illegible]

Rome, [illegible] juin.

La nouvelle de la mort du général [illegible] toute l'Italie.

[illegible]

Les [illegible] crêpes [illegible].

[illegible], 3 juin.

Une grande agitation règne dans la ville.

Toutes les troupes sont consignées dans les casernes.

Le journal la *Lanterna* publie une adresse de l'Association républicaine au peuple italien.

Rome, 3 juin, soir.

Chambre des députés. — Une foule immense se presse dans les tribunes et aux abords du palais de Montecitorio. M. Farini, président de la Chambre, debout, ainsi que toute l'assemblée, d'une voix émue annonce à la Chambre la mort du général Garibaldi, dont il fait l'éloge.

Après avoir dit que la grande figure de Garibaldi appartient à l'histoire, et qu'elle mérite la reconnaissance de toute la nation italienne, il a proposé à la Chambre d'assister en corps aux funérailles qui seront [illegible] à Rome.

Il a proposé qu'une inscription rappelle le siège jadis occupé par le général à la Chambre. (Vifs applaudissements.)

M. Depretis a fait aussi l'éloge du général Garibaldi et a proposé d'ajourner au [illegible] la fête nationale, de célébrer les funérailles aux frais de l'État, d'élever un monument, d'accorder une pension de 10,000 francs à la veuve du général et à chacun de ses enfants.

La Chambre a voté, à l'unanimité, la proposition de M. Farini et celle de M. Depretis.

La séance est levée.

Caprera, 3 juin.

La crémation du cadavre du général Garibaldi aura lieu aussitôt que ses enfants et tous les membres de sa famille seront arrivés.

Le testament ordonne que les cendres du général soient conservées à Caprera dans une urne de porphyre.

La Chambre

La séance s'ouvre au milieu d'un tumulte épouvantable. M. Cunéo-d'Ornano est à la tribune ; il parle de je ne sais quoi, M. Antonin Dubost lui succède, puis M. Léon Say. Personne n'écoute. Sur tous les bancs, on cause avec une animation extraordinaire. Il s'agit, bien entendu, de la mort de Garibaldi.

M. Brisson, qui essaie vainement d'obtenir un peu de silence, donne, en criant, la parole à M. Lanessan, pour interroger le gouvernement sur les actes de sauvagerie des agents de Camescasse.

M. Borriglione demande la parole sur l'ordre du jour.

Au milieu des hurlements de la droite, il est impossible de rien entendre. Le mieux est donc de reproduire le compte rendu officiel :

M. Borriglione (Applaudissements — Bruit). L'Italie vient de perdre un de ses plus illustres citoyens, un grand patriote...

Voix à droite. — Italien !

Voix à gauche. — Français !

Voix à droite. — Il a combattu la France ! (Bruit.)

M. Borriglione. Il l'a défendue au contraire. (Applaudissements à gauche. — Exclamations à droite. — Bruit.) Je croirais manquer à tous mes devoirs de représentant de la ville de Nice, si je ne venais demander au parti républicain tout entier de s'associer à ce deuil d'une nation amie, et d'adresser ses sympathies à la famille de ce grand citoyen qui, dans des moments difficiles, est venu défendre notre pays. (Applaudissements à gauche. — Nouvelles interruptions à droite.)

M. le baron Boissy-d'Anglas. Il nous a insultés ! (Exclamations à l'extrême gauche. Applaudissements à droite.)

Voix à droite. — L'ordre du jour !

M. Bourgeois. La question préalable ! (Exclamations à gauche.)

M. le président. Il n'y a pas de proposition de faite.

M. de Lanessan. J'en fais une. (Très bien ! très bien ! à gauche. — [illegible].)

M. le président. La parole est à M. de Lanessan.

M. de Lanessan. [illegible] par notre honorable collègue M. Borriglione, me plaçant en dehors de tout parti politique, en rappelant seulement que l'homme qui vient de mourir nous a donné le secours de son bras à l'heure où la patrie était en danger (Applaudissements à gauche. — Bruyantes interruptions à droite), en rappelant aussi que cet homme a été dans la première [illegible] de la République française, le délégué de la ville de [illegible] (Très bien ! très bien ! à gauche), j'ai l'honneur de proposer à tous les partis, à tous ceux qui pensent que le devoir des nations est de rendre hommage à ceux qui leur ont apporté leur [illegible] dans le péril, j'ai l'honneur de proposer à la Chambre de lever la séance à l'occasion de la mort de Garibaldi. (Vifs applaudissements à gauche. — Exclamations à droite. — [illegible].)

M. de Baudry-d'Asson. — [illegible] Je ne croyais pas [illegible] l'idée de présenter une proposition pareille.

Il ne faut pas oublier que Garibaldi, en 1848 et en 1849, a été l'ennemi de l'armée française envoyée à Rome. Par conséquent, je demande que la proposition de notre honorable collègue ne soit pas prise en considération. J'ajoute que Garibaldi a combattu le pape. (Bruyantes interruptions.)

Voix à droite. — Nous avons demandé la question préalable. (Bruit.)

M. Madier de Montjau. Je demande la parole. (Bruit à droite. — Applaudissements à gauche.)

M. le président. J'entends, d'un côté de la Chambre, réclamer la question préalable et dire qu'il n'y a pas lieu, à cette occasion, de discuter ; le règlement n'interdit pas la discussion sur la question préalable. La parole est à M. Madier de Montjau (Très bien ! très bien ! à gauche.)

M. Madier de Montjau. La question préalable est pour moi une suspicion incompréhensible (Très bien ! très bien ! à gauche.) Je ne renouvellerai pas l'appel que M. de Lanessan vient d'adresser à la Chambre tout entière ; cet appel n'a pas été entendu, il ne doit pas être fait une seconde fois. (Très bien ! très bien ! sur les mêmes bancs.)

Mais je dirai à tous les républicains qui siègent dans cette Chambre : voyez d'où viennent les protestations, retenez le nom de l'orateur qui m'a précédé à cette tribune ! (Applaudissements à gauche. — Interruptions à droite.) Et comprenez que votre devoir rigoureux, à vous représentants de la République française, est de rendre un solennel hommage à celui qui n'a pas été seulement un grand citoyen, un grand patriote, un grand cœur, mais aussi depuis vingt-cinq ans le représentant de la République et de la libre pensée. (Vifs applaudissements à gauche. — Interruptions à droite. — Bruit.)

La question préalable, mise aux voix, est repoussée.

M. le président. Il reste à la Chambre à se prononcer sur la proposition qui a été faite de lever la séance ; il y a deux demandes de scrutin. Il va être procédé au scrutin.

A la majorité de [illegible] voix contre [illegible] sur [illegible] votants, la proposition est adoptée. (Vifs applaudissements à gauche.)

Plusieurs voix. — Vive la République !

M. le président. L'ordre du jour [illegible] réglé. La séance est levée. (Applaudissements.)

* *

Dans les couloirs, à la sortie, les réactionnaires se répandent en violentes invectives contre le vote de la Chambre. Ces braves gens n'hésiteraient pas à [illegible] leurs représentants [illegible] s'il s'agissait de la mort d'un despote quelconque, tel que Guillaume ou Alexandre II !

S'ils n'étaient depuis longtemps jugés et condamnés, cette simple constatation suffirait à montrer ce qu'ils valent.

E. Vaughan

LA CONDAMNATION DES ASSOMMÉS

C'est hier que venait devant la dixième chambre du tribunal correctionnel le procès des étudiants arrêtés à la suite de la charge policière du 21 mai.

On sait que quatorze de ces jeunes gens ont déjà comparu, mardi dernier, devant la dixième chambre, et que sur les conclusions de Mes Gatineau et Delattre, les deux premiers avocats chargés de leur défense, le président M. [illegible] avait dû ordonner la mise en liberté provisoire de ces jeunes gens et le renvoi de leur affaire à [illegible] jours.

LA MUSE DU PEUPLE

LXIX

APRÈS LE VOTE

I

Bravo, citoyens ! bravo, France !
Tous les peuples ont applaudi,
Tandis qu'on levait la séance
Pour honorer Garibaldi.
On ne dira pas à l'Histoire
Que nous outrageons la mémoire
Des héros sacrés par la mort,
Et que, dans les luttes humaines,
Nous déshonorons de nos haines
Celui qui fut austère et fort !

On ne dira pas que l'idée,
Messagère des grands aïeux,
N'est plus notre sainte accoudée
Devant le doux soleil des cieux ;
Que nous avons fait par l'envie
Taire les sources de la vie ;
Que nous nous parquons en troupeau ;
Que l'odeur des charniers nous grise,
Et que nous avons l'âme prise
A la hampe d'un seul drapeau !

Partout où battent des cœurs d'hommes,
Partout où la haine décroît,
On dira demain que nous sommes
Les serviteurs pensifs du Droit ;
Qu'en nos yeux la justice vibre ;
Et qu'on est digne d'être libre,
Alors qu'on n'a point refusé
De rendre une frange d'étoile
Aux [illegible] carrés de toile
Où ce guerrier s'est reposé !

II

Et que nous importe, à nous autres,
Qu'avec leurs mains rouges de sang,
Les vils mâcheurs de patenôtres
Viennent souffleter en passant
Ce beau poète de l'épée,
Qui vivait sa propre épopée,
Devant les peuples éblouis,
Et qui, servi par la victoire,
Couronnait sa tête de gloire
En se refaisant un pays !

Tous ces pâles soldats des prêtres,
Qui se lèvent pour l'outrager,
Ont-ils oublié leurs ancêtres
Livrant la France à l'étranger ?
Ont-ils oublié que cet homme,
N'ayant à défendre que Rome
Saignante encor sous le couteau,
Nous apporta, sainte folie !
Toute l'âme de l'Italie
Entre les plis de son manteau ?

Que pensaient-ils ? qu'osaient-ils croire
Quand ils essayaient à Bordeaux
De l'accabler devant l'Histoire,
De lui coller leur crime au dos !
Lorsque, pour flétrir le scandale,
Victor Hugo partait tout pâle,
Affirmant devant l'inconnu,
Au nom de l'Idée et du Verbe,
La solidarité superbe
De la lyre et du glaive nu ?

Lâche insulte ! affront dérisoire !
Triste avortement du mépris !
Avant de traîner sa mémoire
Vers les éternels piloris,
Avant de l'offrir à l'outrage
Comme ces corbeaux d'un autre âge
Cloués aux murs de leur donjon,
Qu'ils attendent que les racines
Aient mangé toutes les poitrines
Des soldats tombés à Dijon !

Qu'ils attendent que l'herbe verte,
Les bois, les rameaux palpitants
Aient bu dans leur bouche entr'ouverte
Toute la sève des printemps !
Qu'ils attendent que l'ombre mette
Des dentelures au squelette,
De la rouille aux glaives d'acier,
Et que le vent des nuits qui passe
Ait effacé toute la trace
Des durs sabots de son coursier !

III

Ah ! certes, je hais les perfides
Qui laissaient monter lentement
Sous leur front labouré de rides
L'âpre désir du sang fumant,
Qui, pour railler notre espérance,
Versaient la haine de la France
Dans son cœur paternel et doux
Et qui rêvaient, affront suprême !
De l'amoindrir devant lui-même
En armant son bras contre nous !

Mais, nous sommes la République,
Là-haut, plus haut que les affronts !
Où donc est le [illegible] ironique
Qui laisse de l'ombre à nos fronts ?
Aucun vent ne trouble notre onde ;
Nous tenons à prouver au monde,
Aux peuples conduits par des rois,
Qu'au-dessus des valets querelleurs
Nous regardons dans un bruit d'ailes
Flotter nos rêves et nos droits !

Et c'est devant ce rêve auguste
Où rayonne tout Floréal
Que je viens de chanter ce juste,
Ce paladin de l'idéal,
[illegible] par ma foi sereine,
Tout frémissant, ayant à peine
Le temps de jeter dans le vers
Des tumultueuses pensées
Qui jaillissent, laves pressées,
Des cœurs vibrants, des cœurs ouverts !

Et maintenant je me réveille
Devant l'éternelle Beauté ;
Je tressaille comme une feuille
Au souffle des brises d'été ;
J'ai le vague frisson lyrique ;
Et je salue, ô République !
Malgré ceux qui l'ont outragé,
Garibaldi couvert de gloire,
Au nom du Peuple et de l'Histoire,
Devant Victor Hugo vengé !

5 juin 1882.

CLOVIS HUGUES

diate sensation, grâce au prestige de son rédacteur en chef, Henri Rochefort, qui, de retour de Genève, venait de faire à Paris une rentrée triomphale. Henri Rochefort, qui s'était adjoint comme collaborateurs quelques-uns de ses compagnons d'exil, anciens adeptes de la Commune, Casimir Bouis, Olivier Pain, Edmond Bazire, débuta par un chaleureux remercîment à l'ovation parisienne et une très nette déclaration de guerre à l'opportunisme.

« C'est les larmes aux yeux, dit-il, que j'avais quitté mon pays ; c'est les larmes aux yeux que j'y rentre...

« Emporté dans un tourbillon d'émotion et d'attendrissement auquel je n'essaie même pas de m'arracher, je ne me sens que la force de remercier ce peuple admirable, qui donne à ses amis de ces joies immenses qu'eux seuls peuvent connaître, car elles sont inachetables, et celui qui les distribue n'a jamais su ce que c'était que les vendre... »

Plus loin, dans le même numéro, nous lisons :

« Les sénateurs et les députés qui président ou se laissent présider, ont, tout en s'inclinant devant les vœux du pays, mis dans la loi d'amnistie des réticences haineuses dont nous nous réjouissons, car elles montrent à quel point il a fallu que la pression morale exercée par le peuple sur ses adversaires fût rude, pour arracher de leurs mains les victimes. Nous remercions du fond du cœur la Chambre, le Sénat et le Ministère de cette attitude. Elle a pour nous cet inappréciable avantage, de nous permettre d'être aujourd'hui ce que nous étions hier, ennemis déclarés de nos anciens geôliers, et cela sans crainte d'être taxés d'ingratitude... »

Dix jours après la naissance de l'*Intransigeant*, soit le 24 de ce même mois de juillet, M. Édouard Portalis, le célèbre inventeur de la candidature Barodet, faisait revivre la *Vérité*, disparue le 4 septembre 1871, et lui infusait un sang nouveau par un programme de Revision radicale de la constitution, des institutions et des lois, dans un sens ultra-démocratique.

Après les expulsions des jésuites, le *Gaulois* ayant accentué sa politique d'opposition légitimiste et déplu, par cela même, au président du Conseil d'administration, M. Jules Cornély, qui en était le secrétaire de rédaction, quitta aussitôt ce journal (où il devait revenir plus tard, pour s'en séparer à nouveau et entrer au *Figaro* où il fait campagne actuellement), et fonda, en mars 1880, le journal *le Clairon*, que son brillant et sympathique talent imposa aussitôt à l'attention publique, et ce, disait il, « afin de ne pas prêter son concours à une feuille gambettiste ».

Ce fut, au contraire, pour soutenir la politique gambettiste que *Paris* fut créé le 2 juillet 1881, avec Charles Laurent pour rédacteur en chef, avec Emmanuel Arène, Julien Penel, H. Barthélemy, André Treille, Félix Laurent et Henri de Lapommeraye comme collaborateurs.

*
* *

Dans ces mêmes années (1879, 1880), deux procès de presse eurent lieu qui méritent, par le retentissement qu'ils produisirent, d'être signalés tout particulièrement.

C'est d'abord celui que soutint la *Lanterne*, en mars 1879, contre la préfecture de police, et qui lui valut trois mois de prison et 1 000 francs d'amende.

Le procès du général de Cissey (1880), commandant du 11e corps d'armée, contre M. Laisant du *Petit Parisien*, et M. Rochefort de l'*Intransigeant*, auxquels fut intentée une action en diffamation pour révélations sur les relations du général avec une dame attachée, disait-on, au service de l'espionnage allemand en France, causa dans l'opinion un véritable scandale. MM. Laisant et Rochefort furent frappés chacun d'une amende de 8 000 francs de dommages-intérêts ; fait unique en pareil cas, aucun témoin n'avait été présenté à l'audience par les condamnés.

*
* *

Dans un ordre d'idées tout différent de ce qui précède, et pour satisfaire les goûts d'un certain public plus soucieux de divertissement que de dialectique, parut, le 19 novembre 1879, un journal d'allure ultra-mondaine, sous ce titre plein de promesses : *Gil Blas*.

On peut dire que le *Gil Blas* inaugura vraiment un genre nouveau dans la presse française. Il dépassa peut-être quelquefois les limites des choses qui peuvent se dire dans un journal exposé à passer dans toutes les mains ; mais ses articles étaient écrits avec tant de verve, d'esprit, dans une langue si châtiée et si gauloise, avec des sous-entendus d'une telle finesse, qu'on ne pouvait guère se scandaliser. Son directeur, M. Dumont, fut cependant condamné, le

13 août 1880, à un mois de prison et 500 francs d'amende. Mais cette condamnation, loin de nuire au *Gil Blas*, appela sur lui l'attention du public et grandit son succès.

Comme tout ce qui réussit d'emblée, le *Gil Blas* fut imité et contrefait. Mais, ainsi que l'a dit Charles Virmaitre[1], les imitateurs du *Gil Blas* remplacèrent l'esprit par les grossièretés, les sous-entendus par un réalisme criard, l'idéalisme par la brutalité du fait. Il faut bien avouer que cette série de journaux fut, dès son apparition, accueillie avec une telle faveur par le public que plusieurs d'entre eux se tirèrent à cent mille exemplaires. On s'éleva en vain de tous les côtés contre ce journalisme pornographique qui envahissait les boulevards de Paris, comme les flots de la mer envahissent la plage un jour de grande marée. Le *Temps* du 28 décembre 1880 disait à ce propos : « Pour être franc, cette poussée de feuilles de honte, cette éruption de psoriasis moral, pourra bien être la caractéristique de l'année qui s'en va. Il y a des baptêmes de promotions à Saint-Cyr, lorsqu'on jette aux orties le schako de l'école et qu'on revêt enfin le costume du régiment. On pourrait aussi baptiser, à l'heure de leur mort, les années qui s'effondrent et dont les faits et gestes nous font dire étonnés : — Quoi donc ? Ce sera là de l'histoire ? — Et si l'on cherche pour ces douze mois une étiquette louangeuse, je demande qu'on lui cloue du moins cet écriteau sur la boîte à joujoux qui lui servira de bière : *Ci-gît 1880. — L'année pornographique.* »

C'était là un événement piquant, d'essence foncièrement parisienne, dont les revues de fin d'année devaient s'emparer.

Aux Variétés, Mlle Alice Lavigne chantait

Demandez le journal
Scandaleux, immoral.
Voilà la *Feuille de vigne*,
D'vot' faveur elle est digne,
Achetez vit', Messieurs.
Le journal scandaleux.

Vrai, j'vous l'dis, dans not'journal
Au diable Berquin ! ce qui nous flatte,
C'est le piment, c'est le picrate.
On n'se pique pas d'être moral.

[1] *Paris-Canard*, p. 274 et suiv. Nous empruntons à ce livre tous les détails relatifs à la presse dite pornographique.

Aussi faut voir comme on s'empresse,
Comm'on s'bouscule et comme on s'presse.
Avec nos histoires, nom d'un nom,
On f'rait cabrer un escadron.

Voici la liste à peu près complète des contrefacteurs du *Gil Blas* : Le *Boudoir*, qui parut le 30 mai 1880; l'*Événement Parisien*, le 6 juin; le *Piron*, le 17 juillet, le *Boccace*, le *Décaméron*, la *Lanterne des cochons de Paris*, le 4 septembre; la *Grivoiserie Parisienne* le 6 septembre; l'*Asticot*, le 2 octobre; le *Rabelais*, le 13 octobre; *Alphonse et Nana*, le 27 octobre; *Boccacio*, le 24 novembre.

Le parquet reçut des plaintes nombreuses contre l'immoralité de ces publications et contre l'audace des vendeurs qui accostaient les passants sur les boulevards et dans les rues, pour leur offrir leur marchandise. On se décida à exercer des poursuites après le fameux dessin de l'*Evénement Parisien* sur l'*art de manger des moules*, qui mit le comble à la mesure. Les gérants, les directeurs et les rédacteurs en chef des feuilles pornographiques furent cités en police correctionnelle et frappés de condamnations assez élevées.

L'Événement Parisien fut atteint de 7 condamnations successives : le 1er août 1880, trois mois de prison et 1300 francs d'amende; le 30 août, six mois de prison et 500 francs d'amende; le 9 septembre, un an de prison et 500 fr. d'amende; le 20 octobre, un an de prison et 500 francs d'amende; le 23 octobre, six mois de prison et mille francs d'amende; le 26 octobre, trois jours de prison et mille francs d'amende; le 30 octobre, un an de prison et mille francs d'amende. Le *Piron* fut condamné, le 15 septembre 1880, à un mois de prison, 500 francs d'amende, et le 16 octobre, à un an de prison et 500 francs d'amende. Le *Boccace* fut frappé, le 24 août 1880, de trois mois de prison, 500 francs d'amende, et le 22 octobre, de six mois de prison et mille francs d'amende. La *Grivoiserie Parisienne* fut condamnée, le 6 octobre, à quinze jours de prison et 350 francs d'amende, etc. En résumé, les fabricants de journaux pornographiques supportèrent des condamnations s'élevant à deux mille trois cent quatre-vingt-dix-neuf jours de prison et à plus de dix mille francs d'amende. Mais ils avaient gagné, paraît-il, dans leur campagne plus de *trois cent mille francs;* et ils se sauvèrent à l'étranger pour échapper à la prison comme à l'amende.

Dans ce défilé de feuilles ordurières, il nous faut mentionner la *Bavarde*, qui joignait à la pornographie l'industrie du chantage. Elle n'avait à Paris que l'apparence d'un siège social, mais elle possédait dans les principales villes de France des correspondants, qui envoyaient des articles ou des notes au rédacteur de la *Bavarde*, lequel publiait alors une édition spéciale pour cette ville. Le gérant était un nommé de la Noye, qui exerçait cette profession moyennant 2 francs par jour. Il fut l'objet de nombreuses condamnations; mais il était tout à fait insolvable, et s'il fit la prison, il ne paya ni les amendes, ni les frais, ni les dommages intérêts.

La presse dite pornographique n'a plus, depuis longtemps déjà, l'oreille du public; d'autres préoccupations passionnent aujourd'hui l'opinion et ne lui permettent plus de se complaire à des lectures sur les infinies variations de l'érotomanie.

CHAPITRE XII

LA PRESSE SOUS LA TROISIÈME RÉPUBLIQUE

II. — DE 1881 A 1900

Loi sur la presse du 29 juillet 1881. — Son absolu libéralisme. — L'impunité et l'arbitraire. — Loi du 2 août 1882 sur la répression des outrages aux bonnes mœurs. — Mort de Gambetta. — Le manifeste du prince Napoléon. — Proposition de loi relative aux manifestations séditieuses. — Discours de M. Waldeck-Rousseau. — Impuissance de la législation contre la protestation du Comte de Paris, à la suite de l'arrêté d'expulsion des princes. — Loi du 11 juin 1887 sur la diffamation par les cartes-postales. — Loi du 19 Mars 1889 réglementant la vente des journaux sur la voie publique. – Le parti boulangiste. — Rejet, par la Chambre des Députés, de la proposition Marcel Barthe, votée par le Sénat, en faveur du rétablissement de la justice correctionnelle pour les délits de presse. — Discours de MM. Thévenet, Challemel-Lacour et Léon Bourgeois. — L'anarchie en 1893 ; ses apôtres, ses exploits. — Mesures préventives du gouvernement. — Conséquences des attentats de Vaillant et d'Émile Henry. — Lois du 12 décembre 1893 et du 28 juillet 1894 contre les menées anarchistes. — Avortement des propositions Denoix (22 décembre 1894) et Marcel Barthe (avril 1895). — Propositions diverses de MM. Albert Pétrot, Odilon Barrot, Flandin et Lavertujon. — Le droit de réponse. La suppression de l'anonymat ; M. Emile Cère. — Proposition Joseph Fabre (juin 1900) ; vote du Sénat. — La loi du 29 juillet 1881 est, dans son ensemble, la base de la liberté de la presse. — Mort de Blanqui. — Fondation de journaux catholiques : la *Croix*, le *Peuple français* ; réapparition de la *Défense*. — Historique du *Gaulois*. — Création du *Radical*, de l'*Appel au peuple*, du *Matin*, de l'*Autorité*, de la *Cocarde*, etc. — Importance particulière de l'image et de la caricature dans la lutte boulangiste. — Développement croissant de la presse républicaine dans les départements, au détriment de la presse bonapartiste et de la presse royaliste. — Naissance et accroissement de la presse socialiste : le *Prolétaire*, le *Parti ouvrier*, la *Petite République*, etc. — Journaux d'informations à fort tirage : l'*Éclair*, le *Journal*, etc. — La *Libre parole* ; son caractère spécial ; physionomie de son rédacteur en chef. — L'*Aurore* et les *Droits de l'homme* : leur rôle particulier dans l'affaire Dreyfus. — Presse féministe : l'*Avant-courrière*, le *Journal des femmes*, la *Revue féministe*, etc. — La *Fronde* et sa rédaction d'élite. — Le reportage et l'interview. — Progrès de l'illustration dans les feuilles quotidiennes. — Les journaux à six pages. — Les Revues littéraires. — Les journaux professionnels spéciaux. — Les Agences et Correspondances de journaux. — Coup d'œil sur l'ancienneté et la valeur du *Temps*, du *Figaro*, des *Débats*, de la *Liberté*, de *l'Illustration*, du *Charivari*, du *Petit Journal*, etc. — Longévité dans la presse départementale. — Aperçu nécrologique sur les principaux publicistes de ces vingt dernières années : E. Spuller, J. Simon, etc., etc. — Les Associations et syndicats de presse. — Les congrès internationaux de la presse : le Congrès de 1900.

L'année 1881 restera une date mémorable dans les annales de la presse française, surtout parce qu'elle a vu naître la grande loi libérale destinée à fixer pour longtemps, au moins dans ses lignes générales, la législation relative aux journaux et autres écrits périodiques.

Cette loi du 29 juillet 1881 est un véritable monument élevé par la troisième République en l'honneur de la liberté de la presse.

Elle a réalisé un progrès incomparable dans le régime légal des journaux, en les dégageant de l'inextricable confusion léguée par les gouvernements divers qui se sont succédé dans notre pays depuis un siècle.

Comme l'a dit le rapporteur de la loi devant la Chambre des Députés, M. Lisbonne, la législation de la presse se composait, jusqu'en 1881, de quarante-deux lois, décrets et ordonnances, d'origines diverses, dont les textes semblaient parfois se contredire, à tel point que les jurisconsultes eux-mêmes étaient souvent embarrassés pour décider si certaines dispositions étaient encore en vigueur ou si elles étaient abrogées.

Le premier et très grand service rendu par le législateur de 1881 a été de nous doter d'une loi unique, véritable code de la presse. Son œuvre a été, dans toute l'acception des termes, une œuvre d'affranchissement et de liberté.

Dans les trois premiers chapitres, consacrés le premier à l'imprimerie et à la librairie, le second à la presse périodique, le troisième à l'affichage, au colportage et à la vente sur la voie publique, la loi de 1881 a fait table rase de toutes les mesures préventives de l'ancienne législation. Elle se borne à réglementer, sans la restreindre, la liberté d'exprimer et de communiquer la pensée par le livre, le journal, l'affiche, ou tout autre instrument de publication.

Le quatrième chapitre donne l'énumération des crimes et délits qui peuvent se commettre par la voie de la presse ou par tout autre moyen de publication, et ne comprend dans cette énumération que les actes présentant tous les caractères des délits de droit commun.

Enfin, le cinquième chapitre est consacré à la procédure. Il fait, pour ainsi dire, du jury la juridiction de droit commun en matière de presse, et il ne défère aux tribunaux correctionnels que les délits de diffamation et d'injures commis envers les particuliers. Quant aux infractions punies de peines de simple police, elles sont justiciables du juge de paix.

***

L'imprimerie et la librairie sont libres. Tout imprimé rendu public doit porter le nom et le domicile de l'imprimeur. Deux exemplaires doivent en être déposés pour les collections nationales. Le dépôt prescrit est de trois exemplaires pour les estampes et la musique.

Le chapitre II concerne la presse périodique. Tout journal doit avoir un gérant. Avant la publication d'une feuille quelconque, il faut déclarer au parquet le titre du journal, le nom et la demeure du gérant et de l'imprimeur. Deux exemplaires de chaque numéro, signés du gérant, doivent être déposés à la préfecture, à la sous-préfecture ou à la mairie. Le gérant est tenu d'insérer gratuitement toute rectification qui lui est adressée par un dépositaire de l'autorité publique, au sujet des actes de sa fonction. La rectification n peut dépasser le double de l'article auquel elle répond.

La réponse de toute personne nommée ou désignée dans le journal doit être insérée dans les trois jours, à la même place et en même caractères que l'article qui l'aura provoquée. La circulation des journaux étrangers en France ne peut être interdite que par le Conseil des ministres. La circulation d'un numéro peut l'être par le Ministre de l'Intérieur.

Les articles 15, 16 et 17 concernent les affiches et les professions de foi électorales.

Le colportage et la distribution sont libres moyennant une déclaration à la préfecture, à la sous-préfecture ou à la mairie. La distribution et le colportage accidentels ne sont assujettis à aucune déclaration. Colporteurs et distributeurs peuvent être poursuivis pour colportage ou distribution d'écrits présentant un caractère délictueux.

Quiconque aura provoqué au meurtre, au pillage ou à l'un des crimes prévus contre la sûreté de l'État, sera puni, même si la provocation n'a pas été suivie d'effet. Les cris ou chants séditieux, proférés dans les réunions publiques, sont également punis. L'article 27 définit la diffamation et l'injure. L'offense envers les chefs d'État étrangers ou envers leurs représentants est punie, ainsi que l'offense envers le Président de la République.

Les actes d'accusation ou autres actes de procédure criminelle ou correctionnelle ne peuvent être publiés qu'après avoir été lus en audience publique.

Les articles 47-62 sont relatifs à la procédure, l'article 63 à la récidive, l'article 65 à la prescription de l'action publique et de l'action civile après trois mois révolus.

* * *

Tels sont les principaux traits de la loi du 29 juillet 1881, répartie sur 70 articles. Des discussions intéressantes se produisirent, surtout à la Chambre des députés, au sujet des articles du quatrième chapitre de la loi.

M. Floquet proposa, en matière de répression, un système nouveau et tout à fait séduisant, au premier abord, par son extrême simplicité, qu'il formula en ces termes : « Il n'y a pas de délits spéciaux de la presse. Quiconque fait usage de la presse ou de tout autre mode de publication, est responsable selon le droit commun. » Et le droit commun, selon M. Floquet, c'était, au point de vue civil, l'article 1382 du Code civil, qui rend chacun responsable de son fait et l'oblige à réparer le dommage qu'il a causé ; en matière criminelle, c'est la complicité, telle qu'elle est caractérisée par l'article 60 du Code pénal, et, à côté de cette complicité, la culpabilité directe pour les délits contre les personnes, c'est-à-dire pour la diffamation et l'injure.

Mais on reconnut que le droit commun appliqué à la presse serait cent fois plus dur que le régime spécial proposé par le rapporteur, au nom de la commission. En effet, suivant le droit commun, en cas de délit, les coupables seraient : d'abord l'imprimeur, puis l'éditeur responsable, si l'écrit délictueux n'était pas périodique ; puis l'auteur de l'article, alors même qu'il n'aurait pas signé ; car la preuve devrait être admise pour le faire découvrir et reconnaître. Enfin, il faudrait poursuivre comme complices le propriétaire du journal, le financier qui le fait vivre, le directeur politique qui a la surveillance ; on pourrait même aller jusqu'à discuter la complicité du commanditaire. On n'hésita pas longtemps ; et, dans l'intérêt même de la presse périodique, on se décida en faveur du régime spécial.

* * *

Un point des plus importants, c'est que la nouvelle loi a écarté, d'une manière générale, tous les délits d'opinion pouvant donner lieu à des procès de tendance : les attaques contre la Constitution, le principe de la souveraineté du peuple et du suffrage universel ; les attaques contre le respect dû aux lois, contre la liberté des cultes, la propriété, la famille ; l'excitation à la haine et au mépris du Gouvernement ; l'exposition publique ou mise en vente de signes ou symboles séditieux ; l'outrage à la morale publique et religieuse.

La discussion fut vive et prolongée, lorsqu'il s'agit de savoir si on écarterait aussi l'outrage à la République ou à l'une des deux Chambres. M. Marcou, à la Chambre des députés, s'efforça de démontrer que la République ne pouvait, sans danger, permettre qu'on l'outrageât impunément ; qu'elle avait le droit de vivre et par suite celui de se faire respecter et de se défendre ; et qu'en décrétant l'impunité des injures, des insultes, des outrages dirigés contre elle, on préparerait son renversement, on la ruinerait dans ses fondements essentiels, c'est-à-dire dans l'estime des citoyens, dans l'affection, dans l'enthousiasme qui font sa force et sa grandeur.

Ces objections graves trouvèrent des contradicteurs éloquents, tels que MM. Madier de Montjau, Clémenceau, Ballue, qui finirent par l'emporter. La République, disaient-ils, ne peut vivre que de liberté et doit apprendre à avoir confiance en elle. Dans un pays qui prétend et qui veut se gouverner lui-même, le droit de critiquer et de discuter le Gouvernement doit être absolu et placé hors de toute atteinte. Sans doute, il serait désirable que la République ne pût être outragée ; mais comme il est impossible de préciser le moment où la discussion devient outrageante, de dire où finit la discussion et où commence l'attaque, il faut nécessairement ou proclamer l'impunité de l'outrage, ou proclamer l'arbitraire gouvernemental. En matière de presse, suivant le mot de Royer-Collard, il n'y a point « d'issue légale entre ces deux termes : impunité et arbitraire ». Un gouvernement monarchique peut choisir l'arbitraire, le gouvernement républicain est tenu d'opter pour l'impunité. La liberté, qui est son principe et sa raison d'être, lui en fait un devoir ; d'ailleurs, un gouvernement basé sur le suffrage universel n'a pas à redouter cette impunité et doit, avant tout, s'en remettre à l'opinion publique du soin de le venger des injures ou des insultes dont il est l'objet. L'expérience enfin n'a-t-elle pas démontré que les lois répressives ont toujours été impuissantes à sauver les gouvernements qui n'étaient pas assez forts pour affronter toutes les discussions et braver toutes les injures ; et des lois répressives ne seraient-elles pas plus fatales encore à la République qu'à tout autre gouvernement[1] ?

Le grand mérite et l'honneur des législateurs de 1881, c'est qu'entre les deux écueils de l'arbitraire et de l'impunité, ils ont préféré pencher du côté de l'impunité.

Qu'ils n'aient pas réussi à éviter en même temps ces deux écueils, cela n'est pas pour nous surprendre. Ne savons-nous pas que toute œuvre législative est nécessairement imparfaite, et que la législation sur la presse est une des plus complexes et des plus difficiles à établir d'une manière durable, dans une nation aussi mobile et aussi divisée que la nation française ?

Il est certain qu'en supprimant tous les délits d'opinion, en tolérant l'outrage à la République, la nouvelle loi a permis à la liberté de la presse de dégénérer parfois en licence. Les événements n'ont pas tardé à démontrer qu'elle laissait trop souvent le pouvoir désarmé et impuissant et qu'elle ne répondait pas d'une manière efficace aux nécessités d'ordre public qui s'imposent à tous les gouvernements.

Les abus qui se sont produits ont amené bien vite l'opinion publique elle-même à reconnaître que la loi toute récente de 1881 devait être retouchée et remaniée, afin d'être mise en harmonie avec les nécessités révélées par ces abus.

Il y a eu des hésitations, des tâtonnements, qui ont fait avorter bien des projets et en ont fait aboutir quelques-uns.

C'est ce mouvement des esprits et des projets de lois successifs sur la presse, de 1881 à 1900, que nous devons exposer ici comme une suite nécessaire, un complément indispensable de la loi du 29 juillet 1881.

* * *

La loi du 2 août 1882 sur la répression des outrages aux bonnes mœurs est venue la première modifier la loi de 1881.

[1] Georges Barbier. *Code expliqué de la presse,* t. I, p. 10.

Il convient de dire dans quelles circonstances.

A peine la loi du 29 juillet 1881 était-elle promulguée, qu'il se produisit un véritable débordement de publications obscènes à bon marché, dont l'étalage déshonorait les promenades les plus fréquentées des grandes villes, et dont la grossièreté était signalée à l'attention des passants par les cris et les commentaires des vendeurs. L'autorité n'était pas assez armée pour mettre fin à un pareil scandale. En effet, l'article 28 de la loi de 1881 était efficace pour assurer la répression de l'outrage aux bonnes mœurs commis par dessins, gravures, emblèmes ou images, la saisie préventive étant permise en ce cas et la juridiction correctionnelle appelée à connaître du délit pouvant toujours être rapidement saisie; quand on n'était pas en présence de *publications illustrées*, quand les coupables prenaient soin d'éviter la gravure, le dessin, l'emblème ou l'image, la répression était inefficace, parce qu'elle intervenait seulement lorsque tout le mal était fait et que les coupables avaient réalisé le bénéfice de leurs méfaits.

De plus, comme le dit très bien M. Barbier [1], ces entrepreneurs de scandales, ces éditeurs et auteurs d'œuvres exclusivement pornographiques, ne relevant d'aucune littérature, étaient admis, au même titre que les éditeurs et écrivains dignes de ce nom, à bénéficier des règles spéciales et toutes de faveur adoptées par la loi sur la presse, relativement à la complicité, à la détention préventive, à la récidive, aux circonstances atténuantes, à la prescription.

Pour parer à l'insuffisance de l'article 28 de la loi de 1881, le garde des sceaux Humbert présenta, le 2 mai 1882, à la Chambre des députés, un projet de loi qui plaçait le délit d'outrage aux bonnes mœurs sous l'empire du *droit commun*, l'assimilait au délit d'outrage public à la pudeur et lui appliquait les peines édictées par l'article 330 du Code pénal.

La Chambre des députés repoussa cette assimilation. Elle laissa soumis aux pénalités de l'article 28, paragraphe 1er, de la loi de 1881 et aux règles spéciales de cette loi, l'outrage aux bonnes mœurs, commis soit par la voie du *livre*, soit par des *discours*, *chants ou cris obscènes*. Mais elle décida de punir par une loi spéciale, comme délit de droit commun, l'outrage aux bonnes mœurs, quand il serait commis par des moyens de publication autres que ceux ci-dessus

[1] *Code de la presse*, t. I, p. 309.

énoncés, c'est-à-dire à l'aide d'écrits, d'imprimés *autres que le livre*, d'affiches, dessins, gravures, peintures, emblèmes ou images obscènes.

Le Sénat adopta le projet de loi de la Chambre des députés : et ainsi fut votée la loi du 2 août 1882, qui fait de l'outrage aux bonnes mœurs par voie de publications obscènes, suivant les cas, tantôt un délit de presse, tantôt un délit de droit commun.

* * *

Un second projet de loi fut bientôt proposé par le Gouvernement en vue de modifier la loi de 1881 sur la presse. Il fut discuté par la Chambre des députés en 1883 et 1884. Il était relatif aux *manifestations séditieuses.*

Disons tout de suite que ce projet a échoué.

Il faut rappeler quelle était alors la situation politique et quel était l'état des esprits.

La mort de Gambetta, survenue le 31 décembre 1882, qui eut son contre-coup non seulement en France, mais dans toute l'Europe, avait particulièrement affecté les représentants les plus autorisés de l'idée républicaine ; dans les masses profondes du pays on craignait pour l'avenir, et les partis hostiles croyaient le moment venu de sortir de leur inaction. C'est de ce désarroi que voulut profiter le prince Jérôme Napoléon pour lancer une sorte d'appel au pays.

Le 16 janvier au matin, un manifeste signé Napoléon était placardé sur les murs de Paris. En voici quelques extraits :

Paris, 15 janvier 1883.

A mes Concitoyens,

La France languit.

Quelques-uns parmi ceux qui souffrent s'agitent.

La grande majorité de la nation est dégoûtée. Sans confiance dans le présent, elle semble attendre un avenir qu'elle ne pourra obtenir que par une résolution virile.

Le pouvoir exécutif est affaibli, incapable et impuissant.

Les Chambres sont sans direction et sans volonté.

Le parti au pouvoir méconnaît ses propres principes pour ne rechercher que la satisfaction des passions les moins élevées.

Le Parlement est fractionné à l'infini.

Réactionnaires, modérés, radicaux se sont succédé au Gouvernement. Tous ont échoué.

On nous a promis une République réparatrice et réformatrice. Promesse mensongère.

Vous assistez à des crises continuelles qui atteignent le chef de l'État, les Ministres et les Chambres.

L'expérience de la République parlementaire, poursuivie depuis douze années, est complète.

Vous n'avez pas de gouvernement.

Le mal réside dans la Constitution, qui met le pays à la discrétion de huit cents sénateurs et députés...

L'Administration est discréditée... Exploiter le pays, ce n'est pas l'administrer.

Vos finances sont dilapidées.

Les impôts, lourds et mal répartis, sont maintenus dans un fatal esprit de routine qui met obstacle à tout progrès...

Un agiotage, qui ne doit souvent son impunité qu'à des solidarités compromettantes, a envahi toutes les classes de la société.

La religion, attaquée par un athéisme persécuteur, n'est pas protégée, et cependant ce grand intérêt de toute société civilisée est plus facile à sauvegarder que tout autre par l'application loyale du Concordat, qui seul peut nous donner la paix religieuse.

Notre commerce est atteint par l'abandon des traités de 1860, auxquels nous devions la prospérité ; et l'intérêt des consommateurs et des commerçants est sacrifié.

Héritier de Napoléon Ier et de Napoléon III, je suis le seul homme vivant dont le nom ait réuni *sept millions trois cent mille suffrages.*

Le Gouvernement s'effondre ; mais une grande démocratie comme la nôtre ne peut se dérober longtemps à la nécessité de constituer l'autorité. Le peuple en a le sentiment. Il l'a prouvé dans les huit plébiscites de 1800, 1802, 1804, 1815, 1848, 1851, 1852 et 1870.

Français, souvenez-vous de ces paroles de Napoléon Ier :

Tout ce qui est fait sans le peuple est illégitime.

Le Gouvernement républicain, représenté par l'incolore ministère Duclerc, prit un peu trop au tragique cette démonstration platonique, d'une efficacité au moins douteuse. M. le garde des sceaux Devès fit déchirer et saisir les affiches par la police. Il mit en mouvement le parquet, et le prince Jérôme Napoléon fut mis en état d'arrestation, sur un mandat de dépôt signé par un juge d'instruction [1].

[1] On a raconté un mot assez plaisant du prince Jérôme au cours des interrogatoires que lui fit subir le juge d'instruction Benoît. Celui-ci lui faisait un reproche d'avoir signé son manifeste du seul nom de « Napoléon ». Le prince Jérôme répondit : « J'ai apposé mon nom au bas du manifeste. Je ne pouvais pourtant pas signer Benoît. Tout le monde n'a pas l'honneur de s'appeler Benoît. »

Sur une interpellation de M. Jolibois, qui qualifia cette arrestation d'arbitraire, la Chambre des députés vota, par 401 voix contre 85, un bill d'indemnité au ministère.

Mais on fut bientôt obligé de reconnaître qu'en vertu de la loi du 29 juillet 1881 sur la presse, l'affichage du manifeste du prince Napoléon était tout à fait licite, que la destruction des exemplaires ne pouvait être opérée qu'en vertu d'un arrêt de la cour d'assises, que l'auteur ne pouvait être poursuivi que pour provocation suivie d'effet à un crime ou à un délit quelconque, ou pour provocation même non suivie d'effet, s'il avait provoqué au meurtre, au pillage, à l'incendie ou à l'un des crimes contre la sûreté de l'État prévus par les articles 75 à 101 du Code pénal.

Le prince Napoléon bénéficia d'une ordonnance de non-lieu et s'attira les lazzi de presque toute la presse pour son rôle de *César déclassé.*

*
* *

Le Gouvernement crut alors nécessaire de présenter un projet de loi destiné à combler les lacunes, révélées par cet incident, dans la loi de 1881 sur la presse.

Ce projet fut compris dans le programme ministériel du cabinet Ferry (1883). Mais il ne vint en discussion devant la Chambre que dans le courant des mois de février et mars 1884.

Le Gouvernement et la Commission se mirent d'accord pour proposer à la Chambre d'adopter un contre-projet rédigé par M. Lelièvre.

Ce contre-projet rendait justiciables des tribunaux correctionnels les cris ou chants séditieux proférés sur la voie ou dans les lieux publics, l'enlèvement ou la dégradation de signes publics de l'autorité du Gouvernement républicain, toute manifestation séditieuse faite publiquement par emblèmes.

Il fut vivement attaqué par MM. Jullien, Bovier-Lapierre, Gâtineau et Camille Pelletan, qui fit avec une verve étourdissante la critique de chacun des termes de la loi proposée. MM. Dusolier, Léon Renault, Waldeck-Rousseau, ministre de l'Intérieur, et Martin-Feuillée, garde des sceaux, défendirent le projet. Le ministre de l'Intérieur, repoussant toute pensée de réaction contre la liberté de la presse, s'attache à justifier la juridiction correctionnelle appliquée aux cris et placards séditieux par l'impossibilité d'attendre les sessions trimestrielles de la cour d'assises pour réprimer ces sortes de délits.

« Ce qu'il faut, disait-il, c'est assurer la liberté de la rue.

« Je crois qu'il y a des droits naturels qu'on n'aliène pas, et je suis prêt à proclamer que parmi ces droits figure celui de publier sa pensée, de se réunir, de s'associer ; mais, quand on fait partie d'une société, est-il possible, non d'offrir l'expression de sa pensée, mais de l'imposer sous une forme quelconque, en confisquant à son profit une partie de la voie publique, d'imposer aux passants des placards ou des images qui peuvent être absolument insultants pour leurs convictions ?

« La liberté d'écrire et de se réunir doit se définir ainsi : la liberté d'écrire pour ceux qui voudront lire, et la liberté de former une réunion avec le consentement de ceux qui voudraient y assister.

« Si l'on va plus loin, vous aurez bien pour un temps proclamé la liberté de la presse, obtenu le droit de réunion, mais vous ne serez pas assurés de le conserver le jour où la population française, qui n'est pas sans une certaine mobilité, se trouvera, elle qui a un si grand attachement pour les institutions républicaines, obligée de subir là où elle ne les cherche pas, où elle ne peut les éviter, les thèses les plus opposées à son opinion. Et c'est ce qui arrivera, si l'on ne garantit pas la liberté de la voie publique.

« C'est là que se résume le projet. Encore une fois, nous ne voulons en aucune façon revenir sur les lois libérales que nous avons votées ; il y a, au contraire, tout intérêt à faire passer de la loi sur la presse dans une loi sur la voie publique tout ce qui est relatif aux cris séditieux, et je n'aurai pas de peine à montrer que la liberté de la presse a souffert de cette confusion, que, si la presse a tant de fois perdu les conquêtes qu'elle avait faites, c'est au lendemain de ces agitations sur la voie publique, dont elle n'était en aucune façon responsable.

« En effet, quand on enveloppe dans un même texte les questions de presse et de voie publique, on s'expose à des retours offensifs, dangereux pour les intérêts les plus chers, pour ceux de la liberté de la presse.

« Je me résume. Par rapport à la loi de 1881, le projet que le Gouvernement vous demande avec insistance de voter répond à cette triple idée de la liberté complète de la presse, de la liberté complète de la réunion, de la sécurité complète de la voie publique, de la rue. »

A la majorité de 268 voix contre 190, la Chambre décida de passer à la discussion des articles; mais le Gouvernement fut battu sur plusieurs points importants et notamment sur l'attribution aux tribunaux correctionnels de la connaissance des délits de cris, chants et placards séditieux.

Le projet fut définitivement abandonné, sans passer par l'épreuve d'une seconde lecture.

* * *

Il en résulta que le Gouvernement se trouva désarmé, lorsque, deux années plus tard, après les élections d'octobre 1885, les membres des familles ayant régné sur la France furent expulsés du territoire en vertu de la loi du 22 juin 1886, et que le comte de Paris publia et fit afficher, dans quelques communes rurales, une protestation-manifeste d'un caractère nettement séditieux :

« Contraint de quitter le sol de mon pays, disait ce prétendant, je proteste, au nom du droit, contre la violence qui m'est faite... En me poursuivant, on se venge sur moi des trois millions et demi de voix qui, le 4 octobre, ont condamné les fautes de la République, et l'on cherche à intimider ceux qui, chaque jour, se détachent d'elle. On poursuit en moi le principe monarchique... Ces calculs seront trompés.

« Instruite par l'expérience, la France ne se méprendra ni sur la cause, ni sur les auteurs des maux dont elle souffre. Elle reconnaîtra que la monarchie, traditionnelle par son principe, moderne par ses institutions, peut seule y porter remède.

« Seule, cette monarchie nationale, dont je suis le représentant, peut réduire à l'impuissance les hommes de désordre qui menacent le repos du pays, assurer la liberté politique et religieuse, relever l'autorité, refaire la fortune publique...

« La République a peur : en me frappant, elle me désigne.

« J'ai confiance dans la France. A l'heure décisive, je serai prêt. »

Le Gouvernement, représenté alors par MM. de Freycinet, Sarrien, Demôle, le général Boulanger, etc., déposa le 26 juin, à la Chambre, un projet de loi déférant à la cour d'assises l'affichage et l'exposition d'écrits séditieux. La commission, élue pour examiner ce projet, fut presque unanimement hostile. On songea d'abord à limiter l'application du projet aux affiches émanant de personnages princiers ; puis on décida de ne pas faire de rapport, et le Gouvernement se borna à faire enlever par voie administrative les quelques exemplaires du manifeste qui avaient été placardés.

Le Parlement était alors si opposé à tout remaniement de la loi du 29 juillet 1881, que, lorsque M. Bozérian, sénateur, proposa, dans les premiers mois de l'année 1888, de restreindre les abus de la liberté, il fut combattu tout à la fois par M. Lisbonne, par M. Sarrien, ministre de l'intérieur, et par M. Fallières, garde des sceaux. — Son projet ne put aboutir.

Il en fut de même d'une proposition de M. Lisbonne, ayant pour objet de rendre justiciables des tribunaux de police correctionnelle les délits d'injure publique seulement. Le Sénat adopta bien cette proposition le 18 février 1889 ; mais la Chambre des députés, au mois d'avril, la rejeta.

Mentionnons, sans y insister, le vote de la loi du 11 juin 1887, qui défère à la police correctionnelle ceux qui se rendent coupables des délits d'injure ou de diffamation à l'aide de cartes postales. Il y a là un genre de scandale particulier, qui n'a que des rapports assez éloignés avec la presse.

* * *

La lutte électorale de 1889 contre le parti boulangiste et les dangers courus alors par les libertés publiques semblèrent incliner les esprits vers une répression plus rigoureuse des excès de tout genre commis par la presse. Mais cette disposition des esprits ne fut pas de longue durée, comme on va le voir.

Tout d'abord, la mise en vente des journaux dans les rues était devenue l'occasion de tels désordres, de tels scandales et de tels chantages, que la loi du 19 mars 1889 fut votée pour réglementer cette vente sur la voie publique. Ce n'était qu'un détail ; mais il avait son importance.

Après les élections et dès le 21 novembre 1889, à la Chambre des députés, M. Joseph Reinach proposa d'abroger la loi sur la presse de 1881 et de revenir au *droit commun*, c'est-à-dire au Code pénal légèrement modifié. La juridiction correctionnelle devait être substituée au jury.

Ce projet ne fut pas discuté, parce que le Sénat avait mis à son ordre du jour un projet analogue de M. Marcel Barthe, qui tendait à rendre justiciables des tribunaux correctionnels les délits d'injure, d'outrage et de diffamation commis par la voie de la presse contre le

Président de la République, les ministres, les membres des deux Chambres, les fonctionnaires publics, etc.

Il est facile de résumer les arguments présentés par les partisans de la proposition Marcel Barthe, les sénateurs Cordelet, de Marcère et Tolain. Il n'y a plus, depuis 1881, disaient-ils [1], de délits d'opinion, de délits de tendance, et nul ne songe à les rétablir. Ne sachant plus comment s'attaquer au gouvernement dans son principe, les adversaires de la République s'attaquent aux hommes qui la représentent, au chef de l'État, aux ministres, aux membres du Parlement, aux fonctionnaires ; pour réprimer les outrages et les diffamations dont ils abreuvent ces hommes, la juridiction des assises est notoirement insuffisante : elle ne fonctionne que plusieurs mois après que le délit a été commis, c'est-à-dire lorsque tout l'effet d'une diffamation est déjà produit, toutes les accusations calomnieuses accréditées dans la masse ; d'autre part, ses arrêts ne sont point motivés : lorsqu'elle prononce l'acquittement d'un diffamateur, elle n'a point même à alléguer qu'il a pu agir de bonne foi, et l'opinion publique n'hésite pas à interpréter l'acquittement du prévenu comme une condamnation du fonctionnaire ou du député qui s'est prétendu diffamé. Une telle situation est intolérable au point de vue politique : elle compromettra, si elle se prolonge, l'autorité et le crédit du gouvernement tout entier.

***

Le plus redoutable adversaire du projet de loi, en dehors des orateurs de la droite, tels que MM. Fresneau et Baragnon, fut un sénateur républicain de la Gironde, M. Trarieux.

Pour lui, il ne fallait, à aucun prix, renier la tradition séculaire du parti libéral, qui a toujours réclamé pour la presse la juridiction du jury ; il considérait la proposition Barthe comme un retour plus ou moins déguisé au décret dictatorial de 1852 ; car, disait-il, il est impossible de tracer une limite exacte entre la diffamation contre un homme et la dénonciation d'un abus ; or, si la diffamation est répréhensible, la révélation des abus est utile, indispensable au fonctionnement des institutions libres ; sous couleur de réprimer la première, il ne faut pas décourager la seconde. Peut-on même dire que

[1] *Année politique de 1890*, par André Daniel.

la proposition atteindrait son but si elle devenait loi ? Les tribunaux correctionnels se sont fréquemment montrés dans ces derniers temps plus indulgents, ou plus lâches que le jury, dans la répression des excès de la presse. Un fonctionnaire diffamé, armé d'un jugement correctionnel, ne sera d'ailleurs jamais aussi bien lavé, au regard des tiers, des accusations qui pèsent sur lui que s'il obtient un verdict du jury. On n'aura donc point protégé les fonctionnaires ; on n'aura fait que discréditer le régime.

*
* *

Le Gouvernement intervint par l'organe du garde des sceaux, M. Thévenet, et du président du conseil, M. Tirard. Il le fit avec un grand esprit de décision et contribua puissamment à entraîner les votes du Sénat.

« Ce qu'il faut examiner, disait le garde des sceaux, c'est le point de savoir si, sous prétexte de liberté de la presse, on ne désarme pas ce qui doit toujours demeurer armé dans tous les pays, le Gouvernement.

« Pendant ces derniers mois, où les passions politiques ont atteint une exaspération sans précédent, est-ce que l'on a seulement critiqué et jugé les actes du Gouvernement ?

« Non, ce qu'on a voulu faire et ce qu'on a fait, ça été surtout d'atteindre les personnes. C'est là le caractère de cette lutte si habilement et si perfidement engagée, dont vous avez été les témoins, et, pendant des mois, les fonctionnaires de tous ordres, à quelque degré de l'échelle qu'ils fussent placés, parce qu'ils étaient républicains et qu'ils s'opposaient aux entreprises factieuses, ont été dénoncés comme de malhonnêtes gens, et vous n'avez pas oublié l'épithète infamante qu'on avait accolée au Gouvernement auquel vous aviez donné votre confiance.

« L'honorable M. Trarieux a beaucoup parlé du droit commun en matière de presse. Il ne veut pas qu'on touche au droit commun, et pour lui le droit commun, c'est la loi de 1881. Qu'il me permette de le lui dire, il fait une pétition de principe, et son raisonnement repose ici sur une conception inadmissible.

« La loi de 1881 n'a en aucune façon soumis la presse au droit commun. Elle a accordé au journaliste de véritables privilèges, dont je ne signalerai que deux. Le premier, c'est que le journaliste, prévenu d'un délit de presse, est jugé par la cour d'assises, tandis que tout autre citoyen, prévenu de délit, est justiciable des tribunaux correctionnels. Il y a donc là une dérogation au droit commun, édictée au profit du journaliste.

« Voici un autre cas. M. Trarieux disait tout à l'heure que la diffamation contre un fonctionnaire est une véritable dénonciation.

« Or ouvrez le Code pénal, et vous lirez ceci à l'article 373 : « Quiconque aura fait par écrit une dénonciation calomnieuse « contre une ou plusieurs personnes, sera puni d'un emprisonne- « ment, etc. »

« Ainsi, tout individu qui fait par écrit, sous sa signature, une dénonciation calomnieuse, est justiciable des tribunaux correctionnels.

« Et si la dénonciation paraît dans un journal, sous le voile de l'anonyme, parce que son auteur n'aime pas à en prendre ouvertement la responsabilité, celui-ci est traduit en cour d'assises.

« Quelle est donc la raison qui permet de soustraire ainsi le journaliste à la juridiction ordinaire?

« Le droit commun s'applique indistinctement à tous les citoyens. Si vous faites une exception à ses règles en faveur des journalistes, ce ne peut être qu'à une condition, à la condition de démontrer que la liberté de discussion serait compromise, si ces derniers ne bénéficiaient pas d'une mesure de faveur. Sinon, vous constituez, pour une catégorie de citoyens, un privilège exorbitant, dont la seule existence est une iniquité à l'égard des autres.

« En outre, il faut, messieurs, se rendre compte de la situation faite au fonctionnaire diffamé. Vous mettez à sa disposition la solennité d'une cour d'assises ; il n'en a que faire. Ce qu'il demande, ce sont des juges ayant l'habitude de juger, qui, pour se prononcer, voudront des preuves et des preuves précises.

« Quant au jury, il se compose de citoyens peu habitués aux choses de la justice, qui, au sortir de l'audience, se mêlent à l'opinion publique et qui, une fois revenus sur leurs sièges, peuvent se laisser égarer et par l'éloquence d'un avocat et par des considérations personnelles et politiques.

« En matière de diffamation contre un fonctionnaire, le jury peut être placé dans une situation où son impartialité peut être suspectée; le droit de récusation, en effet, n'appartient pas à la partie civile qui se plaint. C'est encore là une erreur de la loi de 1881, que nous vous demandons de corriger.

« On a dit du jury qu'il pouvait s'arrêter à des présomptions vagues plutôt qu'à la réalité, et qu'il pouvait rendre un arrêt sans en comprendre toute l'importance; cela est vrai, cela est humain, et quand on songe qu'il suffit d'un *oui* ou d'un *non* pour tuer un homme devant l'opinion, n'est-on pas en droit de penser qu'il est plus sage, plus prudent et plus juste de confier ce jugement à un magistrat qui, avant de le rendre, devra le rédiger, le motiver et en peser mûrement tous les termes ?

« Est-ce que la matière n'est pas suffisamment grave pour que l'on cherche à l'entourer de toutes les garanties? Et l'honorable M. Trarieux lui-même le comprend ainsi, puisqu'il voulait que deux questions fussent posées aux jurés, l'une sur le fait, l'autre sur la culpabilité. Mais ne vaut-il pas mieux, lorsqu'il s'agit de l'honneur, de la situation morale et matérielle d'un fonctionnaire, s'adresser à la juridiction ordinaire, aux magistrats qui ont l'habitude de juger, qui rédigeront leurs sentences et les motiveront en pleine connaissance de cause et dans toute leur indépendance ?

« Messieurs, j'ai terminé ; je n'ai examiné la question qu'au point de vue politique, et vous aurez à vous demander si, dans un pays comme le nôtre, où le principe du Gouvernement est attaqué chaque jour par les alliances que vous savez, il n'est pas bon de protéger les fonctionnaires.

« Je dis que le moment est venu de donner au Gouvernement républicain toutes les armes dont il a besoin pour protéger ceux qui le servent.

« Oui, le Gouvernement pense qu'il y a intérêt à ne point placer les délits de diffamation et d'injure dans une loi sur la presse, car ce ne sont point des délits de presse. Vous ferez une loi qui réprimera les délits que tous les Gouvernements réprouvent et que vous réprouverez aussi. »

Le projet fut voté par le Sénat, en première lecture, par 167 voix contre 102.

* * *

Dans la seconde délibération, M. Lisbonne reprit les arguments de M. Trarieux. De son côté, M. Challemel-Lacour s'attacha à justifier la proposition Barthe par des considérations d'ordre général :

« Messieurs, disait-il, il s'est accompli dans la presse en ses rapports avec la société, avec le Gouvernement, les particuliers et la justice, non pas des changements partiels, mais une révolution totale.

« Nous sommes donc un monde nouveau.

« Nous sommes en présence d'un état de choses auquel ne saurait être comparé aucun autre état antérieur, et que nul n'avait pu connaître ou prévoir parmi les théoriciens de la liberté.

« Nous sommes en présence d'une presse dont rien, dans le passé, sous aucun régime ni dans aucun pays, n'a pu donner une idée.

« Eh bien, c'est une révolution qui met en défaut les théories que l'on a invoquées et qui modifie profondément les doctrines que l'on avait conçues d'après le modèle de l'Angleterre. Cette révolution se rattache à des causes variées qu'il serait intéressant de démêler. Ses origines remontent à un temps déjà éloigné. Elle date du jour où le suffrage universel est devenu subitement la base de notre société politique.

« Elle a continué même sous l'Empire, où, malgré toutes les entraves qu'il a maintenues jusqu'au bout, elle n'a pas cessé d'avancer lourdement. Elle n'a éclaté et n'a été consacrée que par la loi du 29 juillet 1881, et, depuis ce jour, elle s'est développée avec une rapidité foudroyante.

« Le premier trait de cette révolution, c'est que, aujourd'hui, tout le monde peut faire un journal moyennant quelques formalités faciles à remplir et dont vous connaissez tous la valeur. Il ne faut ni argent, ni opinion politique, ni passé, ni avenir; il n'est besoin de présenter aucune garantie que l'accomplissement des formalités légales.

« Au temps où ces théories, si souvent invoquées, étaient exposées par de grands esprits, on reconnaissait qu'un journal est une influence et un pouvoir, et on proclamait comme un axiome, dans la langue abstraite de l'époque, que toute influence implique garantie et tout pouvoir responsabilité.

« Messieurs, cet axiome a cessé d'exister aujourd'hui, ou du moins il est tombé en désuétude. Les journaux sont toujours une influence et un pouvoir; ils sont même devenus une force en quelque sorte mécanique et irrésistible; mais on ne leur demande aucune garantie. C'est à peine s'ils connaissent une responsabilité.

« Qui que vous soyez, une fois les formalités du début accomplies, vous pouvez fonder, que dis-je, fonder? vous pouvez publier un journal trois ans, trois mois, trois jours même ; vous pouvez ne le publier qu'une seule fois.

« Tant qu'il durera, ce journal parlera sur qui et comment il voudra, sur les particuliers et les fonctionnaires, sur les sociétés privées et les institutions politiques, sur les hommes d'affaires et les hommes d'État. Il pourra répandre et multiplier ses attaques sans mesure, sans frein, les pousser jusqu'aux derniers excès, sans risquer autre chose que quelques poursuites en cour d'assises ou en police correctionnelle.

« Et quand le plaignant se présentera devant la cour d'assises, tout aura disparu, le journal, le journaliste, le gérant ; il ne restera plus que le souvenir des diffamations par lesquelles ils auront signalé leur passage.

« Messieurs, il y a là un fait nouveau, qui dérange toutes les théories du passé, celles notamment de nos devanciers de 1881 qui avaient combattu avec tant d'éclat et de courage pour la liberté du journaliste. »

A ce discours de large envergure, les sénateurs Lisbonne et Bernard répondaient en présentant des palliatifs, des expédients sans consistance, pour corriger les défauts trop réels de la juridiction du jury.

« Au lieu de demander simplement au jury, disaient-ils, si le diffamateur est coupable, comme le veut la loi, multipliez et précisez les questions. Demandez-lui d'abord si la preuve des faits diffamatoires a été fournie ; demandez-lui ensuite s'il y a eu ou non intention de nuire, et enfin s'il ne convient pas, même au cas où l'intention de nuire est écartée, d'allouer des dommages-intérêts. Vous aurez ainsi une sorte de verdict motivé. »

Le 28 février 1890, la proposition Marcel Barthe fut votée, au Sénat, par 170 voix contre 96.

Mais devant la Chambre des députés, le beau zèle du Gouvernement en faveur du projet de loi s'évanouit. Les souvenirs du péril boulangiste allaient tous les jours s'affaiblissant ; et beaucoup de bons esprits considéraient comme inutiles les mesures qu'ils auraient votées, quelques mois auparavant, à titre de mesures de salut public.

M. Fallières, devenu garde des sceaux, dans le ministère de Freycinet-Constans, eut beau déclarer qu'il ne réclamait la juridiction correctionnelle qu'en ce qui concerne l'injure, en laissant aux cours d'assises la connaissance des délits de diffamation ; la Chambre repoussa le projet par 334 voix contre 183.

*
* *

La Chambre élue en 1889 consentit cependant à certaines modifications de la loi sur la presse, mais sur des points accessoires et d'une portée restreinte.

Une loi du 3 févrie 1893 compléta les articles 419 et 420 du Code pénal, en punissant les provocations ou tentative de provocation au retrait des fonds des caisses publiques ou des établissements obligés par la loi à effectuer leurs versements dans les caisses publiques, et en les renvoyant à la police correctionnelle.

Le garde des sceaux Léon Bourgeois, devant le Sénat, justifia en termes excellents les dispositions de la nouvelle loi : « Il n'est pas question, dit-il, quel que soit le moyen employé et *alors même qu'il s'agirait simplement d'articles de presse*, de soumettre l'appréciation de ces faits délictueux à la juridiction de la cour d'assises. On ne peut songer à laisser leurs auteurs en liberté et à employer la procédure organisée par la loi du 29 juillet 1881. Il est nécessaire d'avoir recours à une juridiction qui offre, par la rapidité de la procédure et les mesures préventives qui peuvent être prises, toutes les garanties d'une répression prompte et efficace. La sécurité de l'État est à ce prix... On cherche à inquiéter le petit travailleur, cet homme qui a péniblement économisé une somme parfois bien modique... On lui insinue que l'État est un voleur. Quand nous sommes en présence de tels agissements, quand nous voyons les efforts faits pour jeter le doute et le trouble dans l'esprit des plus humbles et des plus intéressants des citoyens, *j'ai le droit de dire qu'il ne saurait plus être question de la liberté de la presse...* Si le but de ceux qui ont écrit les articles ou qui les ont dictés est véritablement de troubler le crédit public par le retrait en masse des fonds des caisses d'épargne, dans ce cas, alors même que le seul fait incriminé serait un article de journal, il ne saurait y avoir de doute : c'est le délit de droit commun prévu par les articles 419 et 420 du Code pénal. »

Un peu plus tard, par une loi du 16 mars 1893, les offenses envers les souverains étrangers et les outrages contre les agents diplomatiques étrangers ont été déférés à la juridiction correctionnelle. On a voulu empêcher ainsi des acquittements qui, comme ceux d'Aiguesmortes, peuvent déchaîner la guerre.

*
* *

Le moment est venu de parler des modifications introduites dans la législation de la presse par les lois du 12 décembre 1893 et du 28 juillet 1894 sur la propagande et les menées anarchistes.

Les anarchistes ne se préoccupent de conquérir le pouvoir, ni par le suffrage universel, ni par la violence. Ils ont le mépris de toutes les lois et de toutes les autorités. « Individualistes jusqu'au crime, dit M. Garraud[1], ils considèrent qu'une partie des travailleurs et même qu'un travailleur a droit à la reprise individuelle des produits collectifs. Pour eux, le vol n'est plus le vol, car reprendre à quelques-uns ce qui appartient à tous, ce n'est qu'exercer un droit. Qu'attendez-vous du Parlement? des pouvoirs publics? disent-ils aux prolétaires. On ne demande pas, on prend : on prend chez le boulanger, on prend chez le tailleur, on prend chez le riche, soit pour vivre, soit pour aider les compagnons à vivre, soit même pour soutenir la cause anarchiste et créer une caisse de propagande. »

Pour faire pénétrer leur doctrine de destruction dans les masses, les anarchistes ont recours à la parole et à la plume, et aussi à la propagande par le fait, c'est-à-dire aux moyens les plus criminels, l'incendie, l'explosion, l'assassinat, l'empoisonnement.

La presse anarchiste a abusé, au delà de toute expression, de la liberté accordée par la loi de 1881 et de l'inertie du pouvoir. Ce fut d'abord à Lyon, de 1880 à 1885, qu'on assista à une floraison extraordinaire de feuilles anarchistes. Le procès fait à soixante-dix anarchistes, en 1883, comme affiliés à la *Société internationale des travailleurs*, n'enraya qu'à moitié ce mouvement. Parmi les condamnés figuraient Kropotkine, Émile Gautier, Bordas, Bernard, Sanlaville, etc. Élisée Reclus fut acquitté.

L'anarchie a eu son journal doctrinaire, *le Révolté*, qui devint *la Révolte* en 1888, tira jusqu'à huit mille exemplaires et fut rédigé

[1] *L'Anarchie et la répression*, p. 10 (Paris, Larose, 1895). On peut consulter aussi sur ce sujet les volumes suivants récemment parus : *De la complicité intellectuelle*, par Fabreguettes (Paris, Chevalier-Marescq, 1894-95) ; *Code de la législation contre les anarchistes*, par Loubat (Paris, Chevalier-Marescq, 1895).

principalement par Kropotkine, Élisée Reclus, Jean Grave. Vint ensuite le *Père Peinard*, avec Pouget pour directeur, une sorte de tirailleur d'avant-garde, le *Père Duchesne* de l'anarchie. Et à la suite de ces journaux, des livres comme la *Conquête du pain*, de Kropotkine ; la *Société mourante*, de Jean Grave ; des revues et des brochures comme les *Entretiens* et l'*En Dehors*, ce dernier fondé par Zo d'Axa, avec des collaborateurs tels que Octave Mirbeau, auteur d'un article fameux glorifiant Ravachol, Sébastien Faure, Lucien Descaves, Paul Adam, A.-F. Hérold, Barrucaud, etc.

Il y a même eu une imagerie et une caricature anarchistes. Qui ne sait qu'on a glorifié ainsi Ravachol, le « martyr national », avec les dernières paroles prononcées par lui devant l'échafaud :

Si tu veux être heureux,
Nom de Dieu !
Pends ton propriétaire [1].

* *

Les crimes abominables et les nombreux attentats commis par la secte anarchiste firent enfin sortir le Gouvernement de sa torpeur et de sa mansuétude.

Déjà, en 1882, à Montceau les-Mines, des bandes avaient pillé et brûlé une église, fait sauter des calvaires. L'explosion du café Bellecour, à Lyon, qui avait blessé plusieurs consommateurs et tué l'un d'entre eux, avait entraîné la condamnation à mort, comme complice, de Cyvoct, gérant d'un journal anarchiste lyonnais. M. Grévy le gracia. Une échauffourée avec pillage de boulangeries, à Paris, en mars 1883, avait valu plusieurs années de réclusion à Louise Michel et à Pouget.

Mais ce fut surtout à partir de l'année 1890 que se produisit une recrudescence extraordinaire d'attentats anarchistes, grâce aux incitations et à l'organisation savante donnée à la secte par des journaux publiés à Londres et répandus en France secrètement : *l'Internatio-nal*, d'abord, *l'Indicateur anarchiste*, plus tard. Ces feuilles préco-

[1] *Le Péril anarchiste*, par Félix Dubois (Paris, Flammarion, 1894). Ce livre est une véritable histoire du parti anarchiste dans ces dernières années, avec des extraits de ses principales publications, des reproductions de gravures, documents, etc. Il est d'un puissant intérêt.

nisèrent les procédés chimiques les plus redoutables, pour hâter la destruction d'une société abhorrée.

« A côté du vol, disait l'*International*, du meurtre et de l'incendie, qui deviennent naturellement nos moyens légaux pour faire connaître notre ultimatum à tous les dirigeants de la société actuelle, nous n'hésiterons pas à placer la chimie, dont la voix puissante devient absolument nécessaire pour dominer le tumulte social et faire tomber brutalement entre nos mains la fortune ennemie, sans gaspiller le sang des nôtres..... Il faut brûler les églises, les palais, couvents, casernes, préfectures, mairies, études de notaires, d'avocats, d'huissiers, les forteresses, les prisons..... Occupons-nous de chimie, et fabriquons vivement bombes, dynamite et autres matières explosives. »

Quant à l'*Indicateur anarchiste*, dans quarante pages de texte, il expliquait minutieusement la fabrication de la dynamite, du fulminate de mercure, de la nitrobenzine, de la bombe asphyxiante, du feu fénian, du feu lorrain, de la bombe au sodium et au potassium, de la nitroglycérine, des poudres chloratées, etc.

Toutes ces excitations portèrent, comme on devait s'y attendre, des fruits détestables. En 1891, signalons seulement la manifestation anarchiste de Levallois, drapeau noir en tête et revolver au poing, et la tentative d'explosion au commissariat de police de Clichy. En 1892, après le vol de dynamite de Soisy-sous-Étioles, on assiste coup sur coup à l'explosion de l'hôtel de la princesse de Sagan, à l'explosion d'une maison du boulevard Saint-Germain, habitée par M. le conseiller Benoît; à l'explosion de la caserne Lobau, à l'explosion d'une maison de la rue de Clichy, habitée par M. l'avocat général Bulot.

L'auteur des explosions du boulevard Saint-Germain et de la rue de Clichy n'était autre que Ravachol, qui avait déjà assassiné un ermite à Chambles (Loire) et violé la sépulture de la marquise de La Rochetaillée pour y voler des bijoux. Ravachol fut condamné et exécuté. Mais d'autres dynamiteurs firent sauter le restaurant Véry. Enfin, en octobre 1892, l'explosion de la rue des Bons-Enfants, par la bombe déposée au siège de la Compagnie des mines de Carmaux, causa la mort de cinq agents de police.

*
* *

Le ministère présidé par M. Loubet déposa, au mois de mai 1892, un projet de loi sur la presse, portant modification des articles 24, 25 et 49 de la loi du 29 juillet 1881. La disposition essentielle du projet consistait à permettre l'arrestation et la saisie préventives, en cas de provocation directe à commettre certains crimes et le délit de vol, « dans le cas où cette provocation n'aurait pas été suivie d'effet ». Quant aux autres innovations, elles n'avaient trait qu'à l'aggravation de certaines pénalités, notamment en ce qui concernait la provocation des militaires à la désobéissance. Malgré les efforts méritoires du président du conseil, la discussion du projet se perdit dans de vagues déclamations religieuses portées à la tribune par M. de Mun et dans les scrupules juridiques de MM. Jullien, Gerville-Réache, de Ramel et autres.

En 1893, un anarchiste, nommé Willis, tira un coup de revolver sur la place de l'Opéra, lors des fêtes russes, et fut condamné à cinq ans de réclusion. Un jeune homme de vingt ans, Léauthier, frappa d'un coup de poinçon un « homme décoré », M. Georgewitch, et fut condamné aux travaux forcés à perpétuité. Le 9 décembre 1893, Auguste Vaillant lança une bombe en pleine Chambre des députés. Vaillant fut exécuté ; mais presque aussitôt Émile Henry jeta une autre bombe au café Terminus. Un inconnu, sous le nom de Rabardy, se servit de la bombe pour attenter à la vie des commissaires de police et causa ainsi la mort d'une femme, propriétaire d'un hôtel meublé.

L'attentat de Vaillant, commis dans l'enceinte de la Chambre des députés, ouvrit les yeux aux plus aveugles. Le président du conseil, M. Casimir-Périer, comprit qu'il y avait urgence à assurer l'ordre social et la sécurité publique. Parmi les lois qu'il fit voter dans ce but figura la loi du 12 décembre 1893, qui modifiait les articles 24, 25 et 49 de la loi sur la presse, et reproduisait, sauf quelques nuances, l'ancien projet du ministère Loubet.

La loi du 12 décembre 1893 a étendu le cercle des provocations punissables et augmenté les pénalités édictées par la loi de 1881. De plus, elle a autorisé, pour certains cas déterminés, la saisie préventive des placards ou affiches incriminés, et l'arrestation préventive des inculpés, alors même qu'ils ont leur domicile en France.

La loi du 12 décembre 1893, jointe aux autres lois contre les anarchistes votées au même moment, a contribué puissamment à enrayer cette propagande publique et scandaleuse qui s'étalait dans les feuilles de la secte. Mais elle n'a pu suffire à purger la France des sectaires, ni à préserver le président Carnot du plus odieux des attentats.

Au lendemain de l'assassinat du président Carnot, un nouveau pas a été fait dans la voie de la répression ; et la loi du 28 juillet 1894 a été inscrite dans nos codes. Mais n'est-il pas cruel de songer que l'amélioration de notre législation, en cette matière, n'a pu être conquise qu'à la suite d'abominables forfaits et au prix du sang le plus pur ?

* * *

On s'est demandé si la loi du 28 juillet 1894 se rattachait au *régime de la presse*. Dans les interminables discussions parlementaires, il n'a pas été facile de saisir et de fixer la pensée du Gouvernement. Ce sont des articles de journaux qui ont été lus à la tribune par le président du conseil, pour démontrer la nécessité de la loi. Plus tard, il a déclaré avec une certaine insistance que le projet de loi ne s'attaquait pas à la presse.

La vérité, c'est que l'article 1er de la loi du 28 juillet 1894, qui vise la propagande anarchiste réalisée par les moyens de publicité spécifiés à l'article 23 de la loi sur la presse du 29 juillet 1881, doit être considéré comme un article additionnel, un *appendice* des lois de 1881 et de 1893. Il fait, par suite, partie intégrante du code de la presse.

Quant à l'article 2, qui crée un délit nouveau, dont l'un des caractères est de ne pouvoir être commis par l'un des modes de publicité énumérés dans l'article 23 de la loi de 1881, il rentre dans le droit commun des matières criminelles.

On arrive ainsi à cette conclusion, très nettement mise en lumière par M. Garraud, que la loi de 1894 a un *caractère mixte*. Là se trouve l'explication des confusions qui se sont produites dans la discussion, lorsqu'il s'est agi de la caractériser.

Aucune loi peut-être n'a été plus attaquée que la loi du 28 juillet 1894 sur les menées anarchistes. Les socialistes l'ont qualifiée de *loi scélérate*. Elle a eu du moins cet effet salutaire de prouver aux anarchistes que la société était prête à se défendre. Elle a agi par voie communicatoire et d'une manière préventive, en cherchant à paralyser chez les anarchistes ce qu'ils appellent « le courage du geste ».

* * *

Désormais, il ne s'écoule plus une seule année sans que des modifications à la loi sur la presse ne soient proposées à la Chambre ou au Sénat.

Le 22 décembre 1894, c'est M. le député Denoix qui veut établir d'une manière plus efficace la responsabilité de l'écrivain, réserver aux tribunaux correctionnels la connaissance de tous les délits de diffamation et d'injures, et abroger l'article 46 de la loi de 1881 qui ne permet pas, en cas de diffamation, d'exercer l'action civile, indépendamment de l'action publique.

Au mois d'avril 1895, c'est M. Marcel Barthe qui propose de déférer à la Haute-Cour de justice les offenses, les menaces contre la personne du Président de la République et les provocations à son renversement commises par la voie de la presse. Il faut reconnaître qu'il serait vraiment excessif de mettre en mouvement la solennelle et imposante juridiction de la Haute-Cour de justice pour punir d'une amende tout journaliste qui se permettrait d'offenser le Président de la République.

Les propositions Denoix et Marcel Barthe ne pouvaient pas aboutir.

Signalons une loi minuscule, relative aux frais exposés par la partie civile devant le jury et qui a abouti, en l'année 1896, sur l'initiative de M. le député Julien Goujon. Les dispositions de l'article 368 du Code d'Instruction criminelle doivent être appliquées, en matière de diffamation et d'injures portées devant la cour d'assises, et dans le cas où la poursuite a eu lieu à la requête du ministère public.

A partir de 1897, nous sommes en présence d'un véritable déluge de propositions.

Un certain nombre de députés radicaux, parmi lesquels Albert Pétrot, Alphonse Humbert, Mesureur, Camille Pelletan, protestent contre la jurisprudence établie, suivant laquelle les délits commis par la voie de la presse peuvent être poursuivis partout où un exemplaire du numéro incriminé a pu être colporté. Ils demandent que la poursuite ne puisse être exercée que devant les tribunaux compétents du lieu où a été fait le dépôt légal du journal ou de l'article incriminé.

M. le député Odilon Barrot demande, à son tour, que, dans les affaires intentées à la requête d'une partie civile, le prévenu soit dispensé de comparaître en personne et puisse se faire représenter par un avoué.

M. le député Flandin et un grand nombre de ses collègues demandent que le droit de réponse soit mieux réglementé et que l'on réduise, pendant les périodes électorales, à vingt-quatre heures pour les journaux quotidiens, le délai de trois jours qui leur est accordé pour effectuer l'insertion. En outre, ils demandent la faculté, en cas de refus d'insertion, de faire citer les gérants des journaux devant les tribunaux d'heure à heure.

M. le député Lavertujon fit une proposition ayant le même objet.

La Chambre des députés vota le 31 mars 1898 une proposition de loi, qui résumait les propositions Albert Pétrot, Odilon Barrot, Flandin et Lavertujon ; mais le Sénat n'a jamais discuté le rapport que M. Léopold Thézard lui présenta à ce sujet le 5 avril 1898.

Mentionnons, en 1898, une proposition des députés socialistes; Gérault-Richard, Baudin, Guesde, Jaurès, Millerand, Viviani, tendant à l'abrogation des lois des 12 décembre 1893, 18 décembre 1893 et 28 juillet 1894 dirigées contre les anarchistes. Cette proposition ne fut même pas discutée.

La Chambre des députés, élue au mois de mai 1898, demande de plus en plus fort que des modifications sérieuses soient apportées à la loi du 29 juillet 1881.

C'est M. le député Émile Cère, journaliste distingué, qui réclame avec une ardeur juvénile la suppression de l'anonymat dans la presse. Cette mesure, suivant lui, doit protéger les journalistes, les écrivains contre les financiers et les bailleurs de fonds qui les exploitent. « En supprimant l'anonymat, dit-il, on supprime ce caractère de mercantilisme que Louis Blanc voulait enlever à la presse ; il ne faut pas que l'industriel de journaux domine le rédacteur... Ne mettons pas la pensée à la merci du capital... Comme l'a dit Alphonse Karr, il faut que le public juge les juges. Il faut que chacun assume loyalement et complètement la responsabilité de ses actes, de ses paroles et de ses écrits. Il faut proscrire l'audace couarde de l'anonyme et du masque. Tout cela est incontestable et c'est surtout la presse qui est intéressée à cette législation de la responsabilité, qui seule peut la moraliser et lui faire reconquérir, du moins en partie, ce qu'elle aura perdu d'estime, de considération et d'autorité. »

Mais, depuis la loi Tinguy, il y a un parti pris contre l'obligation de la signature ; et M. Émile Cère, malgré tout son talent, n'a pas eu l'autorité nécessaire pour vaincre ce préjugé.

* * *

En 1899, c'est M. Chautemps, à la Chambre des députés, et M. Joseph Fabre, au Sénat, qui proposent presque en même temps des modifications analogues à la loi sur la presse.

Enfin, dans les premiers jours de juin 1900, la Commission sénatoriale, chargée d'examiner la proposition Joseph Fabre, émet les vœux suivants :

1° Restitution à la juridiction correctionnelle du délit d'offense au président de la République ;

2° Restitution au tribunal correctionnel du délit d'injure contre les personnes investies d'une fonction publique ou d'un mandat public ;

3° Répression du délit de diffamation réservée au jury ;

4° Faculté toujours laissée à la cour d'assises, conformément au droit commun, de prononcer sur l'action civile, et de condamner à des dommages-intérêts, soit le plaignant, soit le prévenu ;

5° Faculté laissée aux hommes publics et fonctionnaires injuriés ou diffamés, qui voudront renoncer à l'action publique, de se pourvoir, conformément au droit commun, devant le tribunal civil, pour obtenir des réparations purement civiles ;

6° Faculté aux diffamateurs mis en cause d'établir, devant le tribunal civil, par toutes sortes de preuves, soit orales soit écrites, dans un débat public dont les comptes rendus sont libres, la vérité des faits diffamatoires imputés aux hommes publics à raison de leur fonction et de leur qualité.

La Commission demande en outre le vote de certaines dispositions complémentaires, pour mieux établir la responsabilité effective de la presse.

Voici l'énumération de ces diverses dispositions complémentaires :

1° Obligation pour les journaux de faire connaître au parquet, outre le nom et la demeure du gérant, le nom et la demeure du propriétaire ;

2° Responsabilité civile des propriétaires applicable aux amendes en même temps qu'aux dommages-intérêts et aux frais ;

3° Attribution à la police correctionnelle, conformément au droit commun, des délits de cris et chants séditieux proférés dans des lieux publics ou des réunions publiques ;

4° Extension au délit d'offense envers le Président de la République française de la faculté de saisie et d'arrestation préventive admise pour le délit d'offense envers les chefs d'État étrangers ;

5° Interdiction de publier les noms des jurés, sauf dans le compte rendu de l'audience publique où le jury de la session est constitué ;

6° Faculté laissée soit à la juridiction correctionnelle ou de simple police, soit à la cour d'assises, lorsque, statuant sur une exception d'incompétence, elles se sont déclarées compétentes, de passer outre aux débats sur le fond, nonobstant appel ou pourvoi en cassation ;

7° Extension à toutes les personnes chargées d'un service ou d'un mandat public, citant leur diffamateur devant le jury, du bénéfice de la loi aux termes de laquelle la partie civile qui ne succombe pas n'est aucunement tenue des frais d'instruction, expédition et signification des jugements.

Dans la séance du 21 juin 1900, le Sénat adopta, comme suit, la proposition de loi de M. Joseph Fabre :

Article unique. — Les articles 45, paragraphe 2, et 46 de la loi sur la presse sont modifiés ainsi qu'il suit :

Art. 45. . . . .

§ 2. — Sont exceptés et déférés aux tribunaux de police correctionnelle les délits et infractions prévus par les articles 3, 4, 9, 10, 11, 12, 13, 14, 17, paragraphes 2 et 4, 26, 28, paragraphes 2, 32, 33, paragraphes 2, 36, 37, 38, 39 et 40 de la présente loi.

Nombre des votants. . .	264	Pour.	247
Majorité absolue.	133	Contre	17

Le Sénat a adopté.

Art. 46. — L'action civile résultant des délits de diffamation et d'injure prévus par les articles 30, 31 et 33 pourra être poursuivie séparément de l'action publique.

Elle sera instruite comme affaire sommaire, conformément aux règles du Code de procédure civile et jugée d'urgence.

La preuve des faits diffamatoires pourra être faite par tous moyens, et aucune réparation civile ne sera accordée si la vérité des imputations diffamatoires est établie.

Nombre des votants. . .	273	Pour	201
Majorité absolue.	137	Contre	72

Le Sénat a adopté.

Scrutin sur l'ensemble de l'article unique de la proposition de loi de M. Joseph Fabre :

Nombre des votants. . .	252	Pour	211
Majorité absolue.	127	Contre	41

Le Sénat a adopté.

La Chambre des députés se rangera-t-elle à l'avis du Sénat, et, en cas d'affirmative, dans quelle proportion ? C'est ce qu'un avenir très prochain nous apprendra ; en attendant, si les modifications à la loi sur la presse continuent à suivre la progression de ces dernières années, elles entraîneront nécessairement, dans un bref délai, une refonte complète de la législation sur la presse, ne serait-ce que pour coordonner, en les revisant, les lois diverses qui ont été votées successivement, sans aucun lien commun.

La législation sur la presse ressemble étrangement à la toile de Pénélope. Il faut savoir en prendre son parti et suivre, en cette matière peut-être plus qu'en toute autre, les mouvements de l'opinion publique.

* * *

La loi sur la presse du 29 juillet 1881, dont l'esprit profondément libéral n'a pas été altéré par les modifications dont elle a été et dont elle est encore l'objet, a fait à la presse française une situation exceptionnelle.

C'est ce qu'a fort bien constaté l'historien de la troisième République, M. Zévort, dans des appréciations pleines d'à-propos, qu'il est bon de reproduire ici. Suivant lui[1], si la République, depuis 1881, laisse tout dire et tout écrire, si elle résiste à un régime que les plus forts gouvernements ne pourraient supporter, c'est que la liberté guérit les blessures que la liberté peut faire.

Il est vrai que l'attribution au Jury de la répression des crimes et délits de presse est le plus souvent une garantie d'impunité. On a pu regretter, à plusieurs reprises, de voir les fonctionnaires les plus élevés, diffamés, calomniés, livrés au mépris public par des journalistes déclarés non coupables devant le jury. Si les tribunaux correc-

[1] *Histoire de la troisième République*, t. III, p. 127 et 128.

tionnels avaient été appelés à connaître de ces affaires, une condamnation serait intervenue et aurait satisfait la conscience publique. Mais les journalistes qui auraient encouru cette condamnation n'auraient-ils pas suspecté et fait suspecter par leurs récriminations l'indépendance des juges? D'ailleurs, les excès et les violences de quelques-uns ne sont-ils pas corrigés par le bon sens et la modération du plus grand nombre? Faut-il fermer toutes les bouches, parce que quelques fanatiques parlent trop fort, et briser toutes les plumes, parce que quelques-unes sont maniées par des agités?

Les observateurs superficiels, ajoute M. Zévort, déplorent la liberté de la presse, lorsque les journaux, échos d'une opinion passagèrement affolée, se précipitent à la suite d'un soldat rebelle, ramassent des défaillances individuelles pour en accabler une institution ou un régime, voient partout des traîtres et des trahisons et semblent égarer, comme à plaisir, l'esprit public. Quelques jours se passent, quelques hommes d'un ferme bon sens résistent à l'entraînement général, protestent contre les exagérations et le calme succède bientôt à toutes les tempêtes. Qu'une occasion se présente d'interroger l'opinion, sa réponse montrera qu'elle n'a été agitée que superficiellement; que les articles les plus violents, distraction des oisifs, régal d'une heure pour les professionnels du scandale ou du désordre, ont été sans effet sur la masse profonde des braves gens.

Et cette même presse, qui s'adresse parfois à toutes les curiosités malsaines, se passionne aussi pour une noble cause. Elle comprend son devoir lorsqu'un grand intérêt national est en jeu. Qu'une entrevue soit annoncée, dont peuvent dépendre les destinées de la France, pas une note discordante ne sera entendue, la presse tout entière se sera comme donné le mot pour nous montrer sous notre meilleur jour, pour témoigner de notre patriotique accord en face de nos amis, de nos ennemis, des indifférents. Et combien ces manifestations spontanées d'une presse absolument libre, sont plus probantes qu'une réserve de commande; comme elles vont plus directement au cœur de ceux auxquels elles s'adressent; comme elles cimentent plus étroitement les relations que des entretiens, des visites ou des banquets réglés par un glacial protocole!

On peut améliorer la loi de 1881, on peut la modifier dans quelques-unes de ses dispositions secondaires; mais on doit respecter son caractère essentiel et dominant, l'esprit de liberté qui l'anime et qui anime toutes nos institutions.

C'est cet esprit de liberté qui anima la vie tout entière d'Auguste Blanqui, dont la mort, survenue en cette même année 1881, inspira au chansonnier socialiste, Eugène Pottier, cet émouvant sonnet :

La chambre mortuaire était au quatrième ;
Et la foule, à pas lents, gravissait l'escalier ;
Le Paris du travail, en blouse d'atelier,
Des femmes des enfants ; plus d'un visage blême.

Ce grand deuil prévalait sur le soin journalier
Du pain de la famille ; il eut, trois jours, la même
Affluence d'amis pour cet adieu suprême.
Moi, j'attendais mon tour, rêvant sur le palier.

Ce cœur, qui ne bat plus, battait pour une idée :
L'Égalité !... Gens sourds ! Terre, esclave ridée
Qui tournes dans ta cage ainsi que l'écureuil,

A présent qu'il est mort, tu l'entendras... peut-être !
Ce combattant, passant de la geôle au cercueil,
Du fond de son silence, il dit : « Ni Dieu, ni maître[1] ! »

*
* *

Depuis 1881, le nombre des journaux a augmenté dans des proportions formidables et le nombre des lecteurs a suivi la progression ascendante. L'action directe de la presse sur la politique intérieure en a été augmentée d'autant.

Il nous reste donc à passer en revue les principaux grands journaux de Paris et de la province qui ont été créés pendant les dernières années du XIXe siècle.

La *Croix*, dont la fondation remonte à l'année 1880, est un organe tout spécial. Ce sont les Pères de l'Assomption, qui ont eu la pensée hardie de se servir de la presse pour propager les opinions catholiques dans le pays et former les cadres d'un puissant parti ultramontain. Toutes les questions sont envisagées et traitées, dans ce journal, au point de vue des intérêts catholiques ; l'imprimerie, siège de la congrégation, est connue sous l'appellation de « Maison de la Bonne Presse ».

Voici les noms des principaux collaborateurs : Le Moine, Révérend Père Bailly, Père Adéodat, de Moidrey, Le Sage, Le Paysan, J. Bou-

[1] *Chansons et Chansonniers*, par Henri Avenel, p. 228-229 (Flammarion, édit.).

vatier, Le Petit Laboureur, abbé Armand, Miriam, Le Marin, L'Eclaireur, Pierre l'Ermite, Révérend Père Emmanuel, E. Doumet, Ch. d'Avone, Petit-Barmon, abbé Paradan, Hermelin, etc.

Dans plus de cent arrondissements de France, il existe des suppléments locaux à la *Croix*, qui ajoutent à leur titre le nom du département ou de la contrée où ils sont publiés.

Le tirage de la *Croix* a atteint un chiffre quotidien d'environ 200.000 exemplaires, qui suffit pour indiquer le développement de la propagande congréganiste.

A partir de 1888, la *Croix du Dimanche* avec le *Laboureur* ont encore étendu dans les campagnes la sphère d'influence des Pères de l'Assomption. Ces feuilles hebdomadaires ont tiré jusqu'à 500.000 exemplaires.

Enfin, à partir de 1894, la *Croix des Marins* a été répandue sur tout le littoral de la France; mais la propagande de la *Croix* étant devenue agressive et violente sous le ministère Waldeck-Rousseau-Millerand (1899), le pape Léon XIII a défendu aux membres des congrégations de se mêler désormais aux polémiques de presse. Le Révérend Père Bailly et quelques pères Assomptionnistes ont été condamnés par le tribunal correctionnel comme faisant partie d'une association non autorisée et ont aussitôt remis la *Croix* à une rédaction laïque, mais imbue des mêmes idées que la congrégation.

Avec des visées analogues, l'abbé Garnier a fondé, en 1894, le *Peuple français*, journal de la démocratie chrétienne, afin de « ramener les masses ouvrières à la religion et d'assurer à la France, par une régénération chrétienne, un régime de concorde et de justice. »

Pour réaliser ce programme, il a groupé autour de lui de nombreux collaborateurs : Louis Cadot, ancien député, Léon Cros, La Bourdonnière, colonel Vitalis, Robert Guiscard, G. de Massue, Goupil, J. Delaporte.

Ajoutons que la *Défense*, l'ancien organe de l'évêque Dupanloup, fut dirigée, à partir du 15 avril 1887, en même temps que le *Français* et le *Moniteur universel* fusionnés, par M. O. Depeyre, ancien garde des sceaux. La rédaction en chef en fut confiée d'abord à MM. Jules Auffray et Mercier de Lacombe, puis au baron de Claye, ancien auditeur au Conseil d'État et rédacteur en chef du *Monde*. Mais peu à peu la *Défense*, presque entièrement composée avec les articles du *Moniteur universel*, se montra aussi royaliste que catholique. C'était se mettre en contradiction avec les instructions données par le pape Léon XIII, qui voulait voir les catholiques évoluer en dehors de tous les partis politiques. Aussi la *Défense* cessa de paraître le 1er juin 1892.

Le *Radical*, organe républicain radical socialiste qui a pris une grande importance, fut créé en 1881 par Victor Simond, avec MM. Henry Maret, Arthur Ranc, Sigismond Lacroix, Arsène Lopin, Jules Lermina et Hubertine Auclert comme principaux collaborateurs.

Dans l'année 1882, d'une part naissait le *Drapeau*, journal de la Ligue des Patriotes, et d'autre part le *Paris-Journal* opérait sa fusion avec le *Gaulois*, sous la dénomination définitive de *le Gaulois*.

Le *Gaulois*, fondé en 1867 par Edmond Tarbé, fut un journal d'opposition, qui contribua largement, pour sa part, par la plume mordante et fine de ses principaux rédacteurs d'alors, MM. About, Assollant, Sarcey et autres, à saper le trône impérial. Il tendait surtout, à cette époque, à passer pour un journal de critique légère et d'information parisienne, et, à faire à l'*Événement*, que de Villemessant avait fondé après la suppression du *Figaro*, une sérieuse concurrence.

Après la guerre, le *Gaulois* arbora hautement le drapeau bonapartiste ; c'était le temps où les anciens libéraux, jadis coalisés pour combattre l'empire, commençaient à se diviser et retournaient chacun de son côté, à l'opinion de leur choix, orléanistes à la branche cadette, légitimistes à la légitimité et républicains à la République.

Dans le courant du mois d'octobre 1879, le *Gaulois* passa entre les mains de M. Arthur Meyer, qui lui donna une impulsion nouvelle en appelant à lui des rédacteurs portant des noms connus dans la presse : MM. J.-J. Weiss qui y fondait avec succès la chronique politique, et Henry de Pène qui y rendait compte des premières représentations.

Il s'attacha aussi certains journalistes qui avaient réussi à d'autres publications, tels que MM. Cornély du *Figaro*, dont il fit son secrétaire de rédaction, et Raoul Toché qui signait au *Voltaire* ses spirituels articles du pseudonyme de *Frimousse*.

Au mois de novembre 1880, le *Gaulois* abandonna le drapeau bonapartiste pour le drapeau blanc, et on vit ses premiers articles signés du nom de M. Simon Boubée, rédacteur de la *Gazette de France*, l'un des plus ardents défenseurs du trône et de l'autel.

Depuis cette époque, le *Gaulois* est conservateur monarchiste ;

Phot. Boyer.

HENRY MARET

Phot. Nadar.

YVES GUYOT

Phot. Nadar.

JEAN JAURÈS

Phot. Eug. Pirou.

JOSEPH REINACH

M. Georges Foucher a succédé à M. Cornély, — lorsque celui-ci passa au *Figaro*, — comme secrétaire de rédaction. La rédaction de ce journal compte de brillants collaborateurs tels que MM. Louis Teste, de Claye, Robert Mitchell, Emile Faguet, Paul Bourget, Fourcaud, Emile Michelet, René Maizeroy, Ernest Daudet, Richepin, Georges Thiébaud, Alexandre Hepp, Gaston Jollivet, Gustave Geffroy, etc.

En 1883, paraît la *Nation*, longtemps rédigée par M. Camille Dreyfus, un ancien secrétaire de M. Wilson.

En 1884, Valentin Simond met au jour l'*Écho de Paris*, qui est devenu, en 1898, l'organe de la « Ligue de la Patrie française ». Ses rédacteurs les plus en vue ont été MM. Jules Lemaître, Edmond Lepelletier et Quesnay de Beaurepaire, après sa démission retentissante de président de chambre à la Cour de Cassation, au cours du procès en revision de l'affaire Dreyfus.

La même année, fut créé le *Matin*, qui donne le premier les nouvelles les plus exactes sur les affaires extérieures, et qui a été longtemps dirigé avec beaucoup d'habileté par M. Edwards, actuellement directeur du *Soir*; c'est aujourd'hui un journal à six pages, très en circulation, sous la direction de M. Poidatz, avec MM. Charles-Laurent, Harduin et Danthesse comme principaux rédacteurs.

* * *

En 1886, la *République française*, qui en était alors à sa dix-septième année, passa sous la direction politique de M. Joseph Reinach ; à l'ancienne rédaction d'élite le nouveau directeur sut adjoindre comme secrétaire M. Delcassé, actuellement chargé du portefeuille des Affaires étrangères dans le cabinet Waldeck-Rousseau.

Le 25 février de cette même année 1886, M. Paul de Cassagnac quitte le journal *le Pays*, qui ne tarde pas à devenir un organe républicain libéral, pour fonder le journal *l'Autorité*, où il continue à mener une campagne acharnée contre les institutions républicaines et le personnel républicain, en s'appuyant sur l'union des droites ; il s'était adjoint deux collaborateurs distingués : M. Daynaud, député du Gers, pour la partie financière et économique ; M. Delafosse, député du Calvados, pour la politique étrangère.

* * *

Dix-Septième Année. — N° 5973 — SIX PAGES — Paris et Départements — CINQ CENTIMES — Mardi 3 Juillet 1900

Le Matin

DERNIERS TÉLÉGRAMMES DE LA NUIT

SEUL JOURNAL FRANÇAIS RECEVANT PAR FILS SPÉCIAUX LES DERNIÈRES NOUVELLES DU MONDE ENTIER

DEMAIN AU PALAIS DES ILLUSIONS

Par Albert GUILLAUME

LE BAISER CHINOIS

Ces Chinois sont décidément des gens impossibles ! Non seulement ils mangent avec des petits bâtons figurant des fourchettes sans pointes et des cuillers sans creux ; non seulement ils préfèrent, dans les poulets qu'ils font griller, ou sauter, ou rôtir, la corne croustillante des pattes au blanc savoureux de l'aile, et la peau coriace des pilons à la chair délicate des « sot-l'y-laisse » ; non seulement ils dévorent les nids au lieu de goûter aux oiseaux, et se régalent des nageoires du poisson ou des cartilages du mammifère sans daigner mordre à tout ce que nous connaissons sous le nom de viande ; — mais encore, crime sans égal et vicieux, ils réprouvent et proscrivent le baiser !

Charles Laurent.

PROPOS D'UN PARISIEN

DE MIDI A MINUIT

Les Affaires de Chine

L'anarchie complète — L'ordre menacé partout — Y a-t-il encore un gouvernement ? — L'accord des puissances

M. FRANÇOIS

Consul général de France à Yunnan-Sen

GUIDE REMBOURSABLE

L'ÉCHEC DE LA 10e BRIGADE

SUR LA ROUTE DE LINDLEY

UN DISGRACIÉ

PLUS D'INDEMNITÉ ?

LA GUERRE AU TRANSVAAL

LE RAPPEL DE COLVILLE

En 1887, au début du mouvement boulangiste, parut la *Cocarde*, qui contribua à répandre dans les villes et les campagnes les idées césariennes, auxquelles firent cortège Rochefort avec l'*Intransigeant*, Laguerre et Naquet avec la *Presse*.

Tous les journaux monarchistes, le comte de Paris et M. Arthur Meyer en tête, tous les journaux bonapartistes et le prince Napoléon se jetèrent avec une ardeur inouïe dans le tourbillon boulangiste, tandis que MM. de Mackau, Paul de Cassagnac, Piou, formaient un faisceau de toutes les forces conservatrices et cléricales pour renverser le gouvernement de la République.

Et, en effet, la République fut un moment en péril. Les circonstances lui créaient, il faut le reconnaître, une situation difficile. Le président Grévy était descendu du pouvoir, à la suite des scandales provoqués par son gendre M. Wilson, avec une fortune augmentée et une réputation amoindrie. Les scandales du Panama allaient se greffer sur ceux du Wilsonisme.

Le parti républicain s'unit pour résister à cette coalition menaçante. M. Clémenceau, l'ancien protecteur du général Boulanger, Jules Ferry, qui avait qualifié l'aspirant dictateur de « Saint-Arnaud de café concert », Henri Brisson, Jules Devèlle, secondèrent l'énergique résistance du président Carnot et du ministère Tirard-Constans.

La fuite du général Boulanger, de Rochefort, du comte Dillon et leur condamnation par contumace, par le Sénat érigé en Haute Cour de justice, assurèrent la victoire du parti républicain aux élections législatives du mois de septembre 1889.

Nous ne nous attarderons pas à exposer en détail les péripéties de cette lutte et le rôle prépondérant joué par la presse ; nous signalerons seulement, pour mémoire, les écrits et les brochures de Joseph Reinach et de Jules Simon.

*
* *

Mais nous voulons faire particulièrement ressortir l'importance de l'image et de la caricature dans la lutte boulangiste [1].

Du côté boulangiste sont les titres sonores, sentant l'assaut, le pas de charge, ou faisant pressentir l'éclat, bien que le *Tour de Paris* n'ait rien de belliqueux, bien que la *Charge* doive toujours

[1] Nous empruntons les détails qui suivent au *Figaro* du 21 août 1889.

ARTHUR MEYER

Le Gaulois

LE PLUS GRAND JOURNAL DU MATIN

ARTHUR MEYER

AUJOURD'HUI

Le Gaulois du Dimanche

A table, Messieurs

Ce qui se passe

LA POLITIQUE

ÉCHOS POLITIQUES

ÉCHOS DE PARIS

NOUVELLES A LA MAIN

Journal d'un Vaudevilliste

Bloc-Notes Parisien

LE CASSE-TÊTE CHINOIS

être prise dans l'acception caricaturale qu'Alfred Le Petit lui avait jadis donnée en 1869, bien que la *Jeune Garde* et le *Pilori* évoquent d'autres souvenirs. Mais voici les caractéristiques : la *Diane*, la *Fronde*, la *Bombe*. La *Bombe*, que je prends comme type du genre, a ce côté prophétique, pour ainsi dire, des publications qui font appel à la force et au droit populaires. Pour elle, le général c'est le « Forgeron National » ,le « vainqueur de la prochaine course au pouvoir », le « gagnant du grand prix de France ». Il marche avec Populo, la main dans la main ; il est le « défenseur de la Tour du Suffrage universel », et derrière lui s'épanouissent les rayons du soleil de France.

Plus artistique est le *Pilori*, avec les compositions de Blass, un caricaturiste de race, dont le trait net, incisif, a trouvé les créations les plus amusantes, les plus comiques, de la caricature politique contemporaine : le nez de Ferry aux proportions incommensurables se terminant en tuyau d'arrosage ou en trompe d'éléphant. C'est lui qui a travesti Carnot en gentilhomme persan des *Mille et une nuits* et qui, concurremment avec Caran d'Ache, a inventé cet amusant Président de République, en bois, se montant et se dévissant à volonté ; c'est lui qui a jeté le plus de ridicule sur les hommes et sur les choses du parlementarisme, composant des personnages qui tiennent à la fois du Robert Macaire et du judaïsme cosmopolite. Naturellement, le vengeur, le sauveur, c'est toujours le général Boulanger, sortant des urnes comme le gendarme des jouets enfantins. Son balai doit tout nettoyer, sa cravache doit fustiger sans pitié ; au « Jeu national », il abat les têtes des parlementaires comme les têtes de Turcs des boutiques à quatre sous.

Caricature, hostile non pas seulement aux hommes actuellement au pouvoir, mais à la forme même du gouvernement, et qui, avec les petites vignettes toujours piquantes du *Triboulet*, constituera pour l'avenir l'histoire tintamarresque de la République, illustrée par les partisans de la Monarchie.

* * *

Au tour de l'antiboulangisme. De ce côté, ce qui prévaut, ce sont les réminiscences de 1848 à 1852. Les organes s'appellent *le Grelot*, *la Silhouette*, *le Troupier*, *le Don Quichotte*, quoique, à vrai dire, ce dernier soit, avant tout, indépendant et, grâce au crayon de Gil-

Quinzième Année — Numéro 163 — Cinq centimes — Paris et Départements — Cinq centimes — Jeudi 14 Juin 1900

Directeur politique PAUL DE CASSAGNAC

L'AUTORITÉ

Pour Dieu, pour la France!

Rédaction & Administration 4bis — Rue du Bouloi — 4bis

LES DEUX MORALES

Les nations européennes, sans en excepter la France, se font une étrange conception de leurs droits vis-à-vis des peuples qu'elles appellent BARBARES.

D'autant que la barbarie est affaire de convention.

A nos yeux, les Chinois sont des *barbares*.

Et les Chinois, eux-mêmes, nous appliquent cette dénomination dédaigneuse.

Chez nous, d'ailleurs, comme chez eux, cette prétendue barbarie semble excuser tous les excès.

Elle nous autorise, nous, les nations européennes, à nous emparer des provinces de la Chine, à nous y installer comme en pays conquis, et à y entretenir d'innombrables missionnaires chargés de détruire la religion nationale.

Nous trouvons cela très naturel.

En revanche, et c'est une véritable aberration de notre part, nous ne tolérerions pas que les Chinois s'emparassent de Marseille ou de Perpignan, sous prétexte de nous civiliser à leur manière, ce qui serait leur droit, après tout.

Et nous jetterions des cris de paon, s'ils poussaient l'esprit de prosélytisme jusqu'à nous vouloir convertir au culte de Bouddha.

Déjà, nous nous indignons, et nous n'avons pas tort, nous Français, quand les Anglais se livrent, en notre pays, à la propagande protestante, et nous huons l'*Armée du Salut*, quand elle exécute publiquement ses grandes manœuvres, ridicules et inoffensives.

C'est-à-dire que nous passons notre vie, nous Européens, à faire chez les autres ce que nous leur défendons de faire chez nous.

Et chose bizarre, vraiment inouïe, nous sommes furieux de voir ces prétendus barbares se révolter contre notre indiscrète et injuste intervention.

Car enfin, nous n'aurions qu'à les laisser tranquilles chez eux et à ne pas nous mêler de leurs affaires, tant qu'ils ne se mêlent pas des nôtres!

Et c'est une singulière et abusive façon de « civiliser » les gens malgré eux, que de leur prendre leurs territoires et leurs villes.

Nous ne pouvons nous habituer à la perte de l'Alsace et de la Lorraine, et nous voudrions que les Annamites, les Malgaches et les Chinois subissent avec gaîté un joug qui nous paraît intolérable s'il nous est imposé par les Allemands.

On dirait vraiment qu'il y a ici-bas plusieurs morales, et que certaines races, celles qui nous gênent par exemple, sont placées en dehors de l'humanité!

On a tout droit contre elles!

Et elles n'ont aucun recours contre vous.

La justice, la propriété, la religion, la liberté, l'indépendance, tout cela leur est dénié, avec un doux et tranquille cynisme.

Ces races, condamnées d'avance, n'ont même pas droit au patriotisme.

On leur conteste jusqu'au droit, qu'a l'animal, de se défendre.

Nous avons admiré la curieuse inconscience avec laquelle on appelait « *pirates* » les Tonkinois, et « *rebelles* » les Malgaches qui se battaient pour nous repousser, nous, l'étranger, nous le provocateur et l'envahisseur.

A l'heure présente, nous ne cachons pas notre surprise de voir les Chinois prendre les armes afin de chasser les Européens qui se sont abattus, comme des oiseaux de proie, sur leur pays natal.

Nous trouvons fort naturel d'envahir la Chine, et nous manifestons un étonnement grotesque, parce que la Chine ne veut pas être envahie.

Nous allons jusqu'à faire un crime au gouvernement chinois d'être de connivence avec les révoltés.

Aussi ridicules et aussi odieux se montraient les Allemands, quand ils faisaient fusiller nos francs-tireurs.

Il faut vraiment que les nations européennes aient perdu tout sentiment des nuances, pour reprocher durement au gouvernement chinois de favoriser le mouvement national contre l'étranger.

S'il y a au monde un droit sacré, c'est le droit au patriotisme.

Et il serait par trop extraordinaire que, sous prétexte de « BARBARIE », mot qui est relatif et tout de convention, on déniât ce droit même aux peuples les plus sauvages.

Le fauve pourrait être justifié de défendre sa tanière, et l'homme, parce qu'il est d'une autre couleur que vous, quoique fils du même Dieu et votre frère, subirait, vis-à-vis de vous, par la raison que vous êtes le plus fort, le plus avide, le moins scrupuleux, la déchéance complète des privilèges les plus saints, des devoirs envers lui-même et envers son pays?

Et cela, n'est-ce pas, en vertu de l'unique faute qu'il a commise d'être noir, rouge ou jaune, quand vous êtes blanc, et surtout parce qu'il possède des richesses dont il vous plaît de vous emparer!

Quand il ne s'agit que de nègres, que de Malgaches, que de Chinois, nous Européens, nous trouvons qu'il y a deux morales : celle que nous nous appliquons, et l'autre, une morale qui nous sert pour l'exportation.

La nôtre est très étroite, fort susceptible, elle ne tolère rien.

L'autre est tellement large qu'elle n'a pas de limites et va jusqu'à l'expropriation et l'égorgement des peuples.

Pour l'Allemand, l'Alsacien-Lorrain est un rebelle, comme l'Irlandais et le Boer pour l'Anglais, comme le Tagal pour l'Américain, comme l'Arménien pour le Turc, comme le Polonais pour le Russe.

Il leur est interdit d'aimer leur patrie et de la défendre.

Et ce qui est un crime chez eux devient une vertu chez nous.

En vérité, c'est monstrueux d'illogisme et d'aberration.

La guerre de Sud-Africain est enfin venue faire un peu comprendre, — tant elle est infâme et scélérate, et parce qu'elle frappe une race blanche, en somme, — que « CIVILISER » un peuple ne consiste pas à le voler, à le conquérir et à le tuer.

L'amour de la patrie n'est pas le privilège de quelques peuples, il est le patrimoine de tous, et le peuple conquérant devrait n'avoir pas l'hypocrite scélératesse de blâmer et de châtier férocement chez le conquis, ce patriotisme qu'il exalte et récompense chez lui-même.

Que si, hélas! on se résout à cette extrémité, toujours atroce, de prendre la terre et la liberté d'une autre nation, qu'on ait au moins la pudeur de respecter cette nation quand elle remplit contre vous son devoir de résistance!

Pillez-la, asservissez-la, au nom de la force qui prime le droit; mais ne l'insultez pas en la traitant de « rebelle », parce qu'il lui plaît de repousser l'étranger que vous êtes, et de mourir plutôt que de perdre son indépendance!

Paul de Cassagnac.

DÉSENCHANTEMENT

Les nouvelles continuent d'être mauvaises pour les Anglais.

D'abord, les communications de lord Roberts sont toujours coupées. Elles le sont à un endroit et avec des particularités très graves : car elles sont interrompues entre Kroonstad et le Vaal, et 30 kilomètres environ de voie ferrée ont été détruits.

[illegible]

LA POLICE DITE DES MŒURS

[illegible]

L'AFFAIRE POZZI-DEVILLERS

[illegible]

LA COMMISSION DE L'AMNISTIE

[illegible]

2e ÉDITION

DERNIÈRES NOUVELLES

DÉPÊCHES DE LA NUIT

[illegible]

LES ÉVÉNEMENTS DE CHINE

[illegible]

La Guerre

[illegible]

LES JOURNAUX DE CE MATIN

[illegible]

bert-Martin, ne se départisse jamais d'une certaine bienséance. Républicain, sans esprit de coterie, le *don Quichotte* représente la caricature française dans son acception la plus élevée.

Il y a loin de l'image qui, en quatre coups de crayon, transforme Boulanger en Napoléon III, aux feuilles volantes populaires qui donnent le moyen, avec quatre cochons, de former la tête du général.

Le *Grelot*, c'est le *Pilori* des républicains : même recherche des personnalités, avec ceci, que le crayon de Pépin se complaît encore davantage aux vulgarités d'un certain ordre. Boulanger-César apparaît à chaque numéro, la carotte au chapeau, flanqué de Paulus ou entouré de morues, et autres poissons à trois ponts. Et les légendes sont à la hauteur du dessin. De la *Boulangiade* on passe à la *foire de Saintes* ou à l'*auge de la Boulange.*

Nous sommes loin des humoristiques compositions de Léonce Petit pour le *Père Gérard*, à l'esprit toujours bonhomme, et même du gros sel du *Lampion de Berluron*, des premières années de la troisième République.

Il y eut cependant d'heureuses créations, entre autres la jolie trouvaille de *Barbenzingue*, qui donna lieu, on le sait, à une amusante course au clocher, dans laquelle le possesseur du titre arriva bon dernier.

Dans un livre plein d'agrément, d'ironie et de grâce, paru tout récemment, *les Promenades et visites*, M. Adolphe Brisson a retracé la physionomie des *caricaturistes* et *satiristes* contemporains, dont le crayon fait tous les jours nos délices, des Caran d'Ache, des Forain, des Léandre, des Hermann Paul, des Robida, des Willette.

*
* *

La presse départementale eut naturellement sa grande part dans la lutte contre le boulangisme et dans le triomphe de la République.

Mentionnons au premier rang : le *Petit Marseillais*, le *Journal de Rouen*, la *Gironde* et la *Petite Gironde*, le *Petit Méridional* de Montpellier, la *Dépêche* de Toulouse, l'*Echo du Nord*, le *Lyon-Républicain*, le *Courrier du Centre* de Limoges, l'*Impartial de l'Est* de Nancy, le *Moniteur du Puy-de-Dôme*, l'*Indépendant Rémois*, le *Phare de la Loire*.

De 1881 à 1890, la presse départementale a pris de nouveaux développements. On publie dans l'Aube, le *Petit Troyen ;* dans la Côte-d'Or, le *Petit Bourguignon;* dans la Gironde, le *Nouvelliste*, journal monarchiste comme l'*Eclair* de Montpellier et l'*Anjou* qui prend la place de l'*Etoile*, le journal de l'évêque Freppel. On publie dans la Loire, le *Stéphanois ;* dans la Seine-Inférieure, le *Petit Havre ;* dans Vaucluse, le *Petit Vauclusien ;* dans le Doubs, le *Petit Comtois ;* à Nîmes, le *Petit républicain du Midi ;* à Rennes, le *Petit Rennais ;* à Nantes, le *Progrès de Nantes ;* à Limoges, le *Petit Centre ;* en Algérie, le *Radical algérien*, le *Bônois*, le *Petit Africain* d'Oran et la *Dépêche algérienne ;* à Nice, l'*Eclaireur de Nice ;* à Angers, le *Petit Courrier ;* à Lyon, l'*Express de Lyon ;* à Toulouse, le *Sud-Ouest* qui se transforme plus tard en *Télégramme ;* à Cette, le *Cettois ;* à Bordeaux, le *Petit Bordelais ;* à Angoulême, la *Petite Charente ;* à Brest, la *Dépêche ;* en Corse, *Bastia-Journal ;* dans le Var, le *Var républicain ;* à Marseille, le *Soleil du Midi*, journal royaliste ; dans le Gard, le *Petit Midi ;* à Bordeaux, la *France de Bordeaux et du Sud-Ouest ;* dans le Nord, le *Réveil du Nord ;* à Tunis la *Petite Tunisie* et la *Dépêche Tunisienne ;* dans la Marne, l'*Eclaireur de l'Est ;* dans le Nord, l'*Avenir de Roubaix ;* dans les Landes, le *Républicain de la Grande Lande ;* à Nancy, l'*Est républicain*.

⁂

La défaite du boulangisme et de la coalition anti-républicaine fut suivie d'un immense désarroi dans la presse bonapartiste et dans la presse royaliste.

En 1892, après la mort du prince Jérôme, les journalistes bonapartistes militants furent réduits à la brillante phalange de la *Revue de la France moderne*, revue mensuelle qui avait ses bureaux boulevard des Capucines; MM. Clément de Royer, Paul Chassaigne-Guyon, Quentin-Bauchard, Charles Jolibois, Boitelle, Maurice Binder, Daguilhon-Pujol, Pugliesi-Conti, Jules Delafosse, Cunéo d'Ornano, etc.

La presse impérialiste de Paris ne comptait plus guère, en 1892, que trois journaux quotidiens, la *Patrie*, l'*Appel au Peuple* et le *Petit Caporal*.

La *Patrie* « journal conservateur libéral, défendant avec énergie les grands principes sociaux, ayant conservé dans l'ensemble de sa rédaction le souvenir des traditions impériales » avait, à cette époque, pour directeur M. Eugène Guyon, membre fondateur de l'Association des Journalistes Parisiens et membre du Comité depuis le 16 mars 1887. Entré à la *Patrie* en juillet 1871, Eugène Guyon a dirigé ce journal pendant vingt et un ans, défendant ses convictions[1] avec une netteté, une ardeur, une fougue, qui ne pouvaient lui enlever ni l'estime, ni l'amitié de ses contradicteurs. Membre honoraire du Syndicat de la Presse Parisienne dont il faisait partie, depuis la création, en même temps que de la Caisse des Victimes du Devoir, il est mort à Paris le 29 avril 1896, à l'âge de soixante-huit ans. En 1893, M. Maurice de La Fargue devient directeur politique de la *Patrie* et il est remplacé, en 1894, par M. Albert Dauriat, auquel succède, en 1895, dans les mêmes fonctions qu'il occupe actuellement, M. Emile Massard, avec M. Lucien Millevoye comme Rédacteur en chef.

La *Patrie* est fort indépendante d'ailleurs, depuis qu'elle est entre les mains de M. Jules Jaluzot, député qui ne veut s'inféoder à aucun parti, et qu'elle a pour programme : « Organe de la défense Nationale. » Le *Petit Caporal* resta donc le seul représentant du parti impérialiste à Paris ; il livrait chaque jour un combat désespéré contre la République, et le commandant Blanc, dans des polémiques impétueuses, faisait presque seul les frais de cette lutte ; jusqu'en 1895, où M. Cunéo d'Ornano, député, prit la direction du journal qu'il occupe en 1900, en même temps que celle de l'*Appel au Peuple*, feuille plébiscitaire et de propagande, dont M. Antoine Vannucci est le rédacteur en chef, avec le baron Legoux, le duc de Morny, le baron Bouzault, G. Blanchet, ancien préfet comme principaux collaborateurs.

Dans les départements, la presse de l'Appel au peuple compte dans ses rangs des écrivains distingués : M. Ernest Merson de l'*Union bretonne*, M. Xavier de la Salle du *Journal de Lot-et-Garonne*, M. Grandin du *Journal du Cher*, M. Gieure de l'*Adour*, M. Tardiveau du *Courrier de l'Eure* et M. Delbarre du *Journal de la Vienne*.

Mais, parmi les 467 journaux dit *conservateurs*, 93 seulement sont impérialistes, et il n'y en a que 40 se proclamant *ouvertement, nettement impérialistes*, et réclamant l'appel au peuple. Les autres feuilles sont contraintes, faute de ressources, de compter avec les

[1] Discours de M. Joseph Denais, secrétaire et membre du Comité de l'association des journalistes Parisiens, au cimetière Montparnasse, aux obsèques de M. Eugène Guyon.

Phot. Eug. Piron, rue Royale.

Jules DELAFOSSE

Phot. Touranchet.

Robert MITCHELL

Phot. J. Oricelly.

Lucien MILLEVOYE

Phot. E. Appert.

QUESNAY de BEAUREPAIRE

royalistes et d'atténuer ainsi leur propagande démocratique et plébiscitaire[1].

* * *

La situation du parti royaliste n'est guère plus brillante, à la même époque. Nous en avons la preuve dans le tableau fidèle publié par le journal *le Figaro*, sous la signature « Un royaliste », dans le numéro du 27 février 1894 et que nous allons résumer ici.

Le comte de Paris, qui, par lui et par ses amis, faisait depuis tant d'années de si grands sacrifices pécuniaires pour le développement des idées royalistes et pour le maintien des forces militantes de son parti, a jugé, au lendemain des élections générales de 1893, que la lutte contre le gouvernement établi ne devait plus conserver le même caractère d'acuité, et ne nécessitait plus, en tout cas, le même état-major. Il fallait, pensait-il, laisser un peu de repos aux troupes qui venaient d'éprouver devant les urnes une nouvelle défaite. En outre, la plate-forme politique s'était sensiblement modifiée : parmi les trois cent cinquante candidats qui se présentaient en octobre dernier contre les opportunistes ou les radicaux, trois ou quatre à peine revendiquaient ouvertement comme un drapeau leur qualité de « royaliste » ; la plupart des autres prenaient, au contraire, l'étiquette simplement conservatrice, sans compter ceux qui se déclaraient nettement « ralliés ».

Dans ces conditions, il a enlevé à la plupart des journaux locaux qui soutenaient sa politique les subventions qu'il leur avait longtemps accordées, afin de leur permettre de lutter avec moins de désavantage contre les concurrents départementaux. Les quelques journaux, qui ont été épargnés, ont subi d'importantes réductions.

Tout cela a été fait à la date du 1er janvier 1894.

De là des revirements et des changements qui se sont produits dans la ligne politique de beaucoup de journaux.

Le *Soleil du Midi*, qui avait mené de si brillantes campagnes, le *Journal de Roubaix*, le *Nouvelliste de Lille*, qui reproduisaient jadis en gros caractères « les instructions » du comte de Paris, ne mentionnent plus que les encycliques du Pape ou les discours de la droite républicaine... De telle sorte qu'en somme le prince n'a plus en province que trois grands organes régio-

[1] Le *Figaro* du 31 mai 1891 et du 7 mai 1892.

naux nettement royalistes, sur lesquels il puisse absolument compter et qui, par leur clientèle assurée, sont au-dessus de toutes les diminutions de budget ; ce sont : le *Nouvelliste de Bordeaux*, l'*Express du Midi* de Toulouse et l'*Eclair* de Montpellier.

La plupart des autres journaux, autrefois royalistes, ont modifié peu à peu leur ligne de conduite ; ils sont devenus ou deviennent en ce moment « indépendants ». Ils s'inspirent du besoin d'apaisement qui s'est répandu sur le pays et réclament désormais, non plus des révolutions, mais des réformes.

* * *

Tandis que la presse bonapartiste et royaliste s'affaiblit insensiblement, une presse nouvelle grandit et se développe : c'est la presse socialiste.

Nombreuses sont, en France les différentes fractions ou écoles socialistes qui rivalisent entre elles de propagande et d'activité. On peut cependant ramener à quatre principaux les partis socialistes actuellement existants : 1° le parti ouvrier ; 2° le parti possibiliste ; 3° le parti blanquiste ; 4° le parti républicain socialiste.

Le parti ouvrier proprement dit — appelé aussi parti marxiste ou parti guesdiste, parce qu'il professe les théories collectivistes de Karl Marx et de M. Jules Guesde — date de 1879. C'est au congrès ouvrier national de Marseille, le 31 octobre 1879, que les socialistes français résolurent de se constituer « sur le terrain de classe » en « parti politique distinct ». Cette décision y fut prise sur l'inspiration de M. Jules Guesde, qui, fondateur du journal *l'Égalité*, y menait, depuis son retour d'exil, une active campagne dans le sens collectiviste.

Le programme du parti ouvrier, adopté par le congrès de Marseille et définitivement ratifié par le congrès du Havre (1880), est le programme du collectivisme révolutionnaire, qui comporte comme moyen la lutte de classes et comme but « l'expropriation politique et économique de la bourgeoisie capitaliste et la socialisation des moyens de production ». C'est là aussi le programme de la démocratie socialiste allemande et des partis ouvriers belge, italien, espagnol et anglais.

Le parti ouvrier est, d'ailleurs, internationaliste ; il affirme la nécessité de l'alliance internationale des prolétaires comme seul moyen de lutte efficace contre le capitalisme, et son conseil national est en relations suivies avec le conseil général du parti ouvrier belge, avec le comité directeur de la démocratie socialiste allemande, etc.

Les principaux militants et orateurs du parti ouvrier marxiste — indépendamment de M. Jules Guesde qui en est le théoricien — sont : M. Paul Lafargue, le gendre de Marx, l'ancien député de Lille; M. Gabriel Deville, le traducteur du *Capital*, de Marx; M. Zévaès, le fondateur des groupes d'étudiants collectivistes; MM. Roussel et Prévost, qui ont une influence considérable à la Bourse du travail et dans les milieux corporatifs.

Le parti ouvrier dispose d'une vingtaine de journaux hebdomadaires : le *Socialiste*, organe officiel et central du parti ; le *Réveil ouvrier*, de Calais ; le *Travailleur*, de Lille ; le *Socialiste picard*. d'Amiens ; le *Socialiste troyen ;* le *Réveil social*, de Castres ; l'*Avenir social*, de Dijon ; le *Tocsin*, de Commentry; la *Question sociale*, de Bordeaux ; la *République sociale*, de Narbonne ; le *Réveil*, du Havre, etc. Il a, en outre, une revue mensuelle de cent vingt pages, l'*Ère nouvelle*.

Le parti ouvrier marxiste-guesdiste domine surtout en province ; il a ses places fortes dans le Nord, le Pas-de-Calais, la Somme, la Seine-Inférieure, l'Aube, l'Allier, le Tarn, l'Hérault, la Gironde, le Rhône, les Bouches-du-Rhône, la Loire-Inférieure, etc. Le parti ouvrier possibiliste, au contraire, n'existe point en province; il n'a que quelques positions à Paris.

Le parti possibiliste est né d'une scission avec le parti guesdiste, scission qui eut lieu au congrès de Saint-Étienne en 1882 ; il fut fondé par MM. Paul Brousse, Lavy, Allemane, Chabert, qui avaient été exécutés par les marxistes et exclus du parti ouvrier.

Le parti possibiliste s'est divisé à son tour : on distingue d'une part, les broussistes, d'autre part les allemanistes.

Le *Prolétaire* est le journal de M. Brousse ; le *Parti ouvrier*, celui de M. Allemane.

Le parti blanquiste — comme le parti possibiliste — n'existe guère qu'à Paris; il a cependant quelques adhérents dans le Cher, où il est défendu par MM. Vaillant et Baudin.

Représentés par le *Comité révolutionnaire central* et par le journal hebdomadaire *le Parti socialiste*, les blanquistes sont surtout des hommes de traditions, fidèles au souvenir et à la tactique du

LE NUMÉRO : CINQ CENTIMES

2e ÉDITION

Voir à la 2e page
LES DERNIÈRES DÉPÊCHES
de la nuit

2e ÉDITION

Voir à la 2e page
LA REVUE DES JOURNAUX
de ce matin

JOURNAL DE PARIS, POLITIQUE, QUOTIDIEN, ABSOLUMENT INDEPENDANT

DIRECTION, RÉDACTION & ADMINISTRATION
10, RUE DU FAUBOURG-MONTMARTRE, 10

LES ANNONCES SONT REÇUES A L'ADMINISTRATION

OPINIONS

LE PÉRIL JAUNE

LA POLITIQUE

ÉLECTION SÉNATORIALE

ÉLECTIONS LÉGISLATIVES

LES ANGLAIS AUX BALÉARES

EN CHINE

LE SIÈGE DE TIEN-TSIN PAR LES CHINOIS

LA GUERRE DANS LE SUD DE L'AFRIQUE

LE NOUVEAU CABINET ITALIEN

L'ACTUALITÉ

LES ÉTUDIANTS DE L'UNIVERSITÉ D'UPSALA A PARIS

vieux révolutionnaire Auguste Blanqui. A l'inverse des membres du parti ouvrier, qui s'intitulent collectivistes, ils revendiquent l'épithète de « communistes ». On lit, d'ailleurs, dans une déclaration qu'ils ont publiée en 1891 : « Le Comité révolutionnaire central est athée, matérialiste, transformiste, républicain, communiste, révolutionnaire et internationaliste. »

Le parti républicain socialiste, qui s'intitule volontiers aussi « parti socialiste indépendant », est, à vrai dire, tout nouveau. Il est formé surtout des anciennes troupes radicales passées au socialisme à la suite de M. Millerand. C'est une sorte d'intermédiaire entre les autres fractions socialistes, qui se proclament révolutionnaires, et le parti radical. Les membres principaux en sont : MM. Millerand, qui a été appelé à représenter le parti socialiste dans le ministère Waldeck-Rousseau (1899-1900), René Viviani, Marcel Sembat, Rouanet, Paschal Grousset, etc.

« Les doctrines socialistes, qui pénètrent non seulement dans les lois, mais dans les mœurs et jusqu'au fond de la conscience publique, ont mis en relief l'idée de *solidarité* substituée à celle de *charité* ; ces doctrines, que la science, la philosophie, la littérature, le théâtre rendent peu à peu populaires, nous familiarisent avec une notion toute nouvelle de la dette sociale et du devoir social [1]. »

Les organes autorisés du parti républicain socialiste sont la *Lanterne*, la *Justice*, le *Radical*, le *Rappel* [2] et surtout la *Petite République*, ancienne *Petite République française* fondée par Gambetta, dirigée, depuis 1895, par M. Maurice Dejean ; parmi ses principaux rédacteurs brillent au premier rang MM. Jean Jaurès et Gérault-Richard, dont les articles sont très lus et très commentés.

* *

A part quelques grands journaux étayés sur des fondations solides et qui ont depuis longtemps l'oreille du public, on remarque dans la presse purement politique une éclipse très sensible, qui indique très clairement une transformation du goût général ; la *République française*, après être passée, en 1893, entre les mains de M. Jules Méline, avec Robert Charlie comme rédacteur en chef, vient encore de

[1] *Le Socialisme* (Encyclopédie populaire illustrée). L.-H. May, édit.

[2] Le *Journal du peuple* de Sébastien Faure, n'a eu qu'une existence éphémère.

Georges MONTORGUEIL

L. POGNON

Emile BERR

Gaston CALMETTE

Henry BAUER

Philippe GILLE

subir, en 1900 une nouvelle métamorphose ; le *Jour*, fondé en octobre 1890 par M. André Vervoort, a dû supporter, depuis cette époque, des fluctuations bien diverses.

L'avenir paraît être aux journaux d'information, à bon marché, à fort tirage, ayant une apparence littéraire : le *Matin*, dont nous avons déjà parlé ; l'*Éclair*, créé en 1888, dirigé actuellement par M. Guillaume Sabatier, avec M. Alphonse Humbert comme rédacteur politique et M. Georges Montorgueil comme secrétaire de rédaction ; le *Journal* fondé par Fernand Xau en 1892, avec M. Alexis Lauze comme secrétaire de la rédaction et une brillante phalange d'écrivains artistes comme collaborateurs : Alexandre Hepp, Armand Silvestre, Catulle Mendès, Gustave Geffroy, Jules Claretie, Hanotaux, Maurice Barrès, Alphonse Allais, etc.

*
* *

L'année 1892 restera célèbre dans l'historique du journalisme par la création de la *Libre Parole*, organe d'un ordre d'idées tout spécial, qui échappe aux classifications connues ; s'appuyant sur une base unique, l'antisémitisme, c'est-à-dire la lutte ouverte contre les citoyens d'origine juive — présenté par le journal et accepté de ses lecteurs comme un dogme indiscutable — avec une captivante devise « La France aux Français », la *Libre Parole* a produit dans certains esprits, sinon dans les mœurs, une révolution morale et créé un courant d'opinion. Avec la *France Juive* et l'*Europe Juive*, M. Édouard Drumont avait rassemblé autour de lui un auditoire de plus en plus nombreux, qu'il tient et retient suspendu à sa *Libre Parole ;* l'ancien chroniqueur de la *Liberté* est ainsi en possession d'une tribune retentissante, où, grâce à la virulence et à la nervosité de sa dialectique, il entraîne inconsciemment ceux qui l'écoutent dans l'orbite de sa pensée dominante et le feu de son argumentation passionnée ; il a d'ailleurs été servi par les circonstances ; les événements d'Algérie lui ont valu un siège de député, et il est secondé par des collaborateurs tels que MM. Jules Delahaye, Papillaud, de Boisandré, Gaston Méry, Jean Drault, Gyp, etc.

*
* *

En quittant la *Liberté*, M. Édouard Drumont avait fondé la *Libre Parole ;* de même, M. Ernest Vaughan créa l'*Aurore* en 1897, en

Première Année. — N° 1 **CINQ** Centimes — Paris et Départements — **CINQ** Centimes Mercredi 20 Avril 1892.

LA LIBRE PAROLE

La France aux Français !

RÉDACTION : 14, Boulevard Montmartre — ABONNEMENTS — **Directeur : ÉDOUARD DRUMONT** — ADMINISTRATION : 14, Boulevard Montmartre

Au moment de paraître, LA LIBRE PAROLE envoie collectivement, à ses abonnés, souscripteurs, correspondants et amis, dans la France entière, ses bien sincères remerciements, qu'elle ne peut, vu leur nombre considérable, leur adresser personnellement.

« La Libre Parole »

Il y a six ans, à pareille époque, en avril 1886, vers le temps de Pâques, un écrivain publiait un ouvrage en deux volumes, consacré aux questions sociales.

L'écrivain était ignoré de la foule et connu seulement de quelques lettrés ; il n'avait conquis ses chevrons de journaliste à l'impression de cet ouvrage, qui, selon toutes les vraisemblances, devait lui fermer toutes les portes.

L'éditeur regarda dédaigneusement les deux volumes, les trouva d'un poids considérable, se félicita de ne pas avoir risqué les frais d'impression et demanda à ses commis s'il y avait de la place dans les sous-sols pour que ces exemplaires y puissent faire un stage préliminaire avant d'aller chez l'épicier...

Soudain un bruit énorme emplit Paris, la France et le monde, un bruit fait d'applaudissements, de cris de joie, de grincements de dents, de rumeurs de colère, de vociférations, de menaces, d'encouragements.

Obscur la veille, le nom de l'auteur [...]

[...] bien singulier que vous ne parliez plus ! »

On ne m'adressera plus ce reproche et désormais *La Libre Parole* se fera entendre tous les jours.

Chaque jour, mes amis et moi, nous parlerons hautement, fièrement, nettement, sans barguigner, comme il convient à des Français, de tout ce qui intéresse la Patrie !...

Jamais la France, d'ailleurs, n'eut une pareille soif de vérité, jamais elle n'aspira davantage à entendre des voix indépendantes et viriles parler des choses du jour, sans préoccupation vile, sans arrière-pensée de lucre.

La profonde misère intellectuelle et morale de tout le personnel politicien qui encombre la scène depuis vingt ans apparaît à tous avec une lamentable évidence.

Ils sont là tous en train de ressemeler des programmes usés jusqu'à l'empeigne, de rapetasser des fripes hors d'usage, de retourner des vêtements qui ne valent pas plus à l'envers qu'à l'endroit. Ils refont l'étalage, ils cachent les objets défraîchis et exposent des objets qui leur semblent moins fanés. Le Radical, qui était devenu Opportuniste au moment du Boulangisme, se déclare maintenant radical-socialiste, et le Dentiste, qui se qualifiait de Révisionniste aux élections de 89, s'intitule maintenant Constitutionnel.

Le ... a son côté touchant. Il se passe dans cette débâcle de tous les partis ce qui se passe dans ces lieux autrefois fréquentés par la foule comme le Palais-Royal, et devenus aujourd'hui [...]

[...]

Édouard DRUMONT

Le Fait du Jour

LA POLITIQUE

ÉCHOS

UNE RÉVÉLATION

CHEZ NOS DÉPUTÉS

sortant de l'*Intransigeant*. Comme les *Droits de l'homme* fondés par Henri Deloncle en 1898, l'*Aurore* a pris en main la cause de la non-culpabilité du capitaine Dreyfus ; après la lettre *J'accuse*...., d'Émile Zola, qui ouvrit le feu, les articles de MM. Clémenceau, Urbain Gohier et de Pressensé s'attachèrent chaque jour à mettre en valeur tout ce qui pouvait infirmer les charges formulées par le ministère public ; depuis le jugement de Rennes, l'*Aurore* est resté un organe socialiste et anti-césarien au premier chef.

Deux journaux, de création récente, ont disparu, tout en méritant un meilleur sort : la *Cloche*, que M. Roger Danglar a fait revivre en 1897 ; la *Volonté*, créée en 1898 par M. Franklin-Bouillon.

Enfin, parmi les journaux dont la vente au numéro est la plus productive et représente le principal rapport, il faut mentionner, à côté de la *Presse* [1] et de la *Patrie*, le *Petit Bleu de Paris*, auquel ses illustrations très artistiques donnent une physionomie piquante.

*
* *

L'importance qu'a su prendre, dans le journalisme contemporain, la presse féministe, nous fait un devoir de lui donner ici sa place.

Ce fut d'abord Mlle Hubertine Auclert, présidente de la société des *Droits de la femme*, qui créa, en 1881, la *Citoyenne*, organe un peu fougueux des revendications les plus exagérées du sexe féminin.

L'*Avant-Courrière*, fondée en 1893 par Mme Schmall, avec des allures plus pondérées, a rendu de plus sérieux services.

« Si les femmes, jusqu'à présent, n'ont rien obtenu, disait Mme Schmall, c'est qu'elles s'obstinent à demander tout à la fois. Leurs revendications sont si touffues, si tumultueuses, et, dans le nombre, il y en a dont la réalisation est si impossible pour le moment, qu'elles épouvantent les uns et se font moquer des autres. Il faut, comme a dit Gambetta, sérier les questions. Parmi les réformes, il y en a qui sont acceptables dès à présent. Elles ont été mûries par de longues discussions. Elles ne peuvent déchaîner contre nous l'opinion publique. Nous serons, au contraire, si nous les réclamons, soutenues par tous les gens sensés et de bonne foi. Ce sont les premières feuilles à détacher de l'artichaut. »

Mme Schmall a borné son ambition, et elle a eu gain de cause, à

[1] De 1874 à 1877, la *Presse* a eu comme rédacteurs Jules Mahias, Massicault depuis résident à Tunis et Edouard de Luze, aujourd'hui préfet des Côtes-du-Nord.

Anatole FRANCE

Edmond LEPELLETIER

Ernest JUDET

Édouard DRUMONT

Maurice BARRÈS

deux points : 1° que la femme puisse servir de témoin dans les actes de l'état-civil, 2° qu'elle ait la libre disposition du salaire gagné par elle.

D'autres journaux féministes ont paru dans ces dix dernières années. Signalons le *Bulletin trimestriel de la société Maria Deraisme*, dirigée par M. Jules Allix, le *Conseiller des femmes*, rédigé par Mme Germaine d'Auteuil, le *Désarmement général*, organe de la Ligue internationale des femmes pour le désarmement général, le *Féminisme chrétien* de MM^mes^ Marie Maugeret et Marie Duclos, le *Journal des Femmes* de Mme Maria Martin, la *Revue Féministe* de Mme Clotilde Dissard, la *Société des études féministes* d'Emile Devald et la *Tribune des femmes* de Mme O. de Bezobrazow.

*
* *

Mais le journal féministe par excellence, celui qui a fait sensation, c'est la *Fronde* de Mme Marguerite Durand, journal quotidien à cinq centimes, dont le premier numéro a paru le 9 décembre 1897.

La *Fronde* est un titre singulier, qui rappelle soit un jeu d'enfants, soit une guerre civile charmante et absurde, où les femmes tiraient le canon du haut de la Bastille et chevauchaient à franc-étrier, de Paris à Bordeaux, pour une cause qui n'a jamais été bien claire.

Avant de détacher la plume du feutre de la Grande Mademoiselle pour soutenir les revendications féministes, Mme Marguerite Durand s'est fait applaudir au Théâtre-Français, et a fait ses premières armes de journaliste dans un grand journal littéraire.

Il est curieux de reproduire la physionomie de la *Fronde*, d'après les nombreux comptes rendus publiés dans les journaux de Paris, au moment de son apparition [1].

La *Fronde* est un journal comme tous les autres, à cela près qu'on y fait moins de politique que partout ailleurs, ce qui est peut-être une supériorité. Mais, tout comme dans les autres journaux, il y a une chronique en tête, et cette chronique est signée Séverine.

Les chroniqueuses, il n'est que juste de le reconnaître, ont déjà fait leurs preuves par ailleurs, et plus d'une a conquis ses titres et ses grades de haute lutte : ce sont Mmes Judith Gautier, écrivain subtil, sino-japonaise très renseignée, poète, dramaturge et le reste ; George

[1] Le *Gaulois* du 3 décembre 1897 et l'*Eclair* du 7 décembre 1897.

Phot. Nadar.

Emile ZOLA

Phot. A. Capelle.

Aurélien SCHOLL

Phot. Benque.

Emile BERGERAT

Phot. Benque.

SÉVERINE

de Peyrebrune, à qui ses romans ont créé une clientèle importante ; Daniel Lesueur, grand prix de poésie de l'Académie française, d'ailleurs couronnée quatre fois sous la coupole, choyée du public qui a enlevé douze éditions d'*Invincible charme* et qui naguère faisait fête à l'Odéon à *Fiancés*, au Théâtre-Féministe à *Hors du mariage ;* Marie-Anne de Bovet, familière aux lecteurs de la *Vie Parisienne*, sous le pseudonyme de Nab ; Judith Cladel, fille du célèbre auteur du *Bouscassié*, et dont la *Revue hebdomadaire* a accueilli de ravissants récits de voyage en Finlande, le comte de Nouy, Marie Krysinska, de Grandfort, etc.

Mme J. Marni, dont les dialogues du *Journal* et les courts billets signés « Simone » à l'*Écho de Paris* sont très lus, fait la critique dramatique, et Mme Augusta Holmès publie des morceaux inédits. C'est Mme Catulle Mendès qui s'occupe du courrier des spectacles.

Mlle Sorgues, qui a publié d'excellents reportages à la *Petite République,* assure ce service, qui réclame des qualités nombreuses d'endurance, d'ingéniosité et de tact, où les femmes sont passées maîtres.

Si la politique est reléguée au second plan à la *Fronde*, l'information politique intérieure ou extérieure ne tient pas moins une bonne place : des correspondances de toutes les capitales, rédigées par des femmes, bien entendu, apportent tous les jours les nouvelles, et pour le surplus, les agences télégraphiques y suffisent. Mlle Hélène Sée s'occupe à la fois de la Chambre, du Sénat et du Conseil municipal, ce qui serait beaucoup pour un seul homme, mais ces dames ont, paraît-il, le don d'ubiquité et il est pour elles des grâces d'état.

Enfin Mmes Pognon, Hubertine Auclert, Schmall, Maugeret, Clémence Royer, P. Kergomard, Gévin Cassal, de Sainte-Croix traitent des questions intéressant plus spécialement la femme, qu'il s'agisse du féminisme théorique ou pratique, ou d'études ayant une portée morale et sociale, telles l'*Exploitation des femmes au théâtre,* les *Prisons de femmes*, *Causes de la mortalité infantile*, la *Situation des institutrices*, etc. Mlle Klumpke, de l'Observatoire, rédige la chronique scientifique.

Au rez-de-chaussée, il y a deux feuilletons : un roman et des variétés qui donnent au journal une belle allure de périodique.

Nous en aurons fini avec l'organisation intérieure du journal en disant que Mme Fournier est chargée des fonctions si délicates de secrétaire de la rédaction. C'est, croyons-nous, la première fois que ce poste est tenu par une femme.

Parlerons-nous après cela des garçons de bureau — des femmes en élégant uniforme de drap gros vert avec col et parements de drap blanc ; — des compositeurs — encore des femmes, sous la direction morale de Mlle Maugeret, féministe chrétienne qui prêche d'exemple ; — des employés de l'administration — toujours des femmes.

Les hommes sont mis hors la loi : c'est bel et bien décidément la Fronde.

* * *

Dans l'*histoire de la langue et de la littérature française*[1], M. Léo Claretie a consacré tout un long chapitre à la presse du XIXe siècle. Il s'est montré trop sévère, nous semble t-il, pour le reportage et l'interview. Il nous dépeint : « le reporter, armé de son calepin et de son crayon, qui exerce un dur métier, court de porte en porte, visite tous les commissariats de police, où il copie les résumés, qui note les chiens noyés, les assassinats, suicides, faits divers, incendies, écrasés, qui fréquente les secrétariats d'administration de ministères, de théâtres, les concierges, les boutiquiers, interroge les passants, écrit sur ses manchettes, et revient haletant au bureau de rédaction pour que la dernière nouvelle soit rédigée et composée avant l'heure du tirage. »

Il reproche au journaliste actuel de rechercher, par-dessus tout, le document. « Le document! — dit-il — le journalisme actuel ne demande plus autre chose ; l'ancienne brillante chronique passe pour bavardage et radotage; il ne s'agit plus de considérations à côté, ni de réflexions personnelles ; il faut des faits, et le reporter est l'ouvrier qui les découvre. Il est partout à l'affût et aux aguets, il est l'indiscrétion même, il force les portes et les consciences, et fait parler les plus rebelles par une invention nouvelle qui a nom l'interview. C'est l'art d'écouter les paroles d'autrui à domicile pour les défigurer à l'impression. »

Nous trouvons ces appréciations bien dures, quand il s'agit du reportage et de l'interview, qui ont fait la réputation de journalistes aussi distingués que Fernand Xau, Pierre Giffard, Paul Ginisty, Hugues le Roux, Gaston Calmette, Mme Séverine, Charles Chincholle, Adolphe Brisson et Jules Le Huret.

[1] Tome VIII, p. 537 à 596.

Les interviewers tiennent une si grande place dans la presse d'aujourd'hui, qu'ils ont fondé un dîner placé sous l'invocation de Saint-Simon, lequel, à les en croire, aurait été le premier des interviewers. Font partie de ce dîner Saint-Simon, Mme Séverine qui a interviewé le pape, Gaston Calmette qui a interviewé le roi Humbert, des Houx qui a interviewé Bismarck, et 25 ou 30 de nos plus spirituels journalistes qui n'ont interviewé, jusqu'ici, que des seigneurs de moindre importance.

Notons cependant parmi eux : M. Maurice Barrès, qui a publié deux interviews célèbres de Renan et de M. Fouillée, sans avoir d'ailleurs, — comme il l'a conté lui-même — vu ni l'un ni l'autre de ces deux philosophes, avant d'écrire leurs réponses imaginaires à des questions qu'il n'avait pas posées.

Une chose est certaine, c'est que le public goûte de plus en plus l'interview, et que l'interview, discrètement employée, sert au développement des informations précises qui sont plus que jamais une nécessité pour notre esprit [1].

*
* *

C'est également pour répondre à cette curiosité ardente et à cette incessante recherche du document pris sur le vif, que les journaux politiques eux mêmes ont pris l'habitude, depuis environ cinq années, d'enrichir leurs faits divers ou leurs chroniques de croquis intercalés dans le texte, à propos d'une inauguration de statue, d'un accident sensationnel, d'un événement quelconque passionnant le public, etc. ; la vulgarisation des procédés de reproduction, chaque jour plus nombreux et plus à la portée de tous, a contribué largement à donner un grand essor à ce genre d'illustration dans la presse quotidienne.

Il s'en est suivi une transformation dans le format qui s'est agrandi et dans le nombre de pages qui s'est élevé jusqu'au chiffre de six pour quatre de nos grands quotidiens de Paris : le *Figaro*, le *Gaulois*, le *Journal*, le *Matin* et pour certains journaux des départements, tels que l'*Écho du Nord*, le *Petit Niçois*, etc.

*
* *

Ce serait une erreur de penser que l'information et la politique

[1] Voir le journal *le Temps* du 21 octobre 1894, article sur l'interview, signé E. L.

bornent l'horizon de la presse. Il s'est fondé, depuis longtemps, des périodiques, sous le nom de *Revues*, destinés à satisfaire les goûts raffinés d'une élite intellectuelle pour les études de haute littérature, d'art, de philosophie, d'histoire, d'économie politique, etc. Ces Revues, auxquelles ont collaboré de tous temps les premiers écrivains du siècle, qu'il serait trop long d'énumérer, s'appellent la *Revue des Deux-Mondes*, la *Nouvelle Revue*, fondée par Mme Juliette Adam, la *Revue Bleue*, la *Revue du Monde Latin*, la *Revue parlementaire*, la *Revue de l'Art ancien et moderne*, la *Revue des Revues*, les *Annales politiques et littéraires*, le *Correspondant*, le *Monde Moderne*, etc.

La jeune école littéraire de ces trente dernières années a fait de son côté éclore une quantité d'organes militants, où nous remarquons *Mascarille*, l'*Ermitage*, la *Revue de la France moderne*, le *Mercure de France*, qui aborde toutes les questions : art, bibliophilie, ésotérisme, littérature étrangère ; la *Revue Blanche*, à la fois humoristique et sociale, d'Alexandre Natanson, qui dirige également le *Cri de Paris*, publication hebdomadaire illustrée, des plus goûtées, etc., etc.

Il nous reste à signaler, enfin, une catégorie d'organes qui ne sont pas les moins écoutés ; ce sont les journaux spéciaux, professionnels, corporatifs. La *Médecine* et la *Finance* tiennent la tête, la première avec 215 organes, la seconde avec 201 ; puis viennent les *Modes*, qui en ont 117, le *Commerce* et l'*Industrie* une centaine environ à eux deux, l'*Automobilisme* n'en a encore qu'une trentaine, mais ce chiffre ne tardera pas à être doublé.

Afin de compléter ce tableau, nous mentionnerons le rôle utile, indispensable, et dont toute la presse reconnaît l'importance, rempli par les *Agences et Correspondances de Journaux*, pour la propagande et la diffusion de tout ce qui touche à l'information et à la politique dans les départements et à l'Étranger ; la plus ancienne est l'*Agence Havas*, aujourd'hui sous la direction de M. Henri Houssaye, avec M. Pognon comme administrateur.

*
* *

Comme conclusion, nous ne saurions mieux donner une idée de la force de résistance du journalisme français, qu'en établissant la physionomie actuelle des grands porte-paroles de l'opinion, qui ont traversé les tempêtes et les orages de la seconde moitié de ce siècle, et,

Tableau de J. Béraud. D'après héliog. Dujardin.

Salle de Rédaction du *JOURNAL DES DÉBATS EN 1889.*

(Le *Livre du Centenaire du Journal des Débats.* E. Plon, Nourrit et Cie, édit.)

7. Ed. Le Berquier. 14. Jules Bapst. 25. Raymond Kœchlin.
6. Bourdeau. 11. Le Corbeiller. 23. André Hallays. 27. Harry Alis. 32. G. de Molinari. 35. Paul Leroy-Beaulieu.
10. Ernest Bertin. 17. A. Bardoux. 26. Arthur Raffalovich. 34. Henri Chantavoine. 39. Henry Houssaye.
2. Ernest Lavisse. 4. Léon Renault. 13. R. Jalliffier. 19. Jules Dietz. 28. André Michel. 37. Étienne Lamy.
3. Georges Patinot. 8. Henri de Parville. 15. Georges Hément. 20. H. G. Montferrier. 22. Ernest Renan. 33. Léon Say.
12. Charles Malo. 16. Ernest Reyer. 21. Jules Lemaître. 24. J. J. Weiss. 30. Francis Charmes. 36. Paul Bourget.
André Heurteau. 29. Jules Simon.
Edmond Frank. 9. Georges Michel. 18. John Lemoinne. 31. Eugène-Melchior de Vogüé. 38. H. Taine.

pareils à des monuments bâtis sur un roc solide, s'imposent à notre attention à la fois par leur ancienneté et par leur valeur intrinsèque.

Le *Journal des Débats*, qui remonte à 1789, a conservé, avec sa rédaction de 1900, ces traditions de discussion courtoise et de style châtié qui ont fait sa réputation d'antan ; principaux rédacteurs : MM. Paul Deschanel, Leroy-Beaulieu, Bluysen, Faguet, etc.

Le *Figaro*, dont l'acte de naissance porte 1854, a eu le talent, comme le classique Barbier, son parrain, de se tirer sain et sauf des pièges et des dangers qu'il a rencontrés sur sa route, et, par un procédé de rajeunissement dont il a le secret, il a su se refaire sans cesse une virginité littéraire et politique ; directeurs : de Rodays et Périvier ; principaux rédacteurs : MM. Cornély, Chincholle, Calmette, Anatole France, Emile Berr, Gaston Deschamps, etc.

Le *Temps*, né en 1829 pour disparaître en 1842 et reparaître en 1861, est à la fois un organe de politique savante et de littérature raffinée, où chaque rubrique a pour titulaire un maître émérite ; les sujets y sont approfondis, les variétés littéraires et autres y sont minutieusement fouillées, à tel point qu'on peut dire que le *Temps* est une sorte de *Revue des Deux-Mondes* quotidienne ; principaux rédacteurs : MM. Adrien et Jacques Hébrard, Lautier, Souday, Jules Claretie, Paul Delombre, Edgar Hément, Alfred Mézières, Armand Schiller, Larroumet, Bergougnan, Nansouty, Adolphe Aderer, Perreau, etc.

La *Liberté*, qui date de 1866, a toujours été fidèle à l'étude des grandes questions politiques, économiques et sociales, en dehors des irritantes polémiques de partis et en dépit des changements successifs qui ont eu lieu dans la rédaction en chef ; elle offre cette particularité d'être, tout en restant très littéraire, un organe de confiance pour les renseignements sur le mouvement financier ; directeur : G. Berthoulat ; principaux rédacteurs : Ginisty, Chevassu, etc.

Le *Siècle*, avec son directeur politique, l'ancien ministre des travaux publics, Yves Guyot, continue à suivre les principes de large libéralisme, qui ont inspiré cet organe dès ses débuts, en 1836, et n'ont cessé de lui servir de drapeau dans sa carrière déjà longue ; républicain de la première heure, le *Siècle* a contribué pour une large part à la formation et à l'établissement du régime actuel.

Le *Petit Journal*, dont le directeur Marinoni a centuplé la fortune avec ses presses rotatives, est devenu, à proprement parler, le messager impatiemment attendu des villes et des campagnes, apportant

Année — 3e Série — N° 170 — Le Numéro = SEINE & SEINE-ET-OISE : 15 centimes — DÉPARTEMENTS : 20 centimes — Mardi 19 Juin 1900

Directeurs-Gérants F. DE RODAYS | A. PÉRIVIER

H. DE VILLEMESSANT Fondateur

RÉDACTION — ADMINISTRATION 26, rue Drouot — PARIS

LE FIGARO

L'EUROPE ET LA CHINE

LA SITUATION DES FRANÇAIS AU YUNNAN

Échos

La Température

Les Courses

A Travers Paris

Nouvelles à la Main

LE « FIVE O'CLOCK » DU « FIGARO »

PRIX DE L'ABONNEMENT

Le Temps

PRIX DE L'ABONNEMENT

Paris, 11 juillet

BULLETIN DE L'ÉTRANGER

AVANT LA FÊTE

QUESTIONS MILITAIRES

AFFAIRES DE CHINE

DÉPÊCHES TÉLÉGRAPHIQUES

FEUILLETON DU Temps

TOUT POUR L'ART

LIVRE PREMIER

Phot. Ad. Braun et Cie

UNE PARTIE DE LA RÉDACTION DU « TEMPS » EN 1894

F. Didier. A. Perreau.
André Lebon. L. Gullaine. E. Robbe.
Laurent Lapp. P. d'Alheim. G. Villain. Souriau.
Henry Michel. Charlier-Tabur. X. Mélet
Ch. Benoist. G. Bourdon. G. Manchez.
A. Dumazet. J. Legrand. Em. Alglave. F. Perréal. Deffès. P. Souday
Edg. Hément Guyon.
Armand Schiller. J. Weber. Jacques Hébrard. Paul Delombre A. Bergougnan. Chiarisolo. M. Morhardt.
Alb. Sorel. F. de Pressensé. Malosse. L. d'Hurcourt.
A. Sabatier. Adrien Hébrard. C. Pariset.
Alfred Marchand. G. de Cherville
Alf. Mézières. L. Grandeau. Ad. Aderer. Dumont.
Francisque Sarcey. Jules Claretie. Ch. Mayet.
Thiébault-Sisson.

Phot. Ad. Braun et Cie

UNE PARTIE DE LA RÉDACTION DU « TEMPS » EN 1894

Malosse

Ad. Aderer   Dumont

Jules Claretie   Ch. Mavel

Thiébault-Sisson

dans le plus humble hameau les nouvelles des cinq parties du monde ; principaux rédacteurs : Cassigneul, Ernest Judet, Dutey-Harispe, Félix Duquesnel, Léon Kerst, etc.

Les journaux illustrés aussi ont gagné leurs chevrons ; tels le *Journal Illustré*, le *Journal amusant*, le *Monde illustré*, la *Vie Parisienne*; le *Charivari*, dirigé par MM. Ewig et Henriot, dont l'histoire est intimement liée à celle de nos mouvements politiques, l'*Illustration*, sous l'habile direction de M. Lucien Marc, et qui à la perfection artistique de ses gravures ajoute un mérite littéraire de premier ordre, grâce à la collaboration des plus éminents écrivains de ce temps; de nouveaux venus dans ces dernières années, le *Courrier français*, le *Rire*, le *Pêle-Mêle*, etc., marchent vaillamment sur les traces de leurs devanciers.

La presse parisienne n'a pas, d'ailleurs, le monopole de la longévité ; elle est même dépassée sous ce rapport par certains organes des départements qui sont séculaires et au delà ; ainsi le *Journal du Havre* a 150 ans, le *Journal de Rouen*, 139 ans, le *Journal de Maine-et-Loire*, 127 ans, le *Journal de la Meurthe et des Vosges*, 104 ans, le *Journal d'Indre-et-Loire*, 102 ans, les *Tablettes des Deux-Charentes*, 95 ans, le *Journal du Cher*, 98 ans, etc., etc.

* * *

Mais si, d'une part, certains journaux ont la vitalité des chênes et deviennent plus que centenaires, que de journalistes disparaissent, et non des moindres, parmi ceux qui ont été l'honneur et l'orgueil de leur profession ! Quelle hécatombe dans ces vingt dernières années ! Granier de Cassagnac, Émile de la Bédollière et Eugène Pelletan qui nous reportent aux premières années du Second Empire, Edmond About, Paul Bert, Jules Ferry et Jules Vallès qui nous rappellent son agonie et sa chute, Auguste Vitu, B. Jouvin et Albert Wolff, inoubliable trinité du *Figaro*, Taine, Renan et J.-J. Weiss, triple couronne enlevée au *Journal des Débats*, Auguste Vacquerie du *Rappel* et Francisque Sarcey du *Temps*, morts tous deux sur la brèche, Dionys Ordinaire et Challemel-Lacour de l'ancienne *République française*, Henri Deloncle emporté quelques mois après avoir fondé les *Droits de l'homme*, Détroyat, Léon Brière, directeur du *Journal de Rouen*, Francis Magnard, Eugène Guyon, Léon Say,

L'ILLUSTRATION

Prix du Numéro 75 centimes — SAMEDI 23 JUIN 1900 — 58e Année — N° 2991

EXPOSITION UNIVERSELLE. — Dans la section chinoise « Des nouvelles du pays ! ». — Voir l'article, page 452.

FERNAND DE RODAYS

J. CORNÉLY

ARTHUR MEYER

PAUL GINISTY

(D'après les photographies de Benque, Nadar, Chalot, Pirou, Boyer, Tourtin, Reutlinger, Pierre Petit, Guy et Mockel, E. Appert, Gaudin, Carjat, Lumière, Carlier, Terpereau, Dubois, etc.)

JULES CHAPON

GUSTAVE DUBAR

AUGUSTE FERROUILLAT

HENRI HOUSSAYE

Ch. Floquet, Henri de La Pommeraye, Paul Arène, Oscar Comettant, Fernand Xau, etc., etc.

L'année 1896 a été particulièrement néfaste, en ce qu'elle a enlevé à l'estime et à l'affection de leurs contemporains deux écrivains de haut caractère qui étaient en même temps deux âmes d'élite : Eugène Spuller et Jules Simon.

Eugène Spuller a été un de ces hardis soldats d'avant-garde qui tiennent à la fois du pionnier et de l'apôtre ; ami de Gambetta, toujours et partout à ses côtés, Eugène Spuller vient de se révéler à nous dans le rôle actif, discret et ignoré jusqu'à présent, qu'il a joué auprès du grand tribun, grâce à la publication intégrale, faite par Hector Depasse, de ses lettres à Gambetta d'avril à juin 1871. Le propagateur de l'*esprit nouveau*, c'est-à-dire de l'esprit de tolérance et de solidarité, n'a jamais failli à donner, soit dans l'exercice du pouvoir, soit dans la pratique du journalisme, l'exemple de la droiture de cœur, de la générosité de caractère, de la fidélité aux principes et aux amis.

Quant à Jules Simon, il s'enorgueillissait à bon droit d'être retourné dans le sein de la presse, au sortir des luttes de la politique, depuis 1881 ; ne voulant plus se reconnaître d'autre profession que celle de journaliste, il l'avait singulièrement élargie par sa hauteur de vues, la noblesse de son caractère, la finesse, la discrétion et le charme persuatif de sa polémique.

Sa mort ne fut pas seulement un deuil pour les siens et pour son pays ; par delà nos frontières, la nouvelle en fut accueillie avec respect et sympathie par ceux-là même contre lesquels il avait lutté jadis pour défendre la patrie en danger. Comme l'a dit excellemment M. Alfred Mézières, l'éminent président de l'*Association des Journalistes parisiens*, dans le discours qu'il prononça, au nom de la Presse et des amis de la famille, aux obsèques de Jules Simon :

« Si la presse avait besoin d'être défendue contre les attaques qui ne lui sont pas ménagées, elle le serait par la vie tout entière de Jules Simon. Dans les milliers d'articles que notre cher et grand confrère a donnés depuis soixante ans aux revues périodiques et aux journaux, il n'a rien écrit qui ne soit un honneur pour sa mémoire. Il a été mêlé aux luttes ardentes des partis, il a eu des opinions, des convictions, même des passions ; mais, au plus fort de la mêlée, il a toujours conservé le respect de la vérité et le respect de lui-même. »

Une statue de marbre, dont l'exécution a été confiée aux soins du

Phot. Pierre Petit.

JULES SIMON

(1814-1896)

Le journalisme, c'est la raison armée de toutes les grâces et de toutes les foudres de l'esprit.

Jules Simon

sculpteur Denys Puech et représentant Jules Simon debout, les bras croisés auprès d'une tribune, sera prochainement élevée à sa mémoire sur la place de la Madeleine et léguera à la postérité les traits de l'auteur du *Devoir* et de la *Religion naturelle*.

*
* *

Un des traits caractéristiques de la presse française à la fin du XIXe siècle, c'est l'organisation et le développement des associations professionnelles de journalistes.

Ces associations de journalistes sont de création récente; elles apparaissent de jour en jour comme l'indispensable correctif de la liberté de la presse; car on se plaint parfois des scandales suscités ou propagés par les journaux.

Les journalistes ont compris que cet état de choses, dont ils souffrent plus que quiconque, est, non dans telle ou telle disposition législative toujours un peu inefficace, en même temps qu'oppressive, mais dans l'action de plus en plus large, de plus en plus sévère, des associations. — Ils ont compris que c'est aux associations de faire la police de la presse, que c'est à elles d'exercer sur les journalistes un contrôle rigoureux et vigilant[1].

*
* *

La première pensée de ces Associations remonte à environ vingt-cinq années.

En 1875, la Presse parisienne élut pour la première fois un syndicat chargé de défendre ses intérêts et de la représenter en toutes occasions; il était composé de :

MM. Gustave Janicot, président, en sa qualité de directeur de la *Gazette de France*, le plus ancien des journaux de France; Bapst, directeur des *Débats;* Édouard Hervé, directeur du *Soleil;* Eugène Spuller, rédacteur en chef de la *République française;* Adrien Hébrard, directeur du *Temps;* Dalloz, directeur du *Moniteur Universel;* Jourde, directeur du *Siècle*.

Ce syndicat avait rendu de grands services lors de l'exposition de 1878, en organisant un pavillon spécial où tous les représentants

[1] Extrait d'un article de M. Lucien Victor-Meunier dans le *Rappel* du 16 mars 1896.

de la Presse étrangère reçurent la plus cordiale hospitalité. Eugène Spuller, dans un remarquable discours, fit appel à la conciliation de tous les membres de la Presse. Cette union, souhaitée par l'éminent député de la Seine, ne fut malheureusement pas de longue durée ; car, à la suite de l'assemblée générale des journaux politiques quotidiens du 30 juillet 1879, on ne put s'entendre pour réorganiser le syndicat.

M. Édouard Hervé lut à cette assemblée un rapport faisant ressortir l'accord absolu qui n'avait cessé de régner entre les syndicats sur toutes les questions où étaient engagés les intérêts généraux de la presse. Une commission, composée de M. Mayol de Luppé, de l'*Union*, Ernest Lefèvre, du *Rappel*, et Duverdy, de la *Gazette des Tribunaux*, nommée dans le but de former un nouveau syndicat de la Presse parisienne, n'aboutit pas.

Une nouvelle réunion, composée des représentants des journaux républicains, eut lieu au Grand-Hôtel sous la présidence de M. Jourde du *Siècle*, assisté de MM. Ernest Lefèvre, du *Rappel*, et Jacques Hébrard, du *Temps*. Cette assemblée procéda à la nomination d'un syndicat spécial de la Presse républicaine parisienne, composé de cinq membres élus à l'unanimité :

MM. About, du *XIX*e *Siècle ;* Gal, de la *Liberté ;* Jourde, du *Siècle ;* Ernest Lefèvre, du *Rappel ;* D. Ordinaire, de la *Petite République française :*

Les journaux suivants étaient représentés ou adhérents :

Charivari, *Courrier du Soir*, *XIX*e *Siècle, Droit*, *Galignani's Messenger*, *Globe*, *Journal des Débats*, *Lanterne*, *Liberté*. *Marseillaise*, *National*, *Nouveau Journal*, *Paix*, *Parlement*, *Petit Journal*, *Petit National*, *Petit Parisien*, *Petite République française*, *Rappel*, *République française*, *Siècle*, *Soir*, *Télégraphe*, *Temps*, *Voltaire*.

Ce fut le point de départ d'une scission qui éclata entre la Presse conservatrice et la Presse républicaine. Les représentants de vingt et un journaux conservateurs, n'ayant pas voulu continuer à faire partie de ce syndicat avec les républicains, se réunirent au *Moniteur Universel* chez M. Dalloz. et constituèrent un autre syndicat, auquel ils donnèrent le nom de *Réunion libre des journaux de Paris*. Les questeurs des deux chambres ne voulurent pas admettre cette division du syndicat de la Presse, et firent parvenir aux rédacteurs des journaux parisiens les cartes permanentes des tribunes par l'intermédiaire du syndicat présidé par M. Jourde.

Malgré ce dissentiment passager, l'esprit de conciliation ne tarda pas à prendre le dessus, et le *Syndicat de la Presse parisienne*, dont aujourd'hui M. Jean Dupuy est président honoraire, et M. P. de Cassagnac, vice-président, fut formé définitivement, ouvert à toutes les opinions, ayant pour mandat exclusif de représenter la Presse auprès des pouvoirs publics, de veiller à la sauvegarde de ses droits et à la défense des intérêts professionnels des journalistes. L'association syndicale de la Presse parisienne donna, le 20 décembre 1883, au Grand-Hôtel, son premier banquet; cette fête vraiment confraternelle réunit autour de la même table trente-quatre directeurs et rédacteurs en chef, représentant les opinions les plus différentes, présidés par M. Jourde, directeur du *Siècle*. M. Jourde conserva ses fonctions de Président du *Syndicat de la Presse parisienne* jusqu'en 1885, qu'il quitta pour vivre dans la retraite. A l'unanimité, ses confrères le nommèrent président honoraire. Au mois de juin 1900, le Comité de l'*Association des Journalistes parisiens*, dont M. Philippe Jourde est le président d'honneur fondateur, l'a reçu, sous la présidence de M. Eugène Piton (en l'absence du président, M. Alfred Mézières) en une fête toute familiale et touchante, au cours de laquelle le secrétaire, M. Joseph Denais, a exprimé à M. Jourde la gratitude de l'Assemblée tout entière.

* * *

L'*Association syndicale professionnelle des journalistes républicains français* est la plus ancienne des Associations de presse.

« Elle a créé une force utile et féconde, et la preuve que cette initiative[1] ne répondait pas seulement à un besoin réel, mais a encore donné des résultats précieux, c'est que cet exemple a été suivi.

« La Presse républicaine départementale, qui existait précédemment à l'état de syndicat de journaux, est entrée dans la voie ouverte, en se transformant en Association de journalistes.

« Puis d'autres Associations se sont fondées, ainsi que des groupements corporatifs, tandis que dans plusieurs villes de France se créaient des syndicats régionaux.

« De telle sorte que l'*Association syndicale professionelle des*

[1] Extrait du *Rapport de M. Lucien Victor-Meunier, secrétaire général de l'Association syndicale professionnelle des journalistes républicains français.* (Exercice 1899.)

20e Année — N° 211 — Lundi 30 Juillet 1900 CINQ CENTIMES LE NUMÉRO 20e Année — 11 Thermidor an 108 — N° 211

LE RADICAL

RÉDACTION ET ADMINISTRATION
Adresser toutes les lettres concernant la rédaction et l'administration à
M. Victor SIMOND, Directeur

Journal Politique et Littéraire

Les Annonces sont reçues à L'OFFICE D'ANNONCES [illegible]
PRIX DES ABONNEMENTS AVEC PRIMES [illegible]

Les Nationaleux et M. Loubet

L'ŒUVRE FINALE

LE DERNIER DÉCRET CHINOIS

LES AFFAIRES DE CHINE

Le sort des légations

La guerre civile à Pékin

Dans les provinces chinoises

DERNIÈRE HEURE

Sont-ils morts ou vivants?

RÉFORMES MILITAIRES

LE NOUVEAU GOUVERNEUR DE PARIS

LE GÉNÉRAL FLORENTIN

LE BEAU SYLVAIN

PAR

PAUL SAUNIÈRE

PREMIÈRE PARTIE

LES SURPRISES DU HASARD

journalistes républicains français apparaît, aujourd'hui, comme un puissant ancêtre entouré de sa génération nombreuse et forte [1].

« Relever moralement et matériellement la profession de journaliste, le journalisme, voilà ce qu'ont voulu les fondateurs de cette Association-mère. »

C'est à Edgar Monteil, aujourd'hui préfet de la Creuse, que l'*Association syndicale des journalistes républicains français* doit son origine et ses premières fondations (avril 1880) ; un an après, en avril 1881, sa constitution était établie définitivement, et à la fin de cette même année, le nombre des sociétaires s'élevait à 400, pour monter à 500 en décembre 1882. Actuellement l'*Association* possède un capital de 2.033.195 francs ; le nombre des sociétaires jouissant d'une pension est de 94.

Présidée jusqu'en 1888 par M. Édouard Lockroy, devenu depuis président honoraire, l'*Association des journalistes républicains* a aujourd'hui pour vice-présidents : MM. Paul Strauss, Jules Claretie, Lucipia et pour président depuis 1889, M. Arthur Ranc, auquel, dans le banquet annuel de l'*Association*, du 4 février 1900, M. le Président du Conseil Waldeck-Rousseau a rendu, en ces termes, un hommage public :

« ... Je suis venu encore et je dirai volontiers surtout, pour saluer devant vous, à cette heure précise, dans la personne de votre président, un de ces hommes, dont le nom est, à lui seul, tout un programme de désintéressement, de courage, de fidélité aux opinions qui ont été la lumière et le rayonnement de sa vie.

« Ceux qui aiment la République, ayant souffert pour elle, qui lui ont toujours donné, sans jamais recevoir, méritent à coup sûr d'être proposés comme exemple, à une époque et en un temps où le goût de l'utilité risque fort de prévaloir sur le goût du sacrifice... »

L'*Association des Journalistes parisiens*, reconnue d'utilité publique par décret du 15 janvier 1890, et qui ne possédait à cette époque que 240 membres, en compte aujourd'hui près de 500. Son président actuel, M. Alfred Mézières, haut fonctionnaire de l'Université, député de Meurthe-et-Moselle, rédacteur au *Temps* et membre de l'Académie française, est un écrivain d'élite dont s'honore le plus la presse, l'enseignement, la politique. MM. Gaston Jollivet et

[1] M. Ferdinand Réal revendique le droit d'ancienneté pour l'*Association et Syndicat de la Presse Républicaine départementale*, dans son Rapport du 27 mai 1900, à l'Assemblée générale de cette Association.

Bureau du Comité général des Associations de la Presse française pour 1900

Phot. Pierre Petit.

JEAN DUPUY

Phot. Eug. Pirou, Bd St. Germain.

ARTHUR RANC

Phot. Eug. Pirou, rue Royale.

ALFRED MÉZIÈRES

Phot. Eug. Pirou, Bd St. Germain.

PAUL DE CASSAGNAC

Eugène Pitou, vice-présidents ; Joseph Denais, Fernand Bourgeat et Georges Montorgueil, secrétaires ; Victor Heurtault, trésorier, prêtent à l'Association leur concours le plus actif et le plus désintéressé.

L'Association a rencontré, d'autre part, un aide puissant, qui lui a permis, comme le levier d'Archimède, de soulever le monde ou plutôt de soulager de nombreuses infortunes parmi les blessés en pleine bataille de plume, les inconnus d'aujourd'hui comme les célébrités d'hier ; elle a vu venir à elle, dans un élan spontané du cœur, un Mécène généreux, M. Chauchard, le fondateur des magasins du Louvre, auquel elle est aujourd'hui redevable d'un don de 100 000 francs, représentés par des versements successifs opérés depuis plusieurs années. En le nommant membre perpétuel de l'*Association des Journalistes parisiens*, l'Association a rendu à M. Chauchard un hommage exceptionnel de gratitude qui honore à la fois le donateur et l'obligée [1].

*
* *

Outre les trois Associations dont nous avons parlé ci-dessus, il y a encore trois autres Associations : l'*Association et Syndicat de la presse républicaine départementale de France* (président : M. G. Dubar ; président honoraire : M. Gounouilhou ; vice-présidents : MM. Jules Chapon et Ferdinand Réal), l'*Association de la presse monarchique et catholique des départements* (président : M. Joseph de Godlewski ; secrétaire général : M. Émile Penot ; trésorier : M. Edmond Robert), et l'*Association de la presse plébiscitaire départementale* (président : M. Ernest Merson ; secrétaire général : M. Abel Tardiveau), qui, toutes les six, forment le **Comité général des Associations de la Presse française**, représentant vis-à-vis des pouvoirs publics l'ensemble de la presse française, et dont le Bureau pour 1900 est ainsi constitué :

Président : M. Jean Dupuy ; vice-présidents : MM. A. Ranc, A. Mézières, G. Gounouilhou, J. de Godlewski, Ernest Merson, P. de Cassagnac ; secrétaire général : M. Lucien Victor-Meunier ; trésorier : M. Victor Heurtault ; secrétaires : MM. de Nalèche, Ferdinand Réal, Edmond Robert, Abel Tardiveau.

[1] Voir le *Rapport présenté au nom du comite d'Association des Journalistes parisiens* à l'Assemblée générale du 19 mars 1900, par M. Joseph Denais, secrétaire.

Bureau du Comité général des Associations de la Presse française pour 1900.

Ernest MERSON

Gustave GOUNOUILHOU

Joseph de GODLEWSKI

Victor HEURTAULT

Lucien VICTOR-MEUNIER

Ferdinand RÉAL

Abel TARDIVEAU

Edmond ROBERT

De NALÈCHE

Portraits tirés des collections Pierre Petit, Terpereau (Bordeaux), Gerschel, Berthaud (Evreux), Benque.

***

En dehors de ces six Associations de presse qui composent le *Comité général des Associations de la Presse française*, il nous reste encore à signaler celles qui, dans ces dernières années, ont pris une extension de plus en plus grande.

L'*Association syndicale professionnelle des journalistes parlementaires*, dont le Siège social est au Palais-Bourbon, a pour présidents d'honneur les présidents de la République, du Sénat et de la Chambre des députés ; fondée en 1891 par M. E. Mairesse, elle a aujourd'hui pour président : M. Georges Aubry (vice-présidents : MM. Avonde et Montégut ; secrétaire-trésorier : M. Robert Maze).

L'*Association confraternelle et mutuelle de la presse judiciaire parisienne*, société de secours mutuels approuvée par décret du 10 mars 1887, dont M. Bergougnan, rédacteur judiciaire au *Temps*, est le président honoraire, a pour président actuel M. Victor Taunay, un de nos publicistes qui se sont le plus dépensés pour le développement et l'expansion des Associations de Presse, et qui vient encore de fonder, dans ce but, le *Bulletin officiel du Bureau central des Associations de Presse*.

Après avoir mentionné l'*Association générale des Nouvellistes parisiens*, récemment transformée en société de secours mutuels, puis l'*Association amicale universelle des journalistes*, sous la direction de M. Fabius de Champville, celle des *Membres de la Presse de l'Enseignement, de la Presse de l'Institut et des Sociétés Savantes*, de la *Critique musicale et dramatique* (archiviste : M. Edmond Stoullig ; secrétaire : M. Maxime-Auguste Vitu); nous nous faisons un devoir de signaler d'importants syndicats, qui représentent les intérêts multiples d'écrivains spécialistes ou corporatifs.

Le *Syndicat de la Presse municipale parisienne*, qui a pour président d'honneur M. Georges Villain; pour président honoraire M. Paul Belon (du *Petit Journal*) et pour président effectif, M. Edouard Déglise, membre de l'*Association des Journalistes parisiens*, comprend, parmi ses membres, divers conseillers municipaux, lesquels, entre autres questions à l'ordre du jour, auront à défendre celle de l'indemnité municipale, particulièrement par la voie de la presse. Il leur suffira de faire appel aux excellents arguments qu'un des leurs, M. Ernest Gay, a brièvement fait valoir dans un volume publié il y a quelques années. « Nous déclarons hautement, dit M. Ernest Gay[1], que, si la loi ne reconnaît pas l'indemnité municipale, cette indemnité est juste, légitime, indispensable et morale.

« Un conseiller municipal de Paris, qui, consciencieusement, veut remplir son mandat, ne peut faire autre chose : les séances, les commissions, les rapports, les affaires à suivre, etc., absorbent tout son temps. Celui-là seul peut se passer de l'indemnité qui est riche, va flâner quelquefois à l'Hôtel de Ville et se contente de la perspective prochaine de mettre sur ses cartes : Ancien Conseiller municipal de Paris ! »

Le *Syndicat professionnel des Journalistes et écrivains français*, corporation des publicistes chrétiens de Paris et des départements, a pour président M. V. de Marolles, et pour trésorier M. Rémy de Simony.

Le *Syndicat de la Presse périodique*, qui a pour président M. Brunetière, directeur de la *Revue des Deux-Mondes*, pour vice-président M. Lucien Marc, directeur de l'*Illustration*, pour secrétaire M. Abel Goubaud, directeur du *Moniteur de la Mode*, et pour trésorier M. Jules Hetzel, directeur du *Magasin d'éducation*, comprend dans son sein les principaux éditeurs de revues et périodiques, tels que MM. Templier, A. Quantin, Albert, F. Alcan, Belin, Bourguignon, Delagrave, Gauthier-Villars, Masson, Norberg, Ollendorff, Philipon, etc.

Le *Syndicat des Journalistes socialistes*, fondé en juillet 1893, offre un caractère propre d'universalité, en ce qu'il recrute partout ses adhérents, sans distinction de sexe ni de nationalité.

Nous ne pouvons plus guère que mentionner le *Syndicat des journaux spéciaux et professionnels de France* (président : M. Paul Le Sourd ; vice-président : M. Ch. Bivort ; secrétaires : MM. Al. Fayolle et Al. Durant), le *Syndicat de la presse artistique*, présidé par M. Jules Comte, les *Syndicats de la Presse coloniale*, de la *Presse militaire*, des *Presse sportives*, etc., et dans les départements — les *Syndicats de la Presse Marseillaise* (MM. T. Samat, Fontaine, Rostand), des *Journalistes marseillais* (M. Audibert), les *Associations des Journalistes républicains du Pas-de-Calais* (M. G. Bodereau), de la *Presse politique du Cher* (M. Émile Martial), de la *Presse de Rochefort-sur-Mer*, etc.[2].

[1] *Nos Édiles*, par Ernest Gay. Un grand vol. in-8° (1893).

[2] Le lecteur, curieux de connaître les noms et compositions des *Syndicats* et *Associations de presse* actuellement existants, trouvera les renseignements les

Nous ne saurions, d'ailleurs, mieux faire ressortir à quel point sont devenus prospères les associations et syndicats de presse, qu'en faisant appel à l'éloquence des chiffres. Ainsi l'*Association et Syndicat de la Presse républicaine départementale de France*, qui comptait 71 membres en 1889, en possède aujourd'hui plus de 200 ; l'*Association syndicale professionnelle des journalistes parlementaires* a monté de 63 au chiffre de 320 ; l'*Association confraternelle et mutuelle de la Presse judiciaire parisienne*, qui a aujourd'hui 235 membres, a presque triplé le nombre de ses adhérents en l'espace de sept années ; l'*Association générale des Nouvellistes parisiens* a atteint, de 85 membres en 1895, le chiffre de 146 en 1899, etc. Bref, et pour nous résumer, 54 associations ou syndicats, ayant au total 840 membres en 1889, en comptent aujourd'hui un ensemble de 2.500.

* * *

C'est le *Comité général des Associations de la Presse française* qui a été désigné par le Ministre du Commerce et de l'Industrie pour former, avec un certain nombre de délégués des associations de journalistes, la *Commission Supérieure de la Presse à l'Exposition de* 1900.

Cette Commission, nommée par arrêté ministériel du 24 novembre 1899, est composée comme suit :

Président : M. Jean Dupuy, ministre de l'Agriculture ; *Vice-présidents :* MM. P. de Cassagnac, A. Ranc, Alfred Mézières, Gounouilhou, Gustave Dubar, Joseph de Godlewski, Ernest Merson ; *Secrétaire général :* M. Lucien Victor-Meunier ; *Trésorier :* M. Victor Heurtault ; *Secrétaires :* MM. de Nalèche, Ferdinand Réal, Edmond Robert, Abel Tardiveau.

Dans sa réunion plénière du 13 janvier 1900, la *Commission supérieure de la Presse* a élu une sous-commission, dite *Commission d'organisation du Congrès des Associations de la Presse en* 1900, dont le bureau a été, le 16 février suivant, constitué comme suit : *Président :* M. Alfred Mézières ; *Vice-présidents :* MM. P. de Cassagnac, Jules Claretie, Adrien Hébrard ; *Secrétaire :* M. Victor Taunay ; *Secrétaire adjoint :* M. Fernand Bourgeat.

plus détaillés dans notre *Annuaire de la presse française et du monde politique*, un gros in-8° que nous publions chaque année et qui en est actuellement à son 12e volume.

*
* *

L'origine des Congrès internationaux de presse remonte à la réunion des journalistes anglais, le 22 septembre 1893, dans le hall de Lincoln's Inn, à Londres; une Commission internationale, élue par le Congrès d'Anvers au mois de juillet 1894, se réunit à Paris au mois de novembre suivant, sous la présidence de M. Singer, délégué d'Autriche-Hongrie et vota d'abord le projet de constitution du *Bureau Central des Associations de presse*, dont M. Victor Taunay est, de fondation, le dévoué secrétaire général, puis émit le vœu que le prochain Congrès fut tenu à Buda-Pesth. Ce Congrès, préparé par la commission du Congrès de Bordeaux en septembre 1895, et dont le souvenir fera époque dans l'histoire de la presse, réunit dans son assemblée solennelle, du 14 au 17 juin 1896, plus de 300 journalistes venus des pays les plus éloignés, et qui, fiers de la mission qu'ils avaient à remplir, votèrent à l'unanimité, au milieu d'applaudissements frénétiques, des statuts fondamentaux, base de relations cordiales entre les publicistes de tous les mondes, aurore d'une ère nouvelle pour la défense de leurs intérêts, à savoir : assurance d'une assistance réciproque à tout membre appelé hors de son pays par les nécessités professionnelles, création d'un bureau de renseignements, établissement définitif des us et coutumes du journalisme dans ses rapports internationaux, tendance à l'élévation graduelle du niveau moral et intellectuel des adhérents, etc.

Après le congrès de Stockholm (juin 1897), dont les convocations ont été adressées sous forme d'invitation personnelle émanant du Roi de Suède et de Norvège, et le Congrès de Lisbonne (septembre 1898), où fut particulièrement institué le « Tribunal international d'arbitres », le Congrès de Rome (avril 1899) a su faire œuvre utile aux intérêts généraux de la corporation au milieu des réjouissances qui lui étaient prodiguées à l'envi et qui ont resserré plus étroitement l'union entre la France et l'Italie, entre les deux nations sœurs.

Cette union vient d'être cimentée à nouveau par l'émotion produite en France, à la nouvelle de l'assassinat du Souverain d'Italie, le 29 juillet 1900, quelques heures à peine avant l'ouverture solennelle, dans le grand amphithéâtre de la Sorbonne de Paris, du *Septième Congrès international de la Presse*.

Le septième Congrès international de la Presse devait être inauguré en présence de son Président d'honneur, M. Émile Loubet, Président de la République, et sous la présidence de M. Jean Dupuy, ministre de l'Agriculture, président de la Commission supérieure de la Presse française à l'Exposition de 1900; leur absence, justifiée par le coup terrible qui venait de frapper toute la famille européenne, donna à cette première réunion un caractère de recueillement austère et d'hommage silencieux.

M. Alfred Mézières, président du bureau de la Commission d'organisation, entouré des vice-présidents et secrétaires ainsi que des membres de la Commission supérieure, se fit l'interprète des sentiments intimes de tous les assistants, en prononçant les paroles suivantes que les congressistes ont écouté debout :

« Mesdames, messieurs,

« Vous partagez tous, nous en sommes persuadés, le sentiment de douleur qui pénètre nos cœurs. L'horrible attentat dont S. M. le roi d'Italie a été victime nous a remplis de consternation. Nous y sommes d'autant plus sensibles, ce malheur nous frappe d'autant plus, que Sa Majesté avait accueilli, l'année dernière, à Rome, avec une bienveillance particulière, les congressistes de la presse internationale. C'est un souvenir que nous tenons à déposer sur son tombeau et, mesdames et messieurs, sûr d'être ici l'interprète unanime de vous tous, je vous propose d'envoyer à la famille royale d'Italie et à la nation italienne le sentiment de notre respectueuse et douloureuse sympathie, et je vous propose de lever la séance en signe de deuil. »

* * *

Dans les séances du Congrès, qui se sont tenues au pavillon de la Presse, du 31 juillet au 4 août, il y eut d'intéressants échanges de vues et de très utiles communications.

M. Victor Taunay a donné connaissance de son rapport sur le fonctionnement de la Carte Internationale d'Identité pour les membres des Associations de presse voyageant à l'étranger; M. Jean-Bernard a parlé sur l'École du journalisme et sur sa diffusion dans les pays civilisés; M. Georges Maillard a présenté un rapport très compétent, relatif à la propriété artistique en matière de presse, concernant les droits des journalistes-dessinâteurs sur leurs dessins et légendes; M. Henry Berger a fait adopter des conclusions tendant à la réduction du tarif postal des journaux; M. Janzon a proposé de limiter dans des conditions déterminées le nombre des délégués aux futurs Congrès, etc., etc.

A toutes ces vues excellentes, nous ajouterons une pensée due à l'initiative de M. Paul Ginisty, et qui, bien que née hors de l'enceinte du Congrès, mérite de trouver ici sa place naturelle; M. Paul Ginisty « voudrait que toutes les Associations représentées au Congrès, à quelque pays qu'elles appartiennent, s'entendissent pour dresser la liste de ceux de leurs membres ou de leurs aînés qui sont morts dans l'exercice d'une profession demandant souvent une belle hardiesse; liste qui serait reproduite en tête de la brochure publiée chaque année par le *Bureau international des Associations de presse* ».

Nous ne pouvons qu'applaudir à cette œuvre de piété confraternelle, destinée à resserrer encore davantage les liens du journalisme universel; car, ainsi que l'a écrit excellemment M. Eugène Pierre [1] : « La Presse crée de bonnes camaraderies que n'altèrent pas les divergences d'opinions. On a souvent ses meilleurs amis dans le journal qui vous combat chaque matin; et c'est de la sorte qu'on acquiert l'esprit de tolérance, sans lequel il n'y a pas de gouvernement qui puisse durer. »

* * *

C'est du reste de ces larges et fécondes idées d'entente réciproque et de fraternisation générale que s'inspira M. Guillaume Singer, président du Bureau central international, quand il rappela ainsi, à la première séance du Congrès de 1900, le programme de l'Association internationale des Associations de presse:

« Améliorer le sort des journalistes, conquérir et fortifier leur place dans l'État et dans la société, tâcher de relever notre profession à la hauteur d'une fonction publique entourée par la confiance de tous, marcher résolument avec tout progrès, démocratiser les grandes idées du siècle, dissiper et adoucir les malentendus et les polémiques, donner une âme noble à notre besogne du jour au jour — voilà l'idée de notre œuvre à laquelle à Anvers nos chers confrères

[1] *Politique et Gouvernement*, par M. Eugène Pierre, secrétaire général de la Présidence de la Chambre des Députés.

de France, les premiers, ont donné une formule pratique et laquelle attend à Paris sa consécration nouvelle en face de cette merveille éblouissante, devant ce monument immense du rapprochement des nations, devant ce symbole gigantesque de la force et du génie créateur de la France — l'Exposition...

« Nous avons voulu organiser une grande confraternité internationale, composée des sociétés importantes de la presse, une croix rouge littéraire, comme nous l'avons appelée à une autre occasion — basée sur le respect mutuel et liée fermement par la communauté de nos intérêts professionnels. Cela n'implique aucun sacrifice du culte ardent de la patrie, cela répond simplement au désir impulsif des nations d'humaniser la lutte inévitable des intérêts, de diminuer les divisions et d'augmenter les traits d'union qui font de toutes les nations une grande famille civilisée. »

Puissent ces nobles paroles inspirer les travaux des Congrès à venir ! Puissent ces Congrès eux-mêmes agrandir le rôle pacificateur de la presse et hâter l'heure souhaitée où, par-dessus les frontières, les mains seront tendues l'une vers l'autre, symbolisant la fraternité des cœurs et la sympathie des intelligences !

CHAPITRE XIII

LA PRESSE A CINQ CENTIMES

Diffusion et vulgarisation de la presse. — Fondation du *Petit Journal;* sa brillante réussite dès son apparition. — Causes de son succès. — Hippolyte Marinoni; l'homme et l'industriel. — Les presses rotatives ; 25 millions et 60 millions. — Fonctionnement des services du *Petit Journal ;* six éditions par jour. — Extension du *Petit Journal* dans les plus petites communes de France ; importance de sa publicité. — Les imitateurs du *Petit Journal.* — Un mot de Francisque Sarcey. — Tendance générale des journaux à adopter le tarif de cinq centimes. — Répercussion du mouvement en province. — Création du *Petit Lyonnais* par M. Adrien Duvand. — Les principaux organes de la presse régionale : *Lyon républicain*, *Nouvelliste* et *Progrès* de Lyon, *Salut public*, *Petite Gironde*, *Petit Marseillais*, *Petit Provençal*, *Petit Méridional*, *Républicain du Var*, *Echo du Nord*, *Express* de Lyon, *Petit Var*, *Télégramme* de Toulouse, etc., etc. — Les encres d'imprimerie Lorilleux ; leur influence sur le développement du journalisme. — La machine à composer et la linotype sont-elles un *progrès économique et rapide* pour l'impression des journaux? — *Vers la Vérité*, de M. Fernand Warnery. — Le grand journaliste et le petit journaliste, selon Jules Claretie. — En quoi consiste aujourd'hui la supériorité d'un journal ; sa valeur décuplée par la perfection de sa fabrication matérielle. — Souveraineté de la presse.

Il s'est produit, au cours de ces quarante dernières années, une évolution très importante dans la presse, relativement à l'accroissement du nombre des journaux, à leur diffusion de plus en plus étendue, à l'augmentation de leur tirage et à une tendance progressive et continue vers l'abaissement du prix d'abonnement ainsi que du prix de vente au numéro.

La lecture des « papiers publics », comme on les appelait au temps de la première Révolution, a cessé d'être le monopole, le privilège du petit nombre, pour devenir l'aliment quotidien du plus humble citoyen aussi bien que du chef de l'État.

D'où est né ce mouvement? Quelle en a été l'origine ? Quels motifs lui ont, dès le début, valu la faveur et le suffrage de la foule ? Tels sont les points qu'il nous paraît intéressant d'examiner et qui forment le complément naturel de tout ce que nous avons dit antérieurement.

C'est le 2 février 1863 [1] — date historique et à retenir — que parut le premier numéro du *Petit Journal*, c'est-à-dire le premier numéro d'un journal à cinq centimes. C'était là une véritable création, dont l'originalité frappa tout le monde à l'époque, et qui fut un événement, non seulement dans la presse, mais également dans les couches les plus profondes de la population.

Pour la première fois, chacun, quel qu'il fût, put *lire son journal;* ceux même qui, jusqu'à présent, n'en lisaient aucun et se contentaient, pour tous renseignements, des on-dit et des bruits de la conversation courante, se jetèrent, pour la plupart et dès son apparition quotidienne, sur cet organe d'apparence modeste vis-à-vis de ses confrères aux grands formats ; ce fut, tout d'abord, un empressement, une vogue vivement réalisée en un succès solide, durable et représenté presque immédiatement par un tirage, fabuleux pour l'époque, de 100.000 exemplaires chaque jour : chiffre qui n'a fait qu'augmenter depuis trente ans et que l'on peut évaluer actuellement, en moyenne par jour, à plus d'un million.

Dans les familles, dans les bureaux, dans les ateliers, à la campagne, chaque numéro, dès qu'il arrive, est lu par les voisins, les parents, les camarades ; il n'est donc pas exagéré de dire que le *Petit Journal* a plus de cinq millions de lecteurs ; aussi les Américains l'ont-ils baptisé le *colosse des Journaux*.

* * *

L'extension prodigieuse du *Petit Journal* ne doit pas être attribuée seulement à l'habileté de la rédaction, aux articles attachants de Timothée Trimm et de ses successeurs, à l'économie générale dans la composition du journal, sa puissance de propagande, de vulgarisation, de démocratisation en quelque sorte ; il en est particulièrement redevable au célèbre constructeur de machines, Hippolyte Marinoni, l'inventeur du mécanisme des presses rotatives, qui, servies par deux hommes et ne tirant pas moins de 40.000 exemplaires à l'heure, ont donné à la pensée une force incommensurable de multiplicité et de rayonnement à travers le monde.

[1] Voir plus haut, ch. IX, p. 491.

Phot. Nadar.

HIPPOLYTE MARINONI

Directeur du **Petit Journal**.

Hippolyte Marinoni, qui a également imaginé la machine polychrome imprimant, d'un seul coup, en six couleurs différentes, ainsi que d'autres machines pour impressions en taille-douce, est, comme le *Petit Journal*, un fils de ses œuvres ; il n'a copié, il n'a imité personne. Il a commencé à travailler dès l'âge le plus tendre, comme il le dit lui-même avec l'accent de la plus sincère modestie, et il a continué, il continue encore, jusqu'à l'âge le plus avancé, avec la préoccupation constante d'apporter sans cesse des perfectionnements dans l'œuvre qui est la passion de toute sa vie.

Au milieu de ses travaux professionnels, le grand industriel a encore su trouver le temps nécessaire pour créer, il y a quelques années, le bureau du « Secours immédiat », dont la mission est d'examiner les demandes d'assistance qui lui parviennent et de soulager les infortunes qui lui sont signalées ; œuvre toute philanthropique, dont il s'acquitte sous le voile de l'anonyme et dans les limites de la discrétion la plus absolue.

*
* *

L'impulsion nouvelle, donnée à la presse par les inventions d'Hippolyte Marinoni, a attaché son nom pour toujours à l'histoire du journalisme des deux mondes, puisque les rotatives sont en usage non seulement dans toute l'Europe, mais encore en Amérique, en Asie, voire en Océanie, et qu'on peut les voir fonctionner à l'Exposition universelle de 1900.

*
* *

Le *Petit Journal*, dont le créateur des rotatives est aujourd'hui directeur politique, et qui, estimé 25 millions lorsqu'il en fit l'acquisition avec Emile de Girardin, vaut aujourd'hui 60 millions, mérite de retenir notre attention en sa qualité de prototype des journaux à cinq centimes.

Son fonctionnement nous donnera le secret de sa brillante réussite.

Trois chefs de service sont chargés : l'un de la politique, l'autre des informations générales et de la télégraphie, le troisième des annonces et de la publicité générale.

Les romans-feuilletons, choisis avec le plus grand soin, sont tou-

Le Petit Journal

ADMINISTRATION, RÉDACTION ET ANNONCES
61 rue Lafayette 61
A PARIS

UN NUMÉRO 5 CENTIMES

H. MARINONI, Directeur de la Rédaction

LUNDI 19 MARS 1900

TRENTE-HUITIÈME ANNÉE

DERNIÈRE ÉDITION

De Téhéran à Paris

ARMÉE ET MARINE

LE SYNDICAT GÉNÉRAL

du commerce et de l'industrie

L'EXPOSITION UNIVERSELLE

LA PORTE MONUMENTALE

TIRAGE

Petit Journal

UN MILLION

(1,122,150)

LA GUERRE AU TRANSVAAL

Lointaine Revanche

LA PART DE LA HAINE

jours signés de noms connus, aimés du public, et offrant en même temps la garantie qu'ils peuvent être mis entre toutes les mains.

La composition occupe cinquante typographes, chargés de mettre sur pied les articles destinés à six éditions quotidiennes, différentes les unes des autres ; pour le tirage de ces éditions, on confectionne chaque jour 300 clichés, nécessitant l'emploi et la fusion de 7.000 kilogrammes de métal, et plus de 14 millions de kilogrammes de papier sont, à cet effet, consommés annuellement.

Enfin une équipe de 65 personnes est chargée de la confection des colis à remettre aux compagnies de chemins de fer pour l'expédition du *Petit Journal* à l'étranger et dans les départements, où 18.000 dépositaires sont chargés de le vendre dans les plus petites communes.

Malgré les feuilles régionales et locales, malgré les services téléphoniques qui donnent en quelques secondes les nouvelles de la dernière heure aux départements des quatre coins de la France, on trouve partout — littéralement, dès le lever de l'aurore — le *Petit Journal* dans toutes les gares et stations, comme un zéphire parfumé vous apportant sur ses ailes les bouffées d'air de la capitale ; aussi sa notoriété lui a-t-elle amené une publicité de premier ordre, très recherchée parce qu'elle porte à coup sûr, et qui parfois, pour ce qui s'adresse à une grande vulgarisation, ne peut suffire aux demandes venues des extrémités du monde.

Il nous reste à mentionner, pour compléter nos renseignements, les annexes du *Petit Journal :* le *Supplément Illustré* en couleurs, la *Mode*, l'*Agriculture moderne*, le *Journal Illustré*.

On le voit, c'est un monde que cette imprimerie, qui, à elle seule, consomme annuellement plus de 250.000 kilos d'encre.

⁂

Hippolyte Marinoni, qui a, d'ailleurs, été honoré des plus hautes récompenses qu'il avait droit d'ambitionner, peut être fier de son *Petit Journal*, qui a tracé une voie où, à la suite, se sont engagés tant d'imitateurs.

Ces imitateurs sont légion ; nous remarquons, entre autres, le *Petit Moniteur*, la *Petite Presse*, le *Petit National*, le *Petit Caporal*, la *Lanterne*, un de nos plus ardents porte-drapeaux de la démocratie, la *Petite République*, qui représente et incarne un grand parti politique, le *Petit Parisien*, un de nos principaux organes populaires, dont M. Jean Dupuy, actuellement ministre de l'Agriculture, a la haute direction depuis 1888.

Lorsque le *XIXe Siècle* se transforma en journal à un sou, Francisque Sarcey fut bon prophète en s'écriant : « L'avenir est à la presse à cinq centimes. » C'est, en effet, aujourd'hui, le tarif de la majorité des organes politiques; les feuilles à petit format d'abord, puis celles à grand format ordinaire, enfin les journaux de six et huit pages, toutes et tous ont fini par se plier à ce prix uniforme auquel le public a fait le meilleur accueil et qui a accru, dans des proportions énormes, le tirage de tous les journaux quotidiens[1].

Les feuilles, nouvellement créées dans ces derniers temps, l'ont, dès leur naissance, adopté d'emblée, quelle que fut la clientèle à laquelle elles s'adressaient; l'*Aurore*, le *Soleil*, le *Journal*, la *Libre Parole*, l'*Autorité*, l'*Éclair*, le *Peuple français*, la *Cocarde*, l'*Intransigeant*, la *Croix*, la *Paix*, etc., etc.

La plupart des journaux politiques, cotés jusqu'ici à 15 ou 10 centimes, ont également suivi ce mouvement : le *Rappel*, l'*Estafette*, l'*Écho de Paris*, le *Matin*, la *Patrie*, la *Liberté*, l'*Événement*, la *Justice*, le *National*, *Paris*, jusqu'au *Journal officiel* lui-même, et tout récemment la *République française* métamorphosée sous le titre de *la République*.

On se rendra compte, d'ailleurs, de la progression exacte du journalisme à cinq centimes, par le tableau suivant, concernant seulement les organes purement politiques à Paris :

1881 :	**1899 :**
23 journaux à 5 centimes.	60 journaux à 5 centimes.
24 — à 10 —	51 — à 10 —
15 — à 15 —	11 — à 15 —
7 — à 20 —	4 — à 20 —

*
* *

L'abaissement du prix des journaux au meilleur marché possible, résultat de l'influence et de la vulgarisation du *Petit Journal*, n'eut pas seulement son effet dans les organes parisiens; il eut aussi

[1] Pour permettre de saisir dans leur ensemble la longévité et la marche ascensionnelle, dans ces quarante dernières années, des journaux de Paris et des Départements, nous publions *huit tableaux graphiques* que l'on trouvera à la suite du présent chapitre.

sa répercussion dans les départements, où la véritable révolution, qui devait s'accomplir dans la presse politique de province, se produisit au mois d'août 1871.

C'est à ce moment qu'un jeune écrivain, qui s'était fait remarquer pendant les deux dernières années de l'Empire par une ardente campagne d'opposition contre le régime impérial, M. Adrien Duvand, créa, à Lyon, le *Petit Lyonnais*, journal à cinq centimes, conçu d'après des données entièrement nouvelles, et qui devait être le premier de ces journaux de propagande républicaine, à grande information et à gros tirage, qui sont devenus si nombreux et si importants, depuis, dans les départements.

Avant l'apparition du *Petit Lyonnais*, l'information politique était fort peu développée dans les journaux de province. Elle se bornait à quelques nouvelles télégraphiées par l'agence Havas. Le *Petit Lyonnais* rompit avec ces habitudes parcimonieuses. Il se fit télégraphier chaque soir, de Paris, le compte rendu complet de la séance de la Chambre, toutes les nouvelles de politique intérieure et extérieure, tous les faits intéressant, à un titre quelconque, le public et, au lieu de quelques francs de dépêches que jusqu'à ce moment dépensaient les autres journaux, il organisa un service qui lui coûtait plusieurs centaines de francs par jour, mais qui donnait, chaque matin, aux lecteurs lyonnais la physionomie complète et détaillée de tous les événements de la veille. Le *Petit Lyonnais* fut le premier à appliquer les méthodes nouvelles d'impression et les perfectionnements d'outillage qui ont si profondément transformé l'industrie des journaux.

Il fut suivi, dans cette voie féconde, par de nombreux confrères qui ont su se faire une place importante dans la presse départementale.

D'abord, à Lyon même, nous remarquons le *Lyon Républicain*, sous la direction d'Auguste Ferrouillat, qui rayonne sur vingt-sept départements et pénètre en Suisse, en Italie, en Espagne, en Egypte, etc. ; le *Nouvelliste* qui représente l'opinion catholique, le *Progrès* magnifiquement installé à l'ancien théâtre Bellecour, sous l'habile direction de Mme Ve Léon Delaroche ; l'*Express*, merveilleusement organisé avec sa collaboration de 300 correspondants ; le *Salut Public*, originaire de 1848, un des plus anciens serviteurs de la démocratie, avec ses quatre éditions quotidiennes et ses excellentes études économiques, financières et industrielles ; enfin, dans le même département, le *Bon Citoyen de Tarare*, dont le propriétaire-rédacteur en chef, B.-R. Barlerin, a su faire un organe indépendant, en dehors des querelles de partis.

Après avoir signalé tout particulièrement à Lille l'*Echo du Nord* avec le *Grand Echo du Nord et du Pas-de-Calais*, à qui la perspicacité et l'activité de son directeur Gustave Dubar ont donné une impulsion nouvelle pour en faire le premier organe de l'industrie et du commerce dans la région du Nord, nous trouvons :

Dans l'Ouest : à Evreux, l'excellent journal, à la fois libéral et conservateur, de Tardiveau, le *Courrier de l'Eure;* à Angers, le *Patriote de l'Ouest*, le doyen de la démocratie de Maine-et-Loire ; dans la Seine-Inférieure, le *Journal du Havre*, qui, grâce à l'habileté administrative de H.-L. Brindeau, s'est conquis une nombreuse clientèle dans les cinq parties du monde, et le *Journal de Rouen*, dont le dernier directeur, le regretté Léon Brière, était président de l'Association Syndicale de la presse républicaine départementale ; à Nantes, le *Nouvelliste de l'Ouest* et le *Petit Phare*.

A l'est : dans la populeuse ville de Reims, l'*Eclaireur de l'Est*, de nuance républicaine radicale, et surtout la *Dépêche de l'Est* avec l'*Indépendant Rémois*, tous deux ayant pour rédacteur en chef Ferdinand Réal et publiant régulièrement deux éditions par jour.

Au centre : à Saint-Etienne, le *Mémorial de la Loire*, sous la direction de Joannès Thomas, et un nouveau venu, le *Forézien;* à Clermont-Ferrand, le *Moniteur du Puy-de-Dôme*, le doyen de la région, sous la direction de Mont-Louis ; la *Sarthe*, organe bonapartiste, et le *Nouvelliste de la Sarthe*, conservateur et catholique ; à Limoges, le *Petit Centre*, sous la direction expérimentée d'Henri Lavertujon.

Mais c'est surtout dans le Midi que s'est fait sentir l'influence du *Petit Journal* de Paris sur la presse régionale à cinq centimes ; il y a là de nombreux descendants qui font honneur à leur ancêtre.

A Bordeaux, la *Petite Gironde*, sous la direction de Gounouilhou, atteint, avec ses neuf éditions quotidiennes, un tirage très considérable ; la *France de Bordeaux et du Sud-Ouest* rayonne sur trente départements.

A Marseille, le *Petit Marseillais*, dirigé par Samat et administré par Bourrageas, jouit d'une réputation qu'on peut qualifier d'universelle ; le *Petit Provençal*, sous la direction d'Alfred Fontaine, défend avec énergie la cause républicaine socialiste.

Le *Petit Méridional* de Montpellier, célèbre par ses vingt-trois procès du Seize-Mai, a pris sous la direction de MM. Sereno et Gariel un développement remarquable et subi une dernière transformation le classant parmi les journaux de grand format.

A Toulouse, quatre grands organes se partagent la région : la *Dépêche* y prêche le radicalisme avec un très fort tirage quotidien ; le *Midi* représente le républicanisme avancé et indépendant, sous la direction politique de Louis Ariste ; le *Télégramme*, qui dessert tous les départements du Sud-Ouest, défend les idées progressistes et l'*Express du Midi* la conservation sociale et religieuse.

Quand nous aurons mentionné l'*Eclaireur de Nice*, très indépendant et très républicain, le *Petit Niçois*, dirigé par Alfred Rossetti, l'organe populaire du *Petit Var*, la *République du Var*, et le *Var Républicain*, dirigé à Toulon par Mary-Lasserre, un vétéran du journalisme, nous aurons, pensons-nous, donné un aperçu concis, mais complet, de la diffusion à laquelle est parvenue la presse départementale à cinq centimes, depuis l'impulsion donnée par le *Petit Journal*, soit depuis le 2 février 1863.

*
* *

Si l'on est redevable aux machines Marinoni de la parfaite exécution des gros tirages, rapidement enlevés, pour les journaux de Paris et des départements dont nous venons de parler, il serait malséant de passer sous silence les perfectionnements de la fabrication industrielle de l'encre d'imprimerie, qui a puissamment contribué, pour sa part, au développement ainsi qu'à la transformation du journalisme.

Depuis 1818, où Pierre Lorilleux, de l'Imprimerie Nationale, inventa cette fabrication, que de chemin parcouru!

Ses successeurs, MM. Lorilleux et Cie, qui représentent aujourd'hui la principale fabrique d'encre d'imprimerie, ne bornent plus, depuis longtemps, leurs efforts en France; ils ont établi, en Italie et en Espagne, des usines de premier ordre, pour répondre aux besoins, chaque jour croissants, de l'imprimerie dans ces pays, où le journalisme prend une extension jusqu'alors inconnue, sans compter les usines de Hollande, de Portugal, de Suisse, des succursales en Angleterre, en Allemagne, en Autriche, des dépôts en Amérique, en Afrique, en Australie et jusqu'en Chine à Shangaï.

Grâce aux progrès constants apportés à ces encres d'essence supérieure, les journaux illustrés en couleurs, nés chez nous en 1890, ont rapidement atteint un degré de perfection leur permettant de rivaliser avec ceux de nos voisins ; nous avons même pu engager la lutte avec les publications illustrées d'origine américaine, anglaise et allemande, sur le terrain de nos « magazines » périodiques, dont le *Monde Moderne*, dirigé par le célèbre imprimeur-éditeur A. Quantin, nous offre un modèle tout à fait réussi et très en faveur auprès du public.

* * *

Où s'arrêtera-t-on — de fait on ne s'arrêtera jamais — dans la recherche à toute vapeur des perfectionnements de toute nature à apporter dans la fabrication matérielle des journaux? Il nous arrive, dit-on, de l'étranger une machine à composer ou linotype, destinée à remplacer la main-d'œuvre de la typographie par un procédé de *véritable progrès économique et rapide.* L'enquête à laquelle s'est minutieusement livré à ce sujet un de nos plus réputés fondeurs en caractères, M. Fernand Warnery, ne lui a pas paru concluante, et il vient de nous en faire connaître le résultat [1], dans le but d'arrêter un engouement irréfléchi et de mettre en garde les directeurs de journaux contre une transformation d'outillage, engageant de gros capitaux, et dont il y a lieu de craindre les plus coûteuses déceptions.

* * *

Comme il ressort de ce qui précède, les puissantes ressources, que l'industrie a mises au service de la presse, ont opéré une révolution dans la fabrication, le tarif et l'extension des journaux de toute nature et de toute nuance ; mais cette révolution a eu aussi pour conséquence de modifier les mœurs du journalisme et les bases d'appréciation qui servaient jusqu'à présent à former l'opinion du public sur la presse.

Il y a longtemps que l'habitude existait, invétérée, d'appeler *grands journalistes* les rédacteurs des grands organes politiques : et *petits journalistes* les écrivains des feuilles simplement littéraires et artistiques, tarifées à un prix inférieur à celui des journaux politiques. Jules Claretie, dont le talent est fait de bon sens aiguisé d'esprit,

[1] *Vers la Vérité*, par M. Fernand Warnery.

réagissait déjà en 1866 contre cette idée préconçue. « Y a-t-il vraiment un grand et un petit journalisme ? écrivait-il à l'époque dans un numéro du *Figaro*. De grands journalistes, s'il faut tout dire, je n'en vois guère ; des petits, j'en aperçois plus d'un, ici et là, dans tous les formats et dans tous les camps. Au milieu de ce carnaval moral et littéraire, où tout est confondu, broyé, où pêle-mêle, tout roule en se heurtant, qui nous dirait les différences ? Il y a des *journalistes qui ont du talent* et des *journalistes qui n'en ont pas ;* il n'y a plus de *grands* ou de *petits journalistes*. Mesurer le talent d'un homme à la grandeur du papier qu'il noircit, c'est classer les livres par formats, c'est ranger les hommes par leur taille, c'est mettre le dictionnaire avant l'in-octavo, l'in-quarto bouffi d'erreurs avant l'in-trente-deux rempli de vérités, c'est donner le pas au tambour-major sur M. Thiers.

« J'avoue que le journal dit littéraire a beaucoup trop de *journalistes petits*, souvent ignorants, seulement occupés des niaiseries, ne comprenant rien à leur temps et ne s'inquiétant guère d'y entendre quelque chose, prenant volontiers un *mot* bon ou mauvais pour une idée, et se laissant aller, tant bien que mal, au courant de l'actualité. Mais il a ses intelligents comme ses vaillants. On y trouverait plus d'un *juste*. Balzac, qui l'appelait *un mauvais lieu de l'intelligence*, ne pouvait s'empêcher de déclarer que *là se trouvait tout le sel du journalisme, un esprit constamment original, dépensé en feux d'artifices*... Parbleu, mieux vaudrait, de cette poudre, charger un canon que d'emplir une fusée... »

Termes démodés, discussion oiseuse, c'est de cette façon que serait, aujourd'hui, qualifiée cette querelle, qui nous apparaît déjà plus vieille que la fameuse querelle des anciens et des modernes. Il n'y a plus, à l'heure qu'il est, de grandes ou de petites feuilles ; il y a des feuilles lues et des feuilles illisibles ; il y a des articles intéressants et des articles vides d'idées ; il y a, en un mot, des journaux bien faits et d'autres qui ne le sont pas. Nous dirons même que, parfois, certains journaux à cinq centimes, dont la réputation est d'ores et déjà solidement établie, offrent à tous les points de vue une supériorité notable sur certains confrères qui n'ont sur eux que la supériorité du prix de vente.

Enfin, de même qu'une bonne mise en scène fait ressortir la valeur d'une pièce de théâtre, on ne saurait nier que l'agencement habile des articles, la beauté et la netteté des caractères, le choix du papier, la pureté de l'impression, ne soient comme des *agents provocateurs* à la lecture de certains journaux ; le public aura toujours tendance à porter son attention vers les organes agréables d'aspect, sympathiques à l'œil, d'un abord attrayant, comme l'est particulièrement le *Petit Journal*, éprouvant autant de plaisir à les lire qu'on en éprouve à s'asseoir devant une table coquettement servie.

*
* *

Après avoir, à ses débuts, erré sur la grande route et rencontré un abri de hasard dans les auberges du chemin, la presse est aujourd'hui comme une reine dans son palais entourée d'un cercle d'admirateurs et d'amis. Sa souveraineté est incontestée, parce qu'elle représente les intérêts et les droits de tous et de chacun, et qu'elle incarne la nation elle-même dans ses aspirations, ses regrets, ses désirs et ses volontés.

Les ennemis qu'elle a suscités autour d'elle, la presse peut s'en glorifier ; elle est en effet « l'épouvantail des sots, des fripons et des doctrinaires de profession qu'elle déshabille. Haine à ce grand soleil qui éteint leurs tremblotantes chandelles. Ils la haïssent de la haine des vieilles coquettes pour la lumière crue, indiscrète et mortelle à leurs artifices[1]. »

Soleil qui « verse des torrents de lumière sur ses obscurs blasphémateurs », la presse poursuit sa carrière à travers les âges, avec la conscience de son apostolat et n'écoutant que la voix mystérieuse qui l'appelle sans cesse à l'avant-garde de l'humanité.

[1] *Les Enseignements de Gambetta*, par Henri Genevois (1895).

TABLEAUX

DU

MOUVEMENT DES JOURNAUX

EN FRANCE

PARIS ET DÉPARTEMENTS

DE 1865 A 1899

- Tableau 1 -

— Histoire de la Presse Française —

— Henri Avenel —

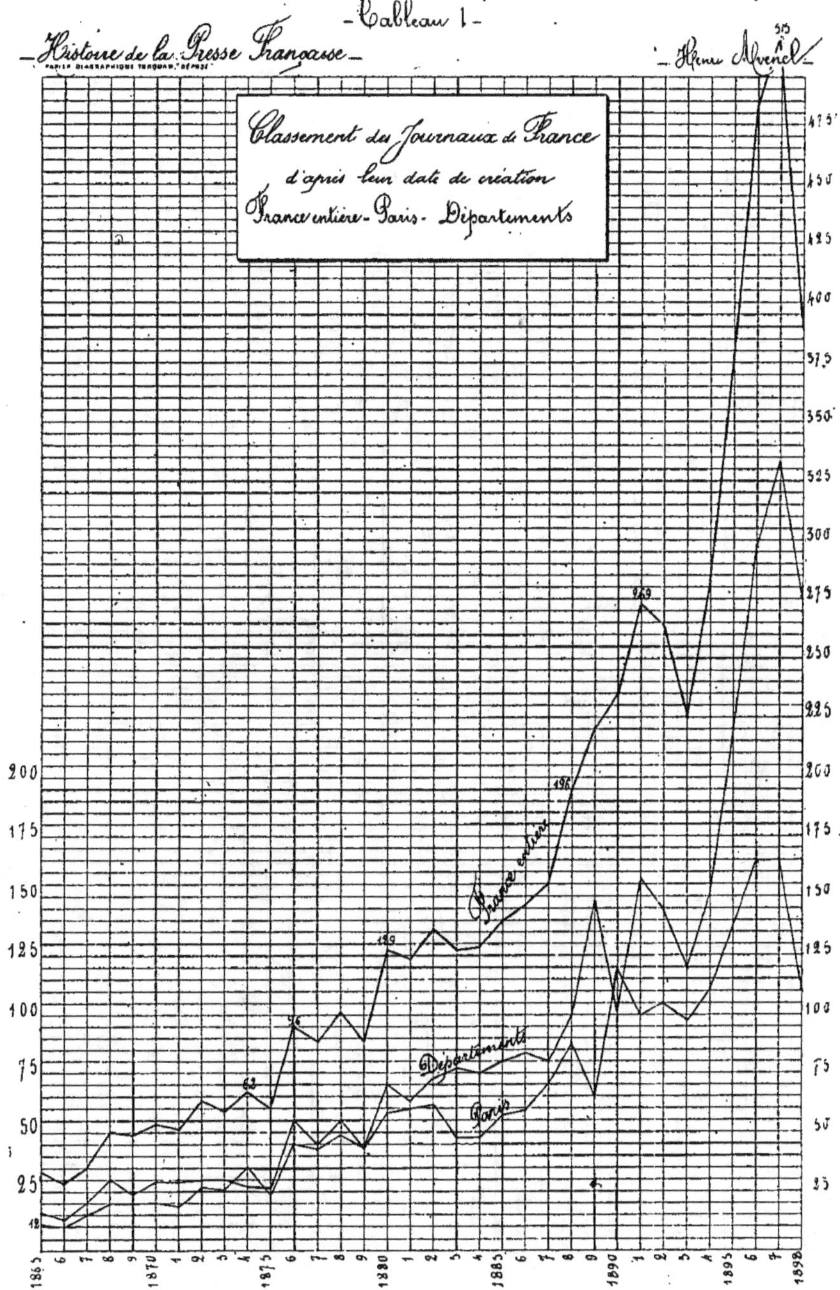

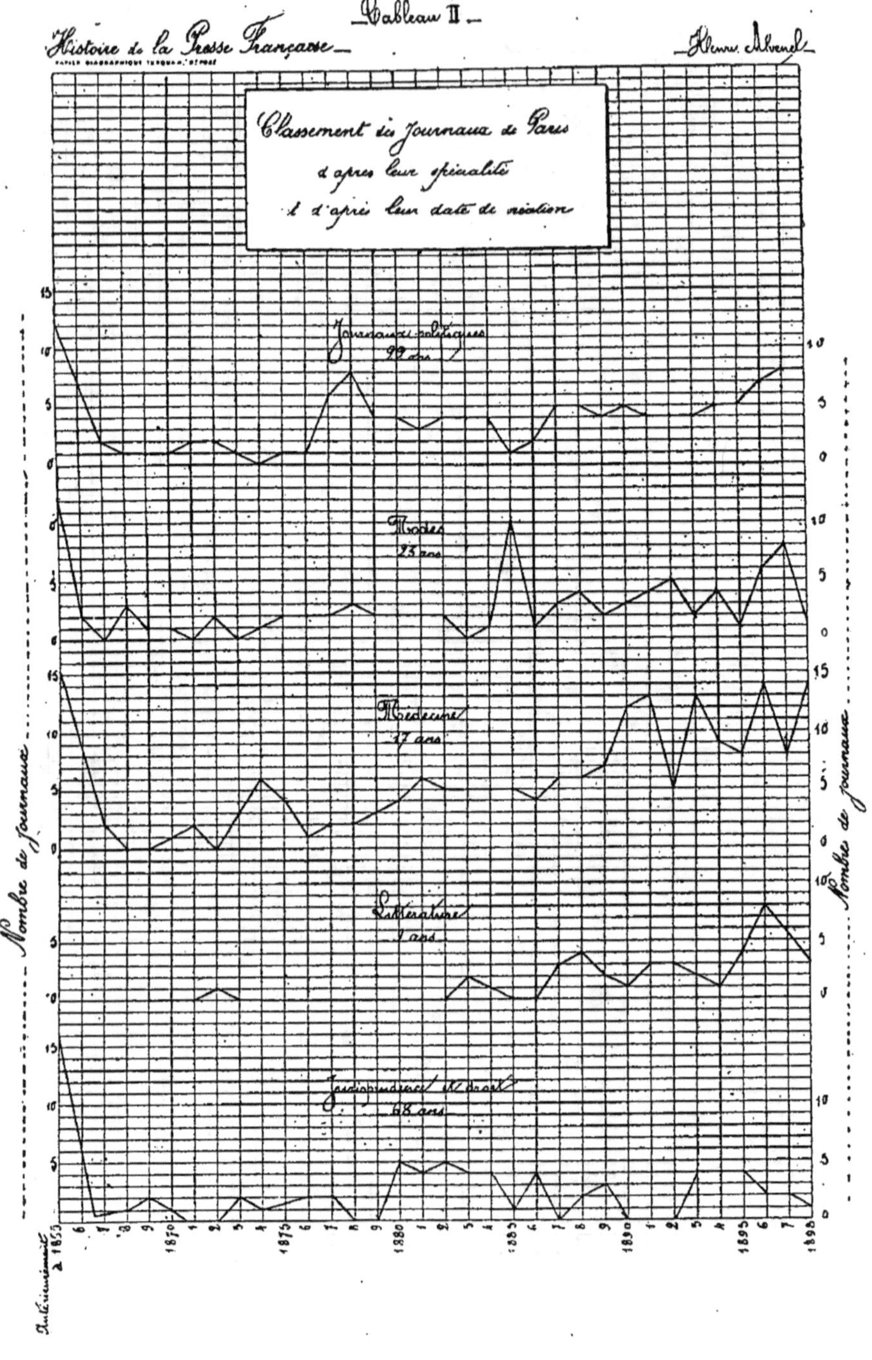

Tableau II
Histoire de la Presse Française
Henri Avenel
Classement des journaux de Paris d'après leur spécialité et d'après leur date de création
Journaux politiques
99 ans
Modes
23 ans
Médecine
37 ans
Littérature
1 ans
Jurisprudence et droit
68 ans
Nombre de journaux
Nombre de journaux
Antérieurement à 1855

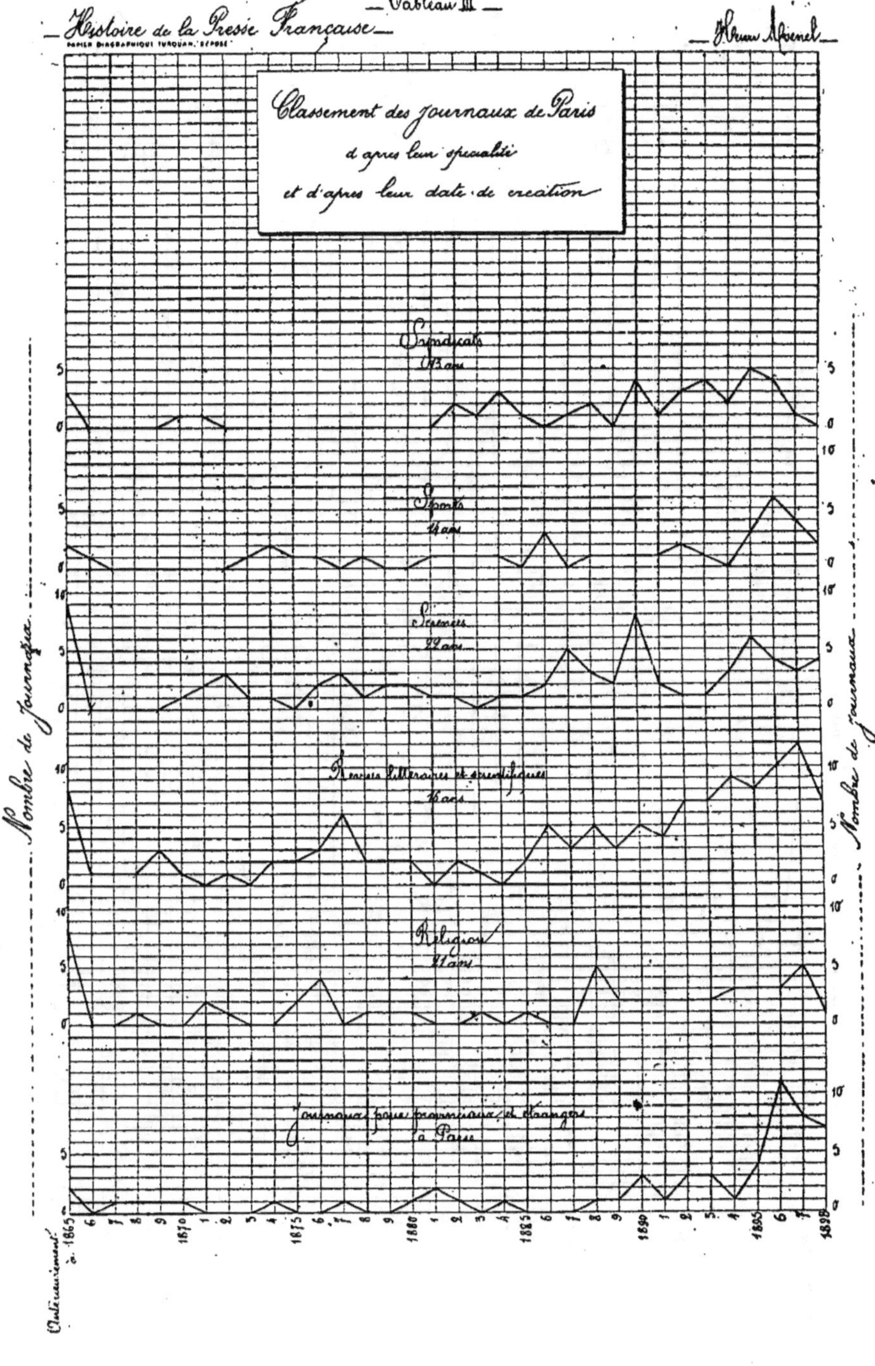

— Tableau III —
— Histoire de la Presse Française —
— Henri Avenel —
Classement des journaux de Paris
d'après leur spécialité
et d'après leur date de création
Syndicats
Sports
Sciences
Revues littéraires et scientifiques
Religion
Journaux pour provinciaux et étrangers à Paris
Nombre de journaux
Antérieurement à 1865
1865
1870
1875
1880
1885
1890
1895
1898

Histoire de la Presse Française — Tableau IV — Henri Avenel

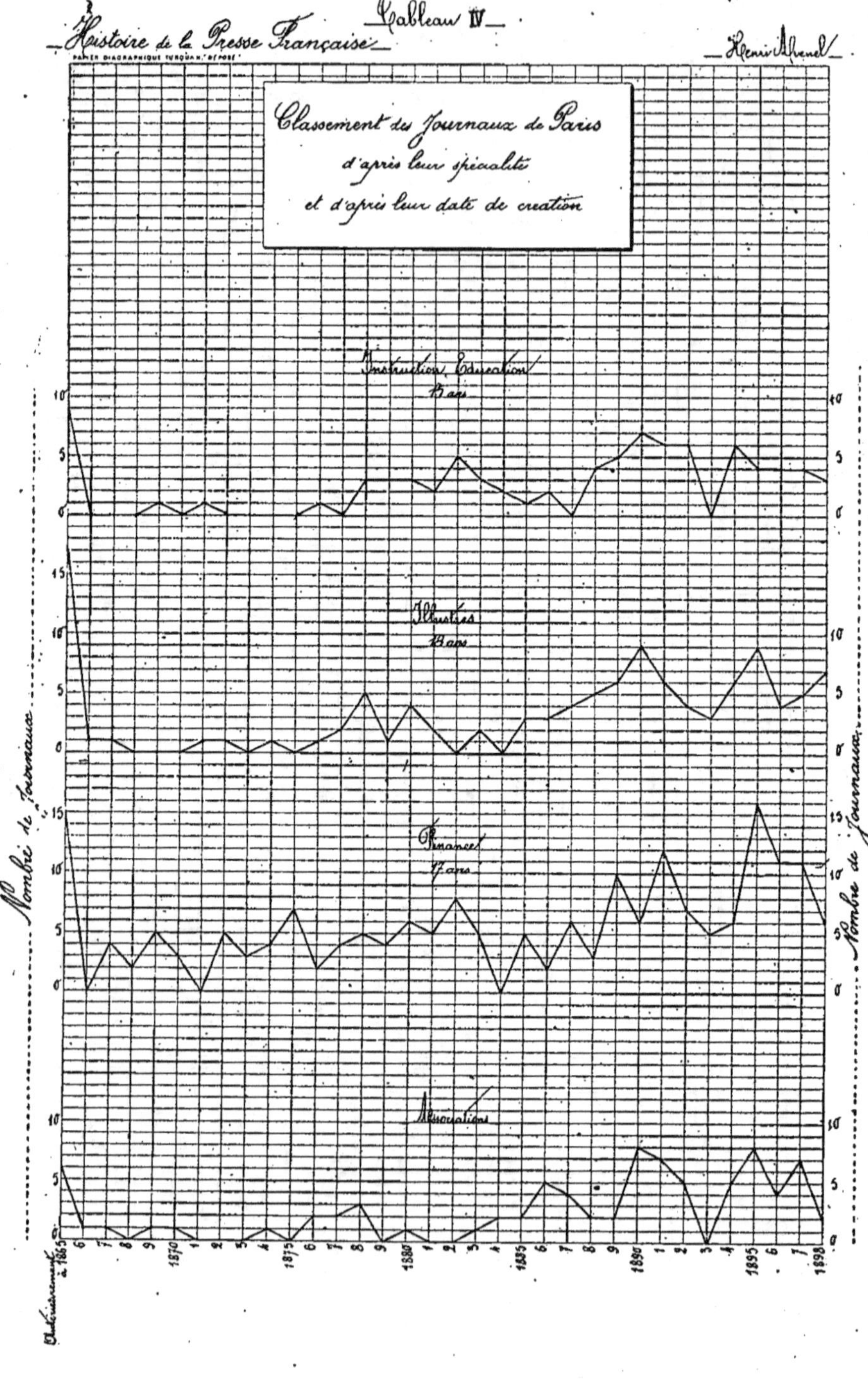

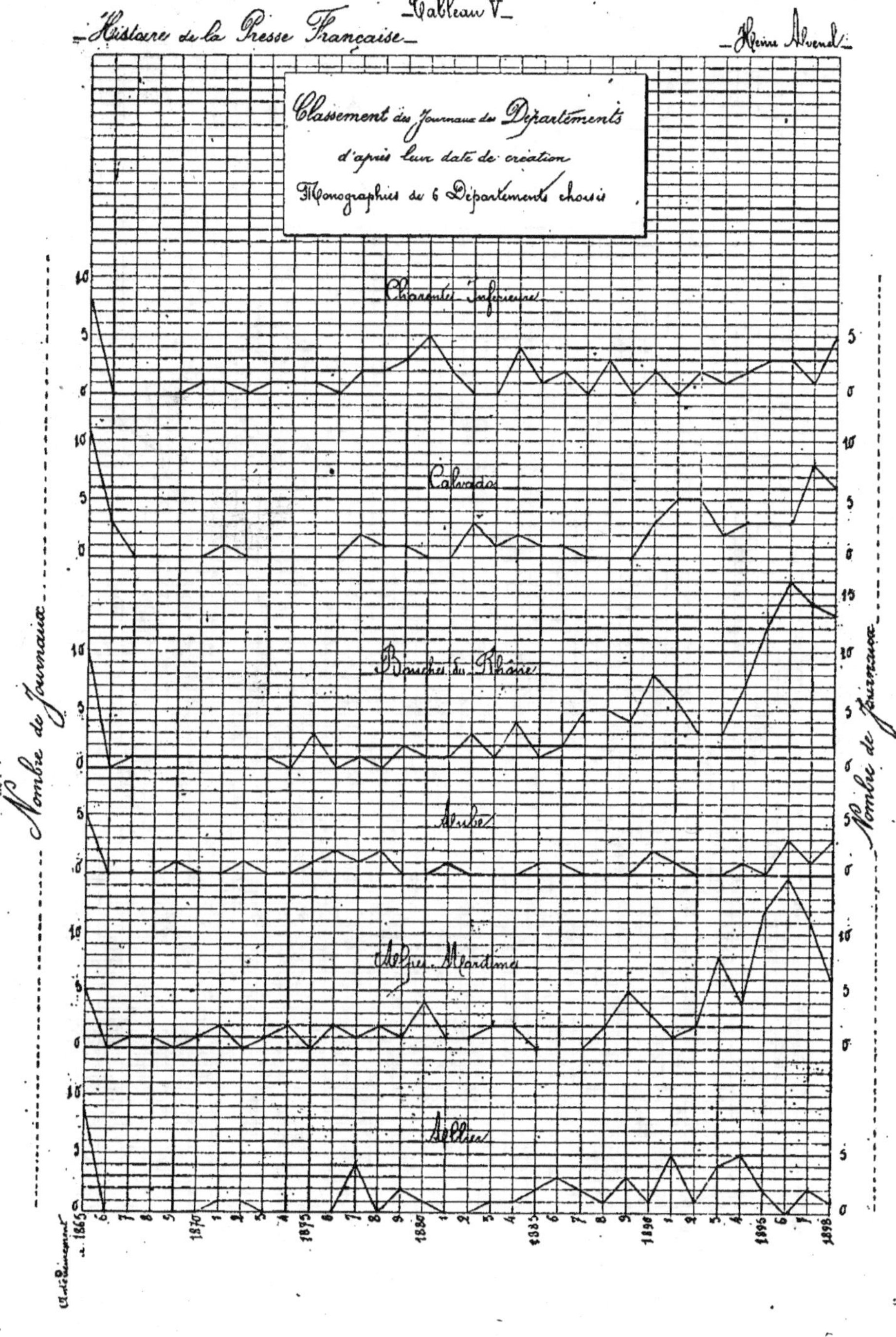
Classement des Journaux des Départements
d'après leur date de création
Monographies de 6 Départements choisis
Charente Inférieure
Calvados
Bouches du Rhône
Aube
Alpes Maritimes
Allier
Nombre de Journaux
Nombre de Journaux
Antérieurement
1865
1870
1875
1880
1885
1890
1895
1898

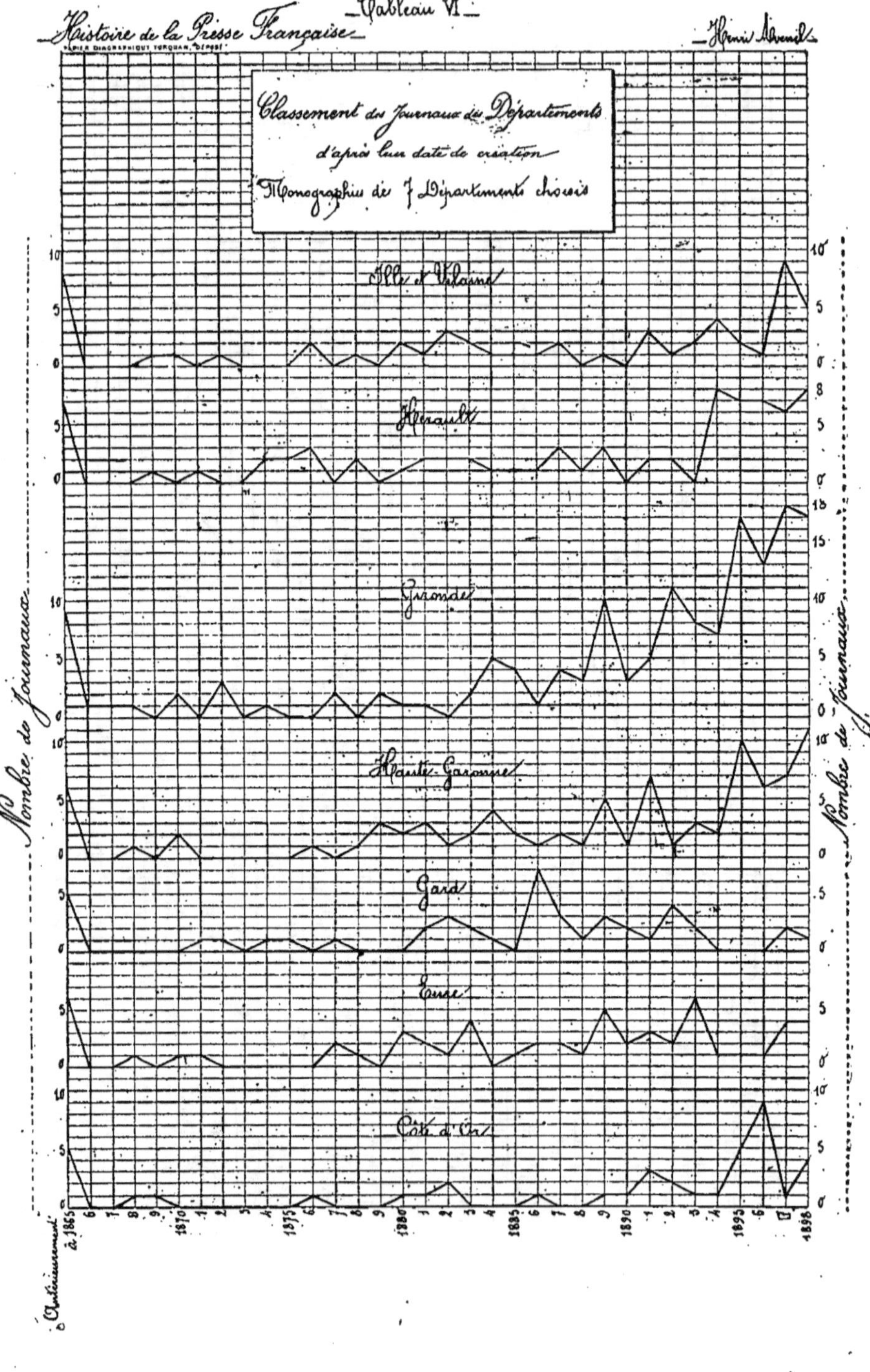
Tableau VI
Histoire de la Presse Française
Henri Avenel
Papier diagraphique Turquan, déposé
Classement des Journaux des Départements
d'après leur date de création
Monographies de 7 Départements choisis
Ille et Vilaine
Hérault
Gironde
Haute-Garonne
Gard
Eure
Côte d'Or
Nombre de Journaux
Nombre de Journaux
Antérieurement à 1865
1870
1875
1880
1885
1890
1895
1898

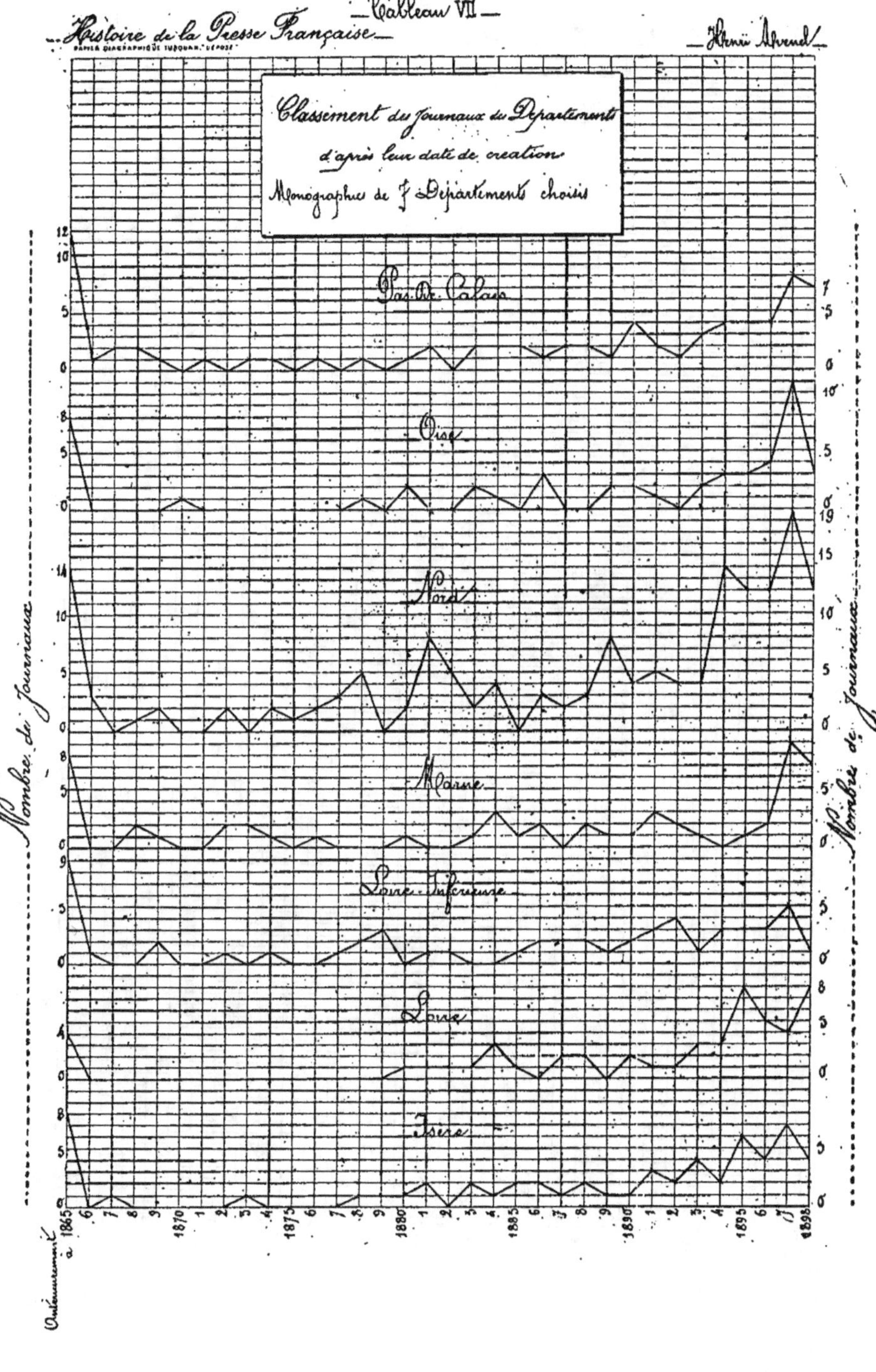
Tableau VII
Histoire de la Presse Française
Henri Avenel
Classement des Journaux des Départements d'après leur date de création
Monographie de 7 Départements choisis
Pas-de-Calais
Oise
Nord
Marne
Loire-Inférieure
Loire
Isère
Nombre de Journaux
Nombre de Journaux
Antérieurement à 1865
1870
1875
1880
1885
1890
1895
1898

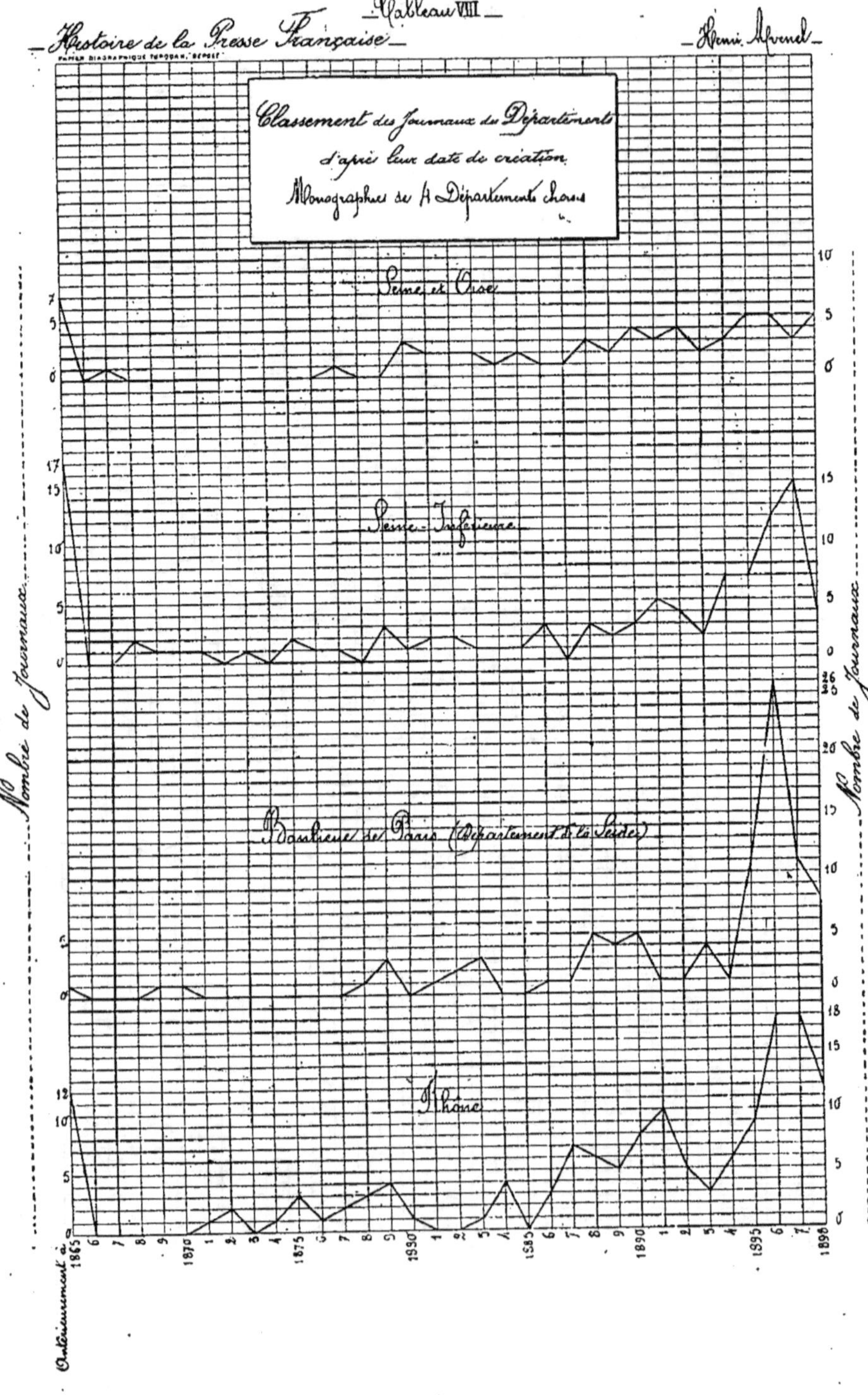

Tableau VIII
Histoire de la Presse Française
Henri Avenel
Classement des Journaux des Départements
d'après leur date de création
Monographies de 4 Départements choisis
Seine et Oise
Seine-Inférieure
Banlieue de Paris (Département de la Seine)
Rhône
Nombre de Journaux
Nombre de Journaux
Antérieurement à 1865
1870
1875
1880
1885
1890
1895
1898

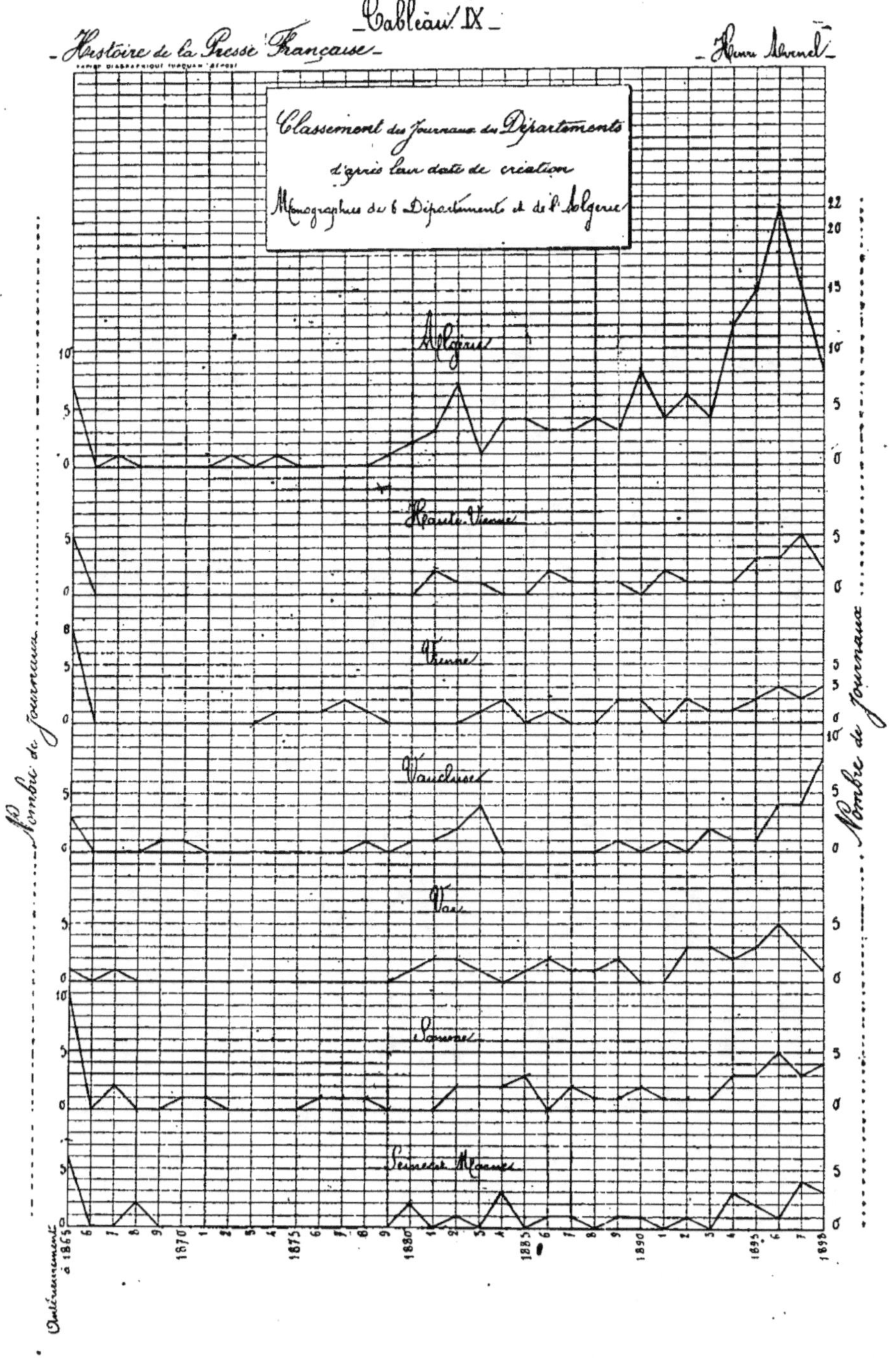
Tableau IX
Histoire de la Presse Française
Henri Avenel
Classement des Journaux des Départements
d'après leur date de création
Monographies de 6 Départements et de l'Algérie
Algérie
Haute-Vienne
Vienne
Vaucluse
Var
Somme
Seine-et-Marne
Nombre de journaux
Nombre de journaux
Antérieurement à 1865
1870
1875
1880
1885
1890
1895
1898

TABLE DES CHAPITRES

TABLE ALPHABÉTIQUE DES GRAVURES

PORTRAITS, REPRODUCTIONS DE JOURNAUX ET ILLUSTRATIONS DIVERSES

ÉVREUX, IMPRIMERIE DE CHARLES HÉRISSEY.

www.ingramcontent.com/pod-product-compliance
Lightning Source LLC
Chambersburg PA
CBHW070855300426
44113CB00008B/845

* 9 7 8 2 0 1 2 5 5 0 2 4 7 *